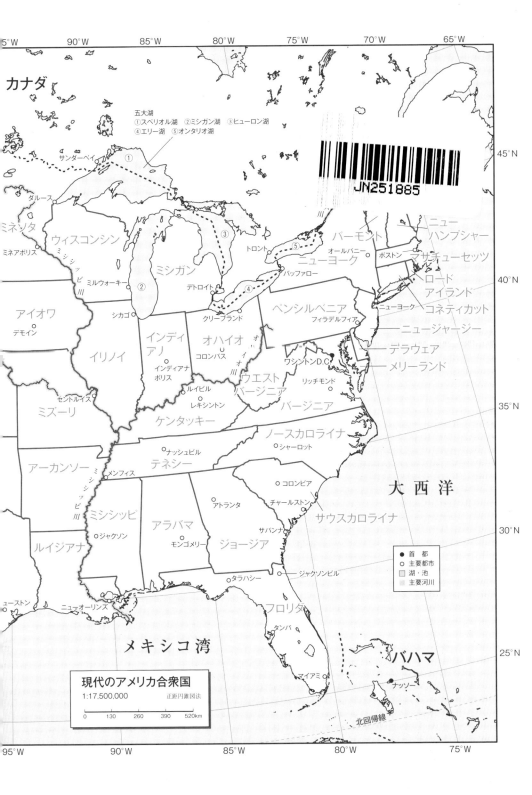

アメリカ文化事典

アメリカ学会 ［編］

丸善出版

上　グランド・キャニオン国立公園の風景／下　ニューヨークの夜景©Afro

上　ジョン・トランブル《アメリカ独立宣言》(1819)／下　トマス・コール《オックスボウ》(1836, メトロポリタン美術館)ⓒ 2017, Image copyright The Metropolitan Museum of Art / Scala, Florence　☞ 13章「アート」

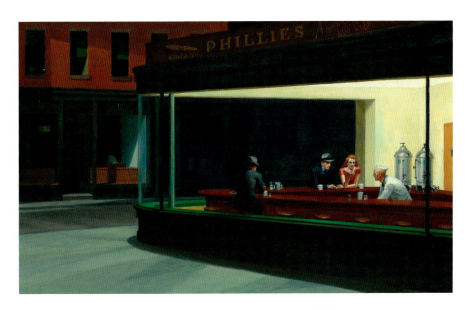

上 エドワード・ホッパー《ナイトホークス》(1942,シカゴ美術館)／下 ディエゴ・リベラ《デトロイト産業》(1923〜33,デトロイト美術館)

☞13章「アート」

上 シカゴ万国博覧会（1893）／下 ニューヨーク世界博覧会（1939）Ⓒ Getty Image

☞ 13 章「アート」

上　ニューヨーク近代美術館（MoMA）「情報」展（1970）カタログ（中面：1969年、アポロ11号により月面に降り立った宇宙飛行士）／下　アンディ・ウォーホル《32のキャンベルスープの缶》（1962, ニューヨーク近代美術館蔵）ⓒ 2017. Digital image, The Museum of Modern Art, New York / Scala, Florence

ほژ 13章「アート」

上　ハリウッドサイン／左下　アカデミー名誉賞のトロフィを手にする黒澤明とジョージ・ルーカス（左）とスティーヴン・スピルバーグ（右）／下　映画監督スパイク・リー ©Afro

☞ 16 章「映画と映画産業」

上　グローマンズ・チャイニーズ・シアター（ロサンゼルス）／左下　映画《ゴッドファーザー》（1972）のマーロン・ブランド／右下　映画《紳士は金髪がお好き》（1953）のマリリン・モンロー（左）とジェーン・ラッセル（右）ⒸAfro

ほか 16 章「映画と映画産業」

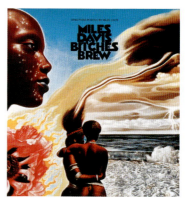

上　ミュージカル《キャッツ》©Afro／左下　レディ・ガガ（アメリカンミュージックアワード 2016）©Getty Image／右下　マイルス・デイヴィスのアルバム《ビッチェズ・ブリュー》のジャケット

ほか 17 章「音楽・舞台」

刊行にあたって

　本事典は，アメリカ合衆国（以後，アメリカ）を研究対象とするさまざまな学問領域の研究者が，最新の研究動向を反映しながらアメリカの多様な側面をわかりやすく解説し，アメリカを立体的に紹介することを目的とした事典である．文化事典であるが，いわゆる文化芸術や思想，文学などに対象を限定していない．本事典では，生活習慣から政治経済まで，人間の営み全般を広義の文化として定義し，20の章，380以上の項目でアメリカの多様な側面を網羅した．多様なだけではない．各項目のクロスリファレンスのマーク（☞）が示しているように，政治経済と文化芸術は実は密接に関わっているのである．

　アメリカは，私たちにとって，近くて遠い国といえよう．第2次世界大戦後，アメリカがわが国の政治経済に直接影響を及ぼしてきたことはいうまでもない．アメリカの発信する情報の洪水の中で，アメリカほどわが国のメディアに頻繁に登場する外国はないであろう．とりわけ，2017年1月にドナルド・トランプ政権が誕生して以降，毎日のように何らかのメディアで私たちはアメリカ大統領の名前や顔に接しており，何となくアメリカを知っているような気分になる．ただし，わが国とアメリカでは，情報の流れが均等ではないことを忘れてはならない．日本の報道とは逆に，アメリカの報道では日本の情報はほとんど得ることができない．アメリカを抜きにして戦後の日本史を語ることはできないが，第2次世界大戦期を除けば日本に触れなくてもアメリカの歴史を論じることができるという，不均衡な日米関係が背景にあるのである．

　外国文化として意識できないほど，アメリカ文化が私たちの文化に根を張っている点も否定できない．20世紀初頭に，他国に先駆けて大量消費社会となったアメリカの消費財や消費文化は，第2次世界大戦後の私たちの日常生活に深く浸透してきた．ただし，この現象は，わが国にだけ見られるわけではない．ハンバーガーやジーンズは世界共通語であり，アメリカ発の映画やポップミュージックは，言葉の壁を越えて世界各地の人々に受け入れられ，それぞれの地域の映画や音楽に多大な影響を与えてきた．その意味で，アメリカ文化には，外国文化としてのエキゾチシズムの香りが薄いともいえよう．

　一方で，いざアメリカ社会やアメリカ人を理解しようとすると，実はなかなか難しい．その意味で，やはりアメリカは遠い国である．広い国土のため地域による違

いが大きく，人口を構成する人種民族も多様である．人は，訪れた地域や巡り合った人によってまったく異なるアメリカの印象を持つことになるのである．さらに，アメリカ社会の在り方も，知れば知るほど疑問が湧いてくる．民主主義や自由を国是としている国において，公民権運動後半世紀経っても，どうして人種主義が根強いのか．豊かな国であると誇示するにもかかわらず，なぜ貧富の格差は拡大しているのか．信仰の自由を謳いながら，なぜ大統領は聖書に手を置いて宣誓するのか．機会の平等といいながら，なぜあれほどアメリカの大学の授業料は高いのか．女性の社会進出のお手本とも見える国であるのに，なぜ公立の保育園がないのか．私たちにとって，このような一見矛盾しているように見える事象にも，アメリカ独自の論理や考え方がある．本事典では，アメリカが抱える問題をも直視して，等身大のアメリカを考えるきっかけとなる情報を提供したいと考えている．

　さらに，本事典の編集に際して痛感したことは，昨今のアメリカの社会情勢の動きの速さである．2015 年に本事典の編集が始まった時，トランプ政権を予見していたアメリカ研究者はどれほどいたであろうか．編集作業の進捗中に，アメリカの情勢を見ながら項目を追加することもあった．編集委員会としては，できるだけ最新の情勢に配慮しながらも，むしろその背後にある歴史や構造あるいは思想心性を解説することによって，急速な情勢の変化にも耐え得る事典とすることを目標とした．

　なお，本事典はアメリカ学会が年次大会を始めて 50 年の節目を迎えたことを記念する事業の一つとして編集したものである．アメリカ学会は，第 2 次世界大戦後，多様な学問分野の研究者がアメリカという地域を共通項に学問分野の境界を越えた研究や対話を行う場として成立，発展してきた．現在 1,100 人を超す学会員を擁している．学会の使命は，研究交流とともに研究成果の一般社会への発信である．本事典を手に取られた読者が「知らなかったアメリカ」や「意外なアメリカ」を発見していただければ，学会の記念事業としては望外の喜びである．

　本事典の刊行に向けて，編集幹事，編集委員と執筆者の皆様のご協力に心から感謝申し上げる．とりわけ，アメリカの文化をより広くとらえ，より深く分析するために，学会員以外の多くの専門家の方々に寄稿いただいただけでなく，編集委員としても尽力をいただいた．深く感謝の意を表したい．また，本事典の出版を可能にし，大変な編集作業を担当してくださった丸善出版株式会社企画・編集部の佐藤日登美さんと鈴木晶子さんに厚く御礼申し上げる．

　2017 年 12 月

編集委員長　　松 本 悠 子

編集委員一覧

編集委員長

松 本 悠 子　中央大学教授

編集幹事（五十音順）

生 井 英 考　立教大学教授　　　　小檜山 ル イ　東京女子大学教授

遠 藤 泰 生　東京大学教授　　　　長 畑 明 利　名古屋大学教授

久 保 文 明　東京大学教授

編集委員（五十音順）

会 沢 　 恒　北海道大学教授　　　清 水 さゆり　ライス大学教授

会 田 弘 継　青山学院大学教授　　須 藤 　 功　明治大学教授

石 山 徳 子　明治大学教授　　　　髙 橋 裕 子　津田塾大学教授

大津留（北川）智恵子　関西大学教授　　中 條 　 献　桜美林大学教授

岡 﨑 乾二郎　美術家・批評家　　　中 野 勝 郎　法政大学教授

小 塩 和 人　上智大学教授　　　　中 村 雅 子　桜美林大学教授

川 上 高 司　拓殖大学教授　　　　西 崎 文 子　東京大学教授

川 島 浩 平　早稲田大学教授　　　新 田 啓 子　立教大学教授

金 原 恭 子　千葉大学教授　　　　橋 本 毅 彦　東京大学教授

後 藤 和 彦　東京大学教授　　　　マーク・ノーネス　ミシガン大学教授

佐々木 卓 也　立教大学教授　　　増 井 志津代　上智大学教授

佐 藤 千登勢　筑波大学教授　　　森 　 　 聡　法政大学教授

佐 藤 良 明　東京大学名誉教授・　森 本 あんり　国際基督教大学教授

　　　　　　　放送大学教授　　　矢 口 祐 人　東京大学教授

執筆者一覧 （五十音順）

会沢　　恒	北海道大学	
会田弘継	青山学院大学	
青木　　深	東京女子大学	
青木保憲	大阪城東福音教会	
青野智子	諏訪東京理科大学	
青山　　南	早稲田大学	
赤尾千波	富山大学	
秋元英一	千葉大学名誉教授	
浅香吉幹	東京大学	
浅野敬一	阪南大学	
東　栄一郎	ペンシルバニア大学	
我孫子和夫	メディア・アナリスト	
安部悦生	明治大学	
安部圭介	成蹊大学	
阿部珠理	立教大学名誉教授	
綾部広則	早稲田大学	
アリソン・フィールド	シカゴ大学	
有賀夏紀	埼玉大学名誉教授	
安藤泰至	鳥取大学	
飯岡詩朗	信州大学	
五十嵐　　正	音楽評論家	
生井英考	立教大学	
池上裕子	神戸大学	
石井クンツ昌子	お茶の水女子大学	
石井紀子	上智大学	
石川　　卓	防衛大学校	
石山徳子	明治大学	

板津木綿子	東京大学	
伊藤裕子	亜細亜大学	
犬塚典子	田園調布学園大学	
井上弘貴	神戸大学	
今井祥子	東京大学	
岩田　　太	上智大学	
岩本　　裕	NHK ラジオセンター	
上崎　　千	横浜国立大学非常勤講師	
内野　　儀	学習院女子大学	
宇津まり子	山形大学	
梅川　　健	首都大学東京	
梅﨑　　透	フェリス女学院大学	
江口正登	立教大学	
江崎聡子	神奈川大学非常勤講師	
遠藤泰生	東京大学	
大川　　潤	リンクアソシエイツ	
大串尚代	慶應義塾大学	
大沢秀介	慶應義塾大学	
大治朋子	毎日新聞	
大谷卓史	吉備国際大学	
大塚寿郎	上智大学	
大津留（北川）智恵子	関西大学	
大鳥由香子	ハーバード大学	
大西直樹	国際基督教大学	
大場正明	評論家	
大橋　　陽	金城学院大学	
大桃敏行	学習院女子大学	

執筆者一覧

大森　一　輝　北海学園大学
大矢根　　聡　同志社大学
大類　久　恵　津田塾大学
大和田　俊　之　慶應義塾大学
岡﨑　乾二郎　美術家・批評家
岡田　秀　則　東京国立近代美術館
岡野　八　代　同志社大学
岡本　拓　司　東京大学
岡山　　裕　慶應義塾大学
奥山　倫　明　南山大学
小澤　英　二　椙山女学園大学
小塩　和　人　上智大学
小田　隆　史　宮城教育大学
越智　博　美　一橋大学
音　　好　宏　上智大学
小野　直　子　富山大学
小野沢　　透　京都大学
加治屋　健　司　東京大学
勝田　卓　也　大阪市立大学
加藤　一　誠　慶應義塾大学
加藤　喜　之　東京基督教大学
兼子　　歩　明治大学
鎌田　　遵　亜細亜大学
神里　達　博　千葉大学
上村　直　樹　南山大学
紙谷　雅　子　学習院大学
亀山　康　子　国立環境研究所
川上　高　司　拓殖大学
川口　晋　一　立命館大学
河﨑　信　樹　関西大学

川島　浩　平　武蔵大学
川島　正　樹　南山大学
菅　　英　輝　京都外国語大学
菅野　峰　明　埼玉大学名誉教授
菅野　優　香　同志社大学
喜多　千　草　関西大学
北　　美　幸　北九州市立大学
北村　　洋　ウィリアム・アンド・メアリー大学
喜田村　洋　一　ミネルバ法律事務所
北脇　実千代　日本大学
貴堂　嘉　之　一橋大学
喜納　育　江　琉球大学
木南　　敦　京都大学
木下　千　花　京都大学
木村　武　史　筑波大学
木村　忠　正　立教大学
木村　昌　人　渋沢栄一記念財団
吉良　　直　東洋大学
金原　恭　子　千葉大学
久保　文　明　東京大学
倉科　一　希　広島市立大学
栗原　武　士　県立広島大学
黒田　友　紀　日本大学
香丸　　宏　共同通信社
後藤　和　彦　東京大学
小林　健　一　東京経済大学
小林　　剛　関西大学
小林　富久子　城西国際大学
小檜山　ル　イ　東京女子大学
小森　真　樹　東京外国語大学

執筆者一覧

コリン・ガンケル　ミシガン大学
斉藤　綾子　明治学院大学
齋藤　嘉臣　京都大学
酒巻　匡　京都大学
坂本　辰朗　創価大学
阪本　裕文　稚内北星学園大学
佐久間　みかよ　和洋女子大学
佐々木　孝弘　東京外国語大学
佐々木　卓也　立教大学
佐々木　弘通　東北大学
佐藤　千登勢　筑波大学
佐藤　丙午　拓殖大学
佐藤　靖　新潟大学
佐藤　良明　放送大学
沢山　遼　美術批評
信田　智人　国際大学
篠原　岳司　北海道大学
柴田　邦臣　津田塾大学
清水　さゆり　ライス大学
社河内　友里　豊橋技術科学大学
庄司　啓一　城西大学非常勤講師
ジョン・A・ハイトマン　デイトン大学
進藤　幸代　多摩美術大学
末藤　美津子　東洋学園大学
菅原　和行　福岡大学
杉江　拓也　松江赤十字病院
杉田　弘毅　共同通信社
杉野　健太郎　信州大学
杉本　貴代栄　NPO法人ウイメンズ・ボイス

杉山　恵子　恵泉女学園大学
鈴木　大裕　コロンビア大学博士課程
須藤　功　明治大学
砂田　恵理加　国士舘大学
諏訪部　浩一　東京大学
高田　馨里　大妻女子大学
高橋　哲　埼玉大学
高橋　博子　名古屋大学
高橋　裕子　津田塾大学
高柳　俊一　上智大学名誉教授
財部　香枝　中部大学
滝田　賢治　中央大学名誉教授
滝浪　佑紀　城西国際大学
竹沢　泰子　京都大学
舘　美貴子　千葉大学
田近　裕子　津田塾大学
巽　孝之　慶應義塾大学
田中　正之　武蔵野美術大学
ダニエル・ハーバート　ミシガン大学
谷口　明丈　中央大学
谷口　昭弘　フェリス女学院大学
谷口　文和　京都精華大学
溜箭　将之　立教大学
地主　敏樹　神戸大学
中條　献　桜美林大学
辻本　庸子　神戸市外国語大学名誉教授
土屋　和代　東京大学
土屋　大洋　慶應義塾大学
坪井　由実　北海道大学名誉教授
津山　恵子　ジャーナリスト

執筆者一覧

手 賀 裕 輔	二松學舍大学	能登路 雅 子 東京大学名誉教授
寺 田 貴	同志社大学	野 村 奈 央 埼玉大学
外 岡 尚 美	青山学院大学	萩 原 伸次郎 横浜国立大学名誉教授
富 澤 修 身	大阪市立大学	白楽ロックビル お茶の水女子大学名誉教授
外 山 紀久子	埼玉大学	橋 川 健 竜 東京大学
豊 田 真 穂	早稲田大学	橋 本 毅 彦 東京大学
中 井 悠	No Collective / Already Not yet	長谷部 恭 男 早稲田大学
長 岡 真 吾	福岡女子大学	林 道 郎 上智大学
中 川 克 志	横浜国立大学	原 口 弥 生 茨城大学
中 川 正 紀	フェリス女学院大学	東 川 浩 二 金沢大学
中 窪 裕 也	一橋大学	樋 口 敏 広 ジョージタウン大学
中 島 醸	愛知県立大学	樋 口 映 美 専修大学
中 嶋 啓 雄	大阪大学	肥後本 芳 男 同志社大学
永 冨 真 梨	同志社大学	久 野 愛 京都大学
中 野 勝 郎	法政大学	日比野 啓 成蹊大学
中 野 耕太郎	大阪大学	平 井 康 大 成城大学
中 野 博 文	北九州市立大学	広 井 良 典 京都大学
長 畑 明 利	名古屋大学	廣 瀬 淳 子 国立国会図書館
中 村 雅 子	桜美林大学	廣 野 喜 幸 東京大学
中 本 悟	立命館大学	藤 井 光 同志社大学
中 山 俊 宏	慶應義塾大学	藤 木 秀 朗 名古屋大学
中 山 裕 貴	ミシガン大学	藤 永 康 政 日本女子大学
夏 目 啓 二	愛知東邦大学	藤 本 博 南山大学
名 和 洋 人	名城大学	藤 本 龍 児 帝京大学
西 川 賢	津田塾大学	藤 原 聖 子 東京大学
西 崎 文 子	東京大学	布 施 将 夫 京都外国語大学
西 山 隆 行	成蹊大学	二 村 太 郎 同志社大学
新 田 啓 子	立教大学	船 津 靖 広島修道大学
沼 野 充 義	東京大学	古 田 啓 昌 アンダーソン・毛利・友常法律事務所
野 田 研 一	立教大学名誉教授	古 矢 旬 北海商科大学

執筆者一覧

別府　恵　子　神戸女学院大学名誉教授

本合　　陽　東京女子大学

本田　浩邦　獨協大学

マーク・ノーネス　ミシガン大学

前川　玲子　京都大学名誉教授

前嶋　和弘　上智大学

増井　志津代　上智大学

増田　久美子　立正大学

増田　　聡　大阪市立大学

待鳥　聡史　京都大学

松原　宏之　立教大学

松原　洋子　立命館大学

松本　明日香　ジョンズホプキンス大学

松本　悠子　中央大学

丸田　　隆　関西学院大学

丸山　雄生　東海大学

水本　義彦　獨協大学

南　　修平　弘前大学

南川　文里　立命館大学

三牧　聖子　高崎経済大学

宮井　勢都子　東洋学園大学

宮尾　大輔　カリフォルニア大学サンディエゴ校

宮川　成雄　早稲田大学

宮川　　繁　マサチューセッツ工科大学・東京大学

宮澤　節生　カリフォルニア大学

宮田　智之　帝京大学

村田　勝幸　北海道大学

村田　晃嗣　同志社大学

村野　　将　岡崎研究所

村山　匡一郎　日本大学

毛利　嘉孝　東京藝術大学

森　　仁志　関西大学

森　　　聡　法政大学

森下　直紀　和光大学

森茂　岳雄　中央大学

森本　あんり　国際基督教大学

矢口　祐人　東京大学

矢高　則夫　共同通信社

藪前　知子　東京都現代美術館

山岸　敬和　南山大学

山口　　光　共同通信社

山本　　桂　東京大学博士課程

山本　直樹　カリフォルニア大学サンタバーバラ校

油井　大三郎　一橋大学・東京大学名誉教授

吉田　恭子　立命館大学

吉田　純子　立命館大学非常勤講師・元神戸女学院大学

吉田　真理子　津田塾大学

吉次　公介　立命館大学

吉原　欽一　（一社）アジアフォーラム・ジャパン

吉原　真里　ハワイ大学

吉見　俊哉　東京大学

吉本　光宏　早稲田大学

米田　　明　京都工芸繊維大学

李　　里花　多摩美術大学

リンジー・ネルソン　東京大学

若島　　正　京都大学

和田　　仁　東京国際大学

執筆者一覧

ワダ・マルシアーノ・ミツヨ　カールトン大学

和田　光弘　名古屋大学

渡邉　克昭　大阪大学

渡邊　啓貴　東京外国語大学大学院

渡辺　将人　北海道大学

渡邉　真理子　西九州大学

渡辺　靖　慶應義塾大学

渡部　宏樹　南カリフォルニア大学

目　　次

（見出し語五十音索引は目次の後にあります）

1章　地理・自然 ［編集担当：小塩和人／石山徳子］

海　洋	2	環境保護	22
地　域	4	公有地問題	24
地形・気候	6	気候変動	26
天然資源	8	自然災害	28
村　落	10	グリーン・ニューディール	30
都　市	12	国立公園	32
エスニック空間	14	有害物質と対策	34
郊　外	16	エコツーリズム	36
サンベルト	18	動　物	38
資源保全と自然保護	20	◆コラム　フロンティア	40

2章　政　治 ［編集担当：久保文明／大津留（北川）智恵子］

連邦憲法と連邦制	42	市民社会	66
市民権	46	シンクタンク	68
選挙権	48	小さな政府	70
大統領選挙	50	保守とリベラル	72
二大政党制	52	宗教保守	74
スピーチ・演説	54	ポピュリズム	76
公務員制度	56	グローバリゼーション	78
女性と現代政治	58	非合法滞在者	80
メディアと選挙	60	貧困と福祉	82
政治献金	62	◆コラム　ファーストファミリー	84
ロビイスト	64		

3章　経済・産業 ［編集担当：須藤　功／佐藤千·登勢］

ビッグビジネス	86	財政政策	110
中小企業とハイテクベンチャー	88	連邦準備制度理事会	114
企業家精神	90	国際通貨ドル	116
労働運動	92	金融危機	118
農業大国	94	借金体質	120
自由貿易体制	96	エネルギー多消費社会	122
多国籍企業	100	ゆたかな社会から格差社会へ	124
国際（経済）援助	102	オバマケア	126
インターネット経済	104	◆コラム　消費者としてのラティーノ	
ファッションビジネス	106		128
交通インフラ	108		

4章　法と秩序 ［編集担当：金原恭子／会沢　恒］

合衆国憲法と立憲主義	130	陪　審	150
権力分立	134	刑罰と死刑	152
選挙制度	136	警　察	154
裁判所制度と連邦最高裁	138	犯罪と治安	156
法律家の重要性	140	銃社会と銃規制	158
宗教と憲法	142	訴訟社会	160
表現の自由	144	企業活動の規制	162
法の下の平等	146	労働者の保護	164
刑事裁判	148	◆コラム　アメリカ法と日本	166

5章　民族・人種 ［編集担当：中條　献／松本悠子］

国　民	168	移　民	182
センサス	170	インディアン	184
人　種	172	アフリカ系	186
混血といわれる人々	174	アジア系	188
レイシズム	176	ヒスパニック／ラティーノ	190
人種と貧困	178	ユダヤ系	192
エスニシティ	180	イスラム系	194

自由の女神 —————— 196
クー・クラックス・クラン ——— 198
公民権運動 —————— 200
アイデンティティ・ポリティクス 202

ネイティヴィズム —————— 204
ヘイトクライム —————— 206
◆コラム
　　レイシャル・プロファイリング　208

6章　宗　教 [編集担当：増井志津代／森本あんり]

ピューリタニズム —————— 210
信仰復興運動 —————— 212
福音派 —————— 214
政教分離 —————— 216
市民宗教 —————— 218
カトリック教会 —————— 220
新興キリスト教諸派 —————— 222
モルモン教 —————— 224
ニューエイジ／スピリチュアル　226
ファンダメンタリズム —————— 228
メガチャーチ —————— 230

信教の自由 —————— 232
伝　道 —————— 234
世俗化 —————— 236
キリスト教神学者 —————— 238
プロテスタント諸教派 —————— 240
アフリカ系アメリカ人教会 ——— 242
解放の神学 —————— 244
ユダヤ教 —————— 246
仏教と禅 —————— 248
◆コラム　感謝祭 —————— 250

7章　社会思潮 [編集担当：遠藤泰生／中野勝郎]

個人主義 —————— 252
自発的結社 —————— 254
超絶主義 —————— 256
プラグマティズム —————— 258
反知性主義 —————— 260
多文化主義 —————— 262
例外主義 —————— 264
ナショナリズム —————— 266
建国神話 —————— 270
自由主義（リベラリズム）——— 272
正義論とコミュニタリアニズム　274

デモクラシー —————— 276
消費主義 —————— 280
対抗文化（カウンターカルチャー）— 282
社会主義・共産主義 —————— 284
平和主義 —————— 286
フィランソロピー —————— 288
生と死 —————— 290
エリーティズム —————— 292
保守主義 —————— 294
◆コラム　記憶と記念碑 ——— 296

8章　科学技術 ［編集担当：遠藤泰生／橋本毅彦］

NASA	298	航空産業	322
科学者と核問題	300	発　明	324
遺伝子工学	302	博物館	326
生殖医療	304	アインシュタイン	328
インターネット	306	ビッグサイエンス	330
エレクトロニクス	308	NIH（国立衛生研究所）	332
研究開発	312	製薬産業	334
自動車	316	ケアとキュア	336
電　気	318	◆コラム　標準化	338
鉄　道	320		

9章　ジャーナリズム・メディア ［編集担当：会田弘継／生井英考］

新聞の今日まで	340	トークショーと政治	368
新聞産業	342	政治ニュースサイト	370
放送の今日まで	344	ソーシャルメディアの政治力	372
放送業界	346	NPOメディア	374
雑誌の今日まで	348	映像ジャーナリズム	376
広告産業とPR会社	352	リークと報道操作	378
世論調査とメディア	354	誤報と捏造	380
戦争報道	358	ニュースメディアの変革	382
調査報道	362	コラムニスト	384
メディア規制と自由	364	◆コラム　ゴシップ雑誌	386
政治報道と分極化	366		

10章　教　育 ［編集担当：髙橋裕子／中村雅子］

教育委員会	388	ホームスクール	400
公立学校と私立学校	390	インクルーシブ教育	402
学校における人種統合	392	バイリンガル教育	404
教育格差	394	第二言語としての英語（ESL）	406
教育評価	396	多文化教育	408
セサミ・ストリート	398	LGBT学生への支援	410

アクティブラーニング —————— 412
大　学 —————————————— 414
アファーマティブアクション —— 418
ムーク（MOOC） —————————— 420

軍事と教育 —————————————— 422
教員養成・教員政策 ——————— 424
◆コラム　ゼロ・トレランス —— 426

11章　ジェンダー [編集担当：小檜山ルイ／新田啓子]

フェミニズム —————————————— 428
女らしさ・男らしさ ——————— 432
女性学 —————————————————— 434
LGBT —————————————————— 436
クィア —————————————————— 438
身　体 —————————————————— 440
家　庭 —————————————————— 442
婚　姻 —————————————————— 444
産児制限 —————————————————— 446
女性の政治文化 ————————————— 448
大統領夫人 —————————————— 450

女性リーダー —————————————— 452
福祉国家とジェンダー ——————— 454
戦争と女性 —————————————— 456
労働と女性 —————————————— 458
性産業 —————————————————— 460
性暴力・性犯罪 ————————————— 462
◆コラム
　ジェンダーとサブカルチャー　464
　HIV／エイズ —————————————— 465
　ヒラリー・クリントン ——————— 466

12章　生　活 [編集担当：矢口祐人／松本悠子]

家　族 —————————————————— 468
アメリカンホーム ——————————— 470
食文化 —————————————————— 472
肥　満 —————————————————— 474
オーガニック・ライフスタイル　476
高齢者 —————————————————— 478
医者と病院 —————————————— 480
麻　薬 —————————————————— 482
ホームレス —————————————— 484
移動と交通 —————————————— 486

車社会 —————————————————— 488
ショッピングモール ——————— 490
ファッション —————————————— 492
ペット —————————————————— 494
若者文化 —————————————————— 496
デート文化 —————————————— 498
SNS —————————————————— 500
祝日・祭日 —————————————— 502
観　光 —————————————————— 504
◆コラム　大学生生活 ——————— 506

13章　アート ［編集担当：岡﨑乾二郎／生井英考］

アメリカ文化としての芸術 ──── 508
国民的巨匠たち ──── 510
アメリカ芸術のアメリカ性 ──── 512
美術教育 ──── 514
美術を動かす力 ──── 516
美術館の構築 ──── 518
前衛美術とフィランソロピー ──── 520
国家と芸術 ──── 522
抽象表現主義 ──── 524
アメリカ美術の越境性 ──── 526
ポップアートとポピュラーカルチャー ──── 528

マイノリティとアート ──── 530
写　真 ──── 532
アメリカ建築とプラグマティズム ──── 534
展示される建築 ──── 536
商品としての建築とアイコンとしての建築 ──── 538
インダストリアルデザイン ──── 540
情報と美術（コンセプチュアル・アート） ──── 542
メディア・アート ──── 544
◆コラム　MoMA ──── 546

14章　文　学 ［編集担当：長畑明利／後藤和彦］

小　説 ──── 548
詩 ──── 550
戯　曲 ──── 552
先住民文学 ──── 554
黒人文学 ──── 556
エスニック文学 ──── 558
文学と女性 ──── 560
LGBTの文学 ──── 562
南部文学 ──── 564
ゴシック性 ──── 566
環境文学 ──── 568

ロード・ナラティブ ──── 570
ハリウッドと文学 ──── 572
SF文学 ──── 574
戦争文学 ──── 576
文学と笑い ──── 578
文学とエロス ──── 580
児童文学 ──── 582
貧困と文学 ──── 584
アメリカ文学と世界文学 ──── 586
アメリカ文学の翻訳 ──── 588
◆コラム　読者・創作コミュニティ 590

15章　スポーツ・娯楽 ［編集担当：川島浩平／清水さゆり］

アメリカンスポーツ ──── 592
三大プロスポーツ ──── 594
サッカー ──── 596
カレッジスポーツ ──── 598

マイノリティとスポーツ ──── 600
スポーツ産業 ──── 602
スポーツメディア ──── 604
スポーツとナショナリズム ──── 606

暴力と薬物	608	サーカス	622
スポーツツーリズム	610	テーマパーク	624
アメリカンコミックス	612	芸能人・芸能界	626
アンダーグラウンド・コミックス	614	リアリティショー	628
キャラクター産業	616	カジノ	630
アウトドア	620	◆コラム　エクストリームスポーツ	632

16章　映画と映画産業 [編集担当：マーク・ノーネス／生井英考]

映画の黎明	634	ハリウッドとアジア	654
ハリウッドの成立	636	ラテンアメリカとハリウッド	656
ハリウッドの繁栄と衰退	638	映画と女性	658
ニューハリウッドとブロックバスター映画	640	ドキュメンタリー	660
		実験映画	662
グローバル・ハリウッドとデジタルメディア	642	映画館	664
		映画技術の過去・現在・未来	666
スターシステム	644	ハリウッドとテレビ	668
検　閲	646	ホームビデオ	670
ハリウッドとブラックリスト	648	アニメーション	672
映画と政府	650	◆コラム　アカデミー賞	674
アフリカ系アメリカ人とハリウッド	652		

17章　音楽・舞台 [編集担当：佐藤良明／長畑明利]

ショービジネス	676	音楽とエスニシティ	700
ミンストレルショー	678	フォークミュージック	702
ヴォードヴィル	680	ゴスペルとブルース	704
クラシック	682	カントリー音楽	706
ミュージカル	684	ポップ・ダンシング	708
音楽産業と著作権	686	サウンド革新	710
ジャズ	688	ロック	712
モダンダンス	690	ヒップホップ	714
実験音楽	692	グラミー賞とトップ40	716
パフォーマンス・アート	694	◆コラム　多文化主義とパフォーミング・アーツ	718
リージョナル・シアター	696		
音楽教育	698		

18章　軍　事　[編集担当：川上高司／森　聡]

戦略文化	720	対テロ戦争	742
大統領と軍隊	724	サイバースペース	746
軍隊の構造	726	軍事技術の革新	748
世界大戦と社会	728	軍人と社会	750
核戦略	732	戦争と映画	752
限定戦争	736	◆コラム	
反戦運動	738	戦争と音楽	756
軍備管理・軍縮外交	740	武器輸出と軍事産業	757
		特殊部隊	758

19章　世界とアメリカ　[編集担当：久保文明／西崎文子]

アメリカ外交における価値とイデオロギー	760	アメリカと世界各地域	782
力の外交	762	戦争の記憶	788
孤立主義の系譜	764	外交官・国務省・NSC	790
人権外交	766	文化外交・文化摩擦	792
リアリズムの外交	768	宗教と外交	794
新保守主義	770	広報外交	796
国際主義と反国際主義	772	世界における親米と反米	798
アメリカと国際連合	774	◆コラム	
アメリカ外交と同盟	776	近年のアメリカ外交の展開	800
国際経済秩序と通商外交	778	バラク・オバマ	801
アメリカと中国	780	ドナルド・トランプ	802

20章　アメリカと日本　[編集担当：小檜山ルイ／佐々木卓也]

黒　船	804	記憶としての太平洋戦争	816
留　学	806	沖　縄	818
キリスト教と日本	808	米軍基地	820
日系移民	810	日米安全保障条約	822
教育・知的交流	812	経済摩擦	824
財　界	814	議員交流	826

日米野球	828	クール・ジャパン	834
相互イメージ	830	近年の日米関係	836
戦後日本の反米と親米	832	◆コラム　TPP	838

[付 録] 作品名・日英対照表 —————————————————————— 839

見出し語五十音索引 ————————————————————————— xxi
引用文献 ———————————————————————————————— 846
参考文献 ———————————————————————————————— 852
事項索引 ———————————————————————————————— 872
人名索引 ———————————————————————————————— 905

見出し語五十音索引

■A〜Z

ESL，第二言語としての英語　**406**

HIV／エイズ　**465**

LGBT　**436**

LGBT学生への支援　**410**

LGBTの文学　**502**

MoMA　**546**

MOOC，ムーク　**420**

NASA　**298**

NIH（国立衛生研究所）　**332**

NPOメディア　**374**

NSC，外交官・国務省　**790**

PR会社，広告産業と　**352**

SF文学　**574**

SNS　**500**

TPP　**838**

■あ

アイコンとしての建築，商品としての建築と　**538**

アイデンティティ・ポリティクス　**202**

アインシュタイン　**328**

アウトドア　**620**

アカデミー賞　**674**

アクティブラーニング　**412**

アジア，ハリウッドと　**654**

アジア系　**188**

アート，マイノリティと　**530**

アニメーション　**672**

アファーマティブアクション　**418**

アフリカ系　**186**

アフリカ系アメリカ人教会　**242**

アフリカ系アメリカ人とハリウッド　**652**

アメリカ外交と同盟　**776**

アメリカ外交における価値とイデオロギー　**760**

アメリカ外交の展開，近年の　**800**

アメリカ芸術のアメリカ性　**512**

アメリカ建築とプラグマティズム　**534**

アメリカと国際連合　**774**

アメリカと世界各地域　**782**

アメリカと中国　**780**

アメリカ美術の越境性　**526**

アメリカ文学と世界文学　**586**

アメリカ文学の翻訳　**588**

アメリカ文化としての芸術　**508**

アメリカ法と日本　**166**

アメリカンコミックス　**612**

アメリカンスポーツ　**592**

アメリカンホーム　**470**

アンダーグラウンド・コミックス　**614**

医者と病院　**480**

イスラム系　**194**

イデオロギー，アメリカ外交における価値と　**760**

遺伝子工学　**302**

移動と交通　**486**

移　民　**182**

移民，日系　**810**

インクルーシブ教育　**402**

インダストリアルデザイン　**540**

インターネット　**306**

インターネット経済　**104**

インディアン　**184**

ヴォードヴィル **680**

映画，戦争と **752**

映画館 **664**

映画技術の過去・現在・未来 **666**

映画と女性 **658**

映画と政府 **650**

映画の黎明 **634**

エイズ，HIV **465**

映像ジャーナリズム **376**

エクストリームスポーツ **632**

エコツーリズム **36**

エスニシティ **180**

エスニシティ，音楽と **700**

エスニック空間 **14**

エスニック文学 **558**

エネルギー多消費社会 **122**

エリーティズム **292**

エレクトロニクス **308**

エロス，文学と **580**

演説，スピーチ・ **54**

オーガニック・ライフスタイル **476**

沖 縄 **818**

男らしさ，女らしさ・ **432**

オバマ，バラク **801**

オバマケア **126**

音楽，戦争と **756**

音楽教育 **698**

音楽産業と著作権 **686**

音楽とエスニシティ **700**

女らしさ・男らしさ **432**

■か

外交，広報 **796**

外交，宗教と **794**

外交，人権 **766**

外交，リアリズムの **768**

外交官・国務省・NSC **790**

解放の神学 **244**

海 洋 **2**

カウンターカルチャー，対抗文化 **282**

科学者と核問題 **300**

格差社会へ，ゆたかな社会から **124**

核戦略 **732**

核問題，科学者と **300**

カジノ **630**

家 族 **468**

価値とイデオロギー，アメリカ外交における **760**

学校における人種統合 **392**

合衆国憲法と立憲主義 **130**

家 庭 **442**

カトリック教会 **220**

カレッジスポーツ **598**

環境文学 **568**

環境保護 **22**

観 光 **504**

感謝祭 **250**

カントリー音楽 **706**

議員交流 **826**

記憶，戦争の **788**

記憶と記念碑 **296**

記憶としての太平洋戦争 **816**

企業家精神 **90**

企業活動の規制 **162**

戯 曲 **552**

気候，地形・ **6**

気候変動 **26**

記念碑，記憶と **296**

キャラクター産業 **616**

キュア，ケアと **336**

教育，インクルーシブ **402**

教育，音楽 **698**

教育，軍事と **422**

教育，多文化 **408**

教育，バイリンガル **404**

教育，美術 **514**

教育委員会 **388**

教育格差 **394**

教育・知的交流 **812**

教育評価 **396**

教員政策，教員養成・ **424**

見出し語五十音索引

教員養成・教員政策　**424**

共産主義，社会主義・　**284**

キリスト教神学者　**238**

キリスト教と日本　**808**

近年のアメリカ外交の展開　**800**

近年の日米関係　**836**

金融危機　**118**

クー・クラックス・クラン　**198**

クィア　**438**

クラシック　**682**

グラミー賞とトップ40　**716**

グリーン・ニューディール　**30**

クール・ジャパン　**834**

車社会　**488**

グローバリゼーション　**78**

グローバル・ハリウッドとデジタルメディア　**642**

黒　船　**804**

軍事技術の革新　**748**

軍事と教育　**422**

軍縮外交，軍備管理　**740**

軍人と社会　**750**

軍隊，大統領と　**724**

軍隊の構造　**726**

軍備管理・軍縮外交　**740**

ケアとキュア　**336**

経済摩擦　**824**

警　察　**154**

刑事裁判　**148**

芸術，アメリカ文化としての　**508**

芸術，国家と　**522**

芸能界，芸能人・　**626**

芸能人・芸能界　**626**

刑罰と死刑　**152**

検　閲　**646**

研究開発　**312**

建国神話　**270**

現代政治，女性と　**58**

建築，展示される　**536**

限定戦争　**736**

憲法，宗教と　**142**

権力分立　**134**

航空産業　**322**

広告産業とPR会社　**352**

郊　外　**16**

交通，移動と　**486**

交通インフラ　**108**

広報外交　**796**

公民権運動　**200**

公務員制度　**56**

公有地問題　**24**

公立学校と私立学校　**390**

高齢者　**478**

国際（経済）援助　**102**

国際経済秩序と通商外交　**778**

国際主義と反国際主義　**772**

国際通貨ドル　**116**

国際連合，アメリカと　**774**

黒人文学　**556**

国　民　**168**

国民的巨匠たち　**510**

国務省・NSC，外交官・　**790**

国立衛生研究所，NIH　**332**

国立公園　**32**

ゴシック性　**566**

ゴシップ雑誌　**386**

個人主義　**252**

ゴスペルとブルース　**704**

国家と芸術　**522**

誤報と捏造　**380**

コミックス，アメリカン　**612**

コミックス，アンダーグラウンド・　**614**

コミュニタリアニズム，正義論と　**274**

コラムニスト　**384**

孤立主義の系譜　**764**

婚　姻　**444**

混血といわれる人々　**174**

コンセプチュアル・アート，情報と美術　**542**

今日まで，雑誌の　**348**

今日まで，新聞の　**340**

今日まで，放送の　344

■さ

財　界　814

祭日，祝日・　502

財政政策　110

サイバースペース　746

裁判所制度と連邦最高裁　138

サウンド革新　710

サーカス　622

サッカー　596

雑誌，ゴシップ　386

雑誌の今日まで　348

サブカルチャー，ジェンダーと　464

産業，キャラクター　616

産業，航空　322

産業，新聞　342

産業，スポーツ　602

産業，性　460

産業，製薬　334

産児制限　446

三大プロスポーツ　594

サンベルト　18

詩　550

死，生と　290

ジェンダー，福祉国家と　454

ジェンダーとサブカルチャー　464

死刑，刑罰と　152

資源保全と自然保護　20

自然災害　28

自然保護，資源保全と　20

実験映画　662

実験音楽　692

自動車　316

児童文学　582

自発的結社　254

市民権　46

市民社会　66

市民宗教　218

社会，軍人と　750

社会，世界大戦と　728

社会主義・共産主義　284

写　真　532

ジャズ　688

借金体質　120

ジャーナリズム，映像　376

自由，メディア規制と　364

銃規制，銃社会と　158

宗教と外交　794

宗教と憲法　142

宗教保守　74

銃社会と銃規制　158

自由主義（リベラリズム）　272

自由の女神　196

自由貿易体制　96

主義，共産主義，社会　284

主義，国際主義と反国際　772

主義，個人　252

主義，社会主義・共産　284

主義，自由（リベラリズム）　272

主義，消費　280

主義，新保守　770

主義，多文化　262

主義，抽象表現　524

主義，超絶　256

主義，パフォーミング・アーツ，多文化　718

主義，反知性　260

主義，平和　286

主義，保守　294

主義，例外　264

祝日・祭日　502

小　説　548

消費者としてのラティーノ　128

消費主義　280

商品としての建築とアイコンとしての建築
538

情報と美術（コンセプチュアル・アート）
542

食文化　472

女性，映画と　658

見出し語五十音索引

女性，戦争と　456
女性，文学と　560
女性，労働と　458
女性学　434
女性と現代政治　58
女性の政治文化　448
女性リーダー　452
ショッピングモール　490
ショービジネス　676
私立学校，公立学校と　390
神学，解放の　244
神学者，キリスト教　238
信教の自由　232
シンクタンク　68
人権外交　766
新興キリスト教諸派　222
信仰復興運動　212
人　種　172
人権統合，学校における　392
人種と貧困　178
身　体　440
新聞産業　342
新聞の今日まで　340
親米，戦後日本の反米と　832
親米と反米，世界における　798
新保守主義　770
スターシステム　644
スピーチ・演説　54
スピリチュアル，ニューエイジ　226
スポーツ，アメリカン　592
スポーツ，エクストリーム　632
スポーツ，カレッジ　598
スポーツ，三大プロ　594
スポーツ，マイノリティと　600
スポーツツーリズム　610
スポーツ産業　602
スポーツとナショナリズム　606
スポーツメディア　604
政教分離　216
正義論とコミュニタリアニズム　274

性産業　460
政治，トークショーと　368
政治献金　62
政治ニュースサイト　370
政治文化，女性の　448
政治報道と分極化　366
生殖医療　304
政治力，ソーシャルメディアの　372
生と死　290
性犯罪，性暴力・　462
政府，映画と　650
性暴力・性犯罪　462
製薬産業　334
世界各地域，アメリカと　782
世界大戦と社会　728
世界における親米と反米　798
世界文学，アメリカ文学と　586
セサミ・ストリート　398
世俗化　236
ゼロ・トレランス　426
禅，仏教と　248
前衛美術とフィランソロピー　520
選挙，メディアと　60
選挙権　48
選挙制度　136
戦後日本の反米と親米　832
センサス　170
先住民の文学　554
戦争，限定　736
戦争，対テロ　742
戦争と映画　752
戦争と音楽　756
戦争と女性　456
戦争の記憶　788
戦争文学　576
戦争報道　358
戦略，核　732
戦略文化　720
相互イメージ　830
創作コミュニティ，読者・　590

ソーシャルメディアの政治力　372

訴訟社会　160

村　落　10

■た

大　学　414

大学生生活　506

対抗文化（カウンターカルチャー）　282

対策，有害物質と　34

対テロ戦争　742

大統領選挙　50

大統領と軍隊　724

大統領夫人　450

第二言語としての英語（ESL）　406

太平洋戦争，記憶としての　816

多国籍企業　100

多文化教育　408

多文化主義　262

多文化主義とパフォーミング・アーツ　718

治安，犯罪と　156

地　域　4

小さな政府　70

地形・気候　6

知的交流，教育・　812

中国，アメリカと　780

中小企業とハイテクベンチャー　88

抽象表現主義　524

調査報道　362

超絶主義　256

著作権，音楽産業と　686

通商外交，国際経済秩序と　778

デジタルメディア，グローバル・ハリウッド
と　642

鉄　道　320

デート文化　498

テーマパーク　624

デモクラシー　276

テレビ，ハリウッドと　668

電　気　318

展示される建築　536

天然資源　8

伝　道　234

動　物　38

同盟，アメリカ外交と　776

ドキュメンタリー　660

読者・創作コミュニティ　590

特殊部隊　758

トークショーと政治　368

都　市　12

トップ40，グラミー賞と　716

ドナルド・トランプ　802

ドル，国際通貨　116

■な

ナショナリズム　266

ナショナリズム，スポーツと　606

南部文学　564

二大政党制　52

日米安全保障条約　822

日米関係，近年の　836

日米野球　828

日系移民　810

日本，アメリカ法と　166

日本，キリスト教と　808

ニューエイジ／スピリチュアル　226

ニュースサイト，政治　370

ニュースメディアの変革　382

ニューハリウッドとブロックバスター映画
640

ネイティヴィズム　204

捏造，誤報と　380

農業大国　94

■は

陪　審　150

ハイテクベンチャー，中小企業と　88

バイリンガル教育　404

博物館　326

発　明　324

パフォーミング・アーツ，多文化主義と　718

パフォーマンス・アート　694

見出し語五十音索引

バラク・オバマ　801
ハリウッド，アフリカ系アメリカ人と　652
ハリウッド，ラテンアメリカと　656
ハリウッドとアジア　654
ハリウッドとテレビ　668
ハリウッドとブラックリスト　648
ハリウッドと文学　572
ハリウッドの成立　636
ハリウッドの繁栄と衰退　638
反国際主義，国際主義と　772
犯罪と治安　156
反戦運動　738
反知性主義　260
反米，世界における親米と　798
反米と親米，戦後日本の　832
非合法滞在者　80
美術，情報と（コンセプチュアル・アート）
542
美術館の構築　518
美術教育　514
美術を動かす力　516
ヒスパニック／ラティーノ　190
ビッグサイエンス　330
ビッグビジネス　86
ヒップホップ　714
肥　満　474
ピューリタニズム　210
病院，医者と　480
表現の自由　144
標準化　338
ヒラリー・クリントン　466
貧困，人種と　178
貧困と福祉　82
貧困と文学　584
ファーストファミリー　84
ファッション　492
ファッションビジネス　106
ファンダメンタリズム　228
フィランソロピー　288
フィランソロピー，前衛美術と　520

フェミニズム　428
フォークミュージック　702
武器輸出と防衛産業　757
福音派　214
福祉，貧困と　82
福祉国家とジェンダー　454
仏教と禅　248
プラグマティズム　258
プラグマティズム，アメリカ建築と　534
ブルース，ゴスペルと　704
ブロックバスター映画，ニューハリウッドと
640
プロテスタント諸教派　240
フロンティア　40
文化，戦略　720
文化，対抗　282
文化，デート　498
文化，若者　496
文化外交・文化摩擦　792
文学，LGBTの　562
文学，SF　574
文学，エスニック　558
文学，環境　568
文学，黒人　556
文学，児童　582
文学，先住民の　554
文学，戦争　576
文学，南部　564
文学，ハリウッドと　572
文学，貧困と　584
文学とエロス　580
文学と女性　560
文学と笑い　578
文化摩擦，文化外交・　792
分極化，政治報道と　366
米軍基地　820
ヘイトクライム　206
平和主義　286
ペット　494
防衛産業，武器輸出と　757

放送業界　346

放送の今日まで　344

報道，戦争　358

報道，調査　362

報道操作，リークと　378

法の下の平等　146

法律家の重要性　140

暴力と薬物　608

保守主義　294

保守とリベラル　72

ポップ・ダンシング　708

ポップアートとポピュラーカルチャー　528

ポピュラーカルチャー，ポップアートと　528

ポピュリズム　76

ホームスクール　400

ホームビデオ　670

ホームレス　484

翻訳，アメリカ文学の　588

■ま

マイノリティとアート　530

マイノリティとスポーツ　600

麻　薬　482

ミュージカル　684

ミンストレルショー　678

ムーク（MOOC）　420

メガチャーチ　230

メディア，NPO　374

メディア，スポーツ　604

メディア，世論調査と　354

メディア・アート　544

メディア規制と自由　364

メディアと選挙　60

モダンダンス　690

モルモン教　224

■や

野球，日米　828

薬物，暴力と　608

有害物質と対策　34

ゆたかな社会から格差社会へ　124

ユダヤ教　246

ユダヤ系　192

世論調査とメディア　354

■ら

ラティーノ，消費者としての　128

ラティーノ，ヒスパニック　190

ラテンアメリカとハリウッド　656

リアリズムの外交　768

リアリティショー　628

リークと報道操作　378

リージョナル・シアター　696

立憲主義，合衆国憲法と　130

リベラリズム，自由主義　272

リベラル，保守と　72

留　学　806

例外主義　264

レイシズム　176

レイシャル・プロファイリング　208

連邦憲法と連邦制　42

連邦最高裁，裁判所制度と　138

連邦準備制度理事会　114

連邦制，連邦憲法と　42

労働運動　92

労働者の保護　164

労働と女性　458

ロック　712

ロード・ナラティブ　570

ロビイスト　64

■わ

若者文化　496

笑い，文学と　578

1. 地理・自然

　世界各国で地理不要論が提唱されて久しい．グローバリゼーションやインターネットの発達で，地理情報の重要性が低下したからだという．こうした状況下でアメリカの地理，自然，環境を取り上げる意味は何だろうか．世界で3番目に大きく，短期間に拡大した国土を持つ地域について，空間・場所・規模を抜きに考えられるだろうか．

　そもそも空間というものは，自然に存在するのだろうか．これが「つくられた」のなら，誰が何故どのように「つくった」のだろうか．さらに，自然環境という表現が示す通り，これら二つの言葉はほぼ同義で使われることが多い．また自然環境という概念が，人間社会と切り離されたものと考えられている．そうなのだろうか．

　地理，自然，環境は，人間社会と切り離された，控えめに後塵を拝する物語の背景に過ぎないのだろうか．こうした問題群を扱う本章の各論から，多くの問いかけを読み取って欲しい．　　　　　　　　　　　　　　　　　［小塩和人／石山徳子］

海 洋

Ocean

古代西欧の人々にとって，海洋は陸を囲む水の空間であると同時に世界の果てに通ずる路であり，その先の深淵に滑り落ちた者は二度と戻ることができない異世界への入り口と考えられていた．やがて北欧のバイキングらが現在のノバスコシア，ニューファンドランド地方に船を進め北米大陸の存在を予知する時代が到来するものの，クリストファー・コロンブスが現在の

図1 ケトス［オルテリウス画，1570］

西インド諸島に到達した時代でも，海洋は危険と謎に包まれた恐ろしい空間と一義的にはとらえられていた．多くの古地図に記された伝説上の海の怪物ケトスの姿は，水の空間に人々が抱いた恐れを表象する符号として読むことができる（図1）．その未知の空間を渡る強い意志を持った西欧の入植者たちが征服した地が，現在の南北アメリカ大陸にほかならない．以来，アメリカ文化を規定する自然環境として，あるいはまた歴史文化資源として，海洋は大きな意味を持ってきた．

❖海洋国家アメリカ　アメリカは大陸国家としてその歴史が語られることが多い．大西洋岸からの領土の西漸が国民国家形成の歴史と重なることがその一番の原因であろう．地図上，大西洋と太平洋が東西の国境をなし，それに挟まれるかたちで広大な国土が広がっていることも大陸国家のイメージが視覚的に定着するのを助けてきた．しかし地理学上のデータを改めて調べてみると，アメリカは世界でも有数の海洋国家の相貌を備えていることがわかる．例えば国別に海岸線の長さを単純比較した場合，1万9,000キロメートルを超える海岸線を有するアメリカは世界の第8位に位置する．国土自体が広大であるから海岸線が長いのはその自然な帰結と見なすこともできるかもしれない．しかし，国連海洋法条約で認められた領海基線から12海里先までの主権の範囲が及ぶ領海と，同じく領海基線から200海里離れた排他的経済水域を合わせた管轄海域の面積を国別に比較した場合，海岸線の長さでは譲るカナダや旧ソ連を凌ぎ，762万平方キロメートルを有するアメリカは世界第1位に躍り出る．通常意識されることが少ないが，19世紀から20世紀にかけてアメリカが取得した海外領土，具体的には，カリブ海域のプエルトリコ，米領バージン諸島，太平洋上のハワイ諸島，グアム，北マリアナ諸島などの存在がここでは大きな意味を持つ．

領海や排他的経済水域が広大であることは海洋が有する自然資源にアメリカが大きな利権を有することも同時に意味する．アメリカが海洋大国の相貌を有する

ことが，これらの事実からだけでも察せられよう．

❖**海と自然**　多民族，多文化の国と語られることの多いアメリカは，自然の宝庫としても知られる．温暖湿潤な地域から地中海のように晴天が続く地域，乾燥砂漠，寒冷地，亜熱帯と，気候区分から見てもアメリカにはさまざまな地域が広がる．海岸においても同様で，大西洋岸で見れば，南のフロリダに広がる珊瑚礁から中部大西洋岸の砂浜，北部ニューイングランドの岩礁へと特徴ある海岸の姿が認められる．しかも，沖を流れる海流とこれらの海岸の自然条件が相乗効果を生み，世界でも有数の潮の干満を記録するメイン，ニューファンドランド地方の豊かな海が展開し，あるいはまた太平洋岸のカリフォルニア沖を北から南下する寒流が，乾燥した西部の砂漠を維持しもする．アメリカの自然と海洋とは地球大の循環の中で密接な関係を有しているのである．

❖**海の管理**　海洋が経済権益と結び付く以上，その管理にアメリカが敏感であることは論をまたない．英国から西航する郵便船の遅延をメキシコ湾流の存在と結びつけ，それを理解するための海図を作成した18世紀のベンジャミン・フランクリン以来，アメリカは，世界の海のシステマティックな把握とその自由航行の権利を主張することに力を注いできた．19世紀半ばには，海軍省内に設置された海軍天文台の長を務めたマシュー・フォンテン・モーリの手で，古今東西の航海記録がワシントンに集められ，そこに記載された情報をもとに，さまざまのテーマにわたる数多くの海図が引かれている．その海図は情報を寄せた国内外の船乗りに配布され，海をめぐる知の体系の世界への普及を促進した．19世紀世界最大の捕鯨国であったアメリカにおける海洋の体系的理解を，そうした科学的な情報活動が下支えしたことは記憶しておきたい．太平洋の社会的距離を見定め蒸気船でその横断を期したマシュー・ペリーが浦賀に到来した背景にも，科学的知識に支えられた海の体系的理解があったのである（☞項目「黒船」）．19世紀末にそうした海への意識を体系化し海上覇権論を唱えた最大の人物が，アルフレッド・T. マハンであった．マハンの記した『海上権力史論』（1890）には，国民が海に対して抱く希望や正確な知識の総体としての海洋意識の重要性が説かれている．海洋を万人が自由に行き来するコモン（共有空間）と定義するマハンの海洋自由航行の考えは，公海における船舶の自由航行権を主張し続ける現代のアメリカの海洋政策にも流れ込んでいる．

　もちろん，経済権益を守るためだけの管理ではなく，その自然を守るための環境管理を説く思想もアメリカでは早くから芽生えた．海洋生物学者としてのレイチェル・カーソンの仕事がその先駆けとなる（☞項目「有害物質と対策」）．海を抱擁する自己とは真逆の海に抱擁される自己の意識の存在をカーソンの名著『われらをめぐる海』（1951）に見いだすとき，海洋に育まれたアメリカの文化の奥行きが見えてくる．

[遠藤泰生]

地　域

Region

　広大なアメリカを理解する上で，国土の地域とその多様性を踏まえておくことは必須である．本項ではアメリカを歴史的な経緯から形成されてきた地域として大きく北東部，東部，中西部，南部，平原部，西部山間，太平洋岸の七つに分類して解説する（図1）．

　なお，本土48州から離れた位置にあるハワイとアラスカおよび諸準州については割愛する（☞項目「海洋」）．

図1　アメリカの地域区分

❖**北東部**　17世紀から多くのイギリス人が入植者として押し寄せ，建国に大きな影響を与えた経緯から，ニューヨーク州以東の北東部はニューイングランドとも呼ばれる．ヨーロッパとの交流が盛んになるにつれて，海岸部のボストンやプロビデンスは重要な貿易港として発展した．また，ハーバード大学やイェール大学などの総合大学が古くから設立され，多くの人材を輩出してきたリベラルアーツカレッジも多数立地する．冷涼な夏と自然が豊かな景観や環境が好まれ，別荘地としての利用も多い．

❖**東部**　ボストンから見て南西に位置する，おおよそワシントンD.C.までの海岸沿いに大都市が連続する地域をメガロポリスと呼ぶ．アメリカの中心的な存在であり，アメリカの主要な商工業がこの地域で発展した．最大都市ニューヨークは金融・出版・芸術などさまざまな面でアメリカの先端を歩んでいる．ほかにも石油化学工業で発展したフィラデルフィアや貿易港として重要なボルチモアなど歴史の古い都市があり，多くの企業は今もメガロポリスに本社を置いている．

❖**中西部**　アメリカ独立後に土地が分割され，新たな州が誕生した内陸部の地域である．五大湖周辺には古くからフランス人が毛皮貿易のため入植していたが，18世紀末に多くのヨーロッパ人がアパラチア山脈を越えて入植したことで本格的に発展した．肥沃な土壌に恵まれ，トウモロコシや大豆の生産と家畜の飼育を行う混合農業地帯として発展した．19世紀後半からは整備された水運や鉄道網およびアパラチア山脈で採掘された石炭を利用したさまざまな製造業が成長し，20世紀以降は自動車製造がアメリカを主導する産業として確立した．国際競争

によって衰退傾向にあるものの，現在でも製造業の雇用が他地域に比べて多い．

❖南部　大西洋岸のワシントン D.C. より南，そしてアパラチア山脈の西側ではオハイオ川より南側に位置しミシシッピ川下流に接する州のまとまりを南部という．古くから労働集約型の大規模農場（プランテーション）が経営されていたが，アフリカ大陸から強制的に連れられてきた奴隷労働力をもとに支えられた南部の農業は，次第に北東部の奴隷廃止論者たちから強く批判された．南部は合衆国から離脱して独立国家創立を目指したものの南北戦争によって敗退し，長らく国内の経済発展からとり残された．そのため，この地域の経済発展が進んだのは差別が撤廃された 1964 年の公民権法成立以降である．南部では労働権利法の影響で組合組織率が著しく低く，安価な賃金や地代に目をつけた他地域の企業が多数進出するようになった．しかし，現在も貧困が大きな課題であり，南部州は 1 人あたりの年間所得などさまざまな指標で全国平均を下回っている．

❖平原部　ミシシッピ川支流のミズーリ川やアーカンザス川が流れる地域を中心とした，中西部より西にありロッキー山脈よりも東に位置する「大平原」と呼ばれる地域を指す．西経 100 度以西では農耕に必要な降水量が十分でなかったため，長らく粗放的な牧畜が営まれていた．しかし，この地域に広く分布するオガララ帯水層の利用が 1950 年代以降に進み，灌漑農業によって飼料作物が生産されるようになり，それらを家畜に与えて急速に肥らせ出荷する集約型家畜飼育場（フィードロット）が展開するようになった．オガララ帯水層の水位は年々低下しており，将来の地下水枯渇が懸念されている．他方で，オクラホマ州やテキサス州では石油採掘と石油関連産業，IT 関連産業などの発展が著しい．

❖西部山間　ロッキー山脈より西，カスケード山脈やシエラネバダ山脈より東に位置する，標高がやや高く乾燥した地域である．降水量が著しく少ないため水資源が限られており，他地域に比べて人口密度は低い．主な産業は農牧業や鉱業であり，ネバダ州はカジノ運営が州の経済に大きく影響している．また，東部地域に比べて乾燥して温暖な気候であることから，近年はアリゾナ州を中心に高齢者の引退移動が多くみられ，州都フェニックスは急速に発展している．

❖太平洋岸　西部山間地域より西に位置する，太平洋に面した地域．1849 年のゴールドラッシュとともに多くの移民がカリフォルニア州に押し寄せ，人口が急増した．肥沃で温暖なカリフォルニアのセントラルバレーは，東部の都市と鉄道網で結ばれた後に，アメリカを支える一大農業生産拠点となった．この地域は経済的に活力があり，環境保全に積極的である．カリフォルニアはアメリカ最大の経済規模を持ち，世界第 6 位の国に匹敵する．ロサンゼルスは 20 世紀以降急速に成長し，現在は全米第二の都市として君臨する．貿易港のシアトルや，IT 産業の発展とともにシリコンバレーの玄関口となったサンフランシスコなど，この地域の主要都市はアメリカ経済にとって重要な存在である．　　　　　［二村太郎］

地形・気候

Landform and Climate

　大西洋と太平洋，二つの大洋の間にあるアメリカ合衆国は，自然環境も地域によって多様である．本項ではアメリカの地形と気候に着目しながら，その相互関係が生み出す自然環境の多様性について解説する．

図1　アメリカの地形の特徴

❖**地形的特徴**　北アメリカの大半は安定陸塊上にある．カナダ北東部から五大湖近辺までは楯状地が広がり，起伏が少ない地形となっている．大陸の中央に位置する五大湖の南・南西側には広大な中央平原が続き，東側はアパラチア山脈，西側はロッキー山脈が平原の境界となっている（図1）．

　大西洋岸には海岸平野が広がる．北東部から海岸沿いにフロリダまで続き，それがさらに西側のテキサスまで広がる．アパラチア山脈より東に流れる川は大西洋にたどり着くが，大西洋から川を遡上する船は，海岸平野の西端にある滝までしか進めない．ここがピードモント台地の境界である．滝が位置する場所には水と動力が得られたことから，独自の集落（滝線都市）が次々に形成された．

　アパラチア山脈は古期造山帯の一部で，標高はそれほど高くない．しかし，山脈は一列に連なるのではなく，何本も稜線が続いている．そのため，蒸気船や鉄道などの交通が発達する以前，アパラチア山脈以西へ向かうためには幾つもの谷と尾根を越えねばならず，東部から西を目指す開拓者にはこの山脈が大きな障害であった．バージニア，ケンタッキー，テネシーの州境に位置するカンバーランドギャップ（峡谷）の発見と利用は，開拓者の道を新たに切り開いた．

　アパラチア山脈からロッキー山脈にかけての中央平原は標高が数百メートルと低く，起伏も小さい．土壌が肥沃で，ヨーロッパ人入植後は広範囲で農業が営まれた．アパラチア山脈からミシシッピ川流域にかけてはトウモロコシや大豆の生産と家畜の飼育を行う混合農業が展開し，ミズーリ川より西側はやや乾燥するため小麦や甜菜の生産が盛んに行われた．

　アメリカ西部に位置するロッキー山脈は，南北アメリカに続くコルジレラ山系の一部であり，アラスカおよびカナダ北西部からメキシコ南東部にかけて連なる

長大な山脈である．新期造山帯の一部であるこの山脈の標高はアパラチア山脈よりも高く，3,000〜4,000メートル級の山が続いている．

ロッキー山脈の西側には広大な盆地が広がる．降水量が少ないため，都市や集落は水が得られる所に点在する．太平洋岸地域は山地と平地の差が明瞭である．カリフォルニアはプレート境界に位置するため，しばしば地震が発生する．

❖気候的特徴　アメリカは南北に広がるため，気候帯は概ね緯度に応じて変化し，亜熱帯から寒帯まで多様な気候帯が分布する．例えばフロリダ半島南部のマイアミでは亜熱帯気候で年間平均気温が25℃と1年中温暖だが，北東部のボストンでは1年のうち半分は平均気温が10℃以下である．反対に，太平洋岸は寒流が流れる影響で南西部は亜熱帯とはならないが，北西部は西岸海洋性気候で著しい低温は発生しない．

降水量や気温の変化は緯度の差に加えて，比較対象が内陸部か海岸部か，また標高の高低差などによって，明確な差異がみられる．平均気温の年較差は海に近いほど小さく，内陸ほど大きい．例えばテキサス州のラボックとノースダコタ州のビスマークはどちらも西経100度近くに位置するが，ラボックの最暖月（平均28℃）と最寒月（同7℃）の年較差が約21℃であるのに対して，ビスマークは最暖月（平均22℃）と最寒月（同マイナス10℃）の年較差が約33℃もある．

単純にいえば，アメリカの西半分は概ねやや乾燥した地域，東半分は適度な降水のある湿潤地域と分類され，同じ緯度でも降水パターンは東西で大きく異なる．チェサピーク湾と大西洋に面するバージニア州ノーフォークは年間を通して一定の降水がみられるが，太平洋に面するカリフォルニア州サンフランシスコは地中海性気候の影響で降水が冬季に集中し，夏季はほとんど降雨がない．

降水量には雪も含まれる．太平洋の水蒸気は東進して，シエラネバダ山脈やカスケード山脈に大量の積雪をもたらす．太平洋岸地域では，冬季の山間地がもたらす融雪水が春以降の農業において貴重な存在となってきた．同様に，五大湖から運ばれる水蒸気はニューヨーク州北部のキャットスキル山地やアディロンダク山地に大量の降雪をもたらし，この地域はアメリカ有数の豪雪地帯である．

❖気候と災害　局地的な現象として，中央平原では竜巻がしばしば発生する．なかでもオクラホマは竜巻の発生が多く，トルネードアレイ（竜巻街道）と呼ばれている．また，平原は不定期に強風が発生し，それが深刻な土壌侵食を引き起こしてきた．1930年代に発生したダストボウル（砂嵐）はその例である．近年，これらの地域では安定した風量に着目して風力発電の導入が増加している．

北回帰線以南の大西洋で発生する熱帯低気圧はハリケーンと呼ばれ，しばしばアメリカ東部に上陸して甚大な被害を起こす．2005年にフロリダ半島から北西へ進んだハリケーン・カトリーナは，メキシコ湾岸一帯へ未曾有の被害をもたらし，1,000人以上が犠牲となった．　　　　　　　　　　　　　　　［二村太郎］

天然資源

Natural Resources

アメリカの経済を支えているのは，広大な国土とそこに存在する豊富な天然資源である．国土面積は，国別に見た場合，ロシア，カナダに次ぐ世界第3位の大きさであり，本土がある北アメリカ大陸両岸には，太平洋と大西洋に面した長い臨海部を有し，貿易活動に至便となっている．

東部の比較的平らな土地に比べ，西部はロッキー山脈をはじめとする変化に富んだ自然景観が見られる．ロッキー山脈から運ばれた堆積物によってグレートプレーンズと呼ばれる肥沃な土地が形成された．広大で多様な自然を抱えるアメリカでは，各種地下資源はいずれも世界有数の埋蔵量となっている．本項では，水，鉱物，森林，水産資源について解説する．

❖水　アメリカには世界の淡水の約6%が存在する．このうち年間400兆リットルの淡水と65兆リットルの海水が，産業，農業，飲料に用いられている．これらの利用比率は，4対5対1となっている．地表面に降り注いだ雨は，高地の氷河や地下水となる水を除いて，河川を形成しその大部分はやがて海に流れ込む．東西をアパラチア山脈とロッキー山脈，南北をメキシコ湾岸とカナダ国境とする広大な内陸平野はすべて，ミシシッピ川流域である．先住民オジブエ族の言葉で「偉大な川」を意味するミシシッピ川は，河川交通路として，アメリカの発展に貢献してきた．植民地時代から始まった河川交通はエリー運河などの建設もあり，やがて大型の蒸気船がアメリカ内陸部の交通・物流の主役となっていく．現在では，大型のバージ（艀_{はしけ}）を用いた大量輸送が行われている．

❖鉱物と化石燃料　アメリカは，鉱物資源に恵まれ，金，銀，銅などの貴金属の主要産出国である（表1）．石炭は，14世紀初頭にホピ族によって利用された．ヨーロッパ移民によって，初めて石炭が利用されたのは1740年代のバージニア

表1　主要天然資源の埋蔵量（%）

銅		金		銀		亜 鉛		石 炭	
チリ	29.2	オーストラリア	16	ペルー	21	オーストラリア	30.9	アメリカ	26.6
オーストラリア	12.2	ロシア	14.1	オーストラリア	14.9	中国	18.6	ロシア	17.6
ペルー	11.4	南アフリカ	10.6	ポーランド	14.9	ペルー	12.3	中国	12.8
メキシコ	6.4	アメリカ	5.3	チリ	13.5	メキシコ	7.4	オーストラリア	8.6
アメリカ	4.6	インドネシア	5.3	中国	7.5	アメリカ	5.4	インド	6.9
中国	4.2	ペルー	4.9	メキシコ	6.5	インド	4.9	ドイツ	4.5
ロシア	4.2	ブラジル	4.2	アメリカ	4.4	カナダ	3	カザフスタン	3.8
コンゴ	2.8	カナダ	3.5	ボリビア	3.9	ボリビア	2.3	ウクライナ	3.8
ジンバブエ	2.8	中国	3.4	ロシア	3.5	カザフスタン	2	南アフリカ	3.4
カナダ	1.5	ウズベキスタン	3	カナダ	1.2	アイルランド	0.5	インドネシア	3.1
その他	20.8	その他	29.6	その他	8.8	その他	12.8	その他	8.9

［U.S.Geological Survey, *Mineral Commodity Summaries 2016*, 石炭・石油・天然ガス：*BP Statistical Review*

で，その後 19 世紀末から 20 世紀初頭にかけて石炭は主要なエネルギー源となった．石炭の埋蔵量は世界一で，今後 300 年間は枯渇する心配がない．石油は，1859 年にペンシルベニア州で採掘が始まり，最近発見された大規模な油田は，1968 年のアラスカ州でのものだが，近年のシェール開発によって，アメリカの石油および天然ガス産出は飛躍的に増加した．また，アメリカは世界で最もウランを埋蔵している国の一つである．鉄鉱石は全米各地に分布しているが，いずれも小規模である．最も初期の製鉄所は，1620 年にバージニアのジェームズタウン付近で操業を開始した．その後，製鉄所の多くは，原料の鉄鉱石と燃焼温度の高いオークの木が入手しやすいペンシルベニアに建設された．植民地時代末期には，鉄の生産量は母国イギリスに迫っていたが，技術的にも凌駕し本格的な発展を見せるのは，1870 年代以降のことである．

✛森林　地球上の約 6% の森林が存在するアメリカは，産業用木材の世界最大の生産国で，世界の総生産量の 4 分の 1 を供給しているが，国内需要が大きいため木材輸入国となっている．樹木を作物と考えれば，樹木はアメリカでトウモロコシの次に収益性の高い作物となっている（Haynes, 2003）．アメリカの総森林面積約 2 億ヘクタールのうち，林産業が所有するものは全体の約 12%，公有地のものが全体の約 30% となっている．公有地となっている森林においても，森林局の管理する森林（全体の約 20%）の樹木は盛んに伐採されている．林産業の所有する森林と合わせて，アメリカの森林の約 6%（約 1,200 万ヘクタール）が植樹されているものの，特に北西部の樹齢の高い巨木を含む森林の存続が懸念されている．

✛水産　漁業はニューイングランドの発展に重要な役割を果たした．漁民はニューファンドランド近海で，タラ，サバ，ニシン，オオヒラメ，アミキリ，その他の魚類を大量に捕らえた．17 世紀末までには漁業人口は約 5,000 人，船舶数は約 600 に達していた．タラなどの白身魚は加工され，西インド諸島や南ヨーロッパに輸出され，東部の経済を潤した．マサチューセッツ州議会議事堂に金箔をあしらったタラの像がかけられているのは，この地域の漁業の重要性を示している．アメリカ北太平洋地域でのサケ漁は，19 世紀後半から 20 世紀にかけて重要な輸出品であった．これに伴って，冷凍業や缶詰業が発展した．しかし，乱獲の結果，漁業の中心は太平洋での遠洋漁業となった．今日でも，東部および北太平洋地域の漁業は，アメリカの総漁獲量の 3 分の 1 以上となっている．

原　油		天然ガス	
ベネズエラ	17.7	イラン	18.2
サウジアラビア	15.7	ロシア	17.3
カナダ	10.1	カタール	13.1
イラン	9.3	トルクメニスタン	9.4
イラク	8.4	アメリカ	5.6
クウェート	6	サウジアラビア	4.5
ロシア	6	アラブ	3.3
アラブ	5.8	ベネズエラ	3
アメリカ	3.2	ナイジェリア	2.7
リビア	2.8	アルジェリア	2.4
その他	15	その他	20.5

of World Energy June 2016]

［森下直紀］

村　落

Community

　「村落」という語句は，日本語では都市に対照する集落の形態として使われるが，アメリカにおいては非都市地域について「集落」（セツルメント）よりもコミュニティという語が一般に使用される．日本語でコミュニティという語は共同体として使われるが，アメリカでは都市や村落などさまざまな対象に対して用いられ，例えば英語の「農村」は一般にルーラルコミュニティといわれる．

　本項では，非都市地域としての村落をその主要産業に分類して，農村，漁村，山村の三つについて解説する．

❖農村　建国以前からアメリカを支えてきたのは，「農村」に住み農牧業を営む人々であった．第3代大統領トマス・ジェファソンは，アメリカを支えるのは自立した家族農場であると主張した．1900年時点ではアメリカの全人口の半分以上が農村人口であったが，近代化が進むにつれて製造業やサービス業が盛んになり，都市の人口は急速に増加した．

　現在のアメリカの農村人口は2000年の数に比べて微増の状態が続いている．農村に生活するものの，第1次産業（農林水産業）以外の産業に従事する人が多くいるためである．アメリカ農務省の調査によれば，15年のアメリカの農村人口は約4,620万人となっており，その割合は全人口の約14%まで減少した（USDA, 2016）．他方で，12年の農業センサスによると，アメリカでは320万人の農業者が210万の農場を運営しており，農村人口のうち農業者が占める割合はわずかであることがわかる．

　景観的に見ると，例えばニューイングランドは住宅が集合することで集落が形成されているのに対して，中西部以西の農村には必ず中心部にメインストリートがあり，そこに農村の基本的な商業・行政機能が集中している．このような地域を自動車で通過すると，農村集落の縁辺部に自動車販売店や農業機械販売店が立ち並び，中心部へ近付くにつれて商店が多くなる．ガソリンスタンドがコンビニエンスストアやファストフード店を兼ねて経営し，そこでさまざまな商品を販売することも珍しくない．

　自動車が広く普及しているアメリカでは，農村地域にアクセスする公共交通はほぼ皆無である．ここでは州間高速道路（インターステイト・ハイウェイ・システム）が通過するだけでなく，国道や州道や郡道などさまざまな道路が縦横に整備されているが，主要道路を外れると未舗装の道も頻繁に見られる．農村地域に生活する人々は一般のセダン型自動車よりもSUVやピックアップトラック（後部荷台に覆いが付いていない小型トラック）を所有することが多く，未舗装の道

路も苦にせず走り抜けている．

　アメリカでは適地適作の概念が普及しており，作付される作物は地域によってさまざまである．農村を自動車で通過すると，道路の両脇には穀物畑や果樹園や家畜の放牧地を目にすることができる．しかしながら，個々の農家は経営する農地の近くに住居を構えるため，農業者の住まいは主要道路沿いではなく各地に点在している（図1）．

図1　オハイオ州南部のコーンベルト．手前からトウモロコシ畑とダイズ畑．奥には農家と納屋がある［筆者撮影］

❖**漁村**　海に囲まれた島国の日本に比べると，アメリカにおいて「漁村」（フィッシングコミュニティ）はそう多くないが，東西の大洋の沿岸および南部のメキシコ湾に接する地域では小規模な漁村が各地で見られる．東部はニューイングランドの沿岸が古くから漁村として成立し，タラやロブスターの漁業が営まれた．さらに，チェサピーク湾やノースカロライナ州の沿岸地域でも小規模な漁村が点在し，カキやカニの養殖が盛んである．ルイジアナ州の南部，ミシシッピデルタ近辺には沿岸漁業を営む漁村が見られ，エビやザリガニなどの漁獲が多い．なお，ミシシッピ川を北上すると，ルイジアナ州やアーカンソー州の村落ではナマズの養殖も行われている．太平洋岸では主に北西部で先住民が古くから沿岸漁業を営んでおり，現在でもその痕跡が残っている．

❖**山村**　国土の地形が日本ほど山がちでないため，アメリカでは「山村」（マウンテンコミュニティ）と認識される集落はそれほど多くない．山村の多くは林業もしくは鉱業を中心として産業が発展し，集落が形成されたものである．例えばコロラド州レッドビルはロッキー山脈内に位置する鉱山町であり，その名前は地元で採掘された鉛に由来する．アメリカ西部には，かつて鉱業で発展した後に採掘量が減少し人々が街を去ってゴーストタウンとなった集落も少なくない．

　他方で，主要都市から離れている山村は，長らくアメリカ国民の目に届きにくい地域でもあった．ウエストバージニア州やケンタッキー州などのアパラチア山脈沿いには炭鉱で働く人々のコミュニティがあり，それらはしばしば労働搾取や環境破壊の問題に直面してきた．ケンタッキー州ハーランは炭鉱労働の賃金や安全基準をめぐって労働者と経営者の激しい争議が繰り返されてきた．1976年に長編ドキュメンタリー部門でアカデミー賞を受賞した映画《ハーランカウンティ USA》が描くように，長らく続いた対立と暴力闘争によって，「ハーラン」の地名はアパラチア地域の山村のネガティブなイメージを印象付けさせることにもつながった． ［二村太郎］

都市

City / Urban

　1776年の独立以降，東海岸から中西部にかけて交通・通信網が拡大し，大陸横断鉄道の建設により，西部開拓が進んだ．建国以来の首都ワシントンD.C. (District of Columbia：コロンビア特別区) が政治の中心として維持されたのに対し，ニューヨークには経済金融の一大都市として多国籍企業の本拠地が集中し，東京やロンドンとともに大成長した．19世紀半ばからは，東海岸や中西部において鉄鋼や自動車などの製造業の拠点として工業都市が形成・発展した．工業に必要とされる豊富な水資源と製品の運搬に必要な交通網などの立地から，沿岸や湖畔の都市が繁栄した．

　しかし20世紀後半以降，こうした工業都市においては深刻な環境汚染が問題となると同時に，国際分業体制や海外企業との競争激化により，産業に依存した都市経済は大きな打撃を受け，衰退の一途をたどった．

❖**インナーシティ問題と非白人人口の集中**　このようにして脱工業化・脱産業化したアメリカの都市では，経済活動が衰退（経済的窮乏）し，老朽化し修繕されることのない住宅や商業ビルなどが集中（物的衰退）した都心周辺部（インナーシティ）において，貧困，失業，犯罪，差別の対象となるエスニック・マイノリティの集中が顕在化したインナーシティ問題が深刻となった．治安が悪化し，空き家が集中したインナーエリアには，低所得の非白人マイノリティ人口が集中し，郊外に住む比較的富裕な白人との間で人種すみ分け（セグリゲーション）が起きている．

　またこうした地区には，アメリカが受け入れた難民集団の流入も見られる．例えば，ミネソタ州ツインシティ（セントポール市とミネアポリス市を合わせた通称）には，1970年代以降，ベトナム戦争終結後，東南アジアの山岳少数民族モン（Hmong）や，90年代以降，アフリカの内戦から逃れたソマリアなどの「アフリカの角」諸国からの難民がそれぞれ流入した．低

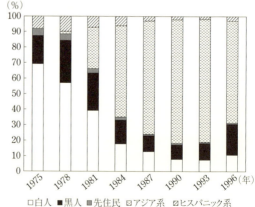

図1　セントポール市における家族向け公共住宅入居者割合
（人種・エスニシティ別）［小田，2009］

所得者向けの公共住宅の入居者も，白人低所得者から非白人マイノリティへと
とって代わられた（図1）．難民らは，着の身着のままで入国し，言葉や生活習
慣も慣れないまま，インナーシティに集中する一方で，彼らのような未熟練な単
純労働者が比較的高賃金を得られる工場などの労働市場は郊外に立地しているた
め，職住の「空間的ミスマッチ」が起きている（☞項目「郊外」）．自動車を持て
ないこれらの難民は，なかなか貧困から脱却できない状態が続いた．同時に，就
職，バスでの通勤，民間住宅の借り上げと家賃補助，郊外への低所得者住宅の建
設などを通じて難民を支援する非営利組織の活動が，難民の定住とインナーシ
ティ問題の解決に一定の役割を果たしている．

❖都市更新（アーバンリニューアル）とジェントリフィケーション アメリカ都
市では，社会階層の分化が進み，都市空間におけるすみ分けが都市内部の格差の
象徴としてとらえられた．しかし，都心周辺部に位置しているインナーシティは，
中心商業地区（CBD：central business district）に近接しているため，しばしば
開発資本や自治体の政策により，再開発の対象となった．このような都市更新
（アーバンリニューアル）を通じて地価が上がり，それに伴う家賃の高騰や住宅
の建て替えなどが起きる．こうして，それまで住んでいた低所得マイノリティの
住民が，転出や立ち退きを余儀なくされる．

　他方で，高学歴で専門的技術を持った高収入の白人若年層（young urban
professionals の頭文字をとってヤッピーと称されることもある）が住みはじめる．
このため，インナーシティ住民の社会階層の上方移動による居住者階層の入れ替
えを含むジェントリフィケーションと呼ばれる現象が見られるようになった．こ
うして景観美化や治安の向上などが起きるが，都市貧困の本質的な問題解決には
つながらず，従前の住民の立ち退きによるコミュニティの崩壊に対する抗議運動
などがしばしば展開されている．

❖大都市と地方都市間の分断 重工業や製造業の拠点として成長，衰退した中西
部五大湖畔の地域は，さびついた工業地帯「ラストベルト」の異名をとる．グ
ローバル経済の不況の影響を直接被ったこれら地方都市と，リベラルなヤッピー
層たちが住む両岸の都市との間の分断も見られる．例えば，2016 年の大統領選
挙においては，不法移民の排除やアメリカへの雇用機会回帰などを訴えたドナル
ド・トランプ候補（当時）は，こうした地方都市の低・中間所得白人層の支持を
得たことで勝利したという．トランプ支持者らは，反トランプのデモを展開した
高学歴・高所得者を擁する大都市を，既得権層（エスタブリッシュメント）の街
として敵意をあらわにして，大都市と地方都市との間の分断が先鋭化した．

　このように，アメリカの都市は，国際的な政治・経済の影響を受けながら絶え
ず変容を繰り返しており，しばしば軋轢や暴動の舞台ともなっている．

[小田隆史]

エスニック空間

Ethnic Space

　中華街やリトルイタリーと聞いたらどのような所を想像するだろうか．アメリカは先住民と（かつての）移民で構成され，共通の出身地，慣習，言語，宗教などを有する特定のエスニック集団がある場所に集中分布し，すみ分けをしている空間が見られる．さまざまな移民・難民の流入により，特に都市内部の小地域・街区におけるセグリゲーション（特定の人種・エスニック集団が空間的に隔離して集住している状況）が顕著に見られる．こうしたあるエスニシティの特徴を帯びた空間は，エスニックタウン，ゲットー，バリオ，エンクレイブなどと呼ばれる．

　こうした街区では，新規に流入した移民たちが，同空間内に設立される互助組織や雑貨店，飲食店，書店などエスニックビジネスを通じて，独自の生活習慣を発揮している．また，この成立の背景には，マイノリティとして差別や攻撃から集住地区を防衛する内的要因と，住宅市場の差別的扱い（赤線引き）などにより他の地域に住むために困難が伴う外的要因が見られる．

❖ **アメリカのジャパンタウン（日本町）**　本項では，日本とも関わりが深いエスニック空間であるジャパンタウンについて，サンフランシスコ日本町（以下，日本町）を例にあげる（図1）．北米への日本人移民は，明治初期に始まり，20世紀初頭に増加した．日本町は，1906年に発生したサンフランシスコ地震（マグニチュード7.8）により，それまで現在の中華街にあたる地域に住んでいた日系移民が家を失い，現在の場所に移り住んだのが始まりとされる．当時の地図を見ると，日系の旅館，花屋，書店，クリーニング屋，八百屋，和菓子店，学校や教会などが，市内中心部からそう遠くないところに多く集中していた．

図1　ゲマリー大通りから眺む日本町の商業施設
[筆者撮影]

　ところが，日本のハワイ真珠湾攻撃から太平洋戦争に突入すると状況は一変した．1942年2月19日，フランクリン・D.ローズヴェルト大統領による大統領令第9066号により，日本町を含む西海岸やハワイにいる約12万人の日系人が，収容所に強制移住させられた．こうして主人を失った日本町には，軍需労務を請け

負うためやって来たアフリカ系アメリカ人が住みついた.

❖**変容するエスニック空間**　戦後，収容から解かれた日系人の一部は，日本町に戻り生活再建を始めたため，アフリカ系と日系が一つの空間に共存するようになった．マイノリティとしての差別を共感共苦してか，若者を中心に，日本町では，アフリカ系との交流が深まったという．日本町のジャズクラブで，日系人も演奏し，彼らの中には戦後日本にジャズを伝える先駆けとなった者もいるという．同様の日系人と黒人との交流は，ロサンゼルスのリトルトーキョー（ブロンズビル）でも見られたという（日系三世の劇作家フィリップ・カン・ゴタンダが，ミュージカル《アフターザウォー》〈2007〉にこの交流の歴史を描いている）.

　1950年代に入ると，日系人や黒人が集中する日本町域は，連邦政府主導のスラム・クリアランス型の再開発事業の対象地域として指定され，再び日系人らが立ち退きを余儀なくされた．更地化され，移民当時の建造物の多くが失われ，代わりに大型商業施設やホテルがつくられた．サンフランシスコ市が，経済成長を遂げた日本からの投資を呼びかけると，大手日本資本がこれらの物件を買収し，移民街区としての日本町から，日本企業の投資先としての様相を帯びた．この頃，こうした空間変容に，日系移民の歴史が失われることを懸念した日系3世らが，歴史伝承や文化保全，高齢者福祉などのコミュニティNPOを設立し，日本町に本拠地を置くようになり，日本食や日本製品を求める人々の観光地と化した.

　こうして日本町では，日本語を話さないアメリカ国籍の2世や3世と，戦後に移住して商店などを営む日本語を母語とする「新1世」と呼ばれる人たちが一つのエスニック空間に共存状態となった．2000年代後半には，物件を所有する日本企業が日本町から撤退することとなり，日本町の歴史保存と経済再活性化をめぐる論争が激化した.

　このように，日本町というエスニック空間一つとってもローカルやナショナル，そして国際的な社会，政治経済的な情勢に影響，翻弄され，変容を繰り返しているトランスナショナルな空間的特徴を理解することができる.

❖**攻撃の標的としてのエスニック空間**　こうしたエスニック空間は，その特徴のために，時の政治経済情勢により差別や攻撃の対象となり得る．大戦前夜や戦後まもなく，あるいは1980年代の日米貿易摩擦の頃の日本町や，2001年の9.11同時多発テロ直後のイスラム系住民の集住地域などで，差別や暴力事件が起きている.

　本項では，日本町を中心に扱ったが，アメリカには華人における新規移民と旧移民とのすみ分けや，都心から離れた郊外に集住するエスノバーブ，農村への移民集住など多様なエスニック空間が見られ，それに関する文献も多く出されているので，理解を深めていただきたい．そうすることで，アメリカ社会の「サラダボウル」の実相が見えてくるだろう.　　　　　　　　　　　　　　　[小田隆史]

郊 外

Suburb

郊外とは，通勤・通学や買い物行動によって中心都市と密接な関係を持つ周辺地域を指す．住宅地域が大部分を占める．字義は近くに(sub)＋都市(urb)で，都市に近いところの意味であるが，中心となる都市の発展によって異なる性格を持つ．

❖都市の発展と郊外　アメリカの都市は交通機関の発展により，さまざまな形態の郊外をつくり出してきた．19世紀後半の路面電車時代には職住分離が進展し，郊外は路面電車の路線に沿って外側に延びた．1920年代から都市住民の間で自動車の普及率が高まると，路面電車の路線と路線との間にある空間が住宅地として開発されるようになり，市街地の形態は路面電車の路線に沿って住宅地が延びる星形から円形へと変化した．自動車所有者が増加すると，道路網が整備され，郊外には住宅地が拡大した．郊外化の進展と自動車によるモビリティ（移動性）の増大は，郊外住宅地の所得階層分化ももたらした．

一般に，新しく開発された郊外住宅地は大規模で，1区画あたりの面積も広く，住宅価格も高かった．しかし，敷地面積を狭くして住宅価格を下げた住宅も供給されるようになり，世帯は所得と自動車の所有の有無により住宅を選択できるようになった．所得階層や社会的地位の同じような世帯は郊外の同じ住宅地区に住み，他の所得階層や社会的地位の世帯が住む住宅地区とは距離を置くようになり，郊外住宅地の社会空間の分化が進行した．

❖第2次世界大戦後の郊外　第2次世界大戦後，アメリカの自動車普及率は急速に進展し，1950年にはほぼ1世帯に1台となった．40年代後半には都市内部のハイウェイ網の建設が進み，50年代と60年代には高速道路建設が着実に増加した．なかでも，アメリカの主要都市間を結ぶインターステート・ハイウェイ（フリーウェイとも呼ばれる州間高速道路）と都市の中心部から外側に向かう放射状のハイウェイそしてそれらのハイウェイを結び付ける環状道路の建設が盛んであった．道路網の整備とモータリゼーションの進展とともに，都市縁辺部にはショッピングセンター，工業団地そしてオフィスも建設されるようになった．

70年代からは大都市を取り巻く郊外の環状道路沿いは，工業や商業の新しい核となり，郊外にはショッピングモールが建設された（☞項目「ショッピングモール」）．ショッピングモールはデパートやスーパーマーケットを主要店としてその他の専門店や小売店あるいは映画館などを含むショッピングセンターであり，これらの店を取り囲む広大な駐車場が特徴である．ショッピングモールは中心都市の中心部から放射状に走る主要ハイウェイ（あるいはインターステート・ハイ

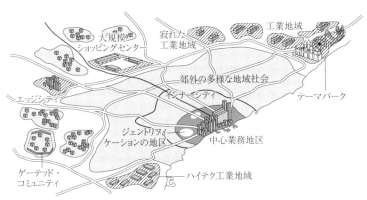

図1　郊外の構造［Knox, P, et al., 2006 より作成］

ウェイ）と都市を取り巻く環状のインターステート・ハイウェイの交差点の周辺に多く立地し，都市圏の大規模な商業中心地となった．

❖**脱工業化時代の郊外**　都市の成長を支えてきた産業が工業から第3次産業のサービス産業や商業，あるいは第4次産業の情報，経営・管理，知識産業部門に推移するにつれて，都市の構造はそれまで商業・オフィス活動が集中していた中心業務地区（CBD：central business district）を中核とする構造から郊外のショッピングセンターや郊外のオフィス地区を核とする多核構造に変わった（図1）．郊外に居住する住民と豊かな購買力を求めて，インターステート・ハイウェイと環状道路の交差点付近にはショッピングモールとオフィスが進出し，郊外の大きな雇用の場となった．郊外のこれらの場所はエッジシティと呼ばれ，衰退する中心業務地区に代わって郊外住民の消費活動の中心となった．エッジシティは消費の中心であると同時にオフィスも立地しており，郊外の雇用の中心地でもある．これまでは，都市の通勤行動は郊外住宅地と都市の中心業務地区の間で行われていたが，郊外に雇用の中心地が形成されたことによって，郊外における横方向の流れも加わることになった．

　郊外にはさまざまな社会集団が居住するようになり，一部の社会集団は好ましくない社会集団を排除して住宅地区を安全な居住空間にするために周囲を塀や防壁で囲み，入り口には人の出入りを監視する門を設けて警備員を配置するゲーテッド・コミュニティを建設するようになった．一方，拡大した郊外では，都市の中心部に近いところは住宅の更新が進まず，老朽化した住宅に比較的低所得の人々が多く住むインナーシティとなった．また，インナーシティの内部では衰退した住宅を改造して中産階級の専門職の人々が住むようになるジェントリフィケーション（gentrification）も行われた（☞項目「都市」「美術を動かす力」）．

[菅野峰明]

サンベルト

Sunbelt

アメリカ南部と南西部は1960年代後半から経済成長と人口増加が顕著になり，これら二つの地域は北東部，中西部のフロストベルト（あるいはスノーベルト，ラストベルト）に対してサンベルトと呼ばれるようになった．

❖**サンベルトの範囲**　サンベルトは日照時間，人口変化，経済的繁栄と成長に結び付けられた言葉であったが，この言葉は燦々と照る太陽と結び付いて，輝かしい未来のある地域をイメージさせ，ジャーナリズムと一般の間に瞬く間に広がった．サンベルトの範囲についてはさまざまな定義がある．サンベルトという言葉を最初に使用したのは政治評論家ケビン・フィリップスである．彼は『勃興する共和党多数派』(1969)の中で，フロリダ州からテキサス州，アリゾナ州，カリフォルニア州南部に続く地域をサンベルトと呼んだ．

その後，国勢調査（センサス）の区分の南部と西部を一緒にした範囲，北緯37度線以南の州にバージニア，ミズーリ，カリフォルニア州を加えた範囲，北緯37度線以南の州にカリフォルニア州を加えた範囲，そして北緯37度線以南の地域にバージニア，ケンタッキー，ウエスト・バージニア，メリーランドを加えた範囲などがサンベルトとして示された．しかし，国勢調査局は人口学者ブラッドレー・ライスの定義した北緯37度線以南の14州にハワイ州，カリフォルニア州とネバダ州の南部を加えた範囲をサンベルトとした（図1）．

❖**サンベルト現象**　1970～80年の南部の州とカリフォルニア州およびネバダ州の人口増加率はいずれもアメリカ全体のそれを上回り，北東部，中西部の低い人

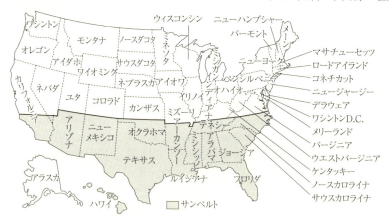

図1　サンベルトの範囲［菅野，1994］

口増加率の州との差異を際立たせた．ところが，80年代になると，国勢調査局の区分による南部全体の人口増加率はアメリカ全体の平均を上回ったが，南部の人口増加率は大西洋沿岸部とテキサス州で高く，南部中央部で低いという傾向を示し，70年代に見られたような南部全体が高い人口増加率を示すという傾向ではなくなった．

南部は60年代まで北東部や中西部に人口を送り出す人口流出地域であった．ところが，70年代から南部は人口流入地域に変化した．この人口移動の変化は，フロストベルトからサンベルトへの経済活動と人口の流れの一部として把握することができる．70年代，北部と中西部の経済と工業はリストラクチャリング（再編成）の時期であった．北部の工業地域は老朽化した設備・技術や外国との競争，そしてハイテク産業を誘致することができなかったために人口と雇用者を減少させた．それに対して，南部は快適な気候，安い労働力，安い土地，連邦政府による予算配分および州政府の積極的な企業誘致政策そして豊富で安価なエネルギーがあり，北部・中西部からの工業と人々を十分受け入れる基盤を持っていたのである．

低賃金労働力が豊富に存在した労働市場を求めて衣料製造業や家庭用電気機械・器具製造業が南部の農村部に工場を進出させた．南部に進出した工場は一定の繰り返しの作業を行う工程の場所であり，分工場と呼ばれた．また，南部諸州における「労働権法」の存在による労働組合組織率の低さも南部への分工場立地の要因の一つであった．労働権法とは，雇い主と労働組合が雇用労働者の雇用の条件として労働組合員であることを必要とする労働協約を結ぶことを禁止する法律である．

❖サンベルト現象後の地域の変化　1960年代後半からの経済発展により，これまで全国平均との差が大きかった南部の個人所得は全体的には上昇したが，個人所得の差が大きく縮小した州とあまり縮小しない州とが明確になってきた．さらにこれまで，労働賃金の低さという比較優位性から労働集約的分工場が立地した農村地域はグローバリゼーションの中で中南米や中国の安い製品と競合できなくなり，そこの分工場は撤退あるいは閉鎖に追い込まれた．

南部は温暖な気候とアウトドア・レクリエーションのための条件を備えており，北部から南部へ退職高齢者の大量流入があった．南部への高齢者の流入は，医療の進歩，長生き，十分な年金，レジャーとレクリエーション志向のライフスタイルをもとに生じたものであった．高齢者が望むアメニティを供給するものとしてリタイアメント・コミュニティが南部の各地域で開発され，特にフロリダ州の南東部と中央西部・東部には多数建設されたことで，高齢者の比率も高くなっている（☞項目「高齢者」）．

[菅野峰明]

資源保全と自然保護

Resource Conservation and Preservation of Nature

20世紀のアメリカは，大統領が次のように訴えて幕を開けた．「天然資源の価値を損なうことなく，むしろ資産として増やして次世代へと引き継ぐことができたら，それは素晴らしい．南北戦争後の急速な経済発展によって森林資源や水資源が乱開発されていることを国民に広く知らしめ，問題解決の責任を連邦政府が担う」と，第26代セオドア・ローズヴェルトが約束した瞬間だった．

❖**保全と保護**　功利主義的な考え方や経済的進歩に価値を置く姿勢を一方で保ちつつ，他方で公共利益のために専門知識を持った連邦政府の官僚たちが資源の効率的管理を任されたのである．これを一般に天然資源管理あるいは保全という．こうした商業的利用を前提とする保全政策に対して，自然そのものの完璧な保護を訴える少数派が存在した．現在も活動を続ける環境 NGO の一つシエラクラブを創設したジョン・ミューアらである．価値観としての保全と保護とは実際の政策決定過程においても対立し，例えばヨセミテ国立公園のヘッチヘッチ渓谷にダムを建設してサンフランシスコ市に水を供給するべきか否かの論争では，資源保全が自然保護に対して勝利した（☞項目「国立公園」）．

❖**新しい公共哲学**　こうした対立が19世紀末に顕在化する一つの契機は，フロンティアにおける個人や私企業の経済活動であったとされる（☞コラム「フロンティア」）．そこでは天然資源は無尽蔵に存在すると考えられ，短期的な経済利益を求めて資源が無計画に開発され，当然の帰結として自然景観が損なわれるばかりでなく，資源が枯渇していった．この問題を取り上げたのが，自然科学者，社会評論家そして政治家たちで，彼らは長期的な視点に立脚する計画的利用を訴えた．これは私的利益よりも公的利益を優先させる新しい公共哲学の誕生だ．

建国以来，小さい方がよいとされていた連邦政府は，こうして公共利益を擁護するための役割を拡大させていく（☞項目「小さな政府」）．特に西部においては，降水量が少なく，灌漑農業を展開するには大規模な水利事業が必要不可欠であった．また，過放牧による牧草地の減少，伐採による森林資源の激減なども問題として認識された．そこで，ダムを建設し，植林をし，牧草の種を蒔くような公共事業が始まり，その作業をできるだけ効率よく進めるために専門的で高度な科学技術の知識を持った中央官僚の誕生が待ち望まれるようになったのである．

❖**原生自然**　ひるがえって，自然を保護しようとする発想はいかなる歴史的文脈から立ち現れたのであろうか．そもそも北米大陸の自然は，多くの人にとって克服すべき対象であり，農地や街に変化すべき風景だった．しかし，南北戦争前後の時代に新しい考え方が台頭し，手つかずの自然（原生自然）を人間による開発

から保護しようとする思想が登場した．その原因は，多面的である．一方で都市が急成長して内外から移住する群衆を惹き付け，他方で都市の外側に残されていた手つかずの土地が激減した．1880年代までに耕作に適したほとんどの土地が開墾され，その周辺のやせた土地ですら鍬が入れられ，垣根が張り巡らされつつあった．つまり，つい最近まで共和国の理想として崇められた独立自営農民と彼らの生活様式や価値観の基盤となるべき土地が，消滅の危機に直面していた．そこで開発促進から保護重視へと原生自然に対する価値が逆転したのである．

　さらに，原生自然に対する強烈な思い入れは，愛国心とも結び付いた．ヨーロッパと比較したとき，アメリカには独自性を主張できるものがない，と内外でいわれていた．例えば建国期の芸術家や政治家は，新しい国家に歴史的伝統が欠如していることを嘆いていた．彼らは，西欧の古代遺跡，大聖堂，文学など，長い伝統が息づいていることを羨んでいた．しかし，19世紀に西部開拓が本格化すると，未開拓地に広がる景観，特に息を呑むような大自然こそが新興国家の誇るべきものだ，と考えられるようになった．その結果，19世紀後半になると特別な自然景観を公園として残そうという動きが活発化した．

❖**新しい価値観**　自然保護の思想は，19世紀のロマン主義文芸家，都心で働きながら自然に癒されたいと願う新興中産階級，そして男らしさを求める人々の間に広まった（☞項目「アウトドア」）．特に，産業化が進展するとあらゆる組織は巨大化し，そこで働く人間を取り込んで人格までも奪おうとする傾向が強まった．そこで，こうした状況から逃れて野生味を取り戻そうとする男性たちが急増し，このような理念はボーイスカウトが普及するきっかけとなった．

　さらに原生自然を守ろうとする運動は，経済的格差にかかわらず誰でも安全に楽しめる場所をつくろうとした都市計画専門家らによって支援された．例えば，フレデリック・ロー・オルムステッドは，産業資本主義が進む中で劣化していく労働環境から貧困層労働階級を救済する目的で，自然景観を都市に残す必要性を提唱した．つまり，自然に触れることで労働者の心理状態，ひいては社会全体が安定するだろう，と彼は考えたのである．

❖**価値観の相対性**　こうして原生自然保護の思想は，あたかも普遍的な価値を有するかのように考えられてきた．しかし，特定の時代と国家に台頭した観念が時空を超越する，となぜ考えなければならないのだろうか．特に自然保護という大義が愛国心と結び付いて絶対的な価値を持つと考えられるとき，得てしてこれを疑うことに躊躇してしまう．さらに，原生自然という概念を批判的に検討することが，皮肉にも環境破壊を容認し，自然保護を放棄するものと誤解される傾向にある．しかし，だからこそ原生自然という認識がどのように形成されたのか，いかなる矛盾を含んでいるのか，しっかりと見定めなければならない．自然保護か資源保全かという二元論を越えた議論が待ち望まれる．　　　　　　［小塩和人］

環境保護

Environmental Protection

　20世紀のアメリカでは，天然資源の大規模な開発事業，および，科学技術，産業，交通網の発展が，深刻な環境破壊を引き起こすに至った．また，自然の営みと直接的な関係を結び，土地に根ざした生活スタイルから脱却し，拡大を続ける工業都市に拠点を置く人口が急増した．これに伴い，アメリカ文化のアイデンティティともいえる原生自然の喪失や，社会の急激な変化に対する危機感が高まり，環境保護に関するさまざまな思想が生まれ，政策論争や運動が活発化した（☞項目「有害物質と対策」）．

❖土地倫理とエコロジーの思想　1949年に出版された，森林管理官を務めたこともある生態学者アルド・レオポルドの著書『野生のうたが聞こえる』は，200万部以上の売り上げを記録した．レオポルドは，土壌，水，植物，動物を含む土地の共同体の一構成員として人間をとらえ，相互関係を見いだす土地倫理の思想を示した．人間は土地を支配する存在ではなく，生態学的共同体の一部であるという考え方は，20世紀後半に注目を集めるエコロジーの思想にも連なり，環境倫理学の基礎を形成した．

　多くのアメリカ人にエコロジーの思想の重要性を思い起こさせる，衝撃的な著作が出版されたのが62年のことである．海洋生物学者レイチェル・カーソンによる『沈黙の春』は，DDTなどの農薬に含まれる化学物質が生態系において循環と蓄積を繰り返し，人間を含むあらゆる生物の身体を蝕む実態を明らかにした．本書は大きな話題を呼び，環境破壊への危機感が高まったアメリカ国内では，70年に2,000万人以上が参加したといわれるアースデー，連邦環境保護庁の設置，さらには「国家環境政策法」や「大気浄化法」などの重要な法律の成立につながった．

❖反公害運動　1970年代以降，環境保護を目的とした法整備がようやく行われるようになった一方で，各地で公害による健康被害が見られるようになる．カーソンが警告したとおり，有害化学物質が環境破壊を引き起こし，市民社会を脅かしている実情を全米に知らしめたのが，78年のラブカナル事件だ．ニューヨーク州ナイアガラフォールズ市の化学品メーカーが1942～52年にかけて有害廃棄物を垂れ流していた運河が埋め立てられ，その跡地に小学校や住宅が建設された結果，周辺住民の間にさまざまな健康被害が見られるようになったという事件だ．被害が次々に表面化する中，ロイス・ギブスという当時は無名の運動家がリーダーシップをとり，多くの母親たちが子どもたちを守るために草の根レベルで活躍した．これをきっかけに78年に制定された「スーパーファンド法」は，環境保護庁が汚染の調査と除染を汚染企業の費用負担の下に行うように定めた．

「スーパーファンド法」の成立に見られるように，公害に反対する市民運動の成果は大きかったが，連邦政府が環境保護政策をとり続けたわけではない．80年に大統領に着任したロナルド・W.レーガンは，環境保護にはきわめて敵対的な思想を持ち，規制緩和を実行し，企業利益を最優先する方向に照準を合わせた．環境保護を求める人々には暗黒の時代といえるが，反面，一般の人々の間に危機感が高まり，環境団体への加入人口が増えたともいわれている．

❖**環境正義運動**　1980年代には，環境保護と社会正義の概念を結び付けた新しい環境運動も，草の根の力を結集した公民権運動，女性運動，反公害運動の流れを受けて誕生し，その後90年代以降は国境を越えて展開する反グローバル化運動や人権運動と連携し，さらなる発展を遂げている．自然保護や資源保全に焦点を絞った伝統的な環境運動とは異なり，環境正義運動の参加者は，人々の生活と身体を脅かす環境破壊を，人種，階級，ジェンダー，セクシュアリティなどによる差別や格差の問題としてとらえてきた．ジョン・ミューアが創設したシエラクラブや，日本でも反捕鯨運動などで知られるグリーンピースを含む，ビッグ・テンと呼ばれる老舗の環境団体の会員が，主に中・上流階級に属する白人男性であるのに対して，環境正義運動に関わる人たちには有色人種や女性が多い．

　環境正義運動を牽引してきた草の根の運動家や研究者たちは，有害廃棄物の処分先や，大気・水質・土壌汚染をもたらす工場，資源開発の現場，さらには軍事基地などの迷惑施設が，貧しい有色人種が住み，働く生活圏に集中する不平等を告発してきた．91年10月にワシントンD.C.で開催された第1回全国有色人種環境指導者サミットには，1,000人を超える環境正義運動家，研究者，政策担当者が集結し，意見交換を行った．彼らは，環境危機に直面する当事者が，各種の政策決定に加わることができるような参加型民主主義の実現や，人種，国籍，階級，ジェンダーなどによる差別や格差を克服する重要性を確認した．この際に採択された「環境正義の原則」（17原則）は，核実験から，有害廃棄物処分，先住民族の権利，消費者の意識改革，多国籍企業による資源開発，生態系の営みにおける種の相互依存に至るまで，多岐にわたる問題を提起する画期的な内容だった．

　サミットの成功によって連邦政府も方向転換を迫られ，環境保護庁には環境正義問題に対応する専門部局が開設された．94年にはビル・クリントンが大統領行政命令を発令し，各連邦機関が環境正義の実現を目指すように呼びかけた．こうした動きには，連邦行政側が環境問題に内在する不平等の存在を認めたという点においても重要な意味があった．

　環境正義運動は現在に至るまで，地球温暖化を背景にした気候正義の運動や，食品の生産，消費，安全に関わる食の正義運動，将来の世代に対する私たちの責任を問う公正なサステナビリティを目指す社会運動とも連携しながら，アメリカ国内外で大きな広がりを見せている．　　　　　　　　　　　　　　［石山徳子］

公有地問題

Public Lands Problem

　人命救助に駆けつけた消防隊員が「見つかるものといえば，赤ん坊の指と合衆国国旗の破片だけだ」と呟いたのは，1995年4月19日オクラホマシティで起こった連邦政府ビル爆破現場だ．子ども19人を含む168人が死亡，800人以上が負傷したこのテロ事件は，2001年の9.11同時多発テロの発生までは，アメリカ国内で最悪の被害をもたらした惨事であった．連邦政府に対する怒りに基づくティモシー・マクベイの犯行だった．

✥公有地払い下げ　怒れる西部人の矛先は，主に連邦公有地が対象となってきた．18世紀末から連邦政府は新しくできる州に公有地を払い下げてきた．さらに州政府がこれを個人に払い下げる計画だったが，現在でも未完了のままだ．特に1970年代以降，中央政府によるさまざまな規制によって西部の地域経済に支障をきたし，巨大化した連邦権力への反発が草の根で強まっているのだ．

　そもそも東部の13植民地が独立して合衆国となり，旧イギリス植民地が西部の土地に関する権利を連邦政府に譲渡した結果，連邦公有地が生まれた．そして，この新興国家は1803年にフランスからルイジアナ地方を購入したことを皮切りに領土を拡大させ，46年にオレゴンを取得し，48年に南西部をメキシコから武力で奪い，南北戦争後の69年には大陸横断鉄道が完成した．こうした鉄道網建設には開拓促進を目的として，ミシシッピ川の西に広がる連邦公有地が鉄道会社に付与されたのである（☞項目「交通インフラ」「鉄道」）．

　連邦公有地は，西部開拓の促進のみならず連邦政府の収入源としても重要であったため，売却収入の増大も政策目標として設定された．さらに公有地に関する測量方法は，6マイル四方のタウンシップを単位として，土地が碁盤目に区切られた．1タウンシップが36セクション，1セクションは640エーカー（約260ヘクタール）であった．公有地の委譲にあたっては競売が原則であったが，公売以前に居住開墾した開拓民がいた場合には，先買権と称して最低価格で土地を優先的に購入する権利を認めていた．しかし，実際に民間委譲された公有地の面積は全土の10％余りにすぎない．これに対して隣国カナダの場合，公有地政策によって処分された土地面積が国土の3割を占める．

✥怒れる西部　19世紀以降，アメリカにおいて自然環境との関わりで最も重要な課題は連邦公有地問題であったといって過言ではない．カナダを除く北米大陸全体を国土として確保し，定住をうながし，資源を開発し，経済発展を実現する．こうした国家的目標を達成するために，公有地は民間に委譲されていた．しかし，その速度は環境保護を達成するために衰え，これに西部人は怒ったのだ．

現在，アメリカでは約260万平方キロメートル余りの連邦公有地が存在している．その9割は，主に農務省林野庁，内務省の土地管理局，国立公園局，連邦魚類野生生物局という四つの役所が管理し，残りの公有地は，国防総省，内務省開拓局，テネシー渓谷公社などが管理している．

公有地の種類は主に五つに分類できる．①原生自然保護を目的とし，一切開発を許さない4,300万ヘクタールの土地．②国立公園として公衆の娯楽目的で使用すること以外，開発が認められない3,400万ヘクタールの公有地が存在する．③野生生物保護区として3,800万ヘクタールの公有地が魚類，鳥類，哺乳類の生息地として管理されている．④7,700万ヘクタールの国有林があり，ここでは多目的使用つまり娯楽，放牧，伐採，自然保護が並行して行われている．そして放牧地として主として西部ならびにアラスカに1億6,300万ヘクタールが点在し，土地管理局と林野庁が管理を任されている．

❖環境保護と資源利用　これらの役所は，常に環境保護と資源利用とのバランスをとりながら公有地管理を行うことが期待されている．しかし，実際には他の役所，連邦議会，ホワイトハウス，環境保護主義者そして多様な公有地利用者との間で恒常的な対立や摩擦を経験している．特に公有地内で利益を目的とした諸活動に関わることを強く望む人々が，経済開発規制の撤廃運動を展開してきた．彼らの不満は，中央政府による過剰な規制政策に起因する，といわれている．

例えば，2016年1月26日オレゴン州のマラール国立野生動物保護区の建物に武装勢力が立てこもっていた問題で，連邦警察（FBI）とオレゴン州警察は中心人物を含む5人を逮捕したほか，銃撃戦で1人が死亡したと発表した．アモン・バンディ容疑者を中心とする民兵団が，公有地の使用をめぐり連邦政府が地元牧場関係者を拘束したことに抗議し，野生保護センターの建物を占拠していたのである．

同年10月バンディらが釈放されたちょうどその頃，ダコタ・アクセス・パイプラインに反対するダコタとアイオワ州の先住民たちが，全米から終結した治安維持隊に包囲されていた．陸軍工兵隊が管理する連邦公有地を不法占拠していたからである．この1,886キロメートルにわたる地下石油パイプラインのプロジェクトは，エナジー・トランスファーパートナーズ社などが総工費38億ドルを投じた計画であり，環境への悪影響について論議を呼んだが，着工に至った．

京都議定書に反対を唱えたジョージ・W.ブッシュ大統領にならい，パリ議定書からの脱退を訴えるドナルド・トランプ大統領の下，連邦政府の環境政策は大きく後退することが予想されている．こうした新しい21世紀の歴史的文脈において，公有地における西部地元民と中央政府との軋轢がどのように展開していくのか，連邦公有地問題から眼が離せない．

［小塩和人］

気候変動

Climate Change

‖‖‖

　気候変動は，地球温暖化とも呼ばれる地球規模の環境問題である．18 世紀後半より人類は，石炭や石油を大量に燃焼しエネルギーを活用したことで，一方では豊かで快適な生活を手に入れたが，他方では大量の二酸化炭素を放出するようになった．その結果，大気は熱を蓄積し，平均気温上昇のみならず世界各地で過去に見られなかった異常気象が頻発するようになっている．

　アメリカは，2008 年前後に中国に抜かされるまで長年にわたり，二酸化炭素をはじめとする温室効果ガスの世界最大の排出国だった．そのため，アメリカの同問題に対する取組みは国際社会の取組みに影響を及ぼしてきた．

❖アメリカへの気候変動の影響　気候変動が進むと，世界各地で異常高温や熱波，乾燥，集中豪雨，巨大ハリケーンの発生などが予想されており，アメリカでも同様のことが予想される．加えて，アメリカ国防総省は，気候変動を国家の安全保障問題として扱い，途上国での災害増加や食料不足による紛争の増加，居住不能地の増加に伴う移民問題を懸念している．

❖アメリカの気候変動への対応　二酸化炭素をはじめとする温室効果ガスが温暖化につながるという科学的知見の集積は，アメリカで生じている．人間活動の影響を受けないハワイのマウナロア山の頂上に観測施設を設け，大気中二酸化炭素濃度の上昇を確認したのはアメリカだった．「気候変動に関する政府間パネル」（IPCC）の 1988 年設立もアメリカが中心となった．

　しかし，対策に関しては，アメリカは最も消極的な国となった．アメリカ国内では，石炭・石油産業が連邦・州議会に対して，多大な影響力を保持していた．二酸化炭素排出量削減はすなわち石炭・石油の消費量削減と同義のため，これらの産業には受け入れられない．そのため，92 年に採択された国連気候変動に関する国際連合枠組条約の交渉過程では，当時のジョージ・H.W. ブッシュ大統領が，排出削減が国際約束とはならない条文であることを条件に最終案を受け入れた．

　97 年に京都議定書が採択された時期は，クリントン-ゴア政権下だった．アル・ゴア副大統領が環境問題に関心を示し，アメリカはいったんは京都議定書に署名したものの，その後議会の強い反対にあった．そして 2001 年ジョージ・W. ブッシュ大統領は京都議定書からの離脱を公表した．その後，連邦政府レベルでは対策が停滞するが，カリフォルニア州など一部の州では，独自に対策がとられ，再生可能エネルギー普及や排出量取引制度が先駆的に導入された．

　風向きが変わったのはバラク・オバマ大統領時代である．大統領選キャンペーン中の公約でも気候変動への取組みを掲げていた．就任後は議会の強い反対で退

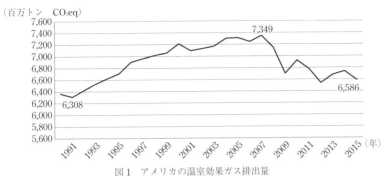

図1 アメリカの温室効果ガス排出量
[USEPA Greenhouse Gas Inventory Data Explorer より作成]

けられる時期が続いたため,議会の影響を受けない行政手続きで少しずつ対策を講じる方針に転換し,既存の法律である「大気浄化法」を活用して温室効果ガスを大気汚染物質に加えた規制を実施した.13年6月には気候行動計画を公表し,温室効果ガス排出量削減目標(2020年までに2005年比で17%削減)の再確認,国内での気候変動影響への本格的対応,国際協調における指導的役割の3本柱を掲げた.

また,中国とは年に1,2回,戦略対話を持ち,最大排出国となった中国との距離を狭めていった.14年11月,中国と共同で声明を発表し,アメリカの排出削減目標として「2025年までに温室効果ガス排出量を2005年比で26~28%削減」と提示した.15年末に採択されたパリ協定の策定に尽力し,16年9月にはやはり中国と同時にパリ協定を批准した.

しかし,16年11月の大統領選に勝利したドナルド・トランプは,気候変動に懐疑的であり,17年6月,パリ協定からの離脱を宣言した.国内外から多くの批判があり,今後のアメリカの気候変動対策は不透明である.

❖**アメリカの温室効果ガス排出量** アメリカの温室効果ガス排出量は増加傾向を示し続けてきたが,2000年代中盤にシェールガス革命が起きると,石炭から天然ガスへの転換が進み,特段の対策をとらずとも二酸化炭素が減る状況になった(図1).また,その結果,石炭産業による政治への影響力が弱まり,気候変動対策導入に対する障壁を下げた.今後アメリカが2025年,2050年目標を達成するためにはさらなる取組みが必要といわれている.再生可能エネルギーは急速に価格を下げており,政権とは無関係に導入が進むと予想されている.

オバマ政権が提案したクリーンパワープランが実施されれば,石炭火力発電所は二酸化炭素を炭素回収隔離(CCS)技術などで減らさなくてはならなくなり,アメリカの排出量削減に大きく寄与するといわれているが,17年10月現在,同プランは見通しが立たなくなっている. [亀山康子]

自然災害

Natural Disasters

　自然災害は，地震や津波，豪雨，噴火など異常な現象のことをいう．自然災害が発生すれば，人命や身体，財産，社会活動に被害をもたらすことがある．そのため，どのような地域で発生したのかによって様相が異なるため，自然災害は当該社会がもつ地理的・社会的・経済的な脆弱性を顕在化させる一面がある．さらに近年では，発災後の状況にいかに対応し，復興を迅速になし得るかという災害回復力（レジリエンス）も注目されている．

❖自然災害，複合災害，環境正義　一般的に自然災害の場合は，因果関係が相対的に明白で，不確実性も比較的低く，被災者は救済の対象となる．しかしながら，近年は複合災害が発生することで，自然災害に対する見方が大きく変化している．特にアメリカの都市化・工業化が進んだ地域で発生したハリケーン・カトリーナ災害は，大規模な環境汚染を伴った．自然災害によって，災害前から存在した環境リスクが顕在化することは，自然災害の延長上に技術災害，産業災害，原子力災害が発生する可能性を示唆している．また，その被害が人種的マイノリティに不平等に集中する場合には，環境正義とも関係する．

❖ハリケーン・カトリーナ災害　ルイジアナ州ニューオリンズ都市圏（表1）は開発に伴う脆弱性が指摘されていた．ミシシッピ川河口デルタの低湿地帯の上に形成され，標高が平均で海抜よりも約2メートル低いからである．市街地の約7割が海0メートル以下という地理的脆弱性を抱えながら，港湾都市という水運の拠点として反映してきた．もとよりハリケーンの常襲地帯であることに加え，近年は石油・天然ガス開発による地盤沈下や地球温暖化による海面上昇など，災害リスクは増していた．

　こうした危機意識の下，洪水制御を基本に据えた政策が実施されてきた．事実，

表1　ニューオリンズ都市圏の人口推移（人）

	1990 年	2000 年	2005 年 (7 月)	2006 年	2010 年
オーリンズ郡 （ニューオリンズ）	496,938	484,674	450,848 100%	223,388 50%	343,829 76%
セント・バーナード郡	66,631	67,229	64,890 100%	15,514 24%	35,897 55%
ジェファソン郡	448,306	455,466	455,046 100%	431,361 95%	432,552 95%
セント・タマニー郡	144,508	191,268	217,999 100%	230,605 106%	233,740 107%

※%は 2005 年 7 月を 100%とした人口比　[U.S. Census Bureau より作成]

カトリーナ以前のルイジアナ州南部では全長800キロメートルに及ぶ堤防網が完備され、その7割がニューオリンズ都市圏に集中していた。しかし、2005年8月29日にニューオリンズ近くを通過した史上3番目に強大なハリケーン・カトリーナは、9万平方マイルにわたって1,833人の命を奪う被害をもたらし記録に残る大災害となった。

　カトリーナによる最大の複合災害は、隣接するセントバーナード郡における石油流出事故であった。マーフィ石油USAの石油精製施設にある大型貯蔵タンクから約105万ガロンが流出したとみられている。その結果、周囲約1マイルでは、1,800軒ほどの家屋が石油にまみれ、周辺の運河も汚染された。本件はアメリカ史上最悪の石油流出事故として大きく取り上げられたが、大小含めるとカトリーナ災害による石油流出事故の発生は130件以上、流出総量は実に3,028万リットルと見積もられている。自然災害による破壊が汚染を招き、地域の環境リスクを顕在化させた事例である。

◆◆災害経験を通してのエンパワーメント　ニューオリンズ市内の被災状況は、地理的条件に左右されたが、復旧に関してみれば、市内で最後に開発された場所、すなわち最も新しいベトナム系のコミュニティの復旧スピードが注目された。そもそも母国と気候が似ており、慣れ親しんだ漁業や水産加工業に従事できるとの理由から1970年代後半から80年代にかけて形成された共同体である。大都市圏で約2万5,000人のベトナム系アメリカ人が生活をしている。彼らのコミュニティの復興が他に比べて速かった理由として、個人レベルと地域・組織レベルの要因が考えられる。①土木工事を含め復旧作業に必要な労働力、②難民としての過酷なライフヒストリー、③土地への愛着、④カトリック教徒としての組織力、⑤ニューオリンズ市対岸の外部コミュニティとの連携支援体制、⑥文化的同一性の高い共同体の自律性、である。ある意味において、被災前の閉鎖共同体から災害経験を通して地域社会がエンパワーメント（潜在能力を引き出し、社会的効力を発揮すること）を果たし、ネットワーク型共同体へと変容したのである。

　災害回復力を発揮したベトナム系コミュニティであるが、カトリーナ被災を受けたすべてのアジア系あるいはベトナム系コミュニティが同程度の災害回復力を示したわけではない。その意味において、ベトナム系であることが内在的に災害回復力を有すると結論付けることはできない。とはいうものの、災害後に注目されたベトナム系コミュニティの迅速な地域再生の背景には、明らかに地域内の強い組織力が認められよう。

　他方、住民の帰還が少なく、災害復興のスピードが遅い地域は、復興させずに公園にするなどの案が一時浮上した。被害が社会的弱者に集中するだけでなく、復興過程においても生活再建が困難な人が取り残されるなど、自然災害の対応を通して社会格差がさらに拡大していかないか、という観点は重要である。　　　[原口弥生]

グリーン・ニューディール

Green New Deal

||||||||||||||||||||||||||||||||||||||||||||||||||||

　第44代大統領バラク・オバマは，世界経済を大混乱に陥れた金融危機への景気刺激策として，グリーン・ニューディール政策を発表した（☞項目「金融危機」）．環境や再生可能エネルギー分野への集中的な投資により，環境ビジネスを起爆剤として，大規模な雇用拡大を図る構想だった．共和党から民主党政権への移行に伴い，環境政策の進展と充実が期待される中でより注目を集めた．

❖アメリカ再生・再投資法　オバマ大統領就任直後の2009年2月，金融危機後の経済対策として「アメリカ再生・再投資法」が成立した．金融危機後の経済回復を目的とする「再生法」は，全体では約5,000億ドルの財政支出と約2,870億ドルの労働者向けの減税という，総額7,870億ドルの大型の経済対策であった（☞項目「グローバリゼーション」）．このうち約12%が，エネルギー効率化，再生可能エネルギー，水，廃棄物，公共交通などのグリーン・ニューディール関連にあてられた．景気対策として08年10月に成立した「緊急経済安定化法」において，すでに再生可能エネルギー（グリーン電力）促進のため182億ドルの税優遇が措置されていたが，「再生法」は単独の取組みとしては史上最大の再生可能エネルギー分野への投資となった．

　グリーン・ニューディール政策の柱は三つあり，当初の目標としては，①15年までに100万台のプラグイン・ハイブリッド車の生産・導入，②12年までに再生可能エネルギーが占める割合を10%，その13年後までに25%に増大，③50年までに温室効果ガスを8割削減，という内容だった．

　エネルギー省関係では，スマートグリッドと呼ばれる次世代電線網から代替燃料車の開発まで，全米の再生可能エネルギー分野に310億ドル以上が投資された．実際には，プラグイン・カーは15年末で約40万台しか路上を走っていないなど，すべての目標が達成されたわけではない．しかし，09年には100メガワット以上の発電量を持つ巨大な太陽光発電所（ソーラーファーム）は存在しなかったが，16年には全米6州で28施設まで急増した．うち最初の5施設は，「再生法」を通じて，エネルギー省が補助金を助成した案件だった．

❖再生可能エネルギーの導入　再生可能エネルギーとは，自然エネルギーまたはクリーン電力ともいわれ，風力・太陽光・太陽熱・小水力・地熱・バイオマスなどが含まれる．化石燃料と異なり，文字通り再生可能であり，持続的で，温室効果ガスも排出しない．安定供給という点で優れているとされる原子力は，石油代替エネルギーの主軸として位置付けられているものの，放射性廃棄物の処理に関する課題が未解決である．西部や東部の環境先進州だけではなく，中西部や南部

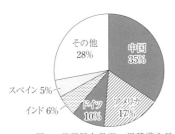
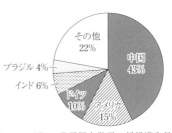

図1 世界風力発電の累積導入量における上位5カ国(2016年末までの累積発電量48万6,749MW)
[GWEC, 2016より作成. 図2も同]

図2 世界風力発電の新規導入量における上位5カ国(2016年実績,新規導入総量5万4,600MW)

においても再生可能エネルギーへの関心が高まっている．

　図1, 図2の通り，アメリカは世界第2位の風力発電量を誇る．オバマ政権以前から各州レベルで再生可能エネルギーの導入は進んでいたが，天気や気候に左右されてしまうため，エネルギー源としては安定性が課題である．また，アメリカの送電網システムは古く，効率化が求められていた．「再生法」では，再生可能エネルギー導入への補助金などのインセンティブ（報奨金）に加えて，分散型エネルギー社会に対応するためのインフラ整備，すなわち次世代型電力網ともいわれるスマートグリッドにも予算が付いた．

❖次世代電力網スマートグリッド　スマートグリッドとは，電力の流れを供給側・需要側の両方から制御し，最適化できる送電網である．発電量と消費量が瞬時に「見える化」され，電力設備の有効活用をうながしたり，電力消費者側にとっては省エネ行動をうながす効果もある．停電が多いアメリカであるが，従来は，停電発生時も利用者からの電話連絡がないと停電を把握することができなかったが，スマートグリッド導入により，停電や漏電確認がとても容易になるなど，電力会社と消費者側の双方にとって利便性は高まっている．一部地域では，旧来式のメーターは販売されておらず，すでにスマートメーターしか購入できないほど普及が進んでいる．

　電気自動車や風力発電，太陽光発電をめぐる技術革新が進められるのと同時に，スマートグリッドという送電網の近代化によって，より再生可能エネルギーの普及が進むだろう．世界的に見れば，グリーン・ニューディールは，国連環境計画が2008年から提唱し，アメリカ以外の各国でも実践中である．環境分野での雇用，すなわちグリーン雇用の進展により，雇用と環境の問題解決を図りながら，長期的に持続可能な社会システムをつくり上げていく社会実験の成果に注目が集まっている．

［原口弥生］

国立公園

National Parks

　摩天楼が空に映えるニューヨーク，カジノのネオンサインが輝くラスベガス，元祖ディズニーランドやハリウッドと並び，アメリカ観光の人気スポットとしてあげられるのが国立公園だ。

❖**自然，文化，歴史に親しみ，学ぶ**　国立公園局によれば，2015年に同局の管轄区域を訪ねた観光客は，史上最多の3億724万7,252人を記録した。国立公園局の管轄区域は16年9月現在413カ所に上り，それぞれが国立公園，国立歴史公園，国立軍事公園，国立戦場跡，国定記念建造物，国定公園などに分類されている。

　自然・文化資源，バッファローやビーバーなどの動物や希少植物を保護してきた59件の国立公園には，15年に1,071万2,664人の観光客を迎えたサウスカロライナ州とテネシー州を縦断するグレートスモーキー山脈，アリゾナ州グランドキャニオンなどが含まれる（☞口絵，項目「動物」）。50件の国立歴史公園には，原子爆弾の開発が行われたニューメキシコ州ロスアラモス，プルトニウム生産の拠点だったワシントン州ハンフォード，ウランの精製工場があったテネシー州オークリッジに2015年に設置されたマンハッタン計画国立歴史公園や，1848年に女性たちが諸権利を宣言したニューヨーク州セネカフォールズにある女性の権利国立歴史公園などがある。エイブラハム・リンカン大統領が「人民の，人民による，人民のための政治」について演説した南北戦争の激戦地ペンシルベニア州ゲティスバーグの一部は，9件ある国立軍事公園の一つに指定されている。

　ちなみに，管轄区域の一覧表で「その他」にあげられている11件には，ホワイトハウスも含まれている。国立公園局によるホワイトハウスのホームページのタイトルには，「アメリカ合衆国大統領は国立公園に住んでいます」とある。これらの公園は，ハイキングやキャンプを通じて大自然に親しむだけでなく，歴史や文化について学ぶ教育の場としても機能し，国内外から多くの人々が訪れる。

❖**国立公園の誕生と制度化**　国立公園の起源は，トマス・ジェファソン大統領による1803年のルイジアナ購入以降，アメリカが本格的な西部フロンティアの開拓と資源開発の時代に突入した19世紀にさかのぼる。ジェファソン政権によって未開と見なされた土地に派遣された探検隊が，現在のアイダホ州，モンタナ州，ワイオミング州に位置するイエローストーン国立公園の地に足を踏み入れたのは07年のことだった。彼らは，七色に光る熱水泉や，火山活動により地中から水が吹き出す間欠泉の迫力に圧倒された。71年に地質学者ファーディナンド・ヘイデンが隊長を務めた探検隊には，生物学者や地質学者に加え，写真家や画家も含まれた。東部に戻ったヘイデンたちは，視覚資料も交えた報告書を議会に提出

し，この地を開発の波から守り，公共の財産として永久に保存する必要性を訴えた．彼らの働きかけを受けてユリシーズ・S.グラント大統領は72年，イエローストーン公園法に署名し，ここに世界初の国立公園が誕生した．

1901年に大統領に就任したセオドア・ローズヴェルトは，資源の保全にも関心を持ち，自然保護団体として有名なシエラクラブの創設者のジョン・ミューアと，ヨセミテ国立公園を3日間にわたって視察したことでも知られている（☞項目「アウトドア」）．ローズヴェルトは森林局の設立を手始めに，いくつもの区域を国有林や国立公園に指定し，約2億3,000万エーカーもの土地を連邦政府の管轄下に置いた．こうした動きは，資源保全や自然保護を目的としていたが，背景には豊かな自然の私物化を防ぎ，世代を超えて，万人に開かれた場所にしていこうとする民主主義的な思想があった．その後，16年の「国立公園実施法」の成立に伴い，内務省に国立公園局が設置され，連邦政府が管理や運営を制度的に進める体制が確立し，現在に至っている．

❖**国立公園局設立100周年を迎えて**　アメリカ史の文脈で重要な意味を持つ景観を守り，癒しと学びの空間を管理してきた国立公園局であるが，差別や分断の歴史と無縁ではない．同局が公共空間として国有化した土地が先住民族の生活圏であるケースも多く，植民地主義のジレンマは国立公園の歴史に傷跡を残している．例えば，カリフォルニア州とネバダ州の境界に広がるデスバレー国立公園の設立は，ティンビシャ・ショショーニ族による，国立公園局から故郷を取り戻す苦闘の始まりを意味していた．また，設立当初は入園が認められなかった黒人は，現在に至るまで訪問者数が極端に少ないエスニック集団だ．国立公園を訪れる観光客だけでなく，国立公園局の職員の大半を占めるのは白人である．

2016年に100周年を迎えた国立公園局は，バラク・オバマ政権の下，管轄区域の多様化に積極的に取り組んできた．例えば，彼が国定公園に指定した区域は歴代の大統領で最多の27件に上り，女性，黒人，ラティーノ，そしてアジア系アメリカ人の歴史に関連するものが目立つ．1969年，ニューヨークにあるストーンウォールインというゲイバーに警察の踏込み捜査が入った．その場にいた人々が抵抗したことで，そのバーは後のLGBTによる社会運動の象徴になり，さらに2016年6月に国定史跡に指定された．

16年4月，サリー・ジュエル内務長官は100周年記念講演で，国立公園局の歴史を振り返り，縁の深いローズヴェルトやミューアなどによる環境運動への功績を讃えた上で，将来に向けた方向転換の必要性を訴えた．国立公園の観光客にはベビーブーマー世代の白人が多いことを指摘し，若い世代のニーズにも応え，さまざまな人種，階級，ジェンダー，セクシュアリティを有するすべてのアメリカ人の歴史を物語る空間にしていかねばならないという彼女のメッセージは，21世紀のアメリカが直面する諸問題にも通じるものだ．　　　　　　［石山徳子］

有害物質と対策

Toxic Substances and Measures

　第2次世界大戦以後，アメリカの経済は急成長し，多くの新しい工場が建てられた．同時に，これらの工場からの廃液は湖水や河川に直接流れ出し，また工場密集地を大気汚染で覆うことになった．そして，中産階級の拡大は，自動車の保有数を大幅に拡大した．その結果，1960年代に入ると次第に公害問題が深刻に認識されるようになっていった．

図1　レイチェル・カーソン

❖**公害への認識の高まり**　公害の影響について，科学者たちは人々に警告を始めていた．レイチェル・カーソン（図1）による1962年の『沈黙の春』は，生物とその環境の歴史を振り返り，農薬というそれまで自然環境に存在しなかった化学物質の破壊的影響を人々に訴えた．カーソンの訴えは多くの人々の共感を呼び，同書はベストセラーになった．

　60年代末になると，環境汚染に対して人々はよりいっそうの関心を持つようになった．例えば，69年のカヤホガ川での火災事件は，全米の話題となった．エリー湖にそそぐオハイオ州のカヤホガ川の汚染は30年代から深刻であり，無配慮に垂れ流された油や廃棄物に火がつき燃え広がる事件がたびたび起こっていた．69年の事件は，連邦および州レベルでの水質浄化制度の制定を求める動きが活発となる契機となったが，カヤホガ川の汚染が深刻化してから40年近い年月が経っていた．このことは，環境の汚染そのものが，対策に結び付かないということを示しているのかもしれない．

❖**環境保護運動の高まり**　1969年にサンタバーバラで発生した原油流出事故をきっかけとして，ウィスコンシン州選出のゲイロード・ネルソン上院議員は，当時盛り上がりを見せていたベトナム反戦運動にヒントを得て，環境問題についての討論会を全米各地で開催すると発表した．ネルソンは，当時ハーバード大学の学生であったデニス・ヘイズと全米の85人のスタッフとともに，環境問題に関する討論集会の開催を呼びかけた（図2）．翌年4月22日，ネルソンやヘイズらの呼びかけに応じて，約2,000万人の人々が環境保護のための行動を開始した．この日は，後にアースデー（地球の日）と呼ばれる記念日となった．

❖**環境アセスメントの開始**　アースデーに象徴されるような環境保護を求める声を受けて，リチャード・M．ニクソン政権は，環境問題に対応する制度を整えていった．1969年「国家環境政策法」，70年に「大気清浄法」，72年「水質浄化法」

などが相次いで成立し，70年に環境保護庁が設立された．また，多くの州で，企業活動に伴う廃棄物の浄化を義務付けられることになった．この中でも，環境影響評価を定めた「国家環境政策法」は，アメリカ国内の開発計画の許可や各種免許の発行に際して，環境に及ぼす影響や代替案を検討する，いわゆる環境アセスメントの実施を世界で最初に定めた．

✤草の根環境保護運動の浸透 1960～70年代後半は，アメリカの環境保護団体の会員数が急増し，公害による健康被害に草の根レベルで取り組む動きが広がった．78年に大々的な報道が開始されたラブカナル事件は，こうした草の根レベルの反公害運動が連邦レベルの政策を動かした事件となった．

図2　デニス・ヘイズ

ニューヨーク州北部のラブカナル運河は，20年代から化学工業の廃棄物が垂れ流されてきた．53年，フッカー化学社は同社が所有していた運河を埋め立て，ナイアガラフォールズ市に売却した．やがて運河の跡地に住む人々に健康被害が見られるようになった．同地に住むロイス・ギブスが中心となり，地元住民による反公害運動が誕生し，その後全国的な運動へと拡大した．

ラブカナル事件以前，有害廃棄物を取り締まる法律として，76年に「資源保護回復法」および「有害物質規制法」が制定された．「資源保護回復法」は，有害廃棄物の処分管理を規制する法律であったが，過去の有害廃棄物の処分が後に公害事件を引き起こしても，その処分方法が当時適法であれば，政府が浄化を命じることは困難であった．「有害物質規制法」では，アメリカにおいて加工，製造，または輸入される産業用化学物質の安全管理を規定する法律が定められた．同法に基づいて環境保護庁は，インベントリーと呼ばれる認可リストにこれまで約8万4,000種類の化学物質を登録したが，実際に禁止した化学物質は，アスベストや六価クロムなど5種類にとどまっている．その理由として環境保護庁は，特定の化学物質を禁止するに足る合理的な理由を提出することが求められており，裁判所はしばしば理由が不十分として禁止措置を撤回させた（2016年に同法は改正され，環境保護庁の規制権限が大幅に拡大された）．

ラブカナル事件の教訓から80年に制定された「包括的環境対策補償責任法」（スーパーファンド法）は，政府が迅速に汚染源を浄化するための基金（スーパーファンド）を創設すること，および汚染者の過去の（合法的な）行為責任を過失の有無にかかわらず問うことにした．こうした被害者目線での対策は，アメリカ環境保護運動の重大な成果であるといえよう．

［森下直紀］

エコツーリズム

Ecotourism

‖‖

1992年にブラジルのリオ・デ・ジャネイロで開催された国連環境開発会議（地球サミット）において取り決められた地球環境保全のための行動計画「アジェンダ21」において，生態系の保全に配慮した利用としてエコツーリズムの導入が提言された．エコツーリズムの目的は，森林開発計画や野生生物管理に観光を組み入れ，生態系を保護しながら地元経済の発展を図るというものである（United Nations Conferences on Environment and Development, 1992）．

『オックスフォード英語辞典』に最初にエコツアーという単語が登場したのは72年であるが，一般にエコツアーやエコツーリズムという言葉が使用されるようになったのは，80年代に入ってからである．エコツーリズムに観光客が求めるものは，エキゾチックな自然・歴史・文化といった観光資源である（☞項目「観光」）．したがって，エコツーリズムには，普段の日常からかけ離れた経験や教養が得られることが必要となってくる．

また，エキゾチックな場所に行くことがエコツアーであると多くの人々が考えるようになったのは，少人数で，燃料などを持参し，ゴミを持ち帰るような初期のエコツーリストたちが南米やアフリカといったヨーロッパやアメリカとまったく異なる気候，地形，文化を持つ場所を旅行先として選んだことと無縁ではないだろう．アメリカ国内では，アラスカや先住民エコツアーと呼ばれるものを除けば，エコツーリズムを標榜した旅行商品がほとんど存在しないこともそのことを示している．

❖**観光資源としての国立公園・国有林野**　とはいえ，アメリカ本土においても，1920年代から国立公園内の自然や歴史について解説する活動や，森林開発計画や野生生物管理と観光を両立させる実践は，国立公園や国有林などの連邦管理の土地や州立公園において長い歴史がある（☞項目「国立公園」）．現在でも，国立公園を訪れる人々は，年間延べ3億人余りとなっており，ここ数年は増加傾向にある．また，レクリエーション目的での国有林野を訪れる人々も，年間延べ1億5,000万人でこちらも年々増加傾向が見られる（図1）．

国立公園が世界で初めてアメリカで設立されたのは1872年のことであるが，60年代から今日のヨセミテ国立公園の保護に向けた取組みが開始されていた．アメリカ西部に自由と経済的繁栄を求めて移住してきた多くの人々は，西部の変化に富んだ自然に魅了された．また，この自然をヨーロッパにはないアメリカ独自のものとして，ヨーロッパからの移民たちをアメリカ人足らしめるという一種のナショナリズムの源泉と見なすようになっていった．

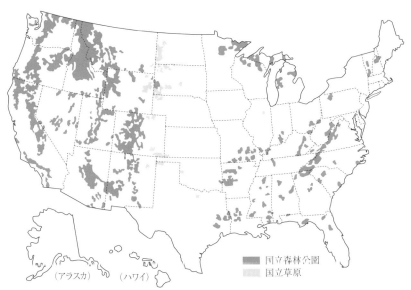

図1　国有林野［US Forest Service の HP より作成］

❖自然保護と観光開発の両立
エコツアーという言葉が使用され始めた1972年は，今日の環境保護の方向性を示した重要な会議が開催された．スウェーデンのストックホルムで行われた国連人間環境会議は，経済的な発展を遂げ公害の恐ろしさを認識し始めた先発国と，いまだ発展の途上にある後発国とが激しく対立する場となった．いわゆる南北問題が環境外交の場において具体化したのである．エコツーリズムは，後発国に経済的な利益をもたらしながら，その自然の保護にも貢献できる観光の在り方として80年代後半以降に普及が目指されたものである（☞項目「観光」）．

そもそも国際政治の場において，80年代以降に具体化してきた自然保護と環境開発の両立の問題は，アメリカにおいては10年代に具体化した問題であった．当時急速に普及し始めた自家用車によって，多くの人々がアメリカン・スピリッツの源である雄大な自然を目指した（☞項目「自動車」「車社会」）．高まる観光開発の需要が満たされれば，彼らが求める自然の価値が失われると危惧した人々によって，原生自然保護運動が形成されたのである（Sutter, 2002）．

今日のアメリカでは，自然保護と環境開発を両立させるためにゾーニングという手法が採用されている．国立公園を，立入禁止ゾーンである原生自然保護地域，訪問者が徒歩でのみ分け入ることのできる自然環境保全地域，観光開発地域に分けるものである．例えば，ヨセミテ国立公園は，観光開発地域が全体の約10%となっており，観光による観光資源の破壊を防いでいる．　　　　［森下直紀］

動 物

Domestic Animals and Wildlife

　広大な国土と多様な気候風土を持つアメリカには数多くの動物がいるが，本項ではヨーロッパ人の到来以降の人間と動物の関係に絞り，人間による支配から脱人間中心主義への変化を中心に論じる．

❖**アメリカの「発見」と家畜の移入**　最終氷期が約1万年前に終わり，ベーリング地峡が水没すると，南北アメリカ大陸はユーラシア大陸から切り離され，孤立した生物相を持つことになった．歴史学者アルフレッド・クロスビーらによる環境史では，アメリカの自然は多くの固有種や豊かな資源を有した一方で，閉鎖的であったために競争力や抵抗力に欠け，その生態的地位（ニッチ）の差異がヨーロッパによる新大陸の支配を可能にした一因と考える．

　特に，大型哺乳類が不在だったアメリカにおいて，ヨーロッパから持ち込まれた家畜は重大な意味を持った．入植者が導入したウマ，ウシ，ブタ，家禽類はただ生態系にインパクトを与えただけではない．家畜を飼い慣らし，放牧地を占有する畜産は，自然や動物に対する人間の支配的優位を前提とする点で，自然との共生関係を基本とするインディアンの文化と対立した．家畜は，新大陸の「文明化」を進めるキリスト教や帝国主義のイデオロギーの一部だった．また，ウマはインディアンにも新しい文化をもたらした．平原部ではバイソン（バッファロー，図1）狩りが高度に組織化され，広範囲を移動する遊牧が始まり，生活が一変した部族もあった．

❖**アメリカの発展と動物の危機**　サーモン，クジラ，シカ，ビーバーなどアメリカの豊かな原生動物は，生活物資としてのみならず輸出用の油や毛皮としても植民地時代から建国期の経済にとって不可欠だったが，西部への領土の拡大は，動物の生息環境を圧迫し，種の危機を招いた．オオカミ，クマなどは家畜や農地を襲う害獣として駆除された．食用，商用，余暇など目的はさまざまだったが，

図1　アメリカン・バイソン

ハンティングは日常的に行われ，それによりかつて空を覆いつくしたといわれるリョコウバトは20世紀初頭に絶滅した．バイソンは，毛皮を採るために，さらには平原インディアンの経済・文化基盤を破壊するために乱獲され，19世紀末にはほぼ姿を消したが，保護により絶滅を免れ，後に野生への復元もなされた．

野生種を駆逐する一方，中西部から南部に大規模に導入されたのは食用牛だった．放牧地から鉄道積み込み地までウシの群れを追ったカウボーイは西部劇の文化的アイコンとして定着した（図2）．鉄道網が全米に敷かれ，資本が導入され，飼育技術や冷蔵・冷凍などの保存技術が進歩すると，放牧から工場型畜産への転換が進み，肉の生産と消費は分離し，人間と家畜の関係は希薄になった．

図2 ネブラスカ州チェリー郡のカウボーイとウシの群れ（1889）［Nebraska State Historical Society］

20世紀以降，肉の消費量は増え続け，ハンバーガーに代表されるファストフードはアメリカ的生活様式に定着したが，アプトン・シンクレアの『ジャングル』(1906)が告発した食肉産業の衛生や労働問題は，屠殺の倫理的問題も含めて今もなお議論が続いている．都市部から姿を消した動物を補ったのは，動物園での飼育だった．特に近年の動物園では，柵が見えない空間に生息環境を再現し，複数種を混在させるランドスケープ・イマージョンなどの新しい展示方法が試みられて人気を博すとともに，動物の保全においても重要な役割を果たしている．

❖**動物保護から脱人間中心主義へ**　野生動物の減少や環境破壊は保護運動の機運を高めた．その担い手となったのは，スポーツマン（ハンター）や科学者などの特権階級から，女性を含む都市部の中産階級だった．野生動物の乱獲や不法取引を禁じる「レイシー法」(1900)のように，当初の関心は資源の有効な利用や自然に対する人間の責務にあった．また虐待防止など動物愛護の出発点が奴隷制廃止運動と重なっていたように，保護を必要とする弱者に対するセンチメンタルな共感や博愛にも根ざしていた．

20世紀後半以降，レイチェル・カーソンが殺虫剤DDTを批判したように，有用性や効率性重視ではなく生態系全体の維持・繁栄を目指す環境主義が唱えられ，「絶滅の危機に瀕する種の保存に関する法律」(1973)など動物保護の法制度が強化された．フェミニズム，公民権など1960〜70年代の社会運動の盛り上がりは動物へも波及し，種差別主義を批判するピーター・シンガー，トム・レーガンらによる動物の権利論では，主体性の範囲を人間に限定せず動物にも拡張することが提唱された．動物実験禁止や菜食主義など動物の倫理的取扱いを求める運動も起きている．人間と動物の境界は，自由と権利をめぐる政治思想や現代哲学の中心的課題であるばかりでなく，遺伝子加工やクローンなど生物工学の進歩が生命の操作を可能にしつつある今日の倫理において不可避の難問である．

［丸山雄生］

フロンティア
Frontier

　フロンティアという概念は，ヨーロッパでは国境という意味で使われてきたが，アメリカでは西部辺境，時として文明と野蛮が出会う場所と考えられてきた．この言葉が歴史に刻まれたのは19世紀末であった．1890年の国勢調査が「フロンティアライン（約2.5平方キロメートル当たりの人口密度が2〜6人の地点を結ぶ線）の消滅」を告げ，その3年後に歴史家フレデリック・ジャクソン・ターナーは「アメリカ史におけるフロンティアの意義」と題した論文を発表して，後世に名を残したのである．

　北米大陸の内陸に広がるフロンティアは「アメリカ的価値観」と深く結び付けて論じられてきた．例えば第3代大統領トマス・ジェファソン以来，人々に土地を与え，独立した自営農民による民主的社会をつくり出そう，という理念がそこに存在した．

　ターナーは「自由な土地が個人主義，経済的平等，立身出世の自由，民主主義を促進した」と表現した．ヨーロッパから渡来した移民は，大西洋やアメリカ大陸を横断しフロンティアで土地を開拓した英雄だ，というのである．西部の原生自然に遭遇することで「ヨーロッパ文明の衣服がはぎ取られる」．アメリカの文明や民主主義は，不断の再生過程の中から生まれ，西部ひいてはアメリカ全体を満たすのだ，という．

　ターナーの解釈が正しかったか否か，論争は今でも続いている．そもそも西部開拓の歴史物語は，立場によって対照的な解釈が並立してきた．典型的なところでは，過酷な自然と先住民の脅威を，科学技術の力で克服するという勝利の物語が一般的であった．このような進歩的学説は，1930年代から厳しい批判を浴びるようになった．しかし，一般市民は白人入植者たちを英雄と考えてきたため，西部では自然環境や多くの少数民族集団を白人入植者が犠牲にしてきた，という新しい歴史物語がタブーに近かった．

　それでも新解釈は60年代の時代潮流の中で広まった．パトリシア・ネルソン・リメリックの『征服の遺産』（1987）がその代表格だろう．そして，90年代に首都ワシントンD.C.の国立美術館が新しい解釈に基づく西部史展示を試みたとき，メディアがこれを大きくとり上げ，結果的に学校で使われる教科書の記述もハリウッド西部劇の内容も大幅に書き直された．こうしてフロンティアは単純にアメリカを礼賛する概念ではなくなったのである．

　こうした多文化主義に異議を唱え「再び偉大なアメリカを取り戻そう」と訴えたのが第45代大統領ドナルド・トランプだ．あたかも時計の針が50年代以前に逆戻りしたかのように，人種・民族・ジェンダーさらには環境面において保守的価値観が一気に顕在化した結果にほかならない．21世紀アメリカにおけるフロンティアをめぐる評価は再び振り子が振れ戻るのか，予断を許さないところである．　　　　　　　　　［小塩和人］

2. 政 治

イギリスの植民地として歩み始めたアメリカは，独立に際して宗主国とは異な
る理念に基づいた国家をつくろうとした．本章では，アメリカの政治制度を歴史
の流れの中に位置付け，政治文化という視点から今日的な問題まで俯瞰してみる．
　連邦制度，三権分立というアメリカ政治の土台を理解した上で，メディアやシ
ンクタンク，市民社会のアクター，あるいはエスニック集団や宗教集団など，ア
メリカ政治を動かすアクターについて検討する．またアメリカ社会が関心を持つ
移民や医療，福祉などの争点を具体的に取り上げ，そこにアメリカの理念がどの
ように反映されているのかを考察する．日本で関心の高い選挙をめぐっても，二
大政党制の成り立ちや公正な選挙を目指した規制について検討してみる．
　個々の項目が光を当てる政治的な現象の背景に，アメリカが持つ文化的な特徴
が影響を及ぼしている点を読み解いてもらいたい．

[久保文明／大津留（北川）智恵子]

連邦憲法と連邦制

Lederal Constitution and Federalism

　連邦制とは，統治に関する権限が連邦と州とに分属している制度を指す．連邦制もしくはそれと似た連合は，国家間の組織として，あるいは，国家とその下部政府との間の従属的な関係として，古代以来現在に至るまで採用されてきた．アメリカの連邦制が独特であるのは，主権を分割することによって，中央政府である連邦政府と州政府両方の権限を制限しようとした点にある．連邦憲法では，第1編8節において，連邦議会が行使できる権限が列挙され，同10節において，州が行使することのできない権限があげられている（☞項目「合衆国憲法と立憲主義」）．アメリカ建国時，君主政の国が多かったヨーロッパでは，フランスの法学者ジャン・ボダンが説いているように，主権は単一であり分割できないという考え方が支配的であった．それに対し，アメリカでは，州が独立国と同じように主権と憲法を持っており，州の主権の一部を連邦政府に委託するというかたちで連邦政府が成立した（図1）．しかも，州政府は連邦政府に従属はしない．連邦憲法は人民主権の観念に根ざした政治体制を創設した．政治権力のあらゆる権限の源泉は人民にあり，その人民の前では，州政府も連邦政府も対等であり，ともに人民の自由を侵害しないように権限を行使しなければならない．

　連邦憲法第6編2節には，「この憲法，これに従って制定される合衆国の法律，および，合衆国の権限によりすでに締結されまた将来締結されるすべての条約は，国の最高法規である」と規定され，連邦の優位が謳われている．しかし，他方，第1回連邦議会で採択された第10修正では，「この憲法によって合衆国に委任されず，また州に対して禁止していない権限は，それぞれの州または人民に留保される」と規定されている．このように，連邦制は，連邦政府と州政府との均衡を取ることが意図されていた．

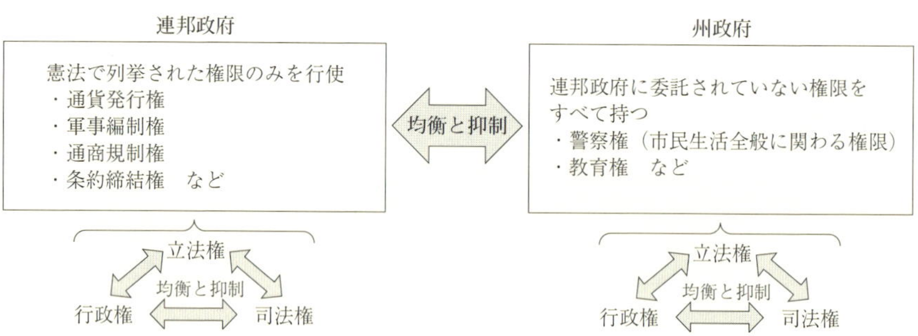

図1　連邦政府と州政府

2. 政 治

❖連邦制の来歴 アメリカが主権の一元化された統一国家ではなく主権を分割した連邦国家として出発したのは，すでに植民地時代において，各植民地は相当に高度な自治権を有しており，イギリスからの独立は，そのような植民地が連合して達成された経験を持っていたことによる．「アメリカ合衆国」と日本で呼ばれている国の英語表記は，The United States of America である．USA は state の連合体として発足した．独立を一斉に宣言した 13 の state が形成した政治体は，「連合政体」(confederation) であり，1781 年に発効した「連合規約」(The Articles of Confederation) では，state は，「主権，自由，独立」を有すると定められていた．連合規約の下での連合政体は，今日の EU のような国家連合に似た性質を持っていたのである．連邦憲法制定までの state が「邦」と訳されることが多いのは，それが独立国家に近い性質を持っていたためである．

❖国家連合か連合国家か このような経緯で採用され憲法に規定された連邦制は，連邦政府と州政府との関係について曖昧さを残したまま始動した．アメリカを州の連合体ととらえる人々は，連邦憲法を州間の契約と見なし，それについての最終的な解釈権は各州が有すると主張した．1798 年の「バージニア＝ケンタッキー決議」以降，南部では連邦政府の権限は狭く解釈し州の権限は広く解釈する「州権論」が主張されるようになり，さらには，連邦法が連邦憲法に違背していた場合にはその法律の無効を州政府が宣言できるという「無効理論」が唱えられた．他方，1803 年の「マーベリー対マディソン事件」で，連邦最高裁判所が連邦議会の法律に違憲判断を下して以降，判例の積み重ねによって連邦憲法の最終審としての連邦最高裁の地位が確立していく．かくして，南北戦争までのアメリカには，連邦制を国家連合と見る立場と統一国家として理解する立場とが対立しており，連邦制は不安定要因を抱えていた．南北戦争前夜，南部諸州が独立国として南部連合を樹立しようとしたのは，州権論に基づいていた．

❖連邦制の集権化 南北戦争後，連邦政府の権限は次第に拡大し，アメリカは国家連合的な性質を弱め，統一国家への傾向を強めていく．南北戦争前，名詞としては複数形であった U.S.A. は単数形として使われるようになり，あまり使用されることのなかった national という言葉が使われるようになった．連邦憲法には，連邦憲法の権限を拡大させることができる条文が含まれていた．連邦議会の権限に関する第 1 編 8 節 18 項には，連邦政府に「与えられた一切の権限を行使するために」「必要にして適切なすべての法律を制定する権限」が規定されている．また，同 3 項では，「各州間の通商」を「規制する権限」が与えられている．さらには，同 1 項には，「一般の福祉を実現するために」連邦議会が税を賦課・徴収する権限を定めている．

　これらの権限が拡大・類推解釈によって行使されるようになったのは，南北戦争後に資本主義が発達したためである．1869 年の大陸横断鉄道の完成により，

国内市場が形成されるようになった．19世紀終わりになると，州の境界を越えて活動し，市場を独占する企業が出てきた．87年の「州際通商法」と90年の「シャーマン反トラスト法」以降，連邦政府による独占規制は強まっていった．さらに，大恐慌への対応策であったニューディールを経て，アメリカは福祉国家へと移行し，経済・財政・金融に対する連邦政府の関与は常態化した．

　加えて，第2次世界大戦後，アメリカの国際的地位は，政治的・経済的・軍事的に飛躍的に高まり，連邦政府の専権事項である外交・軍事に関する権限が積極的に行使されるようになった（☞項目「アメリカと世界各地域」）．

❖ 連邦制の変容
このように連邦政府の役割が拡大する過程で，連邦政府と州政府との関係は変化した．建国以来ニューディール期までの連邦制は，連邦政府と州政府の権限が分立して行使される二重連邦制と呼ばれている．ニューディール期以降，連邦政府は，さまざまな政策を遂行するようになったが，アメリカ全土で政策を施行するための機関を有していなかった．そのため，州政府および地方政府（州よりも下位の行政単位）の協力を得て，政策を実行した．これは協力的連邦制と呼ばれている．リンドン・B.ジョンソン政権期には，貧困，人種，住宅などの諸問題の解決を目指した「偉大な社会」プログラムを実施するために，州政府や地方政府が政策立案から意思決定に至るまで関与する方法がとられた．ジョンソン大統領は，これを創造的連邦制と呼んだ．この連邦制の下で，連邦補助事業が飛躍的に増大し，連邦政府に権限が集中するようになったため，リチャード・M.ニクソン政権は，州政府や地方政府に自主性を与えようとした．この動きは新連邦制と呼ばれている．現代において，概していえば，共和党は連邦政府の権限を限定的にとらえ，民主党は連邦権限の拡大を志向している．

❖ 州政府
連邦憲法で州に留保されている権限は，人々の日常生活と密接に関わっている．ポリスパワーと呼ばれる広範な権限は，住民の健康，安全，道徳，一般福祉のために人々の行動を規律付け，秩序を維持するために行使される．日本の刑法に相当する犯罪の防止や処罰もこれに含まれる．日本では民法で規定されている結婚・離婚・遺産相続など身分関係に関わる法律も州が司る．医師・弁護士・看護師・薬剤師などの専門職の資格を与えるのも州の権限である．他州でそれらの職に就く場合は，その州で免許を取り直さなければならない．会社法や労働法についても州が管轄している．初等教育から大学・大学院に至るまで，市民の育成を図る教育は，州の枢要な権限の一つである．州には独自の司法制度があり，州裁判所は州法に関わる事案について州内で効力を持つ判決を下す．

　州と州とは水平的な関係にある．連邦憲法第4編1節に，「各州は，他州の法令，記録，および司法手続に対して十分の信頼および信用を与えなくてはならない」と定めてあるように，各州は，他州の法律や裁判の結果を尊重しなければならない．ただし，この条項が適用されるのは民事についてであって，刑事に関し

ては適用されない．また，同2節では，「ある州の市民は，ほかのいずれの州においても，そこの市民の持つすべての特権および免除を等しく享有する権利を有する」と規定されている．これは，各州が他州の市民に対して公平さを欠く対応をしてはならないことを謳っている．他方，各州は競合的な関係にもある．例えば，財源を確保すべく税負担能力のある人々や企業を引き寄せようと税制や福祉政策・開発政策などで独自の政策を遂行している．

❖地方政府　日本では，地方政府は都道府県および市町村の自治体すべてを指すが，アメリカでは，州政府は主権を持っているために地方政府には含まれない．地方政府とは，州より下部の政府を意味する．地方政府には，州政府の行政単位である郡（カウンティ），法人格を持つ自治体（ミュニシパリティ）がある．都は州の出先機関であり，自治はほとんど認められていない．市，町，村などの自治体は，ある地域の住民が自治体を組織するために州議会に自治憲章作成の請願を行うことによって設立される．州内はすべて複数の郡に分けられているが，いずれの自治体にも属していない地域が存在する．また，郡や自治体の境界を越えて，教育や消防などの特定の目的のために設けられた特別区や，港湾局などのように州の境界を越えて組織されている地方政府もある．

　地方政府の行使できる権限は州政府によって制約されている．しかし，アメリカ国民は，地方政府に対しては信頼を置き，その業務についても高い評価を与えている．それに対して，自分たちから最も遠くにある連邦政府については，不信感が強く，行っている業務についての評価も低い．これは，地方政府が自分たちの生活に関わる事柄に最も関与しており，そこで自分たちの意見や利害が表明されていると多くのアメリカ人が考えていることによる．

❖連邦制とデモクラシー　連邦制について，どのように評価できるだろうか．州に自律性を認めているが故に，さまざまな弊害がある．例えば，1960年代まで南部諸州では州の持つ主権を根拠に人種差別が存続した．社会福祉や社会保障などの分野で人々が享受できるサービスが，州政府の方針によって異なることもある．大統領選挙の際に，州ごとに大統領選挙人を集計しているやり方が，反民主的であるという批判もある．

　しかし，連邦制は，州政府以下の政府に自律性を与えているために，各個人からすれば，自己決定・自己統治が実現しやすい制度であるといえる．植民地時代以来，人々が直接決定に参加するやり方がまず採用され，それができなくなったときに代表制を採用するという考え方が伝統として根付いていた．権限をさまざまな段階の政府に分割し，かつ，連邦政府に特定の権限のみを授権している連邦制は，権力や権威の源泉が人民にあるということを担保するための装置であったともいえる．アメリカにおいて，個人の自由やデモクラシーが維持されてきた理由の一つは連邦制を採用したことによる．　　　　　　　　　　　[中野勝郎]

市民権

Citizenship

アメリカ合衆国の市民権は，合衆国憲法第14修正に規定され，合衆国での出生を要件として発生する国民たる地位であり，国籍である．国外で出生した場合も，父または母が合衆国市民である場合には，その子も合衆国の市民権を取得する．合衆国市民権の取得は，生地主義が原則であり，血統主義によって補完される．

❖**憲法第14修正での定義**　合衆国憲法が成立したのは1788年であるが，第14修正の発効は1868年である．つまり約80年間，誰が合衆国市民かを決定しないまま国家が運営されていた．その理由は言うまでもなく奴隷制の存在であった．修正条項が追加される前のオリジナルな憲法には，黒人奴隷を1人の人間としてではなく，5分の3人として扱う規定（憲法第1編2節3項＝連邦下院の議員定数配分で母数となる州人口の算出基準）があった．

合衆国憲法には合衆国市民の定義がなかったにもかかわらず，合衆国市民たることを前提にした規定が幾つかある．最もよく知られる例は，合衆国大統領たる資格として出生による合衆国市民たることを規定する条項（第2編1節5項）である．南北戦争前には，合衆国憲法に市民権についての規定がなかったために，州法が規定する市民権が重要であった．すなわち奴隷制は州法上の制度であった．連邦最高裁の史上最悪の判決とされる57年のドレッド・スコット判決は，この州法制度の下で下された．合衆国憲法は連邦裁判所に二つの重要な管轄権を与える．第1は連邦法の下で生じる事件についての連邦問題管轄権である．第2は異なった州の市民の間で生じる事件についての州籍相違管轄権である．黒人スコットは奴隷制を認める州に居住していたが，奴隷所有者とともに自由州に転居し自由を獲得し，奴隷州に戻って連邦裁判所の州籍相違管轄権により自由人たる地位を主張した．連邦最高裁は，市民たる地位が居住の州法によって決定される故に，スコットは市民ではなく奴隷であり裁判を提起できないと判示した．

❖**合衆国市民権と帰化資格の拡大**　南北戦争後に，奴隷制の復活を阻止するために三つの憲法修正条項が成立した．奴隷制を禁止する第13修正，法の下の平等と生地主義による合衆国市民権の取得を規定する第14修正，人種による投票権の剥奪を禁止する第15修正である．これらの南北戦争憲法修正が制定される中で，1870年の「連邦帰化法」の改正により，それまで白人（a white person）に限定されていた帰化による合衆国市民となることも，アフリカ系子孫（people of African descent）に拡大された．

帰化資格の有無は，アジア系とりわけ日本からの移民を制限する口実として利

用された．19世紀末から20世紀初めに東欧および南欧を出身国とする新移民がアメリカに大挙して押し寄せる．例えば，1901年からの10年間に879万人の外国人が永住資格を持つ移民として到来する．宗教や人種も異なる新移民の流入を，人数によって制限するために，「1924年移民法」は出身国別移民割当を規定し，新規移民の数を激減させた．これは1890年の国勢調査（センサス）での外国生まれの人数を国別に算出し，その数の2%を毎年の新規移民の数とした．しかし，帰化資格を持たない者の新規移民は拒んだ．日本からの移民の禁止は明記されなかったが，中国からの移民はすでに88年の連邦法により再入国も含め全面的に禁止されていたので，帰化資格を要件とすることは明らかに日本からの移民排除を狙ったものであった．「1924年移民法」は排日移民法として知られる．

　ネイティブ・アメリカンは，アメリカ合衆国への忠誠のない者として，19世紀末においては合衆国市民ではないとされたが，連邦立法により漸次合衆国市民権が付与され，1940年には完全に生地主義による合衆国市民権が認められた．帰化資格が否定された中国系移民にも，生地主義による合衆国市民たる地位が連邦最高裁によって確認された．第2次世界大戦中に中国系をはじめとするアジア系移民に帰化資格が徐々に拡大されるが，日系移民の帰化資格が認められるのは，「1952年移民国籍法」が帰化資格から人種要素を全廃するまで待たねばならなかった．

❖不法移民問題と合法化　出生と帰化による合衆国市民権の取得から少数人種の排除が払拭されるには，建国期から20世紀半ばまでの歳月を要したが，1970年代からは不法移民問題が顕在化する．メキシコからの労働者の受け入れ制度であったブラセロ制度が64年に終了し，それまでの合法的な人流が不法なものに転化し，不法移民は80年代初めに300万人と推計された．不法在留者に子が生まれた場合，その子は生地主義により合衆国市民となる．1世帯に不法在留者と合衆国市民が同居する混合世帯は，不法移民の問題を複雑化させる．70年代に連邦最高裁は，憲法第14修正の平等保護条項により外国人差別解消の判例を形成するが，それは同時に合衆国市民権の価値の低下を意味する．「1986年移民改革規制法」は問題の抜本的解決を図り，270万人に合法的在留資格が与えられた．この合法化は帰化資格と結び付けられ，ピークの96年だけでも104万人が帰化により合衆国市民権を取得した．

　移民国家アメリカでは合衆国市民と外国人は対立する概念ではなく，生地主義，永住権，帰化，合法化などを通して相互に浸潤する概念である．合衆国で生まれれば合衆国市民となり，不法入国者にも帰化資格を与え包摂する．しかし，合法化はさらなる不法移民を呼び込み2016年には1,100万人と推計され，大規模な強制送還を主張したドナルド・トランプが第45代大統領に選出された．

［宮川成雄］

選挙権

Voting Rights

　選挙での投票は，民主政治において最も基本的な政治参加の手段の一つである．しかし，他の多くの国と同様，アメリカでも投票には歴史的にさまざまな制約が課されてきており，選挙権をめぐる議論は今日でも続いている．

❖**民主化と性・人種差別の確立**　イギリスからの独立前，北アメリカの各植民地では，一部の公職を植民地人による選挙で選出していた．投票資格は21歳以上の白人男性に限られ，財産や宗教（宗派）で制限されることが多かったものの，例外的に資産家の女性や黒人が投票できる場合もあった．独立後，選挙権は基本的に州の管轄事項となり，各州はしばらく同様の運用を続けた．しかし，独立をきっかけに人々の平等意識が高まったことで，財産・宗教に基づく制限は徐々に廃止されていき，ジャクソニアン・デモクラシーと呼ばれる1820年代からの数十年間に，成年白人男子のほぼ全員に選挙権が認められるようになった．その反面，大多数の州では皮肉にも女性や非白人が投票から排除され，両者が選挙権獲得を目指す運動を開始する契機となったのである（☞項目「選挙制度」）．

❖**黒人の選挙権をめぐって**　南北戦争の後，連邦議会は南部の白人支配層が連邦に非協力的であることを受けて，終戦の翌1866年に合衆国憲法第14修正の発議を通じて，人口規模が大きく，連邦に協力するであろう黒人への選挙権付与をうながした．しかし，状況が改善しないとみるや，翌67年の「再建法」で，南部連合に参加した諸州に男子普通選挙を強制的に導入した（図1）．他方，この時期北部で黒人が投票できたのは北東部の数州だけであった．差別意識に基づく白人有権者の黒人選挙権への反発が自党に向かうのを恐れた共和党は，人種による選挙権の差別を禁じた憲法第15修正を70年に成立させ，この問題の幕引きを図ったのである．

　ところがその後，連邦の南部への関与が弱まり，旧支配層が復権すると，ジム・クロウと総称される人種隔離政策が実施されていき，その一環として識字テストや人頭税の納付が投票の要件とされるようになった．こうして19世紀末にかけて南部の黒人男性は事実上選挙権を奪われていき，それを取り戻そうとする運動が成果を上げるまでには半世紀以上を要した．1964年に人頭税による投票制限を禁じた憲法第24修正が成立し，その翌年の「投票権法」は，連邦政府が選挙

図1　初めての投票
［アルフレッド・R. ワウド画，
Harper's Weekly, Nov. 16, 1867.］

権を実質的に保障する包括的な立法で，今日でも州に対する監視は続いている.

❖女性の選挙権　ジャクソニアン・デモクラシーから同じく排除された女性たちも権利要求を始め，1848年にニューヨーク州のセネカ・フォールズで開催された女性の権利大会が大きな転機となった．南北戦争後，エリザベス・ケイディ・スタントンやスーザン・アンソニーなど，多くが奴隷解放運動にも関わっていた運動家たちは，人種だけでなく性に基づく選挙権制限も禁止させようと試みて失敗したものの，その後も差別撤廃の組織的努力は続けられた.

　その甲斐もあって，19世紀末には西部開拓の伝統から男女の平等意識がより強く，また男女の人口面の不均衡を補いたい西部の一部の州が，女性に参政権を認めはじめた．以後運動は勢いをつけ，他地域でも選挙の種別によっては女性に選挙権を認める州が増えていった．1920年についに，性別による選挙権の差別を禁ずる憲法第19修正が成立したが，背後には第1次世界大戦中の女性の社会貢献に対する評価もあった．他方，女性の中から男女の役割分業を強調し，家庭内での地位を維持すべく選挙権獲得に反対する運動も登場した.

❖選挙権の制約の動き　このように，個人の属性に基づいた選挙権の制限は長期的に廃止されてきた．1971年には，ベトナム戦争で徴兵の対象となり多くの犠牲者を出した18歳以上に選挙権を拡大する憲法第26修正が圧倒的な支持を受けて成立している．しかしその一方で，20世紀以降，選挙の質を維持する名目で選挙権の行使を制約するような制度も導入されてきており，民主政治を歪める，実質的な差別であるという批判がなされてきた.

　20世紀初頭には，有権者に選挙前の登録を義務付ける制度が登場した．市民は選挙とその意義を理解して主体的に政治参加すべきだという，民主主義の質を向上させようとする革新主義的改革の一環であったが，英語を解さない移民や非白人など教育程度の低い者への差別だという批判にさらされてきた．その後，93年の「モーター・ボーター法」（運転免許の更新時などに有権者登録をできるようにする連邦法）など，有権者登録を容易にするような改革がなされてきたが，登録制度自体はほぼ全州に残っている.

　さらに近年では，80年代からの刑事罰の厳格化によって進んだいわゆる収監国家化によって，投票権を制限された受刑者や前科者が急増し，2010年には投票年齢人口の2.5％（黒人のうちの7％強）に達したと推計されている．また選挙不正を防ぐという名目で，投票時に写真入りの公的身分証明書の提示を求める「投票者ID法」が，共和党に推進され多くの州で成立してきている．これは社会経済的地位の低い人々，特に黒人の投票率を下げる可能性があるとされる.

　これらの変化は，総じて黒人の投票を困難にするとして，人種差別意識や党派的ねらいに基づくジム・クロウの再来だとの批判も登場している．アメリカが選挙権をめぐる対立から自由になるのは，まだ先のようである．　　　　　［岡山　裕］

大統領選挙

Presidential Election

　大統領選挙は4年に1回実施されるが，政党が公認候補を決める（指名する）第1段階と，公認候補が直接対決する本選挙の第2段階からなる（図1）.

❖政党内での指名争い　本選挙は11月の最初の火曜日（それが1日の場合は8日）に投票される．同じ年の夏（7月末から9月初めの間）に，共和党・民主党の二大政党はそれぞれ全国党大会を開催し，代議員の過半数の支持を得た候補を党の公認候補に指名する．

　これらの代議員は州の党組織から派遣される．代議員の多くは，全国党大会での投票に当たって，個人的な判断で投票できない．それは，州の組織から特定の候補に投票するように義務付けられて派遣されているからである．

　アメリカのすべての州，ワシントンD.C.，領土は，選挙が行われる年の1月ないし2月から6月にかけて党内で，党員による予備選挙ないし党員集会を開催し，各立候補者に対して投票（予備選挙の場合）ないし支持の意思表示

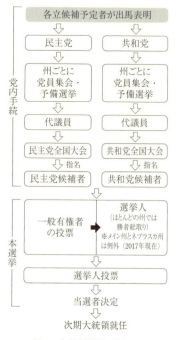

図1　大統領選挙の仕組み

（党員集会の場合）を行う．各州の党委員会はそこで示された支持の強さを反映して，全国党大会に派遣する代議員を各立候補者に割り振る．示された支持に比例した数の代議員が配分されることが多いが，州・政党によって，15%前後の足切り，もしくは州あるいは下院選挙区単位での勝者総取り方式の場合もある．各候補者は，各州の予備選挙ないし党員集会に参加して，代議員を獲得していくことになる．

　これらの代議員は，全国党大会における候補者指名において，少なくとも第1回投票では彼ら代議員を獲得した候補に投票するように義務付けられている．

　なお，民主党では代議員総数の約15%が特別代議員と呼ばれ，党所属の現職議員・州知事に配分される．彼らは予備選挙・党員集会の結果に拘束されることなく，全国党大会で自由に支持する候補に投票できる．民主党の特別代議員は，同僚政治家の目による評価も加味しようと意図したものであったが，2016年の

党内選考で彼らの多くがヒラリー・クリントンを支持したため，対抗馬であった
バーニー・サンダース派から厳しくその存在が批判され，次の選挙からその数が
削減されることになった．なお，16 年の民主党の代議員数は 4,763 人，共和党は
2,472 人であった．

　ちなみに，上記は 1972 年以降実施されている公認候補決定方式である．68 年
以前は，州政党の幹部・有力者が代議員の選考をかなりの程度支配しており，指
名獲得のため候補者は党の州組織の有力者の支持を獲得することが必要であった．
現行方式の特徴は，職業的政治家や党組織の幹部・有力者の影響力が極端に縮小
され，一般党員の影響力が格段に強化されたことにある．その分，人気投票的側
面が強まり，政治不信を利用して，反ワシントン，反現職のスローガンで戦う候
補者が有利となりがちである．

❖**本選挙**　本選挙は大統領選挙人票の争奪戦である．各州の大統領選挙人の数は，
その州に配分されている連邦上院議員（すべての州に 2 名）と連邦下院議員（1
名以上かつ人口比例）の和である（その他，コロンビア特別区に 3 人が配分され
ている）．メイン州とネブラスカ州を例外として，他のすべての州は勝者総取り
となっており，選挙人過半数の 270 票を獲得した候補が当選する．

　大統領選挙についてはアメリカでは例外的に連邦政府から候補者に選挙資金の
助成制度が存在する．ただし，最近は助成額以上の選挙資金を自前で集められる
と判断する候補が登場し，助成制度が活用されないことが多くなっている．2016
年選挙については，ドナルト・トランプ陣営は 2 億 4,754 万ドルを集め，候補者
陣営と調整や相談なしに勝手にトランプを応援する外部団体（スーパー PAC）は
7,491 万ドルを調達，クリントン陣営は 4 億 9,780 万ドルを獲得し，彼女の外部
応援団体は 2 億 590 万ドルを集めた．公営放送がない一方で，テレビ広告が選挙
戦の主体であるため，きわめてお金のかかる選挙となっている．

　16 年では，共和党のトランプ候補が選挙人総数 538 人のうち 302 人を獲得，
民主党のクリントンは 227 人にとどまり，トランプが当選した（トランプが獲得
した選挙人のうち 2 人はトランプ以外に，クリントンが獲得した選挙人のうち 5
人がクリントン以外に投票した）．実は一般投票ではクリントンがトランプを約
290 万票上回り，得票率では 48.2％ 対 46.1％ であった．このような逆転現象は
2000 年選挙でも生じた．

❖**アメリカ大統領選挙の特徴**　議院内閣制と異なり，指名される候補者は連邦議
会議員である必要はない．しばしば連邦政府に一度も関わったことがない州知事
が指名されてきた．2016 年の共和党は，4 年前に同党に復帰したばかりで，政治
経験も軍歴もないトランプが指名された点でまことに異例であった．これは極端
な例であるが，ワシントン政治のアウトサイダーが指名されること自体は決して
珍しいことではない．　　　　　　　　　　　　　　　　　　　　　　[久保文明]

二大政党制

Two-Party System

　一国の政治システムにおける政党の構成や政党相互の関係の在り方を政党制という．一党のみ存在する，あるいは一党のみが優位である一党制，二つの政党により政権交代が可能な二大政党制，三つ以上の政党による多党制に分類される．現代の民主主義諸国においては，多党制をとっている国がほとんどである．

❖二大政党制の歴史　アメリカでは，18世紀末頃から連邦レベルでの政党が形成されていった．民主党は，アンチフェデラリスト派を源流とし，民主・共和派と呼ばれた政党を経て1828年頃に結成された．共和党は，奴隷制に反対する諸勢力が結集して54年に結成され，それ以前に優勢であった，フェデラリスト派を源流としたホイッグ党を吸収していった．南北戦争を経て現在まで，両党による二大政党制が維持されている．

　歴史的には，決定的選挙と呼ばれる大統領選挙を契機として，28～36年の周期で優位な政党が交代し，政党の支持基盤の組み換えが起こる政党再編成が観察されてきた．南北戦争後両党が拮抗した時期を経て，19世紀末から共和党優位の時代となり，共和党は北部の商工業者や労働者，黒人を支持基盤とする政党となった．大恐慌への対策をめぐりニューディール政策を掲げた民主党フランクリン・D.ローズヴェルト大統領が1932年に選出されると，民主党優位の時代が始まった．それまでの南部の白人に加えて，ニューディール連合と呼ばれた北部の労働者，農民，黒人を支持基盤とする政党へと変化し，その優位は60年代まで続いた．68年に当選したリチャード・M.ニクソンに続き，ジェラルド・R.フォード，ロナルド・W.レーガン，ジョージ・H.W.ブッシュと共和党大統領が選出されたが，連邦議会では，94年まで民主党が優位であった（表1）．以後，連邦議会選挙では共和党優位，大統領選挙では両党が拮抗した状況が続いている．

　かつては安定的であった政党支持は，60年代から無党派層が増大し流動化している．投票行動は，支持政党の候補者への投票から，候補者の政策や人柄，業績に基づく投票へと変化してきた．大統領選挙と連邦議会選挙で異なる政党の候補者に投票する分割投票も見られ，大統領と連邦議会の少なくとも一院の多数党が異なる政党で占められる分割政府が常態化してきた．保守的な南部民主党議員は減少し，90年代以降南部の共和党化が一層進んでいる．

❖第三政党が発達しない選挙制度　これまで多数の第三政党が誕生してきたが，そのほとんどは短期間で消滅したり，第三政党の政策を取り込んだ二大政党に吸収されてきた．二大政党制が維持されているのは，公職の選挙に基本的に小選挙区制が採用されていることに加えて，アメリカに特有の選挙制度に起因している．

大統領選挙では，多くの州で有権者の投票を最も多く獲得した候補者にすべての大統領選挙人を割り振る「勝者総取り方式」のため，第三政党の候補者が大統領選挙人を獲得することはきわめて困難である．また，二大政党以外の候補者名が投票用紙に印刷されるためには，一定数以上の署名の提出など厳しい要件が課されていることも，第三政党には高いハードルとなっている．

❖二大政党制の課題

アメリカの二大政党は，長い間両党の政策やイデオロギーにそれほど本質的な違いはなく，選挙のための政党という性格が強かった．ところが，共和党が保守派を結集してレーガン大統領が誕生して以降，民主党はリベラル，共和党は保守と党派とイデオロギーの結び付きが顕著となってきた．中道派議員は減少し，議員のイデオロギー的な分極化が進むと，党派で結束した投票行動が増加した．共和党が議会で多数派となった

表1　大統領と議会多数党

年	大統領	上院	下院
1981〜82	ロナルド・W. レーガン（共和）	共和	民主
1983〜84		共和	民主
1985〜86		共和	民主
1987〜88		民主	民主
1989〜90	ジョージ・W. H. ブッシュ（共和）	民主	民主
1991〜92		民主	民主
1993〜94	ビル・クリントン（民主）	民主	民主
1995〜96		共和	共和
1997〜98		共和	共和
1999〜2000		共和	共和
2001〜02	ジョージ・W. ブッシュ（共和）	共／民	共和
2003〜04		共和	共和
2005〜06		共和	共和
2007〜08		民主	民主
2009〜10	バラク・オバマ（民主）	民主	民主
2011〜12		民主	共和
2013-14		民主	共和
2015-16		共和	共和
2017〜18	ドナルド・トランプ（共和）	共和	共和

1995年以降，激しい党派対立が見られ，政治的な行き詰まりをもたらした．

大接戦となった2000年の大統領選挙は，共和党と民主党で真っ二つに分裂するアメリカの象徴となった．08年の大統領選挙では，変革と「一つのアメリカ」を掲げた民主党バラク・オバマが当選した．しかし，10年の中間選挙では，非常に保守的な草の根のティーパーティ運動により，共和党では極端な政策を支持する議員がベテラン議員を破って選出され，党派対立はさらに激しさを増していった．16年には，政治経験のない共和党ドナルド・トランプが，民主党ヒラリー・クリントンとの大接戦の末大統領に選出された．「アメリカ第一主義」（アメリカファースト）を掲げ，その政策は共和党の従来の主流派とは相入れないものである．有権者はいわゆる二大政党の主流派と呼ばれる政治家への不満を表明し，第三党的な候補者を支持している．

アメリカ型の権力分立制の下で二大政党が分極化していくと，政治が不安定化したり，行き詰まりをもたらしやすい．分極化と既存政治への不満にいかに対応していくのか，両党に共通する課題となっている．　　　　　［廣瀬淳子］

スピーチ・演説

Speech

政治学者リチャード・ニュースタットが「大統領の力は説得する力である」と述べたように，アメリカの民主主義政治において，政治家や運動家が，政党や議会を迂回して世論に訴えかける「ゴーイング・パブリック」で政治を動かしていくスピーチ・演説は欠かすことのできない一要素となっている。

図1　リンカン大統領のゲティスバーグ演説

❖ **スピーチ・演説の媒体と形式**　時代によって政治におけるスピーチ・演説の媒体と形式は変化してきた．初期のスピーチ・演説は紙媒体で市民に届けられることを前提としたため，建国の父祖ら（ファウンディングファーザーズ）による独立宣言や憲法公布などの読み原稿も推敲されたが，文語的表現が取られる傾向にあった．例外的に，ポピュリストと称されたアンドルー・ジャクソン大統領は対人スピーチを重視した．同様にセオドア・ローズヴェルト大統領も直接有権者の下へ赴き，新興の独立系新聞を通じて発言力を確保した．やがて，ラジオが普及するとフランクリン・D. ローズヴェルト大統領は「炉端談話」によってお茶の間に声を届け，リチャード・M. ニクソン副大統領もニキータ・C. フルシチョフ大統領と東西文明を競った「台所討論」で人気を博した．そして，テレビの登場とともに，ジョン・F. ケネディ大統領は経験不足であるという評価を初のテレビ討論会によって覆し，ビル・クリントン大統領は一人ひとりに親身に語りかけるようなスピーチ術で高い好感度を得た．その後，ソーシャルネットワーク（SNS）が興隆する中で，バラク・オバマ大統領は選挙映像をテレビからYouTubeやFacebook，Twitterにまで広げていくメディアミックスを通して，支持層に届けて一世を風靡した．ドナルド・トランプ大統領はテレビ討論会で負けたと評されるものの，政治的正しさを脱ぎ捨てたスピーチ・演説や発言によって，SNSのフォロー数ではリードして旋風を巻き起こした．

❖ **スピーチ・演説の機会**　スピーチ・演説の機会として，通常，大統領立候補宣言，党大会での候補者指名受諾演説とそれに伴う応援演説，選挙結果を受けた勝利演説・敗北演説，就任演説，毎年年初に行われる大統領の一般教書演説，予算教書演説，そして退任演説，また特別な機会として開戦宣言，人種問題の訴えや選挙における遊説などがある．これらの機能としては，第一に，勝利演説や就任演説などにおいて，国民全体で共有される価値観を寿ぐことで，国民全体をまと

めていく．第二に，特定のメッセージを国民に伝えることで，政策への支持をとりつけていくものがある．選挙演説をはじめ，南北戦争下にエイブラハム・リンカン大統領が「人民の，人民による，人民のための政治」を訴えたゲティスバーグ演説（図1），黒人公民権運動に従事したマーティン・ルーサー・キング・ジュニア（キング牧師）が「私には夢がある」とワシントン大行進で群衆に語り掛けた演説が名高い．第三に，弁明・反論するスピーチ・演説がある．ケネディ大統領やオバマ大統領が，宗教と人種という自身の属性に言及する演説や，ニクソン副大統領が政治活動資金を弁明するチェッカーズスピーチなどがあった．

❖**スピーチを支える組織**　大統領選や任期中のスピーチ回数が年を追うごとに飛躍的に増えていったため，そのスピーチ準備を支えるスピーチライター，各テーマや過去のフレーズを調査収集する専門家集団や世論調査団体や舞台演技指導者らが組織されていった．スピーチライターとしては，ケネディ大統領にとってのセオドア・C. ソレンセンのように，選挙から任期中にわたり大統領の思考を把握して名演説を紡ぎ，かつ大統領の死後に伝記を執筆する黒子以上の存在も見られた．スピーチ・演説準備にあたり，各政策テーマの専門家集団は政治・経済・軍事はもちろん，文学・歴史学にまで及んで組織された．また，政治家は有権者がどのように評価・行動するかに注目し，スピーチする前および直後の独自の世論調査が重視されていった．

❖**スピーチ形態の多様化と大統領討論会**　時代とともにスピーチ形態も多様化してきた．例えば現在，ラジオやテレビ，ウェブで視聴が可能な候補者間の大統領討論会はスーパーボウルやアカデミー賞授賞式に並ぶほどのきわめて高い視聴率を誇る．候補者間の放映量の平等性を担保する法律「FCC315条」を棚上げすることで，初めて1960年大統領本選挙においてテレビを用いた大統領討論会が二大政党のニクソン副大統領とケネディ上院議員の間で成立した．ケネディの死後休止されていたが，ジェラルド・R. フォード大統領とジミー・E. カーター大統領の選挙時である76年に再開された．近年では第三政党が参加する形式や，市民が質問をするタウンホール形式も導入されている．大統領として当選したトランプ候補は本選挙内討論会では元国務長官のヒラリー・クリントン候補に負けたと評されたりしたが，特にタウンホール形式で善戦し，一部の層においては彼が一定の議論ができるとの安心感を与えた．

❖**スピーチ・演説の今後**　スピーチ・演説の形式は，情報伝達が加速し，増大するのに伴い，より即興性があり，より短く刺激的で一部分のみ使う「サウンド・バイト」しやすく，より身近に感じられるものが求められる傾向にある．またスピーチ・演説の媒体が文字，音声放送，映像と変遷するのに伴い，声質そして身振り手振りや表情，舞台セッティングなど非言語的要素も重要となってきている．

[松本明日香]

公務員制度

Civil Servant System

アメリカの公務員制度は，同国の政治と社会における多様な価値を反映しながら，時代とともにその性格を変容させた．公務員にはその公的な役割から，とりわけ専門性，代表性，政治的中立性などの価値が強く要請された．

❖**建国期の公務員制度**　建国初期の公務員制度は，閉鎖的なエリート集団の中での政治任用が中心であった．大統領は合衆国憲法第2編2節の定める官職任命権を用い，教養あるエリートを適材適所に任用することにより，みずからの意向に沿った政府を構築した．任用にあたっては各州の利益を尊重するため，地理的な代表性も考慮された．また，トマス・ジェファソン大統領の時代には共和派への支持が任用の条件とされるなど，党派的な基準による任用も見られるようになり，徐々に猟官制の性格を帯びるようになった．

❖**猟官制とマシーン政治**　19世紀初頭にはジャクソニアン・デモクラシーの下，参政権の拡大とともに非特権的官僚制への移行が推進された．当時，官職は高度な専門性を要するものではなかったため，広く市民に開放することにより，政府を民主的に統制することが重視された．また，一部の人々が官職に留まることは多くの弊害を生むため，政権交代のたびに猟官制によって人員を入れ替えることが望ましいと考えられた．一方，猟官制は情実任用や政治腐敗など深刻な問題ももたらした．とりわけ，地方政府では集票組織であるマシーンが移民から票や献金を集めるために官職を政治資源として利用したことにより，政治腐敗が蔓延し，行政の効率性も損なわれた．こうしたなか，全米の都市部では市政改革運動が活発化し，猟官制の改革が訴えられた．

❖**資格任用制の導入**　1881年，ジェイムズ・A.ガーフィールド大統領が猟官者によって暗殺される事件が発生し，改革への機運はさらに高まった．これを受け，83年には「公務員制度法」（ペンドルトン法）が制定され，連邦公務員制度に資格任用制が導入された．これにより官職人事において公開競争試験が実施され，官職の専門性と政治的中立性が向上するとともに，党派を問わず，官職への機会が確保された．当初，連邦政府では資格任用制の適用される官職は限られていたが，徐々に対象は拡大し，1951年には86.4%の官職に適用された．

資格任用制によって官僚制の専門性は高まった反面，政治任用職が大幅に減少したことにより，官僚制は大統領にとって統制しづらいものとなった．フランクリン・D.ローズヴェルト大統領は自律化を強める官僚機構に対処するため，行政管理に関する大統領諮問委員会（ブラウンロー委員会）に対策を協議させた．同委員会の提案を受け，39年には「行政組織再編法」が制定され，大統領直属

の補佐機関である大統領府が設置されるとともに，府内に新たな政治任用職が配置された．その後，ドワイト・D. アイゼンハワー大統領も新たな政治任用職の区分（スケジュール C）を設けるなど，執政部門では政治任用職の増加が見られた．ジミー・E. カーター大統領もまた行政国家化に伴う割拠主義に対処するため，公務員制度改革に着手した．78 年には公務員制度改革法が制定され，幹部公務員に広範な管理運営機能を付与する，上級幹部公務員制度が導入された．

❖**現代の政治任用制**　今日，連邦政府には約 4,000 の政治任用職が存在し，これらは大統領がみずからの理想とする政府を構築する上で貴重な政治資源となっている．近年の政治任用における問題として，任用過程の政治化と長期化があげられる．政治任用職のうち，意思決定を担う上級職の多くは大統領の指名に加え，上院の承認を要する．しかし，二大政党のイデオロギー的分極化を背景として承認過程は妨害され，長期化する傾向が見られる．その結果，政権発足後も多くの要職が空席となり，政権運営に支障をきたしている．これに対し，大統領は休会任命などによって対抗しているが，その効果は限定的である．一方，政治任用に依存した行政運営には否定的な評価も見られる．政治任用職の増大は専門性や業績の低下に繋がることがしばしば指摘される．また，政治任用者は在職期間が短く，頻繁な交代により，業務の継続性が阻害されることが懸念される．さらに，政治任用者と職業公務員は行動様式が異なるため，軋轢の発生も問題となっている．

❖**代表性の要請**　資格任用制を基調とした公務員制度は，社会における各集団の代表性との関係が問題となる場合がある．資格任用制は機会均等に寄与したが，そのことが官僚制における各集団の代表性を保障したわけではない．公民権運動ではこの点が問題視され，マイノリティの置かれた差別的状況の解消が訴えられる中，「1964 年公民権法」の成立により，官職人事にも平等な機会の確保が要請された．当初，連邦人事委員会は資格任用制の徹底により，差別的状況の解消を目指したが，マイノリティの候補者が能力基準を満たすことは現実的に難しく，より積極的な対応が求められた．これにより，人口や労働市場の割合に応じて官職への雇用機会を保障する，積極的差別是正措置が導入された．

　一方，積極的差別是正措置は特定の集団に特別な扱いを施す政策であるため，78 年のバッキ判決以降，逆差別との境界が常に問題となった．特に官職は公的な性格を持つが故に，他の部門以上により慎重な対応が求められた．裁判所も官職人事に人種的・民族的基準を用いることには否定的な判断を下すようになり，各行政機関もそうした基準を用いない政策へと転換した．一方，代表性の問題はさらに深刻化しており，特にヒスパニック系などの集団は，各行政機関において職員（特に上級職）に占める割合が人口に占める割合を大きく下回ることが問題となっている．そのため，現代の公務員制度においても，各集団の代表性をいかに確保するかという点は引き続き重要な課題である．　　　　　　　　［菅原和行］

女性と現代政治

Woman and Contemporary Politics

2016年の大統領選挙では，ヒラリー・クリントンがアメリカ史上初めて女性として主要政党の大統領候補に選ばれたものの，ホワイトハウスへの道はドナルド・トランプ候補によって阻まれた．女性が参政権を求める運動を始めたのは19世紀の半ばであった．1920年には合衆国憲法第19修正によって，アメリカのどの州においても女性が投票を行えるようになり，また政治家として選出される権利も保障された．それから1世紀近くが経過し，女性の進出がさまざまな側面で語られるアメリカ社会ではあるが，政治の領域においてはいまだにジェンダー・ギャップが見え隠れしている．

❖女性の政治的権利獲得の歴史　家庭の中や市民社会における活動を通して，実質的に政治に影響を与えてきた女性が，法的にも政治的な力を得ようとしたのが参政権運動であった．しかし女性が憲法の下で政治的権利を保障されるのは20世紀になってからのことである．このように政治の周縁に置かれてきた女性自身の認識が大きく変わる契機が，第2次世界大戦であった．若い男性が兵士として戦場に送られたことで，アメリカ国内では働き手が不足し，それに代わって女性が家庭を守る役割を抜け出して社会の中へと進出し，労働者として銃後のアメリカ社会を支えたのであった．

終戦とともに男性が元の職務に復帰したことで，女性はいったん家庭に戻ったが，社会の一員として責任を果たした経験は，女性の解放を求める動きへとつながった．もっとも，マイノリティの女性はそれ以前より家庭から切り離され，労働者の立場に置かれていたのであり，白人女性を基準として女性解放の歴史を語ることは，マイノリティ女性にとっては二重の意味での差別の象徴であった．

❖有権者としての女性の認知　有権者として女性の存在が拡大するにつれ，女性にとって関心が強いとされる争点をめぐる議論が，女性票獲得の手段として注目されるようになった．女性は男性と異なる価値観を持ち，なかでも子ども，健康，教育，平和というような，女性自身が責任を持つべきとされる争点を重視すると考えられてきた．このように，政治的な争点の中にも，ジェンダー化された認識が入り込んでいたのである．

ところが女性の考えは一枚岩ではなく，妊娠中絶をめぐる対立はその一例である．1973年の連邦最高裁によるロー対ウェイド判決が，女性が自分の体に対して持つ権利を認めると，胎児の命は神が与えたものだという立場を取る宗教的保守派の人々は，中絶に反対するため政治的に動員された．産む性である女性自身が，みずからの生き方を重視する立場と，胎児の命を優先する立場に分かれたこ

とで，女性の間での多様性が浮き彫りになった．中絶の是非をめぐる議論は，関連する医療や福祉の領域，さらには国外での中絶費用支援をめぐる外交政策に至るまで対立の構造を形成し，選挙の争点としてだけでなく，政策形成から司法による判断まで，アメリカ政治全体を大きく二分する争点となった．

❖政治的主体性を求める女性
ジェンダーの問題は政治家としての女性の位置付けにも影響を及ぼした．参政権を得た当初は議員として選ばれる女性は限られており，亡くなった夫や父の地盤を引き継ぐというかたちの当選が多かった．女性候補がみずからの資質でもって判断され，政治的代表者として選出されることが常態になっても，女性候補は男性候補以上に厳しくその資質を問われ，政治の場におけるジェンダー・ギャップは存在し続けた．2006年に女性として初めて下院議長の座に就いたナンシー・ペローシは，女性政治家としてそれまでの最高位に就いたことを，議会の建材に例えて，大理石の天井を破ったと語った（図1）．

図1　ペローシ下院議長の公と私の二つの横顔
[Chip Somodevilla]

女性を家庭に結び付ける傾向の強い共和党は，民主党に比べて女性に優しくない政党という印象を与えていた．連邦議会でも，女性議員の所属は圧倒的に民主党が多かった．ところが，共和党が連邦下院の多数派を握ると，ニュート・ギングリッチ議長は男性の領域と思われてきた政策内容を扱う委員会に共和党の女性議員を配属した．従来から，女性議員は男性議員と競合する中で，有権者に対して女性としての利点をアピールしてきたが，そうした女性の争点は女性議員をジェンダー化された枠組みに縛り付けるという，意図しない結果につながっていた．

選挙よりも速やかにジェンダー・バランスを均衡させ得るのが，任命という手段である．近年では，国務長官という重要なポストも含め，多くの女性政治家が閣僚として任命されている．また，最高裁判所判事にも多様な背景の女性が任命されており，こうした任命により女性が実質的な権力を手にしている．

❖ガラスの天井を越えて
2016年大統領選挙でのクリントン候補の敗因は，草の根の人々が既成の政治家を忌避し，ポピュリストの候補を支持した結果であると語られる．しかし，アメリカ大統領は他国の指導者を上回る権力を持ち，その中には世界最大の軍の指揮権も含まれる．果たして女性にその重責が果たせるのか，という疑念が心の中に存在していた有権者もいただろう．アメリカとは，女性の進出が当然のように語られる一方で，頂点に立とうとすると非常に厚いガラスの天井に阻まれている社会なのかもしれない．　　　　　　　　　　［大津留（北川）智恵子］

メディアと選挙

Media and American Election

アメリカでは，合衆国憲法第1修正の「表現の自由」の擁護とともに，政治からの独立，経済からの独立といったメディア機関の自由を重視する文化が建国期から培われてきた．大統領選挙，連邦議員選挙，州知事選挙のいずれにおいても，メディアと選挙は密接に関連している．ただ，選挙におけるメディア，特にテレビの影響力に限れば，それが急増したのは1970年代後半，特に80年代以降であると考えられている．

❖三つの制度的な変化　では，この頃何が起こったのだろうか．複数の理由があげられる．これらは選挙におけるメディアの影響力の急増につながっている．まず，1960年代末から検討され，80年代に完全に定着した選挙過程の透明化という選挙制度の改革が大きい．この改革は大統領選挙で民主・共和両党の党指名候補を決める代議員の選び方に適用され，各州の党の顔役の意向が強く反映されていた党員集会に代わって，多くの有権者が投票することができる予備選挙が本格的に導入されることになった．予備選挙で一般の有権者が投票する際に最も参考にするのが候補者の動向を伝えるメディア，特にテレビの報道である．予備選挙の本格導入は大統領選挙だけでなく，連邦議員選挙や州知事選挙などあらゆる選挙に波及していった．

また，規制緩和の影響も大きい．「1934年通信法」のフェアネスドクトリン（公平原則）に従い，厳格に運用されていたイコールタイム原則（テレビ放送などで，二大政党やその党の候補者にほぼ同じ時間を割いて報道させる原則）などが80年代の規制緩和でメディア側の自由裁量部分が大きくなった．さらに70年代末から80年代にかけては，全米のどの地域でも希望すればケーブルテレビを観ることができるようにする「ユニバーサルアクセス規制」が適用されたこともあって，テレビの多チャンネル化が急速に進んだ．CNNのような24時間専門ニュースチャンネルが登場したこともあって，選挙に関する報道そのものの量が圧倒的に増えたほか，ネットワーク間の競争も激しくなった．さらに，インターネットが普及し始める中，立法化された「1996年通信法」では，これまでは厳格に規制されていたメディア機関の重複所有が緩和されたこともあって，メディアの融合が一気に進み，選挙情報も爆発的に増えていった．

❖選挙産業の発達と選挙の個人化　政党に代わり，メディアがキングメーカーになることは，候補者側にも大きな戦術の変化をもたらすことになる．いくつかの変化があるが，まずあげられるのはメディアの向こう側にいる有権者からの支持を集めるために，メディアにうまく描写してもらうことが選挙運動の中心を占め

るようになったことである．特に，選挙 CM（選挙スポット）の応酬で選挙戦が展開されるようになったことは特筆される．選挙スポットの中に，自己紹介だけでなく，公約，相手候補の非難などが盛り込まれ，有権者に直接接するのではなく，テレビ画面を通じて選挙戦が行われていく．さらに，選挙区内の工場や学校などへの訪問や視察もメディアが報じるため，候補者にとっては貴重な PR のチャンスとなる．候補者の本当の視線は，握手を求める訪問先の人物ではなく，その様子をテレビで観ることとなる有権者にある．こうして，メディアに報じてもらうために開くメディアイベントが選挙戦の中心に躍り出るようになった．そもそもアメリカの場合，選挙運動組織が政党ではなく候補者個人が中心になる傾向が強かったが，予備選の本格導入で党の幹部の意向にかかわらず，立候補が可能となったため「選挙の個人化」が一気に進むことになった．個人の選挙運動組織が資金調達から世論調査，メディア戦略を行うようになり，選挙運動全般が「個人商店」になっている．

　メディアがキングメーカーの役割を担うようになったのとほぼ同時期の 1980 年代に，選挙運動を科学的に行う「選挙マーケティング」の概念が浸透し，選挙の専門化が急速に進み，選挙を専門的に請け負う選挙産業が大きくなっていった．選挙産業とは，世論調査，広告制作会社，選挙戦略コンサルタント・アドバイザーなど専門業者を総称する言葉であり，世論調査に特化した会社もあれば，一つの会社ですべてを行うこともある．共和党系と民主党系に分かれるのが一般的である．また，メディアが一番注目するのが世論調査の動向であるため，独自の世論調査を頻繁に行うようになっている．

❖ メディアのキングメーカー化が生んだ問題点　テレビを介した選挙では，候補者と有権者の個人的なつながりは存在せず，その関係は擬似的なものである．テレビ画面の中で優しく微笑んだ「私の大統領，私の上院議員」という有権者の感情は，一方的な片思いにすぎない．公約も分かりやすいものが好まれがちである．そのため，主張するのは，実現可能かどうかという点よりも誰にも受ける政策になりがちであり，有権者の大きな期待は，当選後はいずれ大きな失望に変わってしまう傾向にある．一方で，相手候補を罵倒するネガティブキャンペーンがテレビやインターネットで増幅されており，政治不信や投票率低下につながるという研究も数多い．さらに，「選挙の個人化」によって，それぞれの候補者が個々に選挙産業と契約しているため，選挙におけるメディアの影響力が大きくなることは選挙産業の急成長に直結する．近年はソーシャルメディア上のビッグデータ分析などが進んでいるため，さらに費用は高騰するようになっている．メディアが政党に代わるキングメーカーになることによって，実際には候補者と有権者との距離は離れていく傾向にあるのは皮肉なことかもしれない．

［前嶋和弘］

政治献金

Campaign Finance

　選挙には多額の金がかかる．選挙戦が熾烈を極めるほど，広告費，世論調査費，人件費などをまかなうための巨額の資金が必要とされる．だが，政治に大金が絡めば腐敗を招きやすく，対策（政治資金規正）が必要となる．

❖**政治とカネ**　アメリカにおける政治資金規正の歴史は古い．1907年に制定された「ティルマン法」で企業による選挙への献金が全面的に禁止されるようになり，10年の「政治資金公開法」で政治献金・支出の開示が義務付けられるようになった．「政治資金公開法」は11年に改正され，本選挙だけではなく予備選挙も開示対象に含めること，また候補者の選挙資金に支出制限（上院議員候補者は年間1万ドルまで，下院議員候補者は5,000ドルまで）が設けられた．その後，18年の「選挙汚職防止法」で政治献金の見返りとして便宜を供与することが禁じられている．25年には「連邦腐敗行為対策法」が制定され，「政治資金公開法」の内容が改正された．すなわち，連邦公職の候補者だけではなく複数の州で活動する政党や選挙委員会を規正対象とすること，非選挙年においても情報開示を義務付けること，100ドル以上の献金はすべて開示すること，上院議員候補者の支出上限を年間2万5,000ドルとすることなどが新たに規定された．

　39年の「ハッチ法」，40年の同法の改正（「ハッチ法Ⅱ」）では，連邦公務員・連邦政府から給与を受け取る州・地方政府の職員による選挙活動を禁止している．加えて，候補者・政治委員会への個人からの献金は年間5,000ドルを上限とし，個人による選挙活動への支出も年間300万ドルまでに制限する旨が定められた．47年には「タフト＝ハートレー法」が議会を通過，労働組合による選挙献金が完全に禁止され，企業・労組ともに選挙活動を支援する目的で支出を行うことが禁止されるようになった．

❖**連邦選挙法とソフトマネー**　1971年，「連邦腐敗行為対策法」に代わる法律として「連邦選挙法」が制定された．同法によって候補者への献金・支出制限は撤廃され，代わりに広告費用に支出制限が課されることになった．同法では政治資金の公開義務も強化し，選挙資金を監視する「連邦選挙委員会」という独立行政機関が設立された．また，直接の政治献金・選挙活動支出を禁止された企業や労組は40年代以降，政治活動委員会（PAC）という別組織を立ち上げて集金・献金・支出を続けてきたが，同法はこれを合法と認めた．74年にはウォーターゲート事件の反省を受けて「連邦選挙法」は改正され，個人や政党による候補者への献金・支出に再び制限が設けられるようになった．これにより，個人は1人の候補者に1回の選挙につき1,000ドルまで献金可能，総額2万5,000ドルまで献金

できるようになった．政党や政治活動委員会は1人の候補者に1回の選挙につき5,000ドルまで献金でき，総額制限はなかった．また，個人や政治活動委員会が候補者を支援するために候補者と関わりなく勝手に行う宣伝活動（独立支出）は献金の一種と見なされ，規正の対象に含められた．

　だが，ここでソフトマネー（法による規制の網の目をくぐって集められる政治資金の総称）が問題になる．「連邦選挙法」は連邦レベルの選挙資金を規正する法であり，州・地方レベルの政党による政治活動を規正対象に含めなかった．法の盲点を突いて，州・地方選挙のために集められた資金が実質的に連邦公職選挙のために流用される事態を招いた．この問題に対処すべく，2002年には「超党派選挙改革法」が制定され，ソフトマネーを集めること，支出することを禁止するなどの対応がとられた．だが，今度は内国歳入庁によって政治活動を認可された527団体が政治活動資金の名目で選挙資金を集めて支出する現象が見られるなど，同法の制定によっても法律の抜け穴を完全にふさげていない．

❖スーパーPACとメガドナー　選挙活動のために候補者，支援者，あるいは政治活動委員会が行う支出を制限することは合衆国憲法第1修正に定められた「言論の自由」の侵害にあたるのではないかという議論が存在する．古くは1921年の合衆国対ニューベリーの判決において，連邦最高裁は候補者の選挙資金に支出制限を課すことは憲法違反ではないかとの見解を表明していた．76年のバックリー対ヴァレオ判決において，連邦最高裁は選挙資金規正を合憲とし，献金を規正することに問題はないが，支出制限を設けることは「言論の自由」の侵害にあたり，憲法違反であるとの判決を下す．これによって，74年の「連邦選挙法」改正で規定された個人や政党による支出制限は無効化され，独立支出は選挙候補者と連携や相談をすることなく「勝手に」行われるのであれば言論の自由であり，合憲とされた．さらに，2010年のシチズンズユナイテッド対連邦選挙委員会判決において，連邦最高裁は企業や労組には独立支出による広告活動を妨げられずに行う権利があるとの判断を下す．

　加えて，同年のスピーチナウ対連邦選挙委員会事件において，1回の選挙で独立支出のみを行う政治活動委員会が受け取れる選挙資金の上限を撤廃するという判決が出たため，特定の富裕な献金者（メガドナー）から無尽蔵に資金を受け取って独立支出による広告活動を制限なく行うスーパーPACが誕生した．スーパーPACは候補者とは無関係であるとされているものの，実際には候補者にゆかりのある人物が運営していることも多く，独立性に疑義が呈されている．また，これらによる宣伝活動が金権政治を悪化させているという非難は絶えず，16年の大統領選挙ではバーニー・サンダースやドナルド・トランプがスーパーPACやメガドナーを痛烈に批判した．これが政治の金権化に歯止めをかけるきっかけになるのか否か，注目が集まっている．　　　　　　　　　　　　　　　［西川　賢］

ロビイスト

Lobbyist

　政府による政策形成・執行に対して働きかけることをロビー活動といい，職業としてロビー活動を行う者をロビイストという．現行のアメリカ連邦法はロビイストを登録制とし，情報開示を義務付けている．現在の登録ロビイストは約1万1,000人であり，年間約32億ドルがロビー活動に支出されている．

❖ロビイストの役割　ロビイストは，政府の決定に影響を与えようとする個人や利益団体と契約を結び，その代理人として活動する．働きかける先は，議会と行政組織である．現代政治における政策の形成・執行過程はさまざまな手続きや慣習によって複雑化しており，影響力を行使するためには専門知が必要となる．裁判のために弁護士が雇われるように，議会と行政組織への働きかけのためにロビイストが雇われるのである．

　ロビイストは，依頼主の利益を実現すべく，議員と政府職員に対して情報提供と説得を行う．まず，ロビイストは法案の草案を作成する．連邦議会ではすべてが議員立法であり，ロビイストが周到に準備した法案は，議員の立法業績に大きな助けとなる．

　次に，その法案を提出した場合に議会内で多数派形成が可能かどうかを調査し，必要なら多数派工作も担う．時には，法案審議の過程で行われる公聴会を開催するための下準備まで行うこともある．議会内での多数派の構築や，多くの専門家の参加を必要とする公聴会開催の労力は膨大なものであり，ロビイストによる助力は議員の活動の支えとなる．さらに，議員に対して，特定の立場を明確にした場合の再選の可能性についても情報を提供する．

　最後に，ロビイストは行政組織にも働きかける．新たな規則や規制に利害関係者がどのように反応するかを行政組織に伝え，依頼主の利益に沿うような法執行の実現を目指す．行政組織は新たな規則や規制が訴訟に持ち込まれることを嫌うため，ロビイストの情報を重宝する．

❖ロビイスト規制の発展　ロビイストが実現しようとする利益は一部の者に関わる特殊利益であるために，アメリカ国民全体の利益に反することもあり得る．他方で，合衆国憲法第1修正は市民による政府への請願権を認めている．アメリカにおけるロビイスト規制は，特定の利益の代理人による政策決定者への過度なアクセスの制限と，個人が政府に請願する権利の擁護を同時に実現すべく，ロビイスト登録制と活動情報の開示という方向で発展してきた．

　1930年代から今日にかけての主要なロビイスト規制法には以下の四つがある．まず，今日の規制法の原型を形成したものとして，「1938年外国代理人登録法」

がある．これは国外の依頼主に雇われてロビー活動を行う者の登録と情報開示を義務付けたものである．同法は現在でも効力があり，司法省のウェブサイトにて登録者と活動情報が開示されている．

「1946年ロビー活動規制法」は，アメリカ議会の立法に影響を与えようとするすべてのロビイストの登録を義務付けた．これを改正し，現行の登録制度を定めるのが，「1995年ロビー活動公開法」である．同法によれば，次の三つの条件すべてを満たす場合に登録義務が生じる．①依頼主から対価を得て雇用されていること，②複数のロビー活動に従事していること，③6カ月間，活動時間全体の20％以上をロビー活動にあてていること．また同法では，ロビー活動の対象として，議会のみならず行政組織も含むよう修正がなされた．

現行の情報開示制度を定めるのが，「2007年誠実なリーダーシップと公明な政治法」である．2005年のエイブラモフ事件を受けて，ロビー活動の情報開示義務を1995年法よりも厳しいものとした．同法は，登録ロビイストに四半期に一度の報告を義務付け，報告内容をインターネット上に公開することとした．1995年法によるロビイスト登録と

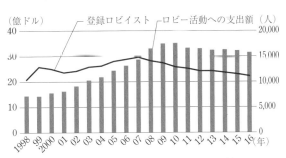

図1　ロビー活動支出額と登録ロビイスト数
[Center for Responsive Politics, *Lobbying Database* より作成]

2007年法の情報開示については，上院事務局と下院事務局のウェブサイト上で確認することができる．図1はそれらの情報を基に作成したものであり，07年を境に登録ロビイストの数に減少が見られる．

❖**ロビイスト規制の今後**　現行法の規制から逃れているロビー活動に，影のロビー活動と草の根ロビー活動がある．影のロビー活動とは，ロビイスト未登録者によるロビー活動であり，「1995年法」の登録義務規定の抜け穴（上述3要件に該当するかはすべて自己申告）が利用されている．

草の根ロビー活動とは，ロビイストが有権者を動員し，それぞれの選挙区の政治家に働きかけることで政策に影響を与えようとする活動のことである．政策の内容に影響を与えようとする点で従来のロビー活動と同じであるものの，現行法がロビー活動を議会と行政組織に働きかけるものとしているために規制外となっている．今後，これらのロビー活動についても，市民の請願権を保障しつつ，特定の利益を代弁するロビイストによる政府への過度なアクセスを制限するという観点から対応がなされていくものと考えられる．　　　　　　[梅川　健]

市民社会

Civil Society

　市民社会とは，自由・平等な個人が主体（アクター）となり，その自由な言論・意志を社会また政策に反映させることのできる社会をいう．また利益を優先させる企業に対して，団体としての利益を追求するわけではない非営利団体を含む市民団体が重要なアクターとなっている社会という意もある．

❖**市民社会の歴史**　アメリカにおいては，イギリスから独立した1776年に市民社会の基礎ができたといえる．憲法は「We the people」で始まっており，人民（People）こそがアメリカを構成するアクターであることが謳われている（図1）．また，91年に成立した憲法第1修正で，信教・言論・出版・集会の自由，請願権について定めているように，今日にも通用するような市民社会のための重要な法が18世紀につくられていた．

　しかしながら，憲法において人民とは白人男性を指し，女性や奴隷，そして先住民に投票権はなかった．また下院議員の人数も，人口と納税額に比例して決められたが，奴隷を5分の3人分として人口に計上し，奴隷州ほど下院議員の人数が多く，奴隷主の意向が反映しやすい政治システムであった．

図1　アメリカ合衆国憲法［National Archives and Records Administration］

❖**市民と国家**　市民社会の成熟のためには市民的自由が保障されることが重要である．しかしアメリカにおいては，市民的自由が危機的な状況を迎える時代が何度もある．また冷戦期においては国家安全保障法の成立により，国家が権力と情報を独占する状況が強化されていった．しかし市民的自由を擁護するために1920年に発足したアメリカ自由人権協会（ACLU）のような，国家や企業の立場ではない，市民の側からの活動も活発で，その多くが法人化し，非営利団体として活動している．

　また，67年に成立した「情報公開法」（FOIA）は，連邦政府が国民に対して行政文書を公開することを義務付けている．その一方で，国家安全保障の名の下に，多くの文書が公開されず，機密化された文書の全体像を把握しにくい状態であった．そうした中，情報公開請求を組織的に積極的に行い，その成果を情報共有する団体であるアメリカ国家安全保障アーカイブ（NSA）が85年に発足した．

連邦政府の機関ではない第三者機関が，文書の開示を求め，共有化する活動そのものが市民社会を支えるために重要だといえる．市民が国家に監視されるのではなく，市民が国家を監視するのが成熟した市民社会の在り方であろう．

2017年7月に国連で採択された核兵器禁止条約は，原爆や核実験ヒバクシャと活動した核兵器廃絶国際キャンペーン（ICAN）などの非政府組織（NGO）と非核保有国の運動の成果である．超超大国アメリカが同条約に反対する一方，国内の諸団体はICANの加盟団体として精力的に活動した．同年10月のICANのノーベル平和賞受賞決定は世界的市民社会が評価された結果といえる．

なお，社会保障政策の充実しているヨーロッパの多くの国は福祉国家と呼ばれているが，アメリカの場合，政府が社会政策の中で大きな権限を持つことは「大きな政府」として批判されがちであった．そうした中で，政府ではない組織である非営利団体が，社会保障に相当する活動を担う傾向にある．したがって，本来行政が行うことが必要な社会保障政策まで，民間の団体が担っているので，国家は格差社会を是正することについては消極的で，すべての人の生活・人権が守られているわけではないという問題がある．

❖市民社会の行方　軍事・外交では国家の権限が巨大化し，社会保障政策の面では国家の権限が縮小化した結果，アメリカにおいては市民社会の定義も，グローバル経済を推進する資本家の視点からの「近代化を支えた自由主義経済を担う市民社会」という意味になりがちである．しかし「封建制から脱し，すべての人の自由・平等を守り民主主義を支える市民社会」という意味での市民社会は，アメリカにおいてはどのように実現できるのであろうか．

アメリカでは，黒人男性，移民，女性の参政権獲得，1960年代の市民権運動などを経て，市民権を保有する人々の範囲は建国期と比べればはるかに広がった．市民権のない人々，また市民権を持たない人々の権利を守ろうとする人々によって，アメリカにおける市民社会は成熟してきたといえる．しかし昨今のアメリカの状況は，排外主義的・差別的言動が顕著となっているように，市民社会としての後退が見られる．

しかし，2016年11月，アメリカ大統領選の直後，社会学者イマニュエル・ウォーラーステインは次のように語った．「大切なのは，決して諦めないことです．諦めてしまえば負の未来が勝つでしょう．民主的で平等なシステムを願うならば，どんなに不透明な社会状況が続くとしても，あなたは絶えず，前向きな未来を求め続けなければいけません」（『朝日新聞』2016年11月11日）．合衆国憲法における「We the people」の指す「We」がすべての人となり，アメリカを含めて世界の市民社会が，将来にわたって成熟するためには，市民の不断の努力が必要なのである．　　　　　　　　　　　　　　　　　　　　　　［高橋博子］

シンクタンク

Think Tank

シンクタンクとは，政策研究や提言を目的に活動している研究機関である．今日シンクタンクはほとんどの国で存在しているが，アメリカではこの種の研究機関が高度に発達している．その数は 1,000 を超えるとの調査もある．アメリカでシンクタンクが高度に発達している主な要因の一つに，官僚制における政治任用制の影響が指摘できる．シンクタンクは政府高官の供給源の一つであり，新政権が発足するたびに多くのシンクタンク研究員が政府の要職に起用される．同時に，シンクタンクは政権交代に伴い政府を離れる人々の新たな就職先でもある．

❖**「学生不在の大学」としてのシンクタンク**　アメリカでシンクタンクが出現したのは，20 世紀初めのことである．20 世紀初めは革新主義と呼ばれる時代であり，専門知識こそがアメリカ社会が直面する諸問題を解決するとの楽観的な風潮が支配的であった．こうした時代風潮の下，カーネギーやロックフェラーといった財団の支援を受けてさまざまな学問分野の成長がうながされるとともに，政策研究に特化した研究機関が誕生する．現在でもアメリカを代表するものとして有名なブルッキングス研究所，カーネギー国際平和財団，外交問題評議会などは，この時期に著名な学者や実業家が中心となり創設している．その後，連邦政府の権限や役割が拡大するにつれ，政府との関係でもシンクタンクは生まれるようになる．ランド研究所はその最たる例であり，第 2 次世界大戦直後に軍部との密接な関係の中で設立された．ただし，1960 年代頃までアメリカ政治の動向においてシンクタンクは目立つような存在ではなかった．数が限られていた上に，目の前の政策論議を賑わすことよりも，時間を掛けて研究を行いその成果を学術書並みの長文の報告書で発表する傾向があった．すなわち，よりアカデミックな性格が強く，まさに「学生不在の大学」であった．そのため，日常的にシンクタンクという世界が注目されることはなかった．

❖**保守派の台頭**　しかし，1970 年代を境にアメリカのシンクタンク世界は大きく変化していく．なかでも，それ以前まではごくわずかであった特定イデオロギーを標榜するシンクタンクが一気に拡大する．その筆頭が「小さな政府」「強固な国防」「伝統的価値」といった保守主義原則を掲げるシンクタンクであった．この時期に保守系シンクタンクが整備された背景には，保守派内部でシンクタンクが政治インフラの要に位置付けられたことが大きかった．当時，政治勢力としては弱小であった保守派は，リベラル派に対抗して復権を遂げるためにはみずからの知的基盤を強化しなければならないと考えるようになる．こうして，それまで細々と活動していたフーバー研究所やアメリカ・エンタープライズ研究所

（AEI）が急成長を遂げるとともに，ヘリテージ財団やケイトー研究所といった新たなシンクタンクが相次いで生まれていく．保守系シンクタンクは，イデオロギー性を明確にしているという点で従来のシンクタンクとは異質であった．また，以前のシンクタンクとは異なり，保守系シンクタンクは日々の政策論議に影響を及ぼすことにも積極的であり，簡潔平易な分析論文やメディアでの論評といった政策提言にも力を入れた．ロナルド・W.レーガン政権の誕生は，こうした保守系シンクタンクの存在感の高まりを広く印象付けることになり，80年の大統領選挙の最中からヘリテージ財団などは政策的助言や人材を提供しているとして注目を集めた．その後も，共和党保守派の政治家を保守系シンクタンクが実質的に支える構図は繰り返し現れていく．

❖リベラル派の覚醒　保守派とは対照的に，リベラル派の動きは遅かった．環境保護運動や消費保護運動が盛り上がったように1970年代に入ってもリベラリズム全盛の時代が続き，リベラル派内部でみずからの政治インフラを強化する必要性はほとんど意識されなかった．しかし，90年代半ば以降アメリカ政治における保守優位の状況がいっそう鮮明になるにつれ，リベラル派内部でもみずからの政策立案能力を鍛え上げなければ手遅れになるとの危機感が芽生える．その結果，保守系シンクタンクをモデルにリベラル派はみずからのシンクタンク立ち上げに着手し，アメリカ進歩センター（CAP），ニュー・アメリカ，サード・ウェイなどが生まれていく．これらのシンクタンクはレーガン政権と保守系シンクタンクの関係のように，2008年大統領選挙の時点から民主党のバラク・オバマを支え，その後の医療保険制度改革などにおいても貢献した．

❖シンクタンクをめぐる評価　現在，アメリカ政治の分析においてシンクタンクは欠かせないと考えられている．しかし，その影響力が高く評価されるにつれて，シンクタンクに対する視線が厳しくなってきている．保守系やリベラル系のシンクタンクについては，近年のアメリカ政治における党派イデオロギー的分極化を助長している一因であると批判されている．2010年にヘリテージ財団はヘリテージ・アクション・フォー・アメリカという姉妹団体を設置したが，この例も党派性を象徴するものとしてすでに多くの批判を浴びている．また，資金源との関係を懸念する声もある．アメリカにおいてシンクタンクは非営利団体であるため，当然寄付金に依存しているが，一部メディアは多額の資金を得ようと主要なシンクタンクが大口寄付者の意向を優先し客観的な研究を犠牲にしているのではないかといった声を上げ始めている．その100年余りに及ぶ歴史において，アメリカのシンクタンクがこれほどまでに厳しい目にさらされたことはない．いずれにせよ，2017年現在のドナルド・トランプ政権においてもシンクタンク関係者が少なからず参加している．このような実態からも，シンクタンクが今後もアメリカ政治の主体の一つとして注目され続けることは間違いない．　　　［宮田智之］

小さな政府

Limited Government

自由な市場経済や個人の自由こそアメリカが本来追求すべき道であると考える人々は，（連邦）政府の権限や歳出・人員の削減による「小さな政府」の実現を目指した．そうした考え方は建国期のアンチフェデラリスト（反連邦派）にまでさかのぼることができる．小さな政府により個人の経済的自由，さらには社会的自由を追求していこうとする人々はリバタリアン，そうした思想や運動はリバタリアニズムと呼ばれ，アメリカの保守主義の中で重要な一角を占めている．

❖**ジェファソンの系譜**　建国の父祖の一人であり，独立宣言を起草し第3代大統領となったトマス・ジェファソンは連邦政府の権限が広がれば専制や腐敗をもたらすと考え，みずからが大統領となっても政府の力を抑制しようとした．ジェファソンに立ち返って小さな政府を論じるリバタリアンもいる．1980年代にロナルド・W. レーガン政権が減税・規制緩和などを軸とする新自由主義政策を実施したことで，小さな政府が広く論じられるようになったが，その淵源はこのように古くまでさかのぼって考えられる．連邦政府の権限を狭く解釈して州の権限を広く認めようとする州権論も，この主張に流れ込んでいる．大恐慌を受けてフランクリン・D. ローズヴェルト大統領が始めたニューディール政策を批判した南部農本主義者の詩人ドナルド・デビッドソンや『われらが敵，国家』（1935）などを著したアルバート・ジェイ・ノックらが戦前の論者として知られる．ニューディール期から第2次世界大戦にかけ政府の肥大化に対して産業界を中心に不満が強まり，大戦が終わる頃から小さな政府を求める動きが活発化した．「計画経済は必ず独裁に至る」と説くフリードリッヒ・ハイエクの著書『隷従への道』（1944）がベストセラーとなり，この動きを思想的に後押しした．

❖**「偉大な社会」に対抗**　そうした政府肥大化への抵抗にもかかわらず，ニューディールの伝統を引き継ぐ民主党は1960年代半ばリンドン・B. ジョンソン政権の「偉大な社会」政策で社会福祉の拡大などを進めていった．これに対し共和党のバリー・モリスゴールドウォーター上院議員が64年の大統領選で「小さな政府」を掲げて出馬したが，大敗を喫した．ゴールドウォーターは政策宣言書『保守主義者の良心』（1960）で「政府は人間の自由を阻む道具の最たるものである」と指摘し，民主党路線を弾劾している．70年代の石油危機による景気停滞の中，ゴールドウォーターの衣鉢を継いで「小さな政府」を掲げて80年の大統領選で勝利し，規制緩和や減税を次々と実施していったのがレーガン政権である．これに先行してイギリスでもマーガレット・サッチャー首相による「小さな政府」政策が進んでいた．「政府は問題の解決にならない．政府こそが問題だ」というレー

ガン大統領の就任演説の一節は,そうした主張を象徴している(図1).レーガン以降,小さな政府は共和党による保守政治の前面に打ち出され,2000年代のジョージ・W. ブッシュ共和党政権に先立ち,1990年代のビル・クリントン民主党政権も「大きな政府の時代は終わった」と宣言するなど,小さな政府の主張はアメリカ政治の重要な潮流として今日に至っている.バラク・オバマ政権下でも共和党議会やティーパーティ運動が小さな政府を前面に,オバマの医療保険制度改革などを批判してきた.しかし皮肉なことに,減税はしたもののレーガン政権では冷戦下の軍拡,ブッシュ政権では9.11同時多発テロ後の対テロ戦争で国防予算を肥大化させて財政赤字を積み重ね,小さな政府を実現したとはとてもいえない状況であった.

図1 1988年年頭の一般教書演説で約20キロの重さの暫定予算法案文書の一部を示し,「小さな政府」を訴えるレーガン大統領[AP]

❖**価値観をめぐる「小さな政府」**　小さな政府は減税などによる経済的自由だけでなく,個人や地域社会の価値観に対する連邦政府の介入を防ぐという意味も持っていた.州権論の流れを汲む考え方だ.宗教保守派など社会的価値観をめぐって保守的立場をとる人々にとって,こちらの小さな政府の方が重要であった.近年では,妊娠中絶を憲法で保障されたプライバシー権として認めた連邦最高裁の1973年の判決により州の中絶規制が非合法化されたことに対し保守派の人々が強く反発したのは,広い意味で連邦の権限の制限を求めたものといえる.社会的価値観をめぐる保守派のこうした小さな政府論こそ,草の根の市民に強い訴求力を持った.レーガン以降の保守政権は規制緩和など経済的小さな政府で産業界の期待に応える一方で,社会的価値観における小さな政府で宗教保守派など草の根の市民の支持を獲得してきた.ただし,リバタリアンには社会的価値観では自由放任の態度をとる人が多い.例えば中絶の権利も個人の自由であるとして認めるため,伝統的価値観を擁護する宗教保守派とすれ違うこともある.ティーパーティ運動が減税や政府の歳出削減などを求めるリバタリアンと宗教保守派の入り交じる様相を見せたのは,小さな政府という玉虫色のスローガンが同床異夢の両者を結び付けたためと考えられる.

また社会的価値観における小さな政府は,南北戦争時に南部側が奴隷制擁護の方便として利用した州権論の流れを汲むことから,人種差別的な色合いを帯びることがある.小さな政府を求めるティーパーティ運動とオバマ大統領の出生地を問う人種差別的な運動が一部重なり合ったのはそうした背景による.[会田弘継]

保守とリベラル

Conservative vs. Liberal

　保守とリベラルは，アメリカ政治における基本的な立場を示す理念である．

　リベラルとは，イギリスの自由党が「リベラルパーティ」と名乗ったように，本来的には理念としての自由主義を追求する政治的立場を指す．しかしアメリカの場合，自由主義は長らく疑問の余地のない建国の理念とされてきた．その中で，一部の人々があえて「リベラル」を名乗って他の政治的立場と差異化を図ったところから，アメリカに固有の特徴が生じた（☞項目「自由主義」）．

　その具体的な内実は，経済的課題に対して連邦政府が積極的に介入し，課題の解消に取り組むための政策を追求する，ということであった．それによって，アメリカの社会と経済が本来与えていた個々人の幸福追求権（ジョン・ロックが定式化した自由）を保つことができる．このような政治的立場こそ自由主義の真の追求者，すなわちリベラルだというわけである．

❖二つの理念の成立　1930年代にこのような自己定義を行ったリベラルの中核をなす方針が，ニューディール政策の推進であった．つまり，アメリカにおけるリベラルとは元来，経済政策としてのニューディール政策の支持者を指していたのである．それに対して，ニューディール政策を否定しないものの消極的な支持を与えるに止まる立場が保守と呼ばれたが，50年代に至るまで理念として明確とはいえなかった．

　保守が目指すものがはっきりと示され，理念として確立されるのは60年代以降のことである．この時代には，リベラルの政治的影響力が頂点に達し，不況や失業といった具体的な政策課題の解決を超えて，社会経済秩序の構造的変革を目指す色彩が強まった．リンドン・B.ジョンソン政権の「偉大な社会」プログラムによる福祉拡充，連邦最高裁によるプライバシー権など新しい権利の容認，各種の社会運動の噴出は，明らかにそのような性格を帯びていた．

　このような動きに対して，アメリカが伝統的に維持してきた社会経済秩序を根本から変えてしまうとの批判を行い，それを受け入れない立場を明確にしたのが，64年大統領選挙に共和党から出馬したバリー・モリス・ゴールドウォーターであった．彼の陣営に結集した人々の中から，アメリカの伝統的社会経済秩序を維持するという意味での「保守」が，明確な理念として形成されていった．

　70年代以降，保守は経済政策について連邦政府の積極的な役割を認めないという立場を強めた．政府には市場経済の失敗によって生じる課題を解決する能力はなく，むしろ政府の介入は産業構造の転換や技術革新を遅らせて課題を悪化させてしまう上に，景気循環に対抗するための歳出増大は巨額の財政赤字を招くと

いう主張である．この立場は新自由主義あるいは「小さな政府」論と総称され，保守の大きな柱となっている（☞項目「小さな政府」）．

✢文化・宗教への広がり　時を同じくして，保守とリベラルの違いは文化的争点にも及ぶようになった．公立学校での宗教的行為や進化論の扱い，銃規制，人工妊娠中絶，同性婚などについて，伝統的なアメリカ社会の在り方を維持しようとする保守と，個々人の自由や多様性を尊重しようとするリベラルの間で，対立が先鋭化している．

今日の保守とリベラルは，経済政策における市場重視か政府の役割重視か，文化的争点における伝統的秩序重視か個人と多様性重視か，という二つの軸における対立を中心に形成されている．保守とリベラルがともに受け入れられる政策は少なくなり，基本的立場の違いはより鮮明になっている．これを指してアメリカ政治の「分極化」という言い方がなされることも多い．

分極化の進行を考える上で無視できないのは，保守とリベラルの差異が社会秩序や文化の在り方にまで及ぶにつれて，それが地域やライフスタイルの違いと結び付くようになっていることである．

ニューディール政策をはじめとする経済的課題への連邦政府の積極的取組みは，失業者や貧困者などの社会経済的弱者にとって直接的効果の大きいものだったため，保守とリベラルの間には元来階層的な相違が存在した．保守の立場は富裕層に支持され，リベラルの立場は非富裕層に支持されやすかったのである．

✢赤い州と青い州　しかし今日では，リベラルの強い大西洋岸（東海岸）・太平洋岸（西海岸）対保守の強い内陸部（中西部と山岳部）・メキシコ湾岸（南部）といった地域ごとの違いが顕著である．大統領選挙において，民主党の強い「青い州」と共和党の強い「赤い州」がはっきりと分かれている地図も，すっかりおなじみになった．

その背景には，保守とリベラルの差異が個々人の価値観やライフスタイルと重なり合っていることがある．一方には，世俗的でグローバル化し多様性を受け入れる人々がおり，他方には宗教的かつ内向きで多様性に消極的な人々がいる．地域的に見れば，前者は東海岸や西海岸に多く，後者は内陸部や南部に多い．

もっとも，州を単位にすれば画然と分かれているように見える保守とリベラルも，州内の下院選挙区，さらに郡や市など，より小さい単位で見れば細かく入り混じっている．価値観やライフスタイルに関係した差異に至っては，ある個人がなぜ保守か，あるいはなぜリベラルか，という理由そのものも多様化する．

それは，保守とリベラルの定義が拡散し，曖昧になることも意味する．保守とリベラルは，現代アメリカ政治のすべてを覆うように見えながら，共和党と民主党という政党名の言い換え以外の機能を失いつつあるのかもしれない．

[待鳥聡史]

宗教保守

Religious Conservatives

　1970 年頃から「宗教リベラル」である主流派が減っていく一方で，宗教保守が増えはじめた．キリスト教の福音派を中心に，他の教派や宗教にも広がっている．進化論や中絶，同性愛への反対がクローズアップされ，頑迷固陋で反動的，狂信的とされることが多い．しかし同時に，貧困や人権，平和，エイズ，温暖化にまで関心を寄せるなど多様な様相を見せ，またティーパーティ運動やトランプ現象などにも大きく関わって，とらえがたくも重要な存在となっている．

❖福音派と宗教保守　宗教保守の中心には，福音派がいる（☞項目「福音派」）．定義にもよるが，福音派の人口は白人だけで 2 割強，黒人などを含めれば 3 割強ほどと考えるのが適当だとされている．そこへテーマごとに他の宗教保守層が加わる．地域としては，南部や中西部を中心に西部にも広がり，階層としては，低学歴で低所得の層を中心にその上の層にも広がっている．政治への影響で端的に目立つのは，中絶や同性婚への関わりであろう．共和党では中心的な踏絵となり，民主党でもカトリックや黒人福音派の票を左右する．しかし宗教保守は，テーマや視角によって規模に幅が出てくる．また，宗教リベラルと共有するものもある（☞項目「市民宗教」）．宗教保守の影響範囲をとらえるには，歴史や中心的理念を踏まえ，その都度，慎重に見極めなければならない．

　もともと福音派は，カトリックに対するプロテスタントを意味していた．ただしアメリカのプロテスタントは，18 世紀のリバイバルを経てきたところに特徴がある（☞項目「信仰復興運動」）．しかも南北戦争後，近代思想の評価をめぐってリベラル派と保守派に分裂し，20 世紀初めに保守派は，時代錯誤な「原理主義者」というイメージを持たれてしまう（☞項目「ファンダメンタリズム」）．それを払拭すべく 1940 年代には，保守派内部で刷新運動が起こった．その際に教派を越えて連帯した人々が，現代の「福音派」になったのである．

　60～70 年代には，性の解放やドラッグなどのカウンターカルチャー，あるいは「公立学校における祈りの非合法化」や「中絶の合法化」といった世俗的ヒューマニズムが広まった．福音派は，そうした動向や道徳的荒廃に対する反感を背景にして 70 年代に台頭する．福音派に確固とした条件はないが，ボーン・アゲイン（霊的な生まれ変わり）の経験をもつことに特徴がある．リベラル派に分類される教派やカトリックの中にも福音派を自称する者が出てきており，神学による定義や教派による分類とは区別しておかなければならない．現代の福音派は，保守的な信仰理解を共有する教派横断的集団として，宗教保守の中心になっていった．そしてそれ以降，政治にも大きな影響を及ぼしていく．

❖宗教保守と政治　政治への最初の影響は，ジミー・E.カーター大統領の当選に貢献したことであり，『ニューズウィーク』誌は1976年を「福音派の年」と呼んだ．80年の大統領選では，福音派の一部が政治化し「宗教右派」と呼ばれはじめる．特にテレヴァンジェリスト（テレビで説教する牧師）のジェリー・ファルウェルが結成したモラルマジョリティは，福音派を中心にカトリック，ユダヤ，モルモンにも支持を広げた．この頃には，聖書に基づく教育を徹底するためにホームスクール運動が始まり，やがて50州で認められる．また，世界の貧困や人権など国際問題にも本格的に関わりはじめた（☞項目「宗教と外交」）．

ロビー活動につたなかったため，80年代後半には影響力を落としたが，89年には共和党での地位を確立させた．やはりテレヴァンジェリストであったパット・ロバートソンがクリスチャン連合を創設したからである．これは，大統領候補選の際につくり上げた，全米各地の草の根組織を統合したものであった．各地で政治活動家を養成し，地方選挙や教育委員会の選挙でも大きな力を発揮するようになる．強硬路線はとらず，家族の絆や教育の向上，治安維持や減税などのテーマを前面に出した．これにより他の保守層にも共感を広げ，94年の中間選挙では共和党を大勝利に導いた．しかしその後，社会が中道化する中でロビー活動を強引に進めて嫌われ，90年代末には「宗教右派は終わった」といわれた．

❖多様性の顕在化と不透明化　ところが21世紀に入ってからは，改めてその存在感が増すことになる．宗教保守の再組織化が図られ，2004年には白人福音派の8割が共和党に投票し，「福音派の勝利」といわれた．またその後は，地球温暖化やエイズなどにも力を入れる福音派が注目された．そうしたグループは「宗教左派」などと呼ばれたが，中絶や祈りなどの基本的な考えに変化はなく，宗教保守であることに変わりはない．ただ，多様性が顕在化し，政治組織としての結束力は弱まったので，目立った問題の影に隠れて見えにくい存在になってきた．例えば，実のところ，ティーパーティ運動には宗教保守の7割が支持を寄せ，ドナルド・トランプには白人福音派の8割が投票したのである．

見極めるべきは，宗教的世界観に基づいた世俗的争点への関わり，である．宗教保守は，基本的にプロテスタントであり，リバイバルを経てきたので，神の前での「平等」や「個」を強く意識し，知性よりも霊性を重視する．すなわち，知的なエスタブリッシュメントよりも信仰心の篤い庶民を頼りとし，「自己統治」を重んじる．また，労働とその成果としての世俗的成功にも強い関心を寄せる．そのため，連邦政府や国際機関などが，価値や経済の問題に介入してくることに強く抵抗するのである．しかも原理主義者とは違って，他の教派や宗教，さらには世俗的な組織とすら協力するので，さまざまな政治運動に草の根的に潜り込むことになる．政治行動の動機や判断基準は複数あるが，宗教的争点にのみ注目すると，宗教保守ゆえの行動は隠れて見えなくなるのである．　　　　［藤本龍児］

ポピュリズム

Populism

ポピュリズムという用語は，明確な指示対象があるわけではなく，むしろその曖昧性に特徴がある．特定の体系的な思想信条が背景にあるわけではなく，むしろその時々の人々の不満と漠然と定義された支配層（エリート）への不信感が連動し，そのメッセージの担い手となるカリスマ的なリーダーとそのリーダーを既成権力に対するアンチテーゼと見なす人民が相乗効果的に生み出す政治現象である．この支配層は階級論における資本家のように，特定の社会階層を表したものではなく，世の中の重要な決定に携わっている人たちをすべて包摂するような漠然とした概念であることが多い．現代的な文脈では，それはしばしば「エスタブリッシュメント」と呼ばれる（☞項目「エリーティズム」）．しかし，同時にポピュリズムで想定されている人民も同様に漠然としている場合が多い．この曖昧さこそが，ポピュリズムの強みでもあり，弱みでもある．基本的なメッセージは一つ，「人々に権力を取り返そう」というものだ．

❖アメリカ政治におけるポピュリズムの伝統　そもそもこの語は，1870年代の不況に苦しむ農民運動を基盤にして91年に結成された人民党の拠って立つ信条を表現したものだった．人民党は，結党から96年までは影響力を持ち，96年の大統領選挙では，民主党が人民党の大統領候補でもあったウィリアム・ジェニングス・ブライアンを公認した．ブライアンは，金権政治を批判して，人民の手に政治を取り返すことを訴えたものの敗北し，党は急速に影響力を失っていった．しかし，ポピュリズムが掲げたメッセージは革新主義に引き継がれ，多くの政治社会改革に帰結していった．

しかし，ポピュリズムは，この語が冠せられた政治運動のみに限定されるものではない．その萌芽は建国期にまでさかのぼることができる．確かに「不当に行使されてきた権力を人民の手に」という原理は民主主義を構成する不可欠な要素である．しかし，憲法の起草者たちは，急進化したポピュリズムの原理が共和国にとって脅威であるとも考えていた．生まれたばかりの政体を守るために，人民が直接政治に介入することによって，政治が急進化することを防がねばならない，それ故，憲法の起草者たちは共和政を選択したといえる．

しかし，アメリカはその歴史を通じてポピュリズムからの挑戦に繰り返しさらされてきた．それは，人々の声が届いていない，もしくは既成の政治回路によって問題が解決されない，それどころか悪化していると人々が感じたときに，人民の中から湧き出るようにして発生してきた．それは，多分に衝動的な面もあったとはいえ，大衆の政治参加をうながし，また既存の政党からは顧みられることの

なかった争点を呼び入れた点など，総体として考えると，「普通のアメリカ人」が政治を自分たちの手に取り返し，みずからの生活に関して自己決定を行っていこうとする参加民主主義の精神の発揚という側面があったことも忘れてはならないだろう．ただし，それは基本的には異議申し立て運動であり，反知性主義的傾向を内包していたため，直面している問題状況への現実的な解を欠いている場合も多く，いずれも長続きはしなかった．その最大の例外になり得るのが，2016年の大統領選挙で人々の予想に反し共和党の予備選を勝ち抜き，次いで本選挙にも勝利したドナルド・トランプである．これまで一過性の現象であったポピュリズムがなぜ，ホワイトハウスを射止め得たのか．

❖ポピュリズムの現代的展開　元来，ポピュリズムは反エリートという点で一貫性があるだけで，厳密に定義されたイデオロギーの体系はない．そこには反エリートという一点でつながったカリスマ的リーダーとそれに高揚する人民との関係があるだけで，保守，リベラルいずれの方向に傾斜する場合もあり得る．こうした高揚感はともすると，排外主義，孤立主義，外国を敵視するような保守主義，そしてナショナリズムの方向に流れていってしまう危険性が常に内在している．それ故，人民の異議申し立てであるポピュリズムは，しばしば左派的な政策課題を掲げつつも，結果として政治的座標軸の右軸の側に発生することが多い．

　事実，1970年代以降のポピュリズムといえば，もっぱら政治的右翼と親和性を持つ場合が多かった．トランプ現象以前は，バラク・オバマ政権初期に発生したティーパーティ運動がその典型だろう．近年の右翼的ポピュリズムは，人々の生活とは隔絶した「肥大化」した連邦政府への敵意を剥き出しにすることが多い．ティーパーティ運動もまたそうであった．しかし，その敵意は，規制緩和的な意味での「小さな政府」論とは異なり，むしろ政治不信の極限形態としての政府極少化論であった．ティーパーティ運動が新しかった点は，インターネット（特にSNS）を介して運動が勢いを増していった点だ．こうした新しいつながり方が可能だったので，ティーパーティ運動は，カリスマ的リーダーを欠いたまま加速していった点で，珍しいポピュリズムであった．

　2016年大統領選挙におけるトランプの台頭は，既存の政治回路への不信感が極度に高まっていたことの証左であり，トランプの台頭自身が現代のアメリカの症状だということだろう．トランプ自身の政策的立場は，これまでのポピュリズムがそうであったように，イデオロギー的座標軸上でうまく定置できないものも多い．なかには一見左派的な政策目標もある．しかし，その手法において，まったくこれまでの常識を覆し，それ自体が既存の秩序を破壊するというメッセージになっている．トランプ大統領就任は，アメリカのポピュリズムが新たな段階に入ったことを示している（☞項目「反知性主義」，コラム「ドナルド・トランプ」）．

[中山俊宏]

グローバリゼーション

Globalizatiron

　グローバリゼーションとは，資本主義の拡大に伴って世界の政治・経済・文化・環境などが世界的規模で相互作用と相互依存の関係が強まる傾向である．今日，巨大な多国籍企業，強力な国際経済機関，広域な地域貿易システムがグローバルな経済秩序の主要な構成単位として出現した．だが，この地球化の傾向はナショナルとグローバルな対立を孕んだ，不均等で格差を有する相互依存関係の深化を伴う一連の社会的な過程である．

❖**現在のグローバリゼーションの起点**　ロナルド・W. レーガン政権は，世界に向かっては再覇権の構築のために新冷戦戦略を取り軍事支出を拡大した．と同時に，国内は1970年代不況下の資本の起死回生を狙い，ニューディール政策以来の金融・産業・労働部門の国家の法制度規制の枠を外していった．その結果，アメリカは，金融・情報サービスへの富の集中と製造業のオフショアリング・アウトソーシング戦略（海外生産・外部委託）と産業の空洞化，雇用の不安定化を引き起こし，国民経済的に財政赤字と経常収支赤字の膨張，さらにはついに世界最大の債務国へ転落した．

　だが，グローバリゼーションが真に時代の焦点になるには89〜91年の冷戦の終結を待たねばならなかった．アメリカは「唯一の超大国」として軍事的覇権を達成し，その後の世界をアメリカに似せてグローバル化していった．世界はアメリカが主導する市場原理に基づく単一の世界市場の渦中へ引き込まれ，アジアの中国・インドを推進力にロシア・東欧までも巻き込んだ大競争が起こり，まさにグローバルな市場革命が開始されたのである．

❖**グローバリゼーションの動態**　グローバルな格差と不平等を擁護するイデオロギーとして力を強めたのが新自由主義である．その潮流に乗り，ポスト冷戦期に進行する情報ネットワーク（公開と共通を原理とするインターネット）が民間資本の生産力基盤として資本をとらえ，地球規模の情報通信インフラとしてあらゆる企業間・産業間・国家間をネットでつなぐ革命的変化を起こす．そして，そのインターネットが経済・政治・文化など社会生活全般に浸透し，個人の生活様式をも変えていく．

　ニュース・キャスターのパット・J. ブキャナンなど，急進的な共和党右派が反グローバリズムを掲げ，グローバリゼーションこそがアメリカの多くの社会悪の根源であり，「産業の空洞化と雇用の流出」や「伝統的なアメリカ的生活様式」を容赦なく破壊し，また，新しい移民はアメリカ人の仕事を奪うばかりでなく，文化的伝統やアイデンティティの脅威となっているとして移民排斥を訴えた．

ティーパーティ運動は反エリート，反グローバリズム，反福祉，反性的マイノリティ（LGBT）などを主張，多くの白人ミドルクラスの支持者を獲得した．そして，これらの主張は，「アメリカ第一主義」「再びアメリカを偉大な国へ」「メキシコ国境に壁をつくる」など明確化され，第45代大統領に当選したドナルド・トランプに引き継がれていった．

　これに対して，グローバルな連帯に基盤を置き，より公平な世界的秩序の構築を訴える多様な団体が生まれている．1996年，緑の党から大統領選に出馬したラルフ・ネーダーは，自身を新自由主義的グローバリズムに対抗する民主主義的原理の擁護者であると訴えた．彼は，グローバリズムの権力の集中を打倒するには普通の人々が力を合わせ，国境を越えた非暴力の抵抗運動の構築に挑戦する必要があることを訴えてきた．99年11〜12月にかけて行われたシアトルでの反WTO（世界貿易機関）の抗議運動は，新自由主義的グローバリズムを訴える勢力とそれに挑戦する勢力とのグローバルな衝突をはっきりと示す出来事だった．そこには，インターネットを介して連携する労働者，環境保護主義者，消費者，国際的NGO（非政府組織）の反グローバリズムに取り組む民衆7万人がWTOにおける農業，金融を含むサービス業や知的所有権などの自由化を進める戦略に反対して集まり，世界に衝撃を与えたのである．

❖格差の是正を求めて　2008年秋のリーマンショックに始まった金融危機は，09年初めには大手投資銀行を破綻に導いた．1年後には世界で推定13兆ドルという巨額の富が株，年金，そして住宅価格の下落によって消え去ったといわれる．09年1月に誕生したバラク・オバマ政権の金融再生法による公的資金約8,000億ドルの投入によって金融業界は救済され，ほぼ1年後には金融機関は収益を回復し公的資金を返済し何千万ドルもの役員への高額報酬も復活した．その一方，失業者の数は1,500万人にも達し，若者の雇用は一向に改善されない．同時に住宅価格の低迷も続き，住宅ローンを返済できず，住宅を金融機関に差し押さえられる人々も増え続けた．

　政府や金融界のこのような動きに憤り，抗議の叫びを上げたのが10年9月に始まった「ウォール街を占拠せよ」であった．これはウォール街や証券取引所の前に結集した民衆の草の根運動である．この運動のスローガンは「わたしたちが99％だ」であり，瞬く間にアメリカ各地に広がっていった．トップ1％の超富裕層に富の大半が集中し，その他の99％は富の残りを分け合うという今日の社会の格差と不平等の拡大に「ノー」の声を上げ，その是正をTwitterやFacebookなどのSNSによって個人が直接民主主義を求めた運動である．この運動は，グローバリゼーションに対抗した新たな社会運動として，リーダーはおらず，社会の多様な階層の自立した個人の緩やかな集合にある点が注目される．

[庄司啓一]

非合法滞在者

Undocumented Residents

「非合法な」にあたる英語には illegal や unlawful などがあるが、移民に関して用いる場合、移民法上の滞在資格に関わるため、「正式な登録がなされていない」や「入国や滞在に必要な書類を持たない」を意味する unregistered や undocumented などが本来は訳語として適切である。それ故、今日さまざまなメディアにおいて不法移民 (illegal immigrants) という語が日常的に使われている状況は、非合法滞在者の政治化やアメリカの社会的寛容度の減退を象徴している。ここにはアメリカにおいて低下し続ける白人の数的存在感も影響している。国土安全保障省の推計では、2009年1月時点で、非合法移民の圧倒的多数が非白人、なかでも6割以上がメキシコ出身者であった。

また、「移民法」の規定では非合法滞在者になるには大きく三つのルートがある。第一は法的に必要な審査や承認を経ずに入国するというもの、第二は合法的に入国後、規定の期間を超過して滞在し続けるというもの、そして第三が合法的に入国しながらビザの規定に違反して滞在や活動を続けるというものである。違法な越境、超過滞在、非移民として観光ビザで入国後の就労などがそれぞれの具体例としてあげられる。彼らに対する社会的な危機意識を背景に、社会的に表に出ることのない存在ゆえ実態を把握しづらいという制約にも後押しされて、数的には確実に増加しているに違いないという共通認識が形成されてきた。例えば、9.11 同時多発テロ後に司法省から移民管理を引き継いだ国土安全保障省は、12年1月時点の非合法滞在者の数を約1,140万人と推計しており、他の調査機関も近似の推計値を示している。

❖歴史的経緯　非合法滞在者とは社会的・歴史的に構築された存在にほかならない。なかでもアメリカ史において彼らの創造に大きく寄与したのは「移民法」であった。いかに大量の移民を効率的に受け入れるのかという点を重視していた「移民法」の性格が大きく変わったのが19世紀末から20世紀初頭であり、1924年の国境警備隊の設立は米墨国境の南側に住む者にとって画期といえる出来事であった。入国手数料を節約するという目的で地図上に人為的に引かれた線を「不適切に」越えるという彼らの日常的行為は、それ以降、違法行為として取締りの対象となった。

アメリカが大恐慌に喘いでいた30年代初めに非合法滞在者と親族であるアメリカ市民からなる50万人以上のメキシコ系住民を対象に展開された強制送還や50年代半ばの非合法メキシコ人農業労働者の取締りなどは、非合法滞在者という存在をめぐる評価の主導権が、彼ら自身ではなく包摂と排除を繰り返す社会の

側にあったことを示している．ヨーロッパ以外の者にも大きく門戸を開いた「1965年移民法」は，歴史上初めて西半球に数量枠を設ける一方，メキシコやカリブ海地域などからの人の動きを活性化した．

そうしたなか70年代末に国境での違法越境による逮捕件数が年間100万を超えたことは，非合法滞在者を速やかに解決すべき社会問題として位置付ける契機となった．86年になされた移民法改正が国境の取締り強化に加え，非合法移民を雇用した者に対する罰則適用，そして一定条件を満たした非合法滞在者の合法化を中心的な内容としていたことは，そうした社会問題に対する認識の深刻度を反映している．

❖現在進行形の展開　「1986年移民法」により約300万人の非合法移民の滞在資格が合法化されたが，21世紀を迎えた今日，同移民法制定時をはるかに上回る数の非合法滞在者がアメリカに存在するといわれている．1990年代以降，彼らは断続的に政治争点となってきたが，その重要な画期の一つが2001年の9.11同時多発テロであった．以降，対テロ政策と移民および国境管理政策は緊密に結び付き，非合法滞在者をテロリスト予備軍ととらえる見方は強化された．また非合法滞在者の問題化は，非合法滞在者が多い州と連邦との間の緊張としても顕在化している．例えば10年にアリゾナ州議会は，非合法移民と彼らを直接間接に支援する者たちを対象とした厳罰性の強い移民法を可決し，「非合法移民問題」の喫緊性と連邦政府の「無策」への怒りを示した．移民管理が連邦の専権事項であるため連邦最高裁においてその合憲性に疑義が多く突きつけられたものの，非合法滞在者を多く抱える州の共感を得たことは間違いない．

対照的に，09年に就任したバラク・オバマ大統領は非合法滞在者の資格を合法化することで問題の解決を図ろうとした．条件付きの一時滞在資格の付与に続き，種々の条件を満たした非合法滞在者に永住権を与えることを企図した移民法案は，21世紀になって以降提案と否決を繰り返してきた．だが，全面的な移民法制度改革が見込めない中で，オバマ政権は行政措置により非合法滞在者の合法化を図ろうとした．ただし，16年に連邦最高裁はこのオバマ政権の動きの一部に歯止めをかけ，17年9月にはドナルド・トランプ政権がこれを廃止した．

16年の大統領選挙に至る過程で当時共和党候補者であったトランプがメキシコからの移民について「レイプ犯」「ドラッグや犯罪を持ち込む者たち」と説明し，メキシコ側の負担で堅固な国境フェンスを建てると宣言したことは記憶に新しい．競合の有無にかかわらず非合法滞在者が「職を奪う」という主張がとりわけ下層の白人労働者に説得的に響くのは，ネイティヴィズム（移民排斥主義）が労働市場の実態以外によっても規定されているからである．ただ，このような扇情的な説明話法の下で非合法滞在者をめぐる複雑な現実が展開していることに想像をめぐらすことも重要である．　　　　　　　　　　　　　　　　［村田勝幸］

貧困と福祉

Poverty and Welfare

||||||||||||||||||||||||||||||||||||||||||||||||

　貧困とは，社会で許容される水準以下の金銭あるいは物質しか所有できない状態と定義されることが多い．当該社会で生活するための必要最低限の収入も資産もない状態を貧困（絶対的貧困）と定義する場合もあるが，一般的には，社会の格差を示す相対的貧困を指すことが多い．経済協力開発機構（OECD）は等価可処分所得の中央値の半分に満たない世帯員を相対的貧困にあると見なすが，アメリカでは人口統計調査局が独自の基準で家族の人数や年齢に応じて閾値を定め，その水準以下にある者を貧困と定義している（保健福祉省は少し異なるガイドラインを定めている）．福祉とは，広くは人々に幸福と社会的援助を与えることを意味するが，今日のアメリカでは貧困に対応するための資産調査付きの現金給付を指すと考えられている．

❖歴史　貧困は古くは家族が，あるいは民間の慈善団体が対応すべき問題と考えられてきた．しかし，移民増大に伴い徐々に都市政府が対応するようになり，19世紀末の新移民到来以降その傾向は強まった．1929年の大恐慌以降，貧困は全米規模で広がったが，第2次世界大戦と戦後の経済繁栄の中，貧困は減少した．しかし，豊かさの中にも貧困は存在するという認識の下，60年代に連邦政府は貧困を判断する基準として貧困線を定めた．貧困率は60年代から73年まで下がり続けたものの，以後再び上昇し，それ以降13〜15%程度となっている．貧困率は，郊外地域で低く，農村地帯と都市中心部で高い．また貧困率は，男性と比べて女性，白人と比べて黒人や移民，先住民の方が高くなっている．

❖規範と社会構造　植民地時代以来，アメリカでは勤労倫理が重視され，貧困者が救済に値する者か否かの区別が強調された．後者には慈善団体による救済がなされることはあっても，政府が措置を講じるべきではないとの認識が一般的だった．1929年に始まる大恐慌は，貧困が社会の構造的要因に起因することがあり，勤労倫理を持つ健常な労働者であっても貧困状態に陥る可能性があることを明らかにした．それを受けて，フランクリン・D.ローズヴェルト政権下で「社会保障法」が制定され，ニューディール政策が策定された．一連のプログラムの中でも，勤労時の納税などの貢献に応じて年齢や納税期間などの基準を満たせば給付される年金などの社会保険と，資産調査がなされて文字通り裕福な人から貧困者への再分配がなされる公的扶助は明確に区別されている．ウェルフェア（welfare）という言葉はアメリカでは後者を指すものと一般的に考えられており，嘲笑的なニュアンスが伴っている．

　貧困が社会の構造的要因によってもたらされるとの認識が最も強まったのは，

60年代だった．とりわけ，民主党のリンドン・B.ジョンソン大統領は「偉大な社会」の実現を目指すとの目標を掲げ，貧困との戦いを宣言した．その結果，ニューディールの中核的プログラムだった要扶養児童家庭扶助（AFDC）プログラムの受給要件が緩和されるとともに，高齢者と障害者を対象としたメディケア，貧困者を対象としたメディケイドという公的医療保険プログラムも策定された．

❖**勤労倫理**　しかし，労働を重視する規範は一貫して継続しており，経済成長が終焉を迎えた1970年代以降，再び鮮明になった．75年に，社会保険でも公的扶助でもない，税制を活用する第三の政策類型として勤労税額控除（EITC）プログラムが導入されたことは，それを象徴的に示している．EITCは現在，アメリカで最大の所得補助プログラムとなっている．

　この規範が際立ったかたちで現れたのが，96年にビル・クリントン政権下で実現した福祉国家再編である．35年に制定された「社会保障法」が廃止されて個人責任就労機会調停法が導入され，一時的貧困家庭扶助（TANF）プログラムがAFDCに取って代わった．TANFの下では，連邦政府から一括補助金として予算を与えられた州政府が，執行に際して大きな裁量を与えられることになった．TANFでは，給付期間が継続して2年，生涯で5年までに限定された（ただし州政府が独自予算で拡充することは妨げられない）．また，健常な受給者には就労の義務が課されることになった．今日では，TANFのみならず，貧困家庭の食料購入補助を目的とする補足的栄養支援プログラム（かつてのフードスタンプ）やメディケイドなど複数のプログラムで，受給者に労働が原則として義務付けられている．このような原則は，労働（ワーク）と福祉（ウェルフェア）を合わせてワークフェアと呼ばれている．

❖**政策論**　アメリカでは，経済状況によって居住地域が区別されることが多く，貧困と関連が深いとされる犯罪や麻薬などの諸問題は特定の地域に集中している．教育制度が地域コミュニティごとに整備されるアメリカでは，貧困は教育水準とも高い相関を示す．貧困問題はさまざまな社会問題と密接に関連しているが，貧困をもたらす要因が何なのか，貧困者のみを対象とする政策と普遍的な政策のいずれが貧困問題の解消に有効なのかなどをめぐって議論が続けられており，効果的な政策についての合意は存在しない．

　合衆国憲法には日本の生存権にあたる規定が存在せず，連邦最高裁も福祉給付を権利として位置付けることを否定しているため，立法措置により公的扶助を制限することが可能である．連邦制を採用しているアメリカでは公的扶助政策の執行は州以下の政府に委ねられることが多いが，財源の大部分を自主的に確保しなければならない州以下の政府は，高額納税者を引き寄せ，貧困者を地域外に追い出すべく，公的扶助の水準を引き下げようとする誘因をもつ．このような構造的な制約がある中では，貧困問題を解消するのは容易ではない．　　　　　［西山隆行］

ファーストファミリー
First Family

「ファーストファミリー」。この言葉が初めて広く使われたのは，セオドア・ローズヴェルト大統領期であった．就任時3～17歳の6人の子どもがいたローズヴェルト家は，ホワイトハウス入りした初の大人数の大統領一家として注目された．大胆な言動で知られた長女のアリスが，マスコミから揶揄を込めてプリンセスと呼ばれたことからも，一家に注がれたのは賞賛だけではない好奇のまなざしだったことがわかるだろう．

その約半世紀後，最年少で選出されたジョン・F.ケネディ大統領が妻のジャクリーンと2人の幼子を伴いホワイトハウスに移り住むと，大統領一家への関心はいよいよ高まった．就任翌年にリリースされた，ケネディ家の人々の物真似からなるコメディー・アルバム，《ザ・ファーストファミリー》が人気を博し，1963年のグラミー最優秀アルバム賞を獲得したことで，この言葉が広くアメリカ大衆文化に浸透していく．

ファミリーという言葉自体が夫婦と未成年の子どもからなる世帯を彷彿させるものであり，特に幼い子を持つ大統領が登場したときに，ファーストファミリーへ注目が集まる．家庭生活の充実を成功の一つと見るアメリカで，時の大統領一家は人々に身近でありつつ，理想の家族像を映し出すものとされた．就任当初は10歳と7歳だった娘を持つオバマ家も，当然ながら期待と好奇の目にさらされた．多くの報道やコメントは一家に好意的で，それは父バラク・オバマの好感度にも貢献したが，時には娘たちにも辛辣な批判が向かうことがあった．

しかし全般的に離婚率が高く，同棲や同性カップルも多いアメリカで，歴代の多くの大統領一家のような，初婚の男女の夫婦とその子どもという伝統的な家族形態は，近年ますます多様化する家族の在り方を映し出すものではない．アメリカの理想の家族像を体現（少なくとも，そう努力）してきたにせよ，大統領一家は一つのかたちしか示していないという点で，民衆の現実から一定の距離を置く．

2015年11月号の『コスモポリタン』誌が，リアリティ番組への出演で知られるカーダシアン家を「アメリカのファーストファミリー」と称し議論を呼んだが，ある意味同誌の見解は的を射ている．一家の母クリスは2度の結婚で6人の子をなした．離婚した2度目の夫，国民的陸上選手だったブルース・ジェンナーはトランスジェンダーであることを公にし，今やケイトリンとして活躍している．セレブ生活を送りつつも，離婚の痛みを乗り越え，再婚による新しい家族や，女性となった父・夫との関係を築こうとする一家の姿は，例えそれがカーダシアン流の極端な俗っぽさで示されるにせよ，多くの人々に身近なアメリカの家族の物語でもある．オバマ家にそれを見いだすのと同様，カーダシアン家にもアメリカらしさを見ることができる．リアリティ番組が生んだセレブ一家がファーストファミリーと呼ばれたことは，今や従来のファーストファミリー像から大きく外れるドナルド・トランプ大統領一家登場の前奏曲だったようにも思えるのだ．

[砂田恵理加]

3. 経済・産業

　仕事で稼いだお金で豊かな消費をしようとすることは人々の枢要な営みであり，アメリカは市場の自由な競争という仕組みを取ってきた．しかし，失業率が高くなれば雇用を増やすことは政府の最も重要な仕事の一つとなる．自由競争による所得格差の発生は前提であるにしても，分厚い中間層はアメリカ経済の活力源であり，またアメリカ文化の淵源を成してきた．

　アメリカの文化や思想は企業家や労働者の日々の暮らしの中でかたちづくられ，ファッションやスポーツや映画などがビジネスの世界へと融合することになる．一方で，製造業から金融や情報通信などサービス業への産業構造の転換や国際分業の発展は中間層の縮小と所得や資産の格差拡大を引き起こし，人種差別や不法移民などの社会問題を先鋭化させる．

　本章は，巨大な経済力を生み出すアメリカのビジネスや産業に焦点を当て，その担い手たる経営者や労働者らが織りなす世界を描こうとする．

[須藤　功／佐藤千登勢]

ビッグビジネス

Big Business

　ビッグビジネス，もともとは大きな取引という意味を持つにすぎなかったこの言葉が，巨大企業という意味で用いられるようになったのは，おおよそ1880年代以降のことである．図1は検索エンジン「Google Books Ngram Viewer」によってこの言葉の出現頻度の傾向を示したものであるが，20世紀に入ると，単独で使われる場合には巨大企業を指すのが普通になったようであり，今日ではそのような意味を持つ言葉として定着している．この言葉で人々が頭に浮かべるのは，例えば『フォーチュン』誌が毎年発表する上位500社に入るような企業である．

❖ ビッグビジネスの出現

1880年代以降にこの言葉がそのような意味で使われるようになったのは，この時期に鉄道会社を皮切りに，スタンダード・オイル，USスチール，GE，デュポンといった20世紀を代表する巨大な企業が次々と出現したからであり，これ以降，人々はこの現代のリバイアサンともいうべき

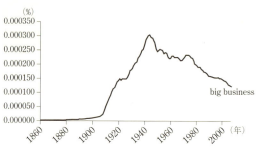

図1　「ビッグビジネス」という語句の出現頻度の傾向を示すグラフ［Google Books Ngram Viewer, 2017年1月8日閲覧］

ビッグビジネスとどのように折り合いをつけて生きていくのかという問題に常に頭を悩ませることになる．この言葉が登場した時期のビッグビジネスをめぐる最大の問題は独占であった．この時期のビッグビジネスは主にM&Aを通じて圧倒的なシェアを誇る巨大独占企業として形成され，その存在は，営業の自由を妨げ，独立自営の小営業が自由に競争することによって社会が発展するというアメリカの建国以来の理念に反するものと見なされたからである．「反トラスト法」の制定はそのような事態に対する社会の対応であり，1911年にスタンダード・オイルが「反トラスト法」違反によって解体されたのは象徴的な出来事であった．

❖ ビッグビジネスとアメリカ資本主義

第1次世界大戦後，本格的に進展した第2次産業革命は自動車産業中心として石油精製，電気機械，化学などの大量生産産業を急速に発展させ，それぞれの産業において，大量生産と大量販売を統合した複数のビッグビジネスが競争する寡占的な産業構造をつくり出すことになった．これらのビッグビジネスは多数の株主によって株式が所有され（株式の分散），所有者に代わって専門的な経営者が経営権を握る経営者支配を実現しつつあった．

ビッグビジネスは 1920 年代には大衆消費社会を実現する立役者となり，社会に豊かさをもたらすものとして容認されるとともに，他方ではチャールズ・チャップリンが映画《モダン・タイムス》（1936）で痛烈に皮肉ったように，現代社会にさまざまな問題をもたらすことになった．特に労働者との関係は重要な問題となっており，ビッグビジネスは保険，年金などの福利厚生政策を重視するいわゆる，ウェルフェア・キャピタリズム（厚生資本主義）の方向を模索したが，29 年の大恐慌の勃発とニューディール政策によって頓挫することになる．

第 2 次世界大戦後ビッグビジネスは多角化と多国籍化によってますます巨大化するとともに，60 年代に黄金期を迎えるアメリカの繁栄の担い手として，社会に確固とした地位を築くに至った．多くの若者は，ビッグビジネスに就職して安定した豊かな生活を営むことを夢見た．労働組合に組織された労働者たち（ビッグレイバー）はビッグビジネスとの団体交渉によって高い賃金とフリンジベネフィット（追加給付）を得て，厚い中間層を形成することになった（☞項目「労働運動」）．GM の社長であったチャールズ・ウィルソンが「アメリカにとって良い事は GM にとっても良い事であり，GM にとって良い事はアメリカにとっても良い事である」と 53 年に議会で述べたのは，ビッグビジネスの自信を示すものであった．しかし，60 年代には同時に，ビッグビジネスの不祥事，欠陥商品問題，公害問題などが噴き出し，ビッグビジネスは厳しい社会的批判にさらされることになった．さらにヨーロッパおよび日本の復興に伴い，アメリカのビッグビジネスの優位性が次第に失われ，70 年代には，完全に守勢に回ることになる．80 年代はビッグビジネスのリストラクチャリングの時代といえる．上位 500 社が 10 年間で 370 万人の雇用を削減することになるのである．

❖新しいビジネスの登場　1980 年代はビッグビジネスをめぐる環境が大きく変化した時期でもあった．情報革命の進展とグローバリゼーションである．情報革命は旧来のビッグビジネスにも影響を与えたが，むしろ IT 産業を勃興させ，マイクロソフトをはじめとする多数の IT 企業を生み出すことになる．また，グローバリゼーションはビッグビジネスの世界的な展開を促進し，グローバル企業を生み出してくることになる．このような事態は，いわゆるオールドエコノミー（成熟産業）に属する伝統的な統合型企業のビッグビジネスに代わってニューエコノミーと呼ばれる新しい産業に属するネットワーク型企業を登場させるとともに，スーパー・ビッグビジネスとでも呼び得るグローバル企業を登場させている．21 世紀に入っても，グーグルやフェイスブックなどの新しいタイプの企業が次々に出現している．それとともに，ビッグビジネスという言葉はかつてのような頻度では使われなくなった．ビッグなビジネスは今も存在するが，ビッグビジネスは 20 世紀に君臨した巨大企業を指す言葉になりつつある．

［谷口明丈］

中小企業とハイテクベンチャー

Small Business and High-Tech Venture

中小企業は，ビッグビジネスの国アメリカにおいても，経済や社会で重要な地位を占めている．一方，いわゆるハイテクベンチャーは，規模の上では中小企業の一部ともいえるが，両者の性格は大きく異なっている．

❖中小企業と二重構造　1890 年制定の「シャーマン反トラスト法」は，中小企業を保護する意図も含んでいた．しかし，同法は独占とカルテル（取引制限）などを禁じたが，大企業の存在自体は規制しなかった．むしろ，大企業はカルテル規制を回避すべく合併を進め，主要産業では巨大企業の寡占体制が成立した．中小企業と大企業の格差は決定的になり，二重構造のアメリカ経済が出現した．

こうした二重構造は，ニューディール期以降，より強固になった．最大の利益集団となった大企業は，発言力と政府からの便益獲得機能を強化した．しかし，中小企業は，利害が拡散し，組織化や政府との関係構築に遅れた．また，第 2 次世界大戦中の中小戦時工場公社（SWPC）は，中小企業の軍需契約の獲得を支援する戦時機関であったが，ほとんど成果はなかった．最新設備の導入や研究開発費の獲得は一部の大企業に集中し，中小企業と大企業の競争力の差は拡大した．

❖中小企業政策の展開と中小企業の現状　中小企業の状況は，大戦終了後も改善しなかった．朝鮮戦争中の中小国防工場庁（SDPA）は，SWPC と同様の目的を掲げたが成果はなく，休戦に伴い廃止された．さらに，このとき，中小企業向け融資制度を持つ復興金融公社（RFC）も廃止が決まっていた．そこで，1953 年 7 月，SDPA の一部業務と RFC の融資制度を引き継ぎ，中小企業庁（SBA）が発足した．SBA は，当初は期限付きの暫定機関だったが，戦時以外では中小企業を専管する初の連邦政府機関であった．その後，SBA は，58 年に恒久機関に昇格し，いまなお中小企業政策の中核を担っている．

今日，中小企業は，政策的には「質」と「規模」の二面から定義される．また，製造業は従業者数を，小売・サービス業は年間売上高をそれぞれ用い，さらに業種ごとに規模の上限を設定する．よって，中小企業の範囲は非常に複雑である（表 1）．

規模では企業の大半は中小企業であり，多くの者がここで職を得ている（表 2）．また，表 3 のとおり，中小企業の企業数や従業者数では，小売，建設，飲食など従来からある分野のみならず，社会の変化に対応したサービス業の存在が大きい．製造業も，企業数は少ないが，雇用面では重要である．さらに，SBA の推計では，中小企業の約 28% は女性所有，約 20% はマイノリティ所有である．中小企業は，多様な就業や挑戦の機会を提供しているといえる．

表1　中小企業の政策的定義

質的定義（「中小企業法」第3条(a)項(1)より）
・自律的に所有及び経営され，かつ当該事業分野において支配的でないもの
規模定義（SBA の規定する基準より）
・製造業：多くの業種は従業者 500 人未満（750 人未満や 1,000 人未満などもある）
・卸売業：従業者 100 人未満
・小売・サービス業：最も基準が低い業種では年間売上高 750 万ドル未満

表2　従業者数別の企業数など（2011 年）

	企業数（件）	従業者数（人）	年間給与支払総額 （1,000 ドル）
全　体	5,684,424	113,425,965	5,164,897,905
20 人未満	5,104,014	20,250,874	732,759,369
50 人未満	5,470,398	31,253,896	1,154,769,764
100 人未満	5,585,510	39,130,875	1,478,844,420
500 人未満	5,666,753	54,998,312	2,169,353,973

表3　従業者数 500 人未満の中小企業における企業数と従業者数上位 5 産業（2011 年）

産　業	企業数（件）	産　業	従業者数（人）
専門技術サービス	762,825	健康・福祉等サービス	8,401,826
その他サービス（除く公務）	659,557	宿泊・飲食	6,909,561
小　売	652,209	小　売	5,343,657
建設	644,333	製造業	4,973,355
健康・福祉等サービス	629,467	専門技術サービス	4,682,516

［表 2・3：SBA, *Employer Firms, Establishments, Employment, and Annual Payroll Small Firm Size Classes*, 2011 より作成］

❖ハイテクベンチャーの出現による三重構造への移行　1970 年代，自動車や家電などの国際競争力の低下に伴い，新たな産業の創出が求められたが，そのための研究開発は，目標や必要な資源が曖昧でリスクも高かった（☞項目「研究開発」）．

そこで，大企業でも困難な研究開発を代替すべく，シリコンバレーに代表されるハイテクベンチャーの集積が生まれた．ハイテクベンチャーは，既存大企業，大学，政府などの諸機関から多様な資源が集中的に投入され，ハイリスクな研究開発に挑戦するプロジェクト組織である．よって，ハイテクベンチャーは，政策的には中小企業の規模であっても，一般的な中小企業や単なるスタートアップ（新規創業）企業とはまったく異なる．例えば，ハイテクベンチャーの人材は，研究開発や経営のエキスパート集団で，大企業以上の賃金を得る場合が多い．今日のアメリカ経済は，ハイテクベンチャー，大企業，中小企業の三重構造といえる．　　　　　　　　　　　　　　　　　　　　　　　　　　　　　　　［浅野敬一］

企業家精神

Entrepreneurship

　企業家精神，特にアメリカの企業家精神を説明する場合に，その語源がフランス語であり，英語には本来なかった言葉であることに注意する必要がある．アメリカの文学部系の学部卒業者でも，entrepreneurship という言葉を知らず，修士課程に入って初めてその言葉を習ったという者もいる．英語で「事業」を意味する言葉は undertaking であるが，これについても面白い話がある．ドイツ人移民がアメリカに到着し，何か事業を起こそうと町を歩いていたら，undertaker という看板が目に入った．ドイツ語で，事業は unternehm で undertaking の対応語である（企業家は unternehmer という）．そこで，undertaker は事業斡旋所のようなところだと早合点しその事務所に入ったが，なんとそれは葬儀屋であった．

　このように，entrepreneur はアメリカにとって外来の言葉であり，英語には企業家精神を表す適当な言葉がなかった．しかし近時，entrepreneurship は，流行語ともいえるほどアメリカで多用されており，しかもそれは世界的傾向である．確かにアメリカには企業家精神を表す適当な言葉がなかったが，それはアメリカで企業家活動が盛んでなかったということを意味しているわけではない．企業家活動やその元となる精神は 19 世紀からアメリカで活発であった．

❖**企業家精神の精髄**　企業家精神は，企業をみずから起こしていく独立独行の生き方を示し，日本風のサラリーマン根性とは異なっている．時に企業家精神は起業家精神とも表現され，そうしたエートス（生活態度）がベンチャービジネス（これは和製英語）やスタートアップ企業を起こす源ともいわれる．アメリカでは，そうしたスタートアップ精神はきわめて根強いし，かつ賞賛されるのである．

　また，entrepreneurship に対して managership という言葉もある．アントルプルヌール（企業家）に対してマネジャー（経営者）は，両者とも同じような最高経営職能を掌るが，企業家はオーナー的な要素を持ち，経営者は雇われ経営者的色彩を持つ．したがって，一から企業を始める企業家に対して，より多くの賞賛と見返りが与えられるのである．最近の例では，半導体企業で世界トップのインテルを創業したゴードン・ムーアは高額の資産を手にしたが（120 億ドル），後から入社した経営者のアンディ・グローブの資産は，実際にインテルを大きくしたのは彼の功績といわれているほどであるが，4 億ドルにすぎない．

　このように，企業家精神は，裸一貫から会社を立ち上げ，名を成した企業家エートスを指す．いわば，アメリカンドリームの精髄ともいえる．したがって，企業家精神には，反エスタブリッシュメント的な要素や，アメリカにおけるイギリス国教会系聖公会のエピスコパルに対抗する非国教徒的な宗教背景を持つ人が

多い．アメリカにおける企業家精神は，封建制，身分制，階級制に反感を持ち，自由な活動を称揚する精神にほかならない．ただし，このような機会の平等（自由な活動）は，必ずしも結果の平等をもたらすものではない．アメリカで，収入や資産の格差が他の先進国と比べて大きいことには，それなりの理由がある．

❖19世紀の企業家精神　19世紀のアメリカ，特に「金ぴか時代」のアメリカは著名な企業家を生み出した．ジョン・D.ロックフェラー，アンドルー・カーネギー，J.P.モルガン，少し時代は遅れるが，ヘンリー・フォードなど，いずれもアメリカンドリームを体現したヒーローである．

　ここでは，アメリカンドリームを実現した典型的な企業家として，カーネギーを取り上げる．カーネギーは，スコットランドの貧しい家に生まれ，13歳のときにピッツバーグに移民し，そこで紡績工として繊維工場に勤めた．その後，ようやく普及し始めた電信会社のメッセンジャーボーイ，次いで電信技士となり，さらには当時最も先進的であったペンシルバニア鉄道に転職し，上級管理職に昇進した．これだけでもかなりの社会的成功であるが，彼はこの鉄道仲間とともに，鉄鋼会社や橋梁建設会社を設立し，最後には全米最大のカーネギー・スティール社を育て上げた．その会社を1901年に，金融資本のJ.P.モルガンに売却し，当時で数億ドルという巨大な資産を手にした．実業界を引退後，カーネギー財団を創設し，世界平和およびアメリカだけではなく世界各地のフィランソロピー活動に尽力した．ニューヨークのカーネギー・ホールはその一つである．またピッツバーグのカーネギー・メロン大学も彼が手がけた活動の一端である．

❖20世紀の企業家精神　だが19世紀の英雄的な企業家の時代は過ぎ去り，20世紀前半には組織人や会社人の時代が到来した．新しく起業するよりも，巨大な組織の中で力を発揮していくマネジャーシップが重要となった．bureaucracy（官僚）になぞらえてcorpocracy（会社官僚）という用語も出現した．専門経営者と呼ばれるゼネラル・モーターズ（GM）のアルフレッド・スローンやUSスチールのジャッジ・ゲアリーなどが登場し，企業家精神は必要ではなくなり，むしろ協調性が重視されるようになった．

　だが，歴史は繰り返す．20世紀後半，とりわけ1970年代以降，企業家精神の重要性が再び叫ばれ，現実にインテルのロバート・ノイス，ゴードン・ムーア，アップルのスティーブ・ジョブズ，マイクロソフトのビル・ゲイツ，グーグルのラリー・ペイジ，フェイスブックのマック・ザッカーバーグなどが陸続と登場した．このように，企業家精神重視の新しい潮流に移り変わったのは，かつてのアメリカ資本主義の黄金時代（パクス・アメリカーナ）が失われた結果，アメリカ経済の変調を打開すべく，新しい活力が希求されたためであろう．そして，現代のアメリカではこの企業家精神こそ，アメリカ経済再生に最も貢献した要因といわれているのである．　　　　　　　　　　　　　　　　　　　　　　［安部悦生］

労働運動

Labor Movement

アメリカの労働運動は，20世紀のアメリカ社会において一定の影響力を持ってきた．労働省労働統計局の労働力統計や人口動態調査によれば，労働力人口内の労働組合員数の比率を示す組織率は，1954年に約35％のピークに達したが，その後低下し続け，80年代には20％台を割り込み，2010年には11.9％にまで減退した．そのため，1990年代以降，労働運動を再活性化するためさまざまな模索がなされている．

❖ **組織形態と結成手続き**　アメリカの労働組合は，産業別の全国組合が基本的な労働組合の単位となっている（現在では各全国組合はさまざまな職種の労働者から組織されている場合が多い）．各事業所や地域単位の組合組織は支部（ローカル）として存在している．アメリカで最大の全国組合は1955年に結成されたアメリカ労働総同盟・産業別組合会議（AFL–CIO）であるが，2005年には一部の大規模組合が脱退し，勝利のための変革連合（Change to Win）を結成した．

1886年に結成された全国組合，アメリカ労働総同盟（AFL）は熟練労働者のみを対象とした職種別組合を組織原則としていた．その後，20世紀に入り一部産業では新移民などの不熟練労働者を組織した産業別組合も発展してきた．1930年代には，組織原則について職種別か産業別かで対立が生じ，全国組合として36年に産業別組織委員会（38年に産業別組合会議〈CIO〉に改組）がAFLから分裂して創設された．個別産業でも，自動車や鉄鋼など主要産業の主要な企業において労働組合の結成が進んだ．しかし，組織化への経営者の抵抗もあり，ゴムや自動車，港湾などの産業では組合結成時には激しい争議となった（図1）．

アメリカにおける労働組合は，交渉単位において全労働者を代表する排他的交渉権を有するが，そうした権限を持つ組織として法的に認証されるには，当該単位で労働者の多数派の支持を得ていることを選挙で証明しなければならない．この手続きを規定した「1935年全国労働関係法」（ワグナー法）は，労働者の代表選出過程への使用者の介入を厳しく制限していたが，第2次世界大戦後に労働政策が保守化する中で，使用者は選挙期間中ほぼ自由に組合組

図1　ミシガン州フリントのゼネラル・モーターズに対する全米自動車労働組合の座り込みストライキでの勝利（1937年2月11日）［Walter P. Reuther Library, Archives of Labor and Urban Affairs, Wayne State University］

織化に反対する活動ができるようになった．そのため，労働組合にとってこの代表選挙は不利なものとなっていた．90年代以降，労働運動は，選挙を経ずに過半数の労働者の署名を集めることで組合認証が可能となるような法改正（カード・チェック方式）を目指しているが，実現していない．

❖ビジネス・ユニオニズム　AFLは結成後20世紀初頭まで，ビジネス・ユニオニズムと呼ばれる賃金労働者のビジネス組織として活動する姿勢を強調した．ビジネス・ユニオニズムとは，組合費を払う組合員に対してサービスを提供することが組合の役割であるという考えである．そこでは，団体交渉で高い条件を獲得するとともに，政府など外部からの支援も含めた関与に否定的であり，政治活動にも消極的であった．しかし1930年代には，労働運動の中でビジネス・ユニオニズムの枠を超えて広範な社会経済的課題に関心を持ち，組合員だけでなく労働者階級全体やマイノリティなど社会的に不利な階層の利害を広く代表する傾向が見られた．また，政治活動の面では，政府による社会保障制度や組合活動への積極的支援を求めるようになり，ニューディール連合と呼ばれる民主党の支持勢力の重要な一員となっていった．第2次世界大戦後は，主要産業では賃金上昇や福利厚生の拡充を盛り込んだ労使協約が結ばれ，職場レベルでは苦情処理が制度化されていった．戦後の労働運動は，組合員の利害のみに関心を持つ利益集団と化し，再びビジネス・ユニオニズムと称されるようになった．

❖再活性化を目指して　1970年代以降，アメリカ経済の競争力が低下する中での産業構造の転換や工場移転によって，多くの雇用が伝統的に労働組合が強い領域（製造業，北東・中西部）から弱い領域（サービス業，南部）へと移動していった．このことは，労働組合がその組織的基盤を失っていったことを意味した．そのため，労働運動を再び活性化させる方策が模索されはじめた．95年にAFL-CIO会長に選出されたジョン・スウィーニーは，移民労働者を含む未組織労働者の組織化のための資金や人員を増やし，組合外部の社会運動と連携を強化することを訴えた．個別労働組合においても，80年代以降，一部の組合はサービス産業の低賃金労働者の積極的組織化に取り組んだ．85年に始まった全米サービス従業員組合（SEIU）による清掃労働者の組織化キャンペーンの「ジャニターに正義を」は，映画《ブレッド・アンド・ローズ》（2000）でも取り上げられるなど，この代表的事例となった．また，80年代以降，労働組合の結成が難しい小規模な職場で働く移民労働者などに対しては，ワーカーセンターと呼ばれる労働組合ではない組織による支援活動が始まっている．その活動は都市部が中心であるが，英語授業の実施，法律サービスや医療保険の提供など，労働者の生活支援を軸に活動を展開している．

　こうした活動も運動の退潮を止めるまでに至ってはいないが，労働運動の影響力を向上させるための試みは続けられている．　　　　　　　　　　　［中島　醸］

農業大国

Agricultural Superpower

アメリカは 2013～14 年現在，農業生産額で中国・インドに次ぐ世界第 3 位，農産物輸出額では世界第 1 位の農業大国である．その広大な農地，自由な家族農業（19 世紀半ばまで南部は奴隷制農業）と農業技術の発展に支えられて，国内消費をはるかに上回る生産額を誇った．アメリカ国内総生産に占める農業とアグリビジネス（農業関連産業）の割合は 5.7％に達し，現在も重要産業である．

1862 年の「ホームステッド法」など 19 世紀中の公有地販売法は売却面積単位を定め西部入植を推進した．60 年までに農場数は 200 万を超え（平均面積 199 エーカー）同国経済における農業の位置は上昇した．62 年には農務省を設置，同年成立の「モリル法」が大学設立を後押しし，技術改良，農法普及の拠点を形成した．労働節約的な技術も積極採用され，犁，刈取機，綿繰機，蒸気トラクターなどの導入・改良が進み生産性も伸長した．19 世紀末から 20 世紀初頭には，土壌保全や森林再生が始まった．病害対策，肥育期間の短縮化，家畜繁殖時の種の選択，機械化，ハイブリッド種子の開発，化学肥料や農薬の活用も進捗した．

❖過剰生産能力への対応—生産調整と輸出　アメリカは広大で豊かな国土に家族農場を形成し，技術導入の中で巨大な生産力を確立した．一方で，1920 年以降の農産物価格は低迷，供給力削減が迫られる中，33 年に「農業調整法」が成立した．その後，生産調整が価格支持と併せて長く維持された．低所得世帯向け食料スタンプ（引換券），学校給食もこの頃に登場した．

54 年以降は価格支持水準の低下による生産調整政策の弱体化も生じ，この基調は 20 世紀末まで続く．特にトウモロコシなどの飼料作物は，アメリカ次いでヨーロッパや日本，さらに途上国の所得上昇，食の高度化に伴って需要が増加し，生産調整を後退させて農業自由化を先導した．他方で小麦や綿部門は生産調整を支持し続けたが妥協を迫られた．小麦は「1954 年農産物貿易開発援助法」（PL480）による輸出に活路を得た．冷戦下，同法は友好的国家に現地通貨建て支払を認め，価格支持に際して政府（商品金融公社）が農家から買い取った在庫を援助に利用した．

60 年代は国際競争力確保を目指し，国内市場価格つまり価格支持水準の低下が進む．世界の農産物貿易は最大輸出国のアメリカを中心に展開したが，特に 70 年代は世界の食糧危機の中で，その農産物輸出は急増した．73 年には，生産費や需給状況により決まる目標価格を新設，市場価格がこれに満たない場合に差額を補塡（不足払い）するなどと制度変更した．次いで 80 年代は世界的な農産物過剰が発生，アメリカのバルク（小麦，綿，飼料穀物，油糧作物など）輸出は

低迷し，45%減（1981〜86）となった．

90年代，関税及び貿易に関する一般協定（GATT）や世界貿易機関（WTO），また北米自由貿易協定（NAFTA）を通して農産物貿易の自由化が進んだ．財政逼迫の中「1996年農業法」が，生産と切り離した所得補償つまり固定額の支払制を導入，価格支持を維持しつつも不足払いと生産調整を撤廃した．しかし2002年に不足払い制は事実上復活した．これら政府補助は現在なお続くが21世紀に入って縮小傾向にある．この点ではバイオ燃料生産の影響もあろう．新たな需要を得て，10年の国内産トウモロコシの約4割がエタノール向けとなった．

アメリカの穀物輸出は依然巨大であるが，21世紀の世界貿易における位置は低下傾向にある．02年の世界の総輸出量は小麦1.15億トン，トウモロコシ0.75億トン，大豆0.51億トンであったが，うちアメリカの輸出シェアは小麦が33.8%（1位），トウモロコシで63.6%（1位），大豆は53.6%（1位）と圧倒した．しかし14年には世界総輸出量が，小麦1.64億トン，トウモロコシ1.38億トン，大豆1.26億トンと拡大する中で，その輸出シェアは，小麦で14.1%（EU，カナダに次いで3位），トウモロコシで34.4%（1位），大豆は39.8%（ブラジルに次いで2位）と後退した．他方で高付加価値農産物（加工・輸送・貯蔵を通して価値が付加される農産物や食品，単位数量当たり価格が高い農産物）がバルクに代わって輸出の主役となり，その輸出額は21世紀に急伸した．また輸出先としてNAFTAやアジア・環太平洋地域の重要性が増してきた．

❖経営規模の拡大とアグリビジネス　1930年代後半の663万の農場数は，284万（1973）191万（1997）と減少した．農産物総販売額のシェアも，大規模な農業経営者に集中した．ただしこれは大規模法人農場の席巻よりは，むしろ家族農場の規模拡大に起因する．全体の農場面積も50年に史上最大の11.6億エーカーに達したが，97年に9.3億エーカーへ縮小した．

アメリカ農業は外部資材（農薬・化学肥料・種子など）への依存を高め，ひいてはアグリビジネスの活動領域の拡張を導いてきた．他方で農薬や遺伝子組換作物などによる環境面への悪影響も懸念されている．さらに近年は特定国の国益を超えて多国籍アグリビジネスの活動が拡大，NAFTA域内の分業と貿易の深化，アルゼンチンやブラジルなどの輸出拠点化も目立った．そのためアメリカは農産物輸出増の影で輸入増に見舞われた．

2014年のアメリカの消費者は，「肉・卵・ナッツ類」や「穀物」は，それぞれ3割また1割程度の過剰摂取状態にあるが，「果物」「乳製品」「野菜」は4〜6割の不足である．消費者が食料に1ドル支出すると，外食産業に32.7セント，小売に12.9セント，食品加工に15.3セント，農業にはわずかに10.4セント，卸売業に9.1セントが分配され，残りの20セント弱をエネルギー，輸送，金融・保険，その他で分け合っている．　　　　　　　　　　　　　　　［名和洋人］

自由貿易体制

Free Trade System

第2次世界大戦後，覇権国となったアメリカが主導した資本主義体制の最も重要な国際経済秩序が IMF・GATT 体制である．

❖GATT 誕生 GATT（関税及び貿易に関する一般協定）は，関税削減などによる貿易自由化によって，高水準の雇用や所得，そして「世界資源の完全な利用」を目標に掲げ 1947 年にアメリカ，イギリスなど 23 カ国によって締結された．その原則は，①最恵国待遇，②国内法令は輸入品に対して国産品と差別してはならないという内国民待遇，③関税による国内産業保護は認めるが輸入数量規制は禁止，というものである．最恵国待遇とは，ある国が GATT 加盟国のいずれかの国の産品に与える最も有利な関税などの待遇を，他のすべての加盟国の同種の産品に対して無条件に与えるという原則であり，これによって関税削減や貿易自由化が多国間で進むことになる．

他方，関税や輸入数量規制によって自国産業を保護しようとする考え方を保護貿易主義という．30 年代の世界大恐慌時には主要国が自国産業の保護のために高関税や為替切り下げを行った．こうした動きは世界貿易の急縮減と失業増加を招き，第2次世界大戦の遠因となった．そこで GATT は，保護貿易による世界経済の縮小均衡ではなく貿易自由化による拡大均衡を目指したのである．

アメリカによる戦後の国際貿易の自由化・市場開放は，GATT のような多角主義だけでなく NAFTA（北米自由貿易協定）のような地域主義，そして「通商法」301 条のような相手国との交渉なしの高圧的な一方主義によっても進められた．通商交渉には，一方ではアメリカと交渉相手国との軍事・政治的関係が，他方では国内の経済的利害関係が強く作用する．

❖GATT の交渉 第2次世界大戦後ほどなくして米ソ間の緊張は高まり，東西冷戦体制が生まれた．アメリカは資本主義体制の戦後復興を急ぎ西欧や日本に経済援助を行うとともに，関税引き下げと自国市場の開放を先導した．当時のアメリカは世界最大の貿易国であったが，貿易依存度は 6%程度と非常に低く無条件の貿易自由化を進めた．ジョン・F. ケネディ大統領は，関税削減による資本主義体制の貿易拡大と経済成長が社会主義体制に対する強力な反撃になると訴え，多国間の貿易自由化を呼びかけた．ケネディ亡き後の 1964 年に始まったケネディラウンド（第6回目の多角的貿易交渉）では，平均 35%の関税削減を行い，アメリカの関税率は 60 年代末には 10%にまで低下した（表 1）．

❖公正貿易主義へのシフト アメリカは 1971 年に戦後初めて貿易赤字となり，74 年以降は経年的に貿易赤字が拡大した．輸入競合企業や労働組合は貿易相手

表1　GATTにおける多国間通商交渉

回	通商交渉の名称	交渉期間（年）	参加国数	関税削減達成率（％）	関税以外の交渉分野
第1回	ジュネーブ	1947	23		
第2回	アヌシー	1949	13		
第3回	トーキー	1951	38	73	
第4回	ジュネーブ	1956	26		
第5回	ディロンラウンド	1960〜61	26		
第6回	ケネディラウンド	1664〜67	62	35	反ダンピング協定の署名
第7回	東京ラウンド	1973〜79	102	33	非関税障壁および政府調達，ダンピング，補助金，規格認証などの選択的な規定
第8回	ウルグアイラウンド	1986〜94	123	40	非関税障壁および農業，サービス，知的財産権，紛争処理手続きの強化，WTOの設立
第9回	ドーハ開発アジェンダ	2001〜	144		農業，サービス，知的財産権，貿易の円滑化，貿易と環境，途上国の特別の扱いなど

※1　第1〜4回までは開催場所を表示．第5回からは交渉はラウンドと称されるようになった．WTO設立後の交渉は後発途上国が「ラウンド」という名称に反発したため「開発アジェンダ」と称する．
※2　達成された関税削減は，工業品に関して主要工業国が合意したもの．第5回までの削減達成率は推計．[*Economic Report of the President*, 1995, p. 205に第9回を追記]

国の不公正貿易を問題として，「相殺関税法」（補助金付き輸出を対象）や「反ダンピング法」（ダンピング〈不当廉売〉輸出を対象）に訴える一方で，「エスケープクローズ」（緊急輸入制限条項）によって輸入増加からの救済を求めた．しかし，これらの通商法による輸入救済の成果は乏しかったので，議会に対して実効的な措置を求める圧力は強まった．

　そこで議会は「1974年通商改革法」を成立させた．それはリチャード・M.ニクソン大統領に対する通商交渉権限の授権，301条の新設などを含んでいた．「通商法」301条はアメリカの輸出を妨げている貿易相手国政府の不当，不合理，差別的な制度や慣行を対象とするものであり，その判断はアメリカが一方的に行い，当該の不公正貿易障壁の除去を相手国に求め相手国市場の開放を図るという輸出指向の法律である．同法成立を待って本格的に始まった東京ラウンド（第7回目の多角的貿易交渉の通称）は，工業品の関税率33％の引下げを実現したが，農産物貿易の自由化や非関税障壁の削減は残された課題となった．このように70年代半ば以降アメリカは，それまでの無条件の貿易自由化から公正貿易（フェア・トレード）を掲げて貿易相手国の不公正慣行を除去することこそ自由貿易だとする立場にシフトした．

❖**WTO体制の成立**　東京ラウンド後，アメリカのGATT交渉の焦点は関税削減から強い国際競争力を持つ分野の貿易自由化や非関税障壁の削減に移った．1984年9月のロナルド・W. レーガン大統領による新たなGATT交渉の提唱を受けて，86年からウルグアイラウンドが始まった．そしてそれはWTO（世界貿易機関）の設立などを盛り込んだ1994年の「世界貿易機関を設立するマラケシュ協定」（WTO〈設立〉協定と略称される）に結実した．WTO協定はGATTと同じく貿易自由化を掲げる一方で，後発途上国の経済開発と環境保全のための「世界資源の最も適当な形の利用」を提起した．この半世紀の間に進んだ後発途上国の貧困，急速な工業化に伴う地球環境の悪化という世界的な課題を前に，貿易自由化は新たな制約を課されたのである．

WTO体制の成立はグローバル規模で財，サービス，知的財産権，情報，資本を取引きする多国籍企業のグローバリズムに照応する国際経済秩序の形成を意味する．多国籍企業は国産を最優先するのではなく，グローバル規模の最適立地と生産・販売を選好する．現在ではアメリカの多国籍企業の製造業子会社は進出先で，国内製造業の輸出よりもはるかに多くの生産・販売を行っている（図1）．このような多国籍企業は，貿易自由化だけでなく投資の自由化をはじめとして，あらゆる非関税障壁の削減によって国内と同じような競争市場の創出を求める．しかし，その志向は進出先の国内諸制度との軋轢を生むことになる（☞項目「多国籍企業」）．

WTO加盟国の8割は途上国であり，その意思決定は各加盟国が1票を持つ方式である．したがってWTO体制は，一面では途上国が大きな発言力を持つ体制である．WTO発足後，2001年に始まったドーハ開発アジェンダの交渉が停滞したのは，途上国にとってWTOの成果が乏しいことが基本的要因である．例えばWTO協定は，外国企業に対して現地産品（ローカルコンテンツ）の一定の調達を求めることを禁じている．しかしこれでは，途上国が外国企業を自国の産業発展に役立てるうえで大きな制約となる．

❖**NAFTA誕生**　1980年代に入るとアメリカはGATTの多国間交渉の一方で，2国間や複数国との自由貿易協定（FTA）への指向を強めた．FTAはその締約国間では非締

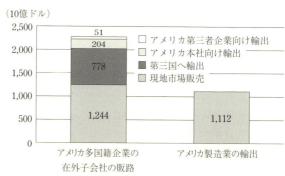

図1　アメリカ多国籍企業の在外子会社（製造業）の財の販路構成およびアメリカ製造業の輸出（2008）〔US Department of Commerce, ITAおよびBEAのデータより作成〕

約国よりも有利な通商条件を享受するが，GATT は FTA が GATT の現行の貿易自由化水準よりも一層の自由化を進めることを条件に FTA を認めてきた．それは世界の貿易自由化につながる「開かれた地域主義」として見なされたのであった．

アメリカは 85 年にイスラエルとの FTA を締結したのを皮切りに，2016 年初めまでに 14 件の FTA を締結した．連邦政府は，① FTA 締結によって相手国の貿易自由化を後退させない，② FTA から排除されるかもしれないという脅威によって，自由化を嫌がる国を突き動かすという「競争的自由化」が作動する，と主張した．自国の巨大市場を引力としながら，拘束力の強い自由化を指向するのがアメリカの FTA の特徴である．

この特徴が顕著なのが，ジョージ・H.W. ブッシュ大統領が進め 1992 年末に締結した NAFTA である．カナダ，メキシコ両国にとって対アメリカ貿易が 7 割以上を占める一方，アメリカにとってはカナダ，メキシコとの貿易シェアは 19% と 7% にすぎなかった．このように北米 3 カ国は非対称的な関係にあり，アメリカは自国の巨大市場への依存が高いカナダ，メキシコに対して主導的に交渉を進めた．NAFTA は貿易関連投資規制の撤廃，サービス貿易の自由化，金融サービス業の進出，知的所有権の保護，貿易紛争処理パネルの設置など，当時の GATT の自由化水準をはるかに超える協定であった．

共和党政権下で締結された NAFTA は，翌年民主党のビル・クリントン政権の下で議会による批准を得る必要があったが，労働組合や環境団体は NAFTA が労働基準や環境基準の低位平準化を招くとして強く批判し，民主党議員の 6 割も反対した．そこでクリントン大統領は，環境保護と労働問題に関する NAFTA 補完協定を締結した上で，ようやく批准を得たのであった．NAFTA は，当時としては，人口・経済規模で世界最大規模の自由貿易市場を創出した．そしてアメリカがその後も地域主義への傾斜を強めるのではないかという脅威が，大詰めを迎えていたウルグアイ・ラウンドを妥結に導いた．

❖**アジア・太平洋諸国との FTA**　アメリカの地域主義はアジア・太平洋地域にも及び，1990 年代にはクリントン大統領が APEC（アジア太平洋経済協力）に積極的に関与したこともあった．2010 年 3 月には，バラク・オバマ大統領は TPP（環太平洋パートナーシップ）の交渉を開始し，のちに参加した日本を含めアジア太平洋地域の 12 カ国（世界の GDP の 35%）で世界最大の FTA を目指した．オバマ大統領は TPP が輸出と雇用を増加させると訴えた．しかし，16 年の大統領選で彼の後継者を目指したヒラリー・クリントンに勝ったドナルド・トランプは，NAFTA による雇用喪失を招いているとして NAFTA の再交渉，TPP からの離脱を表明した．グローバル化時代の貿易自由化・市場開放は各国の国内制度に関わるものが多いだけに，多くの途上国や一般国民にその成果が及ばない限り，その推進力は弱まるのである．　　　　　　　　　　　　　　　　［中本　悟］

多国籍企業

Multinational Corporation

　多国籍企業とは，2カ国以上の外国で商品の生産，販売，研究開発，マーケティング，部品調達などの事業活動を行う企業のことである．多国籍企業という概念や定義が，経済やビジネスの世界で初めて登場したのは，第2次世界大戦後の1950年代後半のアメリカであった．この時代に，アメリカの大企業は，マルチナショナル・コーポレーション（多国籍企業）とか，トランスナショナル・コーポレーション（超国籍企業）と呼ばれるようになった．

　58年にEEC（ヨーロッパ経済共同体）が設立されたことに対抗して，アメリカ大企業がヨーロッパへの進出を本格化させたことが背景にある．また，この時期，日本もまた，高度経済成長の時代を迎え，日本大企業が復活したことに対抗してアメリカ大企業が日本への進出を本格化させたことが背景にあった．

　アメリカ多国籍企業の進出方法は，現地の株式会社の株式の取得，あるいは，新規の株式会社設立という二つの方法をとった．持ち株比率10%以上の出資が，現地の株式会社の経営に影響力を及ぼす範囲であり，対外直接投資と分類された．前者の方法をクロスボーダーM&A（合併と買収），後者のそれをグリーンフィールド（新規）投資として分類している．60年代アメリカ多国籍企業のヨーロッパ，日本への進出は，現地企業から見ると，「アメリカの挑戦」と映った．

　しかし，70年代になると今度は，ヨーロッパ大企業が，80年代には日本大企業が，国際競争力を強化してアメリカ市場へ進出を本格化した．ヨーロッパと日本などの大企業がアメリカ市場へ進出し，多国籍企業は，海外直接投資を先進国間で相互投資するようになった（☞項目「自由貿易体制」）．この日欧大企業のアメリカへの進出プロセスが，80年代アメリカで起きたリストラクチャリング（事業の再構築）の背景であった．

❖IT革命とオフショア・アウトソーシング　1990年代になるとアメリカでは，IT（情報通信技術）革命が始まり（☞項目「インターネット経済」），ニュー・エコノミー（新しい経済）の時代に入った．同時に，1990年の東西ドイツの統一，91年のソ連崩壊とロシア連邦の誕生など，第2次世界大戦以来の東西冷戦が終焉し，アメリカ財務省とIMF（国際通貨基金），WTO（世界貿易機関）が経済のグローバリゼーションを推進した．この結果，世界のICT（情報通信技術）産業では，専業企業の，マイクロソフト（米），インテル（米），アマゾン（米），グーグル（米，図1）の台頭と躍進，大規模な統合企業の，IBM（米），富士通（日），NEC（日），日立（日）の凋落と再編が鮮明になった．

　21世紀に入るとアメリカ多国籍企業の投資活動や企業活動に大きな構造的変

化が起きた．それは，多数の従業員を必要とする製造工場や研究所，営業所や事務所を企業の内部に擁する大規模な統合企業で起きた．

これら統合企業のアメリカ多国籍企業が，オフショア・アウトソーシング（オフショアリング）を展開した．オフショア・アウトソーシングとは，アメリカ多国籍企業が，製造や研究開発，間接業務など企業活動や事務活動を国外，特に南アジア，東アジア，東南アジアの現地企業に外部委託することをいう．目的は，製造・開発コストと固定費の削減であった．

図1　グーグル・キャンパス［筆者撮影］

オフショア・アウトソーシングの売上高規模，雇用数で圧倒的な位置を占めたのが，エレクトロニクス産業であり，その請負製造企業は，台湾企業とシンガポール企業であった．また，IT-BPO（IT-ビジネス・プロセス・アウトソーシング）とは，ICT多国籍企業が提供する企業向けのICTサービスであり，インドが世界最大のICTサービス請負拠点であった．

❖**オフショア・アウトソーシングの社会的影響**　しかし，アメリカ多国籍企業のオフショア・アウトソーシングの展開は，アメリカ本国の製造工場・研究所で働く工場労働者（ブルーカラー労働者）のみならず，事務所や研究所で働く管理者や技術者，事務労働者（ホワイトカラー労働者）の職を新興国の工場・研究所や事務所に移転することを意味した．

このため，アメリカICT多国籍企業のオフショア・アウトソーシングにより，インドは，アメリカの技術者，ホワイトカラー労働者の雇用と賃金にとって最大の脅威となっていた．インドの技術者やホワイトカラー労働者は，その専門的な能力や英語能力が高いだけでなく，アメリカの技術者やホワイトカラー労働者の賃金よりも低く，2分の1～10分の1程度であった．こうした状況の中でアメリカのIT技術者やホワイトカラー労働者の失業率が増大する傾向にあるだけでなく，賃金も低下する傾向にあった．

しかし，他方で，アメリカ多国籍企業は，2008年の世界経済危機以降，タックスヘイブン（租税回避地）を活用して租税回避に動いている．法人税や所得税などの税率が，きわめて低い国や地域をタックスヘイブンという．香港やシンガポールをはじめ，カリブ海のイギリス領バージン諸島，ケイマン諸島，地中海のキプロスが知られる．こうした国や地域で設立された企業の多くは，企業活動の実態のない登記上の会社という意味でペーパーカンパニーと呼ばれる．ペーパーカンパニーの企業情報は，基本的に非開示で，誰が代表者なのかがわからないことが多い．このため，犯罪組織がこのペーパーカンパニーを利用するなど資金洗浄問題も指摘される．　　　　　　　　　　　　　　　　　　　　　　　［夏目啓二］

国際(経済)援助

International Economic Assistance

アメリカによる国際援助は軍事援助と経済援助から構成される．軍事援助は，安全保障上の目的を達成するために，同盟国に対して武器の供与，軍の訓練などの支援を行い，その軍事力を強化するものである．これに対して経済援助は，貧困対策，社会インフラ(医療，教育など)の整備，人道支援など，多様な目的を持つ援助プログラムからなる．本項では，そうしたさまざまな援助プログラム全体を支える援助政策の理念に注目し，経済援助を中心に論じていく．

❖**納税者の論理** 経済援助を考える際に重要なのは「納税者の論理」である．納税者およびその代表たる議員は，連邦政府による財政支出をチェック・アンド・コントロールすることを通じて，その政策が自身の考える「国益」を損ねていないかどうか常に監視する．多数が低く評価する政策は，民主主義的なプロセスを経て，修正される．これを「納税者の論理」と呼ぶ．援助政策も，政府が納税者・議員に対して，その支持が得られる理念を示し，説明責任を果たさなければ，その修正や予算の削減が求められる．故にアメリカの経済援助額の推移は，援助政策の理念が納税者からの支持を獲得できるかどうかに左右されてきた．

❖**経済援助の動向** アメリカによる経済援助はマーシャルプラン(1948〜51)に代表される戦後復興のための援助を起点としている．その冷戦期の援助政策は，ソ連共産主義を封じ込め，自由と民主主義を維持・拡大するという理念を掲げ，行われた．冷戦期における経済援助は，国民の支持の下，安定的に実行されたが，冷戦の終焉(1989)以降，その動向は大きく変化した．図1は1989〜2015年度におけるアメリカの経済援助額の推移を示したものである．90年代の低迷と2002年度以降の急増が対照をなしている．冷戦の終焉により，共産主義の封じ込めという援助政策の理念はその役割を終えた．故にポスト冷戦期に適合的な新しい援助政策の理念を確立しな

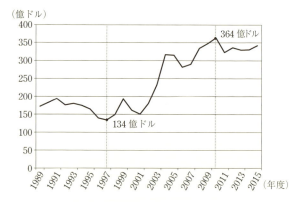

図1 アメリカの経済援助額の推移(2015年度基準)
[U.S. Agency for International Development (USAID), *Foreign Aid Explorer: The official record of U.S. foreign aid.* より作成]

ければならなかった．しかし90年代のアメリカの援助政策は，そうした理念を見いだせず，漂流状態にあった．その結果，経済援助額も減少を続け，97年度には，ポスト冷戦期では最低の134億ドルにまで低下した．こうした流れを一変させたのが，2001年9月11日に発生した同時多発テロ事件であった．「テロとの戦い」を掲げたジョージ・W.ブッシュ政権は，自由と民主主義の欠如や貧困問題が「破綻国家」を生み出し，テロの背景になっていると考えた（☞項目「対テロ戦争」）．故に援助政策を通じて，自由と民主主義，市場経済システムを拡大していくことによって，こうした問題を解決していくことがアメリカの安全保障の確保につながると主張した．

　こうした援助政策の理念は国内で支持され，経済援助額は02年度以降，大きく拡大していき，04年度には300億ドルを超えた．続くバラク・オバマ政権も同じく，安全保障の確保のために援助政策が果たす役割が重要であると主張し，ブッシュ政権期とほぼ同規模の経済援助額を維持し続けた．その額は10年度には364億ドルに達した．一方で，財政支出の削減を重視する共和党保守派を中心に，経済援助額増大への批判は根強い．その大幅な削減を求める提案が議会ではなされており，「アメリカ第一主義」を掲げるドナルド・トランプ政権も同様の主張を行っている．

❖民間部門の役割　2001年度以降，アメリカの経済援助額は金額面で見ると世界最大の規模を維持している．しかし国民総所得（GNI）比で見た場合，経済協力開発機構（OECD）内における開発援助委員会（DAC）諸国の最下位グループに属しており，経済規模に比して経済援助額が少ないとの批判がたびたび聞かれる．これに対して公的部門の経済援助額のみを見るのではなく，民間部門も含めたかたちで評価すべきだとの反論がある．アメリカでは，21世紀に入り，民間部門（財団，NPO，宗教団体など）による海外支援額が拡大し，政府による経済援助額をも上回る規模になっている．14年度にはその金額は439億ドルに達している（Center for Global Prosperity, 2017）．社会インフラへの支援を中心に大規模な海外支援活動を行っているビル・アンド・メリンダ・ゲイツ財団はその象徴である．一方共和党は，こうした民間部門の活発な支援活動を踏まえ，公的部門による経済援助額を大幅に削減すべきであると主張している．

　また援助政策の理念のレベルでは国民の支持を得られたとしても，その実行においてはさまざまな対立が生じる．特に社会的争点が関わる場合，それは激化していく．ロナルド・W.レーガン大統領によって提唱された，家族計画や妊娠中絶に関する支援活動を行う組織への援助は行わないというメキシコシティ政策（1984）は，その代表的なものである．同政策をめぐっては，民主党の大統領が撤回し，共和党の大統領が復活させるということが繰り返されており，両党間の主要な対立点となっている．

[河﨑信樹]

インターネット経済

Internet Economy

　1990年代に入ると，米ソを軸に資本主義諸国と社会主義諸国が対立していた冷戦構造が崩壊した．この冷戦終焉を機に新自由主義を標榜するアメリカは，90年代に300以上もの二国間協定を各国と締結しながら貿易と資本取引の拡大を進めた．それが，アメリカのニュー・エコノミーとアジア経済の拡大を支えた（☞項目「多国籍企業」）．ニュー・エコノミー論は，IT（情報技術）の発展とともに生産性を上昇させて経済成長を持続させる新しい経済の時代である，と主張した．

　IT革命を技術的に定義すると，インターネットを基礎にした情報技術の革新であり，情報技術と通信技術を融合することであった．具体的には，世界中のコンピュータやパソコンが通信網（ネットワーク）を通じてつながり，個人や企業や団体との間で音声，文字，画像，動画など多様な情報の共有と交換が，簡単に安価に行われた．94年頃からインターネットは世界のあらゆる分野に広がり，2000年以降，高速通信網の普及とともに，携帯電話，テレビ，ゲーム機，カーナビゲーションからもインターネットに接続できるようになった．

　このインターネットを基礎にしたIT（＝ICT）革新が，世界の経済や産業や企業の活動さらには雇用や労働現場に浸透し，さまざまな影響を与えた．これをインターネット経済という．インターネットを使った商品の取引を電子商取引（EC）と呼んでいるが，ネットを利用した消費者の買い物（B to C）や企業間の取引（B to B）が拡大した．また，インターネットの技術革新が，eビジネスやインターネット企業という新しいタイプの専業企業を生み出した．

❖eビジネスとインターネット企業　eビジネスは，地理的な範囲や物理的な店舗の運営コストから逃れて，ほぼ無限のコンテンツを顧客の求めに応じて配送することができ，ほぼリアルタイムで反応し，応えることができる企業である．代表的なeビジネスは，伝統的な書店，証券会社，自動車のディーラーのインターネット版として創設された，アマゾン・ドット・コム，eトレード，オート・バイ・テルのような企業である．

　また，インターネット企業というのは，ウェブ上で遂行される企業と個人の間の取引上の協力関係を推進する企業として定義された．ウェブ上では，参加する企業や個人は，その構造からの出入りは自由である．ウェブ上の参加者は，アプリ（ソフトウェア）をダウンロードすることで情報配信サービスを受けることができる．代表的なインターネット企業は，グーグル，ヤフー，AOL（アメリカ・オン・ライン），フェイスブックなどに加え，SNS（ソーシャル・ネットワーク・サービス）などのような情報配信サービス企業である．

かくて21世紀のグローバルなICT産業では，アメリカ企業が寡占的に支配する産業構造を形成した．それは，三つの企業群に分類できる．

まず第一の企業群では，1980年代にPC／WS（パソコン／ワーク・ステーション）事業分野のソフトウェア，半導体，IT機器・システムの開発・製造・販売の専業企業群が台頭し，寡占化してきた．ソフトウェア事業では，マイクロソフト（米），オラクル（米）などの寡占的な専業の企業群であった．半導体事業では，インテル（米），テキサス・インスツルメント（米），IT機器・システムの開発・製造・販売事業では，デル・コンピュータ（米），アップル（米）など寡占的な専業の企業群であった．

❖**インターネット時代の産業と企業**　第二の企業群では，1990年代半ば以降，インターネットの普及とともに電子商取引や情報配信サービスを供給する企業群が台頭し，急速に寡占化した．アマゾン（米），グーグル（米），ヤフー（米），イーベイ（米）などのeビジネスやインターネット企業群であった．アマゾンは，ネット上で書籍やエレクトロニクス製品などの販売を開始したeビジネスであり，グーグルは，ネット上での検索サービス，位置（マップ）検索サービスなど情報配信サービスを供給する企業であった．

これら専業の企業群は，21世紀に入ると，フェイスブック（米）やSNSが，さまざまな情報配信サービスを展開し始めた．高速通信網とモバイル通信網，スマートフォン（携帯端末），クラウド技術，ビッグデータ，IoT（Internet of Things，モノのインターネット）の発展により，さまざまな情報配信サービスがインターネット上のアプリケーション・ソフトウェアとスマートフォンから入手可能となった．アプリを使って情報配信サービスを行う専業企業，例えば，ウーバー（配車サービス）やエアB&B（宿泊予約サービス）が登場した．経済学者のジョン・ザイスマンとマーチン・ケニーは，こうしたアプリ（プラットフォーム）の利用を基礎にした経済を，プラットフォーム・エコノミーと呼んだ．

第三の企業群は，これら専業企業から挑戦を受けた大規模な統合企業であった．80年代にIBMやHPなど大規模な統合企業は，上述の専業企業に対抗した．同時に，グローバルに台頭してきた日本の多国籍企業や韓国，台湾，インドなどアジア企業との国際競争に対抗する必要にも迫られた（図1）．このためIBMやHPなどの大規模な統合企業は，製造やサービスのオフショア・アウトソーシングを活用して台頭するアジアの製造請負企業との国際分業関係を形成しながら競争優位を維持した．

図1　インドのバンガロールに本社を置くIT企業インフォシス社の会議室［筆者撮影］

［夏目啓二］

ファッションビジネス

Fashion Business

　本項では，アメリカのファッションビジネスの歴史について，ニューヨーク市（以下，NY）のマンハッタン地区にある衣服ファッション産業集積を例として概観する．NYマンハッタンは，衣服（特に女性向け衣服）産業の集積地であったし，全国の小売業にとっては衣服の仕入地，消費者にとっては流行の発信地であった．

図1　ミシンを踏むユダヤ人男性像．（ニューヨーク・マンハッタン地区のガーメントディストリクト）

❖**時期区分とビジネスモデル**　NYのファッションビジネス史の時期区分は以下の通りである．

　新移民が急増する1881年以降，19世紀末までの新移民による小規模生産の時期（第1期）．工場制度の導入と劣悪な作業条件が労使関係の緊張を生んだ19世紀末から第1次世界大戦までの時期（第2期）．マンハッタン中央部に衣服産業の集積地であるガーメントディストリクト（図1）が誕生し，アメリカンスタイルが形成される両大戦間期および第2次世界大戦期（第3期）．「豊かな社会」の中でパリの影響が復活し，同時にアメリカンスタイルが確立する第2次大戦後から1960年代半ばまでの時期（第4期）．新たな非ヨーロッパ系の移民とデザイナーとの組合せによるNYブランド，NYファッションが登場する60年代半ば以降70年代末，金融成金に支えられた高級ブランドの成長と低級品の輸入急増への本格対応に示される70年代末から90年代初頭までの時期（第5期）．そして，グローバル化の中での消費格差が見られ「リアル」と「ヒップホップ」に特徴付けられる90年代初頭から現在までの時期（第6期）である．

　各時期のビジネスモデルのキーワードは，第1期のテネメントスウェットショップ（チーム方式），第2期の工場生産（ボストンシステム），第3期のパリからの見本型導入，ジョッバー（生地の仕入れのみ自社で行い，製造プロセスはすべて外部に委託するアパレル企業），標準化，第4期のスポーツウエア，縫製機能流出，第5期のNY発信ブランドデザイナー，新しい移民，SPA（製造小売企業）およびクイックレスポンスシステム，第6期のデザイナーブランド再編，グローバル調達，SPA，リアルクローズ，ヒップホップスタイルであった．

❖**三つの課題と対応**　NYの衣服ファッション産業の歴史は，既製服生産の歴史

であった．これを突き動かしてきたのは，①需要の増加と変化，②クリエーション（創造性）の位置付けの変化，③コスト削減の要求であった．これらへの対応は以下のとおり行われた．

①需要の増加と変化には，労働力の確保（第1期は新移民で，第4期は黒人とプエルトリコ人，第5期は新々移民で），パリスタイルの取り込み（第1, 2, 3期），低級品輸入・デザイナーズブランド（第5期），リアルクローズ，ヒップホップスタイル（第6期）で対応した．

②クリエーション面では，パリ発オートクチュールのコピーに始まり，アメリカンスタイルの形成から，NYスタイルの形成と発信へと変化した．まさしく模倣から創造への展開である．

③コスト削減の要求には，移民の活用，テネメントスウェットショップ（第1期），縫製受託企業（コントラクターないしサブマニュファクチャラー）への生産委託（第1, 2, 3期），生産の標準化（第3期），縫製部門の切り離し（第3, 4期），黒人・プエルトリコ人の活用（第4期），移民の活用とクイックレスポンスシステムの導入（第5期），スウェットショップと海外調達（第6期）で対応した．

NYマンハッタンで形成された衣服ファッション産業集積は，需要と課題の変化に対応しながら，変化してきたのである．

❖アメリカの文化的自立　1783年の政治的独立，19世紀前半の産業革命による経済的自立を経て，逆説的ではあるが，いよいよヨーロッパ文化への成金的憧憬は強まった．衣服ファッションでも同様であった．しかし，パリから発信されるファッション情報を受容しつつも，アメリカ的土壌に根ざして少しずつ独自な発信（美的自立）をしてきた．目に見える大きな転機は，1930年代と60年代後半に訪れ，75年にはNYコレクションが始まり，独自性はヒップホップやリアルクローズにつながった．アジア系デザイナーの活躍もめざましい．

現代のNYが抱える課題の最前線は，それを解決する最前線でもある．そこでは多様な文化（アート，音楽，建築，ファッション）が創造され，商品として供給陳列され，魅力と有効性を競い合っている．インスピレーションを触発するエキサイティングなNYは，発信する最前線の街でもある．

NYのファッションの，パリの模倣から独自性の創造への移行からもわかるように，ファッションの美的イノベーション（革新）の領域では，アメリカの経営学者マイケル・ポーターが提唱した産業集積に関わる需要，要素，支援産業，企業の戦略・構造・競争関係の4条件における創造性に加えて，第5の条件として都市が提供するライフスタイルの魅力である都市空間が有する無形資産価値ないし都市という容器の魅力を設定する必要がある．そしてこの都市としての魅力こそがNYファッションの基盤と競争優位を生み出しているといえる．

[富澤修身]

交通インフラ

Transport Infrastructure

交通インフラ（基盤）とは，一般的に道路，駅，空港，港湾などいわゆる交通機関が利用する施設のことである．インフラを利用するのは自動車（自家用車，タクシー，トラック），鉄道，飛行機，船舶などであり，その多くは民間企業である．これに対し，インフラの所有運営形態は国によって異なる．ヨーロッパやオーストラリアでは民営化が進んだが，アメリカでは州・地方政府が所有，運営するケースが多い．

❖**国土開発と交通インフラ**　人や物資を輸送する交通は，建国当初から国土を拓く役割を担っていた．建国時の道路整備は地方政府の役割であり，住民には道路作業が課された．トマス・ジェファソン大統領によるルイジアナ購入（1803）によって国土面積はおよそ2倍になり，内陸開発の必要性が高まった．1808年にアルバート・ギャラティン財務長官が作成した「道路と運河に関する報告書」（ギャラティンレポート）は道路，運河および内陸水運の整備計画であった．しかし，連邦政府に収入がなく，計画は実現しなかった．何よりも，連邦政府の役割はきわめて制約的にとらえられていた．

19世紀に入ると民間会社がインフラを整備し，通行料で運営される有料道路（ターンパイク）と有料運河が増えた．四季を通じて利用できる良質な道路は民間道路であった．通行料収入は通行量に依存するため，人口希薄地域の道路会社は淘汰されると，民間道路は公道となった．30年代にはインフラの主役は鉄道になった．鉄道には州政府を通じて連邦政府の公有地が交付されたが，そこには，鉄道が開通すれば住宅や施設が立地し，開発利益は税収増につながる，という考え方があった．次第に都市化が進むと，各地に法人化された地方自治体が創設され，自治体は都市内道路を整備した．自治体の主な歳入は財産税であり，それが道路に使用されることは，住民の受益と負担の一致を意味した．

❖**本格的な連邦補助**　最初の連邦補助が盛り込まれたのは1916年の「連邦補助道路法」であった．しかし，依然として都市部においてターンパイクが残っており，本格的な連邦補助が確立されるのは，第2次世界大戦後のことである．

大戦中，国土の東西間の物資輸送は道路の規格や整備状況によって困難を極めたため，戦後，全土を網羅する都市間道路の整備が求められることになった．56年，1ガロンあたり3セントの連邦燃料税を歳入とする連邦道路信託基金が設置され，その後の連邦補助道路の財源となった．基金はいわば税による州間の再分配システムであり，これが是認されたのは国防という大義名分があったからである．したがって，インターステート・ハイウェイの正式名称にはDefense（国防）

という言葉が入った．その後はこのメカニズムが機能し，インターステート・ハイウェイと連邦補助が基幹道路として都市，人口稀薄地域に整備された（図1）.

70年代末には道路の維持管理の不十分さが話題となった．連邦政府は基金から維持管理費も支出するようになり，80年代以降には，道路を計画的に整備するため，複数年度予算

図1　人口稀薄地域のハイウェイ

が組まれるようになった．しかし，道路網がほぼ完成し，政策の中心が道路の維持管理へと移行すると，同時に各州の州権が主張されるようになった．燃料税は利用者が道路の通行に支払う通行料であり，税収は通行量に比例する．そして，通行量が多ければそれだけ道路の損傷は激しく，費用も必要である．そのため，税収を再分配するのではなく，道路を利用した州に還元すべきという考え方が，基金からの資金配分にも色濃く反映されることになった．

❖**空港は地方政府が整備**　空港が整備されるのは第1次世界大戦後のことであるが，政府が関与する根拠は，道路と同様に国防であった（☞項目「航空産業」）．航空機やパイロットは緩急あれば民間から軍用に転用できるからである．また，軍はパイロット育成のためにも空港が必要であった．さらに，飛行機の航続距離が短いため，不時着場あるいは燃料補給のためにも空港が必要であった．アメリカ郵政公社にも憲法に規定された郵便の輸送ルートである航空路の整備が求められた．

問題は軍にも郵政公社にも資金がないことであった．そこで，地方政府に空港を整備させるというアイデアが出てきたとされ，インフラの整備に関して地方政府同志で一種の競争が生じた．とはいえ，1920年代まで民間人や経済団体が空港整備に資金を出す例も少なくなかった．地方政府による空港運営が確立されたのは26～33年の間とされ，その嚆矢がオハイオ州クリーブランド市である．市は債券を発行して市空港の整備を提案し，州憲法に抵触するかが裁判で争われたものの，市による施設の所有，整備，運営が認められた．

大不況時には，空港滑走路の舗装が進み，重量機が離発着できるようになった．そして，30年代末には航空機に与圧室が装備されると，高高度を飛行するため空気抵抗が小さく，航続距離が伸びた．第2次世界大戦で大量の軍用機が製造され，それが戦後に航空会社に払い下げられると民間機に転用され，伸び続ける航空需要を支えた．

90年代以降の低費用航空会社（LCC）の躍進を支えたのも空港である．都市圏に複数の空港があれば，LCCは大規模航空会社が使わない第2空港を使用して参入し，現在ではサウスウエスト航空が全米で最大の輸送量を誇る．

［加藤一誠］

財政政策

Fiscal Policy

アメリカで財政政策が，経済政策の重要な柱となったのは，1935 年，フランクリン・D. ローズヴェルト政権の予算教書によってである．この予算教書では，「資本活動が不活発かつ失業が高水準のときには，政府支出が重要となる」という考えから「補正的財政政策」として実行されるようになった．

❖**ウォルター・ヘラーによるケインズ財政の展開**　戦後アメリカにおいて，財政政策が経済政策の基軸となるのは，1961 年に政権に就いた，ジョン・F. ケネディ政権からであり，大統領経済諮問委員長となった，ウォルター・ヘラーは，彼らの財政政策主導の経済政策をケインズ革命の完成とした．彼らは，ドワイト・D. アイゼンハワー前政権の財政政策を批判し，完全雇用財政均衡論という独自の考えから積極的な財政政策を展開した．経済がもし完全雇用で動いていたら存在したであろう財政赤字・財政黒字を推計し，完全雇用での財政均衡を財政政策の目標とした．61 年時点で現実の生産高成長の潜在的成長に対する遅れをほぼ400 億ドルと推計した彼らは，このギャップを埋めるべく大胆な減税と財政支出政策を展開した．かくして，アメリカ経済は，65 年末には，失業率が 4.1％に低下し 66 年には，3.8％の低水準となった．

しかし，アメリカ経済は，70 年代後半になると，インフレーションが深刻となり，失業率も高止まりの傾向となり，ケインズ的財政政策への信頼が揺らぎ，裁量的財政政策を基軸とする経済政策から減税を軸とする供給重視の経済学が，登場することとなった．

❖**レーガン税制と双子の赤字**　1981 年に政権に就いたロナルド・W. レーガン大統領は，「1981 年経済復興税法」を制定し，大胆な減税政策を展開した．個人所得税は，初年度 5％，続く 2 年でそれぞれ 10％ずつの税率の引き下げが実現した．課税区分ごとの税率を示す限界所得税率は，最高 70％から 50％に引き下げられた．企業減税に関しては，加速度償却制度が採用され，償却期間の短縮と 10％の投資税額控除が企図された．

しかし，同時に採られた金融引締め政策が，戦後最大の経済恐慌を引き起こし，レーガン政権は，すぐさま，財政支出増強路線へと鞍替えする．対ソ強硬戦略を打ち出し，連邦軍事支出の大増強を行い，その結果，連邦財政赤字の急上昇をもたらすこととなった．この財政赤字の巨額化によって，アメリカ金融市場では，高金利状況が生み出され，経常収支黒字国，とりわけ日本からの資金流入が活発となり，ドル高状況がつくり出される．かくして，アメリカ輸出産業の輸出競争力がこのドル高によってそがれ，アメリカの貿易赤字の巨額化が引き起こされる．

これを「双子の赤字」というが，85年以降アメリカは連年の貿易赤字の結果，債務国化の道を歩むこととなった．レーガン-ブッシュの共和党政権の12年間につくり出された膨大な財政赤字は，93年に政権を樹立する民主党ビル・クリントン政権の取り組むべき課題となった．

❖クリントン税制と空前の連邦財政黒字　クリントン政権が取り組むべき最大の課題は，レーガン-ブッシュ政権期に膨大化した連邦財政赤字の削減だった．クリントン政権は，「1993年包括財政調整法」によって，早速その実行にかかった．レーガン-ブッシュ政権期と異なり，クリントン政権期の税制は，増税を累進的に行うことだった．増税される階層は最も支払い能力のある階層であり，80年初頭のレーガン減税によって最も多くの恩恵を被った人々だった．所得税率は，納税者の上位1.2%の層のみ引き上げられるとした．具体的にいえば，限界税率は，課税所得年収14万ドルまでは据え置きとして，14万ドルから25万ドルまでを31%から36%へ，25万ドル以上を31%から39.6%に増税したのだった．さらに，さまざまな赤字削減の中にあって，クリントン政権は，重要な公的投資にはその予算措置を十分にとるという決断をした．

　その後アメリカ経済は，民間投資の活発化と株価高騰という好条件に恵まれ，歳出の伸びを大きく超える税収の伸びが記録され，クリントン政権の予想をはるかに超えて，連邦財政の赤字の解消と黒字を実現することとなった．

　こうした財政黒字をつくり出した要因は，クリントン政権によって導入された累進的所得税制によるところが大きいといえる．なぜなら，高額所得者を中心に，税収の激増がもたらされたという事実があるからだった．ただし，給与収入は，この景気高揚期にもさして上昇を示すことはなかった．では，この歳入の増加はどこからもたらされたのであろうか．

　それは，株価上昇による株式売買益（キャピタルゲイン）への課税による税収の比率がきわめて高かったことによっていたといえるだろう．1994〜98年にかけて増加した税収の30%から40%は，このキャピタルゲインへの課税によるものだった．

❖ブッシュ政権の減税政策と巨大な連邦財政赤字　2001年に共和党ジョージ・W.ブッシュ政権に代わると，クリントン政権期の財政政策とは様変わりの政策となった．

　01年6月彼らは，すべての所得層に減税となる富裕者優遇の「経済成長・税軽減調和法」（EGTRRA）を制定させた．この減税法によって，最初の限界税率（所得の増分に対する税率）の引き下げは01年に有効となり，合計360億ドルの戻し税の小切手が8,500万人の納税者に送付され，購買力の押し上げ効果として期待された．ブッシュ政権は，さらに続けて二つの減税法を通した．02年3月の「雇用創出・労働者支援法」（JCWAA）であり，03年5月の「雇用・成長税軽

減調和法」（JGTRRA）であった．04 年になると，さらにこれらの法律の諸規定を拡大するため，「勤労者家族減税法」（WFTRA）が成立した．

　こうした減税によって，ブッシュ政権期になって連邦財政は一気に赤字へと転換した．2002 会計年度 1,578 億ドル，2003 会計年度 3,776 億ドルへとなったのである．しかもこの減税のプロセスは，1980 年代と 90 年代に巨額の所得を上げ大金持ちとなった人々がさらに大きな恩恵を被る結果となったことである．議会予算局によると次のような事実が明らかとなる．すなわち，最高所得を得る人口の 1％を占めるにすぎない人々が，この時期を通じて 2 倍以上に増大しているのである．79 年にその所得は 29 万 4,300 ドルだったのが，2001 年になると 70 万 3,100 ドルに跳ね上がった．この数字は，2001 年ドルで表示したインフレ調整済み数値であり，実に 40 万 8,800 ドル，139％もの上昇となった．それに比較し，アメリカ人口の中位の 20％を占める家計の税引き後の平均所得は，この時期を通じて 6,300 ドル，17％の上昇のみだった．最貧困層 20％の税引き後所得は 1,100 ドル，たった 8％上昇したにすぎなかった．

❖ 世界経済危機と拡大する連邦財政赤字　このブッシュ政権末期，2008 年 9 月 15 日に，投資銀行リーマンブラザーズの倒産に始まる世界経済危機が勃発する（☞ 項目「金融危機」）．この危機は，1929 年大恐慌以来の世界経済危機だといわれ，その年の大統領選挙では，民主党バラク・オバマ上院議員が次期大統領に選出された．オバマ政権は，金融機関救済のための財政支出を優先したが，2009 年 2 月になると「アメリカ復興および再投資法」（ARRA）を成立させ，裁量的財政政策を前面に立てた，経済危機克服策が実行に移されることになった．この裁量的財政政策を基軸に展開されたオバマ政権の財政政策は，レーガン政権以降の新自由主義的財政政策を大きく転換しようとするものだった．というのは，ARRA は，ブッシュ政権期に典型的に見られたように減税政策一本槍の小さな政府論に基づいて財政政策を立案したものではなかったからだ．オバマ政権は，積極的な財政支出政策と弱者救済政策によってかろうじてアメリカ経済を第二の大恐慌に転落させるのを防ぐことができた．

　しかし，この財政政策は，アメリカ経済に膨大な財政赤字をつくり出したことも事実だった．10 年 11 月の中間選挙では，極端な財政均衡を主張するティーパーティ（オバマ政権に反対する保守派の草の根運動）に支持される共和党議員がかなりの数を占め，下院議会も共和党が多数となった．彼らは，ブッシュ減税の延長を強力に主張し，オバマ政権は，彼らの主張に譲歩し，10 年 12 月ブッシュ減税の 2 年延長を認めてしまうことになった．このオバマ政権の譲歩に力を得た野党共和党は，11 年になると今度は，債務上限引き上げ問題からオバマ政権を攻め立てた．当時，連邦債務累積額の上限は，14 兆 2,900 億ドルだった．この上限を決定する権限は議会にあったため，下院で多数を占めた共和党は，簡単にはオバ

マ政権の上限引き上げには応じず，最終的に，11年7月31日，引き上げ額2兆1,000億ドルとなったが，同時に「予算統制法」を通過させた．この法律によって，年末までに議会の超党派委員会で赤字削減の具体策が定まらない場合，13年1月2日をもって，軍事・非軍事を問わず，すべての裁量的経費をその年から22年まで年間1,100億ドルずつ削減すると決められた．

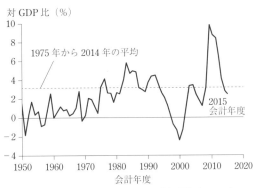

図1　連邦財政赤字（1950〜2015年）［萩原，2017］

❖**財政の崖とは何か**　2012年2月末，連邦準備制度理事会議長ベン・バーナンキは，下院金融サービス委員会の席上，後に「財政の崖」といわれるアメリカ経済が直面するかもしれない事態に警鐘を鳴らした．つまり，13年1月1日，アメリカ経済は，延長2年の減税法の失効と予算統制法による歳出自動的削減措置によって，それに対して適切な処置がとられない場合，増税と巨額な財政支出削減によって，急峻な崖に遭遇するというものだった．

その後，事態はどのように進んだのだろうか．まず，12年11月の大統領選挙で再選されたオバマ大統領は，反対する共和党をねじ伏せ，延長2年の減税法を廃止し，新しく「アメリカ納税者救済法」（ATRA）を13年1月2日に成立させ，かねてから主張の中間層重視・富裕層増税の税制改革の第一歩を踏み出した．しかし，その富裕者増税に態度を硬化させた野党共和党は，その後予算協議に応じず，債務上限の引き上げにも応じず，予算統制法の発動による裁量的財政支出の自動的削減措置はその執行を2カ月だけ延ばしたにすぎず，3月1日から実施されることとなった．13年は，アメリカ経済にとって，財政支出の面で「大きな崖」に遭遇したこととなった．

しかし，14年以降アメリカ経済は，着実な経済成長の軌道に乗りつつある．というのは，債務上限問題については「2014年継続歳出法」によって，債務上限の凍結を図り，さらに裁量的財政支出の自動的一律削減が緩和されたためである．今後何の対策もとられないとすると，2016会計年度末において，累積債務・GDP比76.5%の連邦財政は，10年後には87.6%に上昇すると予測される（図1）．中長期的に累積債務・GDP比は，単年度の財政赤字・GDP比を名目経済成長率で割った値に落ち着くから，持続的な経済成長を実現し，単年度の財政赤字・GDP比を徐々に低くすれば，持続可能な連邦財政となるのである．

［萩原伸次郎］

連邦準備制度理事会

Board of Governors of the Federal Reserve System

　連邦準備制度はアメリカの中央銀行制度で，アメリカ経済の健全な発展と金融システムの安定に資することを目的とする．1913 年成立の「連邦準備法」に従って組織され，翌年から業務を開始した．世界大恐慌に直面して大規模な組織改革を行い，連邦準備銀行の重要な権限が首都ワシントン D.C. に置かれた連邦準備制度理事会（FRB）に移され，以来，多くの困難に直面しながら今日に至っている．最大の困難は金融システム全体を揺るがすような危機（システミック・リスク）の発生であった．2008 年金融危機で破綻の危機に直面した大手金融機関は救済されたが，雇用環境の悪化や所得格差の拡大が進み，2011～12 年の「ウォール街を占拠せよ」運動に見られたように，巨大金融機関への批判が噴出した（☞項目「金融危機」）．批判の矛先はさらに，投資銀行ゴールドマン・サックス出身のヘンリー・メリット・ポールソン財務長官や金融機関の救済に奮闘した連邦準備銀行にも向けられ，連邦準備制度に組織改革を迫ることになった．

　❖**特色のある中央銀行**　1907 年恐慌で中央銀行を欠くアメリカ経済が受けた打撃は大きく，第 2 合衆国銀行の消滅以来，頑なに拒否してきた中央銀行の創設を許す環境が整った．しかし，連邦政府が管理する中央銀行への懐疑は根強く，世界各地の中央銀行制度を調査研究した末に創設した連邦準備制度は，アメリカ独自の特徴を備えるものであった．連邦法に基づき設立された国法銀行の強制出資とし（加盟銀行と呼ぶ），政府の出資を排除した連邦準備銀行を 12 地区に設立した．一方，首都ワシントン D.C. には財務長官と国法銀行の設立・運営を管轄する通貨監督官，大統領任命の 5 名の理事からなる連邦準備局を置き連邦準備銀行間の政策調整にあたった．

　連邦準備局の主な仕事は，連邦準備銀行が申請した公定歩合や総裁ら幹部職員の人事と俸給を承認することにとどまった．連邦準備銀行は世界大恐慌に直面して「最後の貸し手」となることを期待されたが，金準備の増減に公定歩合（加盟銀行貸出金利）を機械的にリンクさせて引き上げ，手形や証券の売買を通じて市場への資金供給を調整する公開市場操作（オープンマーケット・オペレーション）も躊躇したことから，銀行の連鎖破綻が全国に波及して金融システムは完全に崩壊した．大恐慌の経験を踏まえて，「1933 年銀行法」で預金取付けによる銀行破綻の連鎖防止を目的に連邦預金保険公社（FDIC）を創設し，「1935 年銀行法」では公開市場操作を新設の連邦公開市場委員会（FOMC）に移譲し（図 1），加盟銀行の預金準備率変更権限も FRB に付与された．

　❖**ドル紙幣の発行と通貨流通量の管理**　連邦準備制度は公定歩合と預金準備率の

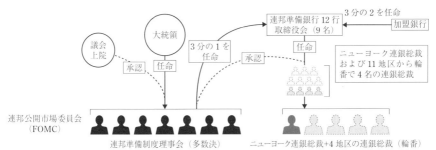

図1 連邦準備制度の政策決定機構［U. S. Government Accountability Office, 2011 より作成］

変更，そして公開市場操作を駆使してフェデラル・ファンド金利（預金準備率の過不足調整を目的とする銀行間貸借金利）を変動させ，さまざまな金融商品市場，ひいては経済活動全般に影響を及ぼす．連邦準備制度はまた，連邦準備券（ドル紙幣）の発行主体でもある．ドル紙幣は強制通用力を持つ法定通貨で，FRBの裁量で各連邦準備銀行に発行が委ねられている．一般に流通する額面は1ドル，5ドル，10ドル，20ドル，50ドル，100ドルで，トマス・ジェファソン大統領の肖像が描かれた2ドル紙幣は流通量が少なく，ジェファソンの生家モンティチェロの入館料の釣り銭に使われるなどしている．2015年末のドル紙幣流通額は1兆3,800億ドルで，07年末（7,922億ドル）の1.7倍に増加したが，FRBが金融政策の重要な指標の一つとするマネーサプライ（現金＋預金通貨）は同じ期間に1兆3,765億ドルから3兆797億ドルに2.2倍の増加を示した．これは08年経済金融危機からの復興策の結果であった．

❖**誰のための中央銀行か** 2008年経済金融危機に対する連邦準備制度の対応が批判を受け，ウォール街金融機関の救済実務を担った連邦準備銀行のガバナンス改革に結実した（「2010年ドット＝フランク法」）．連邦準備銀行の最高意思決定機関である取締役会は加盟銀行選出の6名とFRB任命の3名で構成し，総裁を任命する仕組みであった（図1）．これが変更されて，加盟銀行がみずからの代表として選出した3名を総裁選出過程から排除したのである．それは救済対象銀行の頭取や会長に連邦準備銀行の取締役を兼務させるのは，「狐に鶏小屋の番をさせる」のと同じであるとの批判からであった．

加盟銀行が100％出資する連邦準備銀行に対しては金融政策の透明性や説明責任が強く求められ，取締役の社会経済的背景が注目されるようになった．2006～10年の全連邦準備銀行の全取締役309名に関する行政活動検査院（GAO）の調査によれば，女性は24.3％に止まり，アフリカ系は9.1％，ヒスパニックも6.5％にすぎない．しかし，出身産業ではサービス業が37.2％，商工業も25.2％で，銀行業26.9％を上回り，産業構造の変化を反映しつつある． ［須藤　功］

国際通貨ドル

U.S. Dollar as International Currency

アメリカの通貨ドルが主要な国際通貨の一つとして登場するのは第1次世界大戦後であり，国際間の決済や金融取引に本格的に使われる基軸通貨となったのは第2次世界大戦後のブレトンウッズ体制（IMF体制）からである（☞項目「国際経済秩序と通商外交」）．イギリスの通貨ポンドが基軸通貨であった時代は国際金本位制の時代とも呼ばれたように，ポンドなど金本位国の通貨は金との兌換が保証された．またブレトンウッズ協定でもドルは唯一，金との固定レートでの兌換が保証されていた．しかし，1971年の金・ドル交換の停止（ニクソン・ショック），73年に変動為替相場制に移行してから，むしろドルは国際通貨としての実態を強めた．この事実からわかるように，国際通貨ドルは複数の機能を果たしている．

❖国際通貨ドルの機能　国際通貨ドルは，第一にアメリカとの二国間貿易だけでなく，多くの第三国間の貿易でも取引通貨（契約通貨）として利用されている．取引通貨としてのドル利用は，アメリカの貿易金融がアメリカの金融機関の海外展開や外国為替手形の引受・割引市場の整備が行われた第1次世界大戦以降に拡大した．第2次世界大戦以降は自由貿易政策も手伝って，世界貿易に占める取引通貨ドルのシェアは1980年に約54%，92年にはやや低下して48%であった．ちなみに，2015年の日本の輸出ではドル決済が53%，日本の輸入でもドルが70%のシェアを占めている（財務省「貿易取引通貨別比率」）．

第二に，国際収支の赤字が通貨価値の過度の変動を引き起こすことを嫌って，多くの国の金融当局は対外決済準備を保有・活用している．国際金本位制の時代は金または主要な金本位国通貨が金流出に備えて保有されたが，IMF体制以降はドルが主要な準備通貨となり，世界の外貨準備7.5兆ドル（2016年のIMF報告分）の63.8%を占め，ユーロ（20.0%），イギリス・ポンド（4.7%），日本円（4.4%）を大きく引き離している．

第三に，金交換の停止後もドルは取引通貨や準備通貨の機能も失うことなく，金・ドル本位制からいわゆる「ドル本位制」に移行した．さらに変動為替相場制移行と国際金融取引の増加は為替リスクに備えた銀行間の外国為替取引を急増させ，ドルはこれら外貨取引を媒介する為替媒介通貨（外国通貨を売買するための通貨）の機能を充実させた．ドルは最も容易に交換できる外国通貨であり，世界中に大量に流通する最も取引費用の安い通貨になっていたからである．

❖ドル紙幣の国際的流通　実物のドル紙幣もまた世界中に流通し，蓄積されていった．アメリカ財務省の推計によれば，2005年末時点においてドル紙幣（連

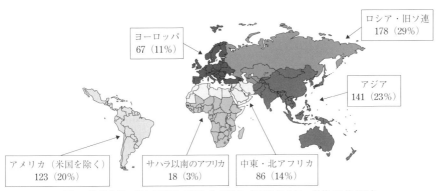

図1　世界各地のドル紙幣保有額とその割合（2002年5月，単位10億ドル）
［Botta, J., 2003］

邦準備券）の流通額7,590億ドルの約60％（4,500億ドル）がアメリカ国外で保有され流通している．信用制度や銀行が未発達の国や地域が価値の安定した信頼性の高いドル紙幣を，印刷や管理のコストを負担することなく利用している．02年の推計では，ドル紙幣の29％がロシアで，23％がアジアで，20％が中南米で保有されている（図1）．アメリカ市民も日常的に利用するドル紙幣を海外で使用できるだけでなく，海外ドル保有額に相当する借り入れを無利子で利用していることになる．ドル紙幣を利用する諸外国もアメリカも，利益が不利益を上回っていることの判断がその背景にある．

海外から紙幣が発行元のアメリカに還流するとき，アメリカは偽造されたドル紙幣の流入を阻止しないとその利益は損失に変わる．通貨偽造を取り締まるシークレットサービスの調査では，05年末のドル紙幣流通額7,590億ドルの1万2,400分の1（約6,100万ドル）が偽造で，580万ドルは海外で偽造されたものであった．

❖**国際通貨ドルへの挑戦**　EU統一通貨ユーロが誕生し，中国人民元がIMF準備資産SDR（特別引出権）の構成通貨となり，そしてビットコインなどの仮想通貨の増殖によって国際通貨ドルの地位は挑戦を受け続けてきた．IMF体制下ではアメリカの国際収支赤字を通じてのみ国際通貨ドルは供給された（流動性のジレンマ，という）が，変動相場制移行でアメリカの国際収支の不均衡は外国為替市場で調整されることになった．ところが，アメリカ政府債務の増加や連邦準備制度の金融緩和政策が，ドル供給の増加とドル価値の不安定化を誘発する一方で，頻発する世界金融危機は安全資産であるアメリカ国債などのドル資産に対する需要増加となって，むしろ国際通貨ドルの地位を強化する方向に働いている．

また仮想通貨ビットコインは発行主体による管理がなく，その安全性と取引費用の低さから為替媒介通貨や取引通貨としての高い可能性を持つが，主権国家が許容する範囲内での流通にとどめられようとしている．　　　　　　　　［須藤　功］

金融危機

Financial Crisis

世界の諸金融危機を振り返って，経済学者ジョン・ケネス・ガルブレイスは著者『バブルの物語』（1990）の中で「人類史上ごく早期から金融危機は繰り返されてきた」ことと，「金融危機の前には金融の天才が現れている」ことを示した．金融の天才が便利で有利な新商品や新制度を編み出してみせると，金融市場参加者はそれらの安全性を過信しがちとなり，最終的にはリスクが表面化してしまって危機になるのだという．

アメリカでも金融危機は繰り返されてきた．大恐慌前の1920年代には株の証拠金取引や住宅ローンという新制度が導入され，株価や住宅価格が上昇するブームが生じた．資産価格の上昇中は好都合だが，期待が外れると破産につながりやすく，貸し手も損失を被ってしまう．銀行の健全性が疑われると，預金引き出しが殺到する銀行取付によって多数の銀行が破綻した．「グラス＝スティーガル法」で金利規制と業際規制が導入され，証券取引委員会（SEC）も設置された．

80年代には，住宅ローンを主力商品とした貯蓄貸付組合（S＆L）が危機に陥った．S＆L危機前には二つの規制緩和が実施された．高インフレに伴う資金流出対策として預金金利規制が撤廃され，S＆Lが発行してきた住宅ローンの金利を預金金利が上回る逆鞘状態が生じた．収益を高めるために資産運用規制を緩和すると，不馴れなハイリスク運用が進み，資産価格が下落すると多数のS＆Lが破綻したのである．S＆Lの規制監督機関は廃止され，銀行監督機関に吸収された．

❖**2008年の金融危機**　1990年代のビル・クリントン政権下で金融自由化が進められた．諸業態を分離する業際規制と，州境を越えた支店展開を制約する州際規制が廃止された．業態をまたぎ州境を越えた合併が数多く実施され，産業構造は大きく変化したが，金融規制・監督体制は変更されなかった．連邦政府内の複雑な構造や州政府との分業は規制の緩い部分を利用する「規制アービトレージ」の温床となった．「シャドーバンク」と総称される諸金融機関が成長したのである．

商業銀行の中核業務は，安全で満期の短い預金というかたちで資金を受け入れて，危険で満期の長い貸出というかたちで運用することである．負債側の預金と資産側の貸出とがミスマッチなので，本質的に脆弱である．銀行取付が発生すると破綻してしまう．そこで，公的預金保険制度などで保護するとともに，資本規制などで規模や収益性を制約し，継続的なモニタリングを実施してきたのである．そうした規制・監督を外せば，収益性は大きく高まるはずであった．

❖**シャドーバンク**　商業銀行の預貸業務は分解され，各部分を金融会社と投資銀行，投資ファンドおよび短期金融市場投資信託（MMF）が担当した（図1）．金

融会社は貸付専業で，預金を扱わないので商業銀行規制・監督の対象外である．発行したローン債権を証券化して売却することで資金を調達している．住宅ローン債権を証券化した住宅抵当証券（MBS）が代表格である．ローン発行で手数料収入を得る一方で，返済不能による信用リスクはMBSの買い手に転嫁できていたので，審査は甘くなりがちで

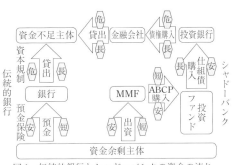

図1　伝統的銀行とシャドーバンクの資金の流れ

あった．MBSを大量購入したのが投資銀行である．投資銀行も商業銀行規制・監督を免れて，高収益を求めて多様な業務を行ってきた．MBSを加工し，仕組債（CDO）を組成して販売することも有力な収益源となった．

❖**仕組債とは**　MBSに優先劣後構造や再証券化・再々証券化などの工夫が追加された新商品である．返済金を優先的に受け取れる証券と劣後的にしか受け取れない証券とに分割することで，優先部分は最も安全という格付を得た．劣後部分も他の劣後部分などと混ぜて再証券化すると，優先される証券を再び組成できた．投資銀行は，長期性だが安全な仕組債を量産し高値で世界に販売して，儲けたのである．国内でも投資ファンドが仕組債を購入し，それを担保とした短期社債（ABCP）発行で追加的な投資資金を調達した．短期調達と長期運用の組合せで長短金利差が得られた．ABCPを購入したのがMMFである．MMFへの出資は企業や家計にとって預金類似商品である．随時引き出し可能な上に，短期運用しか行わないので，元本保証はないものの安全性が高いと認識されていた．

❖**シャドーバンクの崩壊**　規制・監督の緩いシャドーバンクは住宅ローン供給を拡大し続け，住宅価格ブームが発生した．バブルの通例で土地価格上昇が止まると，大量の住宅ローンが一斉に焦げ付き，仕組債の優先劣後構造などの安全装置は圧倒されてしまった．仕組債やABCPの価格が低下し，ABCPを保有するMMFに取付が起きた．仕組債の価格保証をする保険商品（CDS）を販売していた大手保険会社も破綻に瀕した．投資ファンドも投資銀行も大損失を被った．投資ファンドの一部は大手商業銀行などの関係法人であった．各金融機関の損失額が不明なまま相互に絡み合う状況で，短期金融市場は機能停止した．アメリカの金融機関が世界に投資し，世界の金融機関がアメリカのブームに参加していたので，信用は世界的に急速に収縮した．住宅も自動車も売れなくなり，企業は運転資金調達に困り，輸出や輸入も激減した．世界金融危機は世界的な景気後退へとつながったのである．金融システムの安定性向上に向けて，「ドッド＝フランク法」が制定され，国際的金融規制も改革されることとなった．　　　　　［地主敏樹］

借金体質

Culture of Debt

借金体質というと，ブランド物などの買い物，ギャンブル，遊興費などによる浪費で，借金に借金を重ねるような人を想起させる．1990年代アメリカでは，中間層が自身よりもはるかに高所得の人々を参照基準とし，より高水準の消費生活が定着するとともに，その支払いのために労働時間が長くなる悪循環が生じた．2000年代には，住宅価格の値上がり分を担保に借金を重ねた．

借金による旺盛な消費は世界経済の原動力となる一方，家計には貯蓄のクッションがない．これは浪費のためだけでなく，中間層（ミドルクラス）の経済的基盤が脆弱なためであり，失職や病気などに起因する基礎的生活費の不足を生じさせやすい．アメリカの借金体質は，中間層のそうした脆弱性と，リスクの高い顧客に貸し込むことで収益を得る方向への信用制度の発展でかたちづくられている．

❖**クレジットカードの発展**　「今買って支払いは後にしましょう」という割賦販売制度の普及は1920年代の好況期にまで，住宅抵当ローンの政府支援はニューディール期にまでさかのぼることができる．だが，信用制度の本格的発展は戦後の50年代のことである．それは郊外の広い住宅，自動車や家電といった耐久消費財，デパートでの消費財の購入など，中間層の豊かなライフスタイルを促進した．今では一般的な銀行系クレジットカードが生まれたのも50年代である．

カード発行枚数は，連邦最高裁による78年「マーケット判決」によって爆発的に増加した．それまで多くの州では州法で貸付の上限金利を定めており，上限金利の低い州の貸付は低水準にとどまっていた．マーケット判決は，連邦による銀行法が上限金利を定めた州法に優先して適用されるというものである．つまり，連邦法に則って設立された国法銀行は，借り手の居住する州ではなく，本店所在州の州法に従うものとされた．そしてサウスダコタ，デラウェアはいち早く上限金利を撤廃し，銀行のカード事業を誘致した．その結果，信用度が低くリスクの高い借り手に高い金利で貸し付けられるようになり，全米にクレジットカードが普及したのである．

❖**中間層を破綻させる借金地獄**　クレジットカードはリボ払いのケースが多い．リボ払いは分割払いとは別物である．分割払いでは，利用額を最初に定めた回数に分けて支払う．他方，リボ払いは毎月ほぼ一定額を支払うもので，支払期間は未払残高次第である．リボ払いでは，未払残高の2％の最低支払額を支払えば，返済を繰り延べられる．だが，最低支払額を支払うだけでリボ払いを利用し続ければ未払残高は雪だるま式に増え，延滞すれば延滞金や金利引き上げにより，利用限度額に達してしまう．映画《マックスト・アウト—カード地獄USA》（2006）

では、中間層が利用限度額を使い果たし、次々にカードをつくって借金を借金で返すが、信用履歴が悪化して中間層がついには破綻、転落する様相が描かれた。

借金の返済に行き詰まると自己破産となる。自己破産件数は、1980年代初めに30万件を突破し、好況下の90年代後半に激増して2003年

図1　ペイデイローンを提供する店舗〔筆者撮影〕

には160万件に上った（米破産研究所）。これに対し金融業界は、自己破産をより困難にする「2005年連邦破産改正法」を主導した。当時ハーバード大学教授で、のちに上院議員となったエリザベス・ウォーレンによれば、自己破産は無責任な浪費の末借金から逃れるものではなく、高騰する医療費、住宅費、教育費に収入が追いつかない中間層の脆弱な経済状況の帰結である。多くは破産を避けようともがき、破産回避の手助けを謳った詐欺まがいの行為、自己破産者にさらに貸し込む行為が跋扈した。

❖**消費者保護の新時代と変わらぬ借金体質**　ウォーレンは、2007年に「どんな金利でも借金は危険」と題した論考を発表するなどして、金融面における消費者保護の必要性を訴えていた。2008年リーマンショックは、金融システムを崩壊の淵に立たせた危機であったが、サブプライムローンなどにおける略奪的慣行を露呈させたものでもあった（☞項目「金融危機」）。そのため「2010年ドッド=フランク法」によって消費者金融保護局（CFPB）が創設された。同局の対応として高い優先順位を占めたのがペイデイローンである（図1）。それは300ドルほどの少額を、無担保で給料日までの2週間という短期間融資するものである。金融手数料は年率換算すると多くは391〜521％という驚くべき数字となるが、カード限度額を使い果たした中間層が駆け込んだ。ペイデイローンは、2週間後には全額を一括返済するか、手数料を支払って借り換えるしかないため、元金をはるかに上回る手数料を支払う結果になることも多く、社会問題化した。消費者金融保護局は、従来の規制・監督当局間の垣根を越え、ペイデイローンなどに見られる高金利や略奪的慣行を撲滅しようとしている。

家計の借金は、2000年代に入ってから2008年第3四半期のピークまでに約2倍に膨らんだ。それは住宅抵当ローンの膨張による。借金はリーマンショックで減少を見せたが2017年初頭には危機以前の水準を凌駕した。危機以後は住宅抵当ローンの回復は緩やかだったが、その分学生ローン、自動車ローンが伸びた。特に学生ローンは大学の学費高騰などを反映し2000年以降約3倍に急増した。

〔大橋　陽〕

エネルギー多消費社会

Energy-Intensive Society

　アメリカは西漸運動によって，鉱物資源などに恵まれた広大な国土を手に入れた．19世紀末までに豊富な石炭，石油，そして天然ガスによって推進された工業発展は，アメリカを世界一の経済大国に押し上げた．

　この傾向を決定的にしたのは自動車の出現であり，自動車は1913年頃から大量生産され，急速に普及しはじめた．20年代にはアメリカでは5人に1台の自動車が所有され，世界の自動車の78%がアメリカにあった．自動車が普及すると，石油消費は20年代には5倍も増加した．石油の供給面でもテキサス州などで大油田が発見され，世界をリードする強大な石油産業が発展した．自家用車，電話，ラジオ，家電を享受するライフスタイルは25年頃までに形成され，それらを支える電力産業の発展も著しかった．

　一方，製造業，鉱業，そして建設業は，内燃機関や電気モーターの導入によって，生産性を著しく高めた．農業においてもトラクターなどが導入され，家畜を使った古い農業は機械化された農業に転換した．こうしてほとんどの部門で，エネルギーを過剰に消費する経済構造が形成されたのである．

　第2次世界大戦後，エネルギーの中心は石油，天然ガス，そして電力となった．アメリカの石油会社は豊富な国内油田に加え，中東など産油国に利権を持ち安価な石油を輸入することができた．天然ガスの価格も政府規制によって低く抑制されてきた．電力部門では原子力の利用が始まり，最盛期には112基の原子炉が建設され，アメリカは世界一の原子炉保有国であり続けている．こうして，アメリカは世界で最もエネルギーを消費するエネルギー多消費社会となった．アメリカ人は1988年には世界の人口の5%を占めたが，世界の石油の25%を消費したのである．

❖エネルギー多消費社会の動揺　1970年にアメリカの石油生産の減退が始まり，73年に石油危機が勃発すると石油価格が急騰しアメリカ社会は大混乱に陥った．その後，次第に二つの包括的エネルギー政策が形成され，その一つは，それまでのエネルギー多消費社会を前提として，エネルギー供給を重視し化石燃料や原子力発電を大幅に増加させる政策であった．他方は，エネルギー多消費社会を反省し，エネルギー消費を抑制し，バイオマス，地熱，風力，太陽光，小規模水力など再生可能エネルギーを育成する政策であった．エネルギー供給の拡張政策はロナルド・W.レーガン政権など共和党政権に，エネルギー消費抑制政策はジミー・E.カーター政権など民主党政権に引き継がれて，対立を繰り返してきた．

　90年代にいっそう進展した電力自由化によって，低コストの小型天然ガス・タービン発電が躍進した．しかし，ジョージ・W.ブッシュ政権は2001年に京都

議定書離脱宣言を行い，原子力発電の復活を試みた．また，バラク・オバマ政権は再生可能エネルギーを大胆に推進するグリーン・ニューディール政策を掲げ，一定の成果をあげた．折しも2000年代末から，これまでより深い岩層に含まれているシェール・ガスやシェール・オイルの採掘に成功したシェール革命によって，天然ガス，石油が大幅に増産されはじめ（図1），世界に強烈な衝撃を与えている．このように，多くのエネルギー源が優位を競っている．

図1　アメリカの原油生産推移
[U.S. Energy Information Administration, 2016]

❖**再生可能エネルギーへの転換は進むか**　しかし，統計からは一定のトレンドが見られる．アメリカの2015年末の総エネルギー消費の内訳は石油が36％，天然ガスが29％，石炭が16％，再生可能エネルギー（水力発電を含む）が10％，原子力が9％であった．05年から見ると，減少したのは石油（4ポイント）と石炭（7ポイント）であり，増加したのは天然ガス（6ポイント），再生可能エネルギー（4ポイント），そして原子力（1ポイント）であった．次に，15年末の電力産業の電源別発電能力を見ると，天然ガス43％，石炭27％，水力発電を含む再生可能エネルギー17％，そして原子力9％であった．05年と比べると，減少したのは石炭（5ポイント）と原子力（1ポイント）であり，増加したのは再生可能エネルギー（7ポイント）と天然ガス（1ポイント）であった．

つまり，石炭・石油が後退し，原子力はほぼ変化せず，天然ガスと再生可能エネルギーが躍進しているのである．再生可能エネルギーが躍進したのは，多くの州政府がその育成政策に取り組んできたからである．さらに06〜15年における電力産業の発電能力増加の内訳は，天然ガスが45％，再生可能エネルギー（風力発電，太陽光発電が中心）が45％と互角であり，合わせて90％を占めた．この傾向が続けば，化石燃料の中で環境負荷の最も小さな天然ガスと，風力や太陽光が比重を高めていくだろう．

ただし，石油価格が安価になると大型車への需要が増え，ドナルド・トランプ政権は石炭・石油・天然ガスの生産を大胆に増やすと予想される．したがって，アメリカがエネルギー多消費社会を脱するには多くの困難が伴うであろう．しかし，再生可能エネルギーが順調に発展すれば，アメリカが化石燃料偏重のエネルギー多消費社会を是正する可能性はないわけではない．　　　　　　［小林健一］

ゆたかな社会から格差社会へ

From the Affluent Society to Unequal America

1930 年代の大恐慌期から第 2 次世界大戦終結後の時期に，アメリカにおける所得分配の不平等は劇的に縮小した．これはその間の富裕層の所得減，ニューディール政策による賃上げと法定最低賃金の制定，戦時経済における賃金統制と累進所得税の強化，女性や黒人などマイノリティ（社会的小数派）の労働参加といった一連の要因によってもたらされたものであった．

所得分配の不平等の指標となるジニ係数は 40 年代前半に急激に低下し，その低い水準は 60 年代後半，ベトナム戦争たけなわのリンドン・B. ジョンソン政権の「偉大な社会」の時期まで維持された．貧困が完全に払拭されたわけではなかったが，ジョン・K. ガルブレイスやマイケル・ハリントンらリベラル派の理論家たちでさえ，経済生活全般の急速な改善と消費水準の高度化を認めた上で，経済成長から取り残されたマイノリティの間に残存する貧困を告発したにすぎなかった．

戦後の経済成長と平等化された「ゆたかな社会」（ガルブレイス）は，技術革新による大量生産と大量消費，労働組合，最低賃金制度，ケインズ主義的政策，社会保障政策などが組み合わさった「戦後フォーディズム体制」と呼ばれるシステムの下で形成されたものである．こうした中から資本主義の発展はある段階に達すると経済的平等化に向かうという，いわゆるサイモン・クズネッツの「逆 U 字型仮説」が現れ，「所得革命」が喧伝された．この見方は経済学のみならず，広く社会全般に影響を及ぼし，当時の冷戦状況下において資本主義の社会主義に対する制度的優位性を示すものとされ，独立を果たしたばかりのアジアやアフリカ諸国をはじめとする途上国の資本主義的近代化を支える理論として大きな役割を果たした．

❖1970 年代以降─上位集中型の格差拡大　ところが 1970 年代にスタグフレーション（物価上昇と景気後退）が激化し，80 年代以降，新自由主義の時代になると，所得分配をめぐる状況は徐々に変化した．一方で，アメリカの一般的労働者の実質報酬の伸びが抑えられるようになった．70 年代初頭までは賃金報酬と労働生産性はほぼ同一歩調で上昇したが，その後は実質報酬が労働生産性に比して停滞し，今日までその傾向が続いている．73 年から 2014 年までに労働生産性は 72.2% に上昇したが，労働報酬は 9.2% の伸びにとどまった．1970 年代初頭のリチャード・M. ニクソン政権による賃金物価統制，80 年代以降の法定最低賃金の抑制は低所得層の賃金停滞をもたらした．他方，64 年の「ケネディ減税」を皮切りとするその後の一連の減税政策を背景に，高額所得層への所得集中が再び

顕著となった．所得税の最高税率の引き下げは企業重役の報酬を引き上げる強いインセンティブ（経済的誘因）となった．現在，課税前所得の集中は最上位10%が45%，最上位1%が20%とほぼ戦前の水準に回帰している（図1）．こうして，アメリカでは上位集中型

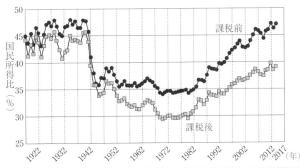

図1　アメリカの最上位10%への所得集中（課税前と課税後の国民所得比）
［Piketty, T. et al., 2016より作成］

の所得格差が顕著となった．生産性上昇の恩恵はもはや平等には分配されず，高額所得者がより多くの所得と，資産を蓄積する時代が訪れた．

❖**格差拡大の経済学**　経済学はこうした経済格差の拡大について説明を試みてきた．クラウディア・ゴーディンとローレンス・カッツは，所得格差の拡大過程を，技術革新による労働需要の変化と教育によるスキル供給とのミスマッチによって説明できると主張した．すなわち技術の急速な進歩によって高いスキルの労働者がたくさん必要とされるが，教育がそれに追いつかず，「教育プレミアム」，すなわち学歴による賃金格差が発生するために経済全体の格差が拡大したというのである．

こうした主流派経済学の立場からの説明に対して，フランスの経済学者トマ・ピケティは，こうした議論は中間的な所得層に対しては部分的に当てはまるが，最上位と下位層の変化を説明できないと批判した．ピケティは，最上位1%や0.1%，0.01%といった上位への所得集中は，所得税の最高税率を引き下げたために起こったものであり，低所得層の賃金の抑制は最低賃金が長期に抑制したことから生まれ，それらが相まって経済格差が再び拡大したとの見方を示した．ピケティによれば，今日の上位集中型の所得と資産の格差拡大はすぐれてこのような政策的諸要因の複合的な結果によるものであり，そうした政策変化を可能にした「社会的規範意識」の変化が重要な要素である．また近年の研究においては，経済格差拡大の説明として機械化による失業（テクノロジー失業）が重視され，労働者の報酬に比べ情報技術やコンピュータなど生産要素の相対価格が低下し労働の機械への置き換えが進み，中間的な所得層が消滅しているとされている．

経済格差の原因の認識は，その処方箋の違いに結び付く．技術と教育を重視する主流派経済学は労働需要にマッチした教育の重要性を強調するのに対し，ピケティら格差拡大の制度的要因を重視する論者らは，所得と資産に対する累進課税の強化や直接的な所得保障による対策が必要と考えている．　　　［本田浩邦］

オバマケア

Obamacare

オバマケアとは，2010年3月に連邦議会で成立した「患者保護ならびに医療費負担適正化法」を中心にバラク・オバマ政権が進めてきた医療保険制度改革の通称である．

1965年のメディケア（連邦政府による高齢者と障害者を対象にした公的医療保険制度）・メディケイド（連邦政府と州政府による貧困層を対象にした医療扶助制度）創設以来の大規模な制度変更である（図1，☞項目「貧困と福祉」「ケアとキュア」）．

図1 「患者保護ならびに医療費負担適正化法」に署名するオバマ大統領（2010年3月23日）

❖ **オバマケアの開始** アメリカには，日本のような国民皆保険制度がないため，多くの国民は民間の医療保険に加入して医療費を支払っている．しかし，近年は医療費が高騰し，それに伴い保険料も上昇しているため，医療保険に加入できない人が増えている．2000年代に入ると，国民の6人に1人が無保険となり，高額な医療費を支払うことができず自己破産する人も少なくなくなった．オバマケアは，連邦政府が市場を規制することによって，誰もが適切な医療サービスを受けられるように医療保険制度を変革することを目的としている．

オバマケアでは，すべての州に医療保険取引所が設立され，個人で保険に加入する人は，そこで複数の医療保険の内容を比較してから加入できるようになった．また，所得が低い人（所得が貧困線〈65歳未満の単身者で年収1万2,000ドルほど〉の400％まで）は，取引所で保険に加入する際に，税額控除や患者負担補助を受けられるようになった．13年10月から各州の医療保険取引所を通じた加入の手続きが始まり，保健福祉省によると，14年4月までに892万人が医療保険取引所で保険に加入した．その85％は，税控除と患者負担補助のいずれかあるいは両方を受けており，28％が18～34歳であった．月額の保険料は平均で346ドル，控除額の平均は264ドルであり，差し引くと本人の負担は平均82ドルとなっている．

14年からは，不法滞在者や施設入所者などを除いて，すべての人に医療保険への加入が義務付けられ，3カ月を超えて加入していない場合は，追徴税を支払わなければならなくなった．また，既往症があったり慢性的な病気に罹患してい

る人に対し，保険会社が加入を拒否したり，保険料を高く設定することが禁止された．医療保険が標準的に対象としなければならない医療サービスの範囲も定められた．さらに，事業主に被用者への医療保険の提供を義務付ける規定も，被用者の数に応じて段階的に実施され，医療保険を提供しない事業主は追徴税を課されることになった．

❖**オバマケアの成果**　アメリカ疾病管理予防センターの調査によると，無保険者の割合は，2010年の16.0％から16年の8.9％へと大幅に減少し，16年3月の時点で，オバマケアによって医療保険に加入した人の数は2,300万人に上ると推計されている．オバマケアでは，メディケイドの拡充も進められ，所得が貧困線の138％の世帯まで加入することができるようになった．低所得の家庭の子どもを対象にした児童医療保険プログラム（CHIP）の受給要件も緩和され，14年までに国民の20％がメディケイドやCHIPを受給するようになった．経済的に苦しい生活を強いられているために，医療の恩恵を受けることができない人を減らしていくというオバマケアの目的は，こうした公的な制度の変更によっても，かなりの程度まで達成された．

❖**オバマケアへの批判**　議会予算局によると，オバマケアは10年間で1兆ドル近くの費用がかかると試算されている．医療保険に加入しない個人や医療保険を被用者に提供しない事業主への追徴課税などに加えて，高額な医療保険への課税や医療関連の企業に対する増税などで，こうした費用をまかなうことになっている．しかし，連邦政府の財政負担が大きいこと，また医療費の抑制効果が未知数であることから，共和党の保守派を中心にオバマケアに対し厳しい批判がなされている．

オバマケアの合憲性を問う訴訟も続いている．2012年6月に連邦最高裁は，国民の医療保険への加入を義務付ける条項を合憲としたが，メディケイドの拡大を拒否している州に対して，メディケイドの連邦補助金を打ち切る条項を違憲とした．また2017年では，州知事がオバマケアに反対して州のウェブサイトを開設しなかったため，連邦政府が運営するウェブサイトを通じて医療保険への加入申請をした人に，患者負担補助を与えるのは違憲であるという訴えがなされたが，それに対し，連邦最高裁は合憲判決を下した．

オバマケアを撤廃するための法案も，連邦議会で繰り返し出されており，近年，この問題をめぐる党派的な対立は厳しさを増している．17年1月にドナルド・トランプが大統領に就任すると，オバマケアの大幅な見直しを指示する大統領令が出された．上下両院で共和党が多数を占めたことで，今後，オバマケアを撤廃，ないし部分的に修正して骨抜きにする法案が成立する可能性が高まっており，予断を許さない状況になっている（☞コラム「ドナルド・トランプ」）．

[佐藤千登勢]

消費者としてのラティーノ
Latinos as Consumers

　アメリカで暮らす中南米出身者とその子孫の数は今日5,500万人を超え，人口の18%を占めるに至っている．彼らはラティーノと呼ばれているが（☞項目「ヒスパニック／ラティーノ」），この地域から移民としてアメリカへやって来る人々が増え続けていることに加えて，相対的に出生率が高く，2世や3世の増加が著しいことが，その背景にある．全体的に見るとアメリカの人口は高齢化しているのに対し，ラティーノの人口の60%以上は35歳以下であり，労働力人口が多い．

　今日，アメリカでは，消費者としてのラティーノの存在感が増している．ラティーノの購買力は，2010年には1兆ドルだったが，15年には1.5兆ドルへと増加し，アメリカの購買力の10%ほどを占めている．また，所得が5万ドル以上のラティーノの世帯が急速に増えており，購買力の拡大に拍車をかけている．

　こうした状況の下で，アメリカの企業の多くは，ラティーノにターゲットを絞ったマーケティング戦略を展開している．若者が多いことから，飲料，ファストフード，衣料品，化粧品，ヘアケア製品，ベビーフード，ベビー用品，スマートフォン，自動車などの購入額がアメリカの平均よりも高い．そのため，コカコーラ，マクドナルド，プロクター・アンド・ギャンブル，ユニリーバ，ゼネラルミルズ，ウォルマート，AT＆A，ベライゾン，トヨタ，ゼネラルモーターズ（GM）などは，ラティーノの消費者を強く意識しながら商品を開発し販売している．

　ラティーノの家庭の56%が，家族で主としてスペイン語を話していることから，企業は，メディアを通じたスペイン語の宣伝に年間56億ドルを費やしている．ラティーノに人気があるミュージシャンや俳優を宣伝に起用したり，彼らがプロデュースした商品を売り出している企業も少なくない．ラティーノの感覚や好みに合いながらも，アメリカ的な豊かさや成功感覚を呼び起こすようなイメージを商品に付与することが重視されている．

　ラティーノの顧客を引きつけることで，成功を収めた企業としてよく知られているのは，ロサンゼルスに本社を置くクラサオである．同社は，イスラエル出身の経営者が1970年代末に始めた訪問販売にルーツを持つが，今日ではカリフォルニア州を中心に11店舗を構え，家電，玩具，家庭用品，家具，アクセサリー，化粧品，書籍，CD・DVDなどを取り扱う，デパートとして業績を伸ばしている．

　同社は，早くからスペイン語での接客や宣伝を行うとともに，独自のビジネスモデルを展開してきた．クレジットカードを持つことができない顧客に，自社のカードを発行し，分割払いで商品を購入できるようにしたり，国内の店舗で商品を注文して，それを中南米諸国にある系列店から配送するシステムをつくり，アメリカに住むラティーノが故郷の家族へ，家電などを送ることができるようにした．クラサオは，こういったラティーノのニーズをうまくつかみ，国境を超えたグローバルな買い物を可能にして成功したといえる．

[佐藤千登勢]

4. 法と秩序

　多様な移民を迎え入れることで発展してきた人工国家アメリカでは，紛争を解決し社会秩序を維持していくための共通のルール，すなわち憲法を初めとする"法"というものが重要性を有している．また，連邦制および明確な三権分立を特色とするその国家体制は，法制度を複雑化させ，自由の国といわれながら，あるいはそれ故に，法規範の存在感を一層高めている．

　本章では，アメリカの法制度の特徴的な諸側面を取り上げて解説することにより，アメリカ社会の基礎を固め，枠付けている法的ルールの妙を示したい．

　なお，「合衆国」（United States）という語は厳密には，合衆国憲法により組織された中央レベル（＝州と対置される連邦）の政府を指し，公式文書での用語や政府機関の正式名称としてこの語が用いられる場合もある．しかし本事典では，そのような場合でも読みやすさを考え，「合衆国」を「連邦」と表記することを原則とした．　　　　　　　　　　　　　　　　　　　　　　　[金原恭子／会沢　恒]

合衆国憲法と立憲主義

The Constitution of the United States and Constitutionalism

‖‖

　合衆国憲法は，1787年5月にフィラデルフィアで開かれた憲法制定会議で起草され，89年に批准に必要な9邦の承認を得て成立した．その構成は，前文および本文7編からなる．ただし，人権保障の規定は乏しく，若干の刑事手続の規定が置かれるにとどまった．立憲主義は，憲法で国家権力を制限し，国民の権利・自由を保障するねらいを持つから，その点では統治機構に大きな部分を割きすぎともいえた．もっとも，憲法制定直後の91年に，第1～10修正からなる権利章典が付加され，人民の権利・自由も幅広く保障された．その後，多くの憲法修正がなされ，現在は第27修正に至っている．

　❖**憲法の構成，修正条項**　合衆国憲法の構成は，第1編連邦議会，第2編大統領，第3編連邦司法府，第4編連邦制，第5編憲法修正，第6編最高法規，第7編発効となっている．そして，これに憲法修正によって増補された計27の修正条項が付加されている．これらの構成から憲法の三つの特色が見いだせる．

　まず，第1編から第3編は，立法権，執行権，司法権をそれぞれ異なる機関に属させ，権力分立原理を採用している（☞項目「権力分立」）．次に，国家の形態として，合衆国憲法制定前の連合規約が主権を有する諸邦による並列的な国家連合であって，中央政府が限定的な権力しか有しなかったのに対し，合衆国憲法では，外交権を有し司法制度も備えた連邦政府が設けられ，連邦政府と州の間で権力が共有されることになった．例えば合衆国憲法の下で，連邦議会は限定列挙された事項である貨幣鋳造権などの権限を有するとされ（1編8節），その他の残余の権限は州に留保された（第10修正）．もっとも，連邦政府と州の権限の境界は不明瞭であり，例えば連邦の州際通商規制権限がどこまで及ぶのか，州の権限はどこまでかなどをめぐって，長く憲法上争われてきている．その解決はしばしば違憲審査権を有する連邦最高裁に委ねられてきた．最後に，権利章典は，憲法の批准に反対していた反フェデラリストがその理由として権利宣言の欠如を強く指摘したことに対し，ジェイムズ・マディソンが中心となって憲法修正のかたちで付加されたものである．そこでは，人身の自由の規定に加え，第1修正は信教，言論・出版，集会の自由，請願権を，第2修正は銃を携帯する権利を定め，不合理な捜索・逮捕・押収の禁止を定めた第4修正，デュープロセス（適正手続）などを定めた第5修正とともに，人民の重要な権利を今日まで保障している．

　❖**憲法制定過程と制憲者**　合衆国憲法は，それ以前の連合規約を引き継いだ憲法である．連合規約は，1776年にイギリスに対し独立宣言を行った13の邦が，相互の独立性を維持しながら協力してイギリスに対抗するために結んだ憲法的文書

である．その特色は，①国家の形態は各邦が主権を保持しながら並列的につながる国家連合であり，②国家の運営に関して各邦が対等に連合会議に参加し，貨幣の鋳造など重要な事項については13邦のうち9邦の同意が必要とされ，③連合会議は邦の代表から構成され，人民を直接代表するものではないことにある．

図1　憲法制定会議（1787）

　独立戦争後，戦争に伴う負債の処理という大きな課題が生じた．それは，邦を通して課税するとされた租税が徴収されず，負債を弁済することが困難であったためである．そこで連合会議の権限強化が主張されたが，連合規約の改正には連合会議での発議と13邦すべての議会の承認が求められており，その実現は非常に困難であった．また，当時の急進的な農民層の動きに対応するためにも，新たな憲法に基づく確固とした中央政府が求められるようになった．そこで，87年にフィラデルフィアにてロードアイランドを除く12邦からの代表55名が参加して，憲法制定会議が開かれた（図1）．

　この会議では，新憲法について二つの考え方が見られた．一つは，マディソンを中心に起草されたバージニア案である．マディソンは，健全な共和国であるためには，一部の人々が党派を形成して権力を握り，私利私欲のために公共の利益を無視する傾向を抑える必要があるとして，立法・執行・司法の3部門からなる大きく強力な中央政府が必要であると主張した．具体的には，公選による二院制の強力な権限を持つ議会が必要であるとした．このような強力な中央政府を支持する人々は，フェデラリストと呼ばれた．これに対して，小邦や邦の独立性を堅持しようとした反フェデラリストの人々は，中央政府の権限を制限し各邦の独立性と平等を重視したニュージャージ案を提案した．結局，基本的にバージニア案をもとにした憲法草案が起草されたが，連邦議会下院の議員数を人口比にする一方，上院は各邦平等に2人ずつ選出されるものとするなどの妥協が図られた．このような経緯で制定された合衆国憲法は，人民主権に基づき，立法，執行，司法の三権を有する統治機構と，連邦制により連邦政府と州が権限を共有する国家体制を採用した．また前述のように人民の権利を権利章典で保障することとした．

❖違憲立法審査制　違憲立法審査制（司法審査）とは，国の最高法規である憲法が下位の法令や違憲な権力行使によって脅威や侵害を受けるという事態に対して，裁判所がそれらの法令や権力行使を違憲と判断することによって，事後的に匡正する憲法保障制度である．合衆国憲法は，国の最高法規である憲法（6編2項）を保障するために，合衆国および州のすべての公務員は憲法を支持する義務を負うとしていた（6編3節）．また，憲法修正に関して，非常に厳格な修正手続を設けていた（第5編）．

しかし，違憲立法審査制は，憲法を保障する制度として条文で規定されてはいない．ただし，違憲立法審査制の議論は憲法制定会議でなされていた．また，違憲審査制に関わる重要な議論が，新憲法の一般向け解説である『ザ・フェデラリスト』（1788）の中でなされていた．アレグサンダー・ハミルトンは，憲法が最高法規であるから国のすべての活動は憲法に合致しなければならず，法律が違憲で無効であると判断するのは，憲法を解釈する役割を委ねられた連邦最高裁であると述べていた．またハミルトンは，合憲性を議会が判断することは，議会の意思を人民の意思に優位させるものであるとして，議会と人民との間にある機関である裁判所がそれを行うべきであるとした．さらに，憲法解釈を選挙によらない裁判所の裁判官が行うとしても，裁判所は剣も財布も持たずただ判断だけをなすから，「最も危険性の少ない部門」であるとした．しかし，このような議論は，違憲立法審査制の憲法への明記にはつながらなかった．違憲立法審査制は，以下に述べるマーベリー判決で確立することになった．

❖マーベリー判決　マーベリー判決は，1803年に連邦最高裁が，「連邦議会の制定する法律が憲法と適合しないときには，裁判所はその法律を違憲と判断する権限を有する」ことを明らかにした判決である．そこでは，1800年の大統領選挙を背景として，連邦法である「裁判所法」の13条（連邦最高裁が第一審として職務執行令状を発給する権限を規定した条文）が，連邦最高裁の第一審としての管轄権の内容を定める憲法第3編2節2項に反して違憲であると判示された．

　新しく大統領に就任したトマス・ジェファソンは，マーベリーら4人への任命状交付を拒否した．そこで，マーベリーらは，裁判所法13条に基づき，国務長官であったマディソンに対して任命状を交付するよう義務付ける職務執行令状の発給を求めて，直接連邦最高裁に訴えた．この訴えに対して，マーシャル首席裁判官の執筆する法廷意見は，マーベリーが職務執行令状を請求する権利を侵害されており救済が与えられるべきであるとしながら，裁判所法13条は職務執行令状の発給事件を連邦最高裁の第一審管轄権としている点で，憲法3編2節2項に反しており，違憲であると判示した（図2）．

　マーベリー判決については，選挙で選ばれたわけではない連邦の裁判官が，人民の代表で構成される連邦議会の制定した法律をなぜ違憲と判断し得るのかという反民主主義的難点の故に，正当性の問題があると指摘されてきた．実際，その後連邦最高裁は南北戦争のきっかけとなったドレッド・スコット判決まで連邦法を違憲と判断することはなかった．南北戦争後の連邦最高裁は，次第に違憲立法審査権を積極的に行使するようになり，連邦法を違憲とする判決もしばしば見られるようになった．それら諸判決を通

図2　ジョン・マーシャル首席裁判官

して次第に，アメリカで公権力を抑制し，人民の権利を保障する立憲主義の維持は，法の支配を担う連邦最高裁の重要な役割と見られるようになった．もっとも，連邦最高裁の反民主主義的性格は，立憲主義と民主主義との対立・相克というかたちで，その後も大きな理論的論争をもたらしている．

代表的なものの一つは，1930年代のニューディール立法の多くが，連邦最高裁によって違憲と判断されたことに関係する．フランクリン・D. ローズヴェルト大統領は，大統領選挙での圧勝を背景に，ニューディール政策に賛成する裁判官を連邦最高裁へ送り込む裁判所包み込み計画を実行しようとした．これに対して，連邦最高裁は政府の経済規制を尊重する方向転換を行った．この転換は37年の憲法革命といわれる．この憲法革命については，連邦最高裁が，人民の圧倒的多数によって再選されたローズヴェルト政権と政治的方向性を共有したことによって，権力間の抑制と均衡が失われ，憲法解釈の変更というかたちで，実質的な憲法修正が正式の憲法修正の手続を経ることなく「我ら人民」の名において行われたのではないかということが指摘される．そこでは，民主主義が立憲主義を破るものと見られている．ニューディール期に至るまでに連邦最高裁は，アメリカの立憲主義を担う一つの機関ととらえられていたが，その反民主主義的性格は強く指摘されてこなかった．むしろ，ニューディール期のローズヴェルト政権との対峙の結果，連邦最高裁は最も重要な立憲主義の担い手としての自覚を深め，その役割を経済的自由から，政治と関わることの多い精神的自由の領域で確立しようとし，その観点から民主主義を統制する役割を担うようになった．

もう一つは，公立学校の人種別学制を違憲としたブラウン判決を，立憲主義と民主主義の相剋の観点からどうとらえるかである（☞項目「法の下の平等」）．ブラウン判決を，人種差別という合衆国憲法制定以来内在的に抱えてきた基底的な矛盾を明らかにし，以後の人種問題の基本的な政治的方向性を指し示した判決であり，人民によって選挙された大統領や連邦議会がそれに同調したと見れば，連邦最高裁が憲法修正条項の手続を経ることなく，解釈の限界を越える実質的な憲法修正をみずからうながそうとしたととらえ得る．そこでは，民主主義に対する立憲主義の過剰が生じていたことになる．ただし，このような立憲主義と民主主義の相克は，立憲主義を担う連邦最高裁の役割を明確に浮かび上がらせる側面を有している．このような事情が，現在の憲法解釈の方法をめぐる対立，すなわち「生ける憲法主義」（その時代の人々の憲法意識の変化を重視して憲法を解釈すべきであるという，連邦最高裁の役割を大きくとらえる考え方）と「原意主義」（憲法解釈に際しては，憲法制定者の意思に忠実な解釈を行うことによって，連邦最高裁の解釈者としての役割をできる限り抑制すべきであるという考え方）との論争の背景に存在しているのである． ［大沢秀介］

権力分立

Separation of Powers

　権力分立とは，一つの政府において，立法部門，執行部門および司法部門は分離されかつ別個でなければならない，そのいずれも別の部門に属する権限を行使してはならない，誰も二つ以上の部門の権限を行使してはならないという，政府組織の権限の分配と行使に関する統治の基本方針を指す．このような政府の権限の三分にあたって，シャルル・ド・モンテスキューが『法の精神』(1748)において示したところが典拠として引き合いに出されてきた．権力分立の狙いは，立法，執行，司法という権限が一手に集中することで暴政を招かないようにし，自由を擁護することであると説かれてきた．

　アメリカでは，人民が統治の最高の権限として主権を有するとされる．人民が州の統治のために州ごとに政府を樹立し，さらにアメリカを一つの共和国として統治するために連邦政府を樹立したので州と連邦の政府の間で統治上の権限の分配が見られるが，本項では，人民によって立法，執行，司法の3種類の権限が政府を構成する別個の部門に分配される水平的な権力分立を解説する．

❖ **分立される権力の間における抑制**　権力分立といっても，立法，執行，司法の各権限が託される部門が完全に分離され，かつその相互間にまったく結び付きがないというものではなかった．実際には，一つの部門が残る二つの部門に割り当てられる権限の行使に関与して抑制が働くように部門間の混合が図られている．イングランドの統治形態は君主政，貴族政，民主政の三つの要素が盛り込まれた混合政体と見られ，君主・貴族・庶民という社会身分を代表する国王・貴族院・庶民院が立法部である議会で互いに抑制することで均衡が保たれ，よき統治が維持されると考えられていた．これに対して，権力分立は一つの社会身分に属する者が全ての権限を行使することを問わないから，君主や世襲貴族が存在しない共和国であるアメリカに適合する考えであった．

　また権力分立は，ある部門の権限が実際には他の部門によって行使されることを予防するために，複数の部門の役割を混合することによって部門間の均衡を図ろうとする点で抑制と均衡に結び付いて，アメリカの権力分立の中では部門間の抑制と均衡がその本質的要素としてとらえられるようになった．

❖ **警戒された権限と部門**　アメリカの英国領の植民地が独立を宣言して間もなく各邦で憲法が制定された時には，植民地時代に総督の執行権の行使によって植民地の自由が制約されたという経験を踏まえて，執行部門が強い警戒の対象とされた．立法部門と司法部門が執行部門によって操縦されることを防ぐために，総督に属した権限の多くが人民を代表する立法部門に配分され，執行部門の権限は弱

められた．ところが，このような権限分配の下で，立法部門が他の二つの部門を操縦するようになって，立法部門による暴政を招いていると批判された．執行部門だけではなく，人々を代表する機関として信頼が置かれてきた立法部門も警戒の対象とする必要があると感じられた．このため，合衆国憲法は特定部門に権限が集中しないように，ある部門の権限が行使される際には他の部門から抑制が働くような権限行使の手順を定めるとともに，ある部門の権限を行使する者が他の部門から独立するように公職者の選出方法に工夫を加えた（☞項目「合衆国憲法と立憲主義」）．

❖**合衆国憲法の権力分立**　合衆国憲法は，権力分立そのものを定める規定がないが，その考えに依拠している．合衆国議会に託される立法権では，上院と下院の二院制を採用した上で，両院を通過した法律案に対して大統領が拒否権を有する仕組みを設けた．執行権を託される大統領が有する任命権では，連邦最高裁の裁判官や議会が法律で設ける公職について，大統領が指名し，上院の助言と同意を得て任命することを原則とする．また，ある部門の公職者が他の部門に依存することのないように工夫された．

　さらに，下院議員は州の人民による選挙によって2年の任期で選出され，上院議員は州議会によって（後に州の人民による選挙で）6年任期で選出されると定められるが，合衆国の公職にある者は在職しているうちは議員となることが禁じられる．大統領は州議会の定める方法で任命される選挙人による選挙によって4年任期で選出され，任期中増減のない報酬を受けるとされる．裁判官は，任命後に任命者に依存することがないように非行のない限り在職することができ，かつ在任中は定時に減額されない報酬を受けると定める．

❖**司法部門の役割**　裁判所は，イングランドでは国王の執行権の一部と位置付けられていたが，アメリカでは，権力分立に則って建国間もなく司法権が託される独立の部門として扱われた．また裁判所が個別事件で憲法を根拠にして法律を無効と判断する司法審査を始めると，司法部門が他の部門を抑制する制度として司法審査が位置付けられることになった．裁判所が個々の事件で示した憲法の解釈には，他の部門もその事件の限りで従わなければならないが，他の部門は，そのような事件を離れた場面では，憲法を独自に解釈して裁判所と異なる立場をとることもできると論じられたことがある．これは部門主義とよばれる．各部門が独自に憲法の解釈ができるという立場は徐々に後退し，連邦最高裁が明らかにした憲法の意味に他の部門も従うという立場が支配的となった．

　権力分立についての最高裁判例によれば，憲法の定める立法手続を経ない仕組みを用いて法律と同種の効果が生じる仕組みを議会が法律を制定して設けることや，政府の権限を行使する公職を設けて議会が任命・解任する制度を採用することは，権力分立原理に反して効力がないとされる．　　　　　　　　[木南　敦]

選挙制度

Election System

アメリカの選挙制度は，実務的には相当程度細かな規則が存在するものの，その根本においては，選挙運動の自由が尊重されている．もっとも，自由がいきすぎてしまったり，適切に問題が解決されない場合には，しばしば裁判所が介入することも特徴の一つである（☞項目「選挙権」）．

❖**一人１票原則** アメリカでは 19 世紀以降の急速な工業化に伴い，相当な人口が農村部から都市部に移動したため，選出する議員数とその選挙区内の有権者数の著しい不均衡が生じるようになった．しかし，それを是正するために選挙区割りをつくり変えることは現職議員の再選を危うくするし，区割りにおいて政治的利益を考慮することは自由なので，この不均衡は長く放置されてきた．1962 年にようやく連邦最高裁はこの問題の是正に着手し，2 年後には選挙区間における有権者数の平等を徹底する一人１票原則が定式化されるに至った．10 年に１度行われる国勢調査（センサス）の結果に基づき議員定数の配分が行われ，不均衡ある場合，各州は，速やかにそれを是正することが求められている．理想値からの多少の誤差は容認されているが，意図的に不均衡を放置した場合は，その誤差が 0.6984% とごく僅かであっても違法とした例があるなど，この原則の遵守は徹底している．

❖**ゲリマンダー** 選挙区割りは，一人１票原則に配慮しながら，通常，郡（カウンティ）や市を基礎単位として行われるが，1812 年に当時のマサチューセッツ州知事であったエルブリッジ・ゲリーは，党利党略のために，選挙区割りを意図的に書き換えた．その形が伝説の怪獣である火蜥蜴(ひとかげ)（サラマンダー）に似ていたことから，選挙区割りを意図的に操作することを，ゲリーのサラマンダー，つまりゲリマンダーと呼ぶようになった（図１）．選挙区が伝統的な行政区分を無視したような奇妙な形をしていることは，多くの場合，ゲリマンダーを推定させる証拠となる．

特定の人種グループを排除するように選挙区の境界線を描く，露骨な人種的ゲリマンダーについては，連邦最高裁は，人種差別を禁じる合衆国憲法第 14 修正の平等保護条項違反になるとしている．他方，特定の政党を有利にするための政治的ゲリマンダーについては，最高裁は，これを平等保護の問題として扱うことができるとするものの，いまだに憲法違反とした事例はない．これ

図１ エルブリッジ・ゲリーの選挙区割り（ゲリマンダー）

は，選挙区割りにおいて，現職保護などの政治的利益を考慮すること自体は許されているため，許される政治的ゲリマンダーと許されない政治的ゲリマンダーを分ける基準が明確でないためである．また，アファーマティブ・アクション（差別是正措置，☞項目「法の下の平等」）の一環として，例えば黒人候補者の当選を容易にするべく黒人有権者をかき集めるように選挙区を作成する場合，これを，違憲の推定が働く人種的ゲリマンダーと見るか，黒人候補者の政党に有利な区割りをつくったにすぎない政治的ゲリマンダーの一種と見るかは判然とせず，訴訟の場で解決されることも少なくない．

❖不正投票と ID 法　2000 年の大統領選挙においては，集計ミスや不正投票の問題が大きく取り上げられ，その混乱は連邦最高裁を巻き込む訴訟へと発展した．この反省から，05 年頃から各州で，不正投票を防止するために，投票所において，運転免許証などの写真付きの身分証明証の提示を義務付ける，いわゆる ID 法が成立した．この法律は人種や性別に関係なくすべての有権者に適用されるものの，その効果としては，人種的マイノリティや低所得者，高齢者などに不利に影響することが指摘されており，選挙における人種差別を禁じる「投票権法」違反であるとしてしばしば訴訟が提起されている．また，政治的には，そのような有権者が多くの場合民主党を支持していることを考えると，ID 法は選挙過程の適正化の名を借りた党利党略のための立法という見方もある．

❖選挙資金規正　選挙運動の自由は，合衆国憲法第 1 修正が保護する言論の自由の中核をなすものと考えられている．日本では禁止されている戸別訪問などもアメリカでは自由である．興味深いのは，候補者に対する政治献金や，選挙運動のために金銭を支出する行為も「言論」とされ，これらを制限する法律の合憲性がしばしば訴訟で争われることである．多額の献金を特定の候補者に送ることは，献金者と候補者との間の贈収賄の疑惑を招きやすいことから，献金額には上限がある．しかしながら，直接投票を呼びかけずに，政治的意見の表明という体裁で，結果的にある候補者を支援することは自由であり，その手段として多額の費用を投じてテレビやラジオの宣伝枠を購入することにも制限がない．このため，アメリカの選挙には莫大な費用がかかるとか，富裕層によって選挙結果が歪められているといった批判がある．それでもなお近年の連邦最高裁は，選挙資金規正が許されるのは，金銭と票を直接交換するような場合に限られ，選挙運動のために金銭を支出する行為は，たとえそれが会社などの法人が蓄積した莫大な富によるものであっても，言論の自由として認められるという態度をとっている．

❖選挙制度のこれから　このように選挙制度のさまざまな問題は，しばしば訴訟の場で解決が図られてきたが，その結論は，裁判所の内外で，必ずしも幅広い合意が得られているものではない．その意味で，選挙制度の考え方は流動的ともいえるだろう．

［東川浩二］

裁判所制度と連邦最高裁

Judicial System and the Supreme Court of the United States

アメリカでは，合衆国憲法上の連邦制の下で，裁判所制度も連邦裁判所と各州（コロンビア特別区とプエルトリコ準州もこれに準ずる）の州裁判所が並立している．連邦裁判所は合衆国憲法とその下での連邦立法により，最高裁判所，中間上訴裁判所である控訴裁判所，第一審裁判所である地方裁判所の三審制となっている．他方，州裁判所の組織はそれぞれの州の州憲法と州立法によって決められている．連邦と同様の三審制を採用しているのは40州（およびプエルトリコ準州），中間上訴裁判所を置かない二審制を採用しているのは10州（およびコロンビア特別区）である．各裁判所の名称も州によってまちまちで，例えば「Supreme Court」は連邦や多くの州では最上級裁判所の名称であるが，ニューヨーク州では第一審裁判所である．州裁判所では，民事刑事の一般的な管轄権を有する第一審裁判所に加え，係争額の低い民事事件や軽微な刑事事件を第一審として管轄する裁判所や，あるいは家事事件や少年事件など特定の種類の事件を管轄する裁判所を1種類ないし複数種類設けているところが多い．

❖管轄権の分配　連邦裁判所の管轄権は合衆国憲法と連邦立法で画定されている．他方，州裁判所の管轄権は，連邦裁判所に専属管轄のない事件すべてに及ぶ．特に遺言，離婚，子どもの監護などの家事事件は，ほぼすべてが州裁判所の専属管轄となる．

刑事事件に関しては，連邦地方裁判所には連邦法上の犯罪（連邦公務員への暴行，麻薬取引のような州境を越える犯罪，郵便を使った詐欺といった特殊な犯罪類型）の専属管轄権があり，州第一審裁判所には州法上の犯罪（殺人，強盗，窃盗，詐欺，暴行などほとんどの一般犯罪類型が含まれる）の専属管轄権がある．連邦裁判所の刑事事件については，連邦捜査局（FBI）などの連邦捜査機関が捜査を行い，連邦検察官が訴追を担当する．州裁判所の刑事事件については，その州の捜査機関（自治体の警察なども含む）が捜査を行い，その州の検察官が訴追を担当する．

民事事件に関しては，連邦裁判所が第一審として管轄権を有するのは，連邦政府が当事者となる訴訟，連邦法を根拠として提起される訴訟，異なる州の市民（会社を含む）間の訴訟である．このうち，異なる州の市民間の訴訟では，争点の多くは州法上のものであり，州裁判所も競合的に第一審管轄権を有する．連邦法を根拠として提起される民事訴訟も（特に連邦地方裁判所の専属管轄としない限り）州裁判所が競合的に管轄権を有する．連邦地方裁判所と州第一審裁判所とで管轄権が競合する場合は，どちらに提起するか，原告が選択できる．原告が州

裁判所を選択した場合には被告に連邦地方裁判所への移送を求める選択権がある.

❖**上訴手続**　連邦地方裁判所の事件の上訴は,まず連邦控訴裁判所になされ,さらに連邦最高裁判所になされる.州第一審裁判所の事件の上訴は,その州の上訴裁判所になされる.1回目の上訴は権利とされるが,連邦裁判所や多くの州裁判所のように三審制を採用しているところでは,最上級裁判所への2回目の上訴は権利ではなく,最上級裁判所側の裁量により,重要な法的争点があるとして上訴を受理して実質審理に付すか,門前払いをするかを決めるものとされることが多い.合衆国憲法や連邦法上の争点がある事件については,州の最上級裁判所からさらに連邦最高裁に裁量上訴(連邦最高裁手続ではサーシオレイライと称する)を求めることができるが,州憲法や州法の解釈そのものについてはその州の最上級裁判所の判断が最終のものとされる.ただしその州憲法・州法の解釈では合衆国憲法・連邦法違反となるか否かは連邦最高裁で判断できる.

❖**裁判官の任命**　連邦裁判所の裁判官は,大統領が指名し,連邦議会の上院での承認を受けて任命される.とりわけ重要とされる連邦最高裁の裁判官については,上院司法委員会で候補者本人や諸団体などの意見を聴取するヒアリングが数日間行われる.連邦裁判官には終身の身分保障があり,本人が死亡するか辞任するほかに職を追われる可能性があるのは,弾劾裁判で有罪とされた場合のみである.州裁判官の任命方法はそれぞれの州で定められるが,概ね一定年の任期制である.任命方法として主流なのは,州民の直接投票による選挙制とメリットプランである.メリットプランとは,州知事が裁判官指名委員会の指名する候補者を裁判官として任命し,1~3年程度の短期の任期を務めた裁判官がその後,通常任期の再任をされるために,州民直接投票による信任を受けるという制度である.

❖**連邦最高裁と違憲立法審査制**　1803年のマーベリー判決でジョン・マーシャル首席裁判官が確立して以来,連邦最高裁は連邦法および州憲法・州法の合憲性審査を行っている(☞項目「合衆国憲法と立憲主義」).この違憲立法審査は具体的事件の審理に付随して行われるもので,具体的事件・争訟と関係なく抽象的審査をするものではない(州最上級裁判所にはそのような勧告的意見を行う権限が与えられる例もある).9人の裁判官で構成される連邦最高裁はサーシオレイライにより年間80件程度の実質審理しか行わない代わりに,重要な連邦法解釈問題を含み実質審理を行う事件(合衆国憲法上の争点を含む事件など)では審理に全員で参加をするのが原則である.実質審理においては,当事者の趣意書が提出され,口頭弁論では弁護士に対して裁判官から多くの質問がなされる.また,当事者以外でも,連邦・州・外国政府,利益団体,法学者などが「裁判所の友」(アミカス・キュリィ)として,意見書を提出できる.判決では法廷意見(多数意見)に加え,同意意見や反対意見といった少数意見も示され,いずれも原則として執筆した裁判官が明示される.　　　　　　　　　　　　　　　　　　　　[浅香吉幹]

法律家の重要性

Ubiquity of Lawyers

　アメリカでは，司法試験に合格し法曹資格を得た者はまず弁護士となる．これを法曹一元といい，裁判官は経験を積んだ弁護士の中から選任され，検察官も弁護士の中から採用される．司法修習（司法試験合格後の研修）を終えると裁判官や検察官が弁護士と別のキャリアを歩む日本とは異なる．

　アメリカ法律家協会の統計によると，弁護士として現役で活動している人数は131万5,561人である（2016年時点）．日本の弁護士数3万7,680人と比べると圧倒的に多い．アメリカの弁護士の数は，1970年代に大幅に増えたが，その後も人口増を上回る勢いで増えている．

　弁護士が特に多い州は，ニューヨーク州（17万5,000人），カリフォルニア州（16万7,000人），テキサス州（8万7,000人）と，人口が多く産業の集積する地域に集中する．人口1万人あたりでは，首都ワシントンD.C.が最も多く276.7人，次いでニューヨーク州が20.4人，これに会社設立の多いことで知られるデラウェア州が18.0人と続く．全米では40.8人，日本は2.96人である．

❖法曹養成と法曹倫理　弁護士は，ロースクールと呼ばれる大学院レベルの3年間の専門教育を通じて養成される．ソクラティック・メソッドと呼ばれる教育手法が有名である．学生が判決文を中心とした教材を予習してきたことを前提に，授業では教授が次々に質問を発し，問答を通じて批判的な考え方を学生に身につけさせる．近年は，高学年の専門科目を中心に講義形式の授業も増えてきた．司法試験は州ごとに行われるが，全米で合計7万7,437人が受験し，4万5,993人が合格，合格率は59%である（2015年時点）．

　アメリカには，司法試験合格者が司法修習を受け，実務研修を行う制度はない．しかし，ロースクールでは実践経験に近い科目も展開され，休暇中に法律事務所（ローファーム）などでのインターンを通じて実務経験を積む学生も多い．また，ロースクール卒業生の中で優秀な者は，裁判所でロークラークとして任用され，裁判官の判決起案などを補助する．ロークラークの経歴は，弁護士事務所に就職したり，研究者への道を進んだりする上で重要な意味を持つ．

　弁護士の規律は州ごと行われるが，全米最大の法律家の団体であるアメリカ法律家協会（ABA）が公表した法律家職務模範規則は，ほぼすべての州で採択されている．また，州をまたいだ法曹倫理試験も行われている．アメリカの法曹倫理で強調されるのは，依頼人の利益を最優先とする忠実義務である．同時に，競争原理も強く働く．弁護士会による広告規制は，「表現の自由」を侵害するので許されず，弁護士報酬の規制も独占禁止法に反し違法とされる．

❖弁護士活動の理念とイメージと現実

第 2 次世界大戦後のアメリカでは，裁判所へのアクセスの理念が強調された．お金がなくとも勝訴するまで弁護士報酬を払わずに済む成功報酬制，被害者が多数いる場合に全体の利益を代表して訴えを起こすことができるクラスアクション，証拠がなくとも訴訟の相手方に情報開示を強制できるディスカバリーなどの制度を使って，弁護士は裁判を通じ，広く社会的弱者の救済を実現してきた．こうした裁判の原告や代理人弁護士は，民事訴訟を通じて法の理念を実現する役割を果たすので，しばしば私的法務総裁と呼ばれる（☞項目「訴訟社会」）．

しかし，アメリカの弁護士は多様である．アンビュランス・チェイサー（救急車を追う者）と，案件を探して事故や事件の現場を回る弁護士を揶揄する言葉もある．また，クラスアクションのような手続は強力なだけに，訴訟を嫌う企業を訴えて巨額の和解金を狙うなど，濫用の危険性も孕んでいる．

アメリカの弁護士は，国際的な紛争においても，裁判所の強力な訴訟手続を活用してきた．これまでに，証券取引法や独占禁止法，製造物責任法から汚職防止法まで，少なからぬ外国企業がアメリカでの訴訟に巻き込まれてきた．アメリカ法の域外適用により，司法摩擦を生ずることもある（☞項目「企業活動の規制」）．

❖ローファームから政治・行政まで

1970 年代から，弁護士の専門化が進み，ローファームの巨大化も進んだ．近年は，国際的な案件を扱う事務所が，次々に国際的な合併を行っている．全米最大 4,363 人の弁護士を抱えるベーカー・マッケンジーは，日本最大 508 人の西村あさひ法律事務所よりはるかに大きく，年間 26 億 2,000 万ドルを売り上げる（ちなみに，売上全米第 1 位はレイサム・ワトキンスで 26 億 5,000 万ドルである．いずれも 2016 年時点）．

図1　連邦議会と最高裁

とはいえ，100 人を超えるローファームで働く弁護士は，全体の 1％ に満たない．アメリカでも 49％ は単独で弁護士業務を行っている．10 人以下の弁護士からなるローファームの数も，全体の 90％ を占める．

弁護士は，立法や行政の場でも活躍している．アメリカの弁護士は，地域社会から全米レベルまで，政治的に重要な役割を果たしてきた．法務総裁や裁判官が選挙で選ばれる州もある．ワシントン D.C. には，各種の行政規制に関する問題を専門的に扱うローファームが展開している．議会で政治家に働きかけるロビイストにも，法曹資格を持つ人が多い．

こうしてアメリカの弁護士は，法律問題の助言や裁判手続にとどまらず，政治や行政にまで幅広く活躍している．その活動の場も，地域社会からアメリカ全土，さらには国際的にも広く，さらに拡大しつつある．

［溜箭将之］

宗教と憲法

Religion and the Constitution

　信教の自由は，あらゆる精神的自由権を確立するための原動力となったもので，各国憲法はひとしくこれを保障している．日本と同様にアメリカは，政教分離制によって信教の自由を保障している．政教分離制とは，政府（国家）と宗教とを分離し，政府の介入から宗教を守ると同時に宗派的支配から政府諸機関を守ることで，信教の自由を保障する制度である．

❖合衆国憲法と宗教　連邦制のアメリカでは，連邦および各州の憲法に信教の自由関連の規定が存在するが，本項では国家全体の枠組みである合衆国憲法に焦点を絞って宗教をめぐる憲法状況を概観する．まず，この問題に関する主要な規定は，憲法第1修正冒頭の「連邦議会は，国教を樹立し，または自由な宗教活動を禁止する法律を制定してはならない」である．政教分離制を定めた前半の国教（樹立禁止）条項と信教の自由そのものを保障する後半の自由活動条項とを合わせて宗教条項と呼ぶ（その他，第6編3項に公職就任時の宗教的審査禁止規定がある）．宗教条項はさまざまな法分野に影響を及ぼす．例えば雇用，財産関係，家族関係，税務，不法行為，刑法などの分野において，当事者が宗教に関係する個人・団体である場合は，特別な法的配慮が必要となる．

　1940年代の連邦最高裁の諸判決（判例）により，連邦政府（立法・執行・司法三部門の総称としての政府）を適用対象とする宗教条項が，第14修正を介して州（およびそれ以下の）政府にも適用されることが確立すると，宗教条項関連判例は激増した．またアメリカは，移民を通じて建国当初のプロテスタント的キリスト教社会から宗教的多様性に富む社会に変容し，他方で教育や雇用などの私的自発性に委ねられていた諸領域に政府が介入し積極国家化が進行したため，宗教と政府行為（規制）との抵触も増えていった．

❖国教条項の意味　抽象的な国教条項に具体的な意味を与えてきたのは判例である．判例によれば，同条項が規定しているのは国教制そのものの禁止にとどまるものではないが，宗教に利益をもたらす政府行為を一切認めない趣旨でもない．つまり政府は，宗教への好意的中立性を保持し，宗教への公的後援・財政支援・積極的関与を控えるべきだとされる．このような要請は，中立性，宗教不介入，平等（宗派間平等と宗教と非宗教の平等），自由（強制の防止），宗教的分断の回避といった基本的原理から導かれる．そして裁判では，これらの原理を実現すべく考案された合憲性テスト（合憲性判断基準）が用いられることになる．

　判例は1971年以降，政府行為の①目的②効果③宗教との関わり合いの度合いの3点を問うレモン・テストと呼ばれる合憲性テストを採用してきたが，これを

一部修正したテストや強制の有無を問うテストも出現し，不安定な状況である．判例で扱われた事案は，宗教の公的承認（議会開会や公立学校卒業式の際の牧師による祈祷，政府庁舎でのキリスト降誕の情景や十戒の展示など），宗教系教育機関への助成（学校への諸経費の補助，生徒・父兄への教材の貸与や授業料の補助など），宗教団体への免税，公立学校での宗教的活動（始業時の祈祷，進化論教育の禁止，宗教団体への教室利用許可など）などに大別できるが，各事案で適用された合憲性テストとそれがもたらした具体的結論の妥当性に関し，一貫性が欠如しているなどの批判が判例には寄せられている．

❖**自由活動条項の意味**　自由活動条項は，信仰の自由と宗教的行為（活動）の自由とを保障する．前者は内心における自由として絶対的に保障される．信仰の対象は一神教や有神論に限定されない．一方，後者の保障は相対的である．例えば，「土曜日を安息日とするユダヤ教徒に州日曜休業法が適用され週二日休業を余儀なくされても合憲である」とした1961年の判例がある．その後判例は，このような宗教中立的で一般的に適用される法が宗教的行為と抵触する場合は，信者側の負担と政府規制の目的および手段とを比較検討する衡量テストを適用し，信者に当該規制の適用を免除する余地を残してきた．

図1　スミス判決の法廷意見を執筆したスカリア連邦最高裁判所裁判官

90年のスミス判決でこれが一変する．アントニン・スカリア裁判官（図1）執筆の同判決は中立的一般的適用法は合憲と述べ，政府規制が宗教と抵触するたびに規制の適用免除を認めるのは憲法の伝統と常識に反するとして衡量テストを排斥したのである．連邦議会はこれに強く反発し，93年に「信教の自由回復法」（RFRA）を制定した．衡量テストを条文化したRFRAおよび同種の2000年の連邦法により，連邦と（一定の問題領域内の）州の政府規制に，再び衡量テストが適用される道が開かれた．

❖**今後の展望**　判例は1990年代以降，宗教と非宗教の平等を重視するようになったが，その背景にはアメリカ社会の世俗化の進行と，法学・哲学・文化における平等原理の重要性の増進があった．スミス判決は，中立的一般的適用性という規制の形式面に着眼した点が宗教と非宗教の平等という発想につながるため，次第に擁護されるようになった．判例は政治状況に伴う連邦司法部の陣容（裁判官の顔ぶれ）の変化によって変わり得るし，判例の評価はその時代の政治哲学等に応じて変化し得るのである．

［金原恭子］

表現の自由

Freedom of Speech

　表現の自由は，合衆国憲法第1修正で保障されている．同条の表現の自由に関する部分を直訳すると「議会は，言論または出版の自由を制限する法律を制定してはならない」となる．この条文は当初，連邦議会のみを対象とすると理解されていたが，連邦最高裁の判例により，現在では，同条の保障は各州に及んでいる．

❖**表現の自由を認める根拠**　表現の自由を保障する理由は，二つに大別できる．一つは，連邦最高裁のオリバー・ウェンデル・ホームズ裁判官が述べた，ある見解が正しいかを判定する最良の方法は，その見解が「思想の自由市場」の中で正しいと認められるかどうかであるという考えに基づく．数多くの見解が互いに自由に競争し，その結果，多数者に受け入れられたものが正しい見解と認められることになるから，この自由な競争を保障するために表現の自由が必要であるとする．もう一つは，哲学者のアレクサンダー・マイケルジョンが提唱した，表現の自由は民主主義の根底を成すという考え方である．民主主義とは人民による自己統治を意味するが，この制度が機能するには，情報に通じた有権者が必要であり，有権者が適切に知識を得るためには，情報と思想の自由な流通に制約があってはならない．これを保障したのが第1修正であり，同条は，民主主義を実現するための人民の権利を政府が侵害してはならないことを規定したとされる．

　この二つの考え方は両立するが，表現の自由と民主主義政体との関係を明快に解く後者の考え方は，裁判所の第1修正解釈に大きな影響を与えている．すなわち，この考え方では，有権者が政府の在り方を判断することに関連する情報が最も重要であり，政治的言論を最も強く保護すべきとされる．例えば，1984年，テキサス州での政治デモの中で星条旗を燃やした者が，崇拝の対象を冒瀆したとして同州法で起訴された．しかし，連邦最高裁は，国旗の焼却は第1修正の対象となる象徴的言論であり，治安の維持や国家統合の象徴としての国旗保護を理由として，政治的言論を刑事罰で抑圧することは許されない，と判断した（ジョンソン判決）．アメリカ国民の多くが崇拝の対象としている国旗の焼却という衝撃的な行為も，第1修正で保護されるとしたのである．

❖**表現の自由に例外はないのか**　現在では，第1修正は広く，「政府は，表現を，その意図，思想，主題，内容によって制限することはできない」ということを意味するとされている．しかし，この第1修正についても，幾つかの例外がある．

　その一つが，猥褻文書である．連邦最高裁は，猥褻の定義に苦心してきたが，現在は，1972年のミラー判決で，ある文書が，①地域の基準によれば，全体として性的関心に訴えるものと理解される，②州法で定義された性的行為などを露

骨に描写する，③全体として，真剣な文学，芸術，政治，科学的価値を欠いている場合には猥褻と判断され，第1修正の保護は及ばないとされている．なお，児童を利用したポルノグラフィについては，このような猥褻文書にあたらない場合であっても規制可能とされている（ファーバー判決）．

　他の例外は，名誉毀損である．伝統的に名誉毀損は州法が規制する対象であり，連邦法である第1修正は及ばなかった．しかし，連邦最高裁は，1964年のサリバン判決で名誉毀損にも第1修正の保護が及ぶとした．この事件は，60年に『ニューヨーク・タイムズ』紙に掲載された意見広告から始まった．この広告は，公民権運動を率いるマーティン・ルーサー・キング・ジュニア牧師と運動参加者が南部諸州で弾圧されていたことに抗議するものであったが，アラバマ州の警察署長が，この意見広告は名誉毀損であると訴え，同州裁判所は50万ドル（当時の為替で1億8,000万円）の賠償金を認めた．この訴訟は，南部の黒人差別を北部の報道機関に報道させないためのものであった．連邦最高裁はこの事件で，公務員が原告となって名誉毀損訴訟を提起した場合には，被告（報道機関）の「現実の悪意」（報道機関が，記事が真実でないことを知っていたか，またはその真実性にまったく無関心であったこと）を原告が証明しなければならないという新判断を下した．実際には報道機関に現実の悪意が認められることはほぼ考えられず，この判決は，公務員や公人が原告となる名誉毀損から報道機関を解放したに等しい．その後アメリカの報道機関が，ベトナム戦争やウォーターゲート事件で，政府やその高官の行状を厳しく報じることができたのも，この判決の影響が大きい．

❖メディアに対する規制　第1修正で出版の自由が明示的に保障されているとおり，報道機関の報道の自由は手厚く保護されている．

　例えば，記事が掲載される前にその掲載を禁止する事前抑制は，ほとんどの場合，認められない．その最も顕著な例は，ペンタゴン文書判決である．アメリカのベトナム介入に関してロバート・マクナマラ国防長官は，1967年，インドシナにおけるアメリカの役割の歴史について極秘研究を命じたが，研究に参加したダニエル・エルズバーグは71年，『ニューヨーク・タイムズ』紙に研究結果を提供した．その内容を報じる連載記事の第1回が同年6月13日に掲載されると，政府は外交関係に重大な悪影響があるなどとして，直ちに後続記事の掲載差止めを求めた．しかし連邦最高裁は，同月30日，政府は事前抑制の正当化に必要とされる重い証明責任を果たしていないとして，差止め命令の申立てを退けた．

　メディアには全般的に幅広い保障が与えられているが，電波メディアのテレビやラジオは，電波の有限稀少性や未成年者の保護などを理由として連邦通信委員会（FCC）による内容規制に服している．しかし，ケーブルテレビやインターネットなどについては，このような規制はない．連邦最高裁の裁判官の中には，この区別が適当でないと示唆する声もあり，今後の動向が注目される．　　［喜田村洋一］

法の下の平等

Equality Under the Law

法の下の平等とは，すべての人が，正義にかなった法に従って公平に扱われなければならないことを指す．「州は，その権限内にある者から法の平等な保護を奪ってはならない」と規定する合衆国憲法第14修正の平等保護条項（1868年成立）は，この理想を憲法上の原則に高めたものと理解することができる．

❖歴史的背景 1776年の独立宣言は，すべての人は平等につくられ，造物主によって一定の奪い得ない権利を付与されていると述べる．ここには，「個人は，生まれや家柄に関わりなく，自然権を有する存在として等しく最高の価値を持つ」という建国の父たちの考え方が表れている．しかし，88年に発効した合衆国憲法の本文および91年に付け加えられた権利章典（第1修正から第10修正まで）のいずれにも，法の下の平等を保障した規定はない．南北戦争後に修正条項が追加されるまで，平等に関係する合衆国憲法の規定としては，貴族の称号の授与を禁じる第1編9節および10節，ならびに国教の樹立を禁じる第1修正があるのみであった．この時期のアメリカでは，南部で奴隷制が認められており，合衆国憲法自体も第1編2節のように，奴隷の存在を前提とする条文を有していた．

❖第14修正の成立と「分離すれども平等」の理論 1865～70年に成立した南北戦争修正（第13修正から第15修正まで）は，この状況に変化をもたらした．とりわけ，第14修正の平等保護条項は，差別の解消を州に義務付けた点で，歴史的意義をもつ条文であった（なお，第13修正は奴隷制の禁止，第15修正は人種等を理由とする選挙権の制限の禁止を規定している．☞項目「選挙制度」）．ところが，連邦最高裁は，「分離すれども平等」と呼ばれる理論を用いてほとんどの差別を合憲と判断し続けた．鉄道の車両において白人用の座席と黒人用の座席を別々に設けることを鉄道会社に要求する州法も，同等の座席の提供を命じている以上，州議会の立法権の範囲内の合理的な規制であるとされた（プレッシー判決，1896）．その結果，南部では，公立学校，銀行の窓口，映画館の座席，公園の水飲み場など，社会のさまざまな場面で人種の隔離が広くみられた．

❖連邦最高裁判例の展開 特定の人種に属する者の権利の制限が厳格審査に服することを宣言した1944年のコレマツ判決（第2次世界大戦中の日系アメリカ人の強制隔離に関する事件）は，合憲判決ではあったが，人種を理由とする別扱いに違憲の推定を及ぼす現在の判例理論の基礎となった．以後の展開は，3種類の審査基準に着目して整理できる（表1）．第一に人種差別等に適用される厳格審査である．公立学校における人種別学は，54年のブラウン判決において，最高裁の全裁判官一致の判断で違憲とされた．分離自体が本質的に不平等であるとする

表1 さまざまな別扱いの合憲性の審査（連邦最高裁の判例による）

審査基準	典型的適用例	判例で問題となった具体的事例
厳格審査	人種差別	異人種婚を禁じる州法は違憲（1967）
中間審査	性差別	州立士官学校による女性の入学拒否は違憲（1996）
合理性の審査	LGBT差別	同性婚を認めない州法は違憲（2015）

判決であった．州の選挙で用いられる投票用紙に候補者の人種を記すものとする州法や異人種婚を禁じる州法も，後続の判例で違憲とされている．第二に性差別等に適用される中間審査である．最高裁は，71年のリード判決において，遺産管理人の選任に際して男性を優先する旨を定めた州法を違憲とし，続いて，ビールの購入可能年齢を男女で異ならしめる州法，州立女子大学による男性の入学拒否，および州立士官学校による女性の入学拒否をいずれも違憲と宣言した．他面，徴兵登録の義務を男性のみに課す連邦法は合憲と判断されている（なお，第14修正の平等保護条項は州に適用される規定であるため，連邦法の合憲性が争われる場面では，第5修正のデュープロセス（適正過程）条項に内在する平等保護の要求が満たされているかどうかが問われるが，両者の要求内容は原則として同一である）．第三にLGBT差別や障害者差別などに適用される合理性の審査である．LGBT差別を禁じる市条例を無効とした州憲法修正を平等保護条項違反とした96年のローマー判決には，多数決原理の支配する政治過程の中で侵害されがちな少数者の権利の保護に特に意を用いる最高裁の姿勢がよく表れている．同性婚を認めない州法を違憲とした2015年のオーバーグフェル判決も，このような考え方の延長線上にある．

❖差別禁止法の重要性　憲法に加え，私人による差別を禁じる議会制定法も，法の下の平等の実現に重要な役割を果たしている．1964年公民権法第7編が雇用差別を禁じていることは，特に注目に値する．同編は，雇用の全局面にわたって「人種，皮膚の色，宗教，性，または出身国」を理由とする差別を禁じている．このほか，「雇用における年齢差別禁止法」は40歳以上の者に対する年齢を理由とする雇用差別の禁止，「障害を持つアメリカ人法」は障害を理由とする差別の禁止を規定している（いずれも連邦法，☞項目「労働者の保護」）．

❖現代的課題　法的障壁が撤廃された後も，大学の入学者や政府契約の受注者に占める人種的少数者の割合は低い水準にとどまっていることが少なくない．そのため，クオータ（割当枠）や数値目標の設定など人為的に割合を高める取り組み（アファーマティブアクション）が行われる場合があるが，このような措置は「逆差別」であるとの批判も根強い．連邦最高裁は，どの人種が不利益を受けるかに関係なく，人種を理由とする別扱いには厳格審査を行っている．　　　　［安部圭介］

刑事裁判

Criminal Procedure

アメリカの刑事裁判の最大の特色は，他の法分野同様，法域（連邦と各州）による多様性であるが，他方で，合衆国憲法の権利章典の刑事手続に関する条項とこれを解釈した連邦最高裁の判例法理によって，捜査，公判審理および証拠に関して共通の全国的基準が確立している．各法域の刑事裁判には，この基準の範囲内で地域的な差異が認められるが，本項では，刑事裁判に共通する顕著な特色と手続の流れについて説明する．

❖刑事事件を扱う裁判所　殺人，強盗，放火など通常の犯罪に関する裁判は，通常，州ごとに存在する刑事実体法・手続法に則り，各州の裁判所で行われる．連邦の裁判所は，連邦政府に対する犯罪や全国規模の違法薬物取引，企業経済犯罪（例えば，独占禁止法違反，証券取引法違反，組織的詐欺）などの事件を扱うが，大多数を占める一般犯罪は州裁判所の管轄事項である．

❖陪審裁判　刑事裁判の共通点は，陪審審理を原則とする点であり，憲法上，重大事件で起訴された被告人には陪審審理を受ける権利がある．陪審は，法廷に提出された証拠に基づいて，検察官の主張する犯罪事実が証明できているか評議し，有罪か無罪かの評決をする．これに対して職業裁判官は，訴訟手続上の問題を処理し，陪審が評議を始める前に法解釈上の問題について説明する（「説示」）とともに，有罪評決の場合に，被告人に科すべき刑を決定する（☞項目「陪審」）．裁判官は被告人の情状に関する調査の結果や加重・減軽の指標を定めた「量刑ガイドライン」に基づき刑を決定する．

❖有罪答弁と「答弁取引」　もう一つの共通点は，被告人が検察官の主張する起訴事実を認める場合，公判審理を省略して，裁判官による刑の決定を行うことである．すなわち，アメリカの公判審理は，被告人が起訴事実を争い無罪を主張する場合にのみ実施されるのであり，被告人が罪を認める場合も公判審理が行われる日本とは，この点がまったく異なる．被告人が起訴事実を認めるか否かを明らかにする段階を罪状認否手続と称し，ここで被告人が「有罪の答弁」をすれば，もはや公判審理は行われない．これは，被告人が相手方当事者たる検察官の主張を認める以上，争いを前提とする「訴訟」をする必要はないという考えに基づく．大多数の刑事事件は公判審理なしに処理され，公判審理が行われるのはごく一部にとどまる．膨大な刑事事件が生じているアメリカにおいて，限りある人的・物的資源の効率的投入を可能とし，刑事司法全体の負担を軽減する機能を果たしている．

さらに，検察官と弁護人は，被告人の十分な理解と納得を前提に，有罪答弁を

するかどうかをめぐって協議を行うのが通常である．例えば，検察官が，証拠に照らして証明可能な犯罪（例えば，強盗）よりも軽い犯罪（例えば，窃盗）で訴追することを弁護人に持ちかけ，当初は強盗罪の起訴であれば無罪を主張する予定であった被告人がより軽い窃盗罪について有罪答弁をする，あるいは被告人が有罪答弁をする見返りに検察官が通常より軽い刑を求刑する約束をするなどのかたちで，検察官と弁護人の間で協議・交渉が行われる．これを答弁取引と称する．陪審裁判の結果は予測不能なので，有罪評決が下されると相当重い刑が見込まれる場合には，被告人にとって有罪答弁をすることによりそのリスクを避けることができる．他方で，検察官にとっては公判審理を避け効率的な事件処理が可能となることから，批判はあるものの，協議・合意過程の適正を担保しつつこのような運用が広く行われている．

❖公判前手続と公判審理　被告人側が無罪を主張し公判審理が行われる場合，その準備段階として公判前手続が行われる．ここでは，捜査段階で収集された証拠の許容性・証拠能力（裁判の証拠として使用する資格）について弁護人から法的問題点が主張され，裁判官がこれについて裁定する．典型は，違法に収集された証拠の排除を求めたり，捜査段階の自白の許容性を争う主張である．連邦最高裁の判例は，合衆国憲法第4修正の不合理な捜索・押収禁止条項に反して収集された証拠物は証拠として使用することができないとする．また警察官が身体拘束中の被疑者に対して黙秘権や弁護人依頼権を事前告知しないまま行った取調べにより得られた自白は，これを証拠とすることができないという判例法理（ミランダ・ルール）があるので，公判開始前に，弁護人がその適用を求める場合がある．裁判官の裁定により，重要証拠がこの段階で排除されてしまえば有罪獲得は不可能となるので，検察官は起訴を取り下げるのが通常である．

　公判審理は，検察官が証拠により証明しようとする犯罪事実を主張し，これに対し弁護人が無罪を主張する冒頭陳述から始まる．続いて，検察官による立証活動（有罪を証明する証拠の提出．その中核は口頭で行われる証人尋問である）と弁護人による反証活動が行われた後，弁護人の最終弁論と検察官の最終陳述（論告）で終結する．憲法上，被告人には，不利益な証言をする証人に対して審問（反対尋問）をする権利があり，弁護人は，検察側の証人に対して，その信用性を争う反対尋問を行う．陪審員はこのような証人尋問中心の公判審理を直接見聞きして，有罪・無罪の判断をする．一般市民が陪審員を務めるため，刑事裁判はひとたび始まれば連日開廷して一気に終結するのが通常である．陪審が犯罪事実について合理的な疑いが残ると判断した場合には無罪評決となる．評決が有罪であれ無罪であれ，事実の認定に関しては上級の裁判所の審査を求めることはできず，そこでは法律解釈上の問題についてのみ審査することができる．日本とは異なり，検察官は無罪評決に対しその認定を争う上訴はできないのである．　　　　［酒巻　匡］

陪審

Jury

　陪審とは，一般市民が陪審員となり，刑事裁判であれば有罪か無罪か，民事事件であれば原告勝訴か被告勝訴かを判断する制度をいう．世界中でさまざまなかたちで市民が裁判に関与しているが，アメリカでは最も活発に市民参加が行われており，市民が陪審に寄せる信頼も高いと考えられている（図1）．

図1　ネバダ州のある法廷の陪審席
法廷の中央にある珍しい設計

❖陪審の種類・手続き　民事陪審では民事事件を扱い，刑事陪審では刑事事件を扱う．「陪審」といえば普通は事実認定を行う小陪審を意味するが，刑事事件で起訴するかどうかを判断する大陪審という制度もある．小陪審の人数は伝統的に12人であり，大陪審は通常それ以上の人数で構成される．

　小陪審は第一審で事実認定を行う．当事者が陪審の面前で証人尋問を行うなどして立証を尽くし，陪審はいずれの当事者がより良い立証を果たしたのかを判定する（刑事事件では検察側が重い立証責任を負う）．陪審を伴う審理では，裁判官は訴訟指揮と陪審への説示に専念し，事実認定は行わない．陪審員は非公開で評議を行い，評決を下す．評決は結論だけを示す一般評決が原則である．一般評決では判断の根拠が示されず，評決の結論自体を争って上訴することはできない．このことは，陪審員の選出から説示までの手続には強い関心が払われ，瑕疵があれば上訴の対象となることと対照的である．陪審は民事事件では賠償額を認定するが，刑事事件で有罪とした被告人の量刑には原則として関与しない．民事事件で陪審が認定した損害賠償の金額はしばしば裁判官が減額するが，刑事事件の無罪評決を裁判官が有罪に変えることはできない．陪審員と裁判官の役割が厳格に分かれている点が日本の裁判員制度との違いである（☞項目「刑事裁判」）．

　陪審制度が市民に精神的・経済的な負担を強いることはいうまでもないが，裁判所にとっても負担が大きい．陪審が適切な判断を行うためには，法廷内での不適切な情報や外部からの影響を排除しなければならない．小陪審は12人全員が一致しなければ評決を下すことができない．全員一致に至らない場合には別の陪審を選出して審理自体をやり直す．12人全員一致のルールを緩和することは一定限度で可能ではあるが，全員一致ルールが評議を促進するので，単純な多数決が採用されることはない．この点でも，基本的に単純多数決を採用する日本の裁

判員制度とは違いがある.

❖憲法上の意義　陪審がアメリカで高い信頼を得ている背景には，歴史的な経験とそれに基づく憲法上の位置付けがある.　植民地時代以来，刑事裁判による自由の抑圧を防ぐ役割が陪審に期待されてきた.　とりわけ，ニューヨーク植民地で総督を批判したジャーナリストのピーター・ゼンガーが名誉毀損で刑事裁判にかけられたが，陪審裁判の結果無罪となった 1735 年の事件がよく知られている.　いささか神話的ではあるが，この事件によって，言論の自由と並んで陪審裁判が不可欠だと考えられるようになった.　ゼンガー事件はまた，刑事事件には，陪審が法を無視して無罪とするべき場合があるという考えを広めた.

　合衆国憲法修正条項は，刑事事件についても民事事件についても陪審審理を受ける権利を保障している.　この後 19 世紀にはデモクラシーが広く受容されるようになったこととの関係で，陪審制度の意義が強調される.　一般市民が対等に，私的な利益とは距離のある他者の問題を真剣に検討することで，デモクラシー社会にふさわしい公徳心の高い市民が生まれるというのである.　フランスの政治思想家アレクシ・ド・トクヴィルは『アメリカのデモクラシー』（1835，1840）において陪審制度を高く評価している.　陪審は各州の憲法でも保障されている.

❖問題点　陪審制度には，運用上さまざまな問題がある.　素人の能力という基本的な問題は別にしても，コミュニティの正義を市民が実現するという理念は，全国（州）一律の均質的な正義の実現をそもそも予定していない.　白人ばかりの陪審がマイノリティに不利な評決を下してきた事実は決して過去のものではない.

　より深刻な問題は，陪審審理自体がまれな現象になっていることである.　現在では，刑事事件は有罪答弁により，民事事件は和解により処理されることがほとんどである.　特に深刻なのは刑事陪審で，法定刑の厳罰化によって交渉力を強化した検察官が答弁取引を有利に進めることができるようになっている.　有罪答弁による重罪の処理（有罪判決）は 1960 年代には 3 分の 2 程度であったが，現在では 95% 程度である.　憲法上保障された陪審審理を選択して有罪とされれば，取引に応じた場合よりもずっと重い刑を宣告されるリスクが大きいためである.　陪審審理を厳格に行えば司法制度に及ぶ負担が増えて，和解や答弁取引が増加するというジレンマがある.

❖映画に見る陪審裁判　陪審の人気とその演劇的要素から，陪審裁判を題材とした映画や文芸作品は数多い.《12 人の怒れる男》（1957）は，陪審員の評議だけを扱いながら刑事陪審の自由主義的・民主主義的な理念を見事に描写する.　ジョン・グリシャムの長編小説に基づく《評決のとき》（1996）は，南部の深刻な人種差別と陪審の問題を扱う.　同じくグリシャム原作の映画《ニューオーリンズ・トライアル》（2003）では資金力豊富な企業に雇われた陪審コンサルタントがあらゆる手段を使って陪審審理での勝訴を勝ち取ろうとする.　　　　　　［勝田卓也］

刑罰と死刑

Punishment and the Death Penalty

アメリカでは 2014 年末の段階で，成人 36 人中 1 人の割合にあたる約 685 万人の成人が矯正制度の監督下にある（保護観察 386 万人，仮釈放 85 万人を含む）．刑務所収容者数は州と連邦で約 156 万人，ジェイル（拘置所）には約 74 万人が拘禁されている．09 年の 162 万人をピークに近年減少しているが，それまでの 20 年間で倍増し，先進国の中で突出している．アフリカ系市民は全人口の 1 割程度であるが，刑務所人口の 37% を占め，人種的偏りの問題も指摘されている．

❖刑罰 刑罰は，立法で規定された刑罰の種類と範囲に基づき，検察官，弁護人，裁判官と陪審，矯正関係者などによって決定される．英米では伝統的に，犯罪を軽罪と重罪に分ける．軽罪には，① 1 年を超えないジェイルでの拘禁刑のほか，②保護観察官の監督の下で刑の執行の猶予を認める，コミュニティにおける保護観察，③地域で無償奉仕をするコミュニティ・サービス，④罰金刑，の四つの選択肢がある．重罪には，① 1 年を超える刑務所での拘禁刑，②施設内処遇と社会内処遇の中間的施設などへの収容，③保護観察，④罰金刑，財産没収，⑤死刑，の五つの選択肢がある．裁判官は上記をどう組み合せ，複数犯罪に対する刑を逐次に，または同時に執行するかを決定する裁量を持つ．

❖厳罰化傾向 1980 年代以降のアメリカの刑事司法を特徴付けるのは，市民の中に蔓延する犯罪への不安や嫌気とそれに呼応する諸政策である．従前の刑罰は犯罪者に寛容すぎるという認識から，重罪で三度有罪となった場合などに刑を加重し，仮釈放の可能性のない終身刑を科す「三振法」が象徴的である．刑罰目的は，社会復帰から，応報や犯罪の抑止・犯罪者の隔離の重視へと変わっていった．90 年代以降は凶悪犯罪は客観的には減少傾向であるが，犯罪発生率の高止まり傾向から，主観的な体感治安は改善してこなかった．

従来は，量刑段階では一定の範囲の刑期を決め，刑務所への収容後の反省の態度などによって，仮釈放審査委員会などが最終的な刑期を事後的に決める不定期刑がとられており，仮釈放や善時法によって早期の釈放が可能であった．しかし，社会の厳罰化や不定期刑の裁量の恣意的行使に対する批判などから，量刑裁量を縮減して，量刑ガイドラインに基づいて刑を決定する定期刑へと変化してきた．さらに一定期間の拘禁を強制する義務的定期刑，仮釈放のない終身刑，処罰される行為類型の増加，刑罰自体の厳格化などが相まって重罰化が進んだ．結果的に，量刑に関する裁判官や矯正関係者の裁量が検察官へと移行し，訴追される罪の選択により量刑が大きく影響を受けるようになり，検察官の権限が大幅に拡大した（☞項目「刑事裁判」）．こうして刑務所人口は倍増し，収監環境の悪化が加速し

た．一時は在監者が争う制度改革訴訟も増加したが（☞項目「訴訟社会」），連邦最高裁の消極的な姿勢や訴訟を制限する連邦法の成立により沈静化した．収容コストへの懸念から民間刑務所を利用する動きが80年代から拡大したが，収監環境の改善もコスト削減も不十分との批判が高まり，見直しが始まった．

❖死刑と陪審量刑　2016年10月現在，31州が死刑制度を維持するのに対し，近年メリーランド州などが加わり廃止は19州と増加している．1990年代には死刑判決が年300件を超えることもあったが，2000年以降はDNA証拠による誤判の判明，仮釈放のない終身刑制度の普及などから一貫して減少し続け，15年には49件となった．死刑執行数も1998年の98人をピークに28人まで減少した．死刑存置州間の差異も大きく，76年以降538人も処刑したテキサス州と，10人未満の15州が併存する．最盛期には200を超える死刑対象犯罪があったイギリスに対し，アメリカでは植民地時代から多くの地域で10前後に限定されていた．19世紀初頭までに犯罪を等級化し，死刑相当犯罪を謀殺だけに限定するようになった．死刑の代替刑としての拘禁刑（Penitentiary，反省する場所という意）の確立が18世紀末に起こり，ミシガン州が1846年に英語圏で初めて死刑を廃止した．イギリスでは有罪認定がほぼ自動的に死刑となる絶対的死刑制であったものが，ジャクソニアン・デモクラシーの高揚を受け，有罪認定後に陪審の判断に委ねる裁量的死刑制度が1830年代に出現した．合衆国憲法第6修正の刑事陪審の保障は，一般の量刑には及ばないが，死刑判決の場合には通常の犯罪要件に加え，死刑判断のための加重事由（例えば，金銭目的の犯行など）の認定が必須であるため，現在でも裁判官単独では死刑を科せないことになっている（項目☞「陪審」）．

❖死刑の決定手続と憲法的規制　1960年代後半には州による死刑運用における人種差別的傾向が顕在化し，連邦最高裁が規制に乗り出した．72年のファーマン判決は，「残酷で異常な刑罰」を禁止する憲法第8修正を根拠に，死刑の決定過程に対する手続的規制を志向した．すなわち，有罪の判断と量刑を一つの審理で行い，死刑の判断にあたっての指針が何もなく，陪審に完全な裁量を与えていた当時の死刑制度を違憲とした．その後に各州が新たに整備した死刑制度は，76年のグレッグ判決などで合憲とされた．それを踏襲した現代の死刑量刑手続は，有罪の判断手続と量刑手続を二つの別個の段階に分けるとともに死刑判断のための指針を示す「2段階審理・指針つき裁量的制度」を特徴とする．近年は第8修正の実体的判断から，18歳未満の少年，精神遅滞者，および殺人を伴わない強姦罪への死刑の適用を違憲とする判決が出ている．現在の一般的な死刑執行方法は薬剤投与であるが，EUの死刑廃止方針によってそのための薬剤が入手困難となり，適正な執行に失敗する事例が頻発している．誤判などによる死刑の限定化の流れに加えて，今後の連邦最高裁の裁判官の構成の変化という要因もあることから，死刑制度の基盤は揺れ動いているといえよう．　　　　　　　　　　［岩田　太］

警　察

Police

警察とは法を執行し，地域共同体の安全を守ることを任務とする機関であり，人々の安全や財産を守ることで，市民が安定的で生産的な生活を送ることを可能にしている．警察は単なる法執行機関であることを超えて，多様な役割を担っている．

❖**組織**　今日のアメリカでは，連邦，州，地方の政府に設置されたものに加えて，特別任務を与えられているものも含めれば1万8,000以上の法執行機関が存在する．それらの名称も，一般的なpoliceに加えて，保安官と訳されることの多いsheriffやmarshal, constableなど多様であり，その管轄や権限なども複雑に入り組んでいる．このように多元的で分散的な機構の在り方は，特定の警察機構が無制限の権力を持つことがないようにするという意図を反映しているといわれる．連邦の次元の法執行機関も存在するが，その管轄や権限は連邦法に定められたものに限定されていて，全国の警察を統括する役割を果たすものではない．アメリカは，ヨーロッパで君主制を支えた常備軍と官僚制（＝警察）を否定することを大義として建国された．警察組織の在り方はその理念を体現しているといえる．

連邦の次元では50以上の多様な法執行機関が設置されている．司法省の管轄下にあるものとしては，連邦捜査局（FBI），連邦保安局，麻薬取締局，アルコール・タバコ・火器及び爆発物取締局がある．国土安全保障省管轄のものには，沿岸警備隊，移民税関執行局，税関国境警備局などがある．その他，各統治機構や官庁を警備するための警察や，シークレットサービスなどの機関が存在する．

連邦制を採用するアメリカでは州も主権と憲法を持つため，州政府ごとに多様な法執行機関が組織されている．州レベルの警察は多くの場合，交通規制と犯罪捜査を主たる任務とするが，消防や選挙管理，州を当事者とする民事事件の担当を行う州もあるなど，その権限は多様である．州以下でも，郡（カウンティ）ごとに設置された保安官が重要な役割を果たす場合もあれば，市やタウンなどの地方自治体に設置された機関が大きな役割を果たすことも多い．

アメリカの法執行機関はこのように分散的で多様なため，その管轄争いはしばしば大問題となってきた．歴史的には，大半の犯罪は州と地方の次元で起こっていたが，広域犯罪が増大するとともに連邦法で定められた犯罪も増大していることから，連邦の法執行機関が果たすべき役割が増大している．また，連邦の機関は，人的，財政的資源や情報を州以下の機関に提供することで，全国の法執行機関の調整を図ることもある．

❖**第一線官僚としての警察と統制**　警察は市民の権利と安全を守ることを重大任

務としているが，それと同時に，警察が圧政の主体や手段となって市民的自由を脅かすようなことがあってはならない．社会秩序維持と市民的自由という，時に矛盾する可能性のある重要な価値をいかに両立させて守っていくかという困難な課題を警察は抱えている．

人々が警察に期待する役割も多様である．警察は市民生活に介入することなく既遂犯罪の処理に専念すべきと考える人もいれば，地域社会と密接な関係を築いて犯罪を予防することを期待する人もいる．警察の果たすべき役割を定めた法律や規則は，上記の期待を反映して矛盾した内容を含んでいる．一般に官僚機構は上意下達式の指揮命令系統をとり，下位の人員は上位の命令を粛々と執行することが期待されているが，警察についてはむしろ現場の警察官（第一線官僚）が多くの裁量を効かせないと地域社会の期待に応えることはできない．

警察の業績を財政的に統制することも必要とされているが，その評価基準を定めるのは難しい．事件の解決件数に応じて財源を与えることにすれば，解決困難な問題を放置して，解決の容易な事件の処理ばかりがなされる危険がある．事件多発地域に重点的に予算を配分することにすれば，犯罪予防措置を講じない方が財政的観点からは合理的といえる．かといって，犯罪の少ない地域に予算を投じれば，無駄遣いとの批判を招くだろう．このように，警察の活動を法的，財政的に統制するための基準を定めるのは困難なのである（☞項目「犯罪と治安」）．

❖あるべき姿は　警察が果たすべき役割の中心は，犯罪予防のための警邏活動，臨場要請通報への迅速な対応，未決犯罪解決に向けての捜査だと考えられてきた．しかし，1970 年代以降，このような伝統的な見方に疑問を呈し，新たな警察の姿や戦略を模索する動きが登場している．

例えば，伝統的な法執行だけではなく，警察と市民が共同して犯罪を予防することで地域共同体をつくり上げていこうという「コミュニティ・ポリシング」の考え方が提唱されている．また，地域共同体の秩序を重視する観点から，厳格取締りを中心とする寛容度ゼロ作戦も提唱されている．これは，割れた窓を放置すればその建物や地域を管理する人がいないと考えられ，当該地域で無秩序が拡大する可能性があることから，割れた窓が一つでもあればそれに迅速に対応することが必要だとする「割れ窓理論」と関係が深い．その他，警察は専門性を高め，強盗，強姦，交通事故など犯罪類型ごとにデータ分析やプロファイリングを行って資源を集中投下するという問題解決型の活動を中心に据えるべきという考え方もある．

アメリカの警察は，その組織形態が多様であることに加えて，期待される役割も多様である．今日では犯罪への対応だけではなく，テロ対策などの新たな課題にも取り組まなければならない（☞項目「対テロ戦争」）．社会秩序維持と市民的自由という重要な目的に貢献せねばならない警察を民主主義の中でいかに位置付けるかは，今後も重要な課題として問い続けられるだろう．　　　　　[西山隆行]

犯罪と治安

Crimes and Public Safety

本項では，一般犯罪を中心にアメリカの犯罪と治安について解説する．警察の犯罪認知件数による国際比較によれば，2013 年の日本の一般刑法犯発生率が人口 10 万人あたり 1,033 件であったのに対して，アメリカでそれに対応する犯罪の発生率は 3,099 件であった．この値は日本の 3 倍であるが，ドイツの 7,404 件，イギリス（イングランドとウェールズ）の 6,529 件，フランスの 5,468 件よりも低い．しかもアメリカの主要犯罪発生率は，1990 年頃から低下を続けており，これら 5 カ国の中で最大の低下率を示している．したがって，アメリカは決して最も治安の悪い先進国ではない．アメリカにおける犯罪発生率低下の要因として，異なる立場の研究者によって最近共通に指摘されているのは，警察力の増強と厳罰化による刑務所人口の増加である．前者は犯罪の事前抑止効果を高め，後者は犯罪者の隔離効果を高めたということになる．しかし，それらの要因が存在しないカナダやヨーロッパ諸国でも犯罪発生率は低下しているから，国際比較研究で説得力を持つ要因は，まだ解明されていない．

❖殺人事犯の発生率と銃社会　他方，殺人事犯については，先進国の中でアメリカが圧倒的に高い発生率を示している．2013 年の人口 10 万人あたりの殺人事犯は，日本 0.8 件，イギリス 0.9 件，ドイツ 2.6 件，フランス 3.1 件に対して，アメリカは 4.5 件であった．殺人事犯の発生率も 1990 年頃から低下を続けており，指数の変化では日本よりも大きな低下率を示しているが，発生率の絶対値が最高水準にあることは否定できない．

そして，その要因の一つは，明らかに，人民の武装権を規定する合衆国憲法第 2 修正を背景とする銃の蔓延である．アメリカで民間人が所有している銃は 2013 年に 3 億 5,700 万丁と推定されており，これは人口を 1 割ほど上回る．そして，殺人事犯の 7 割ほどが銃によるものであり，州別の銃保有率と殺人事犯発生率全体および銃による殺人事犯発生率は相関している．にもかかわらず，銃規制の強化は全米ライフル協会（NRA）を中心とする保守派の抵抗によって阻止され続けている（☞項目「銃社会と銃規制」）．

❖犯罪と人種　アメリカの犯罪と刑事司法は，人種との関係を抜きに語ることはできない（☞項目「刑罰と死刑」）．2010 年の国勢調査（センサス）によれば，自分が白人と回答した者（ヒスパニックを含む）は 72.4％，黒人（あるいはアフリカ系アメリカ人）と回答した者は 12.6％であった（United States Census Bureau, 2010）．これに対して，同年の連邦捜査局（FBI）の被逮捕者統計によれば，白人は 69.4％，黒人は 28％であった（United States Department of Justice, 2010a）.

さらに，連邦と州の受刑者に関する研究によれば，2010年の受刑者の39％が白人，19％がヒスパニック，40％が黒人であった（Prison Policy Initiative, 2014）．連邦司法統計局の09年のデータによれば，人口に占める受刑者の割合は，白人では0.7％，ヒスパニックでは1.8％に対して，黒人では4.7％を占めたのである（United States Department of Justice, 2010b）．そして，1995～2000年に死刑判決の可能性がある連邦犯罪で訴追された者の20％が白人，29％がヒスパニックであったのに対して，黒人は48％を占めていた（Coker, 2003）．つまり，刑事手続が進むほど白人の割合が低下し，黒人の割合が高くなる．これが刑事手続における人種差別によるものか，人種ごとの犯罪率の差，犯罪原因論的な要因，量刑上の正当な考慮事項などに基づくものであるかについては，研究者間で論争がある．

❖**犯罪と経済的地位**　貧困と失業は犯罪原因として考察される普遍的な要因であるが，アメリカではそれらが人種と関連しており，貧困者率も失業率も，白人，ヒスパニック，黒人という順序で上昇する．他方，犯罪による被害も経済的地位と関連しており，暴力犯罪，強盗傷害，性犯罪などの被害者率は低所得者ほど高い．アメリカの一般犯罪は，黒人とヒスパニックのコミュニティにおいてこそ切実な問題である．それに対して，経済的地位が高い者によって行われるホワイトカラー犯罪や企業犯罪は，行為自体が犯罪とされることが少なく，訴追や量刑も一般犯罪に比べて軽いという批判がある（☞項目「企業活動の規制」「エスニック空間」）．

❖**薬物犯罪と一般犯罪**　1971年にリチャード・M.ニクソン大統領が「薬物との戦争」を宣言して以来，アメリカは薬物の生産・流通・使用に対する対策を強化してきた（☞項目「麻薬」「暴力と薬物」）．しかし，それが一般犯罪の原因になってきたという批判がある．その批判は，例えば，受刑者の6分の1の犯罪動機が違法薬物を買う金を得ることであったというデータを根拠とする．しかも，いわゆる「三振法」によって，実際の犯罪は少額でも形式的には重罪に分類されている犯罪を3回繰り返したことによって必要的にきわめて長期の刑罰を科すようになった州では，その対象となった受刑者の増加で刑務所が過剰拘禁に陥ることになった（☞項目「刑罰と死刑」）．この状況を批判する立場からは，薬物使用の非犯罪化と治療による対応が主張されている．

❖**その他の諸問題**　アメリカの犯罪と治安については，上記以外にも論ずべき問題は多い．例えば，ギャング組織の犯罪，かつては人種差別に基づくリンチとして存在し，最近では宗教的・文化的要素も加わってきたヘイトクライム，9.11同時多発テロ以後のイスラム過激派との戦いに関連した多くの事件，そして，多数の死者を出す銃乱射事件，警察官による黒人射殺とそれに対する報復と思われる事件などである（☞項目「警察」「対テロ戦争」）．　　　　　　　　　　［宮澤節生］

銃社会と銃規制

Guns and Gun Control

アメリカでは年間ほぼ3万1,000人が銃により死亡し，7万3,000人が銃により負傷している．そのような現実があってもアメリカは世界一の銃製造国であり，外国からも銃を輸入し続けている．アメリカには大小1万800社の銃製造業者があり，約5秒ごとに1丁の銃が製造され，1日に7,000丁の銃が輸入されている．民間人が所有する銃の数は，司法省の統計によれば約3億丁となっている．その結果，銃を使用した犯罪は毎年406万件発生している．

❖**ガン・ショーと全米ライフル協会（NRA）**　ガン・ショー（銃器展示即売会）は，毎年5,000回ほど各地で開催され，33州では外国の旅行者であっても何の質問も受けずに現金で銃を買うことができる．ここではピストルから攻撃用ライフルに至るまであらゆる銃器が販売される．13人の生徒が殺害された1999年のコロンバイン高校の銃撃事件では，犯行に使われた攻撃型銃は別人がガン・ショーで入手し，それを2人の少年に渡したものであった．この事件ののちもガン・ショーは最も身近な銃入手方法の一つである．

　NRAは，アメリカで私人の銃保持を推進する政治団体である．その会員数は約500万人であり，アメリカ最強の圧力団体である．NRAは1871年にスポーツ狩猟用や自己防衛のための銃保持活動を目的として銃販売業者や銃愛好家などにより設立された．NRAは，銃を用いた犯罪に対しては「銃ではなく，人が罪を犯す」との立場をとり，銃規制立法の成立には徹底した反対運動を行う．その方法は，連邦議会はもとより地方議会においても銃規制派の議員に対して中傷的キャンペーンを繰り広げて再選阻止活動を展開し，他方，銃規制に反対派の議員に対しては献金による積極的な支援を行うというものである．

❖**合衆国憲法第2修正**　そもそも建国時のアメリカに職業軍人は存在しなかった．イギリスからの独立戦争が始まったときも，狩猟用の銃を使用していた植民地の独立革命派の装備は貧弱で，最新式の銃で武装したイギリス軍にほとんど抵抗らしい抵抗ができなかった．

　この独立戦争を通じて，建国者たちは，新生アメリカを外国の侵入から守るために，銃によって武装することの必要性を感じていた．そのため，合衆国憲法第2修正で，「規律ある民兵は，自由な国家の安全にとって必要であるから，国民が武器を保有し，携帯する権利はこれを侵してはならない．」と定めた．地域社会を守るための民兵は，植民地時代も，独立後も，家庭と土地を守るためという目的で市民から編成された．この民兵は，有事が過ぎれば市民の日常生活に戻った．したがって，この条文は民兵の武装に適用されるだけで，私人には適用され

ず，政府は銃を規制できると解釈されてきた．しかし，NRA は第 2 修正の「国民が武器を保有し，携帯する権利」の箇所を強調することで市民が銃を保持するのは憲法上の権利だと主張してきている．

❖**銃規制法**　連邦政府によって初めて制定された銃規制法は，拳銃を郵送することを禁止する「1927 年拳銃郵送禁止法」であった．「1938 年連邦銃砲法」では，2 州以上にまたがる銃取引に連邦免許状の取得が義務付けられ，犯罪者への銃販売が禁止された．しかし 1968 年にジョン・F. ケネディ大統領やマーチン・ルーサー・キング・ジュニア牧師の暗殺事件が相次いだため，銃販売業者や輸入業者に免許制度が導入され，州境を越えて銃器や弾丸を輸送することを違法とする「銃砲規制法」が制定された．さらに 93 年には 5 年間という時限立法で「ブレディ拳銃暴力防止法」が成立した．これは 81 年にロナルド・W. レーガン大統領が狙撃されたとき，大統領をかばって頭部に銃弾を受け，重傷を負ったジェームズ・ブレディ報道補佐官の名前を冠したものである．この法は，拳銃の購入につき全国的に 5 日間の待機期間を設け，その間に購入希望者の犯罪歴や病歴の有無について警察を通じて確認することを銃の販売業者に義務付けたが，連邦最高裁はこれを違憲とした（プリンツ判決）．94 年には，従来タイプの銃よりも強力な殺傷力を持つ攻撃型ライフルの製造，譲渡，所持につき規制を強化する「攻撃的武器禁止法」が成立し，同時に拳銃を未成年者に販売，譲渡することを禁止した．しかし，これらの銃規制法は一定期間が過ぎると効力を失う時限法であったため，その後効力を失い，また NRA の積極的な訴訟活動によって連邦最高裁で違憲と判断されたため，実際に今も効力を有しているわけではない．

❖**連邦最高裁と第 2 修正**　連邦議会は，1990 年に公立学校の 1,000 フィート以内での銃の所持を犯罪とする「犯罪規制法」を制定した．しかし直ちに NRA によってその違憲性が争われ，連邦最高裁は違憲と判断した（ロペス判決）．連邦政府による全国的な規模の銃規制法が連邦最高裁によって違憲とされるに及んで，ワシントン D.C. やシカゴ市などの自治体による銃規制が行われるようになった．まずワシントン D.C. の拳銃規制は，銃器の無許可携行を犯罪とし，住民が合法的に所有する登録済みの銃器は，引き金を固定装置などにより固定して保管しなければならないとするなど全米でも最も厳しい規制であった．2008 年，連邦最高裁はこの事件で初めて第 2 修正について判断し，自治体による銃規制は銃所持の自由を侵害するものだと判断した（ヘラー判決）．続いて 10 年，シカゴ市の自宅での銃所持を事実上禁じる市条例について，連邦最高裁は，第 2 修正は州や市の法令よりも優先するとし違憲とした（マクドナルド判決）．

　その後もアメリカでは毎年のように銃乱射事件が発生し，連邦政府は銃規制法を制定しようと試みるが，上記の最高裁判決に基づき勢いを増した NRA の強力な反対運動によって銃の法的規制は困難を極めている．　　　　　　　　［丸田　隆］

訴訟社会

Litigation Society

アメリカが「訴訟社会」であるとは内外ともに広く認識されているといえよう
が，その内実は必ずしも明確ではない．古くはアレクシス・ド・トクヴィルが
『アメリカのデモクラシー』（1835）の中で「いわば，政治上のどんな出来事に際
しても，裁判官の権威を呼び出す声が聞こえる」と述べている．その背景として
違憲審査制（☞項目「合衆国憲法と立憲主義」）があげられており，そこでは憲
法訴訟が想定されていたといえる．現在でもしばしば，憲法的秩序をはじめとす
る公共政策上の問題の是非を争う場として訴訟が利用される（いわゆる公共訴訟）．

他方，アメリカでは私人間の紛争が頻繁に裁判所に持ち込まれ，きわめて多数
の民事訴訟が提起されており，またその結果として莫大な額の損害賠償が認めら
れている，とのイメージも根強い．正確な統計は入手困難だが，2013 年に関す
るデータでは，州裁判所に 1,690 万件，加えて連邦地裁に 28 万件超の新規の事
件が提訴されている．同時期の日本では地裁と簡裁を合わせて 53 万件超である
から，社会において訴訟の占める存在感は大きく異なるといえる．本項では，現
代アメリカにおける民事訴訟をめぐる議論動向を解説する．

❖訴訟提起を促進する制度・実務　アメリカでの民事訴訟は，単なる私人間の紛
争の解決にとどまらない意義を持ち得るものとして位置付けられることがある．
すわなち，単に被害者が被った損害を回復するだけでなく，違法な行為を行った
者を非難・撃肘し，法と正義を実現して社会一般に貢献する回路として民事訴訟
が機能し得る，との考え方である．議会が立法を行う際に，行政機関による法執
行に代えて，あるいはそれに加えて，関係する私人に訴訟を提起することを認め
ることで，民事訴訟が行政による法執行を代替または補完するよう設計されるこ
とも少なくない．連邦および州の司法省（日本の法務省に相当）のトップを司法
長官または法務総裁と呼ぶが，同様の役割を私人が担当しているとして「私的法
務総裁」と呼ばれることもあるゆえんである（☞項目「法律家の重要性」）．

このような観念を踏まえて，訴訟提起を促進する制度や実務が発達しているこ
とも特徴的である．幾つかをあげてみれば，そもそも，弁護士の数がきわめて多
く，これにより法的サービスへのアクセスが容易になっている．弁護士報酬につ
いての実務慣行も原告にとって訴訟のハードルを下げるものとなっている．原則
として，敗訴したとしても相手方の弁護士費用を負担する必要はなく，みずから
の費用のみを負担すればよい．立法によって弁護士費用の敗訴者負担が定められ
る際も，しばしば，原告側敗訴の場合には被告側の費用を負担する必要がない，
という片面的な規定になっている．また，人身損害などの事件では，受任時には

着手金などを受け取らず，勝訴判決，有利な和解などを得られた場合にのみ，その結果として支払われる損害賠償から一定割合を弁護士報酬として受け取る，完全成功報酬制で事件を受任する弁護士も少なくない．

民事訴訟の手続自体も，提訴の敷居を下げるようにデザインされている．訴状への記載事項は簡潔なもので十分とされるのに対し，訴訟手続の一環である開示（ディスカバリ）手続において，事件に関連する広範囲の情報の開示を相手方に求めることが可能となっており，当初は十分な情報が不足している当事者であっても訴えを提起しやすいようになっている．

また，訴訟の効果を強化できる制度として，多くの人々に関連する紛争を集約することのできる，クラスアクション（集団訴訟）がよく知られている．これは，一定の共通性を持つ集団（クラス）から，これを代表するとして自発的に名乗り出た者がクラス全体のために訴訟を追行することを裁判所が許可すると，その訴訟の効果は集団全体を拘束する，という手続である．被告の行為は違法ではあるが損害額が小さいので個別に訴訟を行うことが経済的に困難な事件を糾合したり，自治体などの政策を差し止めて制度の変革を求めたりする場合などに利用される．さらに，英米法に特徴的な制度として，懲罰的賠償がある．これは，発生した損害の填補のための損害賠償を超える額の金銭の原告への支払いを命じる制度である．被告の違法な行為が特に悪質である場合に，その制裁や抑止を目的として裁判所によって認められる．類似のものとして，発生した損害の2倍ないし3倍の損害賠償を認める立法例も見られる．

❖**批判と揺り戻し**　これに対し，1980年前後から，訴訟の被告とされることの多い，企業・業界団体や医師などの専門家団体による批判の声が強まった．無責任な原告と強欲な弁護士によって根拠薄弱な訴訟が提起され，訴訟の激増と巨額の損害賠償が正当なビジネス活動と市民生活を脅かしている，との主張が経済界を中心に繰り広げられた．マクドナルドの熱いコーヒーをこぼして火傷を負ったことに対して多額の賠償が認められた事件などは頻繁に喧伝される一方，「実際には奇矯な訴訟が裁判所に殺到しているわけではない」との冷静な指摘は支持を獲得しなかった．「不法行為改革」の標語の下，連邦と州の双方で民事責任を限定する立法が行われている．代表的なものとして，特定の類型の事件において被告を免責したり，非経済的損害の賠償や懲罰的賠償の額を制限する立法がある．あるいは，高額すぎる懲罰的賠償の裁定を違憲と判断したり，連邦の行政規制を遵守することで州法上の民事責任が免責されるとする判例法理も展開された．

また，民事訴訟自体を制約する動きも目立つ．例えば，クラスアクションについて，これを認める要件を厳格に解する判例法が展開されるとともに，規制を強化する法改正が行われた．さらに，仲裁手続の利用の奨励など，訴訟以外の紛争解決手続に事件を委ねようとの動向も顕著である．　　　　　　　［会沢　恒］

企業活動の規制

Regulation of Corporate Activities

アメリカは自由で公正な競争を重んじる社会である．企業活動についても，資本主義原理に基づく自由競争が原則であるが，他方において自由競争の行き過ぎによる弊害を防ぐためにさまざまな法規制が存在する．なかには，アメリカ国内のみならず，海外でも域外適用される法規制も少なくない．本項では，多岐にわたる規制のうち，代表的なものを取り上げる．

❖**独占禁止法（反トラスト法）** ジョン・D. ロックフェラーが 1870 年に創業したスタンダード・オイル社は，同業他社との競争に勝ち抜き，19 世紀末にはアメリカ国内の石油市場をほぼ独占するようになった．こうした市場独占による弊害を防止するため，90 年，連邦議会は，不当な取引制限と市場の独占を禁止する「シャーマン法」を制定した．同法に基づき，スタンダード・オイル社は 34 の会社に分割された．さらに，連邦議会は 1914 年，「クレイトン法」と「連邦取引委員会法」を制定し，独占禁止法を実体法および執行体制の両面から強化した．「クレイトン法」は，排他的取引，抱き合わせ販売，価格差別を禁止しているほか，競争を実質的に制限する，または独占を生じさせるおそれがある合併または買収を禁止している．

反トラスト法執行当局（司法省〈DOJ〉，連邦取引委員会〈FTC〉）および裁判所は，国内通商または輸入通商に直接的，実質的，かつ合理的に予測できる効果を及ぼす行為であれば，国外での行為に対しても上記のアメリカ反トラスト法を域外適用できるとしており，日本企業の活動にも大きな影響を及ぼしている．

❖**証券法** 資本主義の進展に伴い，企業活動に必要な資金を広く一般から募るための証券市場が誕生した．しかし，第 1 次世界大戦後にアメリカの証券市場に投じられた資金の大半は，無価値な証券に対する投資であったといわれる．証券市場では詐欺的な証券発行や相場操縦が横行し，1929 年の株価大暴落，大恐慌の一因ともなった．そこで，連邦議会は，自由で公正な証券市場を守るため，「1933 年証券法」および「1934 年証券取引所法」を相次いで制定した．「1933 年証券法」は証券取引委員会（SEC）に法執行権限を付与するとともに，SEC に登録されていない証券の売付などを禁止し，また，証券の売買について詐欺的・欺瞞的行為も禁止している．「1934 年証券取引所法」は，証券の発行者に SEC への登録および継続的な情報開示を義務付けている．同法はその後も数次にわたって改正され，大量保有者の開示規制と公開買付規制，インサイダー取引の規制強化などが加わった．

さらに 21 世紀に入ると，エンロン社などの一連の不正会計事件を受けて，

2002 年に「サーベンス・オックスリー法」が制定され，会計制度の改革，コーポレート・ガバナンスへの介入，情報開示および法執行の強化が図られた．

❖金融規制法 アメリカでは，当初，連邦政府が個別に認可した第 1 合衆国銀行（1791〜1811），第 2 合衆国銀行（1816〜36）を除くほか，州のみが銀行業の免許を付与する権限を有していたが，「1863 年国法通貨法」により連邦政府にも一般的な免許権限が付与された．その後，「1913 年連邦準備法」により連邦準備制度が創設され，中央銀行たる連邦準備制度理事会（FRB）による規制が図られた．1933 年，連邦議会は「銀行法」を制定し，預金保険制度を創設するとともに，投資銀行業務と商業銀行業務の兼業を禁止した（「グラス・スティーガル法」）．同法は，銀行業界からの強い要望を受けて 99 年に廃止されたが，現在でも同法の再制定を求める立法運動が続いている．2008 年のリーマンショックを含む世界金融危機の後には，「2010 年ドッド・フランク法」が制定され，金融規制の強化と説明責任・透明性の改善が図られている．

❖贈収賄規制法 1972 年に発生したウォーターゲート事件の捜査過程で，400 社を超えるアメリカ企業が外国公務員に 3 億ドル超を贈賄していたことが判明し大きな社会問題となった．連邦議会は 77 年に「海外腐敗行為防止法（FCPA）」を制定し，アメリカ企業が外国公務員に贈賄する行為を処罰対象とした．98 年の FCPA 改正で処罰範囲は拡張され，アメリカ企業がアメリカ国外で贈賄行為に関与した場合や，外国企業がアメリカ国内で贈賄行為に関与した場合も処罰対象となった．FCPA の執行当局（DOJ および SEC）は同法の域外適用に積極的であり，日本企業がアメリカ以外の外国公務員に贈賄したとして処罰された例が複数報道されている．

❖環境規制 周辺の土地所有者や住民に煤煙，振動などの生活妨害を及ぼす企業活動に対しては，古くから判例法（コモン・ロー）に基づく救済が認められていたが，1970 年代以降は連邦法による規制が強化されるようになった．連邦議会は 70 年に「大気汚染防止法」を制定し，同法の執行権限を環境保護局（EPA）に付与するとともに，自動車などから排出される汚染物質の排出基準を策定するよう義務付けた．「1972 年水質浄化法」は，EPA に各種排出物の排出基準の策定を義務付け，工場排水や有害物質の漏出を規制している．また，「1976 年資源保護回復法」は，有害廃棄物の発生から処分に至る汚染防止および浄化の枠組を定めている．

さらに，「1980 年包括的環境対策保障責任法」および「1982 年スーパーファンド修正・再授権法」は，汚染責任者を特定するまでの間，石油税などで創設した信託基金（スーパーファンド）から浄化費用を支出した上で，最終的な費用負担は広く有害物質に関与したすべての潜在的責任当事者（融資した金融機関を含む）に求めることとしている．　　　　　　　　　　　　　　　　　　　　　　［古田啓昌］

労働者の保護

Protection of Workers

労働者の雇用や労働条件を守るために，各国は労働法制を設けている．アメリカでは，1930年代のニューディール期に，団体交渉を中心とする集団的な労使関係法のシステムが整備され，労働法（labor law）といえば通常，これを意味する．他方，1960年代以降には，人種，性別，年齢などによる雇用差別を禁じる立法が発展し，さらにその他の労働条件規制も加わって，雇用法（employment law）と呼ばれる新たな分野が形成された．

❖**随意的雇用**　アメリカでは元来，労働者保護の意識が弱く，法的ルールも労働者に厳しいものが多かった．それを象徴するのが，随意的雇用と呼ばれる，解雇自由の原則である．雇用の期間が定められていない場合，両当事者は，いつでも自由にこれを解消することができる．使用者から見れば，いつ，いかなる理由によっても，特に理由がなくても，直ちに労働者を解雇することが可能となる．

雇用関係の基本は各州の判例法（コモン・ロー）によって規律されるが，19世紀の末に，ほとんどの州でこの随意的雇用の原則が採用され，定着した．以後，若干の例外法理はあるものの，現在に至るまで随意的雇用の原則は維持され，アメリカの重要な特徴となっている．どんなに賃金が高くても，解雇されれば終わりとなるので，労働者の地位や権利はきわめて不安定である．そこで，法律や労働協約など，これを修正するツールが必要となる．

❖**賃金・労働時間**　労働条件の中心となる賃金・労働時間に関しては，1938年に制定された連邦の「公正労働基準法」（FLSA）が，時間当たり最低賃金と，週40時間という労働時間の基準および時間外手当を定めている．かつての連邦最高裁は，この種の法律は契約の自由への侵害にあたるとして違憲判決を繰り返し，労働法制の発展を阻害したが，ニューディール期に態度を変更し，合憲性を認めるに至った．

最低賃金の額が法律の中に具体的に書き込まれている点（現在7.25ドル．引き上げには法改正が必要）や，週40時間を超えても1.5倍の賃金を支払えば何時間働かせてもよい点は，アメリカ的な特徴であり，州法でも同様の例が多い．

❖**団体交渉・労働協約**　アメリカの労働法制の大きな転機となったのは，1935年の「全国労働関係法」（NLRA），いわゆる「ワグナー法」である．ニューディール政策を代表するこの法律は，労働者の労働三権（団結権・団体交渉権・団体行動権）を保障した上で，これらを侵害する使用者の行為を不当労働行為として禁止し，特別の救済システムを整備した．使用者は，労働者の多数によって選ばれた労働組合と，誠実に団体交渉を行うことを義務付けられる．その後，47年に，

組合規制的な方向の法改正が行われたが，同法が組合組織化から団体交渉へという プロセスを保護する点に変わりはない．

　ここで注目すべきは，団体交渉の結果として労使間に結ばれる，労働協約の機能である．アメリカの労働協約は通常，労働条件を詳細に定め，解雇についても正当事由が必要との規定を設けている．判例法の下での労働者の不安定な状況を是正し，より良い労働条件と雇用の保護を，協約上の権利として保障する点にポイントがある．さらに，協約違反の問題が生じた場合には，苦情・仲裁手続を通じて自主的かつ簡易迅速に解決することも合意されており，労働協約はいわば労使による自治のシステムをつくるものである．しかし，労働組合の勢力は退潮が著しい．50年代には35％前後あった組合組織率は，2016年の数字で10.7％，民間部門に限ればわずか6.4％にすぎない．大多数の労働者は労働協約の保護の外に置かれ，それが適用される可能性もないというのが，今日の現実である．

❖雇用差別の禁止　その一方で，1960年代以降，雇用差別を禁止する立法が発展した．最も重要なものが，「1964年公民権法」の第7編，いわゆる「タイトルⅦ」である．これは50～60年代における公民権運動の成果であるが，採用を含む雇用関係のすべての場面について，人種，肌の色のほか，性別，宗教，出身国を理由とする差別をも禁止する包括的な立法であり，アメリカ社会に大きなインパクトを与えた．また，67年の「雇用における年齢差別禁止法」（ADEA），90年の「障害を持つアメリカ人法」（ADA），2008年の「遺伝子情報差別禁止法」（GINA）が，それぞれ，年齢，障害，遺伝子情報に基づく差別を禁止した．そのほか，性差別について，1963年の「同一賃金法」（EPA），78年の「妊娠差別禁止法」（PDA）など，特別の法律や規定も設けられた．さらに，以上のような連邦法とは別に，各州でもさまざまな法律がつくられている．

　これらの差別禁止立法は，労働者にとって，一見するよりも大きな保護機能を果たしている．前述のように，現在でも解雇は自由というのが判例法の原則であり，いずれかの差別に該当しない限り，自由になし得る．しかし，訴訟が提起された場合に，もし十分に合理的な解雇理由を示すことができなければ差別があったと判断される危険が高くなるので，使用者としても慎重な行動をとらざるを得ない．

❖その他の雇用立法　雇用関係に関する他の立法として，連邦法でいえば，1970年の「職業安全衛生法」（OSHA），74年の「被用者退職所得保障法」（ERISA），93年の「家族・医療休暇法」（FMLA）などがある．しかし，他の国と比較すると，実体的な労働条件の規制は控えめであり，差別禁止の比重の高いことがアメリカ的な特徴といえよう．なお，労災補償については各州でそれぞれ法律がつくられており，また，失業保険については，連邦の「社会保障法」（SSA）の枠組みの下で，各州が法律を定めている．　　　　　　　　　　　　　　　［中窪裕也］

アメリカ法と日本
American Law in the World

　アメリカはイギリスの植民地として出発したことから，アメリカ法はイギリス法（正確にはイングランド法）の基盤を継受して成立し，発展してきた．そもそも独立革命の眼目は「イングランド人としての古来の権利を確認する」ことにあった．現代でもイギリスの判例などはアメリカにおいて参照されることがある．もっとも，イギリス法を継受した地域はアメリカに限られず，旧植民地を中心に，カナダ，オーストラリア，ニュージーランドなどに及ぶ．このように，イギリスに起源を有し，判例法主義，幅広い裁判所の権能といった特徴を共有する諸国の法は，しばしば「英米法系」（Common Law ないし Anglo-American Law）と総称される（したがって，「英米法」という場合の「英米」とは単純に「英」＋「米」ではないことに注意）．

　だからといって英米法系に属する諸国の法が一枚岩なわけではない．アメリカとイギリスを対比するだけでも，前者が成文化された憲法典を持ち，また連邦制を採用しているのに対し，後者は成文憲法を持たない不文憲法の代表格である．いわゆる違憲立法審査権の働き方も大きく異なる（☞項目「合衆国憲法と立憲主義」）．より細かい差異に着目すれば枚挙に暇がない．このように内部に差異を抱えつつも，相対的に見て少なからぬ類似点があることから，英米法系として分類されている．

　他方，日本法についてはどうか．明治になって近代法を整備するにあたり，イギリス法も参照されなかったわけではないが，主として範をとったのはフランスやドイツといった国々の法であった．フランスやドイツに代表される，ローマ法の伝統を基盤とし，法典を中心に法体系を観念する諸法をまとめて「大陸法系」（Civil Law ないし Continental Law）と呼ぶ（ここでの「大陸」とはヨーロッパ大陸の意）．この意味で，日本法もまた大陸法系に属するとしばしば考えられている．法の在り方に関する基本的な観念・理解・イメージは両法系間で異なることから，日本の観点からアメリカ法を把握しようとする際，あるいは日本法について英語で発信しようとする際には，若干の困難が生じることは否めない．

　もっとも話はここで終わらない．日本では戦後，アメリカ軍を中心とする連合国軍最高司令部（GHQ）の下で諸改革が行われ，そこには法制度の改革も含まれていた．日本国憲法を筆頭に，刑事訴訟法，商法（会社法），労働法，独占禁止法といった多くの領域において，アメリカ法の強い影響の下で新規の法が定立され，あるいは大規模な改正が行われた．このことから戦後，少なからぬ法律家・官僚・学者の関心がアメリカ法に注がれることにもなった．他方，民法（財産法），民事訴訟法，刑事実体法のように大陸法の影響の下で整備されたまま相対的に変化の小さかった法分野もある．こう見ると，日本法は大陸法・英米法双方の伝統を引き継いだ混合法としてユニークな位置を占める．

［会沢　恒］

5. 民族・人種

　アメリカが多民族・多人種社会であることは，よく知られている．この民族と人種の多様性がアメリカの歴史と文化に活力をもたらしてきたことは間違いない．しかし，その多様性が歴史的に創られていく中で，民族や人種に基づく偏見，差別，排除が存在してきたことも事実である．

　イギリスによる植民地化とインディアン征服，アフリカからの奴隷連行，世界各地からの移民の到来といった歴史の過程において，アメリカ人とは誰か，アメリカ文化とは何か，アメリカは公正な社会かといった問いが，民族や人種の問題としてアメリカ社会に突き付けられてきた．いずれにしても，民族と人種の問題を抜きにアメリカ社会を語ることはできない．

　本章では，民族や人種に基づく偏見と差別の対象とされてきた諸集団の歴史と文化について解説するとともに，アメリカにおける民族・人種問題の歴史と現状を幅広く理解するための手がかりを提供したい． 　　　　　［中條　献／松本悠子］

国　民

Nation

アメリカ合衆国においては，他の多くの国民国家とは異なり，近代の国民形成に先行する旧い民族的な起源や聖なる「郷土」を見いだすのが困難だ．それでは，歴史的にアメリカ人を固有の国民たらしめてきた条件とは何だったのだろうか．

❖自由の国民と人種・民族的境界　まず「新大陸」の英領植民地から独立革命を経て誕生したアメリカ合衆国は，イギリス人の歴史との決別をその出発点としている．またその後，世界中から移民を受け入れて人口の多様化が進む中で，ますますある特定の民族の文化や伝統とアメリカの国民社会を同一化することは難しくなっていく．それゆえこの国では，個人の利害を超えた一つの大きな有機体として国家主権を思い描くのは容易ではない．むしろアメリカでは，個人を主体とした社会契約（立憲主義）と人民主権の自治思想が深く根付いてきたのであり，その政治的統合は個人の自由を柱とする啓蒙普遍の理想によらざるを得なかった．換言すると，アメリカの「国民」は，自由と平等の享受をよすがに結合した諸個人の総体と見ることも可能なのである．

だがそれにもかかわらず，アメリカの歴史を振り返るとき，国民と他者とを分かつ境界を定め，あるいは国民内の下位集団を序列化する原理として，人種・民族的属性が繰り返し参照されてきたのも事実である．18，19 世紀におけるアメリカの大陸内膨張や奴隷制の存在は，先住民や黒人を征服，支配し，国民共同体の外部に斥けようとする心性によって裏付けられていた．また移民問題に関わって，1850 年代にはカトリック教徒のアイルランド系住民が苛烈な排外運動の標的となり，80 年代には中国人移民を名指しで制限する連邦法が成立している．

❖工業化と国民社会の再編　20 世紀に入ると，文化的，言語的な共同体として国民を再定義しようとする風潮はさらに強まっていく．その背景には，当時の大量移民と急激な工業化が生んだ社会分裂への不安があった．移民労働者や人種マイノリティのコミュニティ生活は，しばしば貧困や労働紛争，公衆衛生といった問題と結び付けて考えられるようになった．ここに国民形成は，いわば社会政策とも関連した現代的な政治課題となっていく．そしてそのことは，一見矛盾するいくつかの政治的，社会的潮流を生み出すことになる．一つは「アメリカ化」と呼ばれた同化主義の政治である．各地の自治体や工場で，移民に英語とアメリカの歴史，市民文化などを学ばせる成人教育プログラムがつくられ，「帰化法」は英語の会話能力を市民権の資格要件に定めるようになった（☞項目「移民」）．

いま一つの潮流は「カラーライン」という排除の政治である．この頃までに南部諸州では黒人住民からの選挙権剥奪と公的空間の人種隔離が制度化され，第 1

次世界大戦後には北部都市でも人種ごとの居住区分離が定着していった．さらに，1924 年には南・東欧移民の制限を骨子とする，通称「出身国別割り当て移民法」が制定されるが，同法は日本人をはじめとするアジア系の移民を帰化不能外国人として包括的に拒む規定を含んでいた．興味深いのは，この文化的不寛容の絶頂期に，大衆消費という新しい国民的包摂のメカニズムが動き始めていたことである．20 年代の経済繁栄の下，多様な人々がアメリカ的生活様式の物質主義を受け入れることで，人種や民族の違いを超えた平等な消費者として立ち現れようとしていた（☞項目「消費主義」）．それは，特に第 2 次世界大戦後の「豊かな社会」の国民文化を考えるとき，無視できない展開である．20 世紀半ばのアメリカは，根深い人種・民族的な分断を抱えながら，工業化社会に適合したより平等で秩序だった国民統合の在り方を模索する段階にあったのである．

❖多元的な国民統合とその限界　その意味でこの頃，いわゆる文化多元主義の主張が現れたことは重要である．人々のエスニックな文化集団への帰属を承認したうえで，同時に個人（＝市民）としての公的，政治的生活への参加を求めるこの思潮は，アメリカ国民形成における普遍主義の原則と人種・民族的な差異政治の現実を調停しようとする（☞項目「多文化主義」）．それは一つの国民統合論であり，ニューディールから 1960 年代の「偉大な社会」へと続くアメリカ版の福祉国家体制を内的に支える組織原理の一つとなっていった．この間，52 年と 65 年の法改正で従来の民族差別的な移民政策は撤廃され，64 年の「公民権法」は人種隔離を連邦法レベルで禁止した．特に後者の改革は黒人という集団が被ってきた差別の歴史を公的に認知し，実質的な平等化のための政策を求めるものだった．ここにアメリカ「国民」は文化的な多元主義と社会・経済的なリソース再分配に裏打ちされた政治共同体になろうとしていた．

　しかし，70 年代以降，そうした国民観は新自由主義の政治文化や新興の多文化主義から挑戦を受けることになる．例えば，78 年の連邦最高裁バッキ判決は，多様性の民主的価値を認めながらも，具体的な人種枠をもった積極的是正措置に違憲を宣するものだった（☞項目「アファーマティブアクション」）．この背景に，あるべき平等の内実を狭く解釈し，政府の役割をより限定的にとらえようとする保守化した世論の存在を指摘することもできる．他方，マイノリティの運動と結び付いた多文化主義の中には，市民的な国民統合の実態に懐疑的なものが現れる．アメリカの普遍に西洋中心主義の影を見るこの国民国家批判は，歴史的に見て，同時代の小さな政府論と同様に重い意味を持つ．だがむしろ，差し迫った問題はこの間にもポスト福祉国家の経済政策で困窮した人々が，特定の人種（＝文化）に属する他者として打ち捨てられてきたことだ．黒人アンダークラスの問題やラテンアメリカ系の非合法移民問題などに明らかなように，アメリカ社会を分断する人種・民族的境界線は今なお再生産され続けている．　　　　　　［中野耕太郎］

センサス

Census

センサス（国勢調査）は，アメリカ全体と地域別人口の推移や特徴の把握を目的として，10年に1度実施される．基本的な調査項目は，人種・エスニシティ，年齢，性別，家族構成などである．第1回の1790年以降，南北戦争などの戦時中にも中断することなく実施されてきた．

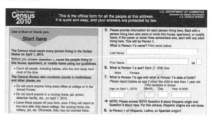

図1　センサスの記入票（一部）

最新（2010年）のセンサスによると，アメリカの総人口は3億870万人で，人種別の内訳は，白人72.4％，黒人またはアフリカ系アメリカ人12.6％，アメリカン・インディアンまたはアラスカ先住民0.9％，アジア系4.8％，ハワイ先住民および他の太平洋諸島系0.2％，その他の人種6.2％（以上は，単一人種のみの回答による）となっており，複数回答者の割合は2.9％であった．アジア系および太平洋諸島系はさらに細分類化されている．エスニシティ項目によると，全人口のうちヒスパニック／ラティーノ系が12.5％を占めている．

16年の大統領選挙の結果，ドナルド・トランプが，特にアメリカ生まれで地方在住の白人層から多くの支持を得たことが話題を呼んだが，そうした投票行動もセンサスの分析に基づくものである．

✤**歴史的経緯**　アメリカは，独立戦争の後，税収入の確保に加え，各州間の人口格差に対し政治的代表権をいかに配分するかという大きな課題に直面していた．結果，上院では各州に同等の代表権を与え，下院では選挙区の人口に比例した議席を州ごとに割り当てることとなった．センサスの10年ごとの実施と下院議席の割当方法については，1787年に制定された合衆国憲法の第1編2節3項に明記されている．

センサスの質問項目や表記方法は時代につれて変化している．第1回の調査で問われたのは，世帯主の氏名と，以下の項目の構成人数だけであった．すなわち，16歳以上の自由民の白人男性（徴兵可能な人口を推定するため），16歳未満の自由民の白人男性，自由民の白人女性，他のすべての自由民，そして奴隷である．特定のトライブ（部族）に忠誠を尽くすインディアンは「課税しないインディアン」としてセンサスから除外された．また，すでに奴隷制に反対を表明していた北部と，奴隷をセンサスに含めるよう要求する南部相互の妥協策として，奴隷は自由民の5分の3と数えられることとなった．世帯主にのみ限定されていた氏名

の質問項目が全自由民を対象とするようになったのは1850年のことである. 1902年には, 内務省に永続的な国勢調査局が開設され, 今日に至っている. 2005年には, 祖先, 就学年数, 収入, 言語, 障害などの実態を調査するそれまでの長編版に代わり, アメリカン・コミュニティ調査（ACS：American Community Survey）が導入され, 毎年実施されている. これにより職業や就学歴, 自宅の所有の有無などについてより詳細な情報が得られるようになり, 諸政策に活用されている.

❖**人種・エスニシティ項目**　センサスの質問項目の中で特に注目を集めてきたのが, 人種に関する分類の変化である. 例えば, 「混血」を表すムラトーが初めて登場するのは1850年であり, 90年には一度限りではあるが, クアドルーン（4分の1）やオクトルーン（8分の1）など, 黒人の「血」の含有率を詳細に問う項目も現れた. 南北戦争終了後, 特に再建期の後, 「混血」の増加に対する白人社会の恐怖感や警戒意識が強まったことを反映している. 「日本人」の項目は, アジア系の中でも「中国人」（1870年に初出）に次いで古く, 80年代に日本人移民が西海岸で目立ち始めたことを受けて90年に追加されている.

　1960年に大規模に導入された自己申告制により, それまでの各世帯を訪問していた調査員に代わり, 個々人のアイデンティティに基づき記入するようになった. 前述の「白人」「黒人」などの5人種は, 77年に設置された連邦政府行政管理予算局（OMB：Office of Management and Budget）の指針によるもので, 指針にはこれらの人種が生物学的実体を持つものではないことが明記されている.

　2000年には, センサス史上初めて, 人種の複数回答も認められるようになる. いわゆる異人種間結婚が増加し, 1980年代以降, 一つの人種の選択しか認めない旧来の方式に対して批判の声が高まったためである. 2010年のセンサスでは「その他の人種」がOMBによって正式に追加された.

❖**課題と今後の予想**　アメリカの総人口は, 2010～20年の10年間に9.7%増加し, その半数以上をヒスパニック／ラティーノ系が占めている. 44年には, 非ヒスパニック系白人の比率は50%を割ることが予想されている.

　近年, 移動可能なトレーラーや大人数でアパートに住むケースが増加していることから, 人口の過少把握の問題が深刻化している. 伝統的に, 移民社会では民主党が強い支持基盤を持つことから, 過少把握は, 政党の勢力図や大統領選に直接影響する問題でもある.

　センサスのもう一つの大きな課題は, 人口の多様化と居住パターンの複雑化に伴い膨張し続けている調査費用をいかに削減するかである. 10年には, 2000年比で56%増の約130億ドルが投じられた. インターネットやメール, 電話など, より柔軟な回答方式を追加すること, また官民双方が持つ既存の情報データベースを有効活用することなどが検討されている.　　　　　　　　　［竹沢泰子］

人　種

Race

　「アメリカは多人種社会である」という認識は広く定着しているが，ここでいう人種が具体的に何を意味するのか，実はそれほど明確ではない．アメリカでは，白人，アフリカ系（黒人），アジア系（黄色人種），インディアン（赤）といったように，肌の色に基づく人種の分類が社会に浸透している．日本においても人種といえば，白人／黒人／黄色人種の3分類を思い浮かべる人が多いだろう．このように，人種は生物学的な形質を基にした客観的かつ科学的な分類だと，通常は思われている．しかし，現実には人種の定義や分類の基準は多様で，時代や社会の状況によってそれらが変化することもある．

❖人種という考え方の歴史的背景　そもそも，人種に該当する言葉はヨーロッパの諸言語に15世紀頃から登場し，当初は植物や人間以外の動物を分類する際の表現として使われていたという．それが，17世紀に入ると人間集団の分類を意味するようになり，19世紀になると人種は主として生物学的あるいは身体的特徴によって分けられた人間のグループを意味するようになった．この過程が，ヨーロッパ諸国によるアメリカ，アジア，アフリカ地域の植民地化の時代と重なるという事実は重要である．支配者としてのヨーロッパが，支配されることになる他地域の人々を「種類の異なる人間」として理解し，体系的に分類していったことが人種という考え方の始まりだったのだ．したがって，人種はその出発点において，この不平等な支配／被支配の関係に付きまとう偏見や差別が織り込まれていた分類概念なのである．人種はレイシズム（人種主義）と歴史的に表裏一体であると言い換えてもよいだろう．

❖アメリカの歴史における人種　後にアメリカとなる北米大陸をイギリスが植民地化したのは17世紀初頭からである．大陸の先住者である人々は「インディアン」と名付けられて一括りにされ，劣等で野蛮な人々（＝特定の人種）と見なされて，彼らに対する虐殺，排斥，抑圧が正当化された．また，イギリスは北米大陸の南部地域で農業生産を開始し，その労働力を確保するために大西洋を越えてアフリカから大量の奴隷を連行した．ここでもイギリス人の植民者はアフリカから連れて来た人々を黒人と総称し，人種的劣等さを理由に彼らの奴隷化を正しいと決めつけた．18世紀後半，「自由」の理念を掲げてイギリスの植民地から独立を果たしたアメリカにおいて，その理念とまったく相反する奴隷制が維持されたのも，人種概念が機能していたからだといえる．19世紀後半には，ヨーロッパからの移民に加えてアジア（特に中国）からの移民が太平洋岸の諸州で急増すると，中国人移民に対する人種的偏見や憎悪が高まり，アメリカ政府は「帰化不能

外国人」として彼らの入国を禁止した．そもそも，移民を法的にアメリカ人と認める条件を定めた「帰化法」は1790年に初めて制定されたが，その資格は「自由な白人」に限定されていた．その後，「帰化法」は何度も改定され，南北戦争後には黒人も帰化の対象とされたが，中国人移民の入国禁止に続いてアジアからの移民も帰化不能と見なされて，第2次世界大戦直後まで帰化が許されなかった．これらの有色人種とともに，アメリカでは白人というヨーロッパを出自とする人種が，そこに誰が含まれるのかは時代によって異なるが，常に存在していた．さらには，人種という考え方の形成において，医学，生物学，遺伝学，社会学，歴史学といった学問が，この分類を科学的な知識として正統化する役割を果たした．こうして20世紀に入ると，人種を意味する「race」という言葉はアメリカ社会で広く用いられるようになった．

❖**人種化されたアメリカ社会**　現代のアメリカでは，人種による分類は自然なこととして受け入れられており，そのことが過去から受け継がれた偏見や差別を温存し，新たな不平等を生み出す要因ともなっている．事実，社会的および経済的状況には人種間の格差が存在することを，さまざまな統計数値が示している．しかし，人種は同時にアメリカの人々，特に抑圧されてきた人々にとって，自己を認識する重要なアイデンティティの基盤となる．1960年代は公民権運動の時代とも呼ばれるが，人種アイデンティティを基に団結した集団による社会抵抗の動きが盛んになり，人種平等に向けてアメリカ社会は大きく改革された．

　最近では，生物学的な人種の分類は非科学的だという意見も広く聞かれるようになったが，文化的な理由（言語，宗教，慣習など）を新たな基準として人種を語る傾向が出てきた．例えば，60年代から人口が増加している，ラテンアメリカ地域からの移民で主としてスペイン語を話すヒスパニック／ラティーノや，9.11同時多発テロ後のアラブ系あるいはイスラム系の人々は，彼らの言語や宗教がアメリカの多数派から異質な存在として一括りにされ，歴史的に抑圧されてきた人種集団と同じような偏見にさらされ，差別の対象にもなっている．こうして人種は，社会の変化に合わせるかのようにその定義や分類基準を変えながら，アメリカ社会に生き続けている．

　アメリカにおける人種は単なる人間の分類ではない．人種は，土地の奪取，奴隷労働力，経済的資源の争奪，政治的恐慌といった個々の歴史社会状況の中で起きる特定の人々に対する差別と抑圧を正当化すると同時に，その人々に対する差別や偏見そのものを生み出すきっかけとなる．人種はまた，そこから生じる差別や偏見の犠牲となる人にとっても，そうでない人にとっても，自身を理解するアイデンティティとなる．こうした人種の複雑な意味と機能を踏まえた上で，人種という分類が浸透しているアメリカを表現するならば，それは「人種化された社会」ということになるであろう．　　　　　　　　　　　　　　　　[中條　献]

混血といわれる人々

People of Mixed-Race

第44代大統領バラク・オバマは，2008年の大統領選の最中，ケニア出身の父とカンザス州出身の白人の母から生まれたことを披露し，多人種社会アメリカが一体性を持つ必要があると熱く語った．オバマがこのような演説をした背景には，人種混淆に関する長い歴史がある．なお「混血」という言葉は差別的意味を持つ場合もあるが，本項では複数の人種を出自にもつ人々という意味で便宜的に使用する．

❖「血の一滴」ルール　イギリス植民地として始まったアメリカでは，その歴史の初めからアメリカ先住民と新来者との親密な関わりがあった．その後，人種奴隷制が確立していく中で，白人奴隷主の男性と黒人女性奴隷との関係は許容されたが，それ以外の異人種間の親密な関係は禁じられた．しかも，奴隷の母親と白人奴隷主との間に生まれた子どもは奴隷，すなわち黒人とされた．

奴隷解放後の19世紀後半から20世紀前半にかけては，「異人種間結婚禁止法」が州レベルで相次いで制定された．この法律を施行するためには人種の定義が必要であるが，バージニア州などでは，一滴でも黒人の血が入っていれば黒人と見なす「血の一滴」ルールが明文化された．いわゆる「白い黒人」（肌は白いがアフリカ系の血が入っている）が，白人として白人社会に入ろうとすることを意味する「パッシング」の葛藤とその悲劇的結末は，アメリカ文学の多くの題材となっている．

❖白人／黒人から白人／非白人へ　アフリカ系以外の非白人に関しても「異人種間結婚禁止法」は適用された．19世紀後半以降増加したアジア諸地域からの移民も非白人として白人との結婚を禁止する州が続出した．このような法律は，人種隔離の社会規範や生まれてくる子どもに関する優生学の議論などによって擁護されてきた．ただし，非白人の間の結婚に関しては，人種が異なってもこの法律は適用されない．したがって，あくまで「白人」の血の純粋性と優越性を守る論理が貫かれたといえよう．

❖ラビング判決　1967年，ようやく連邦最高裁は，人種を理由に結婚の自由を制限することは合衆国憲法に抵触するという観点から，ラビング夫妻が59年にバージニア州で受けた有罪判決を違憲とした．同年，白人女性と黒人男性の結婚を正面から取り上げたシドニー・ポワチエ主演の映画《招かれざる客》が封切られている．その後，映画などのメディアでは異人種間の親密な関係をタブー視する風潮はなくなってきたが，地域社会や家族のレベルではタブー視する風潮が完全に消え去ったとはいい難い．また，第2次世界大戦以降，戦地や海外の基地か

らアメリカ兵が連れ帰ったいわゆる「戦争花嫁」の場合も多様な組合せの異人種間結婚が多いが，戦争にまつわるイメージはアメリカに来た女性とその子どもたちに負のイメージを課したのである．

❖**多人種アイデンティティ**　ラビング判決以後，統計上，人種を異にするカップルの結婚件数は急増した．統計上の異人種間結婚の増加は，実際の件数の増加とともに彼らが自己の存在を積極的に明らかにした結果であるともいえる．異人種間結婚の結果としての子どもたちの中には，既存の人種集団とは異なる新たなカテゴリーとしての「多人種」に帰属意識をもつという主張を始めた人々もいる．複数の単一人種集団から構成されていると想定されてきたアメリカ社会において，それぞれの単一人種集団からの帰属への圧力あるいは疎外を経験しながら，多人種アイデンティティを持つ人々は，多様な組織をつくり，センサスの人種分類の見直しを求めるなどの活動を行ってきた（☞項目「センサス」）．多人種アイデンティティをめぐる運動は，アファーマティブアクション政策（☞項目「公民権運動」「アファーマティブアクション」）など単一人種諸集団を基盤とした社会政策の在り方にも問題提起をすることになったのである．

❖**人種社会アメリカの行方**　2010年のセンサスでは，二つ以上の人種を出自として申告した人は全人口の2.9%であり，2000年のセンサスの同カテゴリーの人口数と比較すると3割近く増加した（United States Census Bureau, 2012）．ピューリサーチセンターの15年の報告では，全成人人口の6.9%が二つ以上の人種を出自に持ち，複数の人種を出自とする子どもの人口はさらに増加すると推計している（Pew Research Center, 2015）．しかしながら，多人種アイデンティティをめぐる運動は必ずしも複数の人種を出自とする人すべての支持を得ているわけではない．ジェンダー，社会階層など他の要素の違いによって，本人の帰属意識も社会的経験も異なる．また，同じ人がその置かれた状況によって帰属を変える場合もある．

　さらに，どの人種の出自が外見に主に影響しているかで，他者からのまなざしが異なり，翻って当事者のアイデンティティにも影響している．ピューリサーチセンターの調査によると，複数の人種を出自に持つ人の間で比較すると，アフリカ系の出自を持つと見なされた人の方が，そうでない人より圧倒的に社会的差別を経験しているという．このことは，アフリカ系などを社会的に下位に位置付ける人種集団間の序列が今も厳然と存在することを示している．オバマの場合も，白人の血はほとんど言及されず，あくまでアメリカ初の「黒人大統領」として見られたのである．

　今後，より多くの人が人種の境界を越えて親密な関係を結ぶようになったとしても，その子どもたちが人種の出自を意識しなければならない限り，人種社会アメリカは続くだろう．

[松本悠子]

レイシズム

Racism

　レイシズム（人種主義あるいは人種差別主義）は，アメリカ社会の根底に横たわる重大な問題である．レイシズムの定義を簡潔にまとめると，「人間集団間に見られる現実あるいは創造の差異に優劣などの価値をつけること，およびその価値を利用して現状の不平等を正当化してみずからを利する思想と行為の基礎にすること」である．ここでいう差異の根拠となるのが人種であるのは言うまでもない．近年ではこの人種が，肌の色などを基準とする生物学的分類だけでなく，言語，文化，宗教，国籍，出身地，障害の有無など多種多様な理由により区別されるようになっており，その結果としてレイシズムは，広く世界各地で各集団間の不平等な関係を正当化するとともに，新たな差別を生み出し続けている．

　レイシズムは既存の不平等を正当化する機能を持つため，常に社会を支配する側が上記の価値付けを行う．アメリカはイギリスによる北米大陸の植民地化から始まって独立国家となったため，基本的には白人／非白人（有色人種）が分類の軸となるが，移民の流入や国際政治をめぐって新たに国籍や宗教などの差異に基づくレイシズムが，近年その激しさを増している．

❖**人種偏見とステレオタイプ**　レイシズムによる優劣の価値付けは，特定の集団に対する人種偏見あるいはステレオタイプ（固定観念による画一的な見方）を生み出す．植民地化の過程で排斥の対象となったインディアンは野蛮な人種と見なされ，アメリカ独立を経てインディアンに対する支配が貫徹すると，一転して彼らは消えゆく人種として哀れなイメージとともに描かれるようになった．アフリカから連行された奴隷たちも黒人（アフリカ系）としてステレオタイプ化され，怠惰で陽気で従順な黒人（男性）を表す「サンボ」のイメージは，19世紀前半から1960年代に至るまで，芸能，文学，広告など幅広い分野を通して社会に定着していった（図1）．人種に基づくこのような露骨な偏見とステレオタイプは，公的な場で見られることは少なくなったが，現在のアメリカ社会にも残っており，レイシズムの基盤となっている．

図1　黒人を「サンボ」として描いた絵ハガキ（1909）［National Museum of African American History and Culture］

❖**レイシズムの制度化**　レイシズムは個々人の偏見やステレオタイプを意味するだけではない．むしろ，レイシズムの影響力はそれが社会全体で制度化されたと

きに発揮される．アメリカでは 17 世紀初頭における植民地化の始まりから現代に至るまで，インディアンの暴力的排斥，アフリカ系の人々の奴隷化や奴隷解放後の彼らに対するリンチ，ヒスパニック／ラティーノに対する排外主義的で差別的な扱い，イスラム系移民の監視と弾圧などが，法的かつ政治的にも制度として認められてきた．それに加えて，雇用，昇進，賃貸契約，ビジネス活動，教育カリキュラム，そして犯罪の取締りに至るまで，レイシズムの生み出す優劣が制度として深く社会に浸透し，不平等が維持され再生産されている．

つまり，日常生活の何気ない行動や思想が，前述のステレオタイプとも組み合わさって，制度化されたレイシズムを気付かないうちに補強しているのがアメリカの現状なのである．

❖**見えなくなるレイシズム**　このことから，現代のアメリカにおけるレイシズムについて考えるとき，最も注意しなくてはならないのが「見えないレイシズム」である．従来，レイシズムは「邪悪な思想」というイメージで理解されてきた．あからさまな偏見と差別意識を持つレイシスト（人種差別主義者）が，有色人種に容赦のない暴力を振るい，露骨に差別的な扱いをする，というものだ．しかし，1960 年代に起きた公民権運動は，こうした邪悪な思想と行為を少なくとも公的な場では許さないという社会的風潮をつくり出した．実際に，その後のアメリカでは，誰にも明らかな人種偏見やステレオタイプが発露される機会は減り，人種マイノリティ集団の政治的，経済的，社会的地位は，以前に比べれば向上した．

しかし，そのことが今新たな問題を生み出している．「アメリカ社会のレイシズムは解消された」という認識が，バラク・オバマというアフリカ系初の大統領の誕生もあって，21 世紀に入って拡大しているのだ．その認識によれば，レイシズムを「目に見えて邪悪な思想や行為」と狭く理解した上で，それが目立たなくなったアメリカ社会はレイシズムから脱却した，と解釈する．したがって，人種的マイノリティ集団や女性など，過去に差別を受けてきた人々を，雇用，昇進，入学において特別に考慮する措置（☞項目「アファーマティブアクション」）に対しては，これを「逆差別」と断じて反発する声がますます高まっている．さらには，生物学的分類としての人種という考えが否定され，その代替として文化，言語，宗教，国籍などで集団を差別化する新しいレイシズムが出てきたことも，レイシズム解消という認識の拡大に一役買っている．いずれにしても，近年のアメリカでは，レイシズムの存在を指摘するために人種について言及すると，人種という区別を持ち込むこと自体がレイシズムだと逆に批判されるまでになっている．レイシズムは見えなくなるというよりも「見えなくさせられている」といってよいだろう．こうしたアメリカのレイシズムの現状を指してカラーブラインド・レイシズム（人種を識別しない人種差別主義）という言葉も用いられるようになっている．　　　　　　　　　　　　　　　　　　　　　　　　　　　　　　　［中條　献］

人種と貧困

Race and Poverty

　貧困という語は，多様な脈絡で使われるが，本項では経済的な貧困をとり上げる．国勢調査局によれば，貧困ラインを示す所得額は，各年の物価指数と年収額などを考慮して算出される．例えば，2014年の貧困者は，18〜65歳未満では年収1万2,316ドル以下の個人が，65歳以上では年収1万1,354ドル以下の個人が該当する．世帯別の貧困ラインは，家族構成，とりわけ扶養家族と見なされる18歳未満の人数によっても異なる（図1）．

　図1と図2は，個人を対象にしたここ半世紀ほどの貧困数値の変遷を示している．図1を見ると全体的な貧困率はほぼ15％以下にとどまり，1970年代以降大きな上下を見せていない．ところが，減少を示してきたとはいえ貧困率が最も高いのはアフリカ系アメリカ人（以下，黒人）で，大半がメキシコ系出自とされるヒスパニックも90年代半ば以降は黒人と同様の高さを示す．したがって貧困は，むしろ黒人やヒスパニックの問題であるとされた．

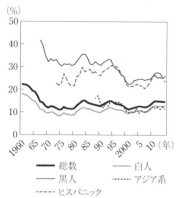

図1　人種別貧困者の割合（1950〜2014）
　ヒスパニックの1960年代以前，アジア系の80年代前半以前，黒人の60年代前半は，いずれも数値が提供されていない
　［United States Census Bureau, 2015 より作成（図2も同）］

❖**黒人，メキシコ系と貧困**　人種と貧困の関係は，低所得という問題をはじめ，学校教育・犯罪・移民などの問題，さらには人種差別・住居の問題・健康保険の有無，医療福祉政策の有効性など，実に多くの社会的・政治行政の問題を伴って浮上してきた（☞項目「貧困と福祉」）．例えば黒人大移動という語は，第1次世界大戦期から1920年代にかけて南部諸州での貧困と人種差別から逃れ，生活改善を求めて北部産業都市に大勢の黒人たちが移動した現象を示す用語である．その多くが綿作に従事していた小作農民であったが，なかには医者や商人も含まれていた．

　シングルマザー世帯とアンダークラスという語は，60〜70年代におけるアメリカの製造業斜陽化を背景に都市における貧困が顕在化する状況を背景に使われ始めた．シングルマザー世帯は，ニューヨーク州選出の連邦議会上院議員であり労働省副長官であったダニエル・P. モイニハンがリンドン・B. ジョンソン大統

領の「偉大なる社会」構想の一環である貧困対策に呼応して65年3月に提出した「モイニハン報告書」で黒人女性戸主世帯を問題視したことに由来する．この報告書は，ニューヨーク市の黒人集住地域であるハーレムの住民を調査対象とし，黒人家族は長年の人種差別によって崩壊を余儀なくされ，白人家族と比較して父親不在の女性戸主世帯が多く，その婚外児率・貧困率がきわめて高いという調査結果を示した．これは，国家的な貧困の原因をシングルマザー世帯の存在に求めていると解され，それをめぐっては多くの議論が続き，今日に至る（☞項目「福祉国家とジェンダー」「ホームレス」）．

アンダークラスという語は，60年代に都市における貧困問題を背景に黒人の若者たちの不満に注目する視点から，その貧困生活の実態を検証する中で使われるようになる．それは，貧困からの脱出を求めて麻薬密売など犯罪に向かう若者や，将来への希望が持てずに初等や中等教育から脱落する若者たちの姿が，貧困の悪循環に囚われた階層アンダークラスとして分類されるようになったものである．これらの指摘が，貧困を黒人固有のものと錯覚させる偏見を生んできた可能性もある．

「不法移民」という語も貧困を連想させる．とりわけメキシコからの移民は80年代以降急増し，入国手続きに必要な書類を持たず，危険を冒して国境を越える人々も急増した．その人々の大半は当座の生活のために不安定な低賃金労働を余儀なくされるといわれる（☞項目「ヒスパニック／ラティーノ」）．こうした現象がメキシコ系と不法移民と貧困を単純に結び付ける偏見を再構築している可能性はある．

❖**人種の問題？** 貧困は常に特定の人種の問題なのだろうか．貧困者の実数を示す図2で見ると，黒人貧困者数がほぼ横ばいであるのに対して，白人とヒスパニックの貧困者数は増加傾向にあり，とりわけ白人のそれは著しい．しかも，全体的な貧困者数

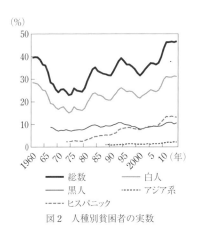

図2 人種別貧困者の実数

は1990年代の増加が著しく，貧困問題が地球規模で注視されている昨今，アメリカ全体にとっても深刻な問題であることがわかる．

そのうえ2002年以降，個人が人種の上で混血であることを国勢調査に反映させたければ，複数の人種を選ぶこともできるようになった（☞項目「センサス」）．将来的には貧困という問題を人種別に概観するのが難しくなると同時に，人種と関連させる有意性も減少するかもしれない． ［樋口映美］

エスニシティ

Ethnicity

エスニシティは，現代アメリカの文化的多様性を語る上で欠かせない用語であるが，その定義や対象は曖昧で，変化し続けている．それは，「異教徒」を意味するギリシャ語「ethnikos」を一つの語源としているように，「他者」や「非主流」の含意を持っていた．20世紀半ばまでは，エスニック集団として想定されていたのは，建国期以来の「主流」とされてきたアングロサクソン系とは異なったルーツを持つ人々（アイルランドやヨーロッパ南部・東部からの大量移民を起源とする非プロテスタントの人々）であり，エスニシティは，その文化的・言語的・宗教的な独自性を示す語であった．

❖エスニシティ論の登場 その後，公民権運動や移民政策の見直しが進んだ1960年代になると，エスニシティは，アメリカ市民の共通関心となった．例えば，ジョン・F. ケネディは，移民法の改正を訴えたエッセイ『移民の国』（1958）の中で，「すべてのアメリカ人は移民か，その子孫である」と語り，エスニックマイノリティによるアメリカ文化への貢献を賞賛した．エスニックな出自への関心が高まるエスニックリバイバル現象は，黒人や先住民だけでなくヨーロッパ系の人々の間にも広がり，エスニシティを軸にした多元的なアメリカ社会像が広く受け入れられるようになった．代表的なエスニシティ論として，社会学者のネイサン・グレイザーとダニエル・P. モイニハンによるニューヨークの移民集団の事例研究『人種のるつぼを越えて』（1963）があげられる．グレイザーとモイニハンは，各移民集団の都市生活への適応において，家族関係やエスニックな連帯が重要な役割を果たしていることを指摘した．例えば，ユダヤ系は，コミュニティにおける自営業や小規模企業の経営を，経済的安定や成功のための足がかりとした．また，エスニック集団ごとの投票行動や政治参加がニューヨークの都市政治を理解する重要な鍵であることを指摘した．グレイザーらは，エスニック文化がしばしばアメリカ社会への統合を促進し，それが多民族都市への適応過程において強化されたり，つくり直されたりすると主張した．

このようなエスニシティ論の登場は，「1965年移民法」以降のラテンアメリカやアジア諸国からの移民の急増と人種エスニックな多様化の流れとも合致した．メキシコ系，中国系，韓国系などの移民集団のアメリカ労働市場への編入過程や市民社会への適応を説明する際にも，それぞれの有する文化やネットワークの特性に注目が集まった．キューバ系など一部のエスニック集団の経済的な成功は，同化主義の想定に反して，コミュニティの結び付きやエスニック文化の重要性を強調する，新しいアメリカンドリームの物語を描いた．エスニックな愛着とアメ

リカ市民としての意識を両立させる「○○系アメリカ人」という自己定義は，20世紀後半の多文化によるアメリカ社会像を象徴するモデルとして，出自を問わず広く共有されていた．

❖エスニシティ論への批判　しかし，エスニシティに基づくアメリカ社会像の問題性も指摘されている．例えば，エスニシティ論では，20世紀転換期に移住して定着・統合したヨーロッパ系移民の歴史的経験を暗黙のうちに標準として，その枠組みで黒人など人種マイノリティの現状を理解しようとする傾向がある．そのため，『人種のるつぼを越えて』でも，黒人が直面する失業・貧困・居住隔離などの問題は，人種主義や差別の問題というよりも，家族やコミュニティを支える基盤の脆弱さに由来すると説明される．このようなエスニック文化やコミュニティの機能不全を強調する説明は，人種主義の歴史的蓄積や現存する差別を過小評価してしまう．また，非白人系エスニック集団の経済的安定や階梯上昇を支えたのは，そのエスニック文化ではなく，ミドルクラス（中産階級）や企業家としての階級的出自であったという指摘もある．さらに，エスニック集団内におけるジェンダーによる分業や格差の問題も指摘されており，エスニック文化の名の下での女性の抑圧や家父長制的家族関係の維持も問題視されている．

　以上のように，エスニック文化がアメリカ社会への統合を助けると考えるエスニシティ論は，人種，階級，ジェンダーなどがもたらす多様性と，それぞれの交差によって作用する権力関係を見えにくくしてしまう．

❖21世紀のエスニシティ　21世紀において，エスニシティをめぐる議論はいっそう複雑さを増している．2000年に実施されたセンサス（国勢調査）では，回答者の属性を尋ねる質問で，複数の項目にチェックすることを認め，複数のルーツを持つ「多人種系」と呼ばれる人々の存在が公的に認められることになった．また，デビッド・ホリンガーのポストエスニシティ論は，人種，階級，ジェンダー，セクシュアリティの交差の中で一人の人間が複数の帰属意識を有するという観点から，エスニックアイデンティティの単一性や固定性を前提とする社会観を厳しく批判した（Hollinger, 1995）．一人の人間が一つのエスニック集団に帰属するという前提が崩れ，エスニシティの柔軟性や可変性がいっそう強調されている．ホリンガーは，ケニア人の父親とカンザス州出身の白人の母親を持つバラク・オバマの登場を，人種アイデンティティの固定性に拘泥しないポストエスニックな時代の到来であると評価した．しかし，16年大統領選挙において移民の排除を主張したドナルド・トランプの大統領選出は，「白人のアメリカ」が人種やエスニシティから自由になりつつあるという解釈に，修正を迫っている．エスニシティ論が描く多文化のアメリカがどこまで人種マイノリティが直面する人種主義の問題に向き合ってきたのかという問いは，依然として重要である．

[南川文里]

移 民

Immigrants

移民国家アメリカとは何か．歴史家オスカー・ハンドリンは『根こそぎにされた者』（1951）の冒頭で，「アメリカの移民の歴史を書こうとしたら，移民たちこそがアメリカ史であることに気付いた」と描いた．アメリカ人は，先住民を除けば，海路・陸路を通じ，みな移住してきた人々である．強制的に連れて来られた黒人奴隷とは違って，個人の自由意志に基づき渡航した人々を「移民」と呼び，アメリカは一貫して移民国家としての自画像を持ち続けてきた．自由の女神の台座に刻まれたエマ・ラザラスの詩のように，政治的・宗教的な迫害に遭っている人々など，万人にとっての「約束の地」「人類の避難所」とみずからを位置付け，それがアメリカの理念ともなっている（☞項目「自由の女神」）．

移民国家にとって重要な法制度は二つある．一つは，外国人の移民をアメリカ市民にする「帰化法」であり，この法文の寛厳を決めることで移民の多寡，出入国を管理してきた．いま一つは，アメリカの領域内で出生した者に市民権を付与する「出生地主義の原則」である．これらの法制度を使って，移民たちはアメリカ市民となり，アングロサクソン的な文化に同化する存在として位置付けられた．同化しない異質な移民集団には，時に激しい排外主義の運動が起こり，移民の国の国民統合はこの包摂と排除により規定されている．

移民する理由は，出身国側のプッシュ要因（戦争，自然災害，社会不安，経済的不況など）と受入国側のプル要因により説明される．アメリカが近代における人の移動の中心となり，世界最大の移民受入国になった理由は，高い労働力需要により，機会の平等が保証され，より良い生活と仕事を手に入れられるとされたことなどがプル要因となったからである．近年では，冷戦の勃発・終焉といった国際関係の変容，グローバリゼーションの進展など，より大きなグローバルな構造分析から移民の移動を説明するケースもある．

❖移民国家アメリカの二つの顔―エリス島とエンジェル島　移民行政の観点から見ると，アメリカは独立直後から移民国家としての体制を整えていたわけではない．建国期には移民はごく少数であり，19世紀半ばからアイルランド系やドイツ系が増えはじめ，連邦が積極的な移民奨励策を採用するのは南北戦争期の共和党エイブラハム・リンカン政権からである．最初の移民制限法である1882年の「排華移民法」（中国人移民排斥法）により，初めて連邦として出入国管理のシステムが導入され，アメリカは門衛国家となった．

移民流入の最盛期を迎えた20世紀初頭には19カ所の移民受入口があったが，後に人類の避難所として神話化されたのがニューヨークのエリス島移民管理施設

である．1892 年に施設が開設されてから 1954 年まで，ヨーロッパ移民の玄関口として 1,200 万人以上の移民が入国し，現在のアメリカ国民の 40%に相当する人々がその子孫にあたると推定されている．他方，アジア系移民の玄関口，エンジェル島の施設は 10 年に開設され，閉鎖される 40 年までに約 55 万人の人々が入国した．エリス島が入国審査のための通過点で，拘留や強制送還は少なかったのに対し，エンジェル島はアジア系を制限・拘留し，実質的に帰化阻止を目的とする性格を強く帯びていた．移民国家アメリカには，そうした二つの顔があった．

❖**アメリカ移民史小史**　アメリカ移民の歴史は，①南北戦争から「1924 年移民法」までの大量移民の時代，② 1924〜65 年までの移民制限の時代，③ 65 年以降と三つに大別することができる．

①の時期は，それまでの旧移民と呼ばれる西欧・北欧出身の移民と異なり，東欧・南欧から非プロテスタント系の移民が大量流入した．彼らは英語を話さず帰化率も低く，大都市のスラムに居住するケースが多かったため，革新主義期のアメリカ化運動の対象になった．

②の時期は，第 1 次世界大戦後の排外主義の高まりの中，「1924 年移民法」では 1890 年の人口統計を基に国別割当制がつくられ，アングロサクソン系以外の入国を厳しく制限する人種差別的立法が確立した．アジア系は，日本人移民を含め，帰化不能外国人として入国が禁止され，その後の日米関係悪化の火種となった．また，国別割当の対象外となったアメリカ大陸からの移民として，第 2 次世界大戦時の農業労働力不足を補う目的でブラセロ計画によりメキシコ人労働者が導入された．アジア系に関しては，第 2 次世界大戦中，日系人強制収容が実施される一方，同盟国となった中国への配慮から「排華移民法」が撤廃された．

③の時期は，ジョン・F.ケネディ大統領の働きかけもあり，「1965 年移民法」で国別割当制が撤廃され，新たに家族再統合と技能移民優先の原則ができ，東半球から年間 17 万人，西半球から 12 万人という総枠制限ができた．これにより，移民の出身地は，中南米系とアジア系移民が急増するという劇的な変化が起きた．

❖**21 世紀の移民国家の行方**　アメリカは 1990 年代，2000 年代と 100 年前の新移民大量流入の時代以上の移民数を記録しており，21 世紀に入ってなお移民国家アメリカは健在である．だが，2001 年 9 月 11 日の同時多発テロによりアメリカの移民行政は大きく変容した．移民の出入国管理と国家安全保障の議論が高まり，03 年には移民の所轄官庁として国土安全保障省が新設された．テロ後には，ムスリムや中東系，南アジア系が深刻なヘイトクライムの標的となったが（☞項目「ヘイトクライム」），テロなどを契機に巻き起こる排外主義にいかに対処するかは大きな課題である．16 年大統領選で当選したドナルド・トランプは不法移民の強制退去を公約に掲げ，メキシコ国境に壁を築く方針とされており，21 世紀の移民国家の行方は雲行きがあやしい．　　　　　　　　　　　　　　　［貴堂嘉之］

インディアン

Native Americans / Indian

　インディアンは，アメリカ大陸の先住の民である．「最初のアメリカ人」の大多数は，最後の氷河期とされるウィスコンシン氷河期（7万〜1万年前）の後期，氷結したベーリング海，アジア大陸とアラスカを結んだいわゆるベリンジア陸橋を渡ってやって来たアジア起源のモンゴロイドと考えられている．彼らは，アメリカ大陸に古代文明を築き，亜北極，東部森林，南東部，大平原，大盆地，南西部，北西海岸の各地帯に，風土を反映する豊かな文化を醸成していった．

❖**発見からの歴史**　1492年クリストファー・コロンブスの「新大陸発見」を端緒に，ヨーロッパ列強による南北アメリカの植民地化が始まった．北アメリカで覇権を争ったイギリス，オランダ，フランス，スペイン，ロシアの中で，イギリスは1607年，バージニアにジェームズタウンを建設し，恒久的植民地の第一歩を刻む．20年にはプリマスにピューリタンの一団が到着し，イギリスは東海岸から内陸へ向けて植民地を拡大していき，生活圏を脅かされるインディアンは抵抗したが，白人の武力の前に制圧されていった．加えて，ヨーロッパから持ち込まれた天然痘，水疱瘡，麻疹などの病原菌が，抗体のないインディアンを襲い，インディアン人口は激減した．独立後のアメリカも，基本的にはイギリスのインディアン「清掃」（クリアランス）政策を踏襲したが，民主国家を自任するアメリカは，「条約」という手段を用いてインディアンに土地を割譲させた．西へ領土拡大を目指すアメリカは，1830年には「インディアン強制移住法」を成立させ，南東部諸部族を，オクラホマの不毛のインディアン・テリトリーに追いやった．コロンブス到達時，300以上の部族と言語があり，最大推定で1,000万人いたと考えられるインディアン人口は，90年の国勢調査（センサス）で25万人まで減り，「消え行く民」のレッテルを貼られて20世紀には消滅すると思われた．

❖**インディアンの現在**　2010年の人口統計で約300万人となったインディアンの復活は目覚ましい．ことに1950年代以降の人口増加は，レッド・パワーと称される汎インディアン運動と，60，70年代の民族自決運動の盛り上がりを背景にした民族意識の回復により，自己申告制のセンサスでみずからをインディアンと名乗る人口が増加したことの反映である．それでもインディアンは全人口の1%にも満たないマイノリティだが，他のマイノリティとは決定的に違う．彼らは移民ではなく，先住の民であり，完全ではないが自治を認められた「保留地」という居住区域を保証されている．第2次世界大戦への従軍，50年代の政府の都市転住政策によって，現在保留地に住むインディアンは全体の40%に満たない．だが322を数える連邦保留地は，民族アイデンティティ，部族共同体の紐帯

維持のため重要な役割を果たす．各部族は部族法により部族民認定基準を定めている．先祖の部族帰属の証明やブラッド・クウォンタム（純血度）が主な要件となっているが，インディアンの混血化が進む中，純血度の割合の要件は，16分の1などに緩和され，純血度を要件から外す部族さえ出てきた．

インディアンは依然としてアメリカで最も貧しく，最も不健康な民族集団である．インディアンの4人に1人は貧困に喘ぎ，疾病については白人の4倍の肝臓疾患，2倍の糖尿病は，不健全な食生活と飲酒に起因するが，白人比で約3倍の殺人，事故死，2倍の自殺率は，長く植民地主義の被害者であったインディアンの社会の荒廃を示唆する．しかし喫緊の課題である経済開発に多くの部族が取り組み，年収5万ドル以上の中流から10万ドル以上の上流までの人口比率28%（2.4%，1979年）という驚異的な伸びを見せている．これは1988年の「インディアン賭博規制法」の成立で事実上解禁されたインディアンカジノの成功が大きく寄与している．フロリダ・セミノールのようにハードロックカフェを買収するようになった成功部族がいる一方で，カジノ立地に不向きの部族は貧困から脱却できず，インディアン社会内の経済格差の拡大が新たな問題として浮上している．

❖**インディアン文化復興**　アメリカの同化政策は，長らくインディアンの文化，儀式を禁止し，失われたものも多い．1960年代以降の文化復興を通した民族アイデンティティの確立が目指され，部族語教育，自然や万物との共生を旨とする伝統思想教育，宗教儀式の復興が進行中だが，保留地の学校教育の果たす役割は大きい．小・中学校では部族語教育が始まり，日常規範となる部族の伝統的価値が言語とともに教えられ，朝礼では伝統の歌や太鼓が鳴らされる．部族大学では部族史，連邦-部族関係，口承史，民族舞踊，民族工芸などが教えられ，入学式や卒業式は伝統儀式に則って開催される．

部族文化を越えた汎インディアン文化の創出も60年代以降の傾向であり，最たるものが，パウワウである．もともと病気治癒の目的で行われた舞踏が娯楽化し，さまざまなダンススタイルを競うコンテスト化したもので，部族単位の小さなものから，クローフェアやユナイテッドトライブのように参加者が数千人を超えるものまで，毎年全米で何百と開催される．

図1　パウワウの少年ダンサー
［筆者撮影］

本来特定の部族のものであったグラスダンスやショールダンスがパウワウのスタンダードカテゴリーとなり，ダンス装束もますます脱部族化し，現代の「インディアン文化」としてアメリカ人にも広く受容されている．同様のことが，かつては平原部族固有の浄化儀式であったスウェット・ロッジや，究極的な肉体の供儀であるサンダンスにも見られる．平原部族の作法がスタンダードとなり，いまや全米の部族に普及して汎インディアン文化となっている．［阿部珠理］

アフリカ系

African Americans

アフリカ系とは，17世紀から19世紀前半までに奴隷としてアフリカから連れて来られた人々の子孫，および奴隷解放後に自発的な移民として定住するようになったアフリカ出身者とその子孫のことである．彼らはその肌の色から黒人と呼ばれる（みずからそう称することもある）が，身体的特徴ではこの集団を定義することはできない．

❖**黒人とは誰のことか？**　アメリカの国勢調査（センサス）における人種の項目への回答は，他の質問項目と同様，自己申告のため，「黒人ないしアフリカ系」(Black, African American, or Negro) とは，本人がそう思っている人のことを指す．そこからヒスパニックの黒人（多くの場合，自己認識としてはヒスパニックの方が強い）を除く「非ヒスパニックのアメリカ黒人」は（☞項目「ヒスパニック／ラティーノ」），2010年の国勢調査では，実数として3,770万人弱，対総人口比は12.2%であった（2015年時点での推計値は4,000万人弱，12.4%）．これに加えて，黒人の血も引く混血（人種は「血」の問題ではないのだが，便宜上こう表現する）の非ヒスパニックが250万人弱いて，そのうちの最大集団は，自分は黒人でありかつ白人でもあると申告した人々である（160万人弱）．この数は，2000年の国勢調査で初めて混血と回答できるようになったときの70万人弱と比べると2倍以上に伸びている．しかし，誰が黒人で誰が混血で，その混血は白人でもあり得るのかは，アイデンティティだけでは決まらない．アメリカ社会は依然として黒人と白人の混血を白人とは見なさない．黒人の血が一滴でも確認された者は黒人である，というのが暗黙の了解だからである（「血の一滴」ルール）．

❖**多様なアフリカ系と一様な人種差別**　そうではあっても，自分の人種的複合性・多様性（三つ以上の人種を申告する者もいる）を認識すること自体は健全なことだろう．また，同じアフリカ系であっても，アメリカ黒人とは歴史や伝統を共有しない（しかし黒人としての経験はアメリカで共有している）アフリカ生まれの移民の数も，1980年以降の30年間で8倍以上になり，160万人を超える勢いである（彼らは上述の「非ヒスパニックのアメリカ黒人」に含まれる）．社会経済的にもアフリカ系の多様化は進んでいる．アメリカ労働統計局の調査によれば，アフリカ系は依然としてサービス労働に従事する割合が高いものの，2015年時点で3割以上が専門職・管理職に就いており，年収8万7,500ドル以上の比較的裕福な世帯も1割を超える．ただし，人種間の格差は厳然と残っている．ピューリサーチセンターの調査では，2013〜14年時点で黒人世帯収入の中央値は白人世帯の6割強にとどまっている（4万3,300ドル対7万1,300ドル）．資産

の評価額の中央値だと，6割が借家暮らしの黒人と7割以上が自宅を所有する白人とのギャップはさらに広がり，その差は実に13倍になる（1万1,200ドル対14万4,200ドル）．貧困水準以下の世帯の割合も失業率も，黒人は白人の2倍以上になっている．これらの格差は，黒人自身が努力せず学歴が低いから生じているのでは必ずしもない．国勢調査局による人口動態調査の2015年のデータによれば，同じ高卒であっても黒人の貧困者は白人の2倍以上の割合に上る（25.2%対11.5%）．大卒以上であっても，その差は2倍弱のままである（7.5%対4.2%）．家庭環境に恵まれないからだけでもない（☞項目「人種と貧困」）．同じように夫のいない女性世帯主家庭であっても，そこで暮らす人の貧困率には黒人か白人かによって10ポイント以上もの差があるのだから（35.7%対22.8%）．犯罪に走って自滅しているわけでもない．全国黒人向上協会（NAACP）の「犯罪ファクトシート」その他さまざまな媒体で繰り返し伝えられているように，麻薬の使用者は白人の方が黒人よりも多いのに，検挙率は黒人の方がはるかに高い．薬物を所持しているか否かは身体検査をしなければわからない．つまり，警察は黒人を意図的にターゲットにしているのである（☞コラム『レイシャル・プロファイリング』）．黒人（特に若い男性）は，仮に何も持っていなくても何もしていなくても，職務質問に抵抗したとして公務執行妨害で逮捕され，犯罪歴を付けられてしまう．それにもかかわらず，白人黒人双方の保守派は，人種はもはや問題ではない，制度的な差別などなくなった，偏見は個人の努力で乗り越えられると言い募っている（ポスト・レイシャル社会論）．

❖差別の根源と新たな夢　このように根強い人種差別とそれへの無関心は，南部において200年以上にわたって黒人の生のすべてを管理した奴隷制とその後100年続いた法的な隔離・差別体制（ジム・クロウ）の負の遺産である．黒人を圧倒的な被差別集団とし，人種的な優越意識を貧しく不満を託つ白人への心理的報酬としてきた（つまり，人種差別を利用し今でも必要としている）アメリカ社会では，公民権運動以後50年以上を経ても，出自や学歴や社会経済的地位にかかわらず，アフリカ系であることはスティグマ（汚名）であり続けている．スポーツや芸能の世界での活躍は，それ以外の道が相対的に閉ざされていることの証でしかない．重要なのは，人種は「つくられたもの」であると知りつつも，それを無視する（カラーブラインドになる）のではなく，独自の文化に根差したアイデンティティ（の一つ）として尊重し，差別には断固として向き合い，垂直的な統合ではなく水平的な連帯を求めることだろう（☞項目「レイシズム」）．マーティン・ルーサー・キング・ジュニア（キング牧師）が「私には夢がある」演説（1963）で説いたように，「絶望の谷でうずくまる」のでも「反感と憎しみの杯を飲む」誘惑に屈するのでもなく，自由と友愛を実現するための変革の最前線に，アフリカ系は否応なく立ち続けている．　　　　　　　　　　　　　　　　　　　［大森一輝］

アジア系

Asian Americans

　アジア系とはアジアン・アメリカンといわれる人々で，アジアを出自とするアメリカ人のことをいう．センサスでは東アジア，東南アジア，南アジアを出自とする人がアジア系に分類されている．現在アメリカには2,025万人のアジア系が居住し，人口の約6%を占める（2014）．近年，外国籍のまま永住する人や二重国籍を持つ人など，アジア系とアジア人の境界が曖昧化している．そのためアジア系は，アメリカ社会に帰属しながらアジアをルーツとする人々を示す用語として広く使われることもある．

❖歴史の象徴—エンジェル島　アジア系の歴史を象徴する場所がある．「西のエリス島」といわれたエンジェル島である．サンフランシスコ湾に浮かぶこの小さな島は，20世紀前半にアジアとアメリカの国境警備の役割を果たした．長い船旅の末にたどり着いた人々は，この島で，ときには何カ月も拘留され，人種偏見にさらされながら厳しい入国審査を受けた（図1）．入国拒

図1　エンジェル島の入国審査の様子
（1915）［California State Parks］

否を受けた移民は，東海岸で入国者の2%程度であったが，西海岸ではその数倍に達し，1911〜15年にかけては南アジア系移民の55%が入国拒否された．

❖移民史　アジアからアメリカへの人の移動は，アジア太平洋地域における帝国の歴史と経済格差が深く関わってきた．最初にまとまった数で入国したのは，19世紀半ば頃の中国からの移民労働者である．しかし中国人労働者の数が増えていくと排斥運動が高まり，その入国を制限する「中国人移民排斥法」（排華移民法，1882）が制定された．次に日本からの労働者が入国したが，その数が増えると今度は排日運動が激化し，日米紳士協約（1907）の下で入国が制限された．その後中国人移民労働者や日本人移民労働者の多くがアメリカに定住し，サンフランシスコのチャイナタウンやロサンゼルスのリトルトーキョーなど，ハワイや西部で新たな移民コミュニティを形成した．ほかにも朝鮮やインドから労働者が入国したが，「1924年移民法」が移民の数を国別に厳しく制限し，帰化の資格を有しない人種の移民を禁止したため，帰化権のないアジアからの移民は完全に制限された．例外となったのがフィリピン（当時アメリカ自治領）であった．30年代までフィリピン系が西海岸や南西部，ハワイに移り住んでいった．

❖多様化するアジア系の現在　1965年に移民法が改正され，アジアからの移民

が再び入国できるようになった．この移民法は出身国割当制限を撤廃し，アメリカ市民や移民の家族を優先的に受け入れるものであったため，「1952年移民国籍法」によって帰化権が認められたアジア系は家族を呼び寄せることができるようになり，アジアからの移民は急速に拡大した．特定の技能を持つ者の入国も認められ，その結果例えば韓国系の看護師が，90年代にはインド系のIT技術者が増えた．また70年代後半からベトナム，ラオス，カンボジアからの人が難民としてアメリカに渡り，アジア系はさまざまな国からなる多様な人々によって構成されるようになった（表1）．居住地域もアメリカ全土に広がり，ほぼ半数（46%）が西部に居住するが，南部（22%），北東部（20%），中西部（12%）にもアジア系が暮らすようになった（2010）．

❖ **グローバル化の中で**　アジア系の人口は増加の一途をたどっている．連邦政府はその数が2060年に4,700万人に達すると発表している．アジア系を構成する人々も多様化を極めている．もともとアジア系は，複数国を経由して渡米した人や，国際養子縁組で幼い時に渡米した人など多様な人々によって構成されてきたが，近年はアジアとの往復を繰り返す人やアジアの複数国に出自を持つ人，あるいは複数の人種的ルーツを持つ人など，アジア系を構成する人々の生活様式や帰属意識はグローバル化とともに大きく変化している．

表1　アジア系の構成（2014）

人口（上位6グループ）		アジア系全体に占める割合
中国系（台湾を除く）	452万4,358人	22.0%
インド系	376万9,577人	18.5%
フィリピン系	376万2,506人	18.5%
ベトナム系	195万891人	9.6%
コリア系	182万4,342人	8.9%
日系	137万4,825人	6.7%

[United States Census Bureau, 2016]

❖ **アメリカ社会の中で**　戦後はアジア系の高学歴化と社会上昇が進んだ．また，世帯収入が他のどの人種集団より高い値を示したことから，社会経済的地位を高めていくアジア系は，モデルマイノリティといわれるようになった．しかし社会進出を阻む人種の壁が「ガラスの天井」問題として知られるようになった．さらに，低所得層が増え，近年は所得格差や貧困の連鎖が問題となっている．

　またアジア系に対する偏見も続いていることが問題となっている．何世代経ても新着移民と見なされ，人種差別やヘイトクライムが多発している．これに対してアジア系は政治社会的発言力を高めることで対抗している．1960年代の公民権運動の流れの中で発展したアジア系の政治運動は，これまでアジア系研究教育機関の創設など一定の成果をあげてきた．しかし出自国別にコミュニティを形成してきたアジア系の人々にとって，アジア系の連帯は政治社会的なつながりでしかないことも多い．こうした中，みずからを「アジア系アメリカ」と名乗る人も増えている．アジア系というカテゴリーにその多様な姿が映し出されるようになれば，アジア系の求心力は増し，その存在感を強めていくであろう．[李　里花]

ヒスパニック／ラティーノ

Hispanics / Latinos

||||||||||||||||||||||||||||||||||||||||||||||||||||||||||||

　ヒスパニック／ラティーノは，みずからを中南米出身者あるいはその子孫と規定するアメリカ在住者の総称で，出身地域による部類であり人種集団ではない．

❖概要　2013年の人口（非合法移民は除く）は約5,400万（全米人口の17.1%）で，出生率と移民により増加傾向にある．多い順に，メキシコ系（ラティーノの64.1%），プエルトリコ系（9.5%），キューバ系（3.7%），エルサルバドル系（3.7%）などと続く．出自集団間の差はあれ，全体の76%（アメリカ生まれ65%，外国生まれ11%）がアメリカ国籍で，5歳以上の68%は英語能力を持つ．

　上位4集団では，それぞれ，1846～48年の米墨戦争前後のアメリカによるメキシコ領の部分的併合，98年の米西戦争後のアメリカによるプエルトリコの植民地化，1959年のキューバ革命による亡命者の発生，そして79～92年の中米紛争からの難民の移動が，アメリカへの大量移入の主なきっかけとなった．

❖労働者としての歴史　非合法滞在者は2014年推計で約1,200万人（労働人口800万人は全米の約5%），その8割近くが中南米出身である．アメリカとメキシコという経済格差の大きい両国が陸続き故に，後者から前者への労働力移動の歴史が存在する．「非合法」とは，米墨間を自由に越境できた頃の1924年に国境警備隊が設置されて以来，徐々に定着した概念である．アメリカの賃金水準は中南米一般の約7～10倍とされ，入国ビザ取得が困難な生活困窮者が貧困を逃れるためにアメリカに密入国し，稼ぎの一部を本国の親族に送金する慣行が現在も一般的である．最低賃金以下で劣悪な環境でも働き，非合法故に当局に通報されるのを恐れる従順な労働者は，雇用者側に都合の良い存在ではあるが，本国送金は移民送出国にとっては貴重な外貨獲得の手段となる．近年，メキシコや中米のギャングや麻薬組織の暴力を逃れた年少の越境者も見られる．

　長らく「二級市民」的地位にあったメキシコ系の地位向上に弾みをつけたのが，60年代半ばからのチカーノ運動と称するメキシコ系の公民権運動である．なかでも，当時の移動農業労働者の大半を占めたメキシコ系の賃上げや労働環境の改善を求めて65年にカリフォルニア州で蜂起したのが，全米農業労働者組合（UFW）の指導者であったセサール・E.チャベスである．メキシコ系の権力闘争や組織化の先駆的指導者として，ストライキやボイコットによる限定的な勝利を収め，75年には農業分野で最初の労働関係法を州法のかたちで成立させた．マハトマ・ガンジーやキング牧師の非暴力直接行動の戦術を標榜し，メキシコ系中心の組合ゆえにメキシコ＝カトリック文化の象徴物を多用する闘争スタイルをとった．抗議の現場に登場する褐色の聖母グアダルーペの幟旗，メキシコ国旗，

アステカのワシをイメージした組合旗，メキシコ革命の英雄サパタのバッジなどには，組合の団結を図り，組織外のメキシコ系の関心を組合に向ける効果も期待された．非暴力の抗議スタイルは，21世紀初頭の移民デモにも引き継がれている．

❖**ラティーノ文化**　家族関係と宗教では，中南米の文化的特徴が強い．生存のための家族の絆の重要性を説く「家族主義」（ファミリシモ）は，ラティーノが困った時に近所の友人よりも家族・親族の方を頼る傾向に反映されている．そのためか，家族・親族同士が近居する傾向が強く，核家族以外の近親者間の付合いも親密である．次に，ラティーノに占めるカトリック信者の率（2013年）は約55%，プロテスタントは22%（福音派16%，主流派5%など）である（Pew Research Center, 2014）．近年，プロテスタントへの改宗者が増加しており，それは積極的関与，小さくて親密な信者集団，そして直接的・個人的な宗教体験を信者が求めるためである．ただし，白人信者の改宗率より低いため，いずれ，アメリカ・カトリック教会ではラティーノ信者がマジョリティになると予測される．多くのラティーノのカトリックは民間伝承的で，土着の伝統文化に根ざした儀礼・信仰，民間と融合した祝祭を特徴とし，移民向けの支援活動にも熱心である．

❖**「見える存在」から，再び「見えない存在」へ**　ラティーノの有権者登録者数は1976〜2008年にかけて250万人から4.6倍（アメリカ人全体では1.6倍）の1,160万人へと飛躍的に増え，さまざまな選挙でその政治的影響力を見せた．また，二大政党制や伝統的な白か黒かの人種分類から距離を置いた第三勢力として彼らの台頭が目立つ．2001年の9.11同時多発テロ以降，包括的な移民改正法の成立を目指す連邦議会下院は05年12月，非合法滞在者を民法上ではなく刑法上の重罪人として強制送還する取締強化策を謳った法案を可決した．これに反発して，翌06年3〜5月には，2世や3世を含む全米100万人規模の移民の抗議デモがSNSを駆使して全米の大都市で同時多発的に展開され，以後毎年続いている．ここでは，「我々は犯罪者ではなく労働者だ！」「強制送還で家族をバラバラにしないで！」と，非合法移民のアメリカ経済への多大な貢献とその人間性のアピールが見られた．こうした草の根運動の選挙政治全体への影響は未知数であるが，従来，「見えない存在」に徹してきた非合法移民たちが「移民の国」での存在意義を街頭で訴え全米に衝撃を与えた．一方，社会経済的上昇，ホスト社会への同化や世代の進展によりみずからを移民と同一視せず，非合法移民の厳罰化に反対しない少数派ラティーノが次第に増えつつあるのも，紛れもない事実である．

　2009年就任のバラク・オバマは非合法移民寄りの移民制度改革に取り組んだ．しかしメキシコとの「壁」の建設を主張し非合法移民に厳しい姿勢のドナルド・トランプは，17年就任の直後，強制送還する非合法滞在者の基準を厳格にした．その結果，メキシコからの密入国者が減る一方，アメリカを長らく支えてきた非合法滞在者の中には摘発前に自主的に帰国する姿も見られる．　　　　　[中川正紀]

ユダヤ系

Jewish People

　2015年の『アメリカ・ユダヤ人年鑑』によると，今日のアメリカには683万人のユダヤ人がいるとされる．彼らは，植民地時代にスペインやポルトガルから移民してきたセファルディム系，19世紀半ばにドイツなどの中欧，19世紀末から20世紀初頭にロシア・東欧から移民してきたアシュケナジム系とその子孫である．今日のユダヤ系アメリカ人人口の圧倒的多数は東欧系である．

✤宗教とアイデンティティ　ユダヤ人とは，ユダヤ教を信奉する人のことである．厳格に戒律や伝統的儀礼を守る順に正統派，保守派，改革派に大別される．しかし，ユダヤ「系」の人々は必ずしもユダヤ教を信奉していない．ユダヤ教の教会堂であるシナゴーグに参詣するのは年に数回で，食べ物などの決まりも守らないという者も多い．2013年の調査によると，ユダヤ系アメリカ人のアイデンティティの根拠として最初にあげられたものは，「ホロコーストを記憶していること」だった（Pew Research Center，2013）．

　以前は，ユダヤ系はユダヤ系同士で結婚することが多かったが，今日では他のエスニック集団との婚姻が半数以上を占めている．むしろ，アメリカ社会への同化に伴い，ユダヤ系としてのアイデンティティの存続が危惧されている．現在，最大の派閥は改革派である．女性のラビ（ユダヤ教の聖職者）を認めるといったこと以外にも，礼拝を本来の土曜日ではなく金曜日の夜に行ったり，他宗教・他宗派からの改宗を寛容に認めるなどして，人々のユダヤ教離れあるいはユダヤ系の人口減を防ぐ役割を果たしているといえる（☞項目「ユダヤ教」）．

✤ユダヤ人コミュニティ　セファルディム系のユダヤ人は非常に人口が少なかったため，1763年のロードアイランド州ニューポートをはじめとして各地でシナゴーグを建設することもあったが，確固としたコミュニティを形成することはなかった．19世紀末から東欧系の流入が始まると，1910年にはニューヨーク市の人口の25％をユダヤ人が占めるようになり，同市は世界最大のユダヤ人都市となった．彼らは，マンハッタン島南東部のローアー・イースト・サイドに住み，衣服産業の労働者となり劣悪な労働条件に苦しみつつも，新着の移民の定着を助け，コーシャーの（ユダヤ教の戒律に則った清浄な）食品を調達できるようコミュニティを発展させ，イディッシュ語の新聞の発行や演劇・文学といった独自の文化を開花させた．

　ほかにも，シカゴやボストンなど北東部諸州の大都市にユダヤ人のコミュニティが形成されたが，社会的上昇に伴って彼らは郊外に居を移し，ローアー・イースト・サイドのような密なコミュニティは消滅していった．現在でも，

ニューヨーク市ブルックリンなどに超正統派（ハシディズム）のコミュニティがある．安息日には歩いてシナゴーグに行かないといけないため，彼らはシナゴーグを中心に近隣に住み，伝統的な慣習を守る生活をしている．

❖**政治経済への影響**　東欧出身のユダヤ人はリベラルで左派が多く，20世紀に入ると政治の舞台で頭角を現し始めた．国際婦人服労働組合（ILGWU）をはじめとする組合を樹立し，アメリカ社会党の基盤をつくり上げた．社会的上昇を果たした後も民主党支持の傾向が強く，2008年の大統領選ではユダヤ系の78％がバラク・オバマ，16年にも71％がヒラリー・クリントンに投票した．また，候補者本人がユダヤ系である例としては，2000年にジョー・リーバーマンが民主党の副大統領候補となり，16年の予備選ではバーニー・サンダース（図1）が民主党の大統領候補の座をクリントンと最後まで争った．議員としても，圧倒的多数が民主党である．その一方，いわゆるネオコンと呼ばれる人々にもユダヤ系が多い．また，ユダヤ系は2000年に及ぶ離散状態を経て建設されたユダヤ人国家であるイスラエルを強力に支持し，イスラエル・ロビーは政府や世論に大きな影響力を持っている．とはいえ，近年では若年層を中心にその絶対支持を疑問視する声も上がっている．

図1　バーニー・サンダース連邦上院議員

　ユダヤ系は映画産業，新聞業，不動産業などさまざまな分野において成功を収めたが，「金融業で世界を牛耳っている」など，概してユダヤ系の経済への影響は誇張されるきらいがある．近年，ビジネスで成功した人物の例としては，フェイスブック社CEOのマーク・ザッカーバーグなどがいる．また，司法の場では，連邦最高裁判事のルース・ベーダー・ギンズバーグもユダヤ系である．

❖**教育**　ユダヤ人は概して学歴が高く，2014年の統計で大学または大学院を卒業している割合は59％に上る（全米では27％．Pew Research Center, 2014）．ただし，多くのユダヤ人は，世俗の（一般の）学校に通っている．ユダヤ教の学校としては，ラビ養成を主目的とした保守派のアメリカ・ユダヤ教神学院がニューヨーク，改革派のヘブライ・ユニオン大学がオハイオ州シンシナチにある程度である．また，ニューヨークにある正統派のイェシバ大学には一般的な科目も多数設けられているが，学生の99％がユダヤ系である．

　1880年頃から強さを増した反ユダヤ主義は高等教育界にも波及し，1910年代末から北東部の私立の大学を中心に，ユダヤ人入学者数を制限する動きが広まってくる．この割当制に対抗するため，48年，ユダヤ人篤志家の寄付によりマサチューセッツ州にブランダイス大学が設立されたが，同大学ではユダヤ人に制限したりユダヤ人を優先したりすることなく学生の入試選抜や教員の採用を行っている．

[北　美幸]

イスラム系

Muslims

　21世紀現在，イスラムという宗教・文化をアメリカが持つ多様性の一部と見なす視点はある程度定着したが，イスラムをアメリカ的価値観と相容れないとする考えも依然として根強い．イスラム教徒（ムスリム）は，アメリカ史を通じて存在してきたが，20世紀末以降急増し，アメリカにおいて共同体を建設しつつある．ムスリムは，多様な人種，民族を包摂し，国境を跨いで結び付く集団である．

❖アメリカ人ムスリムの人口と出自　連邦政府が行う国勢調査（センサス）には宗教を問う項目がなく，ムスリムの正確な人口を知ることは難しい．民間調査会社ピューリサーチセンターの報告によれば，2015年現在，ムスリムの推計人口は約322万人で，アメリカ人のほぼ1%を占める．ムスリムは，人口増加率において他の宗教を凌ぐことから，40年までにはキリスト教徒に次ぐアメリカ第二の宗教集団になると予測される．人口増加の主たる要因は，移民の増加である．1992年からの20年間で170万人のムスリム移民が合法的に入国している．ムスリムの6割以上は外国生まれで，近年では難民も多い．

　アメリカ人ムスリムを出自別に見ると，アジア系が全体の3割強，アフリカ系が約3割である．後者には，アメリカ生まれの黒人に加えて，近年移住が増えているサハラ砂漠以南のアフリカ人も含まれる．アラブ系は約25%で，多数派ではない．ちなみにアラブ系アメリカ人を宗教別に見ると，ムスリムの割合は4分の1弱で，多数派はキリスト教徒である．それにもかかわらず，「ムスリム＝アラブ系」というステレオタイプが，アメリカには存在する．

❖アメリカにおけるイスラムの歴史　7世紀に創始されたイスラムは，大西洋奴隷貿易が始まる以前に広くアフリカ大陸に伝播，定着していた．そのためアメリカに連行されたアフリカ人奴隷にはムスリムが含まれていたが，奴隷制度下のアメリカでは布教の機会をほとんどもてなかった．イスラムをアメリカに伝える役割は，主に移民が担った．19世紀後半以降，行商人や労働者として到来したムスリム移民は，シカゴやデトロイトなどの都市に居住した．アメリカにおいて，イスラムはまず都市に伝わり，そこから伝播した．

　初期のアメリカ人改宗者の中には，19世紀末にフィリピン領事を務めたアレクサンダー・ラッセル・ウェブのような白人もいたが，イスラムのアメリカにおける定着は，都市に住む黒人がまとまった数で受容した20世紀初頭以降のことである．なかでも戦間期に起源を持つネイション・オブ・イスラム（NOI）は，統率者エライジャ・ムハンマドと代弁者マルコムXの下で，1960年代までに国

内で最大規模のムスリム組織に発展した．しかしイスラムを黒人の宗教と見なすNOIは，第2次世界大戦後に増加したムスリムの留学生や移民からは異端と見なされ，確執を生んだ．ムスリム移民は，65年の移民法制定後に急増する．この時期は世界規模でのイスラム主義の興隆期と重なるため，アメリカに到来した移民にもイスラム主義の影響が及んでいた．こうした時代背景の下で，75

図1　イスラミック・センター・オブ・アメリカ
　ミシガン州ディアボーンにある．奥に見えるセクレメント正教会とともにアラブ系アメリカ人の信仰の場である［筆者撮影］

年にNOIの統率者ムハンマドが没し，組織は息子のワリス・ディーン・モハンメドに継承された．モハンメドは，イスラムを黒人のみの宗教ではないと明言し，スンナ派イスラムの慣習を積極的に取り入れるとともに，アラブ・イスラム世界との関係を深め，国家や民族を越えたムスリムの連帯を強調した．モハンメド指揮下で，NOIは二度の改名をへて85年に解散した．NOIの傘下にあったモスクは，それぞれが独立したスンナ派モスクとして存続し現在に至る．他方，モハンメドの改革に反対して組織を離脱したルイス・ファラカンは，黒人イスラムとしてのNOIを復活させた．この組織も現存する．

❖**現代アメリカ社会におけるムスリム**　1990年代以降，多様な民族集団からなるムスリム移民の連帯とアメリカ社会への同化が進んでいる．全米各地では，モスクやイスラミックセンターをはじめとする多様なイスラム組織や，イスラム学校の建設が相次ぐ（図1）．こうしたイスラム組織には，90年の湾岸戦争を契機にアラブ諸国からの財政援助を絶たれ，自立を余儀なくされた事情もある．アメリカにとどまる選択をしたムスリム移民の中には，その地でムスリム共同体の建設を試みる者もいる．共同体の内側から，イスラム世界の改革，ひいては世界の平安を目指す動きである．この動きは，9.11同時多発テロ後に噴出した反イスラムの風潮の中でなお進行中である．元来ムスリムは，イスラムという宗教・文化を紐帯とし，民族や人種，国家を越えて連携する集団である．今日のインターネット空間は，人種，民族，国家を越えた対話の場をムスリムに提供している．今後，ムスリム移民はアメリカ生まれの黒人ムスリムとも連携を図れるのか，ムスリムとキリスト教徒やユダヤ教徒との対話は可能か．何より，ムスリムでありアメリカ人であることを当事者はどうとらえ，アメリカ社会はそれをどう見ていくのか．ムスリムをめぐる状況は，多文化社会アメリカの力量を試しているといえるかもしれない．

［大類久恵］

自由の女神

The Statue of Liberty / Lady Liberty

ニューヨーク港にそびえ立つ自由の女神像は,移民を受け入れる自由の国アメリカの象徴として,ポスターや映画など多様なメディアで繰り返し描かれている.

❖**フランスからの贈り物** しかしながら,自由の女神は最初から移民の国アメリカの象徴であったわけではない.1865年,フランスの法律学者のエデュアルド・ラブレイが,アメリカの独立100周年と南北戦争における「自由」の勝利を記念するモニュメントをアメ

図1 《ニューヨーク 自由の国へようこそ》(1887)
自由の女神像を入港直前の蒸気船デッキから仰ぎ見る移民たち [Library of Congress]

リカに送ることを提案した.彫刻家のフレデリック・オーギュスト・バルトルディを中心に自由の女神像がデザインされ,75年に建造開始,民間から寄付を募って84年に完成した.一方,アメリカ側は積極的に女神を歓迎したとはいえず,ニューヨーク港のベドロウ島(現・リバティ島)に台座を建設するための資金集めにも苦労した.しかし,なんとか完成に間に合わせ,ようやく86年,女神像がニューヨーク港にその姿を現した(図1).

「アメリカ独立の記念像:世界を照らす自由」が,自由の女神像の正式名称である.高さが46メートル,台座も含めると90メートルを超す自由の女神はローマ風のローブをまとい,抑圧から解き放たれた姿の象徴として壊れた鎖の足かせを踏んでいる.ただし,その抑圧が何を意味するかに関しては,議論が分かれている.右手には「自由の松明」を掲げ,左手には,1776年7月4日(独立宣言が採択された日)と刻まれた銘板を抱えている.頭には7本の光線の王冠をいただき,「七つの大陸と七つの海」を照らしているという.ラブレイやバルトルディら送り手の意図は,普遍的な意味での法の下の自由を讃えることであった.

❖**移民規制と自由の女神** 抑圧から逃れてきた移民のために避難所の目印として松明をかざす女神像というイメージは,1883年に台座の資金集めのために書かれたエマ・ラザラスの「新たな巨像」という詩に由来している.しかし,当初,この詩が人々の注目を集めることはなかった.むしろ,自由の女神がニューヨーク港を照らし始めた時期には,移民排斥,移民規制を求める動きが高まった.そ

の後，何度も移民法が改定された結果，「1924年移民法」の制定に至った（☞項目「移民」）．しかも，女神像のすぐ近くのエリス島につくられた入国管理施設（1892～1954）では，厳しい入国審査が行われただけでなく，国外追放の対象者も抑留され，エリス島は「涙の島」と呼ばれていた．当初，自由の女神は移民の守護神とはいえなかったのである．

❖**アメリカ国民の象徴として**　ところが，大西洋を渡ってくる移民が大きく減少した時期に，むしろ自由の女神像と移民を関わらせた表象が顕著となった．第1次世界大戦時には，アメリカに到着したばかりの移民も含めて国民動員をするために，ポスターなどで自由の女神が活躍した．1936年，フランクリン・D.ローズヴェルト大統領は，自由の女神像の足元で50周年を祝い，アメリカが自由のふるさとであり約束の地であることを強調した．「旧世界」の抑圧から逃れてきた人々を受け入れるという物語がアメリカのナショナリズムと響き合い，45年には，銅板に彫られたラザラスの詩が女神像の台座に飾られたのである．65年，自由の女神像の下で，リンドン・B.ジョンソン大統領がラザラスの詩に言及し，新しい移民法に支持を訴え，キューバからの難民の大量受け入れ計画を発表した．

❖**移民の国の記憶**　自由の女神像の下には，1991年まで移民の歴史に関する展示が行われていたが，そのテーマは移民が困難を乗り越えて自力で成功する物語であった．実際に自由の女神に迎えられて入国した人々の圧倒的多数はヨーロッパからの移民であるが，移民の国の物語がつくられる過程で，移民の子孫であるすべてのアメリカ人（アフリカ系アメリカ人や先住民を除く）にとって，自由の女神はみずからの家族の歴史の象徴となったのである．

　65年，自由の女神像とエリス島は一体として国定記念物となり，86年の100周年記念式典に合わせて，自由の女神像の改修とエリス島の移民博物館の建造が行われた．たしかに，エリス島の博物館には，入国管理局が復元され，成功物語に隠されている入国審査の厳しさや移民排斥および差別の事例も取り上げられている．しかし，エリス島を自由の女神像と一体化することで，父祖の移民の苦労と成功がアメリカをつくったという移民の国の物語が定着したのである．現在も，船で自由の女神を訪問し，その後エリス島に寄った観光客は，移民を受け入れた自由の国アメリカというつくられた記憶を共有することになる．

❖**「自由の息吹を求める者たち」**　自由の女神が松明を掲げて世界の「自由を求める者たち」というラザラスの詩は，世界の人々の心に響いた．例えば，1989年の中国天安門事件のときには，自由の女神の模型が抗議の手段として設置されたのである．しかし，その「自由」の意味が地域によっても時代によっても異なることは，ドナルド・トランプ政権の入国管理政策が如実に示している．9.11同時多発テロの後，警戒が厳重になり，王冠部分に登るためには随分前から予約が必要になるなど，女神は物理的にも近付き難い存在になっている．　　　［松本悠子］

クー・クラックス・クラン

Ku Klux Klan

　クー・クラックス・クラン（KKK，以下クラン）は，アメリカで白人至上主義や移民反対などを主張してテロリスト活動を行ってきた団体に付けられた名称で，これらのグループの活動は大きく三つの時期に分かれて展開されてきた．

❖**第1期（1865年頃〜72年頃まで）**　南北戦争終了後の1865年12月に，テネシー州プラスキという町で6人の南部連合軍退役軍人たちによって結成されたこの組織は，翌年以降南部各地に広がった．クランの団員たちは，夜間に白い頭巾と衣装を身にまとい，南北戦争中に脱走したり合衆国（北軍）に寝返ったりした「裏切り者」たちに制裁を加えたり，黒人市民や共和党員らの民家を襲って，住人を家から引きずり出して鞭打ちを加えたり殺害したりするテロ行為を繰り返した．投票に行った黒人市民たちの家が焼かれたり，教会や学校に火がつけられたりする事件も頻繁に起こった．

　しかし，そもそも誰が団員であるのか公表しない秘密組織であり，誰であっても衣装を着けて変装すればクランの団員になり済ましてテロを行えるわけであるから，どこまでがクランの活動だったかを厳密に確定することは不可能である．もともとしっかりした組織を持たずローカルな個別状況の中から生まれていたクランは，内部から崩壊し始め，特に「1871年公民権法」により連邦政府がクランの活動に積極的に介入すると急速に衰退していった．

❖**映画《国民の創生》，レオ・フランクのリンチ事件，クランの復活（1915）**
　1915年はクランにとって重要な年となった．この年の春，トマス・ディクソンの小説や戯曲を基に製作されたデイヴィッド・W. グリフィスの映画《国民の創生》が消滅したクランの活動を英雄的に描いて人気を集めていた．8月には，ジョージア州アトランタの鉛筆工場で働いていた少女メアリー・フェイガンを殺害した犯人として，工場支配人のユダヤ人レオ・フランクがリンチによって殺された．反ユダヤ主義の感情の高まりの中で，11月25日に，ウィリアム・シモンズがアトランタ郊外のストーン・マウンテンで40年以上も姿を消していたクランを復活させたのである．

図1　映画《国民の創生》

❖**第2期（1915〜30年頃まで）**　復活した第2期クランは，20年代にはアメ

リカ各地特に中西部や西部に広がり，最盛期の24年には推定団員数が200万〜400万人ものレベルに達したといわれている．彼らは，クランの衣装に身を隠して通りを行進したり，集会で十字架に火をつけて燃やす儀式を行ったり，公的な場所で人目につく行動を積極的にとるようになった．禁酒法を支持し，移民に反対してカトリック系やユダヤ系移民の排斥を強く主張する活動を展開した．しかし，インディアナ州のクラン指導者デイヴィッド・カーティス・スティーヴンスンが若い白人女性マッジ・オバーホルツァーの強姦殺人事件で有罪判決を受け，服役中だった27年9月に新聞『インディアナポリス・タイムズ』に州のクランの団員で公職に就いている者たちのリストを公表した．この事件がきっかけになって，クランはインディアナ州および全国で団員を失い，急速に衰退していった．30年には，推定団員数は3万人ほどにまで減少した．

　第2期クランも秘密組織であり，組織としては誰が団員であるかを公表しなかった．しかし，私的な目的でつくられたリストが多数残されている．これらのリストと各都市の人名録や国勢調査（センサス）の調査原票などを照合させることにより，歴史研究者はこの時期のクランの団員がどのような人たちだったのかを明らかにしてきた．クランの団員たちはプロテスタント系のキリスト教徒がそのほとんどを占めていた以外は，同じ時期にクランに関わらなかった一般の人たちとの間に大きな差異が認められない．

　農村部だけでなく都市部からも多くの団員が参加していただけでなく，教育を受けた中産階級がその中核になっていたことから，クランは急速な発展に取り残された人たちが過去にしがみついて起こした反動的な団体というわけではないようである．白人男性のみで構成されていた第1期クランと異なり，この時期のクランには女性たちも多数参加していた．

❖公民権運動期およびそれ以降のクラン

第2次世界大戦後の公民権運動期にはクランの活動が再び活発になり，運動が盛んになった南部各地で公民権活動家が殺害された．また，黒人教会や活動家の家などが爆破される事件も相次いで起こった．1970年代に入ると，学校の人種隔離撤廃のために導入された強制バス通学に反対して，バスを爆破する事件が起こった．近年になっても，クランを名乗る団体が不法移民の増加に反対してメキシコ系の人たちを襲う事件が起こっている．また，同性愛者や同性婚を支持する人たちを攻撃する活動も見られる．

　以上，概観してきたように，過去150年の間にクランが攻撃してきた対象は，奴隷制から解放されたアフリカ系アメリカ人，カトリックやユダヤ教徒の多い新移民たち，人種差別撤廃を求めた公民権活動家，不法移民，同性愛者など多岐にわたっている．これはアメリカ伝統社会が何を脅威と考えたかが時代によって変化してきているためと考えられる．今後もこのような動きは注視していかなければならない．

[佐々木孝弘]

公民権運動

Civil Rights Movement

公民権運動という言葉で，まず思い浮かぶイメージは，ワシントン大行進とマーティン・ルーサー・キング・ジュニア（キング牧師）の姿であろう．この運動は，「1964年公民権法」と「1965年投票権法」という大きな立法上の成果を勝ち取り，アメリカをより自由で平等な国へと変貌させた．だが，公民権運動の歴史や実態は，キングというカリスマによってのみでは説明しきれないし，この運動がもたらした結果も，自由と平等という理念の勝利として記述されるものではない．

❖ **人種隔離撤廃に向けて─公民権連合の形成**　狭義の公民権運動とは，南部人種隔離制度の打破を目指した運動のことであり，それは1950年代半ばより本格化し，60年代に所期の目的を達成したと考えられている．

近年の公民権運動研究では，このような運動の定義を見直し，その目的を公民権以外の諸権利獲得を目指したものとしてとらえ，運動が展開された時代の枠組みを前後に引き延ばす「長い公民権運動論」と呼ばれる見方が現れている．この議論の中では，運動を担うことになる公民権連合の構築は，民主党を基軸に労働運動と黒人の運動が連携を強めていった30年代から第2次世界大戦中にあるとされている．例えば，41年，黒人で労働運動家のA.フィリップ・ランドルフは，軍需産業における雇用差別の撤廃を求めてワシントンでの大行進を提唱し，首都が混乱することを恐れたフランクリン・D.ローズヴェルト大統領は大統領令でこの要求に応じた．63年のワシントン大行進は，この運動から強い示唆を得たものである．

❖ **非暴力直接行動と公民権法・投票権法**　この公民権連合は，公立学校における人種隔離を違憲としたブラウン判決（1954）と，モントゴメリー・バス・ボイコット運動（1955）を契機に政治運動として大きく動き始めた．ところが，保守的な南部白人は合法・非合法のさまざまな方策でジム・クロウ体制を墨守しようとし，「大規模な叛抗」を開始，人種関係の抜本的な変革は遅々として進まなかった．このような運動の停滞を突き破ったのが，1960年4月の座り込み（シット・イン）運動である．この運動の中から生まれた学生非暴力調整委員会（SNCC，スニックと読む）は，キングの南部キリスト教指導者会議とともに大規模な大衆参加による非暴力主義的直接行動という戦略を南部各地で用いていった．

南部警官とのストリートでの対決が全世界で報道された63年のバーミングハム闘争，州兵が非暴力のデモ隊に襲いかかる大騒乱（血の日曜日事件）があった65年のセルマ闘争は，運動の劇的なクライマックスとなり，前者の運動の結果，公共施設における人種隔離を禁止し，人種や国民的出自，さらには性による雇用

差別を禁止した「1964年公民権法」が制定され，後者の場合には，これまで州の権限であった投票権保護を連邦政府の管轄下に置く「1965年投票権法」が制定されることになった．容易に想像できるように，2008年のバラク・オバマの大統領選挙勝利は，これら二つの立法がなければ不可能であっただろう．

❖ブラックパワー　ところが，投票権法制定の直後から，全米の大都市では暴動が頻発するようになり，雇用や福祉の問題など，黒人たちが直面する問題には狭義の公民権保証だけでは不十分であるということが広く認知されるようになっていった．この頃より，SNCCに集まった黒人青年たちの間では，キングの非暴力主義を非現実的で生ぬるいと批判していたマルコムXへの関心が急速に高まっていった．そのような1966年夏，SNCC議長ストークリー・カーマイケルは「黒人に必要なのはブラックパワーだ」という宣言を行い，公民権運動はブラックパワー運動へと変貌を遂げていった．

　60年代半ばまでの公民権運動の力点が，「私には夢がある」というキングの演説の一節が雄弁に語るように，「今あるアメリカ社会に統合されること」にあったならば，ブラックパワー運動の場合のそれは，「ブラック・イズ・ビューティフル」という言葉や大きなアフロヘアが象徴するように，黒人の人種的な矜持を強く押し出すことで，アメリカ文化自体を変容させることにあった．現在，アメリカの多くの大学にマイノリティの文化や歴史を研究する学部や研究プログラムが設けられているが，その発端は，60年代後半から70年代初頭にかけて，ブラックパワー運動と，それに触発されたブラウンパワー，レッドパワーなど，マイノリティのアメリカ文化への貢献を主張する多様な運動が切り拓いたものである．

❖ポスト公民権時代　他方でしかし，このようなマイノリティの強い自己主張は，多数派の白人側の反発を誘発することで人種間対立を悪化させたのもまた事実であり，1970年代半ばより「白人の巻き返し」が本格化していくことになる．そのような動きの一つの例が，マイノリティや女性の雇用昇進や進学を促進するために実施されていたアファーマティブアクション政策を不当な優遇措置，逆差別ととらえてこれに反対する動きであり，96年のカリフォルニア州住民投票を皮切りに，多数派の白人住民の票の力によってこれを禁止する動きは日増しに勢いを得ていった（☞項目「アファーマティブアクション」）．

　現在のアメリカの政治対立には，マイノリティを支持層とする民主党と白人の共和党という軸も加わってきている．バラク・オバマの大統領当選は，アメリカが過去の人種主義の不幸な歴史を超克したものだと考えられた．しかし，その後の共和党は，オバマ大統領の施策に原則反対の強硬姿勢をとり続け，一見したところ政党同士の対立は，人種間対立となり，むしろ激化の度合いを強めている．このように考えると，ポスト公民権時代とは，黒人問題を超克した時代ではなく，人種対立によっても特徴付けされる時代であるともいえよう．　　　［藤永康政］

アイデンティティ・ポリティクス

Identity Politics

アイデンティティ・ポリティクスとは，生まれながら，ないしそのように見なされがちな外見を含む諸特徴に基づいて組織される集団，とりわけ歴史的に差別や不公正な待遇を受けてきた人種・民族・ジェンダー・障害の有無・性的志向性などを指標とする集団による社会的承認や補償を求める政治的な運動とその理念を指す言葉である．

❖**歴史と概要** アイデンティティ・ポリティクスは 1960 年代の黒人による人種差別撤廃運動の政治的成功とそれに続く急進的なブラックパワーやフェミニズムの台頭に刺激を受けて 70 年代以降に高揚した多文化主義や共同体主義（コミュニタリアニズム）と軌を一にしてアメリカで発展し，その後世界各地に拡大している．それは自立した個人を基にするリベラル民主主義や階級的共通利害を基にしたマルクス主義と異なる，物質的利害よりも精神的ないし文化的な紐帯に基づく政治的連帯を求める運動である．しかしながら同時に，その文化的要素が経済的な意味合いも多分に含んでいる点に注目されるべきであろう．主流社会からの偏見に基づく集団的定義を押し付けられてきたマイノリティ諸集団は歴史的に経済的な不利益も被ってきた．また南部黒人のように長らく参政権すら奪われてきた集団も含まれる．

アイデンティティ・ポリティクスはそのような社会的弱者主流社会に対抗し，社会的敬意を含む集団としての正当な扱いを要求する政治運動である．アファーマティブアクションのような歴史的な補償を勝ち取り，旧来の差別的ヒエラルヒー（秩序構造）自体を脱構築するために政治的連帯を求める一方，旧来の差別的文化秩序に対して非自覚的であったとして，保守派はもとより，個人主義に基づくリベラル民主主義や階級連帯を掲げる社会主義を含めた，旧来の主要政治潮流全般に向けて本質的な異議を唱える．この主張は政治的イデオロギーに基づく従来の保守と革新の対抗枠組みを根本的に問い直す傾向を強く持つという意味で，ポストモダンを代表する新思想潮流の一つといえる．ただし，マルクス主義的な階級闘争理論，特に第三世界革命論やアントニオ・グラムシ（イタリアの思想家）による，階級的支配における文化的要素を重視するヘゲモニー論に依拠した新左翼諸潮流とは親和的であり，個人の自由の実現を不可欠とみなすジョン・ロールズ（アメリカの哲学者）の社会正義論にもこの新思想潮流を肯定的に受け止める傾向が見られる．

❖**さまざまな批判** 1960 年代半ばに二つの強力な連邦法で勝利を得た黒人の差別撤廃運動が目指した人種統合に対して（☞項目「公民権運動」），自己分離主義

的主張を展開したブラックパワー運動に刺激を受けたアイデンティティ・ポリティクスには，多様性の調和を目指すアメリカ社会に分断をもたらすとの批判が絶えない．とりわけ白人男性の価値観を強く反映した主流社会の文化規範への多文化主義的な批判運動として80年代に主に大学キャンパスで高揚した，差別的呼称や用語の禁止を求めたポリティカル・コレクトネス（PC）に対する保守派からの反発は激烈だった．確かに，この運動はしばしば言論の自由を封殺しかねない「言葉狩り」的様相を呈したのは否定できない．だが，そのような「文化戦争」の弊害を超えて，多文化主義的社会運動はアメリカ社会に成果ももたらした．被差別者の自尊心を回復させ，白人男性を中心にアメリカ社会全体に歴史的に無意識のまま蓄積されてきた差別と偏見に満ちた「マジョリティの文化的慣行」としての基底的な価値体系の再考を迫ったのは事実である．

❖**2016年の大統領選挙**　保守派と新自由主義者にとってアイデンティティ・ポリティクスは社会分断化の代名詞である．2008年と12年の大統領選挙でのバラク・オバマの勝利はそれを象徴したとされるが，彼は一部の特権的富裕層を除く「99％」の弱者一般の利益の回復を含む多様な人々の好ましき社会統合を志向する「変化」を掲げて勝利したのである．それに対し，16年の大統領選挙では女性蔑視と人種差別的態度を隠さないドナルド・トランプが僅差で勝利した．トランプが政治・社会・経済的疎外感にさいなまれる白人男性労働者階級を対象に排外主義を扇動するアイデンティティ・ポリティクスを展開した結果，アメリカ社会は修復不可能なほど深い社会的亀裂を露呈してしまっている．

　押しなべて先進諸国では活発な人的移動を含む急激なグローバル化の進行による競争の激化と製造業の海外移転を伴う脱工業化で社会不安が高まる一方，減税された富裕層は蓄財に励み，所得の二極化が深刻化している．この現象が先行したアメリカ社会では，自己変革努力を覚悟しつつ多様な社会を積極的に受容する，より普遍的価値に根差す非白人移民二世を含む高学歴若年層と，不確実な未来への不安を深め，「古き良き時代」への回帰を求める中高年白人男性労働者階級との亀裂が深まる中，既成二大政党主流派は抜本的諸改革プランを提示できていない．反動的で排外主義的なアイデンティティを強調するポピュリズムは西欧諸国にも波及した．

❖**アイデンティティ・ポリティクスへの期待**　このような事態を前にアイデンティティ・ポリティクスに何が期待し得るだろうか．元来「アイデンティティ」は，階級を含めた組換え可能な多様な要素の複合物である．その政治連合の推進者たちは単なる多数決にとどまらない熟議を重んじる民主主義のプロセスを順守してきた人々で，民主主義をより良きものに改良し，その歴史的遺産を有効活用する意志に溢れている．アメリカでもトランプ支持派を含めた社会的弱者の広範な政治的連帯構築の可能性は大いにある．　　　　　　　　　　［川島正樹］

ネイティヴィズム

Nativism

　近年，原語のカタカナ表記で使用されることが多い「ネイティヴィズム」という語は，ネイション（国民）の創造に際し中心的な位置を占めた特定の集団を規範とすることで後発の集団を劣位に位置付ける思想や態度を指す．ここには「アメリカ人性」が強い規範的な存在と，その「アメリカ人性」が希薄で周縁的な存在という二分法的な対立図式が見いだせる．アメリカ史家のジョン・ハイアムは1955年に示した古典的な定義において，「ネイティヴィズムとは外国とのつながりを持っているという理由で国内の少数者に対して激しく反発すること」と記している．1860〜1925年に見られたネイティヴィズムを類型化してハイアムは，反カトリック主義，反ラディカリズム，アングロ・サクソン至上主義の三つに整理している．時代的に少し先行するアイルランド系移民などを標的とした1850年代のノウナッシング運動もネイティヴィズムの代表的事例として知られている．

❖政治性と歴史性　排外主義（chauvinism）や外国嫌い（xenophobia）とも共振することが多いこの用語を考えるにあたって，「イズム」に先行する「ネイティヴ」が誰なのかという点，それがアメリカ先住民を意味していないという点は重要である．ネイションの創造に際し中心的・規範的な位置にいた集団は誰なのかという問いは，実は「移民の国アメリカ」という広く人口に膾炙したイメージとの間に緊張感を孕んでいる．例えば政治学者のサミュエル・ハンチントンは，2004年に発表した『わたしたちは誰なのか？』（邦題は『分断されるアメリカ』）の中で，アメリカ人が自国史を語る際にしばしば持ち出してきた歴史家オスカー・ハンドリンの有名な言葉，「移民たちこそがアメリカ史であることに気付いた」にはせいぜい部分的な真実しかないと記している．ハンチントンによれば，アメリカ人の祖先は「移民ではなく入植者であり，アメリカはその起源において移民の国ではなかった」．「アメリカ人のアイデンティティの中核にあるのは入植者がつくりだした文化であり，それは何世代もの移民によって吸収され，アメリカの信条を生みだしたものなのである．その文化の中心はプロテスタンティズムであった」．このようなハンチントンの説明が，植民地期の入植者とは性格を大きく異にするメキシコからの合法および非合法なメキシコ人移民の急増を背景になされていることを見逃すことはできない．彼が「メキシコ移民とヒスパニック化」と題した第9章で南西部におけるラティーノ人口の急速な増加をアメリカ社会における最も深刻な脅威の一つと強調していること，そしてハンチントン流のネイションの防衛をアメリカ史という枠組みの中で正当化しようとしていることは重要である．ここにはネイティヴィズムを「移民排斥主義」と意訳することの

今日的な妥当性を確認することができる.

「科学的な人種」主義によって理論武装されたネイティヴィズムがアメリカ社会を席巻していた 19 世紀末から 20 世紀初頭とは異なり, 科学的な優劣や身体的な差異によって人を階層化する（あるいは受け入れを拒絶する）という言説や行為が説得力を失った 20 世紀後半, とりわけ公民権運動後のアメリカ社会において, 多様性自体は好ましいものであれ際限なく放置されるべきではないという認識を下敷きに, ネイティヴィズムはそれと意識されることなく多くの人々の心に浸透していった. 疑似科学的な人種主義は無効であるとしてもアメリカ社会の規範的な価値は白人的なものであり, その中心性を認めることは自然であるととらえる者の数が着実に増えたのである. そのような見方の浸透は, 多文化主義の行き過ぎに対する不満・批判や政治的妥当性に対する嫌悪感の表明というかたちで現前化した（☞項目「多文化主義」).

そして構造的に重要なのは,（すでに一部の地域では実際に起きている）白人が数的にマイノリティ集団になるという現実に対する不安・焦り・怒りである. 急増する非合法滞在者に対する白人層による反発の基盤には, 非合法滞在者の多くがメキシコ出身者など非白人の移民であるという人種・エスニシティに関わる現実がある. 多文化主義の許容度は白人人口の数的優位性と相関しており, 前述のハンチントンの議論からは, 彼の議論を説得的なものととらえられるに至った背景としてアメリカ社会の側の変化を汲みとるべきであろう. それを踏まえた上で, 疑似科学的な人種主義とは決別したと思われるアメリカにおいて常識や自然という素朴なロジックで人種主義がネイティヴィズムと（再）接続されている現状が持つ意味を批判的にとらえ直すことが求められている.

❖21 世紀のネイティヴィズム　2001 年に起こった 9.11 同時多発テロは, 対テロ政策と移民および国境管理政策を結び付けるとともに, イスラム教（徒）を脅威ととらえる傾向に棹さすこととなった. テロ事件の 1 カ月半後に制定された「愛国者法」はテロとの関与が疑われる外国籍者を司法長官の判断により無期限に拘束できると定め, 関与が特定できない場合でもビザ関連の軽微な違反行為でも国外退去を命じられるとしたが, 実際に取締りの対象となった者の多くがムスリム移民であった. また, 05 年から翌年にかけて連邦議会において行われた移民法改編論議の中でも, テロの実行犯数人の滞在資格が違法であったことを危険視することで非合法滞在者の厳罰化を図ろうという議論が繰り返しなされた. このことは表面的には異質に見えるテロリストへの警戒と非合法滞在者への反発が基底において不可分であることを示している. 16 年の大統領選挙戦において物議を醸した, ムスリム移民の受け入れ拒否表明とメキシコからの移民に関するネガティブな表象は, 人種主義や宗教, 治安意識などの連動性を具現しているという意味で今日的なネイティヴィズムの象徴といえるだろう.　　　　[村田勝幸]

ヘイトクライム

Hate Crimes

　ヘイトクライムは一般的に「憎悪犯罪」と訳されているが，広義には「人種，民族，宗教，言語，ジェンダー，性的指向，障害などを理由に，特定の集団や個人に対して偏見や憎悪を抱き，それが動機となって引き起こされる暴力行為などの犯罪」を意味する．アメリカにおいては，殺人，暴力，破壊，脅迫といった通常の犯罪行為において上記の動機が立証されると，ヘイトクライムと見なされて，より重い罪が課せられる．しかし，ヘイトクライムは動機の立証が難しく，正確な実態を知ることは困難である．

　アメリカ連邦捜査局（FBI）の統計によれば，2015年に5,850件のヘイトクライムが報告されており，犠牲者の総数は7,173人である．主な動機は表1のとおりであるが，人種ではアフリカ系（2,201人），宗教ではユダヤ系（731人），性的指向としてはゲイの男性（786人）に被害者が多い．9.11同時多発テロ以降，イスラム系の人々に対するヘイトクライム（307人）が頻発しているのも，一つの大きな傾向である．全体の被害状況として

表1　ヘイトクライム統計

動　機	件　数	被害者数	件数割合
人種／民族／祖先	3,310	4,216	56.6%
宗　教	1,244	1,402	21.3%
性的指向	1,053	1,263	18.0%
障　害	74	88	1.3%
ジェンダー	23	30	0.4%
ジェンダー・アイデンティティ（性同一性）	114	122	1.9%
複数の動機	32	52	0.5%
合　計	5,850	7,173	100%

[Federal Bureau Invistigation, 2015. Hate Crime Statistics]

は18人が殺害され，13人がレイプされている．また，人物を標的としたヘイトクライムの被害者4,482人のうち，脅迫を受けた者は41.3%，単純暴行を受けた者は37.8%，加重暴行は19.7%という数字がある．

❖ヘイトクライムの歴史　アメリカでは歴史上，人種，民族，宗教などを要因とする暴力が繰り返されてきた．インディアンの虐殺と迫害，アフリカ系の人々を酷使した奴隷制，さらには白人至上主義の組織クー・クラックス・クラン（KKK）による主としてアフリカ系の人々に対する残虐なリンチ行為などは，よく知られているところだろう（☞項目「クー・クラックス・クラン」）．しかし，現在でいえばヘイトクライムと呼べるこうした暴力行為は，つい最近までは特別なこととは見なされていなかった．したがって，ヘイトクライムという言葉も考え方もアメリカには存在しなかったのである．

　この社会的風潮と価値観を変えたのが，1960年代に高揚した公民権運動である．

この運動を通して，アフリカ系をはじめとするマイノリティ集団は差別や抑圧に抵抗することで，みずからの政治的および社会的地位を向上させることができた．その結果，人種，民族，国籍，ジェンダーなどの理由に基づく偏見や暴力を許さない姿勢と態度が，アメリカ社会に少しずつ浸透していったのである．ヘイトクライムの歴史とは，ヘイトクライムそれ自体を社会に認知させていくプロセスでもあり，マイノリティの人たちにとって闘いの歴史だったともいえよう．

❖ヘイトクライム規制の法制化　連邦国家であるアメリカでは地方分権が政治の特徴の一つであり，犯罪の取締りや処罰においても従来は各州政府にその権限が託されてきた．上述のように，公民権運動の時代を経て特定の集団に対する暴力行為が問題視されるようになると，まず州レベルでのヘイトクライムの取締りが始まった．1978年の「カリフォルニア州法」を皮切りに，各州が独自のヘイトクライム法を制定していき，現在では45の州と首都ワシントンD.C.が何らかのかたちでヘイトクライムを法的に取り締まっている．アメリカ全体を見ると，85年に連邦議会にその法案が提出され90年に成立した「ヘイトクライム統計法」が法制化の大きな転換点となった．この法律はヘイトクライムに関して連邦政府による統計調査の実施を定めたもので，ヘイトクライムという犯罪それ自体を社会的に認識させる意味を持っていた．

　その後，2009年には「マシュー・シェパード／ジェームズ・バード・ジュニア＝ヘイトクライム法」が成立し，バラク・オバマ大統領がこれに署名した．この法律では，ジェンダー，性的指向，障害など，従来はヘイトクライムを構成する動機に含まれていなかった要素が新たに盛り込まれ，統計の作成だけでなくヘイトクライムの捜査にも連邦政府が資金援助を行うことが定められた．ちなみに同法の名称には，それぞれゲイである，黒人であるという理由でヘイトクライムの犠牲となって殺害された2人の人物の名前が冠されている．

❖ヘイトスピーチ　近年の日本でも問題視されているヘイトスピーチ（憎悪表現）も，特定の人々に対する侮辱，扇動，脅迫ということでヘイトクライムに含まれるが，合衆国憲法第1修正に定められている「言論の自由」を強調するアメリカ社会では，これを取り締まることへの抵抗感が政治的立場に関わりなく広く浸透している．連邦最高裁もまた，ヘイトスピーチの規制を試みた州法に対して，合衆国憲法に違反するという判決を過去に出しており，現状ではヘイトスピーチの規制は実質的に困難である．これは，ヨーロッパ諸国がヘイトスピーチも含めてヘイトクライムを厳しく取り締まっている事実と比べると，アメリカが大きく異なっているといえる．

　いずれにしても，ヘイトクライムを犯罪と見なして罪を加重することそれ自体への反発もいまだに大きく，ヘイトクライムはアメリカ社会を悩ます深刻な問題である．　　　　　　　　　　　　　　　　　　　　　　　　　　　　［中條　献］

レイシャル・プロファイリング
Racial Profiling

　レイシャル・プロファイリングとは，主に警察当局が犯罪に関する捜査や取締りを実行するにあたり，各人の行動ではなく，人種や民族に基づく特徴を理由にその対象とすることを指す．1990年代，アメリカの都市では犯罪率が総じて減少する一方で，レイシャル・プロファイリングに基づく差別や暴力事件が増加し，問題視されるようになった．しかし，2001年の9.11同時多発テロ事件以降，安全保障のためには必要悪の手段だという主張も目立つようになり，警察当局がイスラム教徒，中東系，もしくは非合法移民と見なした人々に対して，正当な理由や手続きを欠いたプロセスで身体検査や職務質問を行う事例が急増した．

　ワシントンD.C.に本部を構える大手人権団体の公民権・人権指導者会議が11年に発表した報告書によれば，レイシャル・プロファイリングは交通違反や麻薬取引などの路上犯罪，テロリズム，移民の取締りにおいて頻発している．連邦司法省が同年に行った調査は，車の運転中や道路を歩いている際に警察に止められる確率は，白人よりも有色人種の方が明らかに高いことを示した（Police Behavior During Traffic and Street Stops, 2011. ☞項目「アフリカ系」）．

　同省は14年，人種，民族に加え，国籍，ジェンダー，ジェンダー・アイデンティティ，セクシュアリティ，宗教といった項目をあげ，法執行機関，すなわち警察，安全保障関連機関，諜報機関が，公平さを欠いた方法で取締りを行うことを禁止し，これを防止するための指導要綱を公表した．連邦政府は，偏見や恐怖に根ざしたレイシャル・プロファイリングが，取締り機関への不信感を増殖させ，人種間の対立や不安を招いている事態を重く受け止めている．

　警察当局と有色人種の間の緊張関係は，社会的な分断，虐待，暴力につながる．法学者ミシェル・アレキサンダーは著書『新しいジム・クロウ制度─カラーブラインドの時代の大量投獄』（2010）において，多くの黒人男性が，路上での麻薬取引の容疑などによって長期間監獄に送られる事象について，新たなかたちの人種隔離制度であると指摘した．無抵抗で丸腰の黒人男性を殺害した白人警官に無罪判決が下される事件も後を絶たず，ブラック・ライブズ・マター（黒人の命も大切だ）運動が全米に拡大している．

　14年8月，ミズーリ州ファーガソンの町を歩いていた18歳の黒人青年，マイケル・ブラウンが，白人警官に銃殺された．丸腰のブラウンに銃を向けた警官が起訴もされないことが決まった夜，黒人作家タナハシ・コーツは，涙を流す14歳の息子に次のように語りかけた．「君にわかってほしいことがある．黒人の身体を破壊することはアメリカ伝来のもの，受け継がれてきた伝統なのだ」（Coates, 2015・池田年穂訳, 2017）．息子への手紙型式で書かれた15年のベストセラー『世界と僕のあいだに』に記されたコーツの言葉は，黒人社会に広がる深い怒りと絶望を物語っている．　　　　　［石山徳子］

6. 宗　教

　15世紀新大陸に渡航したクリストファー・コロンブスは，インディアン宣教を目的にカトリック司祭を伴い，16世紀ピューリタンの新大陸移住により聖書的ユートピア建設が目指されたように，合衆国はその歴史の開始時点からヨーロッパの宗教的事情と強く結び付いてきた．宗教的理想主義は18世紀には建国理念に反映され，政治と宗教の関係は近代国家成立時の重要な論点となる．啓蒙主義の時代は理性主義には終わらず信仰復興運動がその勢いを保ち，19世紀西部開拓地は福音主義リバイバルの舞台となる．20世紀にかけての移民流入により，ユダヤ教，イスラム教，仏教など諸宗教が海を渡り，アフリカ系アメリカ人は独自の体験に基づく宗教的伝統を築く．

　本章では，宗教事情を知るうえで助けとなる歴史的項目を取り上げている．さらに，現代アメリカ社会を理解するうえで役立つ用語をわかりやすく解説し，社会動向の背景を深層レベルで理解するための助けとすることを目指している．

[増井志津代／森本あんり]

ピューリタニズム

Puritanism

|||||||||||||||||||||||||||||||||||||||||||||||||||||||||||||||||||||

ピューリタニズムは，17世紀初頭のイギリス系植民地の成立以来，アメリカ人の精神的基盤となって根強い影響力を秘めてきた．それはキリスト教プロテスタントの強固な信仰からくる世界観でもある．啓蒙思想が強く意識された革命期やそれ以後の自由主義の発展に伴いアメリカ社会が一見世俗化したかに見える20世紀になり，ことに1920年代になるとピューリタニズムは過去の遺物であるとの批判的，否定的論調が広まるが，それでも，アメリカの精神構造の深層，あるいは古層を形成し現存しているといえる（☞項目「建国神話」）．

そもそもヨーロッパ世界はローマ・カトリック教会が支配していたが，1580年に英国が離反し独自の英国国教会を樹立した頃，聖書を母国語で理解し解釈する勢力が強まり，体制となっている宗教的権威に反抗していく．その勢力は1642年には革命運動となって，国王を処刑するピューリタン革命を起こし，オリバー・クロムウェルが中心となって共和制の国家体制を整える．その中心的勢力こそピューリタンといわれる聖書原理主義の一派である．この革命の勃発以前にニューイングランド（北米の一地域）の新天地において自分たちの信教の自由を享受しようとしたのが，1620年および30年に入植したプリマスとマサチューセッツ湾植民地である．注意すべきは，この二つの植民地は本国での革命後ではなく，その20年ほど前に革命政権が目指そうとしていたさまざまな社会的改革を早々に実践していたことである（☞項目「信教の自由」）．

❖ニューイングランドにおける衰退と再興　彼らのキリスト教信仰の特徴は，1619年の教会会議での合意，「ドルト信条」に表されている．その特徴は，人間の罪性，神による無条件で限定的な選択，恩寵による回心経験，回心者の堅忍などとされる．イングランドでは国王を処刑し共和制を樹立したピューリタニズムであるが，革命後のさまざまなプロテスタント教派は寛容の精神をもって共存し，やがて王政復古を迎えた．一方，アメリカ大陸のピューリタニズムは，回心経験を信徒同士で告白することで教会形成を行い，政教一致の神権政治をもって信仰の純粋性を堅持しようとした．しかし，60年頃には，回心経験を持てない世代が広まり，教会は妥協策である半途契約方式を導入し，回心経験を持たない者も当面の教会員として容認し神権政治を保持した．92年には，セイラムという町で魔女裁判事件が発生し，19人の女性と1人の男性が魔女と判断され処刑された．そのほか200人ほどの町民が嫌疑を受けた．信仰共同体の崩壊を意味し，その意味で17世紀の終わりまでに，ピューリタニズムは終焉したかの様相を呈した．

しかし，1740年前後にはマサチューセッツ西部のノーサンプトンにおいて，

初期ピューリタニズムへの回帰を主張した会衆派牧師ジョナサン・エドワーズを中心に覚醒運動が起き，そこにイギリスからの巡回牧師ジョージ・ホイットフィールドの活躍もあって信仰覚醒の大衆運動が発生した（☞項目「信仰復興運動」）．13植民地全体が共通体験としてリバイバルを共有したことは，30年ほど後に起きるアメリカ独立革命の素地をつくったともいわれる．一般に啓蒙思想による政治理論が中心となってアメリカ独立革命が起きたとされ，合衆国憲法の成立によって民主主義連邦国家が樹立されると，その第1修正に政教分離が謳われ，国教の禁止が国是となった．一見，宗教的側面の後退ともいわれる現象だが，実態は公定宗教を排し信教の自由を保障したことで，さまざまなキリスト教派が競って信徒獲得に勢力を注ぐこととなり，その結果アメリカ合衆国はあたかもキリスト教国家であるかのような様相を呈するようになる．

1800年代になると，それまでピューリタニズムの牙城とされていたハーバード大学神学部が合理的なユニテリアン派に席巻されるが，その反動として，初期のピューリタニズム回帰の復興運動が再び起こり，第2次覚醒運動といわれる広範な運動が起きた．

✣アメリカ精神に息付くピューリタニズム　このように，波状的に繰り返される復興運動を経て，ピューリタニズムはアメリカ国民の宗教性の根底をかたちづくり，政治運動となって表出し続ける．例えば，南北戦争の国家分裂の危機を背景に，エイブラハム・リンカン大統領が宣言した国民休日としての感謝祭の起源は，プリマス植民地のピルグリムファーザーズと原住民との間で行われた感謝の日の出来事である（☞コラム「感謝祭」）．また，1920年に第18修正として合衆国憲法に取り入れられた「禁酒法」は，ピューリタニズムの厳格な禁欲主義の表出とも考えられる．さらに，ピューリタニズムの選民思想に基づく使命感が，覇権国家としてのアメリカの国民意識をつくり上げている．

『旧約聖書』にある預言の実現，つまり救世主イエスの到来が書かれているのが『新約聖書』であるとする予型論的歴史観にピューリタンは強い関心を持っていた．彼らにとって預言の実現される場こそが，ニューイングランド，後にはアメリカ合衆国だったのである．だから，「ドリーム・カム・トゥルー」と絶えず繰り返されるフレーズは，予型論の枠組みを持ちつつ，それを世俗化したものととらえることができる．

ピューリタニズムは抑圧的だといわれ，罪の意識にとらわれた暗さ，精神的な拘束，寛容性のない厳格な倫理観が批判されることも多い．しかし，回心経験によって「ボーンアゲイン」と生まれ直す信仰の在り方の起源はピューリタンにある．移民の国アメリカで，新たな人生をゼロからスタートする人々にとって，それはピューリタン的回心経験と共通した要素を持ち，アメリカ精神の根底的な精神構造であり続けている．　　　　　　　　　　　　　　　　　　［大西直樹］

信仰復興運動

Revivalism / Revival

　信仰復興運動は，リバイバルないしリバイバリズムとも呼ばれ，歴史的文脈では大覚醒という言葉も用いられる．いずれもプロテスタント福音主義に特徴的な社会現象で，ある地域集団の信仰心が急激に高まることを指す（☞項目「福音派」）．その規模は町単位に始まり，大きな波では州規模から全国規模に及ぶこともある．期間は数カ月から長くて1年ほどで，ひとたび終息した後に再来することもある．過去には敬虔主義的な交流を持つイギリスやヨーロッパでも起きたが，今日南米やアジアに見られる類似現象はほとんどがアメリカから伝播したものである．

　❖**最初の発現**　リバイバルが最初に記録されたのは，1730年代のことである．ニューイングランドの会衆派牧師ジョナサン・エドワーズは，数人の回心をきっかけに町全体の信仰心が高揚したことを詳細に記録してロンドンで出版した．ほぼ時を同じくして，中部植民地ではスコッチ・アイリッシュ系長老派のギルバート・テネントらが個人的回心を強調する伝道を開始している．

　信仰復興運動の担い手は，一般に教育や資格はないが信仰には熱心な素人の伝道者である．彼らの説教は身近でわかりやすく，人々は今日の観劇のように彼らの話を聞きに出かけた．その集会はしばしば感情的な興奮に包まれて無秩序化したため，既存の教会牧師たちの批判を招き，世論はリバイバル賛成派「新しき光」と反対派「古き光」に分かれた．

　信仰復興がなぜこの時期にこの地域で始まったのかを特定することは困難だが，敬虔主義的な説教，世代交代や大量移民の流入による社会の変質，回心体験の告白を求める教会員制度の行き詰まり，そして印刷出版事情の改善による大衆メディアの急速な発達など，諸要因が複合的に作用した結果と考えられている．

　40年代にはイギリスから来たジョージ・ホィットフィールドが東部一帯に大きな信仰復興の波を起こした．自分で自分の集会をプロデュースし，巧みな説教を語って周る彼は，「神の行商人」「神の演出家」と呼ばれた．ベンジャミン・フランクリンも，初めは科学的な懐疑心をもって彼の集会に参加したが，たちまち心酔し，その後は彼の説教などを出版して大きな収益を上げた．2人の終生にわたる友情は，宗教とビジネスとのアメリカ的な結合をよく示している．

　❖**19世紀以降のリバイバリストたち**　19世紀に入ると第2次信仰復興の波が南部や中西部に起こり，森の中の空き地を利用して何日も続けられる「キャンプミーティング」が盛んになった（図1）．レイン神学校校長のライマン・ビーチャーは，小説家ハリエット，社会運動家ヘンリー・ウォード，女子教育の草分

けキャサリンらの父で，多くの弟子を輩出したリバイバル運動の指導者である．チャールズ・フィニーも多くの指導者を西部へ送り出したが，後年はオベリン大学の学長となって女性や黒人の学生を最初に受け入れた．フィニーはまた，リバイバルの興隆を奇跡として神に期待するばかりでなく，人間も努力することが必要であると論じ，宗教的興奮が高潮と衰退を繰り返す周期的な現象であることを率直に肯定した．

図1　キャンプミーティング
[Library of Congress]

19世紀末には，農業社会から工業社会へと変貌するアメリカを背景に，第3次の信仰復興が起こる．ドワイト・ムーディは，シカゴの都市労働者への伝道や貧困地域での日曜学校などを通して社会的実践の道を示した．同じくシカゴから始めて全米に知られるようになったビリー・サンデーは，極貧の生まれから大リーグの野球選手となり，その年俸を振って大衆伝道者となった．紳士的なムーディ，粗野なサンデーともに，学歴はないがその説教は大衆の心に強く訴える力があった（☞項目「反知性主義」）．20世紀後半以降で最も知られているのは，歴代大統領とも親しいビリー・グラハムであるが，彼以降はテレビ伝道者として活動する者が多い（図2，☞項目「メガチャーチ」）．

❖**社会的影響**　信仰復興運動は，18世紀にはアメリカ独立革命を精神的に準備し，19世紀には奴隷制廃止運動や女性の権利拡張運動に指導的な役割を果たし，20世紀には公民権運動や消費者運動に影響を与えた．これらはいずれも，信仰が個の自覚をうながし，「平等」というきわめてアメ

図2　ビリー・サンデーの伝道集会

リカ的な理念を喚起するからである．リチャード・ホフスタッターによると，「自分の好む説教を聞き，あるいはみずから説教する権利は，民主主義の精神を涵養する（Hofstadter, 1963・田村哲夫訳，2003）」．

他方，現代のリバイバリストたちは，メディアの影響力を駆使して孤独な大衆に語りかける．素朴な宗教心の発露は，知らぬ間にナショナリズムなどの特定イデオロギーに絡め取られる危険もある．アメリカでは，宗教は政治とも相性がよい．大衆の心をつかんで動員するという点では，どちらも同じ手法と目的を持つからである．大統領選挙をめぐる党大会などの政治的イベントが日本では考えられないほどの熱気や興奮に包まれるのも，同じ理由からである．　　　［森本あんり］

福音派

Evangelicals

福音主義は、ヨーロッパでは宗教改革の伝統、あるいはルター主義を意味する。ドイツでは新教をエヴァンゲリッシュ、国教会に属さないフリーチャーチや独立教会はエヴァンゲリカールと呼ばれる。福音派は、アメリカでは18世紀前半の大覚醒以来、文化的、社会的、政治的に大きな影響力を保ち、プロテスタントの主流となる。19世紀初頭の第2次大覚醒以降は、宣教活動や社会改良運動に力を注ぐ白人主流派プロテスタントを意味したが、20世紀初頭のファンダメンタリスト論争以降は、教義的な聖書主義者を指すようになる（☞項目「ファンダメンタリズム」）。福音派の定義は時代により変化するため、歴史と教義から検討する必要がある。19世紀以降、福音主義は宣教活動により世界に広がり、現在のアメリカではヒスパニック系、アジア系新移民の福音派教会が躍進している。

図1 福音派を代表するエヴァンジェリストのビリー・グラハム［The Billy Graham Library］

❖**歴史的に見た福音派**　福音派はジョナサン・エドワーズ、ウェスレー兄弟、ジョージ・ホィットフィールドが指導した18世紀英米の信仰復興運動により誕生した教会や任意団体組織を指す（☞項目「信仰復興運動」）。エドワーズはピューリタニズムを、またウェスレーは大陸敬虔主義を受け継ぎ、回心体験を強調した。この時代の福音主義は、ニューイングランド・ピューリタニズムとヨーロッパ大陸敬虔主義の英米における融合運動ともいえる。

多くの教派に福音主義は継承されているが、特に主要な教派は次の通りである。南部バプテスト連盟（会員約1,600万人）、アッセンブリーズ・オブ・ゴッド教団（会員約400万人）を筆頭とするペンテコステ系、ナザレン教団（会員約100万人）や救世軍（会員数約10万人）などのホーリネス系、さらにバプテスト諸派、長老派、キリストの教会、メソジスト、聖公会にも福音主義教会がある。20世紀以降、カリスマ運動から生まれたカルバリー・チャペル（1965年創立）、ビンヤード・チャーチ（1977年創立）など、多数の独立派系教会連合やメガチャーチも福音派である（☞項目「メガチャーチ」）。

18～19世紀リバイバルを担った旧福音派の多くは、現在は主流派プロテスタント教会（メインライン）となっている（☞項目「信仰復興運動」）。合同メソジスト教会（会員約700万人）、アメリカ長老教会（会員約250万人）、ディサイプル教団（会員約100万人）などは、19世紀には福音派の中心にあったが、現在

はその外部にあり，神学的および政治的に自由主義（リベラル）である．

　また，信仰復興運動とは特に関係のない，多くの大陸ヨーロッパ系教派も，福音派を自認する．メノナイト，ルター派，オランダ改革派，クエイカーのそれぞれ一部が含まれ，多くは19世紀以降，五大湖沿岸地域から西部にかけて移住したヨーロッパ系白人である．ヨーロッパ系福音派の多くはドイツ，オランダ，スカンジナビア系移民で，神学的には保守であるが，政治的保守とはいえない．カナダの福音派と似た穏健さがその特徴である．

❖**教義的に見た福音派**　教義的定義は，デイビッド・ベビントンがあげる四つの信念が一般的である．①聖書に至上の権威を置く「聖書主義」，②「新生」体験を強調する「回心主義」，③社会貢献のため熱心に活動する「実践主義」，④キリストの贖罪を信仰の中心とする「十字架中心主義」．福音派とはこうした信念を受け入れている人々を指す．1920年代以降，この四つの信念を字義通り，かつ戦闘的に主張する人々をファンダメンタリストと呼んだ（☞項目「ファンダメンタリズム」）．ペンテコステ派やカリスマ系各派では，この四つの信念に，「癒し」「異言」などの霊的体験を加える．

　教義的に定義すると，ローマ・カトリック教会内にも福音派は存在する．また，四つの信念は，アフリカ系アメリカ人教会に共有され，黒人プロテスタントの多くは福音主義的である．奴隷制撤廃運動における人種平等と社会正義の追求は，19世紀リバイバルから生まれたものとも考えられる．しかし，アメリカのプロテスタントは白人教会と黒人教会に分かれて活動し，白人福音派と黒人福音派は分断されている．

❖**福音派と大統領選挙**　地域的に，福音派人口は南部，中西部に広がり，北東海岸部で特に少ない．この人口分布は大統領選挙時に持ち出されるレッドステイツとブルーステイツの地図とほぼ一致する．つまり，共和党支持者の多いレッドステイツと福音派人口の多い地域が重なる．1979年，バプテストの牧師ジェリー・ファルウェルが「モラル・マジョリティ」を結成し，大統領候補ロナルド・W.レーガンを支持して以降，ファンダメンタリストやペンテコステ系諸派を中心に共和党支持が顕在化してきた．そのため，福音派は共和党支持の印象が強いが，支持政党は時代により変化してきた．20世紀以降の大統領では政治的リベラル派のジミー・E.カーター（民主党），保守派のジョージ・W.ブッシュ（共和党）が新生体験を表明した，それぞれの政党を代表する福音主義者である．

❖**世界の福音派とアメリカ福音派**　世界各国の福音派は，道徳的，神学的保守主義ではアメリカ福音派と通じているが，政治的保守とはいえず，独，英，カナダでは社会主義的傾向が強い．ラテンアメリカで最も福音主義人口の多いブラジルでは，所属政党は一定ではない．近年，アメリカではヒスパニック系や韓国系移民の福音派が増加傾向にあり，その政治的傾向は未知数である．　　［増井志津代］

政教分離

Separation of Church and State

「政教分離」という言葉の「政教」は，「政治と宗教」を意味し得るが，その原義は「政権と教権」（＝政治権力と宗教権力）にあった．一方，アメリカ文化圏（＝英語圏）では伝統的に，「教会と国家の分離」――（宗教的なるもの一般ではなく）「教会」（＝宗教団体）と（政治一般ではなく）「国家」との分離――の問題を，主題化して論じてきた．そして日本のアメリカ研究では，この英語の「教会と国家の分離」に相当する言葉として日本語の「政教分離」を用いることが多い．

❖合衆国憲法制定期の諸州の教会―国家関係　1788 年に合衆国憲法が成立し，アメリカは諸邦（ステイツ）の国家連合から一つの連邦国家へと質的変化を遂げた．この憲法下の第 1 回連邦議会による発議を受けて，91 年に 9 州の承認を得て憲法修正 10 か条が成立した．その第 1 修正は，「連邦議会は，宗教の公定制に関する，あるいはその自由な実践を禁止する……法律を定めてはならない」と定める（前段を公定制条項，後段を自由実践条項，両条項合わせて宗教条項と呼ぶ）．

「宗教の公定制」という言葉が当時担った中核的意味は，課税により教会を支持する法制度（いわゆる公定教会制）にあった．憲法成立期のアメリカの諸州を，この観点から以下の 3 グループに大別できる．第一に，主に中部の 4 州では，革命期（1775〜83）以前から公定教会制が存在しなかった．第二に，革命期以前に，（英本国と同じ）アングリカン（＝英国教会）の公定教会制が存在した，主に南部の 6 州だが，2 州では革命期に制定した憲法で公定教会制を廃止し，バージニア州では 86 年の「信教自由法」により公定教会制を廃止した．また 1 州では，革命期に制定した憲法で公定教会制を廃止したものの公定制の建前は掲げた上で，さらに 2 州では，革命期に制定した憲法では公定教会制を立法する余地を認めたもののその実現を見ないまま，1790〜1810 年の間に順次，当該憲法規定を削除した（故にこれら 3 州では，憲法成立期には公定制の存否が曖昧だった）．第三に，革命以前に，（英本国では少数派たる）会衆派の公定教会制が存在した，北部の 4 州（1791 年に新州として承認されたバーモント州を含む）では，現実に公定教会制が存続した（ただし 1807〜33 年の間に順次廃止した）．

❖制定時に公定制条項が担った規範意味　州ごとのこうした宗教的多様性を前に，1788 年成立の合衆国憲法は，連邦と州の権限分配として，宗教の問題に関与する権限を各州政府に配分し，連邦政府は，同権限を持たず，したがって各州における教会と国家の関係に介入する権限を持たないものとした．仮にそういう介入権限を連邦政府が持つ内容の憲法案であれば，州ごとの利害が紛糾して憲法成立そのものが危うかった．そして，憲法本体におけるそういう権限分配を前提とし

つつ，91年成立の公定制条項は，連邦政府に到底できるはずのないこと―連邦大の宗教公定制の構築―を，改めて「できない」と確認した規定だった．

❖19世紀アメリカの，政教分離社会としての自己認識と現実　公定教会制の不在という意味での政教分離がアメリカ全土で成立したのは，マサチューセッツ州が自州憲法の改正により公定教会制を廃止した1833年である．

だが，合衆国憲法上，宗教の問題におよそ関与する権限を持たないとされた連邦政府は，現実には宗教に関与していた．例えば第1回連邦議会は1789年に大統領に対して公的な感謝と祈りの日を宣言するよう求める決議を行い，大統領はそれに応じた．また同じ連邦議会は，89年に下院の，90年に上院の，議会専属牧師を選定し給与を支払った．こうした統治実践は91年の宗教条項成立以降も繰り返された．さらに，大統領就任の際の宣誓文言そのものは憲法第2条1節8項に定めがあるが，宣誓式で聖書を用いてこの宣誓を行う慣行は，89年の初代大統領就任時以来，1825年と1901年の2例を除き今日まで続いている．

宗教事項に関してけ無権限だと憲法上構想された連邦政府にしてそうだったから，宗教事項に関する権限を持つことを前提に政教分離を実現した州政府は尚更そうだった．憲法成立時のアメリカ文化はプロテスタント的な価値観・慣行と結び付いており，宗教事項に関する公権力の無権限という新しい憲法原理がその文化に対してどう働くべきなのかという問題を，当時のアメリカ社会はまだ十分に考え抜いていなかった．だがやがてアメリカの宗教的多様性がプロテスタンティズムの枠を超えて展開すると，この問題に取り組まざるを得なくなる．

❖19世紀の学校問題　アメリカの公教育制度は，1830〜50年代に全国的に普及した．公立学校では，共和国市民の徳を涵養（かんよう）するために特定教派的でない宗教的価値を教育するとともに日々の祈り・聖書朗読・聖歌斉唱を行う，いわゆる「非教派的」カリキュラムが採用された．これに対して，同時期に急増したカトリックの移民が，一方で，公立学校における教育実践のプロテスタント色に強く反対し，他方で，いわばその代替として，カトリックの教区学校に対する公的助成を求めたのである．南北戦争後，前者についてオハイオ州の「シンシナティ市の聖書戦争」が全国的注目を集めた．公立学校における祈りと聖書朗読の実践を取り止める旨の69年市教育委員会決定に反対して訴訟が提起されたが，72年に州最高裁判所の判決で敗訴した．後者に関して，68年の合衆国憲法第14修正成立後の76年に，連邦議会でブレイン憲法修正案を発議する動きが生じたが，上院の僅差で潰えた事実が興味深い．同案は，その主語を「連邦議会」から「州」に代えたほかは第1修正の宗教条項そのままの規定に続けて，公教育目的の公金・公有地を教派に提供したりその統制下に置いたりすることの禁止を規定していた．

政教分離という未完の憲法プロジェクトに向けたアメリカの取組みは，20世紀を経て今日なお，継続されている．　　　　　　　　　　　　　[佐々木弘通]

市民宗教

Civil Religion

　市民宗教とは，人々に共有されている宗教的志向性のことであり，個人の内面だけでなく政治，社会，文化などの公共領域でも機能するものである．アメリカの市民宗教は，建国の時から，多様な文化的背景をもつ国民に共通の感情と目標を与え，連帯感や倫理観の源泉となってきた．誤解や乱用が多く「政教分離」に違反するのではないか，という懸念がもたれることも多い．また，宗教は衰退してきたし，衰退すべきだ，と考える世俗主義からは軽視ないし敵視される．そして多文化主義の波及によって，その存在や意義が疑問視されるようにもなった．しかし，むしろ，多文化状況が進展しているからこそ期待される側面もある．

❖宗教リベラル／宗教保守　アメリカは，典型的な近代国家と考えられ，世俗的な国と見なされることが多かった．あるいは，大半は進歩的な世俗的国民であって，一部に反動的な宗教的国民がいる，と考えられてきた．しかし事実としては，神を信じる人口は9割を占め，「生活にとって神が重要」と答える人も8割に上る．教会出席率も，イギリスやフランスが1割台なのに対して4割を超える．近年増加しているといわれる「無宗教」に分類される人々も，実際には教会に「無所属」ということである．無神論者や不可知論者などの「世俗主義者」とは違い，宗教的なものに関わっている場合が多い．アメリカは，世俗的国民と宗教的国民に分裂しているのではなく，宗教に対する考え方で「宗教リベラル」と「宗教保守」に二分されているのである（☞項目「宗教保守」）．

　また現代における宗教性は，個人の内面や心の問題として片付けられるものでもない．社会哲学者であり宗教社会学者であるロバート・ベラーは，1967年，アメリカの独立宣言や憲法，大統領の就任演説，公教育などを分析し，国民の大多数が共有している宗教的志向性があることを明らかにした．しかもそれは，社会生活や政治行動に大きく影響を与えている．ベラーによれば，どの民族や国民にも，「われわれは何ものなのか」「われわれはどこから来てどこへ行くのか」というように，自分たちのアイデンティティや存在意義を問う場合に依拠する「価値の体系」が存在する．ベラーはこれを，ジャン・ジャック・ルソーの『社会契約論』（1762）における言葉を借りて「市民宗教」と名付けたのであった．

❖建国の理念と政教分離　アメリカの市民宗教は，主に二つの契機から形成された．一つは，革命前に起こったリバイバルである（☞項目「信仰復興運動」）．各植民地に広がった回心体験は，神と向き合うことで「個」や「平等」を強く意識させ，「アメリカ」に一体感をもたらした．多様な背景をもつ植民地の人々が連帯して戦うための精神的な基盤が準備されたのである．

もう一つの契機は，建国父祖の思想である．かれらは合理的な啓蒙思想を抱き，理神論の立場をとっていた．神秘的な要素を排除し，奇跡や啓示は認めず，あくまで理性によって宗教をとらえたのである．しかし，神の存在を否定したわけではない．むしろ，独立革命を戦い，建国を成し遂げるための連帯・統合の原理として積極的に「神」を位置付けた．そのことは，すべての人間を平等につくり，権利を与える存在として神を謳った「独立宣言」にも表れている．神を「支配の正統性」の根拠にした，といってもよいだろう．かくして形成された市民宗教が，国教の禁止や信教の自由を定めた第1修正とも矛盾しない．第1修正は，「政治と宗教の分離」や「国家からすべての宗教性を排除すること」を意味していない．「政教分離」と訳される「Separation of Church and State」という概念は，トマス・ジェファソンの言葉から考案されたので，建国以来の理念のように誤解されることが多い．しかし，憲法には明記されておらず，憲法史上で実質的に登場したのは1947年のことであった．

図1 「最善の市民宗教を代表する存在」といわれるエイブラハム・リンカンの像［リンカン記念館，筆者撮影］

それ以後も，大統領や議会は，宗教と密接な関係を持ち続けている（☞項目「政教分離」）．また，政治以外の公共領域においても関係は深い．公式行事における「忠誠の誓い」には「one Nation under God」（神の下なる国）とあるし，すべての貨幣には「In God We Trust」（われら神を信ず）とある．連邦最高裁も祈りで開廷し，証人は「so help me God」（神に誓って）と宣誓する．

❖**多元社会における分裂と連帯**　そのように公共領域にあらわれる神は，特定の教派や宗教の神ではない．したがって国教のように，特定の信仰を国民に強いることはない．事実，アメリカでは多様な教派が繁栄してきた．市民宗教は多様な信仰を前提としながらも，国民に共有される信仰を表すものなのである．

多文化化の進展に伴い，市民宗教の包摂範囲は，プロテスタントからカトリック，ユダヤというように広がってきた．そこで多文化主義は，包摂範囲のさらなる拡大を目指し，世俗主義と結び付く場合には市民宗教の解体を目指す．

しかし，そうした多文化主義の追及は，対立を「世俗主義」対「原理主義」というように激化させてしまった．多様な文化が共存するには，差異だけでなく連帯への配慮も欠かせない．かくして，例えば政治哲学者のマイケル・ウォルツァーは「アイデンティティが，ある状況でひどく多様になっている移民社会においては，市民宗教によって育成される共通のアイデンティティが特に重要になる」といっている（『寛容について』1997）．多文化主義を経過し，対立や分裂が深まった社会にあっては，多様な文化に配慮しながらも連帯を可能にするものとして，市民宗教を再編することが期待されているのである．　　　　［藤本龍児］

カトリック教会

Roman Catholic Church

　北米大陸をめぐるヨーロッパ諸国の競合の結果では，スペインに続いてフランスが進出，続いてオランダ，イギリスも東岸各地に入植地を形成していった．直線でアメリカとの国境が現在設定されているカナダはフランス語圏のケベック州を中心に形成された．ミシシッピ川流域のニューオーリンズとルイジアナ，フロリダはまずスペイン，代わってフランスの支配下に置かれるようになったが，デンバー以南の太平洋に至る中西部を含む広大な南部では，フニペロ・セラ（1713～84，2015年に聖人に加えられた）をはじめとしたスペイン人のフランシスコ会宣教師が，開拓者とともに広大な農地を切り拓き，ネイティブ・アメリカン（先住民）への布教を行った．

　太平洋岸に向かう開拓者への司牧（牧会）とネイティブ・アメリカンへの布教を行ったのはイエズス会宣教師ジャック・マーケット，ピエール・ジーン・デスメット，ジュゼッペ・カタルドであった．

✤起源・展開　イギリスから北アメリカへのカトリック教徒の植民は，現在の連邦首府ワシントン北部に隣接した地域から始まった．この地はチャールズ1世がカトリック教徒の従弟ボルチモア候ジョージ・カルバートに与えた宮中伯爵領であった．メリーランド（マリアの大地）の名称はチャールズ1世の王妃フランス王女の名前アンリエッタ・マリーに由来する．ピューリタンが1620年メイフラワー号で現在のプリマスに到達してから14年後の1634年，イギリス系にアイルランド系が加わったカトリック教徒の移民が2人のイエズス会員に伴われてポトマック川とチープセイク湾の間のセントメアリーに入植した．

　メリーランドでは1789年，ボルチモア中心に北米最初の司教区が創設され，北米におけるカトリック教育と文化の中心となる使命に向かって進むことになった．北米における最も古い高等教育機関ジョージタウン大学はこの地に設立され，他教派の人々に寛容，協調的な穏健カトリックリベラリズムの伝統が始まった．メリーランド州は独立宣言に署名した13州の一つであり，その代表はカトリック教徒チャールズ・キャロルであった．その従弟ジョン・キャロルはアメリカにおける最初の司教区の創設に際して初代ボルチモア司教，後に大司教にローマから任命された．その権限は当初アメリカ全土を含むものであったが，ローマへの彼の勧告によって後にボストン，ニューヨーク，フィラデルフィアなどの司教区が独立し，さらに他の司教区が次々に創設されていった．

　19世紀中頃からアメリカ東岸のボストン，ニューヨークなどの港にアイルランド移民の波が押し寄せ，さらに，それとほぼ相前後してドイツ，イタリア，

ポーランドなどからの移民がこの波に加わり、大都市で労働者として働くようになった。強力な労働組合の指導者はカトリック信者であり、司祭の指導を受けていた。カトリック移民はそれぞれの母国からの信仰形態の違いを次第に克服して、アメリカのカトリック教徒としての一体性を育むようになっていった。

しかし上流階級を構成した WASP 社会からはカトリック教会はアメリカ文化には異質で、アメリカ社会には受け容れ不可能な価値観を持つ「移民教会」だとの偏見が長く続いた（WASP とは、ホワイト・アングロサクソン・プロテスタントの意）。南北戦争（1861～65）の際、北部のカトリック教会はアメリカ側を積極的に支持したが、南部のカトリック教会は南部連合を支持した。双方が従軍司祭を派遣し、兵士たちの霊的ケアに従事させた。傷病兵を献身的に世話した修道女たちの働きはカトリック教会に対する偏見の改善に大いに貢献した。

アメリカのカトリック教会の最大の特徴は公立とは別個の教区制度に結び付いた、小学校から高校まで教区学校制度を確立したことである。さらに教区の高校とは別に中高一貫校が設立され、さらに大学も設立された。これらのうちから後に有名総合大学に発展するものも現れた。こうして各教区に教区立小学・中等学校が整備され、大学を頂点とした教育制度によって支えられたカトリック社会が成立し、アメリカのカトリック教徒は信仰に関してはローマに忠実、同時に星条旗に忠誠を誓うアイデンティティを持つようになった。アメリカのカトリック教会では他のカトリック国におけるような反聖職者主義の感情は見られず、ローマへの忠誠感情が強かったが、教皇レオ 13 世の使徒的書簡「温情の証し」（1899）以後バチカン当局は「アメリカニズム」と彼らが呼んだ傾向を警戒した。第 2 次世界大戦後の冷戦時代、アメリカのカトリック教会と信徒は反共傾向を一段と強めた。

✤中産階級化・将来の展望 移民世代の労働者は労働組合が肩入れしていた民主党支持であったが、1960～70 年代、高等教育を受けたいわゆるサバーバン（郊外居住）の中産階級がカトリック教徒の中でも多くなり、共和党支持者が増加、選挙におけるカトリック票の動向も複雑になった。連邦議会・上下両院におけるカトリック教徒の議員も民主・共和両党にまたがるようになった。これがカトリックのジョン・F. ケネディ大統領の登場の一つの背景であった。彼の悲劇的死は後のアメリカ社会の根底に拭い去ることのできないトラウマを残した。さらにベトナム反戦運動は教会生活に亀裂を生み、傷跡を残した。第 2 回バチカン公会議（1962～65）はアメリカカトリック教会に決定的な変革をもたらした。

カトリック人口ほぼ7,000 万、全人口の22%、かつてのアイリッシュ、イタリアンに代わって中南米からのヒスパニック人口が加わった。アメリカのカトリック教会はさまざまな困難な問題を抱えながら、積極的にアメリカ社会に貢献しようとする信徒の層が厚い教会となっている。　　　　　　　　　　　　［高柳俊一］

新興キリスト教諸派

New Christian Groups

アメリカでは植民地時代以来，アナバプテスト（再洗礼派）や敬虔主義者を中心とした宗教者がヨーロッパから渡ってきて定着・発展してきた．神の絶対性を強調する彼らの思想はルター派や，ジャン・カルバンの予定説にも現れているが，17世紀のイギリスに生まれたクエーカーや16世紀のヨーロッパの生活様式を今にとどめるメノナイト，アーミッシュ（図1），後に19世紀のアメリカで誕生するエホバの証人といった教派はさらにそれを推し進め，聖職を拒否し，平和主義を遵守し，国旗への忠誠の誓いを立てない．神の権威の前に，人のつくり出した地上の権威を一切否定するからである．この神学はヨーロッパの王権やその国教と相容れない部分が多く，しばしば弾圧を受けていたこともこうした移動の背景にある．

こうした状況が生み出されるにあたってペンシルベニア植民地が果たした役割は大きい．こ

図1 アーミッシュの民家［筆者撮影］

の土地を1681年にイングランド王チャールズ2世から勅許されたウィリアム・ペンは，黒人を除くすべての人種，すべての信仰を受け入れることを言明し，宗教的寛容を実現した．みずからクエーカー（フレンド派）の信仰を持つゆえに逮捕されたこともあるペンは，すべての信仰を公権力から守ることにしたのである．これに応えて83年にはアナバプテストのメノナイトがジャーマンタウンを建設し，94年には敬虔派のヨハネス・ケルピウスが神の王国がペンシルベニアに建設されることを期待して，荒野の女協会と呼ばれる一団を率いてトランシルバニアからやって来た．

この宗教的寛容の精神は1791年に合衆国憲法第1修正として結実し，アメリカにおける多彩な宗教の発展と民主化をうながすことになった．1801年のケーン・リッジ・リバイバルから始まったとされる第2次大覚醒（☞項目「信仰復興運動」）の熱狂は，巡回説教師によってフロンティア地域に伝播していった．しばしば野外での集会で，粗野な言葉で回心をうながすこれらの説教師は，社会的，あるいは経済的格差を乗り越えて，神の前に等しく救いを求める瞬間こそが調和であることを視覚的にも印象付けたのである．

❖ **二つの千年王国主義** もう一つの共通点として前千年王国論があげられる．この終末思想によれば，この世はいったん不可避的に破滅に向かう．義人は虐殺され，反キリストが世界を支配する．その苦しみの極みにキリストが再臨し，現世

のものはすべて破却され，義人は蘇(よみがえ)り，そして神の王国が現れる．人の営みや努力が千年王国の出現に資することはなく，ひたすら再臨という奇跡だけがそれを可能にする．人の自助努力や自由意志を認めない，カルビニズムの傾向が強い．

これに反し，18世紀前半に活躍した神学者ジョナサン・エドワーズが，人々の日常的な努力によってアメリカに神の王国が築かれると説いたように，アメリカで主流の終末思想は後千年王国論である．すなわち，キリストの再臨は千年王国の後に実現するので，千年王国の開始に当たって義人の虐殺といった試練は必要ない．現世と千年王国の連続性を強調する思想である．市場経済が浸透しつつあった19世紀前半のアメリカ社会では，主流派の牧師や中産階級婦人を主力とした社会改良家たちが奴隷解放や禁酒，婦人参政権の実現を唱え，キリスト教国アメリカに千年王国を築こうとしていた．人間の救済に人間自身の努力が貢献できるとするアルミニアニズムの傾向が強い．

これら二つの千年王国論は社会状況を反映する．主流派が漸進的な改革に取り組む一方で，その恩恵にあずかれない人々は前千年王国論の夢，すなわち現世の破滅と神の王国の奇跡的な出現に期待を寄せる．例えば，1844年10月22日にウィリアム・ミラーが起こした「大いなる失望」事件は，第2次大覚醒期の社会改良運動の終焉を告げたものと考えられる．第2次大覚醒が始まって約40年，その間解決した社会問題はなかった．そこへ再臨の日付を具体的に預言したミラーの周辺には2万もの人が集まったのである．19世紀前半のアメリカ社会が全体として市場経済へと向かった当時，そのような傾向とは無縁の人々が新興キリスト教諸派に代替となる社会を求めたようである．

❖パラレル・ワールド　最後に，新興キリスト教諸派の多くが食生活や性，そして家族の在り方に変更を迫ることも特徴としてあげられる．再臨が近い，あるいはすでに千年王国が始まっていると信じるためである．シェーカーや，ミラーの強い影響下に発展したセブンスデー・アドベンティスト（安息日再臨派）は生殖行為や肉食はもはや不要であると考えた．モルモン教会は逆に，神の王国にふさわしいのは旧約聖書の世界であると考え，古代ユダヤでも行われていた多妻婚を復活させた．こうした生活様式の変更もまた，これらの諸派が代替となる社会を提供していた証拠と考えられる．

千年王国のまねびとしての生活は，結果として健康増進，さらには不老不死をも実現できる，という思想に至った．現代アメリカ人の食生活で不可欠なものとなっているシリアルは，安息日再臨派のジョン・ハーベイ・ケロッグ博士が不老不死の生活にふさわしい食材として開発したものである．人の不完全性を強調するカルビニズムから出発した諸派が，結果としてアルミニアニズムや人も神のごとく完璧な存在になれると考えるパーフェクショニズムを標榜する点も興味深い．

[平井康大]

モルモン教

Mormonism

　モルモン教とは，1830年，ニューヨーク州北部のパルマイラで貧農出身のジョゼフ・スミス2世が創始した宗教である．日本での正式な教会名は末日聖徒イエス・キリスト教会という．2016年時点で教会が発表している信者数は世界全体で1,500万人強，アメリカ国内で650万人強であり，ほぼユダヤ教会と同程度と考えられる．教会の成長は著しく，21世紀に入って以降も信者数は4割近く増加している．特に中南米，南太平洋地域で信者の比率が高いほか，今後はアフリカ大陸での成長が見込まれている．

❖ **ユタへの移住**　信者の大多数はユタ州ソルトレイクシティを本拠とする教会に所属している．教祖が中西部のイリノイ州で暗殺された際に教会は四分五裂したが，ブリガム・ヤングが率いた一派は1847年にロッキー山脈を越えて広大なデザレット国を建設し，最大の派閥となった．現在，モルモン教会と注釈なしでいう場合には，このユタ・モルモン教会を指す．

図1　現在のユタ州旗のシンボル

　現在のユタ，ネバダ，アリゾナ州の大半と，カリフォルニア，コロラド州などの一部地域を含んでいたデザレット国は，翌48年のグアダルーペ・イダルゴ条約によってアメリカ領であることが確定し，ユタ準州（ほぼ現在のユタ州とネバダ州に匹敵）としてアメリカに組み込まれたが，ユタ州旗には今でもデザレット国建国の年が記されている（図1）．「1896」の数字はユタが州に昇格した年を示す．州旗の中央に描かれたミツバチの巣は勤勉の象徴であり，また，教会の主張によればデザレットとは古代ヘブライ語でミツバチを指す言葉である．

❖ **モルモン書の神学**　教祖が22歳のときに発掘したと主張する『金板聖書』によれば，紀元前6世紀，ユダ王国が新バビロニアに支配された時代，多くのユダヤ人が世界中に離散し，各地域で土着化した．アメリカに渡ったユダヤ人が書き残した歴史書が金板聖書であり，それをスミスが翻訳したと主張しているものが『モルモン書』である．イエスの福音を知る前に離散してしまったユダヤ人を救うため，ゴルゴタの丘で架刑に処されたイエスは復活までの3日間にアメリカで福音を伝えたという．

　旧・新約聖書にモルモン書を加えて福音が完成するという信念から，この教会は世界中の元ユダヤ人たちに真の福音を伝えんとして布教するものである．教団

創設当初からアメリカン・インディアンもユダヤの末裔として重要な布教対象とされた．日本では 1901 年から活動を続けている．

ただし黒人だけは 78 年まで正式な教会員としては認められず，教祖自身は黒人を正式な教会員として認めていたとされるが，南部の奴隷所有者や北部の自由土地党に近い思想の人々が入信するにつれて黒人の地位が低下したものと考えられている．78 年の方針転換は大管長が得た啓示のかたちで発表されたが，実際には人種の混交が進んだ中南米での布教に支障を来したことが原因とされる．

信者の布教活動は先祖にも及び，家系図をたどって先祖たちを次々と受洗させ，モルモン教へと入信・改宗させている．このとき代理人が洗礼の儀式を経ることになるが，これを「死者のバプテスマ」と呼ぶ．

この教会は神人同形同性論を信奉し，完璧なモルモン男性は最後の審判以後の世界において神となり，自分の宇宙を統べられるという．この宇宙において妻が星々となるので，善きモルモン男性にとって複数の妻との結婚は必要不可欠とされる．この教会は 1890 年まで多妻婚を実施・推奨していた．

神学上は重要とされながら，精神的・経済的負担が大きい多妻婚の実施率は通常 5% 程度であっただろうと推測されている．その一方でブリガム・ヤングには 60 人の妻がいたといわれているが，その大半は高齢の寡婦，あるいは独身のまま亡くなった女性との代理結婚であったとされる．モルモン神学では女性が天国に行く力が男性より弱いとされ，夫に先立たれた女性たちは再婚することが望ましいとされた．この場合，多妻婚は社会保障の一種として働いていたと思われる．ただし，教祖の妻エマ・ヘール・スミスとその息子，ジョゼフ・スミス 3 世が率いた分派，コミュニティ・オブ・クライストは 25 万人の信者を擁してユタ教会に次ぐ規模を誇るが，60 年の教会設立以来，多妻婚を一切実施していない．

❖アメリカの近代化とモルモン復古主義 第 2 次大覚醒期に誕生した多くの教会はイエスの再臨が近いことを前提に，禁欲主義など性や家族制度に関する実験を行った（☞項目「信仰復興運動」「ファンダメンタリズム」）．それに対してモルモン教は復古主義，すなわち古代ユダヤの家父長制度や，『旧約聖書』に見られる多妻婚を復活させようとした．教祖存命中には原始的共産制度を試行しているなど，アメリカで経済の近代化が進展していたとされる時代，スミス一家をはじめその波に取り残された人々が前近代社会への回帰を目指した運動と考えられる．

多妻婚やマウンテン・メドウの虐殺事件などをめぐって 1857〜58 年には連邦軍と交戦したこともあるが，現在はその信仰箇条において遵法意識を謳い，経済的には自由主義，政治的には共和党の中で宗教右派に近い支持基盤となっている．家族を尊重し，喫煙や飲酒，カフェインの摂取を禁止しているこの教会は，いまやアメリカの伝統的価値観を体現しているともいえよう． ［平井康大］

ニューエイジ／スピリチュアル

New Age / Spiritualism

||||||||||||||||||||||||||||||||||||||||||||||||||||||||||||||||||||||||||||||

　Spiritual but not religious，略して SBNR という表現がある．「（私は）宗教的ではないがスピリチュアルだ」が意味するところは，伝統的なユダヤ・キリスト教に対するオルタナティブ（代替的）な宗教性．具体的には，教会には行かないが，Zen（禅）に魅力を感じており，家での座禅が日課だとか，人格神としての「神」は信じていないが，高次のエネルギーのようなものはあると感じ，いろいろな癒しグッズを試しているといった人たちのことである．「信心深く」はないが世俗的でもない．

　非常にアメリカ的といわれるこの宗教性の起源は，19 世紀のフィニアス・クインビーらによるニューソート運動というプラス思考（ポジティブシンキング．心の持ちかた次第で病気も治り人生も成功するとする．マインド・キュア運動とも呼ばれる）の走りや，フォックス姉妹のラップ現象事件を端とする心霊主義，オカルトブームである．この流れは，1960 年代の若者たちの対抗文化運動（ヒッピー文化）において禅やヨガ，タオ（道）といったアジアの宗教やシャーマニズムなどの先住民の宗教文化を吸収し，西洋近代合理主義を超える新時代（アクエリアスの時代）を切り開こうとするニューエイジ運動に発展した．

❖**ニューエイジ／スピリチュアル文化の特徴**　事例は多様だが，いずれも既存の「何か」に対するアンチテーゼ，オルタナティブを求めることから発生している．その「何か」は共通であり，多様性は枝分かれする方向の違いとして現れる．共通の「何か」は①素材，②組織形態，③救済観，④イデオロギーの四つの点からとらえることができる．

　①の素材ないしコンテンツの観点からは，ニューエイジ／スピリチュアル文化は超越的人格神への内面的信仰と聖書に基づくプロテスタント的キリスト教に対するオルタナティブとしての特徴を持つ．すなわち，内在神・汎神論的世界観，神秘体験，呪術という特徴を持つ思想や実践が，アジアや先住民の宗教伝統の中から次々取り出され，使われている．各種瞑想，気（功）や神話と深層心理学，交霊術や占いなどのオカルト，先住民の聖地のパワースポット巡り，現代の異界信仰の一種ともいえる UFO・宇宙人信仰，東洋医学や民間療法をアレンジした代替療法，各種セラピー，ヒーリングなどがある．

　②の組織形態の観点からは，ニューエイジ／スピリチュアル文化は教会という組織を中心とした制度的宗教に対するオルタナティブである．個人的に本やインターネットを通して知識を入手する．ワークショップに参加し，同じような関心を持つ人たちとゆるやかなネットワークをつくる人もいるが，基本的に組織とい

うものを敬遠する.

③の救済観の観点からは，伝統的キリスト教が来世での救済を志向するのに対するオルタナティブである．現世での「自己実現」が求められ，絶対神による罪からの「救い」ではなく，「自分探し」による人生の意味の充実，不安やストレスからの「癒し」がキーワードになる．

④のイデオロギーの観点からは，近代合理主義（科学万能主義，心身二元論も），資本主義（消費・管理社会），家父長制に対するオルタナティブである．精神と身体・環境を一体ととらえるホーリズム，反物質主義，エコロジー，フェミニズムといった価値観だ．この価値観が①と結び付き，神秘への憧憬がさまざまに具現化された．特にエコロジーやフェミニズムの特徴が強いのは，菜食主義，女神を崇拝し自然との調和を説く現代魔女（ウィッカ，ネオペイガン）などである（図1）．

図1 連邦最高裁前で同性婚を認めよと訴えるウィスコンシン州ウィッカ教会の女性司祭と信者（2013）[AFP＝時事]

❖**メインストリーム化と先鋭化**　ニューエイジ／スピリチュアル文化は対抗文化期には既成社会に真っ向から対立するものだったが，その後，1970〜80年代になるとメインストリーム化し，消費文化に取り込まれていく．キリスト教徒であり続けながら仏教的瞑想に親しむというケースが増える．自己啓発セミナーや癒し，健康法がビジネスになり，映画やゲームなどのポップカルチャーも神話や魔法などを吸収していった．

さらに，この文化の中の神秘性を薄め，「自分探し」「自己実現」「癒し」の面を強調すると，社会学者のロバート・ベラーが『心の習慣』（1985）で「表現的個人主義」と呼んだものに近づく．この書に事例として登場するセラピー好きの若い看護婦シーラ・ラーソンが，自分だけの信仰，「汝自身を愛せ，汝自身に優しくあれ，汝たがいに気遣いあうべし」という信条を「シーライズム」と名付けたことから，そう呼ばれることもある．人それぞれに充実した生を営めばよいとするシーラたちの考えは，ベラーにしてみればコミュニティを衰退させるものだった．その後，ニューエイジ／スピリチュアル文化の中にもベラーらからの批判を受けとめ，他者と協力し社会に貢献する活動に向かう動きが出てきている．

他方，ニューエイジ／スピリチュアル文化が神秘性・内閉性を強めコミューン型教団をつくることもある．これがラジニーシ教団，ハレ・クリシュナなどの新宗教（NRM）だ．インド人のグルを崇拝する白人の若者というのが典型的信者像だが，エスニック・マイノリティの新宗教もある．例えば過激さで知られるネイション・オブ・イスラームはイスラム系の（原理主義ではなく）新宗教で，UFO信仰の要素もある（☞項目「イスラム系」）．　　　　　　　　　[藤原聖子]

ファンダメンタリズム

Fundamentalism

アメリカの原理主義（ファンダメンタリズム）とは，キリスト教の聖典である『聖書』に基づいた世界観を，現実の社会生活に適応する生き方のことを指す．この考え方を受け入れた人々は，聖書の記述を一字一句に至るまで誤りがないものととらえ，記述された物語をこの世界で実際に起こったことであると強硬に主張する．このような強硬な姿勢は，聖書の世界観を否定的にとらえるモダニスト（近代主義者）が台頭してきたことに対する「反動」として形成される歴史的背景を持っている．

❖二つのファンダメンタリズムとその訳語　1890 年代に，聖書批評学を受容することを拒否し，教理的・道徳的に保守的な立場を選択した人々がいた．彼らは「聖書の根本的な教義のために戦う」という意味を込めてファンダメンタリズムを標榜した．彼らの活動は暴力的なものではなく，むしろ聖書解釈をめぐる物静かな神学的論争であった．一方，1980 年代に同じファンダメンタリズムという用語が用いられるようになった．中絶や同性愛などを道徳的な問題ととらえ，これらを解決するために政治を動かそうとする一派が生み出された．彼らは同じく聖書を基準とするが，特にこの基準を守るために政治的な行動に訴えた人々である．彼らの一部が過激化し，中絶手術を施した医師や同性愛者に対して暴力的制裁を加えたことから，政治化した集団も含め，このような過激な言動に訴える人々のことを，マスコミはファンダメンタリストと呼んだ．この両者の違いを意識せず，同じように暴力的な集団が 19 世紀末から存在していたと誤解されることがしばしばあった．そのため英語表記の場合は文脈からどの時代のファンダメンタリズムかを類推し，邦語では 19 世紀末から 1920 年代までのファンダメンタリズム（根本主義）と 80 年代以降のファンダメンタリズム（原理主義）を区別する場合もある．

❖ファンダメンタリズム論争とスコープス裁判　1870 年代にヨーロッパ（特にドイツ）から流入した新神学は，アメリカ旧移民たちの聖書中心主義的信仰に対し，大きな挑戦を突き付けた（☞項目「福音派」）．新神学を受け入れる人々（モダニスト）が増えてくるにつれ，自分たちの世界観（聖書観）が侵食されるという危機感を抱いた保守層は，みずからを「根本主義者」と称した．彼らは 1901 ～15 年にかけて『根本的なるもの─真実への証』という冊子を 12 巻刊行し，モダニストへの抵抗姿勢を強く示した．やがて根本主義者とモダニストとの争いは，「ファンダメンタリズム論争」と呼ばれるようになり，アメリカ北部を中心に拡大していく．論争は主に長老派教会，バプテスト教会などのメインライン諸教派

に波及し，各派を二分した．根本主義者の代表人物にプリンストン神学校教授ジョン・グレシャム・メーチェンがいる．彼は新神学を「キリスト教とはまったく別の宗教」と述べた．24年には，両陣営の学者が直接討論し，審判が勝敗を決めるというイベントが開催された．これが全米ラジオで生放送されたため，論争への関心は一気に高まった．ファンダメンタリズム論争に一応の決着をつけたのが，25年に行われたスコープス裁判である（図1）．当時，ケンタッキー州で可決した「反進化論法」は南部諸州で効力を発し，学校では進化論を教えることが禁じられていた．テネシー州デイトンの高校教師ジョン・スコープスは，進化論を自分のクラスで教えたかどで逮捕され，裁判となった．争点となったのは，「創造論」の根拠である聖書の記述をそのまま信じるか否かであった．スコープスを訴えた検察側のウィリアム・ジェニングズ・ブライアンは根本主義の立場を堅守しようとするあまり，弁護人クラレンス・ダロウから聖書の矛盾を突き付けられ，しどろもどろになってしまう．この様子がラジオをはじめとするメディアで全米に報道されたため，根本主義者は急速に支持を失い衰退していく．

図1 スコープス裁判中のブライアンとダロウ

❖ **ディスペンセーショナリズム** 根本主義者，原理主義者の多くは，ディスペンセーショナリズムという終末思想を受け入れている．これは『ヨハネ黙示録』で書かれている終末の出来事が，近い将来に起こるという前提に立つ．キリストの再臨によってこの世が終わり，後に千年王国というユートピアが生まれるという考え方である．天地創造からキリストの再臨までの歴史を「七つの時代」（ディスペンセーション）に区分けし，「今はキリスト再臨直前の時代」と説いたのが元英国国教会牧師ジョン・ダービーである．ダービーは1862年にアメリカへ渡り，この教えを説いた．彼の説明が聖書の終末に関する記述に合致したものであったことから，保守的な信仰を持つアメリカ人はこれを受け入れた．彼らに過激な一面があるとすれば，終末への切迫感がその主要因である．1980年代に核戦争の脅威が高まったとき，原理主義者であるジェリー・ファルウェルは，この終末観を巧みに用いて政治的な力を獲得し，宗教右派のモラル・マジョリティを結成した．現在，アメリカでディスペンセーショナリズムを表立って主張する者は減ってきている．しかし「聖書に書かれていることだから，いずれは起こる」と信じている者の数は少なくない．

❖ **インテリジェントデザイン** 進化論を巡る議論は，その後も度々起こっている．21世紀になっていわれ始めたのは「生物は，全体図を思い描いた創造主によって予め定められていた進化を遂げる」とする考え方である．これをインテリジェントデザイン（ID）という．進化論と創造論の折衷案である． ［青木保憲］

メガチャーチ

Mega Churches

　毎週の礼拝に 2,000 人以上が参加している教会をメガチャーチという．1950 年代後半から，郊外の広大な土地に巨大な教会が建設されるようになっていく．その要因はさまざまだが，主にプロテスタントの福音派，ペンテコステ諸派に属する教会がその大半を占めている（☞項目「福音派」「プロテスタント諸教派」）．現在，全米各地に 2,000 近くのメガチャーチが存在する（図 1）．

❖ **ペンテコステ諸派**　メガチャーチを建設している教派は，圧倒的にペンテコステ諸派が多い．彼らは，新約聖書「使徒言行録」2 章で描かれている聖霊の傾注が現代にも起こり得るという信仰を持ち，アメリカ（約 8,000 万人）のみならず，全世界で現在 6 億人以上がこの教派に属している．発端は，1901 年にカンザス州トペカでホーリネス系牧師チャールズ・パーハムが開催した祈祷会である．

図 1　テネシー州ナッシュビルにあるクライストチャーチの礼拝の様子［筆者撮影］

参加した一人の女性が，「使徒言行録」2 章の記述通り，神から聖霊の力を与えられる体験をし，そのそ証拠として，他国言語を語り出したという記録が存在する．

　これを機に，「聖霊のバプテスマ」という特別な体験（未習得言語を突然話せるようになること）によって人は聖められ，神の導きを体感できるという教えが各地に広まった．ロサンゼルスのアズサ通りでは，この体験を求めて，ヨーロッパや南米，インドから人々が押し寄せてくる現象が 06 年から数年続いた．彼らは教義によってまとまった集団ではなく，聖霊の力を与えられたという共通体験で一致していたため，「ペンテコステ諸派」と呼ばれた．

❖ **カリスマ運動**　メガチャーチが隆盛する 1960 年代，ペンテコステ諸派が標榜した聖霊のバプテスマ体験がメインライン諸教会（主流派プロテスタント教会）にも波及する．60 年，米国聖公会司祭のデニス・ベネットがこの体験をしたと告白したのを皮切りに，カトリック信者の中にも同じ体験を告白する者が現れてきた．自教派内に留まりながら聖霊のバプテスマ体験を受け入れる者たちが生まれてきた現象を「カリスマ運動」という．

　90 年代になり，新たな聖霊体験を求める一派が生まれた．彼らは「リニューアル」と称し，ペンテコステ諸派との連関を強調しない独自の流れを生み出している．60 年代，郊外に次々とメガチャーチが建設された．その中心を担ったのは，

福音派のサザンバプテスト，そしてペンテコステ諸派であった．彼らに共通しているのは，平易な言葉とわかりやすい説教，そして高い技術に裏打ちされた教会音楽である．1870年代にドワイト・ムーディがこれらを用いて成功したことから，アメリカの大衆伝道では一般的な手法となっている．

　メガチャーチの誕生に一役買ったのが，第2次世界大戦後に活躍したビリー・グラハムである．彼が1950年から開始したラジオ番組「決断の時」は好評を博し，公民権運動やベトナム戦争，対抗文化（カウンターカルチャー）で混乱していたアメリカ国民の心をつかみ，人々を教会へと立ち返らせる主要因となった．

❖テレヴァンジェリスト　1970年代以降，さまざまな社会問題で混乱するアメリカに対して，「神に頼らず人間の力で問題解決を図った結果だ」と訴えるテレビ説教者（テレヴァンジェリスト）が登場した．その多くは福音派，ペンテコステ諸派出身の牧師たちである．彼らは家庭の回復と道徳の復興を説き，ゴールデンタイムに自教会の礼拝の様子を流したり，テレビ向けに特別プログラムを組んだりした．当初テレビで行われる宗教番組は，「電子教会」（エレクトリック・チャーチ）と呼ばれ，『ウォールストリート・ジャーナル』紙などで特集が組まれるほど注目を集めた．

　彼らの影響は大きく，メガチャーチを生み出す基盤を構築したといえる．80年代後半，トリニティ・ブロードキャストのオーナー，ポール・クラウチは，テレビ番組の視聴者を7,000万人と公表した．キリスト教保守層は，メディアを用いて宗教的情熱をかき立てる手法を，18世紀から幾度と繰り返されるリバイバリズムの系譜に位置付け，「適切な手段であり，神からのアイデアである」と公言して憚らなかった．80年代後半に，有名なテレヴァンジェリストたちが次々とスキャンダル（不倫や横領など）で失脚していく．しかし人々の宗教的情熱は個人の失敗によって鈍ることはなかった．

　現在でもアメリカのキリスト教番組は，一定の視聴者を獲得している．テレバンジェリスト出身で，後に宗教右派の推進力となっていった人物が，ジェリー・ファルウェルとパット・ロバートソンである．ファルウェルは，政治団体「モラル・マジョリティ」を立ち上げ，政治家としての顔を前面に出していく．一方，ロバートソンは自費でテレビ局を買い上げ，《700クラブ》という番組を全米に放映し，ブッシュ父子の大統領選挙を応援した．

❖現在のメガチャーチ　会員数が数万人規模で，大きな影響力を持ち続けるメガチャーチとして，21世紀以降有名になっているのは，①カリフォルニア州レイクフォレストのサドルバック教会（リック・ウォレン牧師），②テキサス州ダラスのポッターズ・ハウス教会（トーマス・ジェイクス牧師），③テキサス州ヒューストンのレイクウッド・チャーチ（ジョエル・オスティーン牧師）である．オスティーン牧師の著作は，日本でもビジネス書として発売されている．［青木保憲］

信教の自由

Freedom of Religion

　合衆国憲法第1修正の宗教条項は「連邦議会は，宗教の公定制に関する，あるいはその自由な実践を禁止する……法律を定めてはならない」と定める．今日では一般に，この前段（公定制条項）と後段（自由実践条項）を明確に区別し，後者は個人の人権としての信教の自由（狭義の宗教的自由）を保障するが，前者は国家に客観的な禁止規範を課す政教分離原則を定めると説明される．だが憲法制定期には，両条項が一体として広義の宗教的自由を保障すると理解されていた．

❖17世紀半ばのマサチューセッツとロード・アイランド　アメリカの前身は13のイギリス領植民地だった．本来，本国の英国教会（アングリカン）の公定教会制度が，植民地でも基本となる．現に南部の，1607年の入植に始まるバージニア植民地がそうだった．だが北部の，30年以降その建設が本格化したマサチューセッツ湾植民地は，会衆派の公定教会制を築き，それと異なる信仰を抑圧・排除した．会衆派は，英国教会の内部からそのカトリック的要素を一掃し教会の純粋化を追求したピューリタンの一派であり，本国では政府から徹底的に抑圧された．

　ロジャー・ウィリアムズはピューリタン的思考をさらに徹底し，教会の純粋性を守るために世俗権力は宗教事項に一切関与してはならないと考えた．彼は35年にマサチューセッツ湾植民地から追放宣告を受けた後，西南に逃れて自治集落プロビデンスを創設し，それは63年勅許状（ちょっきょじょう）に基づくロード・アイランド植民地へと発展する．この発展史の過程で公定教会制をあえて築かず，また同勅許状は「万人が宗教事項に関して自身の判断と良心を自由にかつ完全に保持し享受するものとする」と明記した．多様な宗教的少数派の人々が同植民地に移住した．だがこの先駆的な宗教的自由の在りようは，周辺諸植民地が同植民地を無責任な人々の集合と見なしたため，同時代のアメリカにほとんど影響を与えなかった．

❖17世紀終盤のペンシルベニア　1681年，クエイカーのウィリアム・ペンはペンシルベニアの勅許状を得た．彼はこの植民地に，クエイカーのみならずあらゆる宗教的少数派を受け入れると訴えて，移住を積極的に勧誘した．これに応じて諸国や他植民地から多様な宗教的少数派の人々が移住した．「内なる光」を重視するクエイカーの信仰は宗教事項に関する強制に原理的に反対するため，ここでも公定教会制を築かなかった．同植民地は経済的に繁栄したため，ここでの宗教的自由の在りようは，同時代のアメリカに影響力を持った．同植民地にならい，隣接するニュージャージーとデラウェアでは公定教会制を採用しなかった．

❖18世紀前半のアメリカ　本国では名誉革命後の1689年に「寛容法」が制定された．これにより植民地でも，公定教会制を前提とした上での（プロテスタン

トの枠内での）反対教派への寛容（自身の信仰による礼拝を行っても処罰されないこと）が，基本原則となった．それまでに植民地で事実上進行していた現実を，本国法が正式に追認したかたちである．1730～50年代にかけては，植民地全土で「大覚醒」と呼ばれる信仰復興運動が展開した．その過程で，内的な回心とそれに基づく積極的な信仰実践を重んじる人々が増大し，そういう福音主義的性格をアメリカの宗教全般に帯びさせるとともに，内的回心を重視しない既成教会のために課税する公定教会制に不満を抱く層を増やした．

✤18世紀終盤のバージニア

アメリカ独立は，「英国教会の公定教会制を前提とした寛容」体制という外枠から13邦全体を解放した．この法的環境下で初めて，宗教的寛容から宗教的自由への思想的・法的転換が可能となった．

バージニアでその転換は劇的に進行した．まず，独立戦争さなかの1776年に制定した邦憲法の人権宣言16項が，「万人は，良心の命令に従った，宗教の自由な実践へと，平等に資格づけられる」と定めた．起草過程で，「寛容」保障規定だった当初案を　恩恵的付与という「寛容」の語の含意を嫌ってジェイムズ・マディソンが修正した．成案の文言は，人権宣言1項が力人の「生来の権利」保持を規定するのと相まって，自然権的性格を読み取り得るものとなった．

次に，従来のアングリカンの公定教会制を他教派も包含するかたちで復活・延命させる狙いの「一般課税」法案が，独立達成後の84年に提案されたが人々に大反対された．その勢いで，79年に一度否決された，トマス・ジェファソン起草の「信教自由法」が86年に成立した．同法は前文で，自分の信仰と異なる教派のための課税のみならず，自分の所属する教派の特定の聖職者を支持するための課税も，自分が最も信頼する聖職者に献金するというその人の自由を侵害する，と述べた．そして本文で，それを含む広い内容の宗教的自由を保障することで，公定教会制を法的に否認した．また同法後文では，宗教的自由が自然権だと明言した．

✤合衆国憲法第1修正と19世紀のアメリカ

1788年成立の合衆国憲法が築いた連邦の統治機構は，あくまで憲法に列挙された，全国的事項に関わる権限のみを持つ「制限された政府」だから，それとの関係で個人の人権保障が問題となる現実的場面は想定できない．だがなお，連邦権力が強大すぎるとの人々の漠たる不安を解消するために，第1修正を含む権利章典を91年に成立させた．これがマディソンら憲法制定推進派の基本的理解である．こうして宗教条項は，連邦の憲法典上に，とにかく宗教的自由の保障という基本原理を宣言したのである．

州レベルで最後の公定教会制を1833年に廃止して，広義の宗教的自由が全国的に実現した．政府はおよそ宗教事項に関与する権限を持たず，諸個人の自発性のみが宗教を支える．そういう宗教的自由の原理を枠組みとして，19世紀アメリカでは，福音主義的性格を持つ多様なプロテスタント教派が競合・共存して繁栄し，社会全体の宗教的性格を際立たせた．　　　　　　　　　　［佐々木弘通］

伝　道

Mission

　伝道（mission）とは，キリストの福音を宣べ伝えることであり，宣教とほぼ同じ意味で使われている．アメリカ研究の文脈では，伝道は，白人が先住民のいる新大陸アメリカに侵入，征服した歴史，アメリカの西部開拓や帝国主義的膨張と関連付けて使われ，覇権主義や「明白な宿命」とつながる概念として用いられてきた．しかしながら近年では人や知の国際移動や循環に関心が高まり，先住民や被伝道地側の視点にも光が当てられ，複雑な異文化衝突・交流の営みとしての海外伝道の研究に新たな展望が開かれている．

　そこで，アメリカにおける伝道の歴史的起源，伝道と覇権主義，海外伝道と今後の展望の三つの観点から整理する．

❖**歴史的起源**　mission とは聖書に用いられたギリシア語の「派遣」を原意とし，聖書にある，世界各地に赴き，キリストの福音をすべての人に伝えよとするキリストの大命（マタイによる福音書 28 章 19〜20 節）そのものを意味する．ヨーロッパからの見方によれば，アメリカの歴史的起源は，16 世紀のスペイン，フランスによるカトリック伝道と，17 世紀初頭のイギリスのピューリタンの入植に起因する．そもそも 1492 年にクリストファー・コロンブスが新大陸を発見し，ローマ教皇がヨーロッパ人による領有を認可した根拠は伝道であった．その結果，スペインがフロリダ半島に，メキシコから現在のテキサス州やカリフォルニア州に，フランスが現在のケベック州を拠点にセントローレンス川，五大湖周辺からミシシッピ川流域に入植し，先住民への伝道を進めた．

　他方，イギリスが最初に成功した植民事業は 1607 年のジェイムスタウン建設によるバージニアへの入植である．その後ピューリタンが信仰の自由を求めて 20 年のプリマス，30 年のマサチューセッツ湾と植民地を建設したが，ここでも伝道は入植の目的の一つとして明記されていた．1754 年のフレンチ・インディアン戦争でフランスがイギリスに敗れると，アメリカの伝道はプロテスタントが中心となっていく．

❖**伝道と覇権主義**　1776 年のアメリカ独立，1812 年の米英戦争を経て，政治的にも経済的にも宗主国イギリスから独立したアメリカは，度重なる信仰復興の波によってアメリカとしてのアイデンティティを形成していった．特に 18 世紀末から 19 世紀初頭にかけて，広がりゆく西部に向けての国内伝道の中で勃興した第 2 次信仰復興運動は，アメリカをアメリカたらしめた「第 2 の革命」ともいわれる．

　公定教会の廃止と独立戦争によって教会員数が低迷する中，学歴のない巡回説

教師による野外のキャンプミーティングによって集団回心が起こった（☞項目「信仰復興運動」）．聖書のみを権威とする福音主義に，人間の能力に楽観的信頼を寄せるアルミニウス主義が加わって，信仰復興により素朴で非階層的なキリスト教が形成された．つまり，一般庶民が民主的で平等な権利の意識を高め，同時に彼らの間で教派や地域を越えて一体感が醸成されたのである．

　こうして19世紀前半にルイジアナ購入からテキサス，オレゴン，カリフォルニアと領土が拡張し，折しも金発見によりゴールドラッシュが始まると，アメリカの西への大陸横断的な拡大はジョン・オサリバンが書いたとおり，神から与えられた「明白な宿命」と考えられるようになり，膨張を正当化する宗教的根拠となった．反面それは多くの先住民にとって強制移住を強いられた略奪と征服の歴史となり，大陸横断鉄道を建設した中国人などの移民労働の搾取によって実現した白人の覇権主義の台頭を意味するものでもあった．膨張を容易にするために先住民や移民を対象とする国内伝道によってアメリカ文明への同化を進めようとしたが，先住民については困難を極めた．

❖**海外伝道と今後の研究の展望**　アメリカの海外伝道は1810年に会衆派の主導でアメリカンボード（ABCFM）が結成され，12年に最初の宣教師としてインドにアドニラム・ジャドソン夫妻ら8人が派遣されたのを嚆矢とする（図1）．アメリカンボードを例に見ると，先住民対象の国内伝道と並行して，インド，ハワイ，アフリカ，中国などに伝道地域が拡大され，日本伝道は69年に開始された．19世紀初頭よりイギリスとともにアングロアメリカとして世界伝道の覇権を担う意識が醸成され，20世紀初頭には世界のプロテスタント伝道をイギリスと二分し，第1次世界大戦後はイギリスを凌駕するに至った．

図1　ジャドソン夫妻のインドへの船出

　女性宣教師は海外伝道の最盛期を牽引したが，それを支えた効果的な基軸概念は一夫一婦制のクリスチャンホームの概念であった．海外伝道では異教徒に接近する伝道の手段として教育や医療が行われたが，アメリカでは常にそのバランスが問題とされた．

　海外伝道は自国の価値観を被伝道地に押し付ける文化帝国主義として単純に断罪されがちであったが，近年の研究では，被伝道地のニーズによって伝道事業や本国の伝道思想が変容することが明らかになってきた．今後は人や知の国際移動や循環という観点から，伝道の力学のダイナミズムについてさらに研究が深化することが期待される．

[石井紀子]

世俗化

Secularization

　世俗化とは，もともと教会の領地や財産がその支配下から離れることを指したが，近代になり，社会・文化において制度としての宗教と宗教的象徴の影響力が衰退する過程を表す言葉として用いられるようになった．学問的定義は分野や学者によって異なるが，20世紀後半に入ってハービ・コックスなどの宗教社会学者たちが提唱した世俗化論では，世俗化は人間社会や科学の発展により公的領域での宗教の権威が衰えることで，近代化，産業化，都市化に伴う不可逆的な現象と理解された．ことにアメリカのように多元的な社会では，絶対普遍の真理を説く伝統的教会は統一的な世界観を提示できず権威を失い，宗教が影響力を失うことが社会にとって恩恵となると考える，イデオロギーとしての「世俗主義」が勝利すると予言された．しかし近年では，このような世俗化論は退けられるようになっている．先進国で宗教回帰とも呼べるような現象が起きていることもあるが，アメリカ社会が世俗的であると同時にきわめて宗教的であるという特質を今でも持っており，単純な進化説的モデルでは説明しきれないためでもある．

❖**17～18世紀**　アメリカでは，信仰の衰退を意味する世俗化は，共同体のアイデンティティに関わる問題として，古くから意識された．17世紀にイギリスから渡ってきたピューリタンは，新大陸の荒野に理想のキリスト教共同体を建設するという宗教的ビジョンを持っており，教会の権威は広く社会・文化・政治に及ぶものであった．しかし植民には経済的利潤の追求という世俗的な目的もあり，植民第2世代になる頃には信仰の衰退を憂う「エレミヤの嘆き」という独特の説教スタイルが登場してくる．マサチューセッツ湾岸植民地の政教一致体制を批判し追放された牧師ロジャー・ウィリアムズは世俗権力が教会を腐敗させることを恐れたのである．

　独立革命を境に世俗化は別のかたちでいっそう強く意識されるようになる．啓蒙主義者であった建国期の指導者たちの多くが合理的な宗教である理神論を信奉し，伝統的信仰や迷信は理性と対立すると考えたからだ．トマス・ジェファソン大統領は，三位一体論を否定した理性的なユニテリアン派が伝統的教派にとって代わるだろうと予言した．彼らの手によって世俗的な合衆国憲法第1修正で政教分離の原則が加えられた（☞項目「政教分離」）．しかし，これは必ずしも公的領域での宗教の影響力が失われるという意味での世俗化ではない．「独立宣言」には神への言及がある上に，指導者たちは，共和国の基盤である市民的美徳の涵養に宗教が欠かせないと考えていた．いわゆる「分離の壁」の原則は，多様な教派が存在する中，特定の教派が政治に介入することを防ぐ目的があったが，これが

信教の自由を保障し，宗教の活性化につながった．宗教に対する警戒として政教分離をとらえていたヨーロッパには見られない特徴といえよう．

❖19〜20世紀前半 19世紀初めから南北戦争の間は，州ごとに決められていた公定教会が廃止されたことで教派の多様化が進み，かえって社会における宗教の影響力が強まることになる．第2次信仰復興運動や（☞項目「信仰復興運動」），バプテストやメソジストなどの福音主義的教派の伝道により信仰への情熱が高まるとともに，福音主義者たちは奴隷制廃止や禁酒を訴える社会改良運動で中心的な役割を果たした（☞項目「福音派」）．一方で，福音主義が信仰の個人的な側面を強調することで，他の社会制度と宗教とのギャップを広げることになり，宗教が社会で果たす役割の範囲を狭め，その私事化を推し進めることになったという意味では，世俗化のプロセスを早めたともいえる．

19世紀後半には，進化論や聖書を神の言葉ではなく歴史的文献として扱う高等批評の登場により，聖書の権威自体が脅かされるようになった．また産業化，都市化，移民の大量流入の結果，プロテスタント国家としてのアイデンティティが揺らぐ中，世俗主義が一部の知識人の間に広まるが，一般大衆に受け入れられることはなかった．問題を抱えた都市での社会改革の中心を担ったのがプロテスタントやカトリックであり，信仰復興運動（リバイバリズム），社会的福音，進歩主義的社会改革を通して宗教の影響力は依然として社会に広く及んでいた．1920年代になって，消費主義とマスメディアが世俗化をさらに推し進め，人々の生活の中で宗教の影響が及ぶ領域は狭まっていく．

❖アメリカは世俗化したか 確かに現代のアメリカでは，経済，教育，政治など制度上の世俗化は目に見えるかたちで急速に進んだ．しかし公的領域での宗教の影響力は衰えるのみであるとは必ずしもいえない．1970年代頃から福音派やファンダメンタリストの教会の中には大きく成長したものもあり（☞項目「ファンダメンタリズム」），政治的発言権を強め，ジミー・E.カーターやロナルド・W.レーガンという敬虔なキリスト者を大統領に選出するのに一役買った．現在でも，妊娠中絶や同性婚など政治的議論の俎上に載る問題を宗教的信条と切り離すことはできず，大統領選でも争点となる．

このような状況で，世俗化をめぐる議論にも変化が起こっている．世俗化は，宗教の衰微ではなく，個人化ないし私事化であると定義する学説や，宗教社会学者ロバート・ベラーが唱える「市民宗教」のように，伝統的な宗教制度と違ったかたちではあるが，アメリカの公共空間における宗教の存在は依然として大きいという主張がある（☞項目「市民宗教」）．また，宗教と世俗が共存する現代社会を反映した「ポスト世俗化」という言葉も使われるようになってきている．先進国の中でも，神の存在を信じると告白する国民の割合がきわめて高いアメリカの世俗化については，他国と同列で議論することは難しいといえる．　　［大塚寿郎］

キリスト教神学者

Christian Theologians

アメリカ文化に影響を与えたキリスト教神学者は枚挙に暇がない．なかでも注目に値するのは，1930～60年代に活躍したラインホルド・ニーバーとパウル・ティリヒであろう．彼らは教会や神学という限られた領域を越えてアメリカ社会の直面する多くの問題に取り組んだ．そのため彼らの思想や著作は，政治，経済，心理学などの学問領域はもちろんのこと，広く大衆文化にも影響を及ぼすことになったのである．

❖移民の子ラインホルド・ニーバー　ニーバーはドイツ移民の子としてミズーリ州に生まれ，21歳でイェール大学に入学するまでドイツ語文化圏で育った．『キリストと文化』（1951）で知られる H. リチャード・ニーバーは彼の弟である．デトロイトで牧師となった彼は，移民の共同体をアメリカ社会に同化させようと尽力する．特に第1次世界大戦中には，彼の教派によって設置された戦時下福祉委員会の総幹事としてアメリカの外交政策を宣伝した．しかし戦後のヨーロッパを視察したニーバーは，理想主義と現実の矛盾に気付くことになる．国内でも，自動車会社の労働者に対する不正と搾取，そしてそのような悲惨を無視する教会の矛盾に目が開かれ，自国に対して厳しい批判を展開するようになった．

1928年にニーバーは，ニューヨークにあるユニオン神学大学院に倫理学の教員として招聘される．この時期にマルクス主義の強い影響を受けるようになる．しかし次第に彼は，社会悪の原因を人間の実存に見いだすようになる．ニーバーによれば，人間の根源的な問題はみずからを神の座に置こうとする傲慢さにあり，その傲慢が国際関係における帝国主義，経済における搾取，人種差別を生む．そのため，人は神の赦しを十字架に見いださねばならず，そうすることで自己欺瞞を悔い改め，他者への犠牲的な愛を実践できると彼は主張した．

このニーバーの立場は戦時中にキリスト教現実主義として発展していく．罪を軽視するリベラルなキリスト者たちは，ナチスの脅威を理解できず，平和主義を唱えていた．それに対してニーバーはローズヴェルト政権を支持し，アメリカの参戦を訴える．しかし彼はこの戦争を義戦と見なしていたわけではない．むしろ戦争の悪を理解した上で，より少ない悪を選ぶという現実的，かつ道徳的な決断だったのだ．それは，原爆の開発をやむを得ないものとしつつも，日本への投下を批判した事実からもわかるだろう．このような傾向は冷戦時になり強まった．国務省の政策顧問となった彼は，ソビエトとの戦争を回避しつつも，封じ込めを主張する政治学者ジョージ・ケナンの立場を支持し，その喧伝に一役を担う．

52年にニーバーを襲った心臓発作は彼の体にしびれと言語障害を残した．そ

れでも彼の活動は止むことがなく，この時期，黒人の市民権運動やベトナム戦争
への反対運動にも参加している．ちなみにマーティン・ルーサー・キング・ジュ
ニア（キング牧師）によれば，彼の非暴力の立場はガンディよりもニーバーや
ティリヒの影響を受けたものであったという．他にも，世俗化論者ハービー・
コックス，フェミニスト神学者メアリ・デイリー，黒人神学者コーネル・ウェス
トなど，彼らに影響を受けた神学者は数知れない．

❖亡命知識人パウル・ティリヒ　ティリヒがニーバーの所属するユニオンで教鞭
をとりはじめたとき，彼はすでに47歳であった．母国で彼は神学・哲学者とし
てすでに十分すぎるほどのキャリアを積み上げていたが，アメリカではほとんど
知られておらず，すべてを新しく始めなければならなかった．だが彼は，懸命に
アメリカ文化を分析し，みずからの思想が受け入れられるような工夫を重ねた．
こうして彼は，1940年には終身雇用を保証する教授職に就くことができたので
ある．それと並行して，困窮する亡命知識人のためにも援助を厭わなかった．さ
らに彼は，42〜45年まで政府に要請され，ドイツ国民に向けて「アメリカの声」
という戦時宣伝放送の原稿を書き，ナチスに対するアメリカの戦いに貢献した．

　戦後ティリヒはニーバーとは対照的に，政治や社会活動から身を引き，心理的
な問題に関心を寄せていった．40年代には，ルース・ベネディクトやエーリッ
ヒ・フロムらとともに心理学の研究会を盛んに行っている．その働きは，52年
に刊行された『存在への勇気』に結実した．この著作は，絶望や死，そして意味
の欠落など避けられない実存的な不安について語り，そのような不安の中で出会
う神のうちに勇気を見いだせるとティリヒは言う．このメッセージは多くのアメ
リカ人の琴線に触れ，たちまちベストセラーとなった．

　55年にティリヒはユニオンを退任しハーバード大学へと移り，そして62年か
らはシカゴ大学で教鞭をとる．大学での教育に加えて，彼は各地で講演に呼ばれ，
さらにはテレビや雑誌などのマスメディアに活動の幅を広げていく．核兵器に関
する討論番組でヘンリー・キッシンジャーと語る一方で，『ヴォーグ』には写真
つきのスタイリッシュなエッセイを寄稿するなど，時代の寵児としてもてはやさ
れ，まさに文化的なアメリカンドリームを成し遂げたのである．

❖アメリカ文化を刷新する神学者たち　この2人は外部からアメリカ文化を刷新
するのに成功した．ニーバーは，地理的にも文化的にも辺境な中西部の移民共同
体からアメリカ文化の中心に躍り出た．ティリヒもまた，亡命知識人としては類
を見ないほどの成功者である．それが可能であったのは，外部からのまなざし，
すなわちマルクス主義に基づくラディカル（急進的）な社会批判，そして伝統や
慣習を突破できるキリスト教思想の読み直しがその源泉にあったからであろう．
だからこそ彼らの言葉は，戦後アメリカの新たな文化を形成する原動力となり得
たのだ．　　　　　　　　　　　　　　　　　　　　　　　　　　　　［加藤喜之］

プロテスタント諸教派

Protestant Denominations

プロテスタントを構成する複数の教会を束ねるグループを「教派」と呼ぶ．信条や信仰実践の方法が一致する教会の連合により教派は構成され，聖職者教育，信徒訓練，組織運営まで，相互扶助的な活動をともにする．バプテスト，ペンテコステ，ルター派，長老派，メソジスト，監督派，アドベンティスト，ホーリネスなどが現代アメリカの主要教派である．アメリカにおける教派の数は膨大で，例えばバプテスト系だけでも，最大教派の南部バプテストを筆頭に 60 以上の教派が存在する．旧世界にルーツを持つ主流教派に加え，19 世紀には，数多くの民衆的な教派が西部開拓地を舞台に誕生した．

❖ヨーロッパ，イギリスの背景　プロテスタントは大陸ヨーロッパ宗教改革から始まり，マルティン・ルターやジャン・カルバンなどの後継者が，それぞれの信条や教義上の強調点を保ちつつ教派形成を行った．ドイツを中心とするルター派，スイスから各地に広まった改革派（カルバン派）は，教義，組織，政教関係で，それぞれ強調点を保ちつつヨーロッパ各地に拡散する．

ウィンスロップ・ハドソンは，イギリスにおける教派のルーツを 1643 年，イングランド長期議会が国家の信仰的一致を協議するために召集したウェストミンスター聖職者会議にさかのぼるとした．長老派牧師が多数派を占める会議で，少数派の会衆派は，異議申立て側として独自の立場を保持しつつ信仰的一致点を協議し，共通信条を採択した．この融和的態度が示すように，教派はみずからの信条を唯一の真理として固執するわけではない．むしろ，プロテスタント教会内に存在する様々な形態であり，その共存によりプロテスタントは多様性と豊かさを保つこととなった（Hudson, 1973）．

1790 年，独立直後のアメリカ 13 植民地における教派別教会数は，イングランド系会衆派 423，アングリカン 246，バプテスト 96，スコッチ・アイリッシュ系長老派 160 教会で，これらが初期アメリカの主流 4 教派である．加えて，ドイツ系を主とするルター派 95，オランダ改革派 78，ドイツ改革派 51 教会が，ヨーロッパ系プロテスタント諸派であった（Noll, 2001）．

❖アメリカ的な展開　教派数の増大は，西漸運動が盛んとなった 19 世紀半ばの第 2 次大覚醒期に起きる（☞項目「信仰復興運動」）．18 世紀末，人口の 9 割以上は独立時の 13 植民地に居住していたが，19 世紀半ば，半数は西部へと移動する．この時代，最大教派となったのはバプテストとメソジストで，開拓地ではさらに多くの民衆的な教派が誕生した．禁酒運動，奴隷制反対など，社会運動における立場の違いからも新教派は誕生し，多種多様な形態をとるグループが形成され，

人々はそれぞれの生活信条と合致する教派を選び取ることができた．なかには，モルモン，シェイカー，オナイダ共同体のようにプロテスタントから離反するグループも登場したが，多くは新教派を形成することで内部に止まった．ディサイプルズ，クリスチャンズなど，この時代に誕生した教派には，聖書主義や三位一体といった伝統的信仰さえ保持していれば新しいグループを立ち上げられる自由さがあった．まさに，開拓地におけるアメリカ的民主主義が教派の乱立を生んだといえる（Hatch, 1989）．

　神学や教義の違いに基づくヨーロッパやイギリスの伝統的教派形成とは異なり，アメリカ生まれの教派は生活形態や階級，人種，政治的主義主張の違いからも誕生する，多元的で社会性の強いものであった．第2次大覚醒運動から生まれたグループは分裂や統合を繰り返しつつ，やがて主流派の仲間入りをする．ディサイプルズ・オブ・クライストやセブンスデイ・アドベンティストなど，19世紀にルーツを持つ教派は，現在もなお大きな勢力を保持している．

❖**教派の影響力低下**　かつてはプロテスタント諸グループを区分する上で有益であった教派による識別は，1960年代以降，次第に役立たなくなってきている．主流教派はモダニズムの影響に対する態度の違いから，20年代，すでにファンダメンタリストとモダニスト陣営に分裂していた（☞項目「ファンダメンタリズム」）．ファンダメンタリスト側は文化的に周縁化しつつ保守信仰を保ち，やがて福音派（エバンジェリカル）を自称する．対するモダニストの陣営は主流派（メインライン）と呼ばれ，神学的にリベラルな傾向を持つ（図1）．こうした傾向は，各教派内での分裂

図1　ニューヨークのリバーサイド・チャーチ．1930年にジョン・D.ロックフェラーの援助により超教派の教会として献堂．初代牧師はモダニストのハリー・エマーソン・フォズディック［筆者撮影］

を生むと同時に，教派間の相違点を曖昧にし，さらには教派を超えた連携の動きを生み出していった．例えば，人工妊娠中絶の問題を巡る論争では，中絶反対派は教派を超えるだけでなく，カトリックとプロテスタントの連携運動を生み出し，大統領選においても一大勢力となっていった．さらに，20世紀のカリスマ運動は，ペンテコステ系教派から始まったものの，カトリックにも広がり，現在もなおメガチャーチの誕生を促進している（☞項目「メガチャーチ」）．

　教派は組織的連携により，地域教会を結び付け活動を支える重要な役割を保持しているものの，現在のプロテスタントを伝統的教派区分で説明することはできない．個々の教会や個人は，超教派的宗教運動，社会活動，政治的関心の連携網によりさまざまな経路で結び付く傾向にある．

［増井志津代］

アフリカ系アメリカ人教会

African-American Churches

　15世紀に始まる大西洋奴隷貿易は，アフリカ人とキリスト教の出会いをもたらした．後にアメリカ合衆国となる北米植民地では，ヨーロッパの宗教を受容したアフリカ人とその子孫が，アフリカの文化的要素を加味して独自の黒人教会を発展させた．黒人教会は，アメリカ黒人が手にできた数少ない自発的結社であり，それ故に歴史を通じて祈りの場として以上の役割を担ってきた．

❖黒人教会の起源　アメリカにおけるアフリカ人とキリスト教の出会いは，さまざまな文化的背景を持つアフリカ人とキリスト教の諸教派との出会いであり，その意味でアフリカ系アメリカ人教会の起源は多様である．17世紀前半以降の信仰復興運動を通して（☞項目「信仰復興運動」），多数の黒人奴隷が，個人の回心体験を重んじ万人司祭を旨とするメソジスト派やバプテスト派のキリスト教を受容した．自由を謳ったアメリカ独立革命を経て，自由を奪う奴隷制は北部では漸次的に廃止され，南部では温存された．その結果，アメリカは，奴隷制について立場を異にする2地域と，奴隷または自由黒人という身分の異なるアフリカ系アメリカ人を，南北戦争終結まで内包した．

　建国期には，人種差別的な白人教会から黒人教会を独立させる動きが起き，北部各地で自由黒人を主体とする黒人教会が建設された．1816年に，リチャード・アレンを初代監督として，最初の黒人教派であるアフリカン・メソジスト監督教会（AME）が独立した．南部では，19世紀転換期に始まった第2次信仰復興期に，バプテスト派などの福音派による奴隷への伝道の結果，多数の黒人奴隷がキリスト教を受容し，奴隷説教師も現れた．脅威を感じた白人奴隷主が奴隷の集会を禁じると，奴隷たちは秘密裏に集い信仰を保持した．奴隷の宗教集会では，リング・シャウト（集団で輪になって踊る西アフリカ起源の舞踏）や，今日のゴスペル音楽に連なる黒人霊歌など，アフリカの文化的要素を加味した礼拝様式や宗教音楽が編み出された．また，アメリカを「約束の地カナン」ではなく「捕囚の地エジプト」と見なすなど，白人のキリスト教とは異なる聖書解釈が共有された．奴隷のキリスト教の諸要素は，奴隷解放後，南部各地につくられた黒人教会に息づいていく．バプテスト派の流れを汲む黒人教会は，95年にナショナル・バプテスト連盟を結成し，黒人バプテスト教派としても独立した．

❖黒人教会の役割　黒人共同体において教会は多様な役割を担ってきた．AMEは，創設期から共済会や青少年の教育に資する協会を設立し，黒人が政府に期待できない社会保障や教育を補う相互扶助組織を提供した．教育は黒人教会が特に力を入れた分野である．AMEが設立に寄与したウィルバーフォース大学をはじめ，

多くの黒人大学が黒人教会を母体として創設された．黒人教会はまた，20世紀前半に，公立学校における人種別学撤廃を求める訴訟を推進した．こうした訴訟の積み重ねが，人種別学を違憲と定めたブラウン判決（1954）として結実した（☞項目「公民権運動」）．恵まれない同胞の救済も，黒人教会の社会・政治的な使命である．南北戦争前には，奴隷制即時廃止運動や奴隷の逃亡を幇助する地下鉄道の活動を支援した．教会堂は，奴隷制即時廃止論者に会合や演説の場を，逃亡奴隷に避難所を提供した．南北戦争末期から戦後にかけて，黒人教会は，解放民への物質的援助や教育に加えて，魂の救済としての伝道にも尽力した．同胞への伝道は海外，特に父祖の地アフリカにまで及び，南アフリカにおけるエチオピア教会など，アフリカ人によるキリスト教会の独立にもつながった．

　20世紀における黒人の大移住は，南部で育まれた黒人教会とその文化を，北部および西部の都市部にもたらした．黒人教会は，都市に移住した南部黒人の拠り所になり，大都市では職業紹介所，託児所，教育機関，社交クラブなどを兼ね備えた大規模な組織として黒人共同体に貢献している．ハーレムのアビシニアン・バプテスト教会やシカゴのオリベット・バプテスト教会はその例である．多くの移民が到来し人種・民族が交錯した都市では，キリスト教以外の宗教を受容する黒人も現れた．後に黒人指導者マルコムXを生んだネイション・オブ・イスラーム（NOI）は，移民がもたらした外来の宗教が都市の黒人に受容された例である．NOIもまた，黒人ムスリム共同体において祈りの場以外に多様な機能を持った．

　南部にとどまった黒人にとっても，黒人教会は共同体の中枢を占め続けた．20世紀の南部では，「ジムクロウ法」によって制度化された人種差別の撤廃を連邦政府に求めて，公民権運動が展開された．1957年に組織された南部キリスト教指導者会議（SCLC）は，全米黒人地位向上協会など世俗的な組織とともに，運動の中枢を担った．SCLCの初代議長を務めたのは，バプテスト教会の牧師マーティン・ルーサー・キングである．キング牧師は，公民権運動の目的を「神の法に従うために，不正な悪法を絶つ」ことに求め，それはすなわち「アメリカの魂の救済」であると考えた．黒人教会が貫いてきた立場が，ここに端的に示されている．

❖黒人教会の現在　ピュー・リサーチ・センターによる2009年の統計では，アフリカ系アメリカ人の宗教組織所属率（87％）は全米平均（83％）を上回り，黒人教会をはじめとしたプロテスタント諸教派に所属する割合（78％）は，全米平均（51％）をはるかに凌ぐ．アメリカの宗教は新移民の増加によって近年多様性を増し，他方で無宗派層（2014年調査で22.8％）が増加の一途をたどる．プロテスタントの割合は12年に過半数を割り，14年調査では46.6％である．アメリカ社会全般の傾向に照らしたとき，アフリカ系アメリカ人の高い教会所属率は，黒人共同体において黒人教会が今なお一定の役割を果たしていることを示唆している．

［大類久恵］

解放の神学

Liberation Theology

　解放の神学とは，キリストの福音を実践的に社会問題の解決にも向けられるという神学的立場である．ラテンアメリカでは第2バチカン公会議以降，中南米で貧困，人権抑圧からの解放を目指し，神学と実践を統合しようとする活動を示す．北米では，1950〜60年代の公民権運動に刺激され，ジェームズ・H.コーン（図1）が著した『黒人の神学と黒人パワー』(1969) と『黒人の解放の神学』(1970) により提唱された神学の系譜をそれぞれいう．コーンは，アメリカ黒人の歴史的体験に根ざしたキリスト教神学を求めた．思想面においてはマーティン・ルーサー・キング・ジュニア（キング牧師）とともにマルコムXの影響が極めて大きい．

図1　ジェームズ・H.コーン

　解放の神学は，ラテンアメリカにおけるグスタボ・グティエレスの社会正義・人権をとりあげた解放の神学，南アフリカのアパルトヘイト反対運動などグローバルな広がりを持った．日本では栗林輝夫の『荊冠の神学——被差別部落解放とキリスト教』(1991) などにより差別撤廃運動との連帯が提唱された．

❖黒人解放の神学とは　アメリカ社会において公民権運動が広がりを見せる中，コーンはアメリカ黒人の苦難の経験と白人による人種差別の問題に触れることのできないヨーロッパ起源のキリスト教神学の問題点に深く気付いた．そして，アメリカ史を通じて人種差別の苦しみを受け，白人による言われなき暴力の苦痛に耐えてきた黒人の間にこそイエスはいるという神学的理解は，黒人を宗教的のみならず現世的にも救済する道を開くものであった．現世における貧困や社会的差別による苦難からの解放も神学的に重要な課題であると指摘している．この点で，コーンの黒人解放の神学にはマルクス主義的な視点があるといえる．

　コーンの黒人解放の神学がアメリカ黒人の歴史的経験に根ざしたものであることから，その著作にはキング牧師とマルコムXをとり上げた歴史的研究や黒人奴隷の生活と信仰から生まれてきたブルースやゴスペルなどもとり上げる．近著『十字架とリンチの木』(2014) では，イエス・キリストの十字架と南北戦争後1950年代まで続いた黒人のリンチの木との関係を神学的に問い直している．

　コーンとともに重要な人物として，コーネル・ウェストがいる．ウェストは神学というよりも哲学に重きを置いて，黒人のアメリカ経験を考察している．ウェストはラルフ・ウォルドー・エマーソンに始まるアメリカ独自の哲学思想の系譜であるプラグマティズムにみずからを位置付け，社会問題に参画する預言者的プ

ラグマティズムを提唱する（☞項目「プラグマティズム」）．また，黒人に対する人種差別が西欧における啓蒙主義の展開の中で成立し，経済的搾取とは別の文脈で形成されてきたものでもあることを指摘している．そして，W. E. B. デュボイスの流れに立ち，アフリカ黒人にとっては自己のイメージと自己決定が重要であると述べ，アカデミズムの壁を越えて，社会の中で文化批評家の役割を背負い，民主主義の理想と人種問題について積極的に発言している．

❖解放の神学の多様性　しかしながら，コーンが当初目指した黒人解放の神学には，女性神学者と黒人知識人からの批判が向けられた．それは，同時期のフェミニズム批判と同じであるが，コーンがいう「黒人の経験」には黒人女性の経験と視点が欠けているというものであった．また，奴隷時代の歴史的経験も十分にはとり上げられていないという指摘もある．アリス・ウォーカーは 1983 年に「ウーマニスト」という言葉をつくり，フェミニズムが主に白人女性によって用いられていることから，黒人女性の問題をとり上げる立場を示す用語として広く受け入れられている．現在では，デローレス・S. ウィリアムズらが黒人女性の経験と視点に根差した黒人女性神学を展開しているし，ドワイト・ホプキンらによる奴隷だった黒人の証言に基づく研究も展開している．

　黒人解放の神学も今日では，第 4 世代ともいわれる若い世代が台頭するようになってきている．これらの若い世代には，コーンの解放の神学はキリスト教神学としてはアメリカの黒人の歴史的経験を強調し過ぎるという批判の声もある．それゆえ解放の文字をつけない黒人神学を標榜する立場もある．例えば，アンソニー・ピンは黒人ヒューマニストの立場から黒人神学を展開しているし，ビクター・アンダーソンは存在論との観点から黒人神学を模索している．

　公民権運動以降も人種差別が容易にはなくならないことは明らかであるが，社会的・経済的状況が向上した黒人層が現れてきていることも確かである．メガチャーチがアメリカの都市に現れてきているように，黒人のメガチャーチも誕生してきている（☞項目「メガチャーチ」）．そのような教会で活躍する黒人の牧師の中には周囲から批判を受けるような人々も出ている．なかには繁栄の神学とも呼ばれる立場を推奨し，疑念を抱かれる場合もある．

　ラテンアメリカの解放の神学には，ウルグアイのホアン・ルイ・セグンドの『解放の神学』（1975），ペルー出身のドミニコ会のグスタボ・グティエレスの『解放の神学』（1973），カトリック教会からマルクス主義であると非難され，やがてフランシスコ会から離れたブラジル出身のレオナルド・ボフの『解放の神学序論』（1971），エルサルバドルで活動したバスク出身のバスクイエズス会神父ヨン・ソブリノの『解放者，イエス・キリスト』（1991）などがある．ボフは後にエコ神学に近い立場も表明する．これらの解放の神学者は貧者の救済をその社会的責任の中心に据えたが，カトリック教会とは緊張関係にあった．　　　　［木村武史］

ユダヤ教

Judaism

　「ある男が仕立屋にズボンを注文した．できあがるのに6週間もかかったが，履いてみるとぴったりで，完璧な仕上がりだった．だが男は愚痴を言った．『神は6日間で全世界を創ったというのに，ズボン1つで6週間もかかるとはね！』すかさず仕立屋が言い返した．『あ，そうかい．でもこのズボンのできはどう？で，世界の方のできは？』」　アメリカのユダヤ・ジョークで，男も仕立屋もユダヤ人というのが暗黙の想定である．ユダヤ教というと，キリスト教・イスラム教とともに一神教にグループ化されるのが常で，確かに神学上は共通点も多いのだが，このジョークには本質的な違いが現れている．冒涜とまではいかないが，神をからかうという感覚．あまりにも理不尽な迫害を受け続けた民族であるが故に，「自分たちは，少しくらい神に皮肉を言っても，許されるよね」という了解が，全員でないにしても共有されているということだ．神は完璧な世界を創ったとするイスラム教やキリスト教（特に福音派）の神観に比べれば，神を信じているのかいないのか，何とも不思議な感覚だ．このように独特な信仰の在りようを示すユダヤ教徒は，アメリカでどのような歴史をたどったのか．

✣3種のユダヤ教　ユダヤ人の入植は植民地時代から始まるが，急増するのは19世紀後半以降で，ヨーロッパでの迫害から逃れて移住した人々が，アメリカをイスラエルとほぼ同じユダヤ人人口を持つ国にしていった．大半がアシュケナージと呼ばれるドイツや東欧出身の人たちである．少数派ではスペイン系のスファラディというユダヤ人やアフリカ系のユダヤ人もいる．これらが民族・文化的な分類であるのに対し，正統派・保守派・改革派という分類もあり，これは近代化に合わせて戒律を守る程度などを変えるか，伝統を保持するかの度合いによる分け方である．

　近代への適応度が最も高いのは改革派である．ブタ，イカ・タコを食べることを禁じるといった細かい食事規定（カシュルート．これに則ることをコーシャーという）を守ることをやめ，ユダヤ教の実践をもっぱら内面的信仰に限定した人々である．聖書（トーラー）の解釈も信者個々人に委ねる．シナゴーグでの礼拝は男女同席であり，時間も短めである．安息日の礼拝を土曜から日曜に変更したり，英語で行うことにしたり，改宗者への割礼を義務付けることをやめたりといったこともあった（こういった変化は，改革派全体で一律に起こるわけではない）．これらの例にうかがえるように，現代社会への適応はアメリカ主流文化への適応と重なるところがある．その対極にあるのが正統派で，伝統的戒律を遵守することを良しとするが，現代の正統派では後述の超正統派に比べれば，伝統的

信仰生活を現代社会と調和させることが意識されている．保守派は改革派と正統派の中間で，例えば礼拝では男女同席だが，時間を短縮することはしない．男女平等という近代的価値観は受け入れるが，礼拝時間の短縮は「さぼっている」ことになるから良くないという判断による．礼拝時の言語も正統派同様，主にヘブライ語である．

　近年のテロ事件の背景説明として，移民2世が疎外感から宗教的アイデンティティに目覚め，過激化するという説があるが，アメリカのユダヤ教徒2・3世については主流文化への同化＝ユダヤ教離れの方が，彼らの社会では問題視されてきた．対抗文化運動という時代の影響もあるが，宗教ではむしろ仏教やスピリチュアル文化に関心を持つ傾向が見られる．カウンセリングの原型はラビ（教師．聖職者に近い）の人生相談だといわれることがあるが，セラピーやカバラ（ユダヤ神秘主義）を含むスピリチュアル文化には，ユダヤ教が影響を与えた面もある．

❖**ニューヨークのハシディズム**　正統派よりもさらに伝統を固持する超正統派の一派にハシディズムがあり，ニューヨークのブルックリンなどにコミュニティがある（図1）．ユダヤ教の敬虔（けいけん）主義といわれるが，忘我的神秘体験を神学よりも重視するため，ユダヤ教内部で異端視されながらも民衆運動として18世紀以降東欧中心に広がった．迫害から逃れ移住した彼らは，ピューリタンのように信教の自由を手にし，アーミッシュのように外部から隔絶したコミュニティを（ただし大都会の中に）つくり，伝統的信仰生活を守り続けた．例えば，テレビ・映画を観ない，スポーツをやらない，子どもには独自の男子校・女子校でトーラー（聖書）に基づく教育を施す．インターネット利用も制限付きだ．

図1　2008年の大統領選で投票する兄弟．ハシディズムは子だくさんのため人口が増え続け，アメリカのユダヤ人の中で一大勢力になりつつある．他のユダヤ人に比べ，共和党支持・反シオニズム論者が多く，今後の外交政策への影響が議論されている [Aflo/AP]

ユダヤ人というと高学歴・金持ちというステレオタイプがあるが，ハシディズムの信者は大学には行かず，また黒づくめの服装を含む戒律を遵守するため，職種が限られ，概して低所得である．絶大な尊敬を集めるレッベ（イディッシュ語のラビ）を中心に強固なコミュニティが保たれている．

　そのコミュニティの周りの住民の構成は時代とともに変わり，近年はムスリムが増えている．2011年の推計で，ブルックリン地区のユダヤ人は55万人，その半数近くが超正統派，ムスリムは20～30万人．パレスチナ問題を鑑みれば危険な状態に見えるが，それぞれの指導者の尽力により共存が保たれている．超正統派に，シオニズム（イスラエル建国運動）を神意によらない世俗的ナショナリズムと見て反対する者が多いことも一因と考えられる．　　　　　　[藤原聖子]

仏教と禅

Buddhism and Zen

　19世紀の超絶主義の思想家たちや，ヘンリー・スティール・オルコットらの神智学への影響とは別に，信仰され実践される宗教としてのアメリカの仏教は，アジアからの移民の宗教として始まった．さらに禅やその他の瞑想体験への関心から独自に実践者が広まったアメリカ生まれの仏教や，布教により帰依者が参集する組織型の諸教団も展開し，アメリカの宗教的多元主義の一部を構成している．

❖**20世紀前半まで**　移民の宗教としての仏教は，19世紀半ば以降の中国人の流入とともにアメリカに到来したが，中国人にとっての仏教は多く儒教・道教とも混淆していた．19世紀後半の日本人移民の場合，祖先祭祀などの習俗も含むが，宗派的帰属はより明確であり，ハワイ，カリフォルニアなどに浄土真宗などの諸宗派の寺院も建設されるようになる．浄土真宗本願寺派（西本願寺）はやがて米国仏教団を結成，その名称が示唆するように現地化を推進した．

　1893年のシカゴ万国博覧会に併せて開催された万国宗教会議には，日本を含むアジアから仏教関係者も参加した．臨済宗の僧侶・釈宗演も参加者の一人であり，彼の講演を英訳したのが門下の鈴木貞太郎である（翌年，居士号「大拙」を受ける）．大拙は97年に渡米しイリノイ州のオープンコート出版社において編集員を務め，仏教や東洋学関係の英訳や出版を行った．なお1909年に日本に帰国した大拙は，49年に再び渡米しコロンビア大学などで講義を行った．大拙・貞太郎のイニシャルから，今日，D.T. Suzukiとして広く知られている．

❖**20世紀後半以降**　一部のアメリカ人にとって第2次世界大戦はアジア文化に直接接触する機会であり，戦後，仏教への関心を高めることになった．特にビート世代（若者文化に影響を与えた反体制的作家集団）のジャック・ケルアック，アレン・ギンズバーグ，ゲイリー・スナイダーらは禅やチベット仏教に接近した．イギリス出身のアラン・ワッツも多くの著作を通じて広範な影響を及ぼした．禅の影響はカウンターカルチャー（☞項目「対抗文化」）やサブカルチャーにも及びロバート・パーシグが刊行したベストセラー『禅とオートバイ修理技術』（1974）の標題に掲げられるなど，「ZEN」は日常語彙として定着した．その間，ハワイでは1959年にロバート・エイトケンによるダイヤモンド・サンガが，サンフランシスコの桑港寺（34年開創）には曹洞宗の僧侶・鈴木俊隆の指導下に62年にサンフランシスコ禅センターが，ニューヨーク州では日本で禅を学んだフィリップ・カプローによるロチェスター禅センターが66年に開設され，他の拠点と併せアメリカにおける禅の中核となった．

　他方，日本で拡大していた創価学会に関しては，60年に第3代会長に就任し

た池田大作が海外展開にも力を注ぎ，同年，アメリカの現地会員を訪問した．その後75年には創価学会インターナショナルが設立され国際化が推進され，カリフォルニアには87年に大学，ボストンには93年に研究所が設立された．

「1965年移民法改正」によるアジアからの移民の再流入，またベトナム戦争の影響によるインドシナからの難民の流入により，韓国，東南アジア，チベットからも仏教徒が到来するようになった．上座部に由来する実践法としては，ヴィパッサナー瞑想が広く知られている．またベトナム出身のティク・ナット・ハン，チベット仏教指導者のダライ・ラマ14世らの世界的な活動により，反戦平和などを通じて社会に参画する思想運動としての，社会参加仏教が注目を集めている．

その後の注目すべき事項をあげる．チベット仏教指導者チョギャム・トゥルンパにより，ナローパ・インスティテュートが74年にコロラド州ボールダーに創設された（99年にナローパ大学と改称）．また台湾の新仏教団体，仏光山の初めての海外寺院，西来寺（Hsi Lai Temple）が88年にロサンゼルス近郊に建立された．関連する大学として90年創設のユニバーシティ・オブ・ザ・ウエストがある．

仏教の普及には出版やインターネットの拡大も影響している．69年にはチョギャム・トゥルンパの著作の刊行をきっかけにシャンバラ出版が創設，91年には仏教雑誌の先駆として『トライシクル』が創刊された（図1）．また仏教者・仏教団体の学術貢献もアメリカでの仏

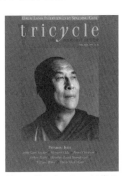

図1　ダライ・ラマ14世のインタビューを掲載した『トライシクル』創刊号の表紙（1991）

教の展開に影響を及ぼしている．67年に禅センター・オブ・ロサンゼルスを開設した前角博雄は，76年に黒田インスティテュートを設置，後者はハワイ大学と連携し，東アジア仏教関係の翻訳・出版活動を続けている．ミツトヨを母体とする仏教伝道協会は，84年のカリフォルニア大学バークリー校を嚆矢として「沼田仏教講座」を開設．2005年に香港で設立された何鴻毅家族基金は，他のプログラムとともに，アメリカを含む世界各地で仏教研究への助成を行っている．

❖**アメリカ仏教の可能性？**　ピュー・リサーチ・センターが実施した2014年の調査では，アメリカの宗教人口はキリスト教70.6%，帰属なし22.8%，ユダヤ教1.9%，イスラム教0.9%，仏教，ヒンドゥー教がともに0.7%である．仏教の数値の小ささを見ると，帰属先としての宗派に加え，アメリカ文化への仏教の諸要素の影響に注目することが必要だろう．例えば今日，臨床心理学などにおいて，仏教瞑想がマインドフルネスとして影響を及ぼしている．アジア由来の伝統的な諸宗派とは独立したさまざまな実践拠点の展開と，宗派とは無縁の実践方法の新たな展開にアメリカ仏教の可能性の一端を見ることができよう．　　　［奥山倫明］

感謝祭
Thanksgiving Day

　感謝祭はアメリカとカナダの祝日であり，アメリカでは，11月の第4木曜日と定められている．家族・知人たちが集まり，その年の収穫に感謝する日であり，起源は，1620年イギリスを離れアメリカに渡ったピューリタン（清教徒）たちが食糧難で苦しんでいるとき，助けてもらった先住民に感謝したことにあるとされる．宗教的迫害から逃れたピューリタンたちは，アメリカでの植民活動に成功し，巡礼父祖（ピルグリムファーザーズ）と呼ばれる．当時の記録によれば，メイフラワー号で極寒の12月にプロビンスタウンを経てプリマスに到着した一行約100人は，食糧難と病気により多くの者が命を落とした．しかし，先住民がトウモロコシの植え方などを教え，彼らの窮状を救い，その後収穫も順調に進み，植民地の開拓が進んだ．到着から1年経った頃，先住民90人ほどを呼び，3日間にわたって野生の七面鳥などを供した祝宴について記述した当時の手紙が残されている．17世紀当初行われていた感謝祭は，ピューリタン的色彩の強いものであった．当時の総督の記録『プリマス植民地について』の記述によれば，1年の収穫に感謝し冬に備えたとあるが，その根本には神への信仰心があった．その後，ニューイングランドのプロテスタントの人々を中心に感謝祭の習慣は受け継がれていく．

　感謝祭が全国的に行われ，国民の祝日となったのは，エイブラハム・リンカン大統領が1863年に出した宣言によってである．大統領に国民の祝日とするよう嘆願を行った女性が，サラ・ジョセファ・ヘイルである．ニューハンプシャーに生まれたヘイルは，法律家と結婚した後，小説『ノースウッド』（1827）の成功を経て，編集者として有名になる．女子教育のための運動も行い，バッサー大学開設に影響を与える．ヘイルは，感謝祭という先住民に感謝する家庭的な行事を女性が活躍できる機会ととらえ，アメリカ的美徳を示すアイデンティティの一つとして全国に広めようと考えた．みずからが編集する人気雑誌『レディーズ・マガジン』『ゴーディズ・レディーズ・ブック』に，感謝祭の過ごし方，食卓の飾り方や料理，また多くの州で感謝祭の行事が広まっていく記事を掲載し，感謝祭を国民的休日にするため，46～63年の長きにわたり時の大統領に再三の嘆願を行ったのである．63年，南北戦争で分断した国民の心を一つにするよう，感謝祭を全国的な祝日とし「祈りの日」とする宣言をエイブラハム・リンカン大統領が出したのである．

　感謝祭の日には，七面鳥の丸焼きとそのスタッフィング（中に詰める米や野菜など），クランベリーソース，パンプキンパイなど定番の料理が各家庭に並び，この日に合わせ故郷へ向かう人の移動でアメリカの交通機関は混雑する．家庭で祝う感謝祭当日には飲食店などが閉店となることが多い．しかし，感謝祭翌日の金曜日は人々が多く買い物を行うことから，近年これに合わせた商戦が展開され，ブラックフライデー（黒字の金曜日）と呼ばれる．起源が忘れられ，時代とともに新たな価値が創造されるのが祝祭であるが，感謝祭もその一つである．　　　　　　　　　　　　　　[佐久間みかよ]

7. 社会思潮

アメリカはその建国以来，理念と現実のすり合わせの中から，国のかたちを紡いできた．たしかに，古典古代以来ヨーロッパやアジアの国々が受け継いできた抽象的な哲学の伝統に相当するものは，アメリカには薄いかもしれない．

しかし，文字に書かれた史料を手掛かりにその内容を体系的に探ることが難しい先住民族の思想をひとまず置けば，西欧啓蒙の粋ともいうべき人権や自由の理念に支えられて成立したこの国には，出自を異にする民族の混淆や資本主義社会の急激な変貌を文脈に，国の存在の意義を不断に問い直す社会思潮の歴史が厚く降り積もっている．世界の大国となった20世紀以降は社会思潮がとらえるべき文脈が国外にも広がった．

本章では，個人主義，デモクラシー，リベラリズム（自由主義）ほか，アメリカ文化の基本原理とされる思潮の流れを俯瞰するとともに，アメリカで固有の展開を見せた例外主義，保守主義，慈善そのほかの思潮をその現代的意味を含め解説する． [遠藤泰生／中野勝郎]

個人主義

Individualism

||||||||||||||||||||||||||||||||||||||||||||||||||||||||||||||||||||||||||

　個人主義という言葉には多様な意味がある．文脈によって正反対の意味を持つことさえある．個人主義という限り，それは個人を重視する考え方や態度である．しかし，いかに個人を大切にするかをめぐって，歴史の中で次々と新しい意味が与えられてきた．このため，個人主義は一つのものというより，さまざまな立場の考えが雑多に織り交ざったものになっている．その主な特徴を，アメリカ人が直面した時代ごとの状況とともに見ていこう．

❖**独立自尊**　アメリカ個人主義の基底には，個人が伝統や法に背いてでも自分の信念を貫き通すことを良しとする考えがある．イギリス領植民地の時代から，自由を守るには個人が社会秩序と戦って当然とする文化があった．その淵源は，英国国教会の権威に抵抗したピューリタニズムにまでさかのぼる（☞項目「ピューリタニズム」）．1790 年代に始まる，キリスト教会の改革運動である第 2 次大覚醒運動が，特別な教育を受けた牧師の助けを借りなくても，誰でもが自分の魂の主人になれるという思想を広げた（☞項目「信仰復興運動」）．

　超絶主義を代表するラルフ・W. エマソンは「自己信頼」という言葉を用いているが，教養や財産のあるエリート層の意見に頼らなくても，普通の人間が自分の力だけで自身を修め秩序をつくれるという信念は，アメリカ個人主義の柱である（☞項目「超絶主義」）．

❖**開拓の精神と資本主義経済への信頼**　アメリカでは有力な社会主義政党がない．資本主義経済を絶対視する文化があるためである．それは，1812 年米英戦争の後に始まる「市場革命の時代」と呼ばれる時期に確立した．この時期以前，海や河川に面して交易が盛んな地域でなければ，自給自足の開拓生活を余儀なくされることが多かった．しかし，この戦争後，道路や運河，鉄道といった社会基盤整備が進み，入植地の拡大が容易になるとともに，内陸の開拓地でも市場への商品出荷を意識して経済活動が行われるようになった．それは普通選挙が確立する時代でもあったため，市場経済の発展策を求める入植地の声は選挙のたびに高まり，政府の政策となっていった．開拓社会では市場経済を否定する勢力が十分に育たず，「個人」が成功を追求する仕組みとしての市場経済は，ヨーロッパと違ってその正当性を疑われることが少なかったのである．

❖**資本主義の修正**　欧米を巻き込んだ 1873 年恐慌の後に長期不況が訪れると，労働争議が多発し，政府による市場経済の規制を訴える勢力が現れる．19 世紀末から 20 世紀初頭の革新主義期には社会主義勢力も伸張し，ミルウォーキーのように社会党候補が市長選挙に勝利するところも現れた．こうしたなか，イギリ

スのトマス・ヒル・グリーンの影響を受けて，個人の自由は自然に存在するものではなく，公正な社会秩序に基礎を持つとする訴えが広く行われるようになった．1929年に世界恐慌が発生すると，個人主義と資本主義を対立するものととらえる考えが広まり，個人の自由のために社会主義的政策を実施すべきと主張されはじめた．哲学者ジョン・デューイ（図1）の『新しい個人主義の創造』（1930）がその代表作である．

図1　個人主義に新しい意味を与えたジョン・デューイ

❖**福祉制度への反対**　1933年に誕生するフランクリン・D.ローズヴェルト政権が，経済弱者を保護する立場から社会保障の導入を実施すると，これに反対する人々は，大統領は個人の保護を名目に独裁を布いていると訴えはじめた（☞項目「自由主義（リベラリズム）」）．個人の重視が独裁に結び付くことは古くから知られており，アレクシ・ド・トクヴィルが1840年刊の『アメリカのデモクラシー』第2巻で論じたことであった．同書でトクヴィルは，自己と自己の家族，友人たちの利益さえ守れればよいとする個人主義は専制政治を許容する，と述べていた．国家が国民福祉を拡充しようとするのを独裁の端緒と見なし，政府の力で個人を守るのは真の個人主義とはいえないとする立場は，1930年代からアメリカ保守主義の主流となる（☞項目「保守主義」）．

❖**少数派の正義追求**　ヘンリー・D.ソローの「政府への反抗」(*Resistance to Civil Government*)というエッセイは，ソローが1846年に税金の支払いを拒否して投獄された事情を述べたものである．奴隷制を合法とし，メキシコとの戦争を始めた政府に協力するのは良心に反すると彼は述べ，多数派がつくった不正な法律を遵守するのは正義に反すると主張した．ソローの不服従思想は多数派の横暴に対する個人の闘いを主張したもので，20世紀中期以降，差別是正や環境保護を求めた改革者の心の拠り所となった（☞項目「超絶主義」）．

❖**多数派への同調圧力と暴力**　1970年代，有色人種や女性などのマイノリティが政府に集団で圧力をかけて，差別是正の名の下に利益追求をするのは集団主義であり，個人主義に反すると保守派が唱えた．81年にそうした保守を代表するロナルド・W.レーガンが大統領になると，労働者保護や差別是正のための福祉制度の見直しが始まる．また，妊娠中絶をめぐる女性の権利など，社会を分断する争点も現れた．

　21世紀，マイノリティ集団が求める自由を制限する動きが激しくなる一方，アメリカ文化に馴染めずに疎外感に悩んだ者の起こした銃乱射やテロ事件も頻発している．個々人を圧迫する社会状況への不満がおさまる気配はまったくない．マイノリティの側に立つリベラル派も，それと対立する保守派も，個人を尊重する伝統的な国民文化の衰退を感じているのである．　　　　　　［中野博文］

自発的結社

Voluntary Associations

　1831 年 5 月，ニューヨーク港に降り立ったフランス青年貴族アレクシ・ド・トクヴィルは，9 カ月間のアメリカ視察旅行を終え帰国した後，祖国フランスで『アメリカのデモクラシー』の執筆に取り掛かる．若きトクヴィルが精力を注ぎ完成させた全 2 巻に及ぶ同書は，今やアメリカ研究の古典として高い評価を受けている．その第 2 巻第 5 章の中で彼はアメリカ社会を特徴付ける重要な要素として自発的結社の多様性と活力に刮目し，「民主的な国民にあって，境遇の平等によって消え去った有力な個人に代わるべきは結社である」と記した．

　トクヴィルは革命の時代を経て大西洋の両岸で勃興しつつあった民主主義社会を維持・発展させる 礎 として，市民による自発的結社の効用にいち早く注目した．19 世紀前半のアメリカでは自警，救貧，消防，組合図書館，教育などコミュニティ運営の多くを自発的結社が担っており，トクヴィルが感嘆したのは，中央集権的で貴族的なヨーロッパ社会とは一線を画するアメリカの民主主義の在りようであった．近年，多文化主義の下で社会の分裂が叫ばれる中，トクヴィルの再評価も高まっている（☞項目「市民社会」）．

❖自発的結社の変遷　18 世紀のイギリス帝国では教養ある紳士や啓蒙知識人がさまざまなサロンやクラブで社交し，書簡や印刷媒体を通して大西洋を挟んだ「文芸の共和国」を形成していた．なかでも特筆すべき自発的結社はフリーメイソンであり，18 世紀初頭にイギリスで結成されたこのコスモポリタン（国際主義的）な秘密結社は，ヨーロッパを越えて北米にも広がった．フリーメイソンの会員には初代大統領のジョージ・ワシントンをはじめ印刷業者として身を起こし科学者・政治家として名を馳せたベンジャミン・フランクリンなども含まれ，会員間の友愛と平等を掲げるメイソンの啓蒙思想は建国の父祖にも少なからぬ影響を与えた（☞項目「建国神話」）．

　アメリカ独立革命は宗教と国家の伝統的な結び付きを絶ち，信教の自由を保障する一方で，刑務所改革，慈善活動，禁酒運動，奴隷制反対運動などさまざまな社会改良運動を促進した．人間の自発的意思と福音を強調する 19 世紀初頭の第 2 次信仰復興運動に鼓舞された多くの自発的結社がこれらの社会運動を担いアメリカ全土へと拡大した．また，参政権のなかった婦人も教会や結社の活動を通して「公共領域」に参加する機会を得たのであった．

　建国期には新聞や雑誌の数が爆発的に増加し，広範な読者層を取り込んだ近代的な「公共圏」（社会哲学者ユンゲル・ハーバーマスの用語）が出現した．革命精神に鼓舞された自由と平等を希求する民衆の声が「公共圏」で高まる中，メイ

ソンなどのエリート主義的な秘密結社は，反共和主義的で危険な組織として批判にさらされ，次第に衰退していった．だが，南北戦争後にはイギリスに起源をもつオッド・フェローズ，労働騎士団やYMCAなどの相互扶助や教育を目的とする結社が急成長した．アメリカの結社には当初から人種の壁が大きく立ちはだかった．革命後福音派教会が躍進するが，自由身分の黒人は白人教会から差別的な処遇を受けたため，独自に黒人教会を結成せざるを得なかった．同胞黒人の道徳改善を目指した教会活動や奴隷制反対運動などの道徳・社会改革においても黒人たちは結社を通して連帯を強化した（☞項目「アフリカ系アメリカ人教会」）．

　アメリカで急激に自発的結社が広まるのは，皮肉なことに南北戦争後の混乱期であった．19世紀の急速な都市化と産業の組織化が進むにつれて農民同盟や移民集団の結社など，よりいっそう多様な結社が組織された．20世紀に入ると2度の世界大戦や金融恐慌を経験したが，そのたびに結社は愛国心の高揚に寄与し，連邦の戦時体制を下支えする役割を果たした．総じて20世紀半ばまでアメリカの結社は，全国的な組織を維持して活発な活動を行ってきたのである．

❖権利革命とコミュニティの衰退　ところが，1960年代末以降アメリカ先住民，同性愛者，チカーノ，消費者などさまざまな集団がみずからの権利を求める運動を展開し始めた．この「権利革命」は結社の国アメリカを大きく変貌させた．公民権運動に触発されてフェミニスト運動も高揚し，全米女性組織（NOW）などが創設された．こうした組織は，従来の草の根的な会員制の自発的結社を越えて，専門家によるマネジメントを兼ね備えた新しいタイプの結社として発展し，個々の利権獲得を目指すロビー活動において主要な役割を担うようになった．

　70年代の景気停滞の中で地方政治や伝統的な結社への市民参加の実態をフィールド調査したロバート・ベラーらの宗教学者や社会学者のグループは，過剰な個人主義の蔓延を見いだし，公的問題への市民の自覚の退潮に警鐘を鳴らした．近年，コミュニティと人間関係の変遷を丹念にたどった『孤独なボウリング』（2000）の中で社会学者ロバート・パットナムは，90年以降アメリカのコミュニティの急速な衰退の要因に，市民的公共圏の基盤をなす社会的ネットワークや信頼関係といった社会関係資本の低下を指摘した．

　80年代には保守派の論客ロバート・ノージックに代表されるリバタリアン（自由至上主義）が台頭し，国家のいかなる干渉も受けない個人の自由を要求したが，最近では課税や政府権力の介入に反対するティーパーティ運動の台頭に影響を与えている．他方，共和主義的な公徳心の回復の上に新たな市民公共圏の再構築を模索するコミュニタリアニズム論者の言動も活発になった（☞項目「正義論とコミュニタリアニズム」）．経済のグローバル化に伴い世界の平準化が同時に進行する中で社会格差が拡大し，分裂したアメリカ社会再生の処方箋として，21世紀の結社の役割をめぐる議論は今後ますます重要度が増すであろう．［肥後本芳男］

超絶主義

Transcendentalism

超絶主義は，1830年代から60年頃にかけて，ボストン周辺に住む知識人たちが共有した思想とそれに基づく活動を特徴付ける概念である．思想家ラルフ・ウォルドー・エマソン（図1），ユニテリアン派牧師のセオドア・パーカーやジョージ・リプリー，教育者エイモス・ブロンソン・オルコット，女権論者マーガレット・フラー，エマソンの直弟子ともいえるヘンリー・デイビッド・ソローなどが超絶主義者と呼ばれる．彼らの思想や活動は多様な側面を持ち，統一された体系としてとらえることは難しいが，それぞれが，自然と精神の一体性を信じ，形骸化した伝統や習慣の呪縛を解かれた新しい思想，信仰形態，社会組織，芸術表現を求めた．機関誌『ダイアル』(1840)を発行し，講演・教育活動を通してその思想の普及につとめる一方，さまざまな社会改革運動に関わった．

図1 ラルフ・ウォルドー・エマソン

❖**その思想** 超絶主義者の多くが，人間の完全な堕落と神の一方的な選びによる恵みを強調するカルビニズムを批判し，三位一体の教義や奇跡を否定したリベラルな教派であるユニテリアンの背景を持っている．しかし，やがて伝統的教会制度や教義ではなく，自然の中で個人に与えられる啓示を重んじるようになると，実証や論理を重視する合理主義に偏ったユニテリアンとも袂を分かつことになる（☞項目「世俗化」）．

ユニテリアンと超絶主義者を区別する「超絶」の概念は，イギリス経験主義の哲学者ジョン・ロックの認識論を批判したドイツの哲学者イマニュエル・カントの観念論に由来する．ロックは，人間の観念は生得のものではなく，五感による経験の省察から得られるとしたが，カントは，神と世界に関する真理は感覚ではなく，精神の「超絶的」範疇，つまり直観によって知られるとした．超絶主義者たちは，この考えをイギリスのロマン主義の作家サミュエル・テーラー・コールリッジやトマス・カーライルを通して吸収するとともに，プラトンの哲学，神秘主義者エマニュエル・スウェーデンボルグ，さらには，ヒンズー教の聖典『バガバッド・ギーター』，孔子や仏教などの東洋思想から学んだ．

超絶主義の中心的な思想家はエマソンである．エマソンは，1829年にボストン第2教会の副牧師となるが，それ以前からユニテリアン派の牧師ウィリアム・エラリー・チャニングの影響を受け，人の精神のうちに神を見いだすことができると考えるようになる．この「内なる神」の概念から，人間の自我そのものが神

であり，自分を信頼することは自分を超えた普遍的存在を信頼することであるとする「自己信頼」という独自の思想を生み出した．その後，牧師職を退いたエマソンは，みずからの考えをエッセイ『自然』(1836) にまとめ，続けて「アメリカの学者」(1837)，「神学部講演」(1838) などの講演や数々のエッセイを通して，他の超絶主義者たちに大きな影響を与えた．

❖**思想の実践**　超絶主義者の思想の実践の場の一つが文学である．彼らは文学者を詩人・預言者と位置付け，厳格な形式に縛られた文学表現を批判し，独創性や有機的形式を重んじた．その理念はアメリカを代表する詩人ウォルト・ホイットマンにも受け継がれる．ソローは，森の中で行った自給自足の実験的生活の記録をエッセイ『ウォルデン』(1854) として発表した．これは思想の実践を文学的に表現した作品である．

　社会改革運動や政治活動も思想の実践の場であった．セオドア・パーカーやソローの奴隷制反対運動，フラーの女性権利拡張運動，オルコットの教育改革などが代表的な例である．ソローは　米墨戦争に反対し納税を拒否して投獄された体験を「政府への反抗」(*Resistance to Civil Government*, 1849) と題するエッセイとして発表するが，このような行為はエマソン的個人主義に基づく政治行動といえる．1840 年代にジョージ・リプリーらがボストンの郊外に開いた社会主義的ユートピア共同体ブルック・ファームも，農作業や知的活動を通して超絶主義の思想を実践する場であった（☞項目「社会主義・共産主義」）．

❖**批判と遺産**　同時代の文学者エドガー・アラン・ポー，ハーマン・メルビル，ナサニエル・ホーソーンなどは，超絶主義者に批判的であった．伝統的キリスト教の罪の概念を否定するエマソンに対し，人間が持つ暗い側面に注目し，自然を曖昧で混沌としたものととらえていた彼らは，エマソンらの楽観的な宇宙観や人間観には同意できなかったからである．ホーソーンはブルック・ファームの運動に関わった体験をもとに，小説『ブライズデール・ロマンス』(1852) で超絶主義者の活動を批判的に描いている．

　超絶主義者たちは後の時代に遺産を残している．ソローが『市民の反抗』(*Civil Disobedience*) で示した非暴力的抵抗は 20 世紀のマハトマ・ガンジーやキング牧師などの活動に影響を与えた．また，ソローはアメリカの環境運動の創始者として，フラーはフェミニスト運動の先駆けとして評価されている．日本では北村透谷がエマソンに傾倒したことが知られている．近年のプラグマティズムへの関心の新たな高まりとともに，ウィリアム・ジェイムズやジョン・デューイなどのプラグマティストと超絶主義の関係が改めて注目されるようになっている（☞項目「プラグマティズム」）．哲学的・道徳的な真理探求において，伝統の権威を排し，主観的経験を重んじるという態度は，両者に共通するものといえるが，超越的真理を認めない点では，プラグマティズムは超絶主義への批判でもある．[大塚寿郎]

プラグマティズム

Pragmatism

19世紀後半に生じたプラグマティズムは，異なる構想を抱いた論者たちが同時並行的に確立していった哲学潮流であるために，単一の定義を与えることは難しい．リチャード・J.バーンスタインは，プラグマティズムが共有する五つの要素として，哲学には絶対的な基礎があることを否定する反基礎付け主義，哲学は常に修正の可能性に開かれていると見なす可謬主義，哲学という探究は，探究するものたちの共同体に支えられているという探究者の批判的共同体の理想，われわれは「開かれた宇宙」に生きているという偶然性や偶発性の認識，哲学的視点は常に複数存在するという多元性の受容をあげている．

❖**プラグマティズムにとっての経験とは**　プラグマティズムが果たした功績の一つは「経験」という概念に新しい光を当てた点にある．プラグマティズム以前のイギリス経験論哲学によれば，経験とは外部の刺激を感覚として受けとめることであり，したがってきわめて受動的なものであった．それに対してプラグマティズムの大成者であるジョン・デューイは，経験とは有機体と環境との相互作用であり，その相互作用の中でなされる調節や適応であると主張した．有機体である人間は，ただ外部からの刺激を感覚的に受けとめるのではなく，みずからが置かれている環境の中で試行錯誤を行うことで従来の習慣を変化させ，みずからの行動範囲を拡大して，さらに新しい相互作用の可能性を獲得していく．しかもその相互作用は個人で完結するものではなく，コミュニケーションを通じて複数の人々の間で共有されていくものでもある．その意味で経験とは，能動的で継続的で，さらには社会的なプロセスであるとデューイは見なした．

❖**プラグマティズムと革新主義**　経験とその共有をめぐるデューイのとらえ方に代表されるプラグマティズムが隆盛した時代は，アメリカにおける革新主義の時期と一致する．南北戦争後の本格的な工業化とともに，ニューヨークやシカゴといった北部の工業都市が急速に成長し，さらにそこに新移民と呼ばれる東欧や南欧からの移民たちが流入していった．工業化，都市化，移民の流入の中で，都市では例えばシカゴのヘイマーケット事件のように労働争議が勃発し，移民たちから票や金を受け取る代わりに，彼らに職や住居を斡旋するボス政治家たちが都市政治の権力を握るようになった．その一方で，都市の多様な問題や腐敗の改善に向けて社会改革に取り組む人々が活躍したのも，この革新主義の時期である．エレン・ゲイツ・スターをはじめとする仲間たちとともに，シカゴの移民街区にハル・ハウスと呼ばれた建物を開設し，移民たちの生活改善や青少年の教育に尽力したジェーン・アダムズのソーシャル・セツルメント活動は，その代表的なもの

である．アダムズの活動には，当時のシカゴ大学の多くの教員たちも協力したが，その中心的な一人がデューイであった．デューイのプラグマティズムはアダムズの実践に影響を与えるとともに，アダムズの活動もまたデューイの思索に示唆を与えた．例えばアダムズたちは，移民に飲酒の害悪を諭す活動が効果をもたないのはなぜなのかを調査していく中で，移民たちにとって酒場は仲間たちとの会話を楽しみ，世の中の知識や情報を得るためのかけがえのない社会の場になっていることを見いだしていった．そこからアダムズたちは，移民が置かれている状況を理解したうえで，彼らの行動を具体的に変えることができなければ，移民の生活の道徳的改善は成し遂げられないことを理解した．このようなアダムズらの社会改革への取組み方は，経験の共有と探究の協同性を重視したデューイのプラグマティズムを具体的に引き継ぐものだった．

❖**デューイのニューディール批判**　第1次世界大戦を契機として，革新主義が終焉を迎えた後も，プラグマティズムの考え方は社会改革を導く重要な視座としてアメリカ社会の中で生き続けた．1930年代のニューディール政策に対するデューイの批判の中に，それは典型的に見ることができる．大恐慌後の経済と社会を立て直すべく，多岐にわたる政策を試行錯誤したフランクリン・D. ローズヴェルト政権の一連の取組みは，プラグマティズム的であるといわれることがある一方で，デューイはニューディール政策に批判的な立場をとり続けた．デューイにとってニューディール政策は，専門的な官僚たちの試行錯誤の結果を一般の人々はただ受け入れるだけのものになっており，各自の知的な反省の結果を持ち寄って従来の社会の仕組みを変えていく，社会的知性と呼び得る大きなプロセスをつくり出すところまで進んでいないと思われた．自分たちの置かれている状況を反省しつつ，改革のためのアクションを集合的な知性によって創出していくプロセスに対しては誰であれみな，何らかの貢献ができると考えたデューイのプラグマティズムは，アメリカのデモクラシーとも親和性が高い．

❖**戦後の日本で知的指針となったプラグマティズム**　人々の知的な反省能力を高め，新しい民主的なプロセスを文化としてつくり出そうするデューイのプラグマティズムは，戦後の日本にも大きな影響を与えた．進歩的知識人として精力的に活動した清水幾太郎，あるいは雑誌『思想の科学』を1946年に刊行した鶴見和子や鶴見俊輔は，プラグマティズムを受容してそれを日本に紹介した代表的な人物である．なかでも俊輔は，デューイがしばしば強調したコミュニケーションの重要性の中には，相互理解の断絶という意味でのディスコミュニケーションの契機がないことを指摘し，プラグマティズムの独自の展開を試みたことで知られる．彼らが継承したプラグマティズムは，戦後の日本社会に新たにもたらされたデモクラシーを日常生活の中に根付かせるのに必要な，批判的な試行錯誤のための協同的な思考の型を人々に示した．

[井上弘貴]

反知性主義

Anti-Intellectualism

||||||||||||||||||||||||||||||||||||||||||||||||||||||||

　反知性主義とは，高度の知性や学歴を持つ人々に対する大衆的な反発のことである．アメリカ史の文脈における反知性主義は，知性の存在やその働き自体に対してではなく，知性が特定の権力と結びついて越権行為に携わるときに，最も強く発動される．この意味で，反知性主義は「反・知性」というより「反・知性主義」である．反知性主義はまた，哲学的な主張としての反合理主義とも異なり，知識人階級に対するより直接的で情動的な精神態度のことを指す．

❖反知性主義の発祥　反知性主義という現象に初めて明確な社会的輪郭を与えたのは，1963年に『アメリカの反知性主義』を出版したリチャード・ホフスタッターである．同書は，50年代に起きた二つの事件を契機に執筆された．その二つとは，知識人一般を攻撃したジョゼフ・マッカーシー上院議員の共産主義者狩りと，知的に凡庸だが民衆に愛されたドワイト・D.アイゼンハワーが優れた知性を持つ対立候補を大差で破った大統領選挙である．この時代に，知識人への軽蔑を表す「エッグヘッド」という言葉が登場し，教育を受けた階層や高度な知識を備えた専門家に対する不信と嫌悪が遠慮なく表現されるようになった（☞項目「エリーティズム」）．反知性主義は，「平等」というきわめてアメリカ的な理念を原理としている．その前提には次に述べる宗教的な平等意識があり，その伸張には民主的な平等意識による知性理解が深く関わっている．化学者で作家のアイザック・アシモフによると，民主主義は「わたしの無知にはあなたの知識と同じだけの価値がある」（Asimov, 1980）という誤った考え方を生む．ここから，知性の独占者に対する異議申し立てとしての反知性主義が主張されるようになるのである．

❖知性主義への反動として　このような反知性主義の思想的な由来を尋ねると，ピューリタニズムの極端な知性主義にたどり着く．もともと説教運動に端を発したピューリタニズムでは，儀式を中心とするカトリシズムに比して，説教を重視するため知的要素が強い．ニューイングランドへの移住者には，当時としては例外的なほど大学卒業者や識字者が多かったことが知られている．入植後わずか6年で創立に至ったハーバード大学は，こうした知性主義の象徴であった（☞項目「ピューリタニズム」）．

　だが，万人が高度な知性を持ち合わせているわけではない．世代が変わり，新たな入植者が増えるにつれて，社会的権威をまとった知的指導者に反発する人々も増えてくる．この大衆化を主導したのは，学歴も資格もない巡回伝道者たちであった（☞項目「信仰復興運動」）．彼らは平明な言葉でわかりやすく語り，大衆を引きつけたが，既成教会のエリート牧師たちに詰問されると，「学者・パリサ

イ人」よりも幼な子のような素朴な信仰を尊んだイエスの言葉を聖書から引用して反論した．ここに，反知性主義の出発点がある．彼らは，「神の前の平等」という宗教的信念を足がかりとして目の前に立つ人間の権威を跳ね返す力を得たのである．

❖平等の理念と異議申し立ての伝統　もともと知性は権力と結び付きやすく，ひとたび権力と結び付いた知性は自己を再生産しようとする．特定分野の専門家がシンクタンクなどを通して政権にお墨付きを与え，特定大学の出身者が繰り返し社会の高い地位に就き，あるいは高学歴家庭の子どもが親と同じように高い教育を受けて知的エリートになる．すると，知性は世代を越えて固定化し再生産されることになる．このような知の偏在は，結局は社会の知的生産力を低下させて沈滞を招く．反知性主義は，旧来の知性を否定して新たな知の枠組みを模索する原動力ともなるため，社会の刷新につながる可能性を持つ．この意味で，反知性主義の矛先は，ハーバード，イェール，プリンストンという大学やそこに宿る知性にではなく，「ハーバード主義，イェール主義，プリンストン主義」と化した知性主義に向けられている．

　反知性主義は，その後もアメリカ的な平等の理念を拠り所に，社会的な権威への異議申し立てを行ってきた．奴隷解放論者のセオドア・パーカーによれば，そもそもアメリカは国家の全歴史が母なる教会と父なる祖国に対する反逆に始まっている（Parker, 1846）．異議申し立ては，アメリカ人の血に流れる伝統である．

❖現代社会に見る反知性主義　だが，個々人の反知性主義が政治や宗教に操作され動員されるようになると，その集団的表現はしばしば危険で不健康な様相を呈する．上述のマッカーシー旋風しかり，第1次世界大戦前に大衆伝道者として活躍したビリー・サンデーの好戦的な愛国主義しかりである．

　現代政治においても，反知性主義はポピュリズムと相まって有権者の投票行動に非合理的な影響を与えることがある（☞項目「ポピュリズム」）．アメリカの大統領選挙では，候補者が学歴や知性をひけらかすことは往々にしてマイナス要因になる．ロナルド・W. レーガンやジョージ・W. ブッシュは，気さくで親しみやすい印象を与えることで当選した．2016年の選挙では，政権中枢に居座る政治家や大企業のエリートといった既得権益層への反発が高まり，「私は教育のない人々が大好きだ」と公言するドナルド・トランプが選挙戦を制した（図1）．ここにも反知性主義の両局面がよく表現されている．

図1　大統領選挙時の風刺絵に見られる反知性主義（2016年2月）
[Cagle Cartoons Inc.]

　　　　　　　　　　　　　　　　　　　［森本あんり］

多文化主義

Multiculturalism

多文化主義とは一般に，移民やエスニック集団などの多様な文化や価値観，生活様式を尊重する思想，政策，実践を指す．近年では，女性，性的マイノリティ，障害者なども，その概念に含まれるケースが増えている．

多文化主義を世界で最初に実践したのは，1960年代後半に導入した二言語・二文化主義の政策を基に，1971年に多文化主義政策を打ち出したカナダである．その後，オーストラリアやスウェーデン，オランダなど，数多くの国々が多文化主義を国家の政策として取り入れた．アメリカの場合，基本的に，公共機関で採用するか否かは州ごとに異なる．

❖思想的背景　1980年代にアメリカ社会に広まった多文化主義という言葉の誕生には，人種のるつぼ（メルティング・ポット）論や文化的多元主義など，それ以前に広く流布した社会言説が深く関わっている．

「るつぼ」とは，元来，さまざまな金属やモノを混ぜ合わせて溶かす際に用いる器を指すが，この場合は，アメリカ社会というるつぼの中で，文化や言語の異なるさまざまな集団が溶け合って，イギリス人でもドイツ人でもフランス人でもない，新しい「アメリカ人」が生まれる，と比喩的に用いられる．「メルティング」をこの意味で最初に用いたのは，『アメリカ農夫の手紙』（1782）を著したジェイ・ヘクター・セント・ジョン・ド・クレブクールであったが，るつぼ論がアメリカ社会に広まるきっかけを与えたのは，イズレイル・ザングウィルの戯曲《メルティング・ポット》（1908）である．原語に「人種」という言葉はないが，日本では「人種のるつぼ」という訳語が定着している（☞項目「人種」）．

こうしたるつぼ論は，アメリカ人としてのアイデンティティ確立に重要な役割を果たしたものの，他方で，移民やマイノリティに対する同化圧力にもなった（☞項目「移民」）．その後，るつぼ論への批判として登場したのが，文化的多元主義という概念であった．1915年，「民主主義対るつぼ論」（*Democracy Versus the Melting Pot*）と題した小論の中で，ホレス・カレンは，民主主義は文化の尊重を保障するものであるとして，同化論を牽制した．移民は，母国の文化や言語を失う必要はなく，それぞれの文化を保持しながら，アメリカニズムという主流社会のイデオロギーによって統一されているという考え方であり，今日の多文化主義の源流を築いた．カレン以外に，ジョン・デューイ，ランドルフ・ボーン，アラン・ロックなどの思想家らも，同化論に批判的な見解を示した．

現実の移民政策やマイノリティに対する扱いで多くの矛盾を抱えながらも，白人中心のアメリカ社会の底流では長く信奉され続けたるつぼ論だが，それがいか

に現実と乖離(かいり)したものであるかは，63 年に刊行されたネイサン・グレーザーとダニエル・モイニハンの共著『人種のるつぼを越えて』によって証明されることになる．ニューヨーク在住の黒人，プエルトリコ人，ユダヤ人など 5 集団に関する社会学的研究の結果，彼らが独自の言語や慣習を失った後も，家族のつながりや社会組織，民族的アイデンティティ（エスニック）を維持している実態が明らかになった．

　公民権運動やマイノリティ運動によってアメリカ社会は大きな変革を遂げ，またカナダやオーストラリアからの影響も受けて，マイノリティの社会的承認がより広く得られるようになると，アメリカ国内においても，白人文化の優位性の下にマイノリティ集団を承認するというニュアンスを持つ文化的多元性ではなく，あくまでもすべての文化が対等関係にあることを含意する（と当時考えられた）多文化主義という概念が好まれるようになった．その後，教育，雇用・芸術・文化など多方面において，多様性を確保する，あるいは少なくともそのために積極的な努力を払うことは，公共空間では広く共通認識とされてきた．また，これまで白人中心であった歴史教育に，マイノリティ集団の歴史を積極的に導入する動きが特に公立学校において広まっている（☞項目「多文化教育」）．

❖多文化主義をめぐる論争　多文化主義をめぐっては，大きな論争が繰り広げられてきた．批判的主張の例としては，社会の分断をうながす，文化を本質主義的にとらえる，集団内の多様性を覆い隠す，構造的差別問題を隠蔽する，商業主義に利用される，といった意見があげられる．移民・マイノリティ集団に対する教育や社会福祉が社会の重荷であると考える人々，アファーマティブアクションに反対する人々は，カラーブラインド，すなわち，皮膚の色はいかなる領域においても一切考慮すべきではないという立場を主張する．しかし多文化主義の普及によって，マイノリティの地位や境遇が改善され，それらの中産階級が大幅に増えたことは否めない．近年では，人種やエスニック集団以外の領域においても多文化主義が議論されている．アン・フィリップスが主張するように，例えば，伝統社会のジェンダー役割などでしばしばステレオタイプ的に論じられる「文化」概念を見直し，主体をあらゆる個人に置きながら，平等性・公平性を求める新たな多文化主義の可能性を唱えるフェミニストらの立場もある．

　2017 年にトランプ政権が発足して以来，多文化主義の陰で自分たちの利権が脅かされていると危機感を強めていた一部の白人たちが，ヘイトスピーチ，ヘイトクライムを活発化させている．特にクー・クラックス・クラン（KKK）やネオナチが各地で集会を開いており，それに対する抗議デモとの激しい衝突が繰り返されている．アメリカは多文化主義を前進させるのか後退させるのか．多様性を尊重し人種差別を断固として許さない人々と，多様性が社会的脅威であると否定する人々との溝は深く，アメリカ社会を分断化しつつある．多文化主義やカラーブラインドをめぐる論争はますます激化することが予想される．［竹沢泰子］

例外主義

American Exceptionalism

アメリカがその成り立ち上，他国と異質な存在であるという概念を，アメリカ例外主義と呼ぶ．自由，平等，個人主義，民主主義などの理念に体現されるアメリカ的な信条を世界に広めることを責務と見なす価値観の基礎にもなっている．ただし，例外的であることが必ずしもアメリカの優越性を示唆するものではない．

❖辺境性とピューリタニズム　18世紀に世界の中心であったヨーロッパからすれば，アメリカは未開で野蛮な辺境であった．しかし，宗教的にも自由が少なかったヨーロッパから自由であるという進歩の含意も辺境性には含まれていた．特筆すべきはピューリタニズムの影響である（☞項目「ピューリタニズム」）．アメリカは世界の模範となる「丘の上の町」，すなわち聖地として想定された．イギリス国教会制度への抵抗者であるピューリタンを交えた植民者（始祖巡礼）はメイフラワー号で海を渡る際，プリマス上陸に先立って「メイフラワー盟約」で契約に基づく政治社会を志向した．イギリス生まれの政治哲学者トマス・ペインは『コモンセンス』（1776）で，アメリカをヨーロッパの延長ではない新世界として定義している．また，1830年代にアメリカを訪れて『アメリカのデモクラシー』を著したフランスの思想家アレクシス・ド・トクヴィルは，貴族のいない中産階級で構成されたアメリカが，当時の世界では類を見ない平等な社会であると述べた．

❖身分性の不在と自由主義　アメリカ例外主義の核心をめぐっては，多様な視座と解釈が存在する．アメリカの入植を神聖な使命としてとらえたサクバン・バーコビッチのほか，政治学者のサミュエル・ハンチントンらはプロテスタント社会であることを例外性の基本ととらえた．それに対して，ルイス・ハーツ，リチャード・ホフスタッターらのコンセンサス学派は，アメリカにおける身分制の不在に着目した．ハーツは『アメリカ自由主義の伝統』（1955）において，アメリカに何があったかではなく何が欠けていたかをヨーロッパと比較することで，例外性を強調した．アメリカでは領主も小作人も，真の意味での右翼も左翼も不在でジョン・ロック的な自由主義だけが基礎であり，政治イデオロギーの幅もヨーロッパと比較してきわめて狭いととらえられたのである．なお「例外主義」という言い回し自体は，アメリカで社会主義が根付かない理由を問うたドイツの経済学者ヴェルナー・ゾンバルトの1906年の言葉に由来するとされる．

❖マニフェスト・デスティニー　アメリカのフロンティアに向けた領土拡張では「マニフェスト・デスティニー」（明白なる運命）という概念が援用された．1845年，ジャーナリストのジョン・オサリバンは「神の意思によって与えられた大陸

を広げる」ことを「われわれの運命」と呼んだ．また，50年に編集者のジェイムズ・デボウは「われわれには実践すべき運命があるが，それはメキシコ，南米，西インド，カナダに向けてのマニフェスト・デスティニーである」と述べた．ジェイムズ・K. ポーク大統領の姿勢に象徴される膨張主義と領土獲得の波の中，アメリカは「神の意思」の下に，テキサス併合に次いで，オレゴン地域を獲得し，米墨戦争（カリフォルニア割譲）を経て

図1 「明白なる運命」に導かれて西に向かうアメリカを描いた《アメリカの進歩》(ジョン・ガスト画，1872)

大西洋から太平洋に広がる国土を持つようになった．ところで，「西漸」は技術革新とも渾然一体で，とりわけ電信は膨張主義に欠かせない技術だった．72年にジョン・ガストは，手に電信ワイヤーを握る天使のような女性が，鉄道，駅馬車，幌馬車などとともに西に向かうアメリカの象徴を油絵に描いている（図1）．この絵画は西部開拓や新技術の宣伝として広範に用いられた．

❖**20世紀の例外主義**　19世紀末に歴史学者フレデリック・ジャクソン・ターナーが述べたように，開拓すべきフロンティアが大陸では消滅したと考えられるようになった．そこで20世紀は太平洋に「フロンティア」が投影された．しかし，モンロー宣言時の国務長官であったジョン・Q. アダムズ大統領が「破壊すべき怪物を探しに海外に出ていったりはしない」と述べたように，19世紀の例外主義はヨーロッパに背を向ける孤立主義と不可分の関係にあった（☞項目「孤立主義の系譜」）．これに対し，20世紀のマニフェスト・デスティニーは，孤立主義の終焉を意味した．転換点となったのは1898年の米西戦争で，拡張的な植民地獲得に先鞭をつけたものであった．その後，キューバ，プエルトリコに加え，グアム，フィリピンという太平洋の拠点も手に収め，ハワイも併合された．

海外進出を新たなアメリカの使命ととらえた大統領にウッドロウ・ウィルソンがいる．自由と自治の伝道者としてキューバ，フィリピンの領有を正当化した．ウィルソンは国際協力と進歩的なルールに基づく世界を希求したが，それは，アメリカ的な信条を世界に広げていく介入主義，国際主義の萌芽にもつながった．冷戦期にソ連を「悪の帝国」と見なしたロナルド・W. レーガン大統領，イラク，イラン，北朝鮮を「悪の枢軸」としたジョージ・W. ブッシュ大統領には，いずれもアメリカの価値観を普遍的に拡張する例外主義が滲んでいる．ただ，こうしたアメリカの国際的影響力を帝国と見なすかについては，領土を直接統治しない非公式の帝国のイメージから，「合意上の委任を与えられた平等な関係の中での首位」（ブルース・カミングス）としてのヘゲモニー（覇権）のイメージを用いたものまで多様な分析が存在する．

[渡辺将人]

ナショナリズム

Nationalism

　ナショナリズムとは，一つのネーション（nation）を人々の忠誠心や帰属意識の至高の対象と見なし，ネーションを文化的，社会的，政治的，道徳的観点の中心に置くことを主張する教義や運動を指す．では，ネーションとは何か．
　16, 17世紀，ヨーロッパ全域で戦われた宗教戦争を経て，新しい政治共同体の単位として主権国家が現れて後，ネーションは，ラテン語の原義を離れて，権力機構や統治制度としての国家＝ステイト（state）の統制下のすべての人々（＝国民）を意味するようになった．19世紀までには，それは，主権的人民や主権国家の統治主体を指す言葉として用いられるようになった．それ以後，ナショナリズムとは，こうした主権的国民国家の実現を目指すネーションの政治的自己主張，自己正当化のイデオロギーや運動を広く指す言葉ともなった．

❖**主権国家としてのアメリカ合衆国の特色**　アメリカの独立と建国は，主権国家を構成単位とするヨーロッパ国際社会（ウェストファリア体制）の成立時と，それほど隔たっていたわけでない．にもかかわらず，この新興国家はヨーロッパの主権国家とは，いくつかの点で大きく異なっていた．
　第一に，独立時，その領土はすでにヨーロッパ諸国の規模をはるかに凌駕していた．しかも，それはその後も拡大し続け，独立からわずか70年後の合衆国の版図は，独立時の3倍を超え，すでに太平洋岸に達した．近代以降，これほど急激な一国の版図の拡大の例はない．多様な自然環境と豊富な資源に恵まれた国土は，現代に至るまでアメリカに，各地方特有の産業発展の機会をもたらし，自立的な国内市場を構成する土台を与えてきたといえよう．

図1　1776年独立時の合衆国国旗．13国家の連合という合衆国の起源を示す

　それと関連して，第二に，その初期からアメリカの人口も，急激に増加した．その国民を構成した移民とその子孫たちは，出身国や地域，民族，宗教，言語，職業，生活文化などに関し，きわめて多様であったばかりか，その多くはよりよい生活の機会を求めて，広大なアメリカの地で移動を繰り返した．独立以後今日に至るまで，この人的な多様性も流動性もまた，増加の一途をたどってきた．
　このように，急速に膨張し分散化する領土と，多様性を増し，しかも流動性の高い人口とから，安定した主権国家体制を構築することは困難であった．この難問に対し，合衆国憲法が与えた解答が，制限政府と厳格な三権分立と連邦制といった諸制度であった．ここでの主権の機能は，統治三権を担う別個の政府機関

の間で分掌されるとともに，中央政府と州政府との間で課題ごとに切り分けられることとなった．それ以前の主権理論では，しばしば分割不能と解されてきた主権が，このように編制されたのは，国家形成と国民形成の目的が，領土と国民の分散的，流動的性格に対応し，妥協を余儀なくされた結果でもあった．

❖**理念の共和国**　このような本来的に分散的遠心的傾向を持つアメリカの国民的共同体は，いかに統合され，継続されてきたのであろうか．アメリカは，植民地時代を通して，言語や生活文化はもとより，法，政治，経済生活のあらゆる側面について，本国の先例にならい，本国の諸制度を移入してきた．したがって，その間この植民地で涵養されてきた共同体としての紐帯や植民地人のアイデンティティは，イギリス的であった．この本国と敵対し，これから分離し，独立することは，それまで自明とされてきたイギリス帝国との一体性を突然断ち切ることを意味した．独立と新たに生まれたアメリカの政治体制とを，イギリス人の権利や自由の伝統によらずに正当化する論理を，革命の指導者たちは神意とあらゆる個人に与えられた自然権に求めた．彼らは，アメリカのナショナリティを，当時ヨーロッパを席捲しつつあった啓蒙の理念につなぎとめたのである．

　この理念を制度化した独立宣言と各州憲法と合衆国憲法は，今日もなおアメリカ国家制度の主柱をなす．アメリカ人のナショナリティや国民的な権利は，なによりもまずこれらの文書への同意に基礎付けられてきた．国家への忠誠と国民資格とが，これらの文書に示された理念へのコミットメントを基準としたということは，アメリカ国民が究極的には同質で平等な個人からなることを意味していた．独立宣言も憲法中の「権利の章典」もそれらはすべて近代的な個人の権利をめぐる規定である．合衆国憲法は，これらの近代的な個人と国家の間には，原則的にいかなる特殊な民族集団も宗教集団も想定していない．国民がまったく同質的で平等な個人からなるという，ある意味で人為的，擬制的なこの国民意識を，ある歴史家は「単一国民ナショナリズム」（"One People" Nationalism）と名付けている．そうしたものとしてアメリカナショナリズムは，先行のイギリス，フランスのナショナリズムと比べても，民族の伝統や歴史よりは抽象的かつ普遍的な理念や原則に立脚する政治的（シヴィック）なナショナリズムの性格が強かったといってよい（☞項目「連邦憲法と連邦制」）．

❖**アメリカナショナリズムの特性と限界**　このように抽象的な理念で緩く結合した合衆国のナショナリズムは，領土や国民社会の分散的，遠心的な傾向という現実とも相まって，他の近代国家で普通に見られた，領土や国民の強権的一体化や統合を志向する求心的ナショナリズムとは異なった性格を帯びることとなった．少なくとも平時には，アメリカ国民は，政治や経済問題を全国民的な連関において把握する習性や能力に欠け，これらを概してより狭隘な部分的問題関心からとらえようとしがちであった．

そのような部分的問題視角の一つは，個人主義であった．本来ナショナルな観点からの検討と対処が必要な社会問題（貧困，失業，健康，医療など）が，アメリカでは得てして個人責任に還元されがちであった．いわば社会問題の「個人化」ともいうべきこの傾向は，19世紀以来，「無骨な個人主義」や「アルジャー的成功神話」や「社会ダーウィン主義」や現代のネオリベラリズムの「市場競争万能論」といった一連の個人主義的イデオロギーによって繰り返し正当化され，今日まで持続してきた（☞項目「個人主義」「生と死」）．

部分的問題視角の第二としては，地方主義があげられよう．強固な州権論を含む連邦制の下で，急激に国土が拡大し続けた結果，産業振興，地域開発，資源開発，環境政策などといった社会経済問題が，全国的な視点から展開されるよりは，ともすればセクション間の，また州・地方間の利益対立を招くことが多かった．

ナショナルな視角を阻む第三の要因としては，多元主義が考えられる．その一つは，政治を多くの利益集団が集約する私的利益間の対立・競争と均衡の場と見なす政治観である．この利益集団多元主義が長く正当化されてきたため，アメリカ政治では，国家によってナショナルな公益を実現しようとする志向も構想力も損なわれてきた．多元主義のいま一つは，国民社会を多元的な移民集団やエスニックグループの拮抗する空間と見る社会観である．長期にわたり何次もの移民の波を受け入れてきたアメリカ社会では，種々の民族集団，文化集団，人種集団がそれぞれに独自の生活空間をつくり，それらがモザイク的に併存する状態が続いてきた．その結果，職業や教育機会や公的福利などの領域では，経済的，文化的資本をめぐり，それらの多文化的集団間の争奪戦がしばしば激化した．

これらはいずれも，声高に叫ばれるナショナリズムの裏面で，サブナショナルな利害対立や足の引っ張り合いによって国民社会の分断が起こる事例である．アメリカ史は現在に至るまで，そうしたエピソードにあふれている．

❖**人種的ナショナリズム**　しかしながら，これらの限界以上に，シヴィックな国民統合に最も根本的に背理する点は，アメリカナショナリズムがその出発点から，植民地社会に構造的に組み込まれた二重の人種差別（先住民排除と黒人奴隷制）を否定することがなかったことである．そもそも，先住民の土地を奪い，抵抗を排除することなくイギリスなどヨーロッパ列強による農業植民地は存立し得なかったし，長く植民地経済の主軸をなしてきた南部の黒人奴隷制なしにこの新興国家の速やかな発展・強化はあり得なかった．シヴィックナショナリズムの裏面に抜きがたく存在したこの人種的ナショナリズムという病理が，その後現在に至るまで，南北戦争，辺境における先住民殺戮（ジェノサイド），南部の隔離制度やリンチ事件，人種暴動の頻発など，さまざまなかたちをとってアメリカ国民社会に噴出し続けてきた（☞項目「多文化主義」「レイシズム」）．

❖**国家的危機下のアメリカナショナリズム**　さてナショナリズム一般についてい

えるもう一つのことは，それが何らかの国家的危機への応答として発現する，危機のイデオロギーという性格を持つ点である．そうした危機の典型的な事例は，対外危機，特に戦争である．国民社会そのものが危殆に瀕したり，国民生活全体が脅かされたり，ある程度以上の数の自国の兵士が死んだりしたとき，どこの国でもナショナリズムの激発は，避けがたい．その点，アメリカナショナリズムも例外ではない．それどころか，アメリカは，地政学的幸運に恵まれたこともあり，歴史上，国家の存立が脅かされるような事態に直面することが稀であっただけにかえって，軽微の国民的犠牲であっても過剰に反応しがちであった．平時には，国民的一体感が微弱であるわりに，戦時には，容易に挙国一致的感情が動員されやすい理由はそこにあろう．アメリカ史上，ナショナリズムが求心力を強め，国民の間で好戦的感情（ジンゴイズム）が鼓舞された例は，米西戦争のきっかけとなったメイン号事件，太平洋戦争を招来した真珠湾攻撃，アフガン・イラク戦争への突入をうながした9.11同時多発テロなど，少なくない．こうした危機下のナショナリズムもまた，国民国家としての合衆国の特性，（統合理念の抽象性と国民社会の遠心性）を色濃く反映している．

　国家的危機下のアメリカナショナリズムは，一見相矛盾するかに見えて実は共振する二つの傾向を示してきたといえよう．すなわち第一に，アメリカが対外的な危機に武力に訴えてでも対処しようとするとき，それはしばしば建国以来，アメリカが代表すると自負してきた自由，民主主義，人権などの普遍的理念に訴えて，戦争を遂行しようとする傾向である．そのとき，アメリカは人類の理想の救い手たるメシア的例外国家の装いをとって登場する．こうして敵対する悪の殲滅（せんめつ）という目的が，国際社会に発せられ，国民的な一体感が鼓舞される．第1次世界大戦期のウィルソン大統領による「世界の民主主義を救う」という宣言も，冷戦末期のレーガン大統領による「悪の帝国の打倒」という目的も，9.11以後のブッシュ大統領の「対テロ戦争」の宣言も，危機のアメリカナショナリズムの典型的現れと見ることができる（☞項目「人権外交」「対テロ戦争」）．

　しかしながら，現実のアメリカ国家は，こうした人類史的理想とアメリカナショナリズムとの一体化に賛成しない，多様な部分的利益を内包している．このとき，挙国一致を実現するために合衆国の政府も社会も，強圧的な説得手段に訴えることも稀ではなかった．とりわけ戦争の危機が，国内の人種，民族，移民問題などの社会問題と共振するとき，ナショナリズムは容易に，「120％アメリカニズム」や排外主義や画一主義といった狭隘で不寛容なイデオロギーに転化し，国内の人種・民族間の差別や暴力を煽動する運動を引き起こすこともまた少なくはなかった．

　アメリカナショナリズムの最大の特色は，それがこのような普遍主義と特殊主義の間を常に振動するところにあるといえよう．　　　　　　　［古矢　旬］

建国神話

Legend of the Founding Fathers

アメリカは歴史の浅い国といわれる．北部大西洋岸に始まったイギリス領植民地の歴史を起点に考えるならば，アメリカの歴史には確かに 400 有余年の積み重ねしかない．「アメリカよ，我々の古い大陸より君は具合が良い．……心の中で……無益な思い出やむなしい戦いに妨げられもしない．」と 1827 年，詩に歌ったのは，ドイツの詩人ゲーテであった．過去のしがらみに縛られることなく新しいことに積極的に取り組める国と，彼はアメリカを讃えたのである．ゲーテと同じ思いをその後も多くの外国の観察者が共有してきた．そのことは記憶にとどめてよい．科学技術や芸術の革新がどこの国よりも活発なアメリカ文化の構造を理解する，それは一助になる．

けれどもその一方で，アメリカほど歴史に縛られる国もない，という事実も存在する．歴史が短い，もしくは短かすぎるからこそ，国民はその歴史的出自にこだわり，自分が何者であるかを理念的起源にまでさかのぼって説明しようと試みるからである．特に，建国の神話と総称される歴史が社会を規定する大きな力を有してきたことは，アメリカ文化の特性としてぜひ理解しておきたい．

❖ **ピューリタンの歴史**　アメリカを規定する建国の神話は幾つかの物語から構成されている．その一つに，北部ニューイングランドに入植したピューリタン（清教徒）の歴史がある．清らかな信仰の自由を求めたピルグリムファーザーズと呼ばれる集団が 1620 年現在のボストン周辺に植民地を開いた物語は，アメリカのみならず世界中の人々の知るところであろう（☞項目「ピューリタニズム」）．

しかしその歴史がアメリカ国民の記憶に深く刻まれ始めたのは，1820 年代以降のことでしかなかった．建国後のアメリカで国民統合の象徴となる物語を探していた第 6 代大統領ジョン・Q. アダムズが，ピューリタンの歴史に光を当てたのがその始まりだったのである．

実際，思想や信仰の自由を求める運動にアメリカの歴史が始まったという理解は必ずしも史実と一致しない．そもそも恒久的な植民地が最初にアメリカに開かれたのは南部のバージニア植民地であった．1607 年のことである．だが，一攫千金の世俗の夢を抱く者たちがその植民地を開いた．アメリカの歴史がそこに始まると記憶したがる人は，研究や教育に携わる人以外少ない．アメリカの歴史の最大の矛盾，黒人奴隷制がそのバージニア植民地に始まった事実もこの記憶のすり替えを後押ししてきた．信仰心に燃えるピューリタンこそがアメリカの歴史を切り拓いたという記憶は，戦時の国威発揚のポスターなどでも強調され，建国の神話として人口に膾炙してきたのである．

❖**独立革命の歴史**　ピューリタンの歴史以上にアメリカ人の記憶に深く刻まれ，その後の社会変革にも影響を与え続けたのは独立革命の歴史であろう．ジョージ・ワシントンやトマス・ジェファソンをはじめとする建国の父祖たち（ファウンディングファーザーズ）の残した言葉を，大統領をはじめとする有力政治家たちが演説で繰り返し引用し，自分たち

図1 《デラウェア川を渡るワシントン》(1851)
［メトロポリタン美術館］

の行動の正しさを父祖の遺志になぞらえて聴衆に訴えるスタイルは，アメリカ政治独特のものである．例えば「すべての人間は平等につくられている」という独立宣言の有名な一節への言及が，アメリカ史の画期をなす演説で幾度もなされてきた．1848年女性参政権の正当性を初めて訴えたセネカ・フォールズでの宣言，1863年南北戦争の大義を訴えたリンカーン大統領のゲティスバーグ演説，1963年そのリンカーン大統領のゲティスバーグ演説に黒人公民権運動の思想を重ねたキング牧師の「私には夢がある」演説．いずれの演説にも聴衆の想像力を独立宣言にまでさかのぼらせる言葉が含まれていた．歴代大統領の就任演説にも必ずといってよいほど建国の歴史への言及がある．こうした事実は，社会を編成する国民の想像力に建国の神話が大きな影響力を持ってきたことを示す．

　もちろん建国の神話の継承は公式の場における演説や印刷物を通してだけ行われるわけではない．各地に残るワシントン大統領の肖像画や戦争の記念碑を仰ぎ見，あるいはまた歴代大統領の演説を初等教育の場で暗唱し，神話が象徴する思想とその意味をアメリカの国民は子どもの頃から学ばされるのである（図1）．

❖**つくられた神話から阻害される者たち**　上述のとおり，アメリカにおいては建国の神話が国民統合の機能を果たしてきた．しかしその一方で，未来を構想する国民の想像力からその神話が柔軟性を奪っているおそれもある．そもそもヨーロッパ人が植民を開始する以前に大陸に住んでいた先住インディアンは独自の神話を持っていた．アフリカから強制的に搬入された奴隷や海外から移住してきた移民を祖先に持つ国民には，アメリカ建国の神話以外の民族的神話が存在する．多民族国家における国民統合の機能を担うはずであった建国の神話が，それらの人々の民族的矜持(きょうじ)を傷つけてきた事実は否定できない（☞項目「多文化教育」）．また建国の理念の継承者としての自意識が，価値観を異にする集団との妥協を難しくし，ひとたび戦争になれば過酷な殲滅戦を国民に求めがちであることも否定できない．人の心を奮い立たせる諸刃の剣(つるぎ)として，建国の神話はアメリカの未来を今なおさまざまに規定しているといえよう．　　　　　　　　　　　　［遠藤泰生］

自由主義（リベラリズム）

Liberalism

アメリカ社会における思想や行動の特質として語られてきた自由主義（リベラリズム）の源流は，イギリスたどることができる．イギリスでは，1830 年代に「主義」（ism）としての自由主義が成立したといわれる．そして，59 年には，自由主義を掲げる自由党が議会政党として発足している．自由主義者と呼ばれた人々は，国王やイングランド国教会の権限を制限し，貴族の特権に反対し，代議政体や市場経済を発展させることを唱えた．

それに対し，アメリカでは，このような自由主義を掲げる政党は存在しなかった．独立宣言では，「生命，自由，および幸福の追求」が「不可譲の権利」として謳われているものの，政治学者ルイス・ハーツが『アメリカ自由主義の伝統』（1955）で説いているように，王や貴族が不在で，市場志向的な経済活動が広がり，各人の信仰が認められていたアメリカでは，すでに植民地時代より自由な社会であり，主義として自由を掲げる思想も政党も必要ではなかった．ただし，自由が保障されていたのは白人男性であり，女性，黒人，インディアンは独立後も自由を享受してはいなかった．したがって，40 年に結成された自由党が，その結党目的として奴隷制廃止を謳ったことや 48 年のセネカ・フォールズにおける「所感宣言」が「独立宣言」と同じ文体の体裁をとって男性と同等の権利を女性に認めるよう訴えたことに示されるように，自由をめぐる言説は，人種やジェンダーの視点から解放を求めるために使われた（☞項目「建国神話」）．

❖ **自由放任主義と新しい自由主義**　南北戦争前夜，共和党は，「自由な土地，自由な労働，自由な人民」というスローガンの下で，農民，労働者，産業資本の利益を結集して結党されたが，産業ブルジョワの政党であったイギリスの自由党とは異なり，農民や労働者・職人などの小生産者を中心とする政党であった．しかし，19 世紀後半に急速に資本主義が発展していく中で，産業資本家やその利益を図ろうとする政治家によって，自由は，労働者や農民からの野放図な搾取や自然資源の乱開発を合理化し正当化する言葉となった．

世紀転換期のアメリカでは，このような自由放任主義的な社会の改革を目指す農民運動や労働運動が発生した．また，「革新主義」は，権利と義務とを調和させることや，経済的利益の追求がもたらすさまざまな弊害や社会問題に対応し公共の利益を実現する権能を連邦政府に付与することなどを求めた．この時期になって初めて，アメリカにおいて「主義」としての自由主義が唱えられたということができる．哲学者ジョン・デューイは，この自由主義を「新しい自由主義」と名付けている．それは，社会科学の専門知識を用いて産業化・都市化しつつあ

るアメリカに秩序を再構築し，泥棒貴族やボス政治家のような特権・利権を持つ
勢力が空疎化させていた自由に内実を与えようとした（☞項目「プラグマティズ
ム」「個人主義」）．

❖リベラルという自由主義　ニューディール政策は，このような革新主義の延長
線上に位置付けることができる．そして，みずからの政策を「自由主義的」と定
義付けたフランクリン・D. ローズヴェルトは，自由主義の内容を決定的に変えた．
彼は，1944年，連合国の戦争目的を「第二の権利章典」を保障するためである
と語った．その中には，仕事を持つ権利，衣食住を維持し休暇を取れるだけの賃
金を得る権利，適正な家に住む権利，社会保障と医療を受ける権利などが含まれ
ている．冷戦期には，旧来の自由主義を信奉する保守陣営から，これらの権利を
推進するプログラムは社会主義的であるとの批判を浴びたが，リベラルという言
葉で語られるようになったニューディール的な政策を支えた理念は，戦後のアメ
リカ社会の支配的な理念となった．さらには，60年代以降，リベラルは，黒人
や女性，および社会的少数者たちの権利を擁護・促進する理念ともなった．

❖保守主義としての自由主義　しかし，保守主義者であることを自認しロナル
ド・W. レーガンが大統領に就任した後は，主に共和党から，経済自由主義的で
反福祉国家的な理念こそが自由主義であると主張されるようになっている．他方，
リベラル勢力は，平等の実現をより強く志向する従来の社会民主主義的なニュー
ディール政策を放棄し，社会的に不利な立場にある人々の「個人の自由」を強調
する立場へと移行してきている．そのため，多くのアメリカ人の目には，現在の
自由主義からは，アメリカ社会に伝統的に受け継がれてきた社会的責任，公共の
利益，相互扶助などの理念が消えてしまっているかに見える．

❖自由主義とコミュニタリアニズム　1980年代に展開されたリベラル・コミュ
ニタリアニズム論争の背景には，自由主義の内容のこのような混沌状態があった．
政治哲学者ジョン・ロールズの『正義論』（1971）は，個人の権利の尊重と社会
的弱者への配慮を両立させようとした「第二の権利章典」に基づいて社会を再構
築する構想を提示していた．それに対して，コミュニタリアンと呼ばれる思想家
たちは，ロールズの議論は非歴史的・抽象的な個人を前提にして組み立てられて
いると批判した．そして，彼らは，その論争で，個人が埋め込まれている文化的
伝統（宗教的であれ，民族的であれ，政治的であれ，市民社会的であれ）の中に
自由主義の諸理念を読み込もうとした．自由主義が個人の自由を強調するあまり，
アメリカ社会を原子化された諸個人の群れにしてしまうことへの危機感は，彼ら
を，諸個人の間に共有され得る価値の追究へと向かわせたのである．21世紀の
自由主義は，保守勢力や共通の規範の存在を疑問視する人々に抗して，たゆまず
そのような価値の追究を行っている思想として位置付けられる（☞項目「正義論
とコミュニタリアニズム」）．

[中野勝郎]

正義論とコミュニタリアニズム

Justice Theory and Communitarianism

正義は制度または社会構造が備えるべき主要な徳目の一つで，公平または平等の観念と強く結び付く．正義は適用される具体的局面によって，富，地位，負担などを各人に相応しく配分する配分的正義，不当な行為に基づく利益や負担の不均衡を回復する矯正的正義，犯罪者に罪に応じた罰を科す応報的正義に区分されることがある．しかし，肝心なのは，「相応しい配分」「正すべき不均衡」「罪に応じた罰」が何かであり，それを知るにはより立ち入った検討が必要となる．

✥功利主義　近代の欧米で支配的であったのは，功利主義の正義観である．功利主義は，道徳的善悪に関する唯一の判断基準は，社会全体の幸福の最大化であるとする．何が正義かは，いかなる制度または社会構造が社会全体の幸福の最大化に資するかによって判定可能である．イギリスの哲学者ジェレミー・ベンサムは，各人が感ずる快楽から苦痛を差し引いた差として幸福を定義し，ある制度を設営した結果生ずる各人の幸福を社会全体で集計することで，その制度が社会全体の幸福の最大化に資するか否かが判断可能だとした．彼は，個別の事件を裁定する裁判官の事後的判断で何が法かが判明する判例法ではなく，議会制定法によって社会生活が規律されるべきだと考えた．一般的なルールがあらかじめ公示されることで，国家機関の行動の確実な予測とそれに基づく各人の幸福の効率的な向上を目指した計算が可能となり，それがひいては社会全体の幸福の最大化に資するという理由からである．

しかし，こうした功利主義の正義観については，各人の幸福の客観的な計測が可能か，「社会全体」という生物が存在するわけではないのに，その幸福の集計量の最大化がなぜ正しいのか，一部の人々の犠牲によって多くの人々の幸福が増大するとき，功利主義はそうした不平等（例えば奴隷制）を正当化しないかなどの疑問が提起され得る．つまり，功利主義は各人が別個の人生を歩む自律的人格であることを軽視しているとの批判である．

✥ロールズの正義論　こうした功利主義への反省の中から登場したのがジョン・ロールズ（図1）の正義論である．1971年の『正義論』刊行以降，正義概念に関する検討は彼の議論を中心として行われてきた．ロールズは，「正義の状況」を議論の出発点とする．これは人々が正義を必要とするのはなぜかを，人

図1　ジョン・ロールズ

間が通常置かれている幾つかの条件に照らして説明する概念である.「正義の状況」を構成する特質は客観的条件と主観的条件とに分かれる. 前者は, 人々が集まって生活すること, 人々の肉体的・知的能力がほぼ同等であること, 資源は有り余ってはおらず稀少であることである. 後者は, 人々の関心や必要の対象が互いに重なり合うこと, それにもかかわらず, 一人ひとりは独自のライフプランを持ち, 何が善い生き方であるかについて異なる見解を抱くこと, また人が持つ知識や理解や判断の能力は十全とは言い難いことをいう.

　ロールズは, こうした人間の置かれた社会状況に関する一般的知識は持ちながら, 自分の個別事情(自分のライフプランや能力, 価値観, 社会的地位, 財産など)に関する情報から遮断された人々がこれから社会を新たに建設しようとして集まり, その基本的な構造を決定するとき, どのような選択をするかという思考実験を想定する(始源状態). 彼は, 始源状態に置かれた人々は, マキシミン・ルールに基づく合理的選択として, 正義の二原理を公正な社会生活の基本構造として受け入れるはずだと主張した. その内容は, 各人はすべての人に同様の自由が保障されるという条件の下, 最も広汎な自由を平等に保障されるという第一原理と, 社会的経済的な不平等は, ①社会の中で最も不利な立場の人にとって最も利益となり, かつ, ②公正な機会均等という条件の下ですべての人に開かれた地位や職務に伴うものである場合にのみ認められるという第二原理からなる.

❖**共同体論からの批判**　ロールズの議論も批判を免れてはいない. ロールズの第二原理が正当化する福祉国家的な所得再分配は個人の人格の別個性を十分に尊重しておらず, イギリスの哲学者ジョン・ロックが想定した個人の自然権を侵害することなく成立し得る最小限の国家活動のみが正当化可能だというロバート・ノージックの自由至上主義からの批判もある. が, より注目を集めているのは, コミュニタリアニズム(共同体主義)からの諸批判である(☞項目「自由主義」).

　そのうち, ロールズの始源状態の想定が, あるべき善き生に関する価値観や世界観を剝奪された非現実的人間像を前提としているとのマイケル・サンデルによる批判は, ロールズの議論の理解として不正確であり, 公正な批判とは言い難いであろう. 他方で, あるべき配分的正義は, 個別具体の財や地位, さらには各共同体の伝統と通念により異なるもので, ロールズのような抽象的一般論は意味をなさないとするマイケル・ウォルツァーの批判, さらには, 人たる以上は当然に目指すべき共通善(common goods)とその到達手段である徳(virtue)の再生こそが, いかに困難であろうとも, 目指されるべきだとするアラステア・マッキンタイアからの批判などがある. これらのコミュニタリアニズムの議論の強みは, 個別の共同体や伝統の内容を歴史的にたどり, 必ずしも彼らの立場に賛同しない者に対しても, 豊かな思考と論議の材料を提供する点にある.

　正義論をめぐる論議は, 現在も続いている. 　　　　　　［長谷部恭男］

デモクラシー

Democracy

　デモクラシーという言葉は，人によって異なった意味が与えられている．例えば，普通選挙制度の下で代表を選ぶことをデモクラシーと呼ぶ人もいれば，各人が政治や経済の決定過程に直接参加することであると主張する人もいる．政治・経済・社会・道徳をめぐって何を実践すべき課題としてとらえるかによってデモクラシーの定義は異なってしまうために，それについて合意を得ることは難しい．現在においても，デモクラシーは論争的な概念であり続けている．

図1　アレクシス・ド・トクヴィル

　それでも現代では，デモクラシーはほぼ世界中で受け入れられている普遍的な理念であり，人々はこの言葉なしに生活することはできない．そして，アレクシス・ド・トクヴィル（図1）以来，アメリカのデモクラシーは，長らく，世界にとってデモクラシーのモデルであった．

❖共和政
　古代ギリシャ以来ヨーロッパでは，デモクラシーは目指すべき政治を語る言葉ではなかった．他方，アメリカでは植民地時代にはすでに，社会の構成員の合意に基づく政治が行われていた．しかし，同時に，植民地の人々は，階統制と社会的上位者に対する一般民衆の恭順なしに秩序が維持できるとは考えていなかった．ジョン・ウィンスロップは，「力や威厳において高く優れた者と凡庸で従順な者」とに神は人間を分けたと説いている．また，植民地がイングランドを経由して受け継いだ古代共和主義においては，人民と貴族とに分かれていることが共和政の安定には必要であると考えられていた．アメリカ植民地においても，デモクラシーという言葉はほとんど使われなかった．そこでは，17世紀の末までには，権力は人民に由来するというデモクラシーの原理に則りながらも，実際の統治は社会の上位者に委ねるという共和主義的な政治が定着していた．

　共和政は，「徳」を持った市民を必要とする．古代ローマにおいては，それは，公的な事柄への献身と国家の維持や拡大のために自分を犠牲にする力量とを意味した．徳は，他人の意思に左右されることなく自律的な判断ができるだけの資産を持つ者だけが涵養できると考えられていた．生計を他人に依存している人民には統治を担当する資格がない．しかし，アメリカ植民地では，職人，小売商人，農民の多くが，自前で生活を維持することができた．制限選挙ではあったものの，彼らは，選挙権に必要な課税額を賄えるだけの賃金や自由土地保有権を持っていたのである．

❖共和政からデモクラシーへ　植民地の一般民衆の多くは，選挙だけでなく，請願や公開の場での討論などデモクラシーと呼ばれ得る政治に関わる手段に通じていた．独立に至る植民地の抗議運動は，個人の自律性や自治を奪おうとするイギリス本国への抵抗であると同時に，植民地社会の階統制秩序を解体させる契機ともなった．「独立宣言」で謳われている「人間は生まれながらにして平等」という理念は，実際に，アメリカ社会において平等化を進展させる原理となっていく．

しかし，合衆国憲法が制定された理由の一つは，独立後の州政治で起こっていた平等化の過度な進行であった．憲法前文には「われわれ人民」と人民主権が謳われたにもかかわらず，憲法会議の代表たちは，「デモクラシーの行きすぎ」を抑制することを意図して合衆国憲法を制定した．トマス・ジェファソンにとって，農民は神の選民であったが，同時に，バージニア州議会の議員は「173人の専制君主」であった．デモクラシーは統治に必要であったし，教育によって人民を啓蒙することが熱心に説かれたが，彼らは，社会上層の自然的貴族と呼ばれる無私の公共精神を持つ人々が統治の任にあたるべきだと考える共和主義を，なお信奉していたのである（☞項目「エリーティズム」）．

19世紀初頭以降，階統制秩序が崩れ，庶民を中心とする政治が定着していく．アンドルー・ジャクソン大統領は，このような民主化の趨勢（すうせい）を象徴していた．デモクラシーの語を党名に冠した民主党が結成されたのもこの時代である．民主党は，ジェファソンの政党である民主共和派の流れを汲む政党であったが，同党を支持する庶民は，共和主義や啓蒙主義が想定していた有徳者では必ずしもなかった．特権が否定され機会が開かれた社会で，人々は公共善よりも私的利益の追求を優先するようになったからである．デモクラシーは，独立した地位を持つ白人青年男子が，公職を得たり経済活動において財をなしたりするための機会が開かれている世界での競争を指す言葉として理解され始めたといえる．

❖トクヴィルの見たデモクラシー　トクヴィルの『アメリカのデモクラシー』（1835，1840）は，ジャクソン大統領の時代を観察し，デモクラシーについて考察している．彼においては，デモクラシーとは社会的条件の平等化を意味する．そのような社会は，世論の不寛容，画一性や凡庸（ぼんよう）さの賞賛，多様性や卓越性への不信感などにより，個人の自由が脅かされる傾向を持つ．しかし，アメリカは，デモクラシーの社会であるにもかかわらず秩序が維持され自由でもあった．なぜなら，人々は，個人と国家の間に多数存在する自発的結社や相互扶助団体などの中間団体に所属することによって，みずからの属する共同体の福利を優先する適切に理解された自己利益を追求する精神を備えていたからである（☞項目「自発的結社」）．ただし，人々が政治や社会の問題に無関心になり，生活に関わる事柄を自分たちで決めるのでなく政府に委ねるようになると，専制が生まれる．この専制は，「穏和な専制」である．政府は人々に平等と物質的幸福を与えながら，

自由に対する人々の関心を奪っていくのである.

❖デモクラシーと奴隷制　社会的上位者の特権を否定した民主党は,プランターの政党でもあった.南北戦争前の南部社会では,プランターの特権が温存された.南北戦争後,合衆国憲法第14修正および第15修正は黒人の権利を認めたが,民主党は,南部の各州において「ジム・クロウ法」を制定し,黒人の政治的・市民的権利を奪った.1896年,連邦最高裁は,プレッシー対ファーガソン裁判において,「分離すれども平等」という判断を下し,南部社会の人種差別を容認した.1954年にブラウン対教育委員会裁判で,この判決が否定されるまで,アメリカのデモクラシーは,奴隷制や人種差別を伴いながら平等化を進行させたのである(☞項目「レイシズム」).

❖勝ち誇るデモクラシー　19世紀後半,資本主義の発達は,「丸太小屋からホワイトハウスへ」という成功の物語を神話へと変えた.自由放任主義的な社会・経済は,社会流動性を縮減させ,階層分化を固定化した.『勝ち誇るデモクラシー』(1886)の中で,アンドルー・カーネギーは,機会の均等を賛美しているが,社会進化論を信奉していた彼が強調しているのは,平等の重要性ではなく,競争という自然淘汰の過程で適者と不適者が必然的に生まれることであった.百万長者=泥棒貴族が登場した「金ぴか時代」において,デモクラシーは社会的不平等を正統化する言葉でもあった.

❖革新主義　19世紀末から20世紀初頭にかけて,ポピュリズムや革新主義と呼ばれるさまざまな改革運動が起こった.その鍵概念は人民である.農民,労働者,移民,黒人,参政権の獲得を目指す女性たちは,特権層を擁護し増進させる自由放任主義を批判し,公権力を自分たちの手に取り戻して境遇の改善を図ろうとした.しかし,最も統治することの少ない政府こそが最良の政府であるというジェファソン的な政治観の伝統が根強い社会にあって,連邦政府が経済活動を規制する方策が恒常化するのはニューディールを待たなければならない.

　それでも,ウィリアム・ジェイムズやジョン・デューイなどのプラグマティズム思想の影響を受けた革新主義者たちは,専門的な知識をたえず実地に試しながら政治・社会・経済の諸問題を解決していく方法を模索した(☞項目「プラグマティズム」).彼らは,市民がその問題解決に参加し,政府がそれを支援するならば,公権力はデモクラシーへの脅威とはならないと説いた.社会主義が不在であるといわれたアメリカにおいても,社会民主主義の観念が生まれつつあった(☞項目「社会主義・共産主義」).

❖体制信条としてのデモクラシー　社会民主主義は,デューイが期待したようには,市民参加の政治として定着しなかった.むしろ,20世紀のデモクラシーは,ウォルター・リップマンが『世論』(1922)で論じた政治に近い.彼によれば,広大で複雑な大社会では,人々は,正しい客観的な情報を得ることはできず,ま

た，非合理的で信頼のおけない判断をしがちである．政治は，科学的な方法を身に付けた専門家が情報を分析しそれに基づいて決定を下すべきである．ニューディール以降の福祉国家化は，まさに専門家による行政として展開した．そして，第2次世界大戦後の冷戦の中で，このようなデモクラシーが，安定しかつ優れた政治体制として積極的に国内外に向けて擁護されていく．この時期，人々の利益は集団の中に集約され，集団間には利益の均衡が生まれると説く多元主義論や，アメリカ社会にはイデオロギー的同質性があると論じるコンセンサス史学は，アメリカのデモクラシーの例外主義的性質を補強する考察を提供した．

❖**デモクラシーと倫理**　しかし，第2次世界大戦後になっても，平等化は，女性や黒人など多くのアメリカ人には浸透していなかった．1950年代に始まった公民権運動は，人種差別が正義に反すると批判し，60年代に起こった女性解放運動は，男女差別を糾弾した．この時期には，デモクラシーは，参加民主主義としてとらえられるとともに，共同体で個人が人格を陶冶する倫理的価値を持つ理念として提示された．以後，保守派の中には，デモクラシーの行きすぎを無秩序として理解する勢力がなお存在しているが，デモクラシーをめぐる議論は，選挙や政党制などの政治制度ではなく，参加，自律性，公正さ，正義などの運動や理念に焦点を当ててきている．近年のラジカルデモクラシー，熟議民主主義，公民的共和主義，コミュニタリアニズムは，いずれも，これらの価値を実現するための議論である（☞項目「正義論とコミュニタリアニズム」）．

　市民が参加するデモクラシーが実現するためには，権力は分散していなければならない．自律性を持った地域社会や集団・組織が存在することによって，はじめて，人々は自分の利益と共通の利益とを照らし合わせることができるからである．また，共通の問題をめぐって利害や見解の対立する他者との間に相互承認と相互扶助の方法を見つけ出すのにも権力の分散が必要となる．

　アメリカは，デモクラシーのモデルの国であり続けたが，デモクラシーにとって安全な場所ではない．デモクラシーは敵対され攻撃され批判されてきた．しかし，同時に，デモクラシーを回復させ進展させる試みもなされてきた．エイブラハム・リンカンは，「人民を人民によって人民のために統治する」やり方としてデモクラシーをとらえた．しかし，デモクラシーは，単なる統治の方法ではない．彼は，人間は罪を犯す存在である以上「誰に対しても悪意を抱かず，慈悲の心で接する」ことによって，正義は実現されると説いた．神学者ラインホールド・ニーバーは，「正義を求める人間の性向によってデモクラシーは可能になる．しかし，不正義を犯すことのできる人間の能力によってデモクラシーは必要になる」と述べている．アメリカのデモクラシーは，不完全な存在である人間がその担い手であったが故に危機に陥り，そのような人間を前提として改善が試みられたが故に，存続してきたといえる．　　　　　　　　　　　　　　　　　　［中野勝郎］

消費主義

Consumerism

20世紀のアメリカは消費と豊かさに特徴付けられるとされる．本項ではその影響力をめぐる議論を追う．

❖**巨大格差の発生と消費の台頭**　農業従事者が多数派だった19世紀半ばまでのアメリカでは，勤勉に生産労働すれば独立できる，つまり自作農へと社会的に上昇できるという展望が語られた．この素朴な通念は，プロテスタントの勤労倫理とも共鳴していた．他方消費は，禁酒運動の飲酒批判に見られるように，勤労精神を蝕むとして警戒された（☞項目「新興キリスト教諸派」「プロテスタント諸教派」）．19世紀末にかけての工業化はこの通念を揺るがした．巨大企業が現れ，また全国大の市場が形成された．貧富の差は拡大し固定化したが，社会進化論者ウィリアム・グラハム・サムナーは富者が社会の進化を体現すると論じ，富の集中を正当化した．そしてその富は部分的に消費へと流れた．富者の一部は豪奢なパーティーを開くなどして議論を呼んだ．都市には百貨店や遊園地など，消費と娯楽の殿堂が出現した．

❖**消費論の始まり**　これを受け，主流派経済学からは等閑視されたものの，一部の経済学者が先駆的な消費論を展開した．技術が著しく進歩した現今の社会には富の剰余が生じていると考えた革新主義系の経済学者は，大量流入していた移民にただ禁欲と勤労を説くよりも，娯楽や消費の場を提供するのがよいと主張した．移民は特定区域に集住してもアメリカ社会に背を向けてはおらず，娯楽と消費への参画を通じてみずから社会に統合されていくと論じたのである．

またソースティン・ヴェブレン（図1）は『有閑階級の理論』（1899）で，人間は活動を求

図1　ソースティン・ヴェブレン

める製作者本能という性向を持つと同時に，労働をすると自分の地位は損なわれると考えてその忌避を図る，という独自の人類史的な経済行動原理を提示し，富者の消費をそこに位置付けた．19世紀末の富者は労働に不向きな衣服，慈善活動やスポーツ，高等教育機関の設立などに巨額を投じたが，これらは見せつけることが目的の顕示的消費であり，労働せずに製作者本能を満たし，かつ自分の社会的卓越を確認するという，原始未開社会以来の有力者の行動に合致する．富者以外もこの行動を模倣するとヴェブレンは説いた．

❖**大衆消費社会の出現と消費批判**　20世紀半ばまでに，消費は経済を支える柱

と認められ，禁欲・勤労論は聞かれなくなる．1920 年代に消費財の大量生産が
本格化したが，これは大衆の消費が活発でないと維持できない体制だった．大恐
慌の到来は，自動車や家電などを購入して負債を抱えた当時の消費者が，新型製
品への買い換えをためらったのが一因である．逆に第 2 次世界大戦後には，大衆
は，長くは大恐慌前から買わずにいた自動車・家電・郊外の住宅などを購入し続
けた（☞項目「アメリカンホーム」「家庭」）．政府の政策にも後押しされてこの
消費は経済成長を支え，人口のかなりを中間層に統合した．アメリカはここに，
大衆消費社会として全面開花した．

　この大衆消費に対しては，その模倣性を指摘する批判が上がった．デイヴィッ
ド・リースマンはそれが自立性や自己規律を特徴とする内部指向性よりも，横並
びや体制順応といった他人指向性と親和的だと指摘した．ジョン・ケネス・ガル
ブレイスも『ゆたかな社会』（1958）で，大衆消費は依存効果（消費者は広告の
影響と周囲への見栄から，本来不必要な商品を購入してしまう）によって維持さ
れていると批判した（☞項目「ゆたかな社会から格差社会へ」）．彼はまた，私的
消費が過多なら公共領域への支出が過小であることになると述べ，真に豊かな生
活を目指すのなら，公共政策によって消費よりも教育や都市環境など社会基盤に
資源を投下すべきと訴えた．

　60 年代には環境運動，フェミニズム，消費者運動，資源論など，新たな観点
からの批判が起きた．レイチェル・カーソンの『沈黙の春』（1962）は，強毒性
の除草剤を自宅前庭に撒くことが家主の中間層たる証になることを批判している
（☞項目「環境保護」）．ベティ・フリーダンの『フェミニン・ミスティーク』
（1963）は，モノにあふれる郊外の住宅は主婦にとって「心地よい強制収容所」
だと指弾した（☞項目「フェミニズム」）．ラルフ・ネイダーはゼネラル・モー
ターズ社の自動車設計の欠陥を暴き，消費者運動を牽引した．70 年代にもロー
マ・クラブの「成長の限界」論や石油危機の発生が消費への反省をうながした．

❖**再び格差の時代へ**　だが，ロナルド・W．レーガン政権が富裕層に有利な減税
や規制緩和を進めると，格差は再び広がり，模倣としての消費も活発化した．金
融業界の若手労働者は富裕層向けの高級品やレジャーに手を出し，ヤッピーと呼
ばれた．1990 年代には中間層一般も，身の丈を超えた消費生活を維持しようと
長時間労働に追われた．彼らの一部はその後，働きすぎと浪費の悪循環からの脱
却を図って，消費水準を下げる減速生活（ダウンシフト）を実践している．20
世紀半ばと異なり，今日では消費の力で格差が圧縮されるとは考えにくい．

　2008 年のリーマンショック後も富裕層に富が集中し続けたのに対し，11 年に
はウォール街占拠運動が発生し，16 年の大統領選挙でも格差を批判する異色の
候補者たちが支持を集めた（☞項目「金融危機」）．この社会的不満の解消が，重
大な課題になっている．　　　　　　　　　　　　　　　　　　　　　[橋川健竜]

対抗文化（カウンターカルチャー）

Counterculture

対抗文化とは，既存の文化や体制に対抗する価値観，思想，態度を指す．支配的文化に意識的に反抗して，新たな表現形態を模索するサブカルチャーであり，特に1960〜70年代にかけての若者の政治・文化運動との関係において理解される．

❖**文化革命としての対抗文化**　1960年代の対抗文化においては，ヒッピーを担い手とした「文化革命」の側面が特に注目される．50年代からのアレン・ギンズバーグやジャック・ケルアックらビート・ジェネレーション（ビートニク）の文学活動が一つの先駆けとなった．戦後世代の彼らは，当時のアメリカの物質文明や冷戦文化を詩や小説の中で拒絶した．60年代半ばには，戦後生まれのベビーブーマーが，高度に産業化し官僚制化した豊かで画一的な社会からドロップアウトし，支配文化に対抗する多様な表現を生み出した．ブルースやフォークと融合して発展したロック音楽は，ボブ・ディラン，ビートルズ，ジャニス・ジョプリン，ジミ・ヘンドリックスらを輩出し，長髪やジーンズなどのカジュアルで反抗的なファッションに身を包む若者を熱狂させた（☞項目「ロック」）．精神の解放が強調され，LSD（半合成薬物）やマリファナを用いて幻覚や快楽を求めるドラッグ・カルチャーが広まるとともに，仏教やヒンズー教などの東洋思想や，ネイティブ・アメリカンの文化に非アメリカ的価値が見いだされた（☞項目「麻薬」）．

社会規範への盲目的な服従の拒否は，ジェンダーとセクシュアリティの関係の見直しにつながり，ピルの利用，より自由な性交渉，ヌードやポルノグラフィの流通，同性愛への寛容などの「性革命」が起こった（☞項目「性産業」）．新しい価値観は，近代演劇を否定する実験的なアングラ演劇，地下新聞など独自のメディア，薬物による幻覚風景を描いたサイケデリック・アートなどを通じて表現された．ヒッピーの一部は，アメリカ的生活様式から脱して自給自足の集団生活を行うコミューンを形成した．対抗文化の拠点が各地に出現し，サン・フランシスコのヘイト＝アシュベリー地区（図1）に約10万人の若者が押し寄せた67年夏は，サマー・オブ・ラブと呼ばれた．69年8月にウッドストックで開催された愛と平和とロックの祭典には，3日間で約40万人もの観客が集まり，「文化革命」は最高潮に達した．

図1　現在のヘイト＝アシュベリー地区．サイケデリックな柄のTシャツや，チベット占いのグッズなどを売る土産物店が並ぶ［筆者撮影，2015］

❖アクティビズムとしての対抗文化
他方で，対抗文化には，現実の政治に対する異議申し立てという側面もあった．『対抗文化の思想』(1969) においてシオドア・ローザックは，ビートニクやヒッピーのボヘニアニズムとニューレフト（新左翼）の政治行動主義という一見相反する動きの間に，対抗文化特有の緊張関係を見た．民主社会を求める学生 (SDS) の「ポートヒューロン宣言」(1962) は，既存の教条主義的な左翼政治を否定して，実存主義や愛や個性などより個人の心性を強調し，若い世代が求めるべき価値観として参加民主主義を提示した．公民権運動，フリースピーチ・ムーブメント，ベトナム反戦運動，黒人解放運動，フェミニズム，同性愛者解放運動，エスニック・マイノリティの解放運動には，個人が尊重されるコミュニティの重視，反権威主義，アイデンティティの希求，性関係の再定義，反植民地主義，第三世界との連帯などの要素が見てとれる（☞項目「平和主義」）．1967 年夏にロンドンで開催された「解放の弁証法」会議では，フロイト流マルクス主義的見地から「一次元的人間」の解放を説くハーバート・マルクーゼと，ブラックパワーを訴えるストークリー・カーマイケルがそれぞれ理論と実践を論じた．対抗文化には精神解放と社会変革の両方が伴わなければならないというのが当時の認識だった．全米各地で展開された自由大学運動や，アビー・ホフマンらが政治運動に芝居的要素を持ち込んだ青年国際党（イッピー）の活動は，文化と政治を融合させる対抗文化に独特な表現形態だったともいえる．

❖主流文化に取り込まれる対抗文化
対抗文化が生んだオルタナティブな（既存の文化にない新しい）視点は，サブカルチャーを学問分野として取り上げることにもつながった．同時期のイギリスでスチュアート・ホールらによって確立されたカルチュラルスタディーズは，アメリカのアカデミズム（学術界）にも浸透した．また，『全地球カタログ』(1968〜72) に表現されたような，地球環境に優しい自給自足的なライフスタイルの実践など，「新しい社会運動」につながる側面も見られる．女性の社会進出，多文化主義，同性婚の容認など，その後の社会変化に影響を及ぼした（☞項目「多文化主義」）．対抗文化の負の側面に懸念を示す人々は，クリストファー・ラッシュが『ナルシシズムの時代』(1979) で主張したように，「文化革命」によって極端な個人主義が生まれ，アメリカの伝統的な自由主義が崩壊してしまったと批判した．だが，その発生から半世紀を経て，1960 年代の対抗文化の大部分は「商品化」され，主流文化に取り込まれたかに見える．反抗的なロック歌手が商業的成功を目指さざるを得ないように，対抗文化と資本主義システムの間にある矛盾は，当時から指摘されていた．

近年になって，対抗文化はその個人至上主義において，そもそも新自由主義との親和性が高かったとの指摘もある．改めて「文化革命」と「社会変革」という両側面から対抗文化を理解することで，21 世紀の支配文化としての新自由主義に対抗する新たな文化の出現が見えてくるのかもしれない． [梅﨑　透]

社会主義・共産主義

Socialism / Communism

ドイツの社会学者ヴェルナー・ゾンバルトは，1906年に『なぜアメリカに社会主義がないのか』という著書を著した．この古典的問いは，アメリカ例外主義の議論とも重なって，多くの知識人によって繰り返されてきた（☞項目「例外主義」）．しかし，アメリカにはヨーロッパ生まれの社会主義の思潮を独自にアメリカ的なものにしていったという歴史がある．それは，建国以来の理想の共同体の夢，移民や亡命者を包摂しながら発展した多文化的なアメリカ，そしてアメリカ社会で周縁的な位置に置かれがちだった知識人層の独自な政治文化を反映するものである．自由主義的な資本主義国アメリカは，社会主義・共産主義に無縁だと思われがちだが，それは19世紀から今日までのアメリカに多大な影響を与えている．

❖**ユートピア社会主義と実験的共同体**　南北戦争前のアメリカでは，フリードリヒ・エンゲルスが「空想的」社会主義と名付けた潮流が一定の影響力を持っていた．1825年には，イギリス人社会主義者ロバート・オウエンがインディアナ州に平等主義的な共同体「ニューハーモニー」村を開設した．40年代には北東部や中西部を中心に，フランスの社会主義者シャルル・フーリエの考えに基づく共同体「ファランクス」が，多いときには30以上並立していた．フーリエ主義をアメリカに伝えたのは，ヨーロッパ留学中にフーリエの思想の影響を受けたアルバート・ブリスベーンだった．彼の熱心な執筆・宣伝活動の結果，ジャーナリストや宣教師，職人や農民などがフーリエ主義の隊列に加わった．ヨーロッパの思潮とアメリカの宗教観，自然観，人間観が微妙な融合を見せた一つの例は，農業や工芸と知的営みとの融和を目指した超絶主義者の共同体「ブルックファーム」である（☞項目「超絶主義」）．フーリエ主義共同体は，景気の回復した40年代末までには姿を消し，ユートピア的な理想社会建設の実験は短命に終わった．しかし，フランスから渡米した『イカリア旅行記』（1840）の著者エティエンヌ・カベーが49年にイリノイ州につくった共産主義的共同体イカリア村，シェーカー，アーミッシュなどの宗教共同体を含めたこのような多様な共同体の存在は，理想の共同体へのアメリカ人の根強い志向を示している．

❖**社会党の誕生と第1次世界大戦**　アメリカ初の社会主義政党は1877年結成の社会労働党であるが，マルクス主義理論を忠実に信奉したため周縁的な運動にとどまった．これに対し，労働運動指導者ユージン・デブスを中心に1901年に結成された社会党は，実践的で大衆に開かれたアメリカ型の社会主義を追求しようとした．初期の社会党は，社会主義の「福音」を伝える手段として，数十カ国語で出される300種類以上の出版物を発行した．05年には，デブスも参加して世

界産業労働者組合（IWW）が結成され，東欧・南欧系の労働者を巻き込んだストライキやサボタージュが展開された．アメリカの国政にも積極的に参加し，12年の大統領選挙では，デブスがアメリカの社会主義政党としては最高の6%の一般投票を獲得した．しかし，第1次世界大戦への参戦やロシア革命をめぐって党内の意見が分裂する中，参戦反対の立場を取ったデブスは防諜法違反で投獄された．戦後にはA. ミッチェル・パーマー司法長官による外国生まれの過激派の強制送還など社会主義者や共産主義者への弾圧が続き，社会党の党勢は衰えていった（☞項目「ネイティヴィズム」）．

❖❖共産党と人民戦線　1920年代初頭には，社会党から分裂していた二つの共産主義政党が合同してアメリカ共産党が誕生した．その揺籃期には，ロシア革命の衝撃を世界に伝えた『世界を揺るがした十日間』（1919）の著者ジョン・リードのような芸術家肌の革命家がいた．リードが編集に携わった『マッシズ』は政治と文学を結合させたラディカルな雑誌だったが，その反戦的主張のために，発行停止に追い込まれた．モスクワで客死したリードを記念して，29年にはジョン・リード・クラブがニューヨークで結成された．その機関誌として創刊された『パーティザン・レビュー』は，スターリン主義的な党の方針に反発して，37年以降は共産党を離れ独自の文芸雑誌として再出発した．20年代には極左路線を取っていたアメリカ共産党は，35年に共産主義インターナショナル（コミンテルン）が人民戦線路線を採択すると，ニューディール政策に共鳴するリベラルな知識人を取り込んだ文化戦線の結成へとその戦術を転換していった．38年には党大会で「共産主義は20世紀のアメリカニズム」というスローガンが掲げられた．だが，独ソ不可侵条約が結ばれた39年には，「希望の国」ソ連の「裏切り」に失望した多くの知識人が戦線を離脱した．

❖❖第2次世界大戦後からサンダース旋風まで　戦後になると，戦争中の同盟国ソ連は一転して冷戦の相手国となり，反共主義が強まった．容共的とされた官僚，映画人，科学者は，議会の非米活動委員会へ召喚され，共産主義者の手先として非難された．共産主義，あるいはソ連に失望して「転向」した元共産党員の中には，教条的な反共主義者となる者も出てきた．冷戦下の国際的・社会的緊張の中，マッカーシズムと呼ばれた反知性主義的な反共主義が1950年代前半のアメリカを覆うことになる（☞項目「反知性主義」）．この頃を境に，社会党，共産党はアメリカの政治文化の表舞台から姿を消した．その一方で新しい反体制の動きとして，19世紀の実験的共同体の試みとも通底する60年代のヒッピー世代のコミューン運動などがあった（☞項目「対抗文化」）．さらに，2016年大統領選挙の民主党予備選で，みずからを「民主社会主義者」と位置付けるバーナード・サンダースが，経済的格差の是正を求める若者の支持を得たことは，既成秩序への批判精神がいまだ健在である証左ともいえよう．　　　　　　　　　　[前川玲子]

平和主義

Pacifism

|||||||||||||||||||||||||||||||||||||||||||||||||||||||||||||||

　アメリカはその歴史を通じて戦争を繰り返してきたが，戦争に反対するさまざまな思想や運動も発展させてきた.

❖良心的兵役拒否　良心的兵役拒否とはみずからの信条や良心に基づき，国家が行う戦争への協力を拒否することであり，その歴史は，クエーカー派，ブレザレン派，メノナイト派といった歴史的平和協会によるフレンチ・インディアン戦争（1754〜63），アメリカ独立戦争（1775〜83），南北戦争（1861〜65）への協力拒否にさかのぼる.

　このような市民の戦争への抵抗を「市民的不服従」と概念化したのが，ヘンリー・D. ソローである．ソローは，米墨戦争（1846〜48）と奴隷制に賛同しているという理由でマサチューセッツ州への納税を拒否し，投獄された．ソローの市民的不服従の思想は，インドの独立闘争の指導者マハトマ・ガンジーの運動に学んだマーティン・ルーサー・キング・ジュニア（キング牧師）の公民権運動にも影響を与えた（☞項目「超絶主義」）.

❖国際法を通じた平和　19 世紀になると，アメリカ初の全国規模の平和主義団体アメリカ平和協会が設立されるなど，平和主義は全国的な広がりを獲得し，世俗化していく．この時代，国際平和の有力な方法と見なされたのが，司法的紛争解決の促進であった．アメリカ平和協会の創設者ウィリアム・ラッドは，州間の紛争を解決に導いてきた連邦最高裁を模範とする，「世界最高裁」の創設を主張した．この思想は政策決定者にも共有され，アメリカがハーグ万国平和会議で常設仲裁裁判所（PCA）の設立を主導する背景となった.

　第 1 次世界大戦の勃発は，上述のような国際法への信頼に挑戦を突きつけた．ウッドロウ・ウィルソン大統領は大戦後の平和の核として，国際連盟による集団安全保障を提唱し，連盟規約に侵略国に対する軍事制裁を盛り込んだ．この平和の「強制」という発想をめぐり，大戦間期の平和主義者は，連盟外にあるアメリカも連盟と協力し，その軍事力で国際平和に貢献しなければならないと主張する一群と，アメリカは連盟とは一線を画し，あくまで非軍事的な方法で平和を追求し続けるべきだと考える一群に分裂した.

❖戦争の違法化　大戦間期の平和主義者の一大目標とされたのが，「戦争違法化」である．連盟規約は，主権国家が遂行する戦争を一律に合法とみる無差別戦争観の克服に向け，主権国家が戦争に訴える権利を制限したが，他方で連盟規約に違反し，武力を行使した国に対する軍事制裁を合法とした.

　シカゴの弁護士サーモン・O. レビンソンは，連盟規約が軍事制裁を認めてい

ることを不服とし，私財を投じて戦争違法化運動を立ち上げ，制裁目的のものを含むあらゆる戦争の違法化の実現を訴えた．その精力的な運動により，「戦争違法化」というスローガンはアメリカ社会に浸透し，国策としての戦争の禁止と紛争の平和的な解決を誓約したパリ不戦条約の思想的基盤をつくり出した．他方，ジェームズ・T. ショットウェルやクインシー・ライトら連盟の支持者は，「戦争違法化」という目標をレビンソンと共有しつつも，侵略国に対する軍事制裁は国際平和の必要条件であり，違法化の対象とされるべきではないとして，その運動を批判した．

第2次世界大戦の勃発は，軍事制裁をめぐる論争に終止符を打った．神学者ラインホールド・ニーバーは，ファシズム諸国による国際秩序の暴力的な破壊を前にしてなお，軍事介入を拒否する絶対的平和主義者を批判し，アメリカの参戦を道義的な観点から正当化した．ニーバーやハンス・J. モーゲンソーといった現実主義外交の唱道者は，平和主義者たちが，国際法や国際道義が平和をもたらすと素朴に信頼してきたことを批判し，国際関係の本質は国家間の権力闘争にあり，平和とはその制御を通じて実現される暫定的なものでしかないと主張した．米ソ冷戦を背景に，彼らの国際政治観はアメリカで広く受け入れられた．

❖**反核運動の展開** 冷戦時代に平和主義者が沈黙していたわけではない．核兵器の登場は平和運動に新しい課題を与えた．「正気の核政策を求める全米委員会」（SANE）などの反核団体は，強力な核兵器を追求して核実験が繰り返される現状を批判し，市民に対するアピールとロビー活動を通じて，部分的核実験停止条約（PTBT）へとつながる動きを生み出した（☞項目「科学者と核問題」）．ベトナム戦争において反戦思想は国民的な広がりを見せた（図1）．過去二度の世界

図1 ベトナム戦争に反対し，徴兵を拒否したために1967年に有罪判決を受けたボクサーのモハメド・アリ [nydailynews.com]

大戦では信仰上の理由による兵役拒否者のみに認められていた良心的兵役拒否は，非宗教的な理由による兵役拒否者にも拡張され，戦争終結後，徴兵制は廃止された．

❖**テロとの戦い** 冷戦の終焉は持続的な平和への期待を生み出したが，2001年の9.11同時多発テロ事件を契機にアメリカはテロとの戦いに突入した．テロとの戦いの常態化，ドローン（無人機）兵器による「見えない戦争」という新たな展開の中で，21世紀の平和主義者は新たな思考と戦略を求められている．

[三牧聖子]

フィランソロピー

Philanthropy

　古代ギリシャ語で「人類を愛すること」を意味するフィランソロピー（慈善）は，近代に入ると，人々の生活の質の向上を目指して行われるさまざまな利他的行為を指すようになった．アメリカにおけるその担い手は，企業家，著名人，全米規模の慈善団体から地域の学校や教会まで多岐にわたる．ギビング USA 財団の報告によると，2015 年，アメリカでフィランソロピーに投じられた金額は 3,730 億ドル以上である．さらに，フィランソロピーには金銭ではなく時間や労働力の提供も含まれる．例えば，名門大学の新卒者をアメリカ各地の貧困地区の公立学校に派遣しているティーチ・フォー・アメリカは，大学生の就職希望先として人気がある．

❖フィランソロピーと資本主義　なぜ，アメリカでフィランソロピーがこれほどまでに発展を遂げたのか．時代をさかのぼれば，キリスト教におけるチャリティ（慈善）の伝統，植民地時代からの村落共同体における住民の相互扶助，19 世紀前半の反奴隷制運動が築いた社会改革の基盤などがその要因としてあげられる．しかし，現代アメリカのフィランソロピー，すなわち資本主義市場経済の中の非営利部門としてのその起源は，19 世紀後半の「金ぴか時代」に見いだされる．この時代の急速な産業発展は，アンドリュー・カーネギーやジョン・ロックフェラーなどの大富豪を生んだ．彼らの寄付により，多くの図書館や大学が創設され，また都市インフラが整備された．1889 年，カーネギーは「富の福音」というエッセイを発表し，財を得た者がそれを社会に還元することの重要性を説いた．これは今日の企業の社会的責任（CSR）にも通じる考え方である．金ぴか時代のアメリカは，独占資本の形成，汚職の蔓延，所得格差の拡大や都市の生活環境の悪化などさまざまな矛盾を抱えていた．フィランソロピーはこれを解決する手段であり，企業家による将来への投資の一環であった（☞項目「企業家精神」）．

　19 世紀末から 20 世紀初頭の革新主義の時代には，公共の利益の観点から，政府による経済活動の規制を求める声が高まった．その後，第 1 次世界大戦，大恐慌，ニューディール，第 2 次世界大戦，冷戦と続く激動の中，アメリカ社会において社会福祉事業に取り組む非営利団体は増え，フィランソロピーはより高度に組織化されるようになった．現在まで，教育や社会福祉の分野において，連邦政府および州政府の果たすべき役割は保守とリベラルを分断する争点となっている．そして，特にこれらの分野において，フィランソロピーは連邦政府および州政府の役割を補完してきた．

❖現代のフィランソロピーと民主主義　アメリカでは 1970 年代以降，市場原理

主義的な経済政策への支持の高まりとともに，フィランソロピーへの注目が高まった．2000年，マイクロソフト創業者のビル・ゲイツは妻メリンダとともにビル・アンド・メリンダ・ゲイツ財団を設立した．同財団は投資家ウォーレン・バフェットから多額の寄付を受け，その資金規模は15年末の時点で440億ドルに上る．リーマンショック後の10年夏，ゲイツやバフェットを含む40人のビリオネアは，将来的にその資産の少なくとも半分を寄付する意向を示した．だが，フィランソロピーがアメリカにおける富の再分配の手段として十分であるか否かにはいまだ議論の余地があるだろう．

　一方，歴史家オリビエ・ザンズによると，アメリカのフィランソロピーを支えてきたのは億万長者や大企業ではなく，決して高くはない収入の中からささやかな寄付を続ける一般市民である．大衆の生活の中に根ざしてきたからこそ，フィランソロピーはアメリカで大きな発展を遂げたのだという．この意味で，ザンズはフィランソロピーをアメリカの民主主義の基盤と見なしている（Zunz, 2012）．

✣キリスト教と帝国主義の間で　アメリカのフィランソロピーの特色の一つが，その宗教性である．19世紀半ば以降，アメリカ各地の教会教派はアジア・アフリカ各地に宣教師を派遣してきたが，その多くが信者の獲得のために医療や教育に関わる慈善活動を推奨した（☞項目「伝道」）．その後，ロックフェラー財団の支援を受け，1952年，東京に国際文化会館が設立されたように，世俗的な人道主義や国際交流の観点からのフィランソロピーも進められた（☞項目「教育・知的交流」）．しかし，現在でも多くのアメリカ人が信仰心を糧として海外に足を向けている．フィランソロピーに投じられる金額の多い地域も，やはり福音主義のキリスト教徒の集中するバイブル・ベルトに偏っている．

　こうした19世紀半ば以降のフィランソロピーの海外進出は，アメリカ外交の帝国主義的な側面と深く関わっている．すなわち，宣教師や篤志家の活動はアメリカの庇護のもとにあることの利益を体現していた．彼らの主導のもと形成された「慈善の帝国」としてのアメリカは，第2次世界大戦以降，より公的な性格を持つようになった．冷戦期の米ソ両国政府は途上国に対し，その経済発展のための見取り図を描き，さらに資金や人員，ノウハウを提供した．核開発競争の影に隠されがちであるが，アメリカでは政府主導の経済支援と非政府団体によるフィランソロピーは，冷戦期の外交戦略の要であった．現在でも，アメリカのフィランソロピーはその宗教性の有無にかかわらず，連邦政府の外交政策に強く結び付けられている．

✣フィランソロピーの意義　アメリカのフィランソロピーは多様である．個々の事業に対しては，さまざまな批判や賞賛の目が向けられている．だが，多くのアメリカ人に社会との接点を与え，また国内外の社会的弱者に目を向ける機会を提供しているという点において，フィランソロピーはアメリカ社会を支えているのではないだろうか．　　　　　　　　　　　　　　　　　　　　　　[大鳥由香子]

生と死

Life and Death

アメリカでは，1970年代以降，生（出産）と死についての個人の選択がプライバシー権や自己決定権として要求されていくこととなった．その発端となったのは，連邦最高裁が各州の中絶禁止法を違憲として妊娠中絶合法化の標となったロウ判決（1973），およびニュージャージー州最高裁が遷延性植物状態患者の人工呼吸器除去による治療停止を認めたクインラン判決（1976）である．この二つの裁判はその後，生と死の決定をめぐるさまざまな事件の法廷闘争や政治問題化を引き起こしたが，アメリカでは中絶についてはいまだに絶対反対派と擁護派の「内戦」状態が続いているのに対し，死をめぐる個人の選択については「死ぬ権利」として社会に浸透し，いくつかの州では治療停止（自然死）を超えて，末期患者の求めに応じて医師が致死薬を処方する医師幇助自殺（PAS：physician-assisted suicide）の合法化にまで及んでいる．

❖妊娠中絶をめぐる闘争　アメリカでは19世紀の半ばに反堕胎(はんだたい)運動が盛んになり，19世紀末には1州を除くすべての州で中絶をほぼ全面的に禁止する法律が成立した．こうした中絶禁止法の改正や撤廃を求める運動は1950年代から起こり，中絶をほぼ自由化したり，条件付きで合法化した州も幾つか現れたものの，73年の時点で31の州では妊婦の生命に関わる場合以外には中絶は絶対禁止であった．

こうした状況を一挙に覆したのが，テキサス州の中絶禁止法を合衆国憲法第14修正に基礎付けられるプライバシー権に反するものとして違憲としたロウ判決である．中絶をやむを得ない必要悪として許容するのではなく，憲法に裏付けられた強制力を持つ「権利」として認めるこの判決は，中絶反対派の猛烈な反感を呼び起こし，それ以降の法廷闘争や政治的ロビー活動を通じて，中絶反対派（プロライフ＝生命尊重）と中絶擁護派（プロチョイス＝選択尊重）との間で「内戦」と呼ばれるような社会闘争が繰り広げられていく．

80年代は中絶反対を掲げる保守的なレーガン政権のもとで中絶反対派の巻き返しが進み，保守派が判事の多数を占めた連邦最高裁のウェブスター判決（1989）において実質的には各州の中絶禁止法の違憲性を否定してロウ判決が骨抜きにされたことで，闘争はさらに激化した．こうした中絶闘争は，単に中絶の是非だけをめぐるものではなく，女性や家族の在り方，アメリカ社会の在り方をめぐる異なる価値観の対立という巨大な文化闘争の氷山の一角であるともいえる（☞項目「生殖医療」「産児制限」）．

❖「死ぬ権利」の社会的浸透　アメリカにおいて，「死ぬ権利」という言葉は

1930年代から安楽死（医師が致死薬を患者に注射する積極的安楽死）の合法化を求める運動の中で用いられていたが，社会的影響力は小さかった．この流れを大きく変えたのが，カレン・アン・クインラン裁判である．「死ぬ権利」の焦点が安楽死ではなく治療停止に置かれたことで，メディアを通じて全米に伝えられた植物状態のカレンの様子は，進んだ医療技術の支配から自分の自然な死や人間性を取り戻したいという一般の人々の心を深くつかんだ．その後，治療停止の許容条件をめぐるさまざまな法廷闘争を通じて，一方ではナンシー・クルーザン裁判（水分・栄養補給の停止）のように停止の対象となる医療行為が拡大されていくとともに，他方ではカレンのような法的無能力者（自分自身の意思を表明できない者）だけでなく，法的能力があり終末期でもない人々にもその対象が拡大されていく．ここでも妊娠中絶の場合と同じように，その根拠とされたのは合衆国憲法に基礎付けられるプライバシー権であった．

　注意すべきことは，このような個人の「死ぬ権利」が強調されることで，治療停止の背景にある別の側面，すなわち「生命の質」による峻別（「生きる価値のない生命」という判断に基づくナチスの安楽死を連想させる）や医療費削減という経済的動機が隠されたことである．また，治療停止における個人の「死ぬ権利」の強調は，治療停止とは異質な行為への拡張，すなわちオレゴン州（1997）を皮切りに幾つかの州で合法化されている医師幇助自殺にまで道を開いたともいえる．

❖「いのちは個人のもの」とするアメリカ社会　その是非をめぐって妥協点の見いだせない闘争が続く中絶問題と，紆余曲折を経ながらも一定の方向へと進んできた「死ぬ権利」問題はその点で対照的にも見えるが，両者には多くの共通点がある．まず，その運動主体の中心（中絶については対立し合うプロライフとプロチョイスの両方）がいずれも白人中産階級だということである（白人中産階級の没落が顕わになり，アメリカの民族人口構成が大きく変わっていく今後の動向が注目される）．さらに，いずれの問題も「個人の権利」を焦点とした法的問題になっているように，その背景には「個人」をまさにindividual（それ以上分割できない単位）として神聖視するアメリカ文化がある（☞項目「ナショナリズム」）．

　胎児を「まだ生まれていない子ども」と呼ぶ中絶反対派は，具体的な名前も社会関係も持たない（故に抽象化，理想化された）そうした胎児の生存権を女性の自己決定権に優先するだけで，「いのちは個人のもの」だという前提自体は，中絶擁護派のそれと変わらない．しかし，妊娠・出産における妊婦と胎児の間のいのちの交わりや，看取る者と看取られる者の間でいのちが共有される人の「死」という出来事は，そのような見方だけでは掬い取れない．重層的で多面的な生と死の現実のどこに焦点をあてて人のいのちをとらえるかは，文化によって異なる．

　こうして生と死をめぐるアメリカの歴史を学ぶことは，私たちを比較文化的な死生学へと導いていく．　　　　　　　　　　　　　　　　　　[安藤泰至]

エリーティズム

Elitism

　自由と平等を国是として建国され，努力と才能次第で頭角を表せるとされてきたアメリカは，一見エリート主義と縁遠いように思えるかもしれない．しかし実際には，歴史を通じてエリート層が存在してきたばかりでなく，エリート主導の社会が望ましいという考え方もかたちを変えて引き継がれてきた．

❖「自然の貴族」からコモン・マンへ　18世紀後半の革命を率いた建国の父祖たちは，世襲の君主制や貴族制こそ否定したものの，一般市民の能力には信頼をおかず，皆にとって望ましい社会の在り方を見通せる，公徳心と理性を兼ね備えた「自然の貴族」の主導する社会を構想した．その一方で，革命をきっかけに人々の平等意識が徐々に強まっていくことで，エリート支配との緊張関係が生まれていった（☞項目「デモクラシー」）．

　1828年の大統領選挙で初めて，建国期からの政治エリートでないアンドルー・ジャクソンが当選して以後は，むしろ指導的な立場の人物がコモン・マン（庶民）であることに価値が置かれるようになった．そこでは裕福でない境遇から，自力で身を立てて成功することが重視された．いわゆるアメリカンドリームの発想の原点は，ここにあるといえる．なかでも，政治家を含め社会の指導層の供給源として重視されたのが法曹である．19世紀半ばまでは，弁護士事務所で事務手伝いをしながら独習して，裁判所で行われる資格試験に備えるのが普通であった．法曹資格は今日でも，政財界のエリートになるための入場券としての位置付けを保ち続けている（☞項目「法律家の重要性」）．

❖エリートとしての中産階級の盛衰　19世紀半ばから世紀末にかけて，政治家や社会改革運動の指導者の多くを排出したのは中産階級であった．彼らは，文化的背景の異なる移民が流入してくる中で，自分たちにアメリカ社会の伝統と理想を守る責任があると考えたのである．ただし，ここでの中産階級は，医師などの専門職や実業家といった，多くは教育程度が高く，食べるのに困らず，自分で働き方を決められる人々であり，経済的余裕が社会貢献を可能にしていた．男性だけでなく，女性も禁酒運動などの社会改革運動で大きな役割を果たした．

　しかし，19世紀末にかけて格差が拡大し，ボストンの「ブラーミン」に代表される上流階級が生まれて人々の羨望と非難の対象になると，中産階級の立場は難しくなる．上流階級も大衆も，社会全体を省みず，利己的に行動しているように見えたからである．19世紀末のポピュリズム運動は，南部や西部の農民を中心に組織され，政治・経済的権力を支配層から取り戻そうとするものであったが，中産階級にとっては全面的に肩入れできるものではなく，共和国の屋台骨を自認

する彼らのまとまりにひびが入るようになった（☞項目「ポピュリズム」）．

❖**専門家の時代へ**　20世紀転換期以降，アメリカでは高等教育の制度化が進み，学部に加えて大学院が整備され，そこで生み出された知識は，政治や経済などあらゆる領域での活用が期待されるようになる．政府の支援を受けつつ大学や企業が研究を進める体制がつくられ，国力の強化に大きく貢献した．また法科・経営大学院といった専門職大学院も制度化され，ほかにもエンジニアや看護師など，高度の専門性を要求される職種が専門職と位置付けられるようになっていった．こうして，専門知識を持つ者が関連分野の主導権を握るべきだという，新たなエリート観が登場したのである．

　第2次世界大戦を経て，復員軍人への補助もあって大学進学率が高まると，「知識社会」とも呼ばれる知識重視の状況が生じた．アメリカでは今日でも，能力評価やコネクションについて生涯にわたり学歴が大きく物を言い，所得とも明確な相関がある．こうして名門校出身者を中心に新たなエスタブリッシュメント（支配階層）が確立していった．しかし，それに対しては一部の特権層が専門知識を武器に過大な社会的影響力を持ち，民主主義を歪めている，また狭い専門知識に振り回されて現実を見ていない，という批判から（髪の薄い白人男性という典型的なインテリ像から）「エッグヘッド」と揶揄されるようにもなった．1952年の大統領選挙で民主党候補だったアドレイ・スティーヴンソン2世はその典型とされる（図1，☞項目「反知性主義」）．

図1　アドレイ・スティーヴンソン2世

❖**格差時代のエリート主義**　政府の介入によって社会・経済を変革しようとした1960年代が，高度経済成長の終わりと社会の混乱で幕引きを迎えると，専門家に対する信頼にも陰りが見られるようになった．とはいえ，専門性への依存がなくなったわけではなく，政府の内外で，経歴や知的訓練の上で緩やかなつながりを持つエリートたちが支配的な地位につく状況は続いている．そして，依然としてその多くは白人男性である．人種・性差別が一定程度克服された今日でも，女性やマイノリティの進出は，より積極的に平等を実現しようとする公共部門や学界で一定程度進んだものの，財界などではまだ限られているのが実状である（☞項目「女性リーダー」）．

　また女性の社会進出は，夫婦がいずれも高学歴で高所得という「パワー・カップル」の増加につながった．それによってエリート内の同質化がさらに進み，他の人々と境遇上の格差が拡大してきている．ここへきて，能力に基づいたエリートが独自の社会階層を構成するようになるという，1世紀前に生じた中産階級の専門職化とはいわば逆向きの現象が生じつつあり，所得格差の拡大や高等教育の学費の高騰がそれを後押しするかたちになっているのである．　　　　［岡山　裕］

保守主義

Conservatism

アメリカにおける保守主義は，思想運動であると同時に政治運動として発展し，現代アメリカ政治で大きな役割を担ってきた．それは自由主義を政治的伝統として持つ国における保守主義，「回帰すべき過去」を持たない国における保守主義，また革命によって誕生した国における保守主義として，常に内なる矛盾を抱えつつ，ヨーロッパ諸国とは異なるかたちで発展してきた．それは，政治権力の奪取を常に視野に収めつつも，中絶，銃規制，連邦政府に対する不信感などの社会文化的な争点を動員しつつ，影響力を伸張させてきた．

❖**アメリカにおける保守主義の源流**　アメリカにおける保守主義の思想的源流を建国期までさかのぼることはできなくもないが，これは厳密な意味での「源流」ではなく，台頭する保守主義運動がその政治的正当性を獲得しようとする中で，建国期にそのルーツを見いだそうとする政治的行為だと解すべきだろう．アメリカにおけるあらゆる政治運動は，建国期に自分たちの源流を見いだし，正当性を獲得しようとする（☞項目「建国神話」）．アメリカ共産党さえもが，共産主義を「20世紀のアメリカニズム」だと評したことがその典型である．とはいえ，「小さな政府」「急激な変化への懸念」など，後の保守主義に通じる価値観を建国期に見いだすことは確かにできる．しかし，それは保守主義の特徴というよりも，アメリカの統治構造を規定する発想であり，必ずしも保守派が独占できるものではないだろう（☞項目「小さな政府」）．

保守主義が，政治的に有意味な存在として出現するのは，1960年代に入ってからである．それ以前，アメリカには政治運動としての保守主義は不在であった．急激な変化への不信感に基づく「伝統主義」や変化そのものへの強い抵抗としての「反動」などは確かに存在した．しかし，伝統主義や反動は否定型によって成立しているにすぎない．それが変化への抵抗でしかない限りにおいては，政治運動として成功する可能性は限られていた．それを政治的メッセージに変換し，人々の意識と連動させるためには，幾つかのステップが必要だった．

まずは何よりも保守主義のビジョンを確立することが必要だった．それは，「小さな政府」「反共主義」「伝統的な価値観」という三つの理念に根拠を置く運動と位置付けられた．保守派は常にさまざまな保守派の集合体であったが，この三つの理念を掲げたことによって，問題意識が大きく異なる諸派を統合することが可能になった．連邦政府の肥大化を嫌い，政府の介入主義を問題視するリバタリアン派，国際共産主義運動との対決をアメリカの生存をかけた闘争とみる反共派，そしてキリスト教を中心とした伝統的な価値観を何よりも尊重する宗教保守派を

大きなテントの下でまとめられたとき，保守派は大きく飛躍した．とりわけ60年代後半以降，左傾化傾向を強めた民主党への批判というかたちで保守主義は影響力を伸張させていった（☞項目「宗教保守」）．

❖保守主義の台頭　保守主義の政治力を本格的に認識せしめたのはロナルド・W. レーガン大統領であった．保守派は1964年の大統領選挙で保守派のバリー・ゴールドウォーターを共和党候補に押し上げるが，歴史的な惨敗という現実に直面する．そこから16年かけてようやく保守派をホワイトハウスに送り込むことに成功した．レーガン自身が，「大きなテントの保守主義」を象徴するような保守派の指導者であった．レーガン大統領は，今なお保守派が回帰すべき原点として語り継がれている．レーガン大統領は，70年代に自信を喪失したアメリカに再び活力と自信を与え，「（大きな）政府こそが問題だ」と喝破し，共産圏に対しては強硬に圧力をかけ，宗教右派にも同胞として語りかけ，三つの潮流をうまく統合した．

　次いで94年には，長らく民主党の牙城であった連邦議会で保守派を中心として多数派の地位を奪取し，民主党の優位を支えてきた大きな政府とその利権構造を大胆に解体しようとした．この選挙で下院議長になったニュート・ギングリッチの名をとって，94年の政治的変動は「ギングリッチ革命」とも呼ばれる．このときに保守派が掲げた公約が「アメリカとの契約」である．

　その後，2001年にはジョージ・W. ブッシュ政権が誕生．当初は内政重視の「思いやりのある保守主義」を掲げ，弱者にも優しい保守主義の在り方を模索したものの，9.11同時多発テロ攻撃によって，対外強硬路線の方向に舵を切り，アフガニスタン，イラクへの介入論を推し進めていった．しかし，この強硬な介入路線の破綻が明らかになっていくとともに，保守主義運動内部で孤立主義への傾斜が目立つようになってくる（☞項目「孤立主義の系譜」）．介入主義に徹底的に反対したリバタリアン派の台頭，オバマ政権へのアンチテーゼとして出現したティーパーティ運動，さらにドナルド・トランプの「アメリカファースト」に連なるような動きも生み出していった．

　アメリカの保守主義運動は，政治運動としてかなりの程度成功したといえる．まずは共和党の中で地歩を築き，次いでホワイトハウスに保守派の大統領を送り込み，議会でも影響力を伸ばしていった．しかし，保守派はその多数派工作の中に政治的分断を加速させるような手法があったことは否定できないし，本来はリベラル派の行き過ぎへの批判であったものが，その批判自体が原理主義化し，運動自体が硬直していったことも否めない．2010年代初め頃から保守主義運動内部から改革の声が聞こえてきていたが，その声はトランプの台頭にかき消されてしまった（☞項目「保守とリベラル」）．

［中山俊宏］

記憶と記念碑
Memory and Monument

　パブリックメモリー（公的記憶，公共の記憶）やシンボル操作など，伝統の創出に関わるメカニズムは近年，しばしば分析の俎上に載せられ，いわゆる国民化論，ナショナル・アイデンティティに関する議論が大いに深まりを見せている．アメリカを最初の国民国家に位置付けたベネディクト・アンダーソンは，国民化のための装置として出版メディア（出版資本主義）の歴史的役割を重視したが，より耐久的，永続的な記憶装置こそ記念碑にほかならない．それは史跡という景観に刻み込まれた記憶，すなわち公的記憶の結節点・表出点であると同時に，公的記憶を再生産・変容させる仕組みともいえる．つまり記憶は単に再現されるのではなく，再構成される．そしてそこには記念日を中心とする記念行事など，種々のコメモレイション（記念・顕彰行為）＝「ソフトウェア」が関わっており，このようなソフトや，記念碑そのもの＝「ハードウェア」の分析を通じて，ある特定の歴史事象に対する人々の意識の変化，記憶の形成過程を広く読み解くことが可能となる．

　それではさまざまな史跡に佇む記念碑とは，そもそもどのようにとらえ得るのか．呼称と社会的機能の両面から分類をほどこす必要があろう．記念碑の呼称には，記念碑（monument），慰霊碑（memorial），記念標柱（marker），記念プレート（銘板）（plaque）などが見られ，後者の2種についてはともかく，前者の2種には形態上の明確な差異は認めにくい．記念碑が勝利や匿名性を含意しているのに対し，慰霊碑は悲しみや犠牲を表象し，死者の名を刻印している点において，より墓碑に近いともいえる．また前者の石材が概して白く，大地に高く屹立している一方で，後者はしばしば黒く，例えばベトナム戦争慰霊碑のように地面より低い場合もある．

　他方，社会的機能に基づく史跡・記念碑の分類は，ケネス・E.フットの研究が重要な手がかりとなる．フットは景観に立つ広義の記念碑の機能を4種類に分類する．聖別（sanctification），選別（designation），復旧（rectification），抹消（obliteration）であり，聖別とは特別な英雄・犠牲者に捧げられた記念碑に見られる社会的機能で，碑は通常，広い記念施設内に設置され，記念日には記念祭などで繰り返し顕彰の対象とされる．つまり碑というハードだけでなく，それを用いて事象の記憶を維持し続けるソフトが付属している．逆に「抹消」は前者三つと異なり，忌まわしい記憶と関連する建造物が根こそぎ取り払われるなど，完全に記憶から消される場合，つまりマイナスの意味での記念行為を指す．

　ただし，時代に応じて顕彰する歴史事象が再解釈されることで，記念碑・史跡はこれらのカテゴリー内を移動し得るのであって，このような流動性にこそ，歴史のダイナミズムを見て取ることができよう（☞項目「戦争の記憶」）．　　　　　　　　［和田光弘］

8. 科学技術

　豊かな資源と広大な国土に恵まれながら労働力人口が相対的に希薄であったアメリカでは，建国以来，技術の開発とその普及に大きな力が注がれてきた．西欧各国を凌ぐ世界の工業国として，南北戦争後にアメリカが台頭した理由の一つがそこにある．その後のアメリカ社会の原型となる車社会も，この時期にその土台が築かれた．

　アメリカの科学技術の発展に，20世紀の二つの世界大戦が大きく関わっていることも忘れてはならない．とりわけ第2次世界大戦以後は，原爆に象徴されるように，科学研究の成果が各国の軍事戦略や国際情勢にまで影響を及ぼすようになった．戦後は潤沢な連邦政府予算に支えられたアメリカの科学技術の発展が世界をリードしていくことになる．

　本章では，アメリカばかりでなく今日の世界をかたちづくってきたこの国の科学技術を，基礎科学・産業技術・医療などの分野からメルクマールとなるトピックを取り上げ解説する．　　　　　　　　　　　　　　　[遠藤泰生／橋本毅彦]

NASA

National Aeronautics and Space Administration

アメリカ航空宇宙局（NASA）は，非軍事目的の宇宙開発および先進的な航空技術の開発を担う連邦政府組織である．首都ワシントンD.C.にあるNASA本部と，全米各地に存在する研究開発センターからなり，関連分野でこれまで数多くの輝かしい技術的成果をあげてきている（☞項目「研究開発」）．

図1　アポロ11号による有人月面着陸の成功（1969年7月）[NASA]

❖**アポロ計画**　NASAは，1958年の設立後すぐに陸海空軍から組織や人材の移管を受け（☞項目「航空産業」），急速に陣容を拡大した．アメリカは当時宇宙開発分野でソ連に先行を許しているという危機感を持っており，議会もNASAに対する資金投入を惜しまなかった．そして61年，当時のジョン・F.ケネディ大統領はアポロ計画の実施を決断する．同計画は60年代末までに有人月面着陸を実現するというものだった．NASAはアメリカの航空宇宙関連企業を総動員して，複雑で精巧な3人乗りのアポロ宇宙船と，それを打ち上げる全長110メートルの巨大なサターンV型ロケットを開発した．67年，地上試験中に宇宙船の火災により3人の宇宙飛行士が犠牲になるという事故はあったが，NASAはすぐに態勢を立て直してアポロ宇宙船の試験的な打上げを重ね，ついに69年7月20日，ニール・アームストロング船長率いるアポロ11号が月面着陸に成功する（図1）．こうして当時の通貨で総額200億ドルを要したといわれるアポロ計画は成功した．

❖**スペースシャトルと国際宇宙ステーション**　アポロ計画が成功した後，米ソ間の冷戦の緊張がやや緩んだこともあり，NASAに対する議会の支持は弱まったが，NASAはスペースシャトルの開発を開始し，1981年にその1号機打上げに成功した．スペースシャトルは7人乗りで，地上から高度数百キロメートルの軌道までを往還する宇宙船である．当初計画では年間50回ほど打ち上げ，低コストの宇宙輸送を実現することを目指したが，予算削減の影響で計画は縮小され，最大で年間9回の打上げとなった．86年には，打上げ73秒後に機体が空中分解しパイロット7人全員が犠牲になるというチャレンジャー号事故が起き，アメリカ社会に衝撃を与える．NASAは2年以上をかけて打上げを再開．その後スペースシャトルはさまざまなミッションをこなし，98年からは国際宇宙ステーションの部材の地球軌道上への運搬を始めた．国際宇宙ステーションとは，米ロ欧日加など

の国際協力による，人間が地球軌道上に長期滞在するための巨大構築物である．

　この計画は，もともと 84 年にアメリカが自由主義陣営の結束を誇示する政治的意図を込めてスタートしたが，冷戦終結後の 93 年にはロシアなどが加わった経緯がある．国際宇宙ステーションの組立て計画は，2003 年のスペースシャトル・コロンビア号の事故などもあり遅延したが，11 年に完成する．一方で，同年アメリカではスペースシャトルが退役し，その結果国際宇宙ステーションへの人員の輸送はロシアのソユーズ宇宙船に依存することとなった．

❖無人宇宙探査　NASA は有人宇宙計画に加え，無人宇宙探査も行ってきた．有名な計画としては，1976 年に火星軟着陸を成し遂げたバイキング計画，80 年代に木星・土星・天王星・海王星すべての近傍を通過し観測を行ったボイジャー計画，95 年から木星およびその衛星の接近観測を行ったガリレオ計画，2004 年から土星およびその衛星の接近観測を行ったカッシーニ計画などがあげられる．最近では，より短期間・低コストで小型の探査機を開発し打ち上げる方式を採用した火星の集中的な探査なども行われている．

　加えて NASA はこれまで，地球観測を行うための衛星や，天文観測を行うための巨大望遠鏡や観測機器を地球軌道上に打ち上げてきた．後者の有名なものとして，1990 年に打ち上げられたハッブル宇宙望遠鏡がある．ハッブル宇宙望遠鏡は打ち上げ後レンズに故障が見つかったものの，93 年にスペースシャトルの宇宙飛行士により軌道上で修理がなされ，その後長年にわたり宇宙科学に多大な影響を与える発見をもたらしてきた．

❖NASA の役割　現在，NASA には年間約 200 億ドルの連邦政府予算が費やされている（☞項目「ビッグサイエンス」）．宇宙開発に対するアメリカ世論の全般的な支持は依然として強いといえるだろう．宇宙開発がさまざまな実用的・象徴的な意義を持つことは確かであり，アメリカにとっては，近年台頭が著しい中国の宇宙計画への対抗手段を残しておくことも重要と考えられる．だが NASA が今後果たすべき役割の展望は必ずしもはっきりしない．冷戦期のアメリカには，自由主義陣営の盟主として，国家主導で宇宙の開拓を進める明確な理由付けがあった．ところが 1990 年代以降，グローバル化が進んで宇宙開発の戦略的な意義が弱まり，同時に民間企業の技術能力が向上して宇宙開発の民営化の流れが強まってきた．さらに，NASA 自身が次なる大きな目標を欠いていることも否めない．有人火星探査はそうした目標になり得るが，資金面・技術面の双方であまりにハードルが高く，政権交代のたびに方針が揺れている．

　とはいえ暗い見通しばかりではない．最近でも NASA は特に無人宇宙計画の分野では存在感を示し，人々を引きつける成果を出してきた．NASA にとっては，アメリカ社会の中で今後みずからが果たすべき役割を見きわめることがますます重要になっているといえるだろう．　　　　　　　　　　　　［佐藤　靖］

科学者と核問題

Scientists and the Nuclear Issue

核兵器に関する科学者運動は，マンハッタン計画に参画した自然科学者によって始まった．1945 年 8 月，アメリカ政府が原子爆弾を広島と長崎に投下すると，マンハッタン計画に参画した科学者の間で科学者の社会的責任を問う声が高まり，戦争終結後間もなく「原子科学者連盟」（FAS）（後に「米国科学者連盟」と改称）が結成された．科学者運動は原子力の文民管理を定めた「1946 年アメリカ原子力法」の成立に大きな役割を果たした．しかし，国連を舞台とした米ソ間の原子力国際管理に向けた交渉は間もなく暗礁に乗り上げた．一方，両国の冷戦が激化し，49 年にソ連が初の原爆実験を成功させると，アメリカの科学者は原爆よりさらに強力な水爆の開発の是非をめぐって対立した．マンハッタン計画を主導したロバート・オッペンハイマーらは水爆開発を進めることに反対したが，ハンガリー出身の理論物理学者エドワード・テラーらはその必要性を強く訴えた．結局，当時のトルーマン政権は水爆開発を推進し，52 年に初の水爆実験に成功した．一方，オッペンハイマーは過去に共産党員と接触したことを理由として，54 年に機密情報取扱許可が剥奪された．

❖核兵器廃絶から戦略均衡へ　科学者運動は冷戦の激化により一時停滞したが，1950 年代半ば以降再び活発となった．その契機となったのが，アメリカが 54 年に太平洋マーシャル諸島のビキニ環礁で行った水爆実験によって多くの日本漁船や現地住民らが強い放射能を浴びたビキニ事件であった．この事件を通じて原水爆の脅威が明らかになると，アメリカの科学者は東側陣営を含む世界の科学者との連帯を強めた．ビキニ事件より 1 年後の 55 年，アルベルト・アインシュタインら 3 人のアメリカのノーベル賞受賞者はイギリスの哲学者バートランド・ラッセルによって起草された「ラッセル・アインシュタイン宣言」に署名し，核兵器と戦争の廃絶を全世界に呼びかけた（☞項目「アインシュタイン」）．その一人であるライナス・ポーリングは 57 年に核実験停止を求める科学者による署名運動を主導し，部分的核実験禁止条約が締結された 63 年にノーベル平和賞（1962 年度）を受賞した．また，米ソを含む東西両陣営の科学者 22 人は 57 年にカナダのパグウォッシュに集い，ラッセル・アインシュタイン宣言の精神を実現するためのさまざまな方策を話し合った．この会合はパグウォッシュ会議として定例化されたが，同会議に参加したアメリカの科学者は 57 年に設置された大統領科学諮問委員会などを通じて歴代政権の核軍備政策に大きな影響を与えた．その一方，彼らは核兵器廃絶という当初の目標から後退し，核軍備管理を通じて米ソ間の戦略関係を安定化することで平和を維持する提言を行った．このため，60 年代末

に弾道弾迎撃ミサイル（ABM）の配備の是非をめぐり論争が起きると，その後もアメリカの科学者は，核兵器を絶対悪と見なして，その完全廃絶を求める立場と，最小限の核軍備による平和を肯定する立場との間で葛藤を続けた．

❖核問題の多様化　1970年代に入ると科学者運動は新たな局面を迎えた．緊張緩和と核軍備管理が進む一方，原子力民生利用の是非が新たな争点として浮上したのである（☞項目「電気」）．それまで科学者運動は原子力の軍事利用に反対する一方，民生利用を支持してきた．しかしアメリカで原子力発電が70年頃より本格化すると，その危険性を理由として原発に反対する新たな科学者の動きが見られた．まず，69年にベトナム戦争に反対するMITの科学者によって結成された「憂慮する科学者連盟」（UCS）はアメリカ原子力委員会による原子炉の安全性評価に異議を唱えた．また，ローレンス・リバモア国立研究所のジョン・ゴフマンとアーサー・タンプリンは69年，低線量放射線の危険性を指摘する疫学研究結果の公表をめぐり米原子力委員会と公然と対立した．これらの論争により，原子力利用の推進と安全規制の双方を監督していた米原子力委員会内部の利害の衝突に対する批判が高まった．結局，同委員会は74年に解体され，推進機能はエネルギー研究開発管理部（77年よりエネルギー省に改組），安全機能は原子力規制委員会にそれぞれ移管された．

80年代に冷戦が再び激化し米ソ間の核軍備競争が再燃すると，科学者運動は従来の戦略均衡論に加え，核兵器が人体と環境に与える影響を理由として軍備管理の必要性を訴えた．天文学者で作家のカール・セーガンらは83年に論文を発表し，核戦争によって大規模火災が生じ，その煤煙が太陽光線を長期間にわたり遮ることで世界各地の気温が急激に低下し動植物が死滅する「核の冬」が起きる可能性に警鐘を鳴らした．また，医療関係者の反核団体である「社会的責任を果たすための医師団」（PSR）は，核兵器の医学的影響に関する世論を啓発した．さらに，FASとUCSはロナルド・W. レーガン政権が83年に掲げたミサイル防衛構想（SDI）に反対し，それが核軍備競争を一層悪化させる危険を指摘した（☞項目「核戦略」）．

冷戦終結後，科学者運動は核軍縮の実現を目指して活動を続けたが，新たな困難に直面した．アメリカ連邦議会上院は1999年に包括的核実験禁止条約の批准案を否決し，ジョージ・ブッシュ政権は2001年にミサイル防衛を推進するため1972年に米ソ間で締結されたABM条約からの脱退をロシアに対して通告した．このように戦略均衡の観点が冷戦後に失われると，科学者運動は核兵器拡散と核テロリズムの脅威を強調することで核軍縮の機運を再び高めようとしている．また，近年核兵器の非人道性に国際的な注目が集まり，バラク・オバマ大統領が2008年にプラハで廃絶を宣言すると，アメリカの科学者も核兵器の人体・環境に対する影響を訴えることで，このような動きを推進している．　［樋口敏広］

遺伝子工学

Genetic Engineering

　ある生物体から遺伝子を取り出し，他の生物体に導入し，望む性質をもった生物体ないし生物体の生産物を得るための知識・技術体系が遺伝子工学である．1973 年にスタンフォード大学のスタンリー・ノーマン・コーエンとカリフォルニア大学サンフランシスコ校のハーバード・ウェイン・ボイヤーが確立した遺伝子組換え技術がその基幹技術となっている．

❖アシロマ会議　他の生物に遺伝子を導入する運び手（ベクター）にはウィルスなどが使用される．病原性をなくすように操作されているとはいえ，懸念がつきまとう．すでに 1972 年に遺伝子組換えを成功させていた（職人技を要したため基幹技術とはならなかった）スタンフォード大学のポール・バーグは，ガンの研究者であったロバート・ポラックから遺伝子組換えのもつ潜在的危険性を指摘され，遺伝子工学の安全性などを検討する会議の開催を広く呼びかけた．

　そこで，1975 年 2 月にカリフォルニア州アシロマにおいて会議が開かれ，その後，数次にわたる国際的会議の結果，特別施設をつくり，遺伝子組換え生物を物理的に閉じ込めながら研究するなど，当初は厳格なルールがつくられた．だが，研究が進展するにつれ，危険は小さいと見積もられるようになり，規則は緩やかなものに変わっていった．28 カ国から 140〜150 人が集ったアシロマ会議については，科学者が研究倫理上，自主的に研究を停止するなど，模範的に振る舞った事例だと賞賛する声がある一方で，科学の発展を無用に停滞させたとする非難もあり，評価が分かれている．

❖遺伝子工学による医療と遺伝子組換え食品　遺伝子組換え微生物による世界初の医薬品はヒトのインターフェロンである．1982 年，イーライ・リリー社（1876 年インディアナ州で創業）は，大腸菌や酵母にヒトのインターフェロン遺伝子を組み込む方法によって得た生産物を販売しはじめた．ヒューマリン（同社インターフェロンの商品名）は現在でも同社の主力製品の一つとなっている．

　世界初の遺伝子治療は，1990 年 9 月 14 日アデノシンデアミナーゼ欠損症によって生じる免疫不全症患者であった女児に対して行われた．アメリカ国立衛生研究所（NIH）のアンダーソンたちが，ヒトのアデノシンデアミナーゼ遺伝子を組み込んだベクターを作成し，患者から取り出した血球細胞に感染させ，それを月 1 回のペースで数回戻す治療を施したのである（☞項目「NIH」）．患者は現在安定した生活を送っているが，他の治療法も併行して受け続けているため，この事例における遺伝子治療の効果のほどは判然としない．遺伝子治療の効果だと断言できる初めての成功例は，2009 年のドイツとフランスのチームによるものである．

世界で初めて実際に流通した遺伝子組換え食品は「フレーバーセーバー」である．1994 年にベンチャー企業カルジーン社（1980 年カリフォルニア州デービスで設立）が，熟成をもたらす酵素ポリガラクツロナーゼがつくられなくなるように遺伝子操作を施し，日持ちがすることを謳い文句にしたトマトを，フレーバーセーバーと名付けて売り出した．ただし，商業的成功は収めなかった．

❖ヒトゲノム計画　遺伝子工学の発展と併行して，ゲノム科学が成立し，多くの生物種のゲノム（ある生物のもつ遺伝子セット）が解明されつつある．DNA を構成する 4 種の塩基アデニン・チミン・グアニン・シトシンの並び方が遺伝情報にほかならず，それぞれの生物における塩基の並び方を決定することがゲノム解読計画の第一歩となる．これまで，マイコプラズマ（1995）からはじまり，1,000 を超える生物種（9 割以上が細菌）のゲノムが解明されてきた．

ヒトのゲノムを解読する計画は 1991～2003 年にかけて米英日仏独中の 250 人ほどの研究者が参加したヒトゲノムコンソーシアムにおいて，総額 550 億円以上を費やして遂行された．ヒトの DNA は 30 億対ほどの塩基配列からなるが，米英日仏独中の塩基解読率はそれぞれ 60, 30, 6, 3, 1, 1% であった．

生命科学初のこの巨大プロジェクトの成就は，ニューヨークのコールドスプリングハーバー研究所所長兼会長であったジェイムズ・デューイ・ワトソンの指導力によるところが大きい．遺伝情報の特許化をもくろんだクレイグ・ベンターもセレラ社（1998 年メリーランド州ロックビルで創業）を率い，5 年ほどで同時にヒトゲノムを解読した．ベンターの試みに対しては，民間人による野心的な快挙だとする見解と，公共財である遺伝情報を自分の利益とすることをもくろむ拝金主義だとする非難があり，毀誉褒貶が相半ばする．

❖遺伝子工学に積極的なアメリカとそれへの批判　遺伝子工学の成果は，食糧問題・医療問題等に大きなメリットをもたらす可能性を秘める．一方で，①神の領域に手を出す傲慢な技術である，②安全性が確保されていない，③生態系を撹乱する，④科学者は人類全体の福祉向上のために開発するが，企業化される段階では，農家が毎年種子を買わなければならないように仕向ける自殺種子への遺伝子改変技術の開発（モンサント社）といったように，拝金主義の手先に堕するにすぎないといった反対意見や反発する感情が渦巻いてきた．

世界初の商品化・実用化がいくつもなされてきたように，また現在，格段に精度のよい新手法であるゲノム編集もアメリカで発展・普及しはじめているように，（ゲノム編集の基幹技術である CRISPR/Cas9 はカリフォルニア大学バークレーのジェニファー・ダウドナとフランスのエマニュエル・シャルパンティエによって開発された）概して，アメリカは遺伝子工学に好意的であり続けてきたが，メリットを重視しすぎるそのリスク選好的姿勢に対して，主としてヨーロッパから大きな批判が寄せられている．　　　　　　　　　　　　　　　［廣野喜幸］

生殖医療

Reproductive Medicine

　体外受精をはじめとする生殖補助技術は，人間の生殖の在り方を大きく変容させ，生命の誕生や家族をめぐる概念の見直しを迫っている．アメリカでは，1981年に国内初の体外受精児が誕生した．当初，みずから「産みの親」となる不妊夫婦の治療として出発した体外受精は，80年代には早くも第三者からの提供卵子による出産や胚移植による代理出産に適用された．現在ではゲイのカップルが代理出産で子どもを得るなど，不妊治療という枠を越えて普及している．アメリカは生殖補助技術の先進国であり，州によっては規制がゆるやかなため市場誘導型の生殖産業が発達してきた（☞項目「生と死」）．

❖代理出産ビジネス　代理出産ビジネスは，人工授精の利用から始まった．人工授精は採取した精子を子宮内に注入し受胎させる技術で，1940年代後半から男性不妊を対象に普及してきた．この人工授精技術を利用して，女性の不妊に対応したのが代理出産である．アメリカでは代理母斡旋業を始めた弁護士の仲介で，80年に最初の代理出産が行われた．80年代には斡旋業者も増えて代理出産が相次ぎ，メディアの関心が代理母に集まった．

　その頃世界に衝撃を与えたのが，ベビーM事件である．依頼者夫婦は斡旋業者の仲介で代理母と成功報酬の支払いを含む契約を結び，代理母は依頼者の夫の精子を用いた人工授精によって妊娠した．しかし出産後，代理母が契約に反して産児の引き渡しを拒否したため，訴訟となったのである．88年のニュージャージー州最高裁判所判決では，商業的な代理母契約は無効とされたが，「子の最善の利益」という観点から監護権を依頼者夫婦に認めた．ベビーM事件によって代理出産の問題点が明らかになり，代理出産契約を禁止する州も現れた．

　その後，子どもが代理母と遺伝的つながりを持たない体外受精型の代理出産が主流となる．体外受精型の代理出産で生まれた子どもの親権をめぐる訴訟で，98年のカリフォルニア州控訴審判決では，代理母契約は適法であり，遺伝的つながりを持たない代理母には親の権利がないとした．これはアメリカの代理出産ビジネスにとって，追い風となった．アメリカの統一州法委員会全国会議（NCCUSL）が策定した「統一親子法」（2002年改定）には，生殖補助技術で生まれた子どもの法的地位に関する規定が盛り込まれており，代理母が報酬を受け取ることも認められている（第803条）．

❖規制に消極的な連邦政府　アメリカにおいて生殖補助技術を提供する施設は，アメリカ疾病予防管理センター（CDC）に治療成績を報告し，さらに第三者の精子・卵子・胚を使う場合は食品医薬品局（FDA）に登録することが連邦法で義

務付けられている．しかし，生殖補助技術を包括的に規制する連邦法はなく，規制の取組みは主に州レベルで行われてきた．州によって規制の範囲や内容が異なり，規制を持たない州もある．この背景には，国論を二分する中絶論争があるといわれている．妊娠初期の中絶を認めた 1973 年のロウ対

表1　全米の不妊クリニックで提供されている生殖補助技術

独身女性に対する生殖補助技術	97%
卵子提供	93%
胚提供	72%
胚の凍結	> 99%
代理出産	87%

[Center for Disease Control and Prevention. 2014 より作成]

ウェイド判決は，政治的な反中絶運動に火を着け，胚研究にも反対の声が上がった．

　翌年アメリカ議会は，胚研究や体外受精の臨床研究に対する連邦政府の助成の暫定的凍結を決定する．当時，アメリカ以外の国々でも胚研究や体外受精には慎重な態度が相次いで示され，80 年代後半以降，胚研究や体外受精を規制する法律や制度が整備されていった．これに対して，アメリカでは中絶論争に対する政治的配慮から，胚の破壊を伴う研究に対する政府の資本援助は，ES 細胞研究を除き凍結されてきた．そのため，アメリカの胚研究および生殖補助技術の研究は，主に民間資金によって行われてきた．アメリカは 70 年代から連邦政府による生物医学研究助成と連邦法に基づく研究規制を一体化し，研究課題を政策的に誘導する体制を構築してきた．しかし，民間資金による研究についてはこの体制の外部に置かれたため，生殖補助技術の技術革新は市場原理に誘導されることになったのである（表 1，☞項目「NIH」）．

❖生殖ツーリズムと生殖アウトソーシング　卵子提供や代理出産のように，生殖に関与する第三者の負担が大きい生殖補助技術や，着床前診断による男女産み分けについて，厳しく規制されている国や地域は多い．カリフォルニア州にあるロサンゼルスやサンフランシスコなど，規制が弱い地域のクリニックには，斡旋業者を通して国内からだけでなく規制の厳しい外国からも依頼者が訪れ，生殖ツーリズムと呼ばれる現象が生み出されてきた．代理出産で生まれた子どもの法的地位は，国境を越えた親子関係の調整が困難な大きな問題となっている．サービスの依頼者は不妊のカップルだけでなく，シングル，ゲイやレズビアンのカップルなどさまざまである．

　2000 年以降はインドなどアジア地域にも生殖産業の新たな拠点が形成されており，生殖ツーリズムにおけるアメリカの位置も変化しつつある．生殖プロセスの一部を途上国の女性に委託して子どもを得る代理出産は，生殖アウトソーシングと呼ばれている．この言葉は，生殖補助技術が親の要望に応じた子づくりの手段となっている生殖産業の状況をよく表している．次の段階としては，ゲノム編集による受精卵の遺伝子改変が控えている．規制について連邦政府と生殖産業の関係を見直すべき，重要な局面に入っている．　　　　　　　　［松原洋子］

インターネット

Internet

　インターネットとは，一般的にはコンピュータネットワークの接続を意味するが，特にインターネットプロトコル（IP）という約束に則った世界規模で広がる情報通信ネットワークを指す．IPでは，伝送するデータをパケットと呼ばれる単位に分割して送信し，最終受信先で復元するパケット通信を行っており，通信が多重化されている．このため，ネットワークの利用が集中すると伝送速度が遅くなってしまう性質があり，速度の保障ができないベストエフォート型通信になる．IPには中央の制御装置がなく，中継装置であるルータ群が分散処理を行っているのも特徴の一つである．

❖**ARPANET**　このインターネットの発展の基礎を築いたのは，アメリカ国防総省高等研究計画局（ARPA）の情報処理技術部（IPTO）が1969年から稼働させたARPANETであった．ARPAは，58年に設立された宇宙開発などの統括を大統領直属で行う国防組織であったが，次のジョン・F.ケネディ政権下で宇宙開発の担い手がアメリカ航空宇宙局（NASA）に移って以後，62年にコンピューター技術への助成を行うIPTOが設置された（☞項目「研究開発」「NASA」）．IPTOでは，大型汎用コンピュータの同時共同利用である時分割処理（タイムシェアリング）システムの開発に力を入れ，複数の助成先で，それぞれ異なるシステムが育った．

　これらの異種のシステムをつなぐネットワークとして構想されたのがARPANETである．ネットワークの実装を受注したBBN社のチームが，現在のルータの前身であるIMP（Interface Message Processor）によるパケット通信ネットワークの構築に成功した．また初期の段階から，利用者らが話し合い，合議で通信のルールを定めたり改訂したりするようになった．この合意形成のための仕組みが，現在のインターネットのルール策定方法の始まりである．このARPANETが，パケット無線のネットワークや，ヨーロッパのパケット通信ネットワークとつながるために，ユニバーサルパケットという共通の単位を策定し，多層のネットワークによる通信が定着し，83年に現在も使われている階層構造のプロトコルが公開された．これをきっかけに，それまで国防総省の一部局であるARPANETがつくり上げてきた規格に合わせて，一般企業が通信機器を製作できるようになった．

❖**民間転用**　1986年にARPANETと同じプロトコルを採用し，より多くの大学も参加できるようにした全米科学財団（NSF）のネットワークが発足し，多くの参加校を受け入れ，基幹ネットワークとしての役割を担うようになる．やがて

Ⓐ ベリサイン社
Ⓑ 南カリフォルニア大学情報科学研究所
Ⓒ コージェント・コミュニケーションズ社
Ⓓ メリーランド大学
Ⓔ アメリカ航空宇宙局エイムズ研究社
Ⓕ インターネット・システムズ・コンソーシアム社
Ⓖ アメリカ国防経済省ネットワークインフォメーションセンター
Ⓗ アメリカ陸軍研究所
Ⓘ オートノミカ社
Ⓙ ベリサイン社
Ⓚ ヨーロッパIPリソース調整センター
Ⓛ アイキャン（ICANN）
Ⓜ WIDEプロジェクト

図1　インターネットのドメイン名を管理するルートサーバ［日本ネットワークインフォメーションセンターニュースレターNo.45より作成］

90年にはARPANETは停止するが，すでに広がった通信網の総体は，その影響を受けることはなかった．ほどなく営利企業のネットワークへの接続が解禁され，インターネットは拡大の一途をたどることとなった．ARPANETの開発に当初，軍事目的はなかった．しかし独立して空軍に提案された，核攻撃による通信網の壊滅的な破壊を避けるための分散型ネットワークに，ARPANETと同じ技術的原理が含まれていたことから，インターネットは核攻撃をさけるための軍事ネットワークから始まったという俗説が生まれた．しかし，ARPANETの開始にIPTOが果たした役割は大きく，インターネットは軍事の予算により発展した，軍民両用技術であると位置付けることも可能である．実際70年代には，無線による移動体からのパケット通信が可能であることから，戦場での通信にも有用な技術であることが示された．

❖**ガバナンス**　インターネットは連邦政府の国防予算を最大の研究財源として発展してきた．そのため，現在も世界に13台しか存在しないルートサーバと呼ばれる基幹サーバのうち，10台はアメリカで稼働している（図1）．このように技術的な統治のしくみはアメリカ中心に育ったが，安定的な運用に尽力してきた技術者コミュニティは，運用の管理をアメリカ政府から独立させる努力を続けてきた．

この結果，2016年9月に合衆国政府商務省電気通信情報局は，インターネットの重要資源（IPアドレス，ドメイン名，プロトコル番号）の監督権限を放棄した．こうしてインターネットはグローバルな情報通信インフラとして，商業利用も含む世界規模の情報通信を支えるにふさわしいガバナンスの体制をとるようになったのである（☞項目「インターネット経済」）．　　　　　　　［喜多千草］

エレクトロニクス

Electronics

エレクトロニクスとは，電子の働きとその制御に基礎を置く技術を指す．現代の工場や職場，家庭などに普及する，情報の生産・加工・伝達や機械の制御を行うさまざまな技術（例えば，身近な機器ではテレビやスマートフォン，パソコンなど）は，エレクトロニクスがその基盤にある．

❖エレクトロニクスにおける重要経験則「ムーアの法則」 現代のエレクトロニクスの基盤は，半導体の小片（半導体チップ）に印刷技術を応用してきわめて微細かつ複雑な電子回路をつくり込んだ集積回路（IC）である．集積回路は，約1年半～2年でその集積度（単位面積当たりの微小部品数）が2倍になるとされ，急激に高性能化と低価格化が進んだ．この経験則は，インテル社の共同創業者のゴードン・ムーアが1965年に提唱したもので，「ムーアの法則」と呼ばれる．エレクトロニクス製品は，その中核的な部品が超短期の倍々ゲームで高性能化・低価格化したことで，工場や職場，家庭のあらゆる領域に普及した．その一方で，人間の判断を支援・肩代わりするコンピュータが小型化・高性能化・低価格化し，数多くのエレクトロニクス製品に組み込まれている．

❖トランジスタから集積回路へ 半導体チップの微細回路の構成部品のうち，電流の増幅（微弱な信号をより大きな電流に変換する作用）やスイッチング（信号の入力に応じて電流を通したり通さなくなったりする作用）という重要な作用をするのが，トランジスタである（☞項目「電気」）．

1947年の暮れ，ベル電話研究所の物理学者ジョン・バーディーンとウォルター・ブラッテンが，最初のトランジスタによる増幅現象を観察した．2人の上司にあたるウィリアム・ショックレーは，トランジスタの働きを考察し，普遍性の高い物理学モデルを構成して，より安定的に動作する接合型トランジスタを考案した．この功績が認められ3人は，56年にノーベル物理学賞を受賞した．

55年，ショックレーは，投資家の支援を受けて，カリフォルニア州マウンテンビューにショックレー半導体研究所を設立した．この研究所には，ショックレーが選抜した半導体研究者・技術者が入社し，彼の構想の下，半導体技術の研究が進められた．ところが，彼はマネジメント能力がきわめて拙劣で，その指示も支離滅裂だったため，同社の将来を悲観した研究者・技術者は一斉に退社し，カリフォルニア州サンノゼに，フェアチャイルド・セミコンダクタ社（以下，フェアチャイルド社）を設立した．

59年，フェアチャイルド社のロバート・ノイスと，テキサス・インスツルメンツ社のジャック・キルビーが，それぞれ単独で集積回路を実現する（図1）．

キルビーは，超小型の半導体部品を線でつなぐ回路を構成して，集積回路の概念を実証した．一方ノイスは，配線を含む微小な回路を半導体表面に作成する製造方法（プレーナートランジスタ技術）で，現実的な集積回路製造法を示した．ノイスの方法は，現在に続く基本的な集積回路製造方法である．両者は特許をめぐって，激しく争ったものの，現在では2人ともに集積回路の発明者とされている．

❖**シリコンバレーの形成**　現在，カリフォルニア州サンマテオから，同州サンノゼ周辺に至る細長い地域は，シリコンバレーと呼ばれ，パーソナルコンピュータ（パソコン）や情報家電の雄のアップル社のほか，代表的インターネット企業のヤフー社やグーグル社などが，同地に本社を置く．1930年代には，スタンフォード大学のあるパロアルト周辺には，すでに高性能真空管の製造，またはそれを利用する製品の製造を行う小規模企業の集積があったが，本格的にエレクトロニクス産業が集まるのは，39年ヒューレット・パッカード社が同所に設立されて以来である．

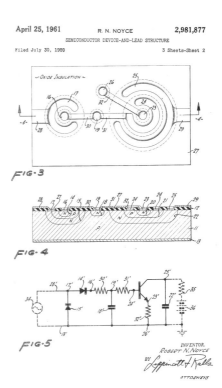

図1　ロバート・ノイスのICの特許図面の一部
[Intel Corporation]

　そして，50年代以降，上述のショックレーの研究所を皮切りに，半導体企業がこの地に設立され始める．60年代半ばには，フェアチャイルド社の経営が不安定となり，経営幹部や研究者・技術者が次々と離脱し，数多くの半導体関連企業を設立した．ノイスは，前出のムーアおよびアンディ・グローブとともに，インテル社を設立した．

　その後，フェアチャイルド社から分かれた企業をはじめとして，半導体企業とその関連企業が，この地域に多数誕生し，この地域は，60年代半導体材料の主流となった「シリコン」の名を冠して，シリコンバレーと呼ばれるようになった．

　シリコンバレーの企業間競争はきわめて熾烈で，人材の引き抜きやチップの盗用などが盛んだったため，先進的企業は，研究開発と製造設備の更新を盛んに進め，追随する企業へと流出した知識やチップを急速に陳腐化させる対抗策を取っ

た．この結果，ムーアの法則に見るような急激な技術進歩が起こった．

❖**パソコンの誕生とパソコン向けソフトウェア産業の始まり**　パソコンの登場にあたっては，制御・演算機能を一つの半導体チップ上に実現したマイクロプロセッサの発明が重要である．最初のマイクロプロセッサは，1971年インテル社が発売したIntel 4004である．これは電卓向けであった．

75年，零細なエレクトロニクス企業MITS社が，Intel 8080を使うコンピュータキット「アルテア8800」を397ドルで発売した．このコンピュータは基本機能だけで，ディスプレイなども付属していなかった．

当時ハーバード大学法学部の学生だったビル・ゲイツは，アルテア8800の可能性に賭け，その発売直後友人のポール・アレンを誘って，同機向けのBASICインタプリタ（プログラムを逐語的に解釈して実行するソフトウェア）を不眠不休で開発し，MITS社に販売（納入）した．

アルテア8800は，個人が購入可能な価格だったため，多数のホビイスト（娯楽のためにコンピューターを使う人々）が購入し，自分で改造を加えて周辺機器を増設し，BASICでコンピュータ・プログラミングを楽しんだ．ゲイツらはMITS社とライセンス料契約を結んだため，多額の収益を得た．その後彼らは，マイクロソフト社を創業する．一方，75年春，アルテア8800を楽しむアマチュア集団「ホームブリューコンピュータクラブ」が誕生した．

ところが，75年中には，アルテア8800を模倣したコンピュータキットが複数登場し，また，ホームブリューコンピュータクラブなどで，BASICを勝手にコピーして友人に渡す行為が広まった．ゲイツは，この風潮に激怒し，労力と資金を投入して開発したソフトウェアの複製行為を非難する声明を発表した．当時，コンピュータプログラムは法的保護がなかったものの，ゲイツをはじめとした声に押され，80年には，アメリカで著作権法による保護が決定された．

ソフトウェアの知的財産権の確立は，以後のソフトウェア産業隆盛の重要な条件となった．

❖**パソコンの家電化**　シリア系アメリカ人スティーブ・ジョブズは，1976年友人のスティーブ・ウォズニアックが手づくりしたパソコンの「アップルⅠ」を売り出し，8,000ドルの利益を上げた．投資家・経営専門家の手を借りて，77年，彼らはアップル・コンピュータ社を創業した．同年，ウォズニアックが組み立て不要のアップルⅡをほぼ独力で開発，それを売り出した同社は大きな注目を浴びた．84年に，同社はその代名詞となる一体型パソコンのマッキントッシュを発売する．ところが，

図2　iMACデスクトップコンピュータ（1998）［MoMA］

翌年ジョブズは，独善的な行動から経営者失格の烙印を押され，同社を追放された．ジョブズは 96 年 12 月同社に戻ると，シンプルで美しい外観で一般家庭に広く普及するパソコンを開発し，さらにデジタル情報家電（コンピュータを内蔵するオーディオビジュアル製品）と音楽配信サービスの領域を開拓した．

ジョブズは，アップルⅡを発売以来，パソコンは家庭電化製品の一つで，ダイニングやリビングで使用されるものとの構想を持ち続け，21 世紀初めには一般向けパソコンやデジタル情報家電などを実現した．また，独特の美学に基づき製品の企画とユーザビリティ（操作方法・使い勝手）を含むデザインを主導した．同社製品の一部は，ニューヨーク近代美術館（MoMA）に展示されている（図2）．

❖近未来— IoT と人工知能（AI）の展開　2016 年現在，ムーアの法則は，微細化による電力消費と製造コストの削減傾向が鈍り，陰りが見えてきた．そのため，脳を模倣するなど集積回路の構造の飛躍的な変化に加え，人工知能（AI：artificial intelligence）などのソフトウェアや，以下に見るようなコンピュータやインターネットの新しい分野への応用に期待が集まっている．

10 年代半ば，コンピュータチップを内蔵したさまざまな機器や装置をインターネットに接続して，新しい価値を生み出す試みが大きく注目を浴びた．複数の機器や装置を通信させて連携し，高度な処理を行わせる応用や，機器や装置から流れ込む実世界の大量のデータを収集・分析し，新しい価値を生み出す応用が行われている．インターネットに多様な機器・装置を接続して新しい価値を生もうとするこの試みは，「モノのインターネット」（IoT：Internet of Things）と呼ばれる．大量のデータの収集と処理・分析の試みは，ビッグデータと通称される．

人間の知性ではビッグデータ分析は追いつけないので，AI の活用が考えられる．また，AI に，実世界の大量の情報を統計解析させ，実世界の規則性や，事物や現象の特徴を学ばせる試みも盛んである．このような AI の学習は，深層学習（deep learning）と呼ばれる．グーグルの検索支援や翻訳などは，大量の検索語やインターネット上の文章などの分析から実現された，深層学習の典型的応用例だ．

2015 年，電気自動車の研究開発企業であるテスラモーターズは，自動運転車を発売した．自動運転のレベル（完全自動運転はレベル 4 以上）の基準から見ると，この自動運転はレベル 2（複数機能の自動化）で，まだ改善の余地は高いものの，巡航走行・衝突回避・車線変更などの自動運転機能は，大きな注目を浴びた．

AI の応用は自動運転車のほか，社会の各方面に及ぶと考えられ，人間の知的作業のうち単純なものは相当置き換えられ，数多くの職業が消えると，13 年ごろから話題になった．また，05 年，発明家レイ・カーツワイルは，45 年には，AI の応用で不老不死の超知性が登場するというシンギュラリティ論を唱えた．この風変わりな説は，アメリカ人の技術信仰の一変種と思えるものの，AI や IoT が社会へとますます浸透する近未来への期待と不安とをかき立てる．［大谷卓史］

研究開発

Research and Development

　研究開発とは，研究と開発という本来は別の意味を持つ言葉が合体したものである．研究は科学研究を元来は意味し，それは自然の構造を解明することを目指すものであり，特定の有用技術の創造を目指すものではない．しかし19世紀後半以降，科学の研究は多くの有用な技術を生み出すようになり，研究成果をさらに実用化させるための開発作業にも科学的知識を備えた専門家が取り組むようになった．「研究開発」という言葉が20世紀半ば以降に頻繁に使われ普及する背景には，このような科学と技術の接近，目的指向型の応用的な科学研究の急速な成長がある．

❖**第2次世界大戦における科学者の動員**　研究開発という言葉が最も典型的にまた象徴的に用いられている例として，戦時中に結成された科学技術者の動員機関である科学研究開発局（OSRD）をあげることができる．同機関は電気工学出身で研究機関の管理職を務めていたバネバー・ブッシュが中心になって組織した機関で，第2次世界大戦中に高性能のレーダーなどの戦争遂行に大きな役割を果たす兵器を開発することに成功した（図1）．OSRDには多くの大学の研究者が動員され，十数分野の部門に分かれて軍用技術の実用化に取り組んだ．

図1　バネバー・ブッシュ（左から3人目）とOSRDの指導者たち

　例えば，レーダーの開発に携わった部門の話がOSRDという組織の性格をよく表す．同開発部門にはコロンビア大学の物理学者イジドア・アイザク・ラビらが抜擢された．戦前の研究成果ゆえに戦中にノーベル物理学賞まで受賞したラビのような優秀な科学者らが，深く広い学識を駆使して技術の開発に腐心したのである．実際レーダーの開発は困難を伴った．マイクロ波と呼ばれる短い波長の電磁波を用いる当時のレーダーの開発には，そのような電磁波の正確な制御を理論上解明するという課題がそもそも課せられていた．そうした電磁波の共鳴現象は笛を吹いて音を出すのと同じようなものだと開発会議の場で述べたラビが，「OK，ラビ，じゃあ詳しく説明してみろ」と問われ，次の言葉が継げなかったという逸話が残っている．物理学の最新の研究課題を考究しながら直ちにその成果を実用化するという難しい課題にOSRDは立ち向かわねばならなかった．そのことをこの逸話は伝えてくれる．

❖**OSRDの影響と性格**　OSRDの成果を受けて高い評価を受けたブッシュは，

戦後の政府の科学政策を展望した『科学—無限のフロンティア』（1945）という
報告書を書いたが，その中には連邦政府による科学と医学の研究を助成すること
を強く推奨し，研究，とりわけ「基礎研究」の重要性を説いている．同報告の
「基礎研究の重要性」という一節には，次のように基礎研究と応用研究のそれぞ
れの機能が説かれている．「基礎研究は実用目的を考慮せずに取り組まれる．そ
れは自然や自然法則の一般知識や理解をもたらす．一般知識は数多くの実用問題
を解く手段を与えてくれる．基礎研究はそれらを解くことはせず，応用研究が完
全な解答を与えてくれることになる．基礎研究を行う科学者は研究の実用的な応
用にはまったく興味がないかもしれない．だがもし基礎研究が長い間蔑ろにさ
れていると，産業開発のさらなる進歩も次第に停滞することになってしまう．」
このような一節を含む同報告書は，戦後アメリカの科学技術の政策や計画を構想
していくに当たって大きな影響力を持つ文書になった．

❖**20世紀前半のアメリカ科学の発展と産業技術の連携**　OSRDは第2次世界大
戦を契機に創設された機関だが，第1次世界大戦にも同様の科学者が戦時に動員
され政府の科学政策を主導するための政府機関が設立されていた．その機関であ
る全米研究評議会（NRC）は，政府の諮問を受けて戦争遂行に必要な潜水艦探
知機などを開発することを諮問され，研究開発の成果を回答として提出していた．
このNRCの場合は政府や軍から要請を受けて研究開発に着手したが，OSRDの
場合は科学技術者たちがみずから限られた予算と時間の範囲で可能な軍事関連技
術を構想し，研究開発を組織運営する権限も与えられることになった．原子爆弾
の開発は，OSRDでは進められず，陸軍の管轄下で進められたが，そのような兵
器の構想と実現可能性の評価は専門知識を備える科学者によってのみなされるも
のだったわけである．

　研究開発がなされる場は，もちろん連邦政府の研究機関だけではない．科学者
の主たるホームグラウンドである大学，技術者を多数雇用している企業でも，各
種製品の製造につながる研究と開発が，20世紀の転換期から始まった．大学で
は科学研究ばかりでなく，産業技術の開発につながるような研究がなされるよう
になったが，その経緯背景には純粋科学志向の大学教員と企業と提携し応用研究
と技術開発を志向する教員との深刻な対立が存在し，その対立を乗り越えて両者
のバランスを取るようになったアメリカの大学の歴史的経験が存在する．20世
紀初頭におけるマサチューセッツ工科大学の歴史を繙くと，企業との提携で多く
の資金を導入するようになった応用化学の教員と，ライバルの純粋化学者の教員
らが他大学に移ることで研究レベルの低下が起こってしまったことを見てとれる．
その状況を打開するために，同大学では応用科学の教員の受託研究費を大学が
プールし，純粋科学の教員の研究教育費にあてるようになった．

　アメリカの大学の科学研究は20世紀前半に長足の進歩を遂げた．19世紀末に

おいてはやはりヨーロッパ，とりわけ英独仏の大学の科学研究が学界をリードしたが，第1次世界大戦後，多くのヨーロッパの科学者がアメリカに渡り，アメリカ科学界を牽引し，ノーベル賞受賞者なども輩出していくことになる．とりわけナチスドイツのユダヤ人迫害により，多くの優秀なユダヤ人科学者がアメリカに渡来したが，それはヒトラーの最大の贈り物ともいわれる（☞項目「アインシュタイン」）．

図2 ナイロンを発明したウォーレス・カロザース

　企業においても成果達成が不確かな科学研究になかなか予算を投じることができなかったが，20世紀以降最初はゼネラル・エレクトリック（GM）社やデュポン社などの大企業で，続いて多くの中小企業で企業内の研究所が設けられ，製品技術の開発につながる研究がなされていく．やがて企業研究所の所員の研究からノーベル賞につながる成果も出された．そして優秀な科学者を招聘(しょうへい)して進められた企業研究所における研究から，ナイロンやトランジスタなどの現代社会を一変させるような技術製品が生み出された（図2）．

　20世紀のアメリカの研究開発を支えた機関としては，ロックフェラー財団やカーネギー財団などの慈善財団の存在も忘れることはできない（☞項目「フィランソロピー」）．ロックフェラー財団は医学研究に多大な資金を提供し，ロックフェラー研究所は野口英世(のぐちひでよ)を擁したことで知られる．また同財団はアメリカの各大学の医学教育の刷新に貢献し，戦前にはアメリカだけでなくヨーロッパの科学研究も財政的に支援した．DNAの構造の発見へとつながる分子生物学研究の発展の背景には，そのようなロックフェラー財団からの支援が存在したことが知られている．

❖第2次世界大戦後の核兵器の研究開発　上述のように第2次世界大戦を契機として軍を含む連邦政府の役割は大きく増大していくことになり，相対的に慈善財団の存在は小さくなっていく．原爆とロケットの結び付いた核兵器の技術体系が戦略的に突出した重要性を持つことになり，政府の研究開発への支出もそれに直接間接に関連した分野に重点的にあてられていくようになる．原爆水爆やミサイルに直接結びつく技術だけでなく，ミサイルの金属材料，ミサイルを誘導するマイクロ波による誘導監視システム，センターで情報処理をするコンピュータなど，核兵器体系の裾野は膨大であり，それを担う各分野の技術と技術開発を後援する基礎研究が多大な資金を受けつつ進められることになった．1950～60年代までの東西が厳しく対立した冷戦の時代，アメリカの科学技術は軍事化される傾向があったといわれる．長距離電話における増幅技術向上のために軍事技術とは無関係に発明されたトランジスタは，冷戦下のアメリカにおいてミサイルに搭載されるよう高温や放射能にも耐えられるよう開発されたが，そのような軍事技

とは縁のない日本ではラジオやテレビなどの民生技術用にコストの低い効率的なトランジスタが開発されたとされる．過度な軍事化がアメリカの研究開発体制をゆがめた例といえるだろう．

その中で国防高等研究計画局（DARPA）と呼ばれる資金提供機関の存在は異色である．スプートニクショック後に設立された国防総省内の先端的な科学技術研究を支援する機関であり，中堅の研究者に高額の研究資金を提供した．この機関からは多くの技術的成果が生まれたが，その中で最も顕著な例はインターネットの基本技術である（☞項目「インターネット」）．

❖80年代以降の民生産業重視の政策 戦後日本の製造産業が成長しアメリカへの輸出が大幅に増大する1970年代になると，自動車などでアメリカの市場が日本製品で席巻されるようになっていく．それまで連邦政府は国防産業を除き特定の産業における研究開発への支援を控えてきたが，80年代になると民生産業（非軍事的な民生用製品を製造する産業）にも積極的な支援をするようになっていく．その象徴的な政策転換が80年に定められた「バイ・ドール法」で，それまで連邦政府の資金による研究開発から生まれた成果は連邦政府に帰属していたが，同法により成果を生み出した研究者が特許を取得することができることになった．また高度に発展した軍用の技術を民生用技術に転換したり，両者が共に研究開発するために「デュアルユース」という概念も使われたりしてきている．

研究開発は必ずしも研究から開発へ一方向的に進行するものではない．時には開発の過程から研究の課題が生まれてくる場合もある．アメリカの事例ではないがフランスの科学者ルイ・パスツールが発酵現象の研究から微生物学という新しい科学研究分野を生み出していったように，科学研究と技術開発とは時には逆方向の影響関係も含む双方向の影響関係を持つものであることが明らかにされている．ドナルド・ストークスの著作『パスツールの象限』（1997）は，当初は実用技術の開発を目指して着手されるが，その過程で重要な科学的発見を生み出すような研究も歴史的に存在してきたことを説いている．20世紀のアメリカの研究開発を俯瞰すると，そのような有用な技術を求めることで新しい自然現象の科学的発見が導かれ，それにより技術開発も進展する事例が多く存在する．ウィリアム・ショックレーらによるトランジスタの発明はそのようなものの典型例といえよう（☞項目「エレクトロニクス」）．

資源の利用や市場の拡大が以前よりも強く制約を受ける中，経済成長の手段としての技術革新への期待が高まり，研究開発へも多くの資金が流れ込み，新技術の創成がなされようとしている．21世紀になり今日の社会は以前とは異なることを科学技術に求めようとしている．技術開発とその母体となる科学研究は，そのような社会の需要の変化に応じて以前とは異なる課題が追求され，領域が開拓されていくことだろう． ［橋本毅彦］

自動車

Car / Automobile

　「自動車はヨーロッパで生まれ，アメリカで育った」という言葉に，自動車の初期の歴史は要約される．「軽く，バネの利いた車輪付きの運搬車，効率的な小型の駆動装置，そして硬く舗装された道路の組み合わせ」(Flink, 1988) である自動車というアイデアは，19 世紀後半にヨーロッパで，そしてアメリカでも徐々に実現していった．アイデアが出され先駆的な車両が出現すると，オートモービル（自動車）という言葉が誕生した．この言葉がアメリカで定着する背景にはニューヨークの上流階層が存在した．フランス語由来のこの言葉は 1895 年にアメリカで初めて使われ，99 年には全米で使われるようになった．

　金ぴか時代と呼ばれた 19 世紀の終盤，自動車を購入したのは主にニューヨークの上流階層の人々だった．そして，彼らに話を聞いた当時創刊されたばかりの自動車専門誌の編集者や執筆者たちが，オートモービルという言葉を社会に普及させていった．このように，車時代の黎明期，一群の先見的な技術者，発明家，機械工作の名工に製品の購入者が加わるかたちで，車の文化的位置付けや用語の選択が進められたのである．

❖**自動車発展の第 1 期―富裕層の遊具**　アメリカにおける自動車は地位と階級と自由の概念に深く関わる．その歴史は三つの時期に区分できる．1908 年頃までの先駆的な真鍮の時代と呼ばれる第 1 期では，自動車はもっぱら富裕層の遊び道具だったが，内燃機関が蒸気や電気の技術を退けて定着した．

❖**自動車発展の第 2 期―自動車の黄金時代**　第 2 期は 1908 年のフォード T 型車の導入と大量生産の誕生に始まる（図1）．T 型車は 10 年から 20 年代初期まで時代を席巻し，量産に伴い効率性も向上していった．しかしこの時期には事業への参入も容易で，数百にも上る自動車製造業者が登場した．ほとんどのアメリカ人が自動車を愛用するようになり，農村では馬に代わって頑丈な T 型車が田舎社会を孤立から解放した．

　この受容の時期に続き，20 年代の繁栄の時代に自動車は広く普及していく．その時代，鋼鉄製の箱形の車が都市の住民に好まれた（☞項目「車社会」「交通インフラ」）．ゼネラル・モーターズ（GM）社はいわゆる柔軟な生産方式を導入し，信用販売を活用した．29 年

図1　大量製造されたフォード T 型車の車台
[Ford Moter Company]

は6人中1人の割合で国民が自動車を所有するようになる．自動車の普及は，アメリカの社会的・文化的・経済的制度の再編をもたらした．20年代に登場した自動車製造業者のほとんどは30年代末には廃業し，第2次世界大戦にはフォード・モーター，GM，クライスラーの3社がアメリカ市場の9割を独占した．

アメリカにおける自動車の黄金時代は第1次世界大戦から60年代末まで続く．だが30年代には自動車産業は技術革新の勢いを失い，駆動部やシャーシ（枠組み）の細かい技術改良が毎年のモデルチェンジを補完するだけで，車体が長く低く大きく，しばしば燃費の悪い車を生み出していった．

❖**自動車発展の第3期—安全性，大気汚染，エネルギーへの関心**　外国の輸入車の数は1950年代までとるに足らなかったが，60年代末以降アメリカ市場で重要な役割を果たすようになる．それと同時に自動車はもはや経済成長や社会進歩の源泉と見なされなくなり，むしろ社会的・経済的問題の原因と見なされるようになる．自動車への国民的な親愛感情が薄れ，安全性・大気汚染・エネルギー問題への懸念が膨らんだ（☞項目「エネルギー多消費社会」「有害物質と対策」）．

連邦政府は立法府としての新しい役割をとり，アメリカの自動車史におけるこの最後の時代を仕切った．ワシントンの行政家たちは一時期ほぼ自律的だった自動車産業を規制するようになった．66年の「全米自動車安全法」が先駆となった．68年に施行したこの法律により，シートベルト，サンバイザー，ダッシュボードなどがアメリカで販売される車に新しく装備された．同様に「自動車大気汚染規制法」が60年代半ばに可決され一酸化炭素と炭化水素の排気を規制したが，71年に改正され気化したガソリンも含まれるようになった．さらに「連邦大気浄化法」(1970)と排気ガスの条項が制定され，新設の環境保護庁の下で施行された．

73年と79年のエネルギー危機は，アメリカ自動車産業の衰退と外国企業との熾烈な競争を招く決定的要因となった．80年代初頭のホンダのオハイオ州進出に始まり，日本企業は組立工場をアメリカに建設することで輸入自主規制に応じた．続いてドイツ企業も各地に組立工場を建設した．その後もフォード・モーター社とGM社は，小型トラックの製造と中国での操業に踏み出すことで利益を上げ続けた．

しかし2008〜09年の不況はアメリカの産業を根底から揺さぶった．GM社とクライスラー社は倒産とリストラを避けるべく政府の支援を受けた．現在自動車産業は不況から立ち直り，革命的変革の際に立っている．電気自動車と自動運転車が技術を先導するが，これらの変化を牽引するのはデトロイトではなく，テスラ・モーターズ社が所在するカリフォルニアである．新技術が十全に実現されるか推測の域を出ないが，石油枯渇と気候変動への懸念からその将来が期待されている．

［ジョン・A. ハイトマン著，橋本毅彦訳］

電　気

Electricity

　電気は物理現象の一つであり，人類はこれを通信，照明，動力，放送，情報処理などに用いてきた．科学研究・産業の展開全般において特異な役割を果たしてきたアメリカは，電気の研究・利用についても独自の展開を見せている．

❖**初期の電気研究**　アメリカ植民地は，ヨーロッパからは文化不毛の地と見なされていたが，18世紀半ばにはベンジャミン・フランクリンによる画期的な電気の研究が発表され認識を改めさせた．フランクリンは電気の二流体説に反して一流体説を唱えて実験結果を1751年に発表し，翌年には同説に基づいて避雷針の実験も行ったほか，雷雲の電気をライデンびんに集め，これが摩擦によって生ずるものと同じであることも示した．また，電磁石を研究したジョセフ・ヘンリーは，1830年に自己誘導を発見し，発表は遅れたもののイギリスのマイケル・ファラデーと独立に電磁誘導も発見した．電磁石は後に電信機・継電器・ベルといった応用を生み，またヘンリーはサミュエル・モールスの電信機製作に協力している．

❖**電気による通信の始まり**　モールスが電信機を発明したのは1837年である．40年代にはイギリスで鉄道の発達とともに電信が普及し，55年にはアメリカ大陸とヨーロッパの間に大西洋横断海底電信ケーブルが敷設された（1858年開通）．アメリカでは，南北戦争中に特に連邦軍によって電信が用いられ，2万5,000キロメートルの電信線が敷設されている．南北戦争後，商品や株式の取引に用いられたこともあって電信網はさらに拡大し，電信手が大陸の各地を渡り歩いた．

　76年にはグレアム・ベルとイライシャ・グレーが電話機を発明し，電気による音声の伝達が始まった（☞項目「発明」）．電信局から送信し配達夫を介して受信する電信に比べ，加入者が直接話のできる電話は便利であり，接続を切り替える交換が必要であるなど，設備や人手を多く要するにもかかわらず，普及は早かった．89年にはアルモン・ストローガーが自動交換機の特許を取得し，自動電話交換も普及していった．

❖**電灯と電力**　電気による照明には初期には光の強いアーク灯が用いられたが，1878年以降，白熱電球がイギリスのジョセフ・スワンとアメリカのトマス・エジソン（図1）によって発明され，炭素フィラメントの利用などにより改良が進むと，これが用いられるようになった．電灯事業は，発電・送電から課金に至るまでの事業体系が支えたが，発明家エジソンはその創

図1　トマス・エジソン
　　（1922年頃）

始者でもある．ただし直流システムに固執した彼の会社は，大規模化に有利な交流システムを採用した会社に吸収され，その結果誕生したゼネラル・エレクトリック（GE）社は，電話事業に起源を持つベル電話会社とともに，20世紀には巨大企業に成長した．交流システムの誕生により長距離送電が可能になり，96年にはナイアガラの水力発電所からバッファローまでの送電が行われたが，この設備はGEに次ぐ総合電機会社に成長することとなるウェスティングハウス社が供給した．電気を動力として用いる電動機（モーター）は30年代には知られていたが，電灯用の送配電が行われるようになってから利用と改良が進展し，また，87年にフランク・スプレーグがリッチモンドで試運転を行った市街電車は，90年代中には都市に普及した．

❖**20世紀前半の展開**　20世紀前半の電気技術は無線電信と真空管によって特徴付けられる．このうち真空管はアメリカで発明・改良され，電流の検波・整流・増幅・発信を可能にした．無線電信の原理に基づき真空管で一般向けに電波を発信すればラジオ放送ができるが，1920年には，ピッツバーグに連邦政府の認可を受けた放送局が誕生した．第1次世界大戦中に軍事上の重要性の高い無線技術が普及したこともあり，20年代には700局以上のラジオ放送局が誕生し，33年までにはアメリカの家庭の82％がラジオを持つようになった．電気の利用が家庭にも広がっていったのは，電機会社が少数であったためにアメリカでは電気技術の標準化が早く，10年までには，ほぼ全土で60ヘルツ・120ボルトの電流が利用できるようになっていたためでもある．家庭で利用されたのはまず電灯であり，扇風機も1880年代から使われた．1900年には市販の交流電動機がミシンや洗濯機のために使われ，次いでトースター，アイロン，電気ポット，ヘアカーラーが現れた．30年代には大恐慌後の販売競争の結果，電気冷蔵庫の値が下がり，自動電気洗濯機も現れた．41年にはアメリカの家庭の79％が電気アイロンを，52％が動力付き洗濯機と冷蔵庫を，47％が真空掃除機を持っていた．

❖**原子力とトランジスタ**　第2次世界大戦中，アメリカは原子力の軍事利用に成功し，その過程で原子炉も実現させた（1942）．1954年には原子力の平和利用（☞項目「科学者と核問題」）のために原子力法が施行され，57年には初の商業炉が運転を開始した．以後，67年には29基，72年には38基が発注され，第1次石油危機（1974）ではその重要性が注目されたが，79年にスリーマイル島で炉心溶融事故が起きると原子力発電所の新設は行われなくなった．ただし原子力の発電量は80年代には石油・天然ガス・水力を超え，90年代以降も総発電量の約2割を供給し続けている．大戦後の電気技術を一変させたトランジスタ（☞項目「エレクトロニクス」）もまたアメリカを代表する電機会社のベルの傘下にある研究所で48年に発明され，真空管に代わって用いられたほか，電気回路の小型化・集積化を可能にし，計算機・通信機器などの大発展をもたらした．　　　［岡本拓司］

鉄道

Railroad

　民間の複数の会社によって構成されるアメリカの鉄道網は，1830年代から操業を始め，19世紀前半を通じて総マイル数を伸ばしていった．その過程で鉄道は，道路や運河など他の交通手段を凌駕し，主要な陸上交通手段となる．ただし，ゲージ（軌間）の不統一や橋梁の不足といった接続上の問題を残す，大規模ながら未完のシステムであった．

　❖**南北戦争と鉄道**　このような鉄道網が初めて本格的に軍事利用されたのは，南北戦争中（1861～65）のことであった．1862年1月にアメリカ北部では，大統領の鉄道・電信接収権限法が制定され，合衆国軍事鉄道局（USMRR：United States Military Railroads）が創設された．未完の鉄道システムを有効利用するためだが，鉄道国有化の途が開かれたのである．だがUSMRRで実権を握ったハーマン・ハウプトは，鉄道の接収よりも，鉄道運営原則の確立やUSMRRの組織改善に尽力した．

　63年のゲティスバーグの戦いでもハウプトは，路線をさほど長期間接収せず，ロバート・リー将軍が率いる南軍の動向を電信で通報したり，輸送業務に従事したりしていたのである．翌64年には北軍のウィリアム・シャーマン将軍が，南部の鉄道を利用しつつ深南部に進軍し，終戦のきっかけをつくった．

　このように南北戦争では，鉄道の軍事利用が全米で本格化する．しかし，65年の終戦時にUSMRRが管理していた鉄道の総延長は，全米の鉄道網の約6%にすぎなかった．つまり戦時中でも，鉄道国有化の完成は見られなかったのである．

　❖**大陸横断鉄道**　南北戦争がアメリカを南北に再統一する一方，大陸横断鉄道はアメリカの東西を結び付ける役割を果たした．全米最初の大陸横断鉄道は，南北戦争中の1862年7月の法律で建設が決定される．戦時中の財政難と南部選出議員らの不在で，建設予定地が戦前より迅速に決まったからである．建設方法は，西海岸からセントラル・パシフィック鉄道会社が，大陸中央部のミズーリ河畔からユニオン・パシフィック鉄道会社が建設を始め，途中でつながるというものであった．

　これら両社に対して連邦政府は，沿線の広大な公有地を譲与し，多額の資金援助を実施する．その結果，69年にユタ州のオマハで両社は合流し，金の犬釘が打ち込まれた．

図1　現在もカルトレインの駅頭に残るサザン・パシフィック鉄道の社章．なお同社は，1996年にユニオン・パシフィック鉄道に合併されて現存しない［筆者撮影．2009年3月20日］

大陸横断鉄道の完成である．アメリカ大陸の東西両岸を結び付けて欧米亜諸大陸間の交通路の一環とする大陸横断鉄道の建設は，80年代以降も続く．例えば，サザンパシフィック鉄道やノーザンパシフィック鉄道，グレートノーザン鉄道などが建設されたのである（図1）．

なお80年代にこうした鉄道網の整備にともなって，鉄道の標準軌（4フィート8インチ半）や地域別の標準時が普及した．また80年代に，近代的な冷蔵車両が導入されたので，シカゴで加工・包装された食用の牛肉を全米に広く運送できるようになった．これらの路線は，特に貨物輸送用として，今なお重要な役割を果たしている．近年では，コンテナ無蓋貨車や二段積みコンテナ貨車が，長距離輸送で活用されている．

❖アムトラック　鉄道網が国有化・国営化されるのは，上述の南北戦争中や，（鉄道庁を設置した）第1次世界大戦中のような戦時中に限定されてきた．しかし1945年に終わった第2次世界大戦後，鉄道産業は，自動車産業と競合しはじめた戦間期よりさらに斜陽化し，旅客・貨物列車数が共に減少していく．大戦後，特に60年代に普及してきた自動車やトラック，飛行機との競争がその妥因とされる（☞項目「自動車」「航空産業」）．

そこで民間の大手鉄道会社は，多くの合併によって斜陽産業化の流れを食い止めようとしたが，それも失敗した．例えば，70年には（共に有名だったペンシルベニア鉄道とニューヨーク・セントラル鉄道が合併した）ペンシルベニア・セントラル鉄道会社が，破産申請をしている．そこで同年にリチャード・M.ニクソン大統領は，「全国鉄道旅客公社設立法」にサインし，翌71年5月に（通称）アムトラックが開通した．平時にもかかわらず政府の助成金で運営され，全国に広がる域内の民間各社には路線使用権を賃貸する半官半民のアムトラックは，経営形態の点でアメリカ史上稀有の存在といえる．ただし70年代にはまだ，歳入が歳出の半分程度という赤字経営が続いた．

❖高速鉄道計画　アムトラックの赤字が1980年代にやや縮小した一因には，この公社が鉄道のスピードアップを図ったことがあげられる．当時，ニューヨーク－ワシントンD.C.間の旅客が，航空機よりアムトラックを好んだほどであった．このように19世紀の「古い技術」と称される鉄道が，自動車や航空機など新しい技術と互角に競争するためには，何より高速化が求められた（☞項目「交通インフラ」）．500マイルまでの距離なら高速鉄道は，サービスの点で航空機に対抗できるし，安全性の点でも他の交通手段に優っていたからである．そこで例えばカリフォルニア州では，サンフランシスコとロサンゼルスを結ぶ約520マイルの高速鉄道路線を州政府が認可した．しかし，予算の制約と反対運動のために実際の建設は遅れている．このように高速鉄道計画をめぐる実状は，いまだ厳しいものといえよう．

［布施将夫］

航空産業

Aviation Industry

　航空産業は，現在においてもアメリカ製造業の基幹を占めている．しかし，1903年にライト兄弟による初飛行の成功にもかかわらず，初期のアメリカ航空産業は，中小メーカーの乱立と競争，特許問題が足枷（あしかせ）となり，ヨーロッパ諸国に遅れを取っていた．第 1 次世界大戦が勃発し，ヨーロッパ戦線で軍用機の需要が高まったが，輸出されたアメリカ製航空機の性能の悪さが問題となった．事態を重く見た連邦議会は，15 年の海軍予算に航空技術開発費を盛り込み，航空技術諮問委員会（NACA）の設置をうながした．国家的な航空技術の諮問機関 NACA の役割は，後に，航空宇宙技術開発を担うアメリカ航空宇宙局（☞項目「NASA」）に引き継がれることになる．

図1　第 2 次世界大戦中に用いられた輸送機 C–54 型機（DC–4）［アメリカ国立公文書館］

❖**戦間期における軍事・民間航空**　アメリカ航空産業は，戦間期に軍事・民間航空を両輪として軍民両用技術（デュアルユース）を発展させた（☞項目「研究開発」）．1920 年代に共和党政権が航空行政に果たした役割は大きかった．軍事航空の分野では，26 年に自律的な陸軍航空隊（AAC）が創設されることになり，独自の航空機開発計画を発展させることになる．また民間航空の分野では，25 年に「航空郵便法」が，26 年に「航空商業法」が成立し，郵政公社の主導の下で航空郵便・航空旅客事業の育成が図られた．郵政公社は，契約を結んだ航空会社に補助金を支払った．これにより，アメリカン航空，ユナイテッド航空，TWA 航空，イースタン航空などの四大航空会社が国内のインフラの整備を担った（☞項目「交通インフラ」）．また 27 年には，パンアメリカン航空が国際線の運航を開始した．航空産業は，大恐慌の最中においても，唯一，成長が期待できる分野として，また国際情勢の悪化とともに活気を取り戻した．

❖**全金属製大型長距離航空機の開発**　全金属製機体，与圧キャビン，ジェットエンジンという現代にも応用されている軍民両用技術のうち，ジェットエンジン以外が 1930 年代に実用化された．AAC は，沿岸警備のための防衛空軍よりも，ハワイ，フィリピン防衛のため太平洋上を広範囲に哨戒（しょうかい）でき，また敵艦隊や敵国への攻撃を可能にする戦略空軍の建設を目指し，長距離爆撃機の開発を求めた．結果，マーチン，ダグラス，ボーイングなどの航空産業が受注をめぐって激しく競争し，ボーイングが開発した B–17 爆撃機が受注を獲得した．民間航空部門でも，

天候にも左右されにくく燃費効率のよい長距離高高度飛行が可能な性能が求められた．流線型の機体を実現したダグラス航空の DC-3 は，本格的な旅客事業を可能にして収益性を高めることで，政府の郵便助成に依存してきた航空会社の自立をうながした．だが，より革新的な技術の搭載に成功したのは，B-17 の機体を民間転用し，かつ地上と近い気圧を維持できる与圧キャビンを持ったボーイング 307 型機であった．同機は，商業的には成功しなかったが，高高度の飛行に耐え得る与圧キャビン技術は，B-29 爆撃機にも導入されることになり，以後，あらゆる航空機で用いられている．

❖**第 2 次世界大戦期における躍進**　1930 年代における軍事・民間航空の要請に応えたアメリカ航空産業は，第 2 次世界大戦の勃発によって量産体制を整えた．ボーイング B-29 などの爆撃機，ノースアメリカンの P-51 などの戦闘機，ダグラスの DC-4 などの輸送機が，政府との契約の下で，航空機エンジンを製造する自動車産業，全米の下請け工場，男性に代わって軍需工場に勤務した女性工員たちを動員して軍用機が製造された（図 1）．航空機生産数も，43 年には約 8 万 6,000 機，44 年には約 9 万 6,000 機に及んだ．これらの航空機は，米陸海軍に納入され，また「武器貸与法」を通じて連合国に貸与された．41 年に AAC から再編された陸軍航空軍（AAF）は，空軍力の増強とともに，民間航空会社のすべてを動員して空輸力をも拡大させた．この戦時の拡張にもかかわらず，航空産業は，戦争終了直後における急激な生産縮小に見舞われた．

❖**冷戦期から現代の航空産業**　米ソ冷戦の時代に突入すると，大戦中に開発されたジェットエンジンの実用化とともに，航空産業はアメリカ国内のみならずヨーロッパ諸国の航空産業との競争にさらされた．さらに 1950 年代に，航空産業は，米ソ間の核軍拡競争とミサイル，人工衛星の開発競争によって，航空宇宙産業への転換を迫られた．57 年のソ連によるスプートニク打上げの成功後，連邦議会は 58 年の「国家航空宇宙法」を可決して NASA を設置した（☞項目「NASA」）．他方，民間航空部門でも動きがあった．56 年に起こった TWA 機とユナイテッド機の衝突墜落事故を受けて 58 年に「連邦航空法」が可決され，安全基準の設定や事故原因調査を行う独立組織，連邦航空局（FAA）が設置された．航空産業は M&A（合併・買収）などによって再編を繰り返し，マクダネル・ダグラス，ロッキード・マーチン，ボーイング，ジェネラル・ダイナミックスが NASA や軍からの受注競争に加わった．ロッキード・マーチンが軍用機に焦点を絞る一方，そのなかでボーイングは民間旅客機製造を強化し，ボーイング 747 などの名機を開発した．冷戦終結後，航空産業にも合理化の波が押し寄せ，97 年にボーイングは，マクダネル・ダグラスを合併して軍事部門を強化し，巨大航空宇宙企業になった．2015 年に創業から 1 世紀を迎えたボーイングは，ヨーロッパのエアバスとグローバルな民間旅客機の受注競争にしのぎを削っている．　　　　　［高田馨里］

発 明

Invention

合衆国憲法の第1編には連邦議会に付与された権限の一つとして，特許を発明家の権利として保障するという項目がある．「著作者及び発明者に対し，それぞれの著作及び発見に対する排他的な権利を一定期間保障することにより，科学及び有能な芸術の進歩を促進すること.」(合衆国憲法第1条8節8項)

図1 《進歩の人々》(1862)

❖ **建国の父祖としての発明家たち** アメリカにはギルド（ヨーロッパの職人たちを管理していた制度）が存在しない．そのような社会で技術者に改良や発明を奨励するために，特許の制度が建国時から明確に定められたわけである．そのためにアメリカには多くの発明家が登場し，新発明を生み出してきた．1862年に画家クリスチャン・シュッセルの描いた《進歩の人々》という集合肖像画は，19世紀前半に活躍したアメリカの発明家を一堂に集めて描かれている（図1）．そこには19人の発明家（と科学者）が登場する．モールス符号のサミュエル・モールス，加硫し弾性を高めたゴムを発明したチャールズ・グッドイヤー，刈取り機を発明したサイラス・マコーミック，拳銃を発明したサミュエル・コルトなど．その19人の発明家を見守るようにして，ベンジャミン・フランクリンの肖像画が絵の中に描かれている．絵を見る者は，その絵から建国の父祖たちの集合肖像画を連想し，アメリカ社会にとっての技術者が果たした重要な役割を思い起こすことだろう．

❖ **発明家兼事業家としてのエジソン** 南北戦争が終了した1860年代半ばから20世紀初頭にかけてはアメリカの工業が飛躍的に成長して，旧世界を産業経済の面で乗り越えていく時代である．その時代を象徴する発明家としてトマス・エジソンがいる（☞項目「電気」）．1,000以上の特許を取得したというエジソンの生涯を追うと，この時期の発明家の在り方と特徴を知ることができる．この時代は電気を活用した技術と産業が大きく成長した時代で，炭素フィラメントを用いた白熱電球をつくり出したエジソンはその技術で特許を取得している．彼はメンローパークに「発明工場」と呼ばれた実験施設を設け，そこで電気照明や発電送電のための器具装置の開発を助手と協力して進めた．特許はその成果であり，その特許を得た後は電気事業の創業と経営に乗り出していくようになる．このように発明家の仕事は，技術要素を組み合わせた発明そのものだけでなく，助手を務める職人や技術者との共同研究作業の推進，銀行家や投資家からの資金の調達，電気

の発電送電や電球の製造販売を担当する企業の創立と経営など，多岐にわたった（☞項目「電気」「企業家精神」）.

電気事業に続き，エジソンはみずから発明した蓄音機と音楽などを録音した蝋管の製造販売に乗り出していく．メンローパークからウェストオレンジという場所に移り，その実験研究施設で関連する技術の開発と製品の製造に取り組んだ．蓄音機の開発に当たってはテープ式，ディスク式，シリンダー式の録音再生装置を構想し，シリンダー方式の蓄音機を製造していくことに決定している．彼はその後，映画（活動写真）の開発にも取り組み，フィルムを断続的に停止走行させる機械装置を発明したりした．発明や改良にあたってはエジソンの機械装置を工夫・考案する才能が発揮されるとともに，助手の職人やコンサルタントの科学者の技能や知識に依拠して作業が進められている.

エジソンの電気事業から生まれた企業がゼネラル・エレクトリック（GE）社である．GE社は1901年に研究所（GERL）という組織を創設し，大学の研究者を招聘し電気照明器具の改良を図った．その結果タングステン・フィラメントが研究者のウィリアム・クーリッジによって発明されることになる．このことはエジソンが全面的な指揮の下で発明品を生み出した「発明工場」から，大学出身の科学者たちの共同作業によって技術革新がなされていく企業研究所へと，発明の母体が変化していったことを意味している（☞項目「研究開発」）.

❖**20世紀の発明家群像**　2000年になり図1と同様の絵が描かれて，『アメリカ発明と技術の遺産』誌に掲載された．そこには20世紀に入り重要な発明を生み出した20人ほどの発明家が描かれているが，この新しい集合肖像画では，ライト兄弟などの技術者とともに，コンピュータの発明に関わったジョン・フォン・ノイマンらの科学者が多く含まれていることが特徴である.

全米発明家殿堂という組織がある．1973年に創設されたその非営利団体は偉大な発明家を顕彰することを目的とし，2016年現在で500人以上の発明家が選ばれている．国外の発明家も選ばれているが，アメリカの特許を有することが要件になっている．最初に選ばれた人物はエジソン，さらに電話の発明者グラハム・ベル，トランジスタを発明した3人の物理学者ウォルター・ブラッテン，ウィリアム・ショックレーらが選ばれている.

19世紀から今日に至るまでの特許の統計を俯瞰すると，各分野の発明数の分布とその推移を知ることができる．20世紀初めに認可された新種植物への特許は，その後認可の範囲が広げられた．80年に原油を分解する微生物を発見したGE社のアナンダ・チャクラバティに対して特許が認可されて以来，バイオ特許の領域は近年さらに拡大する傾向にある.

アメリカ特許庁は1975年から新商標の登録も管轄するようになり，特許商標庁（IPTO）と改称し今日に至っている． 　　　　　　　　　　　　［橋本毅彦］

博物館

Museum

　アメリカの都市や田舎を歩くと，至る所で博物館に遭遇する．例えばシカゴのオヘア国際空港にはフィールド自然史博物館の巨大なブラキオサウルス骨格標本が屹立する．博物館は非営利団体，営利団体，大学，あらゆるレベルの政府（連邦政府，州政府，市町村，郡など）によって運営されている．博物館は運営形態から内容まで，実に多様であり，気軽に出かけて知的冒険を楽しむ人気の場所となっている．博物館入館者は毎年約8億5,000万人おり，これは，野球のメジャーリーグを含むすべてのスポーツ視聴者とテーマパーク数入場者より多いほどである．アメリカ博物館協会によれば，博物館はまた，大学の研究者や教授を抑えて，最も信頼できる情報源としても認識されている．ものを見て世界の驚異に触れ，知識を増やすというアメリカの博物館文化は，見ることに対するアメリカの人々の思い入れの深さを物語る．自然史，人類学，科学技術，自然センター，樹木園・植物園，動物園，水族館，プラネタリウムなどの科学技術の博物館や科学センターについても，アメリカ人は他国の人より頻繁に行くとされる．

❖アメリカ最初の博物館　ヨーロッパでは，王侯貴族や教会などの旧勢力が収集したコレクションを，国の宝，あるいは国民的資産として誇り，公開・保存するようになった．一方，歴史の浅いアメリカでは伝統的に形成されたコレクションは存在せず，公衆教育が国家の繁栄につながるという信念の下，人々が持ち寄った資料を礎に創設されていく．最初の博物館は，共和制初期，啓蒙の時代の1773年，南部の港町チャールストンにて人々の協力の下に誕生した．一方86年にはフィラデルフィアの肖像画家チャールズ・ウィルソン・ピールが公衆の娯楽のためと称して自宅の画廊を開放し，独立革命の英雄の肖像画とともに，アメリカで随一の動植物，化石，鉱物など，自然史標本を解説ラベル付きで入場料を取って公開した．これがアメリカ最初の民間博物館とされる．こうしたピールの革新の裏には，アメリカ建国の父祖（☞項目「建国神話」），ベンジャミン・フランクリンやトマス・ジェファソンらの支援があった．ピールはまた，ニューヨーク州でアメリカ固有の絶滅種マストドンの骨を発掘，展示した．ピール博物館は，科学知識を公衆にとって面白く接しやすいものにするというアメリカの伝統の草分けとなった．しかしながら，結局は経営に行き詰まり，収集標本も散逸した．

❖スミソニアン協会　2009年にヒットした映画《ナイトミュージアム2》は，原題に《*Night at the Museum : Battle of the Smithsonian*》とあるように，スミソニアン協会が舞台となった（同シリーズ1作目の舞台はニューヨークのアメリカ自然史博物館）．スミソニアン協会は，1846年，イギリス人科学者ジェームズ・

スミソンが「知識の向上と普及」のためにアメリカに寄贈した遺産，約50万ドルを基に設立された．当時，政府探検隊が持ち帰ったアメリカや世界各地の大量の標本はワシントンの特許局に保管されていた．その中には，鎖国中の日本の浦賀に53年来航したマシュー・ペリーが持ち帰った日本コレクションも含まれる（☞項目「黒船」）．55年に最初の建物，スミソニアン協会ビルディング（ザ・キャッスル）が完成すると，58年にこ

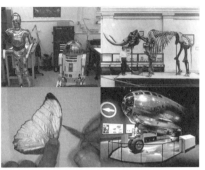

図1　スミソニアンの博物館展示

れらの政府コレクションが同所に移管され，博物館内に展示された．ここにアメリカ最初の国立博物館が誕生する．なお，60年の万延元年遣米使節団が訪れたこの博物館は，日本人が公式に実見した最初の西洋博物館である．

❖**世界最大の博物館・研究所群**　今日，スミソニアン協会は，国立自然史博物館（1910年設立），国立航空宇宙博物館（1976年設立），国立アメリカ歴史博物館（1964年設立の国立歴史技術博物館．80年名称変更）をはじめとする19の博物館・美術館，動物園および9箇所の研究所からなる，世界最大の博物館・研究所群である（図1）．その多くは，ワシントン記念塔から国会議事堂に至るナショナルモールを中心とするワシントン首都圏にあり，二つの博物館はニューヨーク市に位置する．博物館はクリスマスを除いて年中無休で，ワシントンの博物館の入館料はすべて無料であり，2016年の入館者は3,000万人に上る．スミソニアン協会は，1億5,600万点の標本を所蔵し，国家の屋根裏部屋としても知られる．驚くことに，博物館に展示されている資料は，その1％にすぎないという．また，スミソニアン全標本の90％が自然史博物館の科学標本である．同協会は，公衆教育やサービスのほか，先端研究も推進し，研究助成の事業も行う．なお，スミソニアン協会は，アメリカ航空宇宙局（NASA）と同様，連邦政府の独立機関である（☞項目「NASA」）．

❖**今後の展望**　一方，博物館は，テンプル（評価の定まった至宝を拝みにくる神殿）からフォーラム（未知なるものに出会い，議論が始まる場所）へと変貌を遂げてきた．戦後50年の1995年，国立航空宇宙博物館は，広島に原爆を投下したB-29爆撃機エノラ・ゲイを中心に，広島・長崎の被害も併せて展示する「原爆展」を企画した．最終的に当初の企画は頓挫し，館長も辞任に追い込まれた．この議論は，博物館展示の政治性を端的に示すものである（☞項目「戦争の記憶」）．21世紀の博物館は，人間と自然界との関わりを再考し，生物多様性や温暖化など地球規模の課題を議論する場になっていくだろう．　　　　［財部香枝］

アインシュタイン

Albert Einstein

アルベルト・アインシュタイン（図1）は20世紀を代表するスイス・ドイツの物理学者であり，アメリカに亡命した．1939年，ユージン・ウィグナーとレオ・シラードに勧められ，原子力エネルギーの軍事的意味について注意をうながすフランクリン・D. ローズヴェルト大統領宛ての手紙に署名をした．核兵器廃絶などを訴えた1955年のラッセル-アインシュタイン宣言でも知られる（☞項目「科学者と核問題」）．

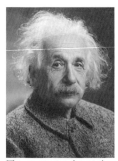

図1　アルベルト・アインシュタイン(1947年, 68歳)

❖**科学上の業績**　アインシュタインは1879年にドイツで生まれ，1900年にチューリヒ連邦工科大学を卒業した後，02年からスイス連邦特許局に勤めた．05年に，光量子仮説，ブラウン運動の研究，特殊相対性理論を発表したが，特殊相対性理論は，10年頃までには，時間と空間に関する従来の理解を修正し，200年にわたって物理学の基本理論であったニュートン力学の限界を明らかにする成果であると了解されるようになった．

09年にチューリヒ大学に迎えられ，14年にはベルリン大学に移るが，この間アインシュタインは相対性原理の拡張を試み，15年から翌年にかけて，その成果を一般相対性理論として発表した．同理論は，「重力を空間の幾何学的性質に帰する」という驚くべき結果を含むものであり，19年にはその予言の一つ，重力レンズ効果がイギリスのアーサー・エディントンらによる日食の観測によって確認された．これにより，アインシュタインの名は世界的にも広く知られるようになり，22年にノーベル物理学賞を受賞した．

❖**アメリカへの亡命**　第1次世界大戦後，敗戦の原因を国内の「裏切者」に求める風潮もあって，ドイツでは反ユダヤ主義が勃興した．数学的色彩の強い相対性理論に対しては，実験に根差した「ドイツ物理学」とは異なる「ユダヤ物理学」であるとの批判が寄せられ，著名なユダヤ人であったアインシュタインは暗殺予告を受けるまでに至った．1932年にプリンストン高等研究所の教授となって渡米した後，アインシュタインは再びドイツに戻ることはなく，35年に永住権を申請し，40年にアメリカ市民となった．フランスの物理学者ポール・ランジュバンは，この報に接し，物理学の法王の移動によりアメリカが自然科学の中心地となるだろうと評した．33年のナチスによる政権掌握の後，ドイツやその影響力の及ぶ地域の外に移住先を得られるユダヤ人知識人のアメリカへの亡命が顕著

になるが，彼らの成功の度合いは分野によって異なり，物理学者には教職などを得た者が目立つ．これは，第1次世界大戦後，アメリカの有力大学がロックフェラー財団などの支援の下に物理学の研究・教育の拡充に努め，ヨーロッパで勃興しつつあった理論物理学の育成に特に力を注いでいたためである（☞項目「研究開発」）．

❖シラード，ウィグナー，テラーの亡命

後にアメリカの核兵器開発に影響力を持つことになる，より若い世代のユダヤ系物理学者もこの時期に亡命している．レオ・シラードはブダペスト工科大学で学んだ後ベルリン大学で物理学を修め，温度ゆらぎの熱力学理論に関する博士論文を介してアインシュタインと知り合った．1933年には渡英して科学者の亡命を助け，38年にはコロンビア大学に職を得て渡米した．ユージン・ウィグナーもブダペスト工科大学を経てベルリン－ダーレムの工学研究所で学び，30年には群論を量子力学に適用した研究を発表し，やはりユダヤ系ハンガリー人の数学者，ジョン・フォン・ノイマンとともにプリンストン大学に職を得て渡米した．エドワード・テラーは若い頃からやや年長のノイマン，シラード，ウィグナーらと知り合ってやはりブダペスト工科大学に入学し，次いでカールスルーエ，ミュンヘン，ライプツィヒで学び，水素分子イオンに量子力学を適用した研究で博士号を得た．33年にはドイツを離れてイギリスやデンマークに移り，35年にはコペンハーゲン滞在中に知り合ったロシア人物理学者のジョージ・ガモフの仲介でジョージ・ワシントン大学に職を得た．

❖大統領への手紙

1939年にウランの核分裂に関する情報を得ると，シラードは連鎖反応の可能性に気付き，ウィグナーやテラーと構想を共有した．シラードはまた，原子炉の実験をイタリア人亡命物理学者エンリコ・フェルミに勧めて実現させ，さらにウィグナーとともにアインシュタインを避暑地に訪ね，ウランの核連鎖反応によって得られるエネルギーの軍事利用にドイツが関心を抱いていることに注意を喚起する手紙の執筆をうながした．ベルギー領コンゴでは良質のウランが産出されたので，手紙はベルギーの要人に送られる予定であったが，テラーも加わった相談と文章の改訂の末，ローズヴェルト大統領に送られることとなった．アインシュタインは8月2日に署名し，大統領には10月3日に届けられた．核分裂の重要性が注目を集め，アメリカで原子爆弾開発が始まるのは41年の秋以降であった．

❖ラッセル・アインシュタイン宣言

ドイツ降伏後，原子爆弾が完成し，日本への使用の可能性が高まると，シラードはこれを阻止すべく大統領に働きかけた．日本への投下の後には，アインシュタインは大統領に手紙を送ったことを後悔するようになった．1955年には，イギリスの哲学者バートランド・ラッセルとともに核兵器廃絶などを呼びかけ，湯川秀樹らも署名したラッセル・アインシュタイン宣言が発表されたが，その3カ月前にアインシュタインは死去していた．　　　［岡本拓司］

ビッグサイエンス

Big Science

　ビッグサイエンスがいつ誕生したかを特定することは難しい．一般には第2次世界大戦中の原子爆弾製造計画（通称，マンハッタン計画）が想起されるが，例えば18世紀にフランス科学アカデミーが地球の形状を明らかにするために行った測地遠征も当時としてはビッグサイエンスの範疇に入る大事業である．

　だが，本格的に興隆するのは20世紀に入ってからである．1908年にはジョージ・ヘールがウィルソン山天文台に巨大反射望遠鏡を建設し，1932年にはアーネスト・ローレンスがサイクロトロンと呼ばれる粒子加速器を考案するなど，初期の頃は天文学や物理学で実験装置の巨大化が進んだ．

　こうして戦後になると，核物理学者でオークリッジ国立研究所所長のアルビン・ワインバーグが61年に『サイエンス』誌上でビッグサイエンスの興隆に注意を喚起したこと，さらに63年にデレク・プライスが『リトルサイエンス・ビッグサイエンス』を刊行したこともあって人々の関心が集まった．もちろんその背景に東西冷戦があったことは言うまでもない（☞項目「研究開発」）．

図1　フェルミ国立加速器研究所で作製された CERN LHC 用の超電導マグネット ［Fermi National Accelerator Laboratory］

図2　国立電波天文台（NRAO）の VLA （カール・ジャンスキー超大型干渉電波望遠鏡群）

❖**二つのビッグサイエンス**　ビッグサイエンスといえば，大規模な実験装置と多数の研究者によって行われる科学（メガサイエンスともいう）をイメージされるかもしれない（図1）．しかしビッグサイエンスには，加速器や望遠鏡のように，実験装置は大規模だが研究者の数は比較的に少ない資本集約型ビッグサイエンスと，ライフサイエンスのように装置の規模は小さいが多数の研究者によって人海戦術的に行われる労働集約型ビッグサイエンスの二つの形態がある（☞項目「NIH」）．両者の違いは，資本集約型ビッグサイエンスが実験装置の作製に最低限必要な資金（現在ではおおむね1兆円程度）を確保できなければ研究を始めることができないのに対して，労働集約型にはそういうことはない，という点にある（吉岡，1992）．

　このように資本集約型のビッグサイエンスでは，必要な資金を調達できるかど

うかは死活問題であり，したがって，限られたパイの奪い合いをめぐる対立が起こることになる．それが最も先鋭化したのが，アメリカで 1980 年代に計画された超伝導超大型加速器（SSC）と呼ばれる巨大粒子加速器の建設計画だった（1993 年に建設途中で中止）．

❖**ビッグサイエンス内での文化的差異**　このように大規模な組織によって行われるビッグサイエンスでは，それをどう進めるかに関する文化の違いが現れる．

　例えば佐藤靖によれば，1960 年代の NASA（アメリカ航空宇宙局）の宇宙開発では，「人間志向の技術文化」と「脱人格的な技術文化」の二つの文化が見られたという（佐藤，2007．☞項目「NASA」）．

　人間志向の技術文化とは，濃密な人間関係を基礎に置く技術文化である．そこではメンバー間の以心伝心によってプロジェクトが進められる．これに対して脱人格的な技術文化は，人間よりもシステムに重きを置く技術文化である．そこではなるべく文書化することで属人的な要素を排除することが求められる．アメリカの宇宙開発では当初，人間志向の技術文化に基づいて数々のロケット打ち上げ計画が行われてきたが，NASA が設立されアポロ計画が本格化すると，次第に脱人格的な技術文化の占める割合が大きくなっていった．

　こうした変化の背景には組織の規模の拡大とともに人材の流動性が高まったことがあった．メンバーがお互いのパーソナリティを把握できる規模の組織であれば，人間志向の技術文化で対応可能であったが，組織の規模が拡大し人事異動が多くなると，こうしたやり方では対応できなくなったからであった．

❖**推進体制による差異**　ビッグサイエンスは，さらにその推進体制や社会情勢によっても大きな影響を受けることがある．例えばアメリカの X 線天文学では，1980 年代に天文衛星の打ち上げが困難な状況に陥った．衛星の規模が急速に巨大化したのが主たる原因であったが，それに加えて科学分野と実利用分野が一元化された体制だったため，実利用分野での不調が科学分野へしわ寄せとして及んだこともあった．科学分野と実利用分野を文部省と科学技術庁で分担していた日本は，そのような状況とは無縁であったが，逆にアメリカのように大規模なプロジェクトを立ち上げることは困難であった．

❖**ビッグサイエンスの諸問題**　ビッグサイエンスには通常のサイエンス（スモールサイエンスといわれる）とは異なった問題がある．まず，多額の費用負担を各国でどう分担するかという問題がある．次に，組織の巨大化に伴って高度な分業体制が敷かれることにより，研究者が機械の歯車のごとく疎外されてしまうという問題がある．さらに多額の外部資金に依存せざるを得ないことから，出資者の意向に左右されやすくなるという問題もある．これらのうち，いくつかは現代科学研究全般にも当てはまる．その意味では，現代科学研究全体がビッグサイエンス的性格を強めているともいえよう．　　　　　　　　　　　　　　[綾部広則]

NIH（国立衛生研究所）

National Institutes of Health

NIH は National Institutes of Health の頭文字を取った略称で，日本でもアメリカでも「エヌアイエイチ」と呼ぶ．NIH は基礎医学から臨床医学まで，ほぼすべての生命科学・医学領域をカバーする連邦政府の巨大な研究所（図1）で，日本語訳の国立衛生研究所の「衛生」は誤解を与えかねない．また，あまり知られていないが，アメリカの全大学・研究所の生命科学・医学研究者に研究助成する研究助成機関でもある．その規模・成果・質において世界最大の生命科学・医学の研究所兼助成機関で，世界の生命科学・医学研究のリーダーである．

図1　NIH の 10 号館．呼称はビルテン．NIH で最も大きな建物［筆者撮影，2015 年］

❖**NIH の歴史と所在地**　1887 年，ニューヨーク州のスタテン島の船員病院に伝染病を研究する小さな衛生実験室（Hygienic Laboratory）が設置された．1930 年，第 1 次世界大戦での兵士の傷病治療の反省，1928〜29 年のインフルエンザの大流行，将来の医学研究発展を見越し，組織を大改造した．それと同時に，名称を Hygienic Laboratory から National Institute of Health に改称した．このとき，日本語訳も国立衛生研究所から国立健康研究所と改名すべきだった．なお，48 年，NIH 傘下の研究所が複数になったことから Institute を複数形にした National Institutes of Health に変更し，現在もその名称が使用されている．NIH は，38 年，スタテン島からメリーランド州ベセスダ市に移転し，現在も，本部を含め主要な研究施設や病院がそこにある．メリーランド州は首都ワシントン D.C. の北側に隣接しており，ベセスダ市はいわば首都圏の一角をなす．

❖**NIH の組織と予算**　NIH は，アメリカ政府の健康福祉省（HHS：Department of Health and Human Services）の一部局である公衆衛生局（PHS：Public Health Service）の一組織である．NIH は，傘下の 21 研究所と六つのセンターから構成されている．研究所には，国立眼病研究所（NEI：National Eye Institute）や国立心肺血液研究所（NHLBI：National Heart, Lung, and Blood Institute）などのように，人体の部位別の研究所と，国立がん研究所（NCI：National Cancer Institute）や国立ヒトゲノム研究所（NHGRI：National Human Genome Research Institute）などのように疾患や研究対象別の研究所が併設されている（☞項目「遺伝子工学」）．センターには，研究費の配分事務をする科学審査センター（CSR：Center for Scientific Review），大規模な病院（NIH Clinical Center）などがある．

NIH の年間予算は約 320 億ドル（約 3 兆 2,000 億円）で，生命科学・医学研究所では世界最大である．2 番目に大きい中国科学院の約 500 億元（約 1 兆円）の 3 倍以上もある．予算の十数％を NIH 所内の研究と運営に使い，80％以上は，アメリカの約 2,500 の大学・研究所の約 30 万人の生命科学・医学研究者に研究助成している．この研究費（グラント）の配分方針や審査システムに独特の文化がある（☞項目「研究開発」「ビッグサイエンス」）．

❖NIH の医学・医療研究　NIH が取り組んだ研究の一つにエイズ研究がある．エイズは英語の Acquired Immune Deficiency Syndrome の頭文字「AIDS」の読みをカタカナ表記した伝染病の一つである．アメリカで最初のエイズ患者が認定された 1981 年当時，治療法は開発されておらず，恐ろしい伝染病と見なされ，世界中がパニックになった（☞コラム「HIV／エイズ」）．感染は輸血や性交などによる血液や体液を介して伝染するのだが，呼気や握手も危険視された．

　83 年，フランスのリュック・モンタニエとフランソワーズ・バレシヌらがエイズ患者から病気の原因となるヒト免疫不全ウイルスを発見し，翌 84 年，NIH のロバート・ギャロらもウイルスの分離に成功し，ウイルスによる伝染病であることが明確になった．85 年，NIH の日本人研究員の満屋裕明が世界で最初のエイズ治療薬「AZT」を開発し，87 年，食品医薬品局（FDA）に最初のエイズ治療薬として承認された．だが，「AZT」単独では顕著な治療効果がなかった．90 年代前半にはエイズが猛威を振るい，25〜44 歳のアメリカ人の死亡原因の第 1 位になった．しかし，96 年以降，多数の薬剤を組み合わせる多剤併用療法が功を奏し，死亡者は急速に減少した．

❖NIH の動向と日本との関係　大規模な研究計画で有名なヒトゲノム・プロジェクトは 2003 年に終了したが（☞項目「遺伝子工学」），13 年 4 月，バラク・オバマ大統領の指示で，「脳イニシアティブ」（Brain Initiative）を開始した．脳地図の作成や脳機能の解明が推進され，アルツハイマー病，自閉症，統合失調症などの予防・診断・治療に革新的な発展が見込まれる．このように，NIH は今後も生命科学・医学研究の大規模で中核的な研究を推進し，世界を牽引していくであろう．

　日本との関係は良好で，ここ数十年，NIH は，20 代後半から 30 代前半の日本人博士を，ポスドク（博士研究員）として短期雇用し，国際的研究者に育ててきた．日本のトップクラスの生命科学・医学研究者の多くは，若い時に NIH で研究を学んできた．現在も約 200 人の日本人ポスドクが滞在し，毎年，約 100 人が NIH に着任し，約 100 人が帰国している．アメリカの生命科学・医学研究を一つの文化や社会システムととらえると，NIH の在り方・システムには，興味深い点が幾つもある．例えば，NIH の運営を含めアメリカの科学政策は，博士号を持つ研究経験者が中心に行っている．一方，日本は研究経験の乏しい学卒や修士卒が国の科学政策の実務を担っている．　　　　　　　[白楽ロックビル]

製薬産業

Pharmaceutical Industry

　現在，アメリカにおける薬は，さまざまな点で世界一である．まず世界の製薬メーカートップ10のうち五つがアメリカ企業であり，世界の製薬産業の研究開発投資の約半分はアメリカが担っている．また1人あたりの医薬品支出は年間1,026ドルに上り，2位の日本（752ドル）を大きく引き離す（OECD HEALTH DATA，2015）．このような興隆は，ライバルであるヨーロッパ諸国や日本に先んじて，特許権の保護を重視する「プロパテント政策」をはじめとする，積極的な制度を次々と導入してきたことの成果であり，さらにその背景には，アメリカの開拓者精神が息付いているといえるだろう．だが同時に，アメリカほど製薬産業に対する厳しい批判がある国もほかにはない．本項では，そのような多面的な性格を持つ製薬産業が生まれた経緯を，簡潔に追う．

❖アメリカ製薬産業の始まり　近代的な製薬産業は，19世紀に発展したドイツの化学工業を一つのルーツとする．アメリカにおいても，黎明期の製薬産業はしばしばドイツ移民によって担われた．1849年に設立され，現在世界最大の製薬メーカーであるファイザー社もその一つである．同社は，南北戦争による医薬品の需要増加で急成長し，その後も寄生虫駆除剤サントニンや，食品向け酸味料のクエン酸製造で規模を拡大した．20世紀に入ると最初の抗生物質ペニシリンの量産に成功，繁栄の基礎をなした．世界で初めてインスリン製剤の実用化に成功したイーライリリー社も南北戦争を契機に生まれた企業である．薬剤師でもあったイーライ・リリー大佐は，同戦争中に使われた薬品が劣悪であったことに心を痛め，最新の学術的知見に基づいた良質な薬品を製造することを目指し，76年に同社を設立した．彼は，綿花のプランテーションや天然ガス事業など，さまざまなビジネスにも挑戦したが，その多彩なキャリアは，19〜20世紀にかけてアメリカに多数現れた起業家像と重なる．また世界第3位の規模を誇るメルク社ももともとはドイツの企業だが，第1次世界大戦が始まってアメリカがドイツと敵対したことから，メルクの支社であったアメリカメルクの資産が合衆国政府に強制的に没収され，それ以降はアメリカの企業として発展していくことになる．

❖食品医薬品局と薬害　以上のように，戦争が製薬産業発展の契機になったことが目立つ一方で，先進的な制度の果たした役割も無視できない．だがそれは，薬害との戦いの歴史でもあった．現在，アメリカの医薬品規制を担う官庁である食品医薬品局（FDA）は，粗悪な食品や医薬品を規制するために19世紀に設置された農務省の組織にルーツがある．20世紀に入り，アメリカの産業社会化が進む中，偽薬などの被害も増大したことから，1906年に「ワイリー法」が成立，

店頭からの没収や処罰など，その規制権限は大きく強化された．また37年には毒性のある溶媒が使われていた抗菌剤により，子どもを中心に100人以上の死者が出るというエリクシール・スルファニルアミド事件が起きた．この悲劇をきっかけに法改正がなされ，FDAの権限が大幅に強化された．その結果，すべての新薬に対して，販売前の安全性証明と，効能についての正確な表示が，義務付けられることになったのである．第2次世界大戦後の世界を震撼させた西ドイツの新薬サリドマイドの薬害においては，FDAの審査官が慎重な対応を取ったことで，アメリカでの被害者は治験段階の数名にとどまった．これは一見，制度が機能したことの証明にも見えるが，実際には審査官個人の資質によるものが大きかったという．この悲劇を教訓に，安全性に加えて有効性についての証拠も提出することを義務付けるなど，規制制度のさらなる強化が進められた．

❖**特許**　現在，製薬産業と特許制度は切っても切れない関係にあるが，こうなったのは，それほど昔のことではない．自由を重視するアメリカは独占を警戒する伝統も根強いのである．例えば，上述のサリドマイド事件を契機に立法された「キーフォーバー・ハリス医薬品改正法」（1962）は，反独占の性格が強いものだったことが知られている．しかし80年代に入ると，日独などと比べて弱体化した産業競争力を強化するために，各種の制度改正が進められていく．特に製薬産業にとって重要なのは，「バイ・ドール法」（1980）と「ハッチ・ワックスマン法」（1984）であろう．前者は，連邦政府の資金で行った研究の成果であっても，研究者やその所属組織に特許を認めるものである．これにより製薬会社は，大学や国立研究所で開発された薬を，ライセンス契約を結ぶことで自社製品として売ることが可能になった（☞項目「NIH」）．アメリカの大学の研究力は世界でも最高水準にあるため，製薬産業の競争力は大きく高まった．また後者の法律も，薬の独占期間の延長を許すことで，主として大手製薬会社に大きな利益をもたらす結果となった．なぜなら，大手は少数のブランド薬から莫大な利益を得ていることが多く，特許期間が伸びれば，それがそのまま企業業績にはね返るからである．

❖**現在の諸問題**　以上のような制度の整備により，アメリカの製薬産業は力を付け，世界最大のシェアを誇るようになったが，同時にさまざまな歪みが生じていることも否定できない．まず，大学，企業双方にとって利益が期待できるため，産学連携が進んだが，その結果，利益相反の問題が顕在化している．時には大学の研究者が，みずからが関係している製薬メーカーに有利なデータを学術論文として発表するケースもあるという．また莫大な宣伝広告費によって，医者が製薬会社の言いなりに処方箋を書いているという批判も絶えない．このような問題は，製薬会社の利益率が他の産業に比して極端に高いことなどとも相まって，社会的な信頼を損なう原因ともなっている．製薬産業はよりいっそう，高いモラルが求められる時代に入ったことを，自覚すべきであろう．　　　　　　　[神里達博]

ケアとキュア

Care and Cure

「ケアとキュア」というテーマは，一般的には次のような文脈で語られる話題である．すなわち，感染症ないし急性疾患などが医療の中心であった時代においては，例えば抗生物質による結核の治療や，外傷に対する外科手術のように，病気を根治する「キュア」が前面に出ることになる．一方，がんなどの慢性疾患や，高齢期ないし終末期における医療においては，病気それ自体の根治は（少なくとも急性疾患のようには）考えにくく，したがってある程度病気と共存しながら，精神的なものを含んだ安心や癒しを患者が得られるような「ケア」が重要となる，という対比である．

❖**アメリカにおけるケアへの関心の高まり**　アメリカの場合，死因の上位は1位心臓病，2位がん，3位慢性呼吸器疾患であり（疾病管理予防センター〈CDC〉統計，2014年），高齢化率は14.8%（2015年，国連人口推計）と先進諸国の中では比較的低いものの，他の先進諸国と同様，相対的に「ケア」的な医療の比重が高まっていることは確かである．またこうした流れの中で，近代科学的な要素還元主義から距離を置き，心身の相関や全体性に注目するホーリスティック（全体性を重視する）医療や，東洋医学的知見も医学・医療の中に取り入れていこうとする統合医療（integrative medicine）に関心を寄せる人々も増えており，これらはいずれもケアに関わる方向といえる．

例えば自然治癒力を重視する医師アンドリュー・ワイルの『癒す心，治る力』（1995）はアメリカでベストセラーとなり，また1998年にはアメリカ最大の医学研究機関である国立衛生研究所（NIH）の中に国立補完・代替医療センター（NCCAM）が設置された（現在の名称は国立補完・統合健康センター，NCCIM：National Center for Complementary and Integrative Health，☞項目「NIH（国立衛生研究所）」）．さらに近年，マサチューセッツ大学医学校のジョン・カバット＝ジンが提唱し，仏教に由来する瞑想法とストレス低減ないし精神科医療を結び付けたマインドフルネスが広く浸透しつつあるのも，「ケア」的医療の広がりの一側面といえる．

❖**医療政策との関わり**　ところで，ケアとキュアという話題をアメリカの医療政策という観点から見るとどうだろうか．連邦政府の研究開発予算を分野別に見ると，1,340億ドルに上る巨額の予算のうち，国防省予算を除く部分の4割以上（44.9%）を上述NIHの予算が占めており，基礎研究のみに注目すれば，NIHは連邦政府の全研究開発予算の実に約半分（49.8%）を占めている（2015年度）．

このように医学研究という点については莫大な国家予算を投じてきたアメリカ

であるが，一方，医療保険という点に関しては，よく知られているようにアメリカは近年まで最小限の公的医療保険制度しか持たず（メディケアと呼ばれる高齢者向け医療保険制度とメディケイドと呼ばれる低所得者・障害者向け医療保障制度），いわゆるオバマケアがオバマ政権時代（2010）に成立し対象者の拡大が図られたものの，先進諸国の中では特異といえるような最小限の公的医療保険制度の国であることには変わりがない（☞項目「オバマケア」）．

　医学研究への莫大な国家投資と，最小限の公的医療保険制度の組合せというこうしたアメリカ独特の政策パターンは，実は第2次世界大戦後の民主党トルーマン政権時代に形成されたものである．すなわち，そこで国民皆保険の是非が争点となった際，アメリカ医師会は，医療への政府の介入あるいは社会化された医療への忌避という理由から公的医療保険制度には強く反対し，代わりに医学研究への公的投資という政策の方向がとられたのである．

　その背景に働いている理念は，「最高の医学の実現のために政府は巨額の医学研究支援を行うが，その成果が人々の間で平等に享受されるか否かについては政府は関与せず，それは個人の自由に委ねられる」と要約され得るような世界観であり，それ自体際立ってアメリカ的なものといえるだろう．

　この論点は「ケアとキュア」というテーマと直接的に重なり合うものではないが，医学研究への積極的投資という志向が相対的に「キュア」に親和的で，人々ができる限り平等に医療を受けられるようにするという志向が「ケア」につながる発想であるとすれば，アメリカ社会が根底に持っている「キュア」志向，あるいは近代科学志向ということを，以上のような医療政策の展開は示していると考えることもできる．

❖「ケアの倫理」と「公正の倫理」　最後に，ケアというテーマにはもう一つの文脈があり，それはアメリカの心理学者キャロル・ギリガンが1980年代に展開した「ケアの倫理」と「公正の倫理」の対比に関する議論である．ギリガンは，近代社会においては「公正の倫理」とも呼ぶべき倫理観が基調をなし，そこでは正義，公正，原理，普遍性といったことに基本的な価値が置かれたが，人間社会においては同時に「ケアの倫理」と呼ぶべき倫理が本質的な意味を持ち，それはむしろ個別の場面における他者への配慮や気遣い，共感を中心とするもので，そうしたもう一つの倫理の在り方に注目することが重要との議論を展開したのである（Gilligan, 1982）．

　いずれにしても，一方で上述のような統合医療や心身の全体性への関心が高まっていることも確かである半面，トランプ政権後のオバマケアの行方を含め，ケアとキュアの間でさまざまな揺れを経験していくのが当面のアメリカ社会といえるかもしれない．

［広井良典］

標準化
Standardization

　アメリカの学生が使うノートは日本のノートとサイズが違う．レターサイズというそのサイズは，A4 判の紙のサイズに比べてやや縦が短く横が長い．日本の紙のサイズは A3，A4 などの A 判サイズと B4，B5 などの B 判サイズからなっている．このような A・B 判サイズは非常に合理的にできており，縦と横の比が $1:\sqrt{2}$ になっている．そのために長い方を半分にすれば，ちょうど次に小さいサイズの紙になり，しかも縦横の比はそのままに保たれる．ヨーロッパ起源のこのような A・B 判の紙のサイズは，アメリカでは導入されず，今でもレターサイズやリーガルサイズといった紙のサイズが使われ続けている．

　同様にヨーロッパで生まれたメートル法は，今でもアメリカでは使われていない．長さはインチ，フィートで表され，重さはオンス，ポンド，体積はガロンで表される．ガソリンも牛乳もガロン単位で小売りされる．度量衡の単位と同様，温度の単位もアメリカでは違う．摂氏ではなく華氏で表されるため，天気予報で予想気温を言われても留学生にはピンとこない．世界とはやや外れた標準，独立独歩の標準，それがアメリカの標準の特徴といえようか．

　とはいえ，アメリカ国内では標準化ということが大変重視された歴史背景を持っている．自動車の大量生産方式を編み出したヘンリー・フォード，科学的管理法を考案したフレデリック・テイラー，いずれも製品と部品の標準化，作業と工程の標準化ということに真摯に取り組んだ．流れ作業の組立てを含む大量生産体制を可能にしたのは，自動車の全部品が標準化され，大量に生産された部品の一つひとつが互いに取り替え可能なように同一のサイズ形状で製造されていることだった．そのような部品の製造を可能にするため，「アメリカ式製造方式」と呼ばれた独自の機械技術の 1 世紀にわたる着実な発展があった（橋本，2013）．

　標準にはデジューレ標準とデファクト標準という 2 種類がある．前者は国際機関などによって合理的に決められる標準，後者は一企業の製造した製品などが市場を席巻し事実上の統一規格となる標準である．紙の例や自動車の例を参考にすると，アメリカではデジューレ標準は敬遠され，もっぱらデファクト標準の方式で規格が広まる傾向があったといえる．タイプライターのキーボードのキー配列，インターネットの通信方式，PC の Windows の方式などを思い起こすことができる．キーボードの標準的なキー配列は左上のアルファベットの並びから QWERTY 配列といわれ，今のような PC 用のキーボードとしては最も効率的なわけではないが，市場を席巻することでデファクト標準となり，全世界のユーザーに親しまれている．

　グローバルな社会を支える技術の体系，とりわけインフラの技術体系には標準ということが重要な鍵になる．それを象徴するような標準化がコンテナの発明と普及だろう．今日標準化は，そのような物品の技術仕様だけでなく，優良試験所規範などと呼ばれる実践的な作業手順についても定められるようになってきている．　　　　　［橋本毅彦］

9. ジャーナリズム・メディア

　信仰の自由とともに言論・報道（the press）の自由を権利章典の第1条に掲げるアメリカは，建国時から自由闊達なジャーナリズムに支えられ発展してきた．
　本章では技術の進歩とともに産業としてのメディアがどう変容してきたか，権力を監視するジャーナリズムがどう機能してきたかを建国期から概観する一方で，インターネット時代を迎えて民主主義政治におけるメディアの役割がどのような課題に直面しているかにも切り込んだ．またアメリカで先端的な発達を遂げてきた世論調査や広告・PR，重要な文化領域を成した雑誌界についても概括する．
　常に最前線を行くアメリカ・メディア界の技術革新，その中でジャーナリズムの伝統を新時代にも維持していこうと模索するNPOメディアの姿を紹介するとともに，戦争報道の課題やメディア規制，報道操作・誤報などについても，アメリカ独特の文脈を踏まえて考察した．　　　　　　　　　　　［会田弘継／生井英考］

新聞の今日まで

Newspapers Until Today

アメリカの新聞はイギリス植民地時代の 1690 年 9 月 25 日にボストンで発行され，植民地当局によって 1 号だけで廃刊を命じられた新聞『パブリック・オカランゼズ』に始まり，20 世紀半ばから後半の最盛期には約 2,600 紙，発行部数 6,000 万部（日曜紙を除く）を超えるまでとなった．アメリカの自由と民主主義を力強く支えてきた一方で，扇情に走り世論を誤った方向に導いたこともあった．

20 世紀を通じラジオやテレビの出現による危機も乗り越えてきたが，先世紀末からの情報技術の飛躍的発展とインターネットの普及に押され，紙媒体としての新聞は今日 1,300 社程度，発行部数 4,000 万と最盛時の 3 分の 2 に縮まり，この 20 年間で新聞産業に働く人は 4 割，2 万人減った．新聞の消えた地方都市では投票率の低下など政治の劣化が起きている．一方で，オンライン版で読者を急増させている有力紙もある．また新聞を去った記者らが NPO をつくり調査報道活動を続け，民主主義を支えようとしている．今世紀に入って 2003 年のイラク戦争開戦時に新聞は誤情報に操られ，16 年の大統領選における共和党ドナルド・トランプ勝利は新聞を中核とする伝統メディア側の敗北といわれた．その一方でアメリカの有力紙や NPO を中心とする調査報道で世界中の記者が連携する動きが活発化しており，アメリカの新聞ジャーナリズムは新しい未来を模索している．

❖新聞が生んだ国　植民地時代，新聞は印刷業者ないしは郵便局長の副業として発行されることが多かった．建国の父祖の一人ベンジャミン・フランクリンも若い頃に印刷業者の兄ジェームズが当局批判の筆禍で入牢している間，その新聞を引き継いで，一時，新聞発行人となった．新聞をめぐる植民地時代の一大事件はゼンガー裁判である．ニューヨークの印刷業者ジョン・ピーター・ゼンガーがみずから発行する新聞で自由の拡大を求め植民地総督を批判，逮捕・投獄された．1735 年の裁判で弁護側が「自由な言論は無法な権力に対する防御だ」と訴え，陪審から無罪評決を勝ち取った．「報道の自由」の最初の大きな前進とされる．独立戦争において新聞が果たした役割も大きかった．民衆に独立をうながしたトマス・ペインの有名な論文「コモン・センス」はまずペンシルベニア州の新聞に連載され，パンフレット化されて，各地の新聞に転載された．76 年の「独立宣言」も新聞社で刷られ，各地の新聞に転載されて発布された．合衆国憲法起草後に民衆の支持を得るためアレグザンダー・ハミルトンらが書いた解説はニューヨーク州の新聞に連載され，各地の新聞に転載された．アメリカ政治思想史上の重要文献「ザ・フェデラリスト」として知られる．アメリカはまさに新聞によって生まれた国家といってよい．

❖**ペニープレス登場**　このように建国期の新聞は政論新聞として発展したが，ジャクソニアン・デモクラシーの1830年代に，輪転機の導入で事件・事故など世情を広く伝える大衆新聞の時代を迎える．1セントで買えるペニープレスが隆盛となり，その代表例は『ニューヨーク・サン』（1833年創刊）であった．やがて『シカゴ・トリビューン』（1847年創刊）など全国に続々と新聞が生まれてくる．ニューヨークの競争紙同士が大西洋横断汽船からニュースを得るため協力する協定を結びAP通信社の前身が生まれたのもこうした時代だ（1846）．南北戦争を前にして黒人活動家フレデリック・ダグラスが発行する『ノース・スター』など黒人新聞も生まれた．同戦争を経てさらに発展した新聞界は，ジョセフ・ピュリッツァーが83年に買収した『ニューヨーク・ワールド』で展開した潜入取材など扇情主義による部数拡張，大部数を背景に市政腐敗と対決するキャンペーン，労働運動支援，世界一周企画などで，その後の新聞隆盛のスタイルを確立した．このピュリッツァーの跡を追うように，『ニューヨーク・ジャーナル』を買収（1895）して成功したのがウィリアム・ランドルフ・ハーストだ．これらの新聞を中心とした扇情主義が米西戦争開戦に向け大衆を煽り，イエロー・ジャーナリズムと呼ばれ批判された．その一方で雑誌を軸に政治腐敗追及の暴露報道（マックレイキング）も1920年代に盛んになり，アメリカジャーナリズムの奔放なまでの活力を示した．

❖**黄金期から試練へ**　二つの世界大戦を経て，新聞社数は1910年代半ばの2,600紙を頂点に減っていったが，発行部数は70年代に6,000万部を超すまで伸び続けた．新聞の政治権力との戦いを象徴したのが70年代の『ニューヨーク・タイムズ』によるベトナム戦争秘密文書の暴露と『ワシントン・ポスト』がニクソン大統領を辞任（1974）に追い込んだウォーターゲート事件報道だ．これらの背景にはマックレイキング時代からの伝統を甦らせた1960～70年代の調査報道の高まりがあった．良好な経営を背景に両社は社運を賭して政権と対峙，米国の自由と民主主義を支え，20世紀ジャーナリズムの黄金期となった．戦時報道では国家の情報統制と新聞のつばぜり合いがあり，60～70年代のベトナム戦争期までは戦場での記者らの果敢な取組みがあったが，以降は政府の情報統制・操作の巧みさに押される傾向がある（☞項目「戦争報道」）．また20世紀末以降のインターネットの普及による紙媒体としての新聞の衰退は，名門の全国紙『クリスチャン・サイエンス・モニター』の紙媒体撤退・完全オンライン化（2009年開始）や『ワシントン・ポスト』のアマゾン（Amazon.com）創業者ジェフ・ベゾスによる買収（2013），新聞シンジケートの再編などをもたらしている．2016年大統領選で虚偽の新聞ニュース（フェイクニュース）がフェイスブックなどのSNSで伝えられ選挙に微妙な影響を及ぼしたのは，地方紙の衰退が背景になっているとの見方がある．　　　　　　　　　　　　　　　　　　　　　　　　　［会田弘継］

新聞産業

Newspaper Industry

アメリカでは約 1,300 の日刊新聞が発行されている．紙媒体に限定すると，『USA トゥデー』と『ウォール・ストリート・ジャーナル』を除き，すべてが地方新聞である．1830 年代以降，1 部 1 セントで販売される「ペニーペーパー」として急速に普及していった経緯があるように，販売価格を低く抑え，広告収入に大きく依存する伝統的ビジネスモデルを維持してきた．

しかし，インターネットの出現と情報通信技術の進歩により，広告主にとっては掲載媒体の選択肢が増え，新聞への広告掲載が再考され始めた．さらに世界金融危機（2008〜09）の影響で，広告収入が激減し，新聞業界に大きな打撃を与えた．「ミレニアル世代」と呼ばれる若者を中心とする紙媒体離れも，それに追い打ちをかけることになる．日本の民事再生法に相当する「連邦破産法」第 11 条の適用を受ける新聞社や多数の新聞を所有する新聞チェーンが続出した．同時に，買収・統合が進み，編集局の寡占化が進んでいる．紙の印刷を止め，ウェブ出版に切り換える新聞や，曜日を限定して紙を発行する新聞も現れた．

❖**経営形態の変化**　かつては一族経営の新聞社が多かった．しかし，チャンドラー家が所有していた『ロサンゼルス・タイムズ』は 2000 年に大手新聞チェーンのトリビューン社に売却され，『ウォール・ストリート・ジャーナル』を発行するダウ・ジョーンズ社も 07 年にバンクロフト家一族の手を離れ，ルパート・マードック率いるニューズ・コーポレーションに売却された．13 年にはグラハム家が所有していた『ワシントン・ポスト』がアマゾン（Amazon.com）創業者のジェフ・ベゾスに売却された．いまだに一族経営が続いている有力紙は，サルツバーガー家が所有する『ニューヨーク・タイムズ』だけとなった．

新聞チェーンにおいても，業界 2 位にいたナイト・リッダー社が 06 年に身売りされ，同 8 位のマクラッチー社が買収した．新聞チェーンといっても，新聞だけでなく，地方のテレビ局やラジオ局なども所有している社が多い．しかし，14 年頃から放送事業と新聞などの出版事業を分社化し始めた．最大手ガネット社の新聞事業体は，『USA トゥデー』『アリゾナ・リパブリック』などを発行する．

『シカゴ・トリビューン』『ロサンゼルス・タイムズ』などの有力地方紙を所有するトリビューン社は一時経営破綻し，08 年 12 月から 12 年 7 月まで連邦破産法の適用を受けていた．14 年に分社化し，新たに設立されたトリビューン・パブリッシング社が新聞事業を統括することになった．

❖**紙からデジタルへ**　伝統的なビジネスモデルが破綻してしまったアメリカの新聞業界は，デジタル購読者層開拓に活路を見いだそうとし，ペイウォール制と呼

ばれるデジタル課金制を導入した．紙の購読者数は減少の一途をたどり，今後増加する可能性はきわめて少ない．報道の優先度も「デジタル・ファースト」となり，速報はオンライン・サービスで展開され，翌朝に配達される新聞には深い解説記事を掲載するという編集方針が主流となった．

ペイウォール制とは，月に10本，15本，あるいは20本までの記事は無料でアクセスできるが，さらに多くの記事を読みたい場合には登録し，購読料金を支払わなければならないという仕組みのことである．知名度の高い有力紙は一定の成功を収めているが，中規模都市型新聞のデジタル購読者数は伸び悩み，収益改善のための人員削減を余儀なくされている．

アメリカのジャーナリズム界で最も懸念されていることの一つとして，地方政治報道の弱体化があげられている．地方新聞の度重なる人員削減により，州議会や市議会を取材する記者の数が減少し，監視機構としてのメディアの役割が低下しているという指摘だ．監視の力が弱まれば，汚職が蔓延するおそれがある．非営利のオンライン調査報道組織が幾つか出現し，注目に値する実績を残しているが，一定のテーマに絞った散発的報道であることは否めない．

❖**新たなビジネスモデルを模索**　デジタル化が進むにつれ，新聞業界の体質も変化した．発行部数統計にデジタル購読者数が含まれるようになり，オンライン新聞などアメリカ新聞協会の会員として受け入れられるようになった．また，ニューズペーパー・アソシエーション・オブ・アメリカ（NAA）として知られていた同協会は，2016年9月にその名称をニューズ・メディア・アライアンス（NMA）に変更した．つまり，「ペーパー」が消えてしまった．トリビューン・パブリッシング社もその前月，社名をトリビューン・オンライン・コンテンツの略語となるトロンク（tronc）に変更している．旧来の新聞チェーンからITコンテンツ企業に変身しようとする意図の表明だという．

デジタル購読者数が順調に伸びている『ニューヨーク・タイムズ』では世界戦略をとり，「アメリカの全国紙」を超え，いまや「世界のニューヨーク・タイムズ」を目指している．英語のメディアであることとインターネットがそれを可能にした．新社主となったジェフ・ベゾスの積極的な投資により多様なデジタル戦略を展開している『ワシントン・ポスト』でも，自分たちは複合メディア，複合フォーマットの報道機関であって，「新聞社」ではない，とマーティ・バロン編集主幹が語っている．こうした姿勢は他社にも広く共有されており，新聞とは無縁だった動画ニュースも重要な構成要素となった．

しかし，アメリカの新聞業界全体を見ると，新たなビジネスモデルを模索し，試行錯誤を繰り返しているのが現状である．デジタル広告収入の大半はアップル，フェイスブック，グーグルなどの大手IT企業に独占されており，経営上の苦境はまだ数年続くと思われる．　　　　　　　　　　　　　　　　［我孫子和夫］

放送の今日まで

Broadcasting Until Today

1920年，世界で最初のラジオ放送が，ピッツバーグで始まった．第1次世界大戦にあたって，軍の通信用の物資として大量に製造されてしまった無線機の使い道として登場したのがラジオ放送だともいえる．無線とラジオ放送とは，技術的にほとんど変わらないものだ．同じ送信所（＝放送局）から，不特定多数の聴取者に向けて，決まった時間に送信する（定時放送）のがラジオ放送である．したがって当初のラジオ放送は，その形態もまちまちだった．最初のラジオ局 KDKA は，電機メーカーのウェスティングハウスが立ち上げた局だが，その内容は，ウェスティングハウス社の商品を紹介するものが中心であったという．ただ，アメリカが大衆消費型社会に突き進んでいく最中でもあり，ラジオ放送という未知のサービスを面白がって参入する企業は多かった．

❖ **広告放送モデルの生成**　そんななか，無線技師出身のデービッド・サーノフ（図1）が，ラジオミュージックボックスという提案を RCA（Radio Corporation of America）にする．サーノフは，無線技師時代，タイタニック号の救命信号を受信．必死で近くの船舶に，タイタニック号救助を呼びかける電信を送った「時の人」でもあった．サーノフの提案は，放送局は音楽を流すが，スポンサーから広告料を取り，その曲の合間に広告を入れるというもので，聴取者はラジオ受信機を購入さえすれば，自宅に無料のミュージックボックスができるという仕組みである．この構想が認められ，サーノフは RCA が設立した NBC（National Broadcasting Company）の社長に就任した．サーノフのラジオ広告放送というビジネスモデルが大成功し，今日まで続いているわけである．

図1　デービッド・サーノフ
[Emery, M. et al., 1996]

いずれにしても，それらの放送事業の担い手たちは，個人企業や団体であった．ちなみに1922年にラジオ放送を開始したイギリスでは，その担い手として設立されたのが英国放送協会（BBC）であった．周知のとおり BBC は，受信料を財源とする公共放送である．私的利益を追求する私企業が，公共サービスたる放送事業を担うことは難しいとの認識である．先進諸外国を見ても，商業放送が放送サービスを牽引してきた国は，アメリカなどごくわずかである．他方，憲法第1修正で「言論の自由」を掲げるアメリカは，放送という表現空間の牽引役が，時の政府の影響を受けかねない制度はなじまないとの考えが根底にある．

サーノフが提唱した広告モデルによる商業放送局が乱立する中で，全国的な

ネットワークを構築することで，放送界の牽引役的存在になっていったのが，NBCとCBS（Columbia Brodcasting System）であった．時代の空気もラジオ放送の成長に味方をする．ナチスドイツの台頭により，ヨーロッパで戦争の足音が高まる中，37年，CBS特派員としてロンドンに赴任したエドワード・マローは，ヨーロッパ戦線や，「バトル・オブ・ブリテン」（英国を空襲する独空軍と英国空軍の戦い）の様子をラジオレポートした．本国から遠く離れた戦地の様子を知らせるラジオ放送は，リスナーの高い関心と支持を得ることとなり，ラジオ放送はニュースメディアとしての地位を確率していく．

❖テレビ放送の登場と発達　他方でNBCとCBSは，新たな放送技術への対応にも積極的で，1941年には白黒テレビ放送を開始．ただし，二つのネットワークを所有するまでに拡大したNBCは，連邦通信委員会（FCC）から，市場での寡占的地位の問題を指摘され，ネットワークの分離を要求される．NBCは裁判に訴えて抵抗したものの，連邦最高裁判決で敗訴．43年に，NBC傘下のネットワークの一つが分離され，ABCとなる．ここにアメリカの三大ネットワークが確立することになる．

　第2次世界大戦において無傷の戦勝国となったアメリカ経済は右肩上がりの成長を遂げるが，大衆消費社会化の中で，テレビの社会伝達力は脚光を浴び，三大ネットワークを中心にテレビ業界は安定的な成長を遂げることになる．特にその社会伝達力が注目を集めたのは，購買行動と投票行動に対する影響力である．視聴率調査に象徴される広告メディアとしての伝達力が科学的に測定される一方で，60年の大統領選挙で，ジョン・F.ケネディとリチャード・M.ニクソンによって初めて実施された民主党・共和党候補者によるテレビ討論会は，テレビの政治的影響力の象徴ともいうべき政治イベントであり，今日まで続いている．

❖多メディア化とメディア資本の再編　さて，競争環境を招くことによって多元性の実現を政策的に図ってきたFCCは，公共放送（PBS）の設立などを行うが，三大ネットワークに象徴される商業放送のポジショニングを揺るがすことになったのは，1980年代に急速に普及を始めた多チャンネル型の大規模ケーブルテレビの普及・発達であろう．ケーブルテレビの伸張は，ニュース専門チャンネルCNNや映画チャンネルHBOといったプログラム・サプライヤーを成長させる．

　一方で，その後のコムキャストなど複数のケーブルテレビを傘下に置くMSO事業者の再編をも誘発．放送事業や映画産業をも巻き込んだメディア再編が断続的に行われることになる．特に90年代以降，通信と放送の融合が進む中で，通信事業者をも巻き込んだメディア資本の巨大化は続いている．他方で，それらの巨大メディア資本は，経済のグローバル化を追い風に，国外展開に積極的である．世界的にまれな商業放送中心の体制をとってきたアメリカの放送界の動向が，諸外国に影響を与えるゆえんである．　　　　　　　　　　　　　　［音 好宏］

放送業界

Broadcasting Industry

アメリカは，テレビ放送発祥の地だ．1941年，ラジオ放送会社だったNBCとCBSが，世界で初めてテレビ放送を開始した．続いて54年，NBCが世界初のカラーテレビ放送を始めた．63年11月23日，初の日米間衛星中継の実験放送で，ジョン・F.ケネディ大統領の演説中継を予定していたが，遊説先の南部テキサス州ダラスで，頭部を狙撃され，暗殺されたというニュースが日本の茶の間に伝えられ，衝撃を与えた．

国土が広いアメリカでは，日本のように地上波で受信できる世帯が限られるため，「ペイテレビ」と呼ばれ，受信契約料を払ってテレビ放送を受信する世帯が，テレビ放送受信世帯の85％を占める．ペイテレビを提供するのは，コムキャストなどのケーブルテレビ事業者，ディレクTVなどの衛星放送事業者，ベライゾンなどの通信事業者．四大ネットワークテレビ局と呼ばれ，日本のキー局にあたるCBS, NBC, ABC, FOXでさえ，ペイテレビなしではアメリカの受信世帯カバー率がきわめて低いため，ペイテレビには，すべての契約プランに基本的にネットワークテレビ局のローカルチャンネルを含めることが義務付けられている．

四大ネットワーク局は，大企業による支配が進んでいる．CBSだけがテレビ放送局として単体の経営を保っており，NBCはケーブルテレビ最大手コムキャスト，ABCはエンターテインメント大手ウォルト・ディズニーの傘下，FOXは，メディア王ルパート・マードックが創業した21世紀フォックス（旧ニューズ・コーポレーション）の傘下で設立された．

放送局の監督官庁は，連邦通信委員会（FCC）で，2016年9月現在，許認可を与えている放送局は，約3万2,042局．このうち，ラジオ局は1万5,508局ある．

アメリカの放送局の歴史は，コマーシャルが入る商業放送が中心だが，財団や地方自治体，連邦政府の助成金と視聴者の寄付金で運営される公共放送もあり，ナショナル・パブリック・ラジオ（NPR），パブリック・ブロードキャスティング・サービス（PBS）などは，全国に提携局があり，ニュース報道には定評がある．

❖人気番組の変遷　テレビ番組の人気のカテゴリーは，ドラマ，リアリティショー，ニュース，深夜トークショー，スポーツに分かれる．ドラマとリアリティショーのクール（アメリカではシーズンという）は日本と異なり，9～5月の9カ月と長く，人気番組は10シーズン以上続くこともある．第45代大統領のドナルド・トランプは，《アプレンティス》（2004～15）というリアリティショーのホストを務め，実業家から人気テレビタレントになった（☞項目「リアリティショー」）．

ドラマは，四大ネットワークテレビ局ではないケーブル向けドラマ専門局 HBO や TNT，AMC が自主制作するシリーズものが，注目されるケースが増えてきた．HBO による《セックス・アンド・ザ・シティ》（1998〜2004）などが代表的である．コメディや刑事ものは定番だが，黒人奴隷問題を扱った《ルーツ》（1977），医療ドラマ《ER 緊急救命室》（1994〜2009）など，新境地を開いたものも多い．

リアリティショーは，俳優ではなく一般個人を起用し，台本なしのコンテスト形式で競わせて勝者を選ぶものが主流で，《サバイバー》（2000〜）《アプレンティス》《アメリカン・アイドル》（2002〜16）など．

夕方のニュース番組《CBS イブニング・ニュース》《NBC ナイトリー・ニュース》《ワールド・ニュース・トゥナイト》（ABC）などは，1980 年代までアメリカ人が最新のニュースを知る最大の情報源として一世を風靡し，ウォルター・クロンカイト，トム・ブロコー，ピーター・ジェニングスなどの名キャスター（アメリカではアンカーという）が誕生した．その後，ケーブルニュース専門局 CNN の誕生，さらにインターネットの普及で，影響力は低迷している．

深夜のトークショーは，アメリカ独特のカテゴリーで，平日夜 11 時半から放送される．歌って踊れて，インタビューにも秀でたコメディアンがホストで，生バンドと掛け合いをしながら，その日のトピックを紹介する．人気映画やドラマの俳優から現職大統領までが日替わりで出演するため，視聴率も高い．

スポーツ番組ながら年間最高視聴率を得るのは，ナショナル・フットボール・リーグ（NFL）の優勝決定戦スーパーボウルで，視聴者数が人口の約 3 分の 1 にあたる 1 億人を超える（☞項目「スポーツメディア」）．

❖インターネット視聴の台頭　動画配信サイト YouTube に違法にアップロードされるテレビ番組が増えたことが問題になり，2007 年頃から，放送局が自社サイトで，番組の無料オンライン配信を始めた．その後，人気番組だけでなく，ほぼ全時間帯の番組がオンラインで視聴できるようになった．ペイテレビの受信契約料の高騰が家計に負担となるほか，スマートフォンやタブレット端末の普及で，視聴者の間で急速にテレビ番組をインターネットで視聴する習慣が浸透した．番組視聴率調査会社ニールセンによると，ペイテレビを契約せず，インターネットでテレビ番組を見ている世帯が，テレビ受信可能世帯の約 2％に上った（2015）．

同時に，DVD レンタル大手だったネットフリックス（Netflix）が 07 年，映画や過去の人気ドラマのオンライン配信を始め，会員数を急速に増やした（世界 8,600 万人〈2016〉に及ぶ人気）．13 年には政治ドラマ《ハウス・オブ・カード》（邦題《ハウス・オブ・カード　野望の階段》）を自主制作し，シーズン 1 の 13 話を一挙に配信．ビンジビューイング（ドラマのシーズンのエピソード数話ないし全話を一度に見ること）という習慣を生んだ．また，オンライン配信ドラマとして初めて，優れたテレビ番組に贈られるエミー賞を受賞した．　　　　[津山恵子]

雑誌の今日まで

History of Magazine Publishing

　マガジン（magazine）という言葉の元になったのはフランス語の「magasin」（商店や倉庫といった意味）で，この英語を創案したのは1731年にロンドンで『ジェントルマンズ・マガジン』を創刊したエドワード・ケーブである．イギリスのそんな動きに，イギリスの植民地だったアメリカ側で真っ先に反応したのは，やがて独立宣言の起草にも参加することにもなるベンジャミン・フランクリンで，すでに独自に新聞を刊行していた出版人でもあったフランクリンは41年に『ジェネラル・マガジン』を創刊した．これがアメリカでは最初の「magazine」ということになっているが，しかし，その創刊からわずか3日後に『アメリカン・マガジン』が登場，いきなり激しい競争にさらされることになった．

　アメリカでのその後の雑誌の隆盛は激しい競争の産物でもあるが，それを予言するかのようなすさまじい競争が，そもそもの始まりからあったのがわかる．

❖ **ヨーロッパからアメリカへ**　総合雑誌の競争というと，南北戦争の前後に登場した2誌がまずあげられる．1850年にニューヨークで創刊された『ハーパーズ・マガジン』と57年にボストンで創刊された『アトランティック・マンスリー』（図1）である．ともに，東部の知識人たちが執筆陣のほとんどを占め，政治や社会の問題に関してオピニオンリーダー的な役割を果たそうとした．実際，共和党のシンボルが象に，民主党のそれがロバになったのも『ハーパーズ』に掲載された風刺漫画がきっかけだったのだから，雑誌の影響力の大きかったことがうかがえる．もっとも，そのエリート臭には反発も少なからずあり，ボストンを根拠地とした『アトランティック』はハーバード大学に密着した雑誌として批判されてもいた．執筆陣の一人でもあったラルフ・ウォルド・エマーソンなどもその偏狭さを嘆いており，ヨーロッパの文化を意識した知識人たちの雑誌という趣があった．

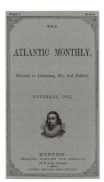

図1　『アトランティック・マンスリー』（1857）の表紙

　しかし，その『アトランティック』は，中西部出身のウィリアム・ディーン・ハウエルズが71年に3代目の編集長に就くと，大きく変貌する．ヨーロッパよりも，開拓が進む西部の辺境に注意を払うようになり，マーク・トウェインやブレット・ハートといった粗野なアメリカの魅力を伝える作家たちの文章などが載るようになった．ヨーロッパを意識するのでなく，独自のアメリカらしさを認識する方向へ向かうようになった．ハウエルズは後に，アメリカで短編小説が栄え

たのは雑誌がどっさりあったからである，と発言することになるが，その道筋をつくった一人がハウエルズである．ハウエルズもまた，アメリカ文学史にその名をのこす重要な作家になり，アメリカの成長を記録する作品を数多く手がけることになる．

✢**家庭と女性**　西部開拓が進む一方で都市が発展しはじめる 19 世紀後半からアメリカは大きく変貌していくが，次々と現れる雑誌はそんな情勢に敏感に反応した．

　例えば，女性雑誌の台頭である．嚆矢となるのは南北戦争が終わって間もなくスタートした『ハーパーズ・バザー』だが，19 世紀末までには『レディーズ・ホーム・ジャーナル』や『グッド・ハウスキーピング』が登場してきている．雑誌名からもうかがえるように，家事を上手く運営するための情報誌ではあったが，背景には流行りはじめていた家政学や台頭してきたフェミニズムがあった（☞項目「女らしさ・男らしさ」）．「ホーム」や「ハウス」といった言葉こそ入ってはいるが，女性の社会との関わりはどうあるべきかについて具体的な提案も盛んにしていたところにはそういった思想の反映がうかがえる．

　フェミニズムは，20 世紀の後半になると再び台頭してくるが，そんな動きに対応して登場したのが，1972 年に創刊された『ミズ』である．すっかり穏やかな家庭雑誌に変わっていた『レディーズ・ホーム・ジャーナル』や『グッド・ハウスキーピング』に代わって，女性の視点から社会を徹底的に見直そうとする姿勢を打ち出した．女性の社会参加に関して積極的に発言する論客が，編集長のグロリア・スタイネムをはじめ，そこから多く登場することとなった．

　アメリカの家庭生活に圧倒的な影響を与えた雑誌で忘れてならないのは『サタデイ・イブニング・ポスト』（図2）である．創刊は 19 世紀の半ばで，当初は新聞だったが，『レディーズ・ホーム・ジャーナル』の会社が買収して雑誌に変え，1899 年，新たに編集

図 2　『サタデイ・イブニング・ポスト』の表紙［ノーマン・ロックウェル画，1916］

長になったジョージ・ホレス・ロリマーが読み物ページの充実を図ると大きく躍進し，やがては 200 万部を超える，アメリカを代表する雑誌になった．ロリマーは 36 年間にわたって雑誌に君臨，その間，多くの作家が読み物を提供した．1916 年からは画家のノーマン・ロックウェルが表紙絵を担当，うららかな家庭のひとこまを描いた絵は，文字通り，『ポスト』の顔になるとともに，アメリカの幸福な家庭の理想の姿を提示することにもなった．現在でも刊行されてはいるが，家庭のかたちが激しく変化した今，古き良きアメリカを懐かしむノスタル

ジーを漂わす雑誌になっている．

❖**万人向けと階層向け**　20世紀前半，アメリカの最大の雑誌といえば『ポスト』だった．とはいえ，雑誌がすべて，『ポスト』の後を追いかけるようにして，多数の読者の獲得を目標にした万人向けの雑誌を目指したわけではない．

例えば，クラス・マガジン理論をいち早く打ち立てて，主にファッションに的を絞った女性雑誌『ヴォーグ』を躍進させたコンデ・ナストの試みは注目すべきものだった．世の中には，富や教育によって構成された階層（クラス）だけではなく，共通の趣味をもった者たちで構成された階層もある．そのどれかの階層に的を絞って雑誌をつくれば，誌面はつくりやすいし，かつ，雑誌に不可欠な広告を出してくれるクライアントも広告が出しやすい，という理論である．今では雑誌に関わる人間たちにはすっかりおなじみのものだが，当時としては画期的な発想だった．そしてナストのこの手法は奏功．ナストが『ヴォーグ』の指揮をとるようになって間もない1910年，女性雑誌の中での部数の順位は最下位だったが，広告の量は最上位だったのである．

図3　『ニューヨーカー』創刊号の表紙（1925）

1925年に創刊された『ニューヨーカー』（図3）も，万人向けの雑誌を狙うことは初めから捨てていた．都会に，というか，ニューヨークに暮らす洒落た若者たちをターゲットにしたニューヨーク情報誌を目指し，発刊の言葉には，田舎の老人向けのものではない，とはっきり謳った．実際，創刊者のハロルド・ロスは大の『ポスト』嫌いだった．ロスに，ナストのような「クラスマガジン」理論があったかどうかはわからないが，読者対象をはっきりと絞ったという意味ではナストに似た考え方で雑誌づくりに乗り出したとはいえる．

この2誌は，今なお健在であるどころか，『ヴォーグ』はファッション界を，『ニューヨーカー』は論説界と文芸界をリードする存在として堂々たる地位を占めている．読者対象を絞るという方針は未来を先取りしていたのである．

❖**激変する時代に合わせて**　『ニューヨーカー』が現れた1920年代は，さまざまな雑誌が続々と登場してきた時代で，新しいタイプの雑誌も出現してきた．例えば，22年に創刊された『リーダーズ・ダイジェスト』は溢れかえる雑誌のさまざまな記事からお勧めのものを再録するという方法をとり，氾濫する雑誌の中で右往左往する人たちに指針を与え，ヒットした．また，23年に創刊された『タイム』はニュースを短くまとめてたくさん紹介するという方法をとり，激変する時代から生まれる多くの情報に振り回されている人たちに時代を要領よくつかまえるヒントを与え，これまたヒットした．『タイム』の成功に自信を得た創刊者の一人，ヘンリー・ルースは，36年には，写真の時代の到来を予感して写真で

ニュースを伝える『ライフ』を創刊．その後のフォトジャーナリズムの先駆けとなった（☞項目「映像ジャーナリズム」）．

　60年代も，若者を中心とするサブカルチャーの台頭で社会の風景が大きく変わった時代だが，若者に支持されるロック音楽が社会の見方を変えるとの信念から67年に創刊されたのは『ローリング・ストーン』（図4）である（☞項目「ロック」）．大学をドロップアウトしたばかりのヤン・ウェナーが音楽批評家のラルフ・グリーソンと組んでつくった雑誌は，ロック情報誌のスタンスを保ちつつ，『ニュー・ジャーナリズム』という新しいかたちの報道スタイルを生み出すことになった．33年に男性ファッション誌として創刊された『エスクァイア』も，60年代になると，「ニュージャーナリズム」を標榜したが，それは社会現象をリアルに報告するためには記者の主観的な叙述も厭わないというものである．

図4　『ローリング・ストーン』の表紙（1968）

❖インターネットの登場　20世紀の末に登場したインターネットは情報の流れを大きく変えたが，情報の提供を主要な仕事としていた雑誌は甚大な影響をこうむった．しかし，そんなデジタル時代の到来に対応するように1993年に創刊されたのが『ワイアード』で，テクノロジーの進化とどのように付き合っていくかという視点からさまざま記事をつくっている．創刊に参加した論客のケヴィン・ケリーは，60年代，自立した生活を築くために本当に必要な道具とは何かという，いかにもカウンターカルチャー的な考え方のもと，『ホールアース・カタログ』という画期的な道具のカタログを作成したメンバーの一人である（☞項目「対抗文化」）．新しい時代を生き延びていくためのノウハウを提供する雑誌のようでいて，既存の文化に対抗する雰囲気を漂わせているのは雑誌の根っこにそんなカウンターカルチャーの影響が残っているからだろう．21世紀に入ってから10年以上にわたって編集長を務めたクリス・アンダーソンも論客で，デジタル時代の商品カタログを支えていくのは実は売れない目立たない品物たちであるという『ロングテール』なるマーケティング理論を発表して大きな反響を巻き起こした．

　一方，昔から続いていた雑誌のほとんども，デジタル時代に合わせて，プリント版とオンライン版の両方を出すようになっている．『アトランティック』や『ハーパーズ』や『ニューヨーカー』や『エスクァイア』など，創刊号からのバックナンバーをインターネット上に公開してアーカイブの充実に力を入れているところもある．しかし，情報の獲得はインターネット上で無料で済ませてしまおうという者たちが少なくない中，経営で苦戦を強いられる雑誌も多くあり，休刊や身売りに追い込まれるところも出てきている．　　　　　　　［青山　南］

広告産業と PR 会社

Advertising Agencies and PR Companies

IIIIIIIIIIIIIIIIIIIIIIIIIIIIIIIIIIIIIIIIIIIIIIIIIIIIIIIIIIIIIII

　P&G（日用品・家庭用品），AT&T（電話・通信），GM（自動車），アメリカン・エクスプレス（クレジットカード），アマゾン（ネット小売）など，今日のアメリカの消費生活・文化を特徴付ける企業は，いずれも広告費ベスト 10 企業（Statista, 2015）である.

❖**近代広告会社と PR の母国**　広告の定義にもよるが新聞・雑誌他のマスメディアと広告が密接に連関して広告産業を成長させてきたという観点から，「マスメディア広告」の母国はアメリカだといえる．同様に，プレスリリースやパブリシティなどの言葉が示すとおり，20 世紀初頭の新聞ジャーナリズムと密接に結び付き成立した近代 PR（public relations）は，まさにアメリカ建国の歴史と「言論の自由」，アメリカ民主主義の原点にまでさかのぼるビジネスである.

　新聞・雑誌の成長期には，広告収入でメディア経営を支え，購読者の負担に依存するだけでなく広告主の負担とマーケティング手段の中心としてアメリカの消費文化を支えてきたのも広告産業であった．PR は 20 世紀初頭のアメリカで，ジャーナリズムに対応するビジネスとして，選挙キャンペーンやロビイングなどの政治的言説，公共的組織のニュース発信，従業員との対話，社会貢献・文化活動などを通じて成長し始めた.

　「近代 PR の父」と呼ばれるアイビー・リーは「原則の宣言」（1904）の中で，PR の仕事を，「記事・ニュースに関する仕事である」と発表し，広告とは異なるビジネスを構想した．20 世紀後半，①企業のコミュニケーション活動の広がり，②ラジオ・テレビなど広告放送の成長，③消費社会とマーケティング重視の進展で，本来異なる社会的機能として成長してきた広告と PR を，統合的・戦略的に組み立てる傾向が顕著になる.

❖**メガグループ化とデジタル化**　広告業・PR 会社のメガエージェンシー化は，ロンドン本拠の WPP グループが 1987 年，アメリカ大手広告会社ジェイ・ウォルター・トンプソン（JWT）やオグルビー＆メイザー（O&M）を買収，JWT 傘下の PR 会社ヒル＆ノウルトンほか，さまざまな専門会社を統合したことに始まる．86 年にアメリカ大手広告会社連合でスタートしたオムニコム，61 年に設立され紆余曲折を経てメガ化したインターパブリック，あるいはフランス本拠のピュブリシス，それに続く日本の電通など，広告・PR とマーケティング・サービスを統合するメガ化は 90 年代以降の世界的潮流である．そして 2000 年代以降のメガ化の主戦場はデジタル関連の企業グループ化，デジタルシフト（後述）といわれる.

インターネットも，メディア技術的には冷戦期1960年代のアメリカで軍事・研究用としてスタートした．88年に商用化して以降，放送ビジネスと同じ，いわゆる「フリー」（利用者は無料）のビジネスとして成長してきた．収益の約9割をアドワーズ（AdWords，オンライン広告システム）で支えられるグーグル（1998），同様なヤフー（1994）など検索エンジンから始まり，フェイスブック（2004）やツイッター（2006）など2000年代後半のソーシャルメディアも，収益モデルとしての広告・PRに依存してグローバル化している．

著者『フリー〈無料〉からお金を生みだす新戦略』（2009）で世界のメディア関係者から注目されたクリス・アンダーソンは，アメリカの商業放送（ラジオ）から始まる利用者無料の広告ビジネスの発展がデジタルメディア時代の潮流と指摘した．マイクロソフトやアップルなどインターネット文化の技術革新がアメリカから生まれ続ける背景には，膨大なデジタル広告の収益源がある．

広告大国アメリカの現在を最新の数字で概観しておきたい．電通グループのカ□社は，2016年の世界50カ国・地域の総広告費は約5,380億ドルと推計した．国別の1位はアメリカ2,040億ドル（シェア38%），2位は中国815億ドル（15%），3位は日本521億ドル（9.7%），4位はイギリス258億ドル（4.8%）．以下，韓国，フランス，オーストラリア，ブラジル，カナダと続く．推計対象はテレビ，新聞，雑誌，ラジオ，映画館広告，屋外広告・交通広告，デジタル広告の七大媒体だ．なかでもデジタルシフトと呼ばれる変化は近年顕著で，その構成比率はすでに世界媒体広告費の27.0%に達している．アメリカ国内に限ればデジタル広告が広告会社収益の約40%にまで達した（AdAge，2015）．

国別広告費は当該国の経済規模に比例するといえるが，調査会社イーマーケターの上位20カ国調査（eMarketer, 2013）によれば，「1人あたり年間広告費」の1位はノルウェー582ドル，2位はアメリカ540ドル，3位はオーストラリア535ドル以下，カナダを除くと媒体広告費が割高な北欧諸国が上位にある．日本は第9位320ドル．いずれにしても，広告費総額，1人あたり広告費，デジタルシフトでも，やはりアメリカは広告大国といえる．

PRの母国としてのアメリカも健在である．ペイドメディア（広告媒体）に加えてホーページや公式フェイスブックなどオウンドメディア（自家媒体）の活用なども進み，PRビジネスと広告とを切り分けることが難しくなっている．

調査会社によれば，世界上位250社のPR会社のうち110社はアメリカ企業であった．世界的にネットワークを持つ1位エーデルマン，2位ウィーバー・ジャンドウイック，3位フィッシャーマン・ヒラルド，4位ケッチャム，5位バーソン・マーステラ，7位ヒル＆ノールトなどトップ10社中8社がアメリカ企業である（Holmes Report, 2016）．アメリカのPR会社は特に戦後のグローバル経済化の中で，アメリカ企業とともに国境を越えてネットワークを拡大した．　　［和田　仁］

世論調査とメディア

Public Opinion Research and the Media

　18世紀後半の独立以来，リーダーである大統領を選挙で選んできたアメリカでは，国民の意向をあらかじめ予測する道具として世論調査が発展してきた．現在，使われている世論調査の方法の多くは，アメリカを起源とし，その発展にはマスメディアが大きく関わっている．

　選挙は世論調査の発展に重要である．なぜなら調査の「答え合わせ」ができるほぼ唯一の機会だからだ．アメリカの選挙の歴史は，少なくとも20世紀以降，世論調査の歴史と重なるといっても過言ではない．

❖200万人調査を打ち負かした3,000人調査　初めての世論調査は1824年，ペンシルベニア州の地方新聞により行われたとされるが，世論調査の歴史の中で特筆されるのが，1936年の大統領選挙である．現職で民主党のフランクリン・D. ローズヴェルト大統領と共和党のアルフレッド・ランドン候補の事実上の一騎打ちだった．ニューディール政策でアメリカ経済を世界恐慌から立ち直らせたローズヴェルトだが，当時はまだ不景気の真っただ中で，再選の見込みはないともいわれていた．注目されたのは，100万部を超える発行部数を誇った週刊誌『リテラリー・ダイジェスト』の「ランドンが57%の得票で勝利する」という予測だった．調査では1,000万人以上に往復はがきを送り，実際の投票者の20人に1人にあたる200万人以上の回答を得ていた．

　一方，前年に世論調査の業界に参入したばかりのジョージ・ギャラップは，わずか3,000人分という少ない回答を基に，ローズヴェルトが54%の票を得て当選するとした．結果はローズヴェルトの勝利で，ギャラップは，調査人数が圧倒的に多い『リテラリー・ダイジェスト』を打ち負かしたのである．

　両者の違いは，調査対象の選び方（サンプリング）にあった．『リテラリー・ダイジェスト』は購読者リストや電話帳，自動車の所有者リストを利用した．世界恐慌の時代に雑誌を定期購読したり電話や自動車を持っていたりする人たちのリストであり，サンプルが裕福な層に偏っていたのは想像に難くない．

　規模を追求した『リテラリー・ダイジェスト』に対して，ギャラップは調査対象がアメリカの有権者全体の縮図になるよう，性別や年齢，白人かそうでないか，居住地域，それに収入などでグループに分け，有権者と同じ割合になるよう調査した．この方法は「割り当て法」と呼ばれる．ギャラップが実際に調査したのは数万人を超えるという説もあるが，この選考をきっかけに，世論調査は「数を集める」方法論から「全体の縮図になるよう科学的に集めれば，サンプルは少数でいい」という考え方に大きく方向転換した．

❖おごれるものは久しからず―割当て法の限界

この成功でギャラップは一躍有名になり，割当て法は世論調査のさまざまな分野で採用されて世界に広がった．しかし，1948年に行われたアメリカ大統領選挙で，ギャラップは予測を誤る．

選挙は，事実上，民主党のハリー・S. トルーマン大統領と共和党のトーマス・E. デューイ候補との間で争われた．当時，民主党は分裂の危機にあったため，トルーマンが敗れるのではないかという予想が多く，世論調査もその雰囲気を反映した結果になっていた．ギャラップはトルーマンが44.5%の得票にとどまり，デューイが49.5%を獲得して勝利するとし，ほかの世論調査でもデューイが半数前後の支持を得て勝利すると予測していた．

ところが，結果はトルーマンが49.5%を得て勝利．デューイは45.1%で，予測とは正反対の結果になり，『シカゴ・トリビューン』は一面でデューイ勝利の誤報を出した（図1）．ことごとく選挙結果を当て，社会に大きな影響を与えてきた世論調査は，信頼を大きく失墜し，専門の調査委員会で検証が行われた．そこで指摘されたのが「主観」によるサンプリングの「歪み」だった．

図1 誤報した新聞を持って笑うトルーマン大統領

割当て法では「ニューヨークに住む40代の白人から○人」などと必要な人数を調査員に割り当て，答えを集めてもらう．その際，誰を選ぶのかという選択は，調査員の個人的判断に委ねられていた．このため，例え本人が意識しなくとも「この人なら聞きやすそうだ」といった主観的判断が入って，結果が歪んでしまったのだ．

ギャラップの失敗をきっかけに，割り当て法の偏ったサンプリングが問題になり，この後の世論調査は，人の主観が入らず，「神の見えざる手」で調査対象を選ぶ無作為抽出法（ランダムサンプリング）に移っていった．

❖RDD調査の登場

世論調査の方法を大きく変えたのは電話である．ここまで紹介した調査は，実際に調査対象者に面接したり，調査用紙を郵送したりする必要があった．国土の広いアメリカでは，結果が出るまでに一定の期間が必要になる上，費用もかかる．このため，電話の普及に伴って電話調査が中心になっていった．当初は電話帳を使ってランダムサンプリングを行っていたが，1970年代に入ると番号を載せない世帯が全米で約20%に達し，地域によっては40%に上った．

こうした中で，三大テレビネットワークが，大統領選挙をはじめ，主な州知事選や連邦議会議員の選挙で独自の世論調査を行うようになったこともあり，手軽なRDD（Random Digit Dialing）法が広まった．無作為に選び出した数字をダイヤルする方法で，60年代にアメリカで開発された．コンピュータを使って番号

を発生させるので，電話帳を調べる手間がなく，短時間で手軽に実施できる上，番号を載せていない家庭も対象に加えることができるため，一気に普及した．現在も調査の主流となっている．

RDD 法の対象は，当初，固定電話のみだったが，携帯電話しかない家庭が徐々に増加し，2015 年には半数近くに達した．このため，携帯電話も対象に含めた調査が増えている．アメリカでは，日本と違って携帯電話が特有の 090 といった番号ではなく，固定電話と同じ市外局番からの番号になっているため，地域限定の調査でも使いやすかったことが普及に拍車をかけたと考えられる．

❖**本当の民意を知る？ 討論型世論調査**　世論調査については，集めているのが民意（public opinion）ではなく，気分（popular sentiments）だという批判が絶えない．このため，うわべの意見ではなく，真の世論を集めようという試みも行われている．

討論型世論調査と呼ばれる方法で，国民が十分な情報を得て討論した上で生み出される民意を測ろうとスタンフォード大学で開発された．この方法では，まず設定されたテーマについて一般的な世論調査を行い，その回答者から数日間の討論に参加してくれる人を募って集まってもらう．そして，10～15 人程度の小グループに分かれて，専門家の意見を聞いたり疑問に思う部分を質問したりしながら討論を繰り返す．その後，最終的なアンケートに答えてもらい，討論前から意見が変わったかどうか，また，どう変化したかを比較する（図 2）．

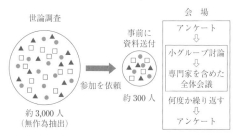

図 2　討論型世論調査の方法

公共放送の PBS がシリーズで番組を企画するなど討論型世論調査はメディアとの親和性も高い．しかし，参加者の交通や宿泊先の手配から専門家の選定まで何段階ものハードルをクリアするにはコストがかかり，番組制作費用が 100 万ドルを超えるなど，頻繁な開催は難しいのが問題とされる．

❖**世論調査全盛のアメリカ社会**　現在，アメリカではさまざまな世論調査の結果がメディアによって報道されている．また，選挙の場合，立候補する陣営による調査も頻繁に行われ，国務省によると 50 年前には，世論調査の大手機関は 1，2 箇所しかなかったが，今日のような即時ニュース，インターネット，ケーブルテレビの 24 時間ニュース専門局の時代には，おびただしい数の情報源が定期的に世論調査の結果を伝えている．

大統領選挙のテレビ討論会など重要な政治日程があるときには，電話による緊急世論調査が行われ，わずか一夜で結果が出る．そもそも方法や主体の違う調査

を単純に比較することはできないのだが，毎日のようにさまざまな調査結果が報道される中で，各社の結果を集めて平均値を出すウェブサイトも現れた．

一方で，電話調査に協力した人の割合が2012年に10%を切ったという報告もあり，調査結果の信頼性が損なわれつつある．実際，世論調査の代名詞ともされるギャラップが行った12年大統領選挙の電話調査の結果は，誤差が7.2%と大きく狂い，同社は16年の大統領選挙の調査から撤退した．

❖**岐路に立つ世論調査**　電話調査の劣化が進む中，注目されているのがインターネットを使った調査である．2014年には，『ニューヨーク・タイムズ』とCBSテレビが，上院と下院の議員などを選ぶ中間選挙に「ユーガブのネット調査を利用する」と発表した（後述）．2社は，伝統的な調査を重視するアメリカ世論調査学会の中心的なメンバーであっただけに，関係者に衝撃が走った．ネット調査について，学会は，インターネットを使っている人以外にはアプローチできない上，答えるのは調査会社に登録した「答えたい人たち」であることから，結果に科学的な裏付けがないとしてきたからである．

ユーガブは，あらかじめネットで登録したモニターの中から，性別や年齢，地域に加え，支持政党や読んでいる新聞なども参考にして，回答してもらう人を選ぶ．いわば，確実に答えてくれる人の中から本来の調査対象に近い人たちを事前に選ぶ方法である．ユーガブは，直近の選挙結果を詳細に分析して常に事後の調整の仕方を見直していて，ネット調査でありながらインターネットにアクセスしない人も含めた結果を出せるとしている．

こうした中で行われた16年の大統領選挙では世論調査による予測が外れ，メディアや調査会社がお詫びする事態に陥った．各社は，女性初の大統領を目指す民主党候補のヒラリー・クリントンが共和党候補のドナルド・トランプに勝利するとしたが，第45代大統領に選ばれたのはトランプだった．最終的な票数は，クリントンがトランプを全米で2.1ポイント，280万票あまり上回ったのだが，各州の選挙人を争うアメリカ大統領選挙の仕組みでは，トランプが勝利を手にすることになったのである．しかし，各州で行われた世論調査などをもとに，多くのメディアがクリントンの勝利を90%前後と予測していたことから，調査に批判が集中した．一方，トランプの勝利とした調査もあり，その一つは，無作為に選んだ人たちにインターネットで継続的に答えてもらい，回答をアメリカの人口構成に合わせて補正する方法をとっていた．

このほかにも，電話やネットをあわせて使うミックスモードが開発されるなど，アメリカではさまざまな方法が試行錯誤されている．しかし，決定打はないのが実状であり，世界の注目を集める大統領選挙で調査の劣化を示すかたちになった世論調査は重大な岐路に立たされている．　　　　　　　　　［岩本　裕］

戦争報道

War Reporting

戦争報道とは，開戦に至る過程，戦況，終結までの報道を意味する．アメリカのメディアは戦争のたびに，愛国心と政府批判，安全保障上の国益と合衆国憲法第1修正が定める報道の自由のせめぎ合いの問題を抱えてきた．戦況を一早く伝えようとするメディアの技術革新の結果，報道は飛躍的な進歩を遂げたが，政府・軍側の巧みな統制で，報道側の自由は抑制されているのが現状である．

戦争報道は花形とされる．だが本来政府を監視するメディアが，国家の命運と国民の安全が懸かる戦争にどこまで協力すべきかという本質的な問題を孕む．また戦時に愛国心に駆られる国民を相手に愛国的報道内容で読者を増やし商業上の利益を上げようというメディアの性格も色濃く出るのである．

❖明白なる運命　アメリカ・メディアが最初に対外戦争を本格的に取材したのは，米墨戦争（1846〜48）である．それまでの独立戦争や防衛的な米英戦争と異なり侵略的なこの戦争で，アメリカは「明白なる運命」が謳った膨張機運の中で太平洋沿岸まで領土を増やす過程でメキシコと戦った（☞項目「戦略文化」）．戦場記者たちは戦争を支持し，メキシコ人に対する偏見を記事にあらわにした．英雄づくりにもメディアは手を貸した．ザカリー・テーラー将軍を戦争のヒーローとして描き，テーラーは戦勲を手に49年には大統領に就任した．

米西戦争（1898）でもメディアの戦争支持は続き，戦争のきっかけとなったハバナ港停泊中の米軍艦メーン号の沈没は，その沈没原因が立証できていないのに，スペインの責任を追及する記事があふれた．戦争を煽るイエロージャーナリズムと批判も浴びた（☞項目「新聞の今日まで」）．

アメリカ史上最も多くの戦死者を出した南北戦争（1861〜65）は民間人を巻き込む総力戦に発展，国民の士気を維持することも重要な戦争目標となり，軍と新聞との間で検閲制度が本格的に構築された．記事送信の手段である電信をコントロールすることで62年には原稿の事前提出が義務付けられ，軍の動きなどの機微な内容は削除された．また，従軍記者は司令官の指揮下に入るという原則も確立された．

戦争は記者の技術も高めた．記事は意見や華美な表現を盛り込んだものでなく簡潔なファクト（真実）重視に変わった．南北戦争の開始であるサムター砦への発砲やエイブラハム・リンカン大統領暗殺の第一報は現在の通信社の速報と同じように，きわめて簡潔だ．全体を要約するリード（導入文）も始まった．南北戦争は印刷やイラスト，地図作成などの飛躍的な向上ももたらした．

❖検閲と自粛　1914年に第1次世界大戦が始まったときには，アメリカは平和

主義，孤立主義の国であった．だが，メディアの経営者たちはドイツの初戦の大勝利に危機感を覚え，ドイツがヨーロッパを握ることへの拒否感を持った．ウッドロウ・ウィルソン大統領が17年の宣戦布告の際に語った「世界は民主主義にとって安全でなければならない」という呼びかけに応じて『ニューヨーク・タイムズ』紙などの親英派はもちろん，『シカゴ・トリビューン』紙など戦争批判派も概ね戦争支持に回った．

　ウィルソンは宣戦布告直後に，広報委員会（CPI：Committee on Public Information）を設立，プロパガンダを拡散し新聞に対する自主検閲制度を導入した．CPIは軍部隊の動き，船舶の航行など軍事機密のメディアへの提供を控え，メディア側もそうした報道を自粛した．ヨーロッパ戦線の戦場特派員は，米軍の軍事機密情報部の検閲を受けた．

　また「防諜法」「対敵通商禁止法」「扇動法」は反戦論を抑圧し，社会主義系団体やドイツ語系新聞の郵送禁止処分や外国との通信に対する検閲，そして政府・軍に不忠実な出版を罰した．

　大戦後には反戦主義者，社会主義者，過激な労働組合主義者に対する摘発の嵐が吹き荒れた．その象徴であるサッコ・バンゼッティ事件（1920年マサチューセッツ州で起きた強盗殺人で，物証がないまま徴兵拒否のアナーキスト2人が死刑となった）に対しても，国内外のリベラル派知識人が抗議の執筆活動を行ったが，大手メディアは彼らの権利擁護には回らなかった．

❖**政府との一体化**　1939年9月にナチス・ドイツがポーランドを侵攻して始まった第2次世界大戦ではアメリカ・メディアはヨーロッパ戦線に多数の記者を送った．最初のラジオ戦場特派員も出現，進撃するアドルフ・ヒトラーの軍に従軍したアメリカ人記者もいた．連邦政府は「報道のための戦時慣行規範」をつくり，部隊，航空機，船舶，軍需物資の生産，武器に関する報道が戦争遂行上支障となると規定した．検閲局は外国との郵便や通信を検閲し，戦時情報局は戦況発表を行い，写真，漫画なども提供した．

　アメリカにとって「正しい戦争」である第2次世界大戦をメディア界は支持し，検閲局や戦時情報局のトップにはメディア企業の幹部やジャーナリストが就いた．総力戦となった第2次世界大戦は国民の関心も当然高く，戦場特派員の中にはラジオで戦況を中継したエドワード・マローや戦火の人々の生活を綴ったコラムニストのアーニー・パイルらスター記者も生まれた．ヨーロッパ出身だが戦争カメラマンのロバート・キャパもノルマンディ上陸作戦などに従軍，アメリカ・メディアで活躍した．原爆投下後に広島に入り，原爆の悲惨さを訴えたジョン・ハーシーの《ヒロシマ》などの傑作も発表された．

　冷戦の深まりの中でアメリカ・メディアは報道の自由と国益の間で難しい選択を迫られた．共産主義者や親ソ連派に対する「赤狩り」ではマローが「赤狩り」

を始めたジョゼフ・マッカーシー上院議員を批判する気骨ある報道を行った一方，アメリカが指揮した反政府軍が 1961 年にキューバに上陸したピッグズ湾事件の際に，ジョン・F. ケネディ大統領の要請を受け侵攻の報道を自粛している.

❖記者たちの戦い　ベトナム戦争は軍の公式発表に飽き足らずに真実の報道を目指す記者たちの戦いの場でもあった．当初メディアはアメリカのベトナム介入に肯定的だったが，アメリカの傀儡（かいらい）であるゴ・ジン・ジェム政権の腐敗や戦争の長期化で急速に戦争目的に懐疑的となり，結果的に反戦機運を高めた．

図 2　ベトナム戦争で従軍取材するデービッド・ハルバースタム記者（左）[AP 通信]

ベトナム戦争報道の特徴は，それまでの戦争取材が検閲などの規制に抵抗しながらも，連邦政府の戦争を基本的には支持したのに対して，戦争そのものを疑問視したことだ．最初にベトナム介入に疑いを投げかけ戦争の泥沼化の見通しを示したのは 1960 年代前半にベトナムに派遣された『ニューヨーク・タイムズ』紙のデビッド・ハルバースタム（図1），UPI 通信のニール・シーハン，AP 通信のマルコム・ブラウンの 3 人組である．政府は記者たちの報道を，国益を損なっていると厄介者（やっかいもの）扱いにした．一方，雑誌『タイム』は戦争の正当性を長く主張し，メディア界も割れた．

アメリカ国民の態度に大きな影響を与えたのはテレビだった．特に CBS キャスターのウォルター・クロンカイトは 68 年のテト攻勢（1968 年の旧正月に北ベトナム側が始めた一斉攻勢）の取材でベトナム入りし，「米軍は泥沼に入り込んだ」と伝え，政府や軍がいう「勝利」はあり得ないと報じた．以降 CBS は一貫して戦争に批判的になり反戦世論の高まりに道を開いた（☞項目「反戦運動」）．

この時期は政府・軍の発表を信用せずにソンミ村虐殺を暴いたセイモア・ハーシュらの調査報道も盛んになった．これは後にリチャード・M. ニクソン大統領を辞任に追い込んだ，『ワシントン・ポスト』紙のウォーターゲート事件報道につながる流れとなった．また発表ものが多かった従来のジャーナリズムと異なり，問題意識を基に徹底した取材と情景心理描写を多用するニュージャーナリズムもこの頃に関心を集めた．

『ニューヨーク・タイムズ』が掲載を始めたベトナム介入の経緯をまとめた極秘政府文書「ペンタゴンペーパーズ」について，「国家の安全を脅かす」との理由で停止するよう求めた政府に対して，連邦最高裁は「報道の自由」を理由にその訴えを退けた．『ワシントン・ポスト』紙のウォーターゲート事件報道と合わせて，アメリカメディア界の絶頂を期す出来事である（☞項目「リークと報道操作」）．

❖規制の湾岸戦争　ベトナムでの屈辱的な終局から15年後に起きた湾岸戦争では，アメリカ政府・軍は取材を徹底的に規制した．ベトナムでは記者が自由取材で戦争政策の批判も容易に行えたことから，それを封じる狙いだった．メディアは湾岸戦争を好意的に扱いジョージ・H.W. ブッシュ政権は国民に根付いた「ベトナムの悪夢」の払拭にも成功した．

　前線取材は代表取材に限られ，軍事情報は国防総省がコントロールした．記者たちはリヤドの米軍司令部や国防総省で行われるブリーフ（記者会見）で精密爆撃の無機質な映像を見ながら戦況記事を書いた．湾岸戦争は，①イラク大統領サダム・フセインが「悪魔」として描かれた，②戦争が短期間で終わり米兵の犠牲も最低限だった，③多数の国が参加する多国籍軍が組織された—などの理由から，連邦政府のメディア統制は大規模な批判を招かなかった．精密爆撃も誤爆が多かったが，一部の記者だけがこうしたイラク人の被害を報道した．クウェートから逃れてきた少女がイラク軍の残虐行為を連邦議会で証言し反イラク感情を煽ったが　その少女はクウェートの駐米大使の娘で当時クウェートにいなかったが，メディアはこうした情報操作を見抜けなかった．1990年代のバルカン紛争への軍事介入でも，広告代理店によるセルビア人非難のキャンペーンにメディアが影響を受けたと批判された．

　湾岸戦争は開戦の際にCNNが衛星回線を使ってバグダッドから映像とともに世界に送ったライブ中継に象徴される報道の技術革新が進んだ．

❖対テロ戦の反省　メディアの戦争支持傾向は9.11同時多発テロを受けて始まったアフガニスタン戦争まで続いたが，2003年のイラク戦争では再び批判的なものに変わった．開戦理由の大量破壊兵器は見つからず，フセイン・イラク政権と国際テロ組織アルカイダとのつながりも確認できず，また中東民主化という大義もテロの多発で潰えた（☞項目「対テロ戦争」）．

　対テロ戦争では連邦政府にメディアが操られる問題が国民から厳しく指摘された．「愛国者法」が施行され好戦ムードが高まる中で，『ニューヨーク・タイムズ』紙のジュディス・ミラーはイラクの脅威を誇張する記事を多数執筆したイラク戦争について事実と異なる楽観的な見通しを伝えたことも，メディア側の反省材料となった．

　メディアはイラク戦争の途中から，①テロ容疑者への拷問，②外国の秘密施設での拘束，③捜査令状がない違法な盗聴，④誤爆が多発している無人機（ドローン）を使った爆撃，などの問題点を暴く調査報道を行い，ジャーナリズムの気骨を見せた．また，匿名の情報源に頼る記事は政府による操作や報道の偏向を招きがちだとして，匿名の情報源をできるだけ使わない，使う場合はその理由を明確にするという改革を『ニューヨーク・タイムズ』や『ワシントン・ポスト』は決めた．　　　　　　　　　　　　　　　　　　　　　　　　　　[杉田弘毅]

調査報道

Investigative Journalism

調査報道とは，行政当局などに頼らず，報道機関がみずからの責任で社会的に重要な問題や課題について深く掘り下げ，その実態を暴露したり，改善の必要性を提唱したりすることを指す．インベスティゲイティブ・ジャーナリズムなどと呼ばれ，アメリカでは 1970 年代頃から活発になった．

❖伝統的手法は「足で稼ぐ」 調査報道の代表格とされるのは，リチャード・M.ニクソン大統領を辞任に追い込んだウォーターゲート事件である．1972 年，アメリカ大統領選挙で再選を狙っていた当時の現職ニクソン大統領の関係者が，民主党選挙本部が入居する首都ワシントン D.C. のウォーターゲート・ビルに盗聴器を仕掛けようとして見つかり，未遂に終わった．法廷で，事件はニクソン再選委員会（共和党）が中心的に計画したものだと発覚．『ワシントン・ポスト』紙の記者らがその背景を調べ，関係者の証言を集めてさまざまな不正を告発した．ホワイトハウスによるもみ消し工作などもあり，74 年，ニクソンは辞任．アメリカ史上最大規模の政治スキャンダルとなった．

アメリカのメディア関係者は，こうした現場重視の丹念な手法をシュー・レザー（足で稼ぐ）取材などと呼ぶ．最近では，2002 年にマサチューセッツ州の地方紙『ボストン・グローブ』が，ローマ・カトリック教会の聖職者による児童への性的虐待の実態を関係者への聞き取り調査や内部資料などから暴き，世界的な反響を呼んだ．

❖デジタル時代の新潮流「データ集積・分析型」 こうした伝統的手法に加え，近年，その存在感を高めているのが，公開・非公開データを大量に収集し，コンピューター技術を活用して集積・分析するタイプの調査報道である．

2000 年代頃から，インターネットの浸透やコンピューターの処理速度の大幅な向上で多種多量のデジタルデータの集積・分析が技術的に容易になった．これにより，アメリカではデータ・ドリブン・インベスティゲイティブ・ジャーナリズム（データ志向の調査報道）が急速に普及した．

先駆的取組みの一つに，『ワシントン・ポスト』紙が 10 年 7 月に報じたプロジェクト「トップ・シークレット・アメリカ」がある．01 年の 9.11 同時多発テロ事件後，急速に肥大化した連邦政府内の安全保障関連機関や，関連業務受注企業の予算，人員などについて，公開・非公開の文書を収集して分析．無駄使いや機能不全の実態をコンピューター技術の駆使により地図や図表で提示した．

近年では，パナマの法律事務所から流出した金融取引文書（いわゆるパナマ文書）1,150 万点を入手した国際調査報道ジャーナリスト連合（ICIJ）がその大量

の文書を検証し，分析結果を 16 年 4 月に公表している．

また，地方紙や新興の NPO メディアも，市販のソフトウェアなどを活用し，データ志向の調査報道に取り組んでいる（☞項目「NPO メディア」）．警察の公表資料から，教育施設の周辺で起きる刑事事件の傾向を調べるなど，地域特有の問題や課題を提示する手段に活用している．

データ志向の調査報道が拡大した背景には，08 年以降のアメリカ経済の悪化で既存メディアが調査報道に費やす人員，予算を大幅に縮小した状況もある．前出の地方紙『ボストン・グローブ』は，03 年に約 550 人だった編集局スタッフを 6 年間で 350 人にまで削減．調査報道の専従は 8 人を 3 人にした．「足で稼ぐ」伝統的な調査報道の手法は時間も人員もかかり，しかも成果が出る保証はない．だが公表資料の収集や分析は，一定の時間こそかかるものの成果が確実に期待できる．メディア企業の経営スリム化が求められる中，民主主義に資する調査報道を可能な限り維持しようと考えるメディアには，手堅い手法として必要視されている．

❖ジャーナリズム維持への課題　『ワシントン・ポスト』紙でウォーターゲート事件の調査報道を統括し，米紙編集局長としては全米最多の計 25 回，ピュリッツアー賞を受賞したレナード・ダウニー・ジュニア同紙副社長（図 1）は，コロンビア大学ジャーナリズム大学院の教授らとともに 2009 年秋，ジャーナリズムの今後の課題についての提言書「アメリカジャーナリズムの再建」をまとめた．

図 1　レナード・ダウニー・ジュニア［筆者撮影］

その中で提唱したのは，縮小傾向の既存メディアと，拡大傾向の新興メディアが目指すべき視点，資金源の多様化，複層化である．既存メディアには，従来の広告や購読・視聴料に加え，新たな収入源の確保が必要だと訴えた．また調査報道などで集めた情報をデータベース化したり，公開したりして，国民の知る権利に貢献する新たな役割も期待した．

一方，新興の NPO メディアの多くは調査報道に特化することでジャーナリズムの生命線を維持しようと格闘しているが，資金源の確保などで課題を抱える．このため寄付金提供者は，実績のある著名な大手 NPO だけでなく，こうした新興の小規模メディアも積極的に支援することで，メディアの多様化を図るべきだと訴えている．さらに調査報道は記者のみでなく，市民を巻き込むかたちもあり得るとして，記者が市民と，情報や取材手法を共有し連携するプロ・アマジャーナリズムの実践なども有効だろうと指摘している．

［大治朋子］

メディア規制と自由

Media Regulation and Freedom

　市民革命の一つの形態ともいえるアメリカの建国の過程でつくられた合衆国憲法が，その第1修正で「表現の自由」を掲げているように，表現の自由は，いわば，アメリカ建国の理念に込められているということができる．言論市場において，参加の自由（発言の自由）を担保しておけば，人々に支持される言論は，おのずと言論市場で残っていくとする「思想の自由市場」論は，自由主義を標榜する先進主要国で広く支持されている．

　ただ，西ヨーロッパ諸国などに比べても，アメリカにおいては，「思想の自由市場」論の原則を堅持しようとする社会的な合意は，強いといえる．もちろんそれ故に，メディアに対する制度的規制に対しては，歴史的に見てもきわめて慎重になされてきた．

❖**メディアの社会的責任**　他方において，19世紀後半以降，近代ジャーナリズムが発展する過程で，読者ののぞき見趣味的な興味・関心に訴えるスキャンダリズム，過度なイエロージャーナリズムが台頭する．例えば，1919年に創刊された『ニューヨーク・デイリー・ニュース』は，経営的に苦戦する中で，くじ引きや賞金付きクーポンなどによる読者勧誘をする一方，センセーショナルな写真を掲載することで売り上げを伸ばしていく．その極め付きとされるのが，死刑判決を受けた殺人犯の死刑執行時の写真であった（図1）．販売競争の激化を背景にしたジャーナリズムのセンセーショナリズムへの傾斜に対する対抗措置として，メディアは社会的な存在であり，その自律を強く求めた「社会的責任論」が浮上してきたのが，20世紀初頭である．

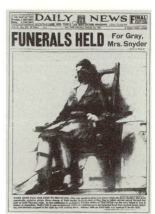

図1　『ニューヨーク・デイリー・ニュース』の死刑執行シーンを1面にした紙面 [Emery, M. et al., 1996]

　この社会的責任論は，メディアの自律的な規制をうながす理論として，いまなお有効とされている．それ故に，メディアによる個人の権利の侵害にあたっては，訴訟という手続をとって，裁判で争うことが一般化されている．アメリカが訴訟国家であるゆえんともいえる．加えて，64年の連邦最高裁によって出された「現実の悪意」の法理は，メディアによる名誉毀損に関しては，メディアの側が悪意を持って報じたものなのかどうかを証明するのは，毀損された側とする判断であり，この法理は他の先進諸国に比べ，「表現の自由」という原則をより重視して

いることを象徴するものとされている.

メディア規制と表現の自由との関係が, より議論を呼びやすいのは, 放送サービスであろう. それは放送が電波の希少性と社会的影響力を根拠に, 免許制度をとってきたためといえる. つまり, 電波利用の調整者としての政府が, 放送免許交付の役割を担うことが,「表現の自由」の確保を阻害することになるのではないかという問題である.

✣NBC vs 合衆国 1930 年代のラジオ放送において, 二つのネットワークを持つまでに急成長し, そのシェアを拡大していった NBC（National Broadcasting Company）は, 放送行政を担当する連邦通信委員会（FCC）からネットワークの分離を求められる. NBC は, FCC が個別の放送事業の業務内容に対してまで命令を下すこと自体が憲法第 1 修正違反であるとして裁判に訴え, 連邦最高裁まで争うことになる. いわゆる「NBC VS 合衆国」裁判である. この裁判で最高裁は, FCC の判断を合憲としたことによって, 43 年, NBC が傘下に置いていたレッド, ブルーの二つのネットワークのうち, ブルーネットワークを分離独立させることになるのだが, このような裁判が行われること自体が, アメリカ政治システムにおいて言論の自由の尊厳を示すものといえよう.

他方において, 80 年代以降急速に普及・発達したケーブルテレビを牽引役に, 多チャンネル化が急速に進んだ. そのようなメディア環境の変化を受けて, 87 年, 放送局は公平な放送をする義務を持つとする「公平原則」が撤廃された. これにより, 放送番組内で対立する一方の見解のみが示された場合, 反対の意見を示す場を求めることができるとしたルールも見直されることとなった. 放送に関していえば, 多メディア化・多チャンネル化というメディア環境の変化は, それまでの免許制の有力な根拠とされてきた「電波希少性論」の説得力を揺るがすことになったといえる.

✣多メディア時代のメディア規制 ただ, 多メディア時代における免許制度の有用性に関しては, コロンビア大学の学長などを務めた著名な法学者リー・ボーリンジャーの「部分規制論」が説得力を持ち, アメリカ国内でも支持するメディア研究者は多い. ボーリンジャーは, 同じ社会に住む者たちをつなぐ主要なメディア事業にあっては, 免許制度によってその存在が認定されるメディア事業者と, 制度的な縛られないメディア事業者とが併存することが, より多様な言論を担保することにつながると主張する.

免許事業が放送, 制度に縛られないメディア事業が新聞と考えがちだが, これまでのメディア発達の過程でそうなっているだけと見ることもできる. より重要なのは, 多様な言論が存在する空間の担保である. この両者のメディア事業が, 同一資本の下にある状況が多様な言論空間を抑制する力となるといった批判も, 当然, 存在する.

[音 好宏]

政治報道と分極化

Political Journalism and Polarization

アメリカの政治報道における客観性追求は，かつては規範そのものであり，「正しい政治情報」が民主的な政治過程を支える基盤そのものであった．しかし，近年は左右の政治的な立場を明確にした情報提供に大きく変貌しつつある．この政治報道の分極化と保守（右）とリベラル（左）という政治的分極化は無関係ではなく，政治過程の機能不全の背景となっている．

❖保守とリベラルに分かれるアメリカの政治報道　ベトナム戦争，ウォーターゲート事件などの報道を通じて，アメリカにおける政治報道は，「社会を映す客観的な鏡」などの形容詞とともに，広く世界から賞賛されてきた．一方で政府のウォッチドッグ（番犬）として政府との対立姿勢を鮮明にさせてきたため，革新偏向（リベラル・バイアス）があるという批判も 1980 年代には起こっていた．ここでいう「リベラル」とはあくまでも政府批判という意味に近かった．

しかし，政治過程全般が保守とリベラルに分かれる政治的分極化現象が 90 年代後半から一気に進む中，アメリカにおける政治報道も急変し続けている．政治放送そのものが「保守かリベラルか」の二つの政治的スタンスに分かれて伝える政治報道の分極化（メディアの分極化）の現象が目立つようになっている．例えば，ケーブルおよび衛星のテレビネットワークであるフォックス・ニュース・チャンネル（1996 年開局）などの保守の立場を鮮明にした政治報道が急激に目立つようになった．さらには，保守派のルパート・マードックによる『ウォール・ストリート・ジャーナル』紙の買収などによって，同紙の政治的立場も著しく保守化した．一方で，保守メディアに対抗するように，ケーブル・衛星局のMSNBC（同年開局）のように，革新寄りの報道を全面的に押し出した政治報道も特に過去 10 年の間に顕著になっている（☞項目「トークショーと政治」）．保守派の報道は民主党やリベラル派の識者に批判的であり，リベラル色が強い報道は共和党や保守派論客に否定的な傾向が明らかとなっている．

左右の政治的な立場を明確にした政治報道の分極化という変化は，衛星・ケーブルテレビの普及をきっかけとしたテレビの多チャンネル化やインターネットの爆発的普及を背景に，既存メディアが生き残り戦略を急いでいることが影響しており，政治情報の内容を消費者向けにマーケティングして，提供するようになった．これには規制緩和の影響もあり，かつてはフェアネスドクトリン（公平原則）の名の下，選挙などでは政党間のバランスなどに規制があったが，多チャンネル化の中，規制は撤廃されている．

政治報道の分極化が最も目立つ 24 時間ニュース専門局は，新聞や三大ネット

ワークニュースの《イブニングニュース》などを押さえて，アメリカの国民が最も利用する政治情報源でもある．アメリカの場合，マスメディアの行動原理はいまだ客観報道であるものの，特定な政治情報を望んでいる「市場」向けの情報提供も顕著であり，客観報道よりも際立って見える傾向もある．

❖**世論の分極化との関連**　国民世論のイデオロギー分化はアメリカ政治の分極化と無関係ではあり得ない．国民が保守とリベラルに大きく分かれつつあるという「二つのアメリカ」的な世論の状況は 2000 年頃から目立ちつつある．リベラル派の国民はリベラル派のメディアから，保守派は保守派のメディアからそれぞれ優先的に情報を求める傾向が目立ちつつある．つまり，政治に関する情報の分極化は，国民をますます分断させ，国民世論のイデオロギーの分極化を促進しているという見方もできる．世論が分かれる中，客観報道を試みても，その「客観」がどちらか寄りに近いものになってしまう傾向があるのは否定しづらい．世論の分極化はメディアが生んだのか，あるいは世論の分極化の帰結がメディアに及んだのか，議論は尽ないものの，政治報道の分極化が政治文化をめぐる急変に直結している点は特筆できる．政治過程全般が保守とリベラルに分かれる「政治的分極化」現象が一気に進み，「動かない政治」「決まらない政治」が固定化する中，アメリカでは民主的な政治システムそのものが大きな曲がり角に立っている．

　実際，政治報道の分極化はアメリカの政治過程を根本から揺るがし始めている．選挙においては，選挙産業の隆盛に支えられた徹底的な政治マーケティングで，保守とリベラルごとの選挙戦略が立てられ，それぞれに親和性の高いメディアから情報が提供されていくようになった．候補者や政党選挙においては好意的なメディア機関と親密になり，否定的な報道については「偏向」を指摘する．大統領や連邦議会，官僚は効果的なガバナンス（行政運営）を希求する一環として，少しでもみずからにとって有利な報道をするメディアを厳選する傾向にある．各種利益団体なども，「味方のメディア」と「敵のメディア」を峻別し，提供する情報を大きく変えている．さらに，保守のティーパーティ運動，リベラル派のウォール街占拠運動のいずれも，近年の左右の政治運動が拡大していく際には，保守，リベラルのそれぞれのメディアが政治的なインフラとなっていた．つまり，メディアは特定の勢力を擁護する機関に変貌しつつある．

❖**選択的接触**　インターネット上では自分の支持する情報を好んで伝える選択的接触（selective exposure）という傾向があるため，世論の分極化もさらに進んでいる傾向が明らかになっている．新聞やテレビなら，さまざまな情報が個人の好みを越えていや応なしに目に入ってくるが，インターネットでは，最初から好きな方にしか目がいかない．さまざまな情報を突き合わせて物事を考えていくのではなく，自分に都合の良い情報を選択的に使っていくという傾向が「分極化」の背景にあることも忘れてはならない．　　　　　　　　　　　　　　　　[前嶋和弘]

トークショーと政治

Talk Shows and Politics

アメリカの放送界では，討論や批評を主体とした番組であるトークショーが独自の発展を遂げてきた．政治を中心的な題材として扱い，政治家の出演も頻繁である．アジェンダ（議題）設定，世論形成，選挙運動など政治過程にも影響を与える．

❖**黎明期の討論番組**　1940 年代，一般報道とは違う討論型の番組はまずラジオで考案された．《シカゴ大学ラウンドテーブル》《ウエイク・アップ・アメリカ》など政治経済から文化まで，大学教授や芸術家などが意見を述べるトーク番組が登場した．テレビ普及が本格化した 60 年代以降は，CBS《フェイス・ザ・ネイション》，NBC《ミート・ザ・プレス》といった日曜朝の政治討論番組がテレビ放送を開始した．しかし，これらの番組はベテラン政治記者が政権高官や政治家にインタビューする体裁で，政治言論には慎重だった．

一方，66 年に放送開始した保守系知識人ウィリアム・バックリーが企画し，みずから司会を務めた《ファイアリング・ライン》のような異色の討論番組も生まれた．非三大ネットワークの公共放送系の自由さを生かし，保守的な政治主張に踏み込んだ．保守系の知識人や政治家が多く出演し，ロナルド・W. レーガン政権の応援団的な役割も担った．99 年に終了するまでの 33 年間，単独司会者による討論番組としては史上最長記録を樹立した．肯定・否定に分かれて時間制限付きで争う公式の競技ディベート（討論）を取り入れた放送史上類例がないディベート番組でもあった．

❖**ケーブルテレビの娯楽的政治討論**　1980 年に放送開始した CNN は天安門事件や湾岸戦争など国際報道で台頭した．しかし，冷戦後は国際的ニュースが減ったことや制作費抑制のため，90 年代半ばからニュースよりもトークショーに力点が置かれ，《ラリー・キング・ライブ》が看板番組化した．他方，95 年に NBC とマイクロソフト社の合弁で MSNBC が誕生し（翌年放送開始），96 年には保守系の FOX ニュースチャンネルが放送開始した．党派的番組制作が商業的に成功する風潮が蔓延し，保守，リベラルの旗色を鮮明にした政治コンサルタントやジャーナリストがパンディット（政治コメンテーター）として出演する討論番組が 90 年代後半に増えた．ただ，いずれもバックリーのような知識人向け番組は志向せず，《マクラフリン・グループ》，CNN《キャピタル・ギャング》《クロスファイヤー》など，ワシントンの政界情報と左右対立の「舌戦」に終始した．

❖**デイタイム・トークショーとコメディ番組**　アメリカの政治とトークショーの関係性は，ある意味では報道よりも娯楽的なトーク番組に象徴されている．

第一に，観客参加型インタビュー番組「デイタイム・トークショー」である．1960年代にフィル・ドナヒュー司会の番組が確立したジャンルで，麻薬中毒，幼児虐待，性革命など刺激的な社会問題の当事者をゲストに招き，階段席の観客もマイクで自説を語ることで参加する．プライバシーと口論を見世物にしているとの批判を受けながらも，アメリカ人が直面する等身大の政治問題を扱い，若者向けから主婦向けまで類似番組が高視聴率を獲得してきた．

図1 《オプラ・ウィンフリー・ショー》に出演するオバマ夫妻〔CBS Television Distribution〕

とりわけアフリカ系女性司会者による《オプラ・ウィンフリー・ショー》は，人種を越えてリベラル系の女性視聴者層にも絶大な支持を得た（図1）．

　第二に，コメディアン司会の「深夜トークショー」である．63年に放送開始のジョニー・カーソン司会《トゥナイト・ショー》以降，ジェイ・レノ，デイビッド・レターマンなどのコメディアンによる政治批評が定着した．なかでもリバタリアン（自由至上主義者）のビル・マーは，イラク戦争への批判など政権攻撃も躊躇しなかった．ジョン・スチュアート司会の《デイリー・ショー》やスティーブン・コルベアらの番組は，偽のニュース番組という設定で，政治家や時事問題を茶化していく手法を成功させた．大統領選挙では候補者がトークショーで親しみやすさを売り込むが，政策論争とは違う機知に富んだ話術も試される．

　第三に，ラジオにおけるトークショーの浸透である．視聴者参加型の「コールイン」と呼ばれるラジオ番組は以前から存在したが，80年代初頭にレーガン政権下で，客観報道と不偏不党を旨とするフェアネスドクトリン（公正原則）が廃止され，言論色の強いショーが増えた．90年代にクリントン政権批判で台頭したラッシュ・リンボーなど保守系ホストに続き，リベラル系のトークラジオも多数出現した．

❖功罪をめぐる評価　パネリスト（討論者）が党派利益を代弁し，ジャーナリストが政治の当事者となる問題のほか，センセーショナリズム（扇情主義）による視聴率優先から，ゴシップ的な政界インサイド情報ばかりが政策論争より優先される傾向も憂慮されている．また，トークラジオは政治的分極化を深めた一因ともいわれる．しかし，政治家に対して直接的に説明責任を求める場を提供し，選挙における有権者の判断にも貢献してきたほか，コメディアンによる政治言論が報道とは違う角度から「風刺」を活性化させ，若年層の政治参加を喚起してきた．トークショーがアメリカの民主主義の一翼を担ってきた側面も無視できない．

〔渡辺将人〕

政治ニュースサイト

Political News Sites

インターネットを基盤とした政治ニュースサイトはアメリカでは完全に定着し，新聞や地上波テレビの報道に及ぶ，あるいはそれ以上の影響力を持ちつつある．インターネットの爆発的な普及の中で，ブログなどを通じて誰もが政治メディアになれる時代を迎え，また「ニュース」という概念も大きく変わりつつある．

❖政治ニュースサイトの諸相　アメリカにおける政治ニュースサイトは実に多様である．そもそも 1990 年代には政治ニュースサイトといえば，新聞や地上波テレビのオンラインサイトが王者として君臨した．（☞項目「新聞産業」「放送業界」）このほか『ニューヨークタイムズ』『ワシントンポスト』などの主要紙が紙面と同じ記事や写真をやや短めに掲載したり，NBC，ABC，CBS，CNN，NPRなどのテレビやラジオの報道の文字化や音声・映像コンテンツの部分的なアップロードも，政治ニュースサイトであった．いずれも基本的には，本業の報道の抄録にすぎなかった．

しかし，政治ニュースサイトの状況が大きく変わったのが，保守派の政治暴露サイト「ドラッジレポート」（Drudge Report）が 1998 年 1 月に伝えた当時の現職大統領であるビル・クリントンのモニカ・ルインスキーとの不倫のスクープである．この不倫事件については，『ワシントンポスト』や『ニューズウィーク』が先に情報をつかんでいたものの，上層部の判断で止められた．それに業を煮やした情報提供者が「ドラッジレポート」に情報を流し，事態は急変する．この情報を同サイトはすぐさま掲載し，それに追随するかたちで一般紙やテレビも報じた．こうして，「世界的なスクープ」を無名の政治ニュースサイトが生み出すことになった．

「ドラッジレポート」が先駆者となり，2000 年代には個人の政治ブログが次々に政治ニュースサイト化していく．保守派でいえば，「ミッシェル・マルキン」（Michelle Malkin），リベラル派でいえば，「デイリーコス」（Daily Kos）などの政治ブログが台頭した．アメリカ世論の政治的分極化が進む中，政治ブログは保守系・リベラル系の二つに分かれる傾向があり，同じイデオロギーを持つ人々がアクセスを繰り返し，情報が「拡散」する中，政治討論の場となってきた．また，ブログを読んだ著名ジャーナリストが引用し報道することで，議題設定能力も高くなっていった．ただ，個人ブログ系の政治ニュースサイトで問題なのは，内容チェックが甘い点である．新聞やテレビなどの既存のメディアなら，「いま一つ確実な裏付けが取れない」として，報じない内容も比較的積極的に掲載する傾向にある．

❖ニュースサイトとしての定評確立　そんななか，当初は同じく個人ブログの形態をとりながら，他の識者に寄稿させる「オピニオンフォーラム」サイトとして

評価されるようになったのが，リベラル派の政治評論家アリファナ・ハフィントンが立ち上げた「ハフィントンポスト」(huffingtonpost) である．2005年のサイト設立以降，著名な政治評論家や政治家が寄稿することで知られるようになったほか，新聞やテレビなどの各種サイトの「まとめサイト」として，政治ニュースのキュレーターとしての位置を確立していった．

また，『ワシントンポスト』の2人の記者が07年に立ち上げた「ポリティコ」(Politico) のように，さまざまな政治ジャーナリストがサイトに関わることで，定評を確立するニュースサイトも増えている．01年発足だが，07年のフォーブス社の買収以降一気に発信力が急伸した「リアル・クリア・ポリティクス」(Real Clear Politics) や，民間財団などが資金を提供することで，公共性に即した客観的な調査報道を行う非営利報道機関として08年にスタートした「プロパブリカ」(ProPublica) も世界的に注目されている．

また，CNNでファクトチェック（裏付け）のコーナーを始めたブルックス・ジャクソンが03年に創設した「ファクトチェック・ドット・オルグ」(Factcheck.org) や，『タンパベイ・タイムズ』紙の「ポリティファクト」(Politifact, 2007年創設）のように，政治情報の真偽を検証・確認するファクトチェックは，民主主義を情報面で支えるジャーナリズムの進化形として興味深い．

✣**政治ニュースサイトの未来**　近年の政治ニュースサイトの発展を見ていると，インターネットという新しい技術が政治報道を新しい段階にもたらせたといえる．政府側がメディアの情報をコントロールしようとしても，第三者が新しい技術を使い，別の観点から新しい情報を提供するような時代では，政府の操作できる能力も限られてしまう．その意味で政治ニュースサイトには既存のメディアを補完する政治のウォッチドッグ（番犬）としての役割もある．

図1　「CNNの報道は大統領選挙後さらにひどくなった」というドナルド・トランプのコメントをまとめた「ブライトバートニュース」の記事（2016年12月1日閲覧）

一方で，2016年大統領選挙で一躍注目を集めたオルタナ右翼（alt-right）系の政治ニュースサイト「ブライトバートニュース」（図1）は，白人至上主義的で，時には捏造された情報も含まれている．脱真実（post-truth）のような由々しきサイトは「ブライトバートニュース」だけにとどまらない．この動きがどれほど大きくなるのかは，政治ニュースサイト全体の信頼度に直結していくだろう．

［前嶋和弘］

ソーシャルメディアの政治力

Political Power of Social Media

オンライン上の支持者のネットワークづくりを重視した 2008 年のバラク・オバマの大統領選挙以降, ソーシャルメディアは選挙に必須のツールとして定着した. フェイスブック, ツイッターなどのサービスとスマートフォンの爆発的な普及で, 草の根の市民運動にも大きな影響を与えている.

❖**インターネット政治黎明期** インターネットがアメリカで政治に利用されるようになったのは 1990 年代である. 92 年大統領選挙でビル・クリントン陣営が, 95 年には民主党全国委員会本部がウェブサイト (以下, サイト) を開設した. 96 年連邦議会選挙では, 連邦上院議員候補者の約半数, 連邦下院議員候補者の 15% がサイトを設けた. 電子タウンミーティング (対話集会), 電子投票, 候補者や議員との電子質疑などによる直接デモクラシー (民主政治) への期待から, 情報通信技術の進歩がデモクラシーを同時に進歩させるという未来観が浸透した. 電子を意味するエレクトリックの頭文字を付して「E デモクラシー」という造語も生まれた. 99 年に連邦選挙運動委員会 (FEC) が大統領選挙でオンライン献金に対しても同額の公的資金を受け取り可能と決めたことでネット献金も浸透した. ブロードバンド (高速・大容量通信網) や携帯電話の普及や新しいサービスが急速に拡充したことに伴い, 2003 年にはブログ, 06 年には動画共有サイトが選挙陣営に利用されるようになった. ただ, 初期のネット選挙は, ダイレクトメールやパンフレットの電子版にすぎなかった.

❖**ソーシャルメディア展開とオバマ選挙** ウェブサイト, ネット献金, 動画, メールなどのニューメディア利用は, 政党や選挙陣営発の発信である限りは, 所詮は伝統的メディア利用の構造と変わらなかった. しかし, 2000 年代半ばからインターネットが掲示板的な広報媒体から, 活動家や有権者のコミュニケーション空間のインフラへと変質した. 04 年大統領選挙では, 民主党指名争いに名乗りを上げたリベラル派のハワード・ディーンが, ソーシャルメディアを活用して運動を盛り上げ, 双方向メディアの可能性を示した. そのノウハウを土台にしたのが 08 年大統領選挙におけるバラク・オバマ陣営だった. ソーシャルメディア「MyBO」(my.brackobama.com) における自発的コミュニケーションが奨励され, 友人同士による口コミにより, 従来の一方通行のテレビ広告よりも高い説得効果がもたらされた. オンライン選挙は, サーバーである「中心」からクライアントである「周辺」の受け手に情報が配給されるクライアント＝サーバー型構造から, 仲間同士の情報伝達というピアツーピア型のコミュニケーション構造への転換であったが, 1982 年以降生まれのミレニアル世代の若年層は, 動画を共有し,

SNSやブログでオンラインのコミュニティを築く「横のつながり」に抵抗感が薄く，若年世代の選挙参加が構造転換を牽引した．また，ソーシャルメディアの政治活用は，かつて想定された政治の電子化とは異なり，実際には対面のコミュニケーションの効果を増すかたちで発展した．2008年選挙までは，ソーシャルメディアは献金をうながす仮想的支援空間の性質が強かったが，12年選挙では，オンラインで集まった者が近隣のボランティ

図1 2012年オバマ陣営が戸別訪問用に開発したアプリケーション [WIRED.com]

ア仲間と合流して「地上戦」活動を活性化できるアプリケーションもオバマ陣営によって開発された（図1）．ソーシャルメディア上から収集したビッグデータの分析結果に基づいて激戦州に的を絞った戦略を立案することも常態化した．ただ，12年オバマ再選の武器にはなったが，16年ヒラリー・クリントン陣営では効果的に機能しなかった．

❖**草の根の政治運動とメディア戦略の変化**　ソーシャルメディアは2000年代末以降の市民運動にも大きな力を与えた．共通の問題意識を持ちながら，日常的な生活空間を異にする他者同士を結び付けるソーシャルメディアの特性を生かし，09年には増税反対で「小さな政府」を訴える保守系のティーパーティ運動が，地域横断的な連携を形成し，10年中間選挙で共和党が勝利する要因にもなった．また，同じ頃，金融界や大企業優遇の既存政治に反発する「ウォール街を占拠せよ」というリベラル側の市民運動もソーシャルメディアでアメリカ全土に拡大した．16年大統領選挙におけるドナルド・トランプ旋風，バーニー・サンダース旋風など，それ以後の政党の非主流派候補の草の根支援の運動は概ねソーシャルメディアと連動している．政治家や選挙陣営にとって，ソーシャルメディアは主流メディアを介した情報発信に依存しない回路となった．12年大統領選挙以降，フェイスブック，YouTubeに加え，ツイッターを介した陣営発の情報発信も活発に行われるようになり，16年大統領選挙では共和党トランプ陣営が，候補者自身の発言をツイッター経由で頻繁に行い，大統領就任以後もこの傾向が続いた．

❖**今後の行方**　アメリカのソーシャルメディアの政治への活用は，自発的な政治参加を引き出すことにとりわけ効果を発揮する傾向があり，既存権力に反発する政治運動や選挙活動に向いているが，政権運営における効果は未知数な面もある．また，スマートフォンとソーシャルメディアの普及で，かつては相手陣営の批判広告に限定されていたネガティブキャンペーンが真偽不明な情報とともに市民によって無尽蔵に拡散する問題も顕在化している上，政治家による乱用は討議型民主主義の成熟と逆行する可能性もある．　　　　　　　　　　　　〔渡辺将人〕

NPO メディア

Nonprofit Organization Media

　非営利の民間団体（NPO）で，寄付金などを運営資金に報道活動をする組織をNPOメディアという．インターネットの浸透やアメリカ経済の悪化，それに伴うメディア企業の人員整理や経営の縮小などを背景に，近年，オンラインを媒体とするNPOメディアの創設が目立っている．

❖歴史は古い　アメリカのNPOメディアの先駆的な存在としては，AP通信（1846年創設）や『クリスチャン・サイエンス・モニター』紙（1908年創設），アメリカ公共ラジオ（NPR，70年創設）などがある．1970〜80年代には，ジャーナリズムの教育・研究機関ポインター協会（75年創設）や，調査報道専門のオンラインメディアであるセンター・フォー・インベスティゲイティブ・レ

図1　「ボイス・オブ・サンディエゴ」の記者や編集者ら．大半が20歳代である［筆者撮影］

ポーティング（CIR，77年創設），「センター・フォー・パブリック・インテグリティー」（CPI，89年創設）などが創設された．CIRやCPIは，時間をかけ，深く掘り下げた調査に基づくニュースをウェブサイトで発表した．ただし，資金源の大半は寄付金で，スタッフは10人前後と組織的には小規模にとどまる（図1）．

　NPOメディアの裾野が急速に拡大したのは2006年以降である．大学が全米のNPOメディア60団体を対象に10年に実施した調査の報告書「新たなジャーナリズム生態系の成長」（*New Journalism Ecosystem Thrives*）によると，38団体は06年以降に創設された．フルタイムで働く記者らは計658人で，約3分の2はプロのジャーナリストとしての経験があった．インターネットの浸透でメディア企業の経営が悪化．08年の経済危機が追い討ちをかけ，報道機関が記者を大量に解雇したり，時間や人員がかかる調査報道部門を縮小したりした．そうした状況の中，ジャーナリズム衰退への危機感とともに新たな仕事を求めて，NPOメディアをつくったり，既存メディアから移籍したりする記者らが急速に増えた．

❖多様化する規模や報道手法と視点　NPOメディアの多様性を示す指標の一つに，予算規模がある．前出の報告書「新たなジャーナリズム生態系の成長」によると，年間予算についての質問に回答した49団体の予算総額は8,000万ドルで，年間の平均予算は約160万ドルだった．個別に見ると，8団体は年間予算が10万ドル以下で，記者はわずかな報酬しか受け取っていない．他方，老舗メディア

の CIR や CPI，新興のプロパブリカなどでは年間予算が500〜1,000万ドル以上があり，記者は既存の大手メディアと同等か，それ以上の収入を得ている．

報道手法も，老舗の NPO メディアが既存メディアと張り合うような路線をとってきたのに対し，新興系は，大手メディアに記事を無料で提供し，連携体制を築くことでその影響力を最大化させる手法が目立っている．

2008年1月，ニューヨークに創設されたプロパブリカは，大手金融機関の元社長夫妻から「毎年1,000万ドルを調査報道のために寄付したい」という意向を受けた『ウォールストリート・ジャーナル』のポール・スタイガー元編集長らが立ち上げた．ソーシャルメディアなどをふんだんに活用し，他の既存メディアや NPO メディアも巻き込んだ全米規模の調査に押し広げていくユニークな手法を確立．発表方法も，『ニューヨーク・タイムズ』紙など既存の大手メディアに無料で記事を提供し，同時多発的に公表することでそのインパクトの最大化を図っている．設立から2年後の10年には，NPO メディアとして初めてピュリッツァー賞（調査報道部門）を授与され，これまでに計3回受賞している．

また，ジャーナリズム専攻科を持つ大学は全米で100校以上あり，大学に間借りしたり，施設を利用するしたりすることで運営資金の不足を補う組織もある．前出の報告書「新たなジャーナリズム生態系の成長」によると，60団体のうち14団体，約4分の1が大学に拠点を置くなど何らかの協力関係を築いている．

視点の置き方も多様で，「地元住民の生活」に焦点を置く地域密着型も少なくない．05年2月にカリフォルニア州サンディエゴに設けられたボイス・オブ・サンディエゴが最も重視するのは「住民の生活の質を向上させる報道」である．その趣旨に賛同する寄付金提供者を引き付け，比較的安定した資金運営を実現．地域密着型を目指す NPO メディアのモデルケースとして注目されている．

❖拡充と発展のための連携強化　2009年7月，全米各地の NPO メディアがニューヨーク郊外のポカンティコに集まり，今後の課題に対処するための全米組織（2014年時，100団体以上参加）調査報道ニュースネットワーク（INN）を設置して，「ポカンティコ宣言」を採択した．INN は，記者へのトレーニングや財政支援などを提供し，NPO メディアの存続と多様性の維持を目指すとしている．国土の広いアメリカでは，地域特有の課題があり，地元に根ざした報道機関が求められる．既存の地方紙などが閉鎖に追い込まれる中，新興 NPO メディアの活動が期待され，その支援体制を INN などが築こうとしている．13年にアメリカの世論調査会社ピューリサーチセンターが行った調査によると，アメリカで活動中の非営利ニュース組織は172団体だった．全50州のうち41州に少なくとも非営利ニュース組織が1団体あり，全体の約2割は調査報道に焦点を置く．また，172団体のうち約3分の2は非営利のシンクタンクや大学などから資金提供を受け，独自に運営されているのは3分の1にとどまるという．　　　　　［大治朋子］

映像ジャーナリズム

Visual Media and Journalism

　写真は1830年代にヨーロッパで誕生し、専門家のみによって扱われ、写真家だけが撮影できる特殊なものだった（☞項目「写真」）。その後、写真はデジタル化されて、誰でもが簡単に撮影できるようになり、インターネットで自由に発信できるようになった。動画も同様である。

❖**写真週刊誌『ライフ』の創刊**　1920～30年代にかけて、ドイツではグラフ雑誌（写真主体の雑誌）が最盛期を迎えた。すでに19世紀からルポルタージュ写真による新聞の発行部数は200万部に達していた。ナチスの迫害を逃れてドイツからアメリカへ渡った写真家や編集者が多くいた。

　彼らが携わり1936年11月、20世紀最大の写真週刊誌『ライフ』が創刊された（図1）。最盛期には国際版も含めて850万部を超える発行部数を誇り、アメリカのフォトジャーナリズムは最も華やかな時代を迎える。『ライフ』はファシズムとの闘いを掲げて戦争プロパガンダの役割を積極的に遂行する。編集方針は分業体制を精錬させ、「フォトエッセー」を構築した。写真家はレポーターとともに現地を取材し、スクリプ

図1　アメリカ西部モンタナ州のフォート・ペック・ダムを写した1936年11月23日付の『ライフ』創刊号の表紙

トライター（台本作家）によってあらかじめ練られたストーリーに添うかたちで写真を提供するものである。『ライフ』のために撮影した映像は歴史的な出来事や著名人のポートレートが多かった。世界最高の戦争写真家と呼ばれたロバート・キャパや一貫してヒューマニズムを追求したユージン・スミスが活躍した。第2次世界大戦前から戦後復興期、テレビの本格的普及前までが黄金期でアメリカの思想・政治・外交を世界に魅力的に伝える媒体であった。

❖**記録写真群と写真展**　FSA（Farm Security Administration）プロジェクトは連邦政府の農業保障局が1929年の株価大暴落に端を発した大恐慌のもと農業生産物の価格の暴落や自然災害などによって、貧窮の極みの状況にある農民たちの仕事と生活を救済、再建事業に連邦政府の予算を支出することを目的として、ウォーカー・エバンズやドロシア・ラングなどの優れた写真家が20万枚以上のおびただしい数の写真として記録したドキュメンタリー写真プロジェクト。その成果の大半は国会図書館の管理・保存下に置かれて一大アーカイブを構成している。これらの写真は30年代の時代の手触りを伝えるのみならず、20世紀を通じ

たアメリカの人々の記憶の中で突出した記録写真群になっている.

「ザ・ファミリー・オブ・マン」展はニューヨーク近代美術館（MoMA）の写真部門のディレクターに就任したエドワード・スタイケンによって55年に開催された世界68カ国273人の写真家による503点の写真から構成された展覧会である.第2次世界大戦の戦禍を経験した世界に向けて,人間は一つの家族を構成する運命共同体であることをアピールした.アメリカ国内,世界38カ国を巡回した.全体の統一感を出すために個々の写真のトーンやコントラストは均質になるよう調整され,写真家の個々の表現はほとんど抹消されることになった.撮影者の意向に問うことなく,美術館側は自由にトリミングやプリントをし,編集が行われ,個々の写真を全体の方向性に従属させる点で,主体的な表現者としての写真家の立場と相反するものでもあった.

❖インターネットメディアの普及　新聞ジャーナリズムの危機が叫ばれている.広告収入と発行部数の減少で厳しい経営を強いられ,読者はスチル写真よりも動画コンテンツの充実を求めているとしてマルチメディア事業再編の一環で写真部を廃止,スタッフ全員を解雇した新聞社もあった.写真部やデザイン部かコストカットの対象になることは珍しくないが,写真をよりデジタル時代に即したやり方で見せる新しいサイトのつくり方を模索する動きも出ている.携帯電話やスマートフォンで誰もが気軽に写真や動画が撮影できるようになった.事件事故の現場に居合わせた人の写真が新聞の一面を飾ることも珍しくなくなった.ブログからツイッター,インスタグラムなどのSNSへと,それを見るプラットフォーム（ユーザーが投稿する環境）の変化も,写真がどう閲覧,拡散されるのかに影響を与えている.

❖今後の課題　一方,「災害ポルノ」と呼ばれるようなネガティブな現象を生み出している（例えば,異なる災害の写真などを故意に投稿されるなど）.無数に投稿される災害や事件の写真を何度も繰り返し見ることは,覗き見趣味や興味本位の欲望を満たしているにすぎないのに,それが「報道」や「意味のある文脈を伝える」という,フォトジャーナリズムの恩恵と取り違えられているのだ.ハリケーン災害の口コミで広がったある写真が実は偽物だったという騒ぎもある.画像から無用な部分を削除したり,デジタル加工は誰でもが容易にできる時代,写真も含め,インターネット上の情報には常に付きまとう問題だ.

　2013年にシリア内戦を取材した写真で,画像左下に写っていた同僚のビデオジャーナリストをデジタル処理で削除して通信社に提供した契約カメラマンが解雇された.画像から無用な部分を削除しただけで,シリア内戦の様子を伝える写真自体に大きな影響を与えるものではなかった.画像ソフトを使用し,容易に写真の加工が可能となった.デジタル写真時代になり,映像ジャーナリストにとって,画像処理はより倫理を問われることになった.　　　　　　　［香丸　宏］

リークと報道操作

Leaks and Media Manipulation

リークとは，政府などが持つ機密情報を報道機関に提供し世論に影響を与えようとする行為である．組織の不正への義憤から生じる内部告発や調査報道への協力といった権力監視型と，特定の政治目的のため時には偏った情報を記者に匿名で提供する報道操作型がある．後者は「取材源秘匿」という報道倫理を権力者の側が逆手に取って隠れ蓑にしているといえよう．報道操作の背景にはスクープ（特ダネ報道）競争の過熱，取材対象である権力者と記者の癒着の構造がある．リーク情報の媒体は近年，従来の新聞・放送からインターネットサイトに広がり，多様化している．

❖**権力監視型**　ベトナム反戦運動に大きな影響を与えた『ニューヨーク・タイムズ』（以下，タイムズ紙）のアメリカ国防総省機密文書（ペンタゴン・ペーパーズ）報道と，リチャード・M.ニクソン大統領を辞任に追い込んだ『ワシントン・ポスト』（以下，ポスト紙）のウォーターゲート事件報道はジャーナリズム史に輝く権力監視型報道の金字塔だ．タイムズ紙は1971年6月，ロバート・マクナマラ国防長官が作成を指示した同戦争介入の政策決定過程に関する機密文書の連載を始めた．文書作成に関与したダニエル・エルズバーグ博士が「ベトナム戦争はアメリカによる侵略だった」と内部告発し，タイムズ紙が特ダネ報道した．ニクソン共和党政権は国家の安全を損なうとして裁判所に記事差し止めを求めたが，連邦最高裁は「表現の事前抑制には強い違憲性の推定が働く」と請求を棄却した．翌72年6月，中央情報局（CIA）関係者ら数人がワシントンの民主党本部に侵入し盗聴器を仕掛けようとして逮捕された．ポスト紙のボブ・ウッドワード，カール・バーンスタイン両記者は独自取材に基づく報道を続け，連邦捜査局（FBI）が大統領側近の関与を明らかにした．ニクソン大統領は議会による弾劾直前の74年8月辞任した．ウッドワード記者が取材源とした匿名の高官は「ディープスロート」と呼ばれ長年秘匿されたが，当時のマーク・フェルトFBI副長官が2005年，自分だったことを公表した．

❖**報道操作型**　ジョージ・W.ブッシュ共和党政権は2003年3月，イラクのサダム・フセイン政権による大量破壊兵器（WMD）開発疑惑などを理由に同国へ侵攻したが，WMDは発見されなかった．主要メディアも自己批判を迫られ，政権のリークに基づき誤った情報をスクープ報道し続けたタイムズ紙のジュディス・ミラー記者が，開戦に向けたプロパガンダに利用されたとの批判を受けた．同記者は02年9月，匿名の当局者を情報源に，イラクが濃縮ウランを製造する遠心分離機用と見られるアルミニウム管数千本を外国から購入しようとしたと報じた．

記事掲載の当日，ディック・チェイニー副大統領，ドナルド・ラムズフェルド国防長官らがテレビ出演してイラクの脅威を強調し「武装解除」「体制変更」を訴えた．ミラー記者は03年4月にもイラクが生物・化学兵器を侵攻直前まで保有していたとする記事を報じた．タイムズ紙は04年5月，一連の報道を検証し，フセイン政権打倒を熱望する亡命イラク人からの信頼できない情報などに依拠したとして同記者らの記事5本をあげ，編集の厳格さを欠いたと認めた．

03年7月，元駐ガボン大使がタイムズ紙に寄稿し，ブッシュ政権が侵攻正当化の根拠の一つとしたニジェールからのイラクのウラン購入計画情報は誇張されていたと批判した．これに対し，元大使の妻はCIA秘密工作員だと政府高官が記者らに違法にリークした疑惑が広まり，捜査が始まった．ミラー記者は裁判所で証言を求められたが取材源秘匿を理由に拒否し05年7月から約3カ月間，法廷侮辱罪で収監された．守ろうとした取材源が内部告発者ではなく，イラク侵攻の正当化に関与した高官だったことに批判も出た．

✠ウィキリークス　内部告発サイト「ウィキリークス」は2010年7月と10月，アフガニスタンやイラクの駐留アメリカ軍機密文書など数十万点を公表し，11月にはアメリカの秘密外交公電25万点の入手を発表した．タイムズ紙などは「公共の利益」を理由に情報の真偽判定や評価で協力したが，11年9月に同サイトがアメリカ当局への現地協力者名を含む全量公開に踏み切ると距離を置いた．サイトの創始者ジュリアン・アサンジは性的暴行容疑でのスウェーデン送還を避けるため12年6月，ロンドンのエクアドル大使館に政治亡命し籠城を続けた．同サイトに機密文書約70万点を提供したブラッドリー・マニング米陸軍上等兵は13年8月，軍事法廷からスパイ活動取締法違反の罪で禁錮35年の刑を言い渡された．CIA元職員エドワード・スノーデンは同年6月，アメリカ国家安全保障局（NSA）がテロ対策名目で市民の通話履歴の大量収集などを行ってきたことを英紙『ガーディアン』やポスト紙などで暴露した．同取締法違反容疑で訴追されたスノーデン容疑者はウィキリークスの支援も受け，亡命のため香港からロシア入りした．NSAが同盟国首脳を盗聴していたことも暴露された．バラク・オバマ政権は15年11月，市民の通話履歴収集を中止した．アサンジ容疑者は16年の米大統領選で，民主党のヒラリー・クリントン候補陣営からロシアが関与するハッキングで流失した同候補に不利な内容の個人メールを暴露し続けた．共和党のドナルド・トランプ候補はハッキングを煽る発言をし，物議を醸した．

当選後まもなくトランプはタイムズ紙本社を訪問し幹部や記者と会談した．トランプ陣営に批判的だった記者は名指しで会談から除外する一方，社主や編集者には自分への直接の電話をうながして懐柔を試みた．報道に圧力をかけるトランプ大統領と権力の乱用を監視するメディアの闘いが続いた．　　　　　[船津　靖]

誤報と捏造

False Reporting and Fabrication

　誤報と捏造は，ジャーナリズムなどの世界で事実と異なる内容の記事または情報を過失・怠慢または故意により流布することを指す．従前は新聞，雑誌やラジオ・テレビによるものが大半だったが，近年ソーシャルメディアの発達により発信者不明の偽ニュースが電子メディア空間を飛び交うようになり，大統領選挙の投票行動にも影響を及ぼすようになった．

❖**ピュリッツアー賞返上**　1980 年に 8 歳男児の麻薬汚染を描いた『ワシントン・ポスト』紙記者ジャネット・クックのルポ「ビリーの世界」は社会に衝撃を与えたが，記事は捏造と判明し，いったん決まったピュリッツアー賞を返上した．21世紀に入ってからも，国内最大の発行部数を持つ『USA トゥデー』紙のベテラン外信記者ジャック・ケリーによる盗作や『ニューヨーク・タイムズ』紙の若手記者ジェイソン・ブレアによる捏造などが発覚，両紙の編集責任者は退任に追い込まれた．捏造に関わった記者らは解雇を含め懲戒の対象となったものの，同業他社に転職したり体験談の出版や映画化に関与したりして，新たな批判の種となった．クック，ブレアの両記者が黒人だったことから，背景にマイノリティ出身の記者を採用し昇進させたいとの編集幹部の意向があるとも指摘された．

　2003 年のイラク戦争開戦前後には，『ニューヨーク・タイムズ』紙のジュディス・ミラーが大量破壊兵器の有無を巡り，副大統領首席補佐官を匿名の情報源として開戦を手助けする記事を書いたことが判明し非難を浴びた．前後して同紙は南部報道で名高いリック・ブラッグがポケットマネーで雇った助手の取材をそのままみずからの署名記事にたびたび使っていたことが発覚．ともにピュリッツアー賞を受賞した記者 2 人による規範逸脱の教訓から，新聞紙面では再発防止策として，①情報源を匿名とする場合はその理由，②執筆名に加えストリンガー（地方記者）や情報提供者の氏名を明示する慣行ができあがった．

　放送界では，四半世紀にわたり CBS イブンニング・ニュースのアンカー（キャスター）をつとめたダン・ラザーが，04 年の選挙に際し現職大統領ジョージ・W. ブッシュの軍歴報道の誤りの責任を取るかたちで退任したラザーゲート事件がある．15 年には NBC ニュースのアンカー，ブラインアン・ウィリアムズがイラク戦争でのアメリカ軍機搭乗時に「対空砲火を受けた」との捏造発言を非難され，降板に追い込まれた．

❖**偽ニュースが世論に**　1995 年のマイクロソフトの基本ソフト，Windows95 発売で爆発的に普及したインターネットは新聞，テレビ以上に市民の情報収集の手段となった．同時に既成メディアのルールや道徳規範に束縛されないインター

ネットメディアは，醜聞報道の中心としての地位をスーパーマーケット・ペーパーから奪い，その影響力と問題点が注目を集めるようになった．同年創業のドラッジ・レポートは，当時の大統領ビル・クリントンの不倫問題を積極的に報じ世界的に知れ渡った．このサイトは，匿名の情報提供者から送られてくる未確認情報を掲載した．それをラジオのトークショーやケーブル・テレビが紹介すると，新聞，テレビなど既成マスコミが追随するというモデルが誕生した．

さらに人々が情報源としてインターネットからソーシャルメディア，特にフェイスブックに依存するようになる中で，特定の政治目的やビジネス上の利益を優先して，つくられた話題やフェイク（偽）ニュースが世論のように扱われるようになった．サイトの信頼性を判断する材料として，実際のニュース内容と関係なく，質の高いデザイン，既存のニュースメディアへのリンク，「会社情報」の内容が重視されることが大学生を対象とした調査で判明した．

ハッキングの危機が常態化し，2015 年 1 月には『ニューヨーク・タイムズ』紙，『ワシントン・ポスト』紙のアカウントに一時「米空母に中国がミサイル攻撃」「ローマ法王が第 3 次世界大戦を宣言」などの偽ニュース速報が書き込まれた．

✥ポスト真実の時代に 『オックスフォード英語辞典』は，2016 年に注目を集めた単語として「客観的な事実や真実が重視されない時代」を意味する形容詞「ポスト真実」（post-truth）を選んだ．ドナルド・トランプが勝利した同年の大統領選の過程では「オバマ大統領が過激派組織『イスラム国』（IS）をつくった」といった主張がネットで出回った．民主党候補ヒラリー・クリントンが児童への性虐待や人身売買組織に関与したとうわさがネット上で拡散し，拠点として名指しされたピザ店が選挙後に襲われた．このピザゲート事件に象徴されるように，党派色の強いブログやニュースサイトが事実と異なる情報をニュースとして発信，それがソーシャルメディアを通じて一般人の政治，経済，社会行動に影響を与えている．

読者，視聴者からの新聞，テレビへの信頼低下が偽ニュース拡大の傾向に拍車をかけている．アメリカ国内での 16 年の調査ではメディアを信頼している人々は 32％で，前年から 8 ポイント低下した．新聞業界が紙からデジタルへと市場を広げつつあることも偽ニュースの温床とされる．リーマンショック以後の経済停滞で新聞の広告収入は 20 世紀末年からの 10 年間で 4 割以上減少した．地方紙が衰退したことで，調査報道で地元権力を監視するチェック機能も低下した．

みずからをテクノロジー企業と位置付け，メディアとしての責任を回避してきたフェイスブックやツイッターは対策を始めた．偽ニュース排除に向けて，サイト上の情報の事実確認を第三者機関に依頼し，虚偽と確認されたものについての警告表示やネットの匿名掲示板を活動拠点とするオルトライト（ネット右翼）メンバーのアカウント停止などがその一端である．　　　　　　　　［矢高則夫］

ニュースメディアの変革

Transforming News Media

　アメリカのニュースメディアは，デジタル化とインターネットの進化の波の中で，印刷された新聞の退潮やSNSの急進展，スマートフォンなどのモバイル利用の拡大によって大きな構造的変革を迫られている．調査会社ピューリサーチセンターの報告「ニュースメディアの状況2016」によると，米成人の半数近くがフェイスブックからニュースを得ており，ニュースのモバイル消費が進展，フェイスブックなどのソーシャルメディアのプラットフォームがニュース配信経路として支配的な影響力を持つ傾向が続いている．米日刊新聞の発行部数も2015年に前年比で7%減少，新聞の広告収入も同期間に8%減少した．ニュースを何で知るかについての媒体別の調査では，「テレビ」で知るが最も多く57%，「オンラインニュース」が38%，「ラジオ」が25%，「新聞」が20%となっている．

　世界新聞ニュース発行者協会（WAN・IFRA）の世界の新聞ニュースメディア企業の動向を調査分析した「世界プレス・トレンド2016」報告は，世界中でスマートフォン市場が急拡大，15年中に14億台が出荷され，世界の人口の30%がスマートフォンを所有していることを明らかにした．モバイル端末利用の拡大が新聞ニュースメディアのブランドに大きな機会を与え，アメリカでは80%の人々が新聞ニュースコンテンツをデジタルで利用しており，オーストラリアとカナダでも70%が，ニュースをモバイルなどのデジタル端末で読んでいる．アメリカの新聞産業はみずからを「マルチプラットフォームのコンテンツプロバイダー」として位置付けており，このような変化の中で，アメリカ新聞協会（NAA：Newspaper Association of America）は組織の名称を新たにニュースメディア連合（NMA：News Media Alliance）とし，「新聞」の名称を捨てた．メンバーが紙の新聞だけではなく，デジタル媒体も含めたオンラインの多様なプラットフォームでニュースを報じているニュース業界の現状を反映するためだ．

❖多用なプラットフォームでコンテンツを配信する分散化の時代　アメリカのメディア各社では，ソーシャルメディアなど複数のプラットフォームを介してニュースコンテンツを配信・拡散するディストリビューション（分散化）が進んだ．ソーシャルメディアのプラットフォームにコンテンツを直接配信する分散型コンテンツとしてフェイスブックばかりでなくツイッター，インスタグラム，スナップチャット，ラインなど数多くのプラットフォームに記事が提供されている．目的は新規読者の開拓で，広告収入への依存度を低め，購読料収入でジャーナリズム活動を支えたいという狙いもある．

　ニュースコンテンツをつくる過程も大きく変化した．スマートフォンでニュー

スを視聴する利用者のために，ビジュアルな動画や写真，インフォグラフィクス，360度の仮想現実（VR）映像などが重要になった．2016年のリオ五輪では，最新のデータフィードを利用しリアルタイムで更新されるインタラクティブグラフィックス（対話型のグラフィクス）も登場．また多くのニュースメディア組織がスマートフォンなどのモバイル端末でニュース速報のプッシュ通知に力を入れている．音声と映像を駆使したポッドキャスト（インターネットで音声データをダウンロードし，デジタル端末で再生利用する仕組み）も見直されており，読者やオーディエンスのニュースを利用する方法がますます多様化している．

❖VRやAIの活用による記事の自動生成も　今後注目されるのが，上述したVRだ．VRは他のメディアに比べ突出した没入感，臨場感がある．VRのストーリーテリング（物語づくり）には幾つものかたちがある．360度ビデオは風景全体を記録し，見る者が見上げる，見下ろす，見回すことを可能とする．VRは人々が異なる空間に「存在」できる環境をつくり出す．拡張現実（AR）は現実世界にバーチャルな対象物や情報を上乗せするものだ．ロイター通信はVRのニュース報道に力を入れており，このほどサムスン電子が開発した360度カメラ「サムスンギア360」を採用，世界25カ国に展開している50人のロイターのフォトジャーナリストに同カメラを使って360度映像の取材を行っていくことにした．

　また人工知能（AI）を使ったニュースの自動生成も始まっている．AP通信は2014年から企業の決算記事の自動化を推進，4半期ごとに3,500以上の企業の決算記事を自動的に作成，配信しているほか，15年から全米大学体育協会（NCAA）の野球などの試合の記事の自動化も開始．ワシントン・ポストは自社で開発した「Heliograf」というAIを活用した自動的に記事を生成するシステムで，データを利用してオリンピックのイベント・スケジュールや競技結果，メダル獲得ニュースなどを自動的に記事にしてみせた．

　イギリスのガーディアンはAIを使ってコンピューターと人間が対話できるプログラムチャットボットのサービスを拡充，フェイスブックのメッセンジャーでニュースを読者の好みの時間帯に自動配信している．

　このようなニュースメディアのマルチプラットフォーム化の進展で，ニュースメディア組織側の配信方法の再検討が迫られている．グーグルやフェイスブックがソーシャルメディアでのニュース配信を加速させるAMPやインスタント・アーティクルズ（Instant Articles）を開始，パブリッシャーに対して，記事全文をプラットフォームに直接提供することを求め始めた．

　メディアのニュース分散化時代が本格的に始まった中で，アメリカ・ニュースメディアは生き残りをかけて編集部門のイノベーション（刷新）とビジネスモデルの変革を模索している．　　　　　　　　　　　　　　　　　　　［山口　光］

コラムニスト

Columnists

　最初の新聞コラムニストは 19 世紀後半，『シカゴ・モーニング・ニューズ』紙に長くコラム「シャープとフラット」を連載したユージン・フィールドといわれる．ただし，これは通説で，独立期直前のボストンの新聞には早くもコラム的な記事が見受けられた．19 世紀初め頃に無記名の「社説」から発展して筆者を明らかにするコラムのかたちになったともいわれる．また，南北戦争期に，新聞社に定期的に寄せられた社外の書き手からの主張を持った書簡などが起源ではないか，との説もある．

　コラムにはさまざまな種類があり，それぞれ起源が異なる可能性がある．アメリカの新聞ジャーナリズムではコラムニストは記者職の最高峰に位置付けられ，『世論』などの著作で知られるウォルター・リップマンや新聞・雑誌を舞台に縦横無尽の活躍をしたヘンリー・ルイス・メンケンら 20 世紀を代表するジャーナリストは，いずれも長くコラムニストとして筆を振るった．

❖政治コラムニスト　社説と違って，筆者名を明らかにし個人の立場で政治問題に意見を述べるコラムは，ベンジャミン・プアが『ボストン・ジャーナル』紙に週 3 回，29 年にわたって「ワシントンからの漂流物」の題で寄せた記事が初期の代表例である．プアはワシントン駐在報道機関の団体として今も続くグリディロン・クラブの初代会長（1885）となった．政治コラムニストは，プアのようにワシントン駐在，あるいは国際問題を扱う場合は海外駐在である場合が多く，コラムは定期的に執筆され，シンジケートを通じ多くの新聞に掲載される．プアは回想録で「優れた政治家やご婦人方，官僚，外交官，ロビイストら首都に集まる著名人らの洒落た話や異様さ，嫉妬，野心，陰謀を描いた」と振り返っており，政治コラムの一つのスタイルを確立した．政治コラムニストは保守・リベラルなど一定の政治的立場を持つのが通例である．1920 年代に新聞王ジョセフ・ピュリッツァーの『ニューヨーク・ワールド』紙で活躍した代表的リベラル派コラムニスト，ヘイウッド・ブルンは，冤罪の疑いが強いサッコ・バンゼッティ事件で被疑者擁護の論陣を張ったため，休職を言い渡され，後に『ニューヨーク・ワールド』紙自体をも雑誌で批判して，解雇された．

❖リップマンとメンケン　ブルンとハーバード大学で同窓だったリップマンは学生時代には社会主義に傾倒したが，1931 年から約 40 年間コラムニストとして活躍し，体制派（保守）の代表的政治コラムニストと見なされている．そのコラム「今日と明日」は一時，全米 275 紙に掲載されていた．常に政界中枢近くにいて，ジョン・F. ケネディ大統領の顧問的存在となった．メディアについて深い思索を

行った哲学者でもある。対するメンケンは19歳で新聞記者となった典型的叩き上げ記者。市井の話題から政治まで縦横無尽にコラムで批判の筆を振るい、文芸編集者としても才能を発揮し、生涯に約40冊もの本を著した。保守系コラムニストには単に政治・社会だけでなく文芸や思想的著作でも才能を示す大記者が散見される。近年では『ニューヨーク・タイムズ』紙で長く「言葉について」と題するコラムを書いたウィリアム・サファイアやアメリカ社会を描く優れた著作を持つ同紙コラムニスト、デイビッド・ブルックス、ワシントン・ポストのジョージ・ウィルらがその伝統を引き継いでいる。国際問題コラムニストは第2次世界大戦前夜に欧州に駐在、『ニューヨーク・ヘラルド・トリビューン』紙に「オン・ザ・レコード」と題するコラムを持ってアドルフ・ヒトラーと単独会見もした女性記者ドロシー・トンプソンが著名。現在では、UPI通信記者からニューヨークタイムズ記者となり、世界中を移動してコラムを書くトーマス・フリードマンが代表的な国際問題コラムニストの一人である。

❖**ユーモア・調査報道**　新聞コラムは政治や国際問題を扱うだけではない。スポーツから人生相談など多彩な分野に及ぶ。20世紀前半までは詩形のコラムも盛んに行われ、ラフカディオ・ハーンやO. ヘンリーら文学的才能に恵まれたコラムニストがその分野で秀でていた。最もアメリカ的なのはユーモア・コラムだ。独立戦争期にすでに風刺コラム的な記事が現れていた。コラムの嚆矢といわれるフィールドの「シャープとフラット」もユーモア系が多かった。南北戦争後の1867〜85年まで、『ニューヨーク・ウィークリー』紙で続いたヘンリー・ショーの「ジョッシュ・ビリング」シリーズが19世紀の代表的ユーモア・コラム。『ニューヨーク・ヘラルド・トリビューン』紙パリ版に1949年からユーモア・コラムを書き始め、61年からワシントンD.C. に移って長く政治風刺コラムを書き継いだアート・バックウォルドは20世紀を代表するユーモア・コラムニストだ。そのコラムはアメリカ国内外約500紙に掲載された。20年代の暴露報道（マックレイキング）の伝統を引き継ぐ調査報道型コラムとしてはドゥルー・ピアソンらが32年から始めたコラム「ワシントン・メリーゴーラウンド」が有名だ。約600紙が掲載した。ピアソン死後は助手のジャック・アンダーソンが引き継いだ。ピアソンは120回名誉毀損で訴えられたとされる。

　第2次世界大戦で戦場コラムニストとして一兵卒の視点から戦争を描くコラムで絶大な人気を博したのが、アーニー・パイルである。戦前は紀行コラムなどを書いていたが、1940年空襲下のイギリスからコラムを書き、欧州戦線・太平洋戦線と兵士とともに転戦して、コラムを書き続け、沖縄戦で戦死した。シカゴをベースに市井の人々の姿をペーソスを持って描いたボブ・グリーンら、地方新聞でも多くの優れたコラムニストが活躍した。

［会田弘継］

ゴシップ雑誌
Gossip Magazines

アメリカのスーパーマーケットでレジの傍らに目にするのがゴシップ雑誌だ．週刊が多く，タブロイド判新聞やグロッシーな紙を使う雑誌のかたちをとる．表紙には，けばけばしいカラー写真やおどろおどろしい見出しの脇で，しどけない姿の有名女優がにっこり微笑んでいたりする．どことなく，日本の週刊誌の中吊り広告を思わせる．スーパーマーケット・タブロイドとかセレブリティ・タブロイドと呼ばれる．なかには最盛時に数百万部の発行部数を誇ったものもある．伝統も1920年代にまでさかのぼるから，アメリカのメディアの無視できない一側面だ．

トランプ時代に改めて注目されているのが，最古の伝統とキワモノぶりを誇る『ナショナル・エンクワイアラー』．そのほか『スター』『ピープル』『アス・ウィークリー』などが代表誌だ．『ナショナル・エンクワイアラー』が「トランプのお気に入り」の評判をとったのは，2016年大統領選で終始トランプ候補の肩を持ったからだけでない．共和党候補選びでライバルだったテッド・クルーズ上院議員の父親がジョン・F. ケネディ大統領暗殺容疑者のリー・オズワルドと関わりを持っていたというトンデモ報道の震源となり，それをトランプが選挙戦に利用した．フェイクニュース，ポストトゥルース時代のお先棒を担いだようなところがあった．

といって，過去には同紙のゴシップ報道が一般紙誌や放送メディアを出し抜いたこともあったから侮れない．ビル・クリントン大統領の不倫事件の一般紙がためらう詳細報道や黒人運動指導者ジェシー・ジャクソン師の隠し子騒動などは同誌がすっぱ抜いた．1926年創刊の『ハースト』系新聞に起源を持ち，50年代から極端に煽情的なタブロイドとして名をはせた『ナショナル・エンクワイアラー』に対抗しオーストラリア生まれの「メディア王」ルパート・マードックが創刊したのが『スター』．健闘したがライバル誌を凌げず，90年にライバル誌の親会社に売却された．その後，タブロイドから雑誌に判型を変え，エンタメ業界のセレブリティにより焦点を当てて『ピープル』や『アス・ウィークリー』と競う雑誌となった．タブロイド判時代からの連載である「今週のワースト（・ドレッサー）」や「メイクなしのスター」は続いており，ゴシップ誌特有の悪趣味の伝統は維持されている．

スーパーマーケットで売られる『ナショナル・エンクワイアラー』の読者に女性が多いことに目を付け，タイム社が74年に創刊した『ピープル』は，今では340万部（2016年前半）の発行部数を誇るトップ雑誌となった．タイム誌の「ピープル」欄がヒントになったともいわれる．セレブリティとヒューマンインタレストが編集の鍵．毒気がなく「コーラ雑誌」とも揶揄されたが，そこが若い世代を中心に広く受け入れられる背景となった．毎年末に同誌が発表する「いま一番セクシーな男」（Sexiest Man Alive）はカッコいい男のベンチマークをつくっているといわれる．　　　　[会田弘継]

10. 教 育

　教育は社会を映し出す鏡である．アメリカは，「理念の国」といわれるが，理想とする共通の未来に向かって，次世代をどのように育成していくべきか，その営為が教育とその周辺を通して明らかになる．言い換えれば，次世代を教育していく上での思想と実践を通して，アメリカがどのような社会や文化をつくり出そうとしているのかが見えてくる．

　とりわけ，人種・ジェンダー・階級・エスニシティという多様性を示す軸が，20世紀の後半に台頭した公民権運動や女性解放運動に深く影響を受け，アメリカの教育の在りようは大きく変化した．社会的公正さを希求するダイナミックな動きと新自由主義的な価値の衝突が最も先鋭的に表出するのが教育に関連する分野でもある．

　教育という営為の中に，アメリカの強さも弱さも含めて，アメリカ文化がどのように投影されているかを考察してみよう．　　　　　　　［髙橋裕子／中村雅子］

教育委員会

Board of Education

アメリカ市民は，「私たちが学校をガバン（統治）している」とか，「教育委員会によって，子どもの学習権を護る」という言い方をする．彼らはこのような感覚を共有し，教育統治機関に敏感である．アメリカにおける人民主権の教育統治論は，子どもの学習権や親の教育の自由を損なうような教育政府はいつでも廃し，新しい教育政府ないしは教育統治機関を選びつくることは人民の権利であるとしている．それがアメリカ教育自治論の核心であり，これを体現した教育統治機関が教育委員会制度である．

❖**学区と教育委員会**　合衆国憲法第 10 修正により，公教育事業は連邦政府ではなく州の責任と見なされ，公教育制度に最終的に責任を負っているのは州議会と州知事である．各州は州内を 1（ハワイ州）から最高 1,029（テキサス州）の学区（スクールディストリクト，教育自治体）に分け，公選制（一部任命制）の学区教育委員会を設置し，これに学校管理運営権を大幅に委任している．18〜19世紀の公立学校の普及過程では，管理運営の基礎単位をタウンにおかず，より身近な地域に学区を組織し，学区の最高決議機関は有権者全員の直接参加による学区総会であった．北東部諸州の学区では，今日でも，教育委員会が学区総会を開いているところがある．

このように，アメリカの学区は通学区域を意味するわが国の学区とはまったく異なっている．約 13,400 ある学区（2016 年）の多くは教育税（財産税）を課し，財政的にも独立しており，一般行政の郡市町村自治体と同格の地方団体である．したがって，一つの市に複数の学区がある場合もあれば，ロサンゼルス学区のように，20 余りの近隣自治体の全部または一部にまたがった学区もある．しかし，最近では，連邦および州がその政策の中で教育補助金の成果を学力テストで測定して示すことを求めるなど，学区の教育自治は大きく揺らいでいる（☞項目「教育評価」「教育格差」）．

教育委員は，公立学校に子どもを通わせている 30〜40 代の「普通の人」が多い．住民より直接選出された教育委員とは別に，子ども代表（高校生）の教育委員を置いている学区もある．マサチューセッツ州では，1972 年以降，学区ごとに 5 人の生徒代表からなる生徒諮問委員会が設置され，その委員長が教育委員を務めている．こうした制度の背景には，71 年の合衆国憲法第 26 修正により，18歳選挙権が確立されたこともある．

❖**教育委員会制度改革の動向―市長介入と共同統治**　1980 年代以降，教育委員会制度改革が進んでいる．例えば，大都市学区では，教育ガバナンスへの市長介

入が見られる．学力の向上に失敗し，教育委員会制度が機能不全に陥っているというのが介入の理由である．こうして，ニューヨークやシカゴでは，教育長の任命権を教育委員会から市長に移して「市長・教育長」が，教育委員会の機能を担う体制がとられた（ただし時限立法）．このような一般行政と教育行政の統合による教育ガバナンスは統合統治と呼ばれている．しかし，市長介入により学力が向上するとするデータは乏しく，今日では教育委員会の復権が図られつつある．

　他方，学校地域レベルにおいて学校委員会などを設けるなど，共同統治の試みも，着実に前進し定着してきている．「素人による学校統制」の原則から共同統治に発展してきている点は歴史的に注目される．60年代の非白人住民と学校との激しい対立を経て，教育統治主体である保護者・住民と，学校運営専門職である校長，教授学習活動に責任を負う教職員が，学校ごとに協議体を組織し，校長選考など共同で学校を運営する実践が広がっている．

　教育委員会制度は，素人代表の教育委員会が教育行政専門職である教育長を置き，その助言を得て合議していくという教育行政の民主主義原則に立っている．これに対して，学校教育と教育行政の接点に位置する学校協議会は，教育統治主体である保護者・住民と専門職（校長・教職員），それに学習主体である生徒との直接的な対話により学校を運営し共同統治していく，教育と教育行政の新しい民主主義スタイルである．ニューヨーク市学区の場合，教育長を市長任命にしたのは2002年（2015年まで）であるが，1996年以降，各学校には，学校リーダーシップ・チームを教職員と保護者（中等学校では生徒を含む）同数で編成している．同様に，ボストン学区では，95年，各学校に教育課程づくりと授業改善のための教育リーダーシップ・チームが教職員を中心に編成され，より教職員のリーダーシップに期待した運営システムが導入されている．

❖教育自治の精神　教育自治の原点は，個人，つまり人間一人ひとりの自治（自律と自己統治）におかれている．子どもと親の教育の自由を守り，親子の幸福な生活を築いていくために学校は公的に維持されているのであって，そうした学校を自分たちでよりよく管理運営するために学区教育政府もまた組織されている．州政府も，そのような人民の意思にしたがって学区を設置しているのである．

　このところの分権化政策は，市中央教育官僚体制を解体し，地域や学校に分権化することではあるけれども，この改革を推し進めているアメリカ市民にとっては，公教育の管理権を身近な学校・地域にいま一度取り戻す，という感覚が強い．したがって，学校ごとに教育自治政府的な学校協議会を設置する政策は特異なことというより，文字通りラディカルで，教育自治の本質にかなったきわめて原則的な改革であるといえる．このように，アメリカ教育委員会制度は，連邦や州政府あるいは首長との関係を調整しつつ，教育自治の原点に立ち返り，今なお改良され，発展しつつある．　　　　　　　　　　　　　　　　　　　　　　[坪井由実]

公立学校と私立学校

Public Schools and Private Schools

アメリカの公立学校は，民間組織もその設立や運営に関わるなど，多様な形態が見られる．私立学校も多くの法規制を受けている日本の場合と異なり，広範な自律性が認められ設置者も多様である．連邦政府の統計によると，初等中等教育段階では全米で公立学校在籍者が9割強，私立学校在籍者が1割弱となっている（NCES, 2016a）．

❖連邦制・地方分権制 連邦制をとるアメリカにおいて，教育は連邦ではなく各州の権限に属する事項とされ，教育制度は州ごとに整備されてきた．多くの州は地方に多大の裁量権を認めており，地方教育行政の単位となっているのが学区（スクールディストリクト）である．学区には教育委員会とその事務局が置かれ，公立学校の管理運営にあたっている．しかし，近年では市長が教育行政の権限を掌握しているところもあり，メイヨラル・コントロールと呼ばれている．このように連邦制・地方分権制の下で形成されてきたことから，教育制度は各州・各学区によって異なる．例えば学校体系について見ると8・4制，6・3・3制，5・3・4制，4・4・4制など多様である．就学義務制はすべての州で採用されているが，開始年齢は5歳のところもあれば8歳のところもある．教員の免許も州ごとに規定されている．

❖多様な公立学校の設置 公立学校の管理運営の多様性を導いたものにチャータースクール制度がある．チャータースクールの法制化は1991年のミネソタ州が最初であり，連邦政府による奨励もあって増加した．チャータースクールは学区などにより特別に認可を受けた学校であり，自律的な学校経営が認められる一方で，成果に対して責任が問われ，成果をあげられない場合は認可が取り消される．ただし，州により規制の強弱があり，自律性にも幅がある．非営利組織だけでなく営利組織の参入が認められている場合は，公教育の民営化，市場化を導くとの批判が，教員の採用条件の規制緩和に対しては教員の身分保障の不安定化を招くとの批判が出されている．その一方で，規制緩和政策の下で探究的で協働的な独自の実践も見られる．チャータースクールの在籍者は一般の公立学校と比べて低所得層やマイノリティの子どもが多い．ただし，増加してきているとはいえ，全米の公立学校生徒数に占めるチャータースクール在籍者数は2013～14年度で5％程度である（NCES, 2016b）．

チャータースクールよりも長い歴史を持つものがマグネットスクールである．1960年代末から70年代に公立学校における人種統合を進める目的で導入された．バス通学による強制的な統合ではなく，魅力的なプログラムを提供し磁石のよう

に子どもたちを引き付けることによって人種統合を図ろうとするものであった．マグネットスクールは教育水準の高い学校が多く，低所得層やマイノリティの多い地域の子どもたちに優れた教育プログラムを提供していることへの評価がなされる一方で，エリート校化への批判もある．マグネットスクール在籍者も公立学校生徒の5％ほどである（NCES, 2016b）．

図1 SWSが行われているボストン郊外のブルックライン高校［撮影：吉良 直］

学校内学校（SWS：School-Within-a-School）という仕組みもある．一つの公立学校の中に別の学校を設けようとするものであるが，自律性が高く学校としてほぼ独立したものから，本校から教育課程編成などにおいて自律性を認められたものまで多様である．例えばボストン郊外のブルックライン高校（図1）のSWSでは，特定の科目で独自の授業が行われ，生徒の参加を重視した運営が行われる一方で，特定の科目以外はSWSの生徒も本校で授業を受けている（吉良，2003）．

❖**コモンスクールとカトリックスクール**　公立学校制度の形成期に公立学校はコモンスクールと呼ばれた．すべての子どもたちに広く開かれた共通の学校の意味である．しかし，カトリック系の移民は公立学校のプロテスタント的性格を批判し，自分たちの学校の設置を進めた．カトリックにとってコモンスクールは決してコモンではなく，公立学校が公費で維持されるなら，自分たちの学校も同等の公費助成を受ける権利があると主張したのである．宗教系学校への公費支出は，そこで学ぶ子どもたちへの教育保障と政教分離原則をめぐって，今日でも重要な論点になっている．初等中等教育段階で全私立学校生徒の4割弱がカトリックスクールに在籍している．

❖**多様な私立学校の設置**　非カトリックの宗教学校の在籍者も4割弱で，カトリックスクールと合わせると宗教系学校の在籍者は，全私立学校在籍者の4分の3ほどになる（NCES, 2016c）．シュタイナー学校など，特定の教育理念に基づき設置された私立学校もある．また，学校数は少ないが卒業生がアメリカ社会で強い影響力を持っている私立学校にプレップスクールがある．プレップスクールは全寮制の寄宿学校（ボーディングスクール）であり，長い歴史と権威のある学校は10スクールと呼ばれ，大統領を務めたジョージ・ブッシュ親子はその中のフィリップ・アカデミーの，ジョン・F. ケネディはチョート・ローズマリー・ホールの卒業生である．

［大桃敏行］

学校における人種統合

School Desegregation

アメリカでは奴隷制廃止後も，人種によって施設を分ける制度が続いた．学校もその一つで人種統合が歴史的な課題であった．「その一つ」ではあったが，学校における人種統合は人種間の平等の実現を求める運動の象徴的な意味も持っていた．学校における人種統合を進める一つの施策がスクールバスによる生徒の輸送（バスイング）であったが，激しい抵抗を受けることになった．

❖「分離すれども平等」の法理 人種による分離制度を支えたものが，1896年の連邦最高裁のプレッシー対ファーガソン事件判決で示された「分離すれども平等」（separate but equal）の法理である．90年，ルイジアナ州議会は同州の鉄道会社に対して同等であるが人種により分けられた輸送施設を求める法律を制定した．同法は何人もみずからの人種に指定された以外の席を占めることは許されないとし，これに違反した者に対して罰則を定めていた．南部における人種分離法，いわゆる「ジム・クロウ法」の一つである（☞項目「アフリカ系」）．

92年6月7日，8分の1の黒人の血を持つホーマー・プレッシーは，東ルイジアナ鉄道の一等車両の料金を支払い，車掌の警告を無視して白人席に座り逮捕された．このルイジアナ州法の合憲性をめぐって争われたのが本事件であり，連邦最高裁は人種によって分離されていても施設が同等であれば法の平等に反しないとの判断を示したのである．以後，「分離すれども平等」の法理の下に「分離してしかも不平等」（separate and unequal）の制度が構築・維持されていくことになる．本判決において，ジョン・M.ハーラン判事がただ一人反対意見を記し，その中での「合衆国憲法はカラーブラインドである」とする一節は後に多く引用されることになった．

❖「分離すれども平等」の法理の破棄と人種統合の要請 「分離すれども平等」の法理の破棄は1954年のブラウン対トピカ教育委員会事件判決によってである（図1）．同判決において，連邦最高裁は「私たちは公教育の領域において『分離すれども平等』の法理は存立の余地がないと結論付ける．分離された教育施設は本質的に不平等である」としたのである．「公立学校で白人の子どもと有色人種の子どもを分離することは有色人種の子どもたちに有害な影響を及ぼす」のであり，「法によって認められた分離は黒人の子どもたちの教育的・精神的発達を遅ら

図1 ブラウン対トピカ教育委員会事件判決［*Supreme Court Reporter*, Vol. 74, p. 686］

せ，人種的に統合された学校制度で享受できるような利益の幾つかを奪ってしまう」のであった．翌年には「all deliberate speed」で人種統合の実施に着手することを求める判決が出された．54年判決はブラウン I 判決，55年判決はブラウン II 判決と呼ばれている．

❖公民権法の制定　「all deliberate speed」は日本では「可及的速やかに」とも「慎重な速度で」とも訳されている．両者には意味合いに開きがあるが，当時のアメリカでも「all deliberate speed」がどのくらいの期間を示すのかは大きな論点となり，人種統合の実施を遅延させる要因にもなった．そもそも南部においては，州自治の観点から連邦最高裁が人種統合を求めることに強い反発があった．このような中で，連邦司法部で開かれた道を連邦立法部が広げていくことになる．

　人種間の平等の実現を求める公民権運動の高揚を背景とした，1964年の連邦議会における「公民権法」の制定である（☞項目「公民権運動」）．同法は公共施設や公教育の場での差別の撤廃など広範な内容を持つものであり，その第6章（タイトル VI）は「合衆国において何人も人種や皮膚の色，出身国を理由に，連邦財政援助を受けているプログラムや活動への参加を拒まれ，その利益を否定され，あるいはその下で差別を受けてはならない」（Sec. 601）ことを定めた．翌年には，教育の平等保障に向けた最初の大規模な連邦財政援助法である「初等中等教育法」が制定される．この「公民権法」の制定はブラウン判決から10年，「初等中等教育法」の制定は南北戦争の終結からちょうど1世紀を経てのことであった．

❖統合施策の展開と積極的分離　学校における人種統合を進める一つの施策が，前述のようにバスによる生徒の輸送であった．公立学校における人種構成のバランスをとるために，従来の通学区域を越えてスクールバスで生徒を移動させようとするものであった．奴隷制廃止後，多くの黒人が北部の都市に移住し，居住地区による実質的な人種の分離が進み，公立学校における人種統合は北部都市においても大きな問題となっていた．1976年にボストンで起きた暴力をもっての「強制バス通学」への反発は，その象徴的な事件であった．

　自発的な選択により人種統合を進めようとする施策もとられた．マグネットスクールの設置がそれであり，魅力ある教育プログラムを提供することで，通学区域を越えて生徒を引き付け，人種統合を図ろうとするものであった（☞項目「アファーマティブアクション」）．このような統合に向けた努力がなされる中で，黒人の子どもたちを対象とする公立学校の設置がなされたことにも言及しておかなければならない．自尊心の育成やそれによる成績の向上を目的に，シアトル市に開設されたアフリカン・アメリカン・アカデミーがそうである．統合による平等保障だけでなく，黒人の子どもたちを対象とする学校をあえて設置することによる教育保障がまた，公立学校の在り方と関わって議論になったのである．

[大桃敏行]

教育格差

Educational Inequality

アメリカの教育行財政システムは，学区（スクールディストリクト）における人民の教育自治を基調とするが故に，財政的に豊かな学区と困窮する学区では学校教育にかけられる予算が異なっている．そのため，州および連邦の政府は，学区の教育自治を尊重しながらも，子どもの貧困，そして教育格差の実態に対し，格差是正のための措置をとっている．学校建築，教材や教具，備品，そして教職員の数や質に至る教育条件整備の格差は，教育機会の不平等ひいては貧困の世代的再生産に結び付くものであり，いかにしてその是正を図るかはアメリカの教育行財政システムが抱える積年の課題となっている．

❖教育格差を生み出す基本構造 アメリカ各地において顕在化する教育財政支出の格差は，人民主権に基づく高度に分権化した教育自治構造と，教育財源の徴収と配分・補助の仕組みを前提とするものである．その第一の基本構造が，連邦制と学区制である．連邦制を採用するアメリカでは，合衆国憲法が教育をめぐる権利規定を持たず，第10修正によって教育は「州または人民に留保された権利」とされている．その上で，連邦制の下では州が教育に関わる権限を有するとともに，その多くは各学区を構成する人民の教育自治に委ねられている．この仕組みにおいて，連邦政府は州の専権事項である教育について主導権を握ることが憲法上許されないこととなる．

第二の基本構造が，地方学区における教育税徴収と州による教育費の配分・補助のシステムである．アメリカの地方学区の教育費は，かねてより財産税を教育目的税として徴収することにより，そのほとんどを賄ってきた．それは，財産税の対象となる不動産が，消滅や移動が少なく価値変動も緩やかであり，地方の小さな学区でも確実に課税ができ，安定的に歳入を確保できたからとされる．ただし，19世紀末には財産税のみでは十分な歳入が得られない学区が現れたことから，それ以降，州政府は教育機会と学校支援の均等化を目的に学区に対する補助金の配分を始めた．その割合は1970年代末には学区の独自財源を上回るまでに増加し，その後も州がわずかに多くを支出するかたちで学区の学校教育費が構成されている．そのため，もし学区間で教育格差が生じるとすれば，州による補助金配分が不公正ではないかと疑いの目を向けることが必要となる．

❖州の学校財政制度をめぐる司法判断 学区間による教育費の格差に対する州政府の責任は数度の司法判断によって明確化されている．まず，1971年にカリフォルニア州最高裁が下したセラノ第1判決（Serrano v. Priest, 5 Cal.3d 584）は，学区の資産の多少による教育費歳入に不平等を生み出す州の公立学校財政制度を，

合衆国憲法第 14 修正（平等保護条項）に基づき違憲とし，子どもの教育の質を親や近隣の資産有無に従属させてはならないとして，州全体における財政中立の原則を強く打ち出すものであった．

一方，73 年に連邦最高裁が下したロドリゲス判決（San Antonio Independent School District et al. v. Rodriguez et al.）では，連邦地裁が下したセラノ第 1 判決と同型の州に対する違憲判決を破棄し，地方学区の教育費歳入・歳出の不平等と州補助金制度の反平等化の実態がありながらも，憲法の平等保護規定に基づく違憲状態にはあたらないとした．セラノ第 1 判決によって勢い付いたアメリカ各地における州の教育財政制度改革訴訟は鈍化させられることとなった．

しかし，続く 13 日後にニュージャージー州最高裁が下したロビンソン判決（Robinson v. Cahill）は，合衆国憲法および州憲法の平等保護条項ではなく，州憲法の教育条項を根拠にして，州に対し学区間の教育費格差の是正を求める新たな判断をもたらすものであった．これらの司法判断の後，例えば 76 年のセラノ第 2 判決（Serrano v. Priest, 18 Cal.3d 728）は，判決時点から 6 年間で学区間の生徒 1 人当たりの教育費支出の格差を 100 ドル以内にとどめるよう具体的な改善を要請している．

このように，アメリカでは数度の司法判断を経て，学区間の教育費格差の是正に向けた州政府の責任が明確化されてきた．しかしながら貧困地区を含む都市部の学区には，現在もなお財政難から教育環境整備に苦慮するところも多く残されている．それゆえに，州政府による学区間教育格差の平等化政策がどれほど機能しているか，引き続き注意を向ける必要がある．

❖教育格差の是正に向けた連邦教育政策の動向　連邦政府による教育格差の是正の取組みは，民主党リンドン・B. ジョンソン政権下における 1965 年制定の「初等中等教育法」の第 1 章「低所得家庭の子どもたちの教育のための地方教育当局への財政援助」によって拡大することとなった．「タイトルⅠ」と呼ばれるこの教育費補助は，貧困や社会的不利に喘ぐ特定の子どもたちのための予算提供である．これによって子どもたちの朝食サービスに補助金がつけられるなど，財政的なインプットを重視した平等保障が目指されることとなった．

ところが，同法は 94 年および 2002 年の改定を経て学習到達度の格差是正に向けたアウトプット重視の管理政策へと性格を変えることになった．また，バラク・オバマ政権下では競争的資金によって州の教育改革を先導し管理する動きも見せているが，この一連の連邦教育政策が，州政府による教育格差の是正を後押しすることができたのか不明である．教育の平等保障に向けて，連邦政府が取るべき望ましい関与について，さらなる検討が求められよう．　　　　　［篠原岳司］

教育評価

Educational Evaluation

　教育評価とは，教育の成果や個人の能力を測定し，教育実践に生かそうとする教育的活動である．アメリカにおいて，教育評価としてのテスト開発の歴史は長く，より科学的で妥当性の高いテストの開発と実施は，教育改革の中心的な課題である．

❖**教育評価＝テストの始まりと普及**　アメリカにおける最初の筆記試験は，19世紀半ばにマサチューセッツ州のホーレス・マン教育長の下で行われた，口頭試験を文字化した試験であった．その後，20世紀初頭に展開された教育測定運動を背景として，各種の試験が開発された．1910年代半ばには精神検査法としての知能・IQテストが登場し，22年には幼稚園児から第12学年の生徒の知識を評価するスタンフォード・アチーブメント・テストが，26年には大学進学適性試験であるSAT（Scholastic Assessment Testの意）といった標準テストが開発された（☞項目「大学」）．とりわけ，第1次世界大戦時に新兵を効率的に配置するために集団知能検査が用いられ，多肢選択法が客観テストの主流を形成していった．

　こうした教育測定運動に対して，ウィリアム・C.バグリーやジョン・デューイをはじめとする教育学者は批判を展開した．なかでも，ラルフ・W.タイラーは教育評価とは実践を良くするために行われるものであり，その評価を通じて得られた情報をもとに教育目標や活動を吟味・改善することであると主張した．この新しい教育評価概念は，教育において，「メジャメント（測定）からエバリュエーション（評価）への転換」（田中，2008）をもたらしたものの，人間の能力は科学的に計測可能であるという考えを基礎として，より妥当性のあるテストの開発と分析が現在でも続けられている．

❖**標準テストとアカウンタビリティ**　アメリカにおいて最も歴史と信頼性のある学力テストとして知られているのは，1969年から実施されている全米学力調査（NAEP：National Assessment of Educational Progress）である．NAEPは全米の第4，8，12学年の生徒の抽出調査によって，数学と英語の学業成績の経年調査を行ってきた．この他には，各州・学区においてそれぞれの試験が行われ，生徒の学力を測ってきた．83年の連邦報告書「危機に立つ国家」（*A Nation at Risk*）以後，学力向上を標榜する教育改革が行われるようになったが，これまでの教育評価＝テストの転換点となったのは，2002年に制定された「どの子も置き去りにしない法」（NCLB法：No Child Left Behind Act）であった．標準テストは，1990年代後半から各州で開発されたが，「NCLB法」以後，2013年度までにすべ

ての子どもが数学と英語のテストで「習熟レベル」を満たすことを目標として，各州に学習内容の基準の設定と州統一テストの実施を義務付けた．このテスト結果に基づいて，設定した目標を達成できない場合には，罰則として是正措置がとられるようになった．すなわち，州が実施する統一テストの結果に基づくアセスメント（査定）が連邦法によって規定され，学区・学校のみならず生徒や教員にまでアカウンタビリティ（説明責任）を課し，評価する動きが拡大している．もちろん，州統一テストなどの標準テストに抵抗する動きや，オーセンティック・アセスメント（真正の評価）やパフォーマンス評価といった，教師の授業を振り返り日々の実践に生かす取組みも存在する．しかし，こうしたテストを重視しアカウンタビリティを課す政策の広まりは，学校現場においてテスト準備授業を助長し，主要科目以外の授業を縮小させている現実がある．

❖**新しい学習内容の基準と評価**　バラク・オバマ政権の教育政策では，「NCLB法」の枠組みを踏襲しつつ新しい学習内容の基準や評価方法の開発を進めてきた．新しい学習内容の基準とテストの開発には，国際学力調査であるPISAやOECDの影響もある．OECDの報告書ではアメリカの多肢選択方式のテストが批判され，新しい学習内容の基準に則った，思考力や批判的能力を測るための記述式問題を取り入れた新しい評価が開発されている．その新しい学習内容の基準として，共通コア・州スタンダード（Common Core State Standards）が導入され，2016年には42州とワシントン特別区で採用されている．この新しいテスト体制の下で，州と契約を結んだテスト会社が，テストの開発・実施・分析，模擬試験を含む教材販売のすべてを担い，多額の公教育費用がテスト会社に流出している現状もある．加えて，21世紀型スキルなどの新しい能力に基づいたこれまでとは異なるテストや，オンラインでのテストの実施によって，IT企業をはじめとした教育企業が利潤を得る，教育評価をめぐる新たな市場が生み出されている点も見過ごしてはならない．

❖**教育評価のこれから**　より科学的で妥当性の高いテスト開発が進められ，アカウンタビリティと教育の成果としてのエビデンス（証拠）が求められる現在，テスト結果に基づく教育評価をすべて否定することは不可能であるし不合理でもある．しかし，教育評価にはその実施について適切な目的と方法がある．動向把握のための抽出調査や学校改善のための悉皆調査，オンラインでの一斉テスト，子どもの最も近くにいる教師の観察と判断に基づく評価など，さまざまな方法があるが，それが誰のための何の教育評価なのか，ということが同時に吟味される必要がある．

　目の前にいるすべての子どもの発達と学びにおける最善の利益を考え，実践の質を高めるリフレクション（省察）や目標の設定やカリキュラム・マネージメントを行う教育評価の実現が求められている．　　　　　　　　　　　　　[黒田友紀]

セサミ・ストリート

Sesame Street

《セサミ・ストリート》は，1969年11月10日に公共放送協会（PBS）により全米で放映が始まった，子ども向けの教育番組である（図1）．同番組は全米で人気の長寿番組であり，150を超える世界の国や地域でも親しまれてきている．日本でも，71年から2004年までNHKが教育テレビで放映して人気番組となった．

図1 《セサミ・ストリート》[Getty images]

❖**教育番組としての制作背景と魅力**　《セサミ・ストリート》は，チルドレンズ・テレビジョン・ワークショップ（CTW）が，テレビ番組制作の専門家だけでなく心理学者や教育学者などの意見も取り入れて数年の準備期間を経て始動した番組である．教育学者がテレビ番組の制作に携わることはあっても難解で短命に終わるものが多かったため，テレビ番組プロデューサーでCTWの創設者のジョーン・ガンツ・クーニーは，番組成功の秘策を探っていた．そんななか，その開発に中心的に関わったのが，ハーバード大学教育大学院の教授ジェラルド・レッサーであった．教育学・発達心理学を専門とするレッサーが目指したのは，「楽しく」かつ「教育的」なプログラムであり，楽しくとは注意持続時間が短い番組対象の3〜5歳の就学前児童が飽きずに見られるような工夫を凝らすこと，教育的とは学校教育の基礎となる数字と文字を理解し使えるようにすることだった．

そして完成したのが，コマーシャルの技法を参考に1時間の番組を短時間の多数の部分に分割し，エルモ，クッキーモンスター，ビッグバードなどの人気キャラクターを使ったお馴染みのプログラムであった．対象となる就学前児童は，人気キャラクターが登場し，分刻みの趣向を凝らしたプログラムに引き込まれていき，楽しい音楽に合わせて発音練習などをしているうちに文字や数字に興味を持ち，徐々に使えるようになっていった．その後，同番組は新しいプログラムやキャラクターの登場，音楽界やハリウッドなどの有名なゲストの出演などさまざまな進化を遂げ，今日に至っている．

❖**補償教育推進の一環としての意義と成果**　《セサミ・ストリート》は，日本では英語学習用番組として認識されることが多かったが，その制作背景に，連邦政府の補償教育政策があったことは，日本ではあまり知られていない．補償教育とは，黒人を中心とする，貧困などにより不利な状況にある子どもたちに欠けている教育機会を就学前段階で提供することで，就学時の白人などの恵まれた層との

学力格差を縮めようとする施策である．番組が開発された 1960 年代のアメリカ
では，経済格差や人種差別が問題となり，マーティン・ルーサー・キング・ジュ
ニア（キング牧師）率いる公民権運動が全米に拡大する中，民主党リンドン・B.
ジョンソン大統領が，64 年の一般教書演説で「貧困との闘い」を宣言した．そ
して，同年に黒人に対する法的差別を撤廃する公民権法が制定され，さらに同年
の「経済機会法」や 65 年の「初等中等教育法」（ESEA）などの法律を通して，
貧困層の児童生徒への連邦資金援助が大幅に拡大した．「経済機会法」は，上記
の補償教育を実現するための法律であり，補償教育に加えて保護者への医療・福
祉サービスも含むヘッドスタート計画（連邦保健社会福祉省管轄で，就学時の学
力格差是正のため多様なサービスを長年提供し現在も継続中のプログラム）はそ
の一部で，《セサミ・ストリート》も，貧困層の就学前児童対象の教育番組とし
て同計画に盛り込まれた．70 年代の調査では，同番組を視聴した児童が，しな
かった児童よりも就学後の学力に好影響が出ていることが示され，貧困層以外の
就学前児童にも普及していった．長年実施されてきた《セサミ・ストリート》や
ESEA などのさまざまな貧困対策にもかかわらず，約 50 年後の黒人と白人の学
力格差は，わずかに縮まったものの依然大きいままという現状である．

❖ **多文化教育推進の視点から**　多文化教育の側面も重要である．多文化教育とは，
異なる文化的背景を持つ人々の生活様式，価値観，歴史などについて学ぶ教育の
ことであり，共生社会の確立を目指している．《セサミ・ストリート》では，人
気キャラクターや登場人物の人種，年齢，性別などが多様で，社会文化的に異な
る背景を乗り越えて，お互いを尊重し合い，ともに暮らしていく姿を描いている
ことも，本番組の重要な側面である．さらに，海外での放映は，アメリカのオリ
ジナル版そのままの場合と，主要キャラクターは使いつつ国情に合わせて対立す
る民族の融和や HIV／エイズなどの問題を取り上げて独自に制作された番組の場
合がある．《セサミ・ストリート》は，全世界で，偏見をなくして異なる背景の
人たちが共存できるような理想の街（通り）としても描かれているのである．

❖ **知名度と今後**　《セサミ・ストリート》は全米で知名度が高く，2012 年大統領
選討論会では，「小さな政府」を標榜する共和党候補が，連邦政府の予算削減の
例としてオバマケアと PBS をあげた際に，「ビッグバードは好きだけど」と述べ
たが，同番組が，民主党リベラル派が提唱する大きな政府の象徴としても見られ
ていることがわかる．CTW から名称変更したセサミワークショップの使命は「子
どもたちがより賢く，より強く，より親切になるように手助けすること」だが，
「より親切に」は，上記の多文化教育と相まって特徴的である．《セサミ・スト
リート》は，17 年にはシーズン 47 に入り 50 周年が近付く中，黒人を中心とす
る貧困層に加え，幅広い層の就学前児童が視聴し海外でも普及しており，今後の
発展も注目される．　　　　　　　　　　　　　　　　　　　　　　［吉良　直］

ホームスクール

Home Schooling

ホームスクールは，義務教育期間の子ども（K～12 年生相当）を一時期あるいはすべての期間，学校に通わせずに親が家庭で教育する営みである．ホームスクールは，1970 年代後半に，公教育の在り方に対する異議申し立て，子どもの人間形成における親の主導権を取り戻す運動として注目されるようになった．当初は義務教育就学法違反と見なされ，しばしば処罰の対象となったが，数々の訴訟やロビー活動を経て，93 年までに 50 州すべてにおいて合法化された．

70 年代には 2 万～3 万人と見積もられていたホームスクールの子どもたちの人数は，アメリカ教育省による全米家庭教育調査によると，99 年 85 万人，2003 年 110 万人，07 年 150 万人と増加の一途をたどり，11 年には約 177 万人と推定されている．これは全米の児童生徒の 3.4％に相当する．

❖ホームスクール運動の二つの源流　現代のホームスクールのルーツの一つは，1960～70 年代の対抗文化の文脈に位置付けられる．教育の「学校化」を批判したイヴァン・イリイチや，『なんで学校へやるの』（*Teach Your Own*, 1981）を書いたジョン・ホルトは，この時代のホームスクール運動に大きな影響を与え，既存の学校的学習にとらわれないアンスクーリング（unschooling）という教育形態の下地をつくった．

80 年代になると，こうした流れに加えて，宗教上の理由からホームスクールを選択するキリスト教保守派の家庭が急増し，大きな影響力を持つようになった．こうした親たちが重視したのは，聖書に基づいた人間形成を行うことである．60 年代以降，公立学校からキリスト教的要素を排除する非宗教化が進み，また，80～90 年代には，子どもたちの人種民族的構成の多様化を背景に多文化教育が推進された．共通文化として自明視されていた伝統的アメリカの価値観が，西欧中心に偏向していると問題提起され，公立学校のカリキュラムをめぐって保守派とリベラルとの文化戦争が激化した．こうした時代を背景に，キリスト教保守派の親たちは，次々と子どもを学校から引き上げて，政府や教育委員会に干渉されることなく在宅教育する親の権利を勝ち得ようとしたのである．

❖ホームスクール・コミュニティの形成　ホームスクールの運営には，親の，特に母親の献身と時間を必要とする．こうした親たちは家庭内で孤立することなく，地域，州，全国レベルのホームスクールの支援組織を利用し，情報や精神的支援を得ている．複数の家庭が責任を分担し協力して教育に携わることもある．

黎明期のホームスクール家庭のために訴訟支援を行ってきたホームスクール法的擁護協会（HSLDA, 1983 年設立）は，全米最大の支援団体である．HSLDA は

宗教右派としての政治的性格が強く，特にジョージ・H.W. ブッシュ政権の下で政治的活動を活発に行った．2000 年にはホームスクール修了者のためにパトリック・ヘンリー大学を設立し，保守派政治家のためのボランティア活動に HSLDA 所属の若者を送ったりするなど，共和党の支持基盤の一つとなった．

これに対して，HSLDS の政治性に違和感を抱いた親たちによって，宗教的政治的見解の違いを越えたより包括的な支援組織も結成された．包括的組織は，水平的な関係で結ばれた相互扶助的なネットワークとしての性格を持ち，親だけでなく子どもたちに交流の場を提供する機能も果たしている．

❖**ホームスクール運動の変容**　初期には，ホームスクールはしばしば奇異で反社会的な選択と見なされていたが，ホームスクールが合法化され，また，優れた成果をあげた子どもの例がメディアで取り上げられるようになると，学力向上に効果的という理由でホームスクールを選択する家庭も現れた．ギャラップ社の世論調査（2001）によれば，ホームスクールを肯定する割合は 1985 年の 16％から 2001 年には 41％に上昇した．1990 年代半ばに普及したインターネットも，親を結び教育資源へのアクセスを容易にすることで，運動拡大に寄与した．

2011 年の全米家庭教育調査によると，ホームスクール選択の理由（複数回答）として最も多いのは，「学校環境への懸念」（91％），「学校の授業内容不満」（74％）である．もう一つ重要な理由は「道徳的教育を希望」（77％），「宗教的教育を希望」（64％）であり，道徳的・宗教的な教育を親の手で行いたいという願いは今も根強い．近年では，ホームスクールの子どもが，音楽や体育，理科実験などで地域の学校に部分的に出席することを容認する州も出てきた．しかし，こうした学校利用の割合は約 2 割にとどまっている．

かつてホームスクールは白人家庭による運動といわれていたが，21 世紀に入り人種・民族的マイノリティの割合が増えている．近年注目されるアフリカ系アメリカ人（黒人）のホームスクール家庭の場合，学校における黒人生徒（特に男子）に対する低い期待や偏見，解消されない人種間学力格差の構造から子どもを守ること，そして，アフリカ系の歴史や文化の学びを通して肯定的なアイデンティティを涵養することが，重要な動機となっている．

❖**第 2 世代によるホームスクールの問い直し**　ホームスクールの教育を受けた第 2 世代が成人した今日，ホームスクール・アノニマスという団体のように，運動を当事者の側から問い直す動きも生まれている．こうした団体は，ホームスクールを有効な教育実践とする前提を保ちつつ，家庭内で行われている営みである故に見えにくくなっている子どもへの虐待や精神的困難に関しても，ネットを通して拾い上げる活動を展開している．

ホームスクールは教育の公共性への挑戦であり，市民形成や国民統合の在り方への問い直しを，今後も多文化社会アメリカに迫る運動といえる．　［宮井勢都子］

インクルーシブ教育

Inclusive Education

　教育業界，障害児・者の教育支援は，世界的に激動の転換期を迎えている．身近な日本も例外ではなく，多くの自治体でも，養護学校，聾・盲学校といった名称を聞くことがなくなり，代わりに地域の名前を冠した学園になっていたり，普通学校（の支援学級）に通う車いすの子どもを見かけたりといったことがあるかもしれない．これまでの普通教育への総合（インテグレーション）から，より障害児それぞれの多様性に配慮するという意味での包括的な教育（インクルージョン）への注目の変遷も，その一環といえよう．

　日本の教育現場において，インクルーシブ教育という用語が浸透するようになったのは，2006年の「障害者権利条約」第24条「教育」冒頭部で，インクルーシブ教育システムが謳われたことが大きい．特に2016年には，条約の国内環境整備のため制定された「障害者差別解消法」が実際に施行されたことで，障害による差別を否定してインクルーシブな合理的配慮を求める姿勢が，教育現場でも急速に定着しつつある．

　このような近年の日本の動向を踏まえると，もはやアメリカが格段に進んでいるようには見えないかもしれない．確かにアメリカの高校も通常学級とSPED（special education）という特別支援学級を組み合わせるかたちが多いし，補助教員が加配されて，障害のある児童をサポートしながら授業が行われている様子は，日本でも見慣れた風景だ．しかし，例えば近年注目されている，障害児一人ひとりに即して継続的に立案される「個別支援計画」は，IEP（Individualized Education Program）として10年以上前から導入されていた．そもそも「障害者差別解消法」「障害を持つアメリカ人法」（ADA）の日本版であり，アメリカのインクルーシブ教育は今でも，日本はもちろん世界の障害者教育をリードする存在である．

❖**アメリカの現況—IT活用とSTEM**　そのアメリカのインクルーシブ教育も，近年ならではの動向を見せている．まず，タブレットやパソコンなどのITの活用が急速に進みつつある．肢体不自由の児童がキーボード入力によって書き取りの宿題をしたり，発達障害の生徒がタブレット（図1）をテキスト代わりに授業を受けたりするシーンは，もはや珍しくない．さらに特筆すべきは，STEM（Science Technology, Engineering and Math）といわれる科

図1　SPEDでのタブレットの使用

学教育への取組みである．STEM そのものは従来から普通教育においても行われてきたが，近年は，特に発達障害児の教育としても注目を集めている．発達障害の中には数学や自然科学の分野に強みを示す子どもがいることが知られてきた．そのような障害児を中心に，科学に力を入れた教育の試みが盛んになっている．

STEM そのものはインクルーシブ教育の現場で広範囲に取り組まれつつあるが，その力点は，障害があっても特に顕著な才能を秘めている子どもの可能性を伸ばそうというところにある．その意味でアメリカで盛んなギフテッド・エデュケーション教育の一環であると考えてもよい．子どもの天賦の才を発見し重点的に伸ばすギフテッド・エデュケーション教育は，エリート教育として理解されることが多かったが，むしろ障害児の才能を発見するという点で，インクルーシブ教育と重なり，その主要な一翼を担いつつあるのである．

❖見た目ではなく内容を問うインクルーシブ教育　アメリカの現状，特に理解の程度に合わせて教室を分けてなされるような STEM やギフテッド・エデュケーション教育は「同じ教室で学ぶ」という日本のインクルーシブ教育のイメージからは随分異なって見えるだろう．STEM にしろ高等教育にしろ，すべての障害のある子どもが対象になるわけではない．しかしそれは障害がない子どもの一般的な教育も同じである．つまりアメリカのインクルーシブ教育は，障害のある生徒・学生が，「同じ教室で学ぶ」という外形的な同一性ばかりではなく，むしろその「教育内容」の方を重視しているのである．

つまり，アメリカのインクルーシブ教育は，必ずしも単に障害のある者もない者も「同じ教室で同じように学ぶ」ことだけではない．重要なのは「同じ内容を学べる」ことなのだ．その子が学ぶべき内容にアクセスするために，そしてその成果を得るために，同じ教室の方がよければそれが選ばれるし，別の教室で個別になされた方がよいのであればそちらが選ばれるのである．問われるのは，学ぶべき内容を学ぶことができる機会が，すべての人に用意されているかどうかである．インクルーシブの射程は「同じ教室」ではなく，教育内容全体に向けられる．

その視角からみると日本のインクルーシブ教育の理解は，いまだ障害児教育の初等・中等教育への統合（メインストリーミング化）にとどまっていると指摘できるかもしれない．一方で，アメリカのインクルーシブ教育は，最近では高等教育や生涯教育で追求されている．自分たちの教育方法やコンテンツが，本当に人を排除するものではないかを問う姿勢は，日本の教育，特に障害者の進学率が著しく低かった大学などの高等教育機関にこそ強く求められてくる．そこで教育されるべき内容すべてが，障害の有無にかかわらずきちんと学べるようになっているかという，教育機関そのものが本質的に問われているのである．

アメリカのインクルーシブ教育は，教育の「かたち」ではなく「実質」を問うという視角の転換を示唆している．　　　　　　　　　　　　　　　［柴田邦臣］

バイリンガル教育

Bilingual Education

バイリンガル教育とは，二言語教育あるいは二言語併用教育とも呼ばれるように，生徒の母語と第二言語の二つの言語を用いて二つの言語の習得を目指す言語教育の方法論のことである．だが，アメリカの場合，バイリンガル教育の実態は多様で，教育の手段として二つの言語を使用し教育の目標として二つの言語の能力を育成するという，本来のバイリンガル教育の概念は揺らいでいる．

❖**教育を受ける権利の保障**　19 世紀半ばには公立学校でドイツ系移民の子どもたちにドイツ語と英語のバイリンガル教育が行われていたことも知られているが，連邦政府が政策としてバイリンガル教育に取り組むのは 1960 年代後半からである．公民権運動の高まりを背景に言語と文化の多様性を尊重しようとする流れの中で，英語以外の言語を母語とする生徒の教育の質の向上を目指して，68 年に「初等中等教育法」のタイトル VII として「バイリンガル教育法」が制定され，バイリンガル教育を実施している学区に補助金が支給されることとなった．対象とされた最大の民族集団はヒスパニック系の子どもたちである．

70 年にはサンフランシスコの公立学校に通う中国系の生徒が英語で行われる授業への不満から訴訟を起こしたため，英語の能力が十分でない生徒の教育に対して学区が責任を負うべきことが 74 年に連邦最高裁から示された．ラウ判決と呼ばれるこの裁定は，英語の能力が十分でない生徒の教育を受ける権利を保障するためには，バイリンガル教育に代表されるような特別な教育支援が必要であることを説いている．70 年代の「バイリンガル教育法」は，英語を母語としない生徒の母語教育と母語による教科教育を含む，いわゆる維持型のバイリンガル教育を奨励した．69 年度にわずか 750 万ドルが 76 のプログラムに支出されるところから始まった連邦のバイリンガル教育への補助金は徐々に増額され，80 年度には 1 億 6,690 万ドルが 564 のプログラムに支出されるまでとなり，費用対効果が注目を集めることとなった．

❖**ポリティカル・イシュー（政治問題）として**　1983 年に公表された連邦報告書「危機に立つ国家」により，カリキュラムの多様化や個別化の行き過ぎが深刻な学力低下を招いていることが指摘されると，バイリンガル教育の効果が厳しく吟味されるようになった．80 年代にはバイリンガル教育をアメリカの社会的統合に対する脅威と見なし，英語以外の言語の使用と学習を制限するイングリッシュ・オンリーの運動も勢いを増していく．なかでも，合衆国憲法を修正し英語をアメリカの公用語とすることを目指す英語公用語化運動を展開する U.S. イングリッシュは大きな影響力を持ち，州のレベルでの英語公用語化を積極的に推進

した．英語を公用語と定める州は90年には17州であったが，2016年には32州にまで増えている．言語の多様性に厳しい視線が注がれる中，1980年代の「バイリンガル教育法」は，母語から英語への移行を目指すいわゆる移行型のバイリンガル教育や英語教育のみのプログラムを奨励した．バイリンガル教育はまさにポリティカル・イシューとなり，公立学校でのバイリンガル教育の廃止を求める反バイリンガル教育提案が，カリフォルニア州（1998），アリゾナ州（2000），マサチューセッツ州（2002）において住民投票で過半数の支持を得て成立し，法制化された．

　黒人英語が標準英語とは異なる別の言語かどうかを問う論争も起こった．1996年にカリフォルニア州オークランド市教育委員会は，黒人英語を標準英語とは異なる別の言語と見なし，連邦政府にバイリンガル教育の補助金を申請しようとしたところ，強い批判を浴びて計画を断念した．エボニックス論争と呼ばれるこの出来事は，アメリカの言語教育の難しさを象徴するものとして知られている．

❖英語学習者への支援

すべての子どもの学力向上を国家戦略の一つに位置付け，スタンダード（基準）を設定し，アカウンタビリティ（説明責任）を課す近年の連邦政府の教育政策は，バイリンガル教育への逆風となった．2002年に成立したいわゆる「どの子も置き去りにしない法」のタイトルⅢは，「バイリンガル教育法」に取って代わる英語習得法と呼ばれる新たな法律で，英語の能力が十

表1　英語学習者の家庭内言語（2013～14年度）

家庭内言語	人数（人）	割合（%）
スペイン語	377万816	76.5
アラビア語	10万9,170	2.2
中国語	10万7,825	2.2
英　語	9万1,669	1.9
ベトナム語	8万9,705	1.8

※　「英語」は，家庭内で多言語が話されているか，英語が話されている国からの養子を指す
[National Center for Education Statistics, 2016より作成]

分でない生徒を英語学習者ととらえ，そうした生徒たちに英語学習と学力向上を求めた．2013～14年度に全米の公立学校には総生徒数の9.3%にあたる約450万人の英語学習者の生徒が在籍している．表1は，英語学習者の家庭内言語を多いものから五つあげており，最も多いのがスペイン語である．

❖カリフォルニア州の新たな動き

カリフォルニア州では1998年以降，公立学校におけるバイリンガル教育は原則として禁止されてきたが，2016年11月8日，大統領選挙と同時に実施された住民投票で，およそ20年間制限されてきたバイリンガル教育の復活を目指した提案58が成立した．これにより，カリフォルニア州の公立学校は，州内で150万人以上といわれている英語学習者の生徒にバイリンガル教育を施すことが可能となった．17年7月1日から施行された「カリフォルニア多言語教育法」は，州内のすべての生徒に英語と英語以外の言語を学ぶ機会を提供することを謳っている．今後，全米に大きな影響を及ぼしていくことが予想される．　　　　　　　　　　　　　　　　　　　　　　　　[末藤美津子]

第二言語としての英語（ESL）

English as a Second Language

　第二言語としての英語（ESL）は，アメリカのように英語を日常用いる地域における，英語を母語としない人々にとっての英語を指していう．この場合，英語は第一言語ないしは母語ではないので，第二言語となる．一方，日本のように英語が外国語として位置付けられる地域での英語を EFL（外国語としての英語：English as a foreign language）とする．ESL と EFL は，学習目標や学習者の置かれた環境，つまりインプットや他者からのフィードバックの量と質などの点で大きく異なる．そのため，別物とする場合もあれば，教授法の観点からはほぼ類似したものとして扱う場合もある（同じく英語学習であり，学習者がすでに第一言語ないしは母語を習得している場合がほとんどなため）．また，第二言語の第二は，必ずしも 2 番目ではなく，人によっては 3 番目あるいは 4 番目の言語にあたる場合もあり，要は第一言語ないしは母語ではないという意味である．

✣アメリカにおける英語教育　ESL は，それを教える TESOL（英語非母語話者のための英語教育：teaching English to speakers of other languages）とも深く関わっている．ESL と TESOL は，それぞれ学校教育の場でよく耳にする言葉である．ESL といえば，小中学校や高校で，移民や一時的に滞在する英語非母語話者の生徒に特別な英語クラスを設けたり，少人数の生徒を取り出して別教室で ESL の授業を行ったりすることで知られている．また，大学でも留学生などが，正規カリキュラムを履修する前に，英語を上達させるために ESL プログラムが設けられている．ESL の授業を行う教員を養成するのが MA in TESOL のコースで，大学院の修士課程である．

　現在に至るまで，アメリカで ESL や TESOL のような英語教育が盛んなのは第 2 次世界大戦中の軍での外国語教育に端を発しているといえよう．アメリカでは，構造言語学と行動主義心理学とを基盤とする外国語教授法が戦争中に成果をあげたことから，戦後もそれを受け継ぐオーディオ・リンガル・メソッドが盛んになった．1966 年には TESOL 学会が創設され，それ以後 SLA（第二言語習得：second language acquisition）の実践と研究が盛んに行われ，ESL を支える理論的背景となった．関連の学術誌，『ラングエッジ・ラーニング』（1948 年創刊），『ティーソル・ジャーナル』（*TESOL Journal*, 1967 年創刊），『スタディーズ・イン・セカンド・ラングエッジ・アクイジション』（1978 年創刊）の刊行が続いた．

　ESL に端を発した，アメリカにおける英語教育の方法論や実践は，さらに世界の英語使用およびそのための英語教育へと広がり，今や TESOL 学会は，アメリカにとどまらず，世界に関連学会を持つ大きな組織となっている．ESL の発展形

として，医療・看護や理系の研究など特定の目的に必要とされる英語を教える ESP（特定目的のための英語：English for specific purposes）教育や，高度な勉学目標のための EAP（勉学目的のための英語：English for academic purposes）教育などがある．

❖ **アメリカにおける英語使用**　国内における英語非母語話者に対する英語教育は，言語政策ともつながる．移民にどれだけ ESL 教育を施すのかは，国の政策の問題となる．そもそも移民の国であるアメリカでは，国として英語を公用語としては定めていない．そこで，移民のもたらす言語をどれだけ容認しバイリンガリズムを擁護する（English plus）のか，あるいは，どれだけ言語の多様性を排除して英語のみを強要する（English only）のかが歴史的に常に拮抗してきている．この流れが 1980 年代にはカリフォルニア州で，英語公用語化の住民投票へとつながった．近年は，アメリカの約半数の州で，英語が公用語と制定されており，そこでは学校教育で ESL が推進される．

　96 年にエボニックス（Ebonics）論争という，アフリカ系アメリカ英語にまつわる，政治家，言語学者，社会一般を巻き込んだ議論が起きた．カリフォルニア州オークランドの教育委員会がアフリカ系アメリカ人の子どもの英語を標準英語とは異なる一つの独立した言語，すなわち，エボニックスと見なして，ESL 的発想から，エボニックスと標準英語の双方を教えるための特別な財政措置をとった．ところがこれはアフリカ系アメリカ人の子どもの教育を助けるより，むしろ差別にあたるという議論が起き，この案は修正された．ここに見るように，アメリカの中でも英語という言語の在り方は，複雑で難しい問題を孕んでいる．

❖ **世界共通語としての英語**　上述のとおり ESL や TESOL の考え方が世界の英語教育へも影響を及ぼしてきているが，近年は，ESP や EAP などにとどまらず，ELF（English as a lingua franca，イタリア語に由来する「共通語」の意）現象が起きている．とりわけ 21 世紀になって，英語は世界共通語としての役割を担うようになってきている．きわめて大雑把な推計だが，世界で英語を第一言語ないしは母語として使う人口は，アメリカ，イギリス，オーストラリア，ニュージーランド，カナダなどに約 4 億弱．それ以外に第二言語ないしは公用語とする人口が，例えば，シンガポール，インド，ケニア，スーダンなど世界各地の国や地域に約 4 億，また外国語として堪能に英語を使う人口約 10 億を加えると，世界の英語使用者は約 18 億弱とされている．もちろん，母語，第二言語，外国語として使われる英語には方言化の現象も起きており，近年はその多様化を表すために「World Englishes」とする場合もある．一般的には英語母語国とされているアメリカの中には英語を公用語として制定していない州もある一方，世界では英語を公用語とする国や地域が多数あるという現象は一見不思議なようでいて，実は，英語が世界共通語としての役割を果たしている現象を示している．　　［田近裕子］

多文化教育

Multicultural Education

　多文化教育とは，人種・民族，社会階層，ジェンダー，性的指向，障害など，あらゆる文化集団に属する人々に構造的な平等の達成，および集団間の共存・共生の実現を目指す教育理念であり，教育実践であり，教育改革運動である．その基底には，自由，平等，正義，公正，人間の尊厳といった哲学的理念が存在する（☞項目「多文化主義」）．実践的には，多様な文化集団の視点からの教材やカリキュラムの開発，学習者の言語的多様性の尊重，すべての学習者の学力保障や異文化間能力の育成など，多様な取組みを含んでいる．

❖歴史的展開　アメリカにおける多文化教育の歴史は，教育における平等と公正を求める歴史であるといっても過言ではない．その成立の大きな要因となったのは，1950年代の公民権運動と，それに起因する民族研究運動というアフリカ系アメリカ人をルーツとする運動である．アメリカでは長く続いた奴隷制の結果としてアフリカ系アメリカ人に対する不平等や差別が顕在化し，その解消を求めた公民権運動が展開した（☞項目「アフリカ系」「公民権運動」）．その中で，人種隔離を行ってきた学校は，公民権運動の重要な戦場となっていった．その戦いの中で，公立学校における人種隔離を違憲とした54年のブラウン判決によって，全米の多くの地域で長年にわたって行われてきた学校における人種隔離が廃止された（☞項目「学校における人種統合」）．

　この運動に後押しされて，60年代後半には，それまで大学や学校のカリキュラムの中にほとんど取り上げられなかったアフリカ系アメリカ人の歴史的経験や文化を取り入れようとする民族研究運動が広がった．これらの運動は，その後ヒスパニックやアメリカ先住民の同様の運動にも影響を与えた．さらに72年には「民族遺産研究振興法」が成立し，連邦政府の援助の下に多くの州でその研究と実践が始められた．

　加えて，同じ時期に並行して展開された運動や実践の中に多文化教育の成立につながる契機を見ることができる．第一が，50年代に展開された文化間教育運動である．これは，対外的には19世紀末から20世紀初頭に始まるヨーロッパを中心とする移民の急激な増加や，国内的には南部の農業地帯から北部の工業地帯への主にアフリカ系の移動などによって都市が多民族・多人種化する中で起こる人種・民族間の緊張を和らげ，人種・民族間の望ましい人間関係を築くことを目的に展開されたものである．

　第二は，60年代初頭以降のヒスパニック移民の増加の中での，英語が話せないヒスパニックの児童生徒に対するバイリンガル教育の主張である．68年には，

彼らの学力レベルの向上を目的とした「バイリンガル教育法」が成立した.

第三に，前述の1950年代から続くマイノリティの平等と公正を求める運動や実践は，60年代から70年代にかけてジェンダー研究，クイア研究，ディサビリティ（身体障害）研究にも影響を与え，その後，幾つかの大学においてこれらを研究する学科や専攻が設置され，また多くの大学のカリキュラムにおいてこれらの科目が設置された．その動きは初等中等学校においても展開された．

これらの動きを受けて，70～80年代にかけて，人種や民族だけでなく，言語，ジェンダー，性的指向性，障害，宗教など，すべての文化集団の公正と正義を促進するための教育に対し，多文化教育という用語が使用されるようになった．

❖多文化教育の類型　クリスティン・E.スリーターとカール・A.グラントは，多文化教育のアプローチを，①特別支援を必要としている子どもおよび文化的に異なる子どもの教育，②人間関係，③単一集団学習，④多文化教育，⑤多文化社会改造主義者の教育の五つに類型化した．

①は文化的に収奪された子どもを主流文化の中で効果的に行動できるように，バイリンガル教育やESL（English as second language）などの補習的なプログラムを提供して学力の向上をうながすことを意図した教育である（☞項目「第二言語としての英語（ESL）」）．②は前述した文化間教育運動の延長として展開したもので，学校において文化的に異なる背景を持つ子ども間に効果的なコミュニケーション能力を発達させることによって，異なる人への差別や偏見の軽減を図る教育である．③は女性研究や黒人研究など，特定の文化集団の歴史や文化の学習を通してその社会的認知を高め，社会的平等の実現に向けた行動の育成を目指す教育である．④はカリキュラム，授業，評価，教員の構成など学校教育全体を多元的で，平等な機会を実現する場として変革しようとするものである．⑤は④のアプローチを社会的行動スキルの形成にまで拡大したもので，人種差別や性差別など，差別の解消に向けて行動できる人間形成を目指したものである．

❖近年の動向　多文化教育は，本来，⑤のアプローチにあるような社会改革や反人種主義といったラディカルな思想基盤の上に構築されたものであったが，学校現場では誰にでも受け入れやすい，食べ物（food），服装（fashion），祝祭日（festival）など3Fをテーマにした脱政治化された異文化の表面的な理解に終始する授業実践も多く見られる．

そのような傾向に対し，近年では批判的教育学やホワイトネス研究の影響を受け，文化間の偏見や差別を軽減し，社会正義に立ったより平等で公正な社会の実現という本来の目的に向けて，批判的人種理論や批判的多文化主義などの新しいパラダイムに立った多文化教育の理論と実践が模索されている．そして近年，それらを指して社会的正義の教育，文化的に適切な教育学や公正教育学，文化持続可能教育学という用語も使われるようになってきている．　　　　［森茂岳雄］

LGBT 学生への支援

Support for LGBT Students

1990年代頃から一般に流布したセクシャルマイノリティ（性的少数者）の一部に含まれる LGBT は，レズビアン（lesbian），ゲイ（gay），バイセクシュアル（bisexual），トランスジェンダー（transgender）の頭文字で，多様なセクシュアリティの在り方を示す用語としてメディアや学術などの分野で日常的に用いられている（☞項目「LGBT」）．本項では，大学および中学・高等学校でどのような支援や取組みが展開されているのか概観する．

❖**大学において**　大学においては，性的少数者を支援し多様性をサポートする学生団体に加え，LGBT を支援する大学の組織が整備されている．このような支援体制ができたのは，セクシズム（性差別）のみならず，ヘテロセクシズム（異性愛中心主義）によって，性的少数者である学生が差別を受け，抑圧されてきたことに対して，大学が人権の問題として対応しているためである．

授業や課外活動に参加し，寮生活を送る場が誰に対しても安心安全であり，どのような性的指向を持ち，装いや振る舞いを通してどのような性表現をしても，構成員のすべてが歓迎される一員であると感じられるよう，LGBT の学生を支援するポリシーを明示し，LGBT についてのプログラムを実施し，差別是正を実践している．これらは，性的少数者の権利を保障するために，当事者の学生や教職員によるネットワークを支援するだけでなく，多数派であるストレート（異性愛）の学生や教職員の意識改革を促進し，啓蒙する役割を果たしてもいる（☞項目「若者文化」コラム「大学生生活」）．

❖**ヘイトクライム**　一方で，アメリカ社会において，LGBT の当事者に対するヘイトクライムが横行してきた．同性愛者という理由でその犠牲になった人々は多数に上る．20世紀末の代表例として，1988年，ワイオミング大学の学生マシュー・シェパードが2人の男に拉致され塀に括り付けられて暴行を受け死亡した．また，98年には，アフリカ系アメリカ人のジェームズ・バード・ジュニアがテキサス州で3人の男にトラックに括り付けられたまま引きずられて殺害されるという凄惨をきわめる事件もあった．マシュー・シェパードの事件を契機にヘイトクライムを防止する法律の適用範囲を，人種や宗教から同性愛者にも拡大する社会運動が精力的に展開された（☞項目「ヘイトクライム」）．

さまざまな反対に直面するも，ついに2009年，バラク・オバマ大統領の署名によって，「マシュー・シェパード／ジェームズ・バード・ジュニア＝ヘイトクライム防止法」として2人の被害者の名前を冠した連邦法が成立した．

このようなヘイトクライムと背中合わせに，アメリカの大学にはキャンパス全

体がセーフプレイス（安全な場所）であり，また，教育機関が多数派を啓蒙する教育的な機能を備えていなければならないという認識がある．教室での教員や学生のLGBT当事者への適切で公正な対応をはじめ，大学全体としても効果的な学生支援に取り組むことを社会から要請されている．各大学では，教職員や学生向けの研修啓蒙活動なども含めたさまざまな角度からの取組みが展開されている．

例えば，人称代名詞についてもジェンダーニュートラル（性的中立）なものも含め，授業の初日に自己紹介とともにそれぞれの学生が希望する人称代名詞や呼び名などを確認することが推奨されている．大学や学校には性的少数者を支えるアライ（ally，同盟・支え）という存在の重要性も指摘されている．一定の研修を受けた教職員は，アライとしてその存在を可視化するマークを付けて，当事者に寄り添う立場での支援が期待される．

図1　GLSENによる安全な場所ステッカー

❖**安全な場所とアライ**　中高の教育現場において先導的役割を果たすGLSEN（Gay, Lesbian and Straight Education Network）という民間の教育支援活動は注目に値する（図1）．1990年に高校教員が創設した同団体は，主に中高レベルの教員や学生を対象にした，具体的で明快な啓発，啓蒙などを実践している．また，隔年ごとに全国の13〜21歳を対象に，全国学校環境調査も実施する．2015年の調査によれば，LGBTの学生の半数前後がみずからの性的指向（57.6％）や性表現（43.3％）のために学校が安心安全ではないと感じ，さらに多数（85.2％）が口頭によるハラスメントを受けている．

そのような敵対的な環境は，LGBTの学生の出席率，学習意欲，成績，さらには自己尊厳にも悪影響を及ぼし，こうした学生は，鬱的症状を高い割合で併発しているという．改善策として，性的少数者と異性愛者の同盟を意味するGSA（Gay-Straight Alliance）というアライの有効性を示唆する．異性愛者の学生，教職員とアライになる関係性が積極的に構築されている安心安全な環境下のLGBTの学生は，ハラスメントや暴力などの被害に遭う可能性が低く，学校に適応していると報告している．さらに，性的少数者を顕彰するLGBT歴史月間を設けるなどして，その権利保障に貢献した人物や出来事を教材として扱うインクルーシブ（包括的）なカリキュラムも推奨する．

LGBTの学生支援は，多数者側に立つ教職員の意識改革，学生の教育や啓発の問題でもある．アメリカ社会において，人種や民族，宗教による差別やハラスメント，ヘイトクライムを防止する教育や啓蒙活動の同心円上に，LGBTの学生支援の取組みがあるといえる．　　　　　　　　　　　　　　　　　　［髙橋裕子］

アクティブラーニング

Active Learning

2012年，日本の中央教育審議会答申『新たな未来を築くための大学教育の質的転換に向けて―生涯学び続け，主体的に考える力を育成する大学へ』に取り上げられ，それを受けて開始された大学教育再生加速プログラムによって，アクティブラーニングは高等教育政策における重要なキーワードになっている.

❖アクティブラーニングの背景　19世紀以前の大学教育は教養人の養成に重きを置くものであったが，19世紀後半から末にかけて，研究と大学院教育を行う研究志向型の大学が出現し，大学教員は何よりもまず専門家であり研究者であるというイメージが次第に定着していく．一方，アメリカの高等教育は第2次世界大戦後，その規模を飛躍的に拡大させ，大量の学生を受け入れるようになる．国立教育研究所に設置された諮問的な研究グループ（The Study Group on the Condition of Excellence in American Higher Education）がまとめた「学習への関与―アメリカ高等教育のもつ潜在的可能性の実現に向けて」（*Involvement in Learning: Realizing the Potential of American Higher Education*, 1984）レポートによれば，1984年時点で，高校卒業者の5分の3が大学に進学し，1,200万人以上が大学生として在籍しており，その数は，50年から比べて，4倍である．学生も多様化し，例えば，5人のうち2人は25歳を超えた成人学生であり，フルタイムで在籍する学部生は5分の3にも満たず，後はパートタイムで在籍している状況となっている.

このように高等教育機関が大衆化されていく時代背景の中で，大学で学ぶことの意味，目的意識が希薄であったり，伝統的な方法で講義をしても十分に理解できなかったり関心を示さなかったりする学生たちも増え，「どのように教えるか」が多くの大学で課題となっていた．同レポートの中でも，「アメリカ合衆国市民は，生涯にわたって学び続けられるよう，学び方を学ぶ必要がある」と提言されている．また，学部生が専攻する分野が細分化され専門性に特化した教育になることで，社会の構成員として共有する価値観や知識を育むという潜在的な力が学部教育から失われていくことへの懸念も表明されており，リベラル教育の復権を唱えるものとなっている.

同レポートにおいて，学部教育の「卓越性の条件」（Conditions of Excellence）も検討されており，その筆頭にあげられているのが「学生による関与」（Student Involvement）である．関与とは，学生が学びのプロセスにどれだけ時間とエネルギーと労力を注ぐかということであるが，その中でも大事なことは取組みの質である．つまり，集中して取り組めているか，そして受け身でなく能動的に取り

組めているかである．学生たちが学びのプロセスの傍観者（spectators）になるのではなく参加者（participants）となっているかが，能動的な学び（アクティブラーニング）の指標となり得ることが同レポートで説明されている．

教育学者ロバート・B. バーとジョン・タグ（1995）は「教えるから学ぶへ―学部教育のための新たなパラダイム」（*From Teaching to Learning : A New Paradigm for Undergraduate Education*）の中で，大学において知識を提供するという伝統的な教授パラダイム（the Instruction Paradigm）から学びを生み出すパラダイム（the Learning Paradigm）へと，教授学習パラダイムの転換が起きている状況の中で，学生，教職員および高等教育機関としての大学が一丸となってともに責任を担い，学生の学びを生み出すことを推進していくことができると説いている．

そして，学びを生み出すパラダイムの果たすべき主な役割は，学生自身が発見し知識を構築していく力を引き出し，発見や問題解決をする学びの共同体に学生が参加できるような力強い学習環境をつくり出すことである．それは，学びが学生主体であり，チームワークとグループの努力の結果として目標達成や成功は得られる，という協同的，協調的，支援的な学習理論に基づく．

❖**アクティブラーニングの定義**　教育学者チャールズ・C. ボンウェルとジェイムズ・A. アイソンは著書『アクティブラーニング―教室に躍動を生み出す』（*Active Learning: Creating Excitement in the Classroom*，1991）で，授業におけるアクティブラーニングの一般的特徴として以下の5点をあげている．①学生は，聴くこと以上に関与していること，②情報の伝達よりも学生の技能育成の方に重きが置かれていること，③学生は高次の思考（分析，総合，評価）に関与していること，④学生は活動（例えば，読む，議論する，書く）に取り組んでいること，⑤学生が自分自身の態度や価値観を探求することの方に重きが置かれていること，以上を踏まえた上で，大学の授業の中で学生に，物事に取り組ませ，取り組んでいることについて考えさせること，と定義している．

アクティブラーニングの主な技法・戦略として，従来の講義形式の授業にクイズや小テスト，コメントシートを取り入れる方法 PBL（Problem-Based Learning〈問題基盤型学習〉および Project-Based Learning〈プロジェクト型学習〉の略）や，学習者の協働・協調による調べ学習，ディスカッション，ディベート，プレゼンテーション，ロールプレイ，ドラマなどがある．

❖**日本におけるアクティブラーニング**　教育学者の松下佳代は，上述したボンウェルらの定義に，⑥認知プロセスの外化を伴うこと，を加え，大学での学習は，形態に焦点の当たるアクティブラーニングにとどまらず，これからの人生にもつなげていけるような学習の質や内容にも焦点を当て，内的活動における能動性と外的活動における能動性の二次元でとらえるディープ・アクティブラーニングが重要であると論じている（松下，2015）．　　　　　　　　　　　　　[吉田真理子]

大　学

Colleges and Universities

　日米の大学の現状を比較してひと言で特徴付けると，一方は陰，他方は陽ということが可能であろう．すなわち，一方で，2018 年頃からの 18 歳人口の減少が予想されている上に，約 50% で頭打ちになっている高等教育進学率によって，近い将来に大幅な大学淘汰が予想される日本の状況がある．他方では，現在，その繁栄を謳歌しているアメリカの状況がある．アメリカの大学は，最新の統計によれば，大学数で 4,724 校，学生数で 2,037 万 5,789 人（男性 886 万 786 人，女性 1,151 万 5,003 人），教員数で 154 万 4,060 人（男性 79 万 1,310 人，女性 75 万2,750 人）という，文字通り世界最大の高等教育システムとなっている．ハイスクールの卒業生にあたる 18 歳人口は，28 年までは毎年 320 万人を超える水準で推移すると予測されているだけでなく，ミレニアル世代と呼ばれる人々の大学進学意欲はきわめて旺盛である．さらに，「インターネット発祥の地」アメリカは，この技術を応用したサイバー大学はもちろん，通常の大学でも，遠隔学習を多用したブレンディッド・ラーニングによって，在来的な学生にとっても魅力的な多様な選択肢を提供しているからである．

❖ハイパー学歴社会アメリカ　アメリカは，日本に比べてはるかに学歴社会である．表 1 は，最新の国勢調査（センサス）データから作成した学歴と平均年収であるが，下は非高卒から上は大学院博士号取得者まで，各学歴の間に，画然としたギャップが存在することが理解できよう．ジェンダーによる格差の大きさには改めて驚かされるが，教育水準別には特にプロフェッショナル学位取得者の平均年収の高さが際立っていることが見て取れる．このプロフェッショナル学位とは，近年，日本でも取得希望者が増加している，MBA（経営学修士号）に代表されるプロフェッション（高度専門職）のための修士学位である．

　学歴間の格差を年齢階層で分析するならば，25～34 歳の人々のうち，学士号取得者の平均年収が 4 万 5,692 ドル，同プロフェッショナル学位取得者の平均年収が 8 万 6,440 ドルであるのに対して，35～44 歳の人々については，学士号取得者が 6 万 5,346 ドル，同プロフェッショナル学位取得者が実に 13 万 6,366 ドルであった．すなわち，30 代前半における学習の成果は，確実に大幅な年収増となって現れる．アメリカでは，「大学を出ればよい」のではなく，その上の学歴取得が当然，期待されるのである．

　準学士は日本と同様に，短期大学（その大多数は，公立の地域短大であるコミュニティカレッジ）の学位である．日本では専門学校で取得可能な職業資格の多くが，アメリカでは短大学位を前提としており，これらの職種（歯科衛生士か

10. 教 育 だいがく 415

表1 アメリカにおける学歴と平均年収（単位はドル）

	非高卒	高校卒	大学教育を経験・学位なし	準学士号	学士号	修士号	プロフェッショナル学位	博士号
全人口	20,241	30,627	32,295	39,771	56,665	73,738	127,803	103,054
男性	23,036	35,468	39,204	47,572	69,479	90,964	150,310	114,347
女性	15,514	24,304	25,340	33,432	43,589	58,534	89,897	83,708

［United States Census Bureau, 2012 より作成］

ら葬祭ディレクターまで）へのエントリーレベルに達するための学歴が上昇しているのである．冒頭で述べたアメリカの大学の繁栄は，このようなハイパー学歴社会を前提にしたものであることを明記しなければならない．

❖**AO 入試しかないアメリカの大学**　かつて AO 入試が日本に導入された際（1990 年），それが，アメリカの入学入試制度の一つであると説明されたことがあった．しかしこの説明は必ずしも正しくない．というのも，アメリカの入学選抜は，その形態は複数であるが，それぞれの大学にあるアドミッション・オフィス（入学管理局，AO）が専門的に行っており，この意味で，AO 入試しかないということができる．この部局には，修士号，博士号を持つ入試専門の専任職員が願書を審査し，その大学独自の基準で入学者を決定する．

すでに見たように，全米で 4,700 を超える大学が存在するわけであるから，高校生（およびその親）にとっては，志望大学を決定するのは難しい．専門のサーチエンジンも幾つも存在するが（例えば，BigFuture, SuperMatch など），ここで決定的な役割を果たすのが，ハイスクールの側のカレッジ・キャリア・センターである．ここにはカウンセラーと呼ばれる専門の専任職員がいて，高校生たちに指導助言を行うことになる．

なお，近年，ウェブベース（インターネット上のアプリケーションを利用すること）で高校生たちに大学選択を支援する有償のシステムが幾つも開発されており（例えば，NAVIANCE），高校の側がそれを購読して生徒たちの指導助言とキャリア情報収集に利用しているケースも散見する．

❖**共通出願システム**　インターネットの発展は，共通出願システムの構築を可能にした．現在，全米で約 700 大学が，この共通出願システムに参加している．マサチューセッツ州だけでも 52 大学がこのシステムによって出願可能で，この中には，ハーバード大学，ボストン大学といった，日本でもよく知られている大学が，あるいは，ウェルズリー，マウントホリョークといった，全米に著名な女子大学も含まれている．出願者にとっては便利なシステムのようであるが，反面，

これが，個人あたりの出願数を増加させることになった．多くの私立高校あるいは進学校と目される公立高校で，1人あたり8〜10大学への出願が当たり前となってしまっている．

❖標準テストとその変容　アメリカの大学に出願するためには，SAT（またはACT）という標準テストのスコアを提出する必要がある（☞項目「教育評価」）．実際，アメリカの大学への入学は，前述のように，各大学のアドミッション・オフィスが要求する書類を送るだけであるから，いわゆる大学による個別入試は存在しない．その書類の一つが，標準テストのスコアであり，多くの高校生にとっては，年7回あるこのテスト受験日（土曜午前）のいずれか1日が，いちばんストレスがかかるわけである．SATは，20世紀最初から存在した，史上最初の大学入学のための標準テストであり，その後，日本をはじめ多くの国々で追従された．もともとは入学後，大学での学習にどれほどの適性を持っているのかを測定するテストであった．その後，特定科目（英語と数学）の内容についての知識・スキル・理解度を測定することが重要とされ，テストの目的に変化が起こる．以降，何回かの転換を経て，2016年3月からは以下の内容となった．

①エビデンス（論拠）に基づいたリーディングおよびライティング（120分・配点200〜800）：リーディングテスト（多項式選択），ライティングおよび言語テスト（多項式選択）．

②数学（60分・配点200〜800）：計算機を使用する問題（多項式選択＋記述式），計算機を使用しない問題（多項式選択＋記述式）．

③小論文（50分・リーディング・分析・ライティングのそれぞれのスキルについて2〜8点で評価）．

解答は，小論文を除いて，日本のセンター試験でも採用されているマークシート方式で行われる．リーディング，ライティングについては，エビデンスがキーワードである．小論文についても，課題文が与えられ，これを論評する文を作成するのであるが，その際にはみずからの主張を裏付ける明快で説得的なエビデンスが提示できるかが問われるわけである．なお，小論文については，志望先大学がこの試験を受けるようにとの指定がない限り，選択（オプション）である．

❖標準テスト選択制の増加　近年，標準テストのスコアの提出を必要としないテスト選択制と呼ばれる政策を導入する大学が増加しており，その数はもはや850大学以上に上っている．ジョージ・ワシントン，ボーダン，ブリンマーといった私学の名門，あるいは，テキサス大学システム（全14大学），カリフォルニア州立大学システム（全23大学）などの州立大学が，さらには，『U.S. ニュース・アンド・ワールド・レポート』誌が毎年公表する大学ランキングにおいて，2016年度の全米リベラル・アーツ・カレッジのトップ100にランキングされる大学中，その半数が，この政策を採用している．これらの大学が共通して主張するところ

によれば，学生の大学での成功を予測する最良の指標は，バブルと数時間，格闘した結果（標準テストでのマークシートのマークはバブルと呼ばれている）ではなく，高校での生活と成績であること，さらには，それを点数刻みで評価するのではなく，ホーリスティック（全体的でバランスのとれた）評価でなければならない，といった理由があげられている．

❖**営利大学の興隆**　日米ともに，大学は非営利機関であるが，近年，株式会社が設立する営利大学が多くの学生を集めている．特に，アポロ教育グループが1978年に設立したフェニックス大学は，「成人高等教育のリーダー」を自負し，ピーク時の2010年には46万人もの学生が在籍した．学生は基本的に，キャリア中途（現役）のプロフェッショナルであり，ビジネス・マネジメント・看護・教育などの学位・修了証を目指す人々を対象にしている．しかしながら，この営利大学では，①学生の学習支援スタッフの2.5倍以上の学生募集スタッフがいるという現実，このため，②最終的に学位・修了証を取得できる学生比率がきわめて低いこと，にもかかわらず，③例えば連邦教育省所管の学生経済援助資金の25％強が営利大学に投入されていること，といった問題が指摘されている．

❖**「手の届く学費」の大学への模索**　近年，「手の届く学費の大学」（affordable college）という言葉が，高等教育関係者の間で頻繁に使用されるようになった．実際，2012～13年度の公立4年制大学の平均的な授業料（8,655ドル）は，その30年前のそれと比べると257％の増加になっていたのである．その第一の要因が，州政府が州立大学への財政援助を大幅に減らしてしまったことがあげられる．日本とアメリカとでは，高等教育に在籍する学生の公立／私立の比率がほぼ逆転しており，アメリカでは約73％の学生が公立の大学（州立大学，コミュニティカレッジ）に在籍するから，この急騰は，多くの家庭にとってもはや負担限度を超えることを意味した．当然のことながら，給付型奨学金のみでは上昇する負担経費をまかなうことは不可能であり，学生ローンの債務総額も増加の一途をたどる．10年，ついには全米のクレジットカードの債務総額を抜き去って増え続け，16年には1兆2,790億ドルに達している（☞項目「借金体質」）．

❖**大学改革の方向性**　以上のように，海外から眺めると，繁栄の極地にあるように見えるアメリカの大学であるが，幾つかの点で，大きな改革を必要とされている．それらは，①最終的に学位を取得する学生の数を増やす必要があること，そのためには，学生の在籍継続率（retention rate）を上げること，②教育レベルを落とすことなく，学位取得までの時間を短縮すること，③大学が，そこに投入した資金（税金）に見合った教育の成果をあげられているかどうか教育の説明責任を果たすための方法の確立，④学生・親の側から見た，適切な費用負担の在り方，といった課題である．これらはいずれも，日本の大学の将来にとっても喫緊の課題である．

[坂本辰朗]

アファーマティブアクション

Affirmative Action

リンドン・B. ジョンソン政権の「偉大な社会」政策の下で，人種，肌の色，宗教，性別，出身国などに基づく差別を禁止した「1964年公民権法」が制定された. その6章（タイトルVI）において，差別が認定された場合は裁判所がそれを是正するための積極的差別是正措置（アファーマティブアクション）を命ずることができると規定された（☞項目「学校における人種統合」）. 主な対象は雇用，公的機関との契約，教育の分野だが，その実施をめぐっては半世紀にわたって激しい論争が繰り広げられ，連邦最高裁の判例が積み重ねられてきた.

本来，アファーマティブアクションは，上記の趣旨での多様な措置を含むもので，補償教育や人種隔離廃止のためのバス通学などもその範疇に入る. 連邦資金を得ているすべての教育プログラムや活動における性別による差別を禁じた1972年の「教育法」修正9章（タイトルIX）も，その趣旨を共有した立法であるといえる. スポーツ活動における女性チームの創設や，男性のみだったチームへの女性の参加など，特にアメリカの大学スポーツにおけるタイトルIXの成果はよく知られている（☞項目「カレッジスポーツ」）.

❖**高等教育におけるアファーマティブアクションをめぐる三つの裁判**　教育において最も注目されてきたのが，マイノリティ出願者の高等教育機関への入学確保のための措置だった. カリフォルニア大学デービス校のメディカルスクールでは，マイノリティ出願者は一般方式の出願者とは競合しない特別方式での選考過程を経て，定員100人のうち16人が入学していた. 特別方式では大学の成績が評定平均値（GPA）2.5以上という要求はなく，面接を受ける出願者の割合も5分の1で，一般方式の6分の1より高かった.

白人男性アラン・バッキが人種を理由に特別方式から排除されたとして提訴した裁判で，連邦最高裁は1978年の判決で特別方式を違法としたが，入学者選抜において，学生の多様性の確保のための限定的な「人種の考慮」自体は憲法違反ではないという見解を示した（バッキ判決）. 大学は特定カテゴリーの学生の数や割合をあらかじめ定めたり異なった選抜方式の適用をしたりしてはならないというのがバッキ判決の判断であり，これがその後の大学入学者選抜方式の指針となった.

この指針に従って制度化されたミシガン大学の入学者選抜方式について，バッキ判決の25年後，2003年6月に二つの連邦最高裁判決が出された. ロースクールの選抜方式を審理したグルッター判決では，人口構成比より入学者数が過小で特別な配慮がないと入学が困難となる可能性の高いアフリカ系アメリカ人，ヒス

パニックとネイティブ・アメリカンの受け入れについて，志願書に記載された人種に重みを置いて「決定的に意味のある人数」を入学させるとした方式が支持された．一方，総合的な書類審査に加えて，最高150点で100点以上を入学考慮の最低点とする選抜方式において，これらのグループの出願者に20点を自動的に加算していた教養学部の入学者選抜方式は却下された．

❖**アファーマティブアクションと人種の考慮**　過去の差別の是正であれ，多様性の確保であれ，その目的のために志願者の人種が考慮され，みずからの機会が制限されることに白人志願者が異を唱えたのがこれらの裁判だった．そこでは，過去の差別の当事者ではなかった白人志願者にとって，その方法が過重な負担を強いるものであるかどうかが審理されたのである．

連邦最高裁が「人種の考慮」自体を問題とし，人種を考慮するカラーコンシャスな教育行政に抑制的な判断を示したのが，2007年のPICS判決（Parents Involved in Community Schools v. Seattle School District No. 1）である．ワシントン州シアトルの第1学区では9年生が進学を希望する公立高校を選び，第1希望が定員超過となった学校はシアトルの全生徒の人種構成を反映した「白人4割，非白人6割」の比率を達成するために，白人か非白人のいずれかが優先できることになっていた．人種隔離廃止政策によって子どもが第一希望とは別の学校に割り振られるかもしれないという事態は，白人保護者には容認できないものだった．彼らが主張し連邦最高裁が同意したのが，人種を考慮した割振りは不当であり，教育委員会は「人種的に中立でなければならない」とするカラーブラインドの議論である（☞項目「レイシズム」）．

❖**カラーコンシャス対カラーブラインド**　アファーマティブアクションは優遇措置とも訳され，逆差別との批判もあるが，マイノリティが差別されていた時代に「優遇」されてきたグループのメンバーが，その措置によって既得権としての特権を失うことを逆差別と表現しているともいえる．PICS判決に見るように，マジョリティの既得権がすでにマイノリティに不利となるマジョリティの優遇として存在していた，つまり，それまでの制度自体が白人へのアファーマティブアクションだったのであり，「マジョリティの優遇と特権」の解体を意図したアファーマティブアクションは，まさにそれ故に激しい反発を受けたのである．

アファーマティブアクションの不要な社会が望ましいことは言うまでもない．「人種にかかわらず」というのはまさにカラーブラインドの状態だが，それを阻んでいるのはマジョリティの側のカラーコンシャスな意識ではないだろうか．人種を理由とした差別を禁じた1868年の合衆国憲法第14修正，および，アファーマティブアクションの生みの親ともいえる「1964年公民権法」のタイトルⅥが，現在では人種の考慮を禁ずる判決の論拠とされているのは歴史の皮肉であり，それがアメリカにおける人種をめぐる政治の現在である．　　　　　[中村雅子]

ムーク（MOOC）

Massive Open Online Course

　大規模公開オンライン講座（MOOC，ムーク）は，オープンエデュケーションと呼ばれる教育のオープン化の最近の動向を担うプログラムの一つである．2011年，スタンフォード大学の人工知能を専門とする教授らがインターネットで授業を無償公開したのがその始まりだった．同講座には190カ国から16万人が登録するまでになり，『ニューヨーク・タイムズ』紙などの一面記事にも取り上げられるほどの評判となった．

❖MOOC の仕組み　MOOCにおいては，毎週課題として出される宿題を提出し，合格すれば修了書が発行される．宿題はすべて機械採点方式で処理されるので，受け入れ人数に制限を設ける必要はない．その後，同様のMOOCプロバイダーが幾つも設立され，現在では世界各国から3,500万人以上の学習者がMOOCを通して，サイエンス，電子工学，法律，経営，宗教，美術，外国語，文学など多彩な専門分野で学んでいる（表1）．

表1　無料提供している大手の組織（2016年現在）

名　称	開　設	設　立	参加大学／機関数	配信コース数	登録者数
Coursera（アメリカ）	2012年4月	スタンフォード大学の教授らが設立	145	1,580	2,200万人
edX（アメリカ）	2012年5月	ハーバード大学とマサチューセッツ工科大学が共同出資して設立	110	1,200	9万6,000人
Future Learn（イギリス）	2012年12月	イギリスのオープンユニバーシティが中心となって設立	76	160	300万6,000人

　MOOCの特徴は，短いビデオレクチャー（2〜10分ほど）が数多く備えられている点で，その内容についてのクイズとディスカッション用の掲示板がセットとなって受講者に提供されるという構成になっている．

❖日本の MOOC　日本からは東京大学（Coursera, edX），京都大学（edX）が早い段階から参加を決めていたが，最近，大阪大学，東京工業大学，早稲田大学もedXに入会するなど，その規模は年ごとに拡大しつつある．大学独自でMOOCを提供するケースが多いが，近年では大学間の共同MOOCシリーズも見られる．2014年9月に，edXからハーバード大学，マサチューセッツ工科大学（MIT），東京大学共同のビジュアライジング・ジャパン（日本の視覚化）MOOCシリーズが提供され，その中のハーバード大学／MIT共同制作のMOOC

には9,000人以上が登録した．講師にはMITのジョン・ダワー，宮川繁（筆者），ハーバード大学のアンドルー・ゴードン，デューク大学のジェニファー・ワイゼンフェルド，東京大学の吉見俊哉らが名を連ねており，MOOC界では初の複数の大学による共同開発コースとなった．16年に東京大学の隈研吾が講師となる現代の日本建築についてのMOOCがedXから提供され注目されている．これらのMOOCは大半が英語で提供されているが，日本語でMOOCを提供する日本オープン・オンライン教育推進協議会（JMOOC）も13年に開設された．

❖MOOCの広がり　今やMOOCは学習者の間でも高評価を得ており，なかにはMOOCがあるからこそ学習ができたという人たちもいる．MITが12年に提供したMOOC電子回路の受講生は15万人を数え，そのうちの2万人が修了した．さらに，満点を取った者は340人いたが，その一人にモンゴル・ウランバートルの高校生がいた．彼はその後MITに願書を出して合格し，現在は電子工学を専攻している．14年には，前述のビジュアライジング・ジャパンに，自宅学習（ホームスクーリング）をしている15歳の高校生が登録してきた．自己紹介では，学習のほぼすべてをMOOCやOpen Course Ware（後述）で行っているという話だったが，その後MITに入学し，電子工学を専攻している．

大学がMOOCを提供する主たる目的として，大学が社会に幅広くどのような貢献ができるかという問いへの応答ということが指摘できるが，その一方でMOOCは，学内教育にも新しい変化をもたらすなどの成果をあげつつある．MITでは，現在200ほどのMOOCが開発されているが，その多くが学部生対象の教養科目であるため，90％の学部生は少なくとも一つ以上のMOOC化された授業を受講する．そこでは，MOOCのビデオレクチャーなどを予習した上で授業に臨むことが可能となるため，授業の現場が活発なディスカッション形式をとることになる．ビジュアライジング・ジャパンは，MOOC開始以前からMITで前述のダワーと宮川によって，学部の授業として10年ほど活用されてきた過去がある．MOOC以前は伝統的な講義型であったため，教師が80％，学生が20％の発言率だったが，14年にMOOCを導入してからは，その割合が半々になった．また，学期末に実施される学生授業評価でもより高い評価を受けるようになった．MOOC開始以前の2001年からMITではオープンコースウェア（OCW）が開始されており，これはオープン・エデュケーション時代の初期の代表的試みであった．MOOCとは違い，実際の大学授業で使う教材を提供することが目的とされていたため，今でもMITの2,300以上の実際の授業教材が無償公開されており，毎月150万人が世界各国からこれを利用して学習している．

MOOCやOCWなどを通じてオープンエデュケーションを行うことは，大学のミッションを具体的なかたちで実行することであり，それは社会への貢献となるばかりでなく，学内教育の改善にもつながっている．　　　　　　［宮川　繁］

軍事と教育

Military and Education

アメリカの教育政策の権限は，合衆国憲法第 10 修正によって州政府に留保されており，連邦政府は原則として教育行政に直接関与しない．例外は，国の権限である国防に関する教育事業である．士官候補を養成するミリタリーアカデミーや軍事基地の初等・中等学校は，国防総省の予算下で管理されている．退役軍人省（1989 年に昇格設置）も軍関係者の教育・訓練支援を行っている．

図 1　マサチューセッツ工科大学（MIT）の ROTC 施設

また，先住民の教育も連邦政府の管理下に置かれてきた．彼らは歴史的に国家の「外」に位置する軍事・外交事項であり，征服後は文明化政策が推進された．1824 年には，陸軍省にインディアン局が設置され，インディアン教育の主管部局となった．彼らの教育は，各州の公立学校制度の枠外に置かれ，現在も内務省インディアン保護局の所管となっている．

❖**士官学校と ROTC**　アメリカの軍事教育の起源は，独立戦争後の 1802 年に国立の陸軍士官学校（通称，ウェストポイント）が創設されたことにさかのぼる．アメリカ最初の工科・技術学校である同校に続き，45 年にはアナポリスに船舶技術を教授する海軍士官学校も設立された．現在，五つある国立の士官学校は超難関のエリート校であるが，当時は中等教育程度であったといわれる．

連邦政府による一般の高等教育への関与が進むのは南北戦争後である．62 年，連邦議会は，大学設立のための土地と基金を州に提供する「国有地交付法」を制定した．同法によって設立される大学には軍事訓練講座の開講が義務付けられた．この講座は，第 1 次世界大戦期に，士官候補生の養成を行う予備役将校訓練プログラム（ROTC）として制度化された．一般の大学生に軍事教育を行い，大学卒業と同時に予備役または現役将校として任官させるものである．

ROTC は第 2 次世界大戦後には他の公私立大学まで拡大し，スカラシップ（奨学金）制度も創設された．一般大学で学ぶ教育機会と将校へのルートという二つのキャリアチャンスは，マイノリティや女性の学生も引き寄せた．ジョージ・W. ブッシュ政権で国務長官を務めたコリン・パウエル（湾岸戦争時の統合参謀本部議長）はニューヨーク市立大学，米軍で女性として最も高位に達しているロリー・ロビンソン空軍大将（米北方軍司令官などを歴任）は，ニューハンプシャー大学の ROTC 出身である．

10. 教育　　　ぐんじときょういく　　　423

❖GIビル　第2次世界大戦後は，別の角度から軍隊と大学が接近した．1944年，フランクリン・D.ローズヴェルト政権は，「退役軍人援助法」を成立させた．同法は，教育恩典，住宅・農場・法人取得のための資本貸付，失業手当の支給などを含み，看護職や事務職，国内基地スタッフなども利用できた．「在郷軍人会」が同法を兵士の権利章典（G.I. Bill of Rights）と賞賛したことから，「GIビル」という通称が普及した（☞項目「軍人と社会」）．この教育恩典は，経済的・地位的事情，人種や性別的偏見によって大学の門を閉ざされていた人々に教育機会を与え，教育に対する連邦政府の役割を社会と大学界に認識させた．

　当初は時限付きの政策であったが，アメリカの軍事大国化とともに，退役軍人恩典政策は定着することになった．52年には「朝鮮戦争退役軍人援助法」，66年に「ベトナム戦争退役軍人援助法」が成立した．85年には現役軍人を対象とする制度（通称，モンゴメリーGIビル）が成立し恒久的な制度となった．

　GIビルを利用して大学に入学した例としては，朝鮮戦争徴兵後，ロサンゼルス市立大学で演劇を学んだ映画人クリント・イーストウッドが有名である．9.11同時多発テロ以降は，「ポスト9.11 GIビル」という通称で運用されている．

❖冷戦期を経て9.11以後　連邦政府による一般的な教育政策への関与が進んだのは冷戦期である．当時，米ソの対立構造は，軍拡競争，科学技術開発，宇宙開発競争のかたちをとっていた．旧ソ連のスプートニク打ち上げ成功後の危機感を背景に，1958年にはドワイト・D.アイゼンハワー政権下で「国防教育法」が成立した．そして，科学技術競争という危機感を背景に，才能ある生徒を発見し，能力主義的な教育を推進することを目指した．同法は，初等・中等学校におけるテスト・ガイダンス事業，数学・科学・外国語教育・研究の振興，大学生経済支援政策などを含む総合的な教育支援法であった．これは，リンドン・B.ジョンソン政権時に，初等中等教育法や高等教育法などの一般的な教育法に編入された．

　前述のブッシュ政権は，この初等中等教育法を改訂し2002年に「どの子も置き去りにしない法」（NCLB法）を成立させた．この9528条は，同法の下で支援を受けている地方教育行政に対し，軍隊のリクルーターからの要請によって，中等学校生徒の氏名，住所，電話番号リストへのアクセスを提供することを規定した．同条項2項によって，生徒や親はこの開示義務を拒否できるが，低所得層が勧誘活動の対象となる傾向があり批判も多い．

　近年，無人機やサイバー空間での闘いが軍事やテロ対策の中核を占め，軍事教育の内容も高度化している．上記アイゼンハワーなどを輩出したウェストポイントは1976年に共学男女化したが，2016年には約4,000人の士官候補生を統括する司令官に女性のディアナ・ホランド准将が着任した．国防総省は全戦闘任務を女性に開放する方針を打ち出した．アメリカにおける軍事と教育は，人種的マイノリティや女性を包摂し，9.11以後，新たな段階に進みつつある．　　　[犬塚典子]

教員養成・教員政策

Teacher Preparation and Teacher Policy

アメリカの連邦制の下で，教員の養成や免許，あるいは採用後の身分や労働条件に関わる法制度は，全国共通の立法を持たず，州政府と学区（スクールディストリクト）の権限に委ねられる分権体制がとられてきた（☞項目「公立学校と私立学校」）．一方，近年のグローバル経済競争の進展に伴い，国家的な学力向上政策の必要性が高まる中，連邦政府がこれらの教員法制に積極的に関与する中央集権化が顕在している．

❖教員養成　教員養成，免許の仕組みは，基本的に州ごとに形成されており，連邦政府が定める教員養成基準や全米共通の教員免許は存在しない．大学レベルにおける教員養成を基本とする点においては，日本と共通しているが，アメリカの大学では学部ごとの選抜が行われず，大学全体で一括した入学者選抜が行われる．このため，1〜2年次にリベラルアーツを中心とする一般教養教育を受けた上で，3年次より専攻を決定し教員養成プログラムを開始するのが主なルートとなっている．アメリカの大学では，卒業要件として主専攻と副専攻を選択することが一般的であり，その専攻の一つとして教員養成プログラムがある．教員養成プログラムの内容は多様だが，教育実習がきわめて重要な位置を占めており，通常，12〜15週間にわたる長期間の現地実習が共通して課されている（佐久間，2002）．

教員免許の付与にあたっては，元来，高等教育機関の卒業生に無条件に免許状を授与する州がほとんどであったが，1930年代までに，州法上に免許取得に必要な教職関連科目や単位数などを定めることが一般的となった．また，50年代には，各大学の教員養成プログラムの質が問われる中，州政府による認定とは別に，民間の専門機関（現在では，教員養成認証協議会〈CAEP〉が主流）による認証評価を導入する試みがなされている（佐藤，2012）．90年代以降には，ほぼすべての州において，教員免許の付与にあたり，教科の基本知識を保証するための教員試験が課されている．

❖教員の身分保障・労働条件　採用後の教員の基本法制も州ごとに形成されてきたが，以下の二つの法制度が多くの州に共通して重要な役割を果たしている．第一に，教員の身分保障を定める「テニュア法」である．1886年にマサチューセッツ州で全米最初の教員テニュアが成立して以来，20世紀の半ばまでに，ほぼすべての州で採用されている．各州の「テニュア法」により，新人教員は平均3〜4年の試用期間の終了後，テニュアを付与される．高等教育機関における終身雇用権を意味する「テニュア」とは異なり，初等中等学校教員におけるテニュア取得は，その解雇にあたりデュープロセス（適正手続）を付与されることを意味し

ている．テニュアを取得した教員は，法に定められた正当事由によってのみ解雇され得る存在となり，その解雇にあたっては，①適時告示，②事由の特定，③聴聞が施されなければならない．また，これらの後に解雇が決定された場合も，裁判所に審査を求めることができる．

第二に，公立学校教員の労働基本権を定める「労働法」である．公立学校教員の「労働法」は，1960～70年代における教員戦闘化（teacher militancy）とも称される教員組合運動の高揚の下，各州法として制定された．全米50州のうち，教員の団体交渉を法定する州は35州に及び，また，団体交渉を禁じている州は3州にすぎない．これにより，教員の給与や労働条件の具体的内容は，多くの場合，学区教育委員会と当該地域の教員組合との団体交渉によって決定されている．また，教員組合は，団体交渉制度の発展に伴い，教員の配置転換や過員整理の基準，さらには教員評価や学級規模なども団体交渉の対象事項とすることにより，学区内の教育政策に多大な影響を与えてきたのである（髙橋，2011）．

❖**教員政策の中央集権化**　2002年に連邦「初等中等教育法」の改正法として制定された「どの子も置き去りにしない法」（NCLB法），ならびに，バラク・オバマ政権期に実施された「頂点への競争プログラム」は，連邦補助金の受給条件を厳格化することにより，州レベルの教員法制に重大なインパクトを与えてきた．この中で，連邦政府が重視してきたのが，教員評価の改革であり，教員の効果（effectiveness）の測定にあたり，生徒の学力テストを利用し，評価結果を教員人事に活用することが求められた．連邦政府の補助金を通じた誘導政策の下，15年までに，教員評価と学力テストの結果を結び付ける州は43州に及び，評価結果をテニュア付与の判断に活用する州が19州，さらには，評価結果が「非効果的」であった場合に教員の罷免事由となることを法定する州が24州に達している（Doherty et al., 2015）．

また，連邦政府は教員評価を重視する一方，教職に就くための代替ルートの拡大を推進してきた．その代表例といえるプログラムがTFA（Teach for America）である．TFAは，国内の一流大学卒業生を対象に，教員免許の有無にかかわらず，約5週間の夏季プログラムを経ることで，教職に就くルートを提供している．これらの教員養成の代替ルートは，教職への入職規制を大幅に緩和するものであり，教職の脱専門職化を助長するものとして論争を巻き起こしている．

❖**教員養成・教員政策の行方**　「NCLB法」の制定以降，教員に関わる政策は連邦政府主導による中央集権化の傾向を示してきたが，2015年12月には「NCLB法」の後継として，「すべての子どもが成功するための法」（ESSA）が制定された．連邦政府の過度な教育介入への批判を背景とする同法は，「地方分権の復権」とも評されているが，各州政府がひとたび改変した教員法制を，新法の下でいかに修正するのかが注目されている．　　　　　　　　　　　　　　［髙橋　哲］

ゼロ・トレランス
Zero Tolerance

　近年日本の教育現場でもよく耳にするゼロ・トレランスとは，生徒の些細な問題行動にも毅然とした態度で対応する指導方針である．ゼロ・トレランスの政策活用の由来は，ロナルド・W.レーガン政権が薬物撲滅に「割れ窓理論」を適用したことにさかのぼる．割れ窓理論とは，政治学者のジェイムズ・ウィルソンと犯罪学者のジョージ・ケリングが1982年に提唱した犯罪学の理論であり，割れ窓のようにどんな些細な秩序の乱れも，放置しておくとさらなる無秩序とより深刻な犯罪にエスカレートするため，早い段階で問題の芽を摘み取るべき，という理論である．

　レーガン政権が薬物撲滅に乗り出して間もなく，ゼロ・トレランス方式の適用は家庭内暴力，無銭乗車，環境汚染，公衆衛生，そして教育などの分野での取締りにも積極的に適用され，さらなる秩序の乱れを防ぐという名目で「犯罪」の定義を拡大していった．これらの問題の多くは貧困を原因としており，貧困そのものを罰するという意味で貧困の犯罪化と批判されることも多い．

　教育におけるゼロ・トレランス政策は，94年，ビル・クリントン政権が学校への銃器持ち込みの取締りに適用して以来，急激に対象範囲・年齢を拡大していった．アメリカ教育省（DOE）の「学校の風土と規則」（*School Climate and Discipline*）調査内，公民権データ収集（2011〜12）によれば，2011年だけで幼稚園から高校までの約350万人の生徒が停学処分を受けているそのうち，明らかな違法行為はごく一部で，教員への暴言，喧嘩，遅刻，制服の乱れなどの逸脱行為がほとんどであった．暴走し得るゼロ・トレランスのロジックの危険性を象徴する例は幾らでもある．ミシシッピ州で5人の黒人少年がスクールバスの運転手にピーナッツを投げたとして逮捕され重罪に問われた事件，ボルチモアの学校で8歳と9歳の少年少女らが喧嘩をして警察に逮捕された事件，ニューヨークで暴れたとして特別支援を要する幼稚園児が手錠をかけられた事件などは人々の記憶に新しい．教育におけるゼロ・トレランスの拡大は，「どの子も置き去りにしない法」（NCBL法）の施行によって加速した．同法は，バウチャーやチャータースクール（以下，チャーター）制度の導入ですでに市場化した教育システムにおいて，標準テストによる教育の徹底管理体制を全米で展開し，学力基準に到達しない学校への制裁を義務付けた（☞項目「教育評価」）．学校間の生存競争にさらに拍車がかかり，特にチャーターではゼロ・トレランスの悪用による低学力の生徒や学習障害を抱える生徒の排除が顕著になった．チャーターにおけるゼロ・トレランス拡大の背景には，生徒指導のマニュアル化によって経験の浅い非正規教員でも生徒の問題行動に一律に処置できるようになるという，コスト削減の側面もある（☞項目「教員養成・教員政策」）．

　日本でもアメリカと似たような状況が起こりつつある．全国学力調査の悉皆式調査の復活と学校別成績開示の規制緩和によって熾烈化する学校間競争，公設民営学校の試験的導入，団塊の世代の一斉退職による学校の生徒指導力の低下……．今後も日本においてゼロ・トレランスが拡大し続ける可能性はきわめて高い．　　　　　　　　　　　［鈴木大裕］

11. ジェンダー

ジェンダーとは文化的，社会的に構築された性別のことで，生物学的な性別に批判的に対置される．ただし，実際には，ジェンダーは「文化的，社会的に構築された女性」という意味で使われることが多い．セクシュアリティとは，性的欲望に関係する幅広い人間の活動を指すが，特にヘテロセクシュアリティ，ホモセクシュアリティという具合に，多くは，性的指向の差異を問題にする際に使われる．

アメリカは第2波フェミニズムが最も精力的に展開された国の一つであり，運動においても，理論や学問においても，世界をリードしてきた．階級による区別が弱いアメリカでは，人種と並んでジェンダーとセクシュアリティが人々を分類し，社会運営を簡素化する主要基軸となってきたからである．つまり，アメリカでは，ジェンダー，セクシュアリティによる行動規範が意外に強い．

本章は，そのようなアメリカの先進性と保守性を明らかにする．

[小檜山ルイ／新田啓子]

フェミニズム

Feminism

フェミニズムとは，女性の立場から発した社会認識のことである．女の目から見た社会を，いち早く一つの思想に練り上げたのは，18〜19世紀の西欧であった．つまり，市民革命の下に生まれた人権概念こそがフェミニズムの直接の源である．フェミニズムを提唱する人をフェミニストと呼ぶが，彼女たちはこの200年間，二つの波に大別できる運動を起こしてきた．性差が人の社会的承認や権利の配分に影響を及ぼすということが早くから意識されてきたアメリカは，いわばフェミニズムの先進国だ．しかし同国のフェミニズムは，人種問題との競合など，特有の困難にも見舞われてきた．

❖**ジェンダーという切り口**　より正確にいえば，フェミニズムは，人権思想自体に潜む盲点の批判から具体化していった．基本的人権概念によれば，人は本来，個体に備わる性器や染色体などの違いから，分け隔てられることはないはずであった．しかし実際は，異なる生理が表出させる男性と女性は，社会において違った機能を果たすものとされてきた．このように，成員に対して中立を標榜している社会でも，実際は「性差」という要因に左右され，中立性を欠いている．それを批判的に指摘したのがフェミニズムであり，その手掛かりとなったのが，「ジェンダー」という切り口である．

ジェンダーは，人の身体が性を帯びるという単純な事実（セックス）に対し，社会が与えてきた意味である．ジェンダー格差を初めて問題にし，性的マイノリティとしての女性の権利を主張したのは，女権運動の推進者たちであった．この運動が欧米を中心に世界的な広がりを見せた19世紀半ばから20世紀前半には，現在と同じ意味で使われるジェンダーという言葉は存在していない．だが，人権が女性に適用されていないことへの異議申し立ては，事実上，男性のみをカウントする「人間」の定義を，ジェンダーの視座から批判したものであった．

❖**第1波フェミニズム**　アメリカでは1848年に，男女同権思想の原理を明示する出来事があった．ニューヨーク州のセネカ・フォールズで開かれた女権運動家の会議で，「所感宣言」という文書が発表されたのである．エリザベス・ケイディ・スタントンによるその文書は，「アメリカ独立宣言」をうまく利用したものであった．「すべての人間は平等につくられている」という「独立宣言」冒頭の文章は書き換えられ，「すべての男女は平等につくられている」という訴えになった．

女権論者は，法的な平等と参政権を手に入れれば，女性は男性と同等の能力を発揮し，解放されると考えた．この運動を第1波フェミニズムと呼ぶ．イギリス

の慣習法から夫婦関係を規定していた初期アメリカで，妻は夫の所有物であった．女は結婚すると法的独立性を失い，夫の支配に従属するとされたのである．奇しくもその多くが奴隷制廃止運動にも関わっていた女権論者は，妻の立場を「奴隷」の立場になぞらえながら，社会契約説に基づき，夫婦同権を訴えた．女性参政権は，スーザン・アンソニーやルーシー・ストーンなど多くの活動家の努力

図1　1912年，ニューヨークで行われた参政権運動のパレード風景

の末，1920年に合衆国憲法第19修正として実現した（図1，☞項目「女性の政治文化」）．

❖「名前のない問題」　ひとたび女性が参政権を手にすると，国家レベルの運動は沈静化した．第2次世界大戦は，女性が男性なみに生産労働に参加することをうながし，戦後も経済成長が女性の就労を後押しした．だが，1950年代に入ると「家族の価値」を強調し，家庭こそ女の居場所だとする思潮が盛り返す（☞項目「女らしさ・男らしさ」「家族」）．高等教育を受け，賃金を得，投票できるようになっても，女性たちは家に拘束され続け，裕福な中流家庭の主婦になることが理想だという考え方も広く共有されていた．

　63年，主婦の抱える問題を指摘した1冊の本がベストセラーとなった．ベティ・フリーダンの『女らしさの神話』（1963）である．同書は，傍目からは何不自由ない生活を送る専業主婦の漠然とした不安を問題化した．その心の問題を「名前のない問題」と呼んだフリーダンは，個人の性格のせいにされがちな女の不完全燃焼感は，女らしさに沿って生きることを強いる社会構造の歪みから来ていると説いたのである．この分析は，「個人的なことは政治的なこと」という合言葉から，個人のジェンダー認識にかかる権力作用を重視した第2波フェミニズムの問題意識を先取りしていた．66年，フリーダンは全米女性機構（NOW）を創設し，以後，運動の主導者となった（図2）．

❖第2波フェミニズム　新しい運動の兆しは，60年の選挙でリチャード・M．ニクソンを僅差で破り，第35代大統領となったジョン・F．ケネディの躍進とも関わっていた．若年で国政未経験，アイルランド系カトリックというハンディを背負った彼は女性票に目をつけ，選挙参謀，エスター・ピーターソンの助言を受けて，女性の社会的地位向上を公約に掲げた．就任後は「女性の地位に関する大統領委員会」を設置し，初代委員長

図2　NOWの初期指導者たち（左から2人目がフリーダン）

にフランクリン・D.ローズヴェルト未亡人のエレノアを据えた（☞項目「大統領夫人」）. この委員会の活動は，「平等賃金法」（1963）や「雇用機会均等令」（1965），そしていわば職場でのマタニティ・ハラスメントを禁止した「妊娠差別禁止法」（1978）など，多様な民主党政策に結実した（☞項目「労働と女性」）.

だが，多くのフェミニストは，社会参加の便宜のみならず，女性自身に刷り込まれた意識を変える必要性を痛感していた. そこで始まったのが，性と生殖における自己決定権（リプロダクティブ・ライツ）の獲得を最重要課題とするウーマン・リブ運動である（☞項目「産児制限」）. 生殖義務ばかりでなく，女性を縛るすべての社会規範からの解放を訴えたその主張は，女性であることを根本的（ラディカル）に見直そうとする姿勢に基づいていたことから，ラディカル・フェミニズムとも呼ばれている.「女」の定義を個々の女性の生身の実感から徹底的に問い直そうという姿勢が，その思潮の特徴であった.

またこの動きは，女性の可能性を邪魔しているのは女の身体であるという考え方に基づいて，数々の興味深い試みを生んだ. 女性を美や優しさや協調性と結び付ける社会の期待を裏切るため，断固とした自己の人生スタイルを貫くことを訴えたジョー・フリーマンの「あばずれ宣言」（1969），女がみずから男に服従することを仕向ける愛のイデオロギー性を指摘した「自我の政治学」（1969）といった声明が，その傾向を思想的に裏打ちしていた.

❖「女の祭」の落とし穴　こうしてラディカル・フェミニズムは，1970年以降多彩な女のサブカルチャー行動を触発し，大衆文化に活況をもたらした. しかし，その運動には長期にわたる未解決の問題があった. 実はこの運動は，白人中流以外の女性の利害をことごとく無視してきたのである. 確かに家庭からの解放を女の最優先課題としたフェミニズムは，そもそも専業主婦として子育てに専念したりなどできず，他人の下働きに追われていた労働者階層の女性たち（かつての奴隷も含む）を，運動の射程から外していた.

加えて，当時の主流フェミニストたちは，性的指向の問題を組み込める可能性のあった「性と生殖における自己決定権」を主張しながら，同性愛者も排除してきた. フリーダンは，NOWの68年大会において，レズビアン（女性同性愛者）を「ラベンダー色の脅威」と呼んで批判した. 男性風の格好（異性装）や男嫌いのイメージが染み付いている彼女たちの影響が否定的に働くと，連盟の「真摯な政治課題」が受け入れられなくなるという危惧を抱いてのことであった.

❖ブラック・フェミニズム　人種的マイノリティや同性愛者，さらには労働者を切り捨てて，白人主婦の自己実現を特権化したフェミニストに業を煮やす一方で，公民権運動では，仲間の黒人男性による支配に悩まされてきた黒人女性が，70年代前半，新たにブラック・フェミニズムという運動を組織した. 人種解放運動における性差別と女性解放運動における人種差別という二つの矛盾に気付いた女

性たちが，あらゆる抑圧からの解放を求めるフェミニズムを開いたのである．この運動は，反帝国主義という争点を共通点に，ポストコロニアル・フェミニズムと呼ばれる非西欧のフェミニズムとも連帯しながら，アメリカを越え，グローバルに展開した．

この運動は，社会において黒人女性が軽視されてきた経緯の歴史的な解明を課題とした．アンジェラ・デイヴィスなどの学者が，集団の立場を高度に理論化した一方，黒人女性作家たちは，沈黙を強いられてきた女性の経験を物語化し，運動を支えた．73 年には全米黒人フェミニスト協会が設立され，翌年にはバーバラ・スミスが，レズビアンとの共闘を明言したコンバヒー川集合体という団体を組織した．団体の名は，かつてハリエット・タブマン（図 3）が奴隷解放のための軍事行動を組織した，サウスカロライナ州を流れる川に由来していた（☞項目「戦争と女性」）．タブマンは，アンドルー・ジャクソンに代わって 20 ドル紙幣の顔となることが 2016 年に決定した黒人女性指導者である．ブラック・フェミニストはそのような先達に光を当て，黒人女性の社会貢献を強調した．同時に作家アリス・ウォーカーは，一連の黒人女性運動を，白人由来のフェミニズムではなく，ウーマニズムという新たな言葉で呼ぶことを提唱した．

図 3　ハリエット・タブマン（1885 年頃）

❖**第 3 の波？**　このような進展を遂げてきたアメリカのフェミニズムは，多文化主義の影響を受けた 1990 年代以降，女性の多様性を繊細にとらえ，単に一者の自己主張に終わらない運動となるべく，自己修正を続けてきた．アリス・ウォーカーの娘，レベッカ・ウォーカーは，多様な女性が立場や意見の相違を越え，生活の諸局面で力を得ることを共通の目標とした連帯を定義し，それを第 3 波フェミニズムと命名した．他方で昨今は，次々に新たなものが加わって，LGBTQIAPK……と長く連なっていく性的指向の多様性が，主要な課題となっている（☞項目「LGBT」）．このような傾向を踏まえ，一元的な女性解放運動としてのフェミニズムは，もはや不要だとする見解も台頭している．

しかし，2016 年の大統領選挙でヒラリー・クリントンが破れ，女性大統領誕生の夢が遠ざかった今日，女性の社会的地位向上を阻む目に見えない障壁，いわゆる「ガラスの天井」が再び意識されるようになってきた（☞項目「女性リーダー」）．また，「すべての女性が輝く社会」を提唱する日本の安倍晋三政権にも見られるように，行政フェミニズムが示すビジョンが，女性の生活の実情と乖離していると指摘する人も少なくない．参政権を獲得し，就労しただけで「女性解放」は実現しないということを訴えたラディカル・フェミニストの問題意識が，再び有効になるのではないだろうか．

［新田啓子］

女らしさ・男らしさ

Femininity / Masculinity

　女らしさ・男らしさ（フェミニニティ・マスキュリニティ）とは，女性あるいは男性にふさわしいもの，特徴的なものとして認識される一連の性質や行動のことをいう．これらは，フェミニストの間では文化的に構築されるもの（ジェンダー）だと理解されているが，一般社会においては「性別」という生物学的な違いに基づくとの理解も根強い．「らしさ」はジェンダーの別名でもあり，それに基づき，女性は家庭内，男性は家庭外の領域に振り分けられてきた．

　現在では女性は労働市場に大量参入し，職務のうえで行動力や指導力といった「男らしさ」を発揮することもあり，領域の区分のみならず，「らしさ」の正統性も大きく揺れ動いている．他方，ダイエットや美容整形は「見られる性」である女性に偏り，職業でも看護師，保育士，小学校教員といった伝統的な女性役割に近接したものではいまだ女性が優勢であるなど，「らしさ」が強く作用している．

❖「**らしさ**」**の背景**　女らしさ・男らしさを性差に基づく生物学的差異として，これを軸に男女の領域区分が明白に引かれたのは，アメリカでは19世紀のことでありイギリスのビクトリア朝時代（1837〜1901）に重なる．18世紀末に始まった産業革命は大規模な中産階級を生み出し，生産体制，労働形態，物流を一変させた．生活に必要な物をつくるという旧来の家の機能が失われ，特に東北部の白人中産階級においては，男性は家の外に働きに出かけ，女性は家事，育児に専念するという明確な分業が成立していく．急速な工業化と産業の発展は，男性の仕事の場でもある公的領域を熾烈な競争，利己主義に満ちた場へと変えていき，家庭と女性はそのような社会からの避難所として神聖化されていった．

❖「**真の女性性の礼賛**」　このような新しい家庭の在り方を支えるイデオロギーが「真の女性性の礼賛」だった．教会での説教に加え，19世紀に飛躍的発展を見た出版業界や科学が一丸となって，女性の身体的・精神的劣性を盛んに説きながら，それを女性特有の美徳へと巧みに変換し，「信心深さ，純潔，従順さ，家庭性」（Welter, 1966）という徳目を備え，妻・母の役割を通じて社会を適切な方向に導くという使命を帯びた「真の女性」像が礼賛された（図1，☞項目「家庭」）．

図1　1883年に創刊した女性誌『レディース・ホーム・ジャーナル』．1903年にはアメリカ雑誌界で初の購読者数100万人超えを達成した

特に出版業界は，女性誌，小説，アドバイスブックなど多種多様な媒体を通じ，聖母マリアのように慈しみ深い女性像と幸福な家庭像を，行動規範から家事，育児，ファッション，家の内装に至るまであらゆる角度から拡散した．性病の不安や心身の衰弱を防ぐという観点から男性の性にも抑制は働いたが，未婚女性の純潔は絶対であり，二重規範の下，具体的なアドバイスや純潔を守るヒロインの幸福な物語と同時に，身を持ち崩して死や狂気に至る「堕ちた女」の訓戒物語も量産された．ウエストを極度に絞り胸を押し上げるコルセットと大きく膨らませたスカートの装いは，女らしい曲線を強調したが，その締めつけと重さは大人しく病弱な女らしさの原因でもあった．女性の複雑なファッションは父や夫の経済力の証明でもあり，この時代の女性像の縮図であるといえる．しかし，「真の女性」の理想像には，経済的には女性を完全な依存状態に置きながら，他方では女性の道徳的優位性を認め，社会改良の使命を課したという二面性があり，これはフェミニズム運動にもつながった（☞項目「フェミニズム」）．

❖男らしさの更新　真の女性性の礼賛の裏では，男らしさが打ち立てられていった．家庭外の活動にふさわしい競争心，野望，自制心などがその構成要素となり，資本主義経済における競争原理と結び付けられたため，経済的成功の度合いがその判定基準となった．しかし，世紀後半の企業資本主義の拡大や度重なる経済不況の中，その実現はますます困難になっていった．経済環境の変化の他にも，移民や労働者の権利拡大や第1波フェミニズムといった脅威が出現し，また，同性愛の病理化，文明生活による人間の弱体化といった男性性の揺らぎを示唆する言説も流布し，危機感が募っていった．世紀転換期になると，寛容さなどの道徳的要素も多分に含み込んでいた男らしさ（マンリネス）は，身体的なタフさや暴力への志向を強めた男らしさ（マスキュリニティ）へと更新されていった．ボディビルやボーイスカウト組織の誕生，狩りや釣りなどのアウトドアレジャーの奨励といった現象が，この変化を如実に物語っている（☞項目「アウトドア」）．

　ベティ・フリーダン，ケイト・ミレットをはじめとする第2波フェミニズムの論客は，その初期から「女らしさ・男らしさ」という概念に向き合い，それがつくられた歴史的背景や，権力構造を暴いていった．フェミニストに呼応するかたちで男性の側からの試みも開始されたが，進展は遅かったと言わざるを得ない．男性学が制度化されるのは女性学に遅れることおよそ20年，1990年代に入ってからのことである．しかし現在では，男性学はジェンダー研究，マスキュリニティ研究として，歴史，文化，芸術，社会学，文学など広範に及ぶ領域を射程に入れ，大きな展開を見せている．現在のところ，女性の公的領域への参入に比べ，男性の私的領域への参入は大きく遅れをとっている．これが進むことによって，「女らしさ・男らしさ」はさらにその撹乱の度合いを増していくことになるだろう．

［宇津まり子］

女性学

Women's Studies

　女性学とは，1960〜70年代に盛んになった第2波フェミニズム運動を母体に，60年代末から70年初頭にかけてのアメリカで生み出された学際的な学問領域である（☞項目「フェミニズム」）．従来客観性や中立性を標榜しつつも，ひたすら男性中心的であり続けてきた学問体系を，それまで不可視とされていた「女性の視点」から根本的に問い直すことを狙いとして始められたこの新しい学問分野は，その後，「男」「女」の性別自体を社会的につくられたものと見なすジェンダー概念を分析軸として取り入れるに至る．加えて，人種，階級，性的指向などの多様な視点をも交差させることで，性差別はもとより，社会のあらゆる抑圧構造を解明しかつ是正するための幅広い学問として，日本を含め，世界中に広まるに至っている．

❖誕生から確立まで　そもそも女性学関連の講座がアメリカの大学で教えられ始めたのは1960年代の末期で，最初はさまざまな学部内でバラバラに教えられていたものが，次第に女性学プログラムとして統合されるようになった．公式には，サンディエゴ州立大学が70年に「ウィメンズ・スタディーズ」を開設したのが最初とされるが，以後，発展の一途をたどってきたこのプログラムをもつ大学の数は，専攻・副専攻を可能とするものを合わせると，2017年には全米で568校にも上っている．

　77年には女性学初の学会として全米女性学会（NWSA）も創設され，学会誌『NWSAジャーナル』も刊行し始めている．ほかにも『サインズ』『フェミニスト・スタディーズ』『ウィメンズ・スタディーズ・インターナショナル・フォーラム』など，女性学の学術誌も数多い．また，女性学専門の出版社としてはフェミニスト・プレス，ヴィラゴ，キッチン・テーブルなどがあり，当然のように，さまざまな女性学関連の単行本もおびただしい数で出版されている．

❖理論的展開における四つの段階　そのようにスムーズに発展してきたかに見える女性学だが，実際には研究対象や理論的枠組みの点ではさまざまな軋轢（あつれき）も生んでおり，その都度，パラダイム（認識枠組み）転換ともいうべきものを経験してきた．そうした女性学の理論的な発展の道筋は，以下の4段階に分けてたどることができる．

　第一は，研究の背景にあったフェミニズム運動の主張を全面的に押し出そうとした初期の段階である．有史以来女性は一貫して男性に支配されてきたとの共通認識のもと，その元凶としての家父長制を切り崩すものとして，「女性の共同体」や「シスターフッド」などがキーワードとして盛んに用いられた．第二は，女性

全体を一枚岩的にとらえることに対してさまざまなマイノリティの女性たちが異議申し立てを行った段階である．従来の「女性の視点」とは白人中産階級異性愛女性のものにすぎず，黒人，アジア系，労働者階級，レズビアンなどが含まれていなかったとの批判が打ち出されたのである．結果として NWSA では，女性学の新定義として「性的指向，人種，階級」などの諸要素を相互的に考察するものとしている（☞項目「フェミニズム」）．第三は，ジェンダーを分析軸とする段階で，その代表的理論家たるジュディス・バトラーやジョーン・スコットは，「男」「女」というカテゴリーの脱構築こそが第一義的に目指されるべきとしている．男性学，クィア理論などが盛んになったのもこの段階である（☞項目「クィア」）．それは，すでに広く指摘されていた女性学のゲットー化への対応としての側面もあった．第四は，非西洋・非白人の女性学者たちが提唱したポストコロニアル・フェミニズムを理論的柱とするものである．その代表者であるインド出身のガヤトリ・スピヴァクやベトナム出身のトリン・ミンハはともに，従来の女性学があまりにも西洋先進国中心であったことを厳しく批判するとともに，移住・越境など，近年のトランスナショナルな現象についても緻密な分析を行っている．

❖**現在の問題点と今後の展望**　以上のように女性学は節目ごとに，活発な議論や論争を重ね，その都度，理論的な洗練度を高めてきたといえる．だがそれがまた，女性学の存続にも関わる重大な問題として，今日，議論の対象ともされている．21 世紀に入り，女性学の見直しを図る書として相次いで出されたのが，ジョーン・スコット編『岐路に立つ女性学』(2008) やボニー・スミス著『女性学―その原理』(2013，図 1) で，いずれもが女性学の制度化にまつわる問題を取り上げている．すなわち，女性学は確かに大学・学界で確たる位置を築いており，そこから名声を得た女性学者たちも数多い．だがそれに伴い，女性学が余りにも一般の意識や社会の日常から遊離したものとなったため，女性解放という当初の政治的意図が薄められているのではないかとの危惧が出されているのだ．

図 1　『女性学―その原理』(2013) の表紙

とりわけ 1990 年代末以降，アメリカのマスメディアではフェミニズムへのバックラッシュ（反動）が目立っており，そうした中での上述の事態は深刻な問題を投げかけていると言わざるを得ない．だが，そうした問いかけ自体がアメリカでの女性学を活性化してきたことに鑑みると，いまだ女性にとっての「ガラスの天井」が取り沙汰されている今日，再び女性学の原点に立ち戻り，そこから得られてきたプラスとマイナスの両面を虚心坦懐に振り返ることは，間違いなく意義ある試みといえよう． 　　　　　　　　　　　　　　　　　　　　　　　　　[小林富久子]

LGBT

Lesbian, Gay, Bisexual, Transgender

LGBT とは，レズビアン（女性同性愛者），ゲイ（男性同性愛者），バイセクシュアル（性的指向が両性に及ぶ者），トランスジェンダー（出生時に与えられた性別と性自認が異なる者）の頭文字を取った言葉である．GLBT ともいう．アメリカでは性的マイノリティの総称として活動家が1980年代末頃から使用し始め，やがてメディアなどに広まった．

❖**同性愛権利運動の勃興**　アメリカの性的マイノリティ運動史は，同性愛が精神発達異常と見なされていた1950年代に登場した．初期の運動はホモファイル運動と呼ばれ，同性愛者が性的指向以外では主流社会と同じ価値観や生活様式を体現していると訴えることで平等な権利の承認を求めた．

60年代に同性愛運動は公民権運動など同時代の社会運動に影響を受けて急進化する．69年にニューヨークでゲイバーの客が警察の嫌がらせに抵抗して起こしたストーンウォール暴動を契機として，ゲイ－レズビアン解放運動と呼ばれる新しい運動の組織が多数結成された（☞項目「国立公園」）．この運動は同性愛を公に明らかにして（カムアウト）マイノリティとしての独自性を強調し，同性愛者を排除・疎外する社会体制を変革すべくデモ行進などの直接抗議行動を展開した．73年にはアメリカ精神医学会にその診断の手引きから同性愛の項目を削除させ，また同性愛行為の脱犯罪化の進展など多くの差別是正を勝ち取った．

❖**LGBT 概念の誕生**　1980年代には HIV／エイズパニックにより同性愛者差別が激化したが，他方で患者差別に抗議し政府に対応を要求する運動も興隆した（☞コラム「HIV／エイズ」）．80年代後半になると，活動家たちはより包括的に性的マイノリティの権利を擁護する必要性を認識し，LGBT という新しい言葉でバイセクシュアルやトランスジェンダーの利害をアジェンダ（達成すべき目標）に加え，広範な性的マイノリティ権利運動と化していった．

80年代以降，アメリカ経済はグローバル化するとともに，従業員の規律と画一性に立脚した大量生産の製造業中心の経済から創造的能力の発揮を重視するポスト工業化の経済へと移行した．90年代になると，多くのグローバル企業は，創造性を喚起し新たな市場を開拓する手段として従業員の「多様性」を求めるようになり，LGBT は多様性を構成する存在として注目された．企業は LGBT 権利団体と協力して優秀な LGBT 従業員の確保と労働環境の整備に努め，企業と提携する LGBT 団体は多額の寄付金を集めて主流化した．LGBT の公民権法などを制定する州も増加した．この流れの中で LGBT という語もメディアに普及していった．

❖**LGBTの権利保護の進展** 近年，LGBTの地位は急速に向上している．今やLGBTがテレビなどに出演して人気者となることは稀ではない．2011年にはバラク・オバマ政権が米軍のLGBT入隊禁止規定を解除，2015年には連邦最高裁が同性婚禁止を違憲とする判決を下した．しかし，特に農村や製造業が衰退した地域を中心に反LGBT感情も根強く，同性愛者へのサービス拒否を「信仰の自由」として認める法律や，男女別空間をトランスジェンダーが自分の性自認に従って使用することを禁じる法律を制定する動きがある．多くのグローバル企業はこうした法律への反対を表明し，オバマ政権はLGBT差別も「連邦公民権法」が禁止する「性別に基づく差別」に含まれるという立場をとった．

他方，近年ではLGBTの権利擁護が政府や企業の評判の向上になり得るため，ピンクウォッシングという現象も指摘される．LGBTの権利を積極保護する態度によって多様性と人権の擁護者という公的イメージを獲得し，人種・民族・階級的不平等を放置・悪化させる他の政策や活動への批判を回避するという問題である．これはLGBT当事者の責任ではないが，LGBTの権利の擁護が肯定的イメージを帯び始めたために生まれた現象である．

❖**LGBTという語が見えなくするもの** LGBTという用語自体への批判も存在する．まず，LGBTの四つのカテゴリーだけでは性的マイノリティの多様性を表現できないという問題である．近年ではLGBTQ，LGBTQIA（Iは身体的特徴で男女に分類できないインターセックス，Aは他者に性的欲望を抱かないエイセクシュアルおよび性自認を持たないエイジェンダー）など，さらにカテゴリーの頭文字を追加する例も増えつつある．

図1 LGBTの権利とアイデンティティを擁護するプライド・パレード（サンフランシスコ，2012）

また，LGBTと一括りにされるが，同性愛者とバイセクシュアルやトランスジェンダーはアイデンティティや置かれた境遇，経験，利害関心が異なるという批判もある．さらにいえば，LGBTのうち運動組織の中心になるのもメディアで注目されるのも，圧倒的に同性愛者（それも白人で中流以上，特に男性）が多い．その結果，LGBTの名の下に資金などを集めながら，権利運動の目標設定においては同性婚など同性愛者にとって重要な争点が優先されがちである．結果，資源がバイセクシュアルやトランスジェンダーなど他の性的マイノリティのために十分に割かれない，あるいは貧困層や非白人のLGBTに固有の問題がアジェンダに反映されにくいという批判もある．アメリカの性的マイノリティ運動は，内部の差異を乗り越えて団決を進めつつその多様性や格差に配慮するという，ジレンマに満ちた課題に直面させられている（図1）． ［兼子　歩］

クィア

Queer

クィアという語は，本来，奇妙な，一風変わったという意味を持ち，1910年代にはすでに，男性同性愛者を指す（多分に侮蔑的なニュアンスを含んだ隠語的）形容詞として使われていた．第2次世界大戦以前に，フェアリー（妖精）とともにホモセクシュアルを指す語（または用語）として用いられるようになるが，この言葉がより肯定的な意味で，非異性愛者自身によって使われ始めるのは80年代後半になってからのことである．クィアは，文脈や使い手によって意味が異なる場合も多く，定義が困難な概念であるが，そこに共通する何らかの思想や実践があるとすれば，それは異性愛規範に対する批判と抵抗であろう．クィアは今日，ジェンダーとセクシュアリティに関する既存のアイデンティティやカテゴリーに挑戦しつつ，これまでにない（あるいは，名付けられていない）欲望やアイデンティティ，コミュニティの在り方を模索する概念となっている．

❖**クィア・コミュニティとアクティビズム**　クィアという語が自己表象として，現在のような肯定的な意味を持つ重要な契機となったのは，当時アメリカで猛威をふるっていたHIV／エイズ禍である（☞コラム「HIV／エイズ」）．1980年代後半には，アクトアップ（ACT UP）などのグループをはじめとするHIV／エイズの人々の活動が展開していったが，そこから派生した組織の一つがクィア・ネーションである．「私たちはここにいる！私たちはクィアだ！慣れてみろ！」というスローガンで知られるこの団体は，90年に設立された．ホモフォビア（同性愛嫌悪）の根絶とLGBTの可視化を掲げて始まったクィア・ネーションの活動は全米に広がっていった．

こうした歴史的背景から生まれたクィアは，単にLGBT当事者をはじめとする性的マイノリティを包括的に指す用語ではない．互いの差異について学ぶことを出発点とし，HIV／エイズと，そこから生じたホモフォビアと闘うために，性的マイノリティと多くの異性愛女性が連帯した結果，クィアは包括的な様相を帯びたのだといえる．その意味でクィアという語は個人のアイデンティティや欲望のみならず，集合的かつ政治的な側面，すなわち，コミュニティやアクティビズムと密接に関わる用語なのである．

❖**クィア理論**　この語が社会的に認知されるようになったもう一つの大きな理由が「クィア理論」の台頭である．クィア理論とは，1990年にカリフォルニア大学サンタクルーズ校で開催された会議でフェミニストでありレズビアンでもあった文化理論家のテレサ・デ・ラウレティスが提唱した概念であるが，そこには一見，相反する二つの方向性が見て取れる．デ・ラウレティスは，クィアという用

語は性的マイノリティのあまりに細分化された区分を問題化し，乗り越えるために あると述べる一方で，レズビアンとゲイをめぐる言説や研究において，両者の 差異が隠蔽されてきたこと，とりわけレズビアニズムの固有性が消去されてきた ことを問題化した．さらに，クィア理論の重要な関心事とされたのが，人種の差 異である．こうして 90 年初頭には，ホモフォビア，セクシズム，レイシズムが 複合的に交差する強力な磁場としての「異性愛規範」に介入すべく，クィア理論 が立ち上げられたのである．その後，クィア理論は，ジェンダーや人種，セク シュアリティだけでなく，時間と空間，情動などをめぐる，先鋭的かつ創造的な 議論を生み出してきた．

　また，異性愛規範を批判することから出発したクィア理論は，ネオリベラリズ ム（新自由主義）や，ナショナリズムに絡め取られるクィア内部の規範性につい ても，ホモノーマティビティやホモナショナリズムといった観点から批判を加え てきた．近年は障害学との接合も試みられるなど，さまざまな学問領域と交差し ながら，その可能性の地平を広げ続けている．

❖クィアと文化　アクティビズムや学術研究に加え，文学，映画，アートといっ た分野におけるクィアの文化的可能性も見逃せない．そもそも，既存のアイデン ティティやカテゴリーを疑うクィアの在り方は，文化や芸術の表現の射程を広げ る大きな潜在性を秘めていた．その一例が，1990 年代に登場したニュー・クィ ア・シネマと呼ばれる一連の映画作品であろう．過去の映画作品や文学作品を引 用しつつ，これまでにないタイプの登場人物や，物語，イメージを次々に打ち出 していったニュー・クィア・シネマは，LGBT にまつわるさまざまなステレオタ イプを拒否し，過激で大胆な遊び心に満ちた実験的精神と政治性とを共存させて いた．アートやパフォーマンスにおいても，「クィア」は内容と形式をラディカ ルに問い直し，斬新で挑戦的な語りや表象を生み出していった．2000 年代に入っ てから，クィアは急速に主流化する．《クィア・アズ・フォーク》や《クィア・ アズ・フォーククィア・アイ・フォー・ザ・ストレート・ガイ》といったテレビ 番組も登場し，人気を博した（☞項目「身体へのまなざし」）．

　こうした主流化によって，クィアという語がかつて持っていたような先鋭的な 政治性や文化表現におけるラディカルさは後退し，誰でも気軽に楽しめる流行， あるいはエンターテインメントとして，クィアは消費され始めた．同時に，メ ディアをはじめとするアメリカ社会でのクィアの広がりは，社会的かつ文化的規 範としての異性愛を脱自然化するのに大きく貢献したといえよう．今後，クィア が政治，社会，文化，芸術といったさまざまな領域において，ジェンダーやセク シュアリティ，人種に関する境界や既存のカテゴリーを攪乱し，アメリカ社会に 深く浸透した異性愛規範を問い直す思想と実践たり得るのか，注視していく必要 があるだろう．

[菅野優香]

身　体

The Body

　デビュー当時より注目を浴び続けている歌手ブリトニー・スピアーズは，2010年にアパレルブランドの広告に登場した際，画像編集ソフトによって修正された全身写真と，修正前の写真を並べて公開し，話題を呼んだ．腰や太ももなどのわずかなラインと肌質の修正によって，写真から受ける印象が変わることが示されたと同時に，宣伝に使われる写真の虚構性が改めて明示された一件である．また，12年にはファッション誌『ヴォーグ』が，今後は健康的なモデルを使用し，16歳以下のモデルや摂食障害と思われるモデルは使用しないと発表した．身体をめぐる言説は，現在さまざまなメディアを通じて発信されている．

　❖肥満へのまなざし　ふくよかさが健康のしるしとされていた価値観が転換を向かえたのは，1890年代から1910年のことである．もともとキリスト教は大食を罪としており，身体への関心よりも，どのような食物を摂取するべきかを重視していた（19世紀半ばに菜食主義を唱えたシルベスター・グラハムがその代表である）．同時にふくよかさは，女性においては成熟や母性と同一視され，また男性においては豊かな腹回りは富と健康を示すものとされた．

　19世紀転換期において，男女を問わず痩身を一つの理想とする風潮が生まれた背景には，健康リスクの指摘，ファッションの変化，運動への関心の高まり，生活および労働形態の変化，食料供給の充実などがあげられる．またこの時期に前景化した体重管理と健康志向について，ピーター・スターンズは，19世紀末から20世紀にかけて拡大しつつある消費文化で緩められたモラルを，身体管理で埋め合わせようとした結果であると説明する．

　モラルを体現する身体と体重管理の必要性は，男女を問わず当てはまるものだが，こと身体の審美性については，その矛先が女性に向きがちであった点では，ジェンダー的な問題をはらんでいる．70年代頃まで，育児書などに見られる児童の体重過多に関する議論は主に女児に集中し，男児の体重には寛容な風潮があった．ダイエット産業は主として女性をターゲットにしていたし，ディズニー映画に登場するヒロインやバービー人形が理想の身体として提示された．

　こうした身体観は，主に白人中産階級で受容されていたが，例えばアフリカ系アメリカ人女性は必ずしも上述のような身体に同化することを求められなかった．例えばアフリカ系アメリカ人向け雑誌『エボニー』では，ダイエットに関する記事は白人向けの雑誌より少なく，神から与えられた身体は完全であるという宗教的な観点に基づく論調の記事や，大柄であることを受容し，その美しさを追求する記事が掲載されている．

肥満を軽蔑する傾向への抵抗は，60年代のラディカリズムから発したと考えられる．69年には全米肥満受容促進協会（NAAFA）が創設され，肥満に対する社会的抑圧からの解放をめざすファット・フェミニズムやファット・リベレーションなどの運動および理論形成へと続くことになる．しかしながら，修正技術の発達による操作された身体のイメージなどが，いまだに氾濫する現実がある．

❖**男性の身体**　男性の場合は，上述のとおり，身体に関しては寛容な対応を受けてきた．さらに女性が見られる存在である一方で，男性は見る存在であり，他者からのまなざしをその身体に受ける存在とは考えられてこなかった．こうした傾向は特に男性スポーツ文化（ジョックカルチャー）における男性中心的かつ異性愛的な側面と結びついていると，デイビッド・コードは指摘する．

ところが，男性の規範的ジェンダー観を提示してきたスポーツ文化において，鍛えられた身体を持つ男性が見られる存在へと変容してきた．すなわち80年代頃より，スポーツ選手が鑑賞される存在へと移行することになったのである．例えばアルマーニやラルフ・ローレンといった有名ブランドがスポーツ選手をモデルとして起用したり，筋骨隆々のモデルがその身体を惜しみなくさらけ出してカルバン・クラインの下着を宣伝したりするようになっていく．

従来，主に女性が興味を持つとされてきたファッションやスタイルへ関心を寄せ，同性愛者的な傾向と考えられてきたナルシシズムを肯定し，見られる自分を楽しむ男性を称して，94年にイギリス人ジャーナリストであるマーク・シンプソンは「メトロセクシュアル」という言葉を生んだ．都市部に住み，相応の収入を持ち，消費文化へ参入し，身体の外観を意識するメトロセクシュアルたちは，非同性愛者たちが自分を自分の「愛の対象」としているのだとシンプソンは語っている．

メトロセクシュアルと呼ばれる男性たちは，同性愛的な身体へのまなざしや振る舞いを，一つのライフスタイルとして取り入れるようになった．2003～07年に放映された人気リアリティテレビ番組《クィア・アイ》は，いわゆるイケていない男性を，ヘアスタイル，ファッション，食，インテリア，カルチャーをそれぞれ担当するクィア男性5人組が変身

図1　人気番組《クィア・アイ》の書籍版表紙

させる内容である（図1）．この番組は，みずからに向けられるまなざしを受け止めるメトロセクシュアルな存在の認知に貢献したといえるだろう．

身体が意味することは，ジェンダーやセクシュアリティによっても異なる可能性があり，また身体をとらえるまなざしは誰のものか，まなざしを受けるのは誰か，そのまなざしの意味とは何かを常に考える必要があるだろう．　　　［大串尚代］

家 庭

Home

　アメリカ社会における「家庭」とは，近代の白人中流階級層がみずからにふさわしい居住空間を求め，その場に道徳的な価値観を付与したときに出現した概念とされている．特に主婦という女性の役割との関係において，家庭は単なる私有の居住空間を指すにとどまらず，さまざまな政治的な意味を獲得していった．

　例えば，19世紀転換期の家庭は，地域と結び付くことによって女性の活動領域の拡大や雇用を生み出し，また，冷戦期の郊外の家庭は，アメリカの豊かさの象徴であり，幸福なアメリカ人主婦像を世界に対して誇示する場であった．

❖**19世紀の中流家庭と主婦の仕事**　家庭は，19世紀を通じて資本主義経済の急速な発展によって流動化する社会に対し，安定した避難所として女性の受け持つ私的領域と見なされた．男女の活動を公私で峻別する男女の領域分離は，夫婦の分業・協業によって成立していた「家」から夫を開放し，食材の調達と調理，洗濯と掃除，子どもの世話，使用人の監督などの絶え間ない労働を女性の責務とした．

　19世紀半ばには，多忙な主婦のための家庭雑誌や家事指南書が流通し始めた．とりわけ『家政論』(1841) を著したキャサリン・ビーチャーは，科学的な知識を衣食住や家族の健康管理に応用して家事の合理化を提唱し，家事が高度に専門化された女性の職業であると説いた．このような「家庭の科学」の志向は，シカゴ万博 (1893) の婦人館に展示されたモデルキッチンや，ホームエコノミクス協会の設立 (1909) へ受け継がれた．

❖**革新主義時代の「家庭の科学」**　1890年，後にホームエコノミクス協会を主導したエレン・リチャーズは，移民や貧困家庭の食生活向上を目的とする公共キッチン運動をボストンで実施し，シカゴ万博では栄養・健康管理を重視する「科学的」な家庭向けモデルキッチンを出展した (図1)．女性クラブ総連合などの女性中心の組織もま

図1　模範的キッチンの実演

た，貧困層の救済や都市環境の整備，公衆衛生の向上などの社会問題について，家庭と女性という観点から積極的に取り組んだ．家事を科学的・専門的に追究する家政学の理念と，女性たちによる社会的実践は，家庭を公共奉仕のために社会へと開き，家庭と近隣コミュニティを連携させ，女性の働く機会と場を提供した．

　しかし，公共・協同家事に伴う女性雇用の動きにもかかわらず，多くの女性た

ちは「家庭を切り盛りする主婦」という伝統的な役割にとどまった．効率よく家事が遂行できる科学的なキッチンや，数々の家庭用品と消費財の利用は主婦の負担を軽減するものとされたが，その一方で中流家庭においては，女性は家事手伝いを雇うことが困難になり，家事労働に専従し続けたのである．さらに，大衆消費社会に組み込まれていく家庭の主婦は「ミセスコンシューマー」として消費行為を奨励され，家庭は消費の場としてのイメージを強めた．

❖**郊外の幸せな家庭とキッチン論争**　第2次世界大戦後，主に退役軍人への住宅対策として郊外住宅地の開発が加速すると，多くの中流家庭が豊かな消費生活を享受するようになった．郊外の庭付き一戸建て住宅に，会社勤めの夫と，家事と子育てに献身的な専業主婦の妻が，自動車や最新の電化製品に囲まれて暮らしている．そのような中流家庭像は，メディアを通じ，アメリカ的なライフスタイルとして大いに宣伝された．大恐慌時代と大戦期に賃金労働を体験した多くの女性が郊外住宅に居を定め，完璧な妻や母の役割を果たそうとする「家庭への回帰」は，さらに冷戦という国際関係を背景として，極めて政治的な意味を含んだ家庭像の生成に手を貸すことにもなった．それを象徴的に示すのが，1959年にモスクワで開催されたアメリカ博覧会の「キッチン論争」である．

　博覧会の会場には多くの消費財やレジャー用品が展示され，特にその中心となったのは原寸大のモデルハウスだった．この会場を訪れていたニクソン副大統領は，ソ連のフルシチョフ首相に対して，あらゆる階層のアメリカ人主婦たちが最新の設備・家電製品を完備した住宅によって過酷な家事労働から解放され，幸せな家庭生活を営んでいると誇示した．家庭における豊かな消費生活と就労する必要のない専業主婦像は，ソ連に対するアメリカ資本主義の優位性を証明し，いわば国家そのものの在り方を表象するものとして機能したのだった．

❖**多様化する現代の家庭**　だが，郊外の幸せな家庭とは，現実には主婦たちの社会的自己実現が大幅に制限された状況のもとに成立していた．ベティ・フリーダンは『女らしさの神話』（1963）によって，幸福であるはずの主婦の鬱屈した心理や挫折感を暴いた．また，R.S. コーワンは，技術革新の産物である家庭用品によって豊かな消費の場として理想化された家庭が，実は室内清掃や洗濯，栄養価の高い食事，健康な子どもたちの養育を強要する労働現場であることを指摘している．さらに1960年代以降，家庭に関する問題として離婚率・非婚率の上昇や出生率の低下，既婚女性の就労率の増加が目立ってきた．事実婚や再婚により血縁のない親子を含んで構成されるステップファミリーや一人親家庭など，今日では，その多様性をこそ常態と見なす人も増えてきた．他方で，1990年代にはマーサ・スチュワートが女性を家庭へ回帰させるライフスタイルを提案し，白人中流家庭の価値観を回復させたかに見えた．今後は，さらに多様化する家庭の実態から生まれる価値観の対立などが，ますます顕在化すると思われる．　　　　［増田久美子］

婚　姻

Marriage

　婚姻とは，配偶者間，さらにはその子どもとの間の権利と義務を法的に規定する結び付きである．合衆国憲法第1修正「政教分離規定」に基づき，法的制度たる婚姻は宗教的儀式とは峻別される．だが，多くのアメリカ人は婚姻と宗教を結び付けてとらえている．合衆国憲法自体に婚姻に関する規定はなく，制度の運用は各州に任されている．しかし，連邦最高裁は，婚姻が同第14修正「デュー・プロセス条項」が保障する「基本的な自由」（メナード判決，1888）で，第14修正「平等保護条項」に抵触する州法は無効と判断してきた（ラヴィング判決，1967，オーバーグフェル判決，2015）．よって，州間の差異は大きくはないものの，事実婚の法的承認などの点では違いが見られる．

❖婚姻の様態　以下，ピューリサーチセンターの調査統計に基づいて述べる（Pew Research Center，2010，2015）．アメリカ人の婚姻パターンは，1960年からの約半世紀で大きく変化した．その間，初婚年齢は男女ともに5歳ほど上がり，2010年時点で，20代では26％しか婚姻せず，配偶者のいる人といない人はほぼ同数である．婚姻意欲には差がないが，社会階級（学歴と収入），年齢，人種による差異が大きい．高学歴（大卒以上）人口の婚姻率は高くなり，離婚率は低くなる．人種面では，アフリカ系の人々には，奴隷時代，法的婚姻が認められていなかった．また，異人種間の婚姻が国内全土で可能となるのは，ラヴィング判決以後であった．このような経緯から，アフリカ系は，婚姻を重要な権利とは理解するものの，未婚率は44％に上る．この割合は白人23％の2倍に近い．

　相互の愛情以外の配偶者への期待の高まりが，現実の婚姻を困難にしている．配偶者の学歴，家事能力，稼働能力に加え，良い親になり生涯連れ添うことへの期待などである．この傾向を有する「都市型家族」は，民主党支持者が多い州に顕著に認められる．対して共和党支持者が多い州では，初婚年齢，初産年齢が相対的に低い「従来型家族」が多数を占める．当該の地域では，10代での妊娠割合が高い反面，避妊や中絶には否定的な傾向が見られる．

❖家族　センサスでは家族を「出生，婚姻または養子関係に基づく複数の人々の関係」と定義している．単なる同居は家族ではないが，家族についての一般的な認識を左右するのは，法的な婚姻関係だけでなく子どもの存在である．

　1960年から約50年にわたる家族の変化は，子どもをめぐる環境に顕著である．婚姻中の親と生活する18歳未満の子どもの割合は87％から64％に下がり，18歳未満の子どもの29％はシングル・ペアレント（未婚者は86％，離婚者は78％が女性）と生活している．なお，婚姻率が社会階層や人種間で異なるため，シン

グル・ペアレントの分布も均一ではない。婚姻率が32%であるアフリカ系の場合，18歳未満の子どもたちの52%がシングル・ペアレントと暮らしている。

❖ **シングル・ペアレント**　2015年時点でアメリカでは，出産時に子どもの親が未婚である割合は子ども全体の40%である。また，現在婚姻関係にない親（二親）の65%が子どもと常時一緒に暮らしており，婚姻関係にある親と暮らす子どもの割合（64%）とほとんど差がない。また，未婚の親の22%が一定期間は子どもと一緒に暮らす。離婚後は，45%がいつも一緒に，35%が一定期間一緒に暮らす。カップルの関係とは別に，親子関係を認め，共同監護の取決めをすることが広く行われていると推察される。

❖ **未婚の父と家族における役割**　連邦最高裁は，ある子どもに法律上の父と推定される人物がいる場合には，仮にその関係を立証できる実父が現れても，彼を法律上の父とは認めない（マイケルH.判決，1989）。だが，法律上の父と推定される人物がいない場合には，実際に子どもとの親密な関係を形成し，父として機能している母のパートナーとの関係を保護する（スタンリー判決，1972，ジーン・メィビーH.判決，ニューヨーク州，1998）。この家族役割の機能評価は，家族としての関係を構築した同性カップルとその子どもたちを保護する必要性を根拠付けた。このような考え方が，同性カップルの婚姻禁止を違憲とする判断（オーバーグフェル判決，2015）を導く要因となったのである。

❖ **離婚**　人口1,000人に対する2010年の離婚数は1960年より多い。離婚率の頂点は1979年で，以後減少傾向にある。2010年のピューリサーチセンターの調査によれば，回答者の58%が，不幸せな結婚生活を継続するより離婚する方が望ましいとした結果が出ている。同様に，その方が子どもにとっても望ましいとした結果が67%に上っている。

❖ **同性カップルの婚姻**　1993年，ハワイ州最高裁が同性婚を禁止した州法の違憲可能性を指摘したことをきっかけに，連邦議会は96年，連邦法解釈において，婚姻を男女の間に限定する「婚姻防衛法」（DOMA）を制定した。以後それにならい，婚姻を男女間に限定する州憲法や州法が多く成立した。対して99年，バーモント州最高裁は，婚姻と同等な法的関係（シビルユニオン）を同性カップルに保障した（ベーカー判決，1999）。また2003年，マサチューセッツ州最高裁は，州憲法の「平等保護条項」に基づき，州として初めて同性カップルの婚姻を承認した（グッドリッジ判決，2003）。連邦最高裁も，州法で認められた配偶者が，DOMAのために連邦法上の配偶者相続税免除を受けられないことの不合理を認め（ウィンザー判決，2013），また婚姻を男女間に限定した州法は，合衆国憲法第14修正の保障する基本的な自由と平等に反するとの判断も示した（オーバーグフェル判決，2015）。しかし，宗教的信念に基づく同性婚への拒否反応は，共和党支持者が多い州にいまだ根強い。　　　　　　　　　　　　［紙谷雅子］

産児制限

Birth Control

産児制限とは，人為的に妊娠，出産を制限することである．産児制限の手段としては，不妊手術，避妊，人工妊娠中絶，出産直後の嬰児殺し（間引き）がある．妊娠・出産を人為的な方法で制限することは古くから行われていたが，近代では，1798 年にイギリスの経済学者トマス・ロバート・マルサスが『人口論』を匿名で発表し，都市労働者階級の貧困などの社会問題の原因を人口過剰に求めた．彼は，もしも労働者が貧困から抜け出したいと願うならば，一家を支えていくだけの経済的裏付けができるまで結婚せず，ひたすら禁欲を心掛けることを主張した．これに対し，マルサスの人口原理に基づくが，道徳的抑制は実行不可能であるとし，産児制限によって人口増加を抑制しようとする新マルサス主義が 1820 年代以降広まった．

アメリカでは 19 世紀前半から出生率が低下し始めたが，それ以前から避妊についての情報が相当出回っており，家族数を制限する努力が始められていた．19世紀後半には女性運動家が，女性がみずからの意志で妊娠を調節することを主張したが，その手段は禁欲であり，一般には人工的手段を用いた避妊は不道徳と見なされていた．この時期，社会の道徳的頽廃を憂える人々が，飲酒，売買春，ポルノグラフィ，その他あらゆる悪徳を一掃しようとする社会浄化運動を繰り広げていた．1873 年には，猥褻物を郵送することを禁じる連邦法，通称「コムストック法」が成立し，避妊や堕胎についての道具だけでなく，それについての情報を伝えることも禁じられた（☞項目「性産業」）．

❖**運動の発展と変容**　産児制限という言葉は 1914 年からマーガレット・サンガーが使い始めたが，その頃欧米の多くの国では出生率の低下はすでに進行中であり，婚姻内における出産抑制行動が広まっていることは明白であった．それにもかかわらず，正面きって避妊について論じたり推進したりすることをはばかる空気は依然として強かった．それは，伝統的な宗教や性道徳に基づく根強い反対に加えて，国家利益という観点から出生率の低下に危機感を抱いて避妊の広がりを憂慮する声が高まっていたからでもあった．さらに，19 世紀末から影響力を増してきた社会進化論や優生学の支持者たちは，出生率の低下そのものよりも階層や人種・民族間の出生率の差異の方をより危険視していた．すなわち，アメリカ生まれの中・上流階層の白人の出生率が，移民や下層のそれよりも低いことによって，国家が衰退することを懸念していたのである．

サンガーが産児制限運動に着手したとき，彼女は避妊を，女性が自身の身体を管理し，決定権を持つために不可欠の条件として定義していた．しかし，第 1 次

世界大戦後には，医師や優生学者のような科学の専門家を説得して，運動への支持を得ることに力を注ぐようになっていった．それに応じて産児制限を正当化するための論理も，初期の身体の自己決定権の主張から，人口問題の解決，さらに選択的生殖によって人類の改良を目指す優生思想へと重心を移していった．このことは産児制限運動に社会的威信を付与し，運動の発展に貢献することになったが，同時に避妊は女性自身が主体的に行うものから，主に男性の専門家によって管理されるものへと変化していった．こうして30年代末までには全国各地に産児調節の相談所ができ，法的規制も撤去され始めた．

❖家族計画の名の下に　大恐慌を経て1940年代以降，産児制限運動は人口問題という観点から「家族計画」の名の下に国際的な影響力を持って展開され，一般にも支持されるようになった．19世紀末から20世紀初頭にかけての優生学の隆盛と，優生学と産児制限との接近をうながす原動力となったのは，主として西欧諸国内における出生率の階級間ないしは人種・民族間の格差に対する不安と恐れであった．第2次世界大戦後，この構図はそのまま先進国と途上国の関係へと拡大され，途上国の人口爆発が地球全体の未来に対する脅威と見なされることになった．そこでは特に下層の人々が，その生殖能力を科学によって管理される対象となった．

　60年代以降，産児制限は再び女性解放との関連で重視されるようになった．世界的規模で拡大した女性解放運動では，性と生殖における自己決定権の獲得が追求された．60年には経口避妊薬が食品医薬品局（FDA）によって正式に発売を許可されており，70年代には世界中で多くの女性が使用する避妊手段となって，女性の性的解放を促進した．また女性の性と生殖の自己決定権を求める運動においては，安全な避妊法だけでなく，国家や宗教による制裁や処罰を恐れることなく女性が安全に人工妊娠中絶を受ける権利が，重要な目標の一つとして掲げられた．

　産児制限運動が，いつ頃，何人の子どもを産むのかということをある程度自分で管理することを可能にし，それによって女性の生き方の選択肢を広げたことは否定できない．だが同時に，途上国の人口を抑制するために，家族計画の名の下に，さまざまな副作用を引き起こしたり発がん性物質を含んだりする新しい科学的避妊法や半強制的不妊手術が特に女性に対して濫用されるようになった．また，先進国の内部にもその存在自体が望ましくなく，故に生殖を抑制すべきと決め付けられ人々が存在しており，医療技術の介入が行われている．このように，避妊法を含めた生殖技術の発達が自動的に女性の健康や幸福をもたらすわけではないことが認識されるようになり，生殖における南北問題や優生思想の問題が指摘されている．

[小野直子]

女性の政治文化

Women's Political Culture

|||||||||||||||||||||||||||||||||||||||||||||||||||||||||||||||||||||||

1920 年，合衆国憲法第 19 修正によって，全米で女性の参政権が実現した．しかし，女性たちは，選挙権を獲得するまでまったく政治権力を持たなかったわけではない．選挙権獲得以前，女性たちは独特の政治文化を構築して政治力を行使し，それは現代でも，女性の政治への関わり方に影響を与えている．

❖**アメリカ共和国における女性の立場**　「すべての人（＝男性）は平等につくられた」と高らかに宣言して革命を戦い，成立したアメリカ共和国において，女性たちが手にしたのは，相変わらずのイギリス慣習法に則った立場であった．女性は，選挙権も財産権も持たず，結婚するとその人格は夫のそれに包摂された（coverture）．夫の監督下にある妻は犯罪の責任を問われることがない，ということは同時に，結婚に際して妻が持ち込んだ財産は夫のものになり，妻が家の外で働いて得た賃金は夫のものになることを意味した．妻の身体は，家畜同様，夫の所有物であった．「市民の平等」を前提したアメリカ共和国では，ジェンダーの区別は，人種や民族の区別同様，身分や階級に基づく区別を代替するものとして強化された．また妻の身体の保有は，男性にとっての最低限の権利を意味し，男性間の平等感覚の醸成に寄与するものでもあった．1790 年代に始まった産業革命が次第に推し進めた経済・生産活動の「家」からの分離は，男女の活動領域の分離をうながし，ジェンダーの区別をさらに鮮明化した．

❖**19 世紀福音主義と女性**　女性たちは，このような一般的男性の支配に対し，無力のままではいなかった．特に，アメリカ生まれの白人中流層の女性は，選挙政治と経済活動からの疎外を逆に利用して，「道徳の守護者」という立場を確保することで，政治的な発言力を獲得した．そのような女性の在り方は，中流層を規定するものともなった．すなわち，産業革命が始まった 1790 年代は，1840 年代まで長く続いた宗教的高揚の時代（第 2 次大覚醒）であった．アメリカ共和国という政治的実験は，産業活動の変化・再編とともにあった．

それは同時に，公定教会（政府機関の一部としての教会の廃止）の廃止と自発結社となった教会のプロモーション活動の活性化，その帰結としてのリバイバルの多発，つまりは，悔い改めと希望の獲得という人々の精神的な（霊的な）刷新＝「生まれ変わり」を伴っていた．回心という宗教的・感情的経験が，「真のキリスト教徒」の印となるということは，既成教会の権威を批判することである．回心を経験した人は，新たな宗教的権威を獲得する．そして，この時期のリバイバルにより積極的に参加したのは，ほかならぬアメリカ生まれの女性たちであった．彼女たちは回心し，福音主義の教会と結び付いた．そして，キリスト教の道

徳的言質を用いて，子どもを教育し，夫をたしなめ，清めた（purify）．このような妻が牛耳る家がホーム（家庭）であり，教会に次いで重要なキリスト教の砦であるとともに，女性の権威・権力の基盤となった（☞項目「家庭」）．女性たちはホームでの影響力を居住地域，さらには，社会一般の改革にも適用するようになった．その際，彼女たちの道徳的主張が説得力を持ったのは，選挙政治と経済活動から疎外されることで，少なくとも相対的に中立性（利権争いから自由な，良い意味で浮世離れした立場）を保持していると想定されたからであった．

❖女性と禁酒運動

中流層の白人女性が道徳的言質を用いて政治的な運動を展開した例は，売買春取締運動，奴隷制反対運動など，19世紀前半から見られたが，最も典型的で，かつ，全米，さらには世界規模で展開されたのは，南北戦争後の禁酒運動であろう．1873年にオハイオ州の片田舎で始まった女性による「禁酒十字軍」は，南北戦争時に築かれたネットワークを通じて全米に広がり，ほどなくして婦人キリスト教禁酒同盟（WCTU）が組織された（図1）．酒は，浪費，売買春，家庭内暴力によってホームを破壊する悪の元凶として構築され，禁酒は勤勉でホームを大切にするクリスチャンの男の印となった．2代目の会長フランシス・ウィラードは，19世紀後半のアメリカで最も著名な女性の一人で，家庭保護の命題につながるあらゆる運動を取り込む方針を打ち出し，貧しい女性と子どもへの援助なども行うとともに，女性選挙権運動への支持も表明した．

図1　19世紀末のWCTU「酒に触れた唇は私たちの唇に触れるな」

「浮世離れ」の典型である合衆国憲法第18修正（禁酒法）が成立する過程で，女性たちの道徳に基づく世論形成力，また，圧力団体としてWCTUが果たした役割は，大きなものであった．さらに，続いて合衆国憲法第19修正（女性の参政権）の成立する過程では，「道徳の守護者」としての意見が女性の投票によって直接政治に反映されれば，政治の「大掃除」ができると喧伝された．

❖選挙権と女性の政治文化

1920年，選挙権を得た女性は，選挙政治的には男性と何ら異なることのない「市民」となった．そして，選挙権者としての女性は，政治を道徳的に向上させるどころか，男性の牛耳る利権と権力争いの場に引きずり下ろされた．「非政治的な女性」が19世紀以来築き上げてきた政治文化は，選挙権獲得とともに機能不全に陥ったのである．女性たちは，政党政治，選挙政治における戦術を一から学習することになった．現代に至るも，その習得は完璧ではないし，ヒラリー・クリントンが女性と子どもの福祉に情熱を傾けたことに典型的に現れているように，かつての女性の政治文化の名残は女性政治家の中に刻みつけられている．

［小檜山ルイ］

大統領夫人

First Lady

大統領夫人は「ファーストレディ」の称号（これは20世紀初頭から）を持ち，大統領の職務遂行を補佐する．憲法の規定もなく選挙で選ばれたわけでもなく，その地位は大統領との結婚によって生じたものであり，給与もない．しかし大統領と寝食，行動をともにする立場から，最も親密な相談相手，助言者としての権力をおのずから備えている．その権力はもともと不可視であり非公式であるが，歴史の経過とともに可視化されていった．そして特に近年ファーストレディの仕事は公的性格が強くなっている．19世紀末からファーストレディは自分の側近を大統領経費で雇っていたが，1978年にジミー・E. カーター大統領の下で成立した「ホワイトハウス人事権付与法」で補佐役としての「スパウズ」（配偶者）が明記されてからは，ファーストレディは自分の予算でスタッフを雇うことが可能になり，ホワイトハウスの東棟に執務室を構え，大統領府の中のファーストレディ室の長として公式に活動するようになった．国民に選出された副大統領もホワイトハウスで執務を行うが，ファーストレディは大統領との親密な関係から影響力は大きく副大統領より地位も高いとさえされている．

❖ファーストレディの職務　ファーストレディの職務は法律で規定されているわけではないが，基本的にまず，ジェンダー規範の下での女主人としてのホワイトハウスの維持・管理，社交行事，さらに国民の象徴としての機能，夫を補佐しての社会的・政治的活動が期待されている．これらの職務は大統領と夫人の性格，両者の関係，ファーストレディ自身の社会・政治への関心の度合いといった個人的条件，政治的環境，先例や慣習といった歴史的要件，時代のジェンダーなどの要因によって決められてきた．先例を築いた初代大統領ジョージ・ワシントンの妻マーサは，「レディ・ワシントン」（当時の呼称）に対する国民の尊敬や注目に直面して，国民の象徴，また共和国の母を具現化した存在として意識して行動するようになり，例えば国産の生地の衣服を着ることによって愛国心を示したりしたという．さらに，国内外の賓客を招いての晩餐会を取り仕切り，公的な社交や儀式における大統領のパートナーとしての役割を果たした．後のファーストレディはマーサのつくった慣習を踏襲し，さらに独自の性格を反映させて活動を行った．第2代大統領ジョン・アダムズ夫人アビゲイルは政治的関心が強く夫のよき助言者として，ジェイムズ・マディソン大統領夫人ドリーはホワイトハウスの魅力的な女主人として政治的にも影響力を及ぼしたことで知られている．その後もさまざまなファーストレディたちが独自にその役割を果たしていったが，20世紀になると，ウッドロウ・ウィルソン大統領夫人のイーデスが病で倒れた大統

領に代わって実質的に執務を担当したことで注目されている．有名なのはフランクリン・D. ローズヴェルト夫人のエレノアである．半身不随の夫に代わり全国各地を視察して回っただけでなく，新聞のコラムやラジオを通して直接国民に語りかけたり，閣僚に初めて女性（フランシス・パーキンズ労働長官）を登用したり，黒人差別解消に向けて働いたりなど，自身の進歩的な思想を政策に反映させた．

❖第２波フェミニズム以降のファーストレディ　エレノア・ローズヴェルトやイーディス・ウィルソンは別として，一般的にはファーストレディの活動はジェンダーの枠から出ることはなく，女性の領域の延長としての教育，子どもの福祉，文化活動などが多いが，第２波フェミニズムの下でのジェンダーの変化を反映して，領域を超えて活動するようになっていった．カーター大統領夫人ロザリンはホワイトハウス東棟に執務室を最初に持ったファーストレディであり，大統領精神保健委員会の名誉委員長を務め，また，オブザーバーとして閣僚会議にも出た．ビル・クリントン大統領夫人ヒラリーは医療保険改革問題特別専門委員会の委員長としての活動で知られている．医療保険改革は議会との攻防の末失敗に終わったが，東棟のファーストレディ室とは別に大統領執務室のある西棟に自分の執務室を持ち，数々の政権人事にも影響力を及ぼした．エレノア・ローズヴェルトと並んで権力を公然と示した大統領夫人である．最初の黒人大統領バラク・オバマ夫人のミシェルは，政治には関与せず伝統的なジェンダー役割の延長としての女子教育や食育などに関する活動をしたが，2016年の大統領選挙戦では終盤戦でヒラリー・クリントンを支持する立場から熱弁を振るった．（☞コラム「ヒラリー・クリントン」）

　ファーストレディ室は数十年の間に定着したが，その在り方については批判も大きい．まずその予算規模の大きさに対する風当たりがある．ファーストレディが任命するスタッフの規模は15ないし20人程度であるが，ミシェル・オバマの場合は22人の職員の給与に年間160万ドル，ジョージ・W. ブッシュ大統領夫人ローラは18人に140万ドルを費やした．社会での女性の活動が当然視される今日のジェンダー環境の中では，大統領夫人が社会的・政治的活動を行っても不思議ではない．しかしファーストレディの国政関与は国民から委託されているわけではなく，決して大統領を超えることはない．

❖ファーストレディの行方とジェンダー　ファーストレディはアメリカ女性の象徴として国民に期待されてきたが，最後に触れておきたいのは，2016年の選挙で現実の可能性が高まった女性大統領の出現である．将来実現した場合，大統領配偶者に伴う晩餐会のホステス役など伝統的なジェンダー役割はどうなるのだろう．ファーストレディに代わる「ファーストスパウズ」の呼称がつくられ，社会のジェンダー自体にさらに変化をもたらすことになるのだろうか．

［有賀夏紀］

女性リーダー

Women Leaders

　アメリカでは女性解放が進み，あらゆる分野で女性リーダーが活躍していると思われがちだが，必ずしもそうとはいえない．世界経済フォーラム（WEF）が毎年発表するジェンダー・ギャップ（社会参画における男女格差）指数による国際比較によれば，2016年，アメリカは世界で45位，主要7カ国（G7）の中でもドイツ，フランス，イギリス，カナダに次いで5位に位置している（なお，日本は全体で111位，G7中最下位）．であるからこそ，さまざまな分野で女性リーダーを育成，増加させる挑戦が続いている．

❖**大統領選**　初のアフリカ系の大統領バラク・オバマは2009年から2期8年を務めたが，女性の大統領はいまだ誕生していない．08年の大統領選で，女性初の大統領候補として有力視されたヒラリー・クリントンはオバマと民主党の予備選で争うも敗北．16年の大統領選においては，女性で初の大統領候補となり共和党のドナルド・トランプと最後まで戦い，得票数では上回るも敗北した．ビル・クリントン大統領のファーストレディ，上院議員，国務長官という政界での輝かしい経歴を持つヒラリー・クリントンは，大統領選の敗北宣言で，「あの最も高く，そして最も硬いガラスの天井を打ち砕くことはできなかった」と述べた．ガラスの天井とは，女性や少数派が天井（トップ）に登りつめる際に直面する不可視の障壁であり，それ以上登ることができないことを比喩的に意味している．

❖**WPSP**　国務長官時代のヒラリー・クリントンは2011年，国務省およびセブンシスターズの5大学（東部に位置する歴史的に重要な女子大学のうち，現在も女子大学を維持しているバーナード大学，ブリンマー大学，マウントホリヨーク大学，スミス大学，ウェルズリー大学）と提携し，公職に就く女性支援プロジェクト（WPSP：Women in Public Service Project）を開始し，アメリカのみならず世界で公職に就く女性の割合を50年までに50％にするという数値目標を掲げた（図1）．政策立案や政治参画におけるジェンダー平等を目指す同プロジェクトは，提携校や連携校・連携機関を世界で80以上に増やし，指導的な役割を果たす次世代の女性リーダーを養成すべく，公職への女性参画のデータや情報の収集，啓発・育成活

図1　WPSPの創設メンバーと支援者たち
［50x50 movement］

動などのプログラムを実施している.

❖**高等教育**　21世紀に入る前後から共学大学でも大学行政のトップに就く女性が増加し始めた. 1978年シカゴ大学は総合大学として初の女性学長ハナ・ホルボーン・グレイを輩出したが, かつて男性の牙城であったアイビーリーグ(名門8大学)においても, 94年にペンシルベニア大学(ジュディス・ロディン), 2001年にブラウン大学(ルース・シモンズ), プリンストン大学(シェリー・ティルマン), そして07年にハーバード大学(ドリュー・ギルピン・ファウスト)が女性総長・学長を誕生させた. ウェルズリー大学とデューク大学で学長を務めた政治学者ナネール・コヘーンは, 『リーダーシップを考える』(*Thinking about Leadership*, 2010)で秀逸なリーダーシップ論を著している.

❖**STEM分野**　20世紀後半以降, 高等教育への門戸は女性にも開放されるようになったが, STEM(科学・技術・工学・数学:science, technology, engineering and mathematics)分野に進み, 研究開発に従事する女性のリーダーは他の分野に比して少ない. NPOであるアニータ・ボーグ・インスティチュートは, 世界最大の女性テクノロジスト(科学技術専門職)が参集するグレース・ホッパー会議を主催し, 女性テクノロジストの支援を精力的に行っている. 女性がSTEM分野に参画し, 働き続け, 昇進できるよう, リーダーの養成や後進のためのガイダンス, 最前線で活躍するロールモデル(模範)の提示などを, 産官学が連携して実施している. 大学生・大学院生から, 若手研究者, 中間管理職, 企業や大学のトップまで, あらゆる位相でのエンパワメントを展開する, 女性による女性のための斬新な会議である.

❖**リーン・イン**　「ガラスの天井」があるからこそ, 女性の社会参画を鼓舞する女性リーダーによる著作がベストセラーとなり話題を呼ぶ. 一例をあげるならば, フェイスブックの最高執行責任者(COO)であるシェリル・サンドバーグの著書『Lean in(リーン・イン)─女性, 仕事, リーダーへの意欲』(2013)だ. 同書が出版された後, ウェブサイト「リーン・イン」(LeanIn.org)が立ち上がり, 女性リーダーの輩出を支援するサークルが世界150カ国で3万2,000に上るという. 男性と同様の高等教育を受けた女性がなぜ企業でトップに登りつめることができないのか. 女性と男性が内面化しているジェンダーバイアス(性的偏見)を明快に描き, 女性のさらなる参画の必要性を説いている.

　21世紀のアメリカでは, どの分野の入口も女性に開放されたように見える. しかし, その中に入って女性がリーダーとなっていくことはまだ容易であるとはいえない. だからこそ, 女性がネットワークを構築し, インスピレーションを与え合いながら, ガラスの天井を打ち破るためのたゆまぬ努力と挑戦が続いている.

[髙橋裕子]

福祉国家とジェンダー

Welfare State and Gender

福祉国家はジェンダーと密接に関わり合いながら発展してきた．歴史的に見ると，多くの国々において，福祉国家の初期の段階から女性は，社会福祉による救済の対象になると同時に，社会福祉サービスの提供において重要な役割を果たしてきた．アメリカも例外ではなく，20世紀初頭から，夫と死別した女性に現金を給付するプログラムが州や地方自治体で導入された．また，セツルメントなどを拠点に貧困者の救済にあたったのは，ソーシャルワーカーの先駆となったジェーン・アダムズのような女性たちであった．

❖福祉国家の成り立ち　アメリカでは，自助の精神が根強く社会に定着し，勤勉に働きさえすれば誰もが経済的に上昇できると考えられてきたため，ヨーロッパの先進諸国に比べると社会保障制度の設立は遅れた．全国的な社会保障制度が開始されたのは，大恐慌の最中の1935年にフランクリン・D. ローズヴェルト政権の下で「社会保障法」が成立してからであった．同法の下で，母親年金は児童扶助へと名称を変え，連邦政府の補助金を得て給付が拡充された．また39年には，老齢年金保険制度に遺族年金が併設され，加入者である夫が死亡した場合，妻と子どもが給付を受けられるようになった．こうした制度は，男性を稼ぎ手，女性を家事・育児の担い手とする伝統的なジェンダー観に基づいたものであり，近代的な家族モデルを維持することを目的としていた．

❖福祉爆発と女性　第2次世界大戦後，アメリカ経済は繁栄し，福祉国家は拡充を続けたが，ジェンダー中立的な制度への転換は見られなかった．1960年代に入るとリンドン・B. ジョンソン政権の下で，フードスタンプ（食料切符）やメディケイド（医療扶助）などが導入されるとともに，児童扶助は要扶養児童家族扶助（AFDC）へと改称され，受給要件が全体的に緩和されたため，離婚したり未婚のまま子どもを持つ女性が多く受給するようになった．

公民権運動の進展と相まって，全国福祉権利組織などを中心にマイノリティの女性に福祉の受給を勧める活動が展開されたこともあり，60年代後半には黒人女性が受給者の約半数を占めるに至った．現実には受給者の大半が数年で福祉を離れているにもかかわらず，性行動が非道徳的で真面目に働こうとしない黒人女性が福祉に依存し，福祉爆発を招いているという非難がなされるようになった．

❖福祉改革の進展　その後，アメリカ経済の低迷により，福祉を受給している女性への批判はいっそう強まり，受給者の就労を進める動きが本格化した．ロナルド・W. レーガン政権期の1988年には「家族支援法」が制定され，3歳以上の子どもがいるAFDCの受給者は就労支援を受けることが義務付けられ，受給者へ

の職業訓練や教育が徹底されるようになった．また，子どもの父親から養育費を強制的に徴収する制度も導入され，子どもの扶養において家族の責任が強調されるようになった（☞項目「婚姻」）．

90年代に入ってからも財政赤字の削減という大義の下で，社会福祉関連の支出削減は続けられた．96年にはビル・クリントン政権下で，「個人責任と就労機会調整法」が成立し，大胆な福祉改革が行われた．同法によってAFDCが廃止され，新たに貧困家庭への一時的扶助（TANF）が導入されたが，受給は生涯で最長5年に制限され，受給者は原則として2年以内に就労しなければならなくなった（☞項目「貧困と福祉」）．同法の下で，州が主体となって行う就労支援が徹底され，受給者は可能な限り早く仕事に就くように指導される一方で，保育サービスを拡充する予算が増やされ，仕事と子育ての両立が謳われた．また，両親がそろった「健全な家庭」がアメリカ社会の基本単位となるべきであるという考え方が強調され，結婚を奨励して未婚の母を減らしたり，婚外子を減少させるための対策に連邦政府の補助金が州へ交付されるようになった．

90年代の福祉改革は，期待どおりの成果が上がったと一般的に評価されている．確かにAFDC/TANFの受給者数の推移を見ると，95年の1,360万人から97年の1,094万人，2001年の542万人へと大幅に減少し，その後，08年には400万人を割り，最低を記録している．ただ，TANFの受給者の約9割は，未婚ないしは夫と離・死別したシングルマザーとその子どもからなる家族であり，福祉を離れても低賃金の不安定な仕事にしか就くことができず，多くが生活上の困難に直面している．

2008年のリーマンショック後も景気の低迷による失業者の増加に伴い，フードスタンプやメディケイドの受給者は増えたが，TANFの受給者数はほとんど変わらず，もはや現金が直接給付されるタイプの福祉プログラムは，セーフティネット（安全網）としてほとんど機能していないのではないかという見方も出てきた．

❖❖今後の課題　このようにアメリカという福祉国家は，ジェンダー中立的な改革を経ないまま，大きく後退を続けている．育児や介護など依然として女性が多く担っているケア労働を経済的に評価し，社会的な権利として社会福祉の受給を認めることが，この問題の根本的な解決につながる．福祉受給者が，就労支援を受けて労働市場に参入するだけでは，経済的な自立にはつながらないという現実に鑑みると，職業訓練や高等教育を受ける機会を増やし，知識や技能を習得して，女性がより良い仕事に就けるように環境を整備していく必要があるだろう．労働市場の構造的な欠陥，なかでも性別に基づいた職種の偏り，賃金格差，不安定な雇用形態をなくしていくことで，福祉から就労へというプロセスが初めて意味を持つようになる．

[佐藤千登勢]

戦争と女性

War and Women

戦時における女性の役割は，銃後の支え，軍周辺の仕事，戦闘員という順に拡大していき，戦闘員として軍隊に正式に参入するのは 20 世紀末になってからである．ただし，アメリカ先住民社会の一部ではもともと戦時における女性の役割が大きく，宣戦布告や停戦の権限を持つ女性，首長や戦士として戦う女性，ポカホンタスやサカガウィアのように調停役を果たす女性がすでに存在していた．

❖銃後の役割　銃後で女性が果たす役割の大きさは，独立戦争以来の伝統とすらいえるだろう．独立戦争では，イギリス製品不買運動や紅茶ボイコットの際のハーブティ栽培などのように，買い物や家内製造といった日々の生活自体が政治的な行為であり戦争協力となった．また，独立を成し遂げ共和国の理念を守る有徳な市民を育てる「共和国の母」としての役割も重要だった．同時に，女性が愛国的であるということは，家族の男たちを戦いに送り出すことを意味していた．

こうした女性たちの銃後の役割を，政府が大々的に後押ししたのが第 2 次世界大戦である．政府は，女性たちに対し戦時情報局（OWI）を通して，野菜などを自家栽培する「勝利の菜園」をつくることや，戦時国債を購入することを求めてプロパガンダを進めた．同時に，戦争は女性たちが家庭の外で就労することも推進した．すでに第 1 次世界大戦時には，軍需産業や政府の官僚機構で働く女性が出現していたが，第 2 次世界大戦では，政府が主導して兵役に就く男性に代わって女性たちが働くことを求めた．特に OWI は，軍需産業で軍用機のリベット打ちや部品の組み立てなどをする女性を「ロージー」と称して，女らしさを失わずに愛国心を示すことができると宣伝し，多くの女性がこれに応えて重工業で働いた．

一方，女性たちの中には反戦／平和運動に参加する者もいた．史上初の女性連邦議会議員であるジャネット・ランキンは，両世界大戦時に議会の宣戦決議に反対票を投じた．ベトナム戦争の際には女性だけのデモとしては最大規模のデモ行進が彼女の名を冠している．女性の平和運動の団体には，1915 年の女性平和党（WPP）とその後身の女性国際平和自由連盟（WILPF），主婦たちの平和のための女性ストライキ（WSP）などがあり，母性を基盤にした連帯が見られた．

❖軍周辺の女性たち　軍隊には，料理人や洗濯女のようなキャンプ・フォロワーと呼ばれる非公式な軍の随行者がいる．その中には，海外に駐屯する軍人と結婚する女性「戦争花嫁」もいた．アーネスト・ヘミングウェイ『武器よさらば』（1929）でアメリカ人兵士と恋に落ちたイギリス人看護婦の物語からもわかるように，看護婦は戦争花嫁になり得るが，アメリカ社会や軍は彼女たちを売春婦扱いしたこともあり，この三者の境界は曖昧だ．売買春に対しては，主に性病対策

の観点から軍が関心を持ち，軍の方針は軍人の自己責任・自己規律を旨とした売買春禁圧策であったが，実際の統制は各司令官や駐屯先の社会状況によって異なった．

一方，軍は独立戦争時から女性たちを看護に動員していた．南北戦争を経て平時からナイチンゲール方式による看護婦養成が始まり，米西戦争における看護婦の活躍が陸軍と海軍の看護部隊の設立に結び付いた．第1次世界大戦時には，契約軍医として女性も海外に派遣されたが，男性軍人・軍医との地位の差は大きかった．1947年の「陸海軍看護婦法」により看護部隊が正規軍に常設され，ようやく看護婦に男性士官と同様の階級と待遇が保障されることになった．

また，独立戦争時の「355」という女性スパイや，南北戦争時の偵察としてのハリエット・タブマンの重用のように，戦時の諜報活動には多くの女性が身を投じた．第1次世界大戦までは，ハローガールズ（陸軍通信隊女子電話交換手部隊）も軍歴を認められなかったが，第2次世界大戦以降は戦略諜報局（OSS）や中央諜報局（CIA）といった政府機関で女性が重要な役割を果たすようになる．

❖**女性戦闘員**　独立戦争時のヒーローとして有名なデボラ・サムソンのように，男性として入隊した女性たちは存在したが，軍隊が正式に女性を雇用したのは第1次世界大戦時の事務職であった．第2次世界大戦では多数の女性が軍隊に参入し，1942年の女性陸軍補助部隊（WAAC）に続き，海軍や海兵隊などが女性予備隊を創設した．軍属扱いであったWAACは，翌年には女性陸軍部隊（WAC）として正規軍に昇格したものの，非戦闘領域に職務を限定された．48年の「女性軍隊統合法」によって軍内で女性が常設配置され，51年には女性軍人のための国防諮問委員会（DACOWITS）が創設されたとはいえ，女性比率の上限や軍務の制限などにより，男性と同等には扱われなかった．

ベトナム戦争を機とした徴兵制廃止と志願兵制の導入は，女性軍人数の飛躍的な増加をもたらした．それに伴い男女間で異なる軍人の処遇が改められ，訓練や非戦闘職での男女統合が進められた．その結果，91年のテイルフック事件をはじめとする軍隊内の性暴力が問題化した．同時に人種統合も進められ，湾岸戦争時には女性は派遣軍の7%を占めたが，そのうち40%がアフリカ系だった．

94年に定められた女性軍人の「戦闘排除」も徐々に解除され，2013年には女性の配置を禁じてきた例外規定の全面的撤廃に至った．この背景には，軍隊内の平等がない限り市民的平等もないという論理があった．その結果，女性が前線に出るようになり，これまでになかった女性軍人をめぐる問題が発生している．例えば，イラク戦争では，女性捕虜の救出作戦が愛国心高揚に利用された一方で，捕虜虐待事件に加担した女性が注目された．さらに，退役後の心的外傷後ストレス障害（PTSD）への女性特有の対応が遅れるなど，問題は山積している．

[豊田真穂]

労働と女性

Women in Labor

労働市場に参加する女性が増加したことは，近代における最大の変化の一つである．しかし今世紀の初頭までは，女性が働くことは一般的なことではなかった．女性は子どもを産み育て，家事・育児を担当するという社会規範が強固であり，女性の労働力率は20%でしかなかった．そしてその構成員も，特定の階層（若年層，未婚，労働者階級，黒人，移民）に集中していた．第2次世界大戦中に女性の労働力率が30%となったのは，あくまでも軍需産業の増加と労働力不足という例外的な理由によるものである．

図1 工場労働者ロージー [BLS REPORTS December 2015, U.S.Bureau of Labor Statisitics]

図1は，従来女性が従事しなかった機械工や技術労働者へと女性を誘う有名なポスターであり，その種の労働に従事する女性は460%増加した．しかし大戦終了後には，軍需産業の終わりと男性労働者の復帰により，女性の労働力率は低下した．しかしその後の産業構造の変化と経済の発展を背景にして，女性の労働力率は次第に上昇した．家事が電化され，技術革新により女性の職種も拡大され，女性が家庭を守るという家族観も変化した．女性の労働力率は1960～80年代にかけて急速に増加し，90年に入ると多少速度を落として現在に至っている．その間の顕著な変化は，小さな子どもを持つ女性労働力率の上昇であり，いわゆるM字型の労働力率は，80年までにほぼ消滅した．女性労働率が最高に達したのは76.5%（2000）で，その後多少減少して，現在は74.3%（2016）である（図2）．

❖ **法的権利の拡大**　働く女性の増加の背景には，「公民権法」を成立させる社会運動と連動した，女性の法的平等を目指した労働政策の拡充があった．1964年の「公民権法」の成立に先立つ63年に「同一賃金法」が公正労働基準法の修正として可決され，同等の労働に従事する被雇用者は，男性も女性も同等の賃金を支払われるべきだと規定した．ただし，行政職・専門職・管理的職種は適用外とされたが，72年の改正により，それらの職種も含まれた．「公民権法」は，人種的マイノリティと同様に女性に平等なチャンスを提供する画期的な法であり，その第7章「雇用機会の平等」により，雇用上の差別を禁止した．同法はまた，法の施行を監視し，調停を行う機関として雇用機会平等委員会を設置した．同法は，72年の改正により委員会の権限も拡大した．

もう一つ付け加えるべき法の成立は，78年の「包括的雇用訓練法」である．これは低所得の女性の経済的地位を高めることを目的とした法であり，女性の低

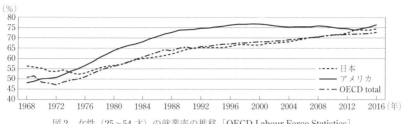

図2 女性（25～54才）の就業率の推移［OECD Labour Force Statistics］

賃金職業への偏りをなくし，より賃金の高い男性の占める職業に就くための職業訓練を行い，さらに雇用に必要な施策（保育所の整備など）を行った．このような一連の法の制立は，アメリカの女性解放運動が築き上げた光の部分である．しかしその反面，まだ取り残されている課題も少なくない．

❖**母性保護と保育問題** 男女平等を推進するための法律が先行した結果として，母性保護（と保育問題）がとり残された．働く女性が増大し，なおかつその大多数が子育て世代であるということは，出産を企業がどう取り扱うかという問題が懸案になるということである．有給出産休暇が制度として成立し，また公的保育制度が整備されている日本と異なり，アメリカは先進工業国で唯一，有給出産休暇を制度として持たない国である．1978年に制定された「妊娠による差別禁止法」が唯一の出産に関する連邦法である．同法は，妊娠を病気や怪我と同等に取り扱い，妊娠を差別の対象とはしないことを規定した法である．出産休暇の有無，その期間，有給・無給については，個々の雇用主に委ねられている．

このような状況下において，93年に「家族と医療休暇法」が成立した．同法は，50人以上の雇用者を抱える企業に適用され，1年以上の勤続者で，前年に1,250時間以上働いた雇用者に対して，①出産，養子縁組，里親のとき，②子ども，夫または妻，親（義理の親は含まない）が病気のとき，③雇用者自身の病気のとき，に限って1年間に12週の，職場復帰を保障した無給の休暇を取ることを認める法である．同法は，無給であること，小規模の企業にとっての負担が大きいことが批判されてはいるが，連邦法によって最低限のレベルを規定した法であり，各州は，連邦法を下回ることはできない．また専門職ではない，短期や臨時の雇用者として働く女性（今まで出産休暇を持っていなかった女性たち）にとっては有効であると評価されている．それに加えて，アメリカの公的保育支援は限定的であり，児童税額控除と，保育費用の税額控除という税制上の優遇措置が中心である．低所得者層に対しては，連邦政府から州政府に与えられる給付金を用いた保育支援が行われてはいるが，限定的なものにすぎない．それらに該当しない一般的な働く親たちは，市場で提供されるさまざまな民間の保育事業を利用せざるを得ない．

［杉本貴代栄］

性産業

Sex Industry

　金銭を対価に性的なサービスや商品を供する性産業は，いまや巨大である．それはビジネスであるとともに，性的規範を左右し，人の振る舞いや社会の在り方を規制する糸口ともなり，異議申し立ての場ともなる．

❖性産業の巨大化　性産業を歓楽街での小事業と見ることは妥当ではない．1953年創刊の『プレイボーイ』誌は，ヌード写真を大衆消費財に押し上げた．80年代のビデオプレイヤーとケーブルテレビの普及で，個人はその居室でアダルトビデオを観賞することができる．2000年頃からのインターネットの普及は，ポルノグラフィの家庭への浸透を加速する一方で，ネットを介した多様な性交渉やデートを可能にし，ひるがえってテレフォンセックス，ストリップ，買売春まで各種の需要を掘り起こした．性産業は広く深く根を張っている．

　性産業について正確な統計を得ることは困難だが，2002年の総合社会調査（General Social Survey）によれば，男性の18%は売買春の経験があり，過去1年間に成人指定ビデオを観たのはアメリカ人男性の34%，女性の16%，ストリップを観たのは11%の男女に及んだという．インターネット利用者の25%は月に1度は成人向けサイトを閲覧しており，検索エンジンでのセックス関連検索は20%に及ぶ．業界推計で，2006年にはビデオの販売，レンタル，インターネット成人向けサイト，テレフォンセックスなどで，三大テレビネットワークの合計収入を凌ぐ130億ドルを売り上げた．無料ネットサイトの増加で成長鈍化とも報じられるが，顧客層と業態は拡大しており，大手ホテルチェーンや通信・放送企業から個人事業主に至る業界の裾野は広い．

❖性産業の近現代史　性の商品化を不道徳とみるか容認するかの綱引きの下で，性産業は展開した．現在のネバダ州一部地域での買売春の合法化は例外的で，性産業は各地方自治体で有形無形の規制下での黙認を通例とする．その規制はことに女性たちを管理下に置き，男性顧客の性愛には相対的に寛容である．女性を娼婦と淑女に二分し，男性には婚姻外セックスを認める二重規範を指摘できる．

　この論争は歴史的変化の下にあり，しばしば社会的秩序の要とされた．特に19世紀末から20世紀初頭に，性産業は強い懸念を呼んだ．奴隷制が廃止され人種主義が活性化する中で，適切なジェンダーやセクシュアリティが正統なアメリカ市民の在り方を保証するとされたからである．相次いだのは，性産業規制を足掛かりとして社会を規律をする試みであった．南北戦争後の1873年に成立した「コムストック法」は猥褻物の郵送を禁じた．東南欧そしてアジアからの移民への警戒が高まる中，売春婦の入国を禁じた「1875年移民法」以降，ジェンダー

は移民法の焦点の一つであった．移民犯罪者が白人女性に売春を強制する白人奴隷批判運動は告発の実態を欠いたが，人身売買を疑われる女性の州間移動を禁じる1910年の「マン法」を成立させ，移民への敵意を煽った．売春を性病伝染源と見なした10年代の性衛生運動とともに，移民や労働者の管理を図る手段ともなった．

避妊具の普及と相まった60年代の性革命以降，婚姻関係内外での性愛は活性化し，ビデオやインターネットといった技術革新を背景に性産業もまた隆盛の途上にある．一方，80年代以降，フェミニスト哲学者キャサリン・マッキノンらは，ポルノグラフィは単に性的に露骨なだけでなく，そこで撮影される者（しばしば女性）を従属的，差別的，見世物的に描き，その者に被害を与えると批判した．人を性的に思いのままにできる対象として扱い，暴力的に支配するという意味で，人身売買に匹敵する人権の侵害だという指摘は，性産業の黙認を問い直している．

図1　COYOTEの資金集めと広報パーティーのポスター（サンフランシスコ，1974）

❖**セックスワーカーとは誰か**　逸脱視，犯罪者扱い，あるいは被抑圧性の強調が，性産業従事者の実像を見えなくしてきたとも批判される．事態を打開しようとする運動や研究が始まっている．

1960年代の公民権運動の波を受けるように，性産業に従事する人々もまた声を上げ始めた．フェミニスト活動家マルゴ・セント・ジェイムズが73年にサンフランシスコで設立した全米初の売春婦人権団体コヨーテ（COYOTE：Call Off Your Old Tired Ethics）は，売春の非犯罪化を求めた（図1）．77年に活動家キャロル・リー考案の新語「セックスワーカー」とともに，長く不可視だった人々の声と権利を求める機運の高まりである．80年代のエイズ・パニックに応対して，医療・保健サービスの提供が取り組まれる．性産業従事者に法的支援を提供するセックスワーカーズ・プロジェクト（SWP）などが一般市民の啓蒙，性産業従事者の教育，労働条件の改善などを図っている．2003年設立の性労働者アウトリーチ・プロジェクト（SWOP-USA）は，諸地域での活動を全国化する試みである．同組織は，12月7日を「性労働者に対する暴力撲滅の日」としている．

こうした諸運動とともに，セックスワーカーの実態調査も進んでいる．ジェンダー，世代，人種エスニシティ的にも多様で，労働者であり，時に起業家であり，主体的生活者でもある人々である．巨大化し主流化する性産業の全体像が，その社会的な側面まで含めて今ようやく立体的にとらえ直されようとしている．

[松原宏之]

性暴力・性犯罪

Sexual Violence / Sexual Crimes

性と暴力，犯罪が違和感なく結び付いたのはいつからなのだろうか．「性」そのものが，女性にとって問題となり，その両義性が議論され始めた第2波フェミニズムに性暴力の歴史をめぐる一つの画期を見ることができる（☞項目「フェミニズム」）．性暴力の定義は広い．強姦からハラスメントまで，物理的な侵害から精神的な抑圧，言葉による脅迫まで，論者によってさまざまだ．その定義の難しさにも，フェミニズムの歴史が反映されているといえよう．

暴力行為とはそもそも，物理的力をもって他者の意志に反して，その身体や所有物を破壊，もしくは侵害することである．すなわちそれは，社会の法制度が遵守すべき自然権（自由意志，身体，所有権）の侵害であり，公法上最も厳しく処罰される．ところが，社会に広範に見られる強姦は，他の暴力行為とは異なる理解をされてきたし，現在もなお，同意の有無や，加害者と被害者との関係や強姦事件の持つ社会的意味をめぐる議論は尽きない．

❖**強姦をめぐる歴史**　強姦の歴史は，人類の歴史と同様に古い．すでに『旧約聖書』には，「男を知ったすべての女を殺せ．男と寝たことのない若い女は君たちのために生かしておいてよい」という，イスラエル兵へのモーセの言葉が残っている．

1960年代に新左翼運動に参加したウーマン・リブ世代の女性たちは，政治経済問題に集中する男性中心の運動とマルクス主義理論を批判し，運動の中で自身が経験した女性差別と資本主義社会における男性支配を結び付けながら，女性抑圧の根源とは何かを自問し始める．

70年，スーザン・グリフィンが論文「強姦─アメリカ最大の犯罪」を雑誌に掲載し，強姦は三大犯罪の一つでありながら，なぜ真剣に議論されてこなかったのかと問題提起する．同年，ケイト・ミレットは『性の政治学』で，男性作家による女性に対する性暴力が描写され，文学作品として流通している現状を，家父長制が支配する政治として告発する．

スーザン・ブラウンミラーが75年に公刊した『私たちの意志に反して─男性，女性，強姦』は，個人の意志の尊重を原理とするはずのアメリカ社会の矛盾が，強姦に表れていることを端的に批判した．開拓時代，奴隷制から強姦の歴史を掘り起こしていくブラウンミラーは，「男はそれを我慢できない」といった男性の性衝動に強姦の原因をみる神話を打破し，支配関係の中で強姦を理解する道を開いた．こうしたフェミニスト思想家たちの思索によって，強姦（奴隷制下，女性奴隷に対する白人主人のそれは合法行為であった）が，個別の逸脱行為ではなく

むしろ，政治的な支配の一形態であるという認識が高まっていく．

❖戦時性暴力　「戦時の強姦に対する男性の態度は，奇妙である」とブラウンミラーが論じるように，戦時の強姦は不可避で，敵の攻撃による二次被害にすぎず，もし犯罪だと認められてもそれは，女の持ち主である男の所有権侵害だと考えられていた．戦争と同様に人類史上強姦や性暴力は絶えなかったものの1998年のローマ規定で初めて，強姦，性奴隷，強制売春，強制妊娠，強制避妊措置などが，戦争犯罪として規定された．

❖セクシュアル・ハラスメント（セクハラ）　強姦でさえ，戦時下，奴隷制下，夫婦間であれば，その行為は犯罪と見なされず，被害者たちは沈黙を強いられた．第2次世界大戦後，公的領域に進出し始めた女性たちが直面したのは，女性だからと貶められたり，意志に反する性的アプローチを断ると不利益を被ったり，女性として経験するには不快な職場環境であった．女性の公的な活動を妨げるこうした行為には，名前がなかった．1979年世界で初めて，キャサリン・マッキノンがセクハラを法体系の中に理論的に位置付け，世界に影響を及ぼした．

　マッキノンの定義によれば，セクハラとは，社会的に両性が不平等に位置付けられているその権力関係を利用し，その不平等を再強化する行為で，性差別である．性差別的行為を被害者女性と加害者男性との差異に起因させるのではなく，両性間の不平等な権力関係を問題視する姿勢は，前者の差異理論と区別され，支配理論と呼ばれる．暴力を個別の逸脱行為ではなく，歴史的な権力関係の中で理解する点で，セクハラ理論もまた，70年代のウーマン・リブから生まれた．

❖ヘイトスピーチ　個別の侵害行為を，ある集団に対する差別として概念化しようとするフェミニストの試みは，ヘイトスピーチの法理にも影響を与えようとしている．9.11同時多発テロ以降急増した，イスラム諸国出身者に対する憎悪表現について，法哲学者のジェレミー・ウォルドロンは『ヘイト・スピーチという危害』（2012）において，マッキノンのポルノグラフィ論を高く評価した．

　合衆国憲法第1修正で保障された表現の自由を守るため，アメリカでは，ヘイトスピーチ規制立法に反対する専門家が多い．しかし，歴史的に不利な立場に置かれてきた女性をステレオタイプ化し，そのイメージによって公的な機会に対するアクセスを制限することを，構造的な女性蔑視・性暴力の一つととらえたマッキノンに依拠することで，ヘイトスピーチは，個人への攻撃というよりむしろ，個人の尊厳を守るべき社会の秩序に対して危害を与えていると，ウォルドロンは主張するのだ．

　強姦をはじめ性暴力は，なぜ特定の集団に属する者たちが暴力にさらされやすいのか，といった問題提起を生んだ．その発見は，支配的な社会的地位にある者たちには見えないかたちの暴力，つまりそうした暴力を可能にし，許容さえしている社会状況そのものを暴力として浮上させる力をも持っている．　　［岡野八代］

ジェンダーとサブカルチャー
Gender Subculture

　性的マイノリティが権利や承認を求めて起こす運動は，運動主体の多様性をどの程度正確に汲み取っているかという問いに常にさらされてきた．例えばフェミニズム運動は，白人異性愛者の主張ばかりを優先させ，黒人やレズビアンの利害を省みていなかったなどという批判は，その代表的な例である．

　だが，そもそも集団の成員のアイデンティティに関わる差異は，私的ないし個別的な事柄であり，公的に争点化できるような普遍的要素ではないと考えられてきた．これはつまり，リベラリズムを支える公私二元論と重なる構図に相違ない．特に性は，本来私的要素の最たるものと考えられ，性的指向はひときわ根強く，個人的趣味と見なされる状況が続いてきた．

　それと表裏一体の現象として，性的マイノリティと呼ばれる人が，公的には達成できない自己表現や欲求を，より限定されたグループの中で充足してきたさまざまな例が確認されている．例えば19世紀以降の女性文化にしばしば見られたシスターフッドという友愛関係は，男性の前で自由に振る舞うことのできない女性たちが，嘲笑や軽蔑，誤解を恐れず自己を語り，女友達だけと夢を共有できる準公的な「親密圏」にほかならなかった．

　同じ指向を持つ者たちと，一時の享楽を共有できるサブカルチャー空間は，生きるに難い社会のうちに設えられた避難所の役割を果たしてきた．また，そこで繰り広げられる活動は，時に鮮烈な社会批判を示すものともなったのである．その一例として，ニューヨークを中心としたハウス・カルチャー，つまりダンスと酒を楽しむための遊興施設に花開いた文化現象が，近年注目を集めている．そこで開かれたのは，多様なジェンダーやセクシュアリティ，人種的背景を持つ人々が，趣向を凝らした仮装をし，男／女，黒人／白人の固定観念を揺さぶったり，笑いの種にしたりしながら，ダンスの腕を競い合うコスチューム・パーティであった．異性の着衣で踊るその催しは，ドラァグ・ボール（異性装舞踏会）と呼ばれている．

　1920～30年代を中心に複数確認されているこのイベントは，血のつながらない者が集う「家」の役割を果たしていた．とりわけハーレムで開かれた「ファンメイカーズ・ボール」というパーティは，アメリカで「家族の祭日」と認識される感謝祭にぶつけられ，一般国民の休日の祝い方に真っ向から挑むかたちとなっていた．しかし，そこに集まる者の連帯意識は，黒人教会に匹敵するほど堅固なものであったという．もっともこの時代，公衆の場での異性装はいまだ犯罪とされていた．

　市民権を得られない欲望が，倒錯的な方法で「よき市民」の観念に抵抗すること．この私的な抵抗が一定の効果を発揮するには，長い時間が必要である．さらに人が心を許せる空間が，酒場やナイトクラブ以外にないという現象は，大きな問題といえるだろう．性的指向は単なる趣味ではなく，公的な承認の必要な「差異」であるという考え方は，このような例から育っていった．

[新田啓子]

HIV／エイズ
HIV / AIDS

　1981年，ロサンゼルスに住む複数のゲイ男性がニューモシスチス肺炎にかかっていることが報告されると，その数週間後には，ニューヨークとサンフランシスコで，ゲイ男性たちがカポジ肉腫と診断された．81年末までに200人以上ものゲイ男性がニューモシスチス肺炎あるいはカポジ肉腫を発症した．これがアメリカにおけるHIV／エイズの流行の始まりとされる．実際にはその前からHIVに感染したゲイ男性以外の人々もいたが，HIV／エイズは当初，ゲイ関連免疫不全（GRID）と呼ばれ，「ゲイの病気」だとされた．

　HIVに感染後，「指定された23のいずれかの疾患」を発症して初めてエイズと診断されるという事実は，エイズがそれ自体として自然に存在するのではなく，誰かがエイズを定義し，その条件を限定していることを示している．つまり，HIV／エイズとは医学的な現実であるだけでなく，文化や政治によってかたちづくられる現実でもあり，フェミニスト医学史家ポーラ・トライクラーによれば「意味の疫病」なのである．だからこそ，エイズ禍にいち早く反応した活動家たちは，エイズの意味や感染者のイメージをみずからコントロールし，つくり出していくことを運動の重要な柱としたのである．

　82年には，ニューヨークとサンフランシスコで主にゲイやレズビアンによるエイズ・サービス組織が発足し，「エイズとともに生きる人々」（PWA）への医療および社会的サポートが始まった．こうした組織から，よりラディカルな方向性を主張して分離したのがアクトアップ（ACT UP，力を解き放つためのエイズ連合）である．87年に発足したこの組織は，抗HIV治療薬の認可プロセスの迅速化や値段の引き下げを求めるデモ，臨床試験の対象や決定プロセスに女性や非白人を含む感染者を「専門家」として含めるよう主張するデモを展開していった．一部のメンバーは常にビデオカメラを持ち歩き，運動を記録し，それを仲間に向けて発信するという，メディア・アクティビズムを実践した．グラン・フューリーといったアーティスト部隊は，強烈な視覚的インパクトを持った作品で公共空間を満たし，アートによる社会運動を実践していった．

　ACT UPなどの運動は，禁欲ではなくセーファー・セックス（より安全なセックス）の普及を目指した．エイズ禍で同性愛者に対する嫌悪や差別が蔓延していたからこそ，国家による身体の管理や性的自由の侵害に抵抗し，異性愛規範から外れる性的行為や関係性を肯定し，快楽の多様な可能性を追求しようとした点に，この運動の特徴がよく表れている．HIV／エイズのための運動は，都市に住む中産階級の白人ゲイ男性中心の運動であったと批判されることもある．彼らはHIV感染者，エイズ患者として最初に可視化され，また積極的に運動（アクティビズム）に関わっていったことも事実である．しかし，実際にはレズビアンを含む多くの女性，非白人，低所得者が参加し，運動の目標は健康保険制度の改革を含むより包括的なものに変化していった．HIV／エイズ禍は，医療機関，行政，企業にはびこる同性愛嫌悪や人種差別，階級差別といったアメリカ社会が抱える根本的な問題を多くの人に再認識させる結果となった．　　　［菅野優香］

ヒラリー・クリントン
Hilary Rodham Clinton

　ヒラリー・クリントンは，女性の社会進出を阻む「ガラスの天井」に挑戦し続けたが，2016 年の大統領選挙で共和党ドナルド・トランプに敗れ，初の女性大統領の夢は実現しなかった．敗北演説では，少女たちの夢を担えた幸せを語り，「正しいことのために戦うことに価値があると信じ続けてほしい」と呼びかけた．

　ヒラリーは白人アメリカ女性の成功を象徴してきた．1947 年，イリノイ州シカゴ郊外の保守的なメソジストの家庭に生まれ，ウェルズリー大学へと進み，卒業生総代となった頃には，「政治は不可能を可能にするためにある」と語り，ベトナム戦争時代の若者の代表に躍り出た．イエール大学法科大学院を経て敏腕弁護士となり，ビル・クリントンと結婚，アーカンソー州知事夫人時代，大統領夫人時代を通して，夫より有能といわれ続けた．上院議員を経て，2008 年の大統領選挙では民主党予備選で候補を降りたが，バラク・オバマ大統領の国務長官を務めた．しかし，16 年の選挙では，初の女性大統領を待ち望む声はかき消され，長年中枢にいた既成政治家として厳しい非難にさらされた．多額の政治資金を得てきた姿は，富裕層ヒラリーを印象付けていた．ミレニアル世代の若年層は社会民主主義を掲げるバーニー・サンダーズの支持に回り，オバマ大統領成立の背景にあった黒人票の獲得も容易ではなかった．女性票の一部もドナルド・トランプに流れた．キャリアを押し出さず，夫を支えながら自身のライフスタイルを広めるミシェル・オバマ夫人が好感を得ていたこととは対照的であった．止めを刺したのは，国務長官時代に私設メールサーバーを使用していたことへの不信感が拭えなかったことだった．外交手腕も，内向きのアメリカでは評価されなかった．グローバル化を背景に生まれた，白人低・中間男性層の閉塞感を大衆迎合の怒りへと広げ，女性蔑視発言で批判されたトランプが勝利したことは，ヒラリーの無念をいっそう際立たせた．

　夫の不倫スキャンダルへの葛藤を素直に語った自伝，『リビング・ヒストリー』（2003），出馬キャンペーンと見なされた国務長官時代の回想『困難な選択』（2014）などの著書がある．しかし，『村中みんなで』（1996）こそが，女性と子どもの権利の擁護者でありたいと願うヒラリーの使命観を知る著作だろう（☞項目「女性の政治文化」）．大きなビジョンやアメリカの夢が語れなかったヒラリーが「ともに立ち，強くなろう」とキャンペーンで想起させたのは，かつて，小さな共同体でともに助け合い，町から国家へと分断を乗り越えて歩んできたアメリカの歴史だった．しかし，多様性や他者への寛容を訴える声は届かず，国民皆保険，移民法改革，銃規制，クリーンエネルギーなど，これまで尽力して来た政策も，みずからの手での実現は望めなかった．アメリカ女性にロールモデルを提供し続け，その華麗な経歴ゆえに敗れた不屈の政治家として記憶されるだろう．

[杉山恵子]

12. 生 活

　「アメリカンライフ」という表現があるように，アメリカの生活は独特のもの
だという印象がある．むろん，他の社会と同様，アメリカの人々の生活はきわめ
て多様なものだし，簡単にまとめられるものではない．

　とはいえ，アメリカ的な生活のイメージは長い間，世界の多くの人々の憧れと
なってきた．とりわけ第2次世界大戦後には，豊かな物資に恵まれた消費社会で
幸せな生活を送る白人の姿が映画や書籍などを通して世界各地にあふれていた．
アメリカの生活は資本主義社会の成熟と勝利を象徴するものとされたのだった．

　もちろん，そのようなイメージは，人々の現実の生活とはさまざまな面で異な
るものでもあった．

　本章では，衣食住や余暇，人間関係など，生活の基本項目を取り上げ，アメリ
カンライフの神話とその現実や矛盾について考えたい． ［矢口祐人／松本悠子］

家　族

Family

　アメリカの家族をひと言で表せと問われれば，それは多様性である．この多様性は家族形態，家族関係や子育て環境に反映されているし，人種，移民の歴史，居住地域による違いも含まれる．父母子で構成され，父親が大黒柱，母親が家族の面倒を見る役割を担う核家族はアメリカの伝統的な家族といわれることが多いが，この家族形態はもはや7％程度の少数派である（☞項目「家庭」）．共働きで子どもありと子どもなしの夫婦が約30％を占め，残りの約6割は一人親家庭や配偶者の少なくとも一方の結婚前の子どもと一緒に生活するステップファミリーと呼ばれる家族である．また，アメリカでは2015年6月に同性婚が合憲と見なされたが，成人LGBTの約37％が子育ての経験があるという（General Social Survey, 2008, 2010）．

❖**親子関係**　幼少時からアメリカの親は，子どもを人格を持つ一個人として扱い，常に対等に接するように努める．同時に，子どもの自立をうながす環境をつくり上げることが重要であると考えられている．その一例として，出産前から家の中にベビールームのスペースを確保して，誕生後は乳幼児と別室で就寝したりする．また，幼少の頃から社会性や公共心を厳しくしつけることが多く，親だけではなく，子どもがいたずらをしたときは周囲の大人も注意をするなど，他人の子どものしつけに関わることも頻繁にある．

　このように，子どもの頃から自立をうながされ，親と対等な関係を築き上げていくことが重要視されるので，子どもの個性を尊重した親子関係がよく見受けられる．子育てに関する親の最大の関心事は子どもの自立であり，高校を卒業すると同時に，大学進学であっても，就職するとしても，また大学や職場が親の家の近くにあっても，子どもは家を出て経済的な自立を目指す場合が多い．しかし，このパターンは親の社会階層によって異なる傾向にある．中間層以上では子どもの教育に奔走し，エリート大学へ進ませたい親が多い．一方で，低所得者層では子どもの教育に関心を持ちたくてもその余裕がない親が多くいる．

　アメリカ人の余暇活動は，家族間の話し合いで決定するのが基本であるが，最終的には親の意思が反映されることが多い．また，親子関係よりも夫婦関係が重視されているアメリカでは，夫婦のみあるいは子どものみの余暇活動も多い．夫婦で外出する場合は，子どもを同伴することは少なく，よって近所の高校生などのベビーシッターを確保しておくことは重要である．

❖**子育て環境**　共働き家庭が多いため，家庭内での家事・育児における父親と母親の分担は重要だと考えられてはいるが，いまだ，母親がこれらの責任を担って

いることが多い。しかし，日本と比較すると，積極的に食事づくり，食後の片付け，洗濯，掃除などをしている父親は多い。また，父親でも子育てに関与することは当然と思われているので，子どもの習い事や学校の行事には父親と母親両方が参加する傾向にある。アメリカの家庭の特徴としては，家族全員が分担して家事をする場合が多いことである。自分でできることは自分でやるようにと育てられてきた子どもたちが，自分の部屋だけではなく，リビングやトイレなどの掃除や洗濯の手伝いをする場面がよく見受けられる。

今日では，職場環境が整備され，事業所内保育所ができて，それを活用する親もいるが，同時に，パソコンやインターネットを利用し，場所や時間にとらわれずに働く勤労形態のテレワークなどを駆使して，自宅で働きながら子どもを育てることも可能になった。しかし，最も頻繁に見られる子育て環境は，デイケアセンターやデイケアホームであろう。前者は日本の保育園に近い形態であり，後者は個人（母親が多い）が自宅を開放して自分の子どもを含む10人程度の子どもの面倒をみる形態である。アメリカでは公立の保育施設はないが，デイケアセンターはさまざまな種類があり，教育プログラムに重点を置くものから，子どもの世話を見るだけの施設もある。デイケアホームは安全面などの基準を超えていることや保育士に犯罪歴がないかなどをクリアして認可されるものである。州により方法や回数は異なるが，これらの認可保育施設では，年に数回程度，行政からの検査が入り，改善すべき点などについての指導を受けている。アメリカ全体の保育施設の質を確保することは不可能であり，無認可保育園に関しては，保育の最低基準を満たしていない場合も多くある。

富裕層の親は，自宅で子どもの面倒を見てくれるナニーやベビーシッターを雇うこともある。ナニーは通常，雇い主家族と同居して子どもの面倒をみるが，ベビーシッターは通いで子どもの世話をする。ナニーやベビーシッターは親類や知人であることも多いが，斡旋会社から紹介されるプロを雇う場合も多くある。

✣**祖父母との関係**　子どもと同居している祖父母は日本と比較して少ないが，人種間の差があり，移民であるか否かによっても異なる。つまり，アジア系やメキシコ系アメリカ人や移民の家族の場合は老親との同居率が高くなる傾向にある。一般的に三世代家族は珍しい状況ではあるが，世代を超えた関係や交流は活発に行われている（図1）。親が近居である場合は日頃からの交流があるが，遠距離の場合でも11月の感謝祭（サンクスギビングデー）やクリスマスには家族そろってお祝いをすることが一般的である（☞項目「祝日・祭日」）。

図1　多様な人種構成（白人，アジア系・メキシコ系アメリカ人）の家族

［石井クンツ昌子］

アメリカンホーム
American Home

緑豊かな郊外の道路に沿ってほぼ同規模の区画に建てられた核家族を対象とした一戸建の住宅が並び，各住宅の前には芝生があり，住居部分の横にガレージがある，というのがアメリカの住宅の典型的なイメージであろう．

❖**郊外に住む**　郊外の住宅は，概ねアメリカの我が家のあるべき姿，すなわちアメリカンホームを基本としている．20世紀に入り，住宅の近代化や科学に基づく合理的な家事や育児が論じられるとともに，シンプルで装飾を最小限にしたデザインや清潔な台所やバスルームなどの設備が重視されるようになった．多目的な居間を中心とする共有スペースのある住宅が家族の一体性を保つと推奨され，アメリカンホームの基本となった．第2次世界大戦後に定着した古典的なアメリカンホームの家族像は，夫は郊外から都市部に通勤し，妻は家事の専門家であり，夫婦ともに子どもの教育に熱心で，休みには裏庭で隣人とバーベキューを楽しむというものである．

20世紀後半以降，既婚女性のさらなる社会進出とフェミニズムの運動によって，このようなアメリカンホームを理想とする傾向は弱まったように思われた（☞項目「フェミニズム」）．しかしながら，20世紀末に見られた生活コーディネータと称するマーサ・スチュワートの人気は，手をかけた家事やインテリアの工夫による家庭生活への憧れが専業主婦だけでなく働いている女性にも依然としてあることを示している．

❖**住宅所有者の国**　我が家，とりわけ一戸建のアメリカンホームを所有することは，アメリカンドリームの象徴であった．我が家を所有することは社会的ステータスを獲得するだけでなく，社会の安定や法と秩序の維持に貢献する良い市民の証明でもあるといわれてきたのである．実際，2004年には，成人人口の69％が住宅を所有していた（Harvard University, 2016）．白人だけでなく，いわゆるマイノリティの人々も，所有率は全人口の割合より下回っているものの，住宅所有の夢を追い求めている．住宅を所有することは，言うまでもなくどこに住むかを選択することである．20世紀を通して，アメリカのミドルクラス（中産階級）の住宅地では住民の同質性が安定と安全，さらには住宅の財産価値の保

図1　戦後のアメリカの家族—夢の我が家の前で
[Binder, F. M. et al.,2004]

証をもたらすと考えられてきた．そのため住民間や不動産業者との間で，住宅建築の様式，規模，最低価格の規定および商業施設の必要以上の侵入を防ぐ契約が結ばれ，住民自治によって同質性を保つ努力が続けられている．60年代までは，多くの住宅地で，この契約の中に非白人人種の流入を規制する条項が含まれており，地域で住宅をめぐる人種間の摩擦が起きていた．60年代の「公民権法」（☞項目「公民権運動」），とりわけ68年の「公正住宅法」成立以後，あからさまに人種や外国人を排除の対象とすることはできなくなり，移民第1世代やアフリカ系アメリカ人などのいわゆるマイノリティなど，多様な人々が郊外に住むようになった．

　しかし，住宅の価格や区画の大きさを揃えることによって，各地域の住人の収入の程度や職種は依然として限定され，住宅地は細分化されている．いわば隔離された多様性ともいうべき現象が郊外に見られるのである．その頂点ともいえるのが，安全を確保するために警備員を配置し，高級住宅地を壁やフェンスで囲んだ文字通りのゲーティッド・コミュニティであろう．

❖都市　一方で，都市中心部のスラム街に暮らす人々の住宅事情は劣悪である．都市の再開発や政府による低所得者向けの住宅助成政策も行われたが，たとえ再開発されたとしても，低所得者用のアパートには，結局アフリカ系アメリカ人をはじめとするマイノリティや貧困者が集まり，他の地域から隔離された状況を再生産することになった．20世紀後半，大都市では借家人の権利運動やNPOによる住宅改革運動が見られたが，改善は困難である．今日，都心に取り残された低所得者層の雇用の機会はさらに減少しており，家賃が上昇する中で彼らの住宅の状況は厳しさを増している．結果として，ニューヨーク市のような大都市は，最高級アパートが並ぶ地区と，家賃を払えるかどうかという毎日を送る人々の住む地区という二つの顔を併せ持っているのである．

❖21世紀のアメリカンホーム　2007～09年のサブプライムローン住宅危機に端を発する経済の落ち込みにより，ローンが払えず家を失う人が急増した（☞項目「金融危機」）．その後，住宅市場はようやく回復の傾向を見せている．15年のアメリカ住宅調査の統計によると，全住宅のうち一戸建は6割であり，そのうち3ベッドルームの間取りが約4割を占めることからも，郊外の一戸建を好む傾向は維持されていることがわかる（U.S. Government, 2016）．しかし，住宅価格が上昇し，手頃な価格の住宅が供給不足であるため，依然として中間層以下には住宅所有は困難な状況である．統計上も，16年の段階では住宅の所有率は04年の数字をわずかながら下回っている（Harvard University, 2016）．サブプライムローン危機の後，住宅の所有がアメリカンドリームの象徴であるという考え方自体に警鐘が鳴らされたといわれる．格差社会がこれ以上深刻化すれば，アメリカンホームの在り方は大きく変化するだろう．　　　　　　　　　　　　［松本悠子］

食文化

Food Culture

アメリカの食文化は，画一化と多様化という両極的変化が複雑に絡み合いながら発展してきた．加工食品やファストフードに代表される規格化された食が広まる一方，移民が持ち込んだエスニックフードや，リージョナルフードと呼ばれるアメリカ各地の郷土料理など，多様性も大きな特徴の一つである（図1）．

❖**移民国家アメリカ** アメリカの食文化は，移民の国としての歴史を如実に反映している．多くのアメリカ先住民グループは，トウモロコシ，豆，スクウォッシュ（カボチャの一種）を主要農産物として食しており，これらの食材はヨーロッパ系入植者の食生活にも取り入れられた．

16，17世紀に大西洋を渡った植民者らは，慣れ親しんだ母国の食生活を新天地アメリカで続ける一方，先住民らの豊富な食材の恩恵を受け，新しい食文化を築いていった．例えばスクウォッシュを使ったイギリス風のパイなど，ヨーロッパと先住民の食が融合した料理も誕生した．

図1 ノーマン・ロックウェル《欠乏からの自由》（1943）．欠乏からの自由とは，1941年，一般教書演説の中でフランクリン・D.ローズヴェルト大統領が掲げた「四つの自由」の一つである．豊かで幸福な生活の象徴として，国民的行事の感謝祭を祝う理想的な家族の一幕が描かれている

19世紀末から20世紀初頭には，急増する移民を「アメリカ化」させるための食生活改革が社会運動家らによって推進された．当時，アメリカ北東部のヨーロッパ系白人の食事（主にイギリス由来）が「アメリカ的」な食事とされ，マッシュポテトやベイクドビーンズなどを食べることが推奨されたのである．一方で，世界各地からの移民が，多種多様な食文化をアメリカに持ち込み，さまざまな移民グループの食文化が融合した新しい料理も生まれた．例えばメキシコ系移民の多かったテキサス州では，肉やチーズ，さまざまなスパイスを追加したアメリカ的メキシコ料理が生まれ，これらは20世紀後半になると「テクスメクス」と呼ばれる料理ジャンルとして定着した．

またアメリカ南部では，奴隷制の影響からアフリカ由来の料理が今でも広く食されている．ニューオーリンズで有名なガンボと呼ばれるスープは，アフリカから持ち込まれたオクラを混ぜるのが特徴で，アフリカとアメリカの食材が融合した，奴隷制の名残をとどめる象徴的な料理である．

❖食品産業の発展と味の画一化　19世紀末以降，食品生産の工業化が進み多くの加工食品が生み出された．1870年代に加工技術が著しく発展した缶詰は，20世紀初頭までに多くの家庭で食べられるようになり，特に生鮮食品の流通が減少する冬場には重宝された．また，コーンフレークスに代表される朝食用シリアルなど，さまざまな加工食品が誕生し，アメリカの食生活は大きな転換期を迎えた．

1920年代には冷凍食品の商品化が始まり，50年代までに爆発的な人気を誇るようになった．季節や気候に左右されることなく，パッケージから取り出し多少の手を加えるだけで，誰もがいつでも同じ味をつくることが可能となったのである．その他，ハインツ社のケチャップやゼネラル・ミルズ社のベティ・クロッカー・ケーキミックスなど，大企業のブランドを冠した加工食品は今でもアメリカ家庭料理の重要な一部をなしている．これら大量生産された加工食品は，調理時間の短縮など便利さを提供する一方，料理の画一化を促進させることとなった．

また，外食業界でも食の画一化が進み，20世紀半ば以降，味および調理の規格化を図り成功したのがファストフードチェーン店である．なかでも40年にマクドナルド兄弟が創始したマクドナルドは，48年に短時間調理とセルフサービスシステムを取り入れ，その後世界的ハンバーガーチェーン店に成長した．その他ケンタッキーフライドチキンやピザハットなど，ファストフードチェーンは，速いサービスとどこでも同じ味を提供することを保証することで世界的に人気を博してきた．一方，巨大アメリカ資本，特にマクドナルドの世界進出は，食文化の画一化・アメリカ化の象徴とも見なされ，フランスなど一部の国・地域では出店規制が行われている．

❖新たな多様性の拡大　ファストフードチェーン店や加工食品産業の発展は食の画一化の象徴である一方，近年ではチェーン店や加工食品の多様化が顕著となっている．一例が，メキシコ系料理を扱う「チポトレ」や，サラダを中心に提供する「チョップト」である．チポトレ傘下の「ショップハウスキッチン」は東南アジア料理を主体としたファストフードチェーン店である．食生活の多様化や健康的な食生活への関心の高まりにより，不健康なイメージの強いハンバーガーやピザなど従来のファストフードに対し，これら新興チェーンは近年人気を集めている．

また，加工食品の種類も多様化し，オーガニック食材を用いた冷凍食品や缶詰，低脂肪や無加糖の菓子・スナック食品などは，便利さ・食の安全性・健康志向などの消費者ニーズに応えるものとして売り上げを伸ばしている．

食の多様化や選択肢の拡大により，多くの消費者は多種多様で豊かな食生活を送ることが可能となってきた．その一方，オーガニック食品や生鮮食品は，一般的な加工食品に比べ価格が高いため低所得者層の食卓に上ることは少なく，食の格差拡大が大きな社会問題ともなっている（☞項目「オーガニック・ライフスタイル」）．

[久野　愛]

肥　満

Obesity

　肥満とは，体脂肪が体内に過剰に蓄積し健康被害をもたらす可能性のある状態を指す．一般的に，体重と身長を基に計算するボディマス指数（BMI）が30以上になると肥満と診断される．肥満は，糖尿病・心臓病・高血圧などの疾患に結び付くことが多く，3人に1人が肥満だといわれるアメリカでは，肥満関連の医療費支出が急増しており，その額は年間1,740億ドルにも上る（図1）．このため肥満の増加は，個々人の健康被害のみならず，社会全体の経済状況を左右する問題でもあり，解決に向けて国をあげた取組みがなされている．

❖**連邦政府の肥満対策**　1950年代以降，連邦政府はメディアや学校を通じた食育や運動の促進など，積極的に肥満対策に取り組んできた．56年，青少年の体力向上・健康増進を目指し，ドワイト・D.アイゼンハワー大統領が大統領直属の機関である「青少年の体力に関する大統領審議会」（PCYF）を設立した．また，国民の食生活向上を推進するため68年に連邦政府内に設けられたマクガバン委員会は，77年，「米国の食生活目標」（通称，マクガバン・レポート）を発表した．肉・脂肪類の摂取削減を薦めた同レポートは，業界団体から激しい抗議を受けたものの，その後の栄養教育の基盤となっている．また保健福祉省は，79年以降，健康増進と疾病予防について10年ごとの国民の目標を定めた「ヘルシーピープル」を発表している．2010年，バラク・オバマ大統領は，PCYFを大統領フィットネススポーツ栄養審議会（PCFSN）と改称し，従来の運動促進・体力向上のほか食生活改善も活動の一環に加え，国民の生活習慣全般を通した肥満対策に乗り出した．同年2月，ファーストレディのミシェル・オバマは，アメリカに蔓延する肥満の原因の一つは幼少期からの生活習慣にあるとして，子どもの肥満撲滅キャンペーン「レッツムーブ」を立ち上げた．子どもの食習慣改善と運動促進の両面から肥満問題の解決を図っており，10年間にわたって毎年10億ドルの予算を拠出し，30年までに肥満の子どもの割合を現在の17%から5%（1970年代水準）にまで引き下げることを目標に掲げた．同年

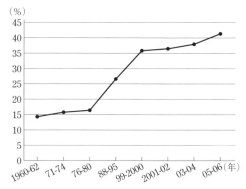

図1　全人口に占める肥満率の変遷（20〜74歳）
［Centers for Disease Control and Prevention, 2008 より作成］

12月には，オバマ大統領が，子どもたちの飢えや肥満をなくす取組みに関する法案「健康で飢えのない子どもたちのための法」を可決した．この法案には，最新の栄養基準を満たす給食を提供する学校には追加補助金を出すことや，地産地消をうながす仕組みづくり，給食を利用できていない子どもたちにも行き届かせる態勢の整備などが盛り込まれている．同法案の成立を受けて，12年に農務省は，学校給食の質・栄養改善のため，果物や野菜を増やし塩分や脂肪分を減らすなど，新たな栄養基準を約15年ぶりに発表した．しかし，政府の過度な介入に否定的な保守層は，個人の食生活に政府が関与することに反対し，「レッツムーブ！」などの取組みに批判的である．

❖**肥満と経済格差**　今日，肥満は国や地域・性別・生活水準によらず多くの人々にとって問題であるものの，概して低所得者層でその割合が高い．特に貧困問題を抱えるアフリカ系やヒスパニック系，先住民系コミュニティでは，成人・子どもを問わず肥満率が高くなる傾向にあり，経済格差が食生活の在り方に大きな影響を及ぼしているといえる．これは，健康意識を高めるための情報が十分に行き渡っていないことのほか，健康的な食事，特に生鮮食品が安価には購入できないことも原因の一つである．貧困層が集まる地域では質の良い野菜・果物を扱う店が少ない．こうした「食料砂漠」と呼ばれる生鮮食品の購入が困難な地域の拡大が，近年，アメリカおよび世界各地で大きな問題となっている．大量の砂糖が入った炭酸飲料や脂肪分の高いスナック菓子などの方が安価で手軽に購入できるため，カロリー過多で栄養価の低い食生活となる傾向がある．また，貧困地域には，身近に運動のできる公園やジムなどの施設が整備されていないことが多く，安全で気軽に健康づくりを行える環境が整っていないことも肥満蔓延の原因である．肥満対策には，個々人の健康・食生活意識の改善と向上のほか，食品の流通・販売経路の改善やスポーツ施設といったインフラ整備など，社会的・経済的構造の見直しも不可欠となっている．

❖**ヘルシー志向の拡大**　近年アメリカでは，オーガニック食品やスローフードなど，より自然で健康的な食生活を求める機運が高まっている．その先駆者の一人は，1971年にカリフォルニアでシェ・パニースというレストランを開いたアリス・ウォータースである．ウォータースは，地元中学校で農園をつくり生徒たちに安全で健康的な食事を提供する食育プロジェクトを推進している．また，スポーツへの関心も全国的に広がっている．2016年のスポーツジム会員数は約5,700万人に上り，10年間で34％増加した．スポーツクラブ業界の市場は，2000年の120億ドルから16年までに280億ドルへと急成長を遂げている（Statista, 2017）．一方，貧困地域でのインフラ不足など地域格差が深刻化している．食生活改善や運動に関する適切な情報の普及と環境整備と並んで，経済格差縮小が政府および業界団体の課題となっている．　　　　　　　　　　　　　　　[久野　愛]

オーガニック・ライフスタイル

Organic Lifestyle

　健康志向や食についての関心が高まっているアメリカでは，近年，食の安全性の問題や健康食品やサプリメントの効能，また食料生産時の倫理性や環境への影響についても消費者の関心が広がっている．近年はグローバル化の進展と大量消費型社会に対峙するオーガニック・ライフスタイルという考え方が登場し，食品に限らず，衣料品や日用品から化粧品に至るまで，健やかで環境に優しい価値観と生活習慣に基づいた商品がミドルクラス（中間層）を中心に支持されるようになった．オーガニック取引協会（OTA）によると，2015年度のアメリカ国内のオーガニック市場規模は433億ドルに達し，09年から4年間で11％も成長している．

図1　USDA オーガニックマーク

❖**オーガニック（有機）の定義**　アメリカでは「オーガニック食品生産法」（ORPA）が1990年に制定され，アメリカ農務省（USDA）はこの法律によって定められた全米オーガニックプログラム（NOP）という認証制度を導入している．その基準に基づいて生産された食品やその他農産物はUSDAオーガニックマークの貼付を許可される（図1）．つまりオーガニックの農産物とは，化学肥料や殺虫剤などの農薬を使用せず，より自然な状態で栽培された農産物であり，農業資源の循環をうながし，生態学的バランスを保ち，生物種の多様性を保存することを念頭に生産されたものを意味する．具体的には，化学肥料，下水汚泥，物質を変質させる放射線照射や遺伝子組換えの使用などを認めないとする（NOPのHPより）．オーガニック・ライフスタイルの概念は近年拡大解釈され，例えば以下のような運動と結び付き，消費者の間に浸透しつつある．①サスティナビリティ（持続可能な農業）の実現，②動植物や環境に対して倫理的な消費と生産方法の模索，③発展途上国支援につながるフェアトレードの啓蒙と実践，④徹底した効率化を目指すファストフードに対抗して，1980年代にイタリアで生まれた土地固有の食文化の保存と伝承を掲げるスローフード運動，⑤食物輸送の際の二酸化炭素排出量と距離の関係から環境に与える影響を考慮し，地産地消をうながすフードマイル運動，⑥法令遵守や納税の義務にとどまらず，安全で公正な商品の生産や提供を社会的責任（CSR）として食品企業に求める活動，などがあげられる．

❖**オーガニックの時代背景**　アメリカでは20世紀に農業が急速に機械化され，科学技術に依拠して生産効率を高め，耕作面積を拡大することが重視されるようになった．1950年代になると化学肥料や農薬の使用も急増し，農場の集中化が進んだ．大規模農業が登場すると，食品加工産業とも結び付きアグリビジネスと

呼ばれ，世界的規模で食品市場を支配するようになった．こうした動きに対する批判は30年代頃より見られたが，60年代になると，カウンターカルチャー（対抗文化）の若者たちによって，オーガニックであることが権力と富が集中化する社会への批判の手段として見いだされた．企業主導の大量消費型社会および食品流通システムに対して不満を抱いた都市在住の若者たちが，19世紀以前の地域に根ざした小規模システムをユートピアと見なし，その復活を目指して自給自足を実践し，農業と土地への回帰運動を起こした．さらに，レイチェル・カーソンによる『沈黙の春』（1962）の出版以降，70年代に環境保護問題にも関心が集まるようになると，持続可能な社会と社会正義の実現を求める動きとも結び付いて，オーガニック・ライフスタイルへの支持は高まっていった（☞項目「有害物質と対策」）．動物由来の食物の一部あるいはすべてを回避する菜食主義は，グローバル化し巨大化した食肉産業に対し，消費者が動物愛護・環境保全・健康維持の立場から社会正義を求めた結果とも解釈できる．

　こうしたなか，スローフード運動活動家アリス・ウォータースが登場する．サンフランシスコ郊外のバークレーにシェ・パニースというレストランを開店し，安全性や環境に配慮し，カリフォルニア近郊で有機栽培された素材を用いたカリフォルニアキュイジーヌを提供し始めた．現在に至るまでの彼女の食の啓蒙活動の内容と多大な影響力は，前項で取り上げられている通りである（☞項目「肥満」）．

　また今日，全米各地ではファーマーズマーケット（直売所）が開催され，スーパーマーケットの商品より多少高価でも，近郊で穫れた有機食品を求める人々で賑わいを見せている（図2）．

❖**大量消費かオーガニックか**　有機農産物は元来，小規模農場で栽培され，小さな健康食品店などで販売されていた．しかし，今日ではホールフーズマーケットなどに代表される大企業の経営するスーパーマーケットでも取り扱われるようになった．研究者のジュリー・ガスマンはさらに，オーガニック市場は近年急速に産業化し，グローバル化していることを指摘する（Guthman, 2014）．オーガニックの概念が人々の生活に浸透すればするほど，従来オーガニックを実践してきた小規模家族農場は大企業との競争にさらされるようになった．より多くの消費者に安全な商品をどのように提供していくかが，今後のオーガニック市場の課題といえるだろう．　　　　　［今井祥子］

図2　フィラデルフィア市内西部のファーマーズマーケットで売られていたオーガニックの野菜
［筆者撮影，2011］

高齢者

Senior / Elderly

2016年の大統領選挙では，70歳間近の高齢の候補者が火花を散らし話題となった．ドナルド・トランプは1946年生まれ，対するヒラリー・クリントンは47年生まれで，両者の政治的な立場は大きく異なるものの，ともにベビー・ブーマーの高齢者（boomer elderly）である．

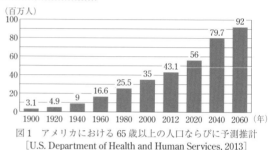

図1　アメリカにおける65歳以上の人口ならびに予測推計
[U.S. Department of Health and Human Services, 2013]

第2次世界大戦後の経済的繁栄を享受し，支えてきたベビーブーマーが今日，老年期に突入している．高齢者（65歳以上）の人口は2012年で4,310万人（全人口の13.7％），40年には7,970万人（21％）に達することが予想される（図1）．衛生水準の改善，医療とテクノロジーの発展，法整備（1967年の「雇用における年齢差別禁止法」や1990年の「障害をもつアメリカ人法」）により，過去には考えられなかったほど，今日高齢者は活動的に暮らしている．定年後や子育てが一段落してから新たな目標を定め，意欲的に活動する第3世代（Third Age）も登場するほどだ．

❖**高齢化社会における医療と介護**　ベビーブーマーが老年期に入り，高齢者数が一気に増加することは，アメリカの社会保障制度にどのような影響をもたらすのか．高齢者は若者に比べて医療に費やす額が大きい．結果，高齢者の医療を支えてきたメディケア（1965年に成立した，高齢者・障害者向け公的医療保険制度）費が急増している．国立保健統計センター（NCHS）の報告書（「アメリカの保健医療2015年版―人種・エスニシティによる医療格差に関する記事を含む」）によれば，1973年に730億ドルであったメディケア費は，2014年には5,807億ドルに達した（NCHS, 2016）．なお，バラク・オバマ政権下の医療保険制度改革により，診療報酬改定時の抑制やメディケアが公認する民間医療保険への予算削減などによってメディケア歳出の抑制が図られる一方，マンモグラム（乳房X線像検査）や結腸内視鏡検査，健康診断などの予防治療が含まれ，以前は自己負担を強いられた処方薬が割引されるなどの拡充が進んだ（☞項目「医者と病院」）．

高齢化はメディケイド（同じく65年に成立した，低所得者向けの医療保険制度）の費用も押し上げてきた．これは，メディケアが短期入院や在宅介護の一部

しかカバーしていないためである．メディケアで支払いが不可能な場合，自宅で介護せざるを得ないが，もし家族が被介護者を支えきれなくなり再び施設へ入居させると，高額の費用（アメリカ保健社会福祉省〈HHS〉によれば，個室の場合 2010 年で月平均約 6,965 ドル）を自己負担することになる．介護により資産を使い果たした高齢者は，低所得者向けの医療扶助制度であるメディケイドを利用せざるを得ない．オバマ政権下の改革により，ナーシングホーム（高齢者介護施設）の情報公開が促進され，利用者から不満が寄せられた際の州政府の手続きが標準化されるなど，ナーシングホームの透明性の確保と質の向上のための対策が導入された．しかし，高齢者とその家族にとって今なお介護の経済的負担が大きいのが現状だ．

全米介護連合（NAC）と全米退職者協会（AARP）の報告書『アメリカの介護』(2015) によれば，アメリカで過去 1 年以内に 50 歳以上の人々の介護労働（不払い）に従事した人は 3,420 万人．介護者の平均年齢は 49 歳で，6 割が女性である．介護は働き盛りの家族，特に女性の肩に重くのし掛かる．高齢化社会は家族介護者の存在を抜きにして語ることができない．

❖**年金支給開始年齢をめぐって**　医療と介護だけでなく，年金支給開始年齢をめぐっても論争が起きている．租税法の専門家アン・L. アルストットは，退職者の増大とともに社会保障信託基金が底をつき，2033 年には支払いが困難になるだろうと予測する（Alstott, 2016）．16 年現在，1943〜54 年生まれの人々は 66 歳が年金支給開始年齢である（今後開始年齢が引き上げられる予定）．しかし生活が苦しい人ほど早くに受給を開始し（現在半数近くが，受給可能となる 62 歳で開始する）結果，毎月および生涯にわたる受給額が減額されてしまう．アルストットは，65 歳以上の高齢者の大半が活動的に暮らしている実態と，現状のシステム（低所得者が早めに受給を開始し，結果受給額が減額される）が格差を拡大している点を踏まえて，支給開始年齢を 76 歳に引き上げ，同時に低所得者の人々が早期に年金を受給する際のペナルティ（罰則）を軽減すべきだと主張する．経済学者のローレンス・J. コトリコフとジャーナリストのスコット・バーンズも，将来世代と現役世代の負担の不均衡を指摘し，長期的な視野に基づき財政問題を分析すべきだと強調する（Kotlikoff et al., 2004／中川治子訳，2005）．

高齢化をめぐって問われているのは財政問題だけではない．高齢化社会を語る上で，誰の権利を重んじるのか（高齢者か，高齢者にケアサービスを提供する家族か，高齢化社会を財政的に支える現役世代か，そのすべての人々か）という点である．欧米諸国の中では高齢者の対人口比が低く，比較的「若い国」と考えられてきたアメリカにおいても，医療，介護，年金をめぐる諸問題は焦眉の急となっている．

[土屋和代]

医者と病院

Doctors and Hospitals

　日本の医療システムに慣れた人が，アメリカで病気や怪我をして診察をしてもらおうとすると戸惑うことが多いだろう．原則的に緊急の場合を除いて，まず先に診療所の一般医や時にはナース・プラクティショナーと呼ばれる専門看護師に診てもらう．そして必要とされる場合のみ病院の専門医に紹介される．診察のための予約をしようとすると「どの保険会社のどの種類の保険をお持ちですか？」と聞かれる．加入している保険会社に事前に連絡しなければならない場合もある．支払い時には，病院サービスと医師サービスなどに分かれた複数の請求書を渡されることがある．さらに，歯科医に治療してもらうときには別の保険証を使わないといけない場合もある．

　アメリカで医療サービスを受けるための手続きは，日本に比べると明らかに煩雑である．このような日米間の異なる状況は，両国の医療制度の発展の違いからくるものである．

❖**医師の専門職化**　アメリカはイギリスから独立を果たした後，医療技術の面ではヨーロッパ主要諸国に明らかな遅れをとる時期が約1世紀続いた．独立と同時に最新の医療を習得していたイギリス人の医者の多くが国外へ脱出したのがこれに大きく影響している（多くがイギリス国王に派遣された植民地支配層とともに本国から来ていた）．また医療技術を発展させるために中央政府権力が介入することもかなり限定的であった．このような環境の中でアメリカの医師たちはみずからの力で医療の専門職化を進める努力を始めた．

　19世紀前半までは，アメリカでは統一された医学教育もなく徒弟制の中で育った者が医業を行ってきたが，それに危機感を感じた医者たちが，1847年にアメリカ医師会を設立したのである．アメリカ医師会は，医学教育や医師免許に関わる制度をヨーロッパ並みに発展させるために強いリーダーシップを発揮した．その中で，歯を治療する者や，骨つぎ，助産，中絶などを行う者を区別し，またホメオパシー（自己治癒力による同種療法）やトムソニアニズム（ハーブを用いる自然出産法）など異端とする医術を用いる者を排除することで，医師の同質性を高めると同時に専門職化・科学化の動きを進めようとした．このような動きは，明治維新後に医学教育や医師免許制度の整備のために中央政府が強力に介入した日本とは対照的である．

❖**病院の発展**　アメリカにおける最も古い本格的民間病院のペンシルバニア病院が設立されたのは1751年であった．しかし当時は，病院は貧困者や精神疾患者を看取ったり，伝染病を患った者を隔離したりする場所であった．

多くの人々にとって病院という施設が病気を治療する場に少しずつ変わっていくのは，19世紀半ば以降である．この時期，産業化が進み，都市への移住・移民が増加した．劣悪な労働条件で長時間酷使される労働者の健康状態は悪く，コレラ，黄熱病，天然痘などの感染症が人口密集地に定期的に広がった．それに対して有効な対処法ができないことに多くの人々が不満を抱いた．19世紀後半になると，医療技術の発展も進んだ．代表的な例として，麻酔薬としてエーテルが使われ始めたことで外科技術が向上したことがあげられる．またバクテリアが病原であることが発見されたのも1860〜70年代である．これらは病院での治療の量と質を向上させた．そしてジョンズ・ホプキンス大学病院が89年に開院されたことは象徴的な出来事である．鉄道王のジョンズ・ホプキンスが私財を投げ打ち，ドイツの大学院大学制度にならってつくった医学部と付属病院は，アメリカにおける医学教育や病院運営に多大な影響を与えた．

このような民間主導の医学教育や病院制度の発展はその後も続き，第2次世界大戦直後に議会を通過した「ヒル＝バートン法」（民間病院の設立に公的財政補助を提供するプログラム）によってさらにその動きが強化された．

❖医療保険の発展　19世紀末にはドイツで，20世紀初頭にはイギリスで公的医療保険プログラムが導入された．それに刺激を受けたアメリカの改革派も同様のプログラムを導入すべく運動を始め，それは後に医療皆保険運動へとつながっていく．しかしこの動きは2度の大戦によって中断され，さらにはアメリカ医師会からの猛烈な反対にあい，挫折を余儀なくされた．

1930年代から民間保険が成長していたことも反対派に有利な材料を提供した．すなわち，反対派は民間保険のさらなる拡大を代替案として主張できるようになったのである．

第2次世界大戦時に，戦時動員の効率化を目的に連邦政府が採用した税制によって，民間保険を給与外手当として従業員に提供する企業が増え始め，この流れは戦後も加速した．しかし民間保険が拡大しても無保険者がいなくはならなかった．そこで60年代になると，民間保険に加入できない高齢者層にはメディケア，そして貧困者層にはメディケイドが設立された．それでも無保険者問題は解決せず，80年代後半になると問題は深刻化し始めた．医療技術の発展による医療費の高騰したことや，グローバル化の進展で国際競争が激しくなり，給与外手当を削減する企業が増えたこともその背景として重要である．

2010年3月に成立したオバマケアは，民間保険が中心にあり民間アクターの影響力が強い医療保険システムを大きく変えないまま，無保険者を削減しようとしたものである（☞項目「オバマケア」）．それでもオバマケアは国家権力の肥大化を招いたとし，17年1月に就任したドナルド・トランプ大統領はそれを骨抜きにしようとしている．　　　　　　　　　　　　　　　　　　　　　　　　［山岸敬和］

麻　薬

Drug

　麻薬，大麻，コカイン，酒（アルコール），幻覚剤，鎮痛剤，催眠剤など，人体に影響を及ぼし乱用または依存を生じさせる薬物，工業用物質，嗜好品を精神作用物質と呼ぶ．これらの物質は，使用によって，さまざまな精神作用を引き起こし，急性中毒や慢性の精神症状の出現を引き起こす．社会的問題となるのは，こうした物質使用について，道徳的あるいは法律的問題であるととらえているか否かにかかわらず，物質使用者の自制が効かず，常用の解決ができなくなり，結果として触法状態に陥ったり，生活破綻をきたす場合である．この状態を世界保健機関（WHO）は，「薬物の作用による快楽を得るため，有害であることを知りながらその薬物を続けて使用せずにはいられなくなった状態」として，物質依存または薬物依存（乱用）と定義している．

❖**深刻な薬物依存の実態**　アメリカでの薬物依存の実態については，保健福祉省の組織である薬物乱用精神保健局（SAMHSA）が定期的に実施している調査（NSDUH）の結果が参考となる．これによれば，アメリカの全人口の約40％が生涯に1種類以上の違法薬物を使用したことがあり，約15％が過去1年間に違法薬物の使用経験がある．一生のうちに精神医学領域での治療対象となる者は，全人口の20％とされている．SAMHSAが発表した，2013年の調査によれば，12歳以上の者で過去1カ月間に違法薬物を使用したことがあるのは，2,460万人と推計されており，これは12歳以上の全人口の9.4％にあたる（図1）．この違法薬物には大麻，ヘロイン，幻覚剤，吸引剤，精神治療薬の非医学的使用などが含まれている．そしてこの使用割合は，毎年増加しているとデータは示している．これらの薬物依存のうち，最も使用割合が高いのが大麻であり，12歳以上のうち推定1,980万人が使用している．

❖**乱用を助長する社会背景**　国際薬物犯罪事務所（UNODC）が発表した『世界薬物報告書』（World Drug Report, 2016）によれ

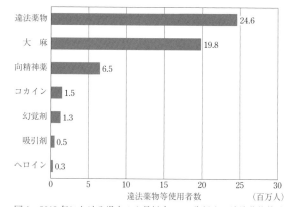

図1　2013年における過去1カ月以内の12歳以上の違法薬物等使用者〔HHS，2013より作成〕

ば，薬物使用に関連した死亡者のうち北アメリカが23%を占めるとされている．大麻やコカインなどの使用についても北アメリカでの多さが指摘されている．また，2010年の国際麻薬統制委員会（INCB）の報告でもアメリカは依然として違法薬物の主要受け入れ国であると指摘されている．世界的に見てもアメリカ国内における違法薬物の使用は蔓延しているといえる．その一例として，大麻があげられる．大麻は，世界で最も多く乱用されている薬物である．大麻使用時，一過性の酩酊状態となり，多幸・恍惚状態をきたす．使用後の催眠作用も有する．種々の医療効果も認めていることから，歴史的には医薬品として用いられたこともある．

　一般的に，薬物依存には，精神依存と身体依存とが存在する．精神依存とは，その薬物を使用せずにいられなくなった精神状態である．身体依存はその薬物を使用することによって，かろうじて生理的平衡を保持できる状態を指し，使用を中止すると，さまざまな身体的離脱症状が出現するようになる．身体依存は薬物依存形成過程において，より深刻である．大麻には身体依存がないことから，有害であるか，法的に規制すべきかは各国で対応が異なってきた．日本においては，「大麻取締法」により，大麻の所持および使用が厳格に規制されている．一方アメリカでは，州によって対応が異なっている．これまでも20ほどの州で医療用大麻の販売と保持が認められていたが，2014年1月からは，コロラド州で嗜好用大麻の所持と栽培が合法化された．

　また，例えば注意欠陥多動性障害（ADHD）と診断される子どもがアメリカでも日本でも増えてきているが，その治療に処方される薬剤が依存性の高い刺激性の効果を伴っている．日本においては，使用をためらう医師が多いが，アメリカにおいては，比較的使用が一般化している．こうしたアメリカに根ざした，薬物に対する社会文化的認識が薬物乱用の背景にはある．

❖**国家レベルの対策と問題の深淵化**　アメリカにおける薬物乱用の対策は，精神医学的カウンセリング入院によるリハビリテーションプログラムなど個別の医療的アプローチのみならず，連邦政府レベルでの国家的対策として進められてきた．1981年に就任したロナルド・W.レーガン大統領は，麻薬との戦争（War on Drugs）政策として，麻薬犯罪者の取締りを強化し，法的な規制も推し進めた．しかしながら，薬物乱用者の再犯は課題であった．このため，薬物関連犯罪の被告人を通常の刑事司法手続ではなく，薬物依存から回復させるための治療的な手続により，その手続のすべてを修了した被告人には罰を科さないという裁判制度（ドラッグコート）の導入も行われた．2009年に就任したバラク・オバマ大統領の下では，薬物乱用防止や国際支援に力点を置いた包括的な政策プログラムが実施された．政権が変わっても，薬物乱用の問題は深刻な国家的課題として根強く続いており，アメリカの財政を圧迫する喫緊の課題として位置付けられている．

［杉江拓也］

ホームレス

Homeless

||||||||||||||||||||||||||||||||||||||||||||||||||||||||||||||||

　アメリカ住宅都市開発省（HUD）が2016年11月に連邦議会に提出した報告書によれば，その年のホームレスの総人口は54万9,928人に及んだ．同省はホームレスについて，「夜間に，安定し，正常で，適切な住居を持たない人」と定義していて，この中には路上生活者だけでなく，シェルターをはじめとする緊急避難施設や支援住宅の滞在者も含まれている．同報告書によれば，調査時のホームレス人口の過半数を占める68％が，何らかの避難施設に滞在していた．また，ホームレス人口の約22％，およそ5人に1人が子どもで，24歳以上が69％，18〜24歳が9％を占めている．これに関連して，35％が子どものいる家族世帯であるという統計も提示された（HUD, 2016）．

　この統計からは，社会を分断する格差構造が若者や子どもの世代にまで広がり，「機会の平等」という理念が根本から揺らぐ実状を見てとれる．また，調査対象となったホームレス人口のうちの3万9,471人が退役軍人で，減少傾向にあるとはいえ，対外戦争による負の連鎖が国内にも影を落とし続けていることは間違いない．

　15年の秋以降，ハワイ，シアトル，ポートランド，ロサンゼルス，サンフランシスコは，ホームレスに関する非常事態宣言を次々に発している．豊かさの象徴ともいえる大都市での住宅価格の高騰を背景に，住む場所を奪われる市民の存在は，社会に広がる不安と絶望の深淵を示すものだ．

❖社会矛盾を映す鏡　いかなる理由があるにせよ，安心して暮らす空間を持てないのは，人として生きる上で最低限必要な尊厳を喪失した困窮状態である．貧困に苦しみ，多岐にわたるセーフティネット（救済策）にも守られない状況に追い込まれているという点で，彼らは極度に周縁化された弱者だ．また同時に，ホームレスとは，歴史を通じて再生産されてきたさまざまな社会矛盾を浮き彫りにする鏡のようでもある．

　ホームレスは「怠け者の自業自得」という偏見があるが，歴史を振り返れば，それは的外れである．例えば，15世紀以降のヨーロッパ系移民の入植によって住処を追われた先住民族は，アメリカ史が生み出した最初のホームレスの一集団だ．入植者は，自給自足の生活を送っていた先住民を，非生産的な野蛮人であると受け止め，土地の収奪を正当化した．西部開拓の名の下に先住民族の土地への侵略が繰り返された19世紀，都市化と工業化が進む北部諸州に移民が次々に流入し，南部の大農園では黒人奴隷の労働力が酷使された．ホームレス問題は，都市部で拡大した貧困層や，南北戦争後に解放された元奴隷の間で深刻だった．

世界経済を奈落の底に突き落とした1929年の大恐慌は，アメリカ社会に大打撃を与えた．この時代の失業者たちは，各地でホームレスの集落を形成し，その総人口は200万人に達したともいわれる．フランクリン・D.ローズヴェルト大統領によるニューディール政策は，このような人々の救済も視野に入れていた．

その後のアメリカは順調な経済発展を遂げ，第2次世界大戦に勝利し，好景気にも恵まれるが，60～70年代にかけて展開するベトナム戦争を経て，再びホームレス問題が顕在化するようになった．戦場で心と身体に傷を負った退役軍人は，帰国後に十分なケアを受けられず，家庭や社会においてみずからの居場所を喪失する者が後を絶たなかった．当時の連邦政府は，受け皿を整えないままに，精神疾患を抱える人々に退院をうながし，地域医療に委ねる政策を打ち出した．しかし，それはホームレス人口の増加につながった．

70年末には大都市でホームレスが急増したが，80年に始まるロナルド・W.レーガン政権による福祉予算の削減で，追いつめられた人々の生活はさらに困窮した．当時，ホームレス問題は地域レベルで解決すべきものと考えられる傾向にあったが，連邦政府は87年「ホームレスのための緊急支援法」（通称，マッキーニー法）を定め，緊急シェルターや支援住宅の整備に乗り出した．

90年代のビル・クリントン政権においては，シェルターを設置するための予算の増額などホームレスの自立を目的とした体制がつくられた．同時に，各地で展開する都市の再生計画において，ホームレスがこうした動きを阻む犯罪者であるかのように見なされ，取締りの対象になる事態が多発した．このように都市部におけるホームレスを，いわゆる公共の秩序を乱す危険のある犯罪者として扱う傾向は，残念ながら現在にも受け継がれている．

❖**若年化するホームレス人口**　2016年6月20日付の『ロサンゼルス・タイムズ』紙は，カリフォルニア州立大学の学生10人に1人がホームレスを経験し，5人に1人が十分な食事をとることもできないほど困窮している，という衝撃的な研究結果を報じた．車上生活を送っている学生の中には，自分が「ホームレス」の定義に分類されることを自覚していない者もいた．また，高等教育を受けているという自覚を持つ学生の多くは，窮状を訴えることに抵抗を感じる傾向にあり，調査には細心の注意が必要であったことも明らかにされた．現場の危機感は高まっており，なかには個人で金銭や食糧を学生に提供している教員もいる．

一方で，キャンパスで開かれるイベントで残った食事を，希望者に無料で提供するプログラムを制度化する試みも始まっている．実態調査を命じたティモシー・ホワイト学長はこのような事態を深刻に受け止め，23のキャンパスで改善に向けて対策を講じることを誓った．アメリカ社会の未来を担うはずの若者を救えるのか，教育現場ならびに，行政が果たすべき役割はもちろん，格差の拡大などホームレス問題を生み出す社会構造の見直しが急務である．　　　　　［鎌田　遵］

移動と交通

Movement and Traffic

1860 年に日米和親条約を批准するためにアメリカの首都ワシントン D.C. へ渡った遣米使節団は，新暦の 2 月 9 日に品川沖を出発し，ハワイ経由でサンフランシスコに着くまで，1 カ月以上，船上にいた．

まだ大陸横断鉄道がなかったので，首都までは再び船旅だった．パナマを経由してようやく到着したのは初夏の 5 月 14 日であった．東京からアメリカ東海岸まで，2 カ月を超える旅だった．当時のアメリカは途方もなく遠かった．

近代資本主義社会の特徴の一つとして，技術の進化により物理的な距離が短縮され，時間が空間を超克するようになったことがあげられる．今日，アメリカ東海岸へは，飛行機の直行便で 12 時間程度しかかからない．

輸送技術の急速な革新は，人々の生活と文化に著しい変化をもたらした．19 世紀以降のアメリカで起きた移動手段の発達の例を鉄道と飛行機を通して見てみよう．

❖**鉄道**　アメリカで鉄道が急速に発達するのは 1830 年代以降である．50 年には約 1 万 4,000 キロもの鉄道が敷設され，その大半が北東部に集中していた．フィラデルフィア，ニューヨーク，ボストンなどの都市がつながり，産業と市場の発展に大きく貢献した．対照的に，奴隷制を基盤にした大農場が発達した南部には，鉄道網はあまり発達しなかった．南北の鉄道網の対照的な状況は，やがて南北戦争として国を分断することになる両地域の溝をよく示していた．

東部の鉄道は西へも伸び，69 年には大陸をつなぐ横断鉄道が完成した．それまで東から西海岸へ行くには，船で北米大陸を周るか，馬車などを使って長い困難な旅をするのが普通だった．鉄道のおかげで，より多くの人が西へ向かう一方，西部の物資が容易に東部の市場に到達するようになった．アメリカの西部開拓は急速に進み，横断鉄道完成からわずか 20 年ほど（1890 年頃）で，フロンティアは消滅した．西部の大草原に満ちていたバッファローはほぼ絶滅し，そこに幾世代にもわたり住んできた先住民（インディアン）は東部からの白人移住者に次々と土地を追われてしまった．

一方，シカゴのような，東部と西部を結ぶ鉄道の中継基地が急成長した．40 年のシカゴの人口はわずか 5,000 人ほどだったが，西部から鉄道を介して送られる農産物等を扱う市場として栄えるようになり，90 年には百万都市になった．

鉄道は，また，アメリカの時間の標準化を生み出した．それまで各地の時間は，原則として太陽の動きに基づいて決められていた．ところが鉄道の全国網がつくられると，時刻表を合わせるために時間を統一する必要が出てきた．81 年，主

要鉄道会社は共同してアメリカ大陸を四つの時間帯に分けた．これが今日のアメリカにおける「標準時」となった．それまでその土地に根付いていた時間は，空間を効率的に連結させるために均一化されたのであった．

　自動車の普及とともに，旅客輸送の手段としての鉄道は衰退した（☞項目「車社会」）．今日，アムトラック社（Amtrak）が全国網を維持しているものの利便性は低い．とはいえ貨物輸送用としての鉄道は今でもきわめて重要である．

❖飛行機　1903 年にライト兄弟がノースカロライナ州で飛行実験を行ってから100 年の間に，航空技術はめざましい発展を遂げ，社会に著しい変化をもたらした．50 年代以降はジェット旅客機が普及し，さらに 70 年代に大型旅客機が導入されると，航空旅行の大衆化が始まった．近年は主要航空会社の寡占化で航空運賃は上昇傾向にあるが，サウスウェスト航空などの LCC（low-cost carrier，格安航空会社）の成長もあってアメリカにおける航空機の利用者は増加し，2015 年に国内・国際線を利用した人の数は 9 億人にもなった．最も乗客数の多いアトランタ空港は年間 5,000 万人もの搭乗者がいる．

　2015 年の統計によると，国外からアメリカへの直行便で入国した人は約 2 億人ほどである．うち日本からは約 1,100 万人で，国内 10 を超える都市から複数の会社が，ときには何便もの飛行機を飛ばしている．昔と物理的距離は変わっていないのに，今日のアメリカはとても近い存在である．

❖移動　遣米使節団がアメリカを訪れた時と比べて，現代の輸送手段はそのスピードも規模も比較にならないほどに発展した．空間は時間に超克され，人も物も移動が容易になった．

　移動はアメリカ人にとってはきわめて重要なものと考えられている．フレデリック・ターナーが『アメリカ史におけるフロンティアの意義』（1893）で述べた「フロンティア論」に代表されるように，移動は自由と連想されるからだ．誰もいないところ（とはいえそこは先住民の土地であった）に行くことで，新たな人生を築くことができるとされる．その具体例としてよくあげられるのが，アメリカ人の引っ越しの多さである．2013 年のギャラップ調査（*381 Million Adults Worldwide Migrate Within Countries*）では，約 4 人に 1 人が過去 5 年に引っ越しを経験していた．2016 年の政府統計では調査対象者の 11％が過去 1 年に引っ越しをしていた．引っ越しの理由は，住宅に関する事情が第 1 位で，さらに家庭の状況，就職関係であった．ただしこれは地域によっても異なるし，人種でも異なる．

　移動とそれを可能にする輸送技術の発展はアメリカ社会を大きく変容させてきた．しかしそれは必ずしも手放しで評価されるものではない．人と物の移動は文化の融合を必ずしももたらすわけではなく，さまざまな衝突や軋轢をも生み出し，環境問題の原因になることもある．自由と連想される移動は常に多面的な評価が必要である．　　　　　　　　　　　　　　　　　　　　　　　　　　　　［矢口祐人］

車社会

Automobile Society

日本で暮らしていても，「アメ車」（アメリカ製の車）は大いに馴染みがある．アクション映画や刑事ドラマのカーチェイス，青春ドラマのデートシーン，さすらう旅人のロードムービー．アメ車は日本のみならず，世界中の人々の心象地図に刻み込まれている．

❖大衆のための自動車誕生　日本の自家用乗用車保有台数が 6,000 万台に対し，アメリカの自家用車登録数は 1 億 8,000 万台余りの約 3 倍である（自動車検査登録情報協会，2016／US Department of Transportation，2014）．アメリカの人口も約 3 倍であるし，それ自体は驚くべき数字ではないかもしれない．ただし，ガソリンの値ごろ感（1 日の平均収入に占めるガソリン代）を国別に比較するとアメリカでは，1 ガロンを購入するのに 1 日の平均収入 156.34 ドルの 1.64％しかかからない．一方で，日本は，1 日の平均収入 104 ドルに比して 4.17％かかる（Bloomberg，2016）．燃料が安いため，より身近な交通手段である．

アメリカでは，鉄道に比べて自動車が明らかに優勢だ．ニューヨークなど東海岸を中心とした一部の都市を除いて，通勤人口の公共交通機関利用率は 5％にすぎない．1890 年頃にはひと通り全米の鉄道網が完成したにもかかわらず，1910 年代以降，自動車産業が鉄道会社に拮抗する勢力になったのには理由がある．例えば，フォード自動車創始者のヘンリー・フォードは，ベルトコンベアを活用して生産効率を向上させ，自動車の大量生産に成功した．モデル T と呼ばれたこの車は，1908 年当初の販売価格 850 ドルを 260 ドルにまで下げることに成功した．とはいえ，1 日 5 ドルの賃金をもらっていたフォード社員でさえ，何カ月分の給与に値する高額な買い物である．そこでフォードは，誰でも買えるように分割払いの制度を始めた．他の自動車メーカーも都市部の交通網だった市電システムとの熾烈な競争の末に勝ち，自家用車が一気に普及した．

❖張り巡らされたフリーウェー　全米に張り巡らされているフリーウェーの建設は，大恐慌時代に雇用創出策の一つとしてフランクリン・D. ローズヴェルト大統領が考案していたものだった．その後，1956 年に全米州間高速国防道路網を建築する連邦法が制定されたが，この全長 6 万 5,000 キロメートルに及ぶ道路網は 35 年かかり，91 年にようやく完成した．郊外化が進んだことでフリーウェーは多くの人が通勤に利用し，渋滞は深刻化している（図 1）．車線数が減ったり，他のフリーウェーと合流する地点は，ことに渋滞が深刻で，フリーウェー渋滞ワースト 10 地点が毎年発表されるくらいである．2015 年のワースト 1 位はシカゴで，637 万ガロンのガソリンが無駄に消費され，渋滞に巻き込まれた人が浪費

した時間を金銭的価値に換算すると4億ドル余りと試算されている（American Highway Users Alliance, 2015）．渋滞解消のために一部区間だけ有料化したり，複数人が1台の自動車で移動することを推奨するカープールレーン（carpool lane）が設置されている高速道路もある．この優先レーンは，運転手含め2人以上（時には3人以上）乗車している場合にのみ通行できる車線で，違反すると罰金が課されるシステムである．

図1　フリーウェーの渋滞

✤**移動する自由は，個人の自由の象徴**　子どものうちは，どこに行くにも親に送り迎えをしてもらわないといけないため，自動車を運転できる年齢になることは，自由や独立を意味する．州ごとに法律は違うが，16歳から運転の仮免許が取れる州が多く，高校から自動車通学する文化が生まれる．1950年代以降，中古車を買うためにアルバイトに励んだり，友達と車で出かけたり，デートは車でドライブに出かけたりと，若者の余暇時間の使い方，交遊相手や方法を大きく変化させた．野外に大きなスクリーンを張り，自分の車の中で映画を見るドライブインシアターも50～60年代に4,000軒もでき，興隆した．現在はその1割程度の規模に縮小している（United Drive-in Theatre Owners Association, 2016）．

✤**次世代自動車の開発とメーカーの覇権争い**　電気自動車がアメリカの市場に本格的に出回り始めたのは，2000年代である．中東の情勢不穏で原油価格が高騰し，また環境問題への関心も高まり，電気自動車の販売台数が伸び始めた．16年夏には電気自動車の通算販売台数が50万台を超えた．ただ，これはバラク・オバマ大統領が11年に掲げた「2015年までに走行台数百万台」の目標には程遠い．

電気自動車の販売がいまひとつ伸びないのは，1回の充電でもつ距離が1回のガソリン補給で走れる距離に比べると，まだまだ短いためである．技術的には1回の充電で300マイルもつ車は開発済みだが，7万ドルもする高級車である．電気自動車や無人自動運転機能など新型自動車の開発が盛んなシリコンバレーだが，実際に1回の充電で200マイル，かつ庶民に手の届く販売価格3万ドルの電気自動車を大量生産できるめどを立てたのは，ゼネラル・モーターズ（GM）社である．新興勢力が技術革新で存在感を表す中で，GM，フォード，クライスラー社のいわゆる自動車メーカー御三家は，まだまだ覇権を手放すつもりはないようだ．日系の自動車メーカーがアメリカ本社を中西部や南部に移転させ，アメ車を脅かす外国企業ではなく，地域の経済促進に貢献しているアメリカの企業であると主張しても，やはり御三家は愛国心をかき立てる特別なシンボルである．

［板津木綿子］

ショッピングモール

Shopping Mall

アメリカの郊外を車で走っていると，しばしば大きな屋内型ショッピングモールを目にする．建物内は空調管理され，広い通路を挟んで衣料品，玩具，スポーツ用品，本，宝飾品などのさまざまな専門店が立ち並ぶ．通路の両端には，有名デパートやホームセンターが店舗を構える．フードコートで食事もできるし，疲れたらモール内に設置されたベンチで休むこともできる．ショッピングモールは，単なる消費の場としてだけではなく，交流の場としても機能しており，週末にもなると駐車場は大混雑し，若者や家族連れなどの老若男女で賑わう．

❖ショッピングモールとは　ショッピングモールとショッピングセンターは，しばしば同義語として用いられ，明確な定義の違いは存在しない．アーバンランド研究所（ULI）が 1947 年に標準化した定義によると，ショッピングセンターという用語は，敷地内に統一感を持って設計された商業施設を指し，専用駐車場を完備していることが条件だった．また，国勢調査局の 2010 年度の統計によると，全米には 1 万 7,773 件のショッピングモールが存在する．

なかでも現代アメリカの生活や消費文化を形成し，ショッピングモール像を体現するのは，郊外にある大規模屋内型ショッピングモールであろう．特に有名なのが，1992 年に開店したミネソタ州ブルーミントンのモールオブアメリカだ．デパートや 520 件以上の専門店やフードコートに加え，ホテルやテーマパークまで備えた全米最大のショッピングモールである．2008 年に起きた世界的な財政危機（リーマンショック）によってショッピングモールの増加率は減少しているものの，依然として増加傾向にある．ショッピングセンターにおける売り上げは 2 兆ドルを超え，これは小売業全体の半分以上を占めている．

❖ショッピングモールの発展　ショッピングモールの原型は，20 世紀初頭に複数の店舗が軒を連ねる形式の商業施設として始まった．1920 年代以降に自家用車が急激に普及すると，郊外に類似の施設が増加していった．第 2 次世界大戦後には，多くのアメリカ人の生活圏が都市部から郊外へ移動し，その結果，駐車場が完備された大型ショッピングモールの需要が高まった．

現代の屋内型ショッピングモールは，オーストリア出身の建築家ヴィクトル・グルーエンが考案した．通路の両端には競合する大型デパートが店を構え，それらを結ぶ通路沿いには小売店が立ち並ぶ，という彼のショッピングモールの基本的設計は，現在にも受け継がれている．1956 年にミネソタ州ミネアポリス郊外にオープンしたサウスデールモールは，グルーエンが設計に関わったアメリカ初の屋内型ショッピングモールである（図 1）．グルーエンは，郊外化によって衰

退しつつあった都市の繁華街に変わるものとして，ショッピングモールが単に消費を目的とするのではなく，人々の交流をうながし，コミュニティを築く公共の場となるような構想を立てた．窓がなく，外部の景色から遮断された空間の中に，空調管理された安全で理想的な繁華街を構築しようとしたのである．通路が交差するところには噴水や植物が置か

図1 サウスデールモール (1956)

れ，店先に雨よけが設けられるなど，古き良き繁華街を喚起するようなさまざまな仕掛けが取り入れられた．いわば人工的な街の中で，人々は散歩をしたり，鉢植えの自然を鑑賞したりしながら消費をすることで，20世紀後半のアメリカ消費文化を形成していったのだ．1980年代には，全米各地に似たようなモールが溢れ，多くのアメリカ人が日常的に訪れる場所となっていった．

しかし，グルーエンが理想として掲げた，社交と消費が融合したコミュニティのためのショッピングモールは，その目的を十分に達成したとは言い難い．確かに，若者が友達と時間を潰したり，年配者が散歩やコーヒーを楽しんだりする場として，モールには多くの人々が集まった．しかし，共同体意識が欠乏した郊外の生活において，モールはあくまでも消費の場であり，互いに面識のない人々が新たなコミュニティを形成するまでには至らなかった．その意味で，ショッピングモールは，個別化・断片化していったアメリカ人の消費形態を反映する存在となっていった．

❖**ショッピングモールの衰退**　ショッピングモールは，多くのアメリカ人にとっては，日常生活に溶け込んだ風景の一部である．しかし，ウォルマートやターゲットなどの郊外型ディスカウントストア（量販店）の登場や，オンラインショッピングの発達によって，人々の消費行動も大きな影響を受けており，ショッピングモールの文化・社会的意義も相対的に低下しつつある．2009年には全米最大のショッピングモール管理会社の一つが倒産し，各地で閉店に追い込まれているモールも多くある．そのような死んだモール (dead malls) を取り上げたウェブサイトも立ち上げられており，20世紀アメリカの繁栄の象徴として，ノスタルジアの対象になっているのかもしれない．

他方で，実店舗ではなく，イーベイ (eBay) やエッツィ (Etsy) のように，オンラインで多数の店が軒を連ねるショッピングモール的なウェブサービスも定着している．20世紀半ば以降のアメリカ消費文化に多大な影響を与えてきたショッピングモールは，他のビジネス形態にシェアを奪われつつも，アメリカ的消費の象徴として，その名を残し続けるであろう．　　　　　［野村奈央］

ファッション

Fashion

　ファッションとは，服装のみを指す場合もあるが，社会の流行を意図しつつ，化粧や髪型も含めて人々の装いを包括的に示すことが多い．

❖戦争とファッション　アメリカのファッションを歴史的に概観すると，戦争がある種の変化と関わっていることに気付く．まず，1860年代の南北戦争は，軍服を大量生産する必要性を生じさせ，これが戦後，一般市民向けの既製服の製造へとつながっていった．ミシンの発明がこの背景にあったが，既製服の登場は，交通網の発達に伴い，通信販売で衣服を買い求めることも可能にする．一方でミシンは，流行に合った型紙を入手して，女性たちがみずから縫って流行を楽しむことも可能にした．品質や値段に満足のいかない既製服よりも手づくりの服を選択する傾向は20世紀半ばまで続く（☞項目「ファッションビジネス」）．

　次に大きな変革をもたらしたのは，第1次・第2次世界大戦である．戦地に行った多くの男性の代わりに，女性が重工業などの分野に進出するようになり，動きやすい服装が重視され，ズボンを着用する女性も見受けられるようになった．ズボンに似た服は，19世紀半ばに女性活動家アメリア・ブルーマーが広めようとした例があるが，ジェンダーの規範を逸脱するものとして一般的に受容されなかった．それが戦争を契機に，ある程度の容認を得て，後の女性のパンツスタイルの足掛かりとなっていく．

　そして，1960〜70年代のベトナム戦争への介入である．当時アメリカでは，反戦運動が起こり，公民権運動，女性運動など他の運動とあわせて既存の価値観が揺らいでいた．その中で，ヒッピーと呼ばれる若者などが男女問わずジーンズを穿くようになる．また白人主導の美の基準への抵抗も強まり，アフロヘアに見られるように，マイノリティがみずからのルーツを示すファッションを日常的に着用することも徐々に受容されていく．19世紀後半，中国人移民が母国の衣服の着用を続けて排斥の一因となった例があるが，衣服によって「アメリカ化」を示す必要があった時代を考えると，大きな変化であった．しかしながらファッションとアイデンティティとの関係は複雑であり，芸者スタイルの白人女性モデルが非難の的になるなど，自身のアイデンティティと関係なくファッションが消費されることに違和感を覚えるマイノリティも多い．多人種多民族社会アメリカにおいてファッションは，常に権力関係を意識させるものであるともいえる．

❖流行とファッション・アイコン　建国当初からアメリカは，イギリスやフランスの流行を追う立場であった．特にヨーロッパの上流階級の流行に合わせた衣服を着用することは，社会的地位を示す指標ともなっていた．その状況に変化が見

られたのは，1920年代である．19世紀後半以降の「新しい女」の流れを汲む「フラッパー」と呼ばれる女性たちの登場が契機となった．雑誌や新聞に加え，映画がファッションを知る媒体となったことも要因として大きい．コルセットを着用しないで足が見えるスカートを穿いたフラッパー像が当時世界へと輸出されていたハリウッド映画とともに，流行を牽引した（図1）．映画女優はファッション・アイコンとなり，多くの女性たちが憧れ，長い髪を短く切るなど流行を追い，不道徳なものとされてきた化粧をするようになる．また消費主義も興隆し，アクセサリーや化粧品などを購入することで流行に乗じる風潮も高まっていった．このようなアメリカ発の流行は1930～50年代に「アメリカンルック」と呼ばれるファッションが生み出される素地ともなった．また，1920年代以降，男性のファッションにも変化が見られ，明るい色合いのシャツが受け入れられた

図1 フラッパー（ハリウッド女優ジョーン・クロフォード）

り，動きやすさも求められるなど，さまざまなスタイルが社会的に容認され始め，スーツが主流だった男性の服装にも広がりが生まれていった．20世紀後半になると，テレビもファッションを知る重要な媒体となった．この時期，有名デザイナーによるファッションショーが注目され，モデルもファッション・アイコンとなるが，特に80年代以降は，俳優・女優そしてモデルだけでなく，歌手も憧れの的となっていった．音楽番組《MTV》をはじめとするミュージックビデオの流通もあり，ヒップホップやラップなどの歌手が着用するストリートファッションにも，多くの人々が関心を抱くようになった．流行の発信源としてストリートが注目される要素として，歌手が果たした役割は特に大きいといえる．

❖グローバル化の中で　近年ファッションに関する情報源も変化し，インターネットが重要な媒体として加わった．それにより，ファッション専門サイトを参考にするだけでなく，動画サイトでメイクやヘアアレンジの仕方などをみずから発信できるようになった．また，SNSを通して流行を知るなど，情報を入手する手段は多岐にわたる．つまり，アメリカ国内に限らず，全世界の情報が瞬時に得られるようになり，世界各国の流行を即座に取り入れることも可能となった．

さらに近年，アメリカで流通するファッションの大半が，アメリカ国内ではなくアジアを中心とした国外で製造されるようになっている．かつては，ユダヤ系，中国系など移民が労働者として支えてきたファッション産業であるが，アメリカ発のブランドでさえ必ずしもアメリカでつくられているわけではない．外国生まれのデザイナーもアメリカ国内で多く活躍している．そのような環境の中で，何をもってアメリカのファッションといえるのか，一考に値するであろう．

［北脇実千代］

ペット

Pets

　2015年のアメリカで犬がいる家庭は5,400万世帯，猫は4,300万世帯に上り，7,800万匹の犬，8,500万匹の猫が飼われている（ペット製品の業界団体APPAの統計による）．犬と猫が最も一般的だが，それ以外にもウサギ，齧歯類（げっしるい），鳥，魚，爬虫類（はちゅうるい）など多様な種が飼われ，ペットに関連する市場は600億ドルの規模を誇る．ペットはもはやアメリカの生活に欠かせない場所を占めている．

　人と動物の共生の歴史は非常に古いが，歴史家のキース・トマスによれば，ペットとは，家に入ることを許され，独自の名前を与えられ，食べられることがない点において，家畜とは違う特殊な地位を占める．ペットとは人によってつくられ，人との関係によって特徴付けられる動物である．その歴史は比較的新しく，アメリカでは19世紀以降に急速に発展した結果，今日の隆盛に至った．

❖ 19世紀のミドルクラスの文化とペット

　先住民や入植者の生活で犬は見張りや労働の補助に使われ，ジョージ・ワシントン邸には愛玩犬から狩猟犬まで何十頭もが飼われていた．しかし，建国期と異なり，都市化が進んだ19世紀のペットは有用性を離れ，経済学者ソースタイン・ヴェブレンが「顕示的消費」と呼んだ，無駄や見せびらかしのような階級的な文化のシンボルとなった（☞項目「消費主義」）．

　その最大の特徴は，ペットが家族道徳の中に組み込まれたことである．当時の上流階級から中産階級（ミドルクラス）で支配的だったビクトリア文化の生活様式では，公的・社会的な男性の領域と，私的・家庭的な女性の領域が二分されていた（☞項目「女らしさ・男らしさ」「家庭」）．家庭の外は騒がしく，危険であったのに対して，内部は安全で，清らかな場所とされたが，ペットはその不可欠な一部

図1　家族の一員としてのペット（1845年頃）[Library of Congress]

だった．というのも，ペットを世話することで，優しさや愛情を含む家庭的で女らしい美徳を実践し，身に付けることが期待されたからである．慈愛や配慮はキリスト教の信仰でも奨励されていた．また，ペットは子どもの養育においても重要だった．動物は，人間が失ってしまった無垢の心を持っていると考えられたため，純真な子どもを守り，お手本となる存在だった．ペットの飼育は，子どもが飼い主の責任を自覚し，よき市民へと成長する機会でもあった（図1）．

こうしたペット文化の広がりは，動物虐待防止協会（ASPCA）や奴隷制廃止運動と重なっていた．それらに共通していたのは，弱くて，かわいそうな動物や奴隷を守ってあげなくてはいけないという感傷的で，保護者のような態度だった．ペットは，19世紀のミドルクラスにとって，思いやりや純粋さなどの徳目のシンボルであり，彼らの階級文化やジェンダー・アイデンティティの確立に貢献した．

❖**20世紀の消費文化とペット**　アメリカの近代化によりペットの位置付けも変化した．20世紀以降の大量生産・大量消費の産業型社会ではペットも消費財の一つとなった．都市部の小規模な専門店から始まったペット産業は，1920年代からの本格的な消費社会の到来とともに大きく発展し，自家繁殖は減り，商品として売買されることが主流になった．金魚のような愛玩性の高い動物では，積極的な改良により新種が多数つくられたほか，外国産の鳥のような新奇な種への需要が拡大し，国際的な取引も活発化した．

第2次世界大戦後にアメリカ的生活様式が最盛期を迎えると，ペットは郊外生活に定着した（☞項目「アメリカンホーム」）．豊かな消費文化は食料，首輪，ケージ，服，玩具などさまざまなペット用品を次々に開発し，ファッショナブルで高価なものも現れた．ペット市場の拡大は続き，ペットスマートに代表される大型量販店が成長したほか，ケーブルテレビには動物の専門チャンネルがあり，飼育方法を解説する著名なトレーナーも現れた．伝統的な品評会に加え，アジリティ（障害物競走）のように飼い主とペットが協業する競技会も盛んに行われている．

20世紀後半のもう一つの変化は，純血種への需要と，動物の福祉の向上があげられる．アメリカン・ケネル・クラブなどにより血統種が標準化される一方で，パピーミルと呼ばれる工場型繁殖施設は動物虐待として批判され，66年の「動物福祉法」（AWA）により繁殖や取引に免許制が導入された．ペットの健康への意識が高まり，ドライフードや医療の改善が進んだほか，行動範囲はホテルやレストランなど家庭外へと広がった．飼い主とペットという主従関係に代わり，人間とより対等な関係を持つコンパニオン動物という理解が生まれた．

❖**21世紀のペット文化**　ペットあるいはコンパニオン動物と人間の関係はますます近いものになっている．かつてペットは子どもとともにいたが，家族像の変化に伴い結婚相手や子どもの代替物の役割も果たしている．慰めと癒しなどセラピー的な効果も期待される．ペットが長生きするようになったため，その死は重大な意味を持ち，葬式，墓，写真などをもってしても喪失を乗り越えるのは容易ではない．かけがえのない存在でありつつも，人間ではない他者として隔てられる矛盾を抱えながら，ペットの重要性はさらに増していくことだろう．

［丸山雄生］

若者文化

Youth Culture

　1980 年以降に生まれ，21 世紀に入ってから成人した者を指してミレニアルズと呼ぶ．彼らはジェネレーション Y（Y 世代）やネット世代，さとり世代とも呼ばれる．強い宗教観や政党帰属意識があるわけではなく，インターネット上のソーシャルメディアで結ばれている世代である．

❖**アメリカの高校生は忙しい**　毎年，約 300 万人ほどの若者が高校を卒業するが，うち 7 割にあたる約 210 万人がそのまま大学に進学する．このうち 6 割強が 4 年制大学に進学し，4 割弱が 2 年制大学に進む．大学受験は基本的に AO 方式で，高校の成績，統一試験の成績，エッセイ，推薦状，課外活動のアピールを含む履歴書などを提出する．大学の入門科目の単位を高校のうちに先取りする制度（AP 制度）さえある．そのため，アメリカの高校生は，勉強やクラブ活動，習い事，ボランティア活動などで忙しい．保健福祉省によると，あまりにストレスが多くて，うつ症状を訴える高校生が多い．男子で 21%，女子は 39% にも上る．16 歳から運転できる州が多くあり，18 歳になれば投票権もある．大人になるために生き急いでいるのが，アメリカの若者だ．

❖**ハイスクールとスクールカースト**　大人になるための社会性を身につける訓練の場でもある高校では，ピアプレッシャーが深刻な問題になっている．ピアプレッシャーとは，仲間からの圧力を指し，アルコールの摂取，マリファナ（大麻）の喫煙，性交渉の強要など，さまざまな局面で同級生や先輩からこれらの行動を強いられることをいう．実際，アルコール飲酒は高校生の 6 割，マリファナの喫煙経験は 4 割，そして性交渉は約半数が経験している．これらを行って，かっこいいクールな先輩たちの仲間入りができたり，スポーツで学校代表チームの正選手になったり，あるいは花形チアリーダーになれると，いわゆる高校での「勝ち組」とされ，校内のカースト制度の上位に立てる．生徒会役員やバンドをやっている人たちはその次の階層に位置して，最下層は高校 1 年生や，いわゆるオタクの生徒たちである．保健福祉省の調べでは，高校在学中にいじめを受けたことがある学生は，男子 16%，女子 24% である（CDC, *Youth Risk Behavior Surveillance-United States*, 2013）．LGBT（レズビアン，ゲイ，バイセクシュアル，トランスジェンダー）の高校生は差別やいじめを受ける確率が高く，自殺願望もほかの高校生に比べて高い（Russell et al, 2002）．携帯電話の普及と SNS の浸透により，いわゆるサイバーいじめも増えている．

❖**大学のキャンパスライフ**　アメリカの大学生生活は実に多様である．なぜなら，大学に在籍している人も多様であるからだ．教育統計局（NCES）によると 2014

年には約4割の大学在籍者が25歳以上だった．「非典型的な学生」(non-traditional students) と呼ばれるこういった学生は，扶養家族がいたり，退役軍人であったり，フルタイムやパートタイムで働いている人も多い．高校卒業後すぐに大学進学する若者でも，高校卒業で自立できる社会人と見なされるアメリカでは，大学の授業料は学生自身がローンを組む場合も多く，大学の信用金庫組合では学生ローンの申込ができるようになっている．

図1　ソロリティに入会しようと寮の前に並ぶ女子学生

その中である意味，典型的なキャンパスライフを送っているのが，フラタニティやソロリティに入っている若者だ．これらは社交団体であり，全米規模の団体が各大学に支部を持っている．フラタニティが男子の組織であり，ソロリティが女子の組織である．全米に1万4,000もの支部があり，75万人の大学生が入っている．卒業生は実に900万人に上る（Walker et al., 2015）．大学の敷地近くに寮を持っていることが多く，共同生活を送っている．一定の成績を維持しなければ継続して所属できないため，これらの団体に入っている学生の方が入っていない学生よりも4年間で卒業できる率が高いという統計がある（Routon et al., 2014）．一方で，週末は派手にパーティを行い，未成年飲酒や性的暴行といった犯罪の温床になっているという報告もある（Nuwer, 2015）．入会の意思を示すと，厳しい選考とともにイニシエーション（入会のための通過儀礼）が待ち受けており，過度の精神的・身体的負担を課す場合もある．こういった度の過ぎた行為をヘイジングと呼び，被害者が法に訴えるだけではなく，全米本部から支部登録を抹消されたり，大学から処罰を受けたりする事件が毎年のように発生している．

❖**ミレニアルズの社会観**　中流階級以上の若者は物理的な行動範囲を制限されて育った．というのも子どもが何事かに巻き込まれることを恐れるばかりに，保護者は知らない人との関わりを禁じる傾向にあるからだ．その中で，若者が世の中の人々との交流機会を得て公共社会との関わりを持つことができるのはSNSなどを介したバーチャルの世界であるといえよう．については，SNSは若者にとって現実社会からの逃避ではなく，若者が自主的に社会に積極的に関わるための手段になっている，と論じる研究者もいる（Boyd, 2015，☞項目「SNS」）．ミレニアルズは，ほかの世代よりも人種・エスニシティが多様で18歳以下の人口において，2020年には白人以外の割合が過半数を占める予測が発表されている（Colby, 2014）．技術革新と人口の多様化で若者の社会観が加速度的に変容するのは必至だ．

［板津木綿子］

デート文化

Dating Culture

アメリカにおける恋愛・交際の在り方は，宗教や民族，社会的クラスによって多様である．また，気に入っている相手と二人で出かけるという行為から，友達関係から恋愛関係に移行しようかどうかを探る段階，そしてステディな交際という状態まで，「デート」という単語が意味するものは，アメリカ人の間でも人によってかなり差があり，重要な場面で誤解が生まれる場合も少なくない．しかし，アメリカでのデート文化は日本のそれとはだいぶ異なるのは確かである．特に，真剣な関係に入る前にしばらくの間よりカジュアルな交際をすることや，一対一の関係になる前に複数の相手と同時進行的に「デート」をすることは，必ずしも悪いこととはとらえられていない，という点は日本とはかなり違う．

✤デート文化の起こり　19世紀から20世紀初頭までは，中産階級（ミドルクラス）の白人アメリカ男女の交際・恋愛はコートシップ（courtship）と呼ばれる形式化されたものだった．男性が女性の家を訪ねて行き，居間で女性の母親が見守る中，女性が弾くピアノを聴いたり歓談したりしながら，家庭というプライベートな領域の中で，女性本人そして家族の信頼と親交を獲得していく，というのが正統的な男女交際の在り方だった．

それが，社会の都市化や文化の商業化に伴い，男女のふれあいの様相も変化を遂げた．1910年代頃から，映画や遊園地などの娯楽産業が爆発的に発達する中で，若者は親の監視を離れて自分たちだけの人間関係や娯楽を求めるようになった．こうした状況の下，男性が女性の家で家族とともに時間を過ごす代わりに，男性は女性を迎えに行って，レストランや映画やダンスなどの公共の場での「デート」に連れ出すようになる．家の外での，多くの場合商業的な場での消費を伴う「デート」が一般化したことで，男女間の力学にも変化が現れた．デートの費用は男性が負担するという慣習のため，男性は女性を連れ出すだけの経済力を持たなくてはいけなくなり，食事や娯楽のための出費と引き換えに，男性はキスやペッティングなどの性的な接触を女性に期待するようになっていった．この結果，高等教育や労働市場への進出そして参政権獲得などによってこの時代に多くの女性の地位が向上したにもかかわらず，プライベートな人間関係においては男女関係の不均衡がむしろ強化された，という見方もある．

70年代頃からの経済構造の変化やフェミニズム運動，女性の位置付けや性に関する意識の変遷，離婚率の増加によって，男女交際（および男男交際や女女交際）の様相も多様化した．それでも，婚姻や家族に社会的な価値が置かれることの多いアメリカでは，「デート」を通して恋愛そして結婚の相手を見つけること

に，男女ともかなりの時間や労力を費やす場合が多い．

❖デジタル時代のデーティング　現代アメリカのデート文化に大きな影響を与え
たのが，オンライン・デーティングの誕生である．インターネットの普及に伴っ
て必然的に生まれた，デートの相手を探すための各種サイトは，2000 年頃から
目覚ましいスピードで一般化し，あっという間に有料インターネットサービスの
中で最高の収益を上げる産業となった（☞項目「SNS」）．マッチドットコム
（match.com）やイーハーモニー（eHarmony）などの大手サイトに加えて，ユダ
ヤ系の男女のためのサイト，アフリカ系アメリカ人のためのサイト，モルモン教
の人のためのサイト，ゲイやレズビアンのためのサイトなど，特定の集団に特化
したデーティング・サイトも数多く存在する．また，03 年から，オーケーキュー
ピッド（OKCupid）などの，会員料金ではなく広告収入を財源とする無料のサ
イトも誕生して，従来のオンライン・デーティング・サイトと競合するように
なっている．若者だけではなく中高年の間でも急速に普及し，現在独身でパート
ナーを探している男女の 38%がオンライン・デーティングを使ったことがある
との統計がある（Pew Research Center, *Online Dating & Relationships*, 2013）．

　オンライン・デーティングでは，使用者が相手に求める条件（年齢・人種・宗
教・収入・政治志向など）を指定できるため，相性が良さそうな相手を効率的に
探すことができる一方で，各人が自分を商品のようにブランド化して宣伝し，同
時にさまざまな人を条件によって品定めするのは，人間関係を「市場化」するも
ので，有機的な出会いや感情の醸成に反する，との批判もある．

　オンライン・デーティングに加えて 2000 年頃から流行しているのが，スピー
ド・デーティングである．民間企業や各種団体の主催で，男女がプレッシャーの
少ない環境で短時間に多くの相手と出会って話ができるように設定されたイベン
トである．男女比を揃えるために参加者は事前登録し，会場では，指定された相
手と 5 分間程度の短時間に会話をし，時間終了のベルが鳴ると席を移動して次の
相手と同じように会話をする，ということを繰り返す．参加者はイベント終了後
に気に入った相手を主催者に知らせ，双方が気に入ってペアリングができた場合
には主催者がそれぞれの連絡先を知らせる，という仕組みになっている．初対面
の相手と打ち解けて会話をするのが苦手な人には困難なシステムである一方で，
多くの人は初対面の人と出会ってからほんの数秒間で相手の好感度を感じ取る，
との統計もあり，「デート」における第一印象や直感の重要性を考えれば効率的
なシステムだともいえる．

　ジェンダー規範や性文化，家族形態の多様化とともにデート文化も変化するが，
恋愛や伴侶への希求は現代においても強く，その探索のための方法が各時代に
次々と生み出されているといえるだろう．

[吉原真里]

SNS

Social Networking Services

SNS は，social networking service（または sites）の頭字語である．インターネットをはじめとするコンピュータネットワークは，その開発・普及初期段階から，単なるデータのやりとりではなく，人と人が交流し，対人関係を形成，発展させるためのシステム（電子掲示板〈BBS〉1978，電子会議室〈USENET〉1980など）が積極的に開発，利用されてきた．その意味では，インターネットは常にソーシャルネットワーキング（人脈，対人関係形成，展開）ツールであり，BBSや USENET もまた SNS と呼ぶことができる．

しかし，SNS という用語自体がメディアで広く用いられ始めたのは，2003年からのフレンドスター（Friendster）普及によるところが大きい．出会い系サイトの要素も持ちながら，既知のネットワークを相互につなげることにより対人関係を拡大するコンセプトであるフレンドスターは，オンラインソーシャルネットワーキングコミュニティとみずからを規定した．同年3月ベータ版（試用版）として正式に利用可能となると，04年1月には登録者が500万人を超え，『タイム』『ニューズウィーク』『エスクワィヤ』『ワイヤード』などのメディアに取り上げられた．

学術的にも，当時カリフォルニア大学バークレー校の社会学大学院生であったダナ・ボイドが，みずから300人近い友達関係を形成しながら，オンラインエスノグラフィ調査を行い，オンライン上の自己，関係性，ネットワークなどの変化を論じ，学術，メディア両面から多くの関心を呼んだ．

❖アメリカ社会における SNS の普及　フレンドスターの成功から，YASNS（yet another SNS，また一つ出てきた SNS）と揶揄されるほどの類似サービス・サイトが現れた．アメリカ社会におけるネット利用に関する代表的な調査研究プロジェクトであるピューリサーチセンターが SNS の定点観測を始めた 2005年，18歳以上アメリカ人成人における SNS 利用率は，ネット利用者の10%，当該人口の7%から，15年にはそれぞれ76%，65%にまで一貫して拡がってきた．

ピューリサーチセンターによる一連の調査はまた，SNS の変遷をも示している．2005年調査では，フレンドスター，リンクドイン（LinkedIn）が SNS の代表例としてあげられていたが，08〜11年はマイスペース（MySpace），フェイスブック（Facebook），リンクドイン，12〜14年はフェイスブック，リンクドイン，グーグルプラス（Google Plus），15年はフェイスブック，ツイッター（Twitter），リンクドインとなった．アメリカ社会におけるフレンドスターからマイスペース，さらにフェイスブックへの SNS 覇権移行と，リンクドインの根強さを見てとる

ことができる.

❖**社会文化的実践としての SNS**　技術とサービスという観点からみると, IT,
ネットワーク関連分野は社会文化を問わずグローバルに普及する. さらにソー
シャルネットワーキングは人間社会に必須であり, だからこそ, フェイスブック
は地球規模で利用され, 登録者が 10 億人を超えるような巨大なオンライン空間
へと成長したといえる. しかし, 同じ SNS であっても, 普及の仕方, 利用のさ
れ方は社会文化的実践であり, 社会ごとに大きく異なる. そのため, 多様な
SNS がどの程度, いかに利用されるかの全体像(コミュニケーション生態系)
もまた, 社会毎に特徴を持つ.

　日米比較を介して考えてみると, 日本では, オフラインでの既知の関係(強い
紐帯)をオンライン上でも保守することが優先され, 未知の関係は匿名のまま趣
味などを介する傾向が強い. だからこそ, ライン(LINE, メッセージングアプリ)
が最も普及し, ツイッターが次ぎ, フェイスブックは第 3 位にとどまる. 他方,
アメリカ社会では, 既知から未知へとつなげる「弱い紐帯」となる存在, つまり,
日常生活圏の知人・友人とは異なるネットワークを持つ他者が重要であり, フェ
イスブックはまさに, こうした弱い紐帯を形成, 維持, 展開するためのツールと
して拡大した.

　利用者一人ひとりが高い自由度で自分好みに仕様変更し, 積極的に自己表現で
きるマイスペースがフレンドスターに取って代わったのも, マイスペースの利用
者数が 3,000 万人程度で頭打ちとなり, 代わって, 実名制を堅持し, フレンドス
ターのような出会いサイト系的要素を排除することに成功して, 強い紐帯と弱い
紐帯共に活かすことのできるフェイスブックがアメリカだけで億単位の利用者を
獲得したのも, アメリカ社会における社会文化的実践としての SNS を表している.
リンクドインが 2002 年以来ビジネスネットワーキングとして着実に成長してい
るのも, ツイッターが基本的にセレブ, 有名人, 企業の広告, PR 媒体として利
用されるのも, アメリカ社会だからこそであろう.

❖**アメリカ社会を映し出す鏡である SNS**　そもそも, こうした SNS は, 90 年
代後半の IT ブーム, IT バブルの中, シックスディグリーズドットコム
(SixDegrees.com)など先駆的開発がベンチャー資本の下に試みられ, 2000 年
IT バブルが弾けた(IT 企業への期待から株価が高騰していたが暴落した)こと
でいったん縮小し(シックスディグリーズドットコムは, 2000 年末に閉鎖を余
儀なくされた), 同年代ブロードバンド化進展とともに再度ベンチャー資金が流
入することで隆盛を極めることとなった. このように, ネットベンチャーに巨額
の投資が行われ, 貪欲なイノベーションと市場での激しい生き残り競争が起きる
ビジネス環境が SNS を生み出し, 成長させてきたという意味においても, SNS
はアメリカ社会を映し出す鏡と考えることができよう.　　　　　　[木村忠正]

祝日・祭日

Holidays

アメリカの祝日・祭日はどのように定められているのか．連邦政府による祝日（表1）が一つの基準であり，多くは歴史上の記念日や宗教祭礼日に由来する．一方，法的には，公的機関を除きこれらの日を休日とする義務はない．働かない祝祭日でも給与は支払われることが多い（2012年の調査では，全労働者の77%が受給）．また，州や郡市町村や宗教・民族集団によっても定められる．そのため，人口構成の変化に伴って祝祭日は多様化し続けている．

❖帰省という儀礼　表1のうち，家族行事としての意味合いが強いのが感謝祭とクリスマスである．両日を含めた週末は，多くが帰省して家族で過ごす．日本でいえば盆暮れ正月の帰省に近い．例えば，イギリス由来の収穫祭に祭礼や戦勝記念の意味が加わったアメリカの感謝祭だが，翌日金曜日にも休みを取るか，安い航空券が手に入るか……と悩みは尽きない（☞コラム「感謝祭」）．親類との話題選びも悩みの種で，宗教，政治やお金の話はなるべく避けたい．毎年のように新聞・雑誌には，七面鳥のレシピ，セール情報に加え，どうやって気まずい話題を回避するかという記事が満載だ．家族の形が多様化する現在，こうした行事は，家族の価値観を再確認する一種の儀礼になっているようである．

❖ホリデーショッピングシーズン　祝祭日には商業イベントの意味合いも大きい．休日になることはないが，バレンタインデーや母の日，アメフト最大の試合スーパーボウルの開催日なども商業的に慣習化した記念日である．アメリカでは記念日にメッセージカードを送る文化が普及しているが，ギフトカードの最大手ホールマーク社になぞらえて，カードを送る祝日のことをホールマークホリデーと呼ぶこともある．特に「ホリデーショッピングシーズン」とも称される11月の感謝祭から12月のクリスマスまでを含めた時期には巨大な市場が生まれ，2014年には人口1人あたり805ドルもの消費が試算された．期間も年々長期化する傾向にあり，時に「クリスマスの忍び寄り」と揶揄されるように，ク

表1　連邦政府が定める祝祭日一覧

1月1日	元旦
1月第三月曜日	マーティン・ルーサー・キング・ジュニアの誕生日
1月20日または21日	大統領就任演説の日（大統領選の翌年のみ）
2月第三月曜日	ジョージ・ワシントンの誕生日（※慣例では大統領の日）
5月最終月曜日	戦没将兵追悼記念日
7月4日	独立記念日
9月第一月曜日	労働者の日
10月第二月曜日	コロンブスの日
11月11日	退役軍人の日
11月第四木曜日	感謝祭
12月25日	クリスマス

リスマスの消費が前後に延び，近年では，10月のハロウィン，感謝祭翌日の商戦日ブラックフライデー，その翌月曜日のオンライン通販を売りにしたサイバーマンデーなどを含んで肥大化している．アメリカの冬の祝祭感は商業的なイベントで演出されるのである．

❖**移民の国の多様性**　連邦政府の祝日は，主にアメリカ史における重要なイベントに従って定められている．これに加えて，民族や人種ごとの宗教・文化によっても祝祭日は定められる．例えばユダヤ教では，過越の祭（ペサハ）や光の祭（ハヌカ）は特に重要な祭日で，州によっては休日に定められている（☞項目「ユダヤ教」）．これらはヘブライ暦に基づき，連邦政府の祝祭日が使用するグレゴリオ暦と異なるため毎年日付けが変わる．大学では，ユダヤ系の教員が独自に休講にすることもある．通例，これらの祭日には，異なる文化を持つ人々は参加しない．ムスリムのラマダン，中国の旧正月なども同様に内部に閉じた習慣である．

　これらと比べると，アイルランドにキリスト教を広めた聖人を祝うセントパトリックの日などは，コミュニティ外にも開かれた祝祭日である．宗教的には聖人の祭日であり，社会的にはアメリカのアイルランド系移民の紐帯を強める意義を持つが，同時に，アイリッシュパブの商業イベントとして観光化され，それが批判の的ともなる．このように，祭礼・祭日により習慣化の度合いが異なる．地域偏差や時代による変化も大きい．

　地域特有の行事には移民文化を起源とするものも多い．フィラデルフィアでは，毎年元旦の朝からママーズ（仮装者のこと）と呼ばれる盛大な仮装パレードが催される．17世紀半ばに北欧からクリスマス翌日を祝う祭りがもたらされ，それが19世紀頃までには，新年の祝いへと変わるとともに，ドイツ系移民に由来する新年に仮装して友人たちを訪問する習慣が混じり合って現在のママーズのもとになった．入植者たちが持ち込んだ祭りや習慣が融合して，今では宗派や民族を超えて皆が楽しむ催しとなっている．アイルランドの死の神サムハインの祭りがキリスト教と融合して成ったハロウィンと同じように，多様な文化が混じり合った祭日である．これらに見られる文化的混交こそがアメリカ的だというとらえ方もできる．

　ある特定の文化を祝う記念日は，別の立場に立てば負の側面を持つこともある．例えば，感謝祭は，秋の収穫や神への感謝と同時に，植民者がアメリカ先住民の施しを受けたことに対する感謝を記念した日とされる．しかしながらこの物語は植民者側から見た歴史解釈である．それに対して，この日を虐殺と苦難の始まりの日として，全米追悼の日とする運動が1970年代より行われており，1989年にはサウスダコタ州で，2017年にはカリフォルニア州で同日を「先住民の日」と定める法案が成立している．ある歴史が立場によって別の意味を持つとき，祝祭日は対立の舞台となることもあるのである．

[小森真樹]

観　光

Tourism

　国連世界観光機関（UNWTO）によると，ツーリズムとは「ビジネス，レジャー，その他個人的な目的で，日常の環境から離れて1年以内の旅行をする人たちによる諸活動のこと．ただし，訪問先で雇用される場合を除く」と定義されている（United Nations, 2010）．

　アメリカは国内旅行がとても盛んな国である．全米旅行産業協会（U.S. Travel Association, 2016）によると，2015年の日帰り旅行を含む国内旅行者数は約22億人，観光収入は8,140億ドルであり，国内総生産（GDP）への貢献も大きい．一方，国連世界観光機関（2016）によると15年に外国へ1泊以上の旅行をしたアメリカ人の数は中国に次いで世界第2位で，7,350万人だった．国外からアメリカを訪問して1泊以上を過ごす旅行者の数は7,750万人でフランスに次ぐ世界第2位であるが，宿泊，飲食などの国際観光収入（2,045億ドル）は世界第1位であった．これらのデータはアメリカの観光規模の大きさを示している．

❖**ブランドUSA**　2010年，バラク・オバマ大統領は国外からの旅行者を誘致するために「旅行促進法」（Travel Promotion Act）に署名した．官民共同の組織「ブランドUSA」を設立し，観光による経済効果に加えアメリカのイメージを国際的に高めていくことを目指した．ブランドUSAは，テレビ，ウェブサイト，SNSを通じた宣伝活動に加え，日本を含むさまざまな国と連携して活動している．また，国外からの旅行者に課す手数料（ESTA）はブランドUSAの財源の一部となっている．ブランドUSAのウェブサイトは観光地や各都市の紹介，レストランや宿泊施設，地元ならではの体験，スポーツなどの情報のほか，個人，家族，性的少数者（LGBT）などの特定の層に特化した情報もあり，多様な旅行形態に対応している．

❖**アメリカの観光の変遷**　歴史学者ダニエル・ブアスティンによると，アメリカ人にとっての外国旅行は，19世紀の終わり頃までは少数の富裕層によるものだったという（Boorstin, 1987）．1841年に最初の団体旅行を企画したトマス・クック社は主にヨーロッパで旅行業を展開していたが，アメリカの富裕層も同社を利用してヨーロッパ旅行を楽しんでいた．

　アメリカ国内において観光地開発が進展したのは，19世紀後半から20世紀の前半である．鉄道の敷設は人々の移動を容易にし，旅行者層を広げた．観光地の開発が進むと，国内のさまざまな場所が消費の対象となった．旅行者はガイドブックやポスター，ポストカードなどから訪問先の情報を得ることができるようになった．また，近代化に伴う都市の成長や中産階級（ミドルクラス）の増加，

余暇を楽しむというライフスタイルの変化も観光の発展を後押しした.

第2次世界大戦以降，航空機による旅行が盛んになり旅行者の数はさらに拡大していく．1950年には世界全体で2,500万人だった国際ツーリスト（国外へ旅行をする人々）は，2000年には6億9,900万人と飛躍した（WTO, 2000/2001）．国外からアメリカへの旅行者の数も増加した．01年の9.11同時多発テロ直後は一時的に低迷したがその後回復し，アメリカの旅行者の数は国内外合わせて15年まで増加を続けている．

❖**大自然と大都会**　周知の通り，アメリカにある壮大な自然は重要な観光資源となっている．広大な自然を象徴する場所として高い人気を誇るグランドキャニオンは，1919年に国立公園として指定された．20世紀初頭にアメリカの観光産業が促進した「See America First」（まずはアメリカを見よう）運動において，イエローストーン国立公園などとともに，アメリカのアイデンティティを称揚する場となった（Shaffer, 2001）．年間600万を超える訪問者の多くが浸食作用によってできた446キロに渡る壮大な渓谷の景観に圧倒されるのである（☞項目「国立公園」）．

図1　ナショナル・セプテンバー11メモリアル＆ミュージアム［筆者撮影］

一方，さまざまな都市も観光地である．なかでもニューヨーク市は世界的に知られるアメリカ随一の観光都市である．高層建築が立ち並ぶマンハッタンでの買い物や観劇などの娯楽に加え，アメリカの歴史と現在を振り返ることのできる自由の女神やエリス島の移民博物館，9.11同時多発テロを記憶するミュージアムなども見学者が多い（図1）．大都会での華やかな消費活動の中に，観光客にアメリカを具体的に感じさせる施設が随所にある．

❖**観光をめぐる問題**　21世紀に入り，これまでとは異なる新しい観光の形態がみられるようになった．かつて主流だった団体旅行は減少し，個々人が自分に合った旅行を選択する時代に変化してきた．新しい形態が次々と生まれる中，さまざまな問題も引き起こしている．例えば，大自然を訪れるエコツーリズムは自然環境を守るといわれているが，訪問者の増加は環境破壊の原因にもなる（☞項目「エコツーリズム」）．観光は雇用を創出するとされるが，低賃金の仕事が多く，外国人労働者や現地の人々が安価な労働力として利用されている．都市部の観光地化は地価を上昇させ，貧困層の生活をさらに苦しくしている．観光地は当然ながら魅力的なところが多いが，その影にある問題を常に意識する必要もあるだろう．

［山本　桂］

大学生生活
Campus Life

　アメリカの大学に入学すると，1年生はたいていキャンパスで生活することになる．リベラルアーツ・カレッジではそれが原則必須とされているし，大規模な大学でも，学部生は幾つかのユニットに分けられ，寮生活をすることが多い．実家が大学のすぐそばにあっても，学生は親元を離れて寮に入るのが一般的だ（☞項目「若者文化」）．大学での学びは教室のみならず，キャンパスでの食住を通してなされるべきだという意識がそこにはある．

　キャンパスでの生活は，コミュニティをつくる意識が重視される．だから1年生は基本的には相部屋で，入学後しばらくは同じフロアの学生が毎日共に夕食をとることになっている大学もある．平日は深夜までラウンジで勉強したり，週末には皆で映画を観たりなど，ともに時間を過ごすことが多い．また寮には教職員が住んでいて，バーベキューパーティやスポーツイベントなどを開催して学生たちの連帯感をいっそう深めていく．

　日本の寮は男子用と女子用に分かれているのが普通であるが，アメリカではユニセックスが珍しくない．同じフロアに男女の学生がいるし，バスルームも男女で分かれていないこともある．さまざまなセクシュアリティの学生がいる中，あえて生物学的な性差だけで区分けする必要もないだろうという考えである．同じく人種やエスニシティで寮が分けられることもない．

　その一方，あらかじめ同じような学問的な関心を抱く学生を集めている寮もある．例えばフランス語を学びたい学生が住むフレンチハウスでは，フランス語以外の使用は禁止されていて，定期的にフランス（語）にちなんだイベントが開催される．

　共同生活を通して学生たちはみずからが大学コミュニティの一員であるという意識を育んでいく．その帰属意識は卒業しても変わることなく，アメリカの各大学が誇る強固な同窓会組織の基盤にもなっている．

　むろんキャンパス生活のすべてがバラ色なわけではない．コミュニティのあるところには，軋轢や喧嘩もよくあるし，その集団になじめず悩む者もいる．盗難やレイプなどの事件も起こる．また近年は寮生活のコストが増大し，そこで生活をしたくてもできない学生もいる．一流大学では学生集めのためにスポーツジムや高級カフェテリアを併設するような魅力的な寮が次々と建てられる中，寮生活は一部の特権的な学生たちのネットワークづくりの場にすぎないという批判もある．

　それでも多くの大学においては，学生生活には寮体験が不可欠であるとされている．アメリカの学部教育が唱えるリベラルアーツではクリティカルシンキング（批判的思考）の力を付けることが必要とされるが，そのためにさまざまな出自の学生がともに生活することで，多様な視点や生き方を交差させ，肌で覚えることが重視されるのである．

[矢口祐人]

13. アート

　そもそも「アメリカの」芸術は存在するのだろうか．本章の各項がしばしば示唆するのはこの問いである．随所で触れるように，19世紀，「アメリカ人の」芸術家は存在したが「アメリカの」芸術なるものは，概念それ自体が事実上なかった．アメリカは「旧大陸」ヨーロッパからの政治的・思想的独立を誇らしく謳ったが，同時に「西洋文明の正しい継承者」であると自認した．アメリカ合衆国の主流社会を成す人々にとって「新大陸」が「西洋美術史」の「辺境」にあるという認識そのものがなかったのである．

　他方，現代芸術界の「中心」がアメリカにあるとは多くの人々に素朴に信じられているところだろうが，しかしそれらを「アメリカの」芸術であるとことさら名指しすることも，ほとんどないだろう．それはなぜか．そして「アメリカの」芸術とは果たして何なのか．本章には，この問いが伏流している．

[岡﨑乾二郎／生井英考]

アメリカ文化としての芸術

Art and America : Historical Perspective

　アメリカに限らず，一国の名を冠した一貫した美術史を語ろうとすれば，往々にしてその国を統治した支配階層の文化を反映する美術の歴史を語ることになる．その偏向は特にアメリカの美術史を語る際に現れる．つまりアメリカ美術史として編纂されてきた歴史は，アメリカ文化に包摂される多種多様な民衆文化の全体的様相とその推移を，決して，いまだ反映できてはいないということである．

❖**アメリカ美術形成前夜**　特に19世紀までの美術史的記述をかえりみれば，この偏向が顕著である．ひと言でいえば19世紀までのアメリカ美術史は排他的，選択的であり，支配層の文化に付随する美術アカデミズムの史的展開を記述する一方，それ以外は民衆文化（ネイティブ・アメリカン，アフリカ系アメリカ人，あるいはクエーカー，アーミッシュなどの宗教共同体も含む多種多様な生活文化）として記述されるにとどまってきた．例えば18世紀後半の独立革命までさかのぼり，アメリカ絵画の歴史を語ることは可能だが，ヨーロッパで生まれたタブロー絵画を当時，受容したのは限られた富裕，支配階層にすぎなかった（☞項目「国民的巨匠たち」）．19世紀にはハドソン・リバー派を嚆矢として新大陸の自然景観を主題にした風景画が描かれるが，この神話化された崇高な風景もヨーロッパから入植し，新大陸を開拓しようとする資本家，起業家たちが抱く憧憬と野心を投影したものにすぎなかった（☞項目「アメリカ芸術のアメリカ性」）．

　アメリカ芸術において，国民文化形成への組織的試み，すなわち国家が包摂する多種多様なすべての民衆を，同じ文化を共有するアメリカ国民として統合しようとする，ナショナル・アンデンティティ形成の企ては20世紀中期の1930年代に至るまで現れない．

❖**アメリカ近代美術史**　段階的に述べれば，まず19世紀末に新大陸開拓すなわち鉄道，鉄鋼，金融，石油の連携によって資本を蓄積した独占資本家たちが，教育福祉施設などに投資を始め，その一貫で蒐集した作品を展示する美術館建設のブームが起こる．付随して研究，教育施設も設立される．メトロポリタン美術館（1872年開館），ボストン美術館（1876），ブルックリン美術館（1895），カーネギー美術館（1895），イザベラ・スチュワート・ガードナー美術館（1901）．ビスマルク体制下のドイツで近代的美術館の整備が行われていたのと同時代である．これが近代的美術史学の基礎となる．それはフィロンソロピーという名目で，支配層，独占資本家たちが一般民衆，労働者をも同じ文化へ組み込もうとする啓蒙事業でもあった．一方この時代に始まるプラグマティズムの実験的教育制度への適用は，既成の制度に束縛されず，新しい知，技術に開かれたアメリカ独特の自

由な人間観を裏付けるようになる．さらに新聞や出版というマスメディアの発達が随伴して，出自の異なるすべての民衆が大衆として同じ文化状況の中に巻き込まれていく状況が発生する．アメリカ文化の下地はここに整い始める．

1920 年代，第 1 次世界大戦で疲弊した欧州に対して，アメリカは経済的繁栄（狂騒の 20 年代）を謳歌する．到来した大量消費社会は前衛芸術だったキュビズムをアールデコという装飾スタイルに応用し大流行させる．経済的活況と呼応するジャズブームの中で黒人文化が花開く（ハーレム・ルネサンス，☞項目「ジャズ」）．この狂騒の掉尾にヨーロッパの前衛芸術の流れを世界で初めてチャート化し網羅したニューヨーク近代美術館（MoMA）が誕生した．

狂騒は 29 年の大恐慌で終わり，30 年代の計画経済は 20 年代に大拡張された文化市場を国家的プロジェクトとして組織化する計画を生み出す．公共事業促進局（WPA：Works Progress Administration）は美術家，音楽家，文学者，演劇人をも雇用し，大規模な公共芸術プロジェクトを進め，同時に各地域の文化生活史など有形，無形の文化遺産調査や芸術教育施設の拡充など，国民文化を初めて組織的に整える大事業が推進された（☞項目『国家と芸術』）．

第 2 次世界大戦後，アメリカ文化は世界を制覇したように語られる．美術においては抽象表現主義が一躍，世界美術の頂点に立つ達成を遂げたといわれるが抽象表現主義の画家たちは WPA に関わり，その理論的正統性は MoMA が作成した歴史的見取り図によって裏付けされていた．戦後アメリカ美術のヘゲモニーは 30 年代に準備されたものだった．こうして大戦後，アメリカ美術は世界の美術を牽引する中心となったように見えた．しかし一方で，この世界美術としてのアメリカ美術は，必ずしもアメリカ国内において，多様に分裂するアメリカ文化を統合し代表する「アメリカ」美術には，いまだなり得てはいない．

❖現代のアメリカ美術　1960 年代以降，現代美術の展開は対抗文化の興隆とも連動し，高級文化・大衆文化の壁が取り払われ，一元的統合的に進化する「美術史観＝モダニズム歴史観」も解体され，多様性，複数性へ解放する道も開かれた．しかし 80 年代には，こうして相対化され解体された批評的基準はかえって錯綜，難解化した．一方で，その過程で認知された価値の多様性は，選択可能な情報の拡張（つまり市場の拡張）として市場原理に取り込まれていくようになる．現代美術は専門的なギャラリスト，キュレーターたちが操作する変動性に富んだ知的かつ投資のゲームに変化する．2000 年代以降，ニューヨークの美術館は巨大化し，かつて以上に寡占的に蒐集された多様なる知（情報）と富の象徴，権威として林立し始める．その美術館の内側には広大，膨大な多様性の光景が繰り広げられるが，その外見は以前にも増して巨大な美術館は富と情報の格差を示すモニュメントと化してしまっている．情報構造の急激な変化によって，この富と知の集中は解体が迫られていると見てもよいだろう．　　　　　　　　　　　　［岡﨑乾二郎］

国民的巨匠たち

Early Masters of American Painting

アメリカ美術の黎明期を飾る最初の重要な画家としてまず名前があがるのは，ベンジャミン・ウェストである．しかし彼の注目すべき事績としてあげられているのは，例えば1792年にイギリスの王立アカデミーの創設に尽力し，その2代目の総裁となったことなどで，ウェストが実際に活躍し名声を得たのはイギリスであった．アメリカの地において美術の発展や展開に寄与した美術家たちではなく，ウェストのようにヨーロッパにおいて活躍した美術家たちが，アメリカ美術史を彩る代表的な美術家として扱われている．このような美術家としてはウェストのほかに，ジョン・シングルトン・コプリー，ジェイムズ・アボット・マクニール・ホイッスラー，ジョン・シンガー・サージェント，メアリー・カサットなどがいる．

❖アメリカ美術の黎明期 東海岸にヨーロッパ人の植民地が形成された17世紀には，アメリカにおいて求められていた美術は肖像画だけであった．それ以外の美術の需要は，実質的には存在していなかった．ヨーロッパでは伝統的に絵画の最も重要なジャンルとされてきた歴史画を求める注文者（主に王侯貴族や教会）は，アメリカには存在しておらず，そのため，もしアメリカに生まれ育ち，画家や彫刻家になりたいという夢を持ったならば，肖像画を描く職人的画家となるか，ヨーロッパに移住するしかなかった．ウェストにしても，コプリーにしても，まずアメリカで肖像画家として名声を得て，その後イギリスに渡り歴史画家となっている．19世紀初頭にフランスで歴史画家として活躍したジョン・ヴァンダーリンは，《ナクソス島の眠るアリアドネ》（1814）によってパリの官展で高い評価を得たが，アメリカで歴史画を受け入れる土壌が徐々につくられたのは，独立戦争以後であった．アメリカ政府をはじめとした歴史画の注文主も現れ始め，公共建築を飾るためにアメリカの歴史を主題とした壁画が求められるようになる．ウェストの弟子であったジョン・トランブルは，1819〜24年に独立戦争を題材とした連作を制作し，それは連邦議会議事堂の中央大広間（ロトンダ）に飾られた．

05年設立のペンシルベニア美術アカデミーや25年に創設されたニューヨークのナショナル・アカデミー・オブ・デザインなど，絵画や彫刻を学ぶための教育機関が着実に整備されていったものの，画家や彫刻家を志す者たちの多くは，ヨーロッパ美術の実物に触れながら学ぶ必要を感じ，ロンドンやパリ，デュッセルドルフ，ミュンヘンなどのアカデミーへと留学した．

アメリカ美術史を代表する美術家たちがヨーロッパを活動拠点とした背景には，以上のような需要と教育をめぐる事情があった．そしてヨーロッパで学び，その地で活動するという状況は，伝統的な歴史画の時代からモダンアートの時代へと

移っても続く．ホイッスラーは，アメリカの陸軍士官学校を退学した後，フランスで絵画の修業を始めた．その後は主にイギリスに居住し，《陶器の君の姫君》（1863〜64）や，それが掛けられているピーコックルームの装飾（1876〜77）など，イギリスにおけるジャポニスムの代表的な作品を残している．フランス印象派の運動に関わった画家として知られるのがカサットで，エドガー・ドガから多くを学び，彼の勧めで印象派の展覧会に出品している．ホイッスラーと同じく19世紀後半にイギリスに住み，その地で肖像画家として活躍したのが，ボストン生まれのサージェントであった．フィレンツェとパリで学んだ後，ロンドンに居を定め，富裕層の肖像を描く画家として国際的な人気を得ていた．

❖**アメリカ的美術の登場**　アメリカの美術家たちが，ヨーロッパを修業と活躍の場としていたということは，アメリカの美術を，アメリカの土地に根ざした，アメリカの社会や文化から生まれてくるものとしてよりは，ヨーロッパの芸術と強い結び付きを持つものとしてとらえさせることとなった．アメリカ美術はギリシャやイタリア，フランス，イギリスの美術の歴史と接続したものとして位置付けられ，そのためにヨーロッパ美術はアメリカ美術の従うべき模範であり続け，その中心地へとアメリカの美術家たちをいざなったのである．これに対して20世紀になると，状況は徐々に変わり，ヨーロッパの美術の歴史とは断絶した，アメリカ独自の美術をつくり出さなければならないと主張されるようになった．それを代表するのは，中西部の農民たちを描いた《アメリカン・ゴシック》で知られるグラント・ウッドなどのリージョナリストの画家たちであった．彼らは，とりわけフランスの前衛美術からの影響を拒絶し，アメリカに固有の主題や表現を求めた．しかし国内では高く評価されたものの，国際的な名声を得ることはなく，アメリカ美術が，アメリカ的表現として国際的評価を受けるようになるのは，1940年代後半以降の抽象表現主義の画家たちの登場以降となる．

　ジャクソン・ポロックなどに代表される抽象表現主義は，ヨーロッパの前衛美術の影響の下で生まれたが，この芸術動向を支えた批評家クレメント・グリンバーグは「『アメリカ型』絵画」（1955）といった論考の中で，それがヨーロッパの美術よりさらに進んだ前衛性を持ち，また巨大なキャンバスの使用といったアメリカ的特質を有していると指摘した．1960年代に登場したアンディ・ウォーホルらのポップ・アートは，アメリカ的消費文化を象徴するコカ・コーラなどの画題によって，アメリカに根ざした美術と見なされている．

　しかし，19世紀以前であっても，アメリカにとどまった美術家がいたのも事実であり，そういった画家たちの存在は，ヨーロッパで活躍し，国際的名声を獲得した美術家たちの影に隠れてしまっているともいえる．ヨーロッパでの名声に基かない評価基準によってアメリカの美術史を見直していくことで，アメリカ美術をより総体的にとらえていくことができるだろう．　　　　　　　　[田中正之]

アメリカ芸術のアメリカ性

The Americanness of American Art

アメリカ芸術とはいったい何なのか．移民や亡命によって多様な文化が常に流入し，それらの諸文化が互いに影響しあいながら混淆し，時代ごとに新たな文化を生み出してきたアメリカにおいて，その芸術が持つアメリカ性を定義することは非常に困難な課題である．社会的には，アメリカという国家を表すシンボルとして19世紀の風景表象や冷戦期の抽象表現主義絵画が用いられてきたし，芸術形式上はヨーロッパ芸術との対比において「アメリカ型」の具象絵画や抽象表現の様式が模索されてきた．また，そうした「アメリカ性」の起源を探求することによってこれまでの西洋美術史を書き換えようとする美術史家も出てきている．

❖**19世紀アメリカと無垢な自然**　19世紀前半，国民国家としての体制が整いはじめたアメリカ合衆国において，みずからの文化をヨーロッパの文化から切り離し独自のものとして成立させていくために「無垢な自然」がアメリカ固有の文化的資源として利用されたことは多くの研究者によって指摘されている．バーバラ・ノバックは『自然と文化』(1980) のなかで，ペリー・ミラー，ヘンリー・ナッシュ・スミス，R. W. B. ルイスといった先達が分析した19世紀のアメリカにおける自然の意味を「原初の荒野としての自然」「世界の農園としての自然」「エデンの園としての自然」という三つの類型にまとめた上で，「千年王国によってもたらされるエデンの園の復活を待ち望むアメリカ」という4番目の解釈を提示している (☞項目「新興キリスト教諸派」)．つまり，当時人気を博したニューイングランド地方や西部の無垢な自然を描いた風景画は，アメリカ人がその新興国家のナショナル・アイデンティティを構築していく際の主要な拠り所になっていたというわけである (☞項目「ナショナリズム」)．

しかしながら，こうしたアメリカ固有の自然観を風景画として表現する際に，トーマス・コールをはじめとするハドソン・リバー派の風景画家たちが依拠したのは18世紀までにイギリスで確立していた風景美学やヨーロッパのロマン主義的伝統であった (☞巻頭口絵)．ロバート・ローゼンブラムは『近代絵画と北方ロマン主義の伝統』(1973) において，従来の「パリからニューヨークへ」という近代美術史の物語とは異なる修正主義的歴史観を提示し，北方ヨーロッパのロマン主義的伝統がこうした19世紀のアメリカ風景画を通じて，マーク・ロスコのような抽象表現主義作家へ影響したのだと主張している．

❖**アメリカン・リアリズムの系譜**　また，こうしたロマン主義的伝統とはまったく異なるところにアメリカ芸術の本質を見いだす研究者も多い．1861年から始まる南北戦争とそれに続く大規模な移民の流入，都市化の急速な進展，産業資本

主義が生み出す疎外といった要因によって南北戦争後のアメリカ社会には急速にリアリズムが支配的価値基準として広まっていく．代表的なリアリズム画家としてはウィンスロー・ホーマーとトーマス・エイキンズがいるが，ホーマーが印刷媒体を通じて再建期の国家イメージ構築に貢献していったのに対して，エイキンズは美術教育を通じて次の時代のアッシュカン派と呼ばれるニューヨーク・リアリストたちに影響を与えていく．エドワード・ルーシー＝スミスは『アメリカン・リアリズム』（1994）において，「リアリズム的衝動とアメリカにおける美術の発展との間には密接なつながりがある」と述べているが，こうしたリアリズムの系譜はその後二つの意味合いをもちながらアメリカの主要な芸術運動の中に繰り返し現れることになる．一つはリージョナリズム，社会的リアリズムといった社会的現実に根差した現実主義の流れ，もう一つはプレシジョニズム，フォトリアリズムといった具象表現に特化した写実主義の流れである．

❖アメリカ型芸術としての抽象表現主義とポップアート　第2次世界大戦後のニューヨークで一気に開花した抽象表現主義をアメリカ型絵画として高く評価し後押ししたのが，近代美術史の流れを理論付けたクレメント・グリーンバーグである．ジャクソン・ポロックを筆頭とする抽象表現主義作家たちが生み出すアクション・ペインティングやカラー・フィールド・ペインティングの作品を，絵画という媒体が持つ特質を純粋化していくフォーマリズムの歴史の中で評価し，それらをモダニズム絵画の到達点と見なすことによって，近代美術史を一義的に定義したのである．しかし一方で，彼のフォーマリズムに従えば，媒体の純粋性が極まったところで必然的に芸術の進歩は行き止まりとなってしまうこととなり，実際に1970年代以降，アメリカの芸術は再び多様性に開かれることとなる．抽象芸術の流れはその後，ミニマリズムやコンセプチュアルアートといった芸術運動を生み出し，ロザリンド・クラウスがいう「ポストメディウム状況」，つまり芸術表現が複数の媒体（メディウム）を横断する状態の下で，もはや単一の媒体に還元できない多様性と混沌の様相を見せていくこととなる．

　一方，60年代からもう一つのアメリカ型芸術として人気を博していくのが，身の回りの日常に溢れる大衆文化的なものをモチーフとしたポップアートである．この抽象表現主義からポップアートへ，つまり抽象から具象へという移り変わりを，アメリカ美術史に繰り返し見られるリアリズム回帰と見なすことも可能であろう．そして，この具象表現の系譜は，複製技術によってコピーされたものばかりになってしまった日常生活の中に「リアルなもの」の存在と不在を再確認しようとする70年代のフォトリアリズムや80年代のシミュレーショニズム，そして21世紀のハイパーリアリズムへとつながっていく．ドナルド・トランプ大統領就任以降の「ポスト真実」（Post-truth）と呼ばれる時代に，アメリカ芸術は再びリアリズムへと回帰するのか注視していきたいところである．　　　［小林　剛］

美術教育

Art Education

アメリカにおける美術教育の体系化は19世紀を通じて進行した．産業革命が急速に推し進めた社会の近代化に応じた啓蒙教育の流れの中で，道徳的な色合いの濃いピクチャー・スタディ・ムーブメントのような芸術鑑賞教育が古典的傑作の「美」を通じた人格および社会形成という目的の下で広く支持されると同時に，実技・制作に関しては，西欧の伝統的な美術アカデミー（イギリスのロイヤル・アカデミー・オブ・アーツに代表されるような国家公認の美術学校）を模したプログラムが広がった．

一方で，その規範的な教育を脱し，より先鋭的に個人の自由と独立を標榜し，柔軟なカリキュラムを持ち，多様な社会階層に（例えば女性や労働者層にも）開かれたアート・ステューデンツ・リーグ（ASL）のような場もまた19世紀後半には登場した（1875年設立）．ASLは，ニューヨークという文化と経済の沸騰する場にあったことも手伝い，第2次世界大戦前から後にかけて，伝統に縛られない美術表現の追求と多様な人的交流を支える場として重要な役割を果たすことになった．

また，こういった動きと平行して，篤志家ピーター・クーパーは，西欧の高等専門学校などのシステムに刺激を受け，エンジニアリング，建築，美術を中心に，授業料が免除されるクーパー・ユニオン（CU）をニューヨークに設立（1859）し，やはり広い社会層の受け皿としての役割を果たした．実学への傾倒が当初は強かったようだが，第2次世界大戦後は，リベラルな美術教育への志向を強め，ことに1960年代以降，多くの作家を輩出することになる．

こういった例に代表されるリベラルな美術教育思想の流れは，20世紀前半までは，基本的に教育機会の均等と柔軟性の拡張を旨としていたが，30年代には，ジョン・デューイの教育思想の広範な影響で，より深く全人的な「経験」と「自由」を追求する特権的な領域として芸術および創造行為一般の重要性が説かれるようになり，カリキュラムや教育実践の方法などにおいて，実験的かつ総合的な美術教育の機関が登場するようになる．

✤ヨーロッパとの関係　なかでも，1933年にノースカロライナ州に設立されたブラック・マウンテン・カレッジ（BMC）は特筆すべき例であり，デューイ流の思想の枠組みの中に，ヨゼフとアンニ・アルバース夫妻などがもたらしたバウハウスに代表されるヨーロッパの先端的な芸術教育思想が流入した特異な場を形成した．57年に至るまで，生活全般にわたる自治的共同体としての実験を推し進め，芸術を中心としつつも，物理学，建築，音楽，文学などにまで及ぶ学際的

なカリキュラム，双方向的な教員と学生の関係，多彩なゲスト講師の招聘，イベントの開催などを通じ，多彩な人材を輩出し，50年代以降のアメリカ美術に多大な影響を及ぼした．さらにデューイは，すでにBMC以前，19年にニューヨークに社会人教育を軸にして設立されたニュー・スクールの設立にも関わっている．当初，社会科学を中心としたこの先進的な学校は，その後舞台芸術や美術の部門なども創設し，戦時中から戦後にかけ，ヨーロッパからの亡命知識人や各分野での先進的な人材を積極的に受け入れ，その後の思想・芸術界の活性化に重要な役割を果たした．

　亡命者を媒介にしたヨーロッパからの美術思想の流入という意味では，正規の学校組織の外部に点在した私塾も無視できない．なかでも特筆すべきは，30年代の半ばから58年にかけてニューヨークに存在したハンス・ホフマンの学校である．ドイツでの教育経験を持つ彼は，渡米後もカリフォルニア大学バークレー校など幾つかの大学で教鞭をとった後，みずからの学校を設立し，抽象表現主義以降のアメリカ美術の中核を担う作家や批評家の卵たちに，モダニズムの美学に根ざした独自の芸術理論の洗礼を施した．

❖美術教育システム

芸術を広い人間形成の中に位置付けようとする思想は，戦後社会においてさまざまなかたちでアメリカの美術教育に受け継がれ，その多様な展開は，多くのリベラル・アーツ・カレッジのカリキュラムとして結実する一方，イェール大学やプリンストン大学のような総合大学の中で，建築など隣接分野とも密接な関連を持つ美術教育プログラムが成熟し，多くの作家を輩出するなど，美大と総合大学が分断されてしまった日本とは異なる体制が広がった．

　一方で，アート・インスティテュート・オブ・シカゴやボストン美術館などの組織も，附属のアート・スクールを設立し，より専門的に，修復や保存などのプログラムも含め，美術史研究と実践を並行して行えるような仕組みを次々とつくり出し，美術教育の多元的な広がりの一翼を担うことになる．また，いわゆる美大も，ウォルト・ディズニーが資本を出し，映画，演劇，ダンスなどを中心に組織され，美術においても実験的なプログラムを発展させたカリフォルニア・インスティチュート・オブ・ジ・アーツ（CalArts）や，19世紀以来，先進的な地域のコミュニティのサポートを得ながら常に新思潮に応答し革新を続けてきたロード・アイランド・スクール・オブ・デザイン（RISD）など，それぞれのバックボーンを生かした特色ある教育システムを発展させ，高い評価を得ている．

　また，1980年代以降の全体的な傾向として，美術界においても，社会全体の潮流に呼応して高学歴化が進んでいることを指摘しておく．その後のキャリアを展望し修士や博士課程を充実させる組織が増え，同時に，制作実践を美学や批評理論あるいは美術史と有機的に組み合わせたカリキュラムを追求する傾向が強くなっている．　　　　　　　　　　　　　　　　　　　　　　　　　[林　道郎]

美術を動かす力

Art World

アメリカでは「美術を動かす力」は公的なものよりも民間のそれの方がはるかに大きい．これは他の芸術や文化においても同じだが，モダンアートの場合は，新しく出てきたアーティストと協働するキュレーター，彼らの作品を売り出す画商，そして購買層であるコレクターなど，「市場」という場が近年ますますその評価や方向付けに欠かせない要素になっている．

❖**民の力**　19 世紀後半から 20 世紀前半にかけては，アメリカではヨーロッパ美術の方がコレクションの対象として人気があった．大衆文化はさておき，モダンアートに関してはアメリカは自他ともに認める後進国で，同時代のアメリカ美術にはなかなか買い手がつかず，文化や芸術に対する公的な支援もきわめて乏しかったのだ．1929 年にはニューヨーク近代美術館（MoMA）が，翌年にはアメリカ美術に特化したホイットニー美術館が開館しているが，いずれも個人コレクターが中心となって設立した民間の機関である．第 2 次世界大戦後の冷戦期には，政府は芸術を軽視する従来の方針を改め，53 年に国務省の下部組織としてアメリカ文化情報局（USIA，1999 年に解散）を設置し，積極的に自国の文化を海外でプロモートした．だが，国内の芸術活動にも一定の経済支援が行われるようになったのは 65 年の全米芸術基金（NEA）の設立以降であり，現在でも芸術に対する公的な支援はヨーロッパ諸国に比べてはるかに少ない．にもかかわらず，非営利団体（NPO）や民間の団体による支援が豊富なため，芸術活動自体は非常に盛んである点がアメリカの文化・芸術の特徴である．

❖**アーティストと画商**　戦後アメリカ美術の興隆を支えたのは画商である．例えば，コレクターでもあったペギー・グッゲンハイムは，ドリッピングと呼ばれる技法で抽象画を描いたジャクソン・ポロックのパトロンとなり，自身の画廊で彼の個展を開催したばかりか，ベネチアに移住してからはヨーロッパでも彼を後押しした．その後，シドニー・ジャニスなどの名門画廊が自国の同時代美術を扱うようになり，1956 年にポロックが自動車事故で急逝すると，抽象表現主義の市場全体が値を上げた．

それ以後の流れを決定付けたのが 58 年に画廊を開いたレオ・キャステリである．彼はジャスパー・ジョーンズやロバート・ラウシェンバーグ，アンディ・ウォーホルなどを擁して次世代の市場を開拓し，彼の元妻，イリアナ・ソナベンドもパリの画廊でネオ・ダダやポップをヨーロッパに売り込んだ（図 1）．これらの作家たちは，当初は主流の美術関係者に高く評価されていなかったが，キャステリはみずから新規コレクターや批評家，キュレーターのネットワークを築き，

64年のベネチア・ビエンナーレではラウシェンバーグにアメリカ初の大賞をもたらした影の立役者となった.こうして,世界美術の中心はパリからニューヨークに移ったことが既成事実となり,アメリカの美術を動かす力が,世界の美術を動かす力ともなっていったのである.

✤アート・ディストリクトの推移
1950～60年代には画廊はアッパーイーストやミッドタウンに集中して

図1 ジャスパー・ジョーンズの初個展会場に立つレオ・キャステリ（1958）[写真：ルドルフ・ブルクハルト]

いたが,70年代に多くの画廊が家賃の安いソーホー（South of Houston Street,マンハッタン区のダウンタウン）に,さらに90年代からは広大な空間が確保できるチェルシーに移り,倉庫街だった同地区のジェントリフィケーションを決定付けた.2015年にはホイットニー美術館もチェルシーの南側に移転し,ニューヨーク市が新たに整備したハイラインという遊歩道の公園と合わせて,観光地を兼ねた巨大なアート・ディストリクト（区画）となっている.近年,世界の美術シーンが多様化する中,ニューヨークがアートの中心地であり続けているのは,このように官と民がゆるやかに協働して美術を支える,アメリカ独自の仕組みのおかげでもあろう.一方,テーマパーク化したチェルシーを敬遠して,ブルックリンのウィリアムズバーグに続いて,ブッシュウィックに移るアーティストや画廊も多い.だがこれらの地区でも,新しく形成されるアートコミュニティが注目される結果として物価は上がり,現代アートとジェントリフィケーションの関係は一筋縄ではいかない問題となっている.

✤投資としてのコレクション
2000年代以降の傾向として特筆すべきなのが,戦後アメリカ美術の価格高騰である.史上最高値をつける絵画は,1980年代以前はヨーロッパのオールド・マスター,バブル期にはフランスの印象派やポスト印象派だったが,近年は抽象表現主義の作品に億ドル単位の値段がつく.2015年にはシカゴの富豪コレクターが,ポロックとウィレム・デ・クーニングの作品を合わせて5億ドルで購入して話題となった.投資対象としてモダンアートを収集するコレクターの影響力は年々大きくなり,彼らが収集する若手作家の評価にも深く関わってきている.ただ,アメリカの富豪コレクターはただの投機としてモダンアートを収集するのではなく,地元の美術館に多額の寄付をしたり,ゆくゆくは自分のコレクションを寄贈したりと,芸術支援の目的をしっかり持っていることが多い.この傾向は文化・芸術におけるアメリカの強みとして今後も生かされていくだろう.

[池上裕子]

美術館の構築

The Construction of the Art Museum

　1866 年，パリで一人の弁護士が行った，「アメリカにも本格的な美術館を」という演説が，4 年後のメトロポリタン美術館設立のきっかけをつくった.

❖**大衆の啓蒙**　以後同年のシカゴ美術館，1876 年のボストン美術館などアメリカ各地で大規模な美術館設立が相次ぐが，そのほとんどは，19 世紀後半にアメリカに移住し，一代で財を成しコレクションを形成した富豪たちのフィランソロピー（篤志活動）によるものである. 例えば，メトロポリタン美術館の場合，ジョン・ピアポント・モーガン，ロバート・リーマン，ジョン・D. ロックフェラー・ジュニアなど，大富豪たちがこぞって莫大な富を芸術作品に還元し，コレクションの充実に努めた. 彼らの意志は，美術館という制度を通して，大衆を啓蒙し，この新興国の文化を成熟させることにあった. メトロポリタン美術館の設立時に公開されたミッション・ステートメントには，芸術が製造業や実生活など社会全体に影響を与えることが謳われ，「大衆の啓蒙」が最重要事項とされている. また，個人のレベルでも，美術館を設立する意志は，同じフィランソロピーに貫かれている. 美術史家バーナード・ベレンソンや岡倉天心を庇護したことで知られるイザベラ・スチュワート・ガードナーは，ボストンの邸宅をみずから念入りにコレクションで飾り，それを美術館として公開した後，死後も大衆が常に体験でき，楽しめるように永続的に展示し続けることを遺言に残している.

❖**ヨーロッパ文化の歴史的文脈の接続と「アメリカ」という思想の啓蒙**　富豪たちの美術館設立の情熱の背景には，みずからのルーツとしてのヨーロッパ文化とこの新興国をつなぐ意志があった. 特に 1929 年のニューヨーク近代美術館（MoMA），31 年のホイットニー美術館，37 年のソロモン・R. グッゲンハイム美術館と相次ぐ同時代美術としての「近代美術」の専門美術館の開館は，「芸術の中心」のヨーロッパからアメリカへの移動を強く促進するものとなったが，これは広く見れば，二つの大戦間にヨーロッパからアメリカへ起こった国際的なヘゲモニーの移譲の一環といえる. ピート・モンドリアン，アンドレ・ブルトン，フェルナン・レジェをはじめとする前衛の旗手たちが，ナチスドイツによる弾圧から逃れ，今やニューヨークに集結していた. 37 年，MoMA の館長アルフレッド・H. バー・ジュニアが，「キュビズムと抽象美術」展に際し「近代美術」を定義付けるために作成した進化論に基づく系統図は，この先アメリカで生まれるであろう最前衛の美術（抽象表現主義）の理論的正統性を保証するものとなった. 「新しさ」こそがアメリカという国の個別性なのだという認識の下，ヨーロッパの伝統を継承するか，断絶から出発するかという選択があったことを多くの作家が回

想している．歴史構築に関わる美術館は，その問いが交差する実験的な場となったのである．

❖ホワイトキューブとその克服　アメリカにおける美術館のシステム構築において重要な論点の一つに，MoMA が最初の導入例となった，美術館展示室の標準規格としてのホワイトキューブ（白い部屋）がある．モダニズム建築の機能主義から生まれたこの空間は，それまでの美術館の主流であった，生活環境と一緒に部屋一面に並べる作品の展示方法を一新させた．作品はそれが生み出された政治的・文化的文脈から切り離され，額縁や台座からも解放されて，自律しその内部において意味が完結するものとして鑑賞されることとなった．あらゆる時代，様式の作品を併置させるホワイトキューブは，移民の国アメリカの個性である「普遍性」（universality）を象徴的に体現する空間でもある．ホワイトキューブの誕生は，この国の近代美術の流れが，いずれこの空間に最もふさわしい，抽象表現に行き着くことを予告していた．さらに，その先にあるモダニズムの解体が，ホワイトキューブの克服を伴うことも自明のことであった．ドナルド・ジャッドが，みずからの作品に最もふさわしいと考える環境を選び，恒久設置を行ったチナティ財団は，その一つの例である．この設立にあたってジャッドを支援したディア芸術財団は，ロバート・スミッソンの作品《スパイラル・ジェッティ》などを管理運営し，美術館の外を志向する作品を支えて来た非営利組織だが，彼らが2004 年にニューヨーク郊外につくったディア・ビーコンもまた，広大な建物に合わせて制作された作品を恒久設置した，既存の美術館制度の批判ともいうべき空間となっている．

❖巨大化する美術館　観光やエンターテインメント産業との競合あるいは結合，アートマーケットの巨大化などの動向を受けて，2000 年代以降，美術館の社会的役割や規模の拡張が盛んになる．MoMA は，01 年より 3 年の月日をかけて大規模増床工事を行い，展示室の収容人員を以前の 2 倍とし，教育普及センターを以前の 5 倍の広さとした．16 年からは新館の準備に入り，ジャン・ヌーヴェルの設計でさらなる拡張の計画を進めている．ホイットニー美術館は 15 年レンゾ・ピアノ設計で展示室が 2 倍の広さとなる展示室をつくった．その旧館は，16 年よりメトロポリタン美術館へ貸与され，近現代美術を見せる「メット・ブロイヤー」という名で新たな展開を始めている．メトロポリタン美術館の服飾部門の運営資金を集めるために，セレブリティを集める盛大なパーティ「メット・ガラ」は，いまやファッション界のみならず全世界が注目するイベントである．大衆の啓蒙を謳って発展してきた美術館が，フィランソロピーなき時代に大衆から吸い上げ富を独占していく展開は，19〜20 世紀にかけて発展したこの制度の限界と見るべきか．新たな知と富のプラットホーム像の構築が迫られている．

[藪前知子]

前衛美術とフィランソロピー

Avant-Garde Art and Philanthropy

||||||||||||||||||||||||||||||||||||||||||||||||||||||||||||||||

　フランスなどのヨーロッパ諸国とは異なり，国立の美術アカデミーや国家が主催する展覧会である官展（サロン）を持たなかったアメリカでは，公的制度よりも篤志家たちの私的支援（フィランソロピー）が美術の発展に大きな役割を果たした．アメリカ美術は，とりわけ第2次世界大戦後に，ジャクソン・ポロックら抽象表現主義の画家たちや，ネオ・ダダのロバート・ラウンシェンバーグやポップ・アートのアンディ・ウォーホルといった前衛美術を中心に世界から注目を浴びたが，その発展の土壌となった大戦以前の前衛美術の展開も，もっぱら私的支援によって支えられていた．

❖前衛美術への支援　1913年に，ニューヨークの第69連隊兵器庫（アーモリー）などを会場として開催された「国際モダン・アート」展は，現在では「アーモリー・ショー」の名で知られ，アメリカの人々が初めてヨーロッパの前衛美術やアメリカ美術における新しい表現の展開を知る機会となった．アンリ・マティスの《青い裸婦，ビスクラの思い出》（1907）やマルセル・デュシャンの《階段を降りる裸婦No.2》（1912）といったフランスのフォービスムやキュビスムの作品が，これの一体どこが美術なのか，とスキャンダラスな物議を醸したことでも知られている．この展覧会を組織したのはアメリカ画家彫刻家協会（AAPS）で，その中心となったのは画家ウォルト・クーン，批評家のウォルター・パック，画家アーサー・B. デイビスらであった．彼らが目指したのは，若い芸術家たちの前衛的な表現にも展示の機会を与えることと，そうした新しい表現への人々の理解を促進することであった．そのため展覧会は，アメリカの美術家たちの作品を展示する第1部と，ヨーロッパの前衛美術を紹介する第2部から構成されていた．

　この展覧会をきっかけに前衛美術に目覚めたのがウォルター・アレンズバーグであった．彼は，ピッツバーグの溶鉱炉会社の会長を務める父のもと裕福な家庭に育ち，ハーバード大学で英文学を学んで詩人となるが，現在彼の名を歴史にとどめているのは，彼がアーモリー・ショーで展示されたデュシャンらの作品を買い上げ，生涯にわたってデュシャンのパトロンであり続けたことである．アレンズバーグを通じてデュシャンと知り合ったキャサリン・ドライアーは，デュシャンやマン・レイとともに，20年に「ソシエテ・アノニム」という名の団体を組織する．鉄鋼関連の企業に勤める父を持ち，経済的に豊かな家に生まれたドライアーは，姉とともにヨーロッパで絵画を学び，帰国後は画家としての活動に加えて，前衛美術を支援し，その普及に尽力する．彼女は，婦人参政権の運動に関わっていた社会活動家としても知られている．ドライアーは，ソシエテ・アノニ

ムの活動として，前衛美術を人々に啓蒙していくためのレクチャーを行い，美術館の設立を目的に作品の収集にも積極的であった．そのコレクションは，26年にはブルックリン美術館を会場として開催された「国際モダン・アート」展に展示された．この展覧会は，アーモリー・ショーの次に，そしてニューヨーク近代美術館（MoMA）の開館に先駆けて，前衛術が大規模に展示される機会となった．

❖ニューヨーク近代美術館　1929年に開館した，前衛美術を積極的に取り上げた世界でも最初の美術館の一つであるニューヨーク近代美術館も，メアリー・クウィン・サリバン，リリー・P. ブリス，アビー・アルドリッチ・ロックフェラーの3人の女性の私的支援によって設立された．美術教師でもあったサリバンは，慈善活動のためにレース編みの制作と販売を行っていた女性たちの団体の会長を務めるなど，多くのフィランソロピーに携わっていた．ニューヨーク近代美術館のコレクションの礎となる作品を収集したブリスは，ドライアーの友人で，ソシエテ・アノニムのメンバーにも名を連ねている．彼女が前衛美術に初めて関心を持ったとき，最初に購入したのはアーモリー・ショーの組織者であったデイビスの作品であり，アーモリー・ショーに最も作品を貸与したコレクターもブリスであった．ジョン・D. ロックフェラー・ジュニアの夫人アビーは，20年代半ばよりアメリカやヨーロッパの前衛美術を収集し始め，多くのアメリカの若い美術家たちを支援していた．

　この近代美術館の開館は，大恐慌の発端となった「暗黒の木曜日」（1929年10月24日）のわずか9日後であった．そのためアビーを中心に，さまざまな企業や個人，団体からの支援金を募り，それによって運営するという現在でも続く方針がつくられることとなる．こうしたフィランソロピーによって新しい表現が支えられたアメリカでは，伝統に縛られない前衛美術を，全体主義国家や社会主義国家のように美術が国家統制されることのない自由の象徴としてもみられていた．ただ冷戦期においては，アメリカの前衛美術は自由の象徴としてプロパガンダ的価値も担わされ，むしろ国家的な支援を受けることにもなった．

❖メニル家とディア財団　ロックフェラー家に限らず，カーネギー財団やメロン財団，そしてゲッティ財団など，芸術や人文学を支援する財団を設立した企業人やその家族は少なくない．なかでもヒューストンを本拠とするフランス系の油田検層事業の企業シュルンベルジェの家系に連なるメニル家は，第2次世界大戦後の前衛美術の展開に最も大きな役割を果たした．ジョンとドミニックのメニル夫妻は，前衛美術とカトリック教会とを結び付けたことで知られるマリー＝ジャン・クチュリエ神父の感化の下，前衛美術家たちの作品を収集し支援した．また夫妻の娘フィリッパは，1974年にディア財団を設立し，ウォルター・デ・マリアのランドアートなどスケールの大きな作品の支援を続けている．

[田中正之]

国家と芸術

Arts and Politics

アメリカの歴史において連邦政府が計画的なかたちで芸術に直接関与するようになったのは1930年代のニューディール期からである。それまでは，地方政府による散発的な芸術支援は見られるものの，基本は私的なパトロネージュ（財政支援）や富裕層からの寄付といった民間からの支援であった。

❖**ニューディール芸術政策** 1929年に起こったニューヨーク株価の大暴落を発端とする大恐慌時代に，景気回復策としてフランクリン・D. ローズヴェルト大統領が行ったニューディール政策には次の二つの柱があった。一つは，大規模な公共事業や補助金整備を政府が積極的に行うことによって景気を直接的に刺激しようとする経済政策であり，もう一つが失業者に雇用の機会を与え，貧富の差を減少しようとする社会福祉政策である。ニューディール期の芸術支援も基本的にはこの二つの目的を実現するために行われたものであり，職を失った芸術家を連邦政府が直接雇用し，周縁地の国民にまで芸術鑑賞の機会を与えるという国家的芸術プロジェクトの中で仕事を与えていくことになる。

こうした芸術支援プログラムとして最初に実施されたのは，33年に開始された芸術計画公共事業体（PWAP）であるが，予算規模と支援領域の広さという点で，35年に開始された公共事業促進局（WPA）による連邦美術計画（FAP）をはじめとする美術，音楽，演劇，作家の分野をカバーする一大芸術救済プロジェクト「フェデラル・ワン」にかなうものはないだろう。美術分野のFAPだけに限って見ても，ピーク時の雇用者数は5,300人であり，膨大な数の絵画，彫刻，版画，ポスターが制作されたほか，2,500もの壁画プロジェクトが公共建築物において実施されたのである。WPAとそれに関連したプロジェクトによって支援された芸術家に，ジャクソン・ポロック，マーク・ロスコ，ウィレム・デ・クーニング，アド・ラインハートら抽象表現主義の代表的作家になっていく人たちも含まれていた。しかし，WPAの時代は，第2次世界大戦前の政治的に混迷を極める時期と重なっており，フェデラル・ワンのプロジェクトも徐々に保守派の議員たちによって「非アメリカ的」なものとして批判され，検閲されるようになっていく。39年に予算を大きく削減されたフェデラル・ワンは，第2次世界大戦中にその役割を終えることとなる。

❖**文化冷戦と抽象表現主義** 第2次世界大戦後の国家と芸術の関わりにおいて大きな議論となってきたのは，冷戦時代の外交的な文化政策における抽象表現主義が果たした役割である。『いかにしてニューヨークは近代美術の概念を盗んだのか』（1983）の著者であるセルジュ・ギルボーをはじめとする批評家たちは，抽

象表現主義の画家たちがその作品で表現している「自由」や「個人主義」といったイメージが，冷戦期アメリカの文化政策にとって好都合だととらえられ，反共産主義的な文化を国際的に滋養するために国家によって利用されたのではないかと考えている．背景はこうである．当時，アメリカ中央情報局（CIA）の息のかかったニューヨーク近代美術館（MoMA）の国際プログラムなどを通じてアメリカの抽象表現主義はヨーロッパや日本や南米で展示されたが，そうした企画は何らかのかたちで連邦政府の意向を反映していた．ある種の自由で創造的な文化を象徴していた抽象表現主義の絵画は，冷戦期の緊張した政治的現実から独立していると同時に，西側資本主義国家に対するソ連の脅威に立ち上がる「自由なアメリカ」を象徴するものとして受け入れられたのだ．つまり，アメリカは世界で最も文化的に進歩した国家であり，国による前衛芸術のサポートはその自由主義的，民主主義的価値観をそのまま反映したものであるという連邦政府の反共プロパガンダ（政治的宣伝）こそが，抽象表現主義の世界的流行を後押ししたのだと彼らは主張しているのである．フランシス・ストーナー・ソーンダーズは『文化冷戦』（2000）においてこの考えをさらに推し進め，抽象表現主義をアメリカ自由主義のシンボルとして宣伝する過程で CIA が果たした役割をより大きくより直接的に解釈している．しかしながら，これらの主張はほとんどが間接的な状況証拠に基づいており，その根拠に疑問を感じている研究者も多い．

❖**全米芸術基金と検閲**　1965 年に設立された全米芸術基金（NEA）は，それ以降のアメリカにおける国家と芸術の関係について考えるときに避けて通れない政府機関である．NEA の使命は，優れた芸術創造を支援し振興していくことと，そうした芸術に多くの国民がアクセスできるように学習機会を増やし普及していくことであるが，そのために拠出される予算はそのときの政権や議会の意向によって増減している．創設期からジミー・E. カーター政権まではほぼ順調に増額されていた NEA の予算額は，「小さな政府」を目指すロナルド・W. レーガン政権による予算削減要求によって一時的に停滞する（☞項目「小さな政府」）．また，ビル・クリントン政権下では，議会における共和党保守派からの激しい批判により NEA は存亡の危機に立たされることとなる．こうした保守派議員による前衛芸術批判は 80 年代から見られるものであるが，特に大きな批判を浴びたのがアンドレ・セラノとロバート・メイプルソープの作品であった．最終的に議会での激しい議論の結果，NEA が補助金を与える芸術内容に対して一定の制限を加えることが認められることとなるが，それによって NEA が芸術の検閲者として振る舞うことを可能にしてしまったともいわれている．

　2017 年現在，ドナルド・トランプ大統領はその NEA 予算を削減するだけではなく全廃しようとしているが，そうした政策が今後アメリカの芸術にどのような影響を与えていくのか注視していかなければいけないだろう．　　　　　［小林　剛］

抽象表現主義

Abstract Expressionism

　抽象表現主義は，1940 年代半ばから 50 年代にかけてアメリカ，特にニューヨークを中心とした，主に抽象絵画の動向である．主な画家にジャクソン・ポロック，ウィレム・デ・クーニング，マーク・ロスコ，バーネット・ニューマン，ハンス・ホフマン，アーシル・ゴーキー，アドルフ・ゴットリーブ，クリフォード・スティル，フランツ・クライン，アド・ラインハート，ロバート・マザウェルがいる．フランスのアンフォルメルと比べ，大きなカンバスに特徴があり，キュビスムやシュルレアリスムを踏まえ，無意識や偶然性を制作に導入し画面の階層構造の解体を試みた．彫刻家のデイヴィッド・スミスは，パブロ・ピカソやフリオ・ゴンザレスの溶接彫刻に触発され，線や面を活かした鉄の構成彫刻を制作した．

　抽象表現主義は，マニフェストやリーダーの下に集まってできた集団ではなく，カフェやバー，共同スペースでの交流を通して生まれた．作品の革新性に加え，美術批評家や近代美術館の後押しもあって，同時代のヨーロッパ美術よりも高く評価され，以後，アメリカ美術は国際的な影響力を持つことになった．

❖歴史的な背景　抽象表現主義の画家の多くは，1930 年代にニューディール政策の連邦美術計画（FAP：Federal Art Project）に参加して，公共機関を飾る壁画制作などを通して新しい技術を実験し，大きな作品の制作を経験した．その後，第 2 次世界大戦を避けてヨーロッパの美術家がアメリカに移住・亡命すると，彼らとの間に交流が生まれた．また，近代美術を本格的に教える美術学校もできて，幅広い層の美術家がヨーロッパの近代美術の核心を学んだ．

　美術批評家の活躍も重要である．ハロルド・ローゼンバーグは「アクションペインティング」の概念を提唱して，筆跡が大きく残るデ・クーニングなどの絵画を高く評価した．芸術の自律に基づくモダニズムを提唱したクレメント・グリーンバーグは，フォーマリズム批評を展開して，平面性や視覚的イリュージョンを重視し，ポロックなどを称揚した．彼らの批評は抽象表現主義の特徴を的確にとらえ，その認知の広がりに貢献した．もともとヨーロッパ美術に目を向けていたアメリカの美術館は当初，抽象表現主義に無関心だったが，ニューヨーク近代美術館（MoMA）が「アメリカの抽象絵画と彫刻」展（1951）を開催すると，抽象表現主義の国内の認知が進んだ．50 年代後半に MoMA が企画した二つのアメリカ現代美術の展覧会がヨーロッパを巡回して，抽象表現主義は国際的に知られるようになり，パリからニューヨークに美術の求心力が移った．その理由の一つとして，アメリカ美術がイデオロギー的な価値を持っていたことも指摘されている．グリーンバーグはロスコ，ニューマン，スティルなどの絵画を「アメリカ型」

絵画と呼んで，ナショナル・アイデンティティと結び付けた．大きなカンバスに開放的な表現が展開する抽象表現主義絵画は，「自由」を体現するものと考えられ，冷戦時代には共産主義に対抗するものとして政治的に利用された．しかし，美術家，批評家，美術館が共謀して活動していたわけではなく，また，世界各地で抽象表現主義絵画が多様に受容されていたことも考慮する必要がある．

❖**作品の特徴**　抽象表現主義は，戦争の悲劇的な経験を踏まえて，新たな主体の在り方を模索した．シュルレアリスムに示唆を得つつ，神話，始原，悲劇，再生などの主題に関心を持ち，個性に基づく表現を追究した．ポロックは，床に置いたカンバスに絵具を注ぐドリッピングの手法を用いて，絵具が画面を均質に覆うオールオーバーの絵画を制作した．ポロックの平面的な絵画はグリーンバーグのモダニズムの議論に合致したが，非芸術的な素材や方法など，相反する要素もあった．多様なテーマや技術を同時に実験し，特定の様式にとどまることがなかったデ・クーニングは，遠近法を操作し対象の解体と再結合を行うことで，意味の多義性や形の不明瞭性といった「曖昧さ」を創造的に用いて制作した．デ・クーニングは，抽象絵画全盛の時代に具象的な《女I》（1950～52）を描いた．具象／抽象の区別は絵画の重要問題ではないと考え，絵画史の伝統を踏まえながら，多義的な女性像を提示した．

　ロスコは，縦長の大きなカンバスに矩形の色面を縦に配置し，あたかも人と対面するかのような構造を持つ絵画を制作したが，後に絵画がつくり出す場に関心を向け，絵画に包み込まれる経験の問題に取り組んだ．ニューマンは，単色の色面にジップと呼ばれる細長い線が垂直に走る抽象絵画を手がけた．フィールドと一体化して地と図の対立を廃棄するジップに加えて，ニューマンは，鑑賞者の周辺視を作動させる左右対称の構図を用いて，作品の全体性を明示しようとした．

❖**影響と評価**　抽象表現主義は，後の世代の美術家に大きな影響を与えた．カラーフィールド絵画は，図と地の階層構造の解体を進め，自発性や時間性の問題を展開させた．ネオ・ダダやポップアートは，大衆文化の要素を積極的に取り入れるなど，抽象表現主義に対する反発として生まれたが，平面性や偶然性など，抽象表現主義の要素も取り入れている．ミニマルアートは，個性的でマッチョな抽象表現主義と対照的に没個性的でクールな表現とされるが，作品の部分と全体のバランスを批判して作品構造の単一性を追究したり，鑑賞者の経験という主題を切り開くなど，抽象表現主義の問題を発展させた側面もある．アクションや非芸術的素材の使用は，アラン・カプローの「ハプニング」などにも影響を与えた．抽象表現主義は，初めて国際的に評価されたアメリカ美術として神話化されているが，白人男性中心の価値観を批判したり，同時代の文化との関係や女性やアフリカ系の画家の活動に注目する研究など，脱神話化の動きも見られる．

[加治屋健司]

アメリカ美術の越境性

American Art from an International Perspective

1950年代, 抽象表現主義の作品群が獲得したかつてない名声によって, アメリカ美術は, 世界的な影響力を獲得した. 60年代以降の, ロバート・ラウシェンバーグ, ジャスパー・ジョンズのネオ・ダダからアンディ・ウォーホル, ロイ・リキテンスタインのポップアートに至る流れは, ヨーロッパ, 南米, アジアなどの広範囲にわたって受容され, 各地でそれに刺激された作品が生み出された.

❖**アメリカ美術の勝利**　アメリカ美術の世界的な台頭は, しばしばヨーロッパ美術との対立的な構図の下にとらえられてきた. 戦後アメリカ美術の勢力の増大は, パリを中心とするヨーロッパ美術に対する「アメリカ美術の勝利」とも形容される. アメリカ美術の台頭は, 第2次世界大戦という契機を抜きにしてはあり得ないものであった. 抽象表現主義からポップアートに至る流れは, 芸術の趨勢が, 戦勝国アメリカの国力の増大や経済的繁栄など, 国家的・政治的・経済的な要因と深く関与していることを示す. アメリカ美術の台頭に関しては, 政治, 市場, 経済などのさまざまな要因や戦略を無視することはできない.

❖**抽象表現主義の台頭**　一方で, それを抽象表現主義の作品自体に由来するものと考えることもできる. 例えば, 批評家のクレメント・グリーンバーグは従来の美術批評の在り方を刷新し, 抽象表現主義の絵画の意義を, その視覚的な純粋性と平面性, イーゼル絵画と壁画の中間に位置するサイズに求めた. また, グリーンバーグは, 感覚が絵画面に溶け込むとも説明している. 何が描いてあるか読解不可能な「抽象」という形式は, 深い読解を必要とせずとも感性的なレベルにおける作品享受を可能にする. その視点を推し進めるならば, 抽象表現主義の絵画は, 鑑賞者の身体感覚, 感性のレベルに直接訴えかける視覚的効果の全面的な享受をもたらすだろう. 抽象表現主義の絵画は, そのような脱イデオロギー的, 超国家的な側面をもつが, 一方でグリーンバーグはこれらを「アメリカ型」絵画としても記述した. 実際, 当時の冷戦状況においては, 「抽象」絵画に漂う前衛性, 自由と個人主義, 創造性, 非世俗的な超越性, 力強さなどの雰囲気は, 共産圏における社会的なプロパガンダ（政治的宣伝）を目的としたリアリズム（写実主義）と対他的な関係にあった. そのため, 冷戦期において, これらの絵画がまったく政治的な含意を持たなかったわけではない.

❖**ラウシェンバーグの世界進出**　その後, 抽象表現主義の次世代の作家として, ロバート・ラウシェンバーグが台頭する. ラウシェンバーグの活動は, それまでの前衛芸術や抽象表現主義を中心とする絵画の展開とは異なる, 戦後美術＝現代美術という図式そのものの成立と展開に大きく寄与するものだった. ラウシェン

バーグは、その出発点において、抽象表現主義における個人の内面の神秘化や個性の重視などを批判し、外側にある都市の現実に眼を向けることを目指し、コラージュやレディメイド（既製品）の手法を復活させた（図1）。このような廃材は、ラウシェンバーグ自身が生活していた都市環境を作品内に直接導き入れるものだった。

また、自身の作品を、絵画と彫刻を組み合わせたコンバイン・ペインティングと名付け、芸術領域の流動化、脱領域化を推進した。彼は「絵画は芸術と生活の両方に関わるものだと思う。たとえどちらも上手くいかなくても、その間のギャップで活動したいのだ」と述べている。以後、さまざまな領域間のギャップ（境界）とその乗り越

図1 《移行》（1959）
[Robert Rauschenberg Foundation]

えが、ラウシェンバーグの主題となった。それは、絵画と彫刻、美術と音楽やダンスといった芸術的な境界だけではなく、ジェンダー、国家、芸術と科学などのあらゆる対立や境界に及ぶ。その活動においても、他者との積極的なコラボレーションを行い、芸術の外部化、脱個人化を図った。そしてラウシェンバーグが64年にベネチア・ビエンナーレで大賞を受賞すると、アメリカ美術の世界的な覇権が国内外に印象付けられることになる。受賞と並行して、アメリカ国外で積極的な芸術的交流を行う過程で、ラウシェンバーグは国際的な作家として認知されていく。

その後彼は、ROCIというプロジェクトを開始した。それは、ラウシェンバーグが世界各地に出かけて行き、現地の素材を調達して作品を制作し、現地の芸術家たちとの共同作業を行うものだった。だが、しばしばROCIはアメリカ帝国主義の文化的侵略と見なされた。すでに述べたように、ラウシェンバーグの国際性に寄与した積極的な海外進出は、レディメイド、コラージュの応用やコンバイン・ペインティングによって徴候的に先取りされていた。もとより彼は、その作品形式において、外部領域の導入や芸術の脱領域化＝相互侵犯性を指向していたのであり、その越境性と侵犯性が、抽象表現主義の戦略の真逆を行くことでもたらされたものであったことは興味深い。

しかし国家や芸術領域の特権や境界確定を解除しようとするラウシェンバーグの意思により、結果としてアメリカ美術の世界的な浸透がもたらされたことは皮肉である。

［沢山　遼］

ポップアートとポピュラーカルチャー

Pop Art and Popular Culture

ポップアートは，アンディ・ウォーホル，ロイ・リクテンスタイン，ジェームズ・ローゼンクイスト，トム・ウェッセルマンらにより，1960年代初頭に台頭した．雑誌，広告，TV，映画，コミックなどの同時代の商業社会におけるさまざまな記号やイメージを取り上げるポップアートは，現代の事象・状況を表象するという意味で，文字どおりの本格的な現代美術の登場を意味した（☞巻頭口絵）．ポップアートの台頭は，芸術と産業社会，消費社会，大衆社会との媒介が図られたことを意味する．だが，上記の代表的な作家はみな，具象絵画を制作した．つまり，ポップアートは，複製技術や大衆文化を参照しつつ，その表現形式においては，旧来的・伝統的な芸術形式を採用した．そこに，ポップアートの両面価値的な性格を見ることができる．

ポップアートは，戦後アメリカ文化の経済的・文化的繁栄を直接的に享受し発達したマス・カルチャーを出発点とする．だが，ポップアートを一つの具象絵画運動として考えるならば，抽象表現主義によって切断されるまで連綿と継続されてきた，アメリカの具象絵画の伝統を無視することはできない．さらに，「ポップ」の語を資本主義的なポップカルチャーとしてではなく，広く民衆・大衆としてとらえ直すならば，そこに，30年代に世界的な広がりを見せた民衆や市民を主体とする芸術や文化動向との関わりを見いだすことができるだろう．

❖1930年代の具象絵画運動　アメリカでは，1930年代にアメリカン・シーン絵画やリージョナリズム（地方主義）と呼ばれる具象絵画運動が生じた．トーマス・ハート・ベントンらリージョナリズムの画家たちは，アメリカの土着的な文化や地方の開拓者たちの民衆生活を主題とし，抽象を主軸とするヨーロッパのモダニズムに敵対した．リージョナリズムの画家たちの多くは，国民性の鼓舞と民衆の苦難への共感において具象を選択した．

また，同時代の都市部でも広義のアメリカン・シーン絵画として，エドワード・ホッパーやベン・シャーンらが活動した．シャーンやホッパーは，大恐慌時代の都市社会における抑圧された名もなき人々を描いた．具体的なイメージを使い同時代の人々を記録しようとしたという意味では，ポップアートもまた60年代の「アメリカン・シーン絵画」であろう．ウォーホルの「ポップ」とは，無名の人々の救済に向けられた芸術形式だった．それは，マイナーな，名もなき人々をポピュラーの名の下に表象することにおいて，ポピュラー／マイナーの対立を超えようとする運動である．例えばウォーホルは「将来，誰もが15分間は世界的な有名人になれるだろう」と発言している．その思想の背後には，スロバキア

移民の子であるが故に，誰よりもアメリカ的なものに複雑な感情を抱いたウォーホルの，アメリカ社会に対する洞察が含まれている．

❖**アールデコ** 1920～30年代のアメリカでは，戦後のポップアートに先駆けて，前衛芸術と大衆文化の接続が生じた．一例として，ニューヨークを中心とする，建築やデザインの世界におけるアールデコの流行・発展がある．幾何学的図形を多用するこの様式の特質の一つに，世界中に伝播したキュビスムのデザイン的な記号化という側面があった．アールデコはキュビスムという前衛的な絵画を一般に流通可能な形式とするものであり，その意味で，アールデコにおいては，ポップアートに先駆けてハイアートとローカルチャーとの接続が図られたといえる．キュビスムを画家としての自身の起源に位置付けるリキテンスタインもまた，パブロ・ピカソ，未来派，フェルナン・レジェなどの一連のキュビスム絵画を，コミックに由来する様式で単純化して描いた．その手法は，アールデコ的である．一時期，リキテンスタインはアールデコをしきりに参照したが，そこには明確な理由が存在する．

❖**フォークアート** 美術史家のトマス・クロウは，1930年代のアメリカに，フォークアート／フォークミュージックが存在していたことに注意をうながしている．同年代の音楽界では，ウディ・ガスリーやレッドベリーらフォーク歌手が登場した．30年代の大恐慌時代に民衆の苦難を歌ったガスリーの活動に衝撃を受けたボブ・ディランは，60年代にフォークを復活させた．フォークとは，民謡であり，その主体は，民衆である（☞項目「フォークミュージック」）．

　シルクスクリーンと呼ばれる版画技術によって，既存の写真を製版しカンバスに転写するウォーホルの制作は，ファクトリー（工場）と呼ばれるスタジオで助手と協働して行う機械的な過程に依った．それは一種の集団制作の産物であり，複製技術を用いて同じモチーフを反復するウォーホルの作品は，従来の芸術に固有の性質とされてきたオリジナリティや唯一性を否定する．そのような特質は，同一物が繰り返し生産される大量生産や機械主義の時代に対応したものであった．だが，オリジナリティや芸術家個人の特権的な能力を否定するように，集団制作によって作品を生み出すウォーホルの特徴が，フォークアートとの近さを備えていることも確かである（ウォーホルはフォークアートを収集していた）．フォークアートとポップアートとの関係は，柳宗悦が民藝（民衆的工藝，英語ではFolk Art）の特質として記述する，量産性，匿名性，没個性，集団性，機械的な作業の反復などが，ウォーホルの仕事と正確に重なり合うことによっても確かめられるだろう．

　ポップアートは，戦後アメリカの繁栄を体現するのみならず，アメリカ社会・文化の中で民衆が関与してきた複数の歴史的な場の交錯において位置付けられるのである． 　　　　　　　　　　　　　　　　　　　　　　　　　　　［沢山　遼］

マイノリティとアート

Art and Social Minorities

1960年代のアメリカの主流文化では，白人・男性・中産階級の価値観に適合するような表現が普及していた一方で，その表現に疑問を投げかけ，対抗するような文化の動向が見られた（☞項目「対抗文化」）．黒人，女性，そして先住民族といったマイノリティは，主流文化において生み出された好都合な類型的なイメージによって記号的に表現されてきたが，対抗文化においては，そのステレオタイプな表現が疑問視され，マイノリティ自身が自己の経験を主体的に表現し，リアルな自己像を探求する重要性が唱えられるようになった．こういった「周縁」の動きは，さらに，アートの定義や制度そのものの批判的検証へとつながっていった．

❖**黒人芸術やフェミニズムアート**　第2次世界大戦前までの視覚文化において，類型的な黒人イメージはミンストレルショー，記録写真，映画，広告などにしばしば見られた．白人が好む黒人像が流布し，またそういった記号的イメージを黒人みずからが演じなければならなかった（☞項目「ミンストレルショー」「アフリカ系アメリカ人とハリウッド」）．ただし，例外的に黒人が表現主体となった芸術運動もあった．アーロン・ダグラス，アーチボルド・J. モトリー・ジュニア，パーマー・ヘイデンといった黒人画家によるハーレム・ルネサンスなどである．

第2次世界大戦後の対抗文化は，美術界にも大きな影響を与えた．黒人のアーティストたちが，より積極的にみずからの文化や歴史をテーマにした作品を発表したのである．ジャン＝ミシェル・バスキアは，絵画の題材にあえてステレオタイプな黒人像を用いることによって，白人の差別的な視線や美術界の抑圧的態度を暴露した．キャリー・メイ・ウィームズは，記号化された黒人のイメージをずらし，異化しようとした．フェイス・リンゴルドの布（キルト）を用いた作品《タールビーチ》（1988）では，黒人かつ女性という二重のマイノリティとしての自己形成が表現されている．

また女性のアーティストたちも，それまで表現されることのなかったみずからの感情，記憶，欲望を公的な場において表現し始めた．ジュディ・シカゴの《ディナー・パーティ》（1974〜79）では，正三角形に並べられた祝宴のテーブルの一つひとつのマットに，歴史からは排除・忘却されてきたが実際には偉業を達成した女たちの名前の刺繍が施されている．シンディ・シャーマンはみずから扮装したピンナップガールの写真作品において，ステレオタイプなイメージを身にまとい，女たちが記号として存在してきた視覚文化の状況を指摘している．バーバラ・クルーガーの《無題（あなたの身体は闘いの場である）》（1989，図1）は，

女性の中絶権をめぐる論争を主題にしており，男性によって決定された法による女性の身体のコントロールに疑問を投げかけている．

❖アートにおけるマイノリティの問題　こういったマイノリティの芸術運動は，政治的な駆引きやイメージの被害者として同情を訴え，別カテゴリーにおける保護を意図したものではない．アートやアメリカ文化といったカテゴリーの内部に囲われたものと，そこから排除されたものとの境界線を浮かび上がらせ，中心に置かれたものの正当性の根拠を再考させることが目的である．そして結果的に，視覚文化の枠組みの修正や，より多様な視点の導入が促進されることが狙いである．

図1　バーバラ・クルーガー《無題（あなたの身体は闘いの場である）》（ポスター作品，1989）

ではマイノリティの表現が認知され，作品が主要な美術館に展示され，マーケットにおいて「正当」な評価を受ければ，問題は解決されるのだろうか．逆説的ではあるが，美術の制度や経済原理に取り込まれていく過程で，その核心にあったはずの膠着化したマイノリティ像やそれを支えてきた権威的制度そのものを問い直すという本来の目的は失われる．LGBT，女，黒人といったカテゴリーに分類されることによって，再び制度の中で固定化され，多様かつ複雑なマイノリティの体験を表現することは難しくなる．

しかし一方で，主流文化において特殊な経験として隅に追いやられてきたものが，マイノリティにとっては普遍的な経験であるため，それを表現の主題とすることはごく自然で必然的である．そして，その作品が美術制度の内部において広く一般に公開されることには意義がある．美術館やギャラリーは多くの観衆にアクセスできる場となっており，美術制度や価値観の固定化，あるいは反動的保守化を防ぎ，変化をうながすきっかけとなるからである．

2007年にニューヨーク市のブルックリン美術館で開催された「グローバル・フェミニズム」展はこのジレンマをあぶり出すことになった．多様な国や地域のフェミニストアートがメジャーな場で紹介され，マイノリティの表現や主題がいまや完全に世界的な動向であることが確認された．しかし一方で，世界の女性たちの文化的多様性は「女」という主題の下に一元化され，不問に付された．作品は女のアーティストによる女についての作品というコンセプトの下に集められたが，女たちの間に存在する複雑な状況や民族間，階級間の差異や政治的力学に展示のナラティブ（物語）が言及することはなかった．アートとマイノリティの関係はこのように多様な側面と複雑な問題を孕んでいる．　　　　　［江崎聡子］

写 真

Photography

写真は光学と化学の原理を組み合わせた視覚的な記録術である．19世紀のアメリカは技術開発の独創力には劣るものの，海外で生まれた新技術を貪欲に吸収し，みずからの実用に取り込む抜群の応用の才で知られていた．芸術形式としての写真も，こうした社会風土を得て初めてアメリカで独自の可能性を拓くこととなったのである．

❖**写真術の社会的受容**　19世紀半ばに差しかかる頃から，写真はまず人物肖像の精密で迅速な記録術として世界的に普及した．19世紀西洋美術史上で「写真が肖像画家の仕事を奪った」とされるゆえんである．質は必ずしも良くないが，より大判の肖像写真をより安価に提供した点など，アメリカにおける写真の受容は大衆的かつ市場志向であった．また西部開拓で拓かれた新興の都市部では地元の発展を自讃的に記録することがもてはやされ，壮大なパノラマ写真が各地の有力者の愛玩するところとなった．映画術の先駆者にも数えられるイードウェアード・マイブリッジも，まずはパノラマ写真の腕を買われてイギリスから渡米し，全米各地で引き合いを得ながら，後に彼の名を不動のものとする疾走馬の動態分解写真を撮影した（☞項目「映画の黎明」）．

19世紀から20世紀への変わり目の時代には写真に関する二つの顕著な現象が見られた．一つは感光技術の大幅な改良と新規の商品開発による写真機の大衆的な普及で，最大の成功者がジョージ・イーストマン率いるコダック社である．もう一つがニューヨークのアルフレッド・スティーグリッツが主導した芸術写真運動で，彼自身もピクトリアル（絵画調）写真から出発した後モダニズム写真に先鞭をつける一方，前衛的な美術作品の展示と理論の守護者として，富裕な商人の父親から受け継いだ財産を惜しみなく注ぎ込んだ．このスティーグリッツ・サークルを通して，やがて芸術写真の制度化が始まることになる．

❖**アメリカ独自の達成**　大戦間期は文芸を含む芸術全般にわたってアメリカ独自の達成が認められた時期である．写真も例外ではないが，その美学的な機軸は西洋美術史の周縁にあるシュルレアリスムの援用にあった．ありきたりな現実世界の一端がレンズという無機物によってとらえられ，作像・露光・潜像・現像・定着という一連の過程を経て，玄妙で神秘的な光景へと変貌する．そういった「現実を凌駕する」感覚の発見である．

この期待が動乱の時代感覚と相まって，写真家を生業に志す当時の若い世代の心をとらえた．代表的な存在がウォーカー・エバンズや，ウジェーヌ・アジェ（パリの写真師）の発掘者としても知られるベレニース・アボットらだが，当時

は共に無名の存在だった．大戦間期は報道写真（フォトジャーナリズム）の隆盛期で，写真を美術として受容する志向は，まだ弱小組織のニューヨーク近代美術館（MoMA）などごく一握りに限られていた．

　第2次世界大戦後のアメリカは超大国ならではの鷹揚さで芸術・学問全般を手厚く庇護し，写真もその翼下にあった．これで時宜を得たのがスティーグリッツサークルの若い世代で，とりわけ大戦期にMoMAの初代写真部長を務めたボーモント・ニューホールの作家主義的な写真史観が，各地に開設された写真美術館の理論的支柱となった．世間的には大戦後にMoMA写真部長となった写真家エドワード・スタイケン企画の「ザ・ファミリー・オブ・マン（人間家族）」展（1953）の人道主義が写真の社会的価値の通念を確立したが，美術館制度の中では伝統的な美術史の規範に添った写真史の理解が定着し，美術教育の場にも浸透した．スティーグリッツやマイナー・ホワイトを範として写真の詩学を目指す理念の普及はMoMAの学芸員からイェール大学付属美術館教授に転じたピーター・バンネルらの支えによるところが大きく，現在もこれが美術館制度における主流となっている．

❖歴史と未来の模索　1970年代以降，写真はかつてのように精密な記録性や視覚的伝達力で優位を誇るメディアではなくなり，視覚芸術としての歴史的な必然性と新たな可能性を模索することとなった．写真をパーソナルな視点による社会的風景の媒介物と見なす傾向が顕著になり，70年代にゲイリー・ウィノグランドやダイアン・アーバス，リー・フリードランダー，80年代にロバート・メイプルソープ，ジョエル・マイヤーウィッツ，ニコラス・ニクソン，シンディ・シャーマン，90年代にシャロン・ロックハート，トマス・デマンドらが注目を浴びた．この背景にはMoMA写真部長ジョン・シャーカフスキーによる新しい写真理論があったほか，スーザン・ソンタグやロラン・バルト，ロザリンド・クラウス，アラン・セクーラらが写真の意味作用をめぐる認識論的な議論を展開して知識層の多大な関心を集めた．

　90年代末から急速に普及したデジタル画像技術は，インターネットの普及と相まって日常に深く浸透し，かつては事物や情景の精密な記録性によって卓越していた写真は容易に修整可能なものに転じた．また2001年の9.11同時多発テロの直後に唱えられた「写真のデモクラシー」すなわち一般の人々が歴史的な瞬間を写真撮影によって集合的に記録するという社会運動型の発想も，インスタグラムなどSNSの急速な広まりに凌駕され，結果として陳腐なものとなった．美術館展示ではレティーシャ・ハッカビーやダグ・エイトキンら写真とインスタレーションの組合せで観者との心的交流を図るアーティストが台頭する一方，90年代に始まった視覚文化論の分野ではジェフリー・バッチェンらによる写真史の再定義が試みられている．　　　　　　　　　　　　　　　　　　　　［生井英考］

アメリカ建築とプラグマティズム

American Architecture and Pragmatism

近代建築の歴史を紐解けば，分裂した二つの流れが見いだされる．美学と技術である．美学は建築を美的対象（つまり芸術作品）として扱い，様式的展開としてその歴史を理解しようとする．「建築」は，その様式展開に正統に位置付けられるかどうか，作品として意識的に形成されているかどうかという規範的評価にかけられ，その正統性はアカデミズムが担保する．言い換えればこの規範としての建築様式史に位置付けられない建築は，物質的諸条件から自動的（造形意志なしに）に導き出された構築物にすぎないと排除されてしまう．

❖ **近代建築史**　しかし，近代の技術革新は，こうした従来の規範的美的判断に収まらない，橋梁や工場，鉄塔などの巨大な建造物を出現させ，さらに道路，水道，ガスなどの新たな下部構造（インフラ）が都市を根本的に革新した．近代建築史は，こうした技術革新による環境変容に直面することから始まったのである．

この意味でヨーロッパから見てアメリカは伝統的規範に拘泥せずに，技術的，経済的必然にだけ基づいて土地が開拓され新しい都市が建築されていくフロンティアだった．近代的意味での最初の環境計画家，都市計画家フレデリック・ロー・オルムステッドがアメリカに出現したことは偶然ではない．さらにシカゴの都市計画で知られる建築家ダニエル・バーナムのようにアメリカで近代建築は，都市，環境を合理的計画に基づいて整備するところから始まった．しかし，こうした基盤の上に，最終的に建てられる建造物の見かけは懐古的な古典様式からの借りもの，折衷様式であることを免れ得なかった．エンジニアリングの合理性と，消費者の好みを反映し選択可能な意匠として個々の建築形態をカタログ化するという商業主義は矛盾するようだが，いずれも徹底したプラグマティズム（実用主義などと訳される哲学思想，☞項目「プラグマティズム」）に貫かれていたことで共通する．

近代建築の形態は構造的合理性から自動的に導き出されたグリッド構造に還元されていくが，19世紀末にシカゴに林立し始めたオフィスビル群はすでにこの構造をプラグマティックな効用性から徹底して用いていた（シカゴフレーム）．やがて実用主義から自動的に導かれたこの構造から自律的に様式を導き出そうとする意識が生まれる．「形態は機能に従う」という格言で知られるルイス・サリヴァンは建築の外観を被う意匠を構造に必然的関係として組み込むことを実行した．外観の意匠ではなく，近代的建築構造のみが生み出すことのできる新しい空間そのものが近代様式として対象化されるには，フランク・ロイド・ライトという天才が必要だった．ライトによって初めて近代建築は一つに結実（技術と美学

の統合）する．建築／環境あるいは構造／装飾という二元論は止揚され，その結果，現れたのは「空間」という概念でのみとらえられ得る建築の新しい質だった．こうしてライトはヨーロッパに先行し，近代建築の課題に一つの答えを与えたが，それは近代建築史の結論というよりも，近代建築が向かいつつある方向への早すぎたオルタナティブな提案として受け取られた．ライトは建築が自然環境への進展し溶融する有機的モデルを提示していたからである．

❖「近代建築」展　19世紀末から1920年末にかけての経済的な活況はニューヨークをはじめ大都市に摩天楼を林立させ，見かけだけ（機能的に見える）疑似近代スタイルともいえるアールデコ・スタイルが席巻した．29年に開館したニューヨーク近代美術館（MoMA）は32年に「近代建築」展を開き，ヨーロッパではいまだ結論を見ぬまま進行中だった現代建築を分析，整理しインターナショナル・スタイル（国際様式，以下IS）として初めて体系化することに成功した．この展覧会は，①疑似近代様式であるアールデコの影響を払拭すること，②建築が担う社会的要請，機能を様式の判断から切り離すこと，③ヨーロッパにおいて近代建築の追究を正当化し動機付けていた社会思想的なイデオロギーの影響を排除するという，三つの切り離しを行うことで，近代建築を純粋に美学的対象（作品）として取り出し，様式として美術史に正統に位置付けた．大量に蒐集，分類された写真などの情報と模型は，世界中に分散して存在する建築を同時に比較検討することを可能にした．近代建築は実際の建築物としてよりも美術館に展示され得る対象（展示物）となることで歴史的客観性（対象性）を確保したのだ．MoMAの試みは建築が情報としてメディアを流通するようになる事態を先取りしていた．同時発刊された書物『インターナショナル・スタイル—1922年以降の建築』は美学的体系性を備えた新しい商品カタログだったともいえよう．

❖モダニズムその後　50年代にモダニズムは応用的なスタイルとして家庭に浸透し一般化するようになる．ISは世界標準として世界市場の拡大にふさわしい様式と見なされたが，それがもたらす標準化は当然それぞれ地域環境，文化背景の特殊性から生成してきた建築を含めた固有文化を破壊をもした．60～70年代にかけてISへの批判は激しくなり，かつてライトが示したような環境と呼応し地域の共同体とともに成長する建築が見直され始める．合理的に見えるプログラムの矛盾から異質な形態が生成されるという理論も生まれた．しかし80年代には，こうした多様性も再び選択可能なモード＝ポスト・モダン様式として市場原理に取り込まれた．21世紀になると，もはや建築家が担ってきた新しい生活様式，世界像を探求し描くという思想的役割は後退し，建築家の役割は経済投資を活性化させるための巨大なモニュメントの提案に特化されるようになった．2001年9.11同時多発テロによるワールドトレードセンターの崩落は建築家たちに「もっと強いモニュメントを建てる」という動機を与えただけだった．　［岡﨑乾二郎］

展示される建築

Exhibiting Architecture

　近代建築では，自律した文化表層である様式から文明的な技術による構築の内在性に主眼が置かれるようになったとするなら，アメリカの「展示される建築」はそのせめぎあいを示す格好の例となろう．

❖コロンブス記念博覧会　1893年シカゴで開催されたコロンブス記念博覧会は，アメリカ大陸発見400周年の記念博で，科学技術の成果を披露する場だったにもかかわらず，会場にはロンドン大博覧会（1851）のクリスタル・パレスやパリ博覧会（1889）のエッフェル塔のような先端技術による建造物はなく，白亜の古典主義建築が展示すると同時に展示される建築として林立した（☞巻頭口絵）．オーガナイズしたシカゴの建築家ダニエル・バーナムは，東海岸にならって文化アイデンティティの未成熟な中西部にクラシック・リバイバルを導入し，その威厳と優雅さによってアメリカ社会のユートピアを示そうとした．ホワイトシティと呼ばれた景観は，全国に「都市美化運動」を巻き起こし，重要な公共建築は古典主義様式とするといった規範がもたらされた．

　記念博で古典主義によらず展示館を設計したルイス・サリヴァンは，こうした風潮を「万博のウィルスの感染，古典主義の暴動」と述べ，彼の下で働いていたフランク・ロイド・ライトは「すでに到達していた現代建築からの逆行」と評した．19世紀後半にはエレベーターが開発され，鉄骨耐火被覆やカーテンウォールの高層建築が実現しつつあった．シカゴ派で建築構築術（アーキテクトニクス）の進化による新しいビルディングタイプを模索した主導的建築家が，バーナムのパートナーで早世したジョン・ウェルボーン・ルートである．ライトはサリバンの展示館工事の監理をする一方，会場中央池の浮島の，岡倉覚三（天心）プロデュースの日本館，鳳凰殿の現場に魅了される．わざわざ日本から派遣された大倉土木（現・大成建設）の大工が半被をまとい，周囲とは対照的な繊細な木造建方が行われていた．

　ライトにとって鳳凰殿との邂逅は，ゴットフリード・ゼンパーが亡命先ロンドンで，大博覧会のクリスタル・パレス内に展示されていた，カリビアン・ハット（カリブ海の小屋）の原初的な佇まいに建築の起源を見いだし，アーキテクトニクスを理論化した経緯に匹敵する．ゼンパーがドイツからの亡命を余儀なくされた三月革命（1848）は，アメリカ中西部へのドイツ人移民を促進し，彼らを通じてゼンパーの理論は，シカゴ派に伝えられた．上述のルートはゼンパーの著作の翻訳を行い，みずからの設計に反映させていた．またゼンパーは，古代建築の多彩色仕上（ポリクロミー）も実証研究し，「白い古代」を理想とするビンケルマ

ン的新古典主義美学を相対化する．ライトの建築はゼンパー理論から影響を受けて，西洋的な壁による囲い込みを日本の伝統建築にならって放棄し，水平に連続した開口部で内外の空間を流動的に関係付けた．以後，建築の人類学的な様相を技術的，工法的に再解釈していくという共時的姿勢を獲得する．

❖インターナショナル・スタイル　その姿勢は，20世紀に入って再び別の白い様式の「展示される建築」と対比付けられる．1929年開設のニューヨーク近代美術館（MoMA）での初めての建築展，「近代建築—国際展覧会」（Modern Architecture : International Exhibition, 1932）においてである．ライトの建築はインターナショナル・スタイルの白い建築群と鋭い対照を見せ，アメリカ建築の独自性を強調した．インターナショナル・スタイルとは，建築史家ヘンリー＝ラッセル・ヒッチコックと建築家で当時MoMAのキュレーターを務めていたフィリップ・ジョンソンが『インターナショナル・スタイル—1922年以降の建築』（1932）で初めて用いた呼称である．その特徴は，①ボリュームとしての建築，②規則性，③装飾付加の忌避といった美学的なもので，多くはプレーンな白い箱型の建築だった．1922年は，シカゴのトリビューン社屋の国際設計競技があった年で，アメリカの応募案がさまざまな歴史様式で混乱していたのに対し，ヨーロッパの案には新しい建築の兆しが現れていた．

　その後の10年間でヨーロッパから国際的な広がりを見せた近代建築をインターナショナル・スタイルと総括し，アメリカに紹介することが目論まれた．そしてライトは，ヨーロッパの近代建築の源流として位置付けられる．事実1910年にヴァスムート社から出版されたライトの作品集は，20世紀初頭のヨーロッパの若い建築家に少なからぬ影響を及ぼした．その流れを受けてMoMAの次の展覧会は，近代建築の原点を探る「シカゴにおける初期の近代建築—1870〜1910」展であった．

❖シカゴ万国博覧会　しかし1930年代になおもライトを時代の最先端とするには無理があった．またヨーロッパでもル・コルビュジエのような建築家はプリミティブな初源性へと舵をきっていた．1933〜34年にかけて開催されるシカゴ万国博覧会では，「進歩の一世紀」というテーマを掲げられたが，ライトの建築が進歩を示す例として展示されることはなかった．

　代って注目を浴びたのは，バックミンスター・フラーから影響を受けた建築家ハワード・T. フィッシャーのプレハブ建築「ゼネラル・ハウヅィズ」（ゼネラル・モーターズのもじり），ジョージ・フレッド・ケックによる飛行機の格納庫を併設した「明日の家」や「クリスタル・ハウス」などで，後者のガレージにはフラーのダイマキシオン・カーが収納されていた．建築自体が飛行機や自動車と同等の工業製品として見なされるようになったのである．

[米田　明]

商品としての建築とアイコンとしての建築

Architecture and Consumer Culture

‖‖

　歴史主義的様式から脱却した近代建築は，技術革新による構法的進化を遂げ，大量生産される工業製品の様相を深める．とりわけアメリカでは商品主義の中で，建築表層の意味作用について再検討が試みられた．

❖インターナショナル・スタイルから商品へ　ニューヨーク近代美術館（MoMA）の初めての建築展「近代建築—国際展覧会」（Modern Architecture：International Exhibition，1932）は，全米 11 都市を 20 カ月にわたり巡回する（☞項目「展示される建築」）．シカゴ，ロサンゼルスでの展示は，シアーズ＆ローバック，バロックス・ウィルシャーといった百貨店で開催され，シアーズには MoMA 以上の数の観客が訪れたという．実質的に住宅展であったため，展示された建築は販売されている家具や家電と並んで，新しい生活をパッケージする商品のように見なされた．

　ロサンゼルスでの展示計画をしたリチャード・J. ノイトラは，1923 年にオーストリアから移住しフランク・ロイド・ライトに師事．独立後早々に彼の影響から抜け出て，ガラス面の大きな白い箱型の，健康住宅と称されたロベル邸（1929）を完成させた．展覧会では模型展示を含む，インターナショナル・スタイルを継承する重要な建築家とされ，一躍知名度を得る．同様にオーストリアからライトの下を訪れ，ノイトラとも一時期協働したルドルフ・シンドラーはこの展覧会から除外されたが，作風はインターナショナル・スタイルよりむしろライトから受け継ぐ，工法的な斬新さを示していた．両者は 1930 年代を通じてロサンゼルスで近代建築の実験的試みを展開する．ノイトラは，第 2 次世界大戦後もチャールズ・イームズらとともに雑誌『アーツ・アンド・アーキテクチャー』によるプロトタイプ住宅の提案，ケース・スタディ・ハウス（Case Study House）に加わり，進化したインターナショナル・スタイルを次世代の建築家へ媒介する象徴的な建築家となった．

　とはいえ 1930 年代アメリカの建設需要は，大恐慌の余波により低迷した．フランクリン・D. ローズヴェルト大統領は，1933 年ニューディール政策によってインフラ整備を行い，内需を拡大した．そして救済した失業者に安定した金利の長期ローンによる住宅購入をうながす．同時期のシカゴ万国博覧会（1933〜34）は「進歩の一世紀」を掲げ，ゼネラル・エレクトリック，グッドイヤー・タイヤなどがスポンサーとなって，ハイウェイ，自動車，飛行機などとセットとなった「明日の住宅」が未来的な商品として展示された．続くニューヨーク世界万国博覧会（1939〜40，☞巻頭口絵）の「明日の街」では，フォードやゼネラル・モー

ターズが「ロード・オブ・トゥモロー」「フューチュラマ」といった交通インフラと建築が合体したパビリオンで，モータリゼーションと住環境が複合した未来都市像を示した．これらは実際にニューディール政策によりニューヨークで進行していた，ロバート・モーゼスによる都市改造（都市に高速道路を貫入させ，車を核とする生活システム）を先導した．こうした世界の変革を象徴する建造物が，会場中央の直径 200 メートルの巨大な球体，「ペリスフェア」だった．球体建築はもともとフランスの「革命建築」のアイコンだったが，ここでは失業によって周辺（periphery）に追いやられた労働者＝生産者が，再度人民（people）という名の消費者＝生活者として主役となるシンボルとされた．

✛アイコン vs 象徴（シンボル） アメリカの記号学者チャールズ・サンダース・パースは，アイコンを記号分類の一つで類像とし，記号表現が記号内容に類似したもの，相似，類比関係にあるものとした．商品パッケージには往々にして内容物と類比的なイメージのアイコンが付与されるが，近代建築はインターナショナル・スタイルのように外観をいったん白い箱へと還元した．その後商品に近付くアメリカの近代建築を記号的，図像学的に解釈したのが，ロバート・ベンチューリとデニス・スコット・ブラウンの『ラスベガスに学ぶ』(1972) である．前著『建築の複合と対立』(1968) で指摘した合理主義や機能主義を謳う近代建築の即物的な形態を補う，コミュニケーションの可能性をラスベガスのロードサイドの商業建築に探り，「デコレイティッド・シェド」(decorated shed) と「ダック」(duck) の二つのモデルを抽出した．前者は建築本体にコミュニケーションを担う看板のようなものが付加される例で，後者は建築自体が象徴的な形をしている場合である．装飾がコミュニケーションを担った様式建築にならって前者を評価し，後者は空虚な象徴物となってしまった近代建築と同様のものとして否定した．

近年では建築批評家チャールズ・ジェンクスが，1990 年代以降にグローバル資本と結び付いたスター建築家が設計した，人目につくが得体のしれない建築を「アイコン的建築物」(2005) と呼んでいる．そこでのアイコンは，「謎めいたシニフィアン」(記号表現) とも言い換えられている．

こうした建築のアイコンと象徴の関係を整理するなら，パースによると象徴は記号表現と記号内容がある約定的法則によって結ばれる記号である．アメリカでのインターナショナル・スタイルやペリスフェア，さらにダックは，そもそもオリジナルのコンテクストから移されたアイコンであった．当初，一種謎めいた不可解なものであったが，アメリカのコンテクストでの適用，約定によって新たな象徴として機能する可能性を示している．ヨーロッパから導入され，商品化されたアメリカの近代建築は，建築の転移したアイコンが象徴として新たな価値を持つ仕組みをいち早く問うたのであった．　　　　　　　　　　[米田　明]

インダストリアルデザイン

Industrial Design

|||||||||||||||||||||||||||||||||||||||||||||||||||||||||

　19世紀以前のアメリカのデザインは，ヨーロッパの復古主義的なネオゴシック様式やボザール様式の強い影響下にあったが，一方でシェーカーや移民がもたらした伝統工芸も盛んだった．20世紀になり工業化社会が到来すると，現代にも通じる，新たな近代的デザインとそのコンセプトが普及した．

❖アールデコとインターナショナル・スタイル　20世紀以降，アメリカのデザインには二つの方向性があった．一つは，機械による大量生産に適し，装飾的で，一般の人々の趣味に合い，大衆消費社会において記号的な価値を生むものを探求する動向である．もう一つは機能性を重視した合理的かつ非装飾的なものを追求する動向である．前者はアールデコ様式や戦後の大衆文化に見られ，後者はインターナショナル・スタイルやミッドセンチュリーなどに見られ，モダニズム芸術の普及や発展を目指していたニューヨーク近代美術館（MoMA）を中心に展開していった（☞項目「アメリカ建築とプラグマティズム」）．

　アールデコ様式は，1920〜40年代にかけて，建築，輸送機関，室内装飾，家具，家電，映画セット，広告のイメージに至るまで一般に普及した．対称性の強調，幾何学的造形，30年代以降には流線型のデザインが加わり，明るい色調，パターン化した抽象的造形と，クロムめっき，ステンレス・スチール，プラスチックといった新素材の使用が特徴である．

　一方で，キュビスムなどヨーロッパの前衛的なモダニズム芸術観に基づくコレクションを形成していたMoMAは，デザインにおいてもヨーロッパ・モダニズムの建築家による作品を規範的なデザインと位置付け，彼らの合理的デザインを全世界のデザインに汎用可能なインターナショナルな様式であると評価した．この方針は，34年にMoMAで開催された「マシーン・アート」展の，装飾を排除した機能的な製品の展示に示された．

❖ミッドセンチュリーからアップル（Apple）まで　第2次世界大戦後のデザインにおいては，戦前に見られた大衆的な動向と，MoMAを中心として展開された機能的でユニバーサルなものを評価する動向が徐々に接近していった．ミッドセンチュリーの代表的デザイナー，レイ・イームズとチャールズ・イームズ夫妻は，規格製品や合板成形技術を活用した，ローコストかつ短期間で完成できるデザインをケーススタディ・ハウス（図1）や，カラフルな椅子のデザインに具現化した．イームズ夫妻が関わった1950年代のMoMAの「グッド・デザイン」展では，実用的かつ美的，そして妥当な価格の「良い」デザイン，すなわち「グッドデザイン」のコンセプトが一般の消費者に提唱された．

一方で一般の消費者の嗜好も変化していった．60年代の消費者運動の影響もあり，装飾過剰で色使いの派手ないわゆるポピュラックス（ポピュラーとラグジュアリーからなる語）への関心は徐々に薄れ，シンプルで，実用的なものが好まれるようになっていった．また70年代以降は，環境問題への関心の高まりによって，エコロジカルなデザインを探求する動きがデザイナーおよび消費者の両方に見られるようになった．この持続続可能な社会のためのデザインという方向性は，21世紀以降もデザイナー，そしてミレニアル世代（1982年以降生まれの世代）によって継承されている．

図1　ケーススタディハウス8号（イームズ邸）のリビングルーム

　80年代以降，コンピュータを基盤としたデザインの出現により技術革新が起こった．また多様なデザインソフトウェアなどの普及によって，デザイナーの定義や役割，そしてデザインのコンセプトそのものが大きく変化しつつある．デザイナーが関与する領域が増大し，アイデアの提案から製作工程，あるいはマーケティングに至るまで，広範囲に渡っている．

　アップル社のコンピュータデザインは，こういった現代のデザインの流れに対し，鋭く反応している．ジョナサン・アイブが90年代末に発表したアップル社のiMacコンピュータのデザインは，モダニズム的でもあり，ポピュラーでもあった（☞項目「エレクトロニクス」）．内部の機械を見せる半透明のパッケージングとポップなキャンディカラーやロゴマークのデザインは，20世紀のモダンデザインのあらゆる側面に言及している．それらは，一般家庭で使用されるような機能的かつ親しみやすい製品という意図のデザインだった．その後もiMacシリーズのデザインはよりシンプルでミニマルなものになっている．余分な装飾や色を排除した簡素なフォルムは，ミレニアル世代が好むシンプルなライフスタイルに適合するものである．「デザインしないデザイン」は，ブランドの意味付けに縛られない若い世代の生き方や気分に応答しているのだ．そして誰もがデザインに参加できる時代において，プロのデザインとはどのようなものであるべきか，という問いに対する一つの解答を示している．なぜならば，プロのデザイナーとは，デザインの社会性を十分に考慮し，大衆社会から分離せず，むしろ積極的に問題解決に関与し，社会に開かれたデザインを提案しなければならず，アップルのデザインは常にこの点を意識したデザインで在り続けてきたからだ．　　　［江崎聡子］

情報と美術（コンセプチュアル・アート）

Information and Conceptual Art

　第2次世界大戦後にクロード・シャノンらによって進められた情報理論（エントロピー概念の導入によって情報の定量化を図る数学的理論）やコミュニケーション理論，冷戦下におけるコンピューター科学の発展や宇宙開発，マーシャル・マクルーハンの一連の著書におけるメディア論の展開などを背景に，いわゆるポストモダニズム期の芸術家たちは表現そのものの在り方よりも，表現の伝達可能性・交換可能性を重要視するようになっていく．芸術家たちの関心が作品の物理的な実体性から，芸術の情報としての在り方へと移行したとするならば，そのような変化は1960年代後半のコンセプチュアル・アートの台頭によって説明されるだろう．ただし「情報」そのものの姿は非常に曖昧であり，そこに「芸術」を併置する本項は当然のことながら，問いの矮小化を避けられない．「情報」と「芸術」というかたちで二重に設定された本項のタイトルは，実のところ情報概念の内包的な定義を留保し，複数の概念の間の関係性へとその定義プロセスを逸らすための方便でもある．しかし同じような論理でコンセプチュアル・アートもまた，芸術を「作品」という中心概念へと回収するのではなく，それをさまざまな情報と芸術の間，情報と情報の間の関係性へと開く試みであったともいえる．

❖「情報」展とミュージアム批判　「情報」展（ニューヨーク近代美術館，1970）は，芸術家たちの情報への関心を明示的に扱った展覧会の先駆的な事例である．企画者のキナストン・マクシャインは同展のカタログに寄せた論考で，物体としての持続のために表現に「防腐・保蔵処理」（embalming）を施すような芸術の終焉を訴えつつ，ミュージアムの役割自体の「陳腐化」（obsolescence）に警鐘を鳴らした．「あからさまな事実として，この確立されたシステムには予測不能の事態が生じている．例えばコレクションという営み，その本質がまるごと陳腐化し始めているかも知れないというのに，従来型のミュージアムは今後どうやってサルガッソ海の底やカラハリ砂漠，南極大陸あるいは火山の噴火口の奥に設置されるような作品に対応していくつもりなのか．」マクシャインはさらに，アポロ11号の月面着陸（1969年7月20日，☞巻頭口絵）が同時代の芸術に与えた衝撃について「リビングルームで月面に降り立ってみせる者に，芸術家が敵うはずもない」と述べ，放送というコミュニケーションの媒体，つまりTVにおける情報の伝達・交換可能性の圧倒的なスペックに言及している．また彼は同展を通じて，芸術を広く発信するための媒体としては制限的な展覧会そのものよりも，印刷物というもう一つの媒体の有用性について注目をうながしている．同展において展示とカタログの主副の関係が逆転していたことは特筆に価するだろう．

13. アート

❖情報の仲介者（芸術家とキュレーター） コンセプチュアル・アートの展示内容は，しばしばドキュメント（記録資料），マテリアル・コーパス（資料体）あるいはそれらの断片，つまりミュージアムではなくアーカイブになじみの品々（後に芸術へと格上げされていく非芸術の束）によって構成された．ミュージアム的・造形的な表現から手を引いた芸術家たちは必然的に饒舌になり，各々の関心事についての言語的な説明に専念した．しかし急速に広まったこの表現形式は，必ずしも反ミュージアム的だったわけではない．非芸術のオーソドックスな陳列を伴うコンセプチュアル・アートの表現には，芸術の容器としてのミュージアムの機能（あるいは作法）にむしろ強く依存していた事例も多い．まるでキャプション（ミュージアムが芸術作品に添えてきた情報）が一人歩きを始めたかのようなコンセプチュアル・アートは，つまるところ情報の仲介者としてのミュージアム・キュレーターの職能をパロディ化していたのである．この傾向はインディペンデント・キュレーターと呼ばれる芸術家のパロディの台頭と対をなし，以後キュレーターと芸術家の営みは分化と脱分化を繰り返すことになる．

❖エントロピーと芸術 ポストモダニズム期の芸術家たちの中で，情報そのものの様態に関心を寄せつつも，コンセプチュアル・アートの潮流からは一定の距離を置いていたロバート・スミッソンもまた，芸術に固有の媒体条件の下にはない事象，それ故に「エントロピー的な役割を演じる」事象としての印刷物に可能性を見出していた．「より多くの情報を得れば得るほどエントロピーの度合いも高まり，一つの情報が他の情報と相殺するという傾向がある．」飛行機事故による死の直前のインタビューでこのように語り，情報理論におけるエントロピー概念の扱いに言及した．さらに『人間機械論—サイバネティックスと社会』（1950）の著者ノーバート・ウィーナーがモダン・アートを「エントロピーの瀑布」と見なしていたという持論を述べ，また『エントロピー法則と経済過程』（1971）の著者ニコラス・ジョージェスク＝レーゲンが熱力学第2法則と経済学を結び付けたことや，この法則の原型を用意したとされる物理学者サディ・カルノーを計量経済学者になぞらえたことなどにも触れている．スミッソンのこのような発言は，エントロピー概念が他の多くの分野で援用・転用されている同時代の状況への反応であり，そこには芸術を事象一般の情報的な在り方の中で相対化しようとする意識がうかがえる．

芸術の情報としての在り方を模索したコンセプチュアル・アート．その名残としてアーカイブに蓄積した品々は今日，ミュージアムへと徐々に移管されつつある．ミュージアムは今もなお健在であり，かつてミュージアム批判の先鋒だったコンセプチュアル・アートも，いまやその物理的な実体性に趣が見いだされ，その大半がミュージアム・コレクションに収まっている．「情報」展におけるマクシャインの訴えは，ただの取り越し苦労だったのだろうか． 　　　　［上崎　千］

メディア・アート

Media Art

メディア・アートには，大きく二通りの定義がある．第一の定義は作品の媒体として，その異種混交性において従来の表現媒体とは一線を画していると見なされる新しい技術メディアを用いるアートの呼称である．この定義に従うとメディア・アートはテクノロジーに追随することになり，その結果，「ニュー・メディア」と称されるように技術的「新しさ」による価値付けが優先されることになる．その反動で，時代遅れとなったメディアとその「伝統的形式」（慣習）をアートが「救済」するという審美的な批評（美術批評家ロザリンド・クラウスなど）も現れ，不毛な対立が強調される．第二の定義は，通常作品外の事象と見なされてきた，作品が流通・受容・再生産される媒介過程そのものを作品の本質としてとらえるアートの呼称である．この定義に従えば，もはや「作品」を対象化することが困難になる．そこではメディア・アートに関する言説自体も不可避的にメディア・アートの作品実践の一部をなす（本項の記述もその例外ではない）．

❖**暗号**　作品の流通・受容プロセスへの注目は 19 世紀に現れた，作者が考案した謎を登場人物の探偵が解読する過程を追う探偵小説というジャンルに先駆的に示されていた．1841 年に『グレアムズ・マガジン』で発表された「モルグ街の殺人」によってこのジャンルを創出したエドガー・アラン・ポーは，自身が編集長を務める同メディア上にて読者から送られてきた暗号を次々に解読してみせた．自分がつくり出した探偵の役を作品の外でみずから演じたわけだが，唯一解読されなかった暗号の差出人 W.B. タイラーは，ポーの自作自演だったという説が有力である．「公開されているが解読を要する暗号＝作品」というポーが示したモデルは，媒介過程を作品の成立条件とすることで後のメディア・アートの原型をなす．だが小説家兼編集長に許された予定調和に代わり 20 世紀に前景化するのは自作自演を不可能にする他者の介在である．1952 年，ジョン・ケージは作曲家が沈黙を意図しても聞き手は音を聞いてしまうという発見を通じて，受容過程の不確定性を受け入れる．そこから作曲家は自分が解読できない暗号として書いた図形楽譜を演奏者が解くことで生まれる音楽を編み出す．作品の媒介過程の場をその見通しの不可能性とともに作品「内」に再構成するこの方法は，作者にすら制御しえない「パフォーマンス」固有の次元を前景化する．

❖**環境**　1964 年に英文学者マーシャル・マクルーハンが『メディア論』を発表する．複数形の「メディア」という言葉は，パフォーマンスへの関心とともに，技術革新に伴うテクノロジーの安価化によって広まりつつあった，従来のメディウム概念に収まらない混交性を特色とするアートをうまく言い当てた．だが『メ

ディア論』とはサイバネティックスに衝撃を受けた文学者が，工学において抽象化された機械と人間との関係を，人間身体の延長とされる個別メディアの情景として文学的に語り直した言説パフォーマンスだった．結果，メディアの物理的メカニズムは置き去りにされ，代わりに不可視の「環境」というイメージが浸透していく．それは「作者」の旧態依然とした単独性，メディウムの混交を包摂する「作品」というフレーム，事象の散乱を言語によって制御する「コンセプト」といった「アート」というメディアの諸慣習と相まって，媒介過程の不確定性をあらかじめ包括するメタ・メディアへの欲望を駆動させる．1960年代カウンターカルチャーの成れの果てとしてのシリコン・バレー，つまりメタ・メディアたるテクノロジーを通じた異種混淆性それ自体の市場化はその一つの帰結である．

✥外部　1970年代以降のメディア・アートは，慣習に囚われた（メディア）アートの外部で主に展開された．メンバーの得体が知れず，ラジオのコマーシャル枠を買い取って1分間の曲を勝手に放送するなど，ポピュラー音楽におけるコンセプトアルバム以降の流れを先鋭化した活動で知られる覆面バンド「ザ・レジデンツ」，テレビ番組が設定する概念枠を揺るがし続け，死後も存命か信じられているアンディ・カウフマンなどに見られるのは，音楽やコメディといった既存のジャンル＝メディアに寄り添いつつ，最も観念的である諸々の慣習を内側から揺るがす実践である．ポーよろしく「作者」の作品化が古くから顕著だった文学では，トマス・ピンチョンなど存在自体がフィクション化する作家の系譜が，ローラ・アルバートの「作品」であることが2005年に判明した「J.T. リロイ」まで続いている．

✥解体　ソーシャルメディアの時代において，誰もが自身のイメージを「作品」としてつくるアーティストになると美術批評家ボリス・グロイスは言う．だがこれら「アーティスト」が消費者／商品としてメタ・メディアたるIT企業にあらかじめ包括・還元されていることは言うまでもない．その一方で，メディアの多元化はマスメディアに対抗する術を与え，「アート」の古びた慣習が新たな使用に供されもする．ハリウッド映画のパロディのような人質処刑映像を制作してはインターネットに流すISIS（イラク・シリア・イスラム国）の広報活動は知られているが，さほど知られていない例として，前衛演劇の方法論を政治に適用することでプーチンのロシアを演出し，シリア戦争におけるロシアの戦略を事前に小説として偽名で発表しつつ，反体制ロックバンドの歌詞を書く（とされる）ウラジスラフ・スルコフの活動がある．メディア・アートの本質通り「作品」や「作者」の定位が困難であり，トゥパック，ギンズバーグとポロックさえあればアメリカに用はないと言い放つスルコフの「アート」は，2016年大統領選の裏にちらつくロシアの影が示すように，「救済」の言祝ぎからは遠い場所で「アメリカ」という巨大メディアの解体まで見据えているのかもしれない　　　　　[中井　悠]

MoMA
The Museum of Modern Art, New York

　近代美術の啓蒙のために設置されたニューヨーク近代美術館（MoMA）の歴史は，いまだ定まらないものを価値付け，今この時代を，美術館というシステムを通して定義する困難とともにある．これを一身に引き受けつつ，その後全世界に大きな影響力を持つことになる美術館構想を練り上げていったのが，1929 年の開館時に弱冠 27 歳だった美術史学者アルフレッド・H. バー・ジュニアである（☞項目「美術館の構築」）．33 年に理事会に提出した「コレクション構築のための長期計画」の中で，バーは，コレクションを絶えず変化する川に例えている．「近代」でなくなった作品を随時売却し，その資金でより新しい作品を購入することで，常に現在進行形の「近代」の流れを担保するとしたのである．「近代美術」のコレクションのイメージとして有名な，現在進行形の時間の中を進みながら，その最後尾は 100 年前に接している魚雷の図が提示されたのはこの時である．

　コレクションの売却は，購入資金を持たない MoMA の戦略でもあったが，35 年の「キュビズムと抽象美術」展に際しては，調査にあたって設立者の一人から購入資金が提供され，この展覧会を通して，寄贈と購入の両方で MoMA のコレクションの最初の核が形成された．この時，バーは，「近代美術」の諸動向を整理した有名な「系統図」をカタログに掲載する．これは，「近代美術」という形ならざるものの価値付けをめぐる，内外に向けたバーの戦略的な発信であった．続いて企画された「幻想美術，ダダ，シュルレアリスム」展によって，「系統図」は若干の修正を加えられ，抽象絵画とシュルレアリスムの対立が鮮明になる．このことは，将来，この「系統図」の先端に現れるであろうアメリカ発の「近代美術」（抽象表現主義）が，この二項対立を乗り越えたものになることを予言していた．

　コレクションの「近代」性の担保の問題は，その後，バーと理事会との軋轢を経て，53 年に「近代美術の傑作の恒久化」を理事会が発表したことで一つの転機を迎える．「コレクションの魚雷」が時代を通過したとしても，傑作と認定された作品は売却されず残されるという決定は，「近代」が一つの歴史区分となったことを意味していた．

　一方，「系統図」のその後について，ここに組み込めない，例えばネオ・ダダやポップアートなどの動向に対しては，バーはコレクション・カタログの中で，「コラージュ」や「日常の探求」など技法や主題上の分類で整理し，みずから打ち立てた文脈の延命を図っている．しかし，バー退任後，その直前の 64 年に完成したコレクション・ギャラリーを舞台に，MoMA は現在に至るまで，彼らがつくってきた「正史」に再検討や修正を行いつつ，文脈を複数化していく努力を続けることになる．2000 年には，美術館の外で現代美術の実験的な企画を行ってきたアラナ・ハイスの，廃校をリノベーションした拠点 PS1 を「MoMA PS1」として吸収した．このことは，MoMA が「近代」を乗り越え「現代」と向き合っていくことを印象付けたのである．　　　　　［藪前知子］

14. 文 学

　自然に恵まれた広大な国土を持つ多民族国家アメリカの文学は，歴史が浅いことも手伝って，過去の伝統とは異なる新しいジャンルや形式を生み，独自のテーマを発達させてきた．

　それは移民や開拓の歴史を経て，民主主義社会に生きる人々を描き出し，アメリカンドリームの追求や，自由を求める行動，あるいはタブーに対する挑戦などを描いてきた．また奴隷制をはじめとする社会不正と暴力，度重なる戦争，貧困や疎外などをも取り上げて，人々のモラルや態度を問うてきた．人種マイノリティ，女性や性的少数者の文学もまた，差別や偏見に対する異議申し立てを行った．

　一方，大衆文学の発達と主流文学への浸透もアメリカ文学の特徴である．SFやノワール文学をはじめとするさまざまなジャンルの作品が，魅力あふれる文学の裾野を広げてきた．

　本章では，こうした文学の特徴を示す諸項目を選び，現代の状況を踏まえつつ解説する．その目的は，世界のさまざまな国で読まれ，多くの作家に影響を与えてきたアメリカ文学の多様な姿を示すことにある．　　　　　　［長畑明利／後藤和彦］

小 説

Fiction

　文化的蓄積の乏しいアメリカ合衆国において，概して小説家たちは独自の題材を見つけるのに悪戦苦闘してきたが，19世紀アメリカ小説は，伝統的な社会に依拠した英文学の「ノベル」とは対照的に，現実と幻想が分かち難く交錯する物語世界において人間の心の闇や真実に迫ろうとする「ロマンス」が興隆し，アメリカン・ルネサンスと称される黄金期を迎えた．エドガー・アラン・ポー，ナサニエル・ホーソン，ハーマン・メルヴィルといった作家たちを輩出したのち，南北戦争後，急速に変化を遂げた社会においてはリアリズム文学が優勢となり，アメリカ小説の伝統を確立したマーク・トウェインや心理的リアリズムを追求したヘンリー・ジェイムズを経て，世紀転換期には自然主義文学が勃興した．1920年代になると，スコット・F. フィッツジェラルド，アーネスト・ヘミングウェイ，ウィリアム・フォークナーなど，「失われた世代」と呼ばれるモダニズム作家の活躍により，アメリカ文学はようやく世界文学として認知されるようになった．

❖ポストモダン小説の誕生　第2次世界大戦を経て，ソール・ベローをはじめとするユダヤ系文学が脚光を浴びたのち，ポストモダン小説が出現するが，そうした作品の創造をうながした歴史・文化的条件，すなわちポストモダニティを骨太に貫いているのは，自分という存在の在りようへの懐疑的な眼差しである．このことは，啓蒙主義，マルクス主義，アメリカニズムなど，普遍的とされてきた「大きな物語」の失墜と表裏一体をなしている．それに伴い，起源なき無数の「小さな物語」が生起し始めると，これまで疑いようもなく自明であった自己同一性をめぐる確信は，にわかに揺らぎ始める．技術の進歩に伴い時空の感覚に混乱が生じ，因果関係よりも偶然性に支配されているように思えてくると，人間はみずからの拠り所を失ってしまう．それに代わって誕生するのが，矛盾を孕んだ多様な他者の性質をみずからに含みもつ主体である．彼らは，言語が意味を伝える透明な媒体であることに疑義を抱き，絶えず差異を追い求め，存在と不在の間を行きつ戻りつする．亡霊性を孕んだこうした主体は，仮想現実やシミュラークル（オリジナルなきコピー）の先行を助長するさまざまなメディアとも共振する．

❖新たな創作技法の模索　人と人の関係が物と物との関係として現れ，欲望を喚起する金融資本と情報の流動化により，資本主義の論理がグローバルに浸透した結果，文化と経済，高尚と通俗，公私の区別もまた曖昧となる．こうした不確定な世界の実相を表象しようとする際，焦点化されるのが，特徴的な芸術的形式としてのポストモダニズムである．「意味」が指示対象へと還元されず，際限なく繰り延べにされる言語構築物としてのテクストにおいては，意味生成の過程その

ものがテーマ化され，前景化される．そのようなメタフィクションは，1950～60年代にかけて一世を風靡した．ジョン・バースの『やぎ少年ジャイルズ』(1966)，『びっくりハウスの迷い子』(1968)，トマス・ピンチョンの『V.』(1963)，カート・ヴォネガットの『スローターハウス5』(1969)に代表されるこうした小説は，テクストに幽閉された主人公の強烈な自意識，語りの重層化，異次元世界への没入といった要素によって特徴付けられる．創作技法が枯渇したかのように，文学の在りように立ち返って新たな創作の可能性を模索しようとするこのような実験的な試みは，必ずしも内向きの退行ではなく，やがてほとんどの作家が採り入れるところとなる．それに伴い，これまでサブジャンルであったSF的な発想がごく自然に創作に活かされるようになった．80年代半ばまでには，こうして市民権を得たメタフィションは，世界についての該博な知識を網羅したシステムズ・ノベルと呼ばれる小説群を産み出す母胎となっていく．

❖錯綜する時空と歴史 トマス・ピンチョンの『重力の虹』(1973)，『メイスン＆ディクスン』(1997)，ドン・デリーロの『ホワイト・ノイズ』(1985)，『アンダーワールド』(1997)，ロバート・クーヴァーの『ユニウァーサル野球協会』(1968)，ウィリアム・ギャディスの『JR』(1975)，ウイリアム・ギブスンの『ニュー・ロマンサー』(1984)といった小説においては，膨大な歴史や多様な神話，サブカルチャーや科学言説が包摂されているのみならず，時空を変幻自在に移動することによってそれらを大胆に組み換え，矛盾する出来事の連鎖の彼方にオルタナティブな「アメリカ」がいくつも立ち上がる．このようなパラレルワールドから垣間見えるのは，字義通りの世界と，そこから比喩的に派生する世界が相互に織り成す関係性を炙り出そうとする戦略である．そうした世界像は，メビウスの輪のように反転するかと思えば，相互にはめ込まれたり，打ち消し合ったりする．その結果，主人公は，みずからを包摂する不可知の巨大なシステムによって翻弄される不安とテクストの迷宮に身を委ねる恍惚感との間に宙吊りにされる．圧倒的な情報量がもたらす過剰なまでの意味が，意味作用を喪失した混沌とした黙示録世界を提示するとき，彼らの探究はしばしば行き詰まる．こうした袋小路の中でポストモダン小説は，世界の真理を探究しようとする認識論よりもむしろ，世界とみずからの在りようを模索しようとする存在論を指向する．

　日本では柴田元幸らの優れた翻訳により，ポール・オースター，スティーヴ・エリクスン，リチャード・パワーズなども幅広い読者を獲得してきた．黒人女性作家として初めてノーベル文学賞の栄誉に輝いた，『ビラヴド』(1987)の著者，トニ・モリスンに代表されるエスニック系作家たちも積極的に受容されてきた．また，レイモンド・カーヴァーのようなミニマリストも根強い人気がある．21世紀の現在，従前の世界の終焉を意識しつつ，新たな人類の在りようをも射程に入れたポスト・ポストモダン文学への胎動も見られる．　　　　　[渡邉克昭]

詩

Poetry

アメリカの詩はイギリスの詩に比べると歴史が浅いが，イギリスの詩とは異なる，独自の詩形や題材を持つ作品を生み出してきた．とりわけ20世紀には多くの革新的な詩人が活躍し，世界中から注目された．近年，詩の読者は減少傾向にあるが，さまざまな詩の普及の試みがなされており，草の根の詩人たちの活動も活発に行われている．

❖アメリカ独自の詩　アメリカには植民地時代以前から続く先住民の口承詩の伝統があるが，英語で書かれた詩において，アメリカの独自性が明確なかたちで現れるのは19世紀半ばのことである．厳格な植民地での生活の中で詩を書き残したアン・ブラッドストリートや，18世紀後半に奴隷の身で詩を書いたフィリス・フィートリーらの詩は，独自の題材を扱いつつも，概ねイギリス詩の伝統や流行に従うものだった．しかしその後，アメリカが独立を遂げ，領土を拡大し，多くの移民を受け入れるようになると，文化的な独立の機運が高まり，哲学者ラルフ・ウォルド・エマソンの「詩人論」(1844) に見られるように，アメリカ独自の詩を求める声が聞かれるようになった．こうした声に応えたのがウォルト・ホイットマンの『草の葉』初版 (1855) であった．彼の詩は，アメリカの多様な人々，多様な事物や経験を，英詩の伝統にとらわれない自由な詩形で活写する，まさにアメリカ独自の詩であった．また，生前は無名であったエミリー・ディキンスンの詩は20世紀になって評価されるが，ダッシュを多用したその独特な詩形も伝統的な英詩のスタイルとは異なるものだった．

❖アメリカ詩の世紀　20世紀になると，ヨーロッパではさまざまな新しい文学・芸術運動が展開されるようになるが，英語圏の革新的な詩（モダニズム詩）を主導したのは，エズラ・パウンドやT.S. エリオットらアメリカからヨーロッパへ渡った詩人たちだった．アメリカ国内でも，新しいスタイルで詩を書く詩人たちが活躍した．アメリカ土着の言語で詩を書いたウィリアム・カーロス・ウィリアムズ，卓抜な比喩を駆使したウォレス・スティーヴンズ，アメリカの叙事詩を書こうとしたハート・クレイン，民衆の視点から詩を書いたカール・サンドバーグ，ハーレム・ルネサンスを代表する黒人詩人ラングストン・ヒューズなどである．第2次世界大戦後になると，「新批評」と呼ばれる批評の影響とも相まって，個人の感情の表出を抑える保守的な詩が主流となるが，1950～60年代には，再び個性豊かな，新しい詩を書く詩人たちが登場した．チャールズ・オルソンらブラックマウンテン・カレッジゆかりの詩人たち，ロバート・ローウェルやシルヴィア・プラスなどの「告白詩人」，アレン・ギンズバーグをはじめとするビー

ト詩人，フランク・オハラやジョン・アッシュベリーなどのニューヨーク派，ロバート・ダンカンらサンフランシスコ派の詩人などである．60年代以来，エスニック・リバイバルに呼応して，人種民族マイノリティの詩人の作品が以前にも増して注目されるようになり，また，アドリエンヌ・リッチらフェミニズムを主導した詩人も支持を得た．70年代から独自の活動を展開した「言語詩人」など，前衛詩人も注目を集めた．歌詞を詩として扱うことには議論があるが，2016年には歌手のボブ・ディランがノーベル文学賞を受賞した．

❖**ポエトリースラム** 一方アメリカには，脚光を浴びることはないものの，地道に仲間内で詩作を続ける者も多い．こうした草の根の詩の活動の一端を示すのが，ポエトリースラムである．これは自作の詩を朗読してその内容とパフォーマンス（朗読）の優劣を競うコンテストであり，1986年にシカゴで始まった．90年以来，全米選手権も開催されている．96年の全米選手権を追ったドキュメンタリー《スラムネイション》によれば，同年の大会の参加者には，屋根職人，学校教師，演劇学校の学生，ジャーナリスト，病院職員（死体運搬者）などが含まれているという．こうした詩人の作品が商業出版に結び付く例は少ないが，ポエトリースラムの試みは，詩を再び一般大衆が楽しむもの（「人民の，人民による，人民のための詩」）にしようというものであり，詩の民主化と普及の面で意義がある．

❖**詩の普及の試み** 2012年の全米芸術基金（NEA）の調査によれば，過去12カ月に詩を読んだと回答した人の割合は，02～12年に，12.1%から6.7%にまで減少した．近年，詩の読者は減少しているようである．しかし，詩の普及の試みも活発に行われている．例えば，アメリカ詩人アカデミーは，詩の紹介と普及のためのウェブサイト Poets.org を運営し，登録者に1日1篇の詩を電子メールなどで提供する Poem-a-Day のサービスも行っている．また，4月を「詩の月」として（エリオットの『荒地』(1922) 冒頭の詩行にちなむ）さまざまなキャンペーンを行っている．ポエトリー財団も詩の紹介と普及のためのウェブサイトを運営し，児童向けの詩の作者を支援する活動などを展開している．議会図書館の桂冠詩人コンサルタント（1937年創設時の名称は「詩のコンサルタント」84年に改称）は，講演や自作朗読を行うとともに，ワークショップの開催などの活動を行っている．多くの州や市でも桂冠詩人が選ばれているほか（図1），大統領の就任式に詩人が朗読することもある．今後は，インターネットを利用した詩の普及の試みがさらに追求されていくことだろう．　　　　　　　　　［長畑明利］

図1　2017年にヒューストン市の桂冠詩人に選ばれたデボラ・ムートン［Chron］

戯　曲

Drama

　アメリカの本格的戯曲は，ロイヤル・タイラーによる風習喜劇《コントラスト》(1787) を嚆矢とする．英欧の戯曲が主流の中でも，19 世紀半ばには《アンクル・トムの小屋》(1852) などアメリカ生まれの大ヒットも生まれた．波瀾万丈，勧善懲悪的メロドラマが多かったが，19 世紀後半にはよりリアルな表現へと向かい，20 世紀初頭にはヨーロッパでの近代劇成立に続き，小劇場を中心に人間の存在や意識を究明する新しい演劇が成立した．20 世紀演劇は道徳や人間的感情の破綻，言語やコミュニケーションへの不信，自己発見などを主要テーマに展開した．

❖20 世紀前半の演劇　1915 年以降，実験性・芸術性・社会性を持った小劇場が設立され，「アメリカ近代劇の父」とも呼ばれるユージン・オニール (36 年にノーベル文学賞受賞) が登場した．物質主義とピューリタニズムの抑圧的精神風土を描いた《楡の木陰の欲望》(1924) や《喪服の似合うエレクトラ》(1931) をはじめ，異人種間結婚を描いた《すべて神の子には翼がある》(1924) や労働者の疎外を描いた《毛猿》(1922) など，オニールは同時代の問題を多様な劇的形式を用いて描き切った．薬物中毒だった母を描いた自伝的《夜への長い旅路》(1956) と，安酒場で現実逃避する人々を描いた《氷屋来たる》(1946) などの名作がある．

　20〜30 年代にかけてアメリカ演劇は開花し，エルマー・ライスの表現主義的《計算機》(1923) やマクスウェル・アンダーソンの詩劇も登場，レイチェル・クロザーズやリリアン・ヘルマンは女性の視点から社会を描き，ラングストン・ヒューズは《ムラート》(1928) で黒人を描いた．大恐慌時の労働者を描いたクリフォード・オデッツの《醒めて歌え》(1935) など社会劇や，平穏な日常の意味を描くソーントン・ワイルダーの《わが町》(1938) は時代の不安に応えた．

❖第 2 次世界大戦後の演劇　戦後は，崩壊家庭を舞台に自己発見の問題が繰り返し描かれた．郊外に住む幸せな核家族のイメージが理想となった一方で，経済的繁栄の陰で旧来の価値観や感受性が失われたという喪失感や，疎外感と没個性化に人々が苦しみ始めていたのである．戦後演劇の二大作家，アーサー・ミラーは《セールスマンの死》(1949) で，時代に取り残され成功の夢を追い続ける初老の男を描き，テネシー・ウィリアムズは，南部を舞台に《ガラスの動物園》(1945)，《欲望という名の電車》(1947)，《やけたトタン屋根の猫》(1955) で，社会の転換期における物質主義と精神的価値の対立や，性的欲望と抑圧との葛藤を，ゲイ的感性を交えて描いた．社会派のミラーはほかにも 17 世紀セイラムの魔女裁判を題材にした《るつぼ》(1953) や不法移民を描いた《橋からの眺め》

(1955) で利己心と正義や名誉の葛藤を描き，赤狩りの時代の道徳的ジレンマを追求した．続くエドワード・オールビーは《動物園物語》(1959) や《ヴァージニア・ウルフなんかこわくない》(1962) で人間の疎外や家族関係の破綻を暴いた．

続いて 60 年代にオフ・オフ・ブロードウェイから登場したサム・シェパードもまた，鮮烈なイメージや詩的言語で思考と感情の流れをとらえた《飢えた階級の呪い》(1978) や《埋められた子供》(1978) で，中産階級の家族の崩壊やアイデンティティの不確かさを描いた．そして資本主義の非人間的論理に振り回される人々をスピード感あふれる台詞で描いたのはディヴィッド・マメットの《アメリカン・バッファロー》(1977) と《グレンギャリー・グレン・ロス》(1983) だった．

❖**歴史の再審**　しかし人種差別問題をブロードウェイで正面から取り上げたのは，黒人家族の夢と自己発見を描いたロレイン・ハンズベリーの《日なたの干しぶどう》(1959) だった．オフ・ブロードウェイではアドリアンヌ・ケネディが《ニグロのおもしろ館》(1964) で混血女性の二重意識を，そしてアミリ・バラカ（リロイ・ジョーンズ）が《ダッチマン》(1964) で抑圧的白人文化に対抗する黒人意識を，暴力的イメージと詩的言語で描いた．ベトナム戦争，対抗文化やフェミニズム運動，同性愛解放運動を経て，80 年代後半にはウェンディ・ワッサスティンら女性，ハーヴィー・ファイアスティーンらゲイ，ディヴィッド・ヘンリー・ホアンらアジア系劇作家が登場．異性愛の白人男性を主流とした西洋中心的価値観に異を唱え始めた．

そこからアメリカの歴史そのものを再審する骨太の戯曲が登場する．黒人作家オーガスト・ウィルソンは《垣根》(1985)，《ピアノ・レッスン》(1990) など，

図1　《ハミルトン》の上演パンフレット

1900 年代からのアフリカ系アメリカ人の 100 年を 10 の連作で描ききった．黒人女性作家スーザン＝ロリ・パークスは《アメリカ・プレイ》(1994) などでアメリカ史と黒人との関係を，そしてユダヤ系ゲイ作家トニー・クシュナーは《アメリカの天使たち》(第 1 部「千年王国近づく」1991，第 2 部「ペレストロイカ」1992) で民主主義の理念を問い，プエルトリコ系のリン＝マニュエル・ミランダのラップ・ミュージカル《ハミルトン》(2015) は西インド諸島出身だった「建国の父」を描いて，建国への移民の貢献を再確認した．現代演劇の中核には，このようにアメリカのアイデンティティを再構想し文化を多様性に開いていく視座がある．　　　　　　　　　　　　　　　　　　　　　　　　　　　　[外岡尚美]

先住民の文学

Native American Literatures / American Indian Literatures

アメリカ先住民文学とは，南北アメリカ大陸の先住民の口承および文字による文学のことをいう．その領域は1万5,000年前から続くともいわれる伝承物語や詩歌などの口承文学を含めると広大で多岐にわたるが，本項ではアメリカ合衆国における英語で書かれた先住民文学を主に扱う．先住民を描いた文学作品ということならば作者が先住民でない場合も想定できる．しかし，ジェイス・ウィーヴァーらが『アメリカインディアン文学ナショナリズム』(2005)で主張するように，アメリカ先住民文学すなわちアメリカインディアン文学またはネイティブ・アメリカン文学とは，ネイティブ・アメリカンである作者がネイティブ・アメリカンの視点から描いた作品のことをいう．この定義はアメリカ先住民が社会・文化の中でどのように位置付けられてきたのかという歴史的経緯と密接に結び付いている．

15世紀末のクリストファー・コロンブスの航海日誌をはじめとして，アメリカ先住民は最初からヨーロッパ人の世界観と言語で表象されてきた．インディアン（インディオ＝インディアスの人々）という呼称はその典型例である．アメリカ入植者の記録から，捕囚体験記，旅行記，絵画，大衆小説，ロマン主義文学，写真，映画，テレビドラマなどに至るまで，先住民は一貫して白人の目線で描かれた．その結果，残忍で野蛮というイメージと自然と共存する神秘的なイメージとの両方が先住民ステレオタイプ（固定観念）として構築された．550を超える公認部族（2015年時点）に分かれるアメリカ先住民は，インディアンという単一の呼称で一方的に語られる客体とされ，その視点と声は不在であったのである．

❖アメリカ文学史における先住民文学　先住民が語る主体へと転換を遂げるのは，N. スコット・ママディ（カイオワ族）の長編第1作『夜明けの家』(1968)がピュリッツァー賞を受賞してからである．先住民作家の作品が初めて主流アメリカ文学における公式の評価を受けたことにより，先住民文学は一般社会から注目されるようになる．民族自決を求めるレッドパワー運動の高まりと連動して，69年にヴァイン・デロリア・ジュニアの『カスターは汝等の罪ゆえに死せり』が出版されると，先住民の発言への関心はさらに高まる．70年代に入って大手出版社がネイティブ・アメリカン専門のシリーズを立ち上げ，白人著者との共同作業である『ブラック・エルクは語る』（原著は1932年刊）の並製版（ペーパーバック）が出回り，ジェイムズ・ウェルチ（ブラックフット族），サイモン・オティーズ（アコマ族），ジェラルド・ヴィゼナー（アニシナベ族），レズリー・マーモン・シルコウ（ラグーナ族）らの小説作品が続々と出版され主要な書評で取り上

げられるようになる．研究者ケネス・リンカンによって「ネイティブ・アメリカン・ルネサンス」と後に名付けられるこの大きな変化は，アメリカ文学史の潮流に先住民の文学，すなわちネイティブ・アメリカン作家によるネイティブ・アメリカンの視点で書かれた英語の作品群が公式に流入したことを意味する．

これ以降，80年代から2000年代にかけて多くの先住民作家たちが活発に作品を発表していく一方で，過去の先住民文学の掘り起こしも始まり，また研究対象としての先住民文学も幅広い展開を見せるようになる．ルイーズ・アードリック（オジブウェ族），リンダ・ホーガン（チカソー族），ジョイ・ハージョ（マスカジー／チェロキー族），ポーラ・ガン・アレン（ラグーナ／スー族），ルイス・オーエンズ（チェロキー／チョクトー族），トマス・キング（チェロキー族），シャーマン・アレクシー（スポケーン／コーダレーン族），デイヴィッド・トロイヤー（オジブウェ族）など多くの作家が活躍するが，なかでもアードリックは84年の『ラヴ・メディシン』と2016年の『ラローズ』で全米批評家協会賞を2回受賞するなど，一貫して評価の高い長編を発表し続けている．

1968年以前の先住民作品の掘り起こしでは，18世紀の宣教師サムソン・オッカム（モヒガン族）から19世紀の宣教師ウィリアム・エイペス（ピーコット族）らの文明批判を含む省察が再評価されるほか，19世紀生まれで20世紀に著作を発表した医師のチャールズ・イーストマン（スー族）をはじめとして白人文化との交雑性という観点からも見直される作家らがいる．文学研究ではポストコロニアル（植民地時代後の）批評意識が高まっていく90年代から2000年代にかけて，先住民文学を総括する文学史やアンソロジーが次々に出版され，特定の部族や作家に特化した研究も継続して活発に行われている．また，エコクリティシズム（環境批評）の観点からの先住民文学研究が進む一方で，部族の枠を越えた汎部族主義的な傾向を示す作品も注目されている。教育現場では，先住民文学は文化的多様性や多文化共生を議論する際の重要な基本教材と見なされている．

❖**作品の主なテーマ**　先住民文学の特徴の一つは，白人によって創造されたインディアン像に異議を申し立てながら，いかに自分たちの言葉で「自己像」を書き換えていくかという問題意識にある．これはアメリカ文学全般の主要テーマであるアイデンティティの問題と接続するが，先住民文学に特徴的な点には次のようなものがある．「消えゆく」民族と見なされ同化政策による文化継承の断絶を経験したこと．大量虐殺や強制移住をはじめとする迫害と差別の歴史を告発し，苦難の記憶を継承すること．民族的存亡の危機を生き延びたことを肯定的にとらえ，自分たちの生きる力を再認識すること．ほかにも，部族の言語や神話を作品上で回復する試みや，先住民独自の家族観と共同体意識，白人社会とは異なる自然観や土地との関わり，独特のユーモア，主流文化との交雑から生まれる苦悩や創造性など，多様なテーマを見いだすことができる．　　　　　　　　　[長岡真吾]

黒人文学

African American Literature / Black Literature

　黒人文学とは，アフリカ系の作家を創作の主体とした言語芸術を指す．アメリカでは，アフリカ系アメリカ文学と呼ばれることも多い．1993年にノーベル文学賞を受賞したトニ・モリスンなど優れた作家が多く，日本でもすでに昭和初期から詩や小説の翻訳が始まり，多くの読者に親しまれてきた．奴隷制や人種差別との闘いの歴史や，そこから発する政治意識や社会批判，自己認識に関する問いをテーマとすることが多い，明確な特徴を持った文学群である．

✥生き延びるための創造　アメリカ黒人文学の起源は，奴隷としてアフリカから連れて来られた人々が持ち込んだ「ことわざ」にあるといわれている．うち現存する122編は，時を経て英語で表現されるようになり，かつ説話や民話の筋書きへと発展していった．作者が特定されず，誰もが語り継ぐことのできる物語群は，つらい生活に慰めを与える笑い話やほら話として，黒人の共有財産となった．

　特定の作者がおり，かつ冊子化された最初の黒人文学は「奴隷体験記」である．これは，白人の奴隷解放運動家が，逃亡奴隷を手助けして綴らせた自伝的ノンフィクションであるが，南部の農場における搾取や虐待の模様を赤裸々に描写することで，奴隷制廃止の世論をあおる狙いを持っていた．3冊の体験記を世に送ったフレデリック・ダグラス（?~1858）は，後に政治家として名を馳せた．また，農場主による捕獲を恐れて偽名で出版されたハリエット・ジェイコブズの体験記は，南北戦争期を生きた黒人女性の社会批判を伝えている．

✥自己探究と芸術意識　南北戦争後には，初の黒人職業作家が現れた．チャールズ・チェスナットである．彼は，黒人が家畜のように集団として扱われていた奴隷時代には探求できなかった「個」としての自己認識や人種的自我を主題化した．特に，色の薄い混血の主人公が人種偏見を嫌い，みずからを白人と偽って生きる際の心理的葛藤を扱う「パッシング小説」は彼に始まり，混血が進む近代社会を代表するテーマとして，以後も多様な深化を遂げた．このように，奴隷制という集合的な苦難に一本化されない個人の複雑な心的経験や感情の描写に取り組んだとき，黒人文学は成熟への第一歩を踏み出した．

　1920年代，ニューヨークを中心に黒人文芸最初の隆盛期が訪れるが，これを「ハーレム・ルネサンス」という．多くの作家が輩出したが，なかでも詩人のラングストン・ヒューズは政治意識と美意識を両立する作品を多数残し，文化人類学者でもあったゾラ・ニール・ハーストンは，民話や民謡など黒人の伝統的な表現形態を生かした小説の執筆に取り組んだ．ジーン・トゥーマーとネラ・ラーセンは，寡作ながら，チェスナット以来の混血や自我，パッシングの問題をなお一

層追求し，文学史に名を残した．

❖**政治意識の変遷**　1940年代に入ると，黒人集団としての利害より個人的意識を優先させ，白人文化とも関係の深かったハーレム・ルネサンスを，白人への迎合として批判する動きが現れた．『アメリカの息子』(1940) で世界的に有名になったリチャード・ライトはその動きを代表し，差別の責任を白人集団に向けて問う「抗議小説」の必要性を訴えた．その後，人種対立をプロパガンダ化する抗議を否定し，黒人の苦悩を他の人間との相互性の下に描いた『もう一つの国』(1962) で知られるジェイムズ・ボールドウィンのような作家も現れた．しかし50年代以降の公民権運動は，民族の政治的団結を後押しした（☞項目「公民権運動」）．60年代中盤に入ると，西海岸を中心に，公民権獲得後も向上しない社会への怒りや失望を爆発させたブラックアーツ運動が台頭し，アミリ・バラカ（リロイ・ジョーンズ）など前衛的な作家が現れた．

　そのような政治意識を更新したのは，70年代以降続々と現れ，現在も黒人文学を牽引中の女性作家たちである．『カラー・パープル』(1982) でピュリッツァー賞を得たアリス・ウォーカー (1944～) は，公民権運動に巣食っていた女性差別に幻滅し，独自の社会の在り方を展望するようになった．冒頭で触れたモリスンも，黒人が歴史的に被った暴力への追及とともに，黒人社会内部の欺瞞をあぶり出す『青い眼がほしい』(1970) などの秀作を世に送り出している．

❖**音と文字の横断**　黒人文学が，アフリカから記憶として運ばれたことわざにさかのぼるということは，その始まりが文字によらなかったことを意味している．奴隷農場ではまた，「ハラー」(holler) や「シャウト」と呼ばれる声による意思伝達法が生まれ，それが黒人の歌に発展したという説もある．つまり黒人文学は，文字で書かれた形式のみならず，聴覚芸術との相互性の上に成り立ってきた．ハーレム・ルネサンス時代は別名「ジャズ・エイジ」とも呼ばれ，黒人音楽が豊かに花開いた時代でもあった．ライトの後進に当たる作家，ラルフ・エリソンは，そこから受けた影響を，抗議小説とは一線を画す音楽的要素に溢れた小説『見えない人間』(1952) に結実させていたし，ブラックアーツ運動にも，ジョン・コルトレーンなどのモダンジャズ奏者が密接に関わり，ポエトリー・リーディング（詩の朗読会）は，言葉と音のセッションとなっていた．

　この系譜の最前線として，いま見逃せないのはヒップホップである．自伝性や社会批判といった黒人文学の要素を受け継ぐ優れた歌詞は，90年代から文学作品集に加えられるようになった．名門イェール大学刊の『ラップ作品集』(2010) の編纂にはラッパーのチャックDが参加し，アフリカ・バンバータからカニエ・ウエストまでの作品を収録している．他方，かつて「ジャズ文学」が生まれたように，ヒップホップを文筆に生かしたタナハシ・コーツのような作家も活躍している．今後の黒人文学の方向性を示す例といえるだろう．　　　　　　［新田啓子］

エスニック文学

Ethnic Literature

エスニック文学とは，多様な人種や文化的背景を持つ人々からなる多民族国家でありながら，文化的にも政治的にも白人が優勢のアメリカで，非白人のエスニック集団に属する人々の文化的・社会的意義を表現した文学である．

❖**多文化主義アメリカ文学**　1960年代のアメリカ社会を象徴する公民権運動という政治的闘争は，90年代には多文化主義という思想の下に展開される文化闘争の素地ともなり，従来はアングロサクソン系の白人男性作家による作品によって占められていたアメリカ文学の中に，多文化主義文学というサブジャンルを形成していった．多文化主義文学は，それまで主に描かれる客体として扱われてきたアメリカ社会のエスニック・マイノリティの人々が主体として紡いできた物語を再評価しようとする批評的視点から生まれた文学ジャンルであり，公民権運動を経て獲得されたポストモダン的アメリカ文化観の証左であるともいえる．

黒人，アメリカ先住民などによる白人への抵抗運動としての印象が強い公民権運動だが，メキシコ系のチカーノ（女性形はチカーナ）や中南米とカリブのラテン系，日系人をはじめとするアジア系アメリカ人など，白人中心のアメリカ社会で差別されてきた他のエスニック・マイノリティにとっても，アングロサクソン系白人による主流文化への抵抗を表現しつつ，主流文化のオルタナティブとしての伝統文化の復権や，民族の歴史体験の可視化を目指す機会となった．このような文化の転換期を経たアメリカ文学には，チカーノ(ナ)あるいはヒスパニック文学，アジア系アメリカ人文学，カリブ系アメリカ人文学など，個人や集団のエスニック・アイデンティティを表現の核心に置く文学が包含されていった．書き手においては，みずからのエスニック・アイデンティティを文学としてどう表現するかがテーマとなる一方，アメリカ文学の読み手には，文学に表象されるアメリカのエスニシティの問題をどう読み解くかが解釈上の鍵となった．

❖**アメリカの歴史や文化の再構築**　近代アメリカ社会において，「エスニック」であること，すなわちアングロサクソン系の白人と異なる人種や文化に属していることは，社会の中心から疎外されることを意味していたが，多文化主義は，中心より周縁，普遍性より複数性を重視し，政治的に沈黙させられてきた文化の声に耳を傾けようとする思想だった．黒人の現代女性詩人オードリー・ロードが「私たちを断絶するものは，私たちの間にある差異そのものではなく，差異を認め，許容し，称える能力の欠落である」と述べたように，多文化主義は，個人間や民族間の差異を認め合い，多様性をアメリカ社会の強みとして積極的に評価しようとする思想だった．

第2次世界大戦後間もなく，フィリピン系アメリカ人のカルロス・ブローサンが自伝的小説を出版し，1970年代には，チカーノ作家のルドルフォ・アナヤ，中国系アメリカ人のマキシン・ホン・キングストンなどの小説が出版された．また，日系アメリカ人も，50年代のジョン・オカダの小説や，70年代のジーン・ワカツキ・ヒューストンの手記の中に，第2次世界大戦中の日系アメリカ人強制収容体験の記憶を綴った．エスニック・マイノリティの文学が次々に出版されると同時に，19世紀以前に出版されていたエスニック文学の作品の発掘や研究も進んだ．また，日系アメリカ人歴史家ロナルド・タカキがそれまで白人中心の視点で語られてきたアメリカ史を多文化主義の視野から語り直すなど，歴史の分野においても新しいアメリカ史観が形成されていった．

✧アメリカのエスニック文学はどこへ向かうのか　このように多文化主義は，歴史の再構築をうながし，エスニック・マイノリティに属する人々の伝統文化を再評価することにより，非白人の政治的発言力や社会的存在意義を高める役割を果たした．しかし，その一方，エスニック・アイデンティティの本質主義的なステレオタイプ（固定観念）化に対する批判もある．多文化主義の社会への浸透と並行して問題となっていたのが，アジア系と白人の混血であるハパや，メキシコ先住民と白人の混血であるメスティーソ（サ）など，民族内で複数の人種が混交する現実とどう折合いをつけていくかという問題であった．これは国境をはじめ，人種や言語，セクシュアリティなどに対する従来の固定観念をいかに「越境」していくかという問題も孕んでいた．例えば，チカーナのグロリア・アンサルドゥーアは，地理的にはアメリカとメキシコの国家の境界，人種的には白人と先住民の混血メスティーサ，言語的には英語とスペイン語の混交，そしてセクシュアリティではレズビアンというみずからのアイデンティティに伴う「境域性」に基づいた境域文化論を創造した．

　また，日系アメリカ人作家のカレン・テイ・ヤマシタは，日本とブラジルとアメリカを結ぶトランスナショナルな視点から，故郷を離れ，異国に再定住するディアスポラとしての「日系人」のアイデンティティや，多民族コミュニティの物語を描いている．移民政策が常に世論の俎上に載せられるアメリカでは，ハイチ出身のエドウィージ・ダンティカや，アンティグア・バーブーダ出身のジャメイカ・キンケイド，キューバ出身のクリスティーナ・ガルシアなどのカリブ地域出身のディアスポラの書き手の活躍や，ハワイをはじめとする太平洋島嶼地域の先住民作家・詩人の存在も忘れてはならない．

　このように，今日のエスニック文学は，多様性をアメリカの強みとする社会的価値を堅持しつつ，民族の物語やイメージを固定観念からいかに解放し，さらに多様化するエスニック・アイデンティティとどう向き合い，それをどう表現するかということも課題としている．　　　　　　　　　　　　　　　　　［喜納育江］

文学と女性

Literature and Women

　すでに，フェミニスト文学論の古典となった，ヴァージニア・ウルフの『自分だけの部屋』(1929) は，彼女がニューナムおよびガートン女子学寮で行った講演の草稿がもとになっている。「女性と文学」という広大な講演の題目に思案したウルフは，「一定の収入と自分自身の部屋」が必要だと，女性の文筆活動を可能にする環境を呈示。英文学史上，女性作家（詩人）が無視された理由，テーマが卑近な題材に限定される女性の作品のデメリットを解明した。しかし，第2波フェミニズム運動（1960〜）と連動した，20世紀における女性詩人・作家の創作活動は，ウルフの苦言を払拭して余りある（☞項目「フェミニズム」）。
　そこで，19世紀後半，第1波フェミニズム運動（1860〜1920）から現在まで，書き手（創作者），そして読み手（消費者）としての視点から，アメリカの詩と小説のジャンルに限って，「文学と女性」の状況を概観し，現在における女性作家たちの健筆ぶりと，その展望を考察する。

❖『**アン・アメリカン・トリップティック**』　ウルフは女性詩人の不在を指摘したが，皮肉なことに，植民地時代，自由の聖地アメリカで，アン・ブラッドストリートの『詩集』が出版される。彼女は「女の手には筆より縫い針が似合う」(「ザ・プロローグ」『第十番目の詩神』1650) といった偏見に抗い，国家の盛衰や英雄物語でなく，キリスト教の神への信仰，夫への愛，出産，育児，家族との死別など，女の領域とされた身辺の出来事を題材に詩作した。
　植民地時代のアメリカで培われた女性詩の伝統は，19世紀ロマン主義時代，エミリー・ディキンスンへと受け継がれる。生涯の大半をニューイングランドのアマストで過ごしたディキンスンも，自然の風物，身辺の事象を謳って逆説的に壮大な宇宙の神秘への想いを表現する。20世紀に入って，女性詩の伝統は，アドリエンヌ・リッチをはじめとする，多彩な女性詩人たちを輩出する（図1）。
　リッチ同様に，人種問題，反戦運動に関わったデニーズ・レヴァトフは，「わたしはことばをもつ女，わたしの涙の泉は溢れ，溢れて，喉の堰を切って詩となってほとばしる」(『屈辱からの解放』1975) と，女性詩人のアイデンティティを誇示する。リッチ，シル

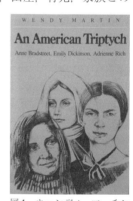

図1　ウェンディ・マーチン『アン・アメリカン・トリップティック―ブラッドストリート，ディキンスン，リッチ』(1984)

ヴィア・プラース，アン・セクストン，マリアン・ムアー，エリザベス・ビショップ，さらに，アフリカ系，先住民系，アジア系と人種を越え，詩人たちは多種多様な世界をつくり出す．「詩作は政治的行為」とのリッチの公言，レヴァトフの反戦活動，政治・社会への詩人たちの関心は英米軍のイラク先制攻撃（2003）への反戦・非戦表明につながり，声をあげる女性たちの詩作活動は広がる．

❖フェミニズムと「家庭小説」　小説の分野では，18世紀，若い子女の教育効果を目的とした，ハナ・フォスターの『浮気女』（1879）に代表される「家庭・感傷小説」が広い読者層を獲得．19世紀には，「いまいましいもの書きの女ども」とナサニエル・ホーソーンに言わせた女性作家の台頭を見て，スーザン・ウォーナーの『広い，広い世界』（1851），ハリエット・ビーチャー・ストウの『アンクル・トムの小屋』（1852），ルイザ・メイ・オルコットの『若草物語』（1868）などが，人気を博す．19世紀末から20世紀にかけ，サラ・オーン・ジュエット，ケイト・ショパンなど地方色作家が健筆を振る．一方，依然として，経済・政治的に不利な立場に置かれた女性の状況を，シャーロット・パーキンズ・ギルマンは，「黄色い壁紙」（1892）に描いて，文学を女性解放のイデオロギー表現の場にした．また，古き良き時代のニューヨークを離れヨーロッパで作家活動をした，イーディス・ウォートンは，『エイジ・オブ・イノセンス』（1920）で女性として最初のピュリッツアー賞を受賞する．

❖フェミニスト批評と女性作家　第2波フェミニズム期（1960年以降）は，脱構築，解体批評，読者反応理論，新歴史批評など，多様な批評理論の全盛期と重なる．ジュディス・フェタリーの『抵抗する読者―フェミニストが読むアメリカ文学』（1978）は，読み手としての女性の視点から，「支配者／男，被支配者／女」の構図を暴露，社会・文化の中に潜在する家父長制の性差別を摘発する．さらに，イレイン・ショーウォルターの『彼女自身の文学』（1977）などの文学評論に見るように，文学に描かれた女性から，「書き手＝作者」としての女性自身の文学に研究の対象が移る．サンドラ・ギルバートとスーザン・グーバーによる，全3巻『中間地帯―二十世紀における女性作家の位置』（1988，89，94）は，家父長的文学理論に代わるフェミニスト詩学の確立を試みる研究書である．「読み手」から「書き手」となった女性による，従来の文学史修正が行われる．

　詩の分野と同様に，小説界でも，93年ノーベル文学賞を受賞したトニ・モリスン，毎年候補者リストにあがるジョイス・キャロル・オーツや，シンシア・オージック，アリス・ウォーカー，マリリン・ロビンソン，ボビー・アン・メイソンらが人種・性差別，反戦，環境汚染問題など多岐にわたるテーマで筆を振る．かつてウルフが指摘した「文学と女性」をめぐる状況は大きく変化している．

[別府惠子]

LGBT の文学

LGBT Literature

　性的マイノリティを総称する用語として，運動体やコミュニティが 1988 年頃から LGBT という呼称を用いるようになる（☞項目「LGBT」）．文学作品は個々人の体験をその人のアイデンティティの在り方や意識との関わりで描くものである．以下，LGBT それぞれのアイデンティティを扱う文学を概観する．

❖ゲイ文学　アイデンティティとして「ホモセクシュアル」な男性が存在し始めるのは，哲学者フーコーによると 1870 年である．同年に出版されたベイヤード・テイラーの『ジョゼフと友達』はアメリカにおける同性愛を描く最初の試みと考えることもできる．現代的な意味での「ゲイ」男性の登場は，軍隊が「ホモセクシュアル」な人物の入隊を拒否した第 2 次世界大戦時に始まる．入隊できなかった同性愛者たちをはじめ，ゲイ男性が大都市に集まるようになる．

　「キンゼイ報告」により男性間の性愛が珍しい事象ではないことが示され，アメリカ社会が衝撃を受けた 1948 年，同性をもっぱら欲望するスポーツ選手を描き，女性的と思われていた当時の同性愛者のステレオタイプを打ち砕いたゴア・ヴィダルの『都市と柱』（1948）が出版された．同年出版のトルーマン・カポーティによる『遠い声，遠い部屋』は，同性間の性愛を扱うというより主人公の女性的なジェンダー・アイデンティティ肯定を描く作品で，ゲイというアイデンティティが一枚岩ではないことを示している．

　60 年代の性革命を受け，ゲイバーやゲイバスハウスに一夜の関係を求め集う男性を中心とするゲイ・サブカルチャーが花開く．アンドリュー・ホラーランの『ダンサー・フロム・ザ・ダンス』（1978）がその時代の特徴をよく伝える．しかしその文化は 1980 年代に始まるエイズの蔓延により破壊され，ゲイ男性もパートナーとの関係を指向するようになる．エイズに翻弄される当時の様子は 93 年にトニー賞を受賞したトニー・クシュナーの『アメリカの天使たち』に鮮明である．以降，ゲイをめぐる状況は同性婚へとシフトしている．

❖レズビアン文学　「レズビアン」という言葉がホモセクシュアリティと結び付いて使われるようになったのはセクソロジー（性科学）が発達する 19 世紀の終わりである．女性を愛する女性を意味するのではなく，精神科医クラフト・エビングなどは病理学的な意味で用い，間違った肉体を持って生まれた男性，男性でありたい願望から女性を欲望する存在と考えられた．19 世紀後半，中流階級以上の女性には「ボストン・マリッジ」と呼ばれる深い絆で結ばれる女性同士の関係が多く存在し，ヘンリー・ジェイムズの『ボストンの人びと』（1886）を始め文学的表象も存在するが，当事者はレズビアンという言葉を忌避した．

アメリカにおけるレズビアン文学の出発点として女性3人の三角関係を描くガートルード・スタインによる『三人の女性』(1909) の第2編「メランクサ」をスタートに置くことができるが，初期レズビアン文学の代表作といえばイギリスの作家，ラドクリフ・ホールの『孤独の井戸』(1928) である．アメリカで性愛を含め女性を愛する女性を肯定的に描く最初の作品としてゲイル・ウィルヘルムの『私たちも漂流して』(1938) があげられる．異性愛男性の読者層にも支持され，レズビアン関係を描くパルプ・フィクション（三文小説）は売り上げを伸ばした．その時代のレズビアン文学として，パトリシア・ハイスミスが偽名で出版した『塩の代価』(1952)（後に『キャロル』と改題）は，夫を持つ女性と若い女性の切ない気持ちを鮮やかに描き出す．多少時代が下り，リタ・メイ・ブラウンの『ルビーフルーツ・ジャングル』(1973) はレズビアン女性の成長を描く，いわば教養小説で，レズビアン版ハックルベリー・フィンと称されることもある．

❖**トランスジェンダーとバイセクシュアルをテーマに持つ文学**　トランスジェンダーを扱うアメリカ文学として最初にあげることのできるのは，ゴア・ヴィダルの『マイラ』(1968) だろう．しかし，トランスジェンダーとしてのアイデンティティの問題を扱う作品ではなく，キャンプ，つまりゲイ男性の過剰な演技性という発想で書かれた一種のSF小説である．トランスジェンダー小説の例としてふさわしいのは，ジェンダー・アイデンティティに悩む女性を主人公とするレスリー・ファインバーグの『ストーン・ブッチ・ブルース』(1993) である．

このジャンルには自伝が多い．性転換手術をした初めてのアメリカ人，クリスティン・ジョーゲンセンの映画化された自伝 (1967) を皮切りに，男性から女性に性転換し，女性を愛するレズビアンとして生きるケイト・ボーンスタインの『ジェンダー・アウトロー』(1994) などがある．

バイセクシュアリティを主題にする文学もあまり多くないが，バイセクシュアルな人物はよく登場する．映画化され，男性同士のセックスを描き評判となったアニー・プルーの短編「ブロークバック・マウンテン」(1997) は，結婚をしているが本当に愛するのは男性である男性主人公を描く．同様の作品は多く，クロゼットのゲイ文学と呼ぶ方が正しいだろう．ジェイムズ・ボールドウィンの『もう一つの国』(1962) は，男性主人公の男性との関係と女性との関係が同じくらいの重さで描かれている点で，バイセクシュアル文学と呼んでもよいと思われる．

❖**LGBT文学の今後**　文学作品としてみた場合，自分のアイデンティティ獲得との葛藤を描く際に最も鮮やかな印象を残すものとなっている．現代において，ポピュラー小説にLGBTのキャラクターは多く登場する．その意味でもLGBTの権利が認められるにつれ，文学ジャンルとしての存在意義は薄れるだろう．ただアメリカの場合，ジェンダーの縛りがとても強いため，ジェンダーの問題に結び付くテーマを持つ作品は文学として生き続けるのではないだろうか．[本合　陽]

南部文学

Literature of the American South

南部とは，いわゆる「メイソン－ディクソン線」以南にあり，奴隷制を擁し，連邦政府から離脱するが，南北戦争に破れ，独立を果たし得なかった 11 の州からなる土地を指す．

南部は，アメリカが「自由と平等の国」として成立して以降，その内部における異端性を保持し続けることに，内戦をも辞さぬ覚悟で執着せざるを得なかった土地だった．そしてその文学は，相対的なものにすぎない他地域との差異を宿命として定められたものへと読み替える衝動に貫かれた文学だったのである．南部の異端性の根幹にあったのは，植民地時代にさかのぼれば，アメリカのどの地域にも実施されていた奴隷制だが，南部の言論界はこれを「南部固有の制度」と呼んで，嫉妬深く他者の理解を超えたところに置こうとした．

❖敗北の文学　南部はこの「南部固有の制度」を存続するために，奴隷解放の父エイブラハム・リンカンによって率いられることになったアメリカ合衆国を離脱，自主独立のための戦争へと突き進み，結果，敗れた．南部文学の中核には，敗れることを半ば承知しながら，彼らだけの正義のために殉じ，翻弄された人々の人生と，彼らが戦後「失われた大義」と呼んだその「正義」への尽きることのない反省と隠しきれない思慕とがあった．

「敗北の文学」たる南部文学が本格的に始動したのは，南北戦争の敗北後といってよい．実際，奴隷制を基盤とする彼らの生活を描いた戦前の文学は，政治的プロパガンダを超えるものではなかった．戦前に見るべき南部作家があるとすれば，奴隷も商った南部人義父を持ち，植民時代以来のバージニアの貴族的精神風土に憧憬を抱き，失われると定められたものが帯びる倒錯の美を描き続けたエドガー・アラン・ポーだろう．

本格的な南部文学は，南北戦争の敗戦から 20 年後，あえて戦前のミシシッピ川流域を舞台とし，奴隷のいる社会の生活信条が身についた白人少年と，逃亡奴隷とのはかなくも感動的な交流を描いたマーク・トウェインの『ハックルベリー・フィンの冒険』（1885）から始まるといってよい（☞項目「ロード・ナラティブ」「文学と笑い」「ミンストレルショー」）．トウェインは奴隷領主だった父母を持ち，短期間，南北戦争に南軍義勇兵として参加したにもかかわらず，戦後，おおよそ南部的なものに対する徹底批判の立場をとったが，彼の小説はいつも彼が少年時代を過ごした戦前の南部そのままであるか，それを素材とする場所を舞台とした．戦争とともに失われたものに対する，このような愛憎相半ばする思念こそが南部文学の根幹を占める．

14. 文 学 　　なんぶぶんがく 565

❖**南部文芸復興期**　南北戦争の敗北から 60 年を経た 1920 年代後半，南部は当時の文壇の重鎮 H.L. メンケンによって，サハラ砂漠にも比すべき文化不毛地帯と揶揄されていた．しかし，こうした批判に呼応し反発するように，この時代，すぐれた作家たちが南部から立て続けに登場する．19 世紀半ばの敗戦によって決定的に実体を失いながら，南部人の精神の中に亡霊のように存在し続ける戦前以来の南部的なものと，彼らが今生き抜いていかなければならない近代的なものの現実の衝迫力が絶妙な拮抗状態にあった 20 年代後半から公民権運動が猛威をふるった 60 年代，敗北の文学としての南部文学の全幅が明らかになった時代といえるだろう（☞項目「公民権運動」）．

　この時代の南部文学の最大の収穫は，49 年，ノーベル文学賞を受賞するウィリアム・フォークナーの小説群である．最高傑作とされる『アブサロム，アブサロム！』（1936）は，深南部ミシシッピから北部ボストンのハーバード大学に進学した主人公が，寮友から「南部について話せよ」と問いかけられ，みずから語る旧南部の人種をめぐるおぞましき物語に慄然とする．小説は「なぜ君は南部を憎む？」と問われた主人公の「ボクハ南部ヲ憎ンデイナイ，憎ノデナンカイノイ」という，自分自身を育んだ南部の歴史への鎮魂の祈りともいうべきセリフで幕を閉じる．またフォークナーとほぼ同時代に，故郷南部を遠く離れ，自由なアメリカの大地に躍動することを夢見，それを実践しつつも，故郷の持つ重力から逃れられず，小説『天使よ故郷を見よ』（1929）でデビューし，『汝，故郷に帰れず』を書きあげながら，40 年の出版を待たずに逝ったトマス・ウルフがいる．

　さらにフォークナーの文学に牽引されるように，ウィリアム・スタイロン，フラナリー・オコナー，カーソン・マッカラーズ，トルーマン・カポーティ，テネシー・ウィリアムズらがこの時代に登場し活躍するが，その怒涛のような勢いは，公民権運動の収束する 70 年代以降，南部という土地の統計学的有標性をことさら確認しようという学問が成立してくるほどに，かつて「別の国」と称された南部の異質性が実質を失うにつれ，徐々に沈静化していった．

❖**南部文学の現状**　その後，南部は温暖な気候や安価な土地および労働力を背景に全国からこの地に大規模な資本投下の機運が高まり，豊かで活動的な「サンベルト」として肯定的なまなざしを向けられ，もはや格別に弁明や批判を要する場所ではなくなっていた．今を生きる南部作家たちは，故郷の文学的遺産を継承しながら，その復興期にすでに翳りを見せていた土地の習俗がいよいよ希釈され，形骸化しつつあるという実感をいかに手なずけるかに腐心せざるを得なくなった．

　南部風の風俗，あるいは風俗そのものの終焉と，歴史的事実以上に演出され再生産され続けてきた文学的南部の「真実」の間に進んで翻弄される道を選んだ現代南部文学の旗手に，ボビー・アン・メイソン，バリー・ハナ，リー・スミスらがいる．

[後藤和彦]

ゴシック性

American Gothic

「ゴシック」とは本来，12世紀末〜15世紀にヨーロッパで流行した建築様式を指すが，文学領域においては，18世紀中頃〜19世紀初頭のイギリスで，新古典主義への反動として中世趣味に向かったゴシック・ロマンスを端緒とする．古城などを背景に，恐怖や怪奇を主題としたゴシック文学の流行は，イギリスではリアリズム小説の勃興とともに下火になるが，18世紀末に始まるアメリカ小説の歴史に深い影響を及ぼしていくことになった．

❖18世紀末〜19世紀初頭　独立を果たしたアメリカでは，独自の国民文学を求める気運が高まった．その期待に最初に応えたとされるのが，18世紀末に登場したチャールズ・ブロックデン・ブラウンによる一連のゴシック小説である．ブラウンの作品が，当時イギリスで隆盛を極めていたゴシック・ロマンスの単純な模倣にならなかったことには，アメリカという新大陸に独特の事情が介在していた．中世という時代を持たずに誕生した近代国家アメリカには，ゴシック・ロマンスに相応しい舞台が存在しなかったのである．この問題に，ブラウンは例えば無人の（あるいは先住民が住む）「荒野」を背景にすることによって対処し，この「アメリカ」的設定は19世紀初頭，ジェイムズ・フェニモア・クーパーに発展的に継承されていく．だが，ブラウンの（ゴシック・ロマンス的な舞台を欠いた）ゴシック小説がアメリカ文学の祖型となった最大の理由は，「恐怖」や「怪奇」の源，あるいは「理性の光」の届かない「闇」が，人間の外にあって対象化・他者化されるようなものではなく，内に潜む得体の知れないものとして見いだされたことにある．こうしていわば外の恐怖が「内」に反転されることにより，アメリカにおいて「ゴシック」は一つの大衆文学ジャンルであることをやめ，主流文学に内在するものとなったのである．

❖19世紀　この発見は，合理と非合理，夢と悪夢，意識と無意識といったさまざまな主題を呼び寄せ，それらは19世紀半ば，現実の彼方にある不可視の世界を見つめようとしたアメリカ・ロマン主義の作家たちによって徹底的に探究されていく．ナサニエル・ホーソーンの作品における「罪」や，エドガー・アラン・ポーの短編における「狂気」といった主題がその典型であり，ホーソーンにおいては「過去（の罪）」が「現在（の日常）」と切り離せないものとして存在し，ポーの「理性」の裏側には常に「狂気」が貼り付いている．この時代までにアメリカ文学の特徴となった象徴主義も，目に見える現実世界を神意の表出と見なすピューリタン的な伝統に，「内」の恐怖を「外」へ投影するゴシック的なひねりが加えられることで定着した．南北戦争の終結（1865）やフロンティアの消滅

（1890）を経て社会が安定すると，社会をありのままに描こうとするリアリズム小説が主流となり，文学作品のゴシック性はやや目立たぬようになるものの，リアリズム文学を代表するヘンリー・ジェイムズやイーディス・ウォートンが幽霊物語を書くなど，アメリカン・ゴシックの系譜は 20 世紀へとつながっていく．

❖**20 世紀前半** リアリズム以後，「ゴシック」をまず引き継いだのは，南部作家だった．「光あるところに影あり」といわれるが，アメリカという国家が強大になっていく中，第 1 次世界大戦後の未曾有の繁栄さえ十分に享受できない影のエリアだった南部は，南北戦争以前の「中世的」な世界を懐古しつつ，そこに原罪として

図 1 《アメリカン・ゴシック》
（グラント・ウッド画, 1930）
[Art Institute of Chicago]

の奴隷制を見ることになり，「サザン・ゴシック」と呼ばれる陰影に満ちた文学を生み出した．ウィリアム・フォークナー，カーソン・マッカラーズ，トルーマン・カポーティ，フラナリー・オコナーなどがその中心的作家である．彼らの作品は，アメリカの闇としての南部の退廃をグロテスクなまでに強調したことを大きな特徴とするが，同時にリアリズム以降の作品に相応しい社会批判的な性格も備えていた．同様の観察は，大恐慌下に出現し，現在では「ノワール小説」と呼ばれる，主に暗黒街を舞台に「持たざる者」の鬱屈を描いた作品群にもあてはまる．これらの小説を原作としたフィルム・ノワールと総称される映画が 1940 年代に量産され，その影響を受けた作家たちが第 2 次世界大戦後に活動を始めると，ノワール文学のゴシック性は，人間の精神の闇を探るというアメリカ的なかたちで，さらに顕在化していくことになった．

❖**20 世紀後半以後** ポストモダンと呼ばれる時代，科学技術が急速に発展し，グローバル化が進む社会において，闇は見えにくくなっていく．その結果，ジョイス・キャロル・オーツのように，日常の脆さをゴシック的手法で描き続ける作家がいる一方で，「ゴシック」はかなりの程度，大衆的な「ジャンル」に回帰することになった．スティーヴン・キングの恐怖小説，トマス・ハリスのサスペンス小説，ジム・トンプソンやジェイムズ・エルロイのノワール小説などがその代表例である．ただし，急速に発展する科学技術は，人々の日常を支配するテクノロジーを不可視化し，それ故の恐怖をもたらしている．ウィリアム・ギブスンなど，近年の SF 作家たちの小説に強いゴシック性が感じられるのはそれが理由である．闇が見えなくなることへの恐怖が存在する限り，文学から「ゴシック」が消えることはないだろう． [諏訪部浩一]

環境文学

Environmental Literature

環境文学（environmental literature）という用語が文学研究上の用語として登場したのは 1990 年代の前半頃である．この用語は，自然に関するノンフィクション文学ジャンルを指すネイチャーライティングという用語と区別する意味で使用され始めた（ちなみに，ネイチャーライティングという用語の登場は 20 世紀初頭と想定されている）．ネイチャーライティングがあくまでノンフィクション・エッセイを第一義とするのに対して，環境文学はフィクションつまり小説，演劇，詩などといった多様な文学ジャンルを指す用語として案出された．また，環境文学という概念は，環境主義文学（environmentalist literature）とは異なるものとする指摘もなされた．

❖**エコクリティシズムの展開とともに**　後にエコクリティシズムと呼ばれるようになる，アメリカにおける環境意識をめぐる文学研究は同じく 1990 年代初頭に始まった．その時期は，狭義のネイチャーライティング作品を主要な対象としていたが，その過程で得られた知見や方法論が理論的に整理・深化され，対象は徐々に拡大されていった．ネイチャーライティングというジャンルがノンフィクション文学という限定的な分野であるのとは対照的に，環境文学というジャンル提起は，エコクリティシズムに新たな位置付けを与えるものであった．

エコクリティシズムは，環境意識を明示的に主題化した文学作品のみならず，特にそれを主題化しない一般的な文学作品にも適用されることになった．その意味で，ネイチャーライティングと環境文学とエコクリティシズムという三つの用語は相互作用的に発展してきたのである．エコクリティシズム勃興期から四半世紀を経た現在，環境文学という用語は，すでにその内側にネイチャーライティングを包括するジャンル名称となった．つまり，環境文学とは，フィクション，ノンフィクションを問わず，環境意識を表現する文学全般として再定位されているのである．

環境文学的なものへの注目や批評理論としてのエコクリティシズムへの展開を主導してきたのは，いうまでもなくアメリカにおける文学研究である．93 年にアメリカで文学・環境学会（ASLE）が設立されて以降，現在までに，同種の学会が日本，イギリス，オーストラリア／ニュージーランド，ヨーロッパ，韓国，台湾，インド，ASEAN などに設立されてきた．いずれもアメリカにおけるエコクリティシズムをベースとしながら，徐々に自文化独自の理論として読み替える動きが顕著であり，その意味では，アメリカにおける研究の動静が常に大きな役割を果たしてきた．

14. 文 学　　　かんきょうぶんがく　　569

❖**原点としての『ウォールデン』以降**　なぜアメリカ文学研究が世界のエコクリ
ティシズムをリードしてきたのか．そして，なぜ環境文学なるジャンルが徐々に
であれ定着してきたのか．最大の理由は，ヘンリー・デイヴィッド・ソローの
『ウォールデン』（1854）という作品の存在である．自然を主題化するノンフィク
ション作品という意味で，『ウォールデン』はまず何よりネイチャーライティン
グというジャンルの先駆的古典である．また，環境意識をめぐる野生の自然
（ウィルダネス）の問題を提起したという意味では，アメリカにおける環境思想
の原点を示してもいる（☞項目「アウトドア」）．アメリカ文学史がかなり早い時
期から，小説でも演劇でも詩でもないこのようなノンフィクション作品をほとん
ど例外的に正典として位置付けてきたという事実は，そこにアメリカ的なものを
いち早く見いだしていたためであろう．
　しかし，アメリカの環境文学の系譜をたどれば，すべてソローに還元されると
いうわけではない．例えば，アメリカにおける自然回帰思想の歴史を検証した歴
史学者ピーター・J.シュミットは，1880〜1920年代までの40年間をアメリカに
おける自然回帰運動の画期としてとらえ，環境思想醸成の重要な転形期と見なし
ている．その見方によるならば，アメリカにおける自然志向を実質的に担ったの
は，ジョン・バロウズ，ジョン・ミューアを筆頭とするソロー以降の世代だった
のである．文学史でいうアメリカン・ルネサンスより後の作家たちである．また，
国立公園の制度化，オーデュボン協会，シエラクラブなど自然保護団体の設立，
自然教育の本格化，郊外化など住環境の変化，そしてネイチャーライティングと
いう用語とジャンルの登場など，19世紀末からの40年間こそがアメリカの環境
思想と環境文学の基盤となった（☞項目「国立公園」「資源保全と自然保護」）．
❖**野生とウィルダネスの思想**　環境歴史学者ロデリック・ナッシュの名著，『ウィ
ルダネスとアメリカ精神』（1967）が語るように，アメリカの歴史と文化にとっ
て，野生の自然としてのウィルダネスの存在とその観念は欠くことのできないも
のであった．アメリカ環境文学の系譜も，ソロー以来，この野生をめぐる物語，
あるいは自然と文化の対立や拮抗のドラマ化をその中心に置き，かつ旧世界ヨー
ロッパとの対照性を際立たせてきた．ヘンリー・ベストンやアルド・レオポルド，
さらにはビート詩人ゲーリー・スナイダーや科学者レイチェル・カーソン，エド
ワード・アビーなどの著作は，環境文学と環境思想いずれの分野においてもそれ
らの形成に重要な役割を果たしてきた（☞項目「有害物質と対策」）．また，ア
ニー・ディラード，バリー・ロペス，リチャード・ネルソン，テリー・テンペス
ト・ウィリアムス，リンダ・ホーガンなど多彩な作家たちが登場し，ソロー以降
の伝統を現在にまで引き継ぎ，拡大する活躍を示している．環境文学というジャ
ンルは，20世紀後半から21世紀にかけてますます活気付いており，アメリカに
とって自然とは何かを依然として問い続けている．　　　　　　　　［野田研一］

ロード・ナラティブ

Road Narratives

　ロード・ナラティブとは，路上を移動する人間を描く旅の物語であり，詩，旅行記，小説といったさまざまな文学作品に採用されてきた伝統的な物語形式である．

❖**ロードの始まり**　植民地時代以来，多くの移民を受け入れてきた新天地としてのアメリカ．白人中心の見方では，その独立独歩のフロンティア精神に貫かれた西部への移動によって発展を遂げてきたといわれる．もちろんその影には先住民掃討という負の歴史が存在するし，白人主体の移動が見果てぬ夢に終わるロード・ナラティブも描かれてきた．しかし，それでも移動が希望に満ちたものとして描かれる例は，徒歩の旅ではウォルト・ホイットマン『草の葉』(1855〜92) の「オープン・ロードの歌」，ライマン・フランク・ボーム『オズの魔法使い』(1900)，自動車旅行としてはシンクレア・ルイス『フリーエア』(1919) など枚挙に暇がない．

　第2次世界大戦後には，順応主義の否定と精神の解放を唱えたビート・ジェネレーション（☞項目「対抗文化」）と呼ばれる作家たちの代表格であるジャック・ケルアックが，西部を放浪する若者を描いた『路上』(1957，図1) を発表し，これがロードノベルの金字塔となる．白人男性を主人公とする型は20世紀後期になるとノスタルジーの対象となるが，それは女性やマイノリティなど新たな主体へと着実に引き継がれた．路上の物語は文学史において変奏を繰り返しながら受け継がれてきたのである．

❖**旅の文学**　マーク・トウェインの『西部旅行記』(1872) に代表される駅馬車移動が主流であった19世紀に代わり，20世紀には高速道路建設と自動車の大衆化を経てロードの物語は加速する

図1　ジャック・ケルアック『路上』シグネット版の表紙

とともに，実体験を題材とすることで自伝的傾向と分かち難い関係を結ぶ．セオドア・ドライサーがニューヨークからインディアナまでの自動車旅行を記録した『フージアの休日』(1916) はその一例である．なお，上述の『路上』の語り手サル・パラダイスのモデルは作者自身，相棒で自動車泥棒の天才であるディーン・モリアーティは友人ニール・キャサディであるが，作者が運転免許を持たず運転上手な友に憧れていたという逸話は，路上の魅力を強く伝えるとともに，そ

れが自動車と不可分となった時代を物語っている．また，女性の旅において，時にそれは自立と成長をうながす手段となる．ボビー・アン・メイソンの『イン・カントリー』(1985) では，男性なら卒業祝いに贈られるはずの自動車を自力で購入した南部の少女が，家族に影を落とす父の戦死という過去と向き合うべくワシントン D.C. のベトナム戦争戦没者慰霊碑まで旅をする．

❖**放浪**　『路上』に代表される反体制的な価値観と結び付いた放浪の美学は，1960 年代の対抗文化において若者から絶大な支持を受けたものの，家族回帰の物語が主流となる 80 年代にはその効力を失っていた．それを蘇生したのが，ホイットマンとオグララ・スー族の長老ブラック・エルクを精神的な師として 1 万 2,000 マイルの旅をしたウィリアム・リースト・ヒート＝ムーンの『ブルーハイウェイ』(1982) である．失業と妻との別居を機に 38 歳の男性が自身のルーツに触れる一人旅を経て精神的再生を遂げる自伝的物語であるが，実際，作者はそれまで使用したことがなかった先住民名で本書を出版したことにより一躍有名作家となった．移動することでアイデンティティを獲得するというアメリカ的な自己形成の物語が，ここでは人種を取り込んだかたちで展開されている．

　一方，ハイウェイ連続殺人の女死刑囚を語り手とするスチュアート・オナン『スピード・クイーンの告白』(1997) のように，放浪を悪夢として描く物語も存在する．アメリカの文明が破壊され食人鬼と化した人間がはびこる世界を描いたコーマック・マッカーシーの『ザ・ロード』(2006) では，一組の親子の南を目指す放浪が人類の生存を賭けた闘いの場となっている．

❖**移住**　貧しいオクラホマ農家がカリフォルニアを目指して国道 66 号線（ルート 66）を移動するジョン・スタインベックの『怒りの葡萄』(1939) に代表される移住も，ロード・ナラティブの主要テーマである．ラッセル・バンクスの『大陸漂流』(1985) はフロリダを目指す男女（北東部から移住する白人のボブと貧しいハイチ移民ヴァニス）のそれぞれの物語とその交差を軸に展開するクロスロード・ナラティブであるといってよい．拝金主義に毒されたアメリカの夢に，生きるためには密入国するしかないカリブ海地域の人々の切実な夢を対比させる構造には，ケルアック以降のロード・ナラティブがもつ現状批判の態度が継承されている．

　また，1950 年代における日系移民一家の旅から始まるシンシア・カドハタの『七つの月』では，父親が職を転々とすることで旅が繰り返されるが，視点人物である娘オリビアが「浮遊する世界」の不安定さにむしろ安定を見いだしている点がユニークである．ここにおけるロードは家庭生活から切り離された非日常的な旅の舞台ではなく，新鮮さを備えた移動するホームとなっている．衝動的な移動への欲求とは異なる緩やかなロード・ナラティブの可能性が，ここには読み取ることができる．　　　　　　　　　　　　　　　　　　　　　　　　［渡邉真理子］

ハリウッドと文学

Hollywood and Literature

アメリカ文学は，ハリウッド映画にストーリーを提供するだけではなく，映画と相互影響関係を持ち続けている.

❖物語メディアとしての映画　映画誕生からトーキー（サウンド）映画が登場する 1927 年までの時代のサイレント映画を初期映画と呼ぶ（☞項目「映画の黎明」）. 映画は，最初は見世物的な映像を見せるメディアであったが，次第に文学同様に物語を伝えることを主機能とするメディアへと変貌する. 初期映画の最初期の映画，プリミティヴ映画は，演劇やショーとの類似性を示す. 例えば，プリミティヴ映画を代表するエドウィン・S. ポーター監督の《大列車強盗》（1903）は，演劇を一場ごとに観客の側から固定カメラで長回し撮影したようなスタイルになっている. このような演劇的スタイルの映画を洗練させるのに最も大きな貢献をしたのが，D.W. グリフィスである. 彼は，撮影編集技法を確立し，現在の映画と遜色ない映画を製作し，数分から 30 分程度だった映画を長編化した.

❖小説と映画　物語を伝える成熟したメディアとなった映画は，同じく物語を伝えることを主機能とする小説とどう異なるのか. 映画が映像と音（音声言語を含む）さらに場合によってはインタータイトル（説明字幕）を媒体とするのに対して，小説は，通例は文字言語のみを媒体とする. したがって，映画が映像や音をそのまま伝えることができるのに対して，小説は映像や音を文字で伝える. 登場人物の心中は，小説では語り手によって文字で伝えられるが，映画では当該場面外の映像または音声（ボイスオーバー）で伝えられる. また，小説では登場人物が語り手になることがあるが，映画では，登場人物から見た映像で首尾一貫することになるため，登場人物が語り手になることは稀であり，通常は全知の語り手である（そもそも映画にはナレーターはいても語り手はいないと主張する理論家もいる）. 両メディアの影響関係に関して述べれば，一説には，小説は映画に影響を受け，語り手の介在を弱め客観的に見せることを重視し始めた.

❖ハリウッドと作家　ハリウッドは，1920 年代にスタジオ・システムを確立し，27 年に初のトーキー映画を公開し，30 年には映画に対する社会からの非難を回避し映画産業を守るための自主規制である映画製作倫理規定（ヘイズ・コード）を制定した. 34 年には規定を厳格運用し，「古典的ハリウッド映画」と後に学者から呼ばれることになる標準的映画製作法を同時期に確立し，30〜40 年代に最初の黄金時代を迎える（☞項目「ハリウッドの成立」「ハリウッドの繁栄と衰退」）. F. スコット・フィッツジェラルドとナサニエル・ウェストが映画脚本を書いたのは，このハリウッドであった. ウェストは，ハリウッドでの脚本の仕事の経験を

もとに，夢の工場ハリウッドのリアルな悪夢を描いた傑作小説『いなごの日』（1939）を発表した．他方，同じく脚本の仕事をしたフィッツジェラルドは，敏腕プロデューサーをモデルとした5作目の小説『ラスト・タイクーン』を未完のまま40年にハリウッドで没した．

　初の重要なハリウッドものを書いたウェストとフィッツジェラルドにしてもそうだったが，概して小説家たちは，脚本執筆では成功を収めていない．ソーントン・ワイルダー，テネシー・ウィリアムズ，俳優でもあり映画と演劇両方で活躍しているサム・シェパードなどの劇作家が数少ない成功例である．これには，共同作業で製作される映画では監督が作者とされ現場の最高権を持つのに対して，脚本家は軽視される傾向があるという製作慣例も関与しているといえるだろう．

❖アダプテーション　小説や戯曲は，初期映画の時代から映画化され続けている．その革新的小説技法に優れた映画製作者が挑戦心をかき立てられたのか，ヘンリー・ジェイムズの小説のアダプテーション（脚色）映画，セオドア・ドライサーの『アメリカの悲劇』のジョージ・スティーヴンズ監督による映画化である《陽のあたる場所》，イーディス・ウォートンの『エイジ・オブ・イノセンス』のマーティン・スコセッシ監督による映画化，ジェイムズ・フェニモア・クーパーの『最後のモヒカン族』のマイケル・マン監督による映画化などが高い評価を受けている．しかし，小説と映画の最も幸福な関係は，フィルム・ノワールにおいて実現している．フィルム・ノワールとは，暴力的で腐敗した暗い世界を描く，1941年の《マルタの鷹》から58年の《黒い罠》までの間に製作された映画を主に指す．その原作がノワール小説である．主に30年代に書かれたノワール小説が遅れて主に40年代と50年代に映画化されフィルム・ノワールとなる背景には，ノワール小説の控えめだが効果的な表現が34年の映画製作倫理規定の厳格運用による映画への制約と合致したことが一つの要因としてあげられる．ただ，小説の映画化作品は，概して原作より低い評価を与えられがちである．そういう評価は，映画の2時間前後という制約，製作費回収という経済的制約，メディアの違い，映画をサブカルチャーあるいはロウブラウ（低教養）と見なす傾向，とりわけ，原作へのフィデリティ（忠実度）によって映画化作品を評価する姿勢，オリジナルが優っておりコピーが劣っているという階層序列的な考えから主に生じているだろう．逆もまた真なりで，映画関係者の間では原作のある映画は，オリジナルストーリーを持つ映画より低く見られることもしばしばである．

❖現代　最近は，CGや3Dの進化，多スクリーンで多くの映画を上映するシネコンの普及などによって，映画を取り巻く環境が大きな変化を遂げている．また，演劇を多くのカメラで撮影編集し，映画として放映・上映する形態が一般化してきている．映画と文学，ハリウッドと文学は，物語メディアとして相互影響や競争も含めて今後も深い関わりを持ち続けるであろう．　　　　　　［杉野健太郎］

SF 文学

Science Fiction

サイエンス・フィクションは，科学小説と訳され，広く SF と略される．この文学サブジャンルは，イギリス女性作家メアリ・シェリーの人造人間物語『フランケンシュタイン―現代のプロメテウス』(1818) を起源としながら，まぎれもなく 20 世紀アメリカを中心に開花した文化である．具体的にはルクセンブルク系移民としてアメリカで名をなした技術者作家ヒューゴー・ガーンズバックが 1926 年 4 月，世界初の SF 専門誌『アメージング・ストーリーズ』を創刊し，この新興ジャンルを「科学的小説」(scientifiction) と呼び，こう定義したのだ．「科学的小説と私がいう場合，それはジュール・ヴェルヌや H.G. ウェルズやエドガー・アラン・ポーなどのタイプの，科学的事実と予言的洞察との混ざり合った魅力的な物語のことを指す」．同誌はあいにく他社に渡ってしまうが，ガーンズバックは 29 年 9 月に新雑誌『サイエンス・ワンダー・ストーリーズ』を立ち上げ，まさにそこで「科学小説」(science fiction) なるジャンル名を定着させる．かくしてこの「現代 SF の父」にちなみ，53 年には年次世界 SF 大会参加者のファン投票で選ばれる世界最大の SF 賞「ヒューゴー賞」が設立されるに至る（他方，66 年にはアメリカ SF 作家協会〈SFWA〉の会員を中心とするプロ投票で選ばれるネビュラ賞が樹立されている）．

❖**20 世紀 SF の黄金時代**　もっとも，ガーンズバックが自身の小説『ラルフ 124C41＋』(1912) に見られるがごとく，あくまで流線型美学に彩られた未来予測を SF の使命と考えた一方，1930〜40 年代にかけては，作家にして名編集者でもあったジョン・W. キャンベルは現在的問題を未来的設定の中に投影する SF 的方法論「外挿法」(extrapolation) を唱道し，『わたしはロボット』(1950) で知られるアイザック・アシモフや『夏への扉』(1957) が今も人気のロバート・A. ハインライン，それに映画《エイリアン》シリーズなどに絶大な影響を及ぼした『宇宙船ビーグル号』(1950) の著者 A.E. ヴァン・ヴォークト，宇宙版『モンテ・クリスト伯』ともいわれる『虎よ，虎よ！』(1956) を書いたアルフレッド・ベスターら多くの才能を育て上げた．特にヴァン・ヴォークトとベスターの作風は哲学的思索と宇宙大活劇を融合した点で，後に形而上学的スペースオペラとも呼ばれるワイドスクリーン・バロックの元祖となる．

確かに 50 年代，パクス・アメリカーナの時代は，SF ジャンルの黄金時代だった．57 年，ソ連が人工衛星スプートニクを打ち上げ，それにアメリカが対抗して宇宙を新たなフロンティアと見定めたとき，いわゆる外宇宙（アウタースペース）を目指す SF は最高潮を迎える．前掲アシモフやハインラインと並び現代

SFの御三家をなすイギリス作家アーサー・C.クラークはエイリアンによる人類家畜化SFの傑作『幼年期の終わり』(1953) を著し，これはやがてアメリカ人映画監督スタンリー・キューブリックとの共作『2001年宇宙の旅』(1968) へと発展する．

❖**SF批判のSF**　もっとも，1960年代には物理的な外宇宙を批判し人間の内宇宙（インナースペース）を目指す新たなSF，すなわち思弁小説（speculative fiction）としてのSFが新しい波（ニューウェーヴ）運動を巻き起こしていた．イギリスSFの立場からアメリカSFを批判するJ.G.バラードやブライアン・オールディスはフロイト心理学やダダ＝シュールレアリスムの影響を被ったモダニズム芸術の要領をSFに持ち込み絶大な影響をふるい，アメリカにおいてもフィリップ・K.ディックやトマス・ディッシュ，サミュエル・ディレイニー，ハーラン・エリスン，ロバート・シルバーバーグらの共鳴を得る．とりわけディレイニーの『アインシュタイン交点』(1967) は遠未来の地球に暮らすエイリアンの復讐譚仕立てだが，そこで60年代対抗文化（カウンターカルチャー）における科学と芸術の交点への夢が着実に紡がれているのは見逃せない．自身が黒人ゲイ作家である彼はセクシュアリティをめぐる実験にも余念がなく，その方向はやがて70年代において，アーシュラ・K.ル＝グィンやジェイムズ・ティプトリー・ジュニア，ジョアナ・ラス，パット・マーフィ，カレン・ジョイ・ファウラーが女性性そのものにフロンティアを見いだすフェミニズムSFの性差空間（ジェンダースペース）を充実させる．

❖**サイバースペース**　1980年代には，ウィリアム・ギブスンが電脳空間を舞台に暗躍するデータ海賊（ハッカー）を主人公に据え，ヒューゴー，ネビュラなど多くの賞を射止めたサイバーパンク小説『ニューロマンサー』(1984) を皮切りに，彼の盟友ブルース・スターリングを書記長とするさらに新しいSF運動が起こった．折しも科学史家ダナ・ハラウェイが後に文化研究の聖典と呼ばれる「サイボーグ宣言」(1985) を発表して話題をまいたため，人間機械共生系（マン・マシン・インタフェイス）の自走を描くサイバーパンクSFはポストモダニズムの夢と悪夢を代表する一つの伝統となり，やがてニール・スティーヴンスンがナノテクノロジー文明の未来を透視したSF『ダイヤモンド・エイジ』(1995) をもたらす．サイバーパンクからはさらにティム・パワーズ，K.W.ジーターらヴィクトリア朝蒸気機関文明を舞台とするスチームパンクが，ひいてはパオロ・バチガルピのように品種改良産業の勃興と気候変動の帰結を扱うバイオパンクが派生した．2010年代に入ると，短編集『紙の動物園』（日本版2015年，アメリカ版2016年）が人気の中国系アメリカSF作家ケン・リュウがハードSFとファンタジーが交錯し得る東洋系SFの新境地シルクパンクを開拓した．

　21世紀のSFがますます多文化的に拡大していくのは疑いない．　［巽　孝之］

戦争文学

Literature of War

戦争を，少なくとも敵対する二つの勢力による争いとするなら，それについて書かれたものを広く戦争文学と呼んでよいだろう．ただし，戦争の性質は，いつ，どこで，どれくらいの人をどのような武力を使って巻き込んだかによって違うし，書き手の立場によっても変わる．戦意高揚のプロパガンダ的な作品もあれば，反戦の意図を持つものもある．ずっと後になってから書かれる場合もあれば，描き得ないことを描くことも戦争文学の一角をなす．戦争文学は複雑さを抱えたジャンルである．

❖**19世紀までの戦争**　この時期に最も多くの文学を生んだのは，国を二分した内乱，南北戦争（1861〜65）であり，戦前の南北対立を煽るような作品（ストウ夫人『アンクル・トムの小屋』（1852）に異を唱える南部作家の作品など）に始まり，テーマも発表年代も幅広い．ウォルト・ホイットマン『軍鼓の響き』（1865）やハーマン・メルヴィル『戦闘詩篇と戦争の相貌』（1866）などの詩集は戦争への批判的な視点を提示した．ルイザ・メイ・オールコット『病院のスケッチ』（1863）やメアリー・ボイキン・チェスナットの『ディクシーからの日記』（1905）など女性の視点からの作品もある．

なかでも，アンブローズ・ビアス『豹の眼』（1891）収録の「アウル・クリーク橋の一事件」，北軍の二等兵の武功にほど遠い戦争体験を描いたスティーヴン・クレイン『赤い武功章』（1895）は，戦争の複雑な相を描き，傑出している．その後もマーガレット・ミッチェルの『風と共に去りぬ』（1936）やチャールズ・フレイジャーの『コールド・マウンテン』（1997）など，南方戦争は文学の主題であり続けている．

❖**二つの世界大戦**　アメリカは，1914年に勃発した第1次世界大戦には当初距離を取っていた．しかし，15年に多数のアメリカ人乗客を乗せた客船ルシタニア号がドイツの潜水艦の攻撃で沈没した事件で高じた世論もあり，17年に参戦，翌年に戦勝国となる．この間，元大統領セオドア・ローズヴェルトの一連の新聞記事「アメリカが連合国に参加すべき理由」（1915）や，『アメリカと世界戦争』（1915）とならび戦意高揚に寄与したのが，ルシタニア号の悲劇を描いたW.J.ドーソンの『戦争の鷹』（1918），マルヌの会戦を舞台にしたイーディス・ウォートンの『マルヌ』（1918）などである．

しかし戦後，国際連盟不参加など，アメリカがみずから掲げた理想を裏切る状態や，戦争の不条理さから，戦争への失望を書き込んだ小説も現れた．大戦時に青年期を過ごして「失われた世代」とも呼ばれる作家たちが作品を発表し始めた

のもこの頃である．戦争の非人間性を描いたジョン・ドス・パソス『三名の兵士』(1921)，ウィリアム・フォークナーによる帰還兵をめぐる物語『兵士の報酬』(1926)，負傷したアメリカ人とイギリス人看護婦の恋を描いたアーネスト・ヘミングウェイ『武器よさらば』(1929) などが代表的である．

第2次世界大戦 (1939～45) においては，独ソ不可侵条約 (1939)，パリ陥落 (1940) で参戦の気運が高まり，41年12月の真珠湾攻撃で，ヨーロッパおよび太平洋でファシズムと戦う全面戦争に突入する．武器性能の飛躍的向上により，一瞬にして多くの兵士が命を落とす戦争は，一説によれば2,000を超える小説のほか，多くの戯曲や詩を世に送り出した．

ベストセラー，ジェイムズ・ジョーンズ『ここより永遠に』(1951)，戦争が人間性を破壊するさまを描いたノーマン・メイラー『裸者と死者』(1948) のほか，リアリズム以外の手法で不条理な戦争を描く，その後ポストモダンと呼ばれる一連の小説，ジョゼフ・ヘラー『キャッチ22』(1961)，カート・ヴォネガット『スローターハウス5』(1969)，トマス・ピンチョン『重力の虹』(1973) なども発表された．

❖**冷戦期以降と戦争小説の在り方**　冷戦期の最大の戦争は，ベトナム戦争である (図1)．この戦争を描く文学は，戦後の教育を受けた若者を中心とした反戦運動，カウンターカルチャーなど，一つの大きな文化運動の中にある (☞項目「対抗文化」「反戦運動」)．二つの世界大戦のような華々しい勝利はなく，泥沼化したこの戦争は，断片化し，不条理な物語として描かれた．代表的な作家は『僕が戦場で死んだら』(1973)，『本当の戦争の話をしよう』(1990) などの作品があるティム・オブライエンである．

図1　ベトナム戦争戦没者慰霊碑
伝統的な白い巨大建造物や英雄像ではない．戦没者の名を刻んだ慰霊碑である

戦争の物語は，国家とは何か，この社会とは何か，文化とは，自分のイメージとは，といったことを否応なしに巻き込む文学であると同時に，戦争というトラウマに満ちた経験を描き得ないという失敗をしばしば含み得るジャンルでもある．ティム・オブライエンは，戦争においては，それまでのルールも効力をなくし，兵士は物事を明瞭にとらえられなくなり，何が真実かがわからなくなる故に「本当の戦争の話」には「絶対的真実」はないというパラドクスを語っている．表象不可能なものの表象を目指す点で，戦争文学はしばしば文学の極限を試すものなのである．

[越智博美]

文学と笑い

Literature and Humor

哲学者アンリ・ベルグソンが指摘するように，人間を「笑う術を心得た動物」と定義する人は少なくないが，「笑いとは何か」という問いに答えるのは容易ではない．またその笑いの質も，場所や時代，社会の流れとともに変化する．19世紀に，笑いはユーモアやウイットとほとんど同義となるが，「対象を笑う」ウイットに対し，「共感，思いやりをもって対象と一緒に笑う」民主的営みがユーモアだとされた（Wickberg, 1998）．アメリカの代表的ユーモリスト，マーク・トウェインは若い頃の手紙で，自分の天命は二流の文学，ユーモアにあると述べているが，庶民の目線に立って庶民に語りかけるユーモアは，アメリカ文学にとって不可欠な要素の一つといえる．アメリカの笑いの黄金時代として，ジャクソニアン・デモクラシーの時代，南北戦争〜19世紀末，1930年代の3区分があげられる（Cohen, 1978）．いずれの場合も恐怖や死といった困難な状況に直面し，それを乗り越える原動力として笑いが用いられた．

❖ジャクソニアン・デモクラシーの時代　19世紀アメリカにおける文化の中心であったニューイングランド地方にもユーモアは生まれたが，よりアメリカ的なユーモアは，第7代大統領アンドルー・ジャクソンの時代に，奥地（ケンタッキー州，テネシー州），旧南西部（ジョージア州，アラバマ州など），西部（ミシシッピ州など）地域で生まれた．厳しい開拓生活の中で人々は，物語をつくり，語り，聞くことを唯一の娯楽として楽しんだ．そのような営みの中から森の巨人ポール・バニアン，デイヴィー・クロケットといったフォークロアのヒーローが誕生し，ほら話（トールテイル），民衆の知恵（ホースセンス），大自然との交わりなどが，俗語（ヴァナキュラー）を用いて面白おかしく語られた．20世紀の南部の代表的作家であるウィリアム・フォークナーや，フラナリー・オコナーらの作品に含まれる笑いも，旧南西部のユーモアの伝統を引いていると指摘する批評家もいる．

❖南北戦争から世紀末—トウェインのユーモア　マーク・トウェインは，ジャーナリストの修行時代から民話や笑い話に多く触れ，さらにネバダの鉱山やサンフランシスコで多様な経験を重ね，持ち前の感受性やユーモアを磨いた．デビュー作「カラベラス郡の名高い跳び蛙」で，フロンティア・ユーモアを文学作品へと昇華させる第一歩を踏み出し，「これまでアメリカで書かれた中で最高のユーモア文学」と批評家から高く評価された．さらに旅行記『イノセント・アブロード』以後もその道程は続いていく．やがてトウェインはユーモア作家と呼ばれることを嫌うようになるが，ユーモアは依然として彼の作品の魅力であり続けた．晩年

になるとその笑いはカリカチュア，パロディ，諷刺など毒を孕んだものとなり，時の政治や社会，宗教，人間の愚かさに鋭い矛先が向けられた．

❖1930年代　世界大恐慌は人々を恐怖に陥れたが，映画の世界においては，（特に無声映画時代に）チャーリー・チャップリン，バスター・キートン，マルクス兄弟など稀代のコメディアンが華々しく活躍した時代といえる．観客は自分より愚かな主人公の姿を笑うことで現実の苦しさから逃れることができた．文学の世界では，1925年『ニューヨーカー』が初めてユーモア誌として誕生した．それ以前の土着的なユーモアとは異なる，都会的，かつ知的で洗練されたユーモア作品が，ジェイムズ・サーバー，ドロシー・パーカーなどによって著された（☞項目「雑誌の今日まで」）．

❖ブラック・ユーモア　第2次世界大戦が終わっても社会の状態は混沌としており，さらに混迷の度を深めていた．1950年代にはレニー・ブルースのような鋭い諷刺を持ち味とするコメディアンが登場し，60年代には，多くのブラック・ユーモア作家が現れ，グロテスクな現実感や虚無感を，諷刺やパロディ，中傷やでっちあげといった「黒い」ユーモアを用いて描き出した．ジョゼフ・ヘラーは『キャッチ22』で，みずからの戦争体験を基に，不条理な規則に支配された軍隊における恐怖の世界を表出した．ほかにもジョン・バース，トマス・ピンチョン，ウラジーミル・ナボコフ，カート・ヴォネガット，フィリップ・ロス，ケン・キージーといった作家たちが，ブラック・ユーモアの笑いを軸にそれぞれの表現方法で，この時代を切り取る作品を残した（☞項目「戦争文学」）．

❖マイノリティのユーモア　19世紀には黒人を笑いの標的にしたミンストレルが流布したが，1920年代のハーレム・ルネサンスの時代になると，ラングストン・ヒューズ，ゾラ・ニール・ハーストンといった黒人作家が登場して，黒人独自の笑いをつくり出した．しかし抗議小説を書いた黒人作家リチャード・ライトがハーストンの作品をミンストレルだと批判したように，黒人を笑いの対象とすることはまだ危険を伴う行為であった．ところが20世紀後半になると，ラルフ・エリソンをはじめとする作家たちは社会秩序を転覆する手段として笑いを積極的に活用するようになる．一方，ユダヤ人も抑圧の歴史，ホロコーストの悲劇を乗り越えるため，民族独自のユーモアを育んできた．第2次世界大戦後に登場した優れたユダヤ系作家たちも，ユーモア溢れる作品を数多く残した．ソール・ベロー，バーナード・マラマッドはその代表格である．アメリカ先住民のレズリー・マーモン・シルコウ，シャーマン・アレクシーも独自のユーモア表現を駆使した作品を書いている．さらに近年，新たな笑いの検証も行われつつある．ユーモアは歴史的に男性のものと見なされてきたが，女性作家もユーモアを有効に用いてきたことが見直され，SFや，テレビアニメ，スタンダップ・コメディなどのポピュラーカルチャーも笑いの考察の対象となっている．　　　［辻本庸子］

文学とエロス

Literature and Eros

ピューリタニズムの禁欲主義が支配的だったアメリカでは，原罪と結び付く，性に関わる事柄を公に口にすることはタブーとされてきた．その一方で，肉体の営みを自然なことだととらえ，性表現を忌避しない作家たちも常に存在していた．代表的な例はウォルト・ホイットマンで，高らかな人間賛歌である詩集『草の葉』（1855）は，大胆な性表現から発表当時は猥褻だと非難された．そうした自然回帰の志向と，さまざまな束縛からの解放を希求する先鋭的な文学の動きは，後の性革命へとつながる土壌になった（☞項目「対抗文化」「性産業」）．

❖猥褻裁判とポルノ解禁　アメリカでは，1873年に成立した，猥褻な書物や文書などの頒布を禁じる「コムストック法」という法律が存在していた．ここで問題になるのは，1冊の書物が「猥褻」かどうかを判定する基準であり，それには当初ヒックリン・テストという判定方法が用いられた．これは，書物の一部に公序良俗を乱す箇所があれば，作品全体の芸術性や文学性に関係なく，その書物を猥褻文書だと判定するものである．その結果として，ギュスターヴ・フローベールの『ボヴァリー夫人』（1856）やD.H.ロレンスの『チャタレー夫人の恋人』（1928）といった文学作品まで発禁になっていた．ヒックリン・テストを最初に覆したのは，ジェイムズ・ジョイスの『ユリシーズ』（1918～20）が猥褻かどうかをめぐって争われた1933年の裁判で，連邦地方裁判所のジョン・M.ウールジー裁判長は，作品全体の芸術性から考えて猥褻にはあたらないとする，歴史的な判決を下した．

ヒックリン・テストに代わる基準は，57年の最高裁判決で定められたロス・テストと呼ばれる判定方法で，これは好色な関心に訴えようとするのが全体の目的になっているような作品を猥褻と考えるものである．これを覆したのは，1821年以来発禁になっていたジョン・クレランドの古典ポルノ『ファニー・ヒル』（1748～49）をめぐる裁判で，66年の連邦最高裁で初めて無罪判決を受け，活字による性表現の自由の基準を拡大する大きな足がかりになった．

このほかにも，『チャタレー夫人の恋人』は59年に連邦控訴裁判所で発禁が解除され，ベストセラーになった．また，34年にパリのオベリスク・プレスから出版されたヘンリー・ミラーの『北回帰線』（1934）は，アメリカ国内では発禁になっていたが，61年にグローヴ・プレスから無削除版が出版された．グローヴ・プレスは21の州で起訴されることになり，その結果はまちまちであったが，64年に連邦最高裁判決で無罪の判決を受けた．59年にパリのオリンピア・プレスから出版されたウィリアム・S.バロウズの『裸のランチ』は，ボストンで発

禁処分になっていたが，66年にマサチューセッツ州最高裁で勝訴を勝ち取った．こうした裁判での結果から，それ以降，文学作品を猥褻だとして取り締まろうとする動向は影をひそめ，ポルノ解禁の流れとも同調して，性表現が日常化し氾濫する時代が幕を開けることになった．

猥褻裁判におけるこうした判決が下された背景には，性に対する社会全体の意識の変化がある．48年と53年の「キンゼイ報告」，そして66年の「マスターズ・ジョンソン報告」において，性行動は旧来の性道徳に束縛されることのない，科学的な調査対象になった．60年代からは反戦運動や反体制運動，そしてカウンターカルチャーとも連動していわゆる性革命が進行し，60年代後半には性解放運動が浸透した北欧諸国のポルノ雑誌や映画も流入し，通俗ポルノ小説も乱造された．こうした状況の中で，ジョンソン大統領が68年に設置した「猥褻とポルノに関する諮問委員会」は，70年，ニクソン大統領に答申書を提出し，「猥褻という概念は個人差が激しいものであり，ポルノは性犯罪にも関係がなく，一般の市民生活にも害を与えない」と結論付け，ポルノは全面的解禁になった．

❖文学作品とポルノ小説　文学作品における性表現の拡大は，禁忌を侵犯しようとする前衛的文学とも呼応していた．1950〜60年代にかけて，前衛文学とポルノ小説を陸続と世に送り出した出版界の雄が，アメリカのグローヴ・プレスとパリのオリンピア・プレスの2社である．グローヴ・プレスは英仏の古典的な性文学のアメリカ版として出版するところからスタートし，バロウズのほかにジャック・ケルアックやアレン・ギンズバーグといったいわゆるビート・ジェネレーションの作家たちの作品を出すなど，性革命のみならず反体制運動にも貢献した．またオリンピア・プレスから出版された作品群には，ウラジーミル・ナボコフの『ロリータ』（1955）やテリー・サザーンの『キャンディ』（1958）のように，スキャンダルを巻き起こした後にアメリカで刊行されるとベストセラーになったものもある．こうした動きは主流文学にも影響を与え，性解放の気運が高まった60年代後半には，夫婦交換（スワッピング）を描いたジョン・アップダイクの『カップルズ』（1968）や，抑圧された性体験を精神科医にあからさまに語るという設定のフィリップ・ロスの『ポートノイの不満』（1969）が話題になった．また，フェミニズム運動の盛り上がりに呼応して，女性主人公が性的遍歴を赤裸々に語るエリカ・ジョングの『飛ぶのが怖い』（1973）もベストセラーになった．

大衆小説の一ジャンルとしてのポルノ小説は，ポルノ雑誌とともに，70年頃を頂点として大量生産されていたが，それ以降はハードコアポルノ映画に少しずつ客層を奪われていった．近年ではインターネットの普及につれてネット上での発表にも移行しつつあり，ベストセラーになったE.L.ジェイムズの『フィフティ・シェイズ・オブ・グレイ』（2011）も，もとはオンライン小説として発表されたソフトポルノである．　　　　　　　　　　　　　　　　　　　　　［若島　正］

児童文学

Juvenile Literature

児童文学の定義について，本項では0〜18歳までの子ども期の人々を対象とする本が児童文学であると大雑把にとらえておく．その中には，絵本，昔話，おとぎ話，漫画本や13〜18歳までの思春期の若者が読むヤングアダルト（YA）小説，若者と大人の両方が読むクロスオーバー小説が含まれる．

❖**黄金期児童文学**　19〜20世紀初頭アメリカの黄金期児童文学には，無垢な存在としてのロマン主義的な子ども観が見られる．ルイザ・メイ・オルコットの『若草物語』（1868），マーク・トウェインの『トム・ソーヤーの冒険』（1876），ライマン・フランク・ボームの『オズの魔法使い』（1900），エドガー・ライス・バロウズの『類猿人ターザン』（1914）などの代表作がある．アメリカの内外で性的・人種的マイノリティの植民化が進行する時期に，作品の主人公たちは，未来の共和国の担い手として「文明化」される．ジョー・マーチは作家になる夢と「家庭の中の天使」という役割との狭間で苦悩し，トム・ソーヤーは，非白人・犯罪者のインジャン・ジョーとの闘いの末，文明化を受容し輝かしい未来を約束される．架空の国「オズ」に送り込まれたドロシー・ゲイルは，男性登場人物（かかし，木こり，ライオン）がおのおの試練を経て成長し，各所の支配者となるのを見届ける．ダブル・アイデンティティ（アフリカ生まれのイギリス人貴公子）を持つターザンは，野性的強靱さを得て成長し，「高貴なる野人」というアメリカンヒーローの系譜につながる．

❖**牧歌的世界の子どもを描く文学**　1930〜60年代の第2黄金期児童文学では，開拓時代のフロンティアや世紀転換期の小さな町，牧歌的な農村の子どもがよく描かれた．ローラ・インガルス・ワイルダーの「小さな家」シリーズ（1932〜71），マージョリー・キナン・ローリングズのクロスオーバー小説『子鹿物語』（1938），エレナー・エスティスの「モファットきょうだい物語」シリーズ（1941〜43），エルウィン・ブルックス・ホワイトの『シャーロットのおくりもの』（1952）などの代表作がある．ワイルダーやローリングズは，29年に始まった大恐慌の余波の中で，力強いパイオニアの家族像を懐古的に描き，エスティスは，単親家庭の子どもたちが「古き良き時代」の地縁に支えられて成長する日常を描いた．ホワイトも，経済発展を遂げる50年代アメリカ社会のどよめきから牧歌的農村風景に目を転じて，無垢なる「子ども」（子豚）の成長を描く．この時期の作品世界では，家族，ジェンダー，子ども観，白人中心主義など，近代アメリカ社会の枠組みは無傷のままである．

❖**問題小説というニューリアリズム**　反体制文化の影響下，1960〜70年代に思

春期の若者向けの「問題小説」と呼ばれる YA 小説が誕生し，タブー視された
テーマ（離婚，性，人種，性的志向）が扱われた．例えば，イザベル・ホランド
の『顔のない男』（1972），ジュディ・ブルームの『カレンの日記』（1977）は，
少年の同性愛の芽生え，親の離婚のテーマをおのおの扱い，若者が直面する問題
解決の一翼を担った．

❖**思春期文学（YA 小説）の発展と確立**　思春期文学は，「問題小説」や J.D. サ
リンジャーのクロスオーバー小説『ライ麦畑でつかまえて』（1951）などから発
展し，出版業界，教育界，専門家による研究・批評活動と連携しながら一ジャン
ルを確立していった．アメリカで最も優れた児童文学の著者に授与されるニュー
ベリー賞や，その他の児童文学賞もこのジャンルの確立に貢献した．その結果，
掘り下げた多様なテーマ，深みのある人物描写，巧妙なストーリー展開，多文化
主義的内容などの高い文学性を持つ第一級の作家たちが輩出された．ヴァージニ
ア・ハミルトン，ミルドレッド・テイラー，ローザ・ギー，ウォルター・ディー
ン・マイヤーズ，シャロン・クリーチ，リンダ・スー・パーク，シンシア・カド
ハタらマイノリティ作家は，アフリカ系，先住民系，カリブ系，コリア系，日系
の多文化の声を響かせた．

　ポストモダン性を持つ YA 小説も多く書かれた．とりわけ，ロバート・コーミ
アの『チョコレートウォー』（1974），『ぼくはチーズ』（1977）は，主人公の敗北
で終わり，アメリカンヒーローの伝統を覆し近代アメリカの物語を解体して，そ
のポストモダン性が注目を浴びた．また，フランチェスカ・リア・ブロックは，
タブー視されたテーマ，自己言及的なメタフィクション，コラージュ性を用いて，
ポストモダン小説「ウィーツィ・バット」シリーズ（1998～2005）を著した．さ
らに，アーシュラ・K. ル＝グウィンの「ゲド戦記」シリーズ（1968～2001）は，
ファンタジーの様式を取りつつ，アメリカの社会・文化的テーマ（フェミニズム，
ベトナム戦争，児童虐待，9.11 同時多発テロ）を巧みに扱った．また，ダブル・
マイノリティ（障害者・人種的マイノリティ）の主人公たちに声を与えるシャー
マン・アレクシーやフランシスコ・ストークは，水頭症のインディアン少年や自
閉症のメキシコ系少年に各自の物語を語らせた．

❖**学校教育と思春期文学**　読者に共感しやすい主人公をモデルとして提供する
YA 小説は，中・高等学校や大学のカリキュラムに取り入れられるようになった．
全米教員協議会（NCTE）発行の英語教員向けガイドラインによれば，「中・高
等学校英語教員は，標準的・古典的作品と同様，思春期文学も幅広く読む必要が
ある」（Wolf, 1986）という．YA 小説は，学生の自己発見・理解を助けるばかり
か，異文化間の理解を促進する機会も提供する．例えば，マイヤーズの描く黒人
少年への共感を通して，読者は，スラム街での貧困や暴力の脅威と戦う黒人の現
実への理解を深める．　　　　　　　　　　　　　　　　　　　　　　［吉田純子］

貧困と文学

Poverty and Literature

「アメリカンドリーム」という言葉が長年にわたって根強く存在することに象徴されるように，アメリカの人々は勤勉と自助努力による経済的成功を人生の一つの目標としてきた．しかしながら，その反面，個人の貧困や経済的苦境は本人の努力や才覚の不足が原因とされ，貧しい人々に社会が救いの手を伸べる必要はないという自己責任論もまた，定着している．結果として，アメリカは伝統的に経済格差の著しい国であり続けてきた．社会を映し出す鏡としての側面を持つ文学の領域においても，多くの有名無名の書き手たちが，多様な角度からそのような格差社会の現実を描く，いわば「貧困の文学」を生み出している．

「貧困の文学」といっても，明確に定義することは難しい．よく似たカテゴリーとして「労働者階級文学」も存在する．しかし1990年代以降盛んになりつつある労働者階級研究では，労働者階級文学は労働の場における権力関係だけでなく，労働者階級の生活経験を包括的に描き出すものとして理解されているため，貧困文学と労働者階級文学とは多分に重なり合うものとして考えられる．このことに鑑み，本項では広義の労働者階級文学も含め，貧困をテーマとするアメリカ文学を時代別に概観する．

❖草創期から大恐慌時代まで　アメリカの貧困に着目した文学は，商工業が急速に発展し，社会と労働の階層化が著しくなる19世紀後半をその端緒とする．特にスティーヴン・クレイン の『街の女マギー』（1893）や，セオドア・ドライサーの『アメリカの悲劇』（1925）に代表される自然主義の諸作品において，貧しい人々を社会構造の被害者としてとらえる政治的な視点が導入された．また20世紀初頭から1930年代にかけては，社会主義に影響を受けたプロレタリア文学をはじめとする政治的文学作品が勃興し，労働者と資本家という対立的枠組みの中で経済的困窮と過酷な労働に苦しむ人々の姿が描かれた．この時代の代表的な作品としては，ジョン・スタインベック の『怒りの葡萄』（1939）があげられる（☞項目「ロード・ナラティブ」）．これらの作品に加え，アン・ペトリー やラングストン・ヒューズ といったハーレム・ルネサンス期の黒人文学も，人種差別に起因する経済的疎外と貧困を描き出しており，60年代以降に台頭するさまざまな人種的マイノリティの文学作品に大きな影響を与えている（☞項目「黒人文学」）．

❖グローバル社会の貧困文学　20世紀後半に入るとグローバル資本主義社会が到来し，アメリカ社会においても新しいかたちの貧困が生まれてきた．この時代の貧困文学が批判の矛先を向けるのは，もはや抑圧的な職場の上司や企業ではなく，見えない資本と情報のネットワークであり，とらえがたい政治経済の権力構

図であるだろう．また，労働者の連帯といった政治的なメッセージは弱められ，孤立した貧困層の姿を描くのもこの時代の貧困文学の特徴である．

　この時代に活躍した労働者階級出身の作家レイモンド・カーヴァー は，『僕が電話をかけている場所』(1982) に代表される短編作品において，労働者階級の日常生活を精緻に描き，彼らを囲い込む漠とした政治経済の構造を作品の背後に浮かび上がらせている．破産やアルコール依存症，離婚と家族の崩壊など，貧困に起因するさまざまな問題を抱えるカーヴァーの登場人物たちは，努力は必ず経済的成功につながるという「アメリカンドリーム」の神話から逸脱した人々であり，貧困を個人の資質の欠如に帰する自己責任論のロジックの中で，羞恥心と敗北感にまみれつつ生きる労働者階級の姿を体現している．

　カーヴァーと同世代のラッセル・バンクスもまた，現代的貧困の現実を文学の世界で再構築しようと試みる作家の一人である．彼の作品の白眉ともいえる『大陸漂流』(1991) では，アメリカ北東部出身の白人男性ドゥーボイスが，移住したマイアミで貧困状態に転落する姿を描くとともに，政治的腐敗と極限の貧困から逃れてアメリカを目指すハイチ人の姉弟ヴァニーズとクロードの肉体的　精神的苦闘を並行して活写することで，グローバルな視点からアメリカの貧困を再定義する試みがなされている．

　その他，主人公が無一文の貧困状態に陥る姿をしばしば描き，エッセイでも自らの貧困生活を語っているポール・オースターは，物質的所有の意味を現代的な視点から問い直す作家であるし，ダニエル・ウッドレルは『ウィンターズ・ボーン』(2006) において，アパラチア山脈にルーツを持つヒルビリーと呼ばれる人々の貧困生活に，ヒロイックな民族的アイデンティティを重ね合わせることで，「貧困層＝社会的敗者」という図式に新たな側面を上書きしようとしているように見える．

❖今後の展望　近年の労働者階級研究は白人男性のブルーカラーという従来の労働者階級のステレオタイプを乗り越え，人種とジェンダーを横断しながら，労働者階級の生の経験を包括的に考察しようとする．中流階級が痩せ細り，労働者階級と貧困層との境界線がこれまでになく曖昧になっている現状を鑑みれば，労働者階級の実相を包括的に分析するためには，アメリカの貧困を描く文学作品と，そこで描かれる労働者や失業者の姿を考察することが重要視されるのは自明のことだろう．同時に，一般的に労働者階級の人々が高等教育を受けていないことを踏まえると，小説や詩といった伝統的な形式の文学だけでなく，手記や伝記，メモ，唱歌など，さまざまな文学的ジャンルに着目する必要がある．

　その意味で，貧困の文学と労働者階級文学が目指すのは，これまで見過ごされてきた労働者階級の文化に光を当てるとともに，消費文化によってパッケージ化された「豊かな人生」を相対化する試みであるといえる．　　　　　　　　[栗原武士]

アメリカ文学と世界文学

American Literature and World Literature

　「世界文学」は，文芸学上の概念としては，ドイツのヨハン・ヴォルフガング・フォン・ゲーテが1820年代に初めて使った．このときゲーテは「国民文学」の枠を越えた，全人類にとって普遍的な価値を持つ世界文学の時代の到来を促進しなければならないと考えた．しかし世界文学はもっと単純に世界のさまざまな文学の全体を指す場合もあり，現代の一般的な理解では，特に翻訳を通じて世界の多くの国で読まれる文学のことを指すことが多い．このように世界文学は多義的だが，最後の一般的な意味でアメリカ文学が世界文学であることは間違いない．

❖**中心の移動—ヨーロッパからアメリカへ**　西欧文学に比べて歴史の浅いアメリカ文学が，イギリス文学，フランス文学などと並んで世界的影響力を持つ国民文学として認識されるまでには，かなり時間がかかった．19世紀半ばにはフランスの詩人シャルル・ボードレールにエドガー・アラン・ポーが強い影響を与えたという先駆的な例があるが，19世紀を通じて世界の文学の中心は依然として西欧であり，アメリカ文学は，ロシア文学と並んで「周縁的」な地位に甘んじていた．フランスの研究者パスカル・カザノヴァによる『世界文学空間—文学資本と文学革命』では，世界文学の中心がパリであるのは当然の前提になっている．

　しかし，20世紀，モダニズムの時代に入ると，アメリカは文化・芸術や出版活動の面でも西欧に並び，世界の中心的な位置に近付いていく．そして20世紀の半ばに中心が西欧からアメリカに移ったことは，中欧・東欧の文学者たちの多くが，西欧ではなくアメリカに移住していったことからも明らかになった．彼らの多くはナチスドイツの脅威，戦火，権力による政治的迫害などを逃れてアメリカに渡ったわけだが，アメリカは同時に，世界のさまざまな国からの文学者を受け入れる，いわば「世界文学の場」としても機能するようになったのである．トーマス・マン（ドイツ），チェスワフ・ミウォシュ（ポーランド），ウラジーミル・ナボコフ（ロシア），ヨシフ・ブロツキー（ソ連）などの作家たちがみなアメリカに亡命した．

❖**現代世界の作家たちへのアメリカ文学の影響**　第2次世界大戦後になると，アメリカの国力と比例して，アメリカ文学の世界への影響力は圧倒的に大きなものになっていった．世界の文学市場の力関係を見れば，英語で書かれたアメリカ文学が世界中のさまざまな言語に大量に翻訳されていったのに比べると，英語以外で書かれた文学で英語に訳されるものは量的にはるかに少なく，アメリカは文学に関して圧倒的な「輸出超過国」となった．

　20世紀後半から今日に至るまで，世界の傑出した作家たちの読書傾向や影響

関係を見た場合，アメリカ文学と縁がない作家を見つけることの方が難しいくらいである．フランスには，アメリカ大衆文化に精通し，ハードボイルド小説とジャズを愛したボリス・ヴィアンがいた．1950年代末から60年代の雪解け期のソ連では，アーネスト・ヘミングウェイやJ. D. サリンジャーがロシア語訳されてブームとなり，ワシーリイ・アクショーノフなどの若い作家たちに影響を与えた．映画監督のアンドレイ・タルコフスキーも映画大学時代に最初に手掛けたのは，ヘミングウェイの短篇「殺し屋」の映画化だった．ラテンアメリカでは，アルゼンチンのホルヘ・ルイス・ボルヘスは英語を自由に読みこなし，大学でアメリカ文学を講義した．魔術的リアリズムの旗手として知られるコロンビアのガブリエル・ガルシア＝マルケスには，ウィリアム・フォークナーが強い影響を与えた．さらにカリブ海マルチニック島出身のエドゥアール・グリッサンには一冊のフォークナー論があり，中国の莫言は彼を「恩師フォークナー伯父さん」と呼び，日本の中上健次や大江健三郎にとってもフォークナーは特に重要な作家だった．世界の文学への影響の大きさに関しては，19世紀ロシアのフョードル・ドストエフスキーと20世紀アメリカのフォークナーが双璧だろう．

　現代日本の村上春樹に対してもアメリカ文学の影響は決定的に大きく，村上自身がスコット・フィッツジェラルド，サリンジャー，レイモンド・カーヴァーなどのアメリカ作家の優れた翻訳家でもある．平石貴樹は『アメリカ文学史』の掉尾で，アメリカ文学の伝統に直結する作家として村上を論じているほどだ．世界文学としてのアメリカ文学普及の，一つの究極のかたちといえるかもしれない．

❖世界文学の研究・生成の現場としてのアメリカ　最後に，現代のアメリカが世界文学の研究・教育という制度面で，世界の最先端にあることを見ておきたい．欧米中心の文学研究に対して批判的なポストコロニアル系の批評家たち（エドワード・サイード，ガヤトリ・C. スピヴァク，ホミ・バーバなど）が活躍の場を得たのはアメリカだった．また，『世界文学とは何か？』の著者デイヴィッド・ダムロッシュや，『遠読』の著者フランコ・モレッティなど，現代の世界文学論を主導する学者たちもアメリカの大学を拠点としている．大学で世界文学を教え，研究するということに関して，アメリカは世界のリーダーになっている．

　実作の世界に目を向けると，20世紀末からアメリカでは移民作家の新しい世代の活躍が顕著になっている．中国出身のイーユン・リー，ソ連出身のゲーリー・シュタインガート，旧ユーゴスラヴィア出身のアレクサンダル・ヘモン，ベンガル系のジュンパ・ラヒリ，ドミニカ出身のジュノ・ディアズなど，世界各地からやって来た作家たちが，アメリカ文学の伝統を受け継ぐというよりは，むしろその枠組みを押し広げて境界を流動的なものにし，アメリカを外部の世界とつなぐ役割を果たしている．彼らの書く文学こそは，移民の国アメリカの土壌の上に生成する，「もう一つの世界文学」だといえるだろう．　　　　［沼野充義］

アメリカ文学の翻訳

Translation of American Literature

21世紀を迎えた現在でこそ，新刊であれ古典であれ，アメリカ文学が翻訳紹介されることは自明に思える．ただし，日本での文芸翻訳におけるアメリカ文学は，そもそもは完全に周回遅れの存在であった．それが故に，その翻訳史は，鏡のようにして，日本文学と近代日本の歩みを見せてくれる．

❖翻訳の黎明　日本におけるアメリカ文学の翻訳史は，明治初期に始まったとはいえ，完全にイギリス文学の影に隠れていた．そこには，19世紀のアメリカ文学自体が，質量ともにまだ独自の伝統を確立する段階にはなかったことが大きく影響している．ウィリアム・シェイクスピアやロード・リットンといった作家たちが，明治10年代（1877〜）から次々に翻訳されていったのに比べれば，アメリカ作家たちは時折「英文学」という旗印に紛れ込むようにして散発的に紹介されたにすぎない．

いち早く翻訳された作家としてあげられるのは，エドガー・アラン・ポーとナサニエル・ホーソーン，そしてワシントン・アーヴィングであり，アメリカ独自の文学の紹介と理解というよりは，夢幻の世界・幽霊譚・推理小説といったジャンル性において個別に注目された色彩が濃い．なかでもポーは，森鷗外や日夏耿之介，谷崎潤一郎など，さまざまな作家によって翻訳されている．

日本における「文学」そのものの成立における事情も，そこには関わってくるであろう．明治期においては，近代文学を制度として確立する動きがまずは優先されたのであり，三人称客観という視点とともにリアリズムが制度として確立していく過程と，「ロマンス」であることを謳ったホーソーンなど，近代への反発を多分に含むアメリカ小説との相性は，必ずしも良いものではなかった．

言文一致体という，新たな文学言語が日本語の中で創出される過程においては，若松賤子によるフランシス・バーネット『小公子』（1890）翻訳の貢献があげられ，森田思軒もこれを絶賛しているが，その功績もまた，二葉亭四迷によるイワン・ツルゲーネフの翻訳の影に隠れがちであることは否めない．あるいは，詩において大きな影響力を持った『新体詩抄』（1882）にヘンリー・ワーズワース・ロングフェローが収録されているとはいえ，英文学の圧倒的存在感を前にすれば，「アメリカ詩」という分野への注目はほぼ皆無であった．

明治期における翻訳に対するアメリカ文学の貢献は，むしろ「誤訳論争」の題材としての側面が大きい．内田魯庵の『鳥留好語』（1893）にポーやブレット・ハートの翻訳があり，それが同年の読売新聞紙上で翻訳をめぐる論争を生んだことが誤訳論争の先駆けともいわれるが，最も注目を集めたのは，マーク・トウェインの「該撤惨殺事件」をめぐる，原抱一庵と山縣五十雄の誤訳論争であろう．

一方で，「アメリカ的」な文学の在りようにいち早く注目する動きがあったことも記しておくべきだろう．夏目漱石が明治 25（1892）年の『哲學雑誌』にウォルト・ホイットマンを「共和国民の気風」を体現する平等主義の詩人として紹介したことがその好例である．その流れは，有島武郎による翻訳『ホヰットマン詩集』（1932）にまで引き継がれていくことになる．

❖戦時期～戦後の翻訳　太平洋戦争開始以前の昭和初期においては，翻訳されるアメリカ小説に，日本国内での社会事情がうかがえるケースが多い．例えば，プロレタリア文学の運動の流れを汲み，アプトン・シンクレアへの注目が高まり，1930 年には『人われを大工と呼ぶ』（谷 譲次訳），『百パーセント愛國者』（早坂二郎訳）が新潮社から刊行され，平凡社による『新興文学全集 米国編』にも『石油』が収録された．30 年代後半は，満州事変からの中国進出の流れを受けた翻訳活動が活発になっている．パール・バックの諸作品は「いづれも支那を主題とする」という謳い文句とともに，1937～38 年にかけて，『大地』や『母』などの代表作が翻訳され，前者には谷崎潤一郎が推薦文を寄せている．41 年，アメリカと日本の間で戦争が開始されると，敵国文化としてアメリカ文学の研究や翻訳紹介は抑圧され，この時期にはアメリカ文学の翻訳出版点数は激減する．ハーマン・メルヴィルの『白鯨』が河出書房から 43 年に刊行されているのは，数少ない例外である．

アメリカ文学の体系的な翻訳紹介が堰を切ったように開始されるのは，第 2 次世界大戦後のことである．アーネスト・ヘミングウェイ，ウィリアム・フォークナー，F. スコット・フィッツジェラルドなどの作家は，50 年前後を境目として翻訳刊行点数が急増しているほか，前述の『白鯨』も，終戦から 10 年のうちに複数の翻訳が刊行された．アメリカ文学の古典化は，この時期に一気に進んだといっていい．戦後の日本社会におけるアメリカの強力な存在感は，文学においても例外ではなかったことを，翻訳の出版傾向は雄弁に物語っている．

その後のアメリカ文学は，トマス・ピンチョンの『重力の虹』（1993）やトニ・モリスンの『ビラヴド』（1990）など，基本的にはアメリカでの評価に沿って翻訳が進められていったといってよい．ただし，その中で日本独自の傾向が育まれてきた点は特筆に値する．リチャード・ブローティガン作品の藤本和子訳を皮切りにして，村上春樹によるレイモンド・カーヴァー，柴田元幸によるポール・オースターなど，原作者と翻訳者の文体の軽やかさを生かした翻訳が多くの読者を得ていった．その流れは，21 世紀に入り，ジュンパ・ラヒリ『停電の夜に』（2000）などの移民作家の紹介と相まって，都市型のマジックリアリズムを主体とするグローバル文学としてのアメリカ小説の紹介を，一つの大きな潮流としている．いわゆる「偉大なアメリカ小説」の伝統と，グローバル化の対話が，今世紀の翻訳を牽引していくことになるものと思われる．　　　　　　　［藤井　光］

読者・創作コミュニティ
Reader / Creative Community

　アメリカ文学生産の現場における独特のシステムが，大学院での文学者養成教育クリエイティブ・ライティング・プログラム（以下，創作科）である．一般的な文学の授業に加えて，作家や詩人の指導の下，少人数で習作を合評するワークショップがカリキュラムの軸となり，まとまった作品を提出することで学位を得る．今日文芸作家の大半が学位保持者であり大学教員だ．編集者や脚本家にも創作学位の保持者は多い．現在北米で創作科協会所属の創作科が500超，それ以外も含めると1,200超の創作科があるといわれる．

　もともとは20世紀初頭に台頭した新人文学主義の実践的教育理論の下，アイオワ大学で1930年に「文学部」なるものが創設されたとき，学生自身が作品を実際に執筆することで文学をより深く学ぶために大学院の創作教育が導入された．その後2代目ディレクターの詩人ポール・エングルの辣腕と，「復員兵援護法」（1944）で人文学志望の学生が急増したことも手伝って，創作科は拡大し独自路線をたどり，以来今日に至るまで数多の詩人・作家を育ててきた．最近では非英語圏出身の移民が創作科教育を経て英語作家として活躍する例も多く，アメリカ文学多様化の原動力となる一方，ワークショップ式の創作教授法は英語圏の外にも急速に広まりグローバル化しつつある．

　伝統的読者コミュニティとしては「ブッククラブ」と呼ばれる読書会があり，仲間内で決まった本を読みディスカッションをする形式が一般的である．ブッククラブ向けのエディションには，巻末に会話をうながす質問集や作者インタビューなどを付したものもある．カリスマパーソナリティ，オプラ・ウィンフリーが冠番組内で始めた「オプラのブッククラブ」（1996〜2011，インターネット版2012〜）は一大現象として100万部超のベストセラーを次々生み出し文芸書の新たな読者層を開拓した．

　アメリカ文学は活字だけでなく朗読文化にも活気付けられてきた．新刊が出ると作家はブックツアーで各地の書店を訪ね，朗読し，読者と対話する．作家本人や俳優による朗読をCDやデジタル配信で発表するオーディオブックは，戦傷視覚障害者のためにボランティアが書籍を朗読録音した草の根活動から発展し，今日グラミー賞スポークンワード部門の対象でもある．街のバーやカフェではポエトリーリーディングが開かれ，有名詩人や地元の詩人の朗読だけでなく，オープンマイク式の朗読会も開催される．スポークンワードを代表する勝ち抜き式の自作詩朗唱大会「ポエトリースラム」では，ストリートから社会意識を訴える力強いパフォーマンスが支持され，ラップとも親和性が高い（☞項目「詩」）．

　2007年にアマゾンがキンドル（Kindle）を発売して以来，電子書籍の流通，文学コミュニティのインターネット化も著しい．オンラインのブッククラブや児童書とインターネットのタイアップ，作家みずからが登場する書籍のプロモーションビデオが近年の流行だが，出版業界は今後も次々と新機軸を繰り出してくるだろう．　　　［吉田恭子］

15. スポーツ・娯楽

本章では，わたしたちがアメリカらしいと見なす生活様式と深く関わるスポーツと娯楽の世界に分け入りたい．まず外国の影響とアメリカでの創意工夫が異なる割合で配合されて誕生した三大プロスポーツ，アメリカで不人気とされるサッカー，日本とは比較にならない規模を誇るカレッジスポーツを，次に，よりマクロな視点から，イデオロギーとの連鎖と確執，スポーツ界を動かす組織と仕組み，さらには深刻な問題やジレンマを論じる項目を配置した．

続いて，個人または集団により，屋内あるいは屋外で，都市，農村，そして大自然で行われる多様な娯楽へと視野を広げ，諸々の活動の歴史的変容と連続性，そして現在の動態を解説する．

かつてヨハン・ホイジンガは現代社会における遊びの衰退を憂慮した．しかし本章が照らし出すのは，遊びを越えつつ，なお遊びとしても機能するスポーツであり，遊びが充満する娯楽の舞台である．　　　　　　　　　　[川島浩平／清水さゆり]

アメリカンスポーツ

American Sports

　多民族で構成されるアメリカ国民にとって，スポーツは単なる気晴らしの娯楽ではなく，異なった価値観や規範など多様な文化的背景を持った国民を統合する機能を持つ文化装置としての役割も果たしてきた．ポピュラーミュージックやハリウッド映画と同様に，アメリカン（アメリカ生まれの）スポーツは個人主義や適者生存主義に裏打ちされた合理的志向性を持ったアメリカ的価値観が反映された表現形態の一つであり，アメリカ文化の基盤を形成するものであった．

　アメリカはオリンピック大会でのメダル獲得数が他の国より群を抜いて多い状況にあり，スポーツ大国としての地位を築いている．しかし，自国で独自にルール化されグローバルに展開していったメジャーなアメリカンスポーツの数は意外に少ない．最も有名なアメリカンスポーツとしては，アメリカンフットボール（以下，アメフト）やベースボール（野球），ともにYMCAで考案されたバスケットボールやバレーボールなどがあげられる（☞項目「三大プロスポーツ」）．

❖**歴史**　近代スポーツが出現する18世紀以前のアメリカでは，主として先住民や入植者となったイギリスを中心とするヨーロッパ人により，それぞれエスニックな形態で身体的運動や活動が行われていた．現在グローバルに普及しているサッカーや陸上競技，水泳，ゴルフ，テニスなどスポーツの多くはイギリスでその原型が築かれたとされるが，アメリカにおけるスポーツの歴史的展開は，一般的にこれらイギリスを中心としたヨーロッパからのスポーツの受容を出発点に語られる．すなわち，アメリカでのスポーツは，19世紀前半までに上層階級の伝統的西欧文化の象徴として生い立ち，19世紀後半から文化の担い手が中産階級に移行するにつれてアメリカ的価値観が付与された独自の近代的文化として開花していく．

　そして20世紀前半には下層階級をも取り込み，アメリカ大衆の文化としてその社会的特性を組み込んだヨーロッパ文化とはまったく異なる固有の展開を遂げていく．さらに現代においては，メディアや巨大資本をもとに，受容や発信の両面でグローバルな展開を見せている（☞項目「スポーツ産業」）．

❖**独自性**　フットボールといえば世界的にはサッカーを意味するが，アメリカではアメフトを意味することになる．同じ呼び方をするこれらのスポーツの違いが，アメリカンスポーツの独自性を象徴している．キーパー以外は基本的に手を使うことのできないサッカーや，決して前方にボールを投げることのできないラグビーとは異なったルールを持つアメフトは，イギリスで生まれたそれらのスポーツを基にアメリカ的価値観のもと再構成されたものである．アメフトは攻撃と守

備が明確に分かれて,敵味方が多数密着するスクラムではなく,距離をとってラインを構成するスクリメージから始められ,ヘルメットやプロテクターなどの装備に身を固めてグリディロンと呼ばれるラインが細かく書き込まれたフィールドで行われる(図1).その複雑さ故にアメフトは,一般にプレイして楽しむものではなく,観て楽しむスポーツとなった.さらに複数の審判に管理さ

図1 ラグビーのスクラムとは異なるアメリカンフットボールのスクリメージライン [Revolvy]

れながら,ダウン(プレイ開始から,ボールデッドになるまでの1回の攻撃の単位)ごとのボールの進んだ距離が厳密に測られ,ビデオ判定が頻繁に用いられるこのスポーツは,誤審などの偶然性が入り込む余地は少なく,チームの緻密な戦略と選手の運動技能の差がその勝敗を左右する.それゆえ強いチームが勝つとは限らないといわれるサッカーとはまったく異なる特性を持っている.

　ベースボールも同様に,イギリスで行われていたクリケットやその起源形態とされるラウンダースと呼ばれた競技を基に再構成されていった.ベース間の距離に始まって,ボールやストライク,アウト,イニングなどの数,ストライクゾーンの広さ,バットやボールの品質に至るまで細かなルールが規定された.またベースボールを構成する諸々の数値の組合せが,無限に近いさまざまな状況をつくり出し,スコアカードやチームの順位などに合わせて,個々の選手のさまざまな成績や記録を蓄積することを可能にした.プレイそのものとは別に,このような高度な数量化や記録化に基づいた記録至上主義や業績第一主義もアメリカンスポーツが持つ独自性といわれる.

❖社会的機能　ベースボールでのベーブ・ルースやバスケットボールでのマイケル・ジョーダンのようなプロスポーツ界における国民的英雄の存在や,スポーツをコンテンツとして大量消費を可能にするマスメディアなどにより,アメリカにおいてスポーツは大衆に享受される文化となった.とりわけ最も早くに国民的娯楽の地位を得たベースボールについて,第31代大統領ハーバート・C.フーヴァーは,「宗教を除けば,ベースボールほど大きな影響を社会に与えたものはない」といい,また著名なスポーツ記者のヒュー・フラントは,「ベースボールは人々をアメリカナイズするのに最大の働きをするものだ.ほかのどのゲームも,これほど強く,かつ早く,子どもたちにアメリカ精神を教えることはできない.学校でさえ,できない」という言葉を残している(佐野,1998).このようにアメリカンスポーツは,大衆にアメリカ的価値観を植え付ける手段となった.[小澤英二]

三大プロスポーツ

Three Major Professional Sports

アメリカにおける三大プロスポーツ（三大メジャー）は，アメリカンフットボール（以下，アメフト），ベースボール（野球），バスケットボールである．これにアイスホッケーを加えて北米四大プロスポーツという場合もあるが，アイスホッケーは先の三つとは人気格差が大きく，またその人気や収益がカナダに依存している実態がある．さらにアメリカの代表的な民間世論調査機関ギャラップが行った 2013 年のスポーツ人気調査で，アイスホッケーはサッカーに 4 位の座を奪われる結果となった．「観るスポーツ」として長らくその人気を不動にしているのが先の三つのスポーツである．

❖**アメフト**　最も人気が高いアメフトは 19 世紀後半，大学において，ラグビーのスクラムとは異なるスクリメージ制やダウン・アンド・ディスタンス性（攻撃側は 3 回のダウン内に 5 ヤード以上進むことができないと，攻撃権を失う）を持って，それぞれ 11 人の攻撃側と守備側とが明確に分かれて激しくぶつかり合う戦闘的なゲームとして行われていた．20 世紀初頭には粗暴性がエスカレートし，多くの死傷者が出る深刻な事態となり，当時の大統領セオドア・ローズヴェルトから安全性が確保できるようにルールや装備の改善勧告がなされた．その後フォワードパス採用などのルール改正が施され，パワーで突破するランプレイにスピードと技術を駆使するパスプレイが加わり，攻撃戦術に大きな変化がもたらされ，今日のアメフトができあがった．

プロのアメフトは，19 世紀末にはすでに発足していたが，大衆に人気を博したのは第 2 次世界大戦後であった．ナショナル・フットボール・リーグ（NFL）が 1922 年に，アメリカン・フットボール・リーグが 59 年にそれぞれ成立し，67 年には両リーグの優勝チームによってスーパーボウルが争われた．現在 2 月上旬の日曜日に開催されるスーパーボウル当日はスーパーサンデーとも呼ばれ，毎年テレビ番組の年間最高視聴率が記録される．大統領までもが仕事を空けて観戦するといわれるほど，多くの国民が関心を寄せる国民的行事となっている．現在は，統合された NFL の下にあるアメリカン・フットボール・カンファレンス（AFC）とナショナル・フットボール・カンファレンス（NFC）の勝者がスーパーボウルで対戦する．コマーシャリズムと政治までもが混在するこの競技は，現代のアメリカ社会を色濃く反映するスポーツであるといえよう．

❖**ベースボール**　ベースボールは，19 世紀中頃には「塁間 90 フィート」という独自のルールを持ってアメリカ史の中で最も早くにアメリカ的展開をし，国民的娯楽として定着したスポーツである．南北戦争後にはセミプロのチームも現れ，

1871年には現在のメジャーリーグ・ベースボール（MLB）を構成する二大リーグの一つでナショナルリーグの基となる組織が成立している．また1901年にはもう一つのリーグであるアメリカンリーグが発足し，その2年後の03年に両リーグの覇者が戦う第1回のワールドシリーズが開催されている．

　ベースボールの歴史では，ベーブ・ルースを始めとする多くの国民的英雄が生み出されている．そのスター選手たちの存在がベースボールの人気を不動のものとしていった．またメジャーリーガーとして活躍することは，多くのアメリカ人にとってアメリカンドリームの一つとされる．

　ベースボールは田園的指向性を持ち，ノスタルジックな感慨をもたらす心の故郷のような存在として，親から子へ世代から世代へと継承されながら，1世紀半余にわたって繰り返されてきたゲームとして語られることがしばしばある．それゆえベースボールは，単なる観るスポーツではなく，アーウィン・ショーの『夏の日の声』(1965)やW.P.キンセラの『シューレス・ジョー』(1982)を原作とする《フィールド・オブ・ドリームス》のような感傷を伴ったアメリカの文学や映画の題材となることが多々ある（図1）．

図1　映画《フィールド・オブ・ドリームス》(1989)．田園的風景が広がるアイオワのトウモロコシ畑につくられた球場に古の選手たちがよみがえるファンタジー作品

❖**バスケットボール**　バスケットボールは，1891年にマサチューセッツ州スプリングフィールドのYMCA体育教師であったジェームズ・ネイスミスによって創案された．多くのスポーツが自然発生的な遊びから派生しルールが成文化された経緯を持つが，バスケットボールは冬場に体育館で安全かつ活動的に行う球技として合理的に創作されたものである．

　プロバスケットボールリーグは1946年に開始されているが，現在の全米プロバスケットボール協会（NBA）は，プロアイスホッケーのアリーナの空き時間を有効利用する目的で，49年に二つの組織が統合され成立している．

　バスケットボールが持つ文化性の最大の特徴の一つは，ヒップホップと並んで，アフリカ系アメリカ人によって担われるいわゆるストリート系黒人文化の様相を色濃く持っていることである．とりわけマイケル・ジョーダンが国民的スターとなった後，バスケットボールはアフリカ系アメリカ人との関係を深め，2010年前後においてNBAにおける人種構成はおよそ8割を占めている．NFLでは6割ほど，MLBではその割合が1割ほどであること，また各競技の特性やその観衆の嗜好性などを比較すると，それぞれのスポーツが持つ人種をはじめとするアメリカの歴史や社会の諸相や表象を見てとることができる．

[小澤英二]

サッカー

Soccer

　サッカーは世界的には「フットボール」と称される場合が多い．しかしアメリカにおいてこの呼称はアメリカンフットボールを意味するため，日本と同様アメリカでは「サッカー」の呼称が用いられている．サッカーは世界的な規模で最も人気があるスポーツといえるが，アメリカでの人気は長らく低迷し「サッカー不毛の地」と揶揄される状態にあった．しかし近年サッカーは，若年層を中心に人気が高まり，アメリカの代表的な民間世論調査機関ギャラップが行った 2013 年のスポーツ人気調査で，それまで四大プロスポーツの地位にあったアイスホッケーを上回る結果となった（☞項目「三大プロスポーツ」）．

❖歴史　アメリカで初めてサッカー人気が高まったのは 1920 年代であった．ヨーロッパからの移民の急増に伴い，彼らの母国で盛んだったサッカーへの関心に支えられ，21 年には本格的な組織となるアメリカン・サッカーリーグが設立された．その後 30 年に行われた第 1 回ワールドカップでアメリカは第 3 位となる．しかし移民 2 世の世代になるとアメリカへの同化の意識とともに「アメリカ的スポーツ」を志向する傾向があり，40 年以降サッカーは衰退していく．

　その後，66 年にイギリスで開催されたワールドカップが史上初めて衛星中継されたことでサッカー人気が再燃し，翌 67 年には北米サッカーリーグ（NASL）が設立される．70 年代には，テレビの中継に加えてワーナー社などの企業家による多額の資金提供により，ペレやフランツ・ベッケンバウアー，ヨハン・クライフなどの世界的なスーパースターが招聘され，ドリームチームとなったニューヨーク・コスモスのホームグラウンドには 7 万人を超える観衆が集まることもあった．このときの経緯は 2006 年にドキュメンタリー映画《ペレを買った男》として製作・公開されている（図 1）．しかし，アメリカでのサッカーを知る人口の少なさやアメリカ人選手の活躍があまりないという状況の中でサッカー人気が続くことはなく，1984 年で同リーグは解散となった．

　またこの時代に，サッカーは「観るスポーツ」ではなく「するスポーツ」として少年少女たちの間に定着していった．学校や地域の教育的な現場において，サッカーはアメリカンフットボールとは違い，高額な費用が掛かる特別な施設や装備を必要と

図 1　映画《ペレを買った男》(2006)
ニューヨーク・コスモスで活躍し，ブラジルとアメリカの国旗を掲げるペレ

せず，比較的，体格や体力の差に関わりなく安全にプレーすることができるため全国に普及し，他のスポーツを上回る競技人口を獲得するに至った．東部のニューイングランド，フロリダ，カリフォルニアなど比較的豊かな中産階級の家庭が多く居住する地区でのサッカーの普及が目立ち，とりわけ女子への浸透は顕著で，現在アメリカが女子サッカーで世界ランキングの 1 位を獲得している．

アメリカでは初となるワールドカップが 94 年に開催された．この大会はそれまでの史上最多となる 360 万人の観衆を動員し，アメリカ代表もベスト 16 に入る健闘であった．これを機にサッカーが「観るスポーツ」としての地位を再び獲得し，2 年後の 96 年には現在も伸張を続けているメジャーリーグサッカー（MLS）が開幕する．MLS は初年度には 10 チームが加盟し，2015 年には倍の 20 チームでリーグが争われ，20 年には 24 チームになることが予定されている．

❖アメリカ人とサッカー
アメリカでのサッカー人気は，ワールドカップとの関わりの中で形成されてきた経緯が見られるが，それはまた必ずしもサッカーというスポーツそのものに魅力を見いだし，内に向いた関心に基づいて熟成していったものではないことを意味する．ビールを飲みながら見世物の娯楽としてスポーツを観戦するような観衆は，サポーターとなって 12 人目の選手として応援するヨーロッパ的なサッカーのそれとは大きく異なる嗜好を持つ．またリーグの運営形態にしても，アメリカのスポーツビジネスらしく，それ自体が営利企業のカルテル（企業連合）のように機能していった（☞項目「スポーツ産業」）．サッカーを愛好する人たちによる非営利組織として利益が上がらなくても滅多に解散することのないヨーロッパのクラブとは違い，収益が上がらなければ企業家はチーム経営から撤退する．そのような点でアメリカのプロサッカーリーグは，ヨーロッパに比して不安定な要素を多分に持っている．

また 19 世紀後半以降アメリカで広く受け入れられた「社会進化論」に基づいた優勝劣敗の思想や価値観（☞項目「消費主義」）は，力に差があるチーム間での戦術として，弱者が守備を固めて強者の攻撃を守り抜き，カウンターで一発を狙ったり引き分けを狙ったりするサッカー的な考え方と相容れない．審判の誤審や悪天候下でのゲームの実施など多くの偶発的要素を許容し，強いものが勝つとは限らないサッカーの在りようが，アメリカ人にとって不条理で受け入れ難い異文化となる嫌いがある．

アメリカでサッカーが多大な人気を博するようになったといわれる現在においても，実際サッカーを「観るスポーツ」として支持する大衆はラティーノや若年層を中心としており，民族や世代的な偏りがある．その点では，大衆の国民的スポーツとして不動の地位を獲得しているとは評し難い．サッカーがアメリカの歴史の中でこれまで盛衰を繰り返してきた経緯からも，現在でもその将来が明確ではない状況にあるといえよう． 　　　　　　　　　　　　　　　［小澤英二］

カレッジスポーツ

College Sports

　現代のアメリカ社会におけるカレッジスポーツは，高等教育制度の在り方，資本主義社会におけるスポーツの位相，機会をめぐるアメリカ社会の矛盾などを映し出す鏡のようなものといえる．

　スポーツが公式に大学の教育的使命の一部として宣明されることは滅多にないものの，現実には多大な予算や資金が体育競技部門に注ぎ込まれ，アメリカンフットボール（以下，アメフト），バスケットボールなどの「金になるスポーツ」（revenue sports）に携わる人々は，大学運営においても大きな影響力を持っている．

❖大学スポーツの発展　アメリカでの大学スポーツの勃興は19世紀半ばにさかのぼる．この時期に学生の娯楽活動として各種の運動競技が北東部の私立大学でまず盛んになり，南北戦争後にフットボール，ベースボール（野球），陸上競技，レガッタなどの同好クラブが組織化されていった．大学間の対抗戦としての嚆矢は，1852年のエール大学・ハーバード大学のボートレースである．59年にはアマーストとウィリアムズカレッジが初の野球対抗試合を行った．大学対抗スポーツは，同窓会や地域社会の支援者たちの関与の下，世紀転換期までにキャンパス文化の中枢に根ざすに至った．この時代に著しく発展した地元新聞による報道や金銭的援助が，学生スポーツ対抗戦の定着・定期化を促進した．

　カレッジスポーツ黎明期には大学当局はスポーツ対抗戦の企画運営に直接関与せず，スポーツは学問とは直接関係のない無為の活動として敵視される傾向が顕著であった．しかし世紀転換期から20世紀初頭にかけて創立された新興私立大学や北東部以外の地域の州立大学の中には，大学の広報事業，寄付金調達の手段としてスポーツを積極的に援用するものも現れた．そこでは教員と対等の学内身分資格を付与された専任コーチが雇用され，スポーツ部門は独立の予算を持つ学内部署へと編成されていった．石油王ジョン・ロックフェラーの資金提供のもと1890年に創設されたシカゴ大学もその一つであった（☞項目「フィランソロピー」）．同校の「フットボールの父」ことアロンゾ・スタッグは，このような新しいタイプのカレッジスポーツ専門家であり，アメリカンフットボール（以下，アメフト）以外のスポーツの対抗戦の制度化にも貢献した人物として知られている．

❖カレッジスポーツの拡大とその弊害　20世紀初頭に最も盛んになった大学スポーツは，サッカーやラグビーから分化し定式化されたアメリカ式フットボール（アメフト）であった．しかしアメフトの大学対抗定期戦が全国的に人気行事になるにつれて，さまざまな悪弊が生じた．暴力的プレーが頻発し選手の怪我が深刻な問題となり，有力選手の獲得や引き抜きを目的とする「奨学金」名目の金銭

授受を蔓延させた．選手資格にも大きなばらつきが生じ始めた．このような傾向に歯止めをかけることを目的として1905年に組織されたのが，全米大学体育協会（NCAA：National Collegiate Athletic Association）である．みずからもハーバード大学での学生時代にアメフトの選手であったセオドア・ローズヴェルト大統領は，NCAAの設立に向けて強力な政治指導力を発揮した．全国組織としてのNCAAのほかにも，中西部のスポーツ有力校を統括するビッグテン（Big Ten）など，大学スポーツの広域管理団体が全米各地域で組織されていった．

20世紀前半にカレッジスポーツは，同窓会組織や地域の経済利害団体などを巻き込み興行化し始めた．戦間期にラジオ，第2次世界大戦後にテレビが全米で普及すると，観る娯楽としてのカレッジスポーツの人気はさらに高まっていった．アメフトやバスケットボールのような主要スポーツではアマチュアとは名ばかりの選手が多数出現し，賭博ビジネスも横行した．その一方で大学首脳部や教員による規制努力も本格化し，56年に東部私立大学から構成されるアイビーリーグが編成され，NCAAなどの管理団体も全米統一のアマチュア選手資格の徹底化を含む各種規制を導入した．しかしバスケットボールの「3月の狂乱」（March Madness）をめぐるメディアの喧噪などからも明らかなように，カレッジスポーツの商業化に抗する規制努力の効果は，現在に至るまで限定的であるといわざるを得ない．

❖ **カレッジスポーツと社会正義**　第2次世界大戦後に拍車がかかったカレッジスポーツ市場の寡占化は，さまざまな構造的な歪みをつくり出した．二大人気スポーツ（アメフトとバスケットボール）が巨大化する一方でそれ以外のスポーツ（レスリングや水泳など）がカレッジスポーツとしては衰退していった．黒人学生の参加は，二大スポーツ以外ではきわめて限られ続けた．女子学生の参加も長く限定的なものにとどまっていたが，1970年代になると公民権運動やフェミニズムの高まりを背景に女子スポーツへの機会均等の機運も高まっていった．スポーツ選手を対象とする奨学金や施設上の便宜を女性にも均等数提供することを各大学に義務付ける連邦法（いわゆる「タイトルIX」）が72年に制定されたことによって，女子学生のスポーツ参加は20世紀終盤までには飛躍的に拡大した．その一方で「タイトルIX」は，男子のマイナースポーツが淘汰されてしまうという意図せざる結果も生み出した．

91年にナイト財団が主宰した専門家会議は，カレッジスポーツの過度の興行性を抑制するためには大学総長による改革努力が肝要であるという古くて新しい提唱を行った．その一方で，カレッジスポーツの選手は所属校の財務基盤に寄与する「プロ」として機能している現実を欺瞞なく受け入れ，学生アスリートは「労働」に対する正当な報酬を大学側から受け取り，「職務条件」改善のための組合活動を許される存在として認知されるべきだという意見も存在する．　［清水さゆり］

マイノリティとスポーツ

Minorities and Sports

奴隷制の時代，スポーツは人種差別を色濃く反映するものであった．解放前の黒人奴隷がスポーツに関わる主なケースは白人奴隷主の余興やギャンブルとして頻繁に催されたボクシングや陸上競技などであり，なかでもバトルロイヤルは奴隷解放後も途絶えることなく続いた（図1）．これは複数の黒人（奴隷）が目隠し

図1 1940年代の米軍基地内におけるバトルロイヤル［Ferris State University］

をしてリングで殴り合い誰が最後まで残るかを競うもので，通常は4～6人程度で行われたが，それ以上の大人数で実施される場合もあった．音楽やダンス，パイ食べ競争，ベイビーコンテスト，競馬などの各種イベントが開催される地域の祭りや独立記念日，あるいはレイバーデーでの余興として人気が高く，軍隊基地内でも盛んであった．観客が小銭をリングに投げ入れるといったかたちで勝者にはわずかな賞金が出たものの，たいていは嘲笑や野次を浴びる中で行われた．ただし，1908年に黒人初の世界ヘビー級チャンピオンに就くジャック・ジョンソンはバトルロイヤルで勝者となってチャンスを得ており，これをプロ競技者へのステップにする場合もあった．

　世紀転換期よりアメリカ社会で消費文化に親しむ生活スタイルが急速に広がるとスポーツも大衆化し，さまざまなスポーツで組織化が進んだ．しかし，わずかな例外を除き，いずれのスポーツでも黒人が白人とプレーすることは許されなかった．ボクシングやベースボール（野球）がプロスポーツとして成立し，スポーツが大衆文化の一つとなって裾野を広げる一方で，黒人のようなマイノリティにとってはそれに興じる白人中産階級と異なる意味を持った．野球は，03年の2リーグ統合でスタートしたメジャーリーグ（MLB）の設立当初から黒人を排除し，ナショナル・フットボール・リーグ（NFL）も33年の紳士協定によって黒人を受け入れないようにしていたため，スポーツにおける人種隔離は歴然としていた（☞項目「三大プロスポーツ」）．

❖**エスニック・コミュニティとスポーツ**　20世紀に入ると，スポーツはアメリカに大量流入していた東南欧移民にとって厳しい日常を癒す重要な娯楽となり，もともとアイルランド移民の間で人気があったボクシングもその一つであった．アイルランド移民の息子でニューヨーク生まれのジーン・タニーと極貧からトップに上り詰めたやはりアイルランド系にルーツを持つジャック・デンプシーによ

るヘビー級チャンピオンをめぐる闘いは，貧しい家庭に生まれるも「愛国的アメリカ人の模範」になったタニーと，愚直なファイトを演じる慎み深い男デンプシーという構図で移民の願望が投影され，大いに盛り上がった．デンプシーが敗れ引退の契機となった両者最後の勝負はシカゴのソルジャー・フィールドに10万4,000人超えの観客を集めた．その試合では，それぞれがダウンした時，レフェリーのカウントの速さが違うという騒ぎになり，今も論争が続いている．

野球も移民労働者に人気のスポーツであった．エスニック・コミュニティに建設された球場を本拠とするチームは熱狂的応援を受け，「栄光の日々」といわれる1947年から11年間にわたるニューヨークの地元3チームによるペナント（優勝）争いではその特徴が如実に現れた．ブルックリンの移民労働者街にあるエベッツ・フィールドを本拠地とするブルックリン・ドジャースは「労働者のチーム」として，仇敵たる「金満球団」ヤンキースや富裕層が多く住むマンハッタンのチームであるジャイアンツを打倒することを使命付けられていた．健闘するも最後に負けてばかりのドジャースが55年のワールドシリーズでヤンキースを4勝3敗で退けたときはまさに悲願達成の瞬間であった．

❖マイノリティのスポーツ進出とその意味　「栄光の日々」は黒人選手が大リーグで活躍を始めた時代でもある．1947年にジャッキー・ロビンソンがドジャースでメジャーデビューを果たして以降，他球団も黒人選手の採用に踏み切り，ジャイアンツではウィリー・メイズ，ヤンキースではエルストン・ハワードなど球史に残る名選手が次々と現れ，彼らは以後，黒人やヒスパニック系などのマイノリティが活躍する足掛かりとなった．

ロビンソンのメジャーデビューは他のスポーツにも強い影響を与えた．49年に発足した全米バスケットボール協会（NBA）は最初のドラフト会議で黒人選手を3人指名するなど他のスポーツよりも積極的な姿勢を見せた．それは，興行である以上，優秀な人材を集めて人気を高め利益を上げなければならないことが主な背景だが，バスケットボールが公立学校の体育教育を通じて広く普及し，費用や場所などの面で比較的負担が少ないスポーツであったため，黒人コミュニティでの競技人口が増え，優れた人材が輩出したことも大きな一因といえる．

スポーツでのマイノリティの活躍は，それが苦境から抜け出すための現実的手段と映るようになった．今ではメジャーなスポーツにおけるマイノリティ選手の存在は珍しくないが，そのことが差別の消滅を意味するわけではない．近年，白人警官による黒人射殺事件が頻発する中で，事件が発生した地元のプロスポーツチームを中心に抗議行動が広がるといった現象からわかるように，スポーツは今もマイノリティやコミュニティが置かれた状況を反映する側面を持っている（☞項目「スポーツとナショナリズム」）．

[南　修平]

スポーツ産業

Sports Industry

アメリカは日本の10倍前後と試算される巨大なスポーツ産業規模を有しており，主に観戦型スポーツ関連の市場と，製品販売に関わる市場によって担われている．両者の関係は，前者が四大プロスポーツ（メジャー）を中心に，アメリカの社会文化に強固な基盤を持って発展したことで後者の発展がもたらされたと考えられている（☞項目「三大プロスポーツ」）．

本項では，スポーツ産業発展の歴史的な特徴と問題を概観した上で，さらに製品販売市場の拡大がスポーツ参加の発展とどのように結び付いたものなのか，という視点からアメリカスポーツ文化の特徴について述べる．

❖**都市産業社会の到来とスタジアムビジネス**　1858年に初めてスタジアム（競馬用レースコース）を使用したベースボール（野球）の試合が行われ，入場料が徴収された．このことが現在の巨大スポーツ産業の端緒として重要である．60年代には資産家によるスタジアム投資が始まり，19世紀終わりにはおよそ1万人の観客収容が可能なものに約3万ドルが投じられるようになっていた．こういった施設は有力なチームに無料で貸し出され，入場料収入ビジネスを定着させることとなった．そして，20世紀初頭の都市産業社会の成立を背景に，経済人の熱い視線が本格的にスタジアムビジネスに向けられるようになり，1920年代には，ヤンキー・スタジアムのような6万3,000席を有する巨大施設もつくられるようになった．

巨大スタジアムはプロスポーツであるベースボールのほか，アマチュアのカレッジフットボールでもつくられるようになっていた．03年にハーバード大学（3万席）が，14年にエール大学（7万席）が，そして30年までには七つの大学が7万人以上収容可能なスタジアムを保有するなど，むしろその人気を背景にして飛躍的に発展していた（☞項目「カレッジスポーツ」）．

このようにしてスポーツにおける観客の大量動員ビジネスが可能となり，都市や大学町にプロもしくはプロ化したカレッジの観戦型スポーツの文化的拠点が形成され，定着することとなった．

❖**スポーツ興行を支える地方自治体・公的資金**　観戦型スポーツの発展とスタジアム建設が続く中，20世紀初頭から1930年代にかけて，公共のスタジアム建設も盛んに行われた．現存するものとしては，ロサンゼルス・メモリアル・コロシアム（図1）やシカゴのソルジャー・フィールドなどがある．

そもそも公的支出はアマチュアスポーツの促進を目的としつつ，巨大スタジアムを都市が名声を得るための象徴と位置付けて行われてきた．しかし，実質的に

はナショナル・フットボール・リーグ（NFL）チームのホームスタジアムとして，相乗的な企業の誘致効果を前提に提供された．また戦後，特に50年代からはプロスポーツのチームを持たない都市による誘致合戦がその経済効果を謳い文句に活発化した．そして，チームが有利な条件を求める中でフランチャイズ移転が数多く行われるようにもなり，その結果，スタジアム建設費用は一気に2〜3倍に吊り上げられることとなった．都市間競争が激化した90年代には，プロスポーツ施設に対する公的拠出による誘致合戦が再燃した．問題は，チームが公的資金により運営されるスタジアムの使用を前提として興行を行い，より良い条件の下で強固なリーグビジネスの基盤をつくっていることである．

図1 ロサンゼルス・メモリアル・コロシアム．MLBのドジャースがニューヨークからロサンゼルスに本拠地を移した際に暫定的に使用した．これまでアメリカンフットボールを中心に多くのプロスポーツ・チームが本拠として使用している［LA Coliseum］

こういった状況，すなわち私的なビジネスに表立って公的資金が投入されることは世界では稀であるが，アメリカで四大メジャーといわれる大規模なプロスポーツ産業が成立し，観戦型スポーツとして社会に強力に根付いているのはこのためである．

❖**製品販売とスポーツ参加** 巨大な産業に成長しつつも，四大メジャースポーツの収入合計はスポーツ関連市場全体のわずか6％程度である．その他に，例えば自動車や競馬などのレース，ゴルフ，テニス，そしてカレッジや高校レベルの各種大会などの大きな市場があるが，これらを含めても観戦型スポーツの収入は全体の10％程度である．その産業規模は拡大しつつも，選手の給料が高騰化するなど，支出も大幅に上がっているのである．

一方で，スポーツ関連市場における収入の残り90％が四大メジャースポーツに関わった，製品広告も含むメディア露出に大きく影響されているといわれている．しかし，それはアメリカ人がプロスポーツやスター選手たちに感化され，継続的にチームスポーツに参加するようになり，その結果として製品の消費に貢献するといったものではないようだ．スポーツウェアやシューズなど，スポーツ関連製品における高い収入は，主にウォーキングやジョギングなどの手軽なエクササイズの実施人口の多さを示しているに過ぎない．

また，スポーツ参加と関わったフィットネスクラブや地域のレクリエーションセンターへの入会費およびプログラム受講料，ゴルフのプレー料金などによる高い収入率は，そもそもアメリカ人の健康志向およびスポーツサービスの消費実態を示すものであり，参加の質を表すものではない． ［川口晋一］

スポーツメディア

Sports Media

1920年代のアメリカでは，観客を動員するスポーツがメディアと結び付くことで大きく発展した．ビジネスを前提としたこの観戦型スポーツでは，放送認可の権利関係が生じたことで，興行主やリーグ組織が収入を増やすこととなった．また，60年代になり，全国ネットの商業放送は，放送権獲得争いの中で視聴者を惹き付けるための番組づくりをするようになった．こうしてアメリカのスポーツメディアは，エンターテインメントビジネスとして発展し，スポーツ関連の情報が膨大に流通・売買されることとなった．

❖放送権概念の誕生から一括放送契約へ　大衆を惹き付けていた人気スポーツは，1920年代にはラジオと結び付き，大規模な聴取者が出現した．当時のラジオは，製造販売関連の企業によって所有され，広告代理店が番組の制作と編成を行っており，スポーツを広く伝えつつもその背後に存在する消費者を見ていた．一方で，興行主はラジオ中継が減収につながると考え，入場料と飲食売り上げに相当する額を補填させる契約に至り，放送権概念が誕生した．27年，ボクシング実況中継契約を結んだNBCラジオは，放送料を上回る商品広告の効果を期待して興行主の提案を受け入れている（☞項目「マイノリティとスポーツ」）．

テレビ中継が始まった30年代から受像器が大衆に普及する50年代にかけて，興行主たちは徐々に中継の宣伝・増収効果を認めるようになっていった．そしてメジャーリーグ・ベースボール（MLB）やナショナル・フットボール・リーグ（NFL）機構は，放映権を高値で販売するために，排他的・独占的な一括契約で管理する動きを見せた．この行為は連邦地裁によって「反トラスト法」違反とされたが，スポーツを公的なものとして訴えるNFLのロビー活動により覆されることとなった．最終的に四大メジャースポーツをこの訴追対象から免除する「スポーツ放送法」（1961）が制定され，私的な企業連合体としてのリーグは，その経済活動をより優位に行うことができるようになった．

❖商業テレビと人間ドラマ化　放送権契約がリーグやクラブの財政を実質的に支えるかたちで機能するようになり，ビジネスとしてのスポーツが強化される一方で，権利獲得をめぐる商業放送同士の熾烈な競争と三大ネットワークによる独占が，1960年代以降の番組づくりを動かした．NBC局とCBS局に加え，戦後新たに分割再編を経て誕生したABC局の競争参入が特に重要であった．ラジオ時代から引き継がれていた広告代理店主体の番組制作はすでにネットワークに移っていたが，ABC局はその競争力を高めるために，人気が高く，広告収入を期待できるスポーツ放送を足掛かりにすることを選択した．

60年頃からカレッジフットボールの放送権獲得に莫大な資金をつぎ込む一方で（☞項目「カレッジスポーツ」），すでに大衆の心を掴んでいたスポーツだけでなく，多様なスポーツに挑戦する人々の内面を描く，新しいジャンルの番組《ワイドワールド・オブ・スポーツ》の放送を開始した．

図1 2016年ワールドシリーズに際して，メディアのインタビューを受けるカブスの選手アンソニー・リゾ［Chicago Cubs］

また，64年冬季五輪から84年夏季五輪までの放映権をほぼ独占し，ABCスポーツ制作部門の黄金時代を築いた．番組づくりには，ルーン・アーレッジ指揮の下でドラマ制作の手法を用い，選手の個性を見事に演出し，視聴者の感情をテレビに引き入れることに成功した．このことは馴染みの薄い五輪種目に光を当てると同時に，メジャースポーツの中継内容にも影響を及ぼし，さらにスポーツや選手に関わるさまざまな情報の重要性を認識させる契機となった（図1）．

❖**ESPNとスポーツメディア情報** 山間部や遠隔地域などの地上波受信障害に関わって導入されたケーブルテレビの普及率は，1970年代後半には10%以下と低かった．しかし，ESPN（24時間放送のスポーツ専門チャンネル）が79年に開局し，そのプログラムが基本パッケージに組み込まれるようになると，契約世帯数は飛躍的に増大した（☞項目「放送の今日まで」）．放送は当初より全国ネットテレビで扱わないマイナーなスポーツの試合やNFLのドラフト会議などの情報で構成され，それを集約する《スポーツ・センター》という中核ニュース番組が高い支持を得ていた．すでにスポーツファンは，試合の詳細なハイライトと分析で構成される，情報量の多い番組を求めるようになっていたといえるだろう．その後，メジャースポーツの放送も行われ，90年代にはラジオや雑誌などの媒体にも事業拡大が図られ，発展し続けている．

しかし，インターネットメディアが発達し，スポーツメディアをめぐる状況が変化する中で，従来の媒体の位置付けは相対的に低下している．それは，リーグ組織自体がその内部にスポーツメディアを抱えるようになった状況と関係している．MLBが先進的な事例といえるが，傘下の別会社を通じてリーグの経済活動をより有利に展開し，競争力を強固なものとしている．スポーツメディアに直接関わるものとしては，MLBアドバンストメディアとMLBネットワーク（MLB専用のケーブルテレビ）がある．インターネット部門を担う前者は，すでに2000年に設立され，動画ストリーミング（ダウンロードならびに再生）などの制作・ネット配信なども行っている．ESPNなどのメディアは，このネット中継の権利も含めて包括的な放映権契約を結ぶようになっている．

［川口晋一］

スポーツとナショナリズム

Sports and Nationalism

　スポーツはしばしば，ナショナリズムを喚起する．オリンピックなどの国際試合では，自国の代表選手を応援することで「国民」としての一体感が生まれ，ひとたび勝利すれば自国自賛の高揚感や誇りの感情が芽生える（☞項目「ナショナリズム」「国民」）．

　また勝ち負けにかかわらず，代表選手やチームのプレースタイルを通じて他国との国民性の違いを語り，「われわれらしさ」を確認することもできる．スポーツはよく指摘されるように，自国への愛着や誇りを醸成するだけでなく，われわれは何者なのかという国民としての自画像も提供するのである．

　そして，自国を他国から区別するシンボルとしての役割を果たすものに，ネイションとスポーツを分かちがたく結び付けたナショナルスポーツ（国技）がある．

❖**アメリカのナショナルスポーツ**　現代のアメリカで国技として名前があがるのは，ベースボール（野球），アメリカンフットボール（以下，アメフト），バスケットボールの主に三つである（三大メジャーと呼ばれる，☞項目「三大プロスポーツ」）．特に法令などで国技を定めているわけではないため，三大メジャーのうち真に国技にふさわしいのはどの競技かをめぐって議論になることもある．ただし，例えば国民的な人気を基準に国技を選ぼうとしても，年間の観客動員数では野球，テレビの視聴率ではアメフト，競技人口ではバスケットボールとそれぞれ重視する指標によって順位が入れ替わる．こうした事情もあって三大メジャーが国技の座を競い合う状況はしばらく続くと見られている．

　一方で，三大メジャーはいずれもアメリカ発祥のスポーツとされ，その起源がさまざまに語られてきたという共通点がある．なかでも出版やテレビなどのメディアで最も頻繁に言及されるのは，野球の起源である．歴史的に見ても，ナショナルパスタイム（国民的娯楽）やナショナルゲーム（国民的ゲーム）とも表現される野球の起源については，繰り返し熱を帯びた議論が交わされてきた．

図1　スポルディング発行の雑誌『スポルディングズ・オフィシャル・ベースボール・ガイド』(1889) の表紙 [Library of Congress]

❖**国民的ゲームの出自**　野球の起源に関する本格的な議論は，1905年にまでさかのぼることができる．この年，野球の起源を調査する専門委員会がアルバー

ト・スポルディングの主導で設立された．シカゴ・ホワイトストッキングス（現シカゴ・カブス）のオーナーでスポーツ用品店の経営者でもあったスポルディングは，メジャーリーガーによるエキシビションマッチを世界各地で行った（図1）．その際にイギリスの観客から「子どものときに女の子たちとやったイギリスの古いゲームのラウンダーズと同じじゃないか」という嘲笑を幾度となく受けたことが専門委員会設立のきっかけになったといわれる．

ナショナルリーグの第4代会長を務めたエイブラハム・ミルズを委員長に据えた同委員会は，全米から情報を募り，膨大な証言の中から最終的にはアブナー・グレーブスという一人の老人からの手紙を証拠に「1839年にニューヨーク州クーパーズタウンで，アブナー・ダブルデーによって考案された」という結論を発表した．ダブルデーは南北戦争で活躍した後に将軍になった英雄で，国民的ゲームの純粋なアメリカ起源を裏付ける人物としては申し分のない経歴といえた．

❖国技とナショナリズム　愛国者を自認するスポルディングにとって，母国アメリカは旧世界のヨーロッパとは違う特別に優れた国家であり，その国技がイギリス生まれのラウンダーズの焼き直しであるはずはなかった．しかし後年，ダブルデー説は，専門委員会の設立を提唱・資金援助したスポルディングの偏った委員選出の方法，グレーブス証言の捏造疑惑などによって批判を受け否定されることになる．その後，「野球の父」の座は，ルールの成文化に功績があったとされるニッカーボッカーズのメンバーでニューヨーク生まれのアレクサンダー・カートライト・ジュニアの手に渡る．このアレクサンダー説にも一部専門家から批判はあるが，野球のアメリカ起源を証明するものとして一般的に広く信じられている．

スポルディングの時代以降も，アメリカという国家の特別さを野球に重ねて語ろうとする試みは繰り返し行われてきた．とりわけ野球はアメリカ的信条の象徴ともいえる民主主義に結び付けられることが多い．1947年にアフリカ系のジャッキー・ロビンソンが当時白人のみだったメジャーリーグに人種の壁を越えてデビューした出来事は，宗教や支持政党だけでなく肌の色さえ問わないアメリカの民主主義の素晴らしさを物語るものとして現在もたびたび引き合いにだされる．アメリカの卓越した民主主義の姿が，野球に見事に体現されているというわけである（☞項目「マイノリティとスポーツ」）．

野球殿堂博物館は，ダブルデー説を根拠に，野球が初めて考案されたとされるクーパーズタウンにその「起源」から100年後の1939年に開館した．そして，今もなお国民的ゲームをめぐる記憶を語り共有する場であり続けている．このように，野球はまさに国技として，アメリカの特別さや優越性への想像力をかき立て，国民の誇りと愛国心を喚起するシンボルとしての役割を果たしているのである．

［森　仁志］

暴力と薬物

Violence and Drugs

アメリカでは，19世紀半ばに発達した賭博文化がマフィアや犯罪組織の資金源となり，カジノが薬物や暴力の温床となったために非合法化した．しかし1930年代以降，ラスベガスをはじめとして合法化されたカジノは，麻薬や暴力とは距離を置いた娯楽・レジャー産業として成長した（☞項目「カジノ」）．一方で，アメリカの健全な文化として育まれ，国民的娯楽の地位を得たスポーツは，その進化・発展の過程で，商業主義とも相まって暴力と薬物の問題が深刻化している．本項では，ナショナル・フットボール・リーグ（NFL）における脳震盪と薬物使用の問題から，アメリカの制度化された文化の背景にある暴力と薬物について述べる．

❖**合理性の追求と代償としての暴力性**　アメリカンフットボール（以下，アメフト）における暴力性の端緒は，アメリカ精神文化を背景としたラグビーフットボールの改良，具体的にはフォワードパス（前方へのパス）の認可に求められる．試合に勝つために暴力的な攻防が生み出され，その結果，1905年をピークに多数の死者を出すことになった．命さえ奪う激突を回避するために，当時のセオドア・ローズヴェルト大統領も根本的な改革を求め，翌年にフォワードパスが認められたのである（☞項目「アメリカンスポーツ」）．

採用されたフォワードパスは，単に危険の回避という点にとどまらず，ターンオーバー（攻守交替）のリスクを負いながらも，陣地を一気に前進させる合理的な戦術であることから，アメリカ的改良ととらえられるものでもあった．しかしながら，この改良よって本質的な暴力性が排除されたわけではなく，むしろスピードのあるレシーバー（キャッチ専門の選手）や無防備なパッサー（パス専門の選手）への激しいタックルなど，脳震盪に結び付く局面を新たにつくり出すこととなってしまった．また，攻防に関わる合理的な改良にはポジションごとの身体能力特性を考慮した専門化や自由交代制による選手一人ひとりのプレー時間短縮などがあり，局面ごとの究極的なパフォーマンス向上が図られた．このことが皮肉にもアメフトの危険度を大幅に増大させることとなった．さらに，危険性を軽減する目的で導入された防具，特にヘルメットは相手へのダメージを逆に増幅させるものとなり，進化の中に暴力性が残されることとなった（図1）．

図1　「この動作はあなたの脳にとってよくない」とタイトルが付けられた写真［Jack Dempsey/AP］

❖NFLにおける薬物使用

現在NFLにおいては，北米スポーツの中で薬物使用問題が最も多く報告されている．特にパワーが必要とされるラインなどのポジションでは，レギュラー争いが激しく，筋肉増強に関わるタンパク同化剤やヒト成長ホルモンなどに手を染めてでも筋肉を付けて体重を増やそうとする選手が後を絶たない．さらに，競技パフォーマンス向上のためにコカインやアンフェタミン，そして大麻などの向精神薬に分類される薬物を使用しているケースも多い．そして，これらの薬物を故障リスク軽減のための肉体づくりや，消耗した肉体を回復させるための手段として常用する選手も多い．出場停止処分を受ける選手の数もメジャーリーグ・ベースボール（MLB）や全米バスケットボール協会（NBA）に比べて群を抜いて多い（☞項目「三大プロスポーツ」）．過去に処分を受けた選手が，その後複数回の出場停止処分を受ける割合が15％程度と，他のスポーツでは考えられない状況である．

❖NFLビジネスと薬物使用に対する姿勢

NFLは年間の試合数が他のメジャースポーツと比べて大変少なく，逆にロスター（選手登録）はかなり多い．これは競技の特性に関わったものであり，選手のプレー時間あたりの身体に対する負荷・ダメージの大きさを示すものでもある．またロスターに残り，常にポジション争いで優位に立つことができる強い肉体をつくるために，選手が薬物の力に頼らざるを得ない姿を容易に想像できる．さらにいえば，NFLにとって，選手を常にレギュラー争いの競争状態に置き，ドーピングも含めてパフォーマンスを高次元で維持することが，現実的に極めて重要な経営戦略上の問題になっていることは間違いないだろう．

現在，NFLでは他のメジャースポーツに比べて禁止薬物が細かく規定され，薬物規定項目は厳格化の方向に進んでいる．そのような中で出場停止処分を受ける選手数は増えている．それにもかかわらず，機構側に厳格なドーピング検査を行い，陽性者に対して厳罰を科す強い意志はないのである．現時点の規定では，違反の程度（使用薬物の種類を含む）によって違いはあるが，違反3度目の場合でも1年程度の出場停止処分といった，およそ厳罰とはいえないものであり，薬物使用の前歴がプレー継続を妨げないものとなっているのである．NFL機構のこのような姿勢は，アメフトの文化ではなくビジネスを優先させていることの現れである．

近年，脳震盪の危険性について認識が高まり，アメフトは再びそのルール改正の必要性が議論される状況になっている．アメリカの最も危険な娯楽は，その頂点にあるNFLの絶大なる人気と支持を背景に，変化に対して消極的である．しかし，「暴力的でも人気がある」として問題を先送りするのではなく，「暴力的だから人気がある」社会状況やアメフトの現状を批判的にとらえ，子どもの健康や安全を念頭に置いた文化見直しの動きが生まれ始めている．　　　［川口晋一］

スポーツツーリズム

Sports Tourism

近年，観光とスポーツは密接な関係にあり，それを顕著に象徴するものがスポーツツーリズムである．観光とは，1年を超えない範囲で日常の環境から離れて目的地を訪れ，その場所で報酬を得ることなく過ごす行為を指し，それにスポーツの要素を加えたものがスポーツツーリズムである．スポーツツーリズムはスポーツに参加したり，スポーツ観戦をしたり，スポーツ関連施設を訪問したりすることを目的としている．例えば，オリンピックやF1グランプリのような国際的な試合だけでなく，スキーを目的とするコロラドでの家族旅行や個人でのケンタッキーダービーでの競馬観戦，ニューヨーク州のクーパーズタウンにある野球殿堂博物館の見学なども含まれる（☞項目「スポーツとナショナリズム」）．

❖**スポーツツーリズムの台頭**　かつては経済的理由から富裕層に限られていた観光は，第2次世界大戦後には大衆の間でも身近なものになり，1969年にジャンボジェットが就航すると，一度に大量の観光客を運ぶことが可能となり，世界的なマスツーリズム化が生じた．しかし，80年代になると観光地における自然環境の破壊や文化変容，経済的搾取，ゲストとホストの不均衡な力関係など，マスツーリズムによって生じる弊害が批判されるようになり，それに代わる新たな観光の在り方が模索されるようになった．スポーツツーリズムもそうした流れの中で注目されるようになった観光の一つである．だからといって，それまでスポーツを伴う旅行や観光が存在しなかったわけではない．例えば，紀元前776年に開催されたオリンピックゲームでは，人々は競技に参加するため，あるいは観戦するために開催地を訪れていた．また，アメリカでは建国当初からスポーツとしてのハンティングが行われている（☞項目「アウトドア」）．しかし，当時こうした行為はスポーツツーリズムと呼ばれることはなかった．観光産業やスポーツ産業の興味を集め，研究の分野でもスポーツツーリズムという名称が定着したのは1980年代後半のことである（☞項目「観光」）．

今やスポーツツーリズムは注目される観光形態の一つとなっており，国際スポーツツーリズム評議会（Sports Tourism International Council）によると，観光産業全体の約32%を占めるまでに成長している（Kurtzman, 2005）．

❖**スポーツツーリズムの経済効果**　アメリカは広大な土地とスポーツ施設を有し，国民が健康で活動的な生活を送ることができるように政府がスポーツを奨励し，潤沢な予算がスポーツの向上のためにあてられている．テレビのスポーツ専門番組の数も多く，アメリカに住む人々にとってスポーツは身近な存在である．スポーツは急速に成長している産業でもあり，プランケットリサーチ社の資料によ

ると，アメリカのスポーツ産業全体の市場規模は4,720億ドルにも上る（☞項目「スポーツ産業」）．

　観光は成長が目覚ましいグローバル産業である．2014年のアメリカにおける直接的な観光の収入は国内総生産（GDP）の4,580億ドル（全体の2.6%）で，間接的なものも含めれば1兆4,000億ドル（全体の8%）に上った．観光に関連する仕事に就く労働者の数はアメリカの全雇用数の9.3%を占めており，1割近い労働者が観光産業に従事している．アメリカにとって観光は重要な産業の一つである．

　グローバル産業である観光とスポーツの相乗効果による経済的影響力は計り知れない．全米旅行産業協会（TIA）が1999年に行った調査では，7,500万人以上のアメリカの成人（人口の40%）が休暇中にスポーツイベントに参加し（Gibson, 2008），2001年の調査では，50マイル（約80キロメートル）以上離れた場所に旅行したうちの38%の成人がスポーツへの参加や観戦をしていたことが明らかとなった（Dixon et al., 2012）．スポーツ環境の整ったアメリカでは，国内のみならず海外からもスポーツツーリストが訪れることで，近年，スポーツツーリズムの重要性に対する意識が以前にも増して高まっている．

❖**スポーツツーリズムの功罪**　以前はスポーツと無縁だった場所がスポーツイベントを開催することで観光客を集客し，莫大な収益を得ることがある．例えば，1973年以来ハワイ州ホノルル市で開催され，日本航空がスポンサーを務めるホノルルマラソンは，現在では3万人を超えるランナーを集め，日本からも1万人を超えるランナーが参加している．マラソンが目的であるとはいえ，ランナーの多くは家族や友人を同伴して観光も楽しんでおり，12月に開催されることで，閑散期の観光産業に貢献している．また，フロリダ州オーランド市にあるディズニーワールドは，その広大な敷地に巨大なスポーツ複合施設を所有し，プロ，アマを問わず，年間

図1　ホノルルマラソン
[JAL HONOLULU MARATHON]

を通して多くのスポーツイベントを開催している．ディズニーワールドは年に数回，テーマパーク内を走るマラソン大会も開いており，テーマパークとスポーツの両面から観光客を誘致している．

　スポーツとツーリズムの融合は集客力を高め，地域社会に経済的利益をもたらしている．しかし一方で，資本の大きな企業が関わることで観光地のイメージの強化が行われたり，他のスポーツイベントの参加者を吸い上げ，結果，そのイベントの規模や利益の縮小を引き起こしてしまうなどの問題も生じている．　　　[進藤幸代]

アメリカンコミックス

American Comics

アメリカンコミックスの歴史はアメリカの人々の暮らしの歴史を反映している．大恐慌時代に描かれた多数のコメディ，戦時中に描かれた愛国的なスーパーヒーローなどには，日常生活における人々の理想と現実が描かれてきた．

❖**初期のコミックス**　新聞や小説の挿絵などが，1880年代後期には新聞に掲載される一コマ漫画やコミックストリップに発展し，現在のアメリカンコミックスの原形が生まれた．1990年代以降，コミックスは，出版シンジケートによって多くの新聞や雑誌に供給されるようになり，1900年代になると『ザ・イエローキッド』『夢の国のリトルニモ』『クレイジーカット』などの芸術的な作品が人気を博した．大恐慌時代には，『ミッキーマウス・ウィークリー』『ブロンディ』『ポパイ』などのコメディ作品が登場し，安価な娯楽として広い年齢層の読者に親しまれた．40年代には，ディズニーや『バッグス・バニー』『キャスパー』などのキャラクターが映画やテレビにも登場するようになった（☞項目「キャラクター産業」）．

❖**スーパーヒーロー**　このようなキャラクターと同時期に登場したスーパーヒーロー・コミックスは，現在でもアメリカンコミックスの中で最も人気のあるジャンルである．大手出版社であるDCコミックスのスーパーマン，バットマン，ワンダーウーマン，マーベルコミックスのキャプテンアメリカ，スパイダーマンなどのスーパーヒーローが超現実的能力を発揮してアメリカ市民を守る姿は，各時代におけるアメリカの正義を表象してきた．

1938年に登場したスーパーマンは，腐敗した政治家らと戦い，大恐慌に苦しむ市民を助ける正義の味方であった（図1）．一方，次第に世界が第2次世界大戦に向かうと，政府とともに国家を守る愛国的なスーパーヒーロー，「キャプテンアメリカ」が登場する．たくましい身体に星条旗の配色とアメリカの「A」をあしらったコスチュームを纏った彼が，アドルフ・ヒトラーや日本人を殴打する姿は，アメリカ国民を夢中にさせ，戦地の兵士の士気を高めた．第2次世界大戦が終結して冷戦の時代を迎えると，キャプテンアメリカは核の力やソビエト連邦の共産主義者を打ち負かした．スーパーヒーローは市民の愛国心をかき立てるプロパガンダ（政治的宣伝）として機能したのである．

図1　コミック初登場のスーパーマン（1983）
[DC Comics]

このように社会が保守化する中で制定された「コミックス倫理規定」（1954）は，スーパーヒーロー・コミックスにも打撃を与えた．コミックスの出版社は人気復活を求め，フラッシュやグリーンランタンなどの40年代のスーパーヒーローを復活させた．また，ジャスティスリーグオブアメリカやファンタスティックフォーなどのヒーローチームや，新しいスーパーヒーローを次々に誕生させた．

　このような模索が続く中，カウンターカルチャー（対抗文化）が花開いた60年代になると，バットマンのテレビシリーズが爆発的な人気を得た．苦悩を抱えた人間味あるヒーロー像は，その後のスーパーヒーローに踏襲されることとなった．カウンターカルチャーの要素がスーパーヒーロー・コミックスにも取り入れられたことで時代錯誤になったコミックス倫理規定は71年に改定されたが（1989年再改定，2011年失効），カウンターカルチャーが衰退し，ロナルド・W. レーガン政権下で社会の保守化が進んだ1980年代，スーパーヒーローは再度，たくましく愛国的に描かれるようになった（☞項目「対抗文化」「アンダーグラウンド・コミックス」）．その一方で，『ウォッチメン』や『バットマン：ダークナイト・リターンズ』のように，保守的な社会に疑問を呈するような作品も大きな注目を集めた．

　冷戦が終結し，90年代になると，スーパーヒーローに大きな変化が起こった．スーパーマンの死や，バットマン，スパイダーマンがヒーローをやめる姿が描かれた後，すぐに彼らの復活が描かれたのである．これには，新しい変化を求めながらも保守的な価値観に逆行していくアメリカ社会の情勢を読み取ることができる．そして，9.11同時多発テロ事件が発生し，バラク・オバマ政権が誕生し，さらなるグローバル化が進んだ2000年代以降，これまでは盾を武器にしてきたキャプテンアメリカが銃を持ち始め，西洋系だったスパイダーマンがアフリカ系とラテン系のハーフになり，スーパーマンがアメリカ国籍を捨てて「世界市民」となった．このように，スーパーヒーローには，アメリカ社会における正義の価値観の揺らぎや複雑化が映し出されている．

❖ファンカルチャー　アメリカンコミックスのファンカルチャーは，特に1960年代以降，コレクターの集うファンマーケットやファンが自主制作するファンジン（ZIN）などのかたちで発達してきた．ファンの影響力は大きく，例えば，88年には，バットマンの相棒，ロビンの生死を問うファン投票が行われ，投票結果どおり，ロビンの死が描かれたほどである．ファンや出版社が集まるイベントとして始まったコミックブック・コンベンションは，現在では世界各地の主要都市で開催されており，コミックスのほか，コミックス関連映画，SF小説，テレビドラマ，アニメ，マンガ，ビデオゲーム，カードゲーム，コスプレなど，多岐にわたるポピュラーカルチャーを扱う大型イベントとなっている．

[社河内友里]

アンダーグラウンド・コミックス

Underground Comics

アンダーグラウンド・コミックスは，1960年代後半から70年代半ばに，小さな独立系出版社からや個人の自主制作誌のかたちで出版された，カウンターカルチャーの要素を色濃く持ったコミックスである．アンダーグラウンド・コミックスは，ヒッピー文化に見られる性の解放，ドラッグ，ロックミュージックなどの描写や，ベトナム反戦運動，公民権運動，ゲイ解放運動などの反体制的な政治思想の描写とともに，サイケデリックな色彩や過激な描画に特色付けられる．また，大手出版社（DCコミックス，マーベルコミックスなど，☞項目「アメリカンコミックス」）のコミックスは大抵，多くのアーティストが工程別に分業で制作するのに対して，独立系出版社（キッチンシンクプレス，プリントミント，ラストガスプ，リップオフプレスなど）や自主制作によるアンダーグラウンド・コミックスは，作品の著作権を持つ作家が単独で制作している点にも特徴がある．

❖コミックス倫理規定への反抗　コミックスが青少年に与える悪影響を論じたフレデリック・ワーサム著『無垢への誘惑』は，1954年の出版と同時に大きな注目を集め，同年中に「コミックス倫理規定」が施行された．同規定はコミックスにおける犯罪，暴力，恐怖，性，ドラッグ，当局への反体制的な表現を禁止するもので，コミックスとして販売されるすべての出版物に，コミックス倫理規定委員会による検閲を義務付けた．「表現の自由」を失ったコミックス業界は大打撃を受けた．

さらに，検閲基準の不明瞭さが問題となった．作品の登場人物の宇宙飛行士をアフリカ系アメリカ人から西洋系アメリカ人に描き換えるよう指導を受けたECコミックスのように，検閲に反発して委員会を脱退する出版社もあった．ハービー・カーツマン編の風刺コミックス誌『マッド』（ECコミックス，1952〜）は，ECコミックスが委員会を脱退した55年以降，コミックスではなく雑誌として販売されるようになった．コミックス倫理規定への反抗や暴力，性，ドラッグ，社会的権威への揶揄など，過激な内容を風刺的に描いた『マッド』は，後のアンダーグラウンド・コミックス作家たちに多大な影響を与えた．

❖アンダーグラウンド・コミックス・ムーブメント（1967〜75）　アンダーグラウンド・コミックスは，サンフランシスコのヒッピー文化圏を中心に，ニューヨーク，オースティン，ミルウォーキー，シカゴなどで盛んになった．ヘッドショップ（ドラッグなどを扱う雑貨店）やフリーマーケット，また，大学生の自主製作コミックス誌の販路などから，小規模ながらも新しい販路を確立した．ロバート・クラムの『ザップ・コミックス』（以下，『ザップ』1967年創刊）

は同ムーブメント初期の重要なコミックス誌である（図1）．『マッド』の影響を色濃く受け，ディズニーなどのコミックストリップの影響も見られる新しい画風や，開放的な性やLSD（幻覚剤の一種）の体験に言及する自由な表現は注目を浴び，『ザップ』は増版を重ねた．『ザップ』にはクラムのほかにギルバート・シェルトン，スペイン・ロドリゲス，S.クレイ・ウィルソンなどの作品も掲載された．また，ビル・グリフィスとアート・スピーゲルマンの『ヤング・ラスト』，ジェイ・リンチ，キム・ディッチらの『ビジュー・ファニーズ』，デニス・キッチンらの『ビザール・セックス』などのコミックス誌や，ロリー・ヘイズらのホラー作品，ジャック・ジャクソンらのブラックユーモア作品などが出版され，人気を博した．

図1 『ザップ・コミックス』創刊号の表紙（1967）
[Crumb, Robert. Zap Comix]

❖**アンダーグラウンド・コミックスの終焉**　1970年代，ドラッグの危険性が認識され，ドラッグの使用を禁止する法律が制定され，アンダーグラウンド・コミックスの販路となっていたヘッドショップは撤退した．ベトナム戦争が終結し，ヒッピー・ムーブメントが衰退する中，アンダーグラウンド・コミックスの芸術表現はマンネリ化し，主流コミックスにも取り入れられるようになった．映画化などの商業化も進み，反順応主義的なイメージが損なわれていった．芸術の新規性の喪失やヒッピー文化の衰退に，オイルショックによる用紙価格の高騰も重なり，アンダーグラウンド・コミックスは終焉を迎えた．

❖**オルタナティブ・コミックス**　しかし，その後，1970年代末のパンク文化に影響を受けた，オルタナティブ・コミックスと呼ばれるコミックスを出版する独立系出版社（ファンタグラフィックスなど）が次々に現れ，80年代以降にはブームとなった．ロバート・クラム，ビル・グリフィスらの『アーケード』（1975），アート・スピーゲルマンらの『ロウ』（1980），ロバート・クラムらの『ウィアード』（1981）など，アンダーグラウンド・コミックス出身の作家が多く携わっている．しかし，パンク文化の影響を受けたDIY精神，80年代のヤッピーへの反発，アバンギャルドなデザイン，積極的に映画化などを行い市場に進出していく姿勢は，オルタナティブ・コミックス独自の特徴である．また，美しく装丁されたコミックスがグラフィック・ノベルとして書店で販売され始め，スピーゲルマンの『マウス』がピュリッツァー賞を受賞すると，大人のコミック読者が増加した．現在では，オルタナティブ・コミックスは主流文化の一部となっている．ダニエル・クロウズ，ピーター・バッジ，クリス・ウェア，ジョー・サッコー，エイドリアン・トミーネなど，アンダーグラウンド・コミックスに影響を受けたオルタナティブ・コミックス作家は多い．　　　　　［社河内友里］

キャラクター産業

Character Industry

　国際ライセンシング産業マーチャンダイザーズ協会（LIMA）によれば，2012年のアメリカならびにカナダでのキャラクター商品のライセンス（使用権）は25億5,000万ドルに上る．この数字はファッション，トレードマーク，スポーツなど，他のライセンス商品と比較しても群を抜いている．キャラクター産業を支えるライセンス会社の中でも，最大級の規模を誇るのはディズニーである．他にもバービーで知られる玩具メーカーのマテル，ルーニー・テューンズを製作したワーナー・ブラザーズなどが，アニメ，映画，コミックス，玩具などから生まれたキャラクター商品を管理すると同時に，新たなキャラクターを生み出し続けている．

　巨大なマーケットを誇るキャラクター産業の現在の在り方を方向付けたのは，1977年のジョージ・ルーカス監督による映画《スター・ウォーズ》の未曾有の大ヒットによる．ルーク・スカイウォーカー，チューバッカ，ダース・ベイダーらの登場人物を用いた商品の売れ行きは爆発的で，本作の続編や《インディアナ・ジョーンズ》シリーズを合わせて20億ドルも売り上げたのは，キャラクター産業史上でも初めてのことだったという．

❖**新聞マンガとキャラクター**　キャラクター産業の歴史は，新聞マンガにたどることができる．マンガのキャラクターを使用した商品が登場したのは1895年頃とされるが，その嚆矢となったのが，リチャード・フェルトン・アウトコールトがマンガ『ホーガン横町』で描いたイエロー・キッドである（図1，☞項目「アメリカンコミックス」）．だぶだぶの黄色いナイトシャツを着た丸坊主の少年は，たちまち人形，玩具，タバコや石鹸のパッケージに使用されることになった．『ホーガン横町』は当初ジョゼフ・ピューリッツァーが発行する『ニューヨーク・ワールド』紙に連載されていたが，その人気が知られるようになると，ランドルフ・ハーストが『ニューヨーク・ジャーナル』誌へとアウトコールドを引き抜いてしまう．そのためピューリッツァーは他のマンガ家にイエロー・キッドを描かせ，アウトコールドは『ジャーナル』誌でイエロー・キッドを連載する事態となった．このときアウトコー

図1　イエロー・キッド

ルドは，自身が生み出したイエロー・キッドの権利を保有することができなかった．

アウトコールドはキャラクターがもつ商品価値を理解し，キャラクターに対するライセンス付与を始めた人物でもあった．イエロー・キッドの権利をあきらめた彼は，1904 年にセント・ルイスで開催された国際博覧会で，新たに創作したキャラクターであるバスター・ブラウンの使用権を販売した（図2）．小公子のようなかわいらしい外見を持ちながらいたずら好き，という設定のバスターは，ブラウン靴会社のイメージキャラクターとして採用され，大々的に宣伝に使用された．

❖**アニメーション映画とキャラクター**　アニメーションがキャラクター産業を支えるようになったのは，ウォルト・ディズニーの登場によるところが大きい．ディズニーは1927年に自身がつくり出したオズワルド・ザ・ラッキー・ラビットの権利所有が，自身ではなく映画会社ユニバーサル・ピクチャーズにあることを知り，以降キャラクターの権利を

図2　バスター・ブラウン

徹底的に守ることにした．オズワルドに代わってミッキーマウスが産み出されたのは28年のことだが，ディズニーはその翌年にウォルト・ディズニー・スタジオ内にライセンス部門を立ち上げている．32年には同部門にケイ・カーメンが加わり，ミッキーマウスをはじめとするディズニー・キャラクターを用いた商品のライセンスを管理した．そのおかげで，不況の時代にあっても高品質を保ちつつ，消費者の手に届く値段でディズニー商品が提供されることが可能となったのである．実は，こうしたキャラクター商品は新作映画の宣伝効果も見込んでいた．新作映画の公開前から商品展開を行うことで，新キャラクターへの親近感を増加させる戦略は，すでに1937 年公開の《白雪姫》から用いられている．

30年代初頭のディズニーアニメはコロンビア・ピクチャーズが配給していたが，ディズニーの成功を目の当たりにしていたコロンビアのアニメ部門も，独自のキャラクターをつくり出すことに着手した．31年に誕生したスクラッピーは，現在ではほとんど忘れられてはいるものの，当時大きな人気を博し，商品化されていたという（図3）．ワーナー・ブラザーズはディズニーに対抗するために，映画プロデューサーのレオン・シュレジンガーと契約を結び，アニメシリーズである「ルーニー・テューンズ」を30年にリリースした．35年に同シリーズに登場した子豚のポーキー・ピッグは最初の人気キャラクターとなり，以後，40 年代にはダフィー・ダックやバッグス・バニーなど，現在でもよく知られるキャラクターが生まれている．

一方でメトロ・ゴールドウィン・メイヤーにはなかなか商品化に結び付くような作品がなかったが，40年になって発表された「トムとジェリー」でようやくヒット作に恵まれた．ディズニーのオズワルド・ザ・ラッキー・ラビットのライセンスを獲得していたユニバーサル・ピクチャーズは，オズワルドの人気を保つことが難しくなり，新たなキャラクターをつくる必要に迫られた．そこで同年にウォルター・ランツ製作によるウッディ・ウッドペッカーが登場することになったのである．

50年代以降はテレビがキャラクター産業に大きく貢献してきている．そのきっかけとなったのは，56年11月に放送が開始されたTV番組《ミッキー・マウス・クラブ》である．この番組のスポンサーとなったマテル社のテレビCMは，子ども向け玩具メーカーの宣伝のさきがけとなった．少年向け玩具であるウェスタン銃が売れたことをきっかけに，女の子向けの玩具として58年にバービー人形が販売され，それが大きなヒットとなった．

図3　スクラッピー

テレビ番組に登場するキャラクターもまた，人気を博していった．50年代にテレビ放送が始まった上述のルーニー・テューンズ，パラマウントのポパイといったキャラクターは多くの視聴者を獲得した．またメトロ・ゴールドウィン・メイヤーで「トムとジェリー」を製作したウィリアム・ハンナとジョゼフ・バーベラが設立したプロダクションからは，ヨギ・ベアーやフリントストーンなどのヒットキャラクターが輩出された（ハンナ・バーベラ・プロダクションはその後ワーナー・ブラザーズに吸収された）．フィギュア，レコード，ゲームといったさまざまなキャラクター商品が製造された．テレビ番組はこうした商品の宣伝媒体ともなっていく．

❖ **キャラクター商品の展開**　テレビ番組からキャラクター商品が生まれるという従来の順番が逆転し，キャラクターからテレビ番組が制作されるという戦略が用いられたのが，グリーティングカード会社のアメリカン・グリーティングスから登場したストロベリー・ショートケーキである（図4）．「ベリーナイスなお友だち」と「ストロベリーランド」に住むという設定の，大きなピンクのボン

図4　ストロベリー・ショートケーキ
　　　［Iconix Brand Group Inc.］

ネットを被ったこのキャラクターは，特に若年層の女の子たちの間で爆発的なヒットとなった．ケーキや菓子をモチーフにした仲間のキャラクターとともに，人形や玩具をはじめとした関連商品が発売され，1980年代前半には年に1回はテレビで特別番組が放映されるほどの人気を博した．

この戦略はのちに他の会社も採用するものとなり，マテル社のアクション・フィギュアであったヒーマンやハスボロ社のG. I. ジョーなどをはじめ，玩具のキャラクターがマンガ化およびアニメーション化されている．この戦略では，アニメやマンガそのものが，玩具もしくはキャラクター商品の宣伝になっているという批判も起こった．現在では子ども向けのケーブルテレビ局（ニケロディオン，カートゥーン・ネットワークなど）がオンラインショップを開設しており，作品とキャラクター商品の販売とは表裏一体になっている．なお，連邦通信委員会（FCC）は，子ども向けテレビ番組におけるコマーシャルは1時間につき週末10.5分，平日は12分までと定めている．

図5　マイケル・ジャクソンのセレブリティ・ドール〔MJJ Productions Inc.〕

なお，70年代以降アクション・フィギュアを販売していた代表的な玩具メーカーとしてメゴ社があげられる．メゴ社はDCコミックスやマーベル・コミックスが手がけたスーパーヒーロー・ヒロインたち（スーパーマン，バットマン，ワンダーウーマン，キャットウーマン，ハルクなど）のアクション・フィギュアを製作販売していたが，その他に日本のタカラ社が展開していた「ミクロマン」シリーズのライセンスを取得し，それをもとにして自社で「マイクロノーツ」シリーズをスタートさせている．マイクロノーツは1979年にマーベルからコミック化された．また，78年に《スター・ウォーズ》シリーズのライセンスを獲得し，アクション・フィギュアを発売したケナー社もよく知られている．

商品となるのは，フィクションのキャラクターだけではない．実在する人物が人形などのキャラクター商品となることもある．20世紀初頭のサイレント映画時代に「アメリカの恋人」と呼ばれた女優メアリー・ピックフォードは，彼女の姿を模したビスク人形がつくられた．チャーリー・チャップリンやシャーリー・テンプルをはじめ，数多くのスターも人形となって販売された（図5，☞項目「芸能人・芸能界」）．こうしたセレブリティ・ドールは，現在でもバービー人形のウェブサイトにも見られる．エリザベス・テイラー，マリリン・モンロー，ジェームス・ディーン，ブリトニー・スピアーズ，ケイティ・ペリーら，実在の俳優や歌手がキャラクターとなり商品化されることは，人気の証でもあると同時に，キャラクター化によって所有可能な存在になることを示している．

〔大串尚代〕

アウトドア

Outdoor

バーベキューやテールゲーティングのような屋外での食事．自動車販売の上位を占めるピックアップトラックや SUV（sports utility vehicle）．登山，キャンプ，釣り，ハンティングなどのアウトドアスポーツ．ヨセミテやイエローストーンに代表される雄大な国立公園を訪れるたくさんの人．こうした野外でのレクリエーションの人気には，自然の位置付けと生活スタイルの変化が関わっている．

❖**19世紀の自然への回帰**　歴史学者のフレデリック・ジャクソン・ターナーによれば，フロンティアの厳しい環境がアメリカ人の旺盛な自立精神を育て，民主主義の基盤になった（☞コラム「フロンティア」）．ウォールデンの森の中で自活を試みたヘンリー・デヴィッド・ソロー，ケンタッキーからフロリダまでを徒歩で縦断したジョン・ミューア，「土地倫理」を唱えた生態学者のアルド・レオポルドらのナチュラリストたちは，自然に崇高で優れた精神性を求め，逆に世俗的な人間社会の堕落と誘惑を嫌った．

そうした自然の礼賛が広く普及するのは，19世紀末以降だった．都市化，工業化に疲弊した人々は，癒しや健康の回復を求めて，野山に出かけるようになった．「自然への回帰」と呼ばれた野外活動の流行は，第一に男性的な文化だった．例えばセオドア・ローズヴェルトは，幼少期の病弱を克服するために，西部の牧場で暮らし，ハンティングやボクシングで体を鍛え，「精力的な生活」の効能を説いた（図1）．彼のようにスポーツマンを自称したエリート階級の男性たちは，便利な文明社会に慣れて身体が衰弱することを警戒し，原始的な自然の競争状態に戻ることにより，

図1　ハンティングのポーズをとるセオドア・ローズヴェルト（1885年頃）[Library of Congress]

男らしさを維持強化しようとした．そこには，健康を賛美する一方で，不健康なものを害悪として排除する優生主義の思想があった．

第二に，アウトドア志向は中産階級（ミドルクラス）の新しい生活習慣だった．彼らは，新移民の増加や産業社会の発展による都市の環境悪化を嫌い，田園に囲まれた郊外で静かに，健康的に暮らすことを望んだ．それは，シンプルライフを目指す反近代主義だった．近代以前の伝統や素朴さを好む考えは，アーネスト・シートンらによるボーイスカウト運動や野外学校で実践され，そこではインディアンを模範として，ナイフや火打石のような原始的な技能を教えた．またミドル

クラスはオーデュボン・ソサエティやシエラ・クラブなど全国的な自然愛好者の団体をつくり，バードウォッチングやハイキングを通して環境保護に取り組み，国立公園の制定にも尽力した（☞項目「国立公園」）.

❖**20世紀の自然と消費文化**　第1次世界大戦の消耗を経験した1925年に発表されたアーネスト・ヘミングウェイの短編「心が二つある大きな川」で，作者の分身の主人公は単身荒野に分け入り，孤独なキャンプと鱒釣りにより心の充足を得る．このように世間を厭うナチュラリストによって開拓されたアウトドアの楽しみ方は，20世紀以降，徐々に消費文化と結び付いた大衆的な娯楽に転じ，気晴らしや休養だけでなく運動や冒険的な興奮を求めて多くの人が自然に親しむようになった．ニューディール事業の一つだった市民保全部隊（CCC）では，大恐慌下の失業対策として多数の若い男性労働者が公園，動物保護区，道路などの建設に従事し，野外レクリエーションのための施設が整備された．自然への需要は第2次世界大戦後の「豊かな社会」の到来とともにさらに加速した．50年代のアメリカ的生活様式では，自動車の普及がアウトドアへのアクセスを高めただけでなく，自走式のモーターホームが余暇として広まり，牽引式のトレーラーホームは簡易的な住まいとして定着した．

60，70年代は自然資源の保護と活用のための公的な取組みが進められ，「ウィルダネス法」（1964）のほか，アパラチア・トレイルやパシフィック・クレスト・トレイルなど今日まで人気を博す長距離自然歩道が整備された．また国立公園局（NPS）が拡充され，環境保護の中心的な役割を担うようになった．

ベビーブーマー世代のカウンターカルチャーの盛り上がりは，ナチュラリスト，ホーボーと呼ばれた移動労働者，ビート文学らが育んできた放浪と野宿の伝統を受け継ぎ，ヒッピーやバックパッカーのような新しい若者文化を生み出した．80年代以降の不況と財政悪化，石油危機は公的支出の削減を招いたが，私企業の商品開発は活発化した．防水素材やアクションカメラをはじめとするさまざまな技術革新はアウトドアのフィールドを広げ，スノーボード，マウンテンバイク，ボルダリングなどの新しいスポーツを可能にした（☞コラム「エクストリームスポーツ」）.

❖**今後のアウトドア**　自然の消費はとどまるところを知らない．ショッピングモールには専門店があり，高機能な服や道具が揃う．環境に配慮した商品が支持される一方で，SUVのように自然を征服するタフで男らしいものへの支持も根強い．『ナショナル・ジオグラフィック』誌や《ディスカバリー・チャンネル》などのメディアでは雄大で神秘的な場所が紹介され，ツーリズムや健康志向の流行と相まって，多くの人が特別な経験を求めて隔絶された自然の中に出かける（☞項目「スポーツツーリズム」）．アウトドア活動の拡大は今後も続くと見込まれるが，有限の資源をいかに持続可能なかたちで上手に使うのかが課題となっている．　　　　　　　　　　　　　　　　　　　　　　　　　　　［丸山雄生］

サーカス

Circus

　アメリカを代表するサーカス団リングリングブラザーズ・アンド・バーナム・アンド・ベイリーが，遠のく客足を呼び戻せないまま，ホームページに「アメリカのアイコンの閉幕をともに祝福してほしい」との願いを綴り，2017年5月21日のニューヨーク興行を最後に146年の歴史に幕を閉じた．これは今日のアメリカサーカスが置かれた状況を象徴する事件である．

❖**サーカスの歴史**　サーカスという言葉は，古代ローマ大競技場（サーカス・マキシマム）で繰り広げられた壮大な戦車競走に由来するとされるが，一般大衆を対象とする娯楽としての現代的な形態は，18世紀のイギリスに始まる．1768年，フリップ・アストレーは設立を計画していた乗馬学校の宣伝として，曲馬にアクロバットや綱渡りなど曲芸を加えて広場でショーを興行し好評を博した．作曲家のチャールズ・ディブディンは，アストレーのライバル，チャールズ・ヒューズと組んで同様の興行を始め，1782年にラテン語を借りて「ロイヤル・サーカス」と呼んだ．ここに近代サーカスが名実ともに成立した．一方，アメリカサーカスの発展は，独立革命直後の92年に始まる．イギリス人騎手ジョン・ビル・リケッツは，当時の首都フィラデルフィアに渡って乗馬学校を開校し，馬を訓練して，翌年4月3日から，円形劇場でアストレーのショーに模した曲馬中心の芸を週2～3回行った．これも評判となり，ジョージ・ワシントンをはじめとする要人たちの訪問を受けた．

　19世紀に入ると，フロンティアの移動に伴いサーカスも西進し，開拓地の農民に待望の娯楽を提供した．やがてフィニアス・T.バーナムやバッファロー・ビルことウィリアム・コーディら，進取の気性に富む才覚の持ち主に恵まれ，さらなる発展を遂げた．バーナムは若い頃，バーナムの科学音楽大劇場やアメリカ博物館の経営によって成功を収めた後，1871年にサーカス団を結成し，81年に同業の若手ホープ，ジェームス・A.ベイリーと組んで拡大路線を歩む．ここにアメリカサーカスの黄金時代が到来したといわれる．バーナム・アンド・ベイリーサーカスは，バーナムとベイリーの死後1907年にリングリング兄弟による買収を受け，冒頭で紹介したリングリングブラザーズ・アンド・バーナム・ア

図1　リングリングブラザーズ・サーカスのポスター（1899）

ンド・ベイリーが成立した（図1，☞項目「芸能人・芸能界」）．他方コーディは，無法者と保安官の決闘，バッファロー狩り，カウボーイとロデオ，そして不屈のフロンティア魂などをふんだんに盛り込み，東部の人々の期待や願望に応じて西部開拓を派手に脚色したワイルド・ウェストショーを大成功させ，アメリカ西部のイメージ形成に大きな役割を果たした（☞コラム「フロンティア」）．

❖アメリカサーカスの特徴　アメリカサーカスの特徴として次の3点があげられる．第一に，大都市に居を定めて開催されたヨーロッパのサーカスに比べ，アメリカサーカスは，大都市が希少で国民の大多数が地方に分散していた環境の中，巡業による経営を行った．1826年，ポータブルテントの採用はこの傾向を後押しした．こうした移動性の高さは，以下の特徴に見られるような，アメリカサーカスに特有の性格を与えることになる．第二はサーカス・パレードの導入である．サーカス団は，パレードの宣伝としての有効性に目を付けた．その最初は37年，ニューヨーク州のオールバニーで行われ，1920年代までサーカスに欠かせない呼び物となった．パレードは古代ローマ帝国軍団の凱旋パレードに模せられ，色とりどりで精巧につくられたワゴン（馬車）や，けたたましい音楽を奏でる汽笛オルガン（カリオープ）がおなじみになった．1853年にはヒポドローム・トラックという競争トラックが設置され，その上でもパレードが行われ，馬車レースが開催された．第三は，リング増設である．ヨーロッパのサーカスは，現在に至るまで，一つのリングで開かれるのが一般的で，個人のパフォーマンスの芸術性を重んじる傾向があるのに比べ，アメリカサーカスは人間と動物による見世物の形式をとり，芸の質よりも量を重んじるかたちで発展を遂げてきた．リング増設はこのような流れがもたらしたものである．

❖サーカスの行方　サーカスはアメリカの娯楽史上でどのように位置付けられるのか．舞踊評論家の石井達朗は，20世紀における映画とサーカスの比較史に取り組み，前者が大衆メディアとして著しい発展を成し遂げた世紀に，後者は時代の急速な変化に取り残されるかのように衰退した過程を見いだし，両者を対照的に位置付けた．アメリカ文学者の亀井俊介もサーカスの衰退を予見したが，その原因の一つを，ワゴンから列車，トラックへと主要な交通手段が推移する中で，本来の魅力を喪失したことに見ている．亀井の予見は的中し，アメリカサーカスはその後も衰退の途をたどった．現在では「昔日の娯楽」であるとの印象も強い．しかしサーカスはなお多くの人々を魅了している．研究熱も高く，日本では作家でサーカスプロモーションも手掛ける大島幹雄らが「サーカス学」を提唱している．カナダのケベック州で1984年に設立したシルク・ド・ソレイユの健在ぶりは，サーカスが現代の観客を惹きつける力を保持していることをうかがわせる．その歴史で独自性の高いアメリカの経験は，サーカスを理解し，鑑賞する上できわめて重要な意義を有している．

[川島浩平]

テーマパーク

Theme Park

||||||||||||||||||||||||||||||||||||||||||||||||||||||||||

　1955 年のディズニーランド（カリフォルニア州）登場以来，多くの遊園地がテーマパークと称されるようになった．しかし，一貫したテーマに沿ってアトラクション，ショー，建物，食べ物などすべての要素を統合して別世界空間を創出するテーマパークは，アミューズメントパークと呼ばれる遊園地の特殊な形態であり，乗り物中心の従来型遊園地が進化したかたちと見てよい．

❖野外娯楽施設の変遷　その遊園地の起源は 17 世紀にパリ，ロンドン，ウィーンなどヨーロッパ各地に出現したプレジャーガーデンにたどられる．宮廷庭園の庶民版で人々は散策や舟遊び，気球乗りに興じ，夜は見世物やダンス，花火などを楽しんだ．

　19 世紀後半，野外娯楽産業の中心は大西洋を越えてアメリカに移った．新しい工業文明と移民の波に沸き返るニューヨークでは，旧世界のプレジャーガーデンは「快楽」と「庭園」に二分化され，前者の代表がコニーアイランドの遊園地であり，後者を反映したのが公序良俗を重んじるセントラルパークだった．マンハッタンの南にあるコニーアイランドは当初は上流階級の海浜リゾートだったが，1875 年の鉄道開通で一挙に大衆化した．スティープルチェースパーク，ルナパーク，ドリームランドの三大遊園地と無数の小型アトラクションが一帯を埋め尽くし，アラビアンナイトを彷彿させる宮殿やベニスの風景，日本庭園，エスキモー村などエキゾチックな景観が再現され，大火事や火山噴火，大洪水の災害スペクタクルが人気を呼んだ．ここで若い男女が開放的な恋愛を楽しむ姿は，O. ヘンリーの短編や無声映画などにも描かれている．

　一方，19 世紀後半から開催された万国博覧会もスリルと驚異の世界を運ぶ大衆メディアとして集客力を発揮した．なかでも 93 年のシカゴ万博はコロンブス到達後 4 世紀を経たアメリカの発展を内外に示す画期的イベントだったが，人々を圧倒したのは荘厳な白亜のパビリオンとともに各国の民族館や見世物小屋が延々と続く歓楽街ミッドウェイだった．東端にアメリカ民主主義の理念を表す丸太小屋を，西端にアフリカのダオメーの集落を配し，その中間の 1 マイルを「未開」から「文明」に至る人類進化の道筋としてベドウィンのテント村，ムーア人のカフェ，ドイツの動物ショー，日本の茶屋，アイルランドの城などを並べた設計は「民族学的娯楽ゾーン」として人気を集めた．異文化への好奇のまなざしを教育のオーラで包み込むというこの方式は，半世紀後のテーマパーク設計にも応用されることになる．敷地の西側にアジアやアフリカのアドベンチャーランドを，反対側にアメリカ主導の宇宙時代を表すトゥモローランドを配したディズニーラ

ンドなどは，シカゴ万博の「ミッドウェイ」の現代版といえる．

　シカゴ万博はまた電気の時代を象徴していたが，19世紀末のアメリカでは多くの町にトロリー電車が登場し，電鉄各社は週末や夜間の乗客増加を図るため，路線の終点に遊園地を建設するようになった．こうした経緯は，20世紀初頭の日本における宝塚の遊園地（兵庫県）や豊島園（東京都）にも共通する．トロリーパークと呼ばれたこれらの遊興施設ではピクニック場，ダンスホール，レストラン，湖や川のほとりの乗り物などが人気を博した．労働時間短縮，可処分所得増大によって国民がレジャーに費やす時間と資金にも余裕が生じ，休日には1日あたり5万人もの集客を記録した．

　しかしその後，自動車の普及による人々の行動範囲の拡大，ラジオや映画といった新しいメディアの登場，大恐慌などの打撃を受けて，1910年に2,000を数えた遊園地は30年代半ばには500に激減した．第2次世界大戦後は郊外化と都心部の荒廃によって，旧式の遊園地の多くが閉鎖に追い込まれた．

✣ディズニーの革命　低迷する一方の遊園地文化を再び中産階級（ミドルクラス）のファミリー向け娯楽としてディズニーが復活させた背景には，ベビーブームという人口動態の変化とともに長年の映画製作で培われた構想力があった．それによって，過去・未来へのタイムスリップを味わえる文化装置の新機軸が誕生したのである．ユニバーサル・スタジオも映画をベースとするテーマパークとして1964年にハリウッドに開設された．

　一方，スリル系の乗り物を中心とするシックス・フラッグズも60年代からテキサスやカリフォルニアにオープンし，西部のゴーストタウン，アフリカのサファリ，中世ヨーロッパといったテーマ区域と並んで絶叫マシーンを多数配置したテーマパークも各地に登場した．その後もラスベガスやニューオーリンズなどに大型テーマパークがオープンしているが，70年代以降，アメリカの野外娯楽産業の視線は海外に向けられ，東アジアやヨーロッパが主要ターゲットになった．ディズニーは東京の後，パリ，香港，上海に開園し，ユニバーサルも大阪，シンガポールに進出している．アメリカ製テーマパークの魅力は，物語の徹底的な演出である．アトラクションのわかりやすさも，世界中の人々がハリウッド映画に親しんでいるという素地による．相当の出費は伴うが，家族連れで1日を安全・快適に楽しめる場所としてテーマパークは現代生活に定着している．

　旅行の目的地や文化的欲求にもその影響は及んでおり，例えばディズニーランド・パリを訪れる人はルーブル美術館やエッフェル塔の見学者より多く，香港ディズニーランドは西安の兵馬俑坑より，ユニバーサル・スタジオ・ジャパンは大阪城よりもはるかに多くの人々を惹き付けている．今後もテーマパークは地球規模で広がる勢いだが，現実の社会そのものがテーマパーク化している現象も見逃すことができない．

[能登路雅子]

芸能人・芸能界

Entertainer and Show Business

　芸能人とは，英語ではエンターテイナー（entertainer），つまり広義にいえば人々に娯楽を供給する者を指す．ただし，芸能界の英訳語であるショービジネス（show business）という表現が示唆するように，それは主に職業として芸を披露するプロフェッショナルのことをいう．また，芸能人とは娯楽・メディア産業を媒介として拡散する媒体・記号でもある．

❖19世紀アメリカの芸能文化　アメリカでは建国時からすでに歌，踊り，芝居などに彩られた娯楽文化が存在していたが，贅沢や浪費に対する戒めの強い時分，その普及は限られていた．しかし独立戦争が終わると，工業化，都市化，人口増加の波が押し寄せ，娯楽への需要が加速度的に増してゆく．その中で「芸能」は潤沢なビジネスへと成長する．

　まず栄えたのは舞台であった．19世紀に入るとアメリカ各地に大小さまざまな劇場が建設され，正統派の演劇だけでなく，多様な出し物が盛り込まれたバラエティショーやその発展形ともいえるヴォードヴィルが観客をあまた楽しませた（☞項目「ヴォードヴィル」）．ニューヨークのアメリカ博物館で知られる興行師P. T. バーナムも，小人から巨大動物までが盛り込まれたショーをひっさげて巡業に馳せ，晩年は巨大サーカスを運営した（☞項目「サーカス」）．

　こうしたアトラクションの場から，著名な芸能人が誕生した．例えば，ヴォードヴィルのスター，エディ・キャンターは，華やかな歌や踊りだけでなく，黒塗りの顔（ブラックフェイス）で黒人を演じるミンストレルショーの主役としても知られるようになった（☞項目「ミンストレルショー」）．女性ではソプラノ歌手リリアン・ラッセルが，持ち前の美声で人気の楽曲を歌いこなした．アメリカ西部のアクションを劇化した《ワイルド・ウェスト・ショー》で一躍人気を博したウィリアム・コディ（バッファロー・ビル）は，ヨーロッパやアジアでも興行を成功させる．

❖映画からSNSまで　20世紀に入ると，芸能の中心はハリウッドへと移行する．「夢の工場」とも謳われたアメリカ映画産業は，1910年に登場したフローレンス・ローレンスを皮切りに多くのスターを世に送り出した．つくり手たちは，スラップスティック・コメディ（チャールズ・チャップリン），活劇アクション（ジョニー・ワイズミュラー），ミュージカル（ジンジャー・ロジャーズ）など，役者の特長を生かした映画ジャンルを築いていった．かくして映画は特殊技能を表現する一大ステージとなったのである．

　銀幕で輝いたスターたちの多くは，日常でも一般市民が憧れるようなセレブ生

活を送り，そのイメージは新聞や雑誌などで誇大化された．しかし表向きは華やかな芸能界も，実際はスキャンダルや犯罪と表裏一体であり，ハリウッドには常に負のイメージがつきまとった．そこでアメリカ映画製作配給業者協会（MPPDA，現アメリカ映画協会 MPAA）は自主検閲や渉外を通してイメージの浄化を図った．（☞項目「検閲」）

　第2次世界大戦後はテレビの台頭とともに芸能人の活躍の場が巨大スクリーンからブラウン管へと広がっていく．戦後，急速に白人の中産階級を中心に浸透していったこのニューメディアは，一般ニュースのほかに，芝居，曲芸，踊り，音楽などを自宅で鑑賞することを可能にした．初期の芸能番組には生放送のものが多く，一時代を築き上げた《エド・サリバンショー》にはエルビス・プレスリーやフランク・シナトラといった白人歌手だけでなく，ナット・キング・コールやジャクソン・ファイブなど黒人の一流エンターテイナーが登場し，自慢の歌や踊りを披露した（☞項目「ポップ・ダンシング」「ロック」．また，テレビを通して役者としての才能を開花させた者もいた．《アイ・ラブ・ルーシー》のルシル・ボール，《ガンスモーク》のジェームズ・アーネス，《スパイ大作戦》のピーター・グレイブズ，《奥様は魔女》のエリザベス・モンゴメリーなどがその好例であろう．

図1　エルビス・プレスリーとエド・サリバン

　戦後期におけるメディア産業の隆盛は，芸能界と政界の関係を密にするという効果も果たした．ドワイト・D. アイゼンハワーはテレビを通して国民へ「直接」呼びかけ，社交家で女性関係の噂が絶えなかったジョン・F. ケネディはテレビ討論を経て大統領の座に就いた．元映画俳優のロナルド・W. レーガンは，西部劇などで培ったイメージを利用して「強いアメリカ」を象徴する指導者たろうとした．元ボディビルダーのアーノルド・シュワルツェネッガーもハリウッドで勝ち得た名声を踏台にしてカリフォルニア州知事となった．このようにして芸能人が政治家になり，政治もエンターテインメント化していく．

　90年代半ば以降は，インターネット，スマートフォン，リアリティ番組の普及により，娯楽文化がさらに多様化し，テレビ司会者（オプラ・ウィンフリー），リアリティ番組のスター（キム・カーダシアン），スポーツ選手（レブロン・ジェームズ），など多様な職種の人々が芸能人となっていった．不動産王ドナルド・トランプも《アプレンティス》というリアリティ番組の顔として知名度を上げた（☞項目「リアリティショー」）．2016年，彼がSNSを頻用して大統領選挙に勝利したことは記憶に新しい．　　　　　　　　　　　　　　　　［北村　洋］

リアリティショー

Reality Shows

リアリティショーはリアリティテレビともいい，テレビ番組の1ジャンルである．一般の参加者が予想困難な状況にどう対応していくかを追う番組で，ドキュメンタリー番組と類似する．現実を客観視し，社会的影響力と教育効果に鑑みた何らかの結論を求めようとする後者に対し，リアリティショーは，台本なしとしながら，誇張や「やらせ」を含む過剰な演出を盛り込んだ娯楽番組である．出演者の言動に密着し録画・編集した，現実と演出が混在したドラマをリアリティと称し，のぞき見感覚で楽しむのが本筋である．

❖リアリティショーの台頭　リアリティショーが新ジャンルとして顕在化したのは1990年代である．その背景には，80年代以降，人気タレントの出演料が高騰，番組作成費用がかさむ一方，ケーブルテレビの普及などにより視聴者が細分化し，広告収入が減少したという事情がある．安価な番組作成を模索していたテレビ業界にとって，低予算で製作でき，広告収入も期待できるリアリティショーは，救世主となった．

多くがマイナー番組として出発したが，メジャー番組に組み込まれたものもある．《オプラ・ウィンフリー・ショー》（女性向けの情報提供兼バラエティ番組）がその例で，97年に視聴者からの寄付で奨学金制度を発足，奨学生のその後の活躍を追った．また，オプラ自身と番組スタッフが実践する減量プロジェクトや自己啓発セミナーの進行状況を報告する企画もあった．

最初にメジャー番組化したリアリティショーは，一般人16人が高額の賞金を狙って絶海の孤島で生き残りゲームに参加する《サバイバー》（2000〜）である．勝敗をめぐる人間模様を生々しく密着報告し，これを娯楽の中心とするスタイルは，現在も引き継がれている．

❖多様化するリアリティショー　現代のリアリティショーは多様化著しい．ゲーム型ドキュメンタリー（gamedocs）とデートものでは，参加者同士が競い合い，1人が勝ち残る．《アプレンティス》（後述）や，1人の異性の心を射止めようと複数の参加者が奮闘する《ザ・バチェラー》（2002〜）などが人気である．コンテストものではダンスや歌など才能を競う番組のほか，デザイナーが服飾デザインを競う《プロジェクトランウエイ》（2004〜）がよく知られる．ドキュソープ（docusoap）というジャンルは，淡々とカメラ目線で一般人の生活に密着する．例えば《リアル・ワールド》（1992〜）は，まったくの他人同士を同居させ，それを逐一録画するという社会実験的な企画で，今日まで続く人気番組である．そのほか法律相談・法の執行・法廷闘争を扱う法廷もの，美容整形や減量などで変

貌を遂げる自己改造ものもある．一般男性が，5人のゲイのファッション専門家の助言で「改造」され見事に変身する《クィア・アイ》（2003〜07）が人気を得た（☞項目「身体」「クィア」）．

❖金銭的成功というリアリティにこだわるアメリカンドリーム
起業家志望の若者が2組に分かれ，毎回，商品売り込みなど異なる課題に挑戦して競う番組《アプレンティス》（2004〜17）は，ドナルド・トランプが初回から2015年まで出演したことでも知られる（図1）．毎回1人が脱落，最後に残った者が晴れてトランプの見習いとなり大プロジェクトを任される．彼は豪華なリムジンで登場．セレブ感あふれる成功者として振る舞い，参加者たちは終始憧れ目線を送る．見どころは，苛烈な追い落としに耐え有望と見えた参加者が意外にも脱落する終盤にある．なぜ脱落させるのかをトランプが不動産王ならではの知見を持って説明し，鮮やかに切り捨てる，そのドラマチックな展開と「お前はクビだ！」（You're fired！）という決め台詞が人気を博した．

図1 《アプレンティス》のDVDジャケット

《カーダシアン家のお騒がせセレブライフ》（2007〜）は，一家のゴージャスな生活に密着．視聴者みずからセレブになったかの錯覚を楽しむ仕掛けである．同家の娘キムは交際相手がセックステープを漏洩，DVD販売されて訴訟を起こす．多額の賠償金を得て示談となるが，この事件は番組とキム自身の人気に火を着けた．さらに，元五輪メダリストの父親が性別適合手術を受け《女性になったカーダシアン家のパパ》（2015〜16）で，トランスジェンダーについてみずからの経験をもとに解説し話題となった．

カニ漁で大金を稼ぐ漁船の男たちを追う《ベーリング海の一攫千金(いっかくせんきん)》（2005〜）と，鴨の狩猟グッズを製造販売し財を成したルイジアナ州の成り上がり一家の生活を紹介する《ダック・ダイナスティ》（2012〜17）も，ヒット番組である．共通するのは，ワイルドな環境で体を張って巨万の富を得る成功物語が描かれている点である．後者は，レッドネック（南部の田舎者白人）の保守的ライフスタイルを礼賛する一方，銃で動物を撃ち殺す場面や差別的発言が散見され，賛否両論を呼んだ．

従来，リアリティショーには，成功と失敗または勝敗に関わるものが多かったが，現代はよりいっそう，金銭的成功こそリアルな成功と考えもてはやす傾向がある．新時代のアメリカンドリームを渇望する人々の姿を垣間見るようである．

[赤尾千波]

カジノ

Casinos

カジノとは，イタリア語の「小部屋」を意味する．カジノは，非道徳的とされるギャンブルが許される空間である．印刷技術が発展し質の高いカードが自由に使えるようになった後，カジノはヨーロッパ貴族の遊興の場として発展した．貴族の遊び場であることから，ヨーロッパのカジノでは大理石がふんだんに使われる立派な建物の中にあった．今でもヨーロッパカジノは外部からはうかがえず，招待者限定の雰囲気が漂う空間である．

アメリカのカジノはヨーロッパのカジノと異なり，開放的なアメリカ文化と融合させることで，ヨーロッパ型と異なるラスベガス型ともいうべき一つの文化をつくり上げた．ラスベガスが生まれたのは1905年，ユニオン・パシフィック鉄道が開通した年である（☞項目「鉄道」）．その翌年には早くもホテルとカジノとが組み合わさった最初のカジノホテルが誕生する．31年，ネバダ州はギャンブルを合法化し，同じ時期にフーバーダムの建設も始まり，ラスベガスは数万人の建設労働者の遊興の町となる．

❖ラスベガスの発展　最初の本格的カジノはバグジー・シーゲルが開発したフラミンゴである．1937年シーゲルは西海岸に移住し，44年に今のストリップ通りにリゾートホテルを建設することを思いつく．マフィアの親分たちから資金を調達し，カジノ，ホテル，プール，ゴルフ場まで揃った一大リゾートの建設を開始した．細部までこだわる性格が災いし，建設資金は膨れ上がる．オープン直後も赤字が続き，それが原因でシーゲルは資金回収を図るマフィアの親分たちに暗殺された．が，彼が命まで賭けたカジノホテルを見ようとホテルはすぐに大賑わいになった．

フラミンゴの成功後，この通り沿いに同様のホテルが続々と建設されていく．サハラ，サンズ，ショー・ボート，リビエラ，トロピカーナなどである．ただ，カジノが健全に発展するためには，大きな課題があった．それは，マフィアとのただならぬ関係である．問題はホテルの建設資金である．開発するためには資金が必要であるが，当時の資金提供者の銀行は，マフィアとのつながりを嫌い，資金の貸出しを断るのが大半であった．そのため，マフィア，ないしはその影響力下にある資金提供者に頼らざるを得ないという悪循環が存在した．

それを断ち切ったのが大金持ちのハワード・ヒューズである．68年，宿泊していたデザート・インというホテルから「カジノ客のために部屋を代わって欲しい」と言われ，それだけの理由でホテルそのものを買収してしまう．カジノ経営は税金対策に有利だと気が付いたヒューズは，ラスベガスのホテルの買収を始め

る．州政府はこのままではすべてのホテルが買収されてしまうことを恐れ，カジノライセンス取得は主要株主の審査だけでよいという法律を成立させ，企業がカジノホテルに投資をできるように制度を改めた．ハイアット，ヒルトン，MGMなどの著名ホテルブランドがラスベガスのカジノホテルに投資できるようになり，その結果ラスベガスはマフィアの手から，名前の通った大企業の手に移行した．

❖**進化するラスベガス**　一方，ラスベガスの競争相手も登場してきた．アメリカ東部のフィラデルフィア州，ニューヨークから車で2時間半の観光都市アトランテックシティである．アトランテックシティに最初のカジノが誕生したのは1978年，最盛期には12のカジノが営業していた．90年には後のアメリカ大統領となるドナルド・トランプが11億ドルを投資したトランプ・タージマハールが開業する（☞項目「芸能人・芸能界」）．

　ラスベガスは新機軸を打ち出す必要に迫られる．それが，エンターテインメントと融合した複合型のカジノである．最初の複合型カジノが，シーザーズ・パレスである．豪華ホテル，劇場，シェフレストラン，ブランド専用のショッピングモールを併設した複合型のカジノを新しいコンセプトに，総合型エンターテインメントシティ戦略を打ち出した．古代ローマ帝国をテーマにしたホテルである．

　ギャンブルのイメージが強いラスベガスであるが，ファミリーの新しい需要を開拓する必要に迫られた．スティーブ・ウィンは89年に客室3,000室のミラージュホテルをオープンさせた．火山のアトラクションを設置し，通行人にも無料で火山の噴火を見せて楽しませる大胆な発想，ホテルの内側までポリネシアのイメージに合わせつくり上げた．ウィンはその後もよりエンターテインメント性を高めた，刺激のあるショーをカジノホテルに導入する．無料のアトラクションに多額の資金とアイデアを注ぐのがラスベガスの流儀である（☞項目「テーマパーク」）．ウィンがミラージュを通じて成し遂げたもう一つのラスベガスへの貢献は，ウォール街のきれいな資金をラスベガスに導入したことである．ウィンはドレクセル・バーナム証券のマイケル・ミルケンと組んで，ミラージュの建設資金6億ドルを調達した．これによりラスベガスはアイデアを実際のプロジェクトに具現化する資金ルートを確保することに成功したのである．

　ラスベガスの進歩は続く．シェルドン・アデルソンはラスベガスにビジネス客を持ち込んだ人物として有名である．ラスベガスは，土日は混むが平日はガラガラ．そこで平日にビジネス客を連れ込んで1週間を平準化しようと試みた．彼が成し遂げたのはカジノとMICE（meeting, incentive, conference, exhibition）の統合である．

　カジノがラスベガスの生命線といわれてきたが，ラスベガスは確実にエンターテインメント中心，統合型リゾート化へと発展を遂げつつある．アメリカ文化の発展とともにラスベガスの挑戦が続く．　　　　　　　　　　　　　　　［大川　潤］

エクストリームスポーツ
Extreme Sports

「オリンピックよりもエックスゲームズ」．そう口にする若者は少なくない．それほど，アメリカのケーブルテレビネットワーク ESPN が主催する年2回の競技大会エックスゲームズを頂点とするエクストリームスポーツと呼ばれる競技が，近年ますますその人気を高めている（☞項目「スポーツメディア」）．

エクストリームスポーツとは，メインストリームとして位置付けられる伝統的近代スポーツに対抗するものとして出現した，新しい競技種目群の総称である．オルタナティブ，アドベンチャー，アクションスポーツなど，別の形容辞を伴うことも多く，最近では「エクストリーム」という呼称が危険性を誇張することを警戒し，むしろライフスタイルスポーツと呼ぶべきとの主張もある．

その歴史は1960～70年代のカウンターカルチャーを起源とし，アメリカ人起業家によりヨーロッパにもたらされた（☞項目「対抗文化」）．その後アフリカ，南米，アジアへと伝播して現在に至る．規則に縛られ達成志向的な伝統スポーツと異なり，エクストリームスポーツの多くは，表現や態度を通して特有のライフスタイルやアイデンティティを発展させ，トランスナショナルに（国境を越えて）作動して，芸術，ファッション，音楽と結び付きながら特有のサブカルチャーを形成する傾向を有する．多種多様な競技種目からなり，大別するなら，BMX（競技用自転車），マウンテンバイク，スケートボード，スノーボードなどの乗り物系，ロッククライミング，ボルダリングなどクライミング系，スカイダイビングやバンジージャンプのような落下系，サーフィン，カイトサーフィンなど海洋系，パラクールやトレイルランニングなど走行系があり，カテゴリー化できない新種も次々と加わっている（☞項目「アウトドア」）．

エクストリームスポーツの特性として次の三つを指摘したい．第一に，実践者の多くは，競技するというよりも，身体運動を通じて自己実現を，さらには自己を超越する経験を求める傾向があり，その瞬間を「ストークする」「環境と一つになる」「一瞬の強烈な感覚」などと表現する．ここにオルタナティブなライフスタイルの一つの目標がある．第二に，メインストリームに対するサブカルチャーの抵抗としての出自は無視できないが，近年，ネオリベラリズム経済体制下で，むしろ資本の蓄積に大きく貢献しつつあるとの批判が後を絶たない．第三に，かつては欧米諸国の白人男性かつ若者を主たる実践者としていたが，今日，世界各国へと普及し，女性へ，そして高齢者へと支持層を急速に多様化させ，かつ拡大していることも注目に値する．

エクストリームスポーツを，アメリカスポーツ界のポストモダンと見なす識者も少なくない．この新しいスポーツ競技群が，反メインストリームを標榜しつつ，メインストリーム化を進めるという矛盾を内在させながら発展する様子に，現代を象徴する運動を見ることができるかもしれない．　　　　　　　　　　　　　　　　　［川島浩平］

16. 映画と映画産業

1895 年に誕生して以来，映画術は瞬く間に全世界に広まった．視覚メディアの中でも抜きん出た存在となった映画術は，言葉の壁に縛られない新しいコミュニケーションの形式だと思われた．1912 年に初めてハリウッドに映画撮影所を創設したカール・レムリが社名を「ユニバーサル」（全世界）と名付けたのは，まさにこのためであった．

最初期のアメリカ映画は世界規模で見れば数ある中の一つに過ぎなかったが，第 1 次世界大戦が競合する欧州諸国の映画産業に壊滅的な打撃を与えたことで，アメリカ映画はここに生じた空白を一気に埋める存在となった．これによってアメリカ映画は，今に至るまで世界に比類のない支配力を手にすることになったのである．ハリウッドの娯楽映画産業の外でも，アメリカのドキュメンタリーと前衛的な実験映画の実践と蓄積は世界的な影響力を発揮した．

本章では，これらの多様な側面に視野を広げ，ハリウッドの煌びやかな外観にとどまらず，映画の産業と制度の成り立ちに目を向けることに留意した．

[マーク・ノーネス／生井英考]

映画の黎明

The Dawn of Cinema

映画は19世紀後半の欧米で，さまざまな科学的発見，技術的挑戦，そして美学的探求の結節点として生まれ，20世紀に入りアメリカで巨大産業となった．

❖映画前史　遠近法が発明されたルネサンス以降，ピンホールカメラの原理で画像を映し出すカメラオブスクラを利用した絵画制作が盛んになり，湾曲した壁面に描かれた正確な風景画が実景の中にいるような感覚を与えるパノラマなどが発明された．19世紀に入り感光材を用いてカメラオブスクラの像を定着させる写真が実用化されると，機械的正確性で空間を再現できるようになった．一方で認知科学における残像現象の発見によって，パラパラ漫画のように連続した絵を動画として錯覚させるフェナキスティスコープやゾーイトロープといった装置が発明された．科学者たちの次の挑戦はいかにして写真を動かすかにあった．

1870年代にはサンフランシスコの実業家L.スタンフォードの依頼を受けた写真家E.マイブリッジが，複数台のカメラを使い疾走する馬の連続写真の撮影に成功する．82年にはフランスの生理学者E＝J.マーレーがクロノグラフガンを開発し，動物の動きを1枚の印画紙に写し取る．ドイツのO.アンシュッツによるシャッターの改良やイーストマン・コダック社によるセルロイド製ロールフィルムの開発の成果を吸収し，映画の誕生の技術的基盤が整った．88年にはエジソン社がニュージャージーに当時の感光材料での撮影に耐えるように太陽の向きに合わせて建物自体が回転するブラックマリアと呼ばれるスタジオを建設し，ウィリアム・ディクソンが最初の映画カメラであるキネトグラフを完成させる．

❖映画興行の誕生　1890年代にはアメリカではエジソン社がのぞき見式の上映装置キネトスコープを（図1），フランスではリュミエール兄弟が幻灯機を組み込んだ投影式のシネマトグラフを発明し，一般の観客の前で料金を取って興行するようになる．キネトスコープは一般の商店などに置かれ，1台あたり数分程度の映像を観客は一つひとつ順番に鑑賞した．フィルムではなく紙を用いた同じく覗き見式のミュートスコープも一時人気を博すが，すぐに投影式映画の人気に押された．エジソン社は他社の技術を買収しバイタスコープという投影式映画を市場に投入した．エジソン社以外にも多数の映画会社が設立されるが，世紀転換期のアメリカではフランスのパテ社のフィルムが市場の3分の1を席巻していた．

1890年代の映画は複雑な物語を表現することはなく，ヴォードヴィル演芸，風景，ニュース，スポーツのほかアクチュアリティと呼ばれる実際の光景を数分程度の長さで映し出したもの，また二重露光やジャンプカット，逆回しを用いたトリック映像などが主であった．これらの短編映画はヴォードヴィルの演目に組

み込まれ供された．1902年にフランスのジョルジュ・メリエスが製作したトリック撮影を駆使したSF映画《月世界旅行》を嚆矢として，各国の映画製作者たちは複雑な物語を語る技法を開発し始める．03年にアメリカではエドウィン・ポーターが複数のシーンを組み合わせて一つの物語を描いた《アメリカ消防士の生活》やクロス・カッティングを駆使した西部劇《大列車強盗》といった作品を製作した．

図1 キネトスコープをのぞき込む男性

映画の供給量が増えたことで，03年頃に映画の配給を専門とするエクスチェンジと呼ばれる業者が成立する．エクスチェンジは，劇場経営者に複数の作品を組み合わせたプログラムを提供し，かつそのプログラムを週に2回以上更新できるようにした．その結果，05年に初めて映画を専門とした常設館であるニッケルオデオンが生まれ全米に広がった．ニッケルオデオンは最大で200人程度の小規模の映画館で，映画自体はサイレントであるかピアノの伴奏を伴い，ときには幻灯機で投影された歌詞に合わせて観客全員が合唱した．ニッケルオデオンの他にも，上映装置とフィルムを持参した興行主が地方を巡回するという興行形態も見られた．

❖**トラストの結成と衰退**　ニッケルオデオンが普及する頃の映画製作はニュージャージーのフォート・リー，フロリダのジャクソンビル，シカゴなどで行われていた．エジソン社の積極的な法廷闘争を受けて，これらの地域の映画会社は1908年にカメラや上映装置の特許を持ち寄って映画特許会社（MPPC）というトラスト（企業合同）を結成し，映画からの利益を独占しようとした．

当時MPPCの一角を占めるバイオグラフ社で，後に映画の父と呼ばれるD.W.グリフィスは多くの短編映画を製作し，モンタージュ，フラッシュ・バック，さまざまなショットの利用，ライティングの工夫などでハリウッドの基礎となる映画文法をつくり上げた．MPPCは外国映画の影響力を低下させ映画産業の規格化などに寄与した面もあるが，MPPC外のエクスチェンジや映画製作会社を抑圧した．MPPCから独立した映画製作者たちは，法廷闘争を逃れ，撮影に適した陽光と安価な土地と労働力が得られるカリフォルニアに移る．短編映画を重視したMPPCに対し，独立系映画製作者たちは複数巻のリールを使った映画で人気を博した．

グリフィスも，長編に価値を見いださなかったバイオグラフ社を退社し，ハリウッドで《国民の創生》(1915)を製作し興行的に成功した．第1次世界大戦でヨーロッパの映画産業が停滞し，また15年に連邦最高裁がMPPCを「シャーマン反トラスト法」違反と認定したこともあり，カリフォルニアが映画産業の中心地となった．　　　　　　　　　　　　　　　　　　　　　　　　［渡部宏樹］

ハリウッドの成立

The Emergence of Hollywood

　お金を払ってチケットを買い，映画館と呼ばれるホールの暗闇に座り，映写される2時間程度の虚構のドラマに魅惑される．動画鑑賞の多様な選択肢の一つになったとはいえ，現在でも存続する「映画を見る」という娯楽形態が確立されたのは，アメリカにおいて1930年頃まで続くサイレント映画時代である（☞項目「映画館」）．第1次世界大戦で戦場になったヨーロッパ諸国に代わり，天候，風景，安価な労働力に恵まれたハリウッドに15年前後に製作の拠点を移したアメリカは，繁栄の20年代，大衆消費社会の確立とともに拡大する国内市場をバックに世界一の映画生産国として台頭した（☞項目「消費主義」）．

❖**長編映画と《国民の創生》**　1910年代に入ると，文学や演劇に材をとって20，30分から1時間を超す物語を語る長編映画（フィーチャーフィルム）がまずヨーロッパで現れ，短い作品を複数集め，実演やスライドショーと組み合わせて日替わりの番組を組んでいた映画の興行形態に変化をもたらした．《カビリア》（1914）のような豪華な史劇がイタリアから輸入されて人気を博し，アメリカでも1時間程度の作品がつくられた．D.W.グリフィス監督の3時間を超す長尺作品《国民の創生》（1915，図1）は，トーマス・ディクス

図1　《国民の創生》（1915）の封切2週目のポスター

ンの戯曲を原作として南北戦争時代をセットや衣装で再現し，危機一髪の救出をダイナミックに描いて商業的・批評的に大成功を収めるが，クー・クラックス・クラン（KKK）を英雄視する強烈な人種差別は上映禁止を求める抗議運動を引き起こした．同年，最高裁は映画には言論の自由が適応されないという判断を下しており，映画産業は検閲対策と渉外活動に心血を注ぐことになる．

❖**映画宮殿と垂直統合**　芸術性をアピールする長編映画が中産階級へと観客層の拡大を進める映画産業の志向をソフト面で具現するとすれば，ハード面では，1910年代半ばから，大都市を中心として映画宮殿と呼ばれる映画専門の大型劇場が建設され，豪華な内装，充実したサービス，オーケストラやパイプオルガンの伴奏による夢の世界を手頃な値段で提供した．10～20年代を通して，映画宮殿を中心とした強力な映画館チェーン網が全米の各地域に成立し，製作・配給会社との合併・吸収が進み，MGM社，パラマウント社など垂直統合されたメジャー数社による寡占体制の下に繁栄を謳歌し，20年代後半にはウォール街から資金調達できる一大産業に成長した．

❖**古典的ハリウッド映画** 1910年代末から20年代初頭にかけて，ハリウッドでは物語の構造と語り方，演出・撮影・編集による時間・空間の編成についての規範が確立された．この規範を映画研究では古典的ハリウッド映画と呼ぶが，現在でも地域を問わず映画やテレビ制作の基本となっている．明確な目的や欲望を持つ主人公の心理を中心に，因果関係に基づいた物語が進行する．物語のわかりやすさを最優先とするため，それ自体に観客の関心が向いてしまうような技巧は避

図2 《バグダッドの盗賊》
(1924)のセットの航空写真
[Photoplay Productions]

けられ，登場人物のアクション，位置関係，表情や視線とその対象が読み取りやすいようにコンティニュイティ編集が用いられる．例えば《バグダッドの盗賊》(1924, 図2)は盗賊が恋する姫君を獲得するという目的を成就する冒険譚を，明晰な時空間の編成で語っている．

❖**システムの才能** ジョン・フォード，セシル・B．デミルのような巨匠は1910年代から活躍を始め，エルンスト・ルビッチをはじめとするヨーロッパの才能がアメリカに集まった．しかし，ハリウッド映画の底力は20年代初頭までに撮影所で確立されたプロデューサー，監督，スタッフの分業に基づく製作システムにあり，製作トレンドは配給・興行部門に左右された．メアリー・ピックフォード，リリアン・ギッシュ，ダグラス・フェアバンクス，チャーリー・チャップリン，バスター・キートン，ルドルフ・ヴァレンチノらの大スターは高給をとり撮影所に対しても一定の交渉力を持ち，ユナイテッド・アーティスツ社のようなスター俳優と監督による製作・配給会社も興った．しかし，スターシステムはハリウッドの製作・配給・興行システムの一環であり，スターは映画の集客力を担う限りにおいて権勢を振るうことができた（☞項目「スターシステム」）．

❖**映画産業の組織化** 1921年，大部屋女優のパーティでの変死事件を契機としてハリウッドの業界人や映画に描かれる生活の不道徳性を批判するキャンペーンが興った．かねてから懸案だった地方自治体における検閲への対策と併せて，映画業界はアメリカ映画協会を設立し前郵政長官ウィル・ヘイズをその長に任命して事態の収拾を図った．27年には業界団体として映画芸術科学アカデミーが設立され，29年に最初のアカデミー賞が授与された．

❖**サイレント映画の終焉** 映画に音声を同期させるトーキーの技術は，リー・デ・フォレストによる発明に基づき，電話やラジオの大手企業の研究所で1920年代半ばに開発が進められ，事業拡大を目論むワーナー・ブラザーズが導入した．同社の《ジャズ・シンガー》(1927)の大ヒットがトーキーの未来を約束すると，翌年にはメジャーが足並みを揃えて撮影所と映画館のインフラを整備し，独自の発展を遂げた無声の視覚芸術の製作は終焉を迎えた． [木下千花]

ハリウッドの繁栄と衰退

The Rise and the Fall of Hollywood

トーキー（発声映画）化が完成するのと同じ頃（☞項目「ハリウッドの成立」），映画産業の利益を代表するアメリカ映画製作者配給者協会（MPPDA）は，映画製作の際の道徳的・倫理的な自主規制の基準となる映画製作倫理規定（プロダクションコード）を起草した．

❖**映画製作倫理規定の導入**　1930 年に発行された同規定は，その後 30 年以上，ハリウッドにおいて映画製作者たちの表現の自由を縛ることとなった．産業内の縦の系列化（垂直統合）が確立していたこの時代，映画製作倫理規定管理局の承認を得ないかぎり国内での上映の機会はほぼ閉ざされていたのである．規定が実際的な効力を発揮したのは 34 年以降とされるが，それ以前も，製作のあらゆる段階で審査や指導は行われていた．規定により表現に制限が加えられたのは確かであるが，管理局は，完成後に道徳的・倫理的基準に満たない作品を却下していたわけではなく，製作者と交渉を重ね，規定の範囲内での可能性を模索していた．そうした過程を通して，間接的・比喩的な表現が深化していったともいえる．

この映画産業による自主規制の主たる目的は，公的な検閲によって完成した作品の改変や上映禁止などによる損失を最小限に抑え，利益を最大化することにあった（☞項目「検閲」）．管理局による承認は健全な娯楽としての品質の保証となったが，一方で，規定が当時のアメリカ映画を画一化させていたのも事実である．

❖**戦時下の映画産業**　映画製作倫理規定は，公権力からの無用な介入を避けるため，映画を政治的宣伝（プロパガンダ）の目的を持たない無害な「娯楽」と定義していた．しかし，第 2 次世界大戦の勃発とアメリカの参戦により，映画はプロパガンダに有効なメディアとして政府から期待されるようになった．ハリウッドは，娯楽性を保ちながら戦争遂行に役立つ映画を製作することで，政府の期待に積極的に応えるとともに観客動員を伸ばし，繁栄を謳歌した．また，多くの映画人が戦争遂行に協力した．官製プロパガンダ映画の製作に従事する者もいれば，兵士の慰安・慰問に従事する者もいた（☞項目「映画と政府」）．

❖**映画産業の危機**　しかし，戦後間もなく映画産業は相次いで危機に直面する．まず，終戦の翌年の 1946 年に観客動員数は史上最多を記録するが，その後は減少に転じ長い低迷期に突入する．翌 47 年には，下院非米活動委員会による映画産業の調査，いわゆる「赤狩り」が本格化する．ソ連や中国とも同じ連合国として共闘していた第 2 次世界大戦中は不問となっていたが，トーキー化以後，左翼的傾向の強い演劇人が映画界に流入し，30 年代からハリウッドの共産主義化には懸念が示されていた．冷戦時代への突入により，マスメディアの共産主義化は

深刻な問題と見なされるようになり，ハリウッドも赤狩りの主要な標的となった．委員会の調査に対し，共産主義者を名指す「友好的」な証言をする映画人も多かったが，証言を拒否する「非友好的」な映画人は投獄され，その後も映画界を追放され匿名での活動やアメリカ国外での活動を余儀なくされた．

　さらに，続く48年，やはり第2次世界大戦により中断していた映画産業の「反トラスト法」違反をめぐる訴訟，いわゆるパラマウント訴訟が連邦最高裁で映画産業側の敗北で結審し，それまでの繁栄を支えた構造基盤の解体が強いられる．これにより大手映画会社の傘下の劇場は系列を解かれ，上映者に選択権のない複数作品の包括契約であるブロックブッキングの廃止により，個々の劇場が上映作品の編成を自由に行うことが可能となった．独立系映画会社が製作した作品の上映機会は増加し，アメリカ映画は多様化したが，映画を効率的に大量生産するスタジオシステムを崩壊させることにもつながった．

❖テレビ時代の映画産業　戦後の観客動員数の減少については，しばしばテレビの普及の影響ととらえられがちではあるが，減少傾向に転じた1947年当時の世帯普及率は1%にも満たない．減少の主たる要因は，戦後の郊外化やベビーブームなどによるライフスタイルの変化であり，娯楽の多様化である．しかし，50年代に入り，全国放送網の整備が進むと，映画産業はテレビをライバル視し，対抗策を講じるようになる．3D映画やワイドスクリーン映画がその代表例である．52年のシネラマ，そして53年のシネマスコープの導入により，アメリカ映画の画面は拡張され，立体音響も備えることで，テレビとの差別化を行った．

　もっとも，両産業の関係は単に敵対的なものではなかった．ハリウッドはテレビ番組の製作に積極的に関与し，また，旧作をテレビ放送用に提供することで，観客減少による減益の穴埋めをするようになる．さらに，俳優たちは活躍の場を求めてテレビに進出する一方，テレビドラマで高い評価を得た演出家や脚本家が映画界に流入するなど，両産業は競争的かつ協力的な関係を構築した．

❖旧体制の終わり　テレビが国民的な娯楽として発展する一方，映画離れは続いた．ハリウッドは観客動員数回復のため，若者のニーズに応える作品や，それまでは許されなかった大胆な題材を扱う作品を製作するようになった．社会の道徳観・倫理観の変化にも応じて，映画製作倫理規定も1950年代に入り次第に緩和された．さらには，アメリカ映画協会（MPAA）に属さない劇場で審査を通らなかった作品が次々とヒットを飛ばすことで，60年代には実質的な効力を失っていった．大手映画会社は巨額の製作費を投入し，大作の製作に賭けることもあったが，むしろ独立系の映画の配給に重点を移すことで収益を上げるようになった．都市部を中心に外国映画への関心の高まりや，実験映画やドキュメンタリー映画への注目も見られるようになった．政治的・社会的激動の時代に，新しい映画への期待は高まっていった．　　　　　　　　　　　　　　　　　［飯岡詩朗］

ニューハリウッドとブロックバスター映画

New Hollywood and the Blockbuster Film

パラマウント訴訟での敗北によって進んだ垂直統合の解体（☞項目「ハリウッドの繁栄と衰退」），冷戦を背景に行われた国家による政治的介入，急激に発展した大衆消費社会，さらにテレビという強力なライバルの出現が，1940年代の終わりから10年以上にわたりハリウッド映画産業を脅かし続けた．パラマウントやユナイテッド・アーチスツ，MGMなどの撮影所が次々と異業種の投資家や巨大複合企業に買収され，ポスト・フォーディズム化の波に飲み込まれたハリウッドは徐々に複合的メディア産業へと姿を変えていく．

68年には形骸化したプロダクションコードに代わってレイティングシステムが導入され，撮影所システムを支えたジャンル体系が崩れる一方，フランスのヌーベルバーグや海外のアートフィルムに刺激を受け，既成の体制に反発し批判的な若い世代の監督たちが，アメリカンニューシネマと呼ばれる新しいタイプの映画をつくり始める．激動する時代と映画産業の混乱は，日本人俳優藤原釜足（ふじわらかまたり）が謎の芸術家の役で登場する《ミッキー・ワン》（1965）のように実験的な娯楽作品を可能にすると同時に，それまで観客と共有されていた暗黙の約束事を壊すことで逆に表現の不自由さを生みだすことにもなった．

❖ **ブロックバスター化する映画**　しかし，時代にとり残され衰退への道をたどるかに見えたハリウッドは，1970年代に復活する．《ジョーズ》（1975，図1）に代表されるブロックバスター映画は，新しいビジネスモデルの発明に加えて，現実とイメージの関係が根本的に変化するプロセスの始まりを意味していた．街の一区画を完全に破壊することができる超大型爆弾，さらに地上げ屋的な悪徳不動産業者を意味する「ブロックバスター」という言葉で呼ばれる映画を特徴付けるのは，膨大な製作費や広告費，巨大さを連想させる物語の主題，特殊効果を駆使したイメージ，観客の感覚を麻痺させるスペクタクルである．メディアを活用し綿密に計算された映画興行のイベント化によって短期間に巨額の利益を上げるというブロックバスターのマーケティング戦略は，映画作品の形式にも影響を及ぼし，物語の断片化や自立したイメージの商品化をもたらした．また《スター・ウォーズ》（1977）の成功で明らかになったのは，観客が求めているのは映画作品だけではなく映画がつくり出す物語世界や世界観であり，観客の映像体験を商

図1　《ジョーズ》（1975）［写真協力：公益財団法人川喜多記念映画文化財団］

品化したキャラクター商品を始めとする二次利用の重要性である．スティーブン・スピルバーグやジョージ・ルーカス以外にもフランシス・フォード・コッポラやマーティン・スコセッシなど大学で映画制作を学んだ世代が活躍するようになり，事実上消滅したハリウッド黄金期のジャンルシステムや映画史が新たにつくられる作品の「原材料」として再利用され，ハリウッド映画は再帰的メディアとして変貌していく．

　既成のジャンル体系の解体はハリウッドに混乱をもたらすと同時に，激変する時代を可視化する新たな表現やスタイルが誕生する契機にもなった．60年代に相次いで起きたジョン・F. ケネディ大統領をはじめとする政治的指導者の暗殺事件，泥沼化するベトナム戦争，ウォーターゲート事件などは，国家や軍産複合体さらに巨大企業に対する人々の信頼を打ち砕き，増大する不信感を形象化した《パララックス・ビュー》(1974) や《大統領の陰謀》(1976) に加えて数多くの陰謀論映画がつくられた．《THX 1138》(1971) や《ソイレント・グリーン》(1973) を含むディストピア映画が時代状況を反映したジャンルとして SF 映画を刷新する一方，ホラー映画，なかでも《ナイト・オブ・ザ・リビング・デッド》(1968) に代表されるゾンビ映画は現在に至るまで，さまざまな社会問題を批判的に考察することを可能にするジャンルとして人気を博している．

✤新たな転換期　1980年代になると新しい映画の鑑賞スタイルがさらにハリウッド映画を変えていった．70年代半ばに発売された家庭用ビデオデッキの価格が下がるとともに手軽に家庭で映画を観ることが可能になり，レンタル店で映画を借りたりテープを購入したりすることが一般的になる．急速に普及するケーブルテレビや HBO 社を始めとする映画専門チャンネル，さらにペイ・パー・ビュー方式の出現によって映画の映像ソフト化が始まり，観客はより多くの自由と選択肢を手に入れた．空間と時間の制約から解放された映画観客が映像の消費者へ変貌するのと連動して，映画館が特権的な場所ではなくなっていく．続々と建設されたシネプレックスのモデルはもはや伝統的な劇場ではなく，複合商業施設すなわちショッピングモールであった．80年代は，ハリウッド映画と現実の境界が曖昧になっていく時代の始まりでもあった．ロナルド・レーガン大統領暗殺未遂事件 (1981) を引き起こした犯人が《タクシードライバー》(1976) を模倣した一方，ソ連を「悪の帝国」と呼んだレーガンが推し進めようとした戦略防衛構想は，その非現実性から「スター・ウォーズ計画」と揶揄された．70年代のディストピア映画とは対照的に，《ターミネーター》(1984) を含む80年代 SF 映画にとっての現実とはタイムトラベルを使って自由に操作できる対象であり，もはやそこへ向かうべき外部の空間としては存在しない．レーガンが歴史を映画の記憶で書き換えたように，現実は過去を修正することで現れる仮想現実として存在するかのように描かれたのである．　　　　　　　　　　　　　[吉本光宏]

グローバル・ハリウッドとデジタルメディア

Global Hollywood and Digital Media

||||||||||||||||||||||||||||||||||||||||||||||||||||||||||||||||||||||||||||

　東西冷戦体制がベルリンの壁の崩壊（1989）とソ連の解体（1991）により終結したことは，1990年代のハリウッド映画に大きな影響を与えた．資本主義と共産主義のイデオロギー的二項対立の消滅，さらに「歴史の終わり」に代表される大きな物語の終焉を謳う言説の広まりは，ハリウッド映画を支えてきた物語的想像力に本質的な見直しを迫った．ビデオゲーム戦争とも呼ばれた湾岸戦争（1991）においては，徹底的なメディア操作と報道管制によって戦争が演出されスペクタクル化するとともに，現実と映像の反転可能な関係が前景化された．

　その一方で，多国籍軍による攻撃が生みだした戦死者や被害者また破壊された町や建造物が巧妙に隠蔽されたことによって，二元論的世界観は見せかけの現実に対する真の現実というかたちに姿を変えて存在し続け，90年代ハリウッド映画の主要な通奏低音として多くの作品に見いだすことができる．

✥デジタル革命　20世紀末にハリウッド映画の根本的な変容をもたらしたのはデジタル革命である．1990年代に入りデジタル画像技術は目覚ましい進歩を遂げ，コンピュータグラフィックス（CGI：computer generated imagery）は現実世界には存在しないもののイメージを写実的につくり出すことが可能になり，映画的イメージの可塑性が飛躍的に増大した．《ジュラシック・パーク》（1993）はCGIを駆使して恐竜を現代に蘇らせ，実写でもなければ特殊効果でもない両者が渾然一体となったイメージの世界を現実の延長として提示することに成功する．

　だがデジタルイメージの進化により現実の表象から現実そのものへと映画が変貌したかのように見えたことは単純にテクノロジーの問題ではなく，資本主義の勝利によるパクス・アメリカーナの実現という幻想とも密接に関係していた．《トゥルーマン・ショー》（1998）においてテーマパーク化した現実を囲い込む壁の外に広がるのが真の現実ではなく，シニシズムが蔓延する高度消費社会というもう一つのテーマパークでしかないように，一元論的な幻想はユートピアとディストピアの区別を曖昧にした．デジタルテクノロジーが物語的な表象としてのみならず物質的なイメージのレベルで歴史の書き替えを可能にしたことを利用して，修正された過去へのノスタルジアをかき立てる《フォレスト・ガンプ》（1994）のような作品が人気を博す一方，《マトリックス》（1999）をはじめとする多くのゲーム的仮想現実としての世界を描いた作品は，選択する自由というイデオロギーと仮想現実のテクノロジーを巧妙に利用して覚醒の幻想を商品化した．

　新自由主義的経済政策を推進したビル・クリントン大統領時代（任期1993～2001年）には市場競争や自由貿易の拡大によって経済が成長する一方，国内で

は経済格差がもたらす社会的歪みや人種間の対立が悪化し，対外的にもアメリカの理念と行動の矛盾が露呈する出来事が続いた．これらは21世紀のハリウッド映画に決定的な影を落とすことになる．

図1 《インセプション》(2010) の構築された夢の仮想空間 [Aflo]

❖**ポスト9.11と遍在するイメージ**　2001年の9.11同時多発テロのライブ中継映像はハリウッド映画のようだといわれたが，その10年前の湾岸戦争によって戦争の映像と映像の戦争の区別が曖昧になったことを考えると不思議なことではない．9.11との関連が不明確なまま始まったイラク戦争は，《トップガン》(1986)の登場人物気取りのブッシュ大統領によって開戦後早々に任務完了が宣言されたにもかかわらず泥沼化への道をたどり，大量破壊兵器の不在は戦争の正当性に対する疑惑を増大させた．

イラク戦争さらにテロとの戦いは，自由や民主主義をはじめとする近代を構成する最も重要な理念や概念の自明性を根底から揺さぶり始め，ハリウッドは変化する状況に敏感に反応する．《ボーン・アイデンティティ》(2002) や《マイノリティ・リポート》(2002) を含む陰謀論映画が続々と現れ，ポスト9.11の世界に広がる経済格差や難民問題を全体主義が支配する近未来のイギリスを舞台に描いた《トゥモロー・ワールド》(2006) などがつくられた．また《デジャヴ》(2006) や《インセプション》(2010，図1)，《ミッション：8ミニッツ》(2011) などのパズル映画と呼ばれる作品群は，複雑に錯綜した時空間の非決定性に行き詰まった現状を打破するユートピア的契機を見つけようとしている．

1995年に発売されたWindows95や高速回線網の広まりによって簡単にインターネットで動画を見ることが可能になり，2007年のiPhone発売をきっかけに爆発的に普及したスマートフォンは映像メディア環境を劇的に変化させた．遍在するスクリーン，いつどこでも手軽に動画を撮影しネットで公開することを可能にしたテクノロジー，地上と空のあらゆる場所から目を光らせている監視カメラは，現実とメディア環境の間に明確な線引きをすることが困難な状況を生みだした．《アバター》(2009) とともに始まった3D映画の復活は1950年代への回帰などではなく，《WALL・E ウォーリー》(2008) や《ズートピア》(2016) を始めとする3DCGを駆使して世界そのものを構築することに成功した映画は単なるバージョンアップされたアニメーションではない．いまやメディア・エコロジーに十分な注意を払わずに現代ハリウッド映画を考察することはほとんど不可能である．改めて「映画とは何か」が本質的に問われている．　　　　［吉本光宏］

スターシステム

Star System

スターシステムとは，俳優のイメージを生産し，社会に広く流通させ，有名にする仕組みである．そのイメージはたいてい身体をもとに，外見と内面を総合させたパーソナリティとして構築され，更新されていく．

❖ **スターという現象**　通常，スターは俳優であるが，俳優は必ずしもスターではない．スターには，労働者，イメージ，商品の三つの側面がある．俳優は労働者として働きながらみずからの容姿と演技をもとに個性的な魅力をつくり出すことができるが，一個人の努力だけではスターにはなれない．スターイメージの生産には，演出，撮影法，編集，音声など映画製作におけるあらゆる要素が関係し，さらにそれは映画以外の媒体（広告，ピンナップ写真，グラビア写真，評論や伝記，ラジオやテレビへの出演，インターネット上のコメントなど）によって増幅し変容する．同時にそのイメージは，これらの多様な視覚的・聴覚的・言語的メディアを通じて社会に広く普及する．そしてそれは，多数の消費者から一定の反響を得ることで初めてスターと呼べるものとなる．

この消費者との関係には，時として矛盾するような両面性がある．映画産業にとってスターはあくまで資本であり，商品である．ある作品にスターを出演させるのは，それによって観客を呼び込み，利潤を上げるためである．スターの人気は統計的に数値化され，それがギャランティ（報酬）にも反映される．他方，ファンにとってスターは性的欲望の対象であったり，人生やファッションの模範であったり，特別な感情を傾ける友人や恋人のようなパートナーであったりと，主観的な関係を取り結ぶものである．ただしそれは，実際の人間関係のような摩擦を経ることなくいつでも容易に切り捨てられるという点で，あくまで快楽だけに基づいた消費的・幻想的な関係である．スターはまた，映画内でつくられたイメージと映画以外でつくられたイメージにギャップがあることが多い．スターダムを駆け上がるとともに華やかなイメージがつくられるが，ゴシップの対象とされ世間を騒がせるスキャンダルにつながることもある．さらにいえば，スターは資本主義と民主主義における社会的流動性やアメリカンドリームを象徴している．低所得家庭の出身者でもスターになることで一気に富と名声を得られるからである．

❖ **スターシステムの成立と展開**　1908年にエジソン社やバイオグラフ社などのトラストによって映画特許会社（MPPC）が設立されたが，その頃スターシステムは存在しなかった．MPPCは単数巻の短編映画を均一の料金で流通させることしか認めなかったため，映画会社は人気によって専属俳優の給料に差をつける

ことはしなかったし，俳優をスタッフとして明記することもほとんどなかった．その一方，作品に登場した俳優について映画ファンから手紙による問い合わせが相次ぐことになる．その後，1909年設立のカール・レムリの独立映画会社（IMP）などの新会社が，MPPCに対抗して複数巻の長編映画を製作しスターを利用し始めた（図1）．MPPC所属の会社はフローレンス・ローレンスを「バイオグラフ・ガール」のような名前で売り出したが，レムリはローレンスを引き抜き，彼女が交通事故で死んだという噂を報道させた後で，それが自分の仕掛けた嘘であることを翌年の雑誌広告で発表した．これは俳優をスターとして宣伝する最初の有名な事例となった．さらに同年レムリはバイオグラフ社からメアリー・ピックフォードを引き抜き，高額の給料を払うことで特別扱いした．翌年には『フォトプレイ』などのファン雑誌が刊行された．

図1 カール・レムリによる新聞広告

並行して，作品内では物語上の人物の重要度に応じてスターとその他の俳優が階層化され，主人公を演じるスターは心理描写が施され，顔がクローズアップや照明などの技法によって審美的（グラマラス）に強調されるようになった．こうして映画産業がハリウッドを中心に形成される1910年代半ばまでに，各スタジオがスターを中心に映画を製作するスターシステムが確立した．しかし，48年のパラマウント裁決に端を発す産業構造の変化により（☞項目「ハリウッドの繁栄と衰退」），スターは一つのスタジオの専属ではなくフリーランスとなり，エージェンシーが仲介して一作品ごとに契約を結んで出演することが主流となった．

❖ **アイデンティティをめぐって**　スターは，ナショナリティ，ジェンダー，セクシュアリティ，エスニシティなどに関わるアイデンティティのイメージをつくり出したり，主流のイメージに対抗したりしている．1910〜20年代にかけてリリアン・ギッシュは感傷性をもとにした女性性を，ダグラス・フェアバンクスは道徳的なアクションをもとにした男性性を当時のアメリカの支配的なイデオロギーに一致するかたちで体現した．一方，ハリウッドは当初から移民を数多く受け入れ，ルドルフ・バレンチノ，早川雪洲，マレーネ・ディートリヒのようなスターのエキゾティシズムを強調した．1950年代のマリリン・モンローとジェームス・ディーンはそれぞれ，新しい女性のセクシュアリティと従来の家族像に反抗する若者のイメージを見せた．

こうしたスターを介したアイデンティティ・イメージの構築や攪乱は，マッチョな男性性，アクティブな女性性，黒人の男性性・女性性，クィア性などに関しても見られ，文化の多様性と流動性をめぐるポリティクスを象徴している．

［藤木秀朗］

検　閲

Censorship

　ハリウッド映画における「検閲」は，映画産業側から生成されたものであり，政府による映画産業に対する取締り，あるいは行政機関による映画表現への規制ではない．むしろそれはアメリカ映画文化における「交渉」の一つの現れとしてとらえるべきであり，この交渉を一種の文化戦争あるいは文化における戦略と称する研究者もいる．

❖**プロダクションコードとは何か**　ハリウッド映画の検閲に関する記述では，検閲の基準として，プロダクションコード（PC あるいはヘイズコード〈HC〉）という表現が用いられる．1920 年代のアメリカは，第 1 次世界大戦後の経済ブームにより中産階級が増加し，商業スポーツやポピュラー文化が普及した．このような時代に，キリスト教文化に影響された既存モラルに反するメディアとして映画が注視された．ロスコー・アーバックルといったハリウッドスターのスキャンダル（1921）も当時の映画産業批判を高める要因となった．映画作品そのものがモラルを破壊すると考えるキリスト教信者からの非難を抑えるため，また製作・上映に関する独占化に対する行政弾圧に抗するため，ハリウッドは 22 年にアメリカ映画製作配給業者協会（MPPDA）を組織し，プロテスタントの信者であり共和党政権の郵政長官でもあったウィル・ヘイズを会長に任命した．

　MPPDA は 24～27 年にかけ，映画化の指針として 11 の禁止項目（ザ・フォーミュラ）と 26 の注意項目（ドント・スタンド・ビー・ケアフル）を映画会社に配布．これが HC の基盤となるわけだが，さらに 29 年，カトリック信者であり大手業界紙『モーション・ピクチャー・ヘラルド』の編集者であったマーティン・クリッズリーと，イエズス会の神父ダニエル・A. ロードにより新たな修正が加えられた．30 年 2 月 17 日，大手映画スタジオからの同意を得るかたちでこれらの条項は正式に PC として制定された．

❖**プロダクションコードの内容**　1946 年に PC は改正されており，その全文の日本語訳が大蔵省税関部調査統計課編『税関部調査月報』（同年）に掲載されている．49 年に設立された日本の映倫（映画倫理委員会の略，2009 年に新映倫と改名）と同様，アメリカの PC も性表現や暴力表現に対して厳しい．しかし，この二つの検閲の大きな違いは，後者がアメリカという社会，つまり国民の約 9 割を超すキリスト教信者が中心となる社会のモラルに反する表現に向けられている点だ．また，もう一つ光を当てるべき違いは，アメリカのそれが，製作技術の転換期，つまりサイレントからトーキー映画への移行期に生まれた点である．つまり，映画が「言葉」を持ち始めたとき，その発話言語をことさら慎重に検閲する必要が

あったという点だ．改正後の PC の内容を見てみよう．この規定は二つの章から構成されており，前章は原則に関して，そして後章は 12 の遵守すべき項目を列挙している（法律，性，野卑，猥褻，不敬，衣装，舞踏，宗教，場所，国民感情，タイトル，不快な題材）．「性」の節では，姦通不義，情欲の場面，誘拐または強姦，色情倒錯，淫売婦，性病，分娩の実態描写，子どもの生殖器の表現が禁止されているだけでなく，「白人の奴隷はこれを取り扱わない」あるいは「白人と黒人との性関係を表現してはならない」というように，アメリカ独自のエスニシティを反映している．「不敬」の節では，「ゴッド」「ロード」「ジーザスクライスト」といった宗教用語が売春婦を意味する古臭い用語と同列に並べられている．「宗教」に関しては，「牧師またはこれに準ずるものは故意に愚弄したり，悪人として取り扱わない」とあり，牧師あるいは教会に対して挑戦してはいけないというイデオロギーが明記されている．曖昧な項目である「不快な題材」としては，絞首刑，電気椅子，拷問，人間および動物の焼印，子どもまたは動物に対する残虐行為，婦人売買，売淫行為があげられており，その最後に一見場違いのような用語「外科手術」があげられている．これは「科学」一般に対する宗教からの懐疑を表現している．「場所」という項目だが，そこには「寝室の場面は良識によって慎重に取扱う」と，家族の在り方，セックスの在り方，不貞不義に対する考えが表現されている．これら PC は，通常の法律のように時代を超え厳重に守られてきたわけではない．しかし，これらは単に映画の内容を司るものではなく，キリスト教中心のアメリカ社会における伝統的な価値観を保持・推進する一つの「力学」としてアメリカ社会に大きな影響を与えた．

❖ プロダクションコードからレーティングシステムへ　PC が実際にはどのように遵守されたのか，そのプロセスは幾つかのリサーチによって明らかにされており，ここでは参考文献としてそれらの仕事を紹介するに止める（Lea Jacobs, 1995；加藤幹郎，1996）．そもそもアメリカでの検閲の施行が，行政による規制や宗教団体からの圧力をかわすためにハリウッドが生み出した「自主規制」であったとすれば，社会におけるモラルや価値観の変化によってこういった圧力の種類や度合いは変遷し，PC みずから変化することを求められた．第 2 次世界大戦後の社会構造の大きな変化に加え，スタジオシステムが衰退に差し掛かり，スタジオと監督，製作協力者間の力関係が変化すると同時に，アメリカ文化コードとは無関係に製作・輸入される革新的な戦後外国映画の影響が大きくなるにつれ，PC はその存在感を失っていった．アメリカ映画協会（MPAA，1945 年に MPPDA から改名）は 1968 年，すでに施行不全となっていた PC を廃止し，より法的拘束力の低いレーティングシステムへと移行し，検閲の対象を，映画作品そのものから，映画の受容形態，つまり映画館あるいは映画作品へのアクセスへの規制といったより現実的な方策へと転換した．　　　　　　［ミツヨ・ワダ・マルシアーノ］

ハリウッドとブラックリスト

The Blacklist

1999年，アカデミー名誉賞を受賞したエリア・カザンがステージに上ると，観客席からは拍手が沸き起こると同時に，反対する者たちが険しい表情を向け，会場に緊張が走った．カザンは《欲望という名の電車》(1951)，《波止場》(1954)，《エデンの東》(1955)などで知られる名監督であるが，その一方で，冷戦期に「アカ」(共産主義)の疑いがある同僚たちの名を公に明かし，大きな反感を買った．カザンらの「裏切り」にあった人々は産業界の「ブラックリスト」に載せられ，その多くはハリウッドから事実上追放された．

❖赤狩り旋風の到来　ブラックリストとは，一般的には危険と見なされる個人や組織の一覧表を指すが，ハリウッドでは「アカ」と関わりを持つと疑われた者を排除するための言説として機能した．アメリカではすでに第1次世界大戦期から共産主義に対する警戒心が強く，1924年に連邦捜査局(FBI)の初代長官に就任したJ.エドガー・フーバーなどが先頭に立って共産党員やシンパに弾圧をかけていた．第2次世界大戦が終わると，ハリー・S.トルーマン大統領はソ連に対する封じ込め政策を展開し，国内における「赤狩り」を加速させてゆく．その最中でスパイ容疑をかけられた弁護士アルジャー・ヒスは懲役5年の宣告を受け，電気技師ジュリアス・ローゼンバーグとその妻は核兵器に関する機密情報をソ連のヨシフ・スターリン書記長に横流した疑いで死刑に処された．

この赤狩りの中心にのし上がったのはジョセフ・マッカーシーである．ウィスコンシン州の上院議員であったマッカーシーは，共産主義を激しく憎み，政府にはびこるとされる共産主義者の名簿を片手に激しく「アカ」を糾弾した(奇妙なことに，名簿(リスト)の長さは演説によって変わっていった)．このマッカーシーイズムのおかげで，労働組合員，教員，大学教授，牧師，図書館員，音楽家など，さまざまな職種の人々が仕事や社会的信用を失った．

❖狙われたハリウッド　1910年代以降，一大娯楽産業に成長したハリウッドでは，リベラルないし左翼的活動が活発化しており，30年代には映画作家協会(SWG)やハリウッド反ナチ同盟が積極的な政治運動を展開した．そのため，冷戦が過熱し始めるや否や，映画産業は赤狩りの格好の標的となった．

その大きな舞台となったのが，下院非米活動委員会(HUAC)が開催した聴聞会である．47年，もともとファシズムの拡散を監視する目的で戦前に組織されたHUACは，共産主義者を駆逐すべく，映画界の人間を召喚した．そこには「アカ」の同僚たちを実名で明かした「協力的な証人」のほかに19人の「非協力的な証人」が証言を要求され，それを拒否した10人(ハリウッド・テン)は議会

侮辱罪に問われ，最大1年間獄中生活を送った．

この聴聞会はハリウッドを大きく動かした．それまで表現の自由を遵守する立場をとっていたエリック・ジョンストン（MPAA会長）をはじめとする産業の代表者たちは，ハリウッド・テンおよび共産主義者を雇用しないと宣言し（ウォルドルフ宣言），さらなる追及の矢面から逃れようとした．しかしそれでも政府はハリウッドに対する圧力を緩めず，51年には2度目の聴聞会が実施された．そこでは監督，役者，脚本家など100人以上の映画人たちが厳しい詰問を受け，「アカ」の疑いをかけられた者は次々と業界から締め出されていった．

❖**ブラックリストの影響** こうした赤狩りが行われたアメリカでは，シネマスコープ大作からB級コメディまでたくさんの映画が公開されており，《鉄のカーテン》（1948）や《FBI暗黒街に潜入せよ》（1951）といった反共映画も少なくない．しかし，一枚岩的な反共主義とは性格を異にする作品も登場した．例えば《地球が静止する日》（1951）では，核戦争の危機が漂う中，ある宇宙船がワシントンD.C.に到着し，地球人に世界平和を訴える．《真昼の決闘》（1952）には悪党たちから町を守ろうとして孤立する保安官の姿が描かれているが，そこにはマッカーシーらを恐れて沈黙し続ける者に対する批判が暗に込められている．

だがその一方で，ブラックリストの名の下で業界から追い出されたつくり手には，辛い現実が待っていた．テレビやラジオ業界に転職したり，果ては娯楽産業での仕事を完全に諦めた者も多い．だが，そうした苦境の中，監督のジョセフ・ロージーやジュールス・ダッシンはヨーロッパで映画を撮り続け，ハーバート・バイバーマンは独立会社を興して炭鉱のストライキを描いた《地の塩》（1954）を製作した．ダルトン・トランボ（図1）はロバート・リッチというペンネームで《黒い牡牛》（1956）のストーリー（原案）を手がけ，アカデミー原案賞を受賞するという快挙を成し遂げた．ハリウッド・テンの一人でもあったトランボは，その後古代ローマ時代の暴政を赤狩りになぞらえた《スパルタクス》（1960）の脚本を仕上げ，クレジットにはその名が実名で刻まれた．それがブラックリストを事実上，終焉に追い込んだ．

図1 1947年の聴聞会に召喚された「ハリウッド・テン」の一人，ダルトン・トランボ

とはいえ，赤狩り時代の体験は，多くの人々の心に深い傷跡を残した．その一端は，《ザ・フロント》（1976），《真実の瞬間》（1991）といった後の作品に垣間見ることができる．名脚本家の伝記映画《トランボ》が公開されたのは2015年．カザンにアカデミー名誉賞が授与されてから16年後のことである．

[北村　洋]

映画と政府

Cinema and the Government

アメリカの政府（以下，連邦政府）は映画作品の配給・製作の双方でハリウッド映画産業と関係を持ってきた．

❖戦間期 配給に関して最も主要なのは検閲だが（☞項目「検閲」），対外関係という点では連邦政府とハリウッドは相身互いの関係にもあった．第1次世界大戦の勃発に伴ってヨーロッパの映画市場に大きな収益源を確保したハリウッドは，結果的に連邦政府に望ましい環境を海外に創出したのである．逆に第2次世界大戦後になると商務省と国務省がマーシャルプランに映画を組み込み，ヨーロッパにおけるアメリカ映画産業の優位を助けた．ハリウッドは制作費を国内市場で回収済みだったため，世界市場での収益はそのまま純利益となる．このため配給・製作の両面で他国の映画産業はハリウッドに太刀打ちできなかった．

他方，製作面では両者の関係は相身互いではなかった．最初は第1次世界大戦中にクリール広報委員会がプロパガンダ映画の製作に手を出したことである．政府は映画をまともな存在と見ていなかったが，最終的に陸軍通信隊（Signal Corps）が撮影した映像を加工する映画部門を設置し，《パーシングの十字軍》（1918）などが製作された．戦間期の大不況下でも，ジャーナリストのペア・ロレンツが書いた論文に注目したフラクリン・D. ローズヴェルト大統領の後押しで，ニューディール政策を支持する内容のドキュメンタリー映画の製作が始まった．ロレンツはまず，平原地帯のダストボウルとの戦いを記録した《平原を耕す鋤》（1936）を撮り，続いてテネシー川流域開発公社のためにつくった《河》（1938）でベネチア映画祭最優秀ドキュメンタリー賞を受賞した．また地方への送電網の拡張を取材したヨリス・イベンス監督の《電力と土地》（1940）を制作した．

❖第2次世界大戦 この時期に初めて連邦政府は映画製作に本格的に関わり，年間5,000万ドルが軍関係に支出された．軍当局は米兵たちが見せられる陸軍省製作の訓練映画や宣伝映画などの視聴時間数を調べ，対象となった米兵全員の延べ数で1,050万時間に上ることを明らかにし，戦争終結までのフィルムの総消費量は1,350万フィートに上るとした．軍が撮影した映像は，兵士の訓練と教育用映画，戦時公債の購入促進，国内の民間映画館向け短編映画，国内外へのプロパガンダ，爆撃など戦闘行為の成否の分析，ニュース映画，前線の状況をワシントンの首脳陣に説明するための機密の視覚的資料として使われた．

多くの連邦政府機関が映画に関与した．わけても重要なのが戦時情報局（OWI）で，もとは政府部内の情報関連部局の寄せ集めだが，実質的に連邦政府のプロパガンダ機関となった．CBS放送の有名なニュース・アンカー，エルマー・デイ

ビスが指揮をとり，生産現場の労働者を鼓舞する短編や週刊ニュース映画《ユナイテッド・ニュース》（1942〜46年に合計267本）が製作された．映像は民間のニュース映画にも提供された．戦時情報局はハリウッドと協力し，パラマウント以外のスタジオの脚本の審査のほか，前線から送られてくる映像を編集・供給し，ハリウッドの劇場用映画を世界中に配給した．ロナルド・レーガン，ダグラス・フェアバンクス・ジュニア，クラーク・ゲーブル，ヘンリー・フォンダ，ミッキー・ルーニー，ジミー・スチュワートら有名俳優や，フランク・キャプラ，ジョン・ヒューストン，ウィリアム・ワイラー，ジョン・フォード，ジョージ・スティーブンスなどの監督が軍に協力した．ヒューストンは《サン・ピエトロの戦い》という優れた作品をつくり上げたが，最も影響力があったのはキャプラが制作した《我々はなぜ戦うのか》シリーズ（1942〜45）である（☞項目「ドキュメンタリー」）．キャプラはハリウッドの優秀な人材でチームをつくり，アニメーション部分はディズニーに発注した．キャプラ組は特にドイツの宣伝技術を研究し，《名犬ラッシー》で知られた脚本家エリック・ナイトの報告書に基づいて，第2次世界大戦下の最も重要なプロパガンダ映画をつくり上げた．

❖戦後とケーブルテレビ以降　戦時情報局は1945年に解体され，映画に関する活動は国務省に移管した．国内向けプロパガンダへの批判を受け，48年に議会は対外プロパガンダの国内公開を禁じる「スミス・ムント法」を成立させた．この状況を劇的に変えたのがケーブルテレビ網の発達である．湾岸戦争でCNNが政府の勧告を振り切ってイラクの首都バグダッドからの中継を成功させると政府は対抗して情報管制し，映像メディアを統制した．従軍記者に対してはエンベッド取材の制度を開始し，事前の講習と教練を受けなければ取材を許可しないとした．イラク戦争が始まって5年後の2008年には，退役した高級将校や将官を「軍事アナリスト」としてすべてのネットワークテレビ局に送り込み，テレビ局を広報倍率媒体として利用して世論に影響を与えることをねらった政府計画を『ニューヨーク・タイムズ』紙が暴露してピュリッツァー賞を受賞したが，ブッシュ政権はこれを正当とし，13年には議会が「スミス・ムント法」を修正した．

映画産業については昔ながらの直接検閲は放棄されたが，飴と鞭でハリウッドを自主規制に追い込む方法が開発された．映画の小道具や大道具として軍の装備や基地での撮影を要望する製作者に対して，脚本を提出して軍が求める変更を受け容れなければ協力しないとしたのである．こうして軍隊での自殺，拷問，ベトナム戦争との比較，その他「敗北」を臭わせるような諸々の描写を排除した．《トップ・ガン》（1986）から《ハルク》（2003）や《トランスフォーマー》（2007）まで，多くの映画が軍の審査を受けた．こうした「共生」関係を通して，連邦政府はみずから映画製作に手を染めることなく，軍の活動のプロモーションとメディアの統制をともに果たしているのである．[マーク・ノーネス著，渡部宏樹訳]

アフリカ系アメリカ人とハリウッド

African American's Hollywood

　映画の誕生以来，アフリカ系アメリカ人（黒人）は役者，観客，製作者として映画に関わっており，彼らの貢献を抜きにアメリカ映画史を描くことはできない．

❖**俳優**　ヴォードヴィルの舞台から映画に転じたバート・ウィリアムズやジョゼフィン・ベイカーらをはじめ，アフリカ系アメリカ人のスターたちは黒人に敵対的なアメリカにおいても広く人気を博した．ハティ・マクダニエルは《風と共に去りぬ》（1939）の乳母役でアフリカ系として初めてアカデミー助演女優賞を受賞し，シドニー・ポワチエは《野のユリ》（1963）で最優秀主演男優賞を得た最初の黒人となった．ハリウッド映画で黒人たちは執事やメイドといった白人の下位におかれる役を演じたが，優れた演技力を発揮してときにはステレオタイプを打破した．例えばステピン・フェチットという芸名で活躍したリンカーン・ペリーの怠惰で愚かな召使いの演技は，単に黒人を貶めて偏見を助長するだけか，それともステレオタイプをひっくり返すパロディなのか議論を巻き起こした．

　この敵意と人気の間の緊張が今なお続くハリウッドでデンゼル・ワシントン，サミュエル・L.ジャクソン，ハル・ベリー，エディ・マーフィー，ウィル・スミス，モーガン・フリーマンなどの黒人俳優が活躍しているわけだが，役者に注目するだけでは黒人と映画の複雑な関係を見失ってしまう．

❖**映画製作**　20世紀初頭からアフリカ系アメリカ人は，しばしば政治的で進歩主義的な目的をもって，黒人を貶めない映画表現を求める観客に向けた映画製作を始めた．1910年代には，ハンプトンやタスキギーなどの黒人高等教育機関が宣伝と運営資金獲得に映画を利用した．ウィリアム・フォスターやピーター・P.ジョーンズなどの商業映画製作者も黒人観客向け作品をつくり始めた．10年代後半，リンカーン映画社が黒人観客のために黒人俳優を配役した「人種映画」をつくり，触発された小説家オスカー・ミショーは自身の著作を映画脚本に変え，最も成功した人種映画の監督となった．黒人市場での収益を試みた白人経営のノーマン映画製作会社なども設立された．なお，当時の黒人映画監督は役者業もこなすことが多く，40年代に人種映画を撮ったスペンサー・ウィリアムズはその後，テレビ番組《エイモスとアンディ》のアンディ役で人気を博した．

　70年代のハリウッドでは，都会でのロケ撮影，犯罪とアクション中心の筋書き，黒人の主演俳優といった約束事による通称「ブラックスプロイテーション」映画が多数製作された．これらはセックスと暴力表現で批判されたが，他方で黒人俳優と監督に機会を与えた．《ロールス・ロイスに銀の銃》（1970）のオシー・デイヴィス，《黒いジャガー》（1971）のゴードン・パークス，《スウィート・ス

ウィートバック》（1971）のメルヴィン・ヴァン・ピーブルズらが興行的にも批評的にも成功した．同時期に黒人の独立系映画製作者が出現し，ロサンゼルスではチャールズ・バーネット，ビリー・ウッドベリー，ジュリー・ダッシュらが古典的ハリウッド映画の黒人像とは異なる表現を目指した「LAリベリオン」運動を繰り広げた．ニューヨークではキャスリーン・コリンズ，ビル・ガン，ウィリアム・グリーブスらが活動した．この二つの文化が90年代に結合し，ハリウッドは治安が悪化した都市中心部の黒人社会の苦境を描いた「ゲットーサイクル」と呼ばれる映画製作を始めた．スパイク・リーの《ドゥ・ザ・ライト・シング》（1989）やジョン・シングルトンの《ボーイズン・ザ・フッド》（1991）などは，政治的なメッセージを持ちながら心に響く作品で興行的にも成功した．《ミドル・オブ・ノーウェアー》（2012）のエイヴァ・デュヴァーネイはハリウッドと独立系映画で活動，《ライド・アロング》（2014）のティム・ストーリーは大予算のアクション映画を監督し，《プレシャス》（2009）や《エンパイア》（2015〜17）のリー・ダニエルズは長編映画とテレビ番組で活躍した．

❖観客の歴史　クー・クラックス・クラン（KKK）を英雄的に描いた《国民の創生》（1915）に対する全米有色人種地位向上協会（NAACP）の抗議活動以来，人種差別的表現への抗議は今なお続いている．2016年にはSNS上で「# OscarsSoWhite」のハッシュタグを使ってアカデミー賞の白人中心主義を批判する運動が起こった．この背景には，長い間黒人観客が白人から隔離された有色人種用座席や黒人専用劇場などで映画を見ていた歴史がある．初期の人種映画はその状況を逆手に取り，黒人観客しかいない空間だからこそ安全に笑うことができるジョークを作中で使っていた．黒人観客だけを対象としたタイラー・ペリーの初期の映画にはそのような特徴が見られたが，彼が人気を得て観客が多様化するにつれて，彼の表現は黒人の地位向上という規範に沿うものに変わっていった．

　一方で，黒人観客たちも単に一枚岩的に「本当の黒人らしさ」を求めるというほど単純ではなく，階級やジェンダーによって彼らの利害は異なっていた．地位向上につながるイメージを求める者がいる一方で，それを重荷ととらえる者もいた．例えば1970年代には，ポワチエが演じてきた理知的な黒人像とは真逆のリチャード・ラウンドトゥリーやフレッド・ウィリアムソンのようなブラックスプロイテーションのスターたちの自信や決断力，男らしさが讃えられたのである．

❖新しいメディア環境　2010年，デュヴァーネイは有色人種や女性の映画作品を紹介する独立系配給会社ARRAYを設立した．また，イサ・ラエは《不器用な黒人少女の冒険と受難》（2011）をYouTube上で公開して多くの視聴数を得た．近年のこうした新しいアプローチによって，黒人観客の意向が強く反映されるようになり，黒人が映画製作に取り組みやすい環境がつくられつつある．

[アリソン・フィールド著，渡部宏樹訳]

ハリウッドとアジア

Hollywood and Asia

ハリウッド映画産業は，草創期から現在に至るまで，映画の製作・配給・興行のすべての局面で，アジアと緊張した関係を持ち続けてきた．その中で特に注目すべきは，ジャポニズム，イエローペリル，そしてホワイトウォッシュである．

❖**ハリウッドとジャポニズム**　ジャポニズムとは，元来ヨーロッパで見られた日本趣味のことである．19世紀半ばの万国博覧会への出品などを契機に，浮世絵などの日本美術が注目され，ヨーロッパの芸術家に大きな影響を与えた．ジャポニズムは中産階級アメリカ人の間にも広まった．これに目を付けたのがハリウッド映画産業である．映画を移民や労働者向けの娯楽から，中産階級向けのアートにするために適していたのである．有名プロデューサーのトーマス・インスは自分のスタジオに日本村を建設し，日本人女優の青木鶴子主演の大作《火の海（神々の怒り）》(1914)をはじめ，多くの日本を題材にした映画を製作した．そのほとんどが，ジャポニズムの影響を受けたオペラ《蝶々夫人》(1903)を下敷きにした白人男性と日本人女性との悲劇的ロマンスで，アジア人女性のステレオタイプをかたちづくるのに果たした役割は大きかった．ハリウッド初のアジア人スター早川雪洲のキャリアもインスの下で始まった（☞項目「スターシステム」）．ジャポニズムの影響は，太平洋戦争後のハリウッドの日本映画の配給にも存在した．

1952年，前年秋のベネチア国際映画祭グランプリの黒澤明《羅生門》(1950)が，メジャー会社RKOの配給で公開され大評判となった．この成功を受け，別のメジャー会社コロンビアが，ヨーロッパの映画祭で高い評価を得た黒澤の《七人の侍》(1954)を配給し，アートシネマの流行を牽引した．これらの時代劇映画はまた，ジョージ・ルーカス，スティーブン・スピルバーグら，現在もハリウッドで影響力を持つアーティストたちに衝撃を与えた．

近年では，96年に締結されたウォルト・ディズニーとスタジオ・ジブリとの事業提携もジャポニズムの一例といえる．アニメ，マンガをはじめとする日本文化のある部分は「クール・ジャパン」の名の下に，アメリカ，ヨーロッパ，そしてアジア諸国で強い文化的影響力を持っているからである．

❖**ハリウッドとイエローペリル**　アメリカでのジャポニズムの隆盛期は，イエローペリル（黄禍論，黄色人種脅威論）が広まった時期でもあった．開国後富国強兵政策をとって近代化を進めた日本の軍事力が，日清・日露戦争で明らかになると，日本からの移民の数が増えていたアメリカ太平洋沿岸諸州で反日感情が高まった．日系移民は日本の帝国主義的拡大の先鋒だという考えをゴシップ紙が煽

動したのである．前述の早川のスターダムは，こうした黄禍論と日本趣味との緊迫したバランスの上に成り立っていた．出世作《チート》(1915)では，早川演じる日本人美術商は，洗練された文化の魅力で白人女性を魅了する一方，思い通りに事が運ばなくなるや，暴力的で恐ろしい性格を露にする．ハリウッド映画は1910年代から日本での映画興行の重要な位置を占めていたが，こういった国辱映画は配給されなかった．戦後のハリウッドによる日本映画配給の背景にもイエローペリルは存在した．冷戦期にアメリカ側の自由主義陣営の拠点として日本を取り込む上で，日本は戦時中の宣伝映画に描かれたような不可解な「ジャップ」のままであってはならなかった．日本映画は，異文化理解のための格好の手段だった．他方，同時期に他のアジア諸国，特に共産主義中国や北朝鮮，そしてベトナム戦争中のベトコン（南ベトナムのゲリラ）は，ハリウッド映画の中で黄禍のイメージで描かれていた．さらに，《ブレードランナー》(1982)や《ブラックレイン》(1989)に代表される日米経済摩擦に端を発する80〜90年代のジャパンバッシングを思い起こすなら，それから10年も経たないうちに始まった日本文化への偏愛は，ジャポニスムとイエローペリルが表裏一体であることを示している．

❖**ハリウッドとホワイトウォッシュ**　ハリウッドとアジアとの関係をめぐるニュースが2016年に二つあった．一つは，《ドクター・ストレンジ》(2016)と《ゴースト・イン・ザ・シェル》(2017，図1)において，原作ではアジア人である主要キャラクターを両作品とも白人が演じたことに対し，アジアをはじめとするジャーナリストが猛反発したこと．これはアジア系俳優の機会を奪う行為だというものである．もう一つは，中国の大手不動産会社である大連万達集団が，ハリウッドの製作会社レジェンダリー・エンターテインメントを買収したことである（彼らは，すでに12年にアメリカ映画館チェーンAMCを傘下に収めている）．一見無関係のこれら二つのニュースは，実は強く結び付いている．

図1 《ゴースト・イン・ザ・シェル》(2017)の少佐役を演じたスカーレット・ヨハンソン
[Paramount Pictures Corporation]

　ハリウッドは近年，巨大市場の中国を取り込むため，中華圏出身の俳優や中国の題材を使い，製作・配給での資金協力を加速させてきた．しかし，ハリウッド映画があまりに中国寄りの製作・配給になると，欧米の映画館で観客が入らなくなるだけでなく，アメリカ映画を求めるアジアの観客も失う可能性がある．キャラクターのホワイトウォッシュ（白人化）は，映画のアジア性を薄め，アメリカ性を高める戦略の一つなのだ．ホワイトウォッシュは，ハリウッドの映画製作において連綿と続く人種主義の典型であるのと同時に，アジアへの市場拡大をめぐる，現在のハリウッドビジネスの一例でもある．　　　　　　　　[宮尾大輔]

ラテンアメリカとハリウッド

Latin America and Hollywood

メキシコ革命は，勃興期のハリウッド映画産業にとってニュース映画の格好の主題だった．ミューチュアル・フィルム社は革命家パンチョ・ビリャと独占契約し，長編劇映画《ビリャ将軍の生涯》(1914) を制作した．ビリャは最初期のハリウッド映画スターの一人となったわけである．この革命を機に「荒くれ」（バンディード）や「キザ野郎」（グリーザー）といったラテンアメリカ系に対する最初のステレオタイプがつくられた．西部劇の大衆小説と革命のイメージが混ぜこぜになり，狡猾で暴力的で薄汚く，戦争でも恋愛でも「全米代表」型のヒーローには敵わないメキシコ人の像がつくり上げられたのである．

❖**ステレオタイプへの反発**　こうしたイメージは，当時のハリウッドが国際的な興行収入をあてにしておらず，ラテンアメリカも重要な市場ではなかったことの反映でもあった．しかし 1920 年代初頭になるとメキシコの観客層から強い抗議が寄せられ，メキシコ政府が自国と国民への侮蔑的な表現を含んだ映画を制作するスタジオの映画に禁輸措置を行う旨を表明した．現にグロリア・スワンソン主演のパラマウント社作品《夫の商標》(1922) が禁輸対象となり，アメリカ政府の介入まで起こった．この騒動はハリウッドに教訓をもたらし，輸出先での検閲を最小限にするためのプロダクションコードが制定された．またラテンアメリカの観客層に取り入ることを狙って，ラモン・ノヴァッロやドロレス・デル・リオなどのメキシコ人スターを，ルドルフ・バレンチノ型のエキゾチックな「ラテンの恋人」として起用した．『シネ・ムンディアール』『シネランディア』といったアメリカのスペイン語ファン雑誌が，ラテンアメリカでの彼らの人気を後押しした．当時のラテンアメリカ映画産業が製作する長編映画の数は少なく，ハリウッドは市場を事実上独占した．

❖**競争と協力**　トーキーの時代にアメリカの映画産業はより戦略的になり，1930〜60 年代まで両者は協力と競争の相半ばする関係となった．ハリウッドではラテンアメリカやスペイン人を起用した自社作品のスペイン語版が製作された．この方法はコスト高のため 32 年までには廃止されたが，技術や人脈面の影響は大きかった．メキシコ，ブラジル，アルゼンチンは保護貿易を喧伝し，地元のラジオやレコードで人気を博したタンゴ，サンバ，マリアッチなどの音楽的伝統を利用してナショナリズムに訴え，新興の映画産業を保護した．

第 2 次世界大戦の勃発で欧州と東アジアでの収益低下に直面したハリウッドは，ラテンアメリカの映画産業との衝突を回避しながら利益を生む戦略を模索した．現地の人気ミュージカルの模倣，現地人材の雇用，人気映画の配給権の獲得，共

同製作への投資などが試みられた．また枢軸国の影響を排除するため国務省と協力し，ハリウッドは「汎アメリカ」主義を鼓吹する作品をあれこれ制作したが，ディズニー社が三銃士の物語を翻案した《三人の騎士》（1944）などのアニメ作品をいくつか製作したほかは，紋切り型のイメージを振り撒くものが多く，批評的にも興行的にも失敗に終わった．それでもプロパガンダの一環としてアメリカ政府はハリウッドにメキシコの映画産業への技術的・経済的支援をうながした．こうした結果としてメキシコ映画界の黄金期が到来し，興行的にも批評的にも質の高い成功を収める状況が生まれた．メキシコはラテンアメリカのハリウッドとなったのである．こうしたメキシコへの支援は，スペイン語圏における競争相手であるアルゼンチンの映画産業への妨害を企図したものでもあった．アルゼンチンは枢軸国への宣戦布告が遅く，ハリウッド映画への検閲も厳しかったからである．

❖スタジオの衰退とグローバル化　1950 年代後半までにラテンアメリカでは大手スタジオの映画製作が斜陽化し，代わって実験的な表現と急進的な政治思想を背景に，ハリウッドのイデオロギー的・美学的な影響を排しつつ「サードシネマ」運動に加わろうとする動きが活発化した．ことにキューバでは映画産業を反帝国主義の有力なモデルに育成する勢いが増し，フィデル・カストロは映画こそが最も革命的な芸術だと謳い上げて，ハリウッド直営の映画館チェーンを国有化した．これ以降，ラテンアメリカの映画人たちは国家に助成されたアート映画や政治的志向性の濃い独立系映画，国内市場だけに的を絞った低予算のジャンル映画などニッチな市場に向けた映画製作を通してハリウッドとの差別化を図ることになる．その背景には，映画興主たちの方が長年にわたってハリウッドに依存し，自国の映画作品を周辺に追いやってきたことへの強い反発があった．しかしこうした抑圧的で独裁的な文化政策に加え，テレビの出現やホームビデオと DVD の手軽さもあって，20 世紀の終わり頃にはハリウッド映画がラテンアメリカ市場を事実上独占した．90 年代には北米自由貿易協定（NAFTA）などの後押しもあって各国の映画産業への保護措置は弱体化し，ハリウッドが現地の映画館チェーンと共同でシネマ・コンプレックスをラテンアメリカ中に出現させた．グローバル化の時代にあって，経費の高いアメリカ国内から安いメキシコなどで映画製作を行う「逃亡プロダクション」が急増し，この影響でメキシコなどでは国内の人材がハリウッド映画のための安価な労働力供給源となったのである．近年のアメリカにおけるラティーノ向けメディアの増大は必ずしもラテンアメリカ映画の復活を意味せず，ギレルモ・デル・トロ，アルフォンソ・キュアロン，アレハンドロ・ゴンザレス・イニャリトゥなどの新世代の監督たちも，一見新しいメキシコ映画黄金時代を担っているように見えるものの，実際のところハリウッドは彼らを取り込んでいる．ハリウッドは 20 年代にこの地域の映画産業を窮地に立たせたのと同じ手法を繰り返しているのである．　　　　　[コリン・ガンケル著，渡部宏樹訳]

映画と女性

Film and Women

　「映画と女性」というテーマには，大きく労働者，表現者，受容者という三つの枠組みが想定される．映画制作に関わる労働者としての女性だけでなく，監督，脚本家，俳優としての女性は労働者でもあり，表現者でもある．また観客としての女性は受容者・消費者であり，批評家や研究者は表現者，受容者としての女性である．映画史的に見れば，女性の地位や活躍の推移は，緩やかながら女性運動史と相関的に推移してきた．

❖フェミニズム運動との関わり　1910年前後から20年代前半までの無声映画期は第1波フェミニズム運動の時期と重なる（☞項目「フェミニズム」）．大衆小説や演劇の分野で女性作家が活躍し，女性観客を取り入れて中流階級化を目指した映画産業が新規参入を歓迎し，女性労働者を多く受け入れた時期でもある．93年に始まった情報ウェブサイト「ザ・ウーマン・フィルム・パイオニア・プロジェクト」によれば，無声映画時代のアメリカでは，女優以外にも脚本家や撮影監督，編集者，制作者から作曲家まであらゆる職種で女性が活躍し，単独，共同監督として70人近い女性がリストに並んでいる．代表的な監督として，映画史初の女性監督でありフランスからアメリカへと活動の場を移したアリス・ギイ=ブラシェ，D.W.グリフィスやC.B.デミルと並ぶ名声を獲得し，長編劇映画も手がけ，近年再評価が進むロイス・ウェバー，女優としても活躍したドロシー・ダヴェンポート（リード）やフランシス・マリオンなどがいる．彼女らの多くが脚本を書き，夫と共同製作し，白人奴隷，妊娠中絶，女性参政権，貧困問題など社会的テーマを取り上げた．

　20年代半ばから，独占企業化とウォール街の資本流入によりハリウッドの再編成が進むと，多くの弱小製作会社は淘汰され，女性たちも職を失った．トーキーに移行した30年代以降のハリウッドでは，衣装，スクリプトなどスタッフを除くと，職種はほぼ俳優か脚本家に限られる．さらに，監督至上主義の批評や映画史は，女性が主人公で女性観客向けの映画を「女性映画」という範疇に囲い込む戦略を展開してきたが，その背後にあるハリウッドに根深い性蔑視とジェンダーの非対称を批判したのは，60年代後半に始まった第2波フェミニズム運動と連動したフェミニズム映画批評である．73年に出版された『崇拝からレイプへ──映画の女性史』でモーリー・ハスケルは，男性中心の映画史に異議を唱え，キャサリン・ヘップバーンやベティ・デイヴィスら女性スターの仕事を評価した代替的な映画史を書き上げた．

　フェミニズム批評は表現者としての女性にも注目した．同時期に20年代後半から40年代までのハリウッドで生き延びた唯一の女性監督ドロシー・アーズナー

の回顧映画祭が開かれ，ハリウッド映画への対抗言説（カウンターシネマ）の可能性が見いだされた．フェミニズムのスローガン「個人的なことは政治的なこと」に共鳴するかのように，多くのドキュメンタリーがつくられ，イヴォンヌ・レイナー，シャンタル・アケルマンなど前衛的な女性作家も登場し，女性映画祭も次々と開催された．

　75年には，ハリウッド映画のジェンダー非対称を象徴する「見る男性，見られる女性」という図式を批判したローラ・マルヴィの記念碑的論文が発表され，批評や理論の領域でも女性が存在感を示した（☞項目「身体」）．以降，女性観客が理論と受容史から再考され，女性観客の欲望，表現者としての女性美学の可能性，言語で規定されない経験や身体，情動との関係の中で新たな理論的な可能性が模索された．例えば，無声映画期のハリウッドに近代性（モダニティ）の新たな「公共圏」の可能性を見いだしたミリアム・ハンセン（1991）の議論，メアリ・アン・ドーンの「女性映画」再考と理論化への試み（1987），フェミニズム批評の人種差別を批判したジャックリーン・ボボの批判（1995），ジャンル研究の精緻化を進めたリンダ・ウィリアムズ，女性映画の実践と社会の関係性とクィア批評を展開したテレーザ・デ・ラウレティス，パトリシア・ホワイト，B.ルビー・リッチ，ジャッキー・ステイシーなどの議論も重要である（☞項目「クィア」）．最近の動向として，フェミニスト・メディアヒストリーズという概念が象徴するように，複数のメディアや歴史を横断するアーカイブ的な調査にも関心が高まっている．

❖ジェンダー意識の高まり　1980年代以降，ハリウッドでは世界規模のブロックバスターが中心になる一方で（☞項目「ニューハリウッドとブロックバスター映画」），独立系の映画製作も盛んになり，アリソン・アンダースやスーザン・シーデルマン，キャスリン・ビグローなどの女性監督が注目されるようになった．だが，21世紀に入り，加速したグローバリズムと大作主義は映画産業の男性中心主義を強化し，興行収入上位作品に限って見れば，女性監督の参入は相変わらず大変厳しい．とはいえ，映画業界でもジェンダー意識が高まり，女優ジーナ・デイヴィスが「メディアにおけるジェンダー研究所」を2007年に創設，研究者と協力し情報発信を行っている．08年にはビグローが女性監督としてアカデミー賞史上初の監督賞を受賞，1991年以降長編劇映画を撮った黒人女性監督は一人だったが，2010年以降には複数の監督が実現，12年にはルーカスフィルムの社長にキャスリーン・ケネディが就任した．また，女性監督のメジャー進出も始まっている．

　メリル・ストリープやスーザン・サランドンなどのフェミニスト映画人に加え，1970年代以降生まれの女性映画人やミレニアム世代の女優たちも，近年ハリウッドの白人男性中心主義に対する批判の声を上げ始めている．このような動きを直接間接に支えてきたのは有名無名の女性たちの存在と貢献である．　　［斉藤綾子］

ドキュメンタリー

Documentary

黎明期の映画は，長さにして1分以下の日常生活を写したもので「アクチュアリティ」と呼ばれた．最初はフランスで製作され，アメリカ人も追随してスポーツの試合や世界中の光景を撮った．第1次世界大戦までに映画はプロパガンダに利用されるまでに洗練された．革新主義の教育関係者も映画を重用し，大衆向けの成人教育として人気のシャトーカ巡回学校でも異国の紀行映画が利用された．やがて劇映画の興行館でもニュース映画の併映が始まり，1910年代前半には，通常の映画館がアメリカン・パテ社やハースト社のニュース映画を上映し始めた．

❖現実と虚構の混合物　ドキュメンタリーならではの映画の語りを本格的に模索した最初の映画はロバート・フラハティの《極北のナヌーク》(1922)である．それ以前にエドワード・C.カーティスの《首狩り族の地で》(1914)があるが，これはブリティッシュ・コロンビアのクワキウトル族の姿をメロドラマ的にとらえることに主眼を置いていた．それに比べるとフラハティはより感傷的でも異国趣味でもなかったが，部分的にはやらせもあり，撮影時には既に滅んでいた銛打ち漁を再現させたりもしている．《極北のナヌーク》は世界的な成功を収め，ジョン・グリアソンの下でイギリス政府のために働いていた人々をはじめ世界中の映画人を刺激した．グリアソンによればその技法は「アクチュアリティの創造的利用」であり，具体的には俳優を使わず，実際の人物と実際のロケーションを使いながら現実世界を劇化した脚本を書くことを意味した．

現実の主題に虚構の要素を組み入れる手法は1960年まで続いたが，とりわけ第2次世界大戦中のプロパガンダで力を発揮した．アメリカ政府はドキュメンタリーに多額の費用を割き，ハリウッドは撮影監督から作曲家まで優秀な人材を惜しみなく起用して，フランク・キャプラ《我々はなぜ戦うのか》(1942~44)やジョン・ヒューストン《サン・ピエトロの戦い》(1945)，《光あれ》(1946)などが製作された．戦後，多くは教育用映画，PR映画，また劇場用のニュース映画やテレビ報道のためのニュース素材となり，グリアソン的手法は陳腐化した．

❖シネマ・ヴェリテとダイレクト・シネマ　1960年に世界的に起きたこの二つの革命的運動は，類似したものと見なされるが，本質的には異なるものである．フランスのシネマ・ヴェリテは映画製作者たちが歴史世界に介入することを目指し，カメラは隠された真実を明らかにする道具であった．他方，アメリカにおけるダイレクト・シネマは，観察に専念して現実の時空間を模写することを試みた．

ダイレクト・シネマは，タイム社のジャーナリストであるロバート・ドルーが劇的ながらも報道の本義に誠実な作品を目指して生み出した．16ミリカメラを

手持ち撮影のため小型軽量化し，折から発売されたナグラ社製テープ・レコーダーと組み合わせることで，ドルーのスタッフは取材対象がカメラの存在を忘れてしまうように撮影ができた．その成果はウィスコンシン州におけるヒューバート・ハンフリーとジョン・F. ケネディの大統領予備選を記録し，以後のアメリカのドキュメンタリー表現を大きく変えた《予備選挙》(1960) に現れた．フレデリック・ワイズマンを別として，リチャード・リーコック，D.A. ペネベイカー，アルバート・メイスルズなどこの運動の主要人物は，一度はドルーと組んだことのある人々であった．

　ダイレクト・シネマの影響は民族誌映画にも現れた．ことにグレゴリー・ベイトソンやマーガレット・ミードら 30 年代から調査地にカメラを持ち込んだ人類学者たちは対象への非介入を鉄則とし，発想を同じくしていた．アメリカの民族誌家たちはジョン・マーシャル（ワイズマンの第 1 作《チチカット・フォリーズ》〈1967〉の撮影監督），ロバート・ガードナー，ティム・アッシュなど，さながらカメラなど存在しないかのように対象の行動を観察する映画を制作した．

❖**実験映画の影響**　他方，ジョナス・メカス，おおえまさのり，スタン　ブラッケージ，オノ・ヨーコらはグリアソン流のやり方も観察主義も拒否して実験映画へ乗り出し，ドキュメンタリーにも歴史に向かう方法をうながし，より主流のドキュメンタリーにも影響を与えた．例えばブルース・コナーのコラージュ作品《ある映画》(1958) やビキニ環礁での核実験を写した《クロスロード》(1976)は，広く反響を得た反核映画《アトミック・カフェ》(1982) や《コヤニスカッツィ》(1982) の自然描写へとつながっている．メカスの詩的思索のスタイルは，《放たれた舌》(1989) のマーロン・リッグスらマイノリティの映画作家たちの自伝的作品に影響を与えた．また《リヴァイアサン》(2014) における「感性的エスノグラフィ」の抽象化の手法はブラッケージに由来する．

❖**1990 年代の人気**　グリアソン的なやり方やテレビニュースの「本当らしさ」に対する疑問の高まりがもたらした最も顕著な成果は，殺人事件の評決に対する疑いを，虚構的な再現場面に種々の音声やビデオの記録映像を組み合わせて表した《シン・ブルー・ライン》(1988) 以来のエロール・モリスの一連の作品だろう．またマイケル・ムーアはシネマ・ヴェリテ的な演出を個人の伝記や一人称視点と組み合わせることで伝統的なドキュメンタリーを批判し，皮肉なユーモアを使うことでアメリカの政治的ドキュメンタリーのスタイルを変えた．《シン・ブルー・ライン》とムーアの《ロジャー＆ミー》(1989) はアメリカのドキュメンタリーの新時代を画し，全米の主要映画館で上映されてヒットした．このような独立系のドキュメンタリー映画が，《極北のナヌーク》以来最大の注目を浴び，映画館やオンラインストリーミングの重要商品となったのである．

[マーク・ノーネス著，渡部宏樹訳]

実験映画

Experimental Film

実験映画とは，個人による芸術表現として制作された，非商業的な映画を指す．1920年代ヨーロッパの前衛映画の文脈を引き継ぎながら，50〜60年代にアメリカのアンダーグラウンド映画の隆盛によって世界各国に拡散し，今日に至っている．特にアメリカにおいては，ハリウッド映画に対するオルタナティブとして発達してきた経緯があり，反検閲の立場から，作家による協同組合を通して自主配給が行われてきた（☞項目「検閲」）．

❖アメリカ実験映画の胎動　アメリカにおける実験映画は，ヨーロッパの前衛映画の影響下で始まった．まず，1930年代にはロバート・フローリー，ジェームズ・シブリー・ワトソン，ジョセフ・コーネルなどによって散発的に制作される．また第2次世界大戦の進行によって，40年頃にはオスカー・フィッシンガーやハンス・リヒターなど，抽象映画を手がけていた作家も，アメリカに移住していた．

そして以降，マヤ・デレン，ケネス・アンガー，ジェームス・ブロートン，イアン・ヒューゴ，シドニー・ピーターソン，ウィラード・マース，グレゴリー・マーコポウロス，ハリー・スミス，メアリー・エレン・ビュート，ジョン＆ジェームズ・ホイットニー兄弟といった作家たちが，前衛映画の影響を受けながら，個人による映画制作を開始する．例えばデレンの《午後の網目》（1943）は，ヒロインの無意識を反映するかたちで物語が循環していくが，その表現には，シュルレアリスムからの影響を見いだすことができる．

一方，アンガーはハリウッド映画には表現できないタブーに踏み込んでいき，同性愛や暴力に関わる表現によって，アンダーグラウンド映画の先駆的な存在となっていく．

ホイットニー兄弟も早い時期から抽象映画の制作を開始しており，50年代末にはコンピュータを使用して緻密な実験アニメーションに取り組んでいく．また，47年にはアモス・ボーゲルによるシネクラブ「シネマ16」が設立され，実験映画を含めたプログラムを組むことで上映活動の側面からこの運動を支えていった．

❖アンダーグラウンド映画の確立　1950〜60年代にかけて，スタン・ブラッケージ，ジョナス・メカス，シャーリー・クラーク，ジャック・スミス，ブルース・コナー，ブルース・ベイリー，ロバート・ブリア，ジョージ＆マイク・クッチャー兄弟，そしてオーストリア出身のペーター・クーベルカといった作家たちが台頭する．このような進展の中で，60年にメカスの呼びかけにより，実験映画にとどまらず，インディペンデント映画の監督が結集した「ニュー・アメリカ

ン・シネマ・グループ」が結成される．そのマニフェストでは，ハリウッド映画の商業主義から独立した，個人表現としての映画が賞揚されていた．

こうして，アメリカにおける実験映画は，前衛映画の影響を脱して反体制的な独立性を持つに至り，アンダーグラウンド映画という呼称によって広まっていく．代表的な作品としては，純粋なイメージの積み重ねによって叙情的な表現を達成したブラッケージの《犬・星・人》（1961〜64），無秩序な性表現を追求したスミスの《燃え上がる生物》（1963），既存のフィルムのみをつなぎ合わせたコナーの《ア・ムービー》（1957）などがある．ポップアートで著名なアンディ・ウォーホルも，眠る人物の姿を5時間以上にわたって撮影した《スリープ》（1963）など，単調な表現に徹した作品を積極的に制作した．

また，メカスは実験映画の組織者としての活動とともに《リトアニアへの旅の追憶》（1972）など，みずからの生活を題材とした日記映画を制作する．また，この頃には作家による協同組合をつくる動きも始まっており，東海岸では62年に「フィルム・メーカーズ・コーポラティブ」が，西海岸では67年に「キャニオン・シネマ」が設立された．また69年には，メカス，クーベルカ，評論家のP. アダムズ・シトニーなどによって，作品の保管と上映を行う機関である「アンソロジー・フィルム・アーカイブス」が設立された．

✣アメリカ実験映画の多様化　1960年代半ばになると現代美術の動向と関連しながら，映画の機構や制度をコンセプトとする，構造映画と呼ばれる傾向が現れ始める．トニー・コンラッド，ポール・シャリッツ，ケン・ジェイコブス，ジョージ・ランドウ，ホリス・フランプトン，カナダ出身のマイケル・スノウといった作家が，このような作品を制作した．代表的な作品としては，激しい光の明滅によって観客の知覚に強い刺激を与えるコンラッドの《フリッカー》（1966）や，フィルムの物質性をそのまま可視化するランドウの《エッジ・レタリング，ごみ，スプロケット穴などが現れるフィルム》（1966），長時間に及ぶズームインと色調変化によって映画の機能を前景化させるスノウの《波長》（1967）などがある．また同時期には，通常の映画館における上映形態を逸脱したエクスパンデッド・シネマ（拡張映画）も現れる．例えばスタン・ヴァンダービークは，63年にムービードロームと呼ばれる上映用ドームを建設し，そこで複数の映写機によるパフォーマンスを展開した．

また，70年代に入ると，バーバラ・ハマー，アビゲイル・チャイルドなどの女性作家が，フェミニズムとの関連の中で作品を発表してゆく．本項で紹介した作家たちは，その後，大学で教鞭をとるようになり，そこからは数多くの次世代の作家が輩出された．その表現は個々の作家によって異なるもので，まとまった傾向を見出すことは難しい．こうしてアメリカ実験映画は，広義の「映画」における一つの表現領域として，現在に受け継がれている．　　　　[阪本裕文]

映画館

Movie Theaters

19世紀末にトマス・エジソンによって発明されたキネトスコープは，個人の観客がのぞき窓を通して動く写真を見て楽しむという構造をとっていた．程なくして映像をスクリーンに投射する技術が確立されると，1905年頃からニッケルオデオンと呼ばれる常設館が各地に出現するようになった．たった5セントの入場料でさまざまな演目を楽しめるという気軽さもあり，この上映形態は労働者階級や移民を中心に爆発的な人気を得る一方，映画館とは不潔でいかがわしい空間であるという社会的認識を生むことにもなった．（☞項目「映画の黎明」）

❖娯楽の王様　こうした状況を危惧した興行主たちは，中産階級の趣味に合うよう映画館の質と規模の改善に乗り出し，1920年代になると，豪華絢爛な内装やフルオーケストラを備え，数千人規模の観客を一度に収容できるムービーパレスをニューヨークやシカゴ，ロサンゼルスといった大都市を中心に次々とオープンさせた．その結果，映画はアメリカ国民を網羅する，文字通り娯楽の王様として君臨することに成功する（とはいえ，人種差別に基づく隔離政策は根強く残り，黒人観客は公民権運動が起こるまで，彼ら専用の映画館に通うことを余儀なくされた）．当然ながら，このような変化の背後には大資本の注入が不可欠であり，パラマウントやMGMといった主要な映画会社は，自前の映画館チェーンを拡大させるのみならず，各地に散らばる映画館をことごとく買収することで，製作・配給・興行の各部門をすべて自社の管理下に置く垂直的統合を推し進めた．

29年の大恐慌とトーキー（発声映画）への移行をきっかけに，アメリカ国内の総映画館数は一時的に減少する．しかしこのことは映画産業自体の斜陽にはつながらず，30〜40年代にかけて，ハリウッドはむしろ黄金期を迎えることになる（☞項目「ハリウッドの繁栄と衰退」）．特に41年に第2次世界大戦への参戦が決まると，映画館は国民の士気を高めると同時に，戦争遂行に必要な資金を集める公共圏としても機能し，観客数は増大の一途をたどった．事実，アメリカの観客動員数は46年に過去最高を記録しており，当時の国民の57%にあたる約8,000万もの人々が毎週映画館に通ったというその数字は，いまなお破られていない．

❖レジャーの多様化　ただし，この栄華も長くは続かない．1948年に連邦最高裁によってパラマウント社の垂直的統合が「独占禁止法」に抵触するという判決がなされると，映画会社は興行部門を切り離さざるを得なくなる．また戦争の終結によってベビーブームがもたらされたが，これは同時に郊外へと向かう大規模な人口の流出を意味した．都市部の人口減少により，伝統的なムービーパレスは観客を失い，その大部分が閉鎖に追い込まれた．一方，映画会社から独立した興

行主たちも，マイホームやマイカーに代表される戦後の生活様式に見合う映画館の在り方を模索し始め，50年代には，子どもを持つ若い夫婦が周りの目を気にせず映画を楽しめるドライブインシアターや，家族連れの買い物客をターゲットとしたショッピングモール併設型の映画館を建設するようになった．

　映画館にとっての次なる苦難は，テレビの台頭である．48年の時点で100万台に満たなかったアメリカ国内のテレビの契約台数は，54年には2,600万台にまで膨れ上がり，映画館に赴かなくとも自宅で気軽にエンターテインメントが楽しめるようになった．こうして一度離れてしまった観客を呼び戻すため，興行主たちは映画を映画館で見るという行為そのものに付加価値を与えるという戦略をとった．この意味で注目に値するのが，3台のカメラで同時に撮影し，3台の映写機を使って146度もの視界が得られるシネラマに代表されるスクリーンのワイド化である．その第1作《これがシネラマだ》(1952)の有名なジェットコースターのシーンに見られるように，テレビの小さな画面では味わえないスリルと興奮を味わうためのアトラクションとして，映画はみずからを再規定した．同様の試みとして，この時期には3D映画も盛んに製作された．

　60年代以降，さらに映画館は1館あたりのスクリーン数を増やすという試みに着手する．マルチプレックスと呼ばれるこの上映形態は，ヒット作であれば同じ作品を異なる時間に上映することで観客の待ち時間を減らすことができるし，上映できる作品の絶対数が増えたことから，より観客のニーズに合ったプログラムを組むことを可能にした．結果として，ヨーロッパのアート映画や香港のカンフー映画，さらには70年代に大流行したポルノ映画に至るまで，熱心なファンを中心にニッチなマーケットが形成された．

❖**映画館の現状**　VHS，DVD，オンラインストリーミングと続くホームエンターテインメント市場の成長は，映画館にとってさらなる危機をもたらした．しかしアメリカの映画館は，1館に16以上の巨大スクリーンを備え，前方の観客によって視界の遮られることのないスタジアムシートを採用したメガプレックスを生み出すことで，この苦境を乗り越えた．なかでも1995年に24ものスクリーンを持つグランド24をダラスにオープンさせ，メガプレックス時代の到来を告げたAMC社の成長は21世紀に入ってもとどまることを知らず，2016年3月には同業のカーマイク・シネマズを買収し，938の劇場と8,288のスクリーン数を誇る全米一の劇場チェーンとなることを発表した．

　上映素材がアナログからデジタルに変わり，ドルビー・サウンドやアイマックス（IMAX），4D映画のような新たな技術が導入されようとも，映画館の長い歴史から見れば，それらは些細な変化でしかない．ポップコーン片手に家族や友人とともに週末を映画館で過ごすという行為は，いまなおアメリカの娯楽文化の中で脈々と生き続けている．　　　　　　　　　　　　　　　　　[山本直樹]

映画技術の過去・現在・未来

Film Technology: Past, Present and Future

第1次世界大戦以降，巨大な映画産業を擁するようになったアメリカは，現代まで世界の映画技術をリードし，無声映画のトーキー（発声映画）化，カラー映画の導入，スクリーンの大型化，デジタル技術の導入など，映画史の転換点となる重要な技術革新の場において常に世界を主導してきた．1916 年にアメリカ映画技術者協会（SMPE）として発足し，50 年にテレビジョン技術者も加わって成立したアメリカ映画・テレビ技術者協会（SMPTE）は，今日に至るまで映像技術全般にわたる数々の標準規格を策定してきた．

❖撮影・音響・映写　フィルム上に動的映像を記録する最初のアメリカ製カメラはトーマス・エジソンのキネトスコープであり，フランスでリュミエール兄弟の発明したシネマトグラフとほぼ同時期である（☞項目「映画の黎明」）．1909 年に映画用の 35 ミリ撮影機を発売したベル＆ハウエル社は以降も 16 ミリカメラを含む数々の機種を送り出した．また 15 年には，動物学者で優れた剥製家であったカール・エイクリーが自然観察に適したエイクリー（アーケリー）撮影機を発表している．19 年創立のミッチェル社は翌年より 35 ミリカメラを発売，とりわけ 32 年に発売されたミッチェル NC 型は世界の撮影所で採用され，映画カメラの代名詞と見なされるほどの名機になった．またベル＆ハウエル社が 25 年に発表したアイモはゼンマイ式のポータブル撮影機で，電源を必要としないため特にニュース映画の分野で活躍した．

またアマチュア用，家庭用の小型映画についてはアメリカではイーストマン・コダック社が先駆的で，23 年発表の 16 ミリフィルムを皮切りに，32 年には 8 ミリフィルムのダブル 8（レギュラー8）を発表，それぞれの撮影用のカメラも次々と開発した．8 ミリは，それまで小型映画の代名詞だったパテ社（フランス）のパテ・ベビー（9.5 ミリフィルム）に取って代わるほどの国際的規格となった．

映画への音響の付与についてもアメリカが先鞭をつけた．部分的ながら，レコードとの同調によるバイタフォンの技術を用いて映画に音声を加えたワーナー社の《ジャズ・シンガー》（1927）は大ヒットを記録し，トーキー時代の幕開けを告げた．そして程なく，音声信号を映画フィルム上に記録するフォックス社のムービートーンも開発され，音響記録の標準方式となっていく．また後年，サンフランシスコに本社を置くドルビー・ラボラトリーズは，60 年代からノイズリダクション（雑音低減）技術や臨場感を高めるサラウンド音響などの記録再生技術を発展させ，この分野では現在まで抜きん出た存在となっている．

映写機においては，《大列車強盗》（1903）の監督エドウィン・S.ポーターら

が09年にシンプレックスを発表，25年にはパワー，アクメなどのメーカーが続いて生まれた．シンプレックスはトーキー時代もXL型などを送り出して成長を続け，クリスティ，ウェストレックス，センチュリーなどのメーカーもアメリカの映画館業界を支えた．

❖**映画のカラー化と大型化**　アメリカにおける色彩映画の開発については，1915年に創立したテクニカラー社を抜きに考えることはできない．16年には赤・緑のフィルターを用いる二色加色法の映画を発表するが，その後34年に実用化された．光の三色分解を援用する転染法テクニカラーの絢爛たる色調が同社の名声を決定的なものにした．52年にはイーストマン・コダック社が3層の感光層をフィルム面に塗布したイーストマンカラーを実用化，テクニカラーより経費を節減できたことから，アグファや富士フイルムといった他国の同業会社も同様のフィルムを製造するようになり，テクニカラーの後継としてフィルムによる映画づくりが減少した現在に至るまで長く君臨している．

　また50年代も，各製作会社で映画の大型化が一斉に進められた時期でもある．トーキー初期の32年に映画芸術科学アカデミーによって画面のアスペクト比（縦横比）は1：1.375に定められたが，この頃にはテレビの普及に刺激され，家庭内の視聴では期待できない大規模な視覚体験を求めて映画のワイドスクリーン化が模索された．20世紀フォックス社はフランスの研究者アンリ・クレチアンが開発した横拡大（アナモフィック）レンズを用いたシネマスコープを53年の《聖衣》で発表，以降パラマウント社のビスタビジョン（1954），トッドAO方式の70ミリ映画（1955）などが競うように発表された．またシネマスコープ映画の周辺機器メーカーだったパナビジョンは，その高度なレンズ技術を生かしてスコープ用の優秀なレンズを開発，映画技術界の重要な一角を占めた．

❖**デジタルシネマ**　21世紀に入って，撮影と上映の両段階でフィルムを用いないデジタルシネマの普及が加速すると，アメリカの技術はこの分野でも世界を主導する存在となった．撮影の面では，4Kカメラのレッド・ワンを生み出したレッド・デジタル・シネマカメラ社が，ドイツのアリ社や日本のソニーらと並んで先進的な役割を果たしている．また映画館においては，旧来のフィルム映写機に代わってデジタルデータであるデジタル・シネマ・パッケージ（DCP）を上映素材とし，専用のプロジェクターで上映するようになったが，その配給と映写に関する技術仕様を2005年に定めたのはアメリカの大手製作会社7社によって設立された業界団体デジタル・シネマ・イニシアチブ（DCI）である．またデジタル時代は，一度1950年代に流行したがすぐ下火になった立体（3D）映画の再興をうながし，《アバター》（2009）以降，頻繁に立体作品が発表されている．このようにハリウッドが映画文化の強力な発信地であり続けているのと並行して，映画技術の最新動向の多くが，引き続きアメリカに端を発している．　　　　［岡田秀則］

ハリウッドとテレビ

Hollywood and Television

映画産業とテレビ産業はその初期から互いに協力しつつもそれぞれ独自に発展し，現代ではメディアをまたいで企業がコンテンツを供給するようになった．

❖ケーブルテレビの興亡　1930年代にはテレビネットワークは放映スケジュールを埋めるため，映画スタジオから映画館で上映されていない古い映画，B級映画，低予算映画，ドキュメンタリー，短編映画などを購入していた．33年にはまだ映画館で上映されていた《ねじれた輪》（ハンバーストーン監督，1932）がテレビで放映されが，当時テレビは十分普及しておらず，興行成績に影響を与えなかった．

40年代にCBS，NBC，ABCの三大ネットワークは過去の映画の放映を始めた．例えば，MGMの《オズの魔法使い》（1939）は56年にフォード社が提供した《フォード・スター・ジュビリー》シリーズの最終回にCBS網で初めて放映され，他のネットワークでも人気を博した．《NBCサタデー・ナイト・アット・ザ・ムービーズ》（1961〜78）が50年以降の劇場映画を夜のゴールデンタイムに放映するようになり，この成功で他のネットワークも同時間帯に比較的近年の映画を放映し始めた．このような映画産業とテレビ産業の間の協力関係が，後に独立系映画を専門とする「サンダンスTV」や50年以前のワーナー・ブラザーズ作品や86年以前のMGM作品を専門とする「ターナー・クラシック・ムービー」のような映画専門チャンネルに発展した．

映画のテレビ放送の成功で最初からテレビ向けに制作・配給される長編テレビ映画がつくられるようになり，90年代には女性向け映画／女性映画に特化した「ライフタイム・ムービー・ネットワーク」やSF専門の「サイファイ」（Syfy）などが生まれた．これらのチャンネル向けテレビ映画はキャンプな物語と低予算の美学でカルトな観客を引きつけている．例えば2013年にSyfyで放映されシリーズ化したテレビ映画《シャークネード》は当初インターネット上で注目を集め，後に全米200館で行われた一夜限りの上映イベントのチケットはすぐに完売した．

連邦政府の規制緩和がこれら専門チャンネルを可能にした．34年の同法を改正した96年の「電気通信法」で，特定資本が複数のメディアに影響力を持つクロスオーナーシップが認められた．この影響は現在まで及び，コムキャスト，ウォルト・ディズニー・カンパニー，タイム・ワーナー，CBSコーポレーション，バイアコム，21世紀フォックスのメディア・コングロマリット（企業複合体）上位6社が映画製作，テレビ製作，ケーブル，ラジオ，音楽，出版，テーマ・

パーク，ウェブサイトなどのさまざまなメディアを支配下に置いている．

❖**観客の断片化** 広告産業の変化，VCR や DVD などの新技術，新世代の視聴者，ケーブルやインターネット上での新しい選択肢などによって，1980 年代には三大ネットワークの覇権は衰えポスト・ネットワーク時代に突入した．断片化した観客に特化したニッチマーケティングが行われ，アフリカ系アメリカ人向けの「BET」，女性向けの「ライフタイム」，LGBTQ＋向けの「ロゴ」，若者向けの「MTV」，食べ物好き向けの「フードネットワーク」などのチャンネルが生まれた．同時に，《となりのサインフェルド》などの番組が LGBTQ などのタブーに触れはじめ，彼女自身の名を冠したシットコム番組《エレン》の中で，エレン・デジェネレスは自身が同性愛者であることを明かし，放映前から注目を集めた．その結果広告主を失ったが，フォルクスワーゲン社などは LGBTQ に向けた宣伝を打ち出した．《エレン》は 5 シーズンで終わったが，《ふたりは友達？ウィル＆グレイス》《L の世界》《クィア・アズ・フォーク》《クィア・アイ》などのさまざまなアイデンティティを描いた作品への道を開いた．

　技術の進歩も観客の断片化を促進した．YouTube が 2005 年に，ネットフリックス（Netflix）とフールー（Hulu）が 07 年に動画のストリーミング配信を始め，ケーブル契約なしでより低価格でかつ家の外でも映像を楽しめるようになった．08 年の経済危機以降，経済的苦境に置かれていた X 世代やミレニアル世代の若者は節約のためにケーブルを解約するようになった．ケーブル業者は安価なケーブルとインターネットのセット契約を提案したり，モバイルでオンラインのコンテンツを視聴するためにはケーブル契約を必要とするといった制限を設けた．これに対してストリーミング配信のアカウントを共有する者が現れ，Netflix は複数ユーザー間の共有を許可するようになった．オンライン配信の人気の高まりに応じて，インターネットに接続してストリーミング配信の独自コンテンツを見ることができるスマートテレビが開発された．

　ストリーミング配信は新しい視聴形態と配給モデルを生んだ．VHS の時代からたくさんの映像を見続ける視聴者はいたが，ストリーミング配信によって，購入やレンタルをせずにテレビに没頭することができるようになった．テレビに没頭する観客にアピールするために，Netflix はシーズン内の全作品を一気に放映し，《ハウス・オブ・カード 野望の階段》（2013〜）や《マスター・オブ・ゼロ》（2015〜）などが人気を博した．だが，毎週 1 話放送のモデルがなくなったわけではなく，例えば，Hulu は《侍女の物語》（2017〜）の最初の 3 話を一度に放映し続くエピソードは毎週水曜日に 1 話ずつ放送するという両モデルの利点を組み合わせた戦略を生み出した．このように観客の振る舞いの変化に直面するときに，新しいサービス，コンテンツ，ハードウェアが出現するのである．

[中山裕貴著，渡部宏樹訳]

ホームビデオ

Home Video

　ホームビデオは映画とメディアの文化を一変させた．1970年代に家庭用のビデオカセットレコーダー（VCR）が初めて登場して以来，技術と産業構造の変化を通じ，映画を見るという行為の実態を劇変させながら，ホームビデオは社会に浸透した．端的にいえば，ホームビデオとは社会の断片化と個人主義の拡大を反映した装置であるということだ．

❖**ビデオ産業の誕生**　ホームビデオの技術的・文化的な起源は人々が家庭で動画を娯楽として消費することを可能にしたテレビにある．1950年代にはテレビ産業が番組や映画の収録や放送のために磁気テープを使い始め，60年代には多くの企業が民生用のビデオ再生装置の開発を始めた．北米市場で最初のVCRは76年に発売されたソニーのベータマックスだが，翌年すぐにVHSが追従し，80年代にはこれが北米の市場を席巻した．VCRはもともと，テレビ放送を録画し放送後に再生できるようにすることで，テレビ視聴者に自由と選択肢を与える「時間差」装置として売りだされたのだが，ミシガンの起業家アンドレ・ブレイは事前に録画されたコンテンツ（つまりハリウッド映画）を見たいという消費者の欲求を見抜き，20世紀フォックス社からビデオ販売のための映画のライセンスを取得した．とはいえハリウッドの大手スタジオはビデオ市場参入には消極的で，むしろ妨害工作に腐心していた．例えばユニバーサル社とウォルト・ディズニー社はVCRが著作権侵害を助長しているとして76年にソニーを訴えたが，この裁判は84年にソニーの勝利で終わった．ハリウッドがビデオに対して曖昧な態度に終始したことで，独立系のビデオ映画製作者が大量に登場した．70〜80年代初めまでに販売されたコンテンツの多くは，成人映画，低予算ホラー映画，そしてサブカルチャー映画であった．

❖**レンタルビデオ店の出現**　ブレイは消費者がビデオを購入すると考えていたが，むしろ普及したのはレンタルビデオのビジネスモデルだった．1980年代にはレンタルビデオ店が全米に出現し，89年には3万店舗にも達した．その多くは，映画産業で働いた経験を持たない小規模の家族経営の店だった．コンビニや雑貨屋などもビデオを扱うようになり，80年代の終わりにはレンタルビデオ産業は大企業のチェーン店へと統合され，90年代初頭になるとブロックバスター・ビデオ社が業界のトップに躍り出た．同じ頃，ハリウッドもビデオ市場に本格的に乗り出した．

　レンタルビデオはアメリカの映画文化を三つの点で根本的に変えた．①まず，近所に開店したレンタルビデオ店からビデオが家庭に持ち込まれ，映画の視聴環

境が映画館から社会全体に広がった．②また，レンタルビデオは地域ごとの映画文化をつくった．地元の好みに合致した映画を手に入れることが容易になり，映画は店員や他の顧客との会話を通して，社会関係の媒介物となったのだ．③さらに，レンタルビデオはメディア文化を決定的に個人的なものに変えた．以前なら人々は映画館やテレビで見られる映画を見たものだが，いまやみずからの選択肢を持ち，それぞれ好みの映画を選べるようになった．レンタルビデオは単に映画を提供したのではなく，個々人が自由に見たいものを見ることができるという認識を行き渡らせたのである．

図1 いまや珍しい存在となったDVDを扱うレンタルビデオ店 [Dan Herbert; Courtesy of University of California Press]

90年代後半のDVD技術の出現と普及によって，レンタルビデオのモデルは再び大きく変化した．映像の精細さ，デジタル音声の使用，監督のコメントや撮影の舞台裏を記録した特典映像などがDVDの売り物だったが，重要なのはVHSより安価で，売り切り商品としても販売されたことである．レンタルビデオ店舗はDVDの貸し出しも始めたが，ターゲットやウォルマートなどの大規模ディスカウント小売チェーンも含む多くの小売業者がDVDを販売した（図1）．アメリカ人はDVDの収集を始め，レンタルビデオ業者は新しい売り切りモデルに苦戦した．DVDの可搬性を生かして，90年代後半にネットフリックス（Netflix）は郵送のレンタルビデオ事業を始め，一般的な規模の実店舗が持ち得る以上の作品群を提供することで自由に作品を選びたい顧客に訴えかけ，レンタルビデオ市場を侵食した．

❖**21世紀のホームビデオ**　ブロードバンド・インターネットが一般化し消費者がタブレットやスマートフォンといった持ち運べるメディア装置でコンテンツを消費し始めた2000年代，ホームビデオは再び大きく変化した．Netflixは07年にビデオのストリーミングを始め，これ以降エンターテインメント動画の販売，配信，上映のためのデジタルプラットフォームの数は増加した．Netflixに加えて，YouTubeのようなインターネット上の配信サイトやケーブルテレビのオンデマンドサービス，さらにはAmazon，Hulu，iTunesなどが主要なデジタルビデオ配信者となっている．

現在のホームビデオは，消費者が多くのモバイル機器を使い，またコンテンツそれ自体がさまざまなメディアスクリーンの間を流通する「プラットフォーム間の／自体の移動性」で特徴付けられる．ホームビデオに最初から潜んでいたメディア文化の断片化と個人化は，いまや誰もが好きなときに好きなものだけを好きなだけ見ることができるという水準にまで拡大している．いまでは世界全体がビデオ店なのだ．　　　　　　　　　　　［ダニエル・ハーバート著，渡部宏樹訳］

アニメーション
Animation

　アニメーションは，今日の私たちにとって，最も身近なアメリカ文化の一つである．ただしアニメーションの歴史は，単なる作品（たとえ偉大な作家による作品であったとしても）の集積と考えるだけでは十分でなく，映画，テレビ，コンピュータといったメディア技術の変化を巻き込んだ，より総体的な社会事象としてとらえる必要がある．

❖初期アニメーションからディズニーへ　アニメーションの起源は，パラパラ漫画の原理に基づく，フェナキストスコープやゾートロープといった19世紀の視覚装置にさかのぼり（☞項目「映画の黎明」），1900年代初頭にはジョルジュ・メリエスやエドウィン・ポーターらによって，コマ撮り技術を応用したトリック映画が製作された．この意味で，最初のアメリカ・アニメーション映画作品を同定することは困難だが，その一つの指標として，少しずつ描き直した黒板上の絵をコマ撮りしたJ.S.ブラックトンの《愉快な百面相》（1906）をあげることができる．紙上に描いた偏差のある絵を連続させる，現在のアニメーションにより近い作品は，ウィンザー・マッケイの《リトル・ニモ》（1911）や《恐竜ガーティ》（1914）を嚆矢とするが，いずれの作品も，「静止画が動いたら」という願望によって物語上の枠組みが与えられるという，「アニメーション＝生気」という原義に忠実な構造を持っている．

　また1910年代後半になると魅力的なキャラクターも生み出され，その代表はフィリックス・ザ・キャットであり，その延長上に，ウォルト・ディズニーを中心として，オズワルド・ザ・ラッキー・ラビットやミッキーマウスが創造された．ただし，ディズニー作品の魅力はアニメーションの持つ生き生きとした動きにある．加えて，ミッキーマウスの公開第1作《蒸気船ウィリー》（1928，図1）はトーキー（発生映画）化という潮流のただなかで製作され，映像と音響の同期が織り成す躍動感のために驚嘆をもって迎えられた．カラー化を伴いながら，ディズニーは《花と木》（1932）をはじめとするシリー・シンフォニー・シリーズで，映像と音響の協同による美学を発展させた．

図1　ミッキーマウス公開第1作《蒸気船ウィリー》（1928）［Walt Disney］

❖長編アニメーション映画と黄金時代　このように初期アニメーションの軌跡は技術革新を伴っていたが，それは生産様式の変化も含んでいた．最初期，アニ

メーションは数名の製作者によって手工業的に生産されていたが，ディズニーに至って，フォード式分業体制が導入された．これはアニメーションのダイナミックな動きやカラー化を可能にしたが，従来の短編作品の規模を凌駕する，83分の尺数を持つ長編カラーアニメーション作品《白雪姫》（1937）のためにも不可欠であった．《白雪姫》は世界的な成功を収め，《ピノキオ》（1940）や《ファンタジア》（1941）をはじめとするディズニー長編映画の先鞭をつけた．

　1930〜50年代にかけては，ディズニー以外にも多くの製作者たちが質の高い作品を生産し続けていた．その代表は，実写で撮られたモデルの動きをなぞることでダイナミックな動きの表現を可能にするロトスコープという装置を考案したフライシャー兄弟である．フライシャー兄弟はすでに19年に《インク壺の外へ》シリーズの製作を開始していたが，30年代にはパラマウント社と連携の下，《ポパイ》や《ベティ・ブープ》といった人気シリーズを，さらに41年には《バッタ君町に行く》を完成させた．40〜50年代にかけては，MGM社やワーナーブラザーズ社も《トムとジェリー》や《バックス・バニー》といった人気シリーズを製作し，アメリカのアニメーションは文字通り，黄金期を迎えた．

❖テレビと3DCG　しかしながら1950年代後半になると，テレビの台頭と生活様式の変化に起因する映画産業の凋落のために，膨大なコストがかかるアニメーション映画の製作は困難になっていった．これに伴い，アニメーションの領域は必ずしも画質が良いとはいえないテレビへと移行し，少ない予算で製作できるリミテッド・アニメーションの技術を使ったシリーズが製作された．この移行において重要な役割を果たしたのが，60年代初頭に《原始家族フリントストーン》や《宇宙家族ジェットソン》を製作したハンナ・バーベラ・プロダクションであり，70年代になると，映画で人気を博した《トムとジェリー》や《スーパーマン》のテレビ版も製作された．こうしたアニメーション番組は，テレビという家庭内にあるメディアで，主として子どもをターゲットとして土曜日の午前中に定期的に放映されることによって，人々の日常生活を規定するに至った．

　90年以降，コンピュータ技術の発達により，CG化が進み，アニメーションは新しい段階に入った．コンピュータソフトウェア開発企業を前身とするピクサー・アニメーション・スタジオは，フル3DCG作品《トイ・ストーリー》（1995）を完成させ，以降，ディズニーと提携の下，世界的ヒット作品を製作し続けている．さらにディズニーは，《魔法にかけられて》（2007）など実写とアニメーションを融合させたセルフパロディ作品も発表し，これはディズニーワールドなどのテーマパークとともに，私たちとファンタジー世界の複雑な関係を示唆している．またCGは，狭義のアニメーション作品ばかりでなく，実写映画，インターネット，ビデオゲームでも使用されており，私たちとアニメーションの関係は日々更新され続けている．

［滝浪佑紀］

アカデミー賞
Academy Awards

　アカデミー賞は，ハリウッドを拠点とする映画芸術科学アカデミー（AMPAS：Academy of Motion Picture Arts and Sciences）の活動の一環として，年間の優秀な映画とそれらの製作に携わった監督や俳優など映画関係者を顕彰するために設けられた．世界のあらゆる映画賞の中で最も広く知られ，最も歴史を誇る賞であり，受賞者に授与される金メッキの小さな彫像の渾名からオスカー（Oscars）と呼ばれる．

　映画芸術科学アカデミーは，映画芸術と映画科学の振興と発展を目的として1927年に創立されたハリウッド映画業界の組織である．当初，アカデミー賞授与はそれほど重要な活動案件でなかったが，その栄誉は時代とともに次第に社会的に認知されるようになった．最初は12部門しか設けられていなかった顕彰部門も，例えば39年に特殊効果賞，48年に衣装デザイン賞などが増え，授賞式も次第に注目を浴びる豪華な式典になった．世界には多くの映画祭があるが，ベネチアやカンヌのような国際映画祭が開催年ごとの審査員によって受賞作が決定されるのとは違って，アカデミー賞は映画芸術科学アカデミー会員の投票による選考で受賞作が決定される．ただし外国語映画賞のように各国の映画界がアカデミーに推薦してノミネート作品が決まる部門もあるが，本来的にはアメリカ映画業界の祭典である．前年の1月から12月にロサンゼルス地区で公開された映画を対象にノミネート作品が毎年1月に発表された後，2月末か3月初めの日曜日に授賞式が開催され，三大ネットワークの一つであるABCテレビによって全国中継される国民的なイベントになっている．

　製作者や監督，俳優らにとって，アカデミー賞受賞はもちろんのこと，ノミネートされるだけでも大変な栄誉であり，当の作品のマーケティングキャンペーンに最大の効果を生み出す．作品の国内外の市場における経済価値のみならず，俳優の認知度とギャランティ（報酬）の向上が保証される．しかも海外市場では，例えば日本において，受賞作はそのことだけで最大の宣伝効果となり，集客力に確実につながる特別な価値を持つ．その意味で世界の映画界をはじめ映画ファンにとっても大きな関心事になっている．もっとも，その長い歴史の中で問題がなかったわけではない．例えば，第8回（1935）では《男の敵》で脚色賞を受賞した脚本家のダドリー・ニコルズが会社側と揉めていたことから受賞を拒否したこともある．あるいは第40回（1968）の授賞式がマーティン・ルーサー・キング・ジュニア（キング牧師）の暗殺によって2日延期されたこともあった．最近では，第87回（2015）と第88回（2016）の俳優部門のノミネートが白人系だけだったことから，アフリカ系アメリカ人映画批評家協会が批判して，アフリカ系アメリカ人の俳優が第88回の授賞式をボイコットするという出来事が起こったことは記憶に新しい．アカデミー賞は華やかな祭典であるが，また同時にアメリカ社会を反映する一つの鏡といえる．

[村山匡一郎]

17. 音楽・舞台

　音楽をはじめとするパフォーミングアーツは，映像文化とともに，コンテンツ産業の主軸として，一国の経済をも動かすものとなっているが，そのような方向へ世界を牽引してきたのが20世紀のアメリカから発信されたスターたちの名演名唱である．第1次世界大戦後，世界のエイタテインメントの中心は，パリやウィーンの劇場から，ニューヨークのブロードウェイやハリウッドへ移行する．さらにはメディア技術の進化によって，上層市民の社交と娯楽に限定されていた技芸の場が，大衆の日常の中に引き入れられる．そして人気と収益の原理が文化の変容をもたらす展開になる．

　その（実は19世紀にすでに始まっていた）動きの全体を鳥瞰するのが本章の試みである．芸術も見世物も，民謡も前衛も，モダンダンスもタップダンスもブレイクダンスも全部ひっくるめた享楽と慰安と感動を，アメリカが生産し，地球全体に振りまいてきた過程を一望の下にとらえてみよう．

[佐藤良明／長畑明利]

ショービジネス

Show Business

　アメリカの芸能界やエンターテインメント産業は特別の意味を込めてショービジネスと呼ばれてきた．「ショーを続けなくてはならない」（後には引けない）という言い回しで明らかなように，アメリカ文化を語るときに，ショーは単に「見世物」や「台詞劇ではない演劇全般」という意味でなく，それ以上の含意を持つことがある．ショービジネスないしショービズもその一つだ．それは特殊な才能を持った人だけが入るのを許される，華やかで眩しいほどの輝きを放つ世界なのだ．

❖**自画自賛が生み出す魅力**　社会学者ジョエル・ベストは，アメリカ社会には「称賛文化」が浸透していると指摘したが，ショービジネスという言葉が妖しい魅力を持つようになったのは，アメリカ人の「身内褒め」の習慣によるところが大きい．グラミー賞（音楽），トニー賞（演劇），アカデミー賞（映画），エミー賞（テレビ）の授賞式のテレビ放映を一度でも見たことがある人なら，ショーアップされた晴れ舞台に受賞者やプレゼンターが登場し，これらの賞が自分たちにとっていかに重要なものであるかを嬉しそうに語るのを目にしているだろう．仲間内だけで賞のやり取りをする儀式が，社会的・文化的に大きな意義を持つかのような業界人のパフォーマンスによって，実際に大きな意義を持ってしまう．

❖**歴史的背景**　『オックスフォード英語辞典』によれば show business の初出は1850 年にボストンで出版された『幕内案内』で，ミンストレルショーが全盛期を迎え 19 世紀初頭ヨーロッパにおいて大流行したメロドラマの人気がアメリカに飛び火していた（☞項目「ミンストレルショー」）．つまりこの時期になると地方各都市でも娯楽としての演劇が享受されるようになり，ショービジネスが成立したのだ．当時の担い手たちの多くはユダヤ人，黒人，外国人といった社会の周縁にいる人々だった．社会的上昇や経済的成功をなかなか望めない人々が芸能界で一旗揚げようとする，というのはどこの国でも変わらないが，アメリカの場合は特に，支配者階級の大半を占めたプロテスタントが生産と禁欲に重きを置き，その対極を体現する演劇を忌み嫌ったことが原因で，特定のエスニシティや階級の出身者が目立つことになった．そうした負の刻印を背負った人々が「アメリカの本流文化（メインストリーム）をつくり上げてきたのは自分たちだ」とことさらに誇ってみせたことが，現在まで続くショービジネスの伝統となった．

　例えば，ミュージカルの主要なサブジャンルであるバックステージものの筋立てはどれも同じで，その初期の代表作である映画《ブロードウェイ・メロディ》（*Broadway Melody*, 1929）がそうであるように，派手で不真面目な暮らしを送っ

ていると思われている芸能人がいかに「裏」では才能の欠如に悩み芸道修行に真摯に励んでいるかを描くことにあるのだが，こうした自己宣伝を衒いもなくやってのけ，それを多くの人が信じてきたからこそ「ショーほど素敵な商売はない」と額面通り受けとられるようになったのだ（ちなみに，このナンバーをはじめ，ショービジネスについての自己言及的な作品を多く作詞作曲したアーヴィング・バーリンもベラルーシ生まれのユダヤ系移民だった）．

❖「生」の魅力　アートではなく，エンターテインメントこそ本流文化だと考えられたことも，アメリカでショービジネスが一大産業になった理由だ．少数のエリートを喜ばせるだけのアートは金儲けができない以上，どこかおかしい．できるだけ多くの人々の心をつかみ，その結果として金持ちになることが正しい．移民たちがつくり上げてきた文化はつくり手たちにそう教えた．かくしてアメリカにおいて演劇・映画・音楽・テレビは巨大な文化産業として栄えるだけでなく，文化的正統性まで手にすることになった．

　だがいかにハリウッドが強力な資本であろうと，いかにミュージックビデオが遍在する文化になろうと，映画業界やレコード業界をショービジネスに分類するのにはいささかためらう．なぜならショービジネスの文化的正統性は，演者が「今，ここ」にいる，という事実が担うものだからだ．複製芸術に対する蔑視もアメリカのショービジネスの特徴である．その一つの証拠がラスベガスの興隆だろう．砂漠につくられた人工都市にマフィアがカジノホテルをつくったことから，客寄せのためのストリップやマジックショーが話題になり，有名歌手やグループがライブを行い，近年は歌舞伎まで招聘するようになった．それらがヨーロッパの高尚文化の尺度からみれば，どんなにフェイクでキッチュであろうと，ショービジネスが「生」で上演されている限り，その輝きは薄れることはない．

❖光と影　ショービジネスの輝かしい光の部分とは逆に，暗い影の部分もまた人を引きつけてやまない．イタリア系アメリカ人で労働者階級出身であることを売り物にしていたフランク・シナトラは，虚実取り混ぜたマフィアとの交友関係を噂されしばしば窮地に立った．明るく純朴な少女役で売り出したジュディ・ガーランドは，覚醒剤と睡眠薬の乱用で薬物中毒になり，その早い晩年にはアルコール依存症も発症した．1969年に47歳の若さで睡眠薬の過剰服用により死亡した後も，その奔放な性生活が伝記作者たちによって暴かれた．その娘ライザ・ミネリも同じく薬物中毒・アルコール依存症になったが，その程度の醜聞なら大半の芸能人たちに共通するものだ．ましてや離婚歴をはじめとする家族や親族との軋轢，そのすべての原因としばしばされる問題ある生育環境などは週刊誌『ピープル』や著名人の動向を載せるニュースウェブサイトを常に賑わせている．下品なのぞき見趣味に駆られてそうした記事を読むとき，私たちはショービジネスの暗い魅力に取り憑かれているのだ．　　　　　　　　　　　　　　　　[日比野　啓]

ミンストレルショー

Minstrel Show

焼きコルクで顔を黒塗りにした白人の芸人たちが，黒人を面白おかしく真似て歌やダンス，ジョーク，寸劇などを披露するミンストレルショーは，アメリカで誕生した最初の大衆芸能と見なされている．19世紀半ばから後半にかけて絶大な人気を博したこの娯楽は，ヴォードヴィル，ダンス，ミュージカル，映画，ジャズ，ブルーグラスなどさまざまなジャンルに多大な影響を及ぼしている．

図1　ジム・クロウ

❖**人種混淆を出発点に発展を遂げる**　そんなミンストレルショーが誕生する過程で先駆的な役割を果たしたのが，俳優／芸人のトマス・D. ライスだ．彼が創造した滑稽な南部の黒人奴隷のキャラクター「ジム・クロウ」は，その歌とダンスが1830年代半ばに大評判となる．やがてそれに対抗するように北部の都会の伊達男「ジップ・クーン」も台頭し，芝居の幕間やサーカスに登場する黒塗りのキャラクターが人気を集めるようになる．そして，マルチな才人ダン・エメット率いるバージニア・ミンストレルズが43年に結成されたのを皮切りに，専門の楽劇団が次々と生まれ，3幕で構成される形式が整えられていく．「アメリカ音楽の父」と呼ばれるスティーブン・フォスターもこのショーに作品を提供した作曲家の一人だった．

黒人を笑いのネタにするミンストレルショーは差別の産物とされる．ライスのジム・クロウの起源としてしばしば引用される逸話がある．彼が南部を旅していたときに，ジム・クロウという身体の不自由な黒人奴隷を見かけ，ボロをまとって奇妙な身振りをするキャラクターをつくり上げたというものだ．だとすれば彼が演じるジム・クロウは，黒人特有の身振りをほとんど反映していないことになる．ジム・クロウの歌とダンスで成功を収めたライスは，ロンドン公演まで行っている．そんなセンセーションを巻き起こすほどの表現は，歴史的・社会的な環境が整っていなければ生み出せるものではないだろう．

ミンストレルショーの種はずっと以前に蒔かれていた．奴隷制によって黒人は必然的に白人の英語と出会う．黒人たちはその英語に独自の価値観や両義性を盛り込み，声の調子やリズムで表現の幅を広げ，黒人英語に変えていく．社会の周縁部では人種の境界が曖昧で，混淆が進行していた．北部のスラム街では，貧しいアイルランド系と黒人が隣り合って暮らし，音楽やダンスを通して親交を深め，影響を及ぼし合っていた．ミンストレルショーの初期の芸人にアイルランド系が

多かったのは，そんな周縁部の状況と深く結び付いているからだ．

そうなるとミンストレルショーが単に差別的でいい加減な黒人のカリカチュア（風刺的誇張）だとはいえなくなる．ミンストレルショーに通い，深い愛着を持っていた作家マーク・トウェインは，自伝の中で芸人たちが方々の黒人方言を幅広く，黒人らしく上手に使いこなしていたと書いている．では，ライスの場合はどうか．ニューヨークのロウアー・イーストサイドで生まれた彼は，多様な文化が入り混じる商業地区で育ち，役者として活動していた劇場の傍にはキャサリン・マーケットがあった．そこには黒人たちが集まり，食い扶持を稼ぐためにダンスで競い合っていた．興味深いのは，ライスが周囲から独創性ではなく，模倣の才能で評価されていたことだ．彼がその能力を駆使して黒人の話術や歌，ダンスを自分のものにし，演劇人として受け継いだイギリスの笑劇の伝統と融合させたのであれば，観客に大きな衝撃を与えても不思議はないだろう．

このように，人種混淆による接触と模倣を出発点とするミンストレルショーは，社会の変化とともに差別の要素を強めていく．19世紀前半は白人労働者階級が形成されていく時期にあたり，社会の周縁部でもそれまで曖昧だった人種の境界が次第に明確にされていく．さらに白人社会の内部でも，中流と労働者の階層分化が進行する．その結果，文化も二分され，ミンストレルショーがまず労働者の娯楽として発展を遂げていく．だが，上位の中流と下位の黒人に挟まれた労働者の立場は，1837年の不況で経済的地位が下降するなど，非常に不安定だった．そのため労働者たちは黒人と同等の立場に追いやられることを恐れ，白人の芸人が黒人を貶めるショーが，自身の白さを確認する場となっていった．

❖受け継がれるアフリカ起源の文化　しかし，そんな差別の構造によって，黒人文化がすべて歪曲されたわけではない．ミンストレルショーの形式を確立し，客層を中流にまで広げたバージニア・ミンストレルズの表現も人種混淆と深く結びついている．注目したいのは，バンジョーやフィドルを中心とした彼らのアンサンブルだ．アフリカに起源を持つバンジョーと，フィドルなどヨーロッパに由来する楽器は，プランテーション（南部大農園）で奴隷の楽団によって一緒に演奏されるようになり，次第に社会の周縁部へと広まった．バージニア・ミンストレルズを率いるエメットは，そんな黒人のバンジョー奏法を身につけ，彼が後に作曲する《ディキシー》は名曲として今も愛されている．そして，打楽器効果を特徴とする黒人のバンジョー奏法は，一般に白人の音楽と見なされるブルーグラスに受け継がれている．

ミンストレルショーの歴史は，新しい国アメリカでヨーロッパとアフリカが出会ったときに始まり，差別すら活力として繰り返される接触と模倣によってその土台が築かれた．だから表面的には単純な二元論に支配されているように見えても，二つの世界が分かち難く結び付き，融合と発展を遂げている．　　　[大場正明]

ヴォードヴィル

Vaudeville

　フランス北西部ノルマンディ地方のヴォ・ド・ヴィールという地名に由来し，もとは酒場などで歌われる戯れ唄を意味したヴォードヴィルは，19世紀のフランスでオペラコミークへと発展していく音楽劇の一ジャンルとなった．だがアメリカでヴォードヴィルといえば，このジャンルとまったく関係なく，大劇場で奇術・曲芸・コント・漫談・動物芸などの出し物，そして歌とダンスを十数人の演者たちが交替で演じる寄席（バラエティ）形式の演芸のことで，19世紀半ば頃にジャンルとして確立し，1930年代初頭まで人気を保った．

❖ミドル・ブラウになった舞台芸能　世界の多くの国々で見られるこの「ごった煮」の演芸は，英国ではバラエティ，あるいは主な上演の場所だった飲食可能な中劇場の名称からミュージック・ホールと呼ばれた．アメリカでそれをヴォードヴィルと呼び習わすようになったのは，フランス語の響きで上品さを装うためだった．もっとも，アメリカ初のヴォードヴィル劇場が1840年に開場したとき，売り物だったのは艶笑劇とダンスで，観客のほぼ全員が労働者階級の男性だった．

　70〜80年代には，既存の大衆演芸の卑俗さを一掃しようという運動が起こったが，この道徳的改革を提唱した中心人物の一人に「ヴォードヴィルの父」トニー・パスターがいた．65年にニューヨークのバワリー街にオペラ・ハウスという名の劇場を手に入れると，パスターは酒類の提供をやめ，マチネ（昼公演）の特別興行に女性や子どもをお土産付きで招待した．その一方，彼はコーハン兄弟，リリアン・ラッセル，漫才コンビのウィーバー＆フィールズらを育て，ヴォードヴィルを一流の芸人が磨き抜かれた持ち芸を披露する場にしていった．

　ベンジャミン・フランクリン・キースとその共同経営者エドワード・フランクリン・オールビーは，94年にキースの新劇場を開場すると，「清潔，思いやり，快適」をスローガンにし，朝10時から夜10時まで（時間帯には諸説ある）上演を続け観客が好きなときに入退場できるようにした．

❖全国チェーン展開　ヴォードヴィルが中産階級（ミドルクラス）の家族向け娯楽になっていくことは観客層を掘り起こすことにもなった．二人は1920年までに東部に400以上の劇場を所有し，キース・オールビー・サーキットと呼ばれる興行チェーンをつくり上げた．ニューヨークにあったその契約事務所は，人気・実力や経験で決まる芸人たちの格と，各劇場の序列を考慮してふさわしい芸人たちを送り込んだ．うだつの上がらない芸人はドサ回りばかりだったが，トップスターは劇場チェーンの頂点に立つブロードウェイのパレスシアターに出演することができた．13年に開場された1,740席を誇るこの大劇場の「看板」を飾った人々

には，前述のラッセルやウィーバー＆フィールズのほか，ウィル・ロジャース，マークス兄弟，バート・ウィリアムズ，ファニー・ブライス，エセル・ウォーターズ，エヴァ・タンギー，フィル・ベイカーなど，そうそうたる面子が揃っていた．

一方，シカゴ以西はオーフィウム・サーキットの支配下にあった．1886 年に開場したサンフランシスコの巨大劇場オーフィウム・オペラハウス（3,500 席）の経営者ギュスターヴ・ウォルターとモリス・メイヤーフェルドは，鉄道網に沿ってロサンゼルス，カンザスシティ，ミズーリと劇場を増やしていき，他の劇場にも提携を持ちかけた結果，1923 年までに 250 以上の劇場がこのチェーンに加わることになった．

❖**映画に人気を奪われる** 1927 年の《ジャズ・シンガー》のヒット後トーキー（発声映画）が全盛期を迎えると，ヴォードヴィルの人気は急速に翳りを見せる．28 年に二つのチェーンが合併しキース・オールビー・オーフィウム（KAO）サーキットとなったのはこの難局を乗り切るためだったが，同年に KAO は早くも映画会社と合併しラジオ・キース・オーフィム（RKO）となる．30〜40 年代にかけてハリウッドの五大メジャーの一つとなった RKO はこうして誕生した．その後もヴォードヴィルは細々と命脈を保つが，主要なスターたちはレビュー，映画，ラジオへと活躍の場を移していった．

❖**他のジャンルとの関連** 1865 年に南北戦争が終わるとミンストレルショーは徐々に廃れていき，芸人たちの多くはコンサートサルーンと呼ばれたステージ付きビアホールで芸を見せるようになった（☞項目「ミンストレルショー」）．酒を飲み，売春を副業とするウェイターガールを口説く観客の前で演じた寄席形式のこの演芸がヴォードヴィルの原型だ．一方，19 世紀を通じて人気のあったダイムミュージアムもヴォードヴィルの成立に大きな影響を与えた．博物館と称するものの，世界各地の珍物奇物を陳列するだけでなく，見世物小屋やサーカスのような芸も見せていたし，建前とはいえ公衆の「教育」を目的としていたからだ．

ヴォードヴィルが向上心のある中産階級の観客のものになると，代わりにバーレスクが低俗で猥雑なものになった．バーレスクはヴォードヴィルと同じ寄席形式の演芸で，イギリスでは古今の名作のパロディや著名人の醜聞を舞台に上げる諷刺で人気があったが，海を越えてアメリカに渡って来るとダンサーたちが振りまくお色気を売り物にするようになり，露出度を増して現在のストリップ・ショー（ストリップティーズ）の原型となる．他方，ヴォードヴィルをさらに洗練させ，20 世紀の変わり目前後に急速に発達したのがレビューだった．大掛かりな仕掛け舞台や，煌びやかな衣装に身をまとう女優たち，軽快なジャズのテンポといった視聴覚の饗宴で，富裕層の観客を集めたジーグフェルド・フォーリーズのような大劇場レビューはしかし，ヴォードヴィル同様 1930 年代には人気を失っていった． 　　　　　　　　　　　　　　　　　　　　　　　　　　　　［日比野　啓］

クラシック

Classical Music

　歌舞・演劇に否定的だったピューリタンの伝統に加え，民主的（反貴族主義的）な文化を標榜するアメリカで，「高尚な」音楽文化の起ち上がりは，文芸や美術に遅れをとった．オペラへの後進国特有の憧憬は強かったといえるが，19世紀におけるその需要は，喜劇的色彩も帯びていただろう．とはいえ，欧州ブルジョワ文化の華であるクラシック音楽は，階級差が崩されがちなアメリカにおいて，新たな展開を遂げ，今日では，洗練されたエンターテインメントの一ジャンルとして羽ばたいているといえる．

❖オペラ熱とパーラーソング　ニューヨークに長期滞在したスペインのテノール歌手マヌエル・ガルシアの一座8名が，現地で訓練した団員とともに，モーツァルトの《ドン・ジョバンニ》を演じたのは建国50年にあたる1826年のことだが，この画期的な出来事以前にも，英語による簡略版の上演はあった．19世紀最大のヒット曲といわれる《埴生の宿》も，アメリカ人劇作家ジョン・ハワード・ペインが書いたオペラ《ミラノの乙女クラリ》（1823）の挿入歌である．それら簡素な人気曲は，楽器製造業の興隆，特に廉価な縦型ピアノの普及と相まって，シートミュージック（一枚刷りの楽譜）の流通を活性化する．

　居間に集った友人・客人らとの家庭音楽会で歌われるメロディは「パーラーソング」と総称された．代表曲の一つ《故郷の人々》（1851）は，ミンストレル・ショーの黒塗り芸人が歌った五音階の歌だが，作者スティーブン・フォスターは，素朴さの中に精一杯の流麗さを込めている．芸術の追求も，民衆相手のビジネスの枠内で行わなくてはならない．その条件を逆手にとった興行師フィニアス・T.バーナムは，50年，スウェーデンの本格的ソプラノ歌手ジェニー・リンドを招いてツアーを行い，熱狂的なアイドル現象を巻き起こした．

　83年にオープンしたオペラハウス，ニューヨーク・メトロポリタンは，4層にわたる122のボックス席で，「金ぴか時代」の新興長者の需要に応えた．オペラ熱はまた黎明期のレコード産業を守り立てた．ビクターの赤盤（赤いシールの優良盤シリーズ）として発売されたテノール歌手エンリコ・カルーソーは，同郷のイタリア移民が急増する時期に，オペラの需要を一挙に民主化した．

❖ブラスバンドとミュージカル　ニューヨーク（1842）やボストン（1881）に交響楽団ができてからも，大陸に散らばって暮らす人々が本格的な音楽に出会う機会は限られていた．だが鉄道網の急速な伸張する19世紀末年になると，野外演奏の可能なブラスバンドを率いて精力的な演奏活動を行ったのがジョン・フィリップ・スーザのような音楽家が出現する．《星条旗よ永遠なれ》（1897）をはじ

め，作曲家としても多産だったスーザが，後年の学校音楽・市民音楽に与えた影響力は甚大である．

鉄道網はまた，ミュージカル劇団の巡回を容易にした．挿入歌として人気を博したワルツ曲《舞踏会の後で》（1892）の楽譜は，累積500万枚に達する売り上げを記録．著作権収益をもとに，チャールズ・ハリスは，マンハッタン28丁目の一角に音楽出版社を設立したが，それが呼び水となって界隈に同業者が集中，通りの俗称「ティンパンアレー」は，アメリカ流行歌産業の代名詞となる．

芸術音楽がポピュラー音楽と地続きに存在するアメリカの象徴的存在が，ユダヤ系ロシア移民の子ジョージ・ガーシュインである．ティンパンアレーから出発した彼は，ブルースの音楽性を管弦楽に込めた《ラプソディ・イン・ブルー》（1924）で，世界的な注目を浴びる．舞台作品では，黒人キャストによるオペラ《ポーギーとベス》（1935）が名高い．黒人やカリブ系の音楽を，上品な舞台に引き上げて統合する方法は，レナード・バーンシュタインの《ウェスト・サイド物語》（舞台，1959）にも引き継がれる，一つの伝統となった．

❖アメリカ的な音楽芸術の展開　ドヴォルザークが交響曲《新世界》（1893）で範を示したような「アメリカ的」なテーマを，アメリカ人自身が活用するのは，想像以上に難しかったと思われる．この点，バレエ曲《ビリー・ザ・キッド》(1938)や《アパラチアの春》(1944)におけるアーロン・コープランドの試み

図1　グスターボ・ドゥダメル

は特筆すべきだ．と同時に，社交のための音楽に反発し，多調性と不協和音の荒野を進んだチャールズ・アイヴズの超越主義的な姿勢も，深い意味で，アメリカ的であるといえる

第1次世界大戦後，ジュリアード音楽院（現スクール）が芸術音楽の教育機関としてフル起動．第2次世界大戦後には，バークリー音楽院（現カレッジ）がポピュラー音楽理論の教育拠点となる．こうした環境の下，ポピュラーなリズムを応用してオーケストラに軽みを与えたルロイ・アンダーソン（《シンコペーテッド・クロック》1959）の延長線上には，交響曲も残しつつ，映画《スター・ウォーズ》でも活躍するジョン・ウィリアムズもいる．ベルリンやウィーンのフィルでもタクトを振ったベネズエラ出身の異才グスターボ・ドゥダメル（図1）が，ロサンゼルス・フィルハーモニックの音楽監督に収まり，派手な演出で観客を沸かしているのは，グローバルなポップ社会の必然であろう．　　　　［佐藤良明］

ミュージカル

Musicals

ミュージカルは最もアメリカ的な芸術であるといわれる．だが，ブロードウェイの連続公演記録上位はイギリス製ミュージカルやアメリカが舞台ではないものが占めている．どのような意味でミュージカルはアメリカ的なのだろうか．

❖**文化産業として**　ミュージカルは，オペラ，オペレッタ，ミンストレルショー，ヴォードヴィルといったさまざまな舞台表現から生まれた．1866年にニューヨークで上演された《ザ・ブラック・クルーク》が，歌と踊りが劇的な効果を生むように物語に組み込まれたブック・ミュージカル形式で初めて興行的に大成功した作品だといわれている．20世紀に入りブロードウェイ沿いのタイムズスクエア周辺で興行ビジネスが栄え，若い女性ダンサーたちを見せるレビューも生まれた．以降，1950年代までブロードウェイミュージカルは黄金時代を迎え，《エニシング・ゴーズ》（舞台1934），《オクラホマ！》（舞43，映画55），《王様と私》（舞51，映56），《マイ・フェア・レディ》（舞56，映64），《サウンド・オブ・ミュージック》（舞59，映65）などがヒットした．一方でトーキー（発声映画）導入後，30年代には多くのブロードウェイ作品が映画化された．《トップ・ハット》（映35）のフレッド・アステアや《雨に唄えば》（映52）のジーン・ケリーなどのダンス作品，ディズニーのアニメ作品，幾何学的な群舞を追究したバズビー・バークレー作品といった映画独自の方向性も見られた．

だが，60年代カウンターカルチャーの時代にはそれまでの中産階級的な価値観の作品は人気を失い，ブロードウェイも治安が悪化した．70年代以降イギリス製ミュージカル，特に《ジーザス・クライスト・スーパースター》（舞71，映73）から，《オペラ座の怪人》（舞88，映2004）に至るアンドルー・ロイド・ウェバー作品や《レ・ミゼラブル》（舞87，映12）が看板を飾った．

ブロードウェイの低迷とともにハリウッドのミュージカル製作も低迷し，《アメリカン・グラフィティ》（映73）や《サタデー・ナイト・フィーバー》（映77）などのポップス人気に依存した映画がつくられた．アメリカ製作品の復活は，90年以降の行政によるブロードウェイ再開発を待つ必要がある．荒廃した劇場群を舞台芸術センターや映画館からなる複合施設へ改修し，ディズニー社の《美女と野獣》（舞94，映91）や《ライオン・キング》（舞97，映94）といった映画原作の舞台作品が成功したことで，家族向け観光地として再生した（表1）．また，《マンマ・ミーア》（舞01，映08）や《ムーラン・ルージュ》（映01）の成功後，既存の人気音楽を用いたジュークボックスミュージカルが増加し，《ジャージー・ボーイズ》（舞04，映14）などの懐古的な作品が生まれた．

❖マイノリティの声

一方でミュージカルは社会的なメッセージ性も備えている．近代的なミュージカルの祖といわれる《ショウ・ボート》（舞27，映36・51）は，ミシシッピ川沿いを興行して回る華やかなショウ・ボートの舞台裏を描き，黒人の哀歌《オール・マン・リバー》は楽天的なジャンルに人種問題という一石を投じた．20世紀初頭から黒人ミュージカ

表1　ブロードウェイのロングラン記録（2016年6月）

順位	作品名	初演地（試験興行を除く）
1	《オペラ座の怪人》	ロンドン
2	《シカゴ》	ブロードウェイ（再演）
3	《ライオン・キング》	ブロードウェイ
4	《キャッツ》	ロンドン
5	《レ・ミゼラブル》	パリ，ロンドン
6	《コーラスライン》	オフ・ブロードウェイ
7	《オー！カルカッタ！》	オフ・ブロードウェイ（再演）
8	《マンマ・ミーア！》	ロンドン
9	《美女と野獣》	ブロードウェイ
10	《ウィケッド》	ブロードウェイ
11	《レント》	オフ・ブロードウェイ
12	《ジャージー・ボーイズ》	ブロードウェイ

ル文化は脈々と続いており，ゴスペルとともに農民の生活を描いた《ハレルヤ》（映30）やジャズを加えたオペラ作品である《ポーギーとベス》（舞35）のような黒人キャストによる作品もヒットした．

だが50年代までの全盛期のミュージカルは基本的に社会性を有してはおらず，移民集団間での不毛な対立や豊かなアメリカへの憧れと葛藤を描いた《ウェスト・サイド物語》（舞57，映61）などは例外的である．60年代のブロードウェイの低迷以降，オフ・ブロードウェイからアメリカ社会の変化を体現した作品が現れ出した．ロックミュージカル《ヘアー》（舞67，映79），帝政ロシアで迫害されるユダヤ人を描いた《屋根の上のバイオリン弾き》（舞64，映71），性革命を反映し全裸の役者たちが演じる《オー！カルカッタ！》（舞69），ショービジネスを悲劇的に描いた《キャバレー》（舞66，映72）や《コーラスライン》（舞75，映85）などが，社会の非主流派を描いている．この，音楽に乗せて抑圧された声を率直に表現しようとする素朴な傾向は現代まで続いており，《レント》（舞96，映05）は性的少数者，HIV患者，麻薬中毒者らを描き人気を博した．

❖アメリカから世界へ

近年ヒットしたテレビ作品《グリー》（2009〜15）は，過去のヒット曲をちりばめながら身体障害者や学校内の日陰者に光を当てており，この文化商品とマイノリティの声という二つの系譜に明確に位置付けられる．したがって，他のあらゆるミュージカル同様，《グリー》にも「マイノリティビジネスではないか？」という疑問はつきまとうが，しかしそれ以上に，この資本主義と自由主義が結婚した様式がさまざまなメディアを通してアメリカから世界中に輸出されている現代の状況は，ミュージカルの「アメリカ的」内実とは何かを問い直すものである．　　　　　　　　　　　　　　　　　　　［渡部宏樹］

音楽産業と著作権

Music Industry and Copyright

　アメリカ音楽産業は 19 世紀末より発展を見せ，20 世紀の大衆社会の勃興と手をとり合ってその規模を拡大していった．レコード，ラジオ，テレビなどの新しい複製メディアが出現するたびに，複雑な利害対立を伴いながらも拡大していくその利益構造の中心には，ヨーロッパとは異なるアメリカ独自の著作権制度があった．アメリカ音楽産業の発展の中心にあったのは，時代のメディア環境の中で著作権に基づき収益を得てきた音楽出版社と，20 世紀を通じて聴衆に音楽を届ける主要なアクター（行為者）として存在してきたレコード会社であった．だがその構造も，21 世紀を迎えて大きな曲がり角に直面している．

❖ティンパンアレーと音楽出版社　19 世紀のアメリカではミンストレルショーが人気を博し，その中から「アメリカ音楽の父」スティーブン・フォスターが現れる．世紀後半には都市の娯楽産業が発展し，世紀転換期のニューヨークには，大衆向けポピュラー音楽を譜面化したシートミュージック（一枚刷り楽譜）の出版に特化した音楽出版社が集積する．マンハッタンの一角に軒を並べる音楽出版社群はティンパンアレー（錫鍋横丁）と呼ばれ，そこでは工場で商品を生産するような分業体制によって楽曲が量産された．初期の音楽産業は，歌詞・メロディ・簡単なピアノ伴奏を付したシートミュージックを主な商品としたが，やがてそのメディアはレコードにとって代わる．1877 年にトーマス・エジソンが発明し，そしてその 10 年後にはエミール・ベルリナーによって大量複製に適した円盤型の形を与えられたレコードは，20 世紀の音楽産業を支える主要な商品としてその売上を拡大していく．1910〜20 年代にかけてレコード産業は急激に成長し，音楽出版社はもともとの「音楽を楽譜のかたちで出版し売る」業態から，「レコード化された音楽の著作権を管理する」業態へと移行する．国際的な著作権条約として 1886 年に成立していたベルヌ条約は，フランスを中心としたヨーロッパ大陸の文化観を反映したものであった．だがアメリカはこのベルヌ条約を受け入れず独自の著作権制度を保持していく．芸術的表現の保護というより文化産業の経済的利益保護の色彩の強いアメリカ著作権制度の下で，音楽もまた「ヒットすること」を第一の目的として生産されていく．

❖音楽産業諸団体の衝突　アメリカの著作権管理団体 ASCAP は，ティンパンアレーの作曲家や音楽出版社によって 1914 年に設立され，著作権に基づいた演奏使用料を徴収し分配する仕組みが整っていく．20 年には初の商業ラジオ局（ピッツバーグの KDKA）が放送を開始すると，数年のうちに放送局が急増し，音楽の需要も増大する．さらに 27 年に出現したトーキー映画は，それまで無声映画の

伴奏を重要な収入源としてきた音楽家に打撃を与えた．1896年に設立されていた音楽家たちの組合，アメリカ音楽家連盟（AFM）は，演奏の複製が生演奏の場を奪っていくこの時期に，音楽家たちの利益を守るべく奔走する．

著作権団体，レコード会社，ラジオ局，音楽家組合の4者は，1930年代から40年代にかけて交渉と衝突を繰り返す．ASCAPからの著作権使用料値上げに対抗するため，ラジオ局側は独自の著作権管理団体BMIを39年に設立し，ティンパンアレーの外部で発展しつつあったカントリーやブルースといった音楽を積極的に取り込んだ．41年にはASCAPとラジオ局側の交渉が決裂した結果，10カ月にわたってASCAP管理楽曲がラジオから締め出される事態に至る．また42年には，AFMが録音使用料の値上げを求め，音楽家たちによるレコード録音のボイコットが生じた．これらの争議を経て，アメリカ音楽産業におけるティンパンアレーの影響力は次第に衰えてゆく．

❖ロックンロールと音楽産業の拡大　戦時中に発展した磁気テープ録音技術は戦後になると民生品として発売され，編集可能で高音質な録音が低コストで可能になったことで，小規模なレコード会社が激増した．これらマイナーレーベルは大手レコード会社が主要な商品として扱ってこなかったカントリーやブルース，R&Bを積極的にリリースする．テレビ放送の開始（1941）によってニッチマーケットに方向転換を強いられたラジオ局はこれらの音楽を盛んに取り上げ，50年代半ばのロックンロールの誕生を準備する．1894年に創刊されていた娯楽業界雑誌『ビルボード』は，1936年に全米のジュークボックスで流れたヒット曲のランキングを開始し，やがて各種ジャンル別のヒットチャートのシステムが整備されていく．追随して『キャッシュボックス』『ラジオ・アンド・レコーズ』など，複数のチャートが現れ，音楽産業への影響もまた増大する．

❖デジタル・ネットワーク時代の音楽産業　1999年に登場した音楽ファイル共有ソフト，ナップスター（Napster）はアメリカ音楽産業に激震をもたらした．レコード業界からの提訴により2001年にナップスターはサービスを停止するが，レコード産業が独占してきた「音楽の複製と流通」が，インターネットによって独占不可能になりつつあることをナップスターは示した．21世紀初頭にはアップルやグーグル，アマゾンなどのIT企業大手による音楽配信サービスへの参入が進み，12年にはデジタルデータによる音楽の売上が，CDなどの物理的音楽メディアの売上を上回る．CD売上世界一の座を日本市場に譲ったアメリカだが，デジタル音楽配信や音楽著作権収入を含めた音楽経済全体の市場規模は依然として他国を圧倒する規模を保っており，世界の音楽市場がアメリカを中心に動いていることは変わらない．だが，インターネットメディアの登場と普及は，世紀前半のレコードとラジオがもたらした産業構造の変容と同様に，アメリカの，そして世界の音楽産業の姿を変えつつある．　　　　　　　　　　　［増田　聡］

ジャズ

Jazz

　20世紀アメリカで発展した音楽文化のうち，その影響力の大きさという点で最も重要なジャンルであり，とりわけ第2次世界大戦後に花開いた即興性という特質は，アメリカ文化そのもののイメージと結び付いている．

❖ジャズの起源　ジャズの起源は一般的にはニューオーリンズにあるとされる．この街以外にも同時代に似たような音楽文化があったとする学説も根強くあるが，そもそもそれはジャズをいかなる音楽ととらえるかという定義の問題に関わってくる．ニューオーリンズはアメリカ領になる以前はフランスやスペインの統治下にあり，18世紀末のハイチ革命によって多くの自由黒人もこの地に逃れていた．もともとカリブ海の文化的影響も強く，この街では黒人奴隷が街の広場で音楽を奏でたり，音楽教育を受けた自由黒人がマルディ・グラなどの祭事や葬儀などで演奏するなどアメリカの他の地域では見られない慣習が存在した．

　ジャズの誕生には，現地生まれのアフリカ系やマルチレイシャル（複数の人種の血を引く）な人々を指すクレオールが深く関わったとされるが，20世紀初頭までに後にディクシーランド・ジャズ（ニューオーリンズ・ジャズとも．トランペット，コルネット，クラリネットが旋律を担当し，リズム楽器としてバンジョー，マンドリン，ギター，ベース，ドラムが加わる）と呼ばれる形式が整った．

❖ジャズの広がり　第1次世界大戦前後にジャズは黒人の「大移動」に伴い全米に広がり，ニューヨーク，シカゴ，カンザスシティなどの大都市で発展する．ルイ・アームストロングやデューク・エリントンといったスターを輩出しつつ，1930年代に流行したビッグバンド編成のスウィング・ジャズは，ダンス・ミュージックとして一気にアメリカ音楽のメインストリームに躍り出た．

　ジャズのイメージに決定的な変化が生じるのは第2次世界大戦前後のビバップ革命だろう．マンハッタンのクラブで仕事を終えたミュージシャンがハーレムの幾つかの店に集まり，深夜過ぎにセッションが始まる．チャーリー・パーカーやディジー・ガレスピーなどによって繰り広げられた少人数の即興演奏が，いつしかビバップと呼ばれる音楽ジャンルとして定着したのだ．ミュージシャンは既存の曲を即興的に別のメロディで演奏するスキルやセンスを競い合い，結果として非常にゲーム性の高いコンペティティブな様式が成立する．

　あえて図式的にいえば，ビバップ革命の前後でジャズは踊るための音楽から座って鑑賞すべき音楽へと変化したのであり，ダンスミュージックというエンターテインメントから即興を中心とするアートへとカテゴリーが移行した．そして，その後のジャズ史に現れるさまざまなサブジャンル（ハードバップ，クール

ジャズ，モードジャズ，フリージャズ，フュージョンなど）は，いわば即興演奏のゲーム／コンペティションに伴うルール変更に基づく歴史だといえるのだ．

しかし言うまでもなく，このジャズの歴史そのものが事後的に構築されたものだと自覚する必要はあるだろう．現在，ジャズが即興性という特質と不可分に語られるとすれば，その歴史自体が第2次世界大戦後のビバップからハードバップというムーブメントを中心に構成されたものだからである．

❖ジャズの評価　ジャズの「歴史化」は1930年代後半に始まり，当初はジャズをアフリカ系アメリカ人の民俗音楽と見なすリバイバリストとスウィングの技術的洗練を称揚するモダニストとの対立が顕在化した．そしてビバップを肯定した後者は，ジャズの音楽的特性のうち即興性を評価するようになったのだ．

ここで重要なのは，この即興性という特質が第2次世界大戦後の公民権運動の盛り上がりとともに，アフリカ系アメリカ人特有の文化的属性だと考えられた点である．西洋の音楽文化を代表するクラシック音楽の譜面中心主義とは異なる黒人文化の即興性，例えばジャック・ケルアックなどのビート文学やジャクソン・ポロックなどの抽象表現主義など，50〜60年代にかけてアメリカに興隆した多くの文化に即興的ともいえる特質がみられるとすれば，それはジャズという音楽文化の中心に即興性が見いだされ，その反西洋性が同時代のカウンターカルチャー（対抗文化）の文脈に接続されたからである．

そもそもジャズの起源が曖昧なのは，ニューオーリンズの音楽家がみずからの音楽実践を「ジャズ」と呼ばなかったからである．それは演奏法を指す用語であり，音楽ジャンルの名称として定着するのは東部や北部のミュージシャンによって用いられる20年代以降のことである．さらに留意すべきは，戦前のアメリカ音楽界のメインストリームを形成するティンパンアレーとジャズがはっきりと区別されるジャンルではなかった点だ．同時代に「キング・オブ・ジャズ」の称号を与えられたのは装飾的なオーケストレーションで知られる白人作曲家兼バンドリーダーのポール・ホワイトマンだし，ティンパンアレーを代表する作曲家アーヴィング・バーリンも「キング・オブ・ジャズ」と形容された記録が残っている．20年代のビッグバンドの隆盛に伴い編曲家の需要が高まったことを考慮すれば，この時代のジャズが（即興というよりは）作曲や編曲の技法と関わっていたことは想像に難くない．それはバークリー音楽院（1946年創立）やノース・テキサス大学（1947年に初めてジャズ研究で学位を出す）など，このジャンルにおける教育システムの重要性に目を向けることにつながるだろう．

21世紀以降，ジャズのラテン性や民俗音楽としての側面を再評価する動き（ブルーグラスとの共演など）が強まっている．「即興」に焦点を当てずともジャズはジャズたり得るだろうか．この問いこそがジャズの未来を占うのだ．

[大和田俊之]

モダンダンス

Modern Dance

　モダンダンスはバレエの形式主義や人為性に対抗して20世紀初頭のアメリカやドイツで生まれ,その後世界的に普及した新しい舞踊の形態である.

　1900年当時アメリカは,いまだヨーロッパの後塵を拝する文化後進国で,舞踊の中で唯一「芸術」として認知されていたバレエは存在しないに等しかった(1933年,ロシア出身のジョージ・バランシンによって,後にニューヨーク・シティ・バレエに集約される活動が始まる).他方,ヴォードヴィル,レビュー,アクロバットなど大衆向けのショービジネスは活況を呈し,雑多で放縦な舞台は劇場芸術にまつわる因襲や固定観念から自由な空間を提供していた.19世紀前半にスイスで生まれ英米で流行した美容体操,フランソワ・デルサルトが開発し弟子たちによってマニュアル化されて普及した「表出体操」,女性のための被服・健康・衛生上の改革運動も,モダンダンス揺籃期の土壌を形成していた.ロイ・フラー,イザドラ・ダンカン(図1),ルース・セント・デニスが扉を開き,第2世代のマーサ・グラハムやドリス・ハンフリーによって開花したモダンダンスは,女性が新たに芸術の主体となる葛藤と解放の歴史を経て,現在のコンテンポラリーダンスの隆盛をも準備した.

図1　イザドラ・ダンカン

❖**ヨーロッパでの芽吹き**　フラー,ダンカン,セント・デニスはいずれもその受容にヨーロッパの舞台を必要とした.フラーは最新の照明技術と独自の衣裳デザインによって大きく波打つ形姿で登場し,1900年のパリ万国博覧会では貞奴とともに人気を博した.セント・デニスは非西洋(エジプト,インド,日本など)の舞踊を取り込んだイメージ豊かな舞台で知られ,帰国後にテッド・ショーンとともに立ち上げたデニショーン・スクールから,グラハムやハンフリーなどの次世代のモダンダンサーが輩出した.

　ギリシャ風の薄衣に裸足,ショパンやベートーベンのようなコンサート音楽に合わせて即興的な舞踊を踊るダンカンは,とりわけ「自由の国アメリカ」の新しい女性像を体現する存在として,セルゲイ・ディアギレフのバレエ・リュスを含む諸方面に影響を与えた(モダンダンスとともに古典バレエの刷新,モダンバレエの誕生に寄与した).文明化・社会化の過程で失われる「自然な身体」「心身の調和」の回復のために,その自然発露的な動きの源泉を太陽神経叢(みぞおち)

に見いだす．ダンサーがいわば（多くの場合男性の）振付家・演出家・興行主の采配による舞台作品（見世物）の部品として，人工的な型や技術で加工された（主として女性の）身体を提供する存在ではなく，踊ることの動機・理由をみずからの身体の内側から汲み上げる主体として登場したのである．「未来の踊り手とは，魂の自然な言葉が身体の動きとなるまでに，その身体と魂とがともに調和して発展した人のことである．……彼女は……最も偉大で純粋な表現をとる女性の形で踊ることであろう」(Duncan, 1928).

❖グラハムによる大成　グラハムは 1928 年頃，デニショーンでの修行時代を終え，ルイス・ホーストの助力の下，独自の力強い感情世界の表現の追求を開始した．過去や異国の文化に依拠するものでも，妖精やココットのダンスでもない，同時代のアメリカに棲息する普通の人間のダンスとして，内部に潜む欲望や不安，深層意識の怪物的な情動の諸相を形象化した．世界恐慌の最中でダンスグループを結成し，続く 30〜40 年代，社会の中の異端者／反逆者のテーマやアメリカの歴史・自然・生活に密着する作品を発表する．男性舞踊家エリック・ホーキンズの導入を契機にギリシャ悲劇を題材とする円熟期の代表作（イサム・ノグチが舞台美術を担当）が生み出された．

　グラハムの訓練法では，バレエでバーレッスンに費やされる前半はもっぱら床に座るか横たわった状態でのエクササイズに終始し，その後で立位および移動に移る．呼吸法と組み合わせたコントラクション・アンド・リリース（収縮と解放）を軸に，トルソー（特に骨盤）から四肢の末端に至る動き，背骨の周囲を旋回して拡張収縮を繰り返す官能的な動きを重視した．冷戦期にはソ連に対抗する文化使節としてヨーロッパやアジア諸国に派遣され，グラハム・テクニックはバレエに代わる体系的メソッドとして，全米の大学のダンス教程のみならず世界中に伝播した．

❖その後の展開　グラハムの確立したモダンダンスの主流に対し，マース・カニンガムは 1940 年代後半，グラハムの一座を離れて，自己の情動，深層意識の表現ではなく，むしろ動きが「意味」から純化されたアブストラクト（抽象的）なダンスに向かう．バレエスクールに通い，ジョン・ケージの作曲法に通ずる偶然性・不確定性や日常の動作を部分的に用いて動きを多様化し，音楽や美術との相互独立性の維持，ヒエラルキー的構成の排除，多焦点的な時空間，複数リズムの同時進行に応じる身体各部位の動きの可能性を探求した．50 年代半ば，やはりグラハムに反抗してサンフランシスコ郊外でワークショップを開始したアナ・ハルプリンとともに，いずれポストモダンダンスという 60 年代の過激な実験を準備することになる．一方，「最古の芸術」と称えられつつ周辺化されてきた舞踊に，個人の身体の再発見によって新たな息吹きを吹き込んだモダンダンスの核心部分は，今でも広く多様なダンス文化の中に継承されている．　　　［外山紀久子］

実験音楽

Experimental Music

　実験音楽という言葉の明確な起源は不明だが，ジョン・ケージ（図1）の著書『サイレンス』（1961）以降，広く使われるようになった．狭義にはいわゆる現代音楽の一ジャンルであり，ケージが1950年代以降に制作した偶然性を導入した音楽を指す．ここに，ケージから強く影響を受けた音楽，ケージ以前の実験的なアメリカ音楽を含める場合もある（☞項目「メディア・アート」「パフォーマンス・アート」）．
　より広義には，伝統的あるいは主流派の音楽を革新・刷新しようとする音楽全般を指す．

図1　ジョン・ケージ

❖**起源と理念**　1950年前後にケージが創始した実験音楽とは「結果の知られていない行為」である．つまり，作曲や演奏過程に偶然性や不確定性を導入し，最終的な音響結果と作曲家や演奏家の意図とを切断することで，作曲家や演奏家も最終的な音響結果を予想できない音楽作品が実験音楽である．例えば，初めて偶然性の技法を作曲に取り入れた《易の音楽》（1951）で，ケージは，楽譜に書き込む音符を『易経』を利用して偶然的に，すなわち，作曲家としての自分の趣味嗜好とは無関係に，決定した．
　また，「沈黙」の音楽として有名な《4'33"》（1952）の楽譜には休符しか書かれていない．この作品が「演奏」されたときに聞こえるのは，演奏会場にすでに存在している環境音や聴衆のざわめきである．いずれの場合も，最終的な音響結果は作曲家にも演奏家にも聴き手にも予想できない．このように，最終的な音響結果から作曲家たちの意図を徹底的に排除して「音をあるがままにする」（Cage, 1961）のがケージの実験音楽である（ほかにもさまざまな偶然性や不確定性の技法が発明された）．
　この狭義の実験音楽は，あくまでも最終的な音響結果に対するコントロールを手放さないヨーロッパ的な前衛音楽（ピエール・ブーレーズやカールハインツ・シュトックハウゼンなど）と理念的に区別される．前衛音楽は音と音との関係性の設定の仕方を追求するのに対し，実験音楽はどのような音をどのように噴出させるかというプロセスを設計するといえよう．実験音楽とは，いわば，伝統的な作曲・演奏・聴取の在り方を問い直し，音楽を再定義しようとするメタ音楽なのである．

❖**ケージ以外の実験音楽**　実験音楽的な傾向の音楽はケージ以外にも見られる．

ケージと同世代のニューヨーク・スクールの作曲家たち（モートン・フェルドマン，アール・ブラウン，クリスチャン・ウルフ），ケージの直接の教え子が多く含まれるフルクサスのアーティストたち（ジョージ・ブレクト，ディック・ヒギンズ，オノ・ヨーコなど），その1世代後のミニマルミュージックの作曲家たち（ラ・モンテ・ヤング，テリー・ライリー，スティーブ・ライヒ，フィリップ・グラスなど）による音楽である．その中心地はニューヨークである．個々の活動は多様だが，彼らは，図形楽譜を用いたり（ニューヨーク・スクール），音楽上演を単純な行為に還元してしまったり（フルクサスのイベント作品の一つ，ブレクトの《ドリップ・ミュージック》(1962) ではパフォーマーは舞台上で水を滴らせるだけだった），最小限の素材と方法で音楽を制作したり（単純なフレーズを反復あるいは持続させるミニマルミュージック）する中で，ケージ以後の音楽的課題に立ち向かった．

　また，伝統的な西洋芸術音楽とは異なる音楽（ピアノの内部奏法など）をケージ以前から試みていたアメリカの作曲家たち（チャールズ・アイヴス，ヘンリー・カウエル，ルー・ハリソンなど）をケージ的な実験音楽の先駆者として位置付ける場合もある．これらの活動は一括して，ヨーロッパ的な前衛音楽と理念的に対立するアメリカ的な実験音楽と位置付けられよう．このように実験音楽をアメリカ的な音楽と位置付けると，伝統的な西洋芸術音楽からヨーロッパ的な前衛音楽に継承された（音を徹底的に管理しようとする）作曲家中心主義とは異なる，実験音楽の特異性が強調される．

　しかし同時に，アメリカ的な実験音楽が西洋芸術音楽と深く結び付いていることも事実である（ケージは一時期アルノルト・シェーンベルクに師事していたし，伝統的な西洋芸術音楽の教育を受けた実験音楽家は多い）．アメリカ的な実験音楽もまた，音を「ただの音」(Cage, 1961) として理解する限りにおいて，ヨーロッパ的な前衛音楽と同じく，音楽を「鳴り響きつつ動く形式」(Hanslick, 1854) として理解する伝統的な西洋芸術音楽の進化系の一つなのだ．実験音楽と前衛音楽との差異は先鋭的な芸術音楽内部の対立関係であり，狭義の実験音楽は，あくまでも，アメリカ特有の芸術音楽だといえよう．

❖広義の実験音楽　芸術音楽における歴史的動向として理解される狭義の実験音楽に対して，広義の実験音楽がある．そもそも，何が実験的であるかということは立場と時代によって異なる．かつて実験的だった音楽もいつかは普通のものになり，常に新たな実験的な音楽が登場する．そうした革新と伝統のサイクルを考えると，広義の意味で一般名詞化した「実験音楽」とは，厳密に定義できるようなものではなく，伝統的あるいは主流派の音楽を革新・刷新しようとする音楽全般を指す言葉として流通しているといえるだろう．　　　　　　　[中川克志]

パフォーマンス・アート

Performance Art

　パフォーマンス・アート（単に，パフォーマンスとも呼ばれる）は20世紀の後半に成立した，新たな上演芸術のジャンルである．その内実はきわめて多様であり，包括的かつ厳密な定義を与えることはほぼ不可能だが，あえて単純化するならば，それは演劇との対比によって特徴付けられる．両者はいずれも，演者が観客の前に直接姿を現し，何かしらの行為をなすことによって成り立つ芸術であるが，演劇が，文学的な意味内容を持つ戯曲に基づいて虚構の世界を再現するのに対し，パフォーマンスは現実のいまここにおける出来事として提示される．また，通常の演劇が劇場で上演され，複数の俳優が出演することが一般的であるのに対し，パフォーマンスはギャラリーなどの非劇場空間で，一人の演者によって上演されることが多い．とはいえ，これには例外も多く存在する．新しい芸術ジャンルとしてのパフォーマンスは本来的に開かれた領域であり，究極的には，上演という出来事性を媒体とする芸術，という以上の限定的な定義は難しい．

❖**パフォーマンスの流れ**　今日パフォーマンスと呼ばれる表現の源流は，20世紀初頭ヨーロッパの前衛芸術運動に求められるのが常であるが，アメリカ国内に絞っていえば，音楽家のジョン・ケージが芸術学校ブラック・マウンテン・カレッジで行った通称《無題のイベント》（1952）が直接的な起源といえる（☞項目「実験音楽」）．また，同じ頃にケージがニュー・スクール・フォー・ソーシャル・リサーチで受け持っていた作曲のクラスには，1960年代のパフォーマンスの流れを代表するハプニングとフルクサスの担い手の多くが参加しており，アラン・カプローもその一人であった．カプローは，「芸術と生の境界の曖昧化」をハプニングの基本理念とし，上演の場所と時間の複数化や可変化，再演の拒否，観客の除去など，従来的な上演芸術の慣習をことごとく否定した．

　70年代になるとパフォーマンス・アートという呼称が一般に定着する．街頭で任意の一名を選び，密かに尾行を続けるヴィト・アコンチの《尾行作品》（1969）や，みずからの左腕を友人にライフルで撃ってもらうクリス・バーデンの《射撃》（1971，図1）など，最初期のパフォーマンス・

図1　クリス・バーデン《射撃》（1971）

アートは，ほとんどアーティストの身体だけを主要な媒体とし，特定のメッセージを持たず，知覚や他者との関係を形式主義的に問う作品が多かった．

フェミニズム的な問題関心との強い結び付きも 70 年代の重要な動向である．絵画や彫刻のような伝統的なジャンルと異なり，男性中心的なアートワールドにいまだ取り込まれていない領域として，パフォーマンスは女性たちにとって有効なフィールドとなった．ジュディ・シカゴらがカリフォルニア芸術大学（カルアーツ）を拠点とし，盛んに活動した．

最初に述べたとおり，パフォーマンスは演劇との差異によって特徴付けられるが，50〜70 年代は演劇自体がパフォーマンス的なものへと大きな変容を遂げていく時期でもあった．俳優と観客の直接交流の場としての上演を行ったリヴィング・シアター，視覚的イメージや音楽など言語以外の要素を上演の主要な手段としたロバート・ウィルソンやリチャード・フォアマン，音楽，ダンス，演劇を総合する領域横断的な表現を生み出したメレディス・モンクらが活躍した．

❖1980 年代以降の展開　初期のパフォーマンス・アートがほとんど言語に依拠していないのとは異なり，1970 年代半ば頃から自伝的パフォーマンスと呼ばれる動きも盛んとなる．内省的なイメージや記憶の語りを通してペルソナ的自己を提示するものであり，モノロギストと呼ばれるアメリカの一人芝居の伝統に連なるものでもある．ローリー・アンダーソンの《アメリカ合衆国》(1983) は，自伝的パフォーマンスの簡素さと，演劇的なスペクタクル性を融合するものであり，上演時間 8 時間という叙事詩的スケールや，ポピュラー音楽としての商業的成功というポストモダン的現象と相まって，パフォーマンス史に一つの画期を成した．

80 年代以降，パフォーマンスと政治的・社会的関心の結び付きが増す中で，セクシュアリティやエスニシティも含み込んだ，多様なアイデンティティ形成のプロセスを掘り下げる試みが活発化していった．ティム・ミラーらが 89 年にロサンゼルスに設立したハイウェイズ・パフォーマンス・スペースはそうした表現の拠点となった．ギリェルモ・ゴメス＝ペーニャとココ・フスコによる《未発見の二人のアメリンディアン》(1992〜94) は，西洋人による「非西洋人の展示」という植民地主義的な歴史を転倒的に引用し，個人のアイデンティティ形成にとどまらない，より一般的な文化的交渉のダイナミズムを探究した．

❖パフォーマンスの歴史化　近年，美術館がパフォーマンスを扱う展示を行ったり，さらにはその収集に取り組み始めている．行為による芸術として本性上保存不可能なものとされてきたパフォーマンスを収集するということは，多くの困難を伴うが故に魅力的な試みでもある．パフォーマンス・アートという言葉の定着から数えても半世紀が経過しつつある現在，パフォーマンスの作品と経験をいかに継承していくかが大きな課題となっているのは間違いない．　　　　[江口正登]

リージョナル・シアター

Regional Theatre

　現代のアメリカには，アメリカ演劇文化の中心的な存在であるブロードウェイのほかにも，特徴的な興行形態をとる演劇がいくつか存在している．それらは，リージョナル・シアター，オフ・ブロードウェイ，オフ・オフ・ブロードウェイ，コミュニティ・シアター，大学付属の劇場などに分類することができる（図1）．

　1950年代より徐々に台頭し成立したこれらの演劇は，ブロードウェイを中心・頂点として作品・人材・観客をお互いに共有することで関連・作用しあいながら，現代におけるアメリカ演劇文化の創造，流通，再生産の場として機能している．なかでもリージョナル・シアターは，公演回数や観客動員，予算や雇用において，ブロードウェイならびにその地方巡業に匹敵する規模を誇っており，現代のアメリカ演劇文化を成立せしめている，重要な基盤の一つとなっている．

営利組織			非営利組織			
ブロードウェイ	オフ・ブロードウェイ	ブロードウェイの地方巡業	リージョナル・シアター	ニューヨーク市を拠点とした非営利劇場（オフ・オフ・ブロードウェイなど）	大学付属の劇場	コミュニティ・シアター
プロフェッショナル						アマチュア

図1　アメリカ演劇の興行形態（劇場数による概算）［筆者作成］

❖概観　リージョナル・シアターとは，ニューヨーク外の地域に拠点を持ち，地域住民の支持を基盤として成立している劇場・演劇団体である．常設の劇場において，プロフェッショナルな俳優・スタッフによる自前の演劇作品の制作・上演を，非営利組織（NPO）として行っており，現在では200程度，実績のあるものとしては60程度のリージョナル・シアターが，全米の地方都市に存在している．代表的なものとして，アリーナステージ（ワシントンD.C.），アレイ・シアター（ヒューストン），シアトル・レパートリー・シアター（シアトル），ガスリー・シアター（ミネアポリス），アメリカン・コンバートリー・シアター（サンフランシスコ），などがあげられる．シアター・コミュニケーションズ・グループ（TCG, 1961年創設）が刊行する『アメリカン・シアター』は，リージョナル・シアターをはじめ全米で活動する非営利の劇場・演劇団体の現状を知ることのできる重要な雑誌である．

❖歴史的経緯　リージョナル・シアター誕生の背景には，アメリカ地方都市にお

ける演劇文化の凋落があったとされる．19世紀末にニューヨークが全米の演劇興行の中心地となって以来，ニューヨーク外の地域での演劇興行は，ニューヨークそしてブロードウェイの地方巡行の場として受動的な立場に置かれてきた．この点においては，リージョナル・シアター創設の運動も当初は，戦間期の小劇場運動や1950〜60年代のオフ・ブロードウェイ，オフ・オフ・ブロードウェイ運動同様に，ブロードウェイに対抗し，オルタナティブな演劇文化を打ち立てようとする，一連の対抗運動の流れを汲むものであった．

47年に設立された「シアター'47」がリージョナル・シアターの嚆矢とされるが，60年代のフォード財団やロックフェラー財団による助成金，そして全米芸術基金（NEA）を通じての連邦政府による演劇を対象とした公的助成金の支給に後押しされるかたちで，リージョナル・シアターは，60年代後半には，一つの新しい演劇潮流として全米に認知されることになった．その背景には，第2次世界大戦後の好景気と教育水準の上昇によって，アメリカ社会において文化への一般的な関心の高まりがあったとされている．

❖組織・財政形態　リージョナル・シアターは，組織面では，地元の一般市民から構成される理事会を最高の意思決定機関として擁し，運営面では，芸術面を統括する芸術監督と，財政面を統括する経営監督の二大リーダーシップをとることが一般的である．典型的なリージョナル・シアターの財政構造は，チケット収入を主とする興行収入が7割，それ以外の助成金・寄付金収入が3割程度で，チケット収入は，シーズンごとの演目のチケットを一括してあらかじめ購入する定期予約会員制度を採用することで，安定的な収入源を確保している．1960年代に導入された政府の助成金や企業・財団からの助成金・寄付金は，70年代以降縮小され，現在のリージョナル・シアターでは，助成金・寄付金収入の最も大きな項目は，地元の個人からの寄付であり全体の1〜2割となっている．多くのリージョナル・シアターが，理事会や付属の会員・ボランティア組織などを通して，寄付金を集めるための資金調達活動（ファンドレイジング）を行っている．

❖地域に開かれた新しい公共劇場のかたち　リージョナル・シアターの創設運動とその後の歩みから明らかになるのは，ニューヨークのブロードウェイを中心・頂点としつつも多様性と厚みとを保障する演劇文化が，半世紀以上を経て，一過性の運動としてではなく，アメリカに定着し存続してきたということである．そのような文化的な意義に加え，地元の・個人からの支援に依拠するという，リージョナル・シアターに見られるアメリカ型の文化政策は，中央の・政府による助成金に依拠する公立劇場を典型とした大陸ヨーロッパ型の文化政策とは鮮やかな対照をなしている．リージョナル・シアターは，新たな公共性を付託された劇場・演劇そして文化活動のこれからの存立の在り方を示唆するものとして，文化政策上もその意義が注目される存在となっている．　　　　　　　［青野智子］

音楽教育

Music Education

アメリカの音楽教育は，植民地時代の開拓者が礼拝で歌う賛美歌の歌唱技術を向上させるために始まったが，19世紀に入り，健全な市民の育成のための学校教育に必要とされた．20世紀に入り，扱う教材を拡大しつつ，今日まで続いている．教育内容は州によって異なり多彩だが，それは教育に関する国の関与が日本ほど強くないことに由来する．歌を

図1　植民地時代の歌唱学校［Borroff, 1995］

中心にするのかスクールバンドを中心にするのかといった内容，授業の時間数，教員の資格についてなど，多くの決定権は州にある．

❖ **信仰における音楽から公立学校の教科へ**　プロテスタント，カルバン派の流れを汲むピューリタン（清教徒）たちは『旧約聖書』の詩編の言葉を韻文化して歌っていた．しかしやがて歌唱能力の低さが問題視され，専門家による指導が必要とされた．そこで誕生したのが唱歌学校（図1）で，シンギングマスターと呼ばれる巡回教師がその指導にあたった．19世紀になると，歌唱指導が宗教的文脈から次第に離れていき，アメリカの公立の小学校において音楽が正式な授業科目になった．1838年のことである．

これに貢献したのはローウェル・メーソンだった．彼の本職は銀行家だったが，みずから賛美歌集を出版するほど熱心なアマチュア音楽家で，ジョージ・J.ウェブとともにボストン音楽院を33年に設立．当時のアメリカ人の演奏技術を大きく上昇させた．同院は36年に小学校に音楽教育を導入すべしという市民の請願書付きの覚書をボストン教育委員会に提出し，メーソンは37〜38年にかけて小学校を無報酬で教え，公開演奏会まで行った．この売り込みが功を奏し，学校教科の中に音楽が取り入れられた．ただしこの時代，音楽は健全な市民の育成，あるいは健康の増進に役立つなど，何かしらの道具として考えられているところがあった．

❖ **教育内容の拡大**　20世紀に入ると，歌唱だけでなく器楽の教育も学校に導入された．19世紀後半から吹奏楽，オーケストラが全米に広く普及し，学校にもスクールバンドやオーケストラが設けられるようになったのである．第1次世界大戦後には，軍楽隊に属していた退役軍人が再就職先として学校の音楽教師を選んだことも背景にある．またレコードやラジオといった音響メディアが発明され，音楽鑑賞教育も広まった．教育思想の面では，教師が主導して技術を教えるかた

ちの教育を改め，子ども一人ひとりの発達や経験を教育の中心に据える児童中心主義が次第に浸透するようになった．また現場の教育者同士が情報交換をするものとして出発した全米音楽指導者会議（MENC）が立ち上がり，その後のアメリカの音楽教育の方向性に影響力を持つ組織へと発展していくようになる(2011 年以降は National Association for Music Education：NAfME と称して活動している)．

❖**州主導の教育から国家的な教育への動き**　前述したとおり，アメリカの音楽教育においては各州政府が大きな権限を持っている．しかし第 2 次世界大戦後，連邦政府が国全体の教育について責任を持つべきだという論調が出始める．その契機となったのは，1957 年，ソ連が世界初の人工衛星スプートニクを打ち上げたことだった．このスプートニク・ショックは，他の先進諸国と比較してアメリカの教育が遅れをとっているのではないかという危機感につながった．これに呼応するように，人々の関心は数学や科学の教育に集中した．

　教育思想に関しても，児童中心主義教育は否定的に見られ，標準的な教育内容の樹立と教育の質保障に関心が持たれるようになった．しかし音楽教育者たちは科学や数学の学習では人間性の育成が欠けてしまい，それを育成するには芸術が役立つという発想から音楽の必要性を訴えた．また，そういった実利主義的な発想ではなく音楽そのものの価値を哲学的に考えようとする，より高度な音楽教育の可能性も追求された．80〜90 年代にも科学・数学教育の必要性や教育水準の底上げが主張されてきたが，芸術教科が学校教育の中にとどまるよう，社会における音楽教育の在り方を MENC が提言したり，芸術団体がロビー活動を続けてきた．

❖**多民族国家としてのアメリカと音楽教育**　1967 年 MENC はマサチューセッツ州タングルウッドで音楽教育に関するシンポジウムを行い，学校の音楽に使われる教材について，ティーンエイジャーが好むポピュラー音楽，前衛音楽，アメリカの民謡，そして欧米文化以外の音楽を含めるべきだという提言を出した．その最後の点の出発点は 50 年代に起こった公民権運動に始まる人種的マイノリティへの関心の高まりだった．60〜70 年代にはアフリカ系アメリカ人を題材とする教材が少しずつ取り入れられていったが，アメリカ国内に住む多彩な移民がもたらした多様な音楽文化に目を向けさせ，それを生み出す社会や文化，人々の生活へと関心を向ける多文化音楽教育が顕著なかたちになったのは 80 年代である．こういった発想の教育の実践は地域によって異なるが，中南米の民族楽器を演奏するグループが学校に現れたり，アフリカやアジアの音楽に時間を割く学校も登場するようになった．音楽レパートリーの拡大はさまざまな音楽ジャンルにも及んだ．スクールバンドやオーケストラ，合唱といった従来型の内容に加え，ジャズバンド，ポピュラー音楽を使った舞台ショーであるスウィングクワイヤ，ミュージカル上演など，音楽教育の在り方は多彩さを極めつつある．　　　　[谷口昭弘]

音楽とエスニシティ

Music and Ethnicity

多民族国家であるアメリカには，世界から多様な音楽が流入し相互接触を通して新たな音楽が生まれてきた．移民や強制移住などの歴史を通して，言語や宗教とも関連しながら地域に根ざしたエスニック音楽が発展したが，人種やエスニシティの概念が流動的であるのと同様，エスニック音楽の意味も一義的に決められるものではない．

図1　テキサス州ヒューストンのデイビス高校のマリアチバンド(2016)

また，エスニック音楽は特定のエスニックグループの中で閉ざされてはおらず，ハイブリッドな要素を多く含んでいる．移民のもたらしたエスニック音楽がアメリカ音楽として融合されていくだけではなく，リバイバルなどを通してエスニック音楽が再生，創出されることもある．

❖**地域性とハイブリディティ**　移民のもたらしたエスニック音楽でアメリカの正統とされ初期から学術的，政治的，商業的関心が払われてきたのがイギリス系の伝統音楽であり，黒人のヴァナキュラー（土着的）な音楽とともにアメリカにおけるフォーク音楽の基盤となった．一方で，イギリス系ではないヨーロッパからの移民がもたらした音楽や非英語系の伝統音楽は，特に1960年代以降リバイバルや学術的な研究などを通して新たな注目を集めることとなった．

クレズマーは，1880～1920年代まで東欧から移住したユダヤ人音楽家によってアメリカにもたらされた小規模な器楽音楽であり，ロマ人や他の非ユダヤ人の音楽も取り入れながらヨーロッパで発展した．21年にウクライナから移住し，20～80年代までニューヨークで活躍したクラリネット奏者のデイブ・タラスが有名である．30年代にはクレズマーの楽団にピアノが加わりジャズの影響も受けて発展したが，第2次世界大戦後には低迷期を迎え，70年代から新世代によって復興された．

ポルカは，北欧や東欧からの移民が主に19世紀後半から20世紀初頭にアメリカ中西部にもたらしたダンス音楽であり，エスニックラインに沿って発展を見た．シカゴやミルウォーキーで盛んなポーランド系アメリカ人のポルカはクラリネットやトランペットなどを特徴とするのに対して，チェコ系やドイツ系ではテューバやスーザフォンが使われ，スロベニア系ではアコーディオンが重視されるなどの違いがある．後述のケイジャンやザイディコ，ワイラなどとも相互に影響を与えた．ウィスコンシン州では1994年に州の公式ダンスとされている．

ケイジャンやザイディコは，ルイジアナ州南西部とテキサス州東部にまたがる

地域でフランス語系のコミュニティが生み出したハイブリッドな音楽である．ケイジャンは，18世紀半ばにカナダ東部のアケイディア地方を追われて移住したフランス人植民者がフランス由来の歌をフィドルに乗せていたものに，高音を特徴とするネイティブ・アメリカンの歌唱法や黒人音楽の即興やリズムの要素，ポルカやワルツなどヨーロッパ由来のダンス音楽などが融合し，さらに19世紀半ばにドイツ系の移民がテキサスにもたらしたアコーディオンを導入してつくられた．40年代以降ケイジャンは労働者の移動に伴いカリフォルニアへと伝播し，カントリー音楽と相互に影響を与えるなど，地域を超えた発展を遂げた．黒人や混血のクレオール人によるダンス音楽のザイデコは第2次世界大戦後クリフトン・シュニエがピアノアコーディオンを導入しリズム・アンド・ブルースを融合させることによってさらに複合的に発展した．ネイティブ・アメリカンは地域や部族により異なる多様な文化を持っていたが，強制移住や文化抑圧などを通して部族の伝統音楽が衰退した．20年代にパン・インディアン運動が起こると，部族間で音楽を共有する大規模な集会（パウワウ）を通して，ネイティブ・アメリカンによる統合的な音楽がつくられた．また，60〜70年代には，ピア族による失われた部族音楽の復興が行われた．アリゾナ州南部のトホノ・オオダム族のワイラまたはチキン・スクラッチは，カトリック布教時代や寄宿舎生活に由来する音楽要素や，メキシコ系のコンフント，ワルツやポルカなどのダンス音楽なども取り込み，歴史を反映する複合的な音楽となった．

マリアッチはメキシコ西部の農村地域に由来する音楽で，メキシコ革命後にナショナリズムの高まりのもと重要性を増したが，30年代後半にはメディア産業の発展によって国境を越えて受容されるようになった．第2次世界大戦後，メキシコからアメリカへの労働者の移住が進む中，カリフォルニアやテキサスなどに在住するメキシコ人やメキシコ系アメリカ人に祖国との文化的つながりをもたらす音楽として機能した．アメリカではブルーカラーの男性労働者が集うキャンティーナで演奏され労働者階級と関連付けられていたが，60年代後半以降は中産階級のコミュニティでも演奏されたり大学や学校でも教えられるなど，階級差を越えてエスニシティを印付ける音楽へと意味が変容した．

❖エスニック音楽の今後　エスニック音楽は，アメリカ人が自分の文化的なルーツを確認する手段となることもあるが，異なるエスニシティを横断して受容されることも多い．自分のエスニック・グループの音楽を演奏する人々をヘリテッジ・プラクティショナーと呼び，ルーツとは関係なく音楽自体に魅せられて演奏する人々をアフィニティ・プラクティショナーと呼ぶことがあるが，その境界も流動的である．世界の遠く離れた場所でつくられる複数の音楽とリアルタイムに関わることが可能な時代であるが，一方でワシントンD.C.のゴーゴーのように，地域と人種に密接に根付いた音楽のコミュニティも存在している．　［舘　美貴子］

フォークミュージック

Folk Music

フォークミュージックは，広義には共同体内で匿名的につくられ，口頭伝承で伝えられる民俗音楽を指す．だが，現在「フォーク」という言葉が用いられるときの多くは，20世紀前半にアメリカのさまざまな音楽の伝統の中から，主にはイギリスとアイルランド由来の歌とチューン（演奏曲）にアフリカ系アメリカ人のブルースや黒人霊歌などの影響が加わって発展したポピュラー音楽のジャンルを指す．1960年代前半にボブ・ディランやジョーン・バエズらが商業的にも成功したおかげで，その影響は世界的に伝搬した．歌詞の物語性や社会批評のメッセージを重視し，基本的にはアコースティック楽器で演奏される．

❖**フォークは社会運動とともに生まれた**　フォークの元祖とされるのは，「民衆のための国歌」とも呼ばれる《わが祖国》などで知られるウディ・ガスリーである．1930年代の大恐慌期に移住労働者とともに放浪の旅をして，実際に目にした庶民の苦闘や社会問題，政治家の腐敗，組合指導者の賞賛など，論議を呼ぶような話題を扱う歌詞に，伝統歌の改作が多い曲を付けた批評精神に満ちた作品を歌った．ウディはピート・シーガーらと行動をともにして，組合の集会やベネフィットなどでトピカルソング（時事問題を扱う歌）やプロテストソング（体制への抗議歌）を歌って，組合の結成，反ファシズム，共産党支援などの運動に積極的に貢献した．音楽的なルーツには共通点の多いカントリー音楽とフォークが異なるものになったのは，そのような左翼思想に基づく社会運動との結び付きゆえ．カントリーが南部の貧しい白人層の感傷と保守的な考えを反映するのに対し，フォークは人々の音楽であるべきという哲学を何よりも重要視し，その生活の質や社会的地位の向上に音楽が貢献しなければならないと考えた．それゆえにフォークは第2次世界大戦後の「赤狩り」の標的となった．シーガーはウィーバーズを結成して，50年に《おやすみアイリーン》を大ヒットさせながらも，その左翼思想ゆえに活動を妨げられる．55年の非米活動委員会での証言拒否のために要注意人物リストに載り，長らく表立った活動ができなくなった．同時期にガスリーは難病で入院する（1967年没）．

❖**公民権運動との連携**　しかし，1960年代に入ろうとする頃，冷戦下で育った世代が大学生や社会人に成長し，社会の変革を求めてフォークをその武器とする．アンプのいらないアコースティックギターでコードを幾つか覚えれば演奏できる音楽的構造の単純さゆえ，フォークは誰もが参加してメッセージを伝えられる民主的な表現手段でもあった．

58年にキングストン・トリオが伝統歌の改作《トム・ドゥーリー》を大ヒッ

トさせたのをきっかけに，全米にフォークの一大ブームが起こる．彼らは政治色の薄いグループだったが，それに続いた歌手やグループは社会運動にもっと関わっていく．同時期に公民権運動が盛り上がっていたからだ．フォークの聴衆の主体である北部の白人知識層，大学生はその運動に積極的に参加した．そしてもっと伝統的な種類のフォークへの関心も高まり，若者たちはアパラチアに伝わる伝統歌や黒人のブルースから人生の苦闘を伝える音楽の役割と力を知ったり，伝承のバラッド（物語歌）の悲劇的な物語に耳を傾け，現代の出来事と感情的に響き合うものを聴きとったりした．彼らはそこから学んだことをもとに，公民権運動とベトナム反戦運動が高まる時代のトピカルソングをつくって歌った．

❖ボブ・ディランの登場　代表的な存在は 1962 年にデビューしたボブ・ディランだ．彼は軍需産業を非難する《戦争の親玉》や戦争の大義に疑問を投げかける《神が味方》など，今も意味を持つ名曲を多く書いた．特に重要だったのは，ピーター，ポール＆マリー（PPM）が大ヒットさせて，時代の賛歌ともなった《風に吹かれて》だ．「彼が人間と認められるまで，どれだけの道を歩いて行かねばならないのか」という問いかけは公民権を求める行進のイメージだが，同時に人生のいかなる苦闘にもあてはめられる賢い曖昧さもあり，市民の自由を求めるあらゆる闘いの場で歌われる普遍的な曲として歌い継がれていく．63 年夏のキング牧師の「私には夢がある」演説で有名な 8 月のワシントン大行進では，20 万人を超える参加者たちとともに，バエズ，ディラン，オデッタ，PPM らフォーク勢も行進して，牧師の演説前に歌い，最後に《勝利を我らに》を大合唱した．

❖フォークからロックへ　翌 1964 年の「公民権法」成立後，フォークの関心は反戦に移っていくが，その頃までには，ビートルズの登場などで音楽界に変革が訪れていた．プロテスト歌手の肩書きを重荷に感じていたディランは政治や社会の問題から離れ，隠喩と寓話に満ちた私的な世界を歌い，65 年からはロック・バンドとレコードをつくり始める．彼に倣って，多くのアーティストがフォークの枠を超えた多様な音楽スタイルを用い始める．そしてロックがフォークの言語をとり込むなど，表現の可能性をさまざまな方向に急速に広げていく一方，フォークのオーセンティシティ（真正さ）を尊ぶ純粋主義者的な傾向はカウンターカルチャーの時代の風潮にそぐわなくなり，60 年代末までに若者の思想と感性を反映する音楽の座をロックにとって代わられ，流行の音楽としては傍流に退いた．

　ただし，アコースティック楽器を手に聴き手に語りかけるように歌う，または会場が一体となって合唱するフォークのスタイルは，音楽によるコミュニケーションの有効な手段であり続け，70 年代のシンガーソングライターや 90 年代のアンプラグドといったブームに代表されるように，フォーク的な表現方法への回帰は繰り返し起こり，近年はオールドタイムと呼ばれる伝統的なフォークへの関心が高まるなど，新しい世代にその魅力を再発見されている．　　　［五十嵐　正］

ゴスペルとブルース

Gospel and Blues

　黒人たちの「魂の調べ」として，欧米の教養ある層に好んで受容されるとともに，ロック浸透期の若者を「本物」の魅力で虜(とりこ)にしたブラック・ミュージック．教会と酒場とで発展した「黒い音楽」は，20世紀を通じ，世界のポピュラーソングの主軸を動かすほどの影響力を発揮した．

図1　ガラ人によるリングシャウト（1980年代）
［アナコスティア博物館・スミソニアン研究所］

❖アフリカを遠く離れて　新大陸とアフリカ文化のつながりは，黒人人口比率の多い西インド諸島に強く，（ガラ人などが住む一部の南東沿岸部を除く）北米本土では比較的に希薄だったが，南北戦争以前の南部ではアフリカからの違法な奴隷の移入も盛んで，両大陸間の歌唱文化につながりがあったことは疑えない．アフリカ的な特徴として，リングシャウトと呼ばれる，全員輪になって，反時計回りに回りながら踊り歌う形式が，今日の黒人教会でも受け継がれている（図1）．支配層から与えられた聖書関連の物語は，出身部族の異なる雑多な集団をまとめる働きをした．奴隷の時代から彼らは，田舎の白人たちがキャンプ・ミーティング（野営天幕集会）で見せる宗教的熱狂と呼応しつつ，プレイハウス（祈りの家）に集まり，歌い踊りながら，黒人霊歌を練り上げていったのだろう．そこではすでにコール＆レスポンスの応答形式や，陰影に満ちた音程の揺れなど，後の黒人音楽の特徴が顕在していたと見られる．

　南部再建期，解放された奴隷の高等教育を受け持ったナッシュビルのフィスク大学で，フィスク・ジュビリー・シンガーズが結成された．黒人霊歌を歌い，ツアーの先々で話題をさらったが，その合唱様式は圧倒的に欧風だった．黒人のショーといえばミンストレルズの黒塗り芸を指した時代，アフリカ系住民が民族の調べを響かせる，文化的に認知された場はまだ開かれていなかった．

❖民族の表象とビジネス　1890年代には，南部各州で「ジム・クロウ法」が施行されて人種間緊張が強まったが，この時代，ミシシッピ川の河口から流域にかけて，アフリカ色の強いカリブ由来のリズムに影響されたラグタイムが広まっていく．シンコペーションを好むそのリズムは，ブラスバンドの演奏に乗り移ってジャズの形成をうながす一方，ピアノ曲として中流家庭にも浸透し，スコット・ジョップリン作曲の《メイプル・リーフ・ラグ》（1899）などのヒットも生まれた．

一方，ブルースの出自は，農園の暮らしに密着したフィールド・ハラーの節回しにあるという説が流布していたが，近年の研究は都市の演芸を重視する傾向にある．黒塗り芸人が「おら憂鬱病だ」（I got the blues）という台詞を吐くコントがまず流行し，いつしか歌を伴った．楽曲名に「ブルース」がついた歌の実演は，知られる限り 1910 年のニューヨークのヴォードヴィルの劇場にさかのぼるが，その曲想はわれわれのイメージする「ブルース」とはかけ離れたものだった．定型のコード進行を持つ 3 部（a-a-b）の楽曲形式は，みずからを「ブルースの父」と呼んだ黒人音楽家 W.C. ハンディの書いた楽曲《メンフィス・ブルース》(1912)，《セントルイス・ブルース》(1914) などとともに次第に浸透していったものである．20 年代になると黒人歌手の歌うブルースがレコード発売され，マー・レイニーやベッシー・スミスら巡回芸人上がりの歌手が，朗々と歌うクラシック・ブルースのスタイルを確立する．電気録音の簡便化に伴い，レコード会社が南部の田舎での現地収録を行うようになると，黒人向けの「レイス・レコード」と呼ばれた市場と，白人農民向けの「ヒルビリー」とが別個に成立．これに伴って人種別の様式分化が明確になった．ミシシッピー州で，チャーリー・パットンらが，しゃがれ声での感情吐露とボトルネック奏法を特徴とするデルタ・ブルースのスタイルを確立するのがこの時期（大恐慌が起こる直前）である．

❖**世界のポピュラーソングの基盤**　しかし黒人民衆が音楽を身につける場は教会であり続けた．神と聖者を讃え，現世の苦しみからの解放を表現するゴスペル音楽は，世俗の音楽様式と相互作用しながら，人気グループを生み，黒人層の間でポピュラーな展開を始める．他方，白人向けのショービジネスにも，ジャズバンドの浸透とともにブルースの様式も広まりを見せ，ビリー・ホリデーらが示す模範によって，感情に合わせて音程やテンポを自由に操る術を，アメリカのポピュラーソングは獲得していく．アップテンポのブギウギも，第 2 次世界大戦期には国民的なブームとなり，1950 年代のロックンロール人気の下地となった．

『ビルボード』誌がリズム＆ブルース（R&B）のチャートを発表し始めたのは第 2 次世界大戦中で，戦後になるとマディ・ウォーターズや B.B. キングによる電気ギターを駆使したブルースの存在が強まった．ディランなどアメリカのフォーク歌手が「発見」した古いブルース曲を，R&B に魅了されてバンド活動を始めた英国のバンド（ローリング・ストーンズ，レッド・ツェッペリンなど）が世界の若者に広め，そうした流れの中で，ロバート・ジョンソンら過去のブルースマンが伝説化して，冒頭で述べたブルースのイメージを定着させた．一方，ゴスペル界から世俗の市場に進出したサム・クックやアリーサ・フランクリン，および独自の活動で聴衆を広げたジェイムス・ブラウンらの活躍で，ゴスペルの音楽性を元にしたソウル・ミュージックが成立．その歌唱法は，ホイットニー・ヒューストンら 80 〜90 年代の実力派歌手を通して，世界の歌謡界に浸透していった．　　　　[佐藤良明]

カントリー音楽

Country Music

カントリー音楽（以下，カントリー）は，南部の白人音楽として発展した．楽曲は，ギターをはじめ，フィドル，ペダルスチールギターで演奏され，鼻にかかった，語尾を曲げる歌唱法（トゥワング）で歌われる．歌詞の内容は，アメリカ南部や西海岸の田舎町を舞台にした日常の出来事が，簡潔な筋立てで語られる．さらに，白人労働者階級が好む音楽という印象が強い．また，多くのカントリーファンやミュージシャンが軍役経験を持つ．そのため，カントリーの政治性は，同じ楽曲があるにもかかわらず，共産主義と結び付けられたフォーク音楽とは異なる．1970年代以降，主要メディアが，カントリーは愛国主義，人種差別を擁護する音楽であると批判し始める．しかし，これらの要素が必ずしもカントリーを定義するわけではない．例えば，進歩的政治見解を持つロックバンド，バーズやグレイトフル・デッドは，カントリーの音楽的要素を楽曲に取り入れている．90年代には，パンクバンド，アンクルテュペロが30年代のカントリーをカバーし，オルタナティブカントリーの潮流が生まれた．これらを受けて，ブルース，R&B，ブルーグラス，フォークなどのアメリカンルーツ音楽とともに，より伝統的なカントリーを継承するジャンル「アメリカーナ」が出現し，2010年代以降，その地位を確立しつつある．音楽的スタイルや政治的立場を含めたカントリーの定義は時代とともに変化し続けている．

❖**カントリーの始まり**　カントリーは，1927年，ビクターレコードがテネシー州ブリストルで行った現地録音，ブリストル・セッションから始まったといわれている．しかし，アパラチア地方へ移住したヨーロッパ人が伝えた音楽のみならず，ブルース，ジャズ，ダンス音楽，ゴスペル，ヴォードヴィル，ミンストレルショーなどの当時のアメリカ音楽が大きな影響を与えている．なぜなら，20世紀初頭の社会文化的背景が南部音楽の成立をうながしたからである．

南部の黒人と白人は，産業が発展すると都市部へ移住し，娯楽に費やす時間と金を手に入れた．交通網が発達し，さまざまな舞台芸術を盛り込んだ興行ヴォードヴィルの巡業や楽器の流通も全国へ拡大した．また，ラジオの普及により，彼らは主流のポピュラー音楽をより手軽に楽しむようになった．そして，南部では，全米規模のポピュラー音楽への憧れと同時に，南部特有の伝統を残したいという機運が高まった．一方，学者は，近代化により失われたアメリカ文化の本質を，南部の音楽に探し求めた．同時に，北部のレコード会社は，南部を主流音楽とは異なる新しい市場ととらえ，この地方の音楽を南部音楽として録音した．このような背景の中，20年代初め，北部のレコード会社が，黒人による音楽を黒人に

向けて「レイスレコード」，南部の白人による音楽を南部の白人に向けて「オールドタイム（ヒルビリー）」として発売した．この南部の白人音楽が，カントリーの前身である．こうして，南部の音楽が人種間で分離されたが，「ジム・クロウ法」下の南部では，人種統合にはつながらなかったものの，人種を超えた音楽交流は行われていた．

❖**「カントリー」の名称**　この白人南部音楽は，統一されたスタイルや産業形態がないまま，シカゴの《ナショナル・バーン・ダンス》，ナッシュビルの《グランド・オール・オープリー》などのラジオ番組を中心に発展した．しかし，これらの番組は，1950年代後半，ロックンロールの流行によって聴衆とスポンサーの減少に直面する．そこで，58年，ディスクジョッキー，出版社などが，カントリー・ミュージック・アソシエーション（CMA）をナッシュビルで設立した．CMAは，ヒルビリー，ウェスタンスイング，ホンキートンクなどのスタイルを「カントリー」の名称にまとめ，ジャンルとして定着させた．

❖**カントリーがもつ政治性**　1970年代まで，大手メディアは，カントリーの政治性にそれほど注目していなかった．しかし，69年に発売されたマール・ハガードの《オーキー・フロム・マスコギー》が，ヒッピーを批判し，アメリカ人の誇りを讃えているとして保守層から絶大な支持を受ける．これをきっかけに，大手メディアをはじめ，多くのアメリカ国民が，カントリーは人種差別，愛国主義，政治的保守，同性愛反対を掲げる音楽として批判し始めた．

確かに，カントリーファンは保守層に多い．しかし，ある学者は，時代によって変化する白人中産階級の価値観に反するものが，カントリーのステレオタイプになっており，そのために非白人，LGBTQ，進歩的政治観を持つ労働者階級のカントリーミュージシャンやファンの，カントリーの歴史における貢献，存在が見えにくくなっているという．

図1　2016年にカミングアウトした人気カントリー歌手シェリー・ライト［People.com］

❖**伝統と革新**　カントリーは音楽的スタイルも時代によってさまざまに解釈されてきた．例えば，1960年代，フォークミュージシャンは，40年代には革新的だったブルーグラスと呼ばれるカントリースタイルをアメリカの伝統音楽として再解釈した．同じように，2016年，アメリカーナ・ミュージック・アソシエーション（AMA）が，1970年代から90年代後半までに流行したカントリーの一部をアメリカンルーツ音楽として，ブルース，R&B，フォークとともに，正式にジャンルの伝統に含めた．カントリーを定義する政治性と音楽的スタイルは変化し続けている．

［永冨真梨］

ポップ・ダンシング

Street and Vernacular Dances

民衆の暮らしの中で，音楽とダンスは通例不可分であり，移民の国アメリカでも，ポルカをはじめとするヨーロッパ起源のダンスが踊り継がれてきた．カントリー音楽が優勢な地域で今も盛んなツー・ステップなども，その種のフォークダンスの系譜に属する．本項では「人種の坩堝」としてのアメリカでこそ起こった，アフリカ的・中南米的な要素も色濃い，奔放な大衆ノリの踊りを「ポップ・ダンシング」としてまとめ，その多様な展開を一望する．

❖**階級・人種と身体規制**　アイルランド起源の，軽快に跳ね回るジグの踊りが，ニューヨークのスラム街で黒人たちのシャッフルと出会う中から，見世物としてのポップな踊りが出現する．1840年代，米英の舞台で注目を集めたマスター・ジューバ（本名ウィリアム・ヘンリー・レイン）は，その最初の顕著な例である．だが「黒人的身体」を優れたものとして受け止める文化は，20世紀がかなり進んでからの産物である．それ以前の舞台では，ミンストレル・ショーでもヴォードヴィルでも，黒人に滑稽な動きをさせるケークウォークの人気が高く，クーンソングと呼ばれる人種差別的な内容の歌が，しばしばそれに伴った．

堅気な平民たちの国アメリカのダンスフロアで，最初に起こったフィーバーがワルツである．1890年代に数百万部という空前の売り上げを記録した《舞踏会の後で》も3分の4拍子のワルツソングで，この大ヒットが楽譜出版ビジネスに火を付けたのが，「ティンパンアレー」誕生のきっかけだが，流行歌産業の成立は，まもなくラグタイムという「黒人ノリ」のブームをもたらしつつ，ダンスフロアへ都会人を誘うことになった．1910年代には，動物の動きを真似るターキートロットやグリズリーベアなどの「アニマル・ダンス」が流行．フォックストロットもそれらの一種だが，当時国際的な人気を博したキャッスル夫妻の流麗な舞いによって，後世のダンス文化に定着していく．

❖**ジャズとタップ**　主流の享楽文化が「黒人的」なスタイルを「収奪」すると，それに対抗するかのように黒人社会で高度な技芸が発達する．これが，音楽とダンスに共通する，アメリカ芸能の進化の図式である．短いスカートのフラッパーたちがシミーやチャールストンの放埒な踊りを踊り出した「喧噪の20年代」，黒人口の急増したハーレムでは，ギャングが経営する踊り場で，キング・ラスタス・ブラウンを皮切りとする面々が，敏速なステップとタップを競っていた．ハーレムにはコットンクラブのような高級ナイトクラブが誕生，デューク・エリントンとジャングル・バンドの演奏に合わせた，エロティックな踊りが白人紳士を楽しませる一方，老練な実力者「ミスター・ボージャングル」ことビル・ロビ

ンソンは 1928 年，ブロードウェイ舞台に登場し，華麗なタップダンスで大衆を魅了する．30 年代の映画スクリーンは，バズビー・バークリー舞踏監督による万華鏡的に華麗な集団舞踏を始め，フレッド・アステアとジンジャー・ロジャーズの黄金ペアによる舞いとタップ，ブラジルのサンバスター，カルメン・ミランダのトロピカル・ダンス等々，珠玉の演舞で満ちている．

図 1　リンディホップ
[gettyimages]

❖**スイングからロックンロールへ**　ハーレムの巨大なダンスフロア，サヴォイ・ボールルームで，男女が組んで，宙返りを含むアクロバティックな踊りを演じるリンディホップが話題となると（図 1），それを目当てに白人客も姿を見せるようになったが，ジャズが真に大衆的なダンス音楽に変貌するのは，1930 年代半ば，NBC ラジオで土曜の晩に，ベニー・グッドマン楽団をフィーチャーした《レッツ・ダンス》という番組が全米にスイング・ブームを巻き起こして以後のことである．ビッグバンド・ジャズのブームはしかし，第 2 次世界大戦中に下火となり，戦後になると，リズムの複雑すぎるビバップや知的なクールジャズが興隆し，他方では，感傷的なボーカル音楽に吸収されて，ダンス音楽としてのジャズは衰退する．

　フロアに熱気が戻ったのは，ラテンブームの起こった 50 年半ばのこと．ブロードウェイのパラディウム・ボールルームにマンボやチャチャチャのスタイリッシュな踊り手があふれ，キューバ音楽をポップ化したペレス・プラード楽団の曲は，ダンスとともに世界に浸透した．だが，この時代に起きた，より大きな地殻変動は，大量のティーンエイジャーを巻き込んだロックンロールの興隆である．定型のステップを排除して，気ままにビートとグルーヴを表現する踊りは，60 年代初頭にはツイストなどのブームを呼び，70 年代には《ソウル・トレイン》など長寿ポップ・ダンス番組を通して，家庭の居間をダンスフロアに変えていく．

❖**ディスコ熱と MTV**　ロックがシリアスな意味を担う音楽となって一時的に退潮したダンス熱は，1970 年代後半のディスコにおいて，音楽・舞台・映画業界を巻き込みつつ，爆発的に復活する．するとまた，今度はサウス・ブロンクスの黒人スラムの路上やクラブで，ブレイクダンスの高度な技が競われるようになり，その踊り手 B ボーイと DJ とラッパーを含むヒップホップ全体が，80〜90 年代にかけて，ゆっくりと主流文化に取り込まれていく．それより早く，MTV（1981 年開局）のビデオクリップを通して音楽市場を牽引したマイケル・ジャクソンやマドンナらの踊るスターは，ソ連崩壊前の東側住民にとって自由の象徴だっただろう．マイケルが死去した 2009 年には世界各地の街角で追悼ダンスが行われ，アメリカ発のポップな身体がグローバル社会を動かす力を印象付けた．　　[佐藤良明]

サウンド革新

Sound Innovation

20世紀を通じてアメリカが先導してきたエンターテインメントの世界において，音楽家は「スター」「アーティスト」として君臨した．その存在感の源に，音響技術の力で生み出される音の質感，すなわちサウンドがあった．電子的に加工された派手な音色はもちろん，リズムのわずかな揺れや歌の合間の息遣いまでもが，録音媒体に固定され繰り返し聴かれることで，その音楽にとって欠かせない特徴としてクローズアップされた．

ひっきりなしに出現する新たなサウンドは，レコードやラジオといった音響メディア（映画やテレビの音声もそこに含められる）を通じて拡散し，その都度センセーションを巻き起こした．

❖**電気の力を得た声**　1877年にトマス・エジソンが発明したことで知られる蓄音機は，20世紀初頭には音楽を再生して聴く手段として普及し，音楽はもっぱら「大量生産された音」というかたちで接するものとなっていった．この傾向をさらに決定付けたのが，1920年代に始まったラジオ放送とレコードの電気録音である．微弱な音も電気的に増幅されて多くの人の耳に届くようになり，かつてない聴覚体験がもたらされた．初期のラジオ／電気録音時代を象徴するサウンドとしてあげられるのが，ビング・クロスビーら「クルーナー」と呼ばれた歌手が持ち味とした柔らかい歌声である．劇場に響きわたらせるための力強い歌唱とは対照的に，私的空間でラジオや蓄音機から流れる甘い声は，傍らに寄り添うかのように親密に感じる対象という，新しいタイプの歌手像を形成した．

さらにレコードの中の声は，生身の人間を超える存在感を発揮した．一度録音した音を再生しながら別の音を加える多重録音の手法により，一人の声でコーラスをつくることも可能となった．また，同じ音を時間的にずらして重ねることで生じるエコーの効果も，現実離れしたサウンドを得るために多用された．エルヴィス・プレスリーら初期のロックンロール歌手の声も，エコーによって伴奏から浮き立つように強調されることで，スターとしての威光を体現していた（☞項目「ロック」）．

❖**エレキギター**　音の電気的増幅によって楽器のサウンドも変容した．とりわけギターは，楽器としての在り方を一変させることになった．元来は農民が生活の中で奏でる楽器だったギターは，エンターテインメントの世界では見劣りするものだった．しかし，弦の振動をピックアップで電気信号化し増幅したことで，ギターも表舞台へと躍り出た．明瞭な電気信号を得るため，内部が空洞になっている共鳴胴に代えて一枚板（ソリッドボディ）を用いたエレキギターは，音色を加

工し派手にすることへと奏者の関心を導いた．1950年に発売開始されたフェンダー社の「テレキャスター」シリーズをはじめ，ソリッドボディ型ギターはロック・バンドにおける花形の地位を獲得した．

電気信号の歪みによって生じるノイズも，ロック・サウンドの特徴となっている．なかでも，スピーカーから発せられるギターの音を再びピックアップが拾うことで起こるフィードバック・ノイズ（ハウリング）は，ジミ・ヘンドリクスらによって奏法の一種にまで昇華された．カウンター・カルチャーの花開いた60年代にあって，演奏という行為の意味を転倒させる過激なパフォーマンスと攻撃的なサウンドは，反体制の旗印であるかのように熱狂的に受け止められた．信号を変調させるエフェクターをつなぎ合わせて歪んだ音色をつくり込むことは，ロック・ギタリストにとって演奏技術とともに必須の素養となっている．

❖ **シンセサイザーとダンス・ミュージック** エレキギターが弦という物体の振動を電気信号化するのに対して，電子回路で信号を合成し音にするのがシンセサイザーである．自然界に存在しない響きは当初，それ自体が新奇で不自然なものと受け止められた．しかし，1964年に発売された「モーグ・シンセサイザー」を皮切りに鍵盤を備えた製品が登場し，シンセサイザーも楽器としての市民権を得た．ウェンディ・カーロス（図1，当時はウォルター・カーロス）の《スイッチト・オン・バッハ》(1968)は，クラシック音楽を電子音の多彩な音色で演奏するというアプローチによって，その音を「音楽」と認知させることに大いに貢献した．

図1　ウェンディ・カーロスとモーグ・シンセサイザー

まずは「新種の鍵盤楽器」として受け入れられたシンセサイザーだったが，その音楽的可能性はダンス・ミュージックの領域でさらに引き出された．プログラミングで組み立てられた機械的で単調なビートが肉体を躍動させることが発見されたのである．80年代初頭のシカゴでは，レコードの音を編集して電子音のビートに重ねるという手法が編み出され，その音楽が流れたクラブ「ウェアハウス」の名を取って「ハウス・ミュージック」と呼ばれた．シンセサイザーを操作することで絶えず変化する電子音，レコードから抜き取られたフレーズ，誰のものとも知れないシャウトといった音の断片が，反復するビートの上に散りばめられた．雑多な音をサウンドとして同列に扱うという発想のもとに，楽器の生演奏では実現し得ないグルーヴを生み出す土壌が拓かれたのである．

［谷口文和］

ロック

Rock Music

　1950年代にアメリカで誕生したロックは，60～70年代にかけてアメリカとイギリスを中心に発展し，世界中で若者たちに熱狂的に受け入れられた．ロックは音楽という領域を越えて，他の文化領域，文学や思想，芸術，ファッションやライフスタイルまで大きな影響を与えた．

　❖**プレスリーからビートルズへ**　ロックの原型であるロックンロールは，1940～50年代にかけて，ブルースやＲ＆Ｂとカントリーをルーツとして誕生した．初期のロックンロールの形式を確立したのは，リトル・リチャードやチャック・ベリーなど黒人ミュージシャンたちである．ロックンロールという言葉は，性的な関係を示す黒人のスラング（俗語）だった．ロックンロールは，ほぼ均等にリズムを刻むエイトビート，シンプルなブルースのコード進行やスケール（音階）を基にしたダンスミュージックである．ボーカルを中心にギター，ベース，ドラムを基本編成とし，時にピアノや管楽器が加わることもある．

　ロックンロールが広く一般に知られ社会現象になったのは，エルヴィス・プレスリーの登場によってである（図1）．《ハートブレイク・ホテル》《ハウンド・ドッグ》《監獄ロック》などの一連のヒット曲は，「キング・オブ・ロック」としてのプレスリーの地位を確立した．当時まだ黒人の音楽と考えられていたロックンロールにカントリー・アンド・ウエスタンの要素を持ち込むことにより，プレスリーは複雑な人種問題を抱えていたアメリカを象徴する存在となった．リーゼントの髪型，派手なファッション，そして腰をくねらせるセクシーなパフォーマンスは，良識的な大人を困惑させる一方で，若者たちから熱狂的に支持された．

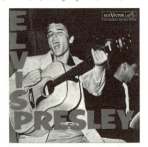

図1　デビューアルバム《エルヴィス・プレスリー登場！》(1956)

　プレスリーに続いてロックを本当の意味で世界的な若者音楽と変えたのはビートルズである．イギリス，リバプール生まれの四人組は，当初ロックンロールをレパートリーとしながらも，その後親しみやすいメロディの楽曲を次々と発表し，64年のアメリカ進出によって世界的なスターとなった．ビートルズは66年にコンサート活動を休止するが，当時急速に発達した録音技術を積極的に用い，初期のロックンロールだけではなく，さまざまなポピュラー音楽やクラシック，民族音楽や実験音楽まで当時の音楽のスタイルを貪欲に取り入れながら，精力的にアルバムを発表しロックという音楽の領域を徹底的に拡張した．

❖カウンターカルチャーとしてのロック　プレスリーやビートルズがヒット曲を連発し，ティーンエイジャーを中心にメインストリーム（主流派）の音楽として受容されるようになる一方で，ベトナム戦争と公民権運動，そして学生運動に揺れる当時の政治を反映した対抗文化（カウンターカルチャー）としてのロックが発展を見せる．音を歪ませたギターサウンドとブルースの影響の濃い反復的なフレーズを特徴とした音楽が，当時急速に広がりつつあったヒッピーやサイケデリック文化と結び付き，政治的な文化を生み出した．1969年8月，3日間にわたり開催された野外コンサート，ウッドストック・ロック・フェスティバルは対抗文化としてのロックの時代の一つの頂点である．「愛と平和の祭典」を謳ったこのフェスティバルには，ジョーン・バエズなどフォークシンガーに加え，ジャニス・ジョップリン，ジミ・ヘンドリックス，ジェファーソン・エアプレーン，ザ・フー，グレイトフル・デッドなど30組以上のバンドが参加し，40万人もの人を集め，伝説的なイベントとして語り継がれることになる．

❖ロックの産業化と多様化　1970年代に入ると対抗文化としてのロックは次第にその政治性を失い，音楽産業として発達するようになる．オーディオ再生機器の普及，録音技術の向上，そしてコンサートにおける音響技術の発達に加え，大学生を中心とした中流階級の成熟によって音楽産業がビジネスとして整備していくにつれて，ロックは余暇における趣味，商品として広がった．それに合わせて，ハードロック，ヘビーメタル，プログレッシブ，サザン，ウェストコースト，グラム，などさまざまな形式が生み出された．

　70年代後半に入ると巨大音楽産業として発達したロックに対抗する批判的な形式として，ガレージロック，パンク，オルタナティブ，ニューウェイブ，インディー，グランジ，ポストロックなどが登場し，さらに細分化が進んだ．

❖アメリカ文化としてのロック　ロックの発展はアメリカとイギリスの両方で見られたが，ロックはアメリカの戦後若者文化の象徴的な存在としばしばとらえられた．プレスリーは，マリリン・モンローと並ぶ戦後のポップアイコンの一つである．ジミ・ヘンドリックスは，ウッドストックで破壊的ともいえる過激なアメリカ国歌の解釈によって，人種問題で引き裂かれているアメリカを示した．ブルース・スプリングスティーンは1980年代の大衆の声を代弁する存在である．カート・コバーン（コベイン）は衝撃的な自殺によって病めるアメリカを体現した．ロックはそれぞれの時代の象徴的なアイコンを生み出してきたのである．

　ロックは音楽以外の領域とも深い関係を持って発展してきた．2016年のボブ・ディランのノーベル文学賞はこのことを示す代表的な例である．ロックは，単に20世紀を代表するアメリカの音楽文化であるというだけではなく，ポピュラー文化とファインアートというヨーロッパの伝統的な文化芸術の区分をも変容させたのである．　　　　　　　　　　　　　　　　　　　　　　　　　　[毛利嘉孝]

ヒップホップ

Hip Hop

ヒップホップとは，1970年代のニューヨーク，とりわけアフリカ系アメリカ人とラティーノ（ナ）を擁するブロンクス地区を発祥とするカルチャーである（☞項目「ファッションビジネス」）．一般的にDJ，ラップ（MC），ブレイクダンス（Bボーイ），グラフィティの4要素を含む文化全体を指すが，本項では主に音楽面について記述する．

❖ブレイクビーツ　ヒップホップ・ミュージックの成立に決定的に重要だったのはブレイクビーツの発明である．それは，フロアのダンサーたちが曲の途中でドラムとパーカッションだけになるパートで盛り上がることを発見したDJが，2枚のレコードを用いてそのリズムブレイクのみを流し続けたことに由来する．ジャマイカ出身のDJクールハークによって始められたといわれるこのテクニックは，従来のポピュラー音楽実践に鑑みて，幾つかの点で画期的であった．

①まず，DJが楽曲のリズムブレイクを引き延ばしてその長さを調整する（この手法は同時代のディスコDJによっても用いられていた）ということは，受容者の都合に応じて「作品」が改変させられることを意味する．作者の創作物である「作品」を受容者が一方的に享受するという図式に代わって，受容者も積極的に「作品」にアプローチし，場合によっては改変してしまうという事態が一般化するのである．

②さらに，ブレイクビーツという楽曲の「一部分」を「全体」から引き剥がしてループさせる行為は，ある断片を歴史的背景から切り離して別の文脈に配置するという点で，いわゆるポストモダン思想と親和性が高い．

③やがてDJ／プロデューサーは，リズムブレイクに限らず過去の音源の一部をサンプリングしてトラックを制作するようになるが，それは従来の著作権の思想と根本的に齟齬をきたす行為である．過去の曲の一部を含むトラックの上でラッパー（MC）がラップする．果たして，これはいったい「誰が作曲した曲」だといえるのだろうか．

❖MC　次にラップについて考察してみよう．ラップとは反復するビートに合わせて言葉を発する音楽実践である．その一連の言葉はリリック（歌詞）を形成し，多くの場合，行末や行の中間でライム（韻）が用いられる．その意味でヒップホップのリリックを「ベオウルフ」やシェイクスピア以来の英詩のバリエーションとして見なすことは可能である．英詩の定型詩の韻律に相当するのがビートだとすれば，ヒップホップのリリックは韻律が可聴化された韻文だといえる．中間韻の多用，韻律に対する自由なアプローチなどヒップホップのリリックに顕著な

要素は，それを英詩の伝統に位置付けることで初めて際立つ特徴である．

ヒップホップは黒人コミュニティを中心に発展したジャンルであり，それ故にリリックの内容はマイノリティの若者の共感を誘うトピックが多い．白人社会批判，母親や祖父母への愛情（マイノリティの多くの家庭は父親が不在であり，従兄弟同士で祖父母宅で暮らすことも珍しくない）などに加えて，自分のラップスキルを誇る「ボースティング」や相手を攻撃する「ディス」などの形式もよく見られる．ヒップホップの反社会性がしばしば話題になるが，ラップは基本的には言葉のゲームとしての性質が強く，ラッパーはそのスキルを用いて誰が一番ギャラリーを沸かすことができるかを競い合っている．

一つの曲のテーマをそれぞれのプレイヤーが即興的に変奏するジャズと，同じようなトピックをラッパーが次々に「語り直す」ヒップホップは構造的に類似した音楽ジャンルであり，それはアフリカ系アメリカ研究の泰斗ヘンリー・ルイス・ゲイツ・ジュニアの「シグニファイング」理論で説明可能である．言い換えやほのめかし，さらには遠回しの表現などあらゆる婉曲表現を指すシグニファイングは，白人の主人に隠れて行われてきた黒人特有のコミュニケーション形態であり，その定義上，体制転覆的な可能性を秘めている．また婉曲表現を評価するということは，オリジナリティよりもその「言い換え」のクオリティを査定するということであり，ジャズやヒップホップの（オリジナリティを相対的に重視する西洋文化に対する）黒人性を裏書きする．

❖**メインストリームへ**　ヒップホップという音楽ジャンルとギャングのイメージが密接に結び付いているとすれば，それは1980年代後半に西海岸で誕生したギャングスタ・ラップの影響が大きい．重要なのは，このサブジャンルの台頭とともにヒップホップがアメリカ音楽のメインストリームに浮上した点である．郊外の白人ティーンエイジャーが黒人ラッパーの「ギャングのイメージ」に魅了されることで，皮肉にもこの音楽ジャンルが全国的に広まったのである．

白人が抱く黒人のステレオタイプと黒人自身のアイデンティティのせめぎ合いの結果，黒人音楽のイメージがかたちづくられるのであり，ヒップホップも例外ではない．

ニューヨーク（東海岸），ロサンゼルス（西海岸）とヒップホップの中心地は時代とともに移動してきたが，2000年代以降，このジャンルの拠点としてもっとも興隆しているのはアトランタなどの南部都市だろう．それに伴いヒップホップの音楽性も変化し，サンプリングという手法は影を潜め，コンピューターのソフトウェアを用いたビートメイキングが主流となっている．音源のテンポを極度に落としたヒューストンのスクリュー，重低音と痙攣的なハイハットのサウンドを特徴とするアトランタのトラップ・ミュージックなど，地域特有のサブジャンルも生まれている．　　　　　　　　　　　　　　　　　　　　　［大和田俊之］

グラミー賞とトップ 40

Grammy Awards and Top 40 Charts

アカデミー賞に遅れること 30 年, トニー賞（演劇・ミュージカル）に 12 年, エミー賞（TV）に 10 年遅れて始まったグラミー賞（1959〜）の成立と運営の背後には, 中流家庭の規範に反抗的だったロックに抗して, 音楽のマナーとテイストを守りたい業界の思惑も透けて見える. 世界最大規模の音楽賞の選考を見ていくことで, アメリカのショービズ文化の一面を照射したい.

図 1　グラミー賞のトロフィを掲げるトニー・ベネット（2015）

❖**中道のポップ・テイスト**　第 1 回グラミー賞の最優秀レコード賞と楽曲賞は, スイング感覚をもって朗々と歌い上げるイタリア歌謡《ボラーレ》が獲得した. 1960 年代には旧世代のフランク・シナトラがアルバム賞を 3 度獲ったこと, ビートルズの曲として唯一, メロディアスでフランス志向の《ミッシェル》が楽曲賞を受賞していることが注目される. もちろん, レコード界の技芸全般に目配りをするために, 多種多様な部門があるわけだが, 上記の主要 3 部門においては, 楽曲の洗練や, ショーとしての健全性, 欧風伝統との親和性を重視する傾向が, 60 年近い歴史を通して支配的だ. 2010 年代に 2 度にわたって主要 3 賞を総なめにしたアデルも, ロックグループとして最多受賞歴をもつ U2 も海外組. 一方で, アメリカの庶民性を強調するブルース・スプリングスティーンや, ハイブラウな雰囲気のルー・リードらは歓迎されづらく,「レジェンド」になってから殿堂（グラミー・ホール・オブ・フェイム）入りするコースをとる. 扇情的なマドンナやプリンスではなく, 渋いエリック・クラプトンや端正なセリーヌ・ディオン, そして最長不倒のエンターテイナー, トニー・ベネット（図 1）が, グラミー賞向きだったといえる.

だがレコードの市場は, 新譜ばかりにあるわけではない. ラウンジショーや有線放送を含めてみると, ポピュラー音楽はまた別の顔を見せる. 50〜60 年代にマントヴァーニ楽団は, 甘美で流麗なストリングスによって, 50 枚近くの LP をトップ 50 に送り込んでいた. エレベーター内や待合室や商業施設には, 戦前からミューザック社の BGM が流れ, 人々の心のリズムを律していた.

❖**トップ 40 ラジオの成功**　甘美なメロディが心を癒やす力が普遍であるならば, その力を振り切って, ロックが世界を動かしたことは 20 世紀の驚異の一つといえる. この現象の背景に, ジュークボックスとともに, 自由な弾みと空想へ若者

たちを導いた小型ラジオの存在がある. 1951 年, オマハのインディ局 KOWH の経営者トッド・ストーズは, 毎時 55 分からのニュース以外のすべてのエアタイムを今現在のヒット曲の放送にあてるやり方で成功し, 翌々年, ニューオーリンズの WTIX を買収すると, 毎日午後の時間を上位 40 曲のカレントヒットの放送に限定する「トップ 40」の方式に切り替えた. カウントダウンの形式自体は, 35 年以来日曜午後に全米ネット放送された《ユア・ヒット・パレード》にさかのぼるが, セントルイスやマイアミを含む 7 都市にトップ 40 局を広げたストーズの先見は, アメリカの AM ラジオの方向性を決めるとともに, 若者文化へのポップスの影響力を決定的なものにした.

ビル・ヘイリーとコメッツによる《ロック・アラウンド・ザ・クロック》の爆発的なヒット (1955) を皮切りに, ヒット曲の市場は, 10 代向けの単純なビート曲によって占められる流れとなる. 南部の田舎から登場したエルヴィス・プレスリーが, 黒人スタイルを魅力的に発信して, 未曾有のセンセーションを巻き起こしたことは, マクロな歴史的視野に立つなら, 近代植民地主義とブルジョワ文化の退潮を象徴する現象だったといえる. 19 世紀のヨーロッパで確立され, ティンパンアレーの音楽家にも引き継がれてきた, メロディ主体の音楽の制度がアフリカ由来のビートによって崩され, 人種と階級のジャンル差を切り崩す巨大なマーケットが, 第 2 次世界大戦後のアメリカに出現したのである.

業界にとって状況は危機的だった. レコーディング・アーツの向上を謳うアカデミー (NARAS) が業界内につくられ, 彼らの選考によってグラミー賞の式典が始まったのは, まさにこの時期. 設立の趣旨には「音楽マーケットの質と文化的土壌の向上に寄与する」という文言がある. ビートルズら英国バンドの侵攻に襲われてなお, アカデミーが, この責務を果たそうとしていたことは, 1965 年のベスト・ロックンロール・レコーディング賞を, ペトゥラ・クラークが端正に歌う《恋のダウンタウン》に与えたことからもうかがえる.

❖**時代は変わる** 喧しい「トップ 40」からの突き上げを逸らしつつ慣らしつつ, 伝統的な憩いの場を守る働きを, グラミー賞は担い続けた. その開かれた保守性が, アメリカのポピュラー音楽の緩慢な進化を支えたともいえる. ポール・サイモン (主要部門のみで 8 個獲得) やクィンシー・ジョーンズ (獲得総数 27 個) ら幅広の音楽家／プロデューサーがポップスの中軸を動かしていくことにより, 選考委員会も徐々に, ベック (2015 年, 最優秀アルバム賞) やジェイ Z (ラップ部門の常連) のような斬新な才能に公平さを見せることになった. 若者市場との不一致は, 大々的なイメージ消費社会成立前夜の混乱の表れだったのだろう. 時代が進み, ヒット曲も保守化した. 日曜午後のラジオ番組《アメリカン・トップ 40》に流れたケイシー・ケイサム (1970〜88 年担当) の温和な声は, 今や懐かしいアメリカの記憶の一部になっている. [佐藤良明]

多文化主義とパフォーミング・アーツ
Multiculturalism and Performing Arts

　ドナルド・トランプが大統領に選ばれた直後の 2016 年 11 月 20 日，ちょっと面白い出来事があった．同じ選挙で副大統領に選ばれたマイク・ペンスが，ニューヨーク・ブロードウェイで上演中のミュージカル《ハミルトン》を観に行ったところ，幕切れ後，キャスト全員が観客の声援に応えるカーテンコールの最中，俳優の一人がマイクを手にして，ペンスに向かってスピーチをしたのである．

　ペンスは共和党内でも保守派に属し，草の根保守運動であるティーパーティ運動に賛同するなど，多文化主義的政策に批判的な立場として知られる（☞項目「多文化主義」）．2013～17 年まで務めたインディアナ州知事時代には，性的マイノリティの権利を制限するとの批判があった「宗教の自由回復法」に署名し，激しい論争を引き起こしていた．《ハミルトン》は，「アメリカ建国の父祖」の一人で合衆国憲法の起案の中心にいたアレキサンダー・ハミルトン（1755～1804）を主人公にしている（☞項目「戯曲」）．ただし，いわゆる歴史物でありながら，音楽はラップ調，ヒップホップ系が多く，台詞も現代口語を多用，配役もアフリカ系やヒスパニック系の人たちがメインである．つまり，建国の精神にまでさかのぼりつつ，現代アメリカの多文化主義的寛容を言祝ぐミュージカルだというわけで，空前絶後のヒットを記録している作品なのだ．したがって，スピーチの内容も，そうした寛容の精神を次期政権に求めることになっていた．ただ，俳優が観客に，しかも特定の観客に直接語りかけるというのは異例中の異例で，その後，物議を醸したのだった．

　この出来事は，アメリカにおけるパフォーミング・アーツの社会的役割や意義が象徴的に出ているといえる．いわゆるリベラル民主主義と呼ばれる思想哲学と資本主義的精神の合体によってつくられた社会のシステムや価値意識が，ブロードウェイ・ミュージカルというアメリカの代表的パフォーミング・アーツを支えていて，そのことが，今回の出来事ではっきりと示された，ということになるだろうか．

　ミュージカルは高額な制作費がかかる贅沢な商品である．チケット代も高額だ．しかし，観客に対して，なるべく過酷な現実を忘れさせるようなファンタジーの世界を見せることで，ウケを狙い儲かればよいだけではないのである．人々に今，社会で起きていることに目を向けさせ，共同体的な価値観を共有したり確認し合ったりする場であることもまた，重要な要素とされる．そういうパブリックな役割を，本来プライベートな場（つまり商行為の場）として存在するブロードウェイ演劇は持っているのだ．

　したがって今回の一件が，アメリカ社会を長く支えてきた（とされる）リベラル民主主義とその同時代的な表現である多文化主義的寛容が，同選挙の結果，危機に陥っているのではないか，という演劇人の意識からきたものだと考えると，なかなか興味深いものがある．同じニューヨーク中心部にそびえるトランプ・タワーにトランプとその一族が長く「君臨」していることを考えれば，なおさらそうなのである．　　　　　　［内野　儀］

18. 軍　事

　　アメリカの軍隊の起源は，独立革命時に開催された第2次大陸会議が1775年に創設した大陸軍，大陸海軍，大陸海兵隊にさかのぼることができる．それらはいったん解体されて18世紀末に再び米陸軍，海軍，海兵隊として組織され，合衆国憲法では連邦議会が陸軍や海軍を維持し，大統領が軍の最高司令官となることが定められた．

　　以来，アメリカは長らく大規模な常設軍を忌避し，戦争が終結した後には動員解除を実施していたが，二度の世界大戦と冷戦を経ていく過程で，アメリカ軍は名実ともに世界最大・最強となった．第2次世界大戦後のアメリカは，先進的な技術を軍隊に取り込み，強大な核戦力と通常戦力を整備していったのである．アメリカの武力介入と軍隊の強大化は，アメリカ社会にもさまざまな影響をもたらした．

　　本章では，アメリカの軍隊について，組織，制度，戦力，戦争のみならず，軍隊と社会との関係の諸側面に迫る．

[川上高司／森　聡]

戦略文化

Strategic Culture

戦略文化とは，その国が持つ固有の歴史から影響を受ける，軍事力の行使に関する考え方や行動様式である．

アメリカは建国以来，幾度となくの軍事力を行使してきたが，それはアメリカが持つ戦略文化に基づいている．アメリカの戦略文化の発祥は，第一に「丘の上の町」，第二に「市民宗教」，第三に「明白なる運命」の三つの要因に求めることができる．

❖**丘の上の町**　丘の上の町とは，丘の上にある町は常に四方八方から見られるように，キリスト教徒も模範的な「世の光」になるようにとのキリストの教えである．アメリカは，巡礼祖父（ピリグリムファーザーズ）が 1624 年にニューイングランド地方のプリマスに建設した植民地からスタートした．マサチューセッツ湾植民地の初代総督のジョン・ウインスロップは，「丘の上の町」の説教を説き「神に選ばれし国」を目指した．その説教になぞらえてアメリカは「神の国」であり世界のお手本という役割を担っているという選民思想が醸成されていった．やがてその「神の国」はみずから防衛しなくてはならないという「国土防衛」という考えにつながるのである（☞項目「宗教と外交」）．

❖**市民宗教**　市民宗教は建国の父祖（ファウンディングファーザーズ）にその源がある．ロバート・ベラーは 1967 年にその著書『アメリカの市民宗教』の中で「アメリカ人が共有する国家に関わる政治・宗教的な考え方」と定義した．そして，市民宗教は超越的な立場から建国以来アメリカ人には国民としての自己認識を，アメリカ社会には国家としての正当性を与えてきたものとして位置付けた（☞項目「市民宗教」）．

建国の父祖は，宗教をアメリカの国家の制度に組み入れることにより，国家の紐帯としようと試みた．1776 年の「独立宣言」を執筆したトマス・ジェファソンは，「すべての人は神によって平等に創られ，一定の譲ることのできない権利を与えられている．その権利の中には生命，自由，幸福の追求が含まれている」とし，神の存在と神の前に万人が平等で自由であること，万人が幸福を追求して豊かになる権利があることは自明であると謳った（☞項目「建国神話」）．この信条はプロテスタント，カトリック，ユダヤ教，理神論者にも受け入れられ，アメリカ人に共通の市民宗教，規範体系となり，いわば宗教的最大公約数となったのである．

そもそもアメリカの植民地は，「チャーチ＞ステイト」すなわち，国家より宗教が優位に立つ国を目指して始まった．しかしその後，独立戦争を経てアメリカ

の建国に際し，合衆国憲法第1修正は，「連邦議会は，国教を樹立し，あるいは宗教上の自由な行為を禁止する法律……を制定してはならない」と宗教の自由を制度として保障し，宗教を制度に組み入れたのである（☞項目「信教の自由」）．これはアメリカの教会にとって大きな転換点となり，宗教界に相互の違いを認める寛容の伝統，多様性の尊重の伝統が定着した．その結果，アメリカでは，1800年頃に会衆派，長老派，聖公会，バプテスト派，メソジスト派，ルーテル派，クエーカー派，オランダ改革派，ドイツ改革派，カトリック，ユダヤ教などが社会的に認知されて共存することとなった（☞項目「プロテスタント諸教派」「ユダヤ教」）．

　市民宗教は，象徴や儀礼の中に表現されている．独立記念日は，建国の父祖への尊敬心を高め「神に選ばれし国」を祝い敬神の念と愛国心が溶け合って調和する日となり，戦没将兵記念日は地方の共同体をまとめ，感謝祭は家庭をまとめる役割を果たすこととなった．また公立学校は，市民参加による宗教的式典の場を提供した．この日，教会では「アメリカに神のご加護を」の斉唱，賛美歌本に含まれている愛国心あふれる歌，政治家の「神についての発言」が行われる．

　特に大統領は全世界に対して自由と民主主義の守護者，提唱者として活動するためにアメリカが神に選ばれたという信念を表現することが求められる．大統領により繰り返し行われる宗教的行為が，アメリカを結び付けている重要な要素になっているのである．市民宗教が紐帯となってアメリカの国民を統合し，その代表としての大統領が神の国であるアメリカの果たすべき使命（ミッション）を推進する．それ故に，アメリカ大統領が軍事力を行使する場合には戦略文化の要因である市民宗教の役割が重要となるのである．

❖千年王国説　アメリカの戦略文化は，1720～40年代の第1次大覚醒から生まれた「市民的千年王国説」（シビルミレニアリズム）により強固になりさらに発展していく．「市民的千年王国説」とは，アメリカがキリスト教でいう「千年王国」という絶対的平和の国を建設する神の代理としてその計画に参画するという壮大な思想である．第1次大覚醒とは，植民地時代のニューイングランド地方を中心とするプロテスタント信仰復興運動（リバイバル）である．大覚醒はキリストの千年王国の夜明けが間近であるというもので，時代の終焉に関する神の計画に自分たちが直接関わっているという考えをもたらした．その結果，福音主義的信仰復興運動という宗教的な基盤をアメリカにもたらした（☞項目「信仰復興運動」「福音派」「新興キリスト教諸派」）．

　福音主義的な信仰を持つ英国国教会，長老派，およびオランダ改革派の多くの信徒も，ニューイングランドにおけるピューリタンたち（現在の会衆派）と同じように，千年王国が成就する時代が到来することを全国民に目覚めさせ，人々をそこへ導くことが神から与えられた使命だと信じた．

　19世紀になるとともに第2次大覚醒が始まった．第1次大覚醒が国民生活に

福音主義的価値を自覚させたとするならば，第2次大覚醒は帝国主義的膨張主義へとアメリカを導いたものであったといえよう．19世紀のアメリカのキリスト教徒は，国家はキリスト教と民主主義の両者を普及させるために神によって選ばれたと考え国家を支持した．神への忠誠と神に選ばれし国への忠誠との間には，矛盾するものはなかった．そして，独裁政治と悪質な統治から世界を救い出すことがアメリカの使命であるという信念を持つに至った．この千年王国の理想により人々は，神から自分たちに与えられた土地を開拓し支配することは至極当然であると考え，太平洋へ向かって領土を膨張する西漸運動が始まった．

❖明白なる運命　第3代大統領トマス・ジェファソンは，1803年にルイジアナをフランスから購入しアメリカの領土を倍増した．続いて第4代大統領ジェイムズ・マディソンの時代にはフロリダを買収し，ルイジアナ領を明確にした．こうしてアメリカの領土は一気に大西洋から太平洋へと拡大した．これらの一連の西漸運動の勝利は，アメリカのナショナリズムを大いに盛り上げた．

　このナショナリズムの高まりは，外交面でモンロー主義となって現れた．08〜22年にかけて南米では，パラグアイなどの国が次々と独立を達成したが，第5代大統領ジェイムズ・モンローは23年，アメリカ大陸へのヨーロッパ列強の介入を排除する一方で，アメリカはヨーロッパの戦争には介入しないとする「モンロー宣言」を発表した．これは，ヨーロッパの植民地主義からアメリカ大陸を守ったという点において自由と独立を広めた．つまり，モンロー主義は中南米諸国へと介入を公に行うドクトリン(教養)となり，アメリカの伝統的な方針として踏襲されていくこととなった（☞項目「例外主義」「アメリカと世界各地域」）．

　さらにアメリカでは千年王国の理想が世俗化し，宗教的感情と政治的感情とが結び付き，領土獲得を正当化するジョン・オサリバンのいう「明白なる運命」の考え方に結び付いていく．45年にオサリバンは『デモクラティック・レビュー』誌に「神によって与えられたこの大陸にわれわれが拡大していく明白なる運命である」と題した膨張促進論を発表し，当時の領土膨張機運を擁護した．

　86年にはジョサイア・ストロングが『我らが祖国』で，「アメリカ人こそ世界を文明化するために選ばれた民族である」と主張し，「明白なる運命」を世界に拡大する論理的な根拠を与えた．つまり，アメリカ的基準に沿った正義と誠実に従って，世界をキリスト教化することがアメリカの使命であると考えられたのである．アメリカは神によって選ばれし国であり，その使命を果たすのがアメリカの道徳的義務である，という説教を繰り返し述べていたウィリアム・マッキンレーが97年に第25代大統領に選出され，キューバを解放するためにスペインとの戦争が始まった．その結果アメリカは勝利を得て，フィリピン，グアム，プエルトリコを領有し，さらにはハワイも99年に併合した．

　1901年に第26代大統領に就任したセオドア・ローズヴェルトは，「大きな棍

棒をたずさえてやわらかく話す」という，いわゆる棍棒外交を展開した．ローズヴェルトはモンロー主義を拡大し，ローズヴェルト・コロラリーを発表し，アメリカの西半球支配を目指した．それは，西半球において対外債務不履行や政治的不安定など当事国の非行ないし無能力が目に余る場合には，モンロー主義に基づいてアメリカが国際警察権力を発動するという内容であった．

03年にはコロンビア領パナマ，06年にはキューバ，12年にはニカラグアへと侵攻して親米政権を維持した．当時のアメリカには，世界の未開の地に福音をもたらし万人を救済することはプロテスタントの使命であるから，アメリカは世界に広くそれを実行しなければならないという思想が広がっていた．

❖ウィルソン主義　やがてそれは，アメリカの価値観を世界に広めることがアメリカの使命であるという思想へ発展していった．そして理想主義者の第28代大統領ウッドロウ・ウィルソンはこの思想に基づき第1次世界大戦へ参戦した．ウィルソンの思想の中核は「アメリカの価値観が広がった世界は恒久的に平和になる」であるとアンドリュー・J.ベースビッチ・シニアは述べている．

ジョン・F.ケネディ第35代大統領は，南ベトナムに関与することはアメリカにとって東南アジア地域で民主主義国家を建設するうってつけの機会だととらえていた．それは建国以来の「使命」に基づいた考えであった．ケネディは世界を自分たちが理想と信じている社会へと変えることができると真剣に信じていて，ベトナムを改革することはベトナムの人々のためになると信じていたのである（☞項目「大統領と軍隊」）．

ウィルソンの思想を受け継いだのがジョージ・W.ブッシュ第43代大統領であった．ブッシュは2001年の9.11同時多発テロの後に「自分は神に選ばれた大統領であり，アメリカの民主主義を世界に伝道することがその役目である」とのアメリカ建国以来の戦略文化に基づき，イラクやアフガニスタンへの戦争を始めた．アメリカは「神の国」であり，「神の国」であるアメリカを自分たちの手で護るのは市民の義務でもあり権利でもある．国土防衛のためには軍事力の行使は厭わない．そして国土防衛は単独行動も辞さない，というのがブッシュ大統領の先制攻撃の理論であった．

しかし新たにイスラム過激派という脅威が世界を覆うようになった（☞項目「対テロ戦争」）．アメリカもまた新たな時代を迎えた．黒人大統領バラク・オバマの登場である．彼は歴代大統領とは異なり，選民思想に基づかない政策を展開した．また「アメリカが世界のお手本であり警察官であることから降りる」と宣言した．オバマはアメリカが「普通の国」になることを目指したのである．これは戦略文化の根源をなす選民思想との決別であり，アメリカの軍事力行使の決定プロセスに戦略文化が作用しなかった希有の時代であった．その意味でオバマが大統領を務めた8年間は大きな意味を持つのである．　　　　　　［川上高司］

大統領と軍隊

President of the United States of America and United States Armed Forces

アメリカ大統領は世界最強の軍事力を持つ国の国家指導者であり，第2次世界大戦後は冷戦期を通じて全世界に広がる自由主義社会のリーダーとして，共産主義国の勢力拡大を阻むためにその軍事力を行使してきた．冷戦後においても，世界秩序の構築を率先し，テロとの戦いを続けるために軍隊を派兵した．

❖憲法上の権限と文民統制　合衆国憲法をつくった建国の父祖（ファウンディングファーザーズ）は，ヨーロッパにおける君主の代わりに，国民による選挙で選ばれる大統領を国家元首とする共和制を敷いた．しかし，統治機構はまったくのオリジナルのものではなく，当時のイギリスの統治機構を模倣したものであった．まだ議院内閣制が確立していなかったイギリスでは，首相は国王の親任によって選ばれる閣僚の中の首席でしかなく，国王が行政府の長であり，同時に軍の最高司令官であった．

これと同様に合衆国憲法では，大統領に行政権を与え，軍の最高司令官とした．合衆国憲法で大統領の職務権限を定める第2編2節1項には，大統領が「陸軍と海軍の最高司令官を務める」とある．第2次世界大戦後に空軍ができてからは，これを含めた3軍の長が大統領ということになる．これによって，ヨーロッパの国王が軍隊を統制していたのと同様，政治指導者による文民統制（シビリアンコントロール）がアメリカでも確立した．しかし建国当時のアメリカでは，常備軍は貴族政治が国民を圧制するための制度であり，自由にとって危険な組織だと考えられた．そのため自由な民主主義国家であるアメリカでは民兵制度が採用され，平時における連邦政府の常備軍は第2次世界大戦まで最小限の規模に抑えられた．

ヨーロッパのように国王の軍事目的のために平民からなる兵を貴族階級の将校が統率するというかたちではなく，アメリカでは軍事力行使の目的は明示され，民兵は民主的に組織された．政府の使命遂行に同意した将校が選挙ないしは地方議会によって選ばれ各州からの民兵を統率し，国民の代表である大統領が軍を統制するという制度がとられた．この政治と軍とのすみ分けが不明確で，政治指導者ないしはその意向を汲んだ将校が直接に軍隊を指揮する形態を，政治学者のサミュエル・ハンチントンは「主体的文民統制」と呼んでいる．

しかし，20世紀に入り軍事技術が進み戦争が高度に複雑化すると職業軍人によって指揮される軍隊の組織が必要になってきた．そのため軍隊と政治のすみ分けをはっきりとし，専門家集団である軍隊を国家指導者である大統領が統率する，ハンチントンが呼ぶ「客体的文民統制」が確立していった．

❖大統領・議会関係　建国の父祖はヨーロッパの専制国家を反面教師とし，独裁

者をつくらぬように，立法府である議会の権限を強くし，大統領の専横を防止した．宣戦布告の権限を議会に与え，大統領の軍事力行使の権限を制限し，憲法上はチェック・アンド・バランス（抑制と均衡）が機能するようになっている．

しかし，歴史上アメリカ議会が宣戦布告したのは，米英戦争（1812〜14），米墨戦争（1846〜48），米西戦争（1898），第1次世界大戦（1914〜18），第2次世界大戦（1941〜45）の五つの戦争しかない．第2次世界大戦後は，朝鮮戦争やベトナム戦争，湾岸戦争やイラク戦争など，海外で大規模な軍事攻撃を行っているにもかかわらず，議会は一度も宣戦布告を行っていない（☞項目「弧立主義の系譜」）．

2015年10月に発表された議会調査局の資料では，1798年のフランスとの海戦以後のアメリカが，海外で注目すべき軍事行動を行った事例を369例リストアップしている．そこではアメリカの海外派兵について，1798年から湾岸戦争のあった1991年までの200年足らずの間に221回と平均年約1.1回の事例しかないのに対し，冷戦後の1992〜2015年の24年間には148事例があげられており，年に約6.1回での頻度は飛躍的に増えていることが示された．これらの派兵はすべて大統領の最高司令官権限に基づいて行われており，議会の宣戦布告権限は形骸化している．

❖❖戦争権限決議　度重なる議会の宣戦布告権限を無視した大統領権限による軍隊の導入が続く中，ベトナムでの敗戦とウォーターゲート事件による大統領の権威失墜を契機に，議会が大統領の戦争権限を制限しようと動いた．それが上下両院の3分の2以上という圧倒的多数により，リチャード・M.ニクソン大統領の拒否権を覆し制定された1973年の戦争権限決議である．

同決議は，大統領が敵対的行為などにアメリカ軍を投入するにあたって，議会との事前協議と投入後の定期的協議を以下のように義務付けている．宣戦布告なしにアメリカ軍が海外派兵された場合，48時間以内に大統領は投入を必要とした理由を含めた報告書を上下両院に提出しなければならない．大統領から議会への報告書が提出されてから，①議会の宣戦布告，②派兵授権法，③立法による期間延長のいずれかが成立しなければ，大統領は軍隊の投入を60日以内に中止しなくてはならない．ただし，議会に通告すれば安全な撤退のために最長30日間派兵を延長できるため，議会の承認なしで大統領が海外派兵できる期間は最長で90日間に制限される．60日間の期限内であっても，議会は両院一致決議によって軍隊の即時撤退を求めることができる．

2015年までの歴代の大統領は，戦争権限法に基づいて海外派兵について議会に160本の報告書を提出してきた．しかし60日間の撤退期限のカウントが始まるかたちでの報告は1975年のマヤグエス号事件1例しかない．また報告書提出後60日間の期限のためにアメリカ軍が撤退したことも，議会が両院一致決議で撤退を求めたこともなく，戦争権限決議は形骸化している．　　　　　　［信田智人］

軍隊の構造

Structure of the Armed Forces

　今日，アメリカの軍隊（以下，米軍）は，中国に次いで世界第2位の現役兵力数を誇り，史上最強の軍隊といわれるまでになっている．しかし，連邦政府の肥大化を忌み嫌う建国当初からの伝統により，100万人を超える巨大な常備軍をアメリカが持つようになったのは，二度の世界大戦を経てからであった．

❖5軍体制　第2次世界大戦の頃まで米軍は，陸軍省下の陸軍，海軍省下の海軍・海兵隊，および法執行権も有する沿岸警備隊の4軍体制であった．第2次世界大戦で急速に役割を拡大した航空戦力は，陸海軍がそれぞれ別個に発展させてきたが，1947年の国家安全保障法により陸軍航空部隊が空軍として独立した．空母を基盤とする海軍の航空戦力はそのまま海軍に留まった．

　このように現行の5軍体制を完成させた同年の「国家安全保障法」では，陸軍省，海軍省，および新設の空軍省を傘下に置く国家軍政省が設立され，国防長官職も設置された．また第2次世界大戦中にイギリス軍との調整のためにつくられた統合参謀本部（JCS）も公式化された．49年の同法改正で，国家軍政省は国防省に改名され，国防長官権限が強化された．JCS議長職もこの際に設置された．

　他方，沿岸警備隊は，現在は国土安全保障省下に置かれ，平時には法執行業務を主たる任務とするが，連邦法により米軍の一部とされ，戦時には海軍・海軍省下に入るものとされている．陸空軍の補完役としては州兵がある．州兵は通常は州知事下に置かれ，国内の災害救援・治安維持にあたるが，大統領命令により連邦軍に組み込まれることもある．連邦軍の各軍が予備役を持つが，州兵は連邦軍の予備部隊としての役割も果たしている．「テロとの戦い」やイラク戦争が長期化した2000年代には，州兵を含む多数の予備兵力が戦線に投入された．

　2016年末時点で約24万の兵力が海外に展開しており，50人以上の兵力が派遣されている国は約50ヵ国に上る．最大の派遣先は4万人弱の日本で，3万6,000人強のドイツ，2万4,000人弱の韓国がこれに続いている．

❖統合の進展　1947年以来の大規模な国防体制改革といわれるのが，86年の「ゴールドウォーター＝ニコルズ法」である．その主な狙いは，異軍種間の統合，指揮系統の明確化，文民統制の強化であった．第2次世界大戦で統合作戦の重要性が再認識され，46年に異軍種の部隊を組み合わせた地域別統合軍の編成が決定されて以降，統合運用の強化が図られてきたが，深刻な軍種間対立で作戦遂行が阻害されることもあった．86年の改革では，作戦指揮面での統合軍司令官の権限が拡大された．議長も含むJCSや各軍トップが作戦指揮系統から外され，米軍の最高司令官たる大統領が国防長官を通じて，各統合軍司令官を直接指揮す

表1　各軍の人員数（2017 年 2 月）

		陸　軍	海　軍	空　軍	海兵隊	沿岸警備隊	計
連邦軍	総員（士官を含む）	46.7 万	32.3 万	31.9 万	18.4 万	4.1 万	133.3 万
	士　官	9.0 万	5.4 万	6.0 万	2.1 万	0.8 万	23.3 万
	予　備	19.9 万	5.8 万	6.8 万	3.9 万	0.6 万	37.1 万
州　兵		34.1 万		10.5 万			44.6 万

［Defense Manpower Data Center, *Armed Forces Strength Figures for February 28, 2017*. Defense Manpower Data Center, *Selected Reserves by Rank/Grade,* February 28, 2017.］

ることが明確化された．他方で，JCS 議長は大統領，国防長官，国家安全保障会議（NSC）への首席軍事顧問とされ，作戦指揮以外での権限が拡大された．

　こうして軍の統合は進んだが，特に予算権限を各軍省が持つことに由来して，装備開発・調達面での非効率性など問題も残った．JCS 議長の権限強化に伴い，文民指導者の弱体化も懸念されるようになり，さらなる改革も試みられてきた．そして，2016 年末に成立した「2017 年国防権限法」には，1986 年以降最大規模といわれる改革案が盛り込まれた．統合軍についても改編が繰り返され，現在では，北方軍（北米），南方軍（中南米），欧州軍，中央軍（中東），太平洋軍，そして 2008 年に発足したアフリカ軍の 6 地域別統合軍，および特殊作戦軍，戦略軍（核戦力・宇宙・サイバー），輸送軍の 3 機能別統合軍が存在する．在日米軍や在韓米軍は，ハワイに司令部を置く太平洋軍隷下の統合部隊である．

❖多様性の増大　新しい脅威や技術の発展が統合運用の重要性をますます高める一方で，米軍内には多様化の傾向も見られる．2008 年，初の女性大将が陸軍に誕生した．続いて，海軍初の女性大将となったのは黒人であった．米軍には多数の階級があり，将官・佐官・尉官の士官，准尉・兵曹長などの准士官，曹長・軍曹などの下士官，そして兵に大別される．表 1 にも示されるように，各軍に 1 〜2 割程度の士官（准士官を含む）が存在する．最高位は元帥であるが，朝鮮戦争時以降，元帥になった者はいない．そのため実質的に最高位となる大将は，17 年 2 月現在，沿岸警備隊を除く 4 軍で 37 人しかいない．うち 3 人が女性である．

　4 軍の士官全体の 17% 強，現役兵力全体の約 16% を女性が占めており，その割合は長期的に漸増傾向にある．バラク・オバマ政権期には，女性兵士の戦闘任務参加を禁じる規定が廃止されたのち，全職種が女性にも開放された．オバマ政権は同性愛者の入隊も解禁した．解禁を果たせなかったビル・クリントン政権が妥協策として実現した「聞くな，言うな」の規定を廃し，同性愛者であることを公言して入隊することも可能にしたのである．人種的・民族的マイノリティが現役兵力に占める割合も，1990 年の 25% から 2015 年には 40% へと上昇している．ヒスパニックの割合は 2015 年に 12% となり，1980 年の 3 倍に達した．総兵力数が漸減傾向にある中で，その多様性は少しずつ増してきている．　　　　　［石川　卓］

世界大戦と社会

World War and Society

||||||||||||||||||||||||||||||||||||||||||||||||||||||||||

　組織的大量虐殺としての戦争は，いつの時代も人間社会にありとあらゆるかたちの不幸と癒しがたい悲しみをもたらすものである．とりわけ20世紀前半の50年間のうち約20年間の「戦間期」を挟んでほんの10年間に展開された第1次・2次世界大戦という大戦争（大国間の長期にわたる戦争）は5,000万人から7,000万人もの犠牲者を生み出し，筆舌に尽くしがたい惨禍と憎悪を残し，その後の国際社会と各国社会に甚大な影響を与えてきた．20世紀が「戦争の世紀」といわれるゆえんである．

　本項では飛躍的な技術発展が戦争の発生と結果に与える関係性を中心に説明するが，2次にわたる産業革命を考えずに二つの大戦の発生と，その人類史上未曾有ともいえる被害の理由を説明することは不可能である．

❖産業革命と大戦争　18世紀後半，イギリスで起こり19世紀に西欧から世界各地に伝播した第1次産業革命と，19世紀末から20世紀初頭にかけドイツやアメリカが中心地となり展開した第2次産業革命がなければ，そもそもこれら二つの大戦自体が発生しなかったことは明らかであり，凄まじい惨禍や深い憎悪も生まれなかったはずである．しかし現実にはこの二つの産業革命は発生して地球社会と人々の生活・人生を大きく変容させた．

　蒸気機関を動力とする技術革命であった第1次産業革命は，農業社会を工業社会に変容させて産業資本主義を基礎とする経済社会を生み出した．農業・手工業セクターから供出された大量の労働者が登場し，人口の都市への集中が進むとともに，階級間の経済格差が顕在化した．英仏が主導した第1次産業革命における技術的蓄積を背景に，米独が牽引した第2次産業革命は，蒸気機関と併存しながら内燃機関と電気を動力源とする工業社会を生み出していった．石油を利用する内燃機関が次第に優位となり，石油は産業資本主義経済にとって不可欠な天然資源となり，産油地帯である中東地域の支配権をめぐる国際的対立が激化していった．機関銃や毒ガスなどの化学兵器が登場した．自動車・トラック・戦車や潜水艦，航空機が「組織的大量虐殺」を「容易に」した．欧米先進国では豊かになる国民が増大する一方，経済格差が拡大し，労働運動と社会主義運動が活発となった．産業資本主義のさらなる成長は金融資本主義を生み出し，製品・資本の輸出と原料・資源の輸入を目的とする市場を獲得するために，先進資本主義国ばかりか後発資本主義国も海外植民地の獲得に血眼になっていった．「帝国主義の時代」の到来である．

❖ヨーロッパ社会と軍靴の響き　第2次産業革命を梃に急速に台頭してきた軍国

主義的傾向を強めるドイツはバグダッド鉄道建設を計画し，イギリスと建艦競争で対立し，フランス優位のモロッコ進出の野心を露わにし始めた．膨張主義的傾向を強めるドイツを共通の敵と認識したイギリス・フランス・ロシアが同盟関係（三国協商）を結び，ドイツ・オーストリアを中心とする三国同盟に対抗して，ヨーロッパ国際政治は二極構造へ転換していった．戦争のきな臭さが匂い始めていた．社会主義者の国際団体である第2インターナショナルは反戦の動きを強め，国際主義者ジャン・ジョレス（後に暗殺される）や平和主義者ノーマン・エンジェルたちが戦争反対のキャンペーンを活発化させていた．しかし第2インターを主導していたドイツ社会民主党は戦争予算に賛成して政府に協力する方針を打ち出し（「場内平和」），ナショナリズムにからめとられていった．ヨーロッパ諸国では軍事戦略の見直しが行われ，徴兵制議論が活発になり，軍靴の響きが聞こえてきた．オーストリア皇太子が夫妻暗殺というサラエボ事件をきっかけにオーストリア軍とセルビア軍の戦闘が始まり，ロシアがセルビアを支援するやドイツがオーストリア，イギリスとフランスがロシアの側に立って参戦した．「クリスマスまでには帰れる」と宣伝されてロンドンやパリから出征した兵士たちは，4年にわたる大規模戦争で阿鼻叫喚の生き地獄を味わうことになる．

　機関銃，毒ガスは短期間で大量の殺戮を可能にし，航空機やロケット弾は「前線」と「銃後」という伝統的な区分を無意味にする総力戦を現出させ都市も攻撃対象となったため，女性や子ども，老人までもが犠牲となった．イギリスの海上封鎖に対抗して開始されたドイツ潜水艦（Uボート）による無制限潜水艦作戦の開始により三国同盟諸国も三国協商諸国も，武器弾薬や食料をはじめ物資不足に苦しめられ国民生活への統制が強化され，男性の出征に伴う労働力不足により女性の職場進出が進むことになった．長期化・膠着化した戦争で大量の犠牲を被っていたイギリス軍は志願制から徴兵制に切り替え戦力不足を補っていたが，それでも足りずインド・カナダ・オーストラリアなどの植民地から兵士を動員し，フランスも同様にアルジェリアから兵士を動員することになった．

✤アメリカの参戦　1915年5月イギリス船籍ルシタニア号がUボートで撃沈されアメリカ人128人が犠牲となったが，世論の大半が中立を支持していたため，ウッドロウ・ウィルソン政権も中立政策を堅持していた．アメリカの参戦を恐れたドイツは一時的に無制限潜水艦作戦を中止していたが，戦争の膠着状態を打破するため17年2月にこの作戦を再開し，中立国アメリカは通商上深刻な打撃を受けるようになったため，同政権は「民主主義の擁護」を名目に同年4月対独宣戦を行い参戦した．ヨーロッパ大戦という色彩が強かったこの戦争は，英仏植民地とアメリカを巻き込む世界的な広がりを持つ世界大戦となっていった．

✤大戦争の結末　1918年11月，4年に及ぶ戦争が終結したとき，1,200万人（一説には2,000万人）が犠牲となり，ヨーロッパは物理的にも精神的にも荒廃して

いた．この大戦は欧米社会に多くの変化をもたらした．第一に英仏国民はドイツ
への深い恨みを強め，ドイツ人は莫大な賠償金支払いを求めたフランスに敵愾心
を深めた．第二にロシア革命により初めて社会主義体制が登場し，社会主義の拡
大を目指して第3インターナショナル（コミンテルン）が設立された．第三にロ
シア革命から欧米に逃れてきた多くの亡命ロシア人たちが恐怖体験を語り続けた
ため，共産主義への恐怖感が広がった．アメリカでは第1次赤狩り（red scare）
の動きが広まり，この中で映画《死刑台のメロディ》（1971）の題材となったサッ
コ・ヴァンゼッティ事件が起こった．第四にこの戦争で将兵約12万人が犠牲と
なったため，20年代のアメリカでは孤立主義への回帰が起こり国際的関与を躊
躇するようになった．第五に戦時中，英仏など連合国への有償援助を行ったアメ
リカは，債務国から債権国に転換し，ニューヨークがロンドンに代わり国際金融
市場へ成長していくことになった．第六にロシア帝国，ハプスブルク帝国やオス
マントルコ帝国も解体し，世界的に民族自決の機運が高まった．しかし独立を勝
ち得たのはヨーロッパの8カ国で，旧オスマントルコ帝国の版図は英仏による国
際連盟委任統治領という勢力圏に再編され，中国・朝鮮半島・インド亜大陸・イ
ンドシナ半島は大国により独立を否定された．この地域が独立をしていくのは次
の世界大戦を待たなければならなかった．第七に戦後，戦争違法化の流れやその
後の「平和に対する罪」概念を生み出すとともに，人類史上初めて集団安全保障
のための国際連盟が設立された．

❖「戦間期」と第2次世界大戦への道　戦争の惨禍や悲劇の記憶が人々の脳裏に
強く残っていた大戦後20年間の「戦間期」，国際連盟に象徴される国際社会は惨
たらしい戦争を阻止するために努力した．しかし1929年10月以降の世界恐慌は
その努力を破壊していった．各国は自国中心の経済ブロック建設に邁進していっ
た．アジアでは日本が満州事変から日中戦争へと突き進み，ヨーロッパではドイ
ツとイタリアが自国周辺部に軍事的手段で勢力圏を広げていった．その結果，英
仏とドイツとのヨーロッパ大戦が第2次世界大戦の様相を示し始め，41年12月
の日米開戦によりユーラシア大陸の東西で戦争が結び付き文字通りの第2次世界
大戦となっていった．

❖第2次世界大戦中の各国社会　戦争初期，ドイツ軍が快進撃を続けている間，
ドイツ国民は生活を享受し，ドイツ占領下のパリなどに観光旅行に出かける者も
いた．しかしソ連がドイツとのスターリングラードの戦いとレニングラードの戦
いに耐え，一転反攻し始めると，国民生活への戦時統制が厳しくなるとともに，
ドイツや占領したポーランドなどでは1943年以降，ユダヤ人への大量虐殺（ホ
ロコースト）が加速していった．ユダヤ人の犠牲者数は研究者や研究機関によっ
て約280万人から約570万人と大きな幅があるものの，アウシュヴィッツをはじ
めとする強制収容所で膨大な数のユダヤ人が人間の所業とは思えない残酷な方法

で殺害されたのである．39年9月にドイツとイギリス・フランスが戦闘状態に入った1年後の40年夏，リトアニアのカウナス日本領事館領事代理であった杉原千畝は外務省本省の指示を無視してユダヤ人約6,000人の求めに応じてトランジットビザを書き，日本を経由するアメリカへの移住を手助けした．

　45年5月初旬，ドイツは降伏し，英仏米とソ連の勢力圏をめぐる対象となった．フランスは40年春〜夏，ドイツに降伏しドイツ軍に協力するヴィシー政権が南部に成立したが，一方で対独レジスタンス運動も続き，44年6月英米のノルマンディ上陸作戦の成功に伴いドイツ軍を駆逐した．対独徹底抗戦したイギリスはドイツ空軍による爆撃やV-2ロケットによる攻撃を受けてロンドンの首都機能は麻痺し，Uボートによる船舶への無差別攻撃による食料不足に国民は苦しんだ．アメリカは真珠湾への奇襲攻撃を除き本土は戦場にならなかったため，戦時生産により完全雇用状態を実現し世界恐慌による経済不況を完全に克服した．

　しかし日本軍による奇襲攻撃はアメリカ国民の憎悪を掻き立て，フランクリン・D.ローズヴェルト政権は日系人を強制収容所に送り込んだ．連合国は枢軸国に対して無条件降伏を要求していたため日本も徹底抗戦を標榜し，本土決戦も覚悟し44年末からは東京や主要都市に対しアメリカ軍機が空爆を開始し，8月初旬には広島・長崎に原爆が投下され日本は焦土と化していった．本土爆撃が激しくなる前に多くの小学生が比較的食糧事情の良い地方都市に学童疎開したが，大都市圏では空爆と食糧不足により多くの一般市民が犠牲となった．唯一の地上戦となった45年3〜6月の沖縄戦も凄惨を極め，9万5,000〜15万人の県民が犠牲となった．

❖大戦の爪痕　航続距離や爆撃能力が向上した航空機による大量爆撃，海戦に投入された航空母艦，殺傷能力が飛躍的に伸びた化学兵器などにより第2次世界大戦では4,300万〜5,000万人といわれる犠牲者が生まれた．数字上の犠牲者数ばかりでなく深刻な人道問題も発生した．ナチスドイツによるホロコースト，重慶空爆を含む日本軍による中国での多くの虐殺行為や細菌実験，アメリカ軍による無差別大量爆撃と広島・長崎への2発の原爆投下などである．

　第1次世界大戦終結後には具体化しなかった戦争責任を問う国際刑事裁判（ニュルンベルク裁判・東京裁判）が日本とドイツを対象に行われたが，その正当性を巡り現在でも議論が続いている．この問題と関連して日本とドイツに対する賠償問題も発生し，第1次世界大戦の反省から金銭賠償ではなくデモンタージュ（工場・機械設備の接収）が行われたが，米ソ冷戦の兆しが見えるや中止された．日本・韓国間で間欠泉のように噴き出す従軍慰安婦問題も含め，これらの問題は歴史認識問題として繰り返し政治問題化してきた．また第2次世界大戦の発生を阻止できなかった国際連盟への反省から，再度，集団安全保障のための国際連合が設立されたが，十分に機能しているとは言い難い．　　　　　［滝田賢治］

核戦略

Nuclear Strategy

　米ソ冷戦は，核兵器をめぐる超大国の対立の時代だったといっても過言ではない．特にアメリカでは，人類の存亡に関わるほど強大な破壊力を有する核の重大性に鑑み，「ベスト・アンド・ブライテスト」と呼ばれるさまざまな分野の秀才たちが官民学の垣根を越えて知恵を出し合い，全面核戦争を回避するための方策を議論してきた（☞項目「科学者と核問題」）．そうした中で発展を遂げてきたのが核戦略と抑止論である．

❖**抑止論と核戦略をめぐる二大潮流**　抑止とは，全体の損得計算において，損失（コスト）が大きくなることを相手に認識させ，その行動を思いとどまらせることを意味する．抑止が機能するには，①相手に耐え難いコストを課す能力，②能力を使用する意図，③直面している事態の重大性の相互認識という三つの条件が揃わなければならない．また抑止力には，耐え難い打撃を与える能力（例えば，都市部への戦略核攻撃）による脅しに基づく「懲罰的抑止」と，相手の行動を無力化できる能力（例えば，敵部隊への戦術核攻撃やミサイル防衛による損害限定）によって，行動の非効率性を認識させる「拒否的抑止」の二つに大別される．

　以下に見るように，冷戦期の核戦略をめぐる論争は，懲罰的抑止と拒否的抑止の役割をどのように位置付けるか，すなわち，米ソ両国が懲罰能力を認め合い，安定的な相互抑止による共存を模索するべきか，それとも拒否能力を強化し，ソ連との核戦争を勝ち抜く能力を見せつけることが抑止につながると見るかという議論の狭間で揺れ動いてきた経緯がある．

❖**アイゼンハワー政権と大量報復戦略**　広島，長崎への原爆投下から間もない1946年，軍事戦略家のバーナード・ブローディは，破壊力が大きすぎる核兵器は軍事的には使えず，その役割は抑止に限定されると説き，初めて「核抑止」の概念を提唱した．同時期，第2次世界大戦を経て経済的に疲弊していたアメリカは，財政制約下でソ連に対する抑止態勢を確立しなければならない状況に直面しており，その戦略環境上の要請は50年に始まった朝鮮戦争での戦費拡大により益々強まることとなった．そうした中，54年にジョン・フォスター・ダレス国務長官によって打ち出されたのが「大量報復戦略」である．同戦略は，数で優るソ連軍の欧州侵攻の可能性に対し，核による都市部への大規模報復を宣言することによって，ソ連のあらゆる軍事行動を抑止しようという発想に基づいていた．

❖**ケネディ政権と柔軟反応戦略**　通常戦力による拒否力の不足を，核による懲罰能力で補おうという大量報復戦略は，安上がりな安全保障を達成するうえでは理に適うものであったが，一度抑止に失敗した場合，多くの一般市民を巻き込む都

市部への報復以外の選択肢がないことから，みずからを「降伏か，全面核戦争か」という究極の選択に追い込んでしまいかねない問題を抱えていた．同時に，1957年のスプートニク打ち上げに象徴されるように，ソ連が核の運搬手段であるミサイル技術を急速に発展させていたことも，大量報復戦略の前提を揺るがすこととなった．

　大量報復戦略の問題をいち早く指摘し，後の核戦略論の発展に大きな影響を与えた人物にアルバート・ウォルステッターがいる．米空軍とつながりの深いランド研究所に勤めていたウォルステッターは，同僚で真珠湾攻撃を研究していた妻ロバータや，後に国防省ネットアセスメント局長となるアンドリュー・マーシャルらの示唆を受け，報復の鍵となる戦略爆撃機の前方配備計画に関する研究に取り組み，爆撃機がソ連の先制攻撃に脆弱な状況に置かれていると分析．軍幹部に対し，核戦争を勝ち抜く攻撃力と防御力の双方を整備する必要性を訴えた．

　こうした背景の中，61年に大統領に就任したジョン・F. ケネディは，ロバート・マクナマラ国防長官と後に統合参謀本部議長となるマクスウェル・テイラー将軍に大量報復戦略の見直しを指示し，62年には新たな核政策方針として「柔軟反応戦略」が発表された（図1）．マクナマラは同戦略の説明にあたり，急激なエスカレーションを避けるため，紛争初期段階の都市を狙わず，敵兵力への攻撃を優先する方針を明確にしたが，それはソ連軍を早期に損耗させ，西側の損害を限定するための拒否的抑止の重視，つまり全面戦争に至らない段階での幕引き（限定核戦争）を可能にするという点で，ウォルステッターの議論を踏襲したものであった（☞項目「限定戦争」）．

図1　米ソ核対立を象徴する事件「キューバ危機」（1962）に際し，対応策を検討するケネディ大統領（左）とマクナマラ国防長官（右）
〔JFK Presidential Library and Museum, October 29, 1962〕

❖**相互確証破壊（MAD）時代の到来**　あらゆる烈度での対応策を備え，エスカレーションコントロールを行うという柔軟反応戦略の発想は，現在でも抑止論の理想的な考え方とされている．だが1960年代後半にソ連の核戦力増強が本格化すると，損害限定能力の獲得を目指したところで，それが容易に相殺される状況に直面する．そこでマクナマラは，65年の国防年次報告において，柔軟反応の原則を維持しつつ，敵が第1撃を仕掛けてきたとしても，最終的に耐え難い損害を与える確実な第2撃能力を明示することで，アメリカと同盟国への核攻撃を抑止するとした「確証破壊戦略」を発表した．しかしその後もソ連の核軍拡は続き，

次第に実質的な相互確証破壊（MAD）状況を受容せざるを得なくなっていく．その結果，70年代以降のアメリカでは，米ソの相互脆弱性に基づく戦略的安定の維持を目指すべきか，それともMADから脱却し，戦争遂行能力の優越を目指すべきかという論争が再燃した．その象徴となったのが1983年にロナルド・レーガン大統領が提唱した戦略防衛構想（SDI）である．SDIは，早期警戒衛星やレーザー衛星などの宇宙システムと地上の迎撃システムを連動させ，ソ連の核ミサイルを無力化しようという壮大な構想であり，その一部は現在の弾道ミサイル防衛（BMD）技術の基礎となっている．SDIは，MADを甘受せず，拒否的抑止の強化によって戦勝可能性を追求する議論の流れを色濃く反映するものであったが，アメリカ側の防御優位が確立されれば，理論上報復のリスクを恐れることなく先制攻撃が可能となることから，それを危惧したソ連側にも先制攻撃の誘因を与えかねず，結果的に戦略的安定の根幹を揺るがすとの反対論も見られた．

　SDIで構想された計画の多くは，ソ連崩壊までに実用化されず未完に終わったものの，現在でも保守的なアメリカ国防コミュニティでは，レーガン政権の野心的な軍拡がソ連を疲弊させ，冷戦終結を早めたとの見方が根強い．他方で80年代後半には，第1次戦略兵器削減条約（START）など米ソ間の透明性と戦略的安定の向上を試みる軍縮・軍備管理交渉の進展が見られたのも事実であり，冷戦末期の核政策に対する歴史的評価は分かれている．

❖**冷戦終結と9.11同時多発テロを経た核態勢見直し**　冷戦終結により，国防政策における核戦略の重要性は相対的に低下したものの，それによってアメリカ本土への脅威がなくなったわけではなかった．1990～2000年代にかけて行われた脅威認識の見直しでは，ロシアに代表される伝統的脅威に加え，イラクや北朝鮮など大量破壊兵器（WMD）の保有や拡散が懸念される「ならずもの国家」，そして2001年9月11日の同時多発テロ以降はテロリストなど非対称脅威への警戒が強まり，懲罰的抑止が効きにくい脅威に対処する手段として，戦術的な武装解除攻撃に使用し得る低出力核や，ミサイル防衛などの拒否的抑止の重要性が再評価されるに至った（☞項目「対テロ戦争」）．その傾向が顕著に表れたのが，02年のジョージ・W.ブッシュ政権における核態勢見直し（NPR）である．NPR2002では，総合的な抑止態勢を支える「新たな三本柱」として，①従来の「核の三本柱」（ICBM・SLBM・戦略爆撃機）に通常兵器を加えた柔軟な打撃力，②ミサイル防衛などの防御能力，③それらを支える即応可能な技術インフラの重要性が謳われ，先制攻撃をも辞さないブッシュ・ドクトリンの屋台骨ともなった．

❖**オバマ政権と「核のない世界」**　2008年に誕生したバラク・オバマ政権は，イラク戦争に象徴される単独行動主義を真っ向から批判するなど，ブッシュ政権の反動として生まれた側面の強い政権であった．オバマ政権の反動的性格は核政策についても例外ではない．ノーベル平和賞を受賞するきっかけともなった09年

のプラハ演説において，オバマはアメリカ大統領として初めて核廃絶の実現に向けて取り組んでいくことを表明し，安全保障における核兵器の役割を低減していく措置として，新STARTなどの軍縮・軍備管理の取組みを促進した．こうしたオバマ自身の選好は10年のNPRにも如実に表れている．NPR2010では，非核保有国に対しては核による脅しを行わないとする消極的安全保証（NSA）の姿勢を強化した他，潜水艦発射型核トマホーク（TLAM-N）を退役させ，その再配備オプションを放棄することなどが明記された．また戦略的安定については，冷戦期の相互脆弱性を前提とする狭義の解釈にこだわらず，二国間の包括的な安定確保を目指すとして，特にロシアと中国との安定を重視することが併記された．

❖ **トランプ政権における核戦略の行方**　オバマ政権による「核のない世界」を目指す試みは，即時の核廃絶を追求するものではなく，日本をはじめとする拡大抑止（核の傘）の提供を受ける同盟国を保証し，潜在的脅威への抑止力を維持するという前提で進めるとされてきた．しかしオバマ政権下において，米軍の核戦力は量的に縮小されただけでなく，2013年に始まった国防予算の強制削減により，老朽化した核弾頭と運搬手段の近代化が停滞するなどの影響が出たことも否定しがたい（図2）．

加えて，核兵器をめぐる国際情勢は「核のない世界」とは真逆の方向に向かっている．近年ロシアは，核戦力の増強によってNATOに対する通常戦力の劣勢を相殺しようとしており，戦略核のみならず，1987年のINF全廃条約に違反する戦術システムの配備を開始している．中国は，残存性の高い移動式ICBMの配備により着実な対米抑止力を強化しつつ，西太平洋における米軍の介入を阻止・妨害する能力として，各種ミサイル戦力を拡充している．そして金正恩体制下の北朝鮮は，日本や韓国を射程に収める数百の短・中距離弾道ミサイルに加え，アメリカ本土をとらえるICBMの開発と核弾頭の小型化を続けている．

図2　核の三本柱の一つを構成する「ミニットマン3」ICBM　配備開始から40年以上が経過しており，新規更新が求められている［筆者撮影，Vandenbeberg Air Force Base, 2017年5月20日］

このような背景から，ドナルド・トランプ政権の核政策は，オバマ政権とは大きくトーンの異なるものになると見られており，核戦力の近代化のみならず，アメリカ本土を防衛する地上配備迎撃ミサイル（GBI）や巡航ミサイル対処能力の強化，さらには中国・ロシアが開発を進める極超音速飛翔体への対処能力や宇宙配備迎撃システムの研究開発など，かつてのSDIを彷彿とさせる拒否能力を大幅に強化する方向に向かいつつある．

［村野　将］

限定戦争

Limited War

限定戦争とは，戦争の目的，手段（兵器），地理的範囲（戦域），攻撃目標に一定の制限を課し，全面戦争の回避を意図しつつ遂行される戦争である．限定戦争の概念・戦略は，20世紀前半の二度の世界大戦と核時代の到来を受けて，世界戦争の防止を目的に1950年代以降本格的な発展を遂げた．

限定戦争では，無条件降伏のような完全勝利は追求されず，使用する兵器の質と量，戦域が制限され，攻撃目標についても軍事目標と民間目標が識別される．通常，全面戦争へ拡大する可能性があるのは大国が関わる戦争であり，全面戦争に発展する可能性の低い中小国による戦争は，局地戦争として限定戦争と区別される場合もある．

❖冷戦と限定戦争　第2次世界大戦後の冷戦時代には，米ソ二超大国が相手陣営の打倒と自陣営の利益拡大を求めて苛烈な競争を世界規模で繰り広げたため，両国が直接・間接に関与する紛争が大規模戦争に発展する危険が常に存在した．1953年に就任したドワイト・D.アイゼンハワー政権は，核兵器の大規模使用の脅しによってソ連共産主義陣営の武力侵略を抑止する大量報復戦略を採択した．しかし，この核抑止戦略では，共産主義勢力による比較的小規模の軍事的挑発や，第三世界諸国で発生する非正規戦や内戦に効果的に対処できないといった問題があった．そもそも大量報復戦略は，その核抑止が破綻した際，ソ連共産主義陣営と全面戦争を戦うか，それとも核戦争を恐れて無策に帰すかという極端な帰結に至る戦略だった．したがって，抑止と防衛の両面を強化するために，全面戦争以下のレベルでの戦争を想定した軍事戦略を策定することが重要になった．限定戦争の戦略には，通常兵器による戦争に加えて，戦術核兵器を用いた軍隊・軍事施設への攻撃などの限定核戦争の想定も含まれていた．

❖朝鮮戦争　第2次世界大戦後にアメリカが関与した限定戦争の事例としては，朝鮮戦争とベトナム戦争があげられる．

1950年6月，北朝鮮軍が北緯38度線を突破して韓国へ武力侵攻し，朝鮮戦争の火蓋が切られた．ハリー・S.トルーマン大統領は日本占領の最高責任者であったダグラス・マッカーサーを朝鮮国連軍の司令官に任命し，戦争への介入を決断した．同年秋，巻き返しを図って北上する国連軍を自国に対する脅威ととらえた中国共産党指導者の毛沢東が朝鮮半島へ義勇軍を派兵して参戦したため，朝鮮戦争は米中戦争へと発展した（☞項目「アメリカと中国」）．

マッカーサーは軍事的勝利を目的に，中国旧満州地域への爆撃や中国共産党と敵対する蔣介石の国民党軍の動員を唱えて戦線の拡大を求めた．しかしトルー

マンは，マッカーサーの求める戦争拡大が中国と同盟関係にあるソ連との戦闘に拡大することを恐れ，また中ソとの全面対決に際しては原爆の使用が避けられなくなることを憂慮した．終始第3次世界大戦の勃発を恐れていたトルーマンは最終的に，限定作戦への批判を繰り返すマッカーサーを司令官から解任し，武力侵略への対抗と平和の回復に戦闘の目的を制限して停戦を模索していった．

❖**ベトナム戦争**　南ベトナムの共産主義化防止を目的に1965年から軍事介入を本格化したリンドン・B.ジョンソン政権は，共産主義武装勢力の解放民族戦線に兵員，武器・物資を供給する北ベトナムへの爆撃（北爆）を開始し，ベトナム戦争は南ベトナムの内戦を越えて国際紛争の様相を呈するようになった（☞項目「アメリカと世界各地域」）．最大時50万人超の兵士を投入して解放民族戦線の討伐を試みたものの，ジョンソン政権は明確な勝利を収められず，次第に戦闘は膠着状態に陥って消耗戦へと転じていった．

　戦争の長期化に伴って，アメリカ国内では外交交渉による妥結・停戦を求める声とともに，北ベトナムへの無制限爆撃を柱とする軍事的エスカレーションを求める圧力も高まった．こうした戦争拡大の圧力に直面しつつもジョンソンは，中国と直接戦火を交えた朝鮮戦争やソ連との核戦争の瀬戸際に立ったキューバ危機の再来を防止すべく，北爆を原則北緯20度以南の北ベトナム領に制限し，中国との国境地帯や人口密集地域への爆撃を控えた．ジョンソン民主党政権からベトナム戦争を引き継いだリチャード・M.ニクソン共和党政権は72年にハノイ近郊とハイフォンへの大規模爆撃に踏み切ったが，同政権が同時に推し進めた緊張緩和（デタント）外交が功を奏してソ連，中国との武力衝突には至らずに済んだ．

❖**限定的武力行使の問題点**　第2次世界大戦後，大国間の全面戦争は発生していないが，紛争当事者間での誤認や意思伝達の失敗，偶発的事態が発端となって，紛争が当初の意図を越える戦争へと拡大する危険がなくなったわけではない．

　また，目的と手段，地理的範囲と攻撃目標を明確に制限することによって，現在では武力行使の敷居がかえって低くなっているようにも見える．冷戦終結後もアメリカは湾岸戦争をはじめ，アフガニスタン，イラク，シリアなどで武力介入を継続的に行ってきた．バラク・オバマ政権下では，シリア内戦やイスラム国の討伐に際して，自国兵の犠牲や軍事介入の長期化を避けるため地上戦闘部隊の派兵を避け，空爆主体の軍事作戦に限定する傾向にあった．

　しかし，こうした空軍力主体の作戦はアメリカ兵の死傷者低減に寄与する反面，当該戦闘地域において本来攻撃対象から除外されるべき一般市民に誤爆の被害（付随的被害）をもたらしている．オバマ政権はステルス無人攻撃機（ドローン）を導入した精密誘導爆撃を中東諸国で実施しているが，無人兵器の開発など新たな軍事技術の発達によって武力行使の敷居が，今後さらに下がっていくかもしれない．　　　　　　　　　　　　　　　　　　　　　　　　　　　　　　［水本義彦］

反戦運動

Antiwar Movement

　第2次世界大戦後において，アメリカは主要な戦争として朝鮮戦争，ベトナム戦争，湾岸戦争，そして近年ではアフガニスタンとイラクで戦争を戦ってきた．大衆的規模で広範な反戦運動が展開されたのはベトナム戦争時であり，そしてそれに次ぐものとしてイラク戦争・占領時の反戦運動をあげることができる．

❖❖ベトナム反戦運動の展開とその歴史的意義　ベトナム反戦運動は，アメリカの軍事介入が長期にわたって泥沼化の様相を帯び戦争の正当性に対する疑念が拡大したこともあって，アメリカ史上最大の反戦運動として展開された．

　アメリカのベトナム軍事介入は 1961 年のジョン・F. ケネディ政権発足時から開始されるが，関心はまだ低かった．米軍が 65 年 2 月にベトナム民主共和国（北ベトナム）爆撃を開始し，同年 3 月に米戦闘部隊が派遣されて戦争が「アメリカの戦争」の様相を呈すると，白人中産階級出身の学生を中心とする戦争批判が見られた．65 年 3 月から 5 月にかけてミシガン大学やカリフォルニア大学バークレー校などでティーチ・イン（討議集会）が開催され，同年 4 月 17 日には，民主的社会を求める学生（SDS）が組織する初の大規模反戦デモがワシントンで行われた．SDS は即時停戦，米軍撤退，国内における体制変革を訴えた（☞項目「対抗文化」）．

　66 年に入って派遣米兵数が 20 万人を上回ると戦争批判は連邦議会に拡大してベトナム問題公聴会が開催され，過剰介入論や国益論に立脚する現実主義的な戦争批判が展開された．67 年に入って徴兵制度の下で徴兵数が年間約 30 万人台に，米兵戦死者も約 9,400 人弱に及ぶと反戦運動は一層拡大して質的にも変化を見せた．同年 4 月にリベラル派やラディカルと平和主義者，マーティン・ルーサー・キング・ジュニア（キング牧師）ら黒人公民権運動指導者など広範な階層が加わる反戦組織，ベトナム戦争終結動員委員会（MOBE）が呼びかけたニューヨークとサンフランシスコにおける反戦デモは，それまでで最大のものとなった．キング牧師は公民権運動と平和運動の一体化を提唱した（☞項目「公民権運動」）．同時に，徴兵拒否運動も組織的に展開されるに至り，ベトナムの民族的抵抗に理解を示して政府のベトナム政策を根底から批判する議論が展開された．

　68 年 1 月末にベトナム解放勢力によるテト攻勢によりサイゴンのアメリカ大使館が占拠されたことはアメリカ国民に衝撃を与えた．67 年 10 月にはベトナム派兵を誤りだとする意見が初めて上回り，68 年以降は，常に 5 割を超える状況が続くことになった．そして同年の大統領選民主党予備選挙ではハト派候補ユージン・マッカーシーが善戦し，同年 3 月 31 日にはリンドン・B. ジョンソン大統領が大統領選不出馬と北ベトナムの爆撃停止・和平交渉の再開を表明した．

69年11月にアメリカ史上最大の反戦運動が展開されてピークを迎え，この時期から戦闘体験を持つ兵士が戦争の道義性に疑念を抱いて組織的に反戦運動に加わった．このようなことはそれまでの反戦運動ではなかったことであった．例えば，71年初頭に反戦帰還兵の組織，「戦争に反対するベトナム帰還兵の会」（VVAW，1967年結成）は「冬の兵士」調査会を開催し，戦場における民間人に対する虐殺や捕虜虐待の日常化を告発した．米兵士による軍隊内の抵抗やカナダへの亡命も見られた．ただ，69年以降，リチャード・M.ニクソン大統領が米軍撤退と「名誉ある和平」を掲げ，反戦運動を孤立化させる政策や「声なき多数派」への訴えを行い，反戦運動は勢いを失っていくことになった．

　ベトナム反戦運動の歴史的意義は，体制変革を惹起しなかったものの，政府のベトナム政策を制約し，国内の「冷戦コンセンサス」の崩壊促進に大きな役割を果たすのみならず，黒人などマイノリティの運動や女性運動などを覚醒させてアメリカ社会の多元化を促進するなど文化的変容をもたらしたことにある．

✤イラク戦争・占領時における反戦運動とベトナム反戦運動との対比　1975年4月のベトナム戦争終結以後，アメリカ国内で大衆的な広がりをもって反戦運動が展開されるのは，2003年3月に勃発するイラク戦争前後からイラクの米占領統治が終了する10年頃までのことである．例えば，ジョージ・W.ブッシュ政権がイラク攻撃理由として掲げた大量破壊兵器開発の根拠が薄弱な中，03年2月15日に，世界的な反戦運動の一環として，アメリカでも反戦組織，正義と平和のための連合（UFPJ）や戦争と人種偏見を停止するために今活動を（ANSWR）が組織してニューヨークやワシントン，シカゴなどで大規模なデモが展開された．

　そして，戦争勃発後1カ月を経てイラクのサダム・フセイン政権が打倒された後，米占領軍の駐留が長期化し，イラクの治安状況が不安定な中で，イラク派遣米兵の家族やイラク帰還米兵によって，ベトナム戦争時と同様に戦争正当性への疑念が生まれた．04年7月には，「戦争に反対するイラク帰還兵の会」（IVAW）が結成され，戦争開始5周年にあたる08年3月には「冬の兵士　イラクとアフガニスタン　占領の目撃証言」公聴会を開催した．この公聴会は，1971年にベトナム帰還兵の反戦組織VVAWが主催した「冬の兵士」調査会から発想を得たもので，ベトナム戦争時にも見られた民間人の殺害，被収容者に対する虐待と拷問が日常化していることを告発するものであった．

　ただ，イラク戦争・占領時における反戦運動は，ベトナム戦争期と対比すれば運動の規模は小さく，アメリカ社会に及ぼす影響は限定的なものであった．その要因としては，徴兵制度が廃止されて志願兵制に移行していたことや，ハイテク戦争が展開されて戦争が「遠い存在」となっていること，01年の9.11同時多発テロ以降，愛国主義的な感情が依然として根強く残っていることなどをあげることができる．　　　　　　　　　　　　　　　　　　　　　　　　　　　[藤本　博]

軍備管理・軍縮外交

Arms Control and Disarmament Diplomacy

|||||||||||||||||||||||||||||||||||||||||||||||||||||||||||||||||||

　軍備の縮小・撤廃によって，対立する国家間の緊張緩和と戦争の回避を目指すのが，軍備縮小（軍縮）である．これに対して軍備管理は，軍備の規制や対立する国家間の情報交換など，軍縮以外の手段も用いて軍事力を管理することで，緊張緩和を目指す政策である．冷戦期のアメリカ政府は，米ソ間の軍縮が実現する可能性は小さいとして，軍備管理の合意を目指す外交政策を展開した．

❖核実験の禁止と不拡散　冷戦勃発直後にほとんど進展がなかった軍縮交渉を動かしたのは，1954 年 3 月のビキニ環礁水素爆弾実験であった．核実験の危険性が意識され，核実験の禁止を求める国際的な世論が盛り上がったのである（☞項目「平和主義」「科学者と核実験」）．さらに，核兵器の拡散を警戒する声が，アメリカ政府内にあがった．これらの懸念を解消するため，核実験の停止を目指す米英ソ交渉が 58 年に始まった．しかしこの交渉は，核実験停止を確認する査察をめぐって停滞した．ソ連による秘密核実験への疑惑を払拭できなかったジョン・F. ケネディ大統領は，査察が容易な大気中・宇宙・海中における核実験を停止する部分的核実験禁止条約（PTBT）を，63 年に締結した．

　PTBT 締結後，新たな核兵器保有国の出現を防ぐ核兵器不拡散条約（NPT）交渉が行われた．この交渉は，64 年の中国による核実験以降に進展した．一方でNPT には，すでに核兵器を開発した国と開発していない国との権利義務関係が前者を不当に利するのではないかとの不満があった．核兵器保有国に核軍縮を義務付けることで妥協がなされ，68 年に NPT が締結された．

❖戦略核兵器の規制　1960 年代後半に米ソ間の相互抑止が現実のものになると（☞項目「核戦略」），これ以上の核兵器の増大を防ぎ，相互抑止を安定化させる軍備管理交渉が課題になった．米ソそれぞれの領土から相手国を直接攻撃できる戦略核兵器を対象とする戦略兵器制限交渉（SALT）は，リチャード・M. ニクソン大統領の下で合意に達した．ニクソンは，ソ連との関係改善を図る緊張緩和政策の一端として SALT 交渉を位置付け，72 年に弾道弾迎撃ミサイル（ABM）制限条約および戦略攻撃兵器を制限する暫定協定を締結した．相手の戦略核兵器を攻撃する ABM は，米ソの相互抑止を不安定にして緊張を高める危険性があると見なされていた．暫定協定は，米ソの戦略核ミサイルの保有数を規制し，核軍拡交渉に歯止めをかけようとした．しかしこの協定では，長距離爆撃機の保有数やミサイル 1 基に搭載する核弾頭の数などを規制していなかった．

　より包括的な新交渉（SALT II）の交渉は，さまざまな種類の戦略核兵器を規制する複雑さゆえに，なかなか進展しなかった．さらにアメリカ国内には，ソ連

が緊張緩和を利用して自国の勢力拡大を図っているとの批判が広がった。SALT Ⅱは79年に調印されたものの，アメリカ上院はソ連への不信から条約の批准を拒否した。新保守主義を唱えて80年の大統領選挙に勝利したロナルド・W・レーガンは，SALT Ⅱの内容を尊重しつつも，核兵器の規制にとどまるSALTは不十分として，戦略兵器削減条約（START）交渉を提案した。その一方で彼は国防予算を増額し，ソ連の戦略核兵器を宇宙空間で破壊する戦略防衛構想（SDI）を提案した。さらにレーガンは，83年に新型の戦域核兵器（INF）を西ヨーロッパに配備した。戦場で用いる戦術核兵器と戦略兵器の中間に位置するINFの配備は，ソ連の新型INF配備に対抗したもので，西ヨーロッパ諸国との合意に基づいていた。しかしながら，レーガンの強硬論に対する不安もあって，西ヨーロッパ諸国の世論はINF配備に強く反発し，大規模な反核運動が広がった。

❖**冷戦終結と軍備管理・軍縮外交**　1985年にミハエル・ゴルバチョフがソ連共産党書記長に就任すると，米ソ間で軍備管理・軍縮交渉が大きく進展した。米ソ両国の経済状況が悪化する中で，ゴルバチョフが経済立て直しを優先したのである。すでにゴルバチョフの書記長就任直前に，米ソ両国は中断していたINF・START交渉の再開で合意していた。SDIをめぐる対立があったものの，87年には米ソがINF全廃に合意し，初めて条約による核兵器削減が実現した。この合意によって西ヨーロッパ諸国のソ連通常兵力に対する不安が広がらないよう，新たにヨーロッパ通常兵力（CFE）条約交渉も開始された。

　89年に東ヨーロッパの共産党政権が相次いで崩壊し，ソ連軍がこの地域から撤退した。その結果CFE条約交渉は急速に進展し，翌90年には調印に至った。START交渉でもソ連が大きく譲歩して交渉妥結の機運が高まり，91年7月に合意がなされた。しかし翌8月に勃発した保守派のクーデター失敗によってソ連の結束は急速に失われ，12月にはソ連崩壊に至った。ソ連の核兵器の管理など新たな問題が生じたため，アメリカとロシアが93年にSTART Ⅱに合意した。しかしABM条約をめぐる対立から，ロシア政府は後にこの条約を破棄した。

❖**今後の展望**　冷戦後に大きく進展した軍備管理・軍縮交渉であるが，現在，その将来には不透明な部分が多い。米露間の戦略兵器削減は，2010年の新START条約締結もあって一定の進展を見せている。その一方，核兵器の拡散やABM条約については，必ずしも進展があるとはいえない状態である。冷戦後，PTBTを包括的核実験禁止条約（CTBT）に発展させる努力がなされたが，アメリカ上院は1999年にCTBTの批准を拒否した。NPTについては，95年に無期限延長が合意されたものの，核兵器拡散は依然として国際的な問題である。また，特に共和党でSDIの後継にあたるミサイル防衛（MD）への関心が根強く，軍備管理・軍縮交渉を阻害する要因になっている。MDの実現を目指したジョージ・W・ブッシュ政権が，ABM条約を破棄したのはその一例である。　　　　［倉科一希］

対テロ戦争

War on Terror

　対テロ戦争とは，2001年に発生したアメリカ9.11同時多発テロ事件（以下，9.11テロ）後に開始されたアメリカおよび有志連合によるテロリズムとの戦いである．外交，軍事作戦，金融，犯罪捜査，国土防衛，人道支援など総力戦としての性格を帯びたこの戦争は，「グローバル対テロ戦争」「新しい戦争」とも呼ばれたが，ジョージ・W. ブッシュ大統領はこの戦争を「第3次世界戦争」に喩えた．

❖**9. 11テロの背景**　9.11テロは，19人のアルカイダ要員が航空機を武器として，アメリカ国内の複数の施設を同時攻撃したもので，特に世界貿易センタービルに突っ込んだ2機の航空機攻撃では，2,977人の命が奪われる大惨事となった．この事件はウサマ・ビン・ラディン率いるアルカイダという組織によって引き起こされたとされている．1979年12月ソ連軍がアフガニスタンに侵攻したのに伴い，反政府勢力であるムジャヒディーン（ジハード戦士）とバブラク・カルマル政権を支援するソ連軍およびアフガニスタン政府軍との間で内戦状態に陥ったが，その際ビン・ラディンら中東の過激なイスラム原理主義者たちも，反政府武装闘争に加わった．アルカイダは，この内戦の中から誕生した．ビン・ラディンはその後，96年9月に首都を制圧したタリバン政権の下でアフガニスタンに作戦基地を建設する一方，世界各地で反米テロを繰り広げた．98年8月にはケニアとタンザニアのアメリカ大使館を襲撃，アメリカ人12人を含む224人を殺害した．

　このため，ビル・クリントン大統領は報復として，スーダンとアフガニスタンにミサイル攻撃を行った（☞項目「アメリカと世界各地域」）．その3年後に9.11テロに直面したブッシュ大統領は直ちに，タリバン政権に対して，アルカイダ指導者の引き渡しを求めたが，拒否されると，同政権も同罪だとして，2001年10月7日にアフガニスタン戦争を開始した．タリバン政権崩壊後まもなく，タリバンは勢力を再び盛り返し，01年12月に結成された北大西洋条約機構（NATO）主導の国際治安支援部隊（ISAF）とアフガニスタン政府軍を相手に，16年の時点でも戦闘を継続中である．

❖**イラク戦争から「グローバルな対テロ戦争」へ**　9.11テロは，2003年3月20日のイラク戦争を誘発することになった．ブッシュ大統領は01年11月下旬には国防省にイラク戦争計画の立案を命じ，02年1月の一般教書演説では，北朝鮮，イラン，イラクを「悪の枢軸」と非難し，同年4月上旬のトニー・ブレア英首相との首脳会談後の共同記者会見で，サダム・フセインの「排除」，イラクの「体制変革」を公言した（☞項目「例外主義」）．さらに，同年6月1日の陸軍士官学校の卒業式演説では，抑止と封じ込めのドクトリン（教義）は時代遅れになった

として，テロ組織に対する先制攻撃の必要性を打ち出した．同年 9 月 20 日にまとめられた国家安全保障戦略は，ブッシュ・ドクトリンと命名されることになる先制攻撃論を定式化した．

　ブッシュ大統領はイラク戦争開始前後に，フセイン政権とアルカイダとを結び付けることで，イラク攻撃を正当化しようとしたが，両者の結び付きは希薄であったため，次第に大量破壊兵器の存在や，イラクの民主化を強調するようになった．大量破壊兵器をフセイン政権が保有しているとの主張は，イラク攻撃に批判的だったコリン・パウエル国務長官ら反対派を封じ込めるために必要だという意味合いもあった．国際査察団，国連監視検証委員会，国際原子力機関など各種調査で，大量破壊兵器の開発を示す証拠はないとの報告がなされたが，ディック・チェイニー副大統領，ドナルド・ラムズフェルド国防長官，ポール・ウォルフォウィッツ国防副長官ら強硬派は，大量破壊兵器の存在にこだわった．しかし結局，戦争終結後も大量破壊兵器は発見されず，開戦の根拠は崩れることになった．イラク戦争の目標として掲げられたイラク民主化もまた，国際世論や国内世論の反対や批判をかわすという側面が強かった．むしろ，イラク戦争の真の狙いは，フセイン政権の打倒によってサウジアラビア（以下，サウジ）とイスラエルに対するイラクの脅威を除去し，同時に中東石油へのアクセスを安定的に確保することにあったと考えられる．

　さらに注目されるのは，フセインの追放によって，1991 年 1 月の第 1 次湾岸戦争の際に進駐した米軍戦闘部隊をサウジから撤退させ，イラクに駐留する計画があったことだ．親イスラエルのネオコン勢力は，湾岸戦争の際にジョージ・H. W. ブッシュ政権が，フセイン政権の打倒を思いとどまったことに不満を抱いていた．なかでも，ウォルフォウィッツは，サウジへの米軍部隊の進駐が，ビン・ラディンらイスラム原理主義者たちの怒りを買い，9.11 テロにつながったと見ており，9.11 テロの再発防止のためには同国からの米軍部隊の撤収は緊要だと考えていた．フセイン政権の打倒は，そうした複数のニーズに応えるものであった．上述の経緯から，イラク戦争は「第 2 次湾岸戦争」とも呼ばれる．

❖対テロ戦争とアメリカ市民社会　ブッシュ政権は 2002 年 11 月 25 日，国土防衛を強化するために国土安全保障省（DHS）を設置し監視を強めたことで，市民的自由の侵害の問題を惹起した．05 年 12 月 25 日の『ニューヨーク・タイムズ』紙は，外国情報の傍受を任務とする国家安全保障局（NSA）が「外国諜報活動監視法」（FISA）で認められている枠を越えて，01 年にテロ監視プログラムを開始し，多数のアメリカ市民の電話・電子メールの傍受を実施していたことを暴露した．このため，アメリカ社会や議会からは，合衆国憲法第 4 修正が保障する市民のプライバシーを侵害するものだとの批判が起きた．これに対して，ブッシュ政権側は，テロリストから市民と国家の安全を守る権限とそのための情報収

集活動の必要性が，合衆国憲法第2編2節1項（最高司令官としての権限）で大統領に付与されていることを論拠に傍受を正当化した．政府首脳はまた，01年9月に議会で両院合同決議として可決された「武力行使権限付与決議」（AUMF）が「敵性戦闘員」の殺害と勾留を認めているとして，それから類推して諜報活動や傍受についても AUMF による授権があると主張した．

　戦時における大統領権限に制約を加えることを懸念する議員たちの対応は，大統領権限の拡大と強化をもたらすと同時に，国内でのテロ防止のための法律の制定につながった．01年10月26日に圧倒的多数の賛成を得て成立した「愛国法」は，アメリカ建国の理念である自由を制約し，特に市民権を持たない人々の人権を 蹂躙 する内容であった．ブッシュ政権はまた，非国家的アクターであるアルカイダとの戦いを「戦争」と規定し，国家間関係に適用されてきた戦争概念に新たな意味を付与した．それまでテロは民間人による犯罪と同様に扱われ，連邦裁判所で裁かれてきたが，アルカイダとの戦いを「新しい戦争」だと位置付けるブッシュ政権は，タリバンやアルカイダと関係があると見なして拘束した数百人の兵士を「敵性戦闘員」と認定，裁判にかけることもなく，キューバにある米軍のグアンタナモ収容所に移送し，戦争捕虜の待遇を定めた49年ジュネーブ協約の適用対象外だと決定した．その際，政権首脳は AUMF を援用し，アルカイダ要員であれば非戦闘員でも，有罪にしやすい軍事法廷での訴追，長期の身柄勾留，国際協約で認められない尋問方法も可能だと主張した．このためグアンタナモ収容所のテロ容疑者たちは，裁判なしに長期間勾留され，情報収集のために水攻めなどの拷問を繰り返し受けた．さらに2004年春には，イラクのアブグレイブ刑務所に収容されていた「敵性戦闘員」たちが米兵による虐待を受けていたことも明るみに出た．こうした措置は，非人道的だとして内外から強い非難を浴びた．

　イラク戦争においてブッシュ政権は戦闘には勝利したものの，その半面イラクの戦後復興には失敗した．03年7月のイラク統治評議会の発足，04年3月の「イラク基本法」の制定に続き，同年6月にはイラクの統治権が，連合国暫定占領当局（CPA）からイラク暫定政府に移譲された．だが，05年1月に開催された国民議会選挙は，スンニ派がボイコットする中で実施された上に，06年5月に正式発足したシーア派主体のヌーリー・マリキ政権の下で利益配分のプロセスから排除されたスンニ派住民の不満が高まり，シーア派とスンニ派との宗派間対立が激化した．このためイラクの統治は安定せず，逆に混迷と混乱の度を深めた．

　反政府武装組織やフセイン政権の残党はシリアに逃れて，同地で再結集して勢力を拡大し，シリアとイラクの両国境をまたぐかたちでイスラム共和国（IS）を樹立するなど，イラク復興の失敗の影響は中東全体を混乱に陥らせる結果となった．一方，アフガニスタンではタリバン勢力が勢いを盛り返し，08年に ISAF が約6万人まで増派されたにもかかわらず，治安の悪化は深刻であった．

❖オバマ政権の対テロ戦争　イラク戦争開始時に反対を表明した民主党候補バラク・オバマは，2008年の大統領選挙戦中，イラクからの撤退を公約に掲げて勝利し，ホワイトハウス入りした．オバマ大統領はブッシュ政権とは異なり，イラク戦争とアフガニスタン戦争は国家間戦争だと位置付け，対テロ戦争と区別したが，その一方で対テロ戦争の継続を表明し，08年8月28日の指名受諾演説でもテロの壊滅を唱えた．このことは，オバマ政権もまたアルカイダおよび関連組織との戦いを「戦争」だと見なし，ブッシュ政権の対テロ戦争を継承することを意味した．

　しかし両政権には，対テロ戦争への対応において違いも見られた．オバマ政権は米軍部隊の直接投入はできるだけ避けつつ米軍撤退を模索し，イラクからの米軍撤退を実現した．09年12月のアフガニスタンへの3万人の増派決定も14年までに米軍を撤退することを意図したものであり，事実11年6月の演説では3万3,000人の部隊の撤退を命じた．さらにアルカイダとの戦いの軸足をパキスタンに移し，地上部隊は派遣せず無人機（ドローン）を多用した．このためオバマ政権下では，ドローン攻撃は08年33回，09年53回，10年118回，11年70回と増加した．また，オバマ政権はブッシュ政権が公言した「体制転換」や民主化のための武力行使には否定的だった．

　とはいえ，オバマ政権がアルカイダとの戦いを「戦争」だと位置付けたことは，テロリストを犯罪者ではなく「敵性戦闘員」として扱うことを意味したし，彼らを軍事法廷ではなく連邦裁判所で裁くことをしばしば困難にした．また，ドローン攻撃の拡大に伴い民間人の犠牲者が増大し，国際世論の批判にさらされると，アメリカはアルカイダと戦争状態にあるとして，自衛権の行使を盾に批判をかわそうとした．11年5月にビン・ラディンを殺害した際にも，オバマ政権は同様な論拠で殺害を正当化した．そのいずれの場合も，01年9月の付与決議AUMFが引き合いに出された．AUMFによると，議会は，9.11テロと関連がある国家だけでなく，「組織，個人」に対しても「あらゆる必要かつ適切な武力」を行使する権限を大統領に授権するとしていた．オバマ大統領はまた，国際人道法に反するとして厳しい批判を浴びていたグアンタナモ収容所の閉鎖を決定し，「敵性戦闘員」と認定された容疑者をアメリカ国内に移送する計画を立てたが，連邦議会の反対で，移送に必要な予算承認が得られず，実現できなかった．

　アルカイダの指導者とされるビンラディンが殺害された後も，オバマ政権は，対テロ戦争が継続中であるとの主張を変えなかった．国家安全保障と市民的自由のバランスをどう取るか．アメリカの対テロ戦争の継続によって多くの民間人犠牲者を出し続けていることに対して，これまでどおり自衛権の行使に伴う「付随的被害」として片付けてしまうのか．対テロ戦争は，アメリカ国民にとってのアポリア問題であり続けている．　　　　　　　　　　　　　　　　　　　［菅　英輝］

サイバースペース

Cyberspace

　サイバースペースとは，コンピュータや携帯通信端末などが相互接続され，デジタルデータを送受信することで形成される仮想的な空間である．その実態は，機器，端末，通信回線などの集合体であり，陸，海，空，宇宙といった自然空間とは異なる人工空間だが，第五の作戦領域（戦闘空間）といわれることもあり，軍事的には他の四つの空間をつなぐ指揮命令システムも構成している．

❖起源は何か　インターネットは，1960年代に構想され，アメリカ国防総省の高等研究計画局（ARPAまたはDARPA）が資金を提供したアーパネット（ARPANET：Advanced Research Project Agency Network）に起源を持つが，長い間，研究者たちが主として使うネットワークとして発展してきた（☞項目「インターネット」「エレクトロニクス」）．大学などの研究機関が敷設したネットワークを相互に接続したことから，ネットワークのネットワークという意味で「インターネット」と呼ばれるようになった．80年代になってパーソナルコンピュータ（パソコン）が普及し始め，90年代半ばになってインターネットの商用利用が始まると，急速に利用者数が増えた．

　サイバーという言葉は人工頭脳工学を意味する「サイバネティクス」に由来するが，ウィリアム・ギブスンの長編小説『ニューロマンサー』（1984）によって多くの人が共有するイメージになった（☞項目「SF文学」）．パソコン通信の普及とそれに続いたインターネットの普及によってサイバースペースのイメージが具現化されたと多くの人が考え，インターネットがつくり出す空間がサイバースペースととらえられるようになっている．

　しかし，インターネットに接続されていない軍事システムや重要インフラストラクチャーにも同様の技術が使われており，インターネットとサイバースペースが完全に同じものと考えることはできない．サイバースペースはインターネットを越えて広がるデジタル情報通信システムの集合体である．

❖モノがつながるインターネット　従来のインターネットは，情報通信端末を介して人間が使うものというイメージだったが，近年では人間が直接操作しないモノがますますつながるようになっており，IoT（Internet of Things，モノのインターネット）という言葉も使われるようになっている．冷蔵庫や湯沸かし器などの家電製品につながったり，業務用の各種機械につながったりすることで，新しい経済システムが生まれつつあるとする指摘もある．2016年にインターネットに接続されているIoT機器の数は，296億個と推計されており，今後もその数は増えていくと予測されている（図1，☞項目「インターネット経済」）．アメリカ

社会そのものがこうしたサイバーシステムやIoT機器に依存するようになっている.

そうした一般利用にとどまらず,軍事用のシステムにもサイバーシステムは多用されるようになっている.指揮命令系統のデジタル化が行われ,艦船や航空機,人工衛星,さらには各種の無人機（ドローン）もまたデジタル通信に依存している.

❖**サイバーセキュリティ**　サイバーシステムへの依存の深まりは,セキュリティリスクの高まりをも示している.2008年にアメリカ国防総省のネットワークにコンピュータウイルスが入り込み,ネットワーク全体に影響が及ぶ事件が発生した.その後も休むことなくアメリカ軍およびアメリカ政府のシステムに対するサイバー攻撃は行われている.15年には連邦政府の人事管理局（OPM：Office of Personal Management）から2,000万件を超える個人情報が盗まれるという事件も発生した.

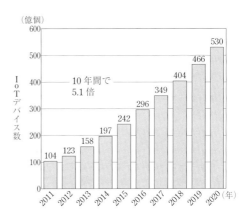

図1　IoT機器数の推移と予測
[『平成27年版情報通信白書』2014]

アメリカ軍は10年に,機能別の統合軍の一つである戦略軍（USSTRATCOM）の下にサイバー軍（USCYBERCOM）を設立した.サイバー軍の司令官は,インテリジェンス機関である国家安全保障局（NSA：National Security Agency）の長官も兼任し,技術的・人的な資源を有効活用し,攻撃と防御にあたっている.NSAは本来,通信傍受や暗号解読を行う機関だが,サイバーセキュリティにおいても重要な役割を担っている.

しかし,13年にNSAの業務を請け負っていた民間契約職員のエドワード・スノーデンがNSAのトップシークレット情報を大量に持ち出し,暴露するという事件が起きた.そのため,セキュリティと市民的な自由に関する議論が巻き起こり,NSAに対しては強い批判も寄せられた.

国際的には,アメリカ政府は,サイバー攻撃を行っていると見られる国々への批判を強めるとともに,国際連合総会第一委員会の下に設置された政府専門家会合（GGE：Group of Govermental Experts）などを通じて国際的なルールづくりのための議論にも加わっている.他方,サイバー攻撃・防衛の能力においてはアメリカの能力は随一であり,国際的な取り決めによって制約を受けることを躊躇する姿勢も見せている.

[土屋大洋]

軍事技術の革新

Innovations in Military Technology

アメリカには安全保障上の問題を，技術的な課題としてとらえる工学的な安全保障観があるといわれる．そうした見方は，科学技術を軍事転用することにより抑止力，ひいては自国の軍事的優位を確保してきた歴史に現れている．第2次世界大戦は原子爆弾の使用で幕を閉じ，その後まもなく発生した冷戦において，アメリカはソ連と軍事技術面でも競争関係に入った．アメリカとソ連が互いの軍事的優位を相殺し合う競争が繰り広げられ，アメリカ側の追求した軍事技術面での戦略的な取組みは今日，オフセット戦略として知られる.

❖**第1次オフセット戦略**　第2次世界大戦を「機械の戦争」と呼んだソ連の指導者ヨシフ・スターリンが戦後も軍備の増強に邁進したのに対し，欧米は動員解除と戦後復興に向かった．やがて朝鮮戦争が終結すると，ヨーロッパではワルシャワ条約機構（WTO）軍が北大西洋条約機構（NATO）軍に通常戦力面で優位に立っていることが明らかになった．ドワイト・D.アイゼンハワー政権は，財政緊縮路線をとりつつ，西側の通常戦力面での劣位を核兵器で相殺して抑止力を保つという，いわゆるニュールック戦略を採用し，後に第1次オフセット戦略と呼ばれるようになった.

❖**第2次オフセット戦略**　1960年代半ばからアメリカがベトナムに介入していた間に，ソ連は核兵器の増強と通常兵器の近代化を進めていたため，西側の抑止力の担保となっていた核戦力面での優位が，70年代にはソ連によって相殺されつつあった．のみならず，73年の第4次中東戦争において，アメリカ製通常兵器に対するソ連製通常兵器の有効性が明らかとなり，同種の兵器が配備されていたヨーロッパ戦域における通常戦力バランスも，NATO軍側にいっそう不利なかたちで傾斜していくという戦略環境にアメリカは直面することになった.

こうした事態を受け，アメリカ国防省内では複数の組織が，いかにして在欧米軍が通常戦力面での優位を獲得するかを研究した．そしてそれらの研究成果を踏まえて，国防高等研究計画局（DARPA）をはじめとする国防系研究機関は，精密誘導兵器システムやステルス技術の開発に成功した．また，米陸軍内では，ドクトリンFM100-5の見直しが進められ，敵地奥深くで後続部隊を縦深攻撃するという，ディープバトルなる概念が考案された．その結果，陸軍と空軍による軍種間連携を基礎としたエアランド・バトル・ドクトリンが，82年8月に改定されたFM100-5に組み込まれた．精密誘導兵器システムがエアランド・バトルという新ドクトリンと結び付けられたことにより，ソ連側は，米軍は核兵器並みの威力を発揮する通常兵器を獲得したと理解し，東側の通常戦力面での優位を西側

が再び相殺した．これら一連の取組みは，リチャード・M.ニクソン政権期に萌芽があるものの，ジェームズ・E.カーター政権のハロルド・ブラウン国防長官とウィリアム・ペリー国防次官が本格的に推進したものであり，今日では第2次オフセット戦略と呼ばれる．

❖軍事技術革命（MTR）と軍事における革命（RMA）論争　米軍が精密誘導兵器システムの研究・開発に乗り出した事実をとらえて，ソ連の軍事理論家たちは，これはその後の戦争方法を劇的に変化させる MTR にあたるのではないかと論じた．こうしたソ連側の議論を観察していたアメリカ国防省のネットアセスメント局は，MTR の分析射程を広げ，技術を活用した兵器システムが，新たな作戦構想やそれを支える組織改編と結び付くと RMA が発生するとの議論を提起し，1990 年代に学界をも巻き込んだ論議が盛んになった．2001 年から対テロ戦争が始まると，RMA 論争は下火になったが，技術を取り込んだ兵器システムと作戦構想と組織改編という三位一体が軍事的能力の向上を実現するとの理解が浸透した．

❖第3次オフセット戦略　2014 年 11 月にチャック・ヘーゲル国防長官（当時）は，アメリカ国防省が国防イノベーション・イニシアチブを始動させ，第3次オフセット戦略を追求する方針を発表した．国防当局関係者の間では，アメリカがアフガニスタンとイラクに武力介入している間に，中国やロシアが兵器近代化を進めたために，アメリカの軍事技術面での優位が再び相殺されつつあるとの懸念が持たれている．そこで国防省は，第3次オフセット戦略の目的を，通常戦力による抑止力を強化することと定め，人工知能（AI），ロボット技術，ビッグデータ処理など，最先端技術を米軍に導入する取組みを進めている．第2次オフセット戦略当時とは異なり，多くの先端技術が民間で開発されているため，アメリカの競争相手国もそれらの技術にアクセスすることが可能な状況がある．したがって，第3次オフセット戦略は，軍事技術面での優位を絶え間なく追求する取組みになると理解されている．アメリカの軍事技術面での優位を維持するために，国防省はシリコンバレー，ボストン，オースチンといった都市に出先機関をつくり，民間企業の開発する情報技術などにもアクセスする取組みを行うとともに，兵器を取得するプロセスを迅速化させる調達制度改革などにも取り組んでいる．

　第3次オフセット戦略の当面の取組みは，AI を米軍の戦闘ネットワークに組み込んでいくものになると見られている．導入構想の中には，AI を搭載した小型無人潜水艇に機雷掃海活動を実施させたり，AI を搭載した多数の小型無人機（ドローン）が群れをなし，敵の対空防衛システムを攪乱・破壊したりするようなもの，また複雑さを極める大規模な作戦計画を AI に立案させるものなどがある．米軍は，殺傷行為を伴う決定には必ず人間の判断を介在させるとする方針をとっており，あくまで人間の判断を AI が補佐するものと位置付けている．AI の導入が進めば，意思決定の迅速化と作戦行動の複雑さを実現することになる．　　［森　聡］

軍人と社会

Soldiers and Society

軍人（退役軍人を含む）はアメリカ社会で一定の地位を占め，無視できない役割を果たしている．米軍は現在，約130万を超える現役兵と約83万の州兵・予備役を有し，巨大な軍事組織を誇っている（☞項目「軍隊の構造」）．歴史的にアメリカは，第2次世界大戦までは平時には小規模の常備軍を持つに過ぎず，歴史的に見れば民兵や州兵（ナショナルガード）が軍事組織の中心となり，このような歴史的背景を受けて，現在，軍人への敬意は高いものがある．

アメリカの民兵制度は，植民地時代における先住民の攻撃に備えるための自衛組織にさかのぼり，独立戦争を経て，合衆国憲法上で民兵制度を規定するとともに，民兵制度をもとに合衆国憲法第2修正によりアメリカ市民が武器を保有する権利を認めている．20世紀に入って民兵組織の拡大が必要となり，民兵制度を継承するかたちで「1916年国防法」によって州兵制度の原型が確立された．これまで州兵は迅速に行動できる補充戦力として海外での軍事作戦に従事してきた（近年ではアフガニスタンやイラクにおいて）．州兵は自然災害や大規模な事故における救援活動も行ってきていることから州兵に対する市民の信頼は厚く，州兵と市民とは密な関係にある．特に2001年の9.11同時多発テロ以降には，州兵が国内でのテロなどに備え，空港や港湾，地下鉄など公共交通機関の警備に従事するようになっている．

❖**兵役制度の変遷とアメリカ社会における退役軍人**　アメリカは戦時にあたる第1次世界大戦や第2次世界大戦で徴兵制を導入したが，第2次世界大戦後においては冷戦時に徴兵制が実施され，朝鮮戦争やベトナム戦争では徴兵制の下で軍事作戦が展開された．ベトナム戦争での軍事的挫折を受けて1973年に徴兵制は廃止され，現在では志願兵制となっている．ベトナム戦争終結後の志願兵制度のもとで湾岸戦争やアフガニスタンとイラクなどにおける戦争において多くの米兵が軍事作戦に従事してきた．

徴兵制が廃止された73年以降も一定の兵力を確保しながら海外での軍事作戦が多く展開されてきたこともあって，2011年時点におけるアメリカ国内の退役軍人の人数は，全人口の約7%にあたる約2,200万人に及んでいる（うち，ベトナム戦争の時代〈1964年8月5日～75年5月7日〉の退役軍人が約730万人，湾岸危機〈1990年8月2日以降～〉以降，現在までの退役軍人が約590万人）．

❖**アメリカ社会における退役軍人の位置**　退役軍人に対しては独立戦争（1775～83）時からさまざまな援助プログラムが実施されてきた．第2次世界大戦時に退役軍人が急激に増加し，1944年には「第2次世界大戦復員援護法」（G.I.Bill）が

制定された．第2次世界大戦後には朝鮮戦争時の52年，ベトナム戦争時の66年に退役軍人に高等教育の機会などを保障するプログラムが制定され，この措置により申請可能な約1,000万の退役軍人の約76%が給付を受けた．また，55〜74年まで軍務経験のある約440万の退役軍人が住宅ローンの貸付を受け，数百万人が職業訓練を受けた．退役軍人がこうした援護プログラムのもと社会復帰を果たしたことは，第2次世界大戦後のアメリカにおける中産階層の拡大と経済成長の要因となった．現在では退役軍人に対する社会的サービスの所管官庁は，89年にアメリカ連邦官庁の一つとなった退役軍人省（VA：Department of Veteran Affairs）が担い，しかも省内の人員規模は国防総省に次ぐ2番目の規模であり，アメリカ社会において退役軍人が大きな位置を占めていることがわかる．

❖退役軍人とアメリカ社会における愛国主義　アメリカでは11月11日は国民の祝日の一つとして「退役軍人の日」（Veterans Day．1954年制定．第1次世界大戦が終結した日で休戦記念日と呼ばれていた）となっている．この日には各地域社会で地元の退役軍人のパレードが行われるなど，退役軍人に敬意を表明する日になっており，愛国主義が育まれる機会ともなっている．愛国主義はさまざまな退役軍人の団体によっても推進され，例えば，95年に国立航空宇宙博物館が広島・長崎の原爆投下の遺品を展示して原爆投下を複眼的な視点で提示しようとした当初の「原爆」展は，退役軍人の最大の組織である在郷軍人会（アメリカン・レジオン）などの圧力で「非愛国的」だとして中止に追い込まれた（「原爆」展は原爆搭載機エノラ・ゲイだけの展示として実施）．

　ベトナム戦争はアメリカが史上初めての軍事的挫折を経験したことから，ベトナム退役軍人は戦争終結後しばらく社会から孤立した状況に置かれた．その後，「ベトナム症候群」克服の過程の中で，ベトナム戦争で戦った米兵士の犠牲的精神を称える言説がベトナム戦争後の歴代大統領からなされた．そして，バラク・オバマ政権時の2012年からは，25年までの射程で約300万人のベトナム帰還兵とその家族を称える目的で「ベトナム戦争50周年コメモレーション」が展開されており，退役軍人を通して愛国主義が育まれていることを理解できる．ただ，一方で，ベトナムやイラクでの体験をもとに，「戦争に反対するベトナム帰還兵の会」や「戦争に反対するイラク帰還兵の会」が結成がされ，少数派とはいえ，退役軍人の間で「非戦」を求め愛国主義を相対化する活動も見られる．

❖退役軍人とアメリカ社会の課題　現在，ベトナム退役軍人では従軍兵士の1割にあたる約28万人が，そして9.11同時多発テロ以降，アフガニスタンやイラクで戦った退役軍人に関してはその2割にあたる約30万人がPTSD（心的外傷後ストレス障害）を発症しているといわれている．一般市民と退役軍人との関係が深いアメリカ社会でこの問題を今後どう解決するかが，退役軍人をめぐる課題の一つとなっている．　　　　　　　　　　　　　　　　　　　　　　［藤本　博］

戦争と映画

War and Movies

|||||||||||||||||||||||||||||||||||||||||||||||||||||||

　民主主義と映画は「年の離れた兄弟」である．どちらもイメージを操作し，多数の支持を必要とする．映画がフランスで誕生し，アメリカで発達したのも当然である．そして民主主義も映画も，戦争を糧にして成長してきた．戦争が民主主義を拡大し，映画にテーマと商機を与えてきたのである．

❖**南北戦争と第 1 次世界大戦**　D.W. グリフィス監督が手がけたアメリカで最初の長編映画《国民の創生》(1915) が，南北戦争を背景にしていることは，偶然ではない．南北戦争終結 50 周年のことである．この作品は技術と編集その他で画期的な工夫がなされていたが，クー・クラックス・クラン（KKK）を美化する人種差別的な内容のものであった．原作者がウッドロウ・ウィルソン大統領の旧友だったため，ホワイトハウスで上映された最初の映画となった（☞項目「クー・クラックス・クラン」）．南北戦争はアメリカ史上最大の犠牲者を出した戦争であり，《国民の創生》以後も繰り返し映画のテーマや背景になってきた．ビクター・フレミング監督《風と共に去りぬ》(1939) も，その一つである．近年では，スティーブン・スピルバーグ監督《リンカーン》(2012) がある．

　《国民の創生》が公開されたときには，すでにヨーロッパで第 1 次世界大戦が激化していた．1917 年にはアメリカも参戦する．グリフィスは従軍を許された唯一の監督で，プロパガンダ映画《世界の心》(1918) を製作した．政府が設置した公共情報委員会を通じて，ハリウッドは軍部と密接に協力した（☞項目「映画と政府」）．また，この戦争のためにヨーロッパの映画産業は疲弊し，ハリウッド映画が世界を席巻するきっかけとなった．戦争終結時には，世界の映画の 8 割，アメリカ国内公開映画の 9 割がアメリカ製であった．

　他方，ウィリアム・ウェルマン監督《つばさ》(1927) やキング・ビダー監督《ビッグ・パレード》(1927)，ハワード・ヒューズ監督《ヨーク軍曹》(1941)，また後のダルトン・トランボ監督《ジョニーは戦場に行った》(1971) などの傑作もあるものの，第 1 次世界大戦をテーマにしたアメリカ映画は多くない．この戦争へのアメリカの関与が，それほど大きくないからである（同じ理由から，このテーマの日本映画はさらに少ない）．ヘンリー・キング監督によるウィルソン大統領の伝記映画《ウィルソン》(1944，日本未公開) もあるが，公開年から明らかなように，これは第 2 次世界大戦後の孤立主義の再来を戒め，アメリカの国際的関与を説く意図を持っていた．

❖**第 2 次世界大戦**　1933 年にドイツでアドルフ・ヒトラー政権が誕生し，39 年にヨーロッパで第 2 次世界大戦が勃発すると，フリッツ・ラングなどユダヤ系の

映画関係者たちがアメリカに亡命し，また，ハリウッドのリベラル派やユダヤ系の有力者たちはアメリカの参戦をうながした．例えば，チャールズ・チャップリンは40年に《独裁者》でヒトラーを痛烈に風刺している．保守派や孤立主義者は，こうした風潮に強く反発した．だが，41年12月に日本が真珠湾を奇襲攻撃すると，アメリカもついに参戦した．ジェームズ・スチュアートやタイロン・パワー，クラーク・ゲーブルといった大スターも軍服を着た．女優たちは戦時国債の販売に奔走した．また，ジョン・フォードやフランク・キャプラといった巨匠も戦意高揚映画を監督した．陸海軍はハリウッドを取り込もうとし，ハリウッドもこれに積極的に応じた．コーポラティズム（協調主義）である．

　もちろん，第2次世界大戦をテーマにした映画は枚挙に暇がない．アメリカ人にとって，この戦争は愛国心を全面的に肯定できた．マイケル・カーティス監督《カサブランカ》（1943），ビリー・ワイルダー監督《第十七捕虜収容所》（1953），アンドリュー・マートン他監督《史上最大の作戦》（1962），ジョン・スタージェス監督《大脱走》（1963），ケン・アナキン監督《バルジ大作戦》，フランクリン・シャフナー監督《パットン大戦車軍団》（1970，リチャード・M.ニクソン大統領がホワイトハウスで繰り返し鑑賞したことで知られる），リチャード・アッテンボロー監督《遠すぎた橋》（1977），スピルバーグ監督《プライベート・ライアン》（1998），マイケル・ベイ監督《パール・ハーバー》（2001）など，いつの時代にも娯楽性の高い映画がつくられてきた．特に，1960年代はテレビに対抗すべく，映画が大作路線に走ったという要素もある．

　太平洋戦争に関しても，リチャード・フライシャー，深作欣二，舛田利雄監督《トラ・トラ・トラ！》（1970）やジャック・スマイト監督《ミッドウェイ》（1976）などの大作がつくられている．だが，前者では，黒澤明がアメリカ側制作者と衝突して監督から降板したし，後者では山本五十六を演じた三船敏郎以外はすべて日系人俳優があてられるなど，文化摩擦の側面もあった（☞項目「文化外交・文化摩擦」）．それでも，ジョン・ウェイン主演・制作，アラン・ドワン監督《硫黄島の砂》（1949）とクリント・イーストウッド監督・制作《父親たちの星条旗》（2006），同《硫黄島からの手紙》（同年）を比べると，日本人の描写ははるかに人間的でステレオタイプを脱している．また，テレンス・マリック監督《シン・レッド・ライン》（1998）のように，ガダルカナルの激戦での一人の米兵の心理と苦悩を細やかに描いた名作も登場するようになった．

　また，スピルバーグ監督《シンドラーのリスト》（1993）のように，ホロコーストをテーマにした作品も数多い（スピルバーグ自身がユダヤ人であることはよく知られる）．だが，「アウシュビッツ以後，詩を書くことは野蛮である」というドイツの神学者テオドール・アドルノの言葉を引くまでもなく，ホロコーストとどう向き合うのか，どう描くのかは，常に論争の的である．

❖冷戦　第2次世界大戦後，アメリカはソ連との冷戦を戦うことになった．この冷戦を通じて，アメリカは共産主義や核戦争の恐怖に向き合った．特に，1940年代の終わりから50年代の初頭にかけて，共産主義の恐怖が「赤狩り」を生み，下院非米活動委員会やジョセフ・マッカーシー上院議員を中心とした上院政府活動委員会の小委員会を舞台に，多くの人々が共産主義者やその支持者というレッテルを貼られ，社会的に抹殺されていった（☞項目「広報外交」）．社会的影響力の大きいハリウッドは，その主要な標的の一つであった．第2次世界大戦中に，フランクリン・D. ローズヴェルト大統領の米ソ協調路線に協力すべく，ハリウッドは容共的な映画をつくってきたし，左翼的な労働組合の影響力も強かった．また，反共主義が反ユダヤ主義と連動した側面もある．こうして，左派系の脚本家や監督，俳優らがハリウッドを追われ，その後も，赤狩りの犠牲者と協力者の間で不信感と対立が続いた．後者の代表的な人物の一人に，映画俳優組合（SAG）委員長だったロナルド・レーガンがいる．

　50年代には，共産主義の恐怖や赤狩りへの批判を引喩（いんゆ）したSFやスリラー映画が数多くつくられた．また，上述のように軍拡や核戦争への恐怖も重要なテーマとなり，ロバート・ワイズ監督《地球の静止する日》（1951），スタンリー・クレイマー監督《渚にて》（1959），スタンリー・キューブリック監督《博士の異常な愛情―または私は如何にして心配するのを止めて水爆を愛するようになったか》（1964）などの名作が生まれた．特に，キューブリック作品は，64年の大統領選挙に際して，共和党候補だったタカ派のバリー・ゴールドウォーター上院議員への批判も意図されていた．映画の政治への影響はその後も続き，80年代にはニコラス・メイヤー監督のテレビ映画《ザ・デイ・アフター》（1983）は核戦争後のアメリカを描き，全米で1億人以上が視聴して当時の反核運動に大きな影響を与えた．ジョン・バダム監督《ウォー・ゲーム》（1983）もコンピューターがひき起こす核戦争の可能性を描いており，レーガン大統領を恐れさせた．

　この冷戦の間には，朝鮮戦争やベトナム戦争という大規模な限定戦争も戦われている．特に，超大国アメリカにとって，後者は戦争目的の不明確な負け戦であった．このベトナム戦争は，テレビが連日生々しく報道した戦争でもあった．そのため，しばらくは映画のテーマにはならなかった．ジョン・ウェインがみずから制作・監督・主演した《グリーン・ベレー》（1969）は，時期的にも（戦争肯定という）内容的にも例外的な作品の一つである．むしろ，衰退しつつあった西部劇の分野で，白人の偽善を暴くかたちでベトナム戦争を批判するベトナム西部劇の傑作が，数多く登場した．サム・ペキンパー監督《ワイルド・バンチ》（1969）やアーサー・ペン監督《小さな巨人》（1970）などである．

　70年代後半になると，マーティン・スコセッシ監督《タクシー・ドライバー》（1976），マイケル・チミノ監督《ディア・ハンター》（1978）やフランシス・コッ

ポラ監督《地獄の黙示録》(1979) など，ベトナム戦争を正面から描いた作品群がようやく登場する．《地獄の黙示録》については，公開に3カ月も先だって，ジミー・E.カーター大統領がコッポラ監督ら大勢をホワイトハウスに招いて鑑賞している．これらの作品群は，①戦場での苛酷な日常，②不明確な戦争の意味，そして，③帰還兵の孤独な生活のいずれかを含んでいる．

　テッド・コッチェフ監督《ランボー》(1982) もベトナム帰還兵の孤立の物語だったが，その後シリーズ化され，80年代にロナルド・W.レーガン政権が追求した「強いアメリカ」の路線とマッチョ文化の象徴となった．83年3月にレーガン大統領が戦略防衛構想 (SDI) を発表すると，それはジョージ・ルーカス監督のSFファンタジー・シリーズにちなんで「スター・ウォーズ」と揶揄されるようになった．そもそも，SDIには30年代の映画や漫画など大衆文化が影響しているとの分析もある．このように，ハリウッド出身の大統領の下で，80年代には映画的イメージと政治的現実が不可分に結び付くようになっていった．

◆冷戦後　冷戦の終焉はアメリカ国内での超党派外交の終焉を意味したが，平和の到来を意味しなかった．湾岸戦争，2011年の9.11同時多発テロ，アフガニスタン戦争，イラク戦争など，軍事的な危機が続いた．バリー・レビンソン監督《ウワサの真相／ワグ・ザ・ドッグ》(1997) は，大統領の性的スキャンダルを隠蔽するために架空の戦争が戦われるという内容で，冷戦後の政治的スキャンダルや政治不信を反映している．また，リドリー・スコット監督《ブラックホーク・ダウン》(2001)，キャスリン・ビグロー監督《ハートロッカー》(2010)，《ゼロ・ダーク・サーティ》(2013)，クリント・イーストウッド監督《アメリカン・スナイパー》(2015) など，冷戦後の戦争をテーマにした力作もつくられている．さらに，ジョナサン・デミ監督《クライシス・オブ・アメリカ》(2004)，スピルバーグ監督《宇宙戦争》(2005)，スコット・デリクソン監督《地球が静止する日》(2008) など，リメイク作品も数多く登場している．

　冷戦後のアメリカ映画が描くフィクションの戦争では，テロリストや宇宙人は容易に敵役に設定できるが，北朝鮮のような例外を除けば，具体的な敵国を定めにくくなっている．ローランド・エメリッヒ監督《インデペンデンス・デイ》(1996) と続編の《インデペンデンス・デイ：リサージェンス》(2016) では，エイリアンの攻撃に対して，アメリカを中心に世界各国が協力する．特に，前者の原作ではロシアが，後者では中国が重要なパートナーとして描かれている．現実の安全保障面では，アメリカと中国は緊張関係にあるが，ハリウッドには巨額の中国資本が流入しており，また，中国は巨大な海外マーケットでもある．21世紀のアメリカを取り巻く国際環境の複雑さがうかがわれる．現実とフィクションを問わず，今後も戦争はアメリカ映画にとって重要なテーマであり続けるだろう．
[村田晃嗣]

戦争と音楽
War and Music

　アメリカを「民主主義の兵器廠」と位置付けるフランクリン・D.ローズヴェルト大統領は，真珠湾攻撃後に第2次世界大戦に参戦するに及び，ファシズムへの敵愾心を高める媒体として音楽に期待した．なかでもジャズは当時広い層の人気を博しており，スウィングブームを後景として大戦中に最盛期を迎えたため，大いに利用された（☞項目「ジャズ」「文化外交・文化摩擦」）．白人と黒人がともに演奏するジャズは，アメリカ民主主義の象徴として反ファシズムの戦争を戦うのに有用だった．

　戦争とジャズのつながりを象徴する人物がグレン・ミラーだった．人気の楽団を率いた白人バンド・リーダーで，38歳のときに楽団を解散して入隊し，アメリカの大義のために戦うことを誓った．陸軍軍楽隊を結成して各地で慰問演奏を実施するとともに，米軍兵士に提供されるVディスク（慰問用のレコード）用の録音演奏などを行っている．《イン・ザ・ムード》や《ムーンライト・セレナーデ》で軍人の士気をかき立てながら，彼はアメリカの戦争遂行に大きく貢献した．1944年に英仏海峡で消息を絶ち，帰らぬ人となったことは，アメリカ的理念を象徴する英雄となるのに十分だった．

　無論，アメリカの大義を体現するジャズは反ファシズム的プロパガンダにも利用された．戦時情報局（OWI）はラジオ番組「ジャーマン・ヴェールマハト・アワー」を放送し，ミラーの代表的楽曲を流すと同時に，合間にドイツ語でアメリカが保障する「四つの自由」を宣伝した．対して枢軸国も対米プロパガンダ放送にジャズを利用し，合間にローズヴェルト大統領批判や兵士の士気を下げるような文句を発信した．実にジャズは，戦争遂行の武器として，アメリカを超えて広く利用されたのである．

　それでは，アメリカ国内において，ジャズが体現したはずのアメリカ的民主主義はいかなる実態にあったのだろうか．大戦中，黒人紙や全米黒人地位向上協会（NAACP）は戦勝と国内の隔離撤廃という「ダブルVキャンペーン」を繰り広げた．だが大幅な改善はなされず，軍楽隊を率いたミラーが全米各地から有能なミュージシャンを集めていたときにも，そこに黒人の姿はなかった．彼らの多くは戦闘部隊に編入され，ジャズの掲げる高邁な理念と現実のギャップを直に体験したのである．ジョン・ハモンドやレナード・フェザーら白人批評家の中には，人種隔離の慣行を続ける音楽家組合やラジオ局を批判するものもあり，ハモンドに至っては隔離撤廃に消極的な組合をアドルフ・ヒトラー的と糾弾した．デューク・エリントンらがイリノイ州のホテルに宿泊を拒否されたとき，黒人紙『ピッツバーグ・クーリエ』は，ベルリンでも東京でも起こらなかった事態との批判を加えた．

　こうして大戦は，ジャズの掲げるアメリカ的理念とその実態との差を如実に示すこととなった．民主主義の夢をジャズに寄せる人々の期待は，スウィングに代わり戦後に台頭する新しいジャズのスタイル，ビバップへと継承されることになった．　　　［齋藤嘉臣］

コラム　　　　　　　　　　　　　　　　　　757

武器輸出と防衛産業
Arms Transfer and Defense Industry

　アメリカは世界最大の武器輸出国である．また，アメリカの防衛費は，第2位以下の数十カ国を合わせた額より多い．つまり，国内防衛市場の規模が大きく，それを支える産業基盤も強固であることを意味する．

　アメリカの防衛産業基盤のすそ野は広い．1990年代に約5社（ロッキード・マーチン，マクドネル・ダグラス，ボーイング，レイセオン，ジェネラル・ダイナミックスなど）に集約された国内プライム（システムインテグレーター）契約社に加え，外国の防衛産業のアメリカ内子会社（例えばBAEアメリカやEADSなど）から，最新のシステム開発を手掛ける技術集約企業（例えばボストン・ダイナミックス社）まで，全米50州には何らかの基盤が存在する．

　歴史的に米軍は，装備を2カ所の政府兵器廠（マサチューセッツ州スプリングフィールドとバージニア州ハーパーズフェリー）に依存していた．ここでは，交換可能な部品による武器製造や統一製造基準方式などを導入し，「アメリカ式生産システム」の基礎となった．しかし，これら兵器廠では，19世紀後半以降は兵器需要に対応できず，民間企業の活用が図られた．第2次世界大戦でも，戦時生産委員会が防衛生産に必要な資源の管理を行い，国内の民間の生産設備を軍事生産に動員している．第2次世界大戦後，初期の核戦略で重視された兵器システムが，有事生産体制ではニーズに対応できないと考えられたため，民間企業への依存は拡大した．さらに，新兵器の設計開発を民間企業が担当し，採用された際は当該企業が生産も担当する措置が設けられ，軍事技術のレベルが大幅に向上するとともに，国防予算も増加した．この結果，軍事生産をめぐる民間企業と政府の関係が再び注目され，61年1月のドワイト・D.アイゼンハワー大統領の離任演説での軍産複合体批判へとつながった．

　アメリカの防衛産業の発展により，アメリカは「民主主義の兵器廠」として，NATOなどの同盟諸国や第三世界諸国の主要な兵器供給源となった．冷戦後に国防予算は大幅に削減され，アメリカの防衛産業の再編が進んだ．国防予算の減少に対応するために，グローバリゼーションを利用した防衛生産の国際展開も進展した．冷戦後の国防予算の国際的な緊縮傾向の中で，高性能な兵器を国際的な共同開発や生産を通じてコストを削減することは，必要な措置と考えられていた．このため，90年代以降，日本との間でミサイル防衛に関する開発や，9カ国の間で戦闘機F-35の共同開発が実施された．

　ただし，ジョージ・W.ブッシュ政権の下で，イラク戦争に伴う戦争予算が拡大し，戦争経済（国内経済が国防支出に高度に依存している状態）に関する懸念も生まれた．しかし，バラク・オバマ政権のアジア政策であるリバランスでは，地域間の協力強化の方法として武器移転が想定されている．このように，アメリカの外交・安全保障政策の中で，防衛装備移転の意義は確認され，その実施を支え，アメリカの軍事力の基盤となっている防衛産業の強靭さは，アメリカの政策を支えるものとなっている．　　　［佐藤丙午］

特殊部隊
Special Operations Forces

2011年5月，パキスタン北部に潜伏中のウサマ・ビン・ラディン殺害作戦を成功させたことで，海軍特殊部隊SEALチーム6（海軍特殊戦開発グループ）が一躍脚光を浴びた．近年，対テロ戦争における特殊部隊の重要性が指摘されることは多いものの，その全貌は謎に包まれている．米軍特殊部隊とはいかなる存在なのだろうか．

米軍特殊部隊は，陸・海・空軍・海兵隊それぞれの下に設置されている．なかでも海軍のシールズ（SEALs）や陸軍のデルタフォースなどが有名である．これらの部隊は同時に太平洋軍，欧州軍，中央軍など各地域の統合軍の下にも所属している．そして，各特殊部隊を統合指揮するのが，特殊作戦軍司令部（USSOCOM）である．その要員は約7万人であり，グローバルな対テロ戦争において中心的な役割を果たしている．

特殊部隊の任務というと，テロリストや要人の捕捉・殺害などのいわゆる直接行動が注目されがちである．しかし，これは多岐にわたる任務の一部にすぎない．特殊部隊は対ゲリラ作戦や対テロ作戦，人質救出作戦に加えて，偵察活動や心理戦，大量破壊兵器の拡散防止，他国の治安部隊支援などにも従事している．また近年では，民生活動や人道支援活動の比重も高まっている．

今では陸・海・空軍・海兵隊と並ぶ「第五の軍種」とも呼ばれる特殊部隊だが，その発展は平坦なものではなかった．特殊部隊が誕生したのは，第2次世界大戦時のことであるが，終戦後の動員解除によりその多くが縮小・解体の憂き目に遭う．続く冷戦期に転機となったのが，柔軟反応戦略を掲げるジョン・F.ケネディ政権の登場であった．同政権は多様な紛争に対応できる軍事力の必要性を訴え，とりわけ，対ゲリラ戦や他国部隊の軍事訓練を重視した．その担い手として注目されたのが，ベトナムへも派遣された陸軍特殊部隊グリーンベレーであった．しかし，ベトナム戦争が失敗に終わると国防予算も大幅に削減され，特殊部隊は再び冬の時代を迎える．

特殊部隊の改革へとつながる重要な転換点となったのは，1980年のイラン人質救出作戦の失敗であった．各軍の特殊部隊による混成部隊が人質の救出を目指したが，連携不足もあり失敗に終わった．その結果，各軍の特殊部隊を統合的に指揮する司令部設立を求める機運が高まり，87年に特殊作戦軍司令部が設立されたのである．

2001年の9.11同時多発テロ事件後，通常戦力では対処の難しい国際テロリズムなどの非対称的脅威への対応が急務となったことで，特殊部隊の重要性は決定的に高まった．アフガニスタンへの武力行使でも，北部同盟との連携や軍事訓練を担った特殊部隊の活躍がなければ，タリバン政権の早期打倒は不可能であった．また，イラク戦争でも，弾道ミサイルの破壊工作やクルド人ら現地抵抗勢力への支援を行った．そして，現在のイスラム国（IS）掃討作戦においても，特殊部隊はイラク軍の能力強化支援に従事しており，今後もその重要性はますます高まっていくことであろう． ［手賀裕輔］

19. 世界とアメリカ

　国家としてのアメリカが持つ多面性・多様性は，その世界との関わりにも影響を与えた．独立直後のアメリカは，ヨーロッパ国際政治への関与を最小限にとどめ，北米大陸の征服と西半球での影響力拡大に専念しようとしたが，領土や通商をめぐる対立や交渉から自由になることはなかった．19世紀末以降，国力増大に伴ってヨーロッパやラテンアメリカに加えアジア，中東などとの関係が深まるが，それは複雑かつ内部矛盾を孕むものとなる．初代ワシントンからトランプ政権に至るまで，「孤立主義」と「介入主義」，「単独主義」と「国際主義」など相対する概念が，ともにアメリカ外交の特徴をとらえる言葉として使用される背景にはこのような歴史がある．

　本章では，アメリカと世界との関わりを，外交，経済，文化，宗教など多角的な視点から考察する．アメリカの対外政策を支える思想や価値を把握し，国際組織や各地域に対する姿勢を概観することで，今日の「アメリカと世界」に対する理解が深まることを期待する．　　　　　　　　　　　　[久保文明／西崎文子]

アメリカ外交における価値とイデオロギー

Values and Ideology in United States Diplomacy

　一般に国民国家の政府に課される最も重要な役割は，国民社会の安全と繁栄の維持にある．この役割を果たすために政府は，社会の調和・統合を促進するとともに，外交やときには武力行使によって他国との関係を統御し，国際社会における自国の威信と存立を確保しなければならない．言うまでもなく，そうした国家的行為は，一つに，それに向けて国家が動員し得る経済力や軍事力の裏付けを必要とする．しかし，それらの物理的な力に劣らず重要なのは，国家の行動が，いかなる価値観やイデオロギーに基づいているのかという点である．それらこそは，ある国家的行動が，国民の広範な支持を得，国際社会の承認を得るための鍵にほかならないからである．

❖**アメリカ国民意識の起源・定着・拡大**　特にアメリカのように，他地域からの移住，入植に始まり，帝国支配からの独立により，いわば人為的に形成された国民国家にあっては，価値観やイデオロギーの重要性や影響力はより顕著となろう．そこでは，国民的なアイデンティティや国民統合は，自然化し起源の曖昧な古い民族的・文化的伝統よりは，独立という具体的な目的に向けた意識的な政治行為や政治的言説にまつわる共通の記憶に由来しているからである．

　こうしてアメリカの国民意識は，一連の政治的価値に対する人民の積極的な合意を核として形成されてきた．それらの諸価値，すなわち人民の権利と自由・神の下での平等・共和主義・立憲主義・制限政府などは，いずれも独立宣言と連邦憲法とに規定されており，この二つの記念碑的な啓蒙主義的文書に対する明示的な賛意の表明こそは，アメリカ人としての不可欠の資格要件とされてきた．

　それどころか，その後，政治体制の根本的転換が起こらなかったアメリカでは，やがてアメリカこそはこれら人類普遍の政治的諸価値の最初にして，最終的な担い手であり，守護者であるとする国民的自負心が生じてきた．

❖**アメリカ外交の理念的性格**　こうした国民的自負心を背景とするアメリカ外交はともすれば，国際政治の過酷な現実から出発し可能な問題解決を模索するより，自国に特有の理念や価値観に立って現実を眺め，理念に従って現実を裁断し，世界の改造を図るといった理想主義的傾向を示しがちであった．19世紀末以来，合衆国は，弱小な辺境の新興国の地位を脱し，産業化を進めることによって国力を充実させヨーロッパの列強に伍するに至った．この時期，ようやくアメリカにも，セオドア・ローズヴェルトのように，客観的な指標化の可能な経済力や軍事力によって国力や国益を定義し，他国のそれらとの比較に基づいて，勢力均衡を図ろうとする外交指導者も現れる．この脱イデオロギー的で現実主義な権力政治

志向の外交思想は，後にハンス・モーゲンソーやヘンリー・キッシンジャーへと受け継がれてゆく．しかし，それによって20世紀以降のアメリカ外交から，理想主義の伝統が一掃されたわけでは決してない．それどころか，アメリカの対外行動が，自国特有の価値観やイデオロギーに導かれ，枠付けられた例としては，自由国際通商の理念を掲げた対中国門戸開放政策，民主主義の防衛を大義名分とした二度の世界大戦，人権擁護やジェノサイドの防止や独裁批判を名目とする冷戦期からポスト冷戦期に至る第三世界への無数の介入等々，枚挙に暇がない．

❖排外主義と人種主義の伝統　しかしアメリカ外交を規定してきた政治的価値やイデオロギーは，アメリカにとっての肯定的理念や理想に基づくものだけであったわけではない．そもそも，自由や共和主義といったポジティブな価値によるアメリカ国民のアイデンティティの形成過程には，同時に二重の拒絶もしくは排除が含まれていたことを忘れてはならない．すなわち一つに，それら政治的な諸価値と対蹠的な価値観に立つ腐敗した「旧世界」の拒絶であり，いま一つには，合衆国（「新世界」）の版図の内側にありながら，それらの諸価値とは無縁で，それらに値しないとされた少数派の人種集団（先住民と非自由民〈奴隷〉）や宗教集団の政治的排除である．この二重の排除によって，アメリカ的な理念の妥当する範囲と条件が，より明確に規定されたばかりか，排除それ自体が，アメリカ政治外交の伝統のうちに組み込まれる結果となった．

アメリカの「旧世界」への嫌悪感は，19世紀末以降，ヨーロッパ流の権力政治や，帝国主義に対する激しい批判へと姿を変えていった．のみならず，対ヨーロッパ不信は，ヨーロッパやそれ以外の地に起こったアメリカ革命とは異質な革命や革命的イデオロギーに対する拒絶にまで拡大されていった．きわめて非妥協的な反ラディカリズムや反共主義といった反革命的イデオロギーは，20世紀アメリカ外交の一つの強力な底流をなしてきたし，そのことは今も変わりない．

自由と共和主義を標榜するアメリカの国民社会が，当然に少数派の人種や宗教集団を排除することによって成立したという歴史的事情と，そしてその不正義の完全な払拭が今日なお困難であるという現状ほど，アメリカの対外的な道徳的威信を損ない，外交の不全を招いている要因はない．独立以来240年を超えるアメリカ史はインディアンと黒人の排除を起点とし，多くの非キリスト教の有色移民を包摂しつつ差別する過程を繰り返してきた点で，いわばアメリカ特有の人種的，宗教的ヒエラルキーの形成史でもあった．歴代のアメリカ外交の政策決定者たちもこのヒエラルキーの影響を免れることはなかった．このことを示す事例も，先住民との戦争に始まり，フィリピンの植民地化，太平洋戦争，ベトナム戦争，冷戦期の対アジア・アフリカ・ラテンアメリカ外交，そして近年の中東での戦争と少なくない．イスラム教徒の人種集団などに対する差別的イデオロギーの克服は，現在もなおアメリカ外交最大の課題であるといえよう．　　　　　　　［古矢　旬］

力の外交

Diplomacy of Power

アメリカは建国以来，ヨーロッパ国際政治に対する関与を忌避する孤立主義を外交的伝統としてきた．そこには，アメリカの独自性と徳性を誇る気持ち，選民意識，そして戦火の絶えないヨーロッパの国際関係が体現するかに見える諸属性（勢力均衡，権力政治，同盟，大常備軍，秘密協定など）に対する拒絶があった．

❖アメリカ的な力の外交　若き共和国は孤立主義を実践しながら，北米大陸ではマニフェスト・デスティニー（明白なる運命）の名の下，力を用いてネイティブ・アメリカンやメキシコ人を排除して領土膨張を進め，アメリカの文明，文化の普及に努めた（☞項目「例外主義」「戦略文化」）．アメリカは 19 世紀末までに世界で最大の経済力，有数の海軍力を獲得し，諸列強の仲間入りを果たした．大統領としておそらく初めて，アメリカの国際的責務を自覚したのがセオドア・ローズヴェルト（任期 1901～09 年）であった．彼は「柔らかく話し，棍棒を持ち運ぶように」をモットーに，アメリカの力をヨーロッパと東アジアに投射することで，国際秩序の平和と安定を図った．彼が 1908 年に展開した米海軍主力艦隊の世界一周は，躍進するアメリカの力の示威行為であった．

現実的なローズヴェルト外交とは対照的に，ウッドロウ・ウィルソン大統領（任期 1913～21 年）の外交はしばしば「宣教師外交」と揶揄されるように，理念的・道徳的性格が顕著であった．しかしウィルソンも力の行使に無縁ではなかった．彼はアメリカの第 1 次世界大戦参戦 1 周年を迎えた 18 年 4 月 6 日の演説で，アメリカの行動の道義的正しさを訴えるとともに，「力，最大限の力，際限のない力，正義を世界の法とし，あらゆる利己的支配を葬り去るような正義と勝利の力」を求め，道義的正義に裏打ちされた圧倒的な軍事力の投入を主張したのである．特にウィルソン以降は，力の行使を理念的に語り，正当化することがアメリカ外交の特色となった．

❖冷戦期・冷戦後の力の外交　二度の世界大戦での連合国の勝利はアメリカの軍事力と経済力を抜きには考えられないことであり，アメリカは力の行使に自信を深めた．第 2 次世界大戦後のアメリカは孤立主義から脱却し，「4 人の警察官」の一員として，国際秩序の維持にその力を用いる用意があったが，戦後世界の在り方をめぐりソ連との間で冷たい戦争（冷戦）が始まると，ソ連に対する「封じ込め」政策に乗り出した．ハリー・S.トルーマン大統領（任期 1945～53 年）は，「全体主義」勢力に対抗する「自由主義」勢力を支援することがアメリカの政策であると宣言したのである．封じ込めは戦争に至らない手段で内外より強い圧力をかけ続けることで，ソ連の長期的な変化をうながすという持久戦略であった．

封じ込めは冷戦の激化に伴い軍事的性格を強め，トルーマン政権は，「国家安全保障会議文書」第 68 号（NSC68, 1950 年 4 月）において，「力の立場」（ディーン・G. アチソン国務長官言）の構築を主張した．冷戦期のアメリカは強大な軍事力を背景にソ連に対峙し，第三世界では頻繁に軍事介入を繰り返した．かつてアメリカはヨーロッパ諸国の力の外交を厳しく批判したが，いまやアメリカ的理念でまとまった軍事力と同盟が安保戦略の重要な構成要素となった．

　冷戦期最大の危機であるキューバ危機が平和的に解決された直後，ディビッド・ディーン・ラスク国務長官は「米ソは目と目を合わせ，ソ連が先にまばたきをした」と語り，アメリカの力の優位がソ連の譲歩をもたらしたと言明した．80年代初頭のロナルド・W. レーガン政権（任期 1981〜89 年）による大規模な軍事力拡大が米ソ関係に与えた影響については議論があるが，少なくともレーガンが84 年以降，それまで強硬であった対ソ外交を修正し，対話路線に転じた背景には，アメリカの力の立場が回復されたという判断があった．冷戦を基本的にアメリカの条件で終結する上で，アメリカの力は不可欠であった．

　アメリカは冷戦終結後も力の優位を目指した．ジョージ・H.W. ブッシュ政権（任期 1989〜93 年）は 92 年の安保戦略文書でアメリカは「いかなる敵対勢力にも国益上の重要地域を支配させない」と述べ，アメリカの軍事的優位の確保を謳った．イラク戦争直前のジョージ・W. ブッシュ政権はこの方針を「安保戦略文書」（2002 年 9 月）で改めて確認し，さらに先制攻撃論を主張した．アメリカ政府は半年後にイラク侵攻に踏み切ったのである．

❖力の外交の陥穽　力の行使は現実の国際政治ではしばしば必要なことであるが，アメリカはその独特の国民意識と抜きんでた軍事力の故に，しばしば過剰な力に訴えることがあった．ベトナム戦争はその最たるケースであり，アメリカがこの戦争で投下した爆弾量は第 2 次世界大戦時の 3 倍に及んだ．また冷戦の終結後は，冷戦時とは異なり，武力行使が全面戦争につながる危険が大きく減ったことで，軍事力の使用はかえって頻繁となった．その頂点がアフガニスタン，イラク戦争であった．しかし二つの戦争の長期化はアメリカの国力を大いに損ない，積極的な対外関与に対する国民の支持は減退した．バラク・オバマ大統領（任期 2009〜17 年）はシリア内戦をめぐり，2013 年 9 月「アメリカはもはや世界の警察官ではない」と述べ，アメリカ主導の国際秩序を維持する上で力の行使にきわめて慎重な姿勢を明らかにしたのである．

　冷戦外交に大きな影響を与えた神学者ラインホールド・ニーバーは 1951 年，「みずからの権力であれ徳であれ，それを確信しすぎる国家は皆，ほかならぬ自己満足によってみずからの崩壊を早めるものだ」と警告した．これは，理念と力の行使の間に適切なバランスをとる必要を訴える洞察であるとともに，その後のアメリカ外交の陥穽を予言する指摘であった．　　　　　　　　　　　　　［佐々木卓也］

孤立主義の系譜

Genealogy of Isolationism

孤立主義の起源は建国期にまでさかのぼることができる．それは，かたちを変えて，繰り返しアメリカ外交を方向付けてきた．しかし，アメリカが実際に孤立し，世界と関わらなかったかというと，そういうわけではない．むしろ，孤立主義は，アメリカ固有の世界との関わり方と理解した方が正確だろう．現代においても，アメリカの国際社会における役割を限定的に定義する，もしくは国連などの多国間外交を忌避し，単独主義的な行動様式が際立つ際に，主として批判的な文脈で用いられる．

❖**孤立主義の起源** 孤立主義のそもそもの起源は建国以前に見いだせる．それは，新大陸それ自体が，ヨーロッパからの逃避という契機を内包していたからだ．しかし，それがはっきりと表明されたのは，1796 年，ジョージ・ワシントン大統領が「告別演説」を行ったときである．ワシントンは，その演説で外国との恒久的な同盟の危険性について警告を発した．ただしワシントンはすべての同盟を拒絶すべきと説いたわけではなく，緊急時の一時的な同盟は認めた．トマス・ジェファソン大統領は，これをさらに先鋭化させ，いかなる同盟関係も結ぶべきではないとし，さらに 1823 年，ジェイムズ・モンロー大統領は，ヨーロッパ諸国に対して，ヨーロッパ的なシステムを南北アメリカ大陸に拡張しないよう忠告した．これはモンロー・ドクトリン（主義）として知られ，孤立主義の政策的原型としばしば見なされる．

こうした基本姿勢は，国際政治で大国の向こうを張る実力を欠いた国家形成期の状況と合致していた．アメリカの軍隊は，1917 年にドイツに対して宣戦布告を行うまでヨーロッパ大陸で戦うことはなかった．その一方で，北米大陸では先住民を迫害，中南米に対しては力を行使し，カリブ地域や西太平洋においては権益の拡張を続けた．しかし，アメリカが次第に国力をつけ，さらに通信や移動手段の発達に伴って世界が小さくなっていくとともに，次第に孤立主義に変更が加えられていく．セオドア・ローズヴェルト大統領は孤立主義を見直し，それはローズヴェルト・コロラリーというかたちで示された．モンロー・ドクトリンが欧州諸国の南北アメリカ大陸への介入を防ごうとするものであったのに対して，ローズヴェルト・コロラリーは南北アメリカへの自国の介入の正当性を国際警察権の行使の名において正当化したものであった．

しかし，第 1 次，第 2 次両世界大戦に際して，ウッドロウ・ウィルソン，フランクリン・D. ローズヴェルト大統領はそれぞれ，参戦に消極的な世論に苦慮した．特に戦間期の孤立主義的衝動は強く，これを突き崩すことができたのは，日本に

よる真珠湾攻撃だった.

❖**国際主義の受容と孤立主義**　第2次世界大戦後，アメリカは国連システムの設置に奔走しつつも心地よい「繭」の中に籠ろうとした．しかし，1950年代初め頃になると，中華人民共和国の誕生，ソ連の原爆実験，朝鮮戦争などを経て，次第に冷戦コンセンサスが形成され，自由世界を守り，第三世界（途上国）の共産化を防ぐことを目的とした国際主義がアメリカ外交の主流になる．この冷戦コンセンサスは，戦後アメリカ外交の超党派的な基盤を形成し，戦後リベラル・インターナショナル・オーダー（リベラルな国際秩序）の根幹をなした．ベトナム戦争の評価をめぐる亀裂をきっかけに，民主党は72年大統領選挙で反戦派候補のジョージ・マクガバン上院議員を大統領党候補に押し上げるが，歴史的敗北を喫し，冷戦コンセンサスを突き崩すことはできなかった．しかし，この選挙を契機に，民主党内に反戦派が地歩を獲得し，左派孤立主義の潮流を形成する．

　冷戦の終焉とともに，再び孤立主義的衝動が高まる．ソ連の消滅は，アメリカの生存を脅かす脅威がなくなったことを意味し，また時期を同じくして国内政治の党派化が進行し，冷戦時代の合意の基盤が崩壊した．この時期，共和党内でもパット・ブキャナンが「アメリカ・ファースト」を掲げ，国際社会への不信感を露わにし，92年の大統領選挙で国際主義を掲げた現職のジョージ・H.W.ブッシュ大統領に予備選挙で挑戦した．ブキャナンは敗北したものの，彼の右派孤立主義は後のドナルド・トランプの躍進の予兆でもあった．この時代は，アメリカが他の国を国力において大きく引き離し，「単極時代」と評された．その単極性ゆえに，外の世界と関わることを忌避する孤立主義が反転して国際政治に投射され，アメリカの単独行動主義に批判が集まるようになった．

　9.11同時多発テロは冷戦後の孤立主義を封印し，アメリカは一気に介入主義の方向に舵を切ることになる．対テロ戦争の名の下に，ジョージ・W.ブッシュ政権はアフガニスタンとイラクに介入するが，ともに長期化，想定外に困難な局面に直面し，対テロ・コンセンサスは2000年代半ばには早くも崩壊することになる（☞項目「対テロ戦争」）．この過剰な介入主義への反省はまずは民主党内で影響力を持ち，これが2008年の大統領選挙でバラク・オバマが当選する一要因となった．この潮流はイラク戦争を主導した共和党内でも限定的ではあるが勢いを持ち，ロン・ポール，ランド・ポールがリバタリアニズムを掲げ，反介入論の論陣を張った．次いで，16年大統領選挙では，トランプが，イラクへの介入を完全に誤りであったと主張し当選，民主，共和を問わず，両党内で介入主義への懸念が高まっていることを強く印象付けた．

　世界との関わりを断つという意味での孤立主義はもはやアメリカの外交政策を描写する用語としては妥当ではない．しかし，その外との関わり方を象徴的に示す用語としては，ますます重要な意味を持ってくる可能性がある．　　［中山俊宏］

人権外交

Human Rights Diplomacy

アメリカは独立に際し，すべての人間の生命・自由・幸福追求の権利を宣言した国家であり，人権外交は国の成り立ちに埋め込まれていたといえる．しかし，人権の促進が外交目標として明示されたのは，1970年代のジミー・E. カーター政権時代である．

❖ **人権が国際問題となるまで**　第2次世界大戦以前，人権は国際社会が関心を持つべき事項とすら見なされていなかった．第1次世界大戦後のパリ講和会議でウッドロウ・ウィルソン大統領は，国際連盟規約に人種平等原則を盛り込もうとする日本の試みを挫折させた．これに対し，フランクリン・D. ローズヴェルト大統領は戦後世界の原理として「四つの自由」を掲げ，大戦中，国務省内では人権憲章案の作成が進められた．国際連合憲章は，人権の促進を国連の目標の一つと位置付け，憲章に基づいて設置された人権委員会ではエレノア・ローズヴェルトらが活躍し，1948年に世界人権宣言が総会で採択された．

しかし，国内に黒人差別問題を抱えたアメリカの人権外交には限界があった．50年代，ジョン・W. ブリッカー上院議員は，いかなる条約もアメリカ市民の権利を監督する権限を国際組織に与えないという条項を盛り込んだ合衆国憲法修正案を提出した．国内に反発を抱え，アメリカは人権条約の批准に消極的であり続けた．66年，国連総会で「市民的政治的権利に関する国際条約」（自由権規約）と「経済的社会的文化的権利に関する国際条約」（社会権規約）が採択されたが，アメリカは先進国中最も遅い92年に前者を批准し，後者は未批准のままである．

❖ **人権外交の展開**　1960年代，公民権運動の展開により，人権外交を制約してきた国内の人種問題に一定の改善が見られる中で，まず議会が人権外交を推進した．対外援助法の修正により，人権侵害を行う国に対する経済援助が禁じられ，国務省内に設けられた人権人道問題局は毎年，世界各国の人権状況に関する報告書を議会に提出した．

ベトナム戦争およびウォーターゲート事件で失墜したアメリカの道義的威信の回復が模索される中，77年大統領に就任したジミー・E. カーターは就任演説で「絶対的」な人権への取組みを宣言した．国務次官補に格上げされた人権問題担当者には市民権運動の女性活動家として知られるパトリシア・デリアンが就任した（図1）．カーター政権はデタント外交（緊張緩和）を継承しつつ，そのために人権外交が犠牲にされてはならないとして，共産主義諸国における反体制派

図1　カーター大統領とパトリシア・デリアン（左）
[National Archives]

の弾圧を非難し，ラテンアメリカの人権侵害国に対する軍事援助を停止した．他方，イランやサウジアラビアなどの戦略的価値が高い国については人権外交を通じた圧力は差し控えられた．「強いアメリカ」を掲げてカーターに代わったロナルド・W. レーガンは，カーターの人権外交を親米的な右翼独裁政権との関係を悪化させ，国益を損なったと批判し，アルゼンチンなどへの軍事援助を復活させた．人権問題担当国務次官補には反共主義者エリオット・エイブラムズが就任し，人権外交は反共政策の一環として進められた．ソ連，キューバ，ニカラグアなどアメリカに敵対的な左翼政権による人権侵害は激しく糾弾された．

しかし，ミハエル・ゴルバチョフの登場後の冷戦構造の変容の中で，レーガン政権の人権外交は反共的性質を薄めていった．韓国については，権威主義的体制から民主的体制への移行が長期的にはアメリカの利害に適うという判断のもと，人権状況改善への圧力がかけられた．アパルトヘイト（人種隔離政策）を行う南アフリカに対し，レーガンは反共的な観点から制裁に消極的であったが，議会がその反対を押し切り，強力な制裁を盛り込んだ「包括的反アパルトヘイト法」（CAAA）を成立させた（☞項目「アメリカと世界各地域」）．

しかし中国に関しては，カーター政権もレーガン政権も戦略的・経済的な利害を優先し，人権問題に関する非難を控え続けた．天安門事件（1989）に際し，ジョージ・H.W. ブッシュ大統領は対中融資の停止などに踏み切る一方，中国への最恵国待遇の供与を延長した．ビル・クリントン大統領は，人権状況の改善を最恵国待遇の更新の条件と位置付けたが，最終的には米中関係を考慮し，人権問題と切り離して最恵国待遇を認める決断を下した（☞項目「アメリカと中国」）．

❖テロと人権　2001 年の 9.11 同時多発テロ以降，今日まで「テロとの戦い」が続く中，アメリカ市民の安全のためであれば人権侵害が許されるのか，ということが議論を呼んでいる．人権侵害の加害者を裁くことを目的に国際刑事裁判所（ICC）が設立されたが，米国兵士が裁かれることへの懸念からジョージ・W. ブッシュ大統領は署名を撤回した．キューバのグアンタナモ収容所における「テロ容疑者」への非人道的な拷問は国内外に大きな批判を巻き起こしたが，他方，テロ防止の必要悪として支持する世論も根強い．バラク・オバマ大統領は同収容所の閉鎖を決定したが，実現の目処は立っていない．17 年 1 月に誕生したドナルド・トランプ政権の人権外交の輪郭は明確ではない．一方で，イスラム国によるテロに協同で対処するという観点から，オバマ政権が人権侵害を批判してきたエジプトなどとも，人権問題は不問に付して関係強化を図っている．他方，シリアでアサド政権が毒ガスで無辜の市民を殺害したとして懲罰的な空爆を行い，「人道」の観点から正当化されるとしている．「アメリカ第一主義」（アメリカ・ファースト）を掲げ，アメリカ国民への義務は国際的な義務に優先すると宣言する大統領の下で，アメリカの人権外交は岐路を迎えている．　　　　　　[三牧聖子]

リアリズムの外交

Realism in Diplomacy

　リアリズム（現実主義）とは，国際関係において主権国家がそれぞれの国益を追求し，パワーを行使するものと見なす理論である．17世紀から19世紀にかけてのヨーロッパ諸国の関係を範とし，そこで追求された勢力均衡を重視する．また，有限なパワーを合理的に利用した国益の最大化を理想とするため，目的と手段の整合性を重視する傾向がある．

❖アメリカ外交とリアリズム　アメリカでは，理念や民意に基づいて外交を行うべきであり，国益を追求する外交は望ましくないとする見方が強かった．アメリカがリアリズムの外交をまったく行わなかったわけではない．例えば独立戦争の際，アメリカは宗主国イギリスと敵対していたフランスと，政治体制の相違を乗り越えて提携した．しかし全体としては，リアリズムに対する批判の方が目に付く．

　特に第1次世界大戦中にアメリカを率いたウッドロウ・ウィルソン大統領は，勢力均衡を世界大戦の原因と見なして厳しく批判した．彼は，勢力均衡の代わりに法と民主主義を基盤とする新たな国際関係を提唱した．ウィルソンの主張は，ウィルソン主義としてその後のアメリカの国際関係思想に影響を与えた．

　第2次世界大戦後に冷戦が勃発すると，リアリズムの知見がアメリカの外交政策に影響を及ぼしていった．パワーの役割を重視するリアリズムは，安全保障を重視する冷戦期の外交と親和性が高かったのである．その一方で，冷戦にはイデオロギーによって敵と味方を峻別する一面もあり，この点でリアリズムは冷戦と一線を画した．

　1989年にベルリンの壁が撤去され，2年後にソ連が崩壊すると，冷戦の終焉をアメリカの勝利と見なす理解が広がった．その結果，アメリカが標榜する民主主義や人権，市場経済を世界的に拡大する外交政策を求める声が高くなった．リアリズムが重視する目的と手段の整合性や外交における慎重さが，あまり評価されない状況が生じたのである．

❖ニクソンのデタント外交　リアリズムに基づく外交を意識的に追求したのが，リチャード・M.ニクソン大統領であった．ベトナム戦争を経て従来のアメリカ外交への信頼が揺らいでいた1969年に大統領に就任したニクソンは，アメリカの国力の相対的弱体化を前提に，外交政策の修正を目指した．彼は，著名な国際政治学者であるヘンリー・

図1　ニクソン大統領（中央）と
　　　キッシンジャー補佐官（右）

キッシンジャーを補佐官とし，議会や世論の目の届かないところで，外交を直接指揮した（図1，☞項目「アメリカと世界各地域」）．

　ニクソンの目的は，ベトナム戦争の解決と冷戦の緊張緩和であった．そのため彼は，国交のなかった中華人民共和国を訪問して関係改善に成功した．その上で，この米中接近を梃子にソ連との対話を進め，軍備管理交渉を中心にソ連とも関係を改善した．ニクソンは中ソの支援でベトナム戦争を有利に解決しようと期待していた．しかし中ソ両国はアメリカの期待に応えず，73年に成立したベトナム和平協定で，アメリカは大幅な譲歩を強いられた（☞項目「アメリカと中国」）．

　ニクソンの外交は一定の成果をあげたが，その評価はおもわしくなかった．リアリズムの外交には道徳観念が欠如し，アメリカ的ではないと批判された．ニクソンがウォーターゲート事件によって立場を弱め，秘密主義的な政策手法が厳しく批判されたことも，ニクソン外交の実施を困難にした．

❖ブッシュの慎重な外交　冷戦終結時に大統領の職にあったジョージ・H.W.ブッシュは，リアリズムの外交を進めた一人であった．大統領就任前から外交経験を積んでいたブッシュは，ブレント・スコウクロフト補佐官らとともに，冷戦終結前後に慎重な外交を進めた．東ヨーロッパのソ連圏崩壊に際して，ソ連を刺激しないように「アメリカの勝利」を声高に唱えなかったのは，ブッシュ政権の慎重さを示している．湾岸戦争の際に，イラク本土への侵攻を求めるアメリカ国内の声を抑え，クウェート解放に目的を限定したことも，その一例といえる．後のイラク戦争が泥沼化したことを想起すれば，ブッシュ大統領はアメリカのパワーの限界を理解し，リアリズムに基づく判断を下していたといえるだろう．

　また，ブッシュ大統領の下で統合参謀本部議長を務めたコリン・パウエルは，軍事力を行使する際に熟慮を求めるパウエル原則を提唱した．これは正式な政策ではなかったものの，冷戦後に頻発した地域紛争に対するアメリカの軍事介入を抑制する機能を果たした．とはいえ，国務長官に就任したパウエルがイラク戦争を容認したように，この原則が必ずしも有効というわけではなかった．

❖これからのアメリカにおけるリアリズム　2008年の世界的な金融危機以降，アメリカのパワーは明らかに後退した．第2次世界大戦後や21世紀初頭のように，アメリカの圧倒的なパワーを前提に外交政策を策定することは，もはや不可能である．バラク・オバマ大統領は国外の紛争にアメリカ軍を派遣することには非常に慎重であったが，これは自国のパワーの後退を踏まえたリアリズムの外交であったと考えられる．その一方，ドナルド・トランプの選挙戦に表れていたように，「偉大なアメリカ」への期待は依然として根強い．オバマの慎重な外交があまり評価されなかったことも，その一例といえる．この背景には，理念を重視するアメリカの政治文化や，力の外交への期待が高いことなどが考えらえる．

［倉科一希］

新保守主義

Neo-Conservatism

アメリカ史において，保守主義はニューディール以降少数派であり，1950年代前半までの「赤狩り」の後は忌むべきものとされてきた（☞項目「保守主義」）．これに対して，新保守主義はリベラリズム（自由主義）に対抗して，60年代のさまざまな抗議運動や対抗文化を批判した．例えば，新保守主義の論客の一人で社会学者のダニエル・ベルは『資本主義の文化的矛盾』（1976）の中で，60年代を「道徳的退廃の反映」と呼び，リベラリズムは資本主義をめぐる経済的成功と快楽主義の間の文化的矛盾を批判できないと論じている．

新保守主義者には，かつて左翼思想（トロツキー主義を含む）に影響されたニューヨークのユダヤ系知識人が少なくない．ベルもそうであり，後に新保守主義の創始者と呼ばれる文芸批評家のアービン・クリストルやノーマン・ポドレッツもそうである．

✛レーガン時代　1960年代の混乱を経て，70年代には，アメリカはウォーターゲート事件，ベトナム戦争での敗北，スタグフレーション（インフレーションと高い失業率が共存する状態），世界経済におけるアメリカ経済の地位の低下，米ソ・デタント（緊張緩和）への懐疑，人種やジェンダーをめぐる対立など，さまざまな困難に直面した．79年7月15日には，ジミー・E.カーター大統領が全米に向けたテレビ演説で，「アメリカ民主主義に対する原理的な脅威」「私たちのまさに心と精神に，さらに国家的意思の魂に打撃を与える危機」として，「信頼の危機」を説いたほどである．

80年の大統領選挙で現職のカーターを大差で下した共和党のロナルド・W.レーガンは，現実の政治の世界でさまざまな保守勢力を糾合する役割を果たした．規制緩和を求める経済的保守，道徳の再建を願う社会的保守，そして，対ソ強硬路線を迫る軍事的保守が，いずれもレーガンに期待を寄せたのである．もちろん，規制緩和は時に道徳と抵触し，軍拡は「小さな政府」とも相容れない（☞項目「小さな政府」）．だが，レーガンの個人的魅力と人気が，こうした矛盾を糊塗した側面もあろう．それは，30年代にフランクリン・D.ローズヴェルト（FDR）が広範なリベラル勢力を糾合し，ニューディール連合を構築した現象に似ている．レーガン自身がしばしば，「右派のFDR」と呼ばれた．このレーガン政権では，スタンフォード大学フーバー研究所やアメリカン・エンタープライズ・インスティテュート，ヘリテージ財団などの保守系シンクタンクが人材を提供した．かつてローズヴェルト政権やジョン・F.ケネディ政権で，ハーバード大学など東部のリベラルな名門大学が，人材を供給したのと同じ役割である．

❖ジョージ・W. ブッシュ時代　だが，レーガン政権下でインフレーションが沈静化し，税率が下がり，さらにその後ソ連が崩壊すると，保守主義は分裂し過激化していった．「保守運動は成功の犠牲者だった」「レーガン主義はより過激な形態をとって，2000年の大統領選挙以降に生き残りを果たすことになった」と，歴史家のショーン・ウィレンツは論じている．

　2000年の大統領選挙で激戦の末に勝利したジョージ・W. ブッシュは，「慎み深い保守主義」を標榜（ひょうぼう）した．しかし，翌年9月11日に同時多発テロに遭遇すると，単独主義的で軍事力を過信する対外政策に傾斜していった．そこで改めて，ブッシュ政権内外の新保守主義勢力の影響力，とりわけ，外交・安全保障政策への影響力が注目されるようになった．彼らはしばしばネオコンサバティズム（ネオコン）と略称された．ただし，彼らは決して特定の政治集団ではなかったし，政権の内部よりも主として在野の知識人，言論人として活躍していた．

❖外交哲学　ネオコン共通の外交哲学をあげると，弱肉強食の世界観，利益追求型の国家観，対外強硬論，多国間主義と国際制度の否認，アメリカ一極体制への過信であるとの見解や，善悪二分論，軍事力重視，中東重視こそ，ネオコンの共通点であるとの研究がある．より具体的には，①絶対的な道徳的立場から国際問題を分析する，②アメリカ一極体制下での軍事力の効用を重視する，③国務省や地域専門家を軽視し，非軍事的な多国間組織や国際条約を敵視する，④レーガン政権を理想視するといった傾向があるという．

　21世紀に入ってネオコンと注目された人々の中には，民主党タカ派のヘンリー・ジャクソン上院議員の下で働いた者や政治哲学者のアラン・ブルームの感化を受けた者などが多かった．ウィリアム・バックレー・ジュニアやジョン・ポドレッツのように，父の思想や活動を継承する次世代知識人もいる．ブルームの薫陶を受けた政治哲学者のフランシス・フクヤマは，ネオコンの特徴として大胆な社会改革への不信をあげている．ところが，9.11同時多発テロ以降のネオコンたちは彼らがかつて憎悪した共産主義並みに大胆な社会改造計画に乗り出そうとし，世界中，とりわけ中東で強い反感を買った．

❖イラク戦争後　アフガニスタンとイラクでの戦争の長期化とそれらへの反発，そして，2008年9月のリーマンショックなどから，アメリカ一極体制は瓦解（がかい）し，ネオコンは影響力を大幅に後退させた．むしろ，16年のドナルド・トランプの大統領当選で，反知性主義（知性が特定の権威と結び付くことへの反発）や大衆迎合主義（ポピュリズム），アメリカ一国主義（新孤立主義）の台頭が指摘される．ネオコン以上にこうした勢力が，バラク・オバマ大統領の体現するリベラリズムを攻撃してきた．だが，1950年代以降の新保守主義の思想や言論，人脈は実に多様かつ強靭であり，いまなおリベラリズムや反知性主義，新孤立主義への反撃の機会をうかがっていると見るべきであろう．　　　　　　［村田晃嗣］

国際主義と反国際主義

Internationalism and Anti-Internationalism

　建国以来アメリカ外交は，世界への関与を最小限にし，海外の戦争に巻き込まれることを避けることによって，アメリカの平和を維持しようとする孤立主義を方針としてきた．しかし孤立主義外交は，20世紀を通じて相互依存が増大し，アメリカと世界が結び付きを深めていく中で，維持が困難になった．代わって，国際的な制度やルールを構築・整備し，その中でアメリカが積極的な役割を果たすことで，世界とアメリカの平和を維持しようとする国際主義がアメリカ外交の方針とされるようになった．

❖**国際連盟の拒絶と国際連合への加盟**　第1次世界大戦は，アメリカの孤立主義に対する最初の本格的な挑戦であった．1917年，ウッドロウ・ウィルソン大統領は参戦を決定し，パリ講和会議では国際連盟の創設を主導した．しかしアメリカの連盟加盟は議会の承認を得られず，挫折する．上院の非妥協派は，連盟規約が規定する集団安全保障はアメリカを海外の戦争に引きずり込み，アメリカ軍をアメリカ以外のものの指揮下に置き，その安全と主権を脅かすと主張して譲らなかった．

　アメリカ外交が最終的に孤立主義から国際主義へと転換するのは，第2次世界大戦後のことである．フランクリン・D. ローズヴェルト，ハリー・S. トルーマン両民主党政権は，連盟の教訓から国際連合に関する超党派の合意形成に尽力し，国連創設のためのサンフランシスコ会議には，上院外交委員長のアーサー・H. バンデンバーグなど共和党の有力議員も同行した（図1）．連盟よりも強力な集団安全保障体制を

図1　国連憲章に署名する米国代表団団長エドワード・ステティニアス（1945年6月26日）[United Nations]

備えた国際連合への加盟は，上院で圧倒的多数で可決された．

❖**国際経済秩序への積極的関与**　経済に関してもアメリカは，1929年の世界大恐慌後，各国が貿易保護主義に傾倒したことが世界経済をさらに悪化させたことへの反省から，国際通貨基金（IMF），国際復興開発銀行（IBRD），関税・貿易に関する一般協定（GATT）の創設を主導し，国際経済体制の構築に貢献した．ブレトン・ウッズ体制と呼ばれるこの体制のもとで，ドルは基軸通貨とされ，8度のGATTの自由化交渉を通じて自由・無差別な国際貿易が促進された．95年，GATTを発展解消させるかたちで成立した世界貿易機関（WTO）は，モノの貿易に加え，サービスや知的財産権に関しても自由化交渉の対象とした．

❖多国間条約への反発　第2次世界大戦後のアメリカは世界秩序への関与を強める一方，国際社会が国内問題に介入してくることには消極的であり続けた．国民の代表者である連邦議会の権限が及ばない「超国家」的な組織の取り決めにより，アメリカの主権や行動の自由が制限されることへの反発は根強く，アメリカは多数の条約を批准していない．主な未批准条約には，包括的核実験禁止条約（CTBT），対人地雷禁止条約（オタワ条約），遺伝資源を利用して得た利益を，その資源が存在する国や先住民と公平かつ衡平に分かち合うルール形成などについて定めた生物多様性条約（CBD），各国の領海や排他的経済水域の範囲などを規定した国連海洋法条約（UNCLOS）などがある．温室効果ガスの削減目標を決めた京都議定書もいったん署名したが，その後撤回した．戦争犯罪や人道に対する罪，集団殺害などを裁く常設の裁判所として設立された国際刑事裁判所（ICC）についても，ジョージ・W.ブッシュ政権は，海外駐留のアメリカ軍兵士の犯罪が訴追対象となることを危惧し，署名を撤回した．

❖伝統的価値と人権条約　アメリカの反国際主義の源泉として無視できないのが，アメリカとは価値観を共有しない諸国家を含む国際機関の取り決めにより，アメリカの伝統的な価値が脅かされることへの共和党保守派議員の反発である．保守派は，国家には社会的弱者に対し，必要な財やサービスを提供する責任があるとする社会権の考え方は，自由な市民の企業活動を重んずるアメリカの伝統的な自由主義に反すると考える．条約の締約国となることを通じて，過度にリベラルな価値観がアメリカ社会に流入し，伝統的な家族の在り方を変容させてしまうことへの危惧から，彼ら保守派は，女性や子どもに関する人権条約にも反対している．共和党は，伝統的に北部や中西部を基盤とし，穏健な国際主義的路線を支持してきたが，1980～90年代半ばにかけて，南部や西部山岳州を中心とする政党へと変容した．94年の中間選挙で，同党は上下両院で多数党に返り咲き，保守派が支持基盤の強さや議員数で穏健派を凌駕するに至った．保守派議員の反発により，アメリカは経済的・社会的及び文化的権利に関する国際規約（社会権規約），女子差別撤廃条約（CEDAW），子どもの権利条約（CRC）などの人権条約に批准していない．

❖国際主義の未来　2009年ブッシュ政権に代わったバラク・オバマ政権は，ICC締約国会議へのオブザーバー参加を決定し，国連気候変動枠組条約第21回締約国会議（COP21）で合意されたパリ協定に調印するなど，国際主義への軌道修正に尽力した．16年9月，オバマは，世界最大の温室効果ガスの排出国である中国の習近平国家主席と共同でパリ協定への参加を表明し，同年11月の同協定の発効を大きくうながした．しかし，アメリカ第一主義（アメリカ・ファースト）を掲げて，パリ協定や環太平洋戦略的経済連携協定（TPP）からの離脱を掲げ，国連への対決姿勢をあらわにするドナルド・トランプ大統領の誕生により，アメリカは再び反国際主義へ傾いている．　　　　　　　　　　　　[三牧聖子]

アメリカと国際連合

The United States and the United Nations

アメリカは国際連合（国連）の形成にあたって中心的な役割を果たしたが，設立後の国連との関係は平坦ではなかった．東西冷戦が激化し，アジア・アフリカの加盟国が増加するにつれてアメリカの国連離れが目立つようになった．冷戦終結後も時々の政権によって国連に対する姿勢が大きくぶれる傾向は続いている．

❖冷戦下の国連とアメリカ　第2次世界大戦中，フランクリン・D. ローズヴェルト政権は，アメリカが終戦後に孤立主義に戻ることがないよう早い時期から戦後構想づくりに着手した．国際連盟への加盟拒否という失敗を繰り返さないためである．アメリカを中心とする国際秩序の柱として重視されたのが国連であった．1944年8～10月のダンバートン・オークス会議の後，翌年6月にはサンフランシスコ会議が開催され国連憲章が採択された．憲章採択が戦争中になされたのは，終戦とともに国民が一気に国際問題への関心を失うことを恐れたからであった．

大きな期待の下に誕生した国連であったが，その前途は多難であった．ドイツ占領問題や東欧諸国の勢力圏問題で米ソが対立を深め，トルーマン・ドクトリンやマーシャル・プランが発表されると，国連の場にも東西対立が持ち込まれた．46年には，原子力の国際管理を検討する国連原子力委員会が合意形成に失敗した．常任理事国が拒否権を有する安全保障理事会（安保理）では，46年以降，アメリカおよび西側諸国の提出する決議案にソ連が拒否権を発動することが常態化し，安保理の麻痺が指摘されるようになった．

このような中，49年にアメリカがカナダ・欧州11カ国と締結した北大西洋条約は，安保理を中心とした国連安全保障システムを揺るがすことになった．加盟国の共同防衛を謳ったこの条約は，国連の目的や原則を尊重し，国連憲章第51条に認められた集団的自衛権を共同行動の根拠とすると明記していた．しかし，アメリカを含めた加盟国の狙いは，ソ連の軍事的脅威に対し，安保理が拒否権で動かない場合でも，これを迂回する道を確保することだったのである．

冷戦時代，国際的危機に際して安保理が決議を採択し，いわゆる「国連軍」が組織されたのは50年6月に勃発した朝鮮戦争が唯一の例であった．中国の代表権をめぐってソ連が国連をボイコットしていたため，ソ連不在の安保理で北朝鮮の侵攻を非難する決議が採択可能だったのである．ソ連が復帰して再び拒否権を行使しはじめると，アメリカは国連総会で「平和のための結集決議」を成立させ，拒否権のない総会が軍事行動勧告の決議を採択できるようにした．

総会での多数派の支持を頼りに国連での地位を維持したアメリカであったが，60年以降，アフリカやアジアの国々が続々と独立を果たして加盟国が増加する

と，総会での圧倒的な優位も危ぶまれるようになった．これが顕著になったのが，中国の代表権問題をめぐる経緯である．中華人民共和国の成立後も中国の代表権は台湾に維持させるというアメリカの立場は否定され，71 年には北京政府が国連代表として招請される．多数派を主導できなくなったアメリカは，いよいよ国連から距離をおくようになった（☞項目「アメリカと中国」）．

国連に対するアメリカの批判は，専門機関に対する姿勢にも現れた．アメリカは，70 年代後半から 80 年代にかけ，国際労働機関（ILO）やユネスコから一時脱退している．組織の運営方法や放漫財政への不満が根拠にあげられたが，最大の理由はこれらの機関が過度に「政治化」し，東側諸国と第三世界（途上国）のアジェンダ（議題）を推進していると見なされたからであった．

❖冷戦終結後のアメリカと国連　冷戦の終焉は国連復活の好機であった．1990〜91 年の湾岸危機に際しては，朝鮮戦争以来初めて安保理決議に基づく武力行使が実行に移された．ソ連や中国を含む常任理事国すべてが決議に賛成したのである．湾岸戦争後にジョージ・H.W. ブッシュ大統領が宣言した新世界秩序構想の中心には再生した国連が位置付けられていた．

この頃までに，国連は安保理を中心とした安全保障だけでなく，平和維持活動や紛争予防，人道的介入などさまざまな活動を展開するようになった．92 年にブトロス・ブトロス＝ガリ事務総長が発表した「平和への課題」はその代表例である．しかし，93 年にソマリアでの平和強制部隊に参加したアメリカ兵 18 人が武装勢力に殺害されると，ビル・クリントン政権は活動からの撤退を決めた．湾岸戦争後のアメリカがどのように国連中心主義を貫けるかには疑問が残った．

そのような中，2003 年のイラク戦争はアメリカと国連との関係を悪化させた．02 年の国連総会で，ジョージ・W. ブッシュ大統領は，イラクが湾岸戦争後の国連決議に違反して大量破壊兵器を隠匿していると非難し，国連に行動を求めた．そして，国連が動かないのであればアメリカが代わって行動すると述べたのである．これは，国連が拒否権で麻痺した場合には，代わりにアメリカが北大西洋条約機構（NATO）とともに行動するという冷戦時代を彷彿とさせる主張であった．国連の無能ぶりを糾弾するジョン・ボルトンが国連大使に任命されたことは，ブッシュ政権の国連認識を象徴するものだったといえよう．

❖国際主義のゆくえ　泥沼化するイラク戦争を引き継いだバラク・オバマ政権は，国際主義を掲げ，国連の諸機関を通じて安全保障，環境，核の問題などに対応しようとした．イスラエル支持を掲げて孤立していたパレスチナの問題で譲歩の姿勢も示した．しかし，ドナルド・トランプ政権はアメリカ第一主義（アメリカ・ファースト）を掲げ，国際主義に逆行する動きを見せている．単独行動主義的な傾向を外交の伝統として持つアメリカが，国際主義を国是とし続けていくことができるかが問われている．　　　　　　　　　　　　　　　　　　　　［西崎文子］

アメリカ外交と同盟

Alliances in U.S. Foreign Policy

||||||||||||||||||||||||||||||||||||||||||||||||||||||||||||||

　アメリカは合衆国成立前の一時期を除き，同盟を結ばない孤立主義政策を長らく採用してきた．その伝統が変化したのは第2次世界大戦終了後のことである．今日，アメリカは世界中に最も多数の同盟国を持つ国となっている．

❖伝統　イギリスからの独立戦争の際，北アメリカの13のイギリス植民地の連合体はフランスの軍事的支援を得るために，1778年に米仏同盟条約を締結した．しかし，正式にアメリカ合衆国が発足した89年以降，アメリカはヨーロッパの権力外交に関わらないように心がける孤立主義外交を基本とするに至った．それはジョージ・ワシントン大統領の告別演説（1796）やジェイムズ・モンロー大統領によるモンロー・ドクトリン（主義）（1823）などによって示されている．

　第1次世界大戦ではイギリス・フランス側に立って参戦したものの，それは同盟の義務によるものではなかったし，参戦後も両国とは一定の距離を置いた．第2次世界大戦におけるイギリスやソ連に対する支援は，やはり条約上の義務に基づくものではなかったが，協力して戦争を遂行した（米英ソの大同盟）．

❖同盟拡大の歴史　アメリカ合衆国として平時において初めて結んだ同盟条約は，1947年に署名された中南米諸国とのリオ条約であった．より本格的な同盟となったのが，49年に成立した北大西洋条約機構（NATO）であった．加盟国はアメリカを含めて12カ国であった．ソ連の脅威を強く意識したものであり，どの加盟国に対する侵略に対しても共同で応戦・参戦する義務を規定した．

　その後51年に，フィリピンとの間に相互防衛条約，オーストラリア，ニュージーランドと太平洋安全保障条約（ANZUS条約）が締結され（その後ニュージーランドは実質的に離脱），さらに日米安全保障条約が締結された．その後，アメリカは53年に韓国と相互防衛条約を結び，54年には東南アジア条約機構（SEATO）が結成された．加盟国は8カ国であったが，77年に解散した．ただし，タイとの同盟関係は継続している．54年には台湾との間に米華相互防衛条約も締結された（1979年に破棄）．イスラエルとの同盟関係は明確な条約が存在しない点で異色である（同盟条約なき同盟）．これはサウジアラビアとの関係にもある程度妥当する．なお，日米の条約は60年に改定され，アメリカの日本防衛義務が明文化された．ただし，すでに日本国憲法第9条が存在していたため，日米の防衛義務は相互的なものではなく，日本にはアメリカを防衛する義務は課されていない．それと引き換えにアメリカは日本国内の基地を日本防衛以外に使用する重要にして貴重な権利を獲得している（☞項目「米軍基地」）．

　ちなみに，NATOは特に社会主義崩壊後に多数の東欧・旧ソ連圏の国々をメ

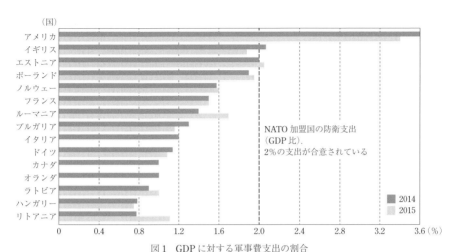

図1　GDPに対する軍事費支出の割合
NATO加盟国でGDP 2%防衛支出の約束を守っているのはアメリカとエストニアだけであり，トランプ大統領は合意遵守を強く求めている．ちなみに日本も1%以下にとどまっている［BUSINESS INSIDER］

ンバーとして迎え，2017年現在28カ国からなる巨大同盟機構に拡大している．

❖アメリカの同盟の特徴　第一に，第2次世界大戦終了後アメリカが圧倒的に軍事的超大国かつ経済大国であったため，同盟国間の力関係は基本的に非対称的であり，アメリカが他の同盟国を防衛するという側面が強い．その結果，アメリカが基地使用の権利を獲得し，米軍を駐留させるというパターンは，多くのNATO諸国，日本，韓国などに見られる．これは，アメリカがソ連を封じ込めるために，さらには世界秩序を維持するために，狭い意味でのアメリカの国益を追求するよりも，多くの軍事的・財政的負担を進んで引き受けたことを意味する．

第二に，アメリカは世界の最も豊かで最も民主主義が発達し安定した国，また相対的に高い技術力と軍事力を持った国の多くを同盟国として抱えている．ロシアや中国が持つ同盟国の質・量と比較すると，違いは劇的である．

第三に，アメリカ国内では，しばしばアメリカが担った大きな負担や犠牲に対して批判が展開されてきた．ジミー・E.カーター政権以降しばしば，日本も防衛費を国民総生産（GDP）1%以上支出するように，あるいは憲法9条を修正するように求められた（図1）．アメリカはベトナム戦争，あるいはイラク戦争で，より多くの国の協力を求めた．アメリカもまた同盟を，そして同盟国による貢献を切実に必要としている．

2017年に就任したドナルド・トランプ大統領は，伝統的な同盟観を共有していないようにも見える．その外交政策を世界が，とりわけアメリカの同盟国が固唾を飲んで見守るゆえんである．　　　　　　　　　　　　　　　　［久保文明］

国際経済秩序と通商外交

International Economic Order and Trade Policy

　第2次世界大戦後の国際経済秩序は，アメリカの強い指導力の下で形成された．通貨の安定や貿易の多角的自由化など戦後の新たな国際秩序形成に向けてアメリカが抱いたのは，通貨安競争やブロック経済の進展が大戦につながったという歴史の教訓と，ソ連との冷戦で有利な立場に立つために西側陣営を繁栄させ政治的に安定させるという現実的な思惑であった．

　これらの意向は 1945 年に設立された国際通貨基金（IMF）と国際復興開発銀行（IBRD：通称，世界銀行），47 年の関税および貿易に関する一般協定（GATT）に反映されており，このような国際機構からなる世界経済安定のための枠組みをブレトン・ウッズ体制と称す．国際決済通貨となった米ドルと西側諸国の通貨を連動させる固定相場制の下で，IMF がその相場安定のための短期ドル供給を，IBRD は戦後復興とインフラ整備のための長期融資を担う一方で，GATT は世界規模での自由な貿易推進に向けて多国間自由化交渉を図った．

　アメリカは同盟国日本をブレトン・ウッズ体制に早くから組み込み，55 年には GATT への加盟を支持，世界規模で進んだ低関税化のため日本は輸出を大きく伸ばした．また世界銀行からは低金利融資を受け，高速道路や新幹線の建設費にあてるなど，日本が戦後復興から高度成長を成し遂げる上でアメリカ主導の国際経済秩序は重要な役割を果たした．

❖アメリカ経済の停滞とブレトン・ウッズ体制の崩壊　第2次世界大戦後，欧州への多額の援助（マーシャルプラン）など世界にドルを供給し続けてきたアメリカだが，長引くベトナム戦争への関与からドルの信用が失墜，金と唯一交換できる通貨だったため，アメリカが保有する金が激減する事態に陥った．1971 年 8 月リチャード・M.ニクソン大統領がドルと金の交換停止を発表，基軸通貨の米ドルは下落し，西側諸国通貨との固定相場制に基づくブレトン・ウッズ体制は終焉を迎えた（☞項目「国際通貨ドル」）．

　雇用状況が悪化するアメリカは，選挙区の産業界の意向に敏感な議員の圧力もあり，貿易交渉において短期間での結果を求めるようになり，多国間交渉に加えて二国間交渉を導入，特に最大の貿易赤字を献上する日本や，通貨安を背景にアメリカへの輸出を増やすアジア新興国などと貿易赤字削減を目的とした直接交渉を行うようになる．日本では 60 年代後半の繊維に始まり，鉄鋼や半導体，建設分野，そして 90 年代半ばの自動車まで 30 年以上にわたって，同盟国アメリカの激しくも一方的な「外圧」にさらされ，輸出自主規制など GATT のルール外での対応を強いられた（☞項目「経済摩擦」）．

その一方で1995年にGATTを継いで発足した世界貿易機関（WTO）には，二国間貿易紛争に対して法的拘束力のある第三者による紛争解決制度が設定できることとなり，これ以後，自国産業の利益を最優先させるアメリカの一方的な二国間交渉は影を潜めることとなる．

❖**中国の台頭**　2001年のWTO加盟後に世界の工場として発展し，10年には名目GDP（国民総生産）で日本を抜いて世界第2位の経済大国となった中国は，戦後アメリカが築いた国際経済秩序への不満を表明するようになった．特に08年9月のアメリカ金融部門の破綻（リーマンショック）は，大国化する中国がみずからの意向が反映しやすいように国際経済秩序を変革する行動をとる契機となり（☞項目「金融危機」），IMFでの出資比率引き上げ要求や，同専務理事候補を中国や他の新興国から選ぶべきといった提案を実現させている．特に13年に中国が提案し，主導するアジアインフラ投資銀行（AIIB）は，投資にあたり環境保全への配慮を欠くなど世界銀行がつくり上げた従来の開発ルールを踏襲しないにもかかわらず，イギリスやドイツなどの西側主要国が参加するなど，米中覇権競争の象徴と見られている．

❖**TPPの意義**　中国の台頭に対応し得る国際制度としてアメリカが推進してきたのが環太平洋経済連携協定（TPP）である．2015年，日本など同盟国を含む12カ国で合意したTPPは世界のGDPの4割を占め，経済効果14兆円と算出される巨大経済圏である．その最大の特徴はWTOよりも市場アクセスの自由化の程度が高く，さらに労働や投資などWTOで扱わない分野を含むように，先進国アメリカにとって極めて有利な内容となっていた．その実現はアジア太平洋地域において，アメリカを中心とした相互経済関係の再構築をうながし，参加国の中国市場への過度の依存を軽減，その影響力の主要な源泉を封じるといった戦略的観点からも重視されるなど，TPPは中国が進める新たな国際経済秩序形成への有力な対抗手段としてみていた（☞コラム「TPP」）．

❖**トランプ政権と今後の行方**　2017年1月に誕生したドナルド・トランプ政権は自国の雇用増加を最優先課題とし，自由貿易はその雇用を減らすとの立場からTPPからの脱退を決めた．先進国志向の経済ルールを成長著しいアジア地域に拡散するといったバラク・オバマ政権が抱いた通商戦略は霧散することとなる．貿易赤字を損失と見なし，その削減のために日本とは二国間FTAを，不公正貿易国として批判する中国には一方的な報復関税をトランプ政権は考慮している．しかしこれら二国間措置は，先述のようにWTOのルールに反し，さらには国境を越えて複数の生産拠点を展開する現在のビジネス状況にもそぐわないなど，アメリカ国内でも反対が多い．加えてアメリカを排した東アジア地域包括的経済連携（RCEP）交渉への傾斜を主張するオーストラリアのような国が出るなど，アメリカが戦後つくり上げてきた国際経済秩序は大きな岐路を迎えている．［寺田　貴］

アメリカと中国

Republic of China and the United States

　辛亥革命（1911）以来，国民党政府を中国の唯一合法政権と認めていたアメリカは，第2次世界大戦後の国共内戦に敗れて台湾に逃げ延びた同政府を支援し続けた．戦後は同政府に国連代表権を認めたばかりでなく，拒否権を持つ常任理事国として遇したのである．この歴史的事実により，台湾問題が現代に至る米中関係に突き刺さる棘となっている．

❖米中対立の激化　朝鮮戦争（1950～53）で，国連軍を率いたアメリカが中国人民義勇軍と戦火を交えると米中対立は激化していった．1954年と58年には，国民党政府が支配していた台湾海峡の金門・馬祖の2島を中国人民解放軍が攻撃し，米中関係は極度に緊張した（第1次・第2次台湾海峡危機）．朝鮮戦争以降，非軍事境界線（DMZ）と台湾海峡をめぐる米中関係は恒常的に緊張したため，この緊張状態が「アジアの冷戦」と呼ばれることもある．53年7月の朝鮮休戦協定に続いて54年7月にインドシナ休戦協定が調印され，55年4月にアジア・アフリカ会議（バンドン会議）が開催され，東アジアでは一時的に緊張緩和が見られたが，米中対立は解消されることはなかった．60年代に入り再燃したインドシナ戦争（ベトナム戦争）の激化に伴い，米中対立も緊張した．

❖米中接近　しかし1970年前後に米中関係はコペルニクス的転回を迎えることになる．米中接近である．中ソ対立の激化，アメリカ化したベトナム戦争の泥沼化，ベトナム平和交渉における中国の役割への期待，国連における「中国招聘，台湾追放」要求の高まりがその背景にあった．72年2月，中国・北京を訪問したリチャード・M.ニクソン大統領とヘンリー・キッシンジャー補佐官は，台湾問題がネックとなったためこの問題をめぐって両国の認識の違いを相互に確認する（agree to disagree）両論併記の外交史上異例の「上海コミュニケ」を発表して，国交樹立に向け今後も交渉を継続する方針を確認した．台湾問題を棚上げしたまま実質的には領事関係を進展させていった．

　79年1月ジミー・E.カーター政権は中国との国交樹立を強行したが，反発したアメリカ議会は国内法としての「台湾関係法」を制定し，この中でアメリカは台湾に防御兵器を供与することを約束していた．次のロナルド・W.レーガン政権がこの条項を根拠に台湾に防御兵器を供与しようとしたため，鄧小平政権は激しく反発し緊張が高まった．しかしソ連のアフガン侵攻と米中間の経済的相互依存関係の深まりを背景に妥協を図り危機を乗り越えた．

❖「警戒と妥協」の米中関係　冷戦終結過程にあった1989年5月中ソ関係が正常化し，ソ連崩壊（91年12月）後その後継国家となったロシアと長年にわたる国

境紛争を解決した中国は，米ソ両超大国の軍事的圧力から解放された．ソ連のミハイル・ゴルバチョフ書記長の訪中を契機に発生した天安門事件（1989 年 6 月）に対して，ジョージ・H.W. ブッシュ政権は直ちに対中経済制裁を課したため両国関係は緊張したが，湾岸戦争開始に際し国連安保理決議を得るために，江沢民政権に棄権させることを交換条件に対中経済制裁を解除し，危機を回避した．一方，イラクのクウェート侵攻（1990 年 8 月）を契機とする湾岸戦争（1991 年 1 ～2 月）は江沢民政権に対米警戒感を強めさせた．軍事革命（RMA）を背景にアメリカ主導の多国籍軍がイラク軍に圧勝した現実を見た同政権は，国際政治を「一超多強構造」と認識し「多極構造」へ変容させることを最大の外交目標とした．99 年 5 月にアメリカ軍機が中国のユーゴスラビア大使館を爆撃した事件と 2001 年 4 月の海南島事件に対しても，中国は自重しつつ対米警戒感を強めていった．

　ジョージ・W. ブッシュ政権成立（2001 年 1 月）後発生した 9.11 同時多発テロに対し，国内に分離独立運動を抱える中露両国はアメリカに同調して国際テロを非難しアメリカ主導のアフガン攻撃には強く反対しなかったが，イラク戦争（2003 年 3 月～）には国際法違反と激しく反発し，その一元的行動を非難した．上記二つの事件とイラク戦争に中国指導部は深い屈辱感を抱いていたが，アメリカと軍事的緊張を引き起こすことは慎重に回避していた．それはアメリカとの圧倒的な軍事的ギャップばかりか，米中間の経済的相互依存関係の深化を認識していたからである．08 年に発生したリーマンショックによる世界的経済混乱を横目に，中国は大規模な景気刺激策により危機を乗り切り，10 年には国民総生産（GDP）で日本を追い越しアメリカに次いで世界第 2 位に躍り出たことで自信をつけ，軍事的にもアメリカに対抗する姿勢を見せ始めた．12 年末に成立した習近平政権はそれまでの屈辱感を晴らすかのように軍事・経済政策を積極的に推進し始めた．すでに鄧小平政権時代に打ち出されていた第一列島線概念を急速に具体化し始め，南・東シナ海への軍事進出を強行し，「一帯一路」構想を掲げてアジア・インフラ投資銀行（AIIB）を主導している．

　フィリピン政府が南シナ海における中国の九段線を違法として常設仲裁裁判所に提訴していたが，16 年 7 月同裁判所はフィリピンの訴えを認める裁定を出した．これに対して中国は国家をあげて「裁定は紙くず」「無効で拘束力もない」と断じ，この海域での人工島と軍事施設の建設を続けている．11 年の段階でバラク・オバマ政権は，リバランシング政策を発表したが，中国は「世界の警察官を辞める」と繰り返してきたオバマ政権の足元を見て，国際的批判を無視し続けている．17 年現在，ドナルド・トランプ政権は中国に対して南シナ海問題や貿易不均衡問題を当面棚上げにする代わりに，大陸間弾道ミサイル（ICBM）開発に成功した北朝鮮を非核化するために協力を求めているが，必ずしも効果を生んでいない．

[滝田賢治]

アメリカと世界各地域

The United States and Various Regions of the World

　アメリカと世界各地域との外交的関係について概観したい（日本・中国との関係については☞項目「アメリカと中国」，20章「アメリカと日本」）．

❖**アメリカとアジア（朝鮮半島，東南アジア，南アジア）**　第2次世界大戦前にアメリカがアジア圏で日中両国以外に深く関与したのはフィリピンのみといってよい．アメリカは1898年の米西戦争とその後の米比戦争の結果領有したフィリピンを拠点として，アジア地域に利害を持つ列強の一国として台頭した．

　第2次世界大戦後，アジアで冷戦の緊張が高まる中で，アメリカはアジア各地における共産主義勢力の拡大を阻止するための関与を深めていった．特に朝鮮戦争に国連軍の名の下で米軍を派遣して韓国軍を支援し北朝鮮および中国と戦い，米比相互防衛条約（1951），米韓相互防衛条約（1953），および東南アジア防衛条約（SEATO, 1954）を締結したことは，西太平洋からアジア大陸周辺地域における戦後秩序形成において重要な出来事であった．

　冷戦期におけるアメリカの最大のアジアへの関与はベトナム戦争であるといえるだろう（図1）．アメリカは第1次インドシナ戦争を戦うフランスに1950年から軍事援助を提供して支援し，54年ジュネーブ協定によりフランスが撤退すると，みずから南ベトナムへの関与を深めて

図1　ベトナム戦争においてベトコン陣営へ攻撃する米軍ヘリコプター（1965年3月）[AP／Aflo]

いった．ベトナム内戦に対するアメリカの65年からの大規模な軍事介入は，ピーク時の67〜68年には54万の派兵に及び，インドシナに大きな犠牲をもたらすと同時に国内外に激しい反戦運動を招いた．結局アメリカは73年にベトナム和平休戦協定を締結してベトナムから全面撤退した．この間，アメリカはアジアの非共産主義同盟諸国にベトナム戦争協力を求め，積極的に基地提供や派兵をしたタイのサリット・タナラットおよびタノーム・キティカチョーン，韓国の朴正熙，フィリピンのフェルディナンド・マルコスなどの政権に見返りとして多額の軍事経済援助を行った．また，インドネシアのスハルト，マレーシアのマハティール・ビン・モハマド，シンガポールのリー・クアンユーらの親米反共政権に対しても多額の援助を行い，これらアジア開発独裁政権体制の構築と長期政権維持を支援したのである．また南アジアではアメリカは第2次世界大戦後のインド・パ

キスタン紛争には中立を維持してきたが、79年のソ連のアフガニスタン侵攻を機にパキスタンを新冷戦の前線国家として重視するようになり、後に同国の核開発を容認するに至った。

　こうしたアジア諸国との関係は冷戦末期から変容した。アメリカは軍事関与を希薄化させる一方で、人権や民主主義思想を世界に浸透させることを重視し、マルコスやスハルトらの親米独裁体制が民主化運動によって倒れるのを静観した。また、核拡散問題も喫緊の課題となった。北朝鮮の核開発を止めるためにジミー・カーター元大統領らが仲介した94年の米朝枠組み合意やその後の6カ国協議は機能せず、インド・パキスタン両国も核兵器不拡散条約（NPT）体制を無視して核開発を続けている。一方で、2001年の9.11同時多発テロを機に、アメリカは東南アジア・南アジアと対テロ戦争で協力関係を深め、アフガニスタンへの軍事行動の拠点としてパキスタンを重視するほか、東南アジア各地で対テロ戦争に乗り出し、南シナ海一円で国際テロおよび台頭する中国の脅威を前提とした合同軍事演習を実施するようになった。またアジアの経済統合にも大きな関心を寄せ、1989年にはアジア太平洋経済協力（APEC）に加盟し、2010年からはアジア太平洋自由貿易圏の構築をめざす環太平洋経済連携協定（TPP）交渉にも加わり、アジア経済圏への強い関心を見せている。しかしバラク・オバマ大統領までのこうしたアジアへのリバランス政策は、ドナルド・トランプ大統領の下では先行き不透明である。
〔伊藤裕子〕

❖アメリカと中東・アフリカ

冷戦期のアメリカの中東・北アフリカにおける主たる目標は、ソ連・共産主義の影響力の拡大阻止と、資本主義世界の経済成長に必要とされる石油の安定供給の確保であった。これらの目標を追求するための政策的な枠組みは時代とともに変化した。1950年代、アメリカは中東全域を西側陣営に政治的に統合することを目指したが、中立主義的アラブ・ナショナリズムを含む種々のナショナリズムの高まりを前に挫折した。60～80年代のアメリカは、当該地域に一定の影響力を維持していたイギリスのほか、イラン（～79）、サウジアラビア、イスラエル、リビア（～69）、エジプト（73～）など域内の親米諸国との連携を基礎に、域内の勢力関係を操作することによって、上記の目標を追求した。80年代には、アメリカは中東における軍事的責任を回避するというそれまでの方針を修正して、中央軍（CENTCOM）を設置し、ペルシャ湾における軍事的責任を徐々に引き受けていった。90～91年の湾岸危機・湾岸戦

図2　イラク戦争においてファルージャでデモ隊に発砲した米軍に抗議する住民たち（2003年4月29日）〔読売新聞／Aflo〕

争を契機にアメリカは中東に恒常的軍事プレゼンスを樹立したが，このことが当該地域における反米イスラム主義勢力の拡大，および2001年の9.11同時多発テロを含む同勢力の欧米諸国への一連のテロ攻撃の大きな原因となった．アメリカは，「対テロ戦争」と中東・北アフリカの「民主化」の一環として，アフガニスタン戦争とイラク戦争により両国の体制転換を実現したものの，安定した民主主義国家を構築することには失敗した．さらに，2010〜11年に北アフリカから中東へ波及した一連の反体制運動（アラブの春），イラクとシリアの内戦，中東和平プロセスの頓挫などの事態に直面し，アメリカは一貫性のある中東・北アフリカ政策を構築できずにいる．

1950年代後半に独立への動きが加速したサハラ以南のアフリカは，米，ソ，中，キューバが影響力を競う舞台となり，アメリカは共産主義勢力の影響力拡大阻止を主たる目標に行動した．アメリカは，60年代前半のコンゴ動乱や70〜80年代のアンゴラ内戦で反左翼勢力を支援し，冷戦後半期には，左派の影響力拡大に対抗していたザイールなどの親西側的な独裁政権および南アフリカとの連携を政策の基調とした．

80年代後半に米ソ関係が改善すると，アメリカは域内対立の緩和や南アフリカのアパルトヘイト解消に政策の重心を移していった．冷戦終結後，アメリカのサハラ以南への政治的関心は急速に低下し，その関与は，ソマリアなどにおける国連の活動への参加，およびルワンダやリベリアなどへの人道支援に限られるようになった．

しかし，90年代末のケニアとタンザニアの米大使館へのイスラム主義勢力の攻撃や9.11同時多発テロを経て，アメリカは「対テロ戦争」の文脈で，サハラ以南諸国への軍事・経済・人道援助を大幅に拡大するとともに，「アフリカの角」地域のイスラム主義勢力およびソマリア沖海賊を対象とする軍事行動を主導し，アフリカ軍（AFRICOM）を新設するなど，当該地域への関与を再び強化した．しかし，アメリカの軍事的関与はアフリカ側から必ずしも歓迎されておらず，また関与の拡大は中長期的な戦略の裏付けを有していないとも指摘されている．　　［小野沢　透］

❖アメリカと中南米　21世紀を迎えた現在の米州関係は，20世紀初頭から冷戦期を通じて顕著に見られたアメリカによる覇権的な「支配」に代る新たな関係の模索が続いている．

こうした覇権的支配は，1898年の米西戦争の勝利とセオドア・ローズヴェルト大統領の中米・カリブ海地域に対する「棍棒外交」による勢力圏化政策から本格化し，度重なるアメリカの軍事干渉と二度の世界大戦を経て，冷戦期にピークに達した．冷戦期のアメリカは，グローバルな米ソ対立の中で，米州機構（OAS）などを通じて勢力圏としての中南米諸国への締め付けを強めるとともに，経済・軍事援助等を通じて内政への介入を深めたが，そうした「支配」に対する中南米

諸国の反発を最も象徴的に示していたのが，1959年のキューバ革命であった．政治・経済的自立を求めて改革を進めるフィデル・カストロ政権とアメリカの対立がエスカレートする中で，キューバはソ連と結び，共産主義化を宣言して米州における革命と反米主義の中心となり，OASからも追放された．両者の対立は冷戦後に持ち越されるのである．

冷戦後のアメリカは，グローバルに民主化と市場経済化を推進し，中南米諸国とは92年のカナダ，メキシコとの北米自由貿易協定（NAFTA）に続いて米州自由貿易圏（FTAA）の実現を目指した．中南米諸国の多くも80年代の債務危機と軍政の崩壊後，アメリカや国際通貨基金（IMF）などが求めた新自由主義的改革を受容するととも

図3 笑顔で握手を交わすオバマ大統領とキューバのラウル・カストロ国家評議会議長（ハバナ市内，2016年3月）[Reuters]

に民主化の定着に力を注いだ．また，アメリカは，国内での麻薬問題の深刻化から「麻薬との戦争」を開始した．89年には麻薬密輸の中継地として莫大な利益を手にし，国内の民主勢力を弾圧していたパナマの独裁者マヌエル・ノリエガを大規模な軍事介入で追放したほか，最大のコカイン供給地であるコロンビアとアンデス諸国に対して軍事介入を含む強力な麻薬撲滅作戦を展開した．こうした干渉主義の復活や新自由主義の行き過ぎは中南米諸国の反発を招き，2000年代に中南米で多くの左派政権が成立する下地となった．特にベネズエラのウゴ・チャベス政権は，1999年以来豊富な石油収入をもとに「ボリバル革命」を掲げて国内で急進的な社会経済改革を推進する一方，キューバのカストロ政権との連携も強めて他の左派政権を支援して対米挑戦を続けた．

一方，アメリカがジョージ・W. ブッシュ政権下で始めた対テロ戦争とイラク戦争によって疲弊し，対外的関心が国際テロ対策と中東に偏る中で，中南米諸国のアメリカ離れが進んだ．アメリカの推進するFTAA構想が2005年の米州首脳会議で新興国として台頭著しいブラジルやベネズエラなどの反対で頓挫したほか，メルコスール（南米共同市場）なども存在感を高め，アメリカを除く中南米独自の経済協力が推進された．09年には中南米諸国主導で米州機構へのキューバ復帰が決議され，アメリカ自体も15年にはキューバとの国交正常化に踏み出した（図3）．バラク・オバマ政権下で「世界の警察官」の役割の返上を表明したアメリカは，かつてナチス・ドイツやソ連などの域外大国の進出に対して見せた強力な反対とは対照的に，中国による「第2パナマ運河」建設計画に深刻な異議を唱えないなど，勢力圏としての米州（アメリカ大陸大体）への固執は弱まっている．

また近年のチリやペルーなどの環太平洋経済連携協定（TPP）参加やメキシコ，ブラジルなどの G20 加盟に見られるように，中南米諸国自身による域外諸国との経済関係の強化や国際経済での役割の拡大も顕著になっている．

このように現在の米州関係は，グローバル化の進展とアメリカの対外関与全般に対する慎重姿勢，さらに中南米諸国の自立的な動きの高まりの中で，かつての覇権主義は影をひそめ，より対等な新しい関係が模索されている．16 年のアメリカ大統領選挙では，不法移民を批判してメキシコ国境に壁の建設を唱え，NAFTA 解消を訴えたドナルド・トランプ候補が当選したが，グローバル化が確実に進む中で，米州諸国間の相互依存関係のさらなる深化は避けられないであろう． [上村直樹]

❖アメリカとヨーロッパ　米欧関係の歴史は 16 世紀以来の植民地と宗主国との関係にまでさかのぼる．そのときのヨーロッパの優越意識は 18 世紀後半アメリカの独立宣言後もイギリス・フランス・スペインなどでは依然として強かった．19 世紀初頭のモンロー宣言はアメリカの孤立主義政策として有名だが，実態は英仏西植民地大国にアメリカの「裏庭」である中南米諸国への干渉を阻止することであった．それは，まだ自力では西欧諸国に対抗できないという判断からであった．

そのヨーロッパの優越感が一気に揺らぐのは 19 世紀末の米西戦争においてである．スペイン艦隊は援軍としてやってきたものと思った重装備の米海軍に撃破され，アメリカの発展ぶりに驚愕する．他方で工業化で英仏を凌駕するまでに発展したアメリカは自信をつけ，海外膨張政策を推進した．アメリカの帝国主義時代の開始であった．国務長官ジョン・ヘイの門戸開放宣言は，中国で西欧列強諸国と対等の関係を維持したいという「遅れてきた帝国」の主張でもあった．満州の利権をめぐる西欧列強や日本との経済権益をめぐる角逐はその例だった．

第 1 次世界大戦には伝統的孤立政策から当初参加の姿勢を見せなかったアメリカであるが，ルシタニア号撃沈事件でアメリカ人の犠牲者が出たことを理由に戦争に介入し，西欧諸国を支えた．また，ロシア革命にも懐疑的でイギリスとフランスとともに干渉戦争の一翼を担った．さらに，ウッドロウ・ウィルソン大統領の 14 か条によって戦争終結のイニシアチブをとり，国際連盟の創設を提案した．また第 1 次世界大戦後アメリカは一躍西欧諸国に対して，それまでの債務国から債権国へと立場を転換したのである．

戦後のヨーロッパはアメリカの援助なくしては立ち行かず，アメリカ資本の導入によるドイツの復興計画「ドーズ・プラン」によって，ヨーロッパは 20 年代に相対的安定期を経験した．しかしそれも束の間，アメリカの金融恐慌は世界に波及し，特に復興しかけたドイツには大きな打撃となった．ヨーロッパの経済・安全保障上の相対的安定期はナチスドイツの力の外交の方向へと転換していった．

第2次世界大戦後の米欧関係は，圧倒的な力の優位を自覚したアメリカの保護者的立場が顕著だった．ヨーロッパはもはや，西側世界においてリーダーシップを発揮することはできなくなっていたのである．第1次世界大戦後と同様に西欧諸国はその戦後復興をアメリカに依存せねばならず，それは欧州復刻計画（ERP，マーシャルプラン）というかたちで示された．同時にアメリカは援助の効果を上げるためにヨーロッパが一丸となった協力体制を望み，それが後の欧州経済共同体（ECC）の設立に実を結んでいった．こうして冷戦時代には，核の傘によるアメリカによる西欧防衛北大西洋条約機構（NATO）と経済支援によって平和と復興を実現した．

　1960年代後半になると，次第に復興してきた西欧諸国は自信を持ち，特に西ドイツの第4代首相ウィリー・ブラントによる東方外交にも助けられて，70年代にはヨーロッパにおける緊張緩和の時期が訪れた．他方でベトナム戦争の敗北ならびにドルの衰退によってアメリカの西側での一極体制は揺らぎ，多極化時代の到来といわれた．こうした中で西欧諸国（特にEC）は多極体制の一角を占めるようになった．東西緊張緩和の潮流は，80年代半ばのミハイル・ゴルバチョフソ連大統領の誕生に呼応した米ソ接近，ソ連・西欧の緊密化の急速な発展が冷戦終結への道となった．

　冷戦終結後次第に一極支配的様相を強めていったアメリカ外交はイラク戦争を独仏を中心とする西欧諸国の反対の下に進めていき，失敗した．もともとNATO域外協力については常に冷戦期以来米欧間の対立があった．冷戦終結後の軍隊派遣は基本的に地域紛争解決のための一時的介入，そして平和復興のための非軍事的活動にポイントを置く．しかも派遣軍

図4　ブッシュ大統領とゴルバチョフ書記長によるマルタ会談（1989年12月）

隊の規模は大きい必要はない．むしろいち早く戦場に駆けつけていけるだけの緊急展開力が不可欠である．そのためには適材適所で，迅速な関係国の合同軍編成も必要である．こうした点をめぐってNATO域外協力のたびに米欧は議論を交わしてきたのであるが，冷戦後はその角逐が鮮明となった．

　2008年にジョージ・W. ブッシュ大統領の後任となったバラク・オバマ大統領は前任者の轍を回避するために軍事介入に慎重となったため，ブッシュ大統領時代の摩擦の多かった米欧関係は改善された．17年に就任したドナルド・トランプ大統領は前任者の弱腰外交からの路線転換を目指しているが，政権そのものが不安定であり，大統領の当初意図した外交ができるのかどうか危ぶまれている．欧州諸国は様子見の対米外交をとらざるを得ない段階だ．　　　　　［渡邊啓貴］

戦争の記憶

War Memories

‖‖

　人間には過去の経験を参照して将来の行動を決定する傾向がある．それだけに過去の経験についての「記憶」が重要な意味を持つ．特に，国家間の戦争は，多くの犠牲者を伴うだけに，国民的記憶として長く伝承されていく．もちろん，戦争の記憶の持ち方は，戦争との関わり方によって人それぞれであるが，近代においては国家が記念碑の建立や記念日の設定，記念行事の実行，歴史教育などを通じて国民の間に特定の記憶を定着させていく傾向が強い．

❖正戦論の形成　特に，独立やその後の領土拡大が戦争によって実現した側面の強いアメリカの場合は，戦争の記憶がその後の国民意識や外交の基調に大きな影響を及ぼしてきた．例えば，国歌である《星条旗》（Star-Spangled Banner）は，第2次英戦争（1812）の最中，ボルチモアのマッケンリー砦で，イギリス軍艦の砲撃に耐えながら，たなびく星条旗を見て，感動したフランシス・スコット・キーが作詞したもので，それを古いイギリス民謡のメロディに乗せて愛唱していた．それが1931年に連邦議会によって正式に国歌に指定されたもので，この国歌は第2次米英戦争を「自由のための戦い」として賞賛し，星条旗の下での国民の結束を称えたものであった．しかし，実際の戦闘ではイギリス軍に首都ワシントンD.C.の占領を許すなど，きわめて困難な戦いであった．つまりこの戦争によって，アメリカ人の間に，戦争を自由や独立を実現する手段として肯定する正戦論が定着するとともに，いまだ脆弱な新興独立国としてヨーロッパの戦争に巻き込まれるのを避ける孤立主義的感情も高まった．

　その後のアメリカでは西部地域での先住民との戦闘やメキシコとの戦争で広大な領土を獲得しただけに，引き続き正戦論が強かったが，西部への領土拡張につれて，その新領土を奴隷州とするか，自由州とするかをめぐって南北が対立し，1861〜65年にかけて南北戦争が勃発した．この南北戦争ではアメリカ史上最大の62万人以上もの戦死者を出しただけに，いまなお悲劇として語り継がれ，連邦制を強化して二度と内戦を繰り返さない合意が形成されていった．

　このように悲劇的な南北戦争の体験を通じて各種の平和運動が誕生した．クエーカー教徒が中心となって「良心的徴兵拒否」の権利が主張されたし，紛争の平和的解決を図るために国際仲裁裁判所を設立する運動も始まった．幼い頃，南部側で南北戦争を経験したウッドロウ・ウィルソンは，身近に南軍の犠牲者を目撃していただけに，この国際仲裁裁判所の設立運動に関わっていった．

　19世紀末のアメリカでは，キューバの独立を支援するかたちで98年に米西戦争が勃発したが，この戦争では独立支援や文明化の名の下に開戦支持が高まる一

方，フィリピンなどの獲得は，植民地住民と本国市民の間の権利上の格差を生む．海外植民地の獲得に反対する勢力が強まり，反帝国主義論争が発生した．結局，フィリピンなどの領有は強行されたが，この論争の結果，アメリカの海外膨張は植民地の獲得より，経済的優位や海外基地の獲得を背景に海外市場の拡大を目指す門戸開放型の膨張が主流となっていった．

❖「民主主義を広めるための戦争」論の登場　ヨーロッパで 1914 年に第 1 次世界大戦が勃発すると，時の大統領ウィルソンはこの戦争を領土拡大を目的とする不正義の戦争として批判し，中立を宣言したが，ドイツからの潜水艦攻撃でアメリカ船にも被害が出ると，ついに 17 年 4 月に対独宣戦に踏み切った．その際，ウィルソンは「世界を民主主義にとり安全にするため」として参戦を道義的に正当化した．以来，アメリカの参戦目的に道義的理由が加わるようになった．それは，第 2 次世界大戦の参戦時にはいっそう明確となり，反ファシズムの正戦という性格が加わるとともに，戦時経済下での長期不況の克服により，多くのアメリカ人の間では第 2 次世界大戦を「よい戦争」と記憶するようになった．

　冷戦期に入ると，この「よい戦争」の記憶が共産主義の膨張を阻止する正戦意識に変形して，朝鮮やベトナムへの介入が強行されることになった．しかし，朝鮮戦争の場合は，韓国の解放だけでなく，北朝鮮への進攻を強行したため，中国義勇軍の介入を招き，結局，開戦前の分断状況に復帰したにとどまった．

❖史上初の敗戦体験　ベトナム戦争の場合は，1954 年のジュネーブ協定でフランス軍が撤退した後，親米のゴー・ジン・ジエム政権を擁護したが 65 年以降，米軍を本格介入させたにもかかわらず，結局，サイゴン政権の防衛に失敗し，73 年のパリ協定で撤兵を余儀なくされた．このベトナム戦争では，5.8 万人もの戦死者を出した上，アメリカ史上初の敗戦となり，73 年には議会が，長期化し，泥沼化する危険のある戦争に歯止めをかける戦争権限決議を可決した．以来，ベトナム症候群という過剰な対外介入を自制する意識が形成された．

　その後，91 年にイラクのクウェート併合に反対した湾岸戦争では猛空爆の末，短期の地上戦でクウェートの解放に成功したので，時のジョージ・H. W. ブッシュ大統領は「ベトナムの亡霊はアラビア半島の砂漠に埋もれ去った」と宣言した．しかし，2001 年の 9.11 同時多発テロ事件後の対テロ戦争ではアフガニスタンやイラクでの地上戦などで米兵の犠牲が増加するにつれ，厭戦気分が再燃し，08 年の選挙ではイラクからの撤兵を主張したバラク・オバマが当選し，アメリカはもはや「世界の警察官」ではないと宣言するに至った（☞項目「力の外交」）．

　このようにかつては正戦論の強かったアメリカでも，度重なる海外派兵とその後の米兵の犠牲増大の結果，対外介入を負担視する世論が高まってきたのであり，ある戦争の記憶はその後の戦争体験で変容することを物語っているのである．

［油井大三郎］

外交官・国務省・NSC

Diplomats, The Department of State and the National Security Council

アメリカ政府内には当初，外務省が設置されたが，1789年9月15日に可決された法律により，アメリカ合衆国の国璽の保存や，法律文書の受領，出版，配布，保存，特許の発行などの国内業務も担うことになり，国務省と改称された．当初所掌した国内業務の多くは，その後他省庁に移管されたが，国璽の保存，ホワイトハウスの儀典機能，一部の大統領声明の起草といった業務は現在も担っている．1789〜1924年まで，大使館や公使館とその人員を管理する外交部と，主として海外でアメリカの通商を推進し，遭難した米軍水兵を支援する業務などを担当していた領事館を管理する領事部とが，別々に並存していたが，1924年5月24日に成立した「ロジャーズ法」によって，外交部と領事部が組織統合されて，今日の対外部が発足した．

❖**政治任用される大使**　合衆国憲法第2編2節は，大統領が大使，その他の外交使節，領事を指名し，上院の助言と同意を得て，任命することができると定めている．しかし，大統領が上院の同意を得て大使を任命し，外国に正式に派遣したのは1893年3月30日で，それまではもっぱら公使が外国政府との外交事務を処理していた．ちなみに，アメリカが最初に派遣したのは駐英大使で，その約2週間後に駐仏大使を派遣した．1950年以降に任命されたアメリカの大使のうち，3分の2は国務省のキャリア外交官で，残りの3分の1は職業外交官としての経験を積んできたわけではない人物が政治任用されてきた．政治任用される大使の多くは，大統領を選挙で支援した有力者などである．バラク・オバマ政権の駐日大使だったジョン・V.ルースもキャロライン・ケネディも政治任用されており，職業外交官ではない．

❖**職業外交官の採用と訓練**　国務省の外交官になるためには，外交官試験を受験しなければならない．その際に領事，経済，政務，管理，広報という五つの専門分野から一つを選択して応募することから始まり，筆記試験と口述試験，健康診断，身分確認を経て，外交官としての適格性を判定する審査会による審議が行われる．この審査に合格すると，分野別の採用候補者登録簿に氏名が記載され，国務省からポストが適宜オファーされる．国務省の外交官は，全員が大学や大学院の新卒採用者というわけではなく，民間企業などで職歴のある中途採用者も多数いる．採用試験で試される13の資質には，採用までに積んだ経験や判断力，臨機応変さなど，人間としての成熟度が含まれていることから，即戦力となる人材が期待されていると見られる．

外交官の訓練を担うのは，外交研究院であり，ジョージ・シュルツ国家外交訓

練センターを拠点として，70の語学プログラムを含む600の訓練プログラムを設けて，外交官のみならず，海外に赴任する各省庁職員や米軍兵員などの訓練にあたっている．

❖**組織**　国務省では，国務長官を国務副長官のほか，政務，経済成長・エネルギー・環境，軍縮・国際安全保障，パブリックディプロマシー・広報，管理，市民保護・民主主義・人権を担当する国務次官らが補佐する．このほか長官直属の部局として政策企画室や情報調査局などがある（2016年11月時点）．

❖**国家安全保障会議（NSC）の影響力**　NSCは，アメリカの対外政策と国防戦略を効果的に調整することを目的として，連邦議会が1947年に国家安全保障法を制定して設置した会議体である（☞項目「軍隊の構造」）．NSCの常任メンバーは，政権によってやや異なるが，バラク・オバマ政権の場合は，大統領（議長），副大統領，国務長官，財務長官，国防長官，国家安全保障担当大統領補佐官（以下，安保補佐官）に加え，国家情報長官や統合参謀本部議長なども参加し，議題次第では他の閣僚者も加わる．NSCには，安保補佐官をトップとした事務局があり，事務レベルで省庁を横断する調整業務を行っている．

安保補佐官とNSC事務局をどのように使うかは，大統領次第であり，対外政策の主導権をあくまで国務省に委ね，安保補佐官とNSC事務局が調整役に徹する場合もあれば，安保補佐官に主導権を与える場合もある．後者の典型例とされるのは，リチャード・M.ニクソン大統領の下で外交を取り仕切った安保補佐官ヘンリー・A.キッシンジャーであり，ソ連との間でバック・チャンネルと呼ばれる独自の通信ルートを活用した外交を展開したり，ニクソン訪中を実現するために水面下で中国との折衝を進めたりしたため，国務長官との摩擦が絶えなかった．大統領が官僚機構に不信感を抱き，また大胆な政策転換が政府内で周知されてしまうと反対勢力の抵抗や巻き返しにあってしまうことを怖れ，官僚機構を蚊帳の外に置いた秘密外交をホワイトハウスが繰り広げた例である．

他方，調整役として名高いのは，ジョージ・H.W.ブッシュ大統領に仕えた安保補佐官ブレンド・スコウクロフトである．例えば，ブッシュ政権期にドイツが統一に向かった際，アメリカは精力的な外交を展開したが，このときジェームズ・A.ベイカー3世国務長官とスコウクロフトが各種のイシュー（争点）で立場を異にしながらも，国務省とNSCスタッフは団結して動き，統一ドイツのNATO帰属に関するソ連を含む関係諸国の合意を実現した．国務長官と安保補佐官が緊張関係に立っているのは事実だが，常に軋轢が起きているわけではない．

NSCや閣僚級会合や副長官級会合，イシュー別の省庁間会合などの各種の政策審議過程は，外交と軍事を調整・連携させる機能を果たしており，そこから合意可能な政策路線を編み出せるかどうかは，安保補佐官の手腕と大統領の決断力にかかっている．　　　　　　　　　　　　　　　　　　　　　　　　　［森　聡］

文化外交・文化摩擦

Cultural Diplomacy and Cultural Friction

アメリカの文化外交の特徴は，政府と民間が協力・協同し渾然一体となって（いわゆるコーポラティスト的アプローチである），国益を増進するために思想，情報，芸術などの文化的分野で対外の交流を進めるところにある．

❖**文化外交の始まり**　18 世紀後半に独立戦争の支援を求めてフランスのパリに赴いた初代公使ベンジャミン・フランクリン，次いで公使を務めたトマス・ジェファソンはアメリカの文化外交のおそらく最初の使節であった．両者はフランスの政治家，啓蒙思想家と親しく交わり，新興の共和国の文化を体現する人物として歓迎されたのである．

19 世紀アメリカの文化外交の主な担い手は実業家，宣教師，教育者など民間人であった．特に中国，中東では多数の宣教師が活動し，大学，学校，病院を建設した．明治期日本でも教育者・技術者が「お雇い外国人」として活躍し，日本の国づくりを助けた．アメリカが義和団事件（1900〜01）の賠償金をもとに中国からの留学生を受け入れる制度を設けたとき，そこには教育者，宣教師の働きかけがあった．

アメリカが文化外交を本格的に進める契機は，第 1 次世界大戦であった．ウッドロウ・ウィルソン大統領はジャーナリストのジョージ・クリールを広報委員会の長に任じ，アメリカの戦争目的の海外宣伝に努めた．1919 年にエリフ・ルート元国務長官，コロンビア大学総長ニコラス・バトラーらは国際教育交流を促進するために国際教育機関（IIE）を設立し，早速ヨーロッパ諸国との留学生交換制度を整えた．また大戦の直前に誕生したカーネギー財団やロックフェラー財団は莫大な基金を活用して外交問題協議会，太平洋問題調査会，対外政策協会などの国際的な学術交流計画や，アメリカと国際連盟知的協力委員会の協力を助成した（☞項目「フィランソロピー」）．ハリウッド映画，ウォルト・ディズニーの漫画，ジャズなどアメリカの大衆文化が海外に広まり，大いに人気を博したのも，この戦間期であった．国務省は 38 年，特にラテンアメリカに浸透するドイツの影響力に対抗するために，文化関係局を設置した．

❖**冷戦と文化外交**　第 2 次世界大戦中，アメリカ政府は戦争情報局を設置して，宣伝，広報を展開したが，戦争の終了とともに廃止した．まもなく生じた冷戦を背景に，アメリカ政府は 48 年に情報・教育交流法を制定し，同盟国をアメリカに引きつけるとともに，敵対国に対してアメリカの価値を宣伝，浸透させる試みにでた．文化外交の心理戦争化である．53 年に設置されたアメリカ広報局（USIA）はその主要な担い手であり，USIA は世界各地に図書館，文化センターなどを建

設し，ラジオ宣伝放送《アメリカの声》（VOA）を展開した．中央情報局（CIA）は心理戦争の一環として，反共ラジオ放送《ラジオ自由アジア》《ラジオ自由》《ラジオ自由ヨーロッパ》，反共知識人からなる文化自由会議の活動を密かに支援した．

　国務省は59年に国際文化関係局（後に教育・文化局と改称）を，61年に教育・文化担当の次官補職を新設した．アメリカは58年にソ連との間で文化交流協定を結び，西側世界の文化・情報をソ連社会に流入させることで，長期的にソ連社会の変容をもたらす事態を期待した．アメリカ政府はさらにフルブライト奨学金制度を開始し，後に発足したハンフリー奨学金制度などとともに，学生・研究者の海外交流を促進した．これらの奨学金制度の運営は，IIE が担当した．この種の政府間制度が不在であった東ヨーロッパ諸国との学術交流に対しては，フォード財団，ロックフェラー財団などが支援した．

❖文化摩擦　アメリカの文化は，その大きな影響力のために，あるいは強大なアメリカの力の表象物として，しばしば反米運動の標的となる．清朝末期の中国で起きた西洋排撃運動では，アメリカの宣教師施設が攻撃対象となり，特に義和団事件では宣教師が惨殺されるなど，布教活動は大きな被害を受けた．1924 年の排日移民法成立後，日本では短期間ながらアメリカ製品，映画のボイコット運動が起きた．戦間期，ハリウッド映画の流入に悩む英仏独は自国製作の映画を保護するために，外国映画の上映を制限する法を成立させた．ヨーロッパでアメリカ文化の「物質的」性格を糾弾する書物，論説が数多く刊行されたのも，この時期である．ジャズ，ロック音楽はソ連など社会主義諸国では公的には退嬰的，退廃的と非難され，少なくとも当初は禁止，あるいは抑圧された（☞項目「世界における親米と反米」）．

　冷戦の終結後，グローバル化の進展を背景にアメリカ文化の影響はさらに拡大し，アメリカの映画，音楽，スポーツ，ファッション，ファストフードは世界中に広まっているが，それらは現地の生活様式・習慣を侵すものとして，特にアメリカの対外行動が批判される時，憤慨，排斥の対象となることが多い．アメリカのイラク侵攻をめぐり，世界各地で反米デモが起き，アメリカ商品のボイコットが呼びかけられたのは，記憶に新しい．

❖現代の文化外交　1999 年に USIA は国務省に編入され，その後，教育文化交流・広報関係の予算は低迷している．アメリカが国際的立場を維持し，いわゆるソフトパワーを行使する上で文化は非常に重要であるが，文化外交を最終的に支えるのはアメリカ自身の魅力であり，それはアメリカの政治・外交・社会の動向と連動している．例えばイラク戦争の失態，国内で広がる貧富の格差，排外主義の台頭を文化外交で糊塗することは不可能である．移民や女性に対する差別的な言動を繰り返すドナルド・トランプ大統領の登場は，アメリカの文化外交の効果を減殺するであろう．　　　　　　　　　　　　　　　　　　[佐々木卓也]

宗教と外交

Religion and Diplomacy

‖‖

　宗教団体は，特に冷戦終結後，海外の人権をはじめ人身売買，核兵器の削減，難民，貧困，エイズ，環境などにも関心を拡大していき，ロビー活動も展開している．しかし，それが外交政策を直接左右することは少ない．ただ，宗教者の活動が国際関係のパイプとなり，また国民や指導者の宗教的世界観が外交方針に影響を与えることは少なくない．宗教やそこから導き出される道徳的価値観は，アメリカの外交理念に間接的に作用し，特有の基調を形成しているのである．

❖国際宗教自由法（IRFA）　1998 年，上院で宗教的迫害についての法案が全会一致で承認された．世界各国の宗教的迫害を監視して弾劾したり，「信教の自由」を促進している非政府組織（NGO）を支援したりするためである．この法案を推進したのは福音派のロビー活動であった（☞項目「福音派」）．60 年代までは，世俗的な人権団体はおろかリベラルな主流派教会でさえ，他国における宗教的迫害には無関心でいた．対して 70 年代から伸張してきた福音派は，共産主義イデオロギーを無神論として厳しく批判し，80 年代にはソ連における宗教的迫害を指摘するようになる．しかも政府に働きかけ，キリスト教徒やユダヤ教徒がアメリカへ移住できるように支援した．そして 96 年には，全米福音派協会（NAE）が「世界の宗教的迫害に関する良心の声明」を採択し，法案の下地をつくったのである．

　法案は，国際人権法や国連憲章を踏まえて作成され，カトリック，ユダヤ，チベット仏教徒など，ほとんどの宗教組織，そして世俗的なリベラル派組織からも支持を得た．貿易への悪影響を恐れたビジネス界からの反対はあったが，結局ビル・クリントン大統領が署名して「国際宗教自由法」が成立した．これにより国務省内には国際宗教自由局や国際宗教自由特使が創設された．各国の現状を議会へ報告し，経済制裁の対象国を特定したり，新人外交官を教育したりするためである．また超党派の両議会議員からなる国際宗教自由委員会も創設された．2016 年には，専属事務所の設立など，関連部署を強化するために改正がなされている．

　「国際宗教自由法」は，宗教団体が外交政策に継続的に関わる道を整備した．しかし成立後も，宗教が外交の優先的な要素になっているとは言い難い．外交は複雑な利害関係が交錯するし，法や制度は当局者によって運用が変わるからである．例えばレーガン政権時には，福音派のロビー活動によってメキシコ・シティ政策が成立した．中絶や家族計画を支援する海外の団体へ，政府が資金援助することを禁じる政策である．これはクリントン，ブッシュ，オバマ，トランプと政権が代わるたびに廃止と復活を繰り返し，外交政策と宗教の関係の不安定さを示した．しかしこれは逆に，宗教の影響力の強さを示している，ともいえよう．

✣アメリカ外交とミッション

宗教の個別の影響力とは異なり，党派や時代を超えてアメリカ外交に備わっている特有の宗教的基調もある．それは，まずミッション（宗教に基づく使命観）との関係で形成されている．アメリカの海外宣教活動は，19世紀初頭，第2次信仰復興運動（リバイバル）の興隆を背景にして始まった（☞項目「信仰復興運動」）．1801年のトマス・ジェファソン政権の成立は，農本主義に基づく内陸への傾注を決定付けた．対して会衆派を中心とするアメリカン・ボードは，ハワイやアジアなどの海外にいち早く乗り出した．また外交官や商人は，同種の外国人と交渉する．対して宣教師は，現地の一般民衆と交流して独自のパイプを築いていったのである．宣教師の子どもが，外交官になる例も多かった．

19世紀の宣教は，文化帝国主義の性格を色濃く持ちつつも，「文明」や「アメリカ化」ではなく，「福音」や「キリスト教化」のみを目指すべきだという理念も持たれていた．とはいえ実際は，政治，経済，社会，文化全般にわたる教育や教化がなければ宣教はままならず，外交の重要な基盤を形成していったのである．

またミッションは，アメリカ文明を伝道する使命を示す．19世紀に，西部への領土拡張を正統化した「明白なる使命」は，米西戦争以降は海外に拡大された．世紀転換期には，産業化の進展などによりアメリカの文明的存在感が増し，加えて教会は社会改良への関心を拡大させた．そのため，「アメリカ化＝文明化＝キリスト教化」という理念が，帝国主義的性格を強めていったのである．外交と宣教の端的な例は，宣教師外交と称されたウィルソン主義を考えればよいだろう．

✣外交理念と道徳的二元論

もう一つの基調は，「正義vs悪」「文明vs野蛮」といった道徳的二元論で形成されている．1630年にジョン・ウィンスロップが「丘の上の町」を建設しようと呼びかけて以来，アメリカはキリスト教に基づく文明の模範であり，「神の裁き」を後ろ盾とした正義の体現者である，という自画像が描かれるようになった．「神から与えられた自由」を世界に伝道しなければならない，という使命観も抱かれる．そのため，普段は価値観の多様化を称揚していても，対立が強まれば敵対者を一括りにして表象し，「悪」と見なすことにも躊躇いがない．

図1 ノーベル賞受賞演説にて「この世には悪が存在している」と述べるオバマ大統領

例えば，敵を，対仏戦争ではカトリック，独立戦争では君主制，第2次世界大戦では全体主義，冷戦では共産主義，9.11同時多発テロ以降ではテロリズムとして表象した．「悪の帝国」や「悪の枢軸」という呼称を思い出してもよいだろう．こうした聖書的世界観に基づく道徳的二元論は，信仰の強さや党派を問わず，国民の大半に共有されている（☞項目「市民宗教」）．そこに，他国にはない，アメリカ特有の外交が生じるのである．　　　　　［藤本龍児］

広報外交

US Public Diplomacy

外交と広報の関係を考える際にキーワードとなるのは，パブリック・ディプロマシーという言葉である．広報文化外交と訳されることが多いが，一般的には相手国や国際世論の「心と精神を勝ち取る」（winning hearts and minds）ための活動とされる．具体的には，親近感や好感度，信頼感を育むことで良好な政策環境を整備すること，その上で，現状規定や課題設定，規範形成を自国に有利に展開すること，という2層を指す場合が多い（☞項目「文化外交，文化摩擦」）．典型的な手法としては，①政策広報（記者会見や刊行物），②国際放送，③交流外交（人物交流や知的・政策対話），④文化外交（言語教育や文化・芸術・スポーツイベント），⑤対外援助（災害救援や開発支援）などがある．

❖パブリック・ディプロマシーの起源 アメリカ議会図書館によると，その語源は1965年にタフツ大学フレッチャー法律外交大学院が国際コミュニケーションの研究所を開設した際，同学院長エドムンド・ガリオンがエドワード・マローの功績を称えて「エドワード・R.マロー・センター・オブ・パブリック・ディプロマシー」と命名したことにさかのぼる．マローは「赤狩り」の首謀者ジョセフ・マッカーシー上院議員に毅然と立ち向かった国民的ニュースキャスターであり，ジョン・F.ケネディ大統領により61年にアメリカ広報・文化交流庁（USIA）の長官に任命されたが，65年，57歳の若さで他界してしまった．

アメリカは建国の経緯から鑑みても，地方分権的な性格が強く，中央集権的で強力な連邦政府の活動には懐疑的である．とりわけ中央政府による情報や文化の管理には拒否感が強い．パブリック・ディプロマシーに関しても，アメリカの大きな特徴の一つとして，戦時には強化されるものの，平時には政府による情報や文化の管理にきわめて消極的になる点があげられる．

1917年，ウッドロウ・ウィルソン大統領は連合国への協力を表明し，対独宣戦布告を行う．そして，そのわずか1週間後に，アメリカ最初の宣伝機関である広報委員会（CPI）を設立した．委員長には，ジャーナリストであり，ウィルソンの側近でもあったジョージ・クリールが就任したことから，CPIはクリール委員会とも称されたが，委員には，世論研究の先駆者ウォルター・リップマンや近代的広報活動の父エドワード・バーネイズなど，大衆説得や世論操作の代表的な専門家が加わった．しかし，そのCPIも，大衆的熱狂を煽動する宣伝機関としての側面が強くなるにつれ，議会や国民からは疑いの目を向けられるようになり，戦争終結直後の19年には解散される．

フランクリン・D.ローズヴェルト大統領は，真珠湾攻撃から半年後の42年，

それまで存在したすべての戦時情報活動機関を新設の戦時情報局（OWI）へと統合し、さらに戦略諜報局（OSS）を新設した。OWI が大統領直轄であったのに対し、OSS は統合参謀本部の管轄下にあり、陸海軍とともに、国内向けに戦況報道を行いながら、海外向けの宣伝活動に関わった。より大きな違いは、OWI が出所の明確な、事実に基づく公然情報を扱うホワイト・プロパガンダを担ったのに対し、OSS が諜報や偽装情報など非公然情報を扱うブラック・プロパガンダを担った点にある。しかし、戦後、OWI はハリー・S. トルーマン大統領によって直ちに廃止され、国務省に縮小統合された（OSS は 1947 年に CIA へと改組）。

❖USIA の創設と解体　冷戦化の 1953 年、ドワイト・D. アイゼンハワー大統領のイニシアチブの下、国務省スタッフの約 3 割を引き取るかたちで、大統領直轄の独立機関 USIA が創設されたが、教育・文化交流プログラムに関しては、プロパガンダ的な印象を与えないためにも、引き続き国務省の管轄となった。以後、例えば、ジミー・E. カーター大統領の在任期間中には、国際交流庁（USICA）と改名されたこともあるが、基本的に冷戦時代のパブリック・ディプロマシーの中心を担ったのは USIA である。しかし、冷戦が終結すると、ビル・クリントン大統領は共和党保守派への政治的取引として、USIA を 99 年 10 月より国務省に整理統合し、それまで USIA の国際放送局（BIB）の中に置かれていたボイス・オブ・アメリカ（VOA）、ラジオ・フリー・ヨーロッパ／ラジオ・ライブラリー、ラジオ・フリー・アジア、ラジオ・アンド・テレビ・マルティといった放送局を超党派の独立連邦機関である放送理事会（BBG）の管轄とする決定を下した。

2001 年の 9.11 同時多発テロを契機に、世界各地で顕在化する反米主義への対抗策としてパブリック・ディプロマシーへの関心が再び高まった。しかし、ジョージ・W. ブッシュ政権下におけるイラク戦争への反発は強く、その効果は総じて限定的であった。その一方、08 年の大統領選におけるバラク・オバマ大統領の勝利は、海外における対米イメージの改善という点で大きな広報的機能を果たした。

❖ニュー・パブリック・ディプロマシーの時代へ　アメリカには、政府系機関のみならず、世界的なメディア、大学、シンクタンク、企業、財団、芸術団体、スポーツチーム、市民社会組織、宗教団体などが数多く存在し、ソフトパワーの源泉をなすと同時に、間接的にではあれ、パブリック・ディプロマシーの一翼を担っている。また、ソーシャル・メディアなどインターネットの果たす役割もますます増大している。そうした中、政府の役割は多様なアクターが織りなす多層なネットワークを「支配」することではなく、あくまでアクター間のパートナーシップづくりやプラットフォームづくりを「支援」すること（いわば世話役）にあるとするニュー・パブリック・ディプロマシーの考え方が注目されている。

［渡辺　靖］

世界における親米と反米

Pro-Americanism and Anti-Americanism in the World

|||||||||||||||||||||||||||||||||||||||||||||||||||||||||||||||||||||

　親米と反米は，アメリカに対する国家や人の姿勢を描写するときに頻繁に使われる表現である．明らかな単純化であるにもかかわらず，これらの表現が使い続けられる理由は，政治や経済，文化や価値観などの面で，賞賛と反発とを生み出す「磁力」がアメリカに備わっているからであろう．しかし，実際には親米や反米の定義は地域や時代によって大きく異なる．

❖**親米と反米**　親米は，一般的には政治的な意味で使われることが多い．アメリカ政府と政治・経済・軍事的に緊密な関係にある政権を親米政権と呼ぶなどの例である．フィリピンのフェルディナンド・マルコス政権（1965～86），イランのレザー・パフラヴィ王朝（1941～79），キューバのフルヘンシオ・バティスタ政権（1940～44，55～59）のように，特定の指導者がアメリカ政府と強い依存関係にあった例や，第2次世界大戦後の日本，イギリス，イスラエルのように，指導者や政権政党を越えて持続的な同盟関係が築かれる例など，親米政権は多様な類型を持つ．

　文化や社会的な意味で親米の言葉が使われる場合は，アメリカニゼーションと関連付けられることが多い（☞項目「文化外交，文化摩擦」）．1920年代のヨーロッパでアメリカ映画やジャズが流行し，50年代に自動車や家電製品が世界各地に波及するなど，アメリカ発の文化やライフスタイルが自由の象徴として，あるいはクールなものとして受容された事例は多い．その過程で，一種の親米的な感情が醸成されることになった．

　他方，反米は，限定的にいえば，親米の対概念として定義できる．例えば中南米や中東地域の親米政権に対し，国内の対抗勢力が反旗を翻し，政府の転換を狙う場合，対抗勢力の多くは反米をそのスローガンとした．キューバ革命（1959）やイラン革命（1979）はその意味で，反米革命であった．また，若い世代がアメリカの文化や価値観に共鳴し，自由を掲げて既成の秩序に挑戦しようとするときに，保守層はしばしばアメリカ文化の浸透を軽薄で皮相なものと見なし，反米意識をあらわにすることもあった．

❖**反米主義の背景**　しかし，親米と反米とは厳密に対となる概念ではない．親米が「主義」と結び付かないのに対し，反米は，批判の対象となる外交政策や文化，価値観などが，アメリカの本質に根ざしており，変更不能であるととらえられるときに反米主義に転じるからである．

　例えば，反米運動の代表例ともいえるベトナム反戦運動やイラク反戦運動などが批判の対象としたのは，第一義的にはアメリカの軍事行動であった．しかし，

多くの場合，批判の矛先は軍事行動に限定されず，アメリカそのものに向けられていくことになる．とりわけ，アメリカの戦争が自由や民主主義を掲げることが多かったために，そのような価値を掲げながら軍事行動に踏み切るアメリカの本質を糾弾する声が強まったのである．そこに，反戦の主張が反米主義へと転化する契機が存在した．

　また，資本主義の進展に伴う画一的な社会の出現や，フォーディズムのような大量生産様式に対する反発が，そのような文明を生み出すアメリカへの批判と重ね合わせて議論されることも多かった．アメリカは伝統を持たない野蛮な国家である，あるいは物質文明に毒された堕落した存在だといった見方は，近代化に対する人々の違和感が，アメリカに対する反発と結び付き，反米主義的な言説へとつながったと解釈できよう．このような反米主義は，伝統や慣習を誇るヨーロッパやアジアで特に顕著に見られた．

❖日本の親米と反米　明治期以降の日本のアメリカ認識の中にも，反米や親米の要素は広範に見られた．先進国アメリカに対する関心は日本社会の中でも強かったが，それはしばしば憧憬から拒絶へ，「拝米」から「排米」へと激しく振れた（亀井，1979）．内村鑑三，新渡戸稲造，片山潜などの知識人は，アメリカに範を期待して渡米したが，人種差別や物質主義に失望し，アメリカを批判するようになる．日本の反米および反米主義が頂点に達したのは，言うまでもなく第2次世界大戦期である．潔癖な日本精神と堕落したアメリカ文明との対比が強調され，個人主義，享楽主義，物質主義などがアメリカを象徴する否定的な言葉として使われた．

　日本における親米と反米の在り方は，第2次世界大戦終結後に大きく変化した．アメリカによる占領政策を受け入れた結果，日本社会は文化的にも政治的にも概ね親米的になった（吉見，2007）．しかし，冷戦が昂じる中で，知識人や学生，労働者などの間では，民主主義をもたらしたアメリカと，アジアへの介入を深めていく軍事大国アメリカとの落差に対する戸惑いも広まった．さらに，原爆の投下や沖縄における米軍基地の集中に対する批判も，日本におけるアメリカ認識を複雑にした．親米日本には，根強い反米が埋め込まれているのである．

　ジョージ・W.ブッシュ政権が2003年にイラク戦争を開始した結果，世界各地で反米の声が高まったが，国際協調と軍事介入を控えるバラク・オバマ政権期には，概して反米の気運が押さえられた．しかし，17年に大統領に就任したドナルド・トランプは，「これまでのアメリカは，経済的にも軍事的にも世界の中で不利な競争にさらされてきた」と主張し，強固な「アメリカ第一主義」を掲げている．また，その歯に衣着せぬ発言は，国内外からの批判を招いている．国際協調よりも国益重視の声が高まる中，親米や反米は，これからもアメリカに対する姿勢を表す言葉として使用され続けるであろう．　　　　　　　　［西崎文子］

近年のアメリカ外交の展開

Current Trends in U.S. Foreign Relations

2001 年 9 月 11 日にアメリカで起きた同時多発テロ事件は，アメリカ外交の課題を一変させた．同年 1 月に発足したジョージ・W. ブッシュ政権は当初中国に強硬な外交政策を用意していたが，焦点はテロ対策に転換された．実行犯が，ウサマ・ビン・ラディンが率い，アフガニスタンを拠点とするテロリスト集団であることがわかると，武力行使を容認する国連安保理とアメリカ議会の決議も得て，10 月同国に武力攻撃を開始し，11 月アフガニスタン政府を崩壊させた．

次いでブッシュ政権が標的としたのはイラクであった．イラクが保持していると考えられた大量破壊兵器がテロリストを通じてアメリカに対して使用される蓋然性が高いというのがイラク開戦の理由であった．アメリカ議会の武力行使容認決議は勝ち取ったが，国連安保理決議を得ることはできないまま，ブッシュ政権はイラク戦争を開始した．フセイン政権の崩壊までは順調であったが，ブッシュ政権はその後の占領統治に失敗し，イラクは 07 年まで不安定なままであった．08 年大統領選挙に，イラク戦争は大きな影を落とした．民主党内で最有力候補と目されていたヒラリー・クリントン上院議員はイラクへの武力行使容認決議に賛成していたため，それに当初から反対したバラク・オバマ上院議員に逆転勝利を許した．イラク戦争も原因の一つとなり，オバマが本選挙でも勝利した．

オバマ外交はさまざまな点でブッシュ外交を逆転させようとした．単独行動主義と力の外交への批判がその中心であった．イラクからは 11 年までに撤退した．アフガニスタンにおけるテロとの戦いについては，11 年 5 月のウサマ・ビン・ラディン殺害後撤退に舵を切ったが，17 年 1 月の任期切れまでに撤退を達成できなかった．ブッシュ政権が一方的に京都議定書から離脱したことも，オバマ大統領が巻き返しを目指した政策であった．これは 16 年パリ協定参加というかたちで達成された．

中国の台頭を前にして，中東への長引いた関与を転換することも，オバマ外交の課題であった．これは 11 年から，アジアへのリバランス政策として打ち出された．ただし，その柱の一つと位置付けられた環太平洋経済連携協定（TPP）は，16 年大統領選挙でドナルド・トランプが当選したことで，当面実現が困難となった．

13 年にシリアへの武力行使問題で議会に決定を委ねた例に見られるように，軍事力行使，特に地上軍派遣についてきわめて慎重な姿勢が，オバマ外交の特徴の一つであった．

トランプは，戦後共和党大統領候補として初めて孤立主義と保護貿易主義を正面から掲げて当選した．共和党が永続的に変化するかどうか，そしてアメリカ外交が大きな転換点を迎えているのかどうか．これらがいま問われている．ブッシュ外交では力の論理が顕著であったが，オバマ外交ではむしろ抑制と撤退が基調となった．どちらにも不満を感ずる専門家が多い中，トランプ外交は両者とは次元の異なる予測不可能性を持つ．

［久保文明］

バラク・オバマ
Barack Obama

　バラク・オバマは，ケニアからの留学生とカンザス出身のアメリカ白人女性との間に，ハワイで生まれる．両親はその後離婚し，父親はケニアに帰国したが，母親の再婚の関係もあり，オバマは6歳から10歳までインドネシアで育つ．高校時代はハワイで過ごした後，ロサンゼルスにあるオキシデンタル・カレッジで学び，その後コロンビア大学に進む．シカゴでのコミュニティー・オーガナイザーを経験した後，ハーバード大学ロースクールで学び，法務博士の学位を取得後，シカゴにて弁護士となる．シカゴ大学ロースクールでは講師としてアメリカ合衆国憲法を講じる一方で，1995年にはベストセラー，*Dreams from My Father*（邦訳『マイ・ドリーム』）を出版した．96年イリノイ州議会上院議員に当選し，2004年に連邦上院議員に当選した．

　このようにきわめて特異な経歴ではあるが，南部や郊外・農村部など，一度も共和党的な場所に住んだことがないことは指摘しておくべきであろう．もう一つ重要な点は，オバマの物書きとしての稀有な才能である．ある意味で，文学青年が大統領になってしまったのである．

　オバマは04年夏の民主党全国党大会の基調演説を行ったことで全国にその名を知られることになる．そこでオバマは共和党を一方的に批判するのでなく，黒人と白人の間に生まれた出自に触れながら，人種あるいはイデオロギーで分断されたアメリカを架橋する必要性を説いた．アメリカ政治では稀に，演説一本で大統領候補と目されることがある．例えばロナルド・レーガンの1964年の演説は有名である．オバマの下にも，この演説以降，多数の人々が馳せ参じ，大統領選挙への立候補をうながした．民主党内ではヒラリー・クリントンが公認候補として本命視されていたが，オバマは接戦を制して党指名を獲得し，さらに本選挙でも共和党のジョン・マケインを破って，黒人として，初の大統領に当選した．アメリカ史の教科書において，2008年に黒人が大統領に選出されたことは，ほぼ永遠に記され続けるであろう．

　一部のアメリカ人にとって，オバマを大統領に押し上げることは，ジョージ・W. ブッシュの下で失墜したと思われたアメリカの威信を取り戻し回復する行為でもあった．

　オバマは12年に再選され，8年間大統領を務めた．その間，09年に成立させた景気刺激策により金融危機のどん底にあったアメリカ経済を建て直し，また無保険者を減らす健康保険改革（オバマケア）の実現にも成功した．外交では公約のイラクからの撤退に成功し（2011），地球温暖化対策を定めたパリ協定も批准した（2016）．それに対して，化学兵器を使用したシリアのアサド政権への対応で混乱し，また北朝鮮による核ミサイル開発あるいは中国の軍事的台頭への対応において，効果的でなかったとの批判を浴びている．また，皮肉なことに，白人警察官に対する黒人被疑者に対する暴力事件が勃発し，人種関係では根深い問題が残っていることを印象付けた． 　　　　　［久保文明］

ドナルド・トランプ
Donald Trump

父親から譲り受けた不動産業で名を成し，さらにテレビでも活躍したドナルド・トランプは，2015年7月に共和党から大統領選挙に立候補することを表明した．1988年以来何回か検討してきた挑戦をついに本格的に実行に移した．ただし，この間党籍は民主党，共和党，改革党，民主党そして無所属と変転し，共和党に復帰したのは2012年のことに過ぎない．

当初は泡沫候補扱いであったが，不法移民には犯罪者や麻薬中毒者が多数含まれるといった過激な発言によって，メディアから強い批判を浴びながらも支持率を伸ばし，一挙に17人の共和党候補者の先頭に躍り出た．結局トランプは，そのまま共和党の指名を獲得した．

トランプは，第2次世界大戦終了後，政治経験も軍歴も持たない者としては，二大政党で初の公認候補である．共和党が，少なくとも選挙戦の公約から判断する限り，トランプのような孤立主義的にして保護貿易主義的な思想を持つ候補を指名したのも，戦後初めてであった．ちなみに，民主党はすでに1972年に「世界からの撤退」をスローガンにしたジョージ・マクガバンを指名している．

トランプは本選挙において，ほとんどの共和党支持者の票を固めつつ，オハイオなどラストベルトの白人労働者層から強い支持を受け，一般票では敗北しながら，選挙人票において逆転勝利した．トランプがこれまでの多くの共和党大統領候補より，ラストベルトの白人労働者票を格段に多く引き付けることができた理由は，政策的には以下の点に求められよう．激しい言葉で発せられた反不法移民政策（メキシコ国境での壁の構築の公約を含む），保護貿易主義，そして孤立主義．これらをトランプはまとめて「アメリカ・ファースト」（アメリカ第一主義）と呼んだ．トランプは，白人労働者層に強く抱かれた反不法移民，反自由貿易のポピュリズム的感情に乗って，いわばアメリカ政界エスタブリッシュメントのコンセンサスに正面から挑戦し，勝利を手中にした．さらにトランプは政界のアウトサイダーであることをアピールし，特に共和党内の指名争いでは選挙資金をほぼ全額自己資金で賄うことにより，大口献金者やロビイストに操作される他の普通の政治家と自分を差別化することに成功した．就任後，外交政策では保護貿易主義は貫いたものの（TPP離脱など），安全保障政策では伝統的な国際主義な政策に戻した．内政では，オバマケアの政権発足初年度での撤廃に失敗した．

トランプ政権の船出は難問山積となっている．その原因は，政権幹部から早々に大量解雇者を出したこと，政府高官人事も遅れていること，ロシアゲートといわれる疑惑が浮上している中でFBI長官を解雇したことなどがあげられるが，何よりトランプ大統領自身が不必要に挑発的な発言をしてしまうことと，自己規律の欠如から由来する焦点と優先順位の定まらない政権運営スタイルに起因する．政権発足9カ月目での支持率は30%台後半であり，これは近年では最悪の数字である．　　　　　　[久保文明]

20. アメリカと日本

　日本とアメリカは太平洋を間に挟んだ隣国であり，特に日本にとって，アメリカは黒船の到来以来今日に至るまで，圧倒的な力，存在であり続けてきた．

　それにもかかわらず，いや，だからこそ，日本のアメリカに対する評価や感情は屈折したものである．ある時は豊かで強大な先進国として憧憬の対象であり，その友好関係は最重視される．しかし，別の時には，ヨーロッパに比べると取るに足りない新興国として軽んじられ，またその力が疎まれて，憎しみの対象となる．一方，アメリカにとっての日本の重要性は，その逆より低いものの，同じように屈折している．ある時は気前のよい庇護の対象であり，別の時には，警戒すべき，生意気で異質な他者である．いずれにしても不均衡を基調に進んできた両国関係ではあるが，グローバル化はそれを平準化しつつあり，今日，日米は互いに切るに切れない相手として向き合っている．

　本章では，日米関係の歴史的変容を的確に理解できるように項目を立てた．

[小檜山ルイ／佐々木卓也]

黒　船

The Black Ships / Kurofune

　黒船という言葉の語源は江戸時代以前の近世日本にまでさかのぼる．大航海時代を迎えたヨーロッパでは遠洋航海に用いる木造帆船に腐食防止と防水のためにピッチ（木材から生成されるタールの一種）を塗った．そのため日本に渡来する南蛮船は船体が黒く見え，黒船という言葉が生まれた．

図1　艦隊絵師ハイネの描いたペリーたちが横浜に上陸する様子［横浜開港資料館］

　したがって広義には江戸時代，日本近海に渡来した西洋列強の船舶全般を指して黒船と呼ぶ．しかし狭義には，1853年浦賀に渡来したマシュー・ペリー率いるアメリカ東インド洋艦隊の船を指して黒船と呼ぶことが多い．ペリーの黒船艦隊が日本に与えた衝撃があまりに大きかったため，外国からの手に負えない変革の圧力をその後の日本で黒船と比喩的に呼ぶようにもなった．

❖**ペリー艦隊来航**　日本に開国を正式に打診したアメリカの最初の使節は，1846年に浦賀に寄港した東インド洋艦隊司令長官ジェームズ・ビッドルであった．北太平洋全域で捕鯨業を展開していた当時のアメリカは，日本に漂着する遭難捕鯨船員への人道的な扱いを江戸幕府に繰り返し要請し，加えて通商の開始を求めたのである．幕府に要求を拒まれたビッドルは速やかに浦賀を退去したが，アメリカ海軍が蒸気船艦隊の編成を計画し，太平洋をまたぐ中国貿易の航路上に薪水の供給地を必要とし始めると，日本開国への要請が北東部を中心に再燃した．ペリーの日本遠征は，一義的にはその要請に応えるために計画されたものである．

　海軍省から内命を受けたペリーは，1852年11月バージニア州ノーフォークの海軍基地を出港し，喜望峰，インド洋，琉球を経由して，53年5月浦賀に来航した．第1回目の来航時には，開国を求めるミラード・フィルモア大統領の国書を日本側に手渡した後いったん那覇まで戻ったが，54年1月の第2回目の来航時には現在の横浜で本格的な開国交渉を行い，同年3月日米和親条約を締結した．同条約には，日本とアメリカとが「永世」にわたり和親を結ぶこと，下田と箱館（現在の函館）の2港を開くこと，ほか12条が約されていた．

　その後，本格的な通商条約の締結を希望したアメリカは交渉使節タウンゼント・ハリスを日本に派遣し，58年7月日米修好通商条約を締結する．アメリカ

との条約締結後，英露仏などとも幕府は同様の条約を結び，日本の開国を進めた．そのため日本の鎖国の扉を開いた第一の人物とペリーは記憶されるようになった．

❖**黒船騒動とその波動**　開国を要求するアメリカの使節が1853年渡来することを，長崎に所在したオランダ商館からの知らせで江戸幕府はあらかじめ承知していた．しかし蒸気船サラトガ号を旗艦とする4隻の黒船艦隊を浦賀で実際に目にした人々は，その威容に仰天した．黒船は蒸気の力で前にも後ろにも自由に航行する．その姿が象徴する文明の力に圧倒されたのである．黒船騒動と総称されるカルチャーショックの始まりであった．

　まず政治において，ペリー艦隊到来後，幕府は国をあげて国難を議論するようになった．例えば老中阿部正弘が抜擢した川路聖謨や岩瀬忠震ら開明派の俊秀が，幕府内で外交の新たな指針を練るようになった．また特定の役職者に出す達し書きや一般向けの触れ書きを通し，アメリカとの交渉の内容が国民にも順次知らされた．その結果，全国各地の武士，知識人ばかりでなく，情報を共有する商人や遊女からも幕府に意見書を出す者が現れた．一方，蘭学者や漢学者はオランダ語や漢文で綴られた地理書や歴史書の学習を急ぎ，その内容を庶民にもわかる言葉に書き直した啓蒙書を次々に刊行した．黒船の来航をきっかけに海外への関心を高めた庶民の知的需要にそれらの啓蒙書は応えたのである．

　武士や知識人の狼狽をよそに，「太平の眠りを覚ます上喜撰（上等のお茶のこと，蒸気船にかけた言葉），たった四杯（4隻の黒船にかけた言葉）で夜も眠れず」の有名な狂歌が示す通り，黒船騒動を洒落のめす知的たくましさを庶民は見せた．市中に出回る瓦版で当世事情を把握した庶民の中には，海岸部に黒船見物に出かけ，開港が決まった下田や箱館でアメリカの水兵らと一時の交流を楽しむ者まで現われた．国際関係ならぬ民際関係の始まりであった．ペリー艦隊が残した公式遠征記録『日本遠征記』（1856）にその様子が記されている．黒船騒動の波動は日本社会の各方面に及んだのである．

❖**黒船の記憶**　日米関係においてはアメリカの要求を日本が一方的にのまされ続けてきたと考える人がいる．非対称と見なす両国関係の起点に黒船艦隊の記憶をそれらの人は据えることが多い．1945年9月東京湾の戦艦ミズーリ艦上で第2次世界大戦の降伏文書に日本は署名をした．その場に浦賀来航時にペリー艦隊が掲げていた合衆国国旗が運び込まれていたことも，そうした歴史理解を醸成する一因となっている．しかし，喫緊の課題であった国の近代化の好機と黒船艦隊の渡来をとらえた幕末の日本人もいた．アメリカ一国の武力に屈して国を開いたという気持ちはそうした人々には存外薄かったのではないだろうか．

　黒船騒動の詳細は，19世紀半ばにおける変革への日本側の前向きな姿勢と，それを支えた臨機応変の知性の存在を時にわれわれに教えてくれる．

[遠藤泰生]

留学

Japanese Students in the U.S.

日本の近代化の端緒においては、アメリカは野心的な若者の主要な留学先であった。後に同志社英学校を創設した新島襄は1864年、21歳の時に日本を離れ、ボストンに向かい、フィリップス・アカデミー、アマースト・カレッジ、アンドーバー神学校で学んだ。ニュージャージ州のラトガース大学には幕末から明治にかけて、横井小楠の甥横井太平、岩倉具視の息子岩倉具定ら数百名が学んだ。女子英学塾（後の津田塾大学）の創設者の津田梅子は71年、わずか6歳でアメリカに渡り、10年以上過ごし、日本に一度帰国した後、再びアメリカに戻り、ブリンモア・カレッジで学んだ（図1）。

図1　津田梅子（1889年頃）〔津田塾大学〕

明治中期以降、政府派遣の留学生はヨーロッパに行くのが主流となった。特に日本の近代化の手本となったドイツに、森鷗外などのエリートが向かった。アメリカは主に私費留学生の行き先となった。例えば札幌農学校を卒業した新渡戸稲造は、苦労して自活しながら、アリゲーニ・カレッジとジョンズ・ホプキンス大学で学んだ（後に官費留学生になると、ドイツに渡った）。

留学の王道はヨーロッパとされていたものの、日本からアメリカに留学した若者の多くは、その後、近代の日本社会にさまざまな足跡を残した。ポーツマス条約の締結にあたった小村寿太郎、真珠湾攻撃を指揮した山本五十六、社会主義者として著名な片山潜、三菱財閥総帥の岩崎弥之助、婦人参政権活動家の市川房枝、『茶の本』(1906)で知られる岡倉天心、詩人の野口米次郎など、政治、経済、軍事、文化などあらゆる領域において、アメリカを体験した者がいた。

❖戦後の留学　アジア太平洋戦争が終わると、留学先は戦争被害の著しかったヨーロッパではなく、アメリカが主流となった。アメリカも米ソの東西冷戦構造下、日本をはじめとする同盟国の若者を呼び寄せ、アメリカの社会を体験させる文化外交を積極的に展開した。戦後間もなく、ガリオア・エロア基金（1949～51）が創設され、それを受け継いだフルブライト・プログラム（奨学金制度）（1952年以降）で8,500人を超える日本人がアメリカで学び、その後、さまざまな分野で活躍した。ノーベル賞を受賞した小柴昌俊、根岸英一、利根川進はみな、フルブライトの大学院留学プログラムでアメリカに渡っている。

私費留学でもアメリカは人気になった。円高が進み、バブル景気が始まると、

アメリカの大学や英語学校を目指す若者が日本では急増した．1990年代にはアメリカで学ぶ日本からの留学生が約4万7,000人にもなり，全米の留学生中最多となった．しかしその後，日本からの留学生は減少を続け，いまや2万人を割り，全体の2%にも満たない．

❖アメリカ留学の魅力　日本からの留学が減少しているとはいえ，アメリカの留学生の数は第2次世界大戦以降，ほぼ一貫して増加してきた．1949〜50年の統計では，全学生数の約1%にあたる2万6,000人の留学生がいた．この数は1979〜80年にかけて28万6,000人になり，90年代以降はさらに急上昇を続け，いまや100万人を超える勢いである．

　昔も今も，アメリカを目指す留学生の動機はさまざまだ．まず，多くの学生はいまや世界の公用語となった英語を学びにアメリカへ渡る．特に日本からの留学生は英語習得を目的としている比率が高い．さらにアメリカには世界的に評価の高い大学が集まっている．またアメリカで学ぶことは，その後の定住の布石になるとも思われている．実際には学生ビザ（F1）から卒業後に労働ビザ（H1Bなど）に切り替えるのは容易ではないものの，多くの学生はアメリカ社会に残って成功することを夢見ている．

　大学側も留学生獲得に熱心である．授業料が高騰する中，大学は奨学金なしでも学べる裕福な学生を海外からリクルートしようとする．むろん経済的理由だけではない．優れた大学であり続けるには，国内だけではなく，世界中から最優秀の学生を集めなければならないという意識が一流大学には徹底している．

　上述したように日本からの留学者は減少しているが，それに歯止めをかける努力もみられる．国務省の組織であるエデュケーションUSAは日本各地のアメリカンセンターで留学アドバイジングを行っている．東日本大震災の復興支援の一環として始まったトモダチ（TOMODACHI）イニシアチブは，毎年，被災地などに住む学生の留学やアメリカ短期体験を支援している．バラク・オバマ政権で赴任したキャロライン・ケネディ大使は日本各地の学生，とりわけ女子学生と積極的に交流し，グローバルに活躍する重要性を直接説いた．そして2016年には職員とともに「恋ダンス」を踊る動画をYouTubeにあげるなどして，アメリカのイメージ上昇に努めた．

❖アメリカからの留学　アメリカへ向かう留学生の流れとは対照的に，アメリカから海外に留学する学生の数は比較的少ない．国際教育交流協議会（NAFSA）の報告によると，2014〜15年にかけて海外留学をしたアメリカの学生は31万人ほどで，全学生の1.5%に過ぎない．留学の行き先の半数以上はヨーロッパで，イギリスの人気が高い．次いでラテンアメリカ，アジアである．アジアで最も人気があるのは中国（約1万4,000人）で，日本は第2位である（約6,000人）．

[矢口祐人]

キリスト教と日本

Propagation of Protestant Christianity in Japan

　日本でキリスト教というと，16世紀のイエズス会，徳川幕府による禁教，つまりは，カトリックがまず想起される．しかし，鎖国日本の門戸を叩いたアメリカは，1858年の日米修好通商条約で居留地内のアメリカ人の宗教の自由が認められると，翌年即座に宣教師を派遣してきた（☞項目「黒船」）．以来，アメリカは，日本へのプロテスタント・キリスト教の導入と普及に大きな役割を果たした．

❖プロテスタント伝道の特徴　1910年の数字を見てみると，この時点で，在日プロテスタント宣教師の約75％が北米出自で，イギリス出自の宣教師の約4倍の数であった．さらに，女性の在日宣教師は男性のそれの約1.8倍いた．幕末に始まった日本におけるプロテスタント伝道は，アメリカ主導，かつ，女性化されていたのである．カトリックに比べ，聖と俗の区別が曖昧なプロテスタントの伝道事業は，当初から日本社会の近代化の過程に深く関わることになった．

　例えば，聖書の現地語訳をすることを使命とした宣教師は，英語と日本語の橋渡しに決定的な役割を負った．さらに，近代的な教育の推進にも深く関わった．アメリカ人宣教師にとって，教育は，日本人との接点を得るための方便という以上に，責任ある会衆を得，教会を発展させるために，また，日本社会の発展のために不可欠なものであった．明治学院，立教学院，青山学院，関東学院，同志社（新島襄はアメリカン・ボードの準宣教師），関西学院，東北学院といった学校は，1880年代までに北米出自の男女宣教師が手がけた男子教育に，フェリス女学院，女子学院，横浜共立学園，青山学院（女子系），東洋英和女学院，北陸学院，北星学園，遺愛女学院，同志社（女子系），梅光学院，活水学院，大阪女学院などは，同時期に北米出自女性宣教師が手がけた女子教育にその起源がある．

❖日本人とプロテスタント・キリスト教　北米からのプロテスタント・キリスト教の到来は，明治維新と重なっていた．また，北米出自の宣教師は教育熱心であった．そのため，当初このタイプのキリスト教に積極的に接近したのは，維新における特権喪失が最も大きかった佐幕派の武士層であった．彼らは新政権下での生き残りを西洋の知見に求める過程でキリスト教に出会ったのである．日本キリスト教史の中で，熊本バンド，札幌バンド，横浜バンドなどと呼ばれている一群の初期キリスト教徒たちは，この一般的傾向を代表している．熊本のレロイ・L.ジェーンズや札幌のウィリアム・S.クラークは，宣教師ではなく，御雇い外国人であったが，当時のアメリカの中流階級の多くがそうであったように，福音主義的なキリスト教徒であった（☞項目「福音主義」）．彼らの下から，キリスト教の指導者が育ったのは，彼らが教えた官立あるいは藩や県が設立した男子学校

に優秀な士族の生徒が集まっていたからである．特に維新「負け組」の生徒たちは，キリスト教のメッセージに大いに感応するところがあったと考えられる．

❖女子教育 1869年以降，独身女性宣教師がアメリカから来日定住するようになると，宣教師の妻に代わって教育事業（特に女子教育）を一身に担った．女子ミッション・スクールの教育は，英語，音楽，体育などに特徴と強みがあった．一方，政府規制により，女医や看護婦の養成が十全に行われなかったのは，他の伝道地とは異なる日本的特徴である．女子ミッション・スクールで最も重視されたのは，「ホーム」をつくることのできるキリスト教徒の女性を輩出することであった．ホームとは19世紀アメリカ社会のイデオロギー的基盤の一つで，信心深く，愛に満ちた主婦が司る再生産の場，道徳的礎が築かれるはずの空間であった．そのため，

図1　1875年落成のフェリス・セミナリーの校舎［フェリス女学院資料室］

女性宣教師は寄宿学校において，生徒にホームを疑似体験させることを重視し，当事者による配偶者選択と同意に基づく一夫一婦の結婚を奨励した（図1）．それは，キリスト教徒の間の結婚を方向付け，家族関係の近代化の端緒を開くことになった．1890年代半ば以降に公立女学校の主柱となった官製良妻賢母主義は，女性宣教師のホーム論と教育実践に多くを学んでいる．

一方，20世紀の幕開けまでにいち早く女子高等教育に着手したのは，一部のミッション・スクールとアメリカに滞在経験のある日本人キリスト教徒であった．

❖キリスト教徒による社会運動 明治半ば以降，日本人プロテスタント・キリスト教徒の一部は，ホーム創出と表裏の関係にあった廃娼運動，一夫一婦運動，聖書の教えに基づき弱者に寄り添う，ハンセン病者救済事業，監獄改良運動，孤児院の開設，貧困者救済事業，消費組合運動，自然災害時の救済事業，足尾銅山反対運動などの活動を行った．若い頃キリスト教に入信し，アメリカに留学した人々の中から，初期の社会主義者が出たことは偶然ではない．他方，当初士族の入信が多かったことから，プロテスタント・キリスト教はもっぱら都市在住のエリート層の宗教となって，大衆化の契機を失った．また，旧士族特有のナショナリズムに特徴付けられるようにもなり，それは，宣教師からの強烈な自立志向を生む一方で，日本の帝国主義化に同調し，協力する傾向につながった．

❖弱小宗教として 日本においてキリスト教徒の数はカトリックなどを含めても，全人口の1%を超えたことはほとんどない．その割に，キリスト教は，教育や結婚や家族に関する社会慣行の改変に大きな影響を与えてきた．しかし，アメリカや西洋が相対化される現代，その社会的・文化的影響力も相対化されつつある．

［小檜山ルイ］

日系移民

Japanese Immigrants

日系アメリカ人史の起源は1885年に始まったハワイ官約移民制度である。これは日本政府監視の下，移民労働者を組織的に砂糖耕地へ送ることを目的として実施された。その制度自体は94年に終結したが，引き続き民間「移民会社」が労働移民の送出を行い，19世紀末には多くの日本人がハワイやカリフォルニアへ押し寄せていた（☞項目「移民」「アジア系」）。一部の移民は英語やアメリカの社会制度を学び，ハワイやアメリカ西部の日系移民社会の指導者となった。

✣移民家庭と日米紳士協定　日本人コミュニティの発展過程で最も重要だったのは移民家庭の形成であろう。この現象は1907年頃から特に顕著となり，移民の出稼ぎ的志向を永住土着へと変えることに大きく貢献した。元来の移民は基本的に出稼ぎ労働者であり，比較的若い男性が単身渡米するのが一般的であった。この状況を変えたのは07～08年にかけて結ばれた日米紳士協定であった。この協定の下，両国政府は労働移民渡米の制限を行ったが，一方で在留民の家族のアメリカ入国を許していたため，女性を中心とした家族移民が増加した。その中には「写真花嫁」と呼ばれ，写真の交換だけで入籍した若い女性も含まれていた。その結果，1910年代の日系移民社会は独身男性労働者を中心とするコミュニティから，家族を中心とするものへと変化し，アメリカ生まれの2世も誕生していった。日米紳士協定は，アメリカ国内における人種主義の高まりを反映したものであった。もともと中国人移民排斥の伝統を持つアメリカ西部には反アジア人政治思想が根付いており，日系移民の数が増えるにつれ組織的な反日運動が台頭していった。特にサンフランシスコを中心に白人労働組合や政治家が後押しする排日団体が力を持つようになり，その活動はやがて市当局も動かし，06年には公立学校における日本人学童の隔離問題にまで発展した。この問題は国際関係上の体面を気にする日本政府も憂慮するものとなり，また地方の移民問題が外交問題化することを恐れた連邦政府の介入もうながした。その結果，セオドア・D・ローズヴェルト大統領はサンフランシスコ市当局による日本人学童隔離命令を撤回させる代わりに，日本政府の自主的移民制限を求め紳士協定を締結したのである。

✣日系移民への差別　しかしこの後も日系移民排斥運動は継続し，1920年代中頃までに西部各州がさまざまな反日差別法を制定した。組織的排日運動は最終的にアメリカ連邦議会にまで波及し，24年には「新移民法」の下で新規日系移民のアメリカ入国が全面的に禁止された。在留日系移民は帰化不能外国人として各種の差別法の対象となったが，彼らにとって，アメリカ市民である2世の成長は未来に対する望みを与えるものであった。20年代末から移民世代の奨励の下，

若い 2 世リーダーたちは将来の日系社会を背負うための組織化を進めていった. 41 年 12 月の真珠湾攻撃は, 移民 1 世と日系 2 世にとって非常に厳しい社会状況をもたらした. アメリカ西海岸諸州では 42 年 3 月から, すべての移民世代と 2 世に対する強制収容が実施された. 43 年初め連邦政府は収容所内で「忠誠登録」を行い, 忠誠者は一般社会への復帰を許され, 徴兵該当者はアメリカ軍に従軍する市民的資格を取り戻した. このときハワイからの 2 世従軍者と合わせ結成されたのが, アメリカ陸軍第 442 大隊である. 大部分の 2 世兵はこの部隊に属しヨーロッパ戦線で戦ったが, なかには日本語力を生かして通訳兵として太平洋戦線に派遣された者もいた. これらの 2 世兵の忠誠心と武勇のエピソードは, 連邦政府のプロパガンダの下で日系人の名誉を回復するのに寄与し, 太平洋戦争後, 収容者が一般社会に復帰する過程で大きな助けとなった. しかし収容所内で「不忠誠者」のレッテルを貼られたものは, 戦後も社会やほかの 2 世からの厳しい目にさらされて生きていくことを余儀なくされた.

戦後の日系人社会では, 年老いた 1 世に代わり 2 世が中心的役割を果たした. 50〜60 年代にかけてアメリカ国内で制度的人種差別が廃止されるに伴い, 日系 2 世の中には高等教育を受け, 中流階級に登りつめるものも少なくなかった. 強制収容後に短期間で彼らがおさめた社会的同化は, 日系人を「模範的マイノリティ」と賞賛する新しいステレオタイプを生むほどであった. 60 年代中頃になると 3 世が日系社会の中で頭角を顕した. 市民権運動の中で青年期を迎えた彼らは, アジア系アメリカ人運動を主導し, 戦時強制収容に対するアメリカ政府の補償と謝罪を求める要求を行った. やがてこの運動は全日系社会を巻き込み, 88 年には連邦議会で「特別補償法」が制定されることで成功裏に終わった.

❖新たな世代 一方で戦後の日系社会には常に変化し, 時に対立するグループ・アイデンティティが存在し, それがコミュニティを多重的に分断する傾向にあった. 既存の地域的な相違 (特にハワイとアメリカ本土) に加え, 新移民や「混血」日系人の増加などがコミュニティを多様なものにしたためである. 日本占領期以降, アメリカ軍人と結婚した多数の日本人女性 (いわゆる軍人花嫁) が入国したのに加え,「1965 年移民法」が人種や出身国による差別を完全撤廃した後, 日本からの投資家, 技術労働者, 企業駐在員, そして家族移民として渡米した「新 1 世」と呼ばれる人々が日系社会に増えていった. また日本企業の駐在員はその家族とともに独自の社会ネットワークを形成し, 時には新 1 世とも分化した社会集団となっていることも珍しくない. これらの多種多様な戦後移民は母国語の違いやその他の理由で, 既存の 2 世や 3 世とはあまり接点を持たずに生活する傾向が強くなっている. その意味で現在の日系アメリカ人社会は言語と移民時期という要素で分断された複数のコミュニティが共存している状態といえるかもしれない.

[東　栄一郎]

教育・知的交流

Educational and Intellectual Exchanges

　日米間の教育・知的交流は幕末・維新期を揺籃期として，明治・大正期を経つつ第1次世界大戦を分水嶺として本格化し，戦争による断絶を経験しながらも戦後，全面的に開花して今日に至っている．

❖**幕末・維新期～1920年代**　遭難した土佐の少年漁師・中浜万次郎は，アメリカの捕鯨船に助けられ現地で教育を受けて帰国した後，『漂巽記略』（1852）を著して，アメリカ社会の現実を日本に初めて伝えた．そのおよそ10年後，新島襄はアメリカに密航してキリスト教に改宗し，アマースト大学卒業後，帰国して1875年，同志社英学校（現同志社大学）を創設した．明治維新後，幼くてアメリカに渡り，帰国後，再び留学した津田梅子も，1900年に女子英学塾（現津田塾大学）を開学させている．札幌農学校（現北海道大学）でウィリアム・クラークの薫陶を受けた内村鑑三や新渡戸稲造も，アメリカに留学して，キリスト教やアメリカの教育を独自の観点から日本に導入した（☞項目「留学」）．

　第1次世界大戦期を一つの分水嶺として，日米間の教育・知的交流はさらに本格化した．17年には日米友好を謳う日米協会が創設され，翌18年には東京帝国大学法科大学に日本で初めてアメリカ研究に特化した合衆国憲法，歴史及び外交講座（通称，ヘボン講座）が開設されて，数年後，日本のアメリカ研究の祖，高木八尺が初代担当者に正式に就任した．

　日本の都市部で社会のアメリカ化が進展した20年代には，アメリカ史・アメリカ政治の権威チャールズ・A. ビアードも，東京市政改革のため関東大震災を挟んで2度招聘された．彼は，第一高等学校（一高）校長に就任した新渡戸の謦咳に在校生・卒業生として接した鶴見祐輔や高木らと交友を深めた．

❖**1930年代～太平洋戦争期**　1931年に満州事変，さらに37年に日中戦争が勃発すると，日米間の教育・知的交流にも暗雲が立ち込めるようになった．もっとも30年代にもメジャーリーグの選抜チームや喜劇王チャールズ・チャップリンがそれぞれ2度訪日し（前者は31, 34年，後者は32, 36年），37年にはヘレン・ケラーも3カ月間滞日して，身体障害者への偏見を取り除くことを目的に全国を講演して回った．34年に初回が開催されて，戦争による断絶を経験しながらも，戦後復活して今日も継続している日米学生会議も，39年まで毎年開かれていた．30年代にも日米知的・教育交流は，完全に断絶してしまったわけではなかったのである（☞項目「日米野球」）．

　事実，38年にはニューヨークに日本文化会館（ジャパン・インスティチュート）が，新渡戸の教え子の一人，前田多門を館長に設立されており，戦争勃発後，日

米交換船で帰国した面々の中にはハーバード大学講師・都留重人（経済学）や30年後半に留学のため渡米した上述の鶴見の長女・和子（社会学），長男・俊輔（哲学）もいた（それぞれ戦後を代表する知識人になる）．

❖**戦後**　1946年，アメリカ教育使節団が早くも訪日して，男女共学や6・3・3制の導入を勧告し，教育の自由化が進められた．49年からは救済・復興を目的とした連邦政府のガリオア・エロア資金による留学制度が開始されて，米軍による占領が終焉した52年以降，それは46年にフルブライト上院議員が提出して成立した法案に基づくフルブライト・プログラム（奨学金制度）に引き継がれた．ガリオア・エロア基金，フルブライト・プログラムによって，今日に至るまで7,000人を超える日本の学生，研究者がアメリカに留学し，3,000人近いアメリカの学生，研究者が後者を通じて滞日している．

ダレス講和使節団の文化問題顧問として訪日したジョン・D. ロックフェラー3世は，戦前から面識のあった高木や彼の教え子の松本重治と再会し，その結果，ロックフェラー財団の助成を得て，松本の尽力で55年，国際文化会館が東京に開館した（図1）．同会館は戦後日本の知的交流の檜舞台として，今日まで存続している．エレノア・ローズヴェルト前大統領夫人，「原爆の父」ロバート・オッペンハイマー，社会学者デイヴィッド・リースマン，外交官・歴史家ジョージ・ケナンといった

図1　ライシャワー（右から2人目）ら日本研究者と歓談する松本（右端）

アメリカを代表する知識人たちが，同会館を訪問してきた（☞項目「文化外交・文化摩擦」）．また，アメリカから著名な学者を招聘して開催された東京大学＝スタンフォード大学アメリカ研究セミナー（1950～56），京都アメリカ研究夏季セミナー（1951～87）は，アメリカ研究にとどまらず，広く戦後日本の人文・社会科学全般に大きな影響を与えた．両セミナー終了後もアメリカ研究セミナーは，開催地・開催校を変えながら近年まで継続してきた．62年には日米文化教育交流会議（CULCON）が創設されて，高度経済成長期に入った日本のアメリカ研究や知的交流を後押しした．72年には国際交流基金が設立され，さらに冷戦後の91年，その中に日米センターが設置されたことによって，政策研究につながる日米の研究者による課題に助成する安倍フェローシップ・プログラムなどを通じて，知的交流の新たな枠組みが提供された．

なお，近年注目される人的交流計画として，JETプログラム（1987～）があげられる．地方公共団体が関連する省庁の協力の下，実施する同プログラムは，中学・高校における外国語指導助手などとして，外国の若者を一定期間雇用するもので，その中から日本研究に従事する者も現れている　　　　　　［中嶋啓雄］

財　界

Financial and Industrial Networking

|||||||||||||||||||||||||||||||||||||||||||||||||||||||||||||||||||||||||||

　財界とは国内経済や国際関係に影響を与える実業家や金融関係者の集団を指す．ペリー来航に始まる160年以上の日米経済関係は第2次世界大戦中の数年間を除き，良好な日米関係を担保する重要な要因であった．両国の財界は20世紀に入り日米関係を改善するため，経済交流のみならず民間外交を展開し今日に至る．

❖**財界ネットワーク形成を目指して**　開国以来，アメリカは日本の主要輸出品（生糸，陶磁器，茶）の最大の市場となった．豊かさとパワーを秘めた新興国アメリカに，三井家，岩崎家ら実業家の子弟やビジネスを志す日本人は魅了され，アメリカ各地の大学に留学した．その中には後に日本財界の中核となる団琢磨，松方幸次郎などがいた．「金ぴか時代」のアメリカでは，企業家精神旺盛な実業家が熾烈な競争を勝ち抜き急成長を遂げ，カーネギーやロックフェラーなど大富豪が現れた．20世紀初頭には財界人の影響は経済分野にとどまらず，日米関係全体に大きな影響を与えた．

　日露戦争の戦費調達にあたって，高橋是清の要請に応え，ウォール街で外債発行を引き受けたのはクーン・ローブ商会のユダヤ人実業家ジェイコブ・シフであった．シフは，高峰譲吉，新井領一郎などと，日本倶楽部（1905年創立），ニューヨーク日本協会（ジャパン・ソサエティ，1907年創立）の会員となりアメリカにおける日本理解を促進した．高橋に続く歴代大蔵省財務官はウォール街の金融資本家との間に緊密な関係を築いてゆく．日米実業団の相互訪問が開始されたのもこの時期であった．日本財界の代表としてアメリカ財界との人的ネットワークを築いたのが渋沢栄一であった．1909年には50人を超える渡米実業団を率いて，アメリカ主要都市を訪問し，政財官学の主要メンバーと交流した．

　第1次世界大戦とパナマ運河開通により日米経済関係が深化する一方，中国市場での競争と協力の時代に入る．財界は日米関係委員会を創設し，知識人を含め，日米関係を議論する場を形成した．財界人は日米両国の相互理解を促進し，商工会議所を通じて日本各地の財界が人的ネットワークを構築し，中国や他のアジア地域の発展を国際連盟の下で協力し支援することを期待した．日本工業倶楽部の英米訪問実業団（1921～22）は，ワシントン体制を経済面から支える財界人ネットワークをほぼ完成させた．23年の関東大震災の際には，モルガン商会のトーマス・ラモントらは震災復興のための外債を購入し，全米から復興資材や見舞金が寄せられた．24年のいわゆる「排日移民法」の成立により一時関係が悪化したが，財界の相互信頼関係は揺るがず，経済関係は拡大し，知的交流も進んだ．カーネギー財団が助成した太平洋問題調査会（IPR）などはその最たる事例であっ

た.

❖財界ネットワークのほころびと復活　1929 年のウォール街における株式大暴落とそれに続く 30 年代の大不況は，財界ネットワークに衝撃を与えた．渋沢の死去，団，井上 準 之助，高橋など知米派，親米派の相次ぐ暗殺により，強力な対米カードを失い，アメリカ財界の日本への信頼が揺らいだ．日本財界もアメリカ経済の復元力に不安を抱くようになった．フォーブス実業団の訪日（1936），欧米訪問経済使節団（1937）や国際経済会議の中で，日米財界人は接触したが，日米中関係を改善できず，日中戦争，さらには日米戦争に突入し破局を迎えた．

　しかし断絶の時期を財界交流の精神と人脈は生き延びた．47 年には日本の財界は独立よりも早く国際商業会議所（ICC）のメンバーに復帰し，講和への先鞭をきった．48 年には在日アメリカ商工会議所（ACCJ）が創設（1948）され，海外への渡航ができない財界人と商談や交流を進めた．ニューヨークでも在米日本企業の活動が開始された．52 年，国際社会へ復帰した日本は，日米関係を基軸とし米ソ冷戦とのなかの 50　70 年代に高度経済成長を遂げ経済大国となった．この間日米経済関係が平穏無事であったわけではない．

❖経済摩擦への対応　1961 年，安保改定後の日米関係再構築のため訪米した池田勇人首相に対して，アメリカ側から日米貿易経済合同委員会の設置が提案され，同年 11 月の箱根会議を皮切りに，毎年日米主要閣僚会議が開催された．同月，財界でも日米経済関係を協議する場として，全米商工会議所と経済団体連合会（経団連），日本商工会議所，日本貿易会が合同で，日米財界人会議を発足させた．

　このほか知的交流の場として下田会議，日米欧三極会議などが開催され，財界がリードして民間の立場から日米関係の基盤を支えてきた．戦前財界人が築いた民間外交から戦後への日米関係に引き継がれた遺産といえよう．80 年代に入ると日本製自動車，半導体の輸出，日本の農産物市場の開放をめぐり経済摩擦は激しさを増し，アメリカでは，日本脅威論や日本異質論が登場し，いわゆるジャパン・バッシング（日本叩き）が発生した．その嵐の中でも日米財界は定期的に会議を開き続けた（☞項目「経済摩擦」）．

❖今後の財界の役割　米ソ冷戦の崩壊，日本のバブル経済の崩壊と世界経済のグローバル化により，日米経済摩擦は影を潜め，21 世紀に入り日米財界の関心は，急速に台頭した中国，インドなど新興国に移った．しかし，国内総生産（GDP）世界第 1 位のアメリカと第 3 位の日本が協力して世界経済の安定のために貢献できることは多々ある．実業家ドナルド・トランプの大統領就任（2017）の背後にある反グローバリズムと保護主義化の流れ，ポピュリズムの蔓延と民主主義の機能不全などに直面して，日米関係は新たな危機を迎えている（☞項目「ポピュリズム」）．財界の貢献には限界はあるが，長期間継続することで平和な国際関係，ひいては良好な日米関係を継続することは可能であろう．　　　　　［木村昌人］

記憶としての太平洋戦争

Pacific War in Memories

||||||||||||||||||||||||||||||||||||||||||||||||||||

　太平洋戦争の記憶は，戦後の日米関係において長く相互不信の種となってきた．日本の「原爆投下」非難にアメリカ側は必ず「パールハーバー奇襲」非難で応酬してきた．2016年5月のバラク・オバマ大統領の広島訪問と同年12月の安倍晋三首相のパールハーバー訪問でその溝はある程度埋められた．しかし，両者とも訪問の性格を謝罪ではなく，犠牲者への追悼にとどめたため，依然として日本側の開戦責任とアメリカ側の原爆投下責任は曖昧なままになっている．

❖パールハーバーと原爆投下の間　アメリカ側としては，日本が対米戦争を始めなければ，原爆投下はなかったから，日本側の開戦責任の反省なしに投下の謝罪はあり得ないだろう．しかも，パールハーバー攻撃は，日米交渉の中止通告より先に行われたため，アメリカ側はだまし討ちと受け止め，長らく日本人に対し否定的イメージを抱いてきた．

　開戦当時，アメリカ国内には参戦に反対する孤立主義的な意見が相当数存在したが，パールハーバー奇襲によって挙国一致体制が出来上がった．フランクリン・D. ローズヴェルト大統領は開戦直後の議会演説で奇襲を受けた日を「屈辱の日」と位置付け，以後「リメンバー・パールハーバー」が全国民的なキャッチフレーズとなった．1942年2月の世論調査では，ドイツ人を「いつも好戦的」とみる人は23％であったが，日本人がそうだとした人は48％にもなった．また，同年7月の調査で日本人の特性調査では，「背信的」が73％，「陰険」が63％，「残虐」が56％，「好戦的」が46％と否定的イメージが上位4位までを占め，ようやく5位に「勤勉」39％がきた．

　このような対日不信の高まりは，アメリカ本土に居住していた日系移民の強制隔離を生んだ．同じ移民のドイツ系やイタリア系では，逮捕されたのは一部の指導者だけであったが，日系の場合は，アメリカ市民権を持っていた2世も含め，西海岸居住の約12万人の日系移民全員が強制隔離の対象となった．これは明らかに人種偏見に基づく措置であり，80年代には違憲判決が下され，補償が支払われた（☞項目「移民」）．

　しかし，ジョン・ダワーが『人種偏見』（1986）で指摘したとおり，戦時中のアメリカでは大手の新聞でも日本人をサルやゴリラにたとえる政治漫画が掲載された．もっとも，日本側でも「鬼畜米英」が叫ばれ，桃太郎が赤鬼を征伐するたとえで国民動員が図られた．太平洋戦争は双方とも人種偏見を動員した戦争となった．

　同時に，アメリカ側は対日戦を有利に遂行し，戦後の占領に備えるため，日本

語教育や日本研究を促進していた．ルース・ベネディクトによる有名な日本人論『菊と刀』（1946）は戦時情報局の仕事として日本兵捕虜や日系人の聞き取り調査に基づいて書かれた報告書を刊行したものであった．また，大戦終結までに日本語の訓練を受けた語学将校は，陸軍で約 500 人，海軍で約 1,200 人にも上り，敗戦後の日本での占領統治の円滑化に貢献した．エドワード・サイデンステッカー，ドナルド・キーンなど著名な日本研究者はこうした語学将校であった．

❖**「よい戦争」としての第 2 次世界大戦**　また，アメリカ人は，第 2 次世界大戦全体を，ファシズムや軍国主義を打倒して，民主主義を擁護した「よい戦争」と認識している．また，戦時経済の急成長で長期不況から離脱したという意味でも「よい戦争」であった．それだけに，原爆投下は，日本本土上陸作戦を回避して，戦争を早期に終結させ，米兵の犠牲を最小限にした「正当な手段」とする公式見解が世論の主流となってきた．もちろん，アメリカの中にも，キリスト教関係者を中心に原爆投下が，国際法が禁止する非戦闘員に対する無差別攻撃だとして批判する動きが戦争中から存在したが，戦後，米ソの核軍拡競争が激化し，「核ニヒリズム」と呼ばれる核による防衛を必要悪とする議論が強まり，原爆投下批判が多数を占めることはなかった．

　それを象徴する出来事が終戦 50 周年の 1995 年に起こったスミソニアン航空宇宙博物館における原爆展示の中止であった．博物館側は，当初，広島に原爆を投下した戦略爆撃機のエノラ・ゲイ号を展示するにあたり，被爆者の遺品を借り受け，原爆投下の悲惨さを伝える企画にしようとしたが，退役軍人などを中心に猛反対が起こり，結局，機体の展示だけに終わり，同館の館長は責任をとって辞任する事態となった（☞項目「博物館」）．

　この顛末は，アメリカ社会において戦後 50 年経ても原爆投下の正当化がいかに強いかを示した．日本では，原爆投下は戦争の悲惨さを末永く語り継ぐシンボルであるのと比べると，この点での日米の溝は大きい．

　他方，戦後の日本でも対米開戦を自衛戦争とする議論が一部にある．それは，41 年 6 月の独ソ開戦に便乗して，日本のインドシナ南部進駐に反発したローズヴェルト政権が 8 月に対日石油禁輸の措置をとったことが対米開戦の最大の動機となったため，太平洋戦争を「自存自衛」の戦争と主張するのである．しかし，同じ 8 月にローズヴェルト大統領は大西洋上でウィンストン・チャーチルイギリス首相と会談し，連合国側の戦後世界構想として大西洋憲章を発表し，そこで領土不拡大，民族自決，自由貿易といった原則を提案した．この自由貿易原則は戦後日本の経済成長を可能にさせたが，当時の日本は軍部独裁体制の下にあり，軍事的膨張路線を当然視していたため，この大西洋憲章を黙殺した．

　このように，太平洋戦争の記憶をめぐる日米ギャップは戦後の長い年月を経て，だいぶ縮小してきたとはいえ，依然残っているといわざるを得ない．［油井大三郎］

沖　縄

Okinawa

|||||||||||||||||||||||||||||||||||||||||||||||||||||||||||||||

　1853年，江戸幕府の鎖国が及んでいた琉球王国に，日本開国の足掛かりとするべく，マシュー・ペリー提督が来航した（☞項目「黒船」）．ペリーは強引に首里城を訪問し，和親・通商を求めたが，琉球側は返答を先延ばしにする戦術で対抗した．ペリーは武力を背景に条約調印を迫り，54年に米琉修好条約が調印された．なお，上陸した水兵が婦女暴行や発砲事件などを起こしたため，ペリー一行と琉球住民の間には摩擦が生じた．

　79年，明治政府は琉球処分を断行して沖縄県を設置，琉球王国は滅亡した．琉球と冊封関係にあった清は強く反発し，世界旅行中だったアメリカの前大統領ユリシーズ・S. グラントに仲介を依頼した．グラントは日清双方に日清協調の重要性を説き，琉球諸島の分割案を提示して平和的解決を求めたが，日清交渉は不調に終わった．琉球処分後，沖縄とアメリカを結び付けたのは移民であった．99年，最初の海外移民27人がハワイへ向かい，その後も多くの県民がハワイを目指した．1900年代に入ると西海岸を中心にアメリカ本土への移民も始まったが，排日問題もあり，小規模にとどまった（☞項目「移民」）．

❖沖縄戦　アジア太平洋戦争期の沖縄とアメリカの関係は，悲劇的であった．1944年8月，疎開船・対馬丸が潜水艦の攻撃で沈没し，判明しているだけで783人の学童を含む1,484人が死亡した．10月10日には，那覇市を中心に艦載機による無差別爆撃が行われ，那覇市は市街地の90%を焼失，軍・民合わせて548人が死亡したとされる（10.10空襲）．米軍は沖縄を攻略するべくアイスバーグ作戦を立案し，45年3月26日に慶良間諸島に侵攻した．そして米軍は，4月1日には沖縄島中部西海岸に上陸し，北部を短期間で制圧した．日本軍は，中南部を拠点とした持久戦を展開したが，「鉄の暴風」と呼ばれた米軍の猛攻の前に後退を続けた．6月23日に糸満市の摩文仁で牛島満司令官が自決し，日本軍の組織的抵抗は幕を閉じた．沖縄戦は，日米双方に甚大な犠牲をもたらした．沖縄県援護課によると，米軍側犠牲者は，沖縄攻略を指揮していたサイモン・B. バックナー中将を含む1万2,520人，日本側犠牲者は沖縄県出身者12万2,228人（うち軍人・軍属2万8,228人），他都道府県出身兵6万5,908人と推計される．

❖アメリカによる沖縄占領　沖縄に上陸した米軍は軍政を開始し，アメリカの沖縄占領が幕を開けた．冷戦が始まると，沖縄の戦略的価値を高く評価したアメリカは，沖縄の恒久基地化に舵を切り，長期間にわたって支配する方針を固めた．1952年に発効したサンフランシスコ講和条約で日本は独立を回復するが，同条約第3条に基づきアメリカは沖縄を統治し続けた．ただし，沖縄に対する日本の

潜在主権は認められた.

　沖縄統治にあたり，アメリカは50年に琉球列島米国民政府（USCAR）を設置し，57年には最高責任者として高等弁務官を置いた．沖縄を「太平洋の要石」と位置付けた米軍側は，「銃剣とブルドーザー」で強権的に基地を拡張し，56年には海兵隊を日本本土から移駐させた．アメリカの強権的支配，米軍による事件・事故や人権侵害に多くの沖縄住民が不満を抱き，社会大衆党や人民党は本土復帰を主張した．米兵と地元女性の間に生まれた「混血児」（1990年代以降はアメラジアンとの呼称が広がる）への差別もあった．だが，沖縄が反米一色だったわけではなく，親米・反共の保守政党は一定の勢力を保った．また，アメリカ文化が沖縄に浸透し，金門クラブに集まったアメリカ留学経験者は社会的に重要な役割を果たした.

❖沖縄返還　1960年に沖縄県祖国復帰協議会が結成され，沖縄で復帰運動が高揚する中，65年に沖縄を訪問した佐藤栄作首相は，沖縄の祖国復帰が実現しない限り「戦後」は終わらないと述べ，沖縄返還への決意を表明した．ベトナム戦争を戦っていた米軍部は沖縄の長期保有を望んだが，連邦政府は沖縄返還へと舵を切った．沖縄返還に応じて日米関係を安定させ，沖縄住民の不満を鎮め，基地を長期的に確保すべきだと判断したのである.

　69年，佐藤とリチャード・M.ニクソン大統領は，沖縄から核兵器を撤去し，日米安保条約とそれに関連する取決めを本土と同様に沖縄にも適用する「核抜き・本土並み」での沖縄返還で合意した．しかし，両首脳は，緊急時における核兵器の沖縄への再持ち込みについて密約を交わしていた（沖縄核密約）．72年5月に沖縄返還が実現したが，米軍基地の縮小は進まず，沖縄では復帰に抗議する動きが出た．復帰後も米軍の事件・事故で住民が犠牲となるケースが後を絶たず，沖縄県側は基地縮小を求め続けたが，日米両政府の反応は鈍かった.

❖沖縄米軍基地問題の現在　冷戦終結後も重要な戦略拠点としてアメリカは沖縄を重視し続けた．日米両政府に大きな衝撃を与えたのが，1995年の少女暴行事件である．沖縄県民はもとより多くの日本国民が激怒し，沖縄県側は基地の整理・縮小と地位協定改正を軸とする負担軽減をかつてないほど強く要求した.

　日米両政府は，地位協定の運用改善と，沖縄に関する特別行動委員会（SACO）の設置で事態に対処した．SACOは，県内での代替施設建設を条件に普天間飛行場の返還を打ち出したが，名護市辺野古への移設の是非をめぐって県内の議論は混乱し，普天間移設は行き詰まった．2000年の沖縄サミットでビル・クリントン大統領が沖縄を訪問したが，事態の打開には至らなかった．民主党の鳩山由紀夫政権が県外移設を模索する一幕もあったが，結局，移設候補地は辺野古へと回帰した（☞項目「米軍基地」）．17年現在，翁長雄志沖縄県知事は辺野古への移設に反対しており，問題解決への道筋は見えない．　　　　　　　　［吉次公介］

米軍基地

U.S. Military Installations

現在，日本国内の米軍施設・区域（以下，米軍基地）の74.48％（面積比）を沖縄県が占めている．しかし，1950年代前半の本土には沖縄の約8倍の米軍が駐留し，本土で接収解除が進んだのは50年代半ばのことであった．58年には地上戦闘部隊の沖縄と韓国への移駐が完了，本土と沖縄で駐留人数が逆転するのはベトナム戦争中の64年である．沖縄の日本復帰に前後する70年代前半から80年代前半，ベトナム戦争の終結に伴い，本土では関東地方や福岡県の基地群が返還されていき，沖縄県に米軍基地が集中する現状へと至る（☞項目「沖縄」）.

このように戦後70年に及ぶ「在日米軍基地史」の中で，志願または徴兵により米軍人となったアメリカの人々やその家族（海外領土出身者や移民1世も含む）と，米軍基地で働いたり近郊地域に居住したりした日本の人々（旧植民地出身者も含む）との間では，どのような日米関係が立ち現れてきたのだろうか.

❖**米軍基地という職場**　米軍基地は，米軍将兵にとっては職場であり居住の場であるが，日本人にとってもまた労働の場となってきた．米軍基地での日本人の労働は占領初期に始まった．職種は，土木建設，運送，通信，機器器具，電気設備，洗濯，印刷，警備，売店やクラブや宿舎でのサービス関係，事務など多岐にわたり，1946年後半から51年前半にかけては，本土全体では常に20万人以上が米軍基地で働いていた（2015年時には全国で2万5,000人）．雇用形態は日本政府による間接雇用が主で，サービス関係などでは米軍による直接雇用もなされていた．基地別に見ると，例えば福岡県の米空軍板付基地では1960年末に約7,000人が雇用されていた．また基地従業員ではなく，物品やサービスの納入業者（基地内のクラブ・劇場での音楽や芸能の上演もその一つ）も，米軍基地で仕事をしていることになる.

こうした労働の現場では，米軍将兵の横暴に直面した日本人が身体的・精神的な痛苦を被ったり不当に解雇されたりすることもあったが，一方で自由時間を活用し，野球などを通じて交流を深めることもあった．加えて，職場での一時的な関係が，将兵の転任後や帰国後まで続く友人関係や，また結婚へと発展する場合もある．しかし現在のところ，米軍基地という職場における接触の諸相は，基地（跡）を抱える地域の地史や，特定の職種（バーテンダーなど）に関わる回想録などで断片的に知ることができる段階にとどまっている.

❖**基地の町**　米軍将兵の生活は基地内では完結しない．占領期から1950年代にかけては，大都市の接収地近辺や横須賀など旧来の軍都だけでなく，農山村・漁村地帯に設置された米軍基地（その多くは日本軍基地を接収．現在は自衛隊基地

など）の周囲でも米兵向け歓楽街が出現した．土産物屋，バー，キャバレー，似顔絵屋，人力車屋などが並び，英語の看板に満ちた風景は「西部劇のような」と形容された．町は部隊の移駐に伴って突貫工事でつくりだされ，「パンパン」と呼ばれた売春女性やポン引き，各種の業者が地域社会の外部から出入りした．

こうした「基地の町」は，非都市圏における日米の人的な接触やアメリカ文化の流入をもたらしたという点で，戦前には見られない日米関係の空間をつくりだした．だが同時に基地の町は，地域社会の政治・経済・文化を混乱させ，当時のジェンダーや性の規範を攪乱する実態と表象をも生みだした．基地の町をめぐるこうした「負」の現実は，軍事演習で発生した人的・物的・経済的な破壊とともに，占領終結後の基地反対運動に強い刺激を与えた．

図1　関東地方の米軍基地所在地（1953）
丸数字でマッピングされている位置に米軍基地があった．関東地方に多くの基地があったことがわかる［猪俣浩三他編，1953より作成］

50年代後半の本土では，米軍基地の接収解除とともに基地の町も減少していった．しかし，残存する基地では70年代前半まで米兵向け歓楽街が命脈を保ち，職を求めて流れてくる者だけでなく，アメリカのファッションや音楽や人種問題に関心を持つ若者，ベトナム反戦運動や脱走兵援助に関わる人々をも惹きつけた．その後，80年代の円高で米軍将兵は基地内にとどまる傾向が強まり，基地の町はむしろ，「日本の中のアメリカ」のイメージで日本人観光客の購買欲に訴え，地域活性化に取り組むようになる．21世紀初頭，例えば東京都の米空軍横田基地の近辺は，米軍という実態とノスタルジックに表象されるアメリカとが混在する空間になっている（図1）．

❖**在日米軍将兵（GI）の系譜**　戦後，米軍基地の内外で将兵と出会い戦争花嫁として渡米した日本人女性は数万人に上り，逆に，結婚してからやがて日本に住みついた戦争花婿も少数だがいる．その子どもたちの中にも米軍将兵として来日した者がおり，戦争花嫁夫妻から続く一族は，3世代目も青年期を迎えている．

そのほか近年では，過去に駐留した基地を再訪するアメリカ人旅行者も珍しくなく，また，日本で育ったミリタリーブラット（軍事基地で生まれ育った人々）はその記憶をインターネット上で交換し合っている（☞項目「日系移民」）．約70年の在日米軍基地史とともに，在日米軍将兵として人生の一時期を過ごした人々の系譜は，このようにすでに3世の時期に達している．

［青木　深］

日米安全保障条約

Japan-U.S. Security Treaties

　冷戦のアジアへの波及，特に中国の共産化と朝鮮戦争の勃発は，封じ込め戦略における日本の重要性を劇的に高めた．アメリカは寛大な条件での日本の国際社会復帰を急ぎ，それは 1951 年 9 月 8 日，サンフランシスコ講和条約となって実現した．同じ日にアメリカは日本と安全保障条約（旧安保条約）を結び，「極東における国際の平和と安全」のために，日本防衛の義務を負うことなく在日米軍を使用できること，日本の内乱・騒擾に干渉する権利を有することを規定した．アメリカにきわめて有利な内容であり，旧敗戦国に対する事実上の駐軍協定であった．この条約は米比，米韓，米台，ANZUS（オーストラリア，ニュージーランド）相互防衛条約と並び，アメリカが東アジア・太平洋に設けた安保枠組みである，ハブ・アンド・スポーク（アメリカを中継し，分岐させる仕組み）の一翼を担った．

❖**旧安保条約と吉田路線**　日本政府は当初，国連憲章第 51 条の集団的自衛権関係による条約を望んだが，アメリカは拒否した．それは，48 年の上院バンデンバーグ決議が，国連の「個別的・集団的自衛のために地域的取り決め，及びその他の取り決め」を結ぶ条件として，締結国の「継続的かつ効果的な自助及び相互扶助」を要求しているのに対して，アメリカは日本が軍備も自衛の手段も有しておらず，バンデンバーグ決議を満たす能力がないと判断したからである．吉田茂首相は日本の本格的再軍備を求めるジョン・フォスター・ダレス特使に対し，防衛強化は漸増にとどめる方針を伝えていた．吉田は，安全保障をアメリカに依存し，軽武装のもと，経済復興に専念するという戦後日本の路線を設定した．いわゆる吉田ドクトリンである（永井，2017）．

❖**新安保条約の締結**　日本の特に保守勢力内では，旧安保条約の不平等性に対する強い批判，不満があった．重光葵外相は 1955 年夏に訪米したとき，条約の全面改定を提起したが，ダレス国務長官はこれを一蹴した．しかしアメリカ政府は 50 年代後半までに，旧安保条約の改正に応ずる方針に転じた．人工衛星スプートニクの打ち上げ（1957）などソ連の攻勢を前に，西側諸国との関係強化に乗り出したからである．また保守合同（1955）を成し遂げた岸信介首相を高く評価していたことも重要である．ダグラス・マッカーサー 2 世大使は在日米軍基地を重視する立場から，相互性の条件にこだわることなく，旧安保条約の全面改定を進言した．ダレスはこれを受け入れ，58 年秋に日米交渉が始まった．60 年 1 月に調印された日米間の相互協力及び安全保障条約（新安保条約）は国連の集団的自衛権との関係の明確化，アメリカの対日防衛義務と条約期限の明記（10 年間），

内乱・騒擾条項の削除，経済協力，事前協議制などを定め，日本側の不満をほぼ解消した．条約前文ではまた北大西洋条約（1949）にならい，民主主義の諸原則，個人の自由と法の支配を謳い，アメリカ的な同盟の特徴である価値の共有を確認した．ただし旧条約の特徴である「物と人との協力」（坂元，2000）という基本は，新条約でも変わらなかった．

　新安保条約に至る過程で，アメリカ核搭載艦船による寄港を事前協議の対象外とする「暗黙の合意」，朝鮮有事の際には在日米軍が事前協議なしに出動できるという密約が交わされた．50年代後半以降，日本本土からのアメリカ地上軍の撤退は進んだが，その一部はアメリカが統治する沖縄に移転した．60年代半ばに本格化するアメリカのベトナム戦争介入にあって，沖縄の米軍基地は出撃・補給基地として不可欠であった．日米安保条約には，北大西洋条約の(西)ドイツと同様，日本を抑える「瓶の蓋」的な性格がある．それを露骨に表明したのが，米中接近を演出したヘンリー・キッシンジャー大統領補佐官であった．彼は中国政府に対し，日本を抑制する安保条約の意義を強調し，理解を得た．冷戦終結後も，ジョージ・H.W.ブッシュ政権の「アジア太平洋地域の戦略的枠組み」（1990）は，日本の軍備強化がもし日米安全保障関係と独立して行われるのであれば，近隣諸国は懸念するであろうと指摘したのである．

❖日米同盟へ　アメリカ政府の報告書で，日米関係を初めて「同盟」と表現したのは，1960年初頭のことである．60年の国家安全保障会議文書（NSC6008/1）は日本を「主要な同盟国」（ally）と表現し，62年の国務省報告書は日米「同盟」（alliance）の重要性を強調した．日本では，79年に訪米した大平正芳首相がアメリカを「同盟国」と呼び，81年鈴木善幸首相がロナルド・W.レーガン大統領との会談後の共同声明で，日米関係を「同盟」と呼称してから一般化した（ただしこの言葉の解釈をめぐり，鈴木首相が軍事関係を否定したことに対して，伊東正義外相は抗議し，辞任した（☞項目「アメリカ外交と同盟」）．

　日米安保条約は70年代後半以降の膨れ上がる対日貿易赤字，通商摩擦の影響に無縁ではなかったが，冷戦期は基本的に安保問題は通商と分離して対処された．しかし冷戦の終結後，貿易摩擦の激化を背景に日米同盟関係は漂流した．危機感を深めた日米外交・防衛関係者が日米安保の再定義の作業を進め，それは最終的に96年4月の日米安全保障共同宣言となって結実した．北朝鮮の核開発問題，中国の軍事的台頭も追い風になった．ここで両国政府は日米同盟が「アジア・太平洋地域の平和と安全」に寄与することを謳い，冷戦後の日米安保条約に新たな意義を与えたのである．

　日米同盟関係はアメリカの要請もあり，安倍晋三政権が，日本の集団的自衛権の限定的行使を容認する新安保法案を2015年に成立させたことで，新たな段階に入った（☞項目「近年の日米関係」）．　　　　　　　　　　　　　[佐々木卓也]

経済摩擦

Economic Friction

　経済摩擦という用語では，焦点を絞りにくいので，本項では，日米貿易摩擦というトピックに限定して話を進めたい．一般に，貿易摩擦は，2国間の貿易・サービス収支に大きなアンバランスが生じた場合に起きる．貿易黒字とか，貿易赤字というように，家計と同じような用語が用いられることが，問題を複雑にする．アメリカの対日貿易赤字が巨額に達したので，交渉によって是正する必要がある，と主張されると，多くの人は，日米貿易の輸出入はバランスしなくてはならず，赤字は悪だと思ってしまう．しかし，世界貿易のリーダーは，大きな貿易赤字を抱えることで他国をリードできる．それは貿易の歴史が証明している．

❖**歴史的には，保護主義から自由主義へ**　ある一国の経済史を考えると，産業が未発達である初期においては，政府の保護育成が必要であるから，関税が高くなり，貿易も保護主義的になりやすい．産業の競争力が高まる中期では，むしろ後発の貿易相手国に対して自由貿易を要求する．19世紀のアメリカは高い保護関税の国だった．綿花栽培によって外貨を稼いでいた南北戦争前のほうが自由貿易指向が強かったので，関税率は低かった．南北戦争後のアメリカは高率保護関税によって工業化を加速させた．第1次世界大戦後のアメリカは，孤立主義的政策運営で知られるが，国民経済の大きさで見ると，たしかに世界経済に占めるアメリカ貿易のシェアはまだ小さかった．戦争の結果，イギリスは世界経済をリードするヘゲモン（覇権国）の位置を失い，アメリカはそれに代わることができるほどの力を持たなかった．1929年大恐慌が起きたとき，ハーバート・C. フーヴァー政権によるスムート・ホーレイ関税法は世界貿易の縮小を通じて恐慌を悪化させたが，他方で，フランクリン・D. ローズヴェルト政権のもとで制定された34年の互恵通商協定法は，世界貿易拡大の方向に踏み出した．

❖**第2次世界大戦後，アメリカは自由主義の旗手に**　両大戦間期の貿易や世界経済の縮小という経験は，第2次世界大戦後のアメリカを中心とする諸国が貿易や投資の拡大をリードする契機をつくった．経済面では国際通貨基金（IMF）や「関税と貿易に関する一般協定」（GATT），および世界銀行を軸に自由貿易の推進を最大の目標に掲げて世界経済の一体化を図った．アメリカが自由貿易の旗手の役回りを演じたのは，戦後まもなく始まったソ連との冷戦を勝ち抜いてシステムとしての資本主義の優位性を後発諸国に示す必要に迫られたためであった．

　一般的に，ある国が自由主義の盟主としての役割を果たすためには，どういう条件が必要か．軍事的用件を外して考えよう．まず，産業全体としての競争力が強いこと．理想的には，技術革新によって他国を凌駕して，人・時間当たり生産

性，ないしは労働者1人当たり生産性において優位に立つこと．ただし，先進国では多くの場合，賃金（労働コスト）が高いために，生産性が低い国や他国産業に競争力で勝てないこともある．次に，政府・産業間の関係を考えると，先進国政府は輸出補助金や産業政策には消極的であり，逆に，後発国政府はそれらに対して積極的である．

❖農業・石油の優位，製造業の摩擦激化，日本に対して内需主導要求　アメリカの産業構造の特徴は，一貫して農業に比較優位があり，輸出産業だったこと，第2次世界大戦前は鉱物資源（石油など）も輸出国だったし，石油輸入に転じた後も，シェールオイルで優位を保つなど，他の先進国にない強靭さを備える．日本との貿易摩擦が続いた1950年代から90年代初頭までは，製造業や農業の圧倒的優位が崩れ始める時期である．65年にははじめて日本の対米貿易黒字が記録され，その後それが長く基調となった．77年には世界的な過剰生産を背景に，アメリカ鉄鋼業の競争力が弱まり，日本などから鉄鋼輸入の急増を招いた．この貿易摩擦も深刻な紛争となった．日米自動車産業の競争激化を背景に，79年の第2次石油ショックは，アメリカ国内消費者の小型車指向を加速し，全米自動車労働組合（UAW）はトヨタと日産に対してアメリカへの工場立地をうながした．81年に日本の通産省は自動車輸出自主規制を提案した．

　80年代以降，日米貿易摩擦は新たな領域に踏み出した．それまでの紛争が個別品目の輸出入バランスを問題としたのに対して，背景にある両国の制度や慣行，国民の経済行動の違いに目を向けなければ，不均衡は解消しないとの認識に立って，より深いアプローチを試みたのである．その嚆矢が85年，国際協調のための経済構造調整研究会が総理大臣に提出した報告書「前川レポート」である．キーワードは内需主導型経済成長，そして国内市場の開放，だった．88年，ジョージ・H. W. ブッシュ政権は，日米構造協議を提案し，日本の高い貯蓄率，外国製品の参入を妨げている複雑な流通制度，企業系列，排他的取引慣行，アメリカの貯蓄率低下，産業競争力の低下，財政赤字などを問題とし，日本に公共投資拡大，アメリカに財政赤字削減などを提言した．その後ビル・クリントン政権は日米包括経済協議，日米規制緩和協議により問題関心を継続した．

　クリントン政権は日米という枠組みから離れて，北米自由貿易協定（NAFTA）を批准し，バラク・オバマ政権は環太平洋経済連携協定（TPP）批准まであと一歩というところまで進んだ．しかしドナルド・トランプ政権はこれらの多角主義的な協定を支持せず，アメリカはTPPを離脱した．トランプ政権は，あたかも昔の重商主義帝国のように，各国との間の個別貿易赤字を忌避して二国間貿易協定を追求しているのだが，かつてのイギリスは貿易赤字を寛容に受け入れていた．トランプ政権に求められるのは，余裕を持った，先進国からも，後発国からも愛されるリーダーシップを備えた大国の姿であろう．　　　　　　　　［秋元英一］

議員交流

Parliamentary Exchange

　日米関係の歴史の中で，排日移民問題を背景に1907年に設立されたニューヨーク日本協会や，17年に設立された日米協会など，民間の文化交流団体は戦前から存在した．また，枢密顧問官などを歴任した金子堅太郎がハーバード大学留学時に同大学卒業生のセオドア・ローズヴェルトの知己を得るなど，エリート層の個人的な人脈も豊富であった．しかし，戦前の帝国議会はアメリカ議会のような政治的影響力を持っていなかった．民主主義国の政治指導者間の交流としての議員交流が本格化するのは，第2次世界大戦後，それも60年代末以降のことである．

✛交流の始まり　1967年には，フォード財団の支援の下，国際親善日本委員会（現日本国際交流センター，JCIE）とコロンビア大学アメリカン・アセンブリーの共催で，静岡県下田市で第1回の下田会議（日米関係民間会議）が開催された．これが戦後初の民間政策対話とされる．下田は1854年に日米和親条約が締結された場所である．アメリカ側の参加者には，マイケル・マンスフィールド民主党上院院内総務（後の駐日米大使），エドモンド・マスキー上院議員（後の国務長官），トマス・フォーリー下院議員（後の下院議長），ドナルド・ラムズフェルド下院議員（後の国防長官）らが，日本側の参加者には，中曽根康弘衆議院議員（後の総理大臣），永末英一衆議院議員（後の民社党委員長）らがいた．この際，マンスフィールドが沖縄返還に言及して，注目された．下田会議は，1994年まで9回続き，2011年に日本の民主党政権下で新下田会議が開かれた．

　また，マンスフィールドらの発意により，68年には日米議員交流プログラムも始まった．2014年時点で，約200人の連邦議会議員が訪日し，約180人の日本の国会議員が訪米したという．1970〜80年代の日米貿易摩擦の時代には，激しい論争を伴いながら，重要な相互理解の経路となった．このほか，JCIEは82年から連邦議会スタッフ交流プログラムも実施している．アメリカでは，連邦議会議員は専門性の高い多くのスタッフを擁している．これら議員補佐官や委員会スタッフを日本に招き，日本に関する理解を深めるとともに，アメリカの政策についての日本側関係者の理解を深めることを目的としている．2011年の時点で，延べ約150人の議会スタッフが訪日している．さらに，JCIEはアメリカ青年政治指導者会議（ACYPL）との共催で，1973年から日米青年政治指導者交流プログラムも実施している．アメリカの州議会や政党の関係者，連邦議会や行政府のスタッフが訪日し，日本からは地方議会議員，国会議員秘書や政党スタッフなどが訪米し，政治，経済，社会の諸課題について意見交換を行っている．JCIE創設者で初代理事長の山本正が，これらの企画・運営に絶大な貢献をなした．

JCIE による一連の活動以外にも，ジョージ・ワシントン大学教授のヘンリー・ナウ（ロナルド・W.レーガン政権の国家安全保障会議で国際経済担当の上級スタッフを務めた）は，1989 年以来，日米の議員交流プログラム（LEP）を隔年で進めてきた．88 年にアメリカは包括通商・競争力強化法を制定し，スーパー301 条の下で，外国の不公正な貿易慣行を米通商代表部（USTR）が特定して議会に報告し，その国との交渉が 1 年以内にまとまらなければ事実上の報復措置を義務付けることになった．LEP はこうした事態を憂慮して出発したのである．後に，この LEP には韓国が加えられ，3 カ国の議員交流（TLEP）に発展した．

1980 年に創設された米日財団は，ジョージ・パッカード理事長（ジョンズ・ホプキンス大学高等国際問題研究大学院〈SAIS〉元院長）の下で，2000 年から日米リーダーシップ・プログラム（USJLP）を実施している．両国からそれぞれ20 人の若い世代（28〜42 歳）のリーダーを集めて，2 年間にわたり研修と交流を深めるものである．参加者はさまざまな分野にまたがっているが，日本からは河野太郎（自由民主党）や吉川元久（希望の党）などの国会議員が参加し，アメリカからは地方議員や議会のスタッフなども参加している．プログラム終了後も，参加者は USJLP フェローとして交流を深めている．

✢✢交流の諸問題　こうしたさまざまな試みや努力にもかかわらず，日米間の議員交流に問題がないわけではない．まず，日本を訪問するアメリカの議員数は減少傾向にある．そもそも，アメリカの議員にはパスポートすら持っていない者が多く，国際性が高いとはいえない．しかも，冷戦の終焉と日本経済の相対的な地位低下で，日本への関心も乏しくなっている（だからこそ，さまざまなプログラムが日本側から仕掛けられている）．また，共和党と民主党の党派対立が激しくなり，往年の超党派外交の伝統も後退している．マンスフィールドやウィリアム・フルブライト，リチャード・ルーガーのような，超党派精神に富み外交政策に通暁した大物議員は，ほとんどいなくなっている．他方，日本の国会議員はゴールデンウィークなどにワシントンその他に集中的に出張し，日本の在外公館が対応に忙殺されることになる．だが，議員活動の宣伝にはなっても，政策上の成果につながっているかどうかは疑問な場合も少なくない．

なお，2014 年，連邦議会の下院に，日本専門の超党派の議員連盟ジャパン・コーカスが発足した（コーカスとは会派の意．すでにコリア・コーカスは下院で2003 年に，上院で 2007 年に発足）．ジャパン・コーカスは共和党のデビン・ニューネズと民主党のホアキン・カストロが共同議長で，発足時の参加者は 62人に上った．彼らの多くは，選挙区に日本企業の工場を擁し，地元に日本からの海外直接投資（FDI）を受けている．今後は，ジャパン・コーカスへの働きかけを通じて，日米間の議員交流を再活性化させ，政治・経済・社会・文化の各方面で相互理解を促進することが，重要になってくるだろう．　　　　　　　［村田晃嗣］

日米野球

Baseball and Japan-U.S. Relations

　マシュー・ペリー来航後始まった日米関係の中で，野球は最も長期間にわたり重要な役割を演じ続ける文化営為の一つである．イギリス発祥の民衆スポーツ，ラウンダーズを起源に持つベースボールは，19世紀半ばまでに統一ルールに基づく近代チームスポーツとしてまずアメリカ北東部に根付き，次第に全米各地に伝播していった．

❖野球の日本への普及　日本では1972（明治5）年に開成学校（現東京大学）で，お雇い外国人教師ホラス＝ウィルソンが学生に教えたのがその始まりといわれている．1878年には，ボストンでの留学から帰国した鉄道技師平岡熙が，日本初の野球チーム・新橋アスレチック倶楽部を創設し，「アメリカプロ野球」の父といわれるアルバード・G. スポルディングが経営する運動具会社からの野球用具の提供を受けた（☞項目「スポーツとナショナリズム」）．96年，日清戦争勝利後のナショナリズム勃興の中，第一高等学校（一高）チームが横浜居留地のアメリカ人チームとの試合で大勝したことは日本全国に新聞報道され，日本における野球の人気を決定的なものにした．

　その後，野球は学生スポーツとして明治期の日本全国各地に普及していった．1905年には安部磯雄が引率する早稲田大学野球部が初の渡米遠征を日露戦争中に敢行し，日米野球交流の先鞭をつけた．そのメンバーの一人であった橋戸信は，渡米遠征中に学んだ最新野球技術（スライディング，スクイズなど）の解説書を刊行し，日本での野球技術普及に貢献した．06年には，ハワイからセントルイス野球団，その2年後には初のプロチーム，リーチ・オールスターズがフィリピン遠征の途中に来日し，日米双方向の野球交流の時代が幕を開けた．同時期にハワイやアメリカ西海岸では，当地に移住した日系人が野球チームを編成し，その後の日米野球交流の一端を担うようになった．この時期に日本の植民地統治下に入った台湾や朝鮮にも，日本人やアメリカ人のキリスト教青年会（YMCA）体育教師によって野球が導入された．

❖日米野球交流の発展　明治末期・大正期に入ると，交通通信技術の発達を背景に日米アマチュア野球交流が活発化した．1910（明治43）年にスポルディング社が監修するメジャーリーグ（以下，大リーグ）公式ルールを完訳した「現行野球規則」が日本で発行され，ルール上での日米の差がなくなったことも大きい．10〜30年代にかけてシカゴ大学と早稲田大学は5年ごとに相互招待遠征を行い，慶應義塾大学もA. シェーファーという現役大リーグ選手をコーチとして招聘，11年にはハワイに遠征した．20年代には，アメリカのプロチームの来日が相次ぐ．

元マイナーリーグ選手であった H. ハンターの率いる海外巡業チーム，女子プロチームのフィラデルフィア・ボビーズ，黒人チームのローヤルジャイアンツが日本各地や日本統治下の台湾・朝鮮などを転戦した．

朝日，毎日新聞主催の中等野球大会に対抗することを目指す読売新聞の招待で31 年に打撃王ルー・ゲーリッグを含む米大リーグチームが来日し，日米野球交流は新段階に入った．その 3 年後の第 2 回大リーグ訪日に参加した本塁打王ベーブ・ルースは，日米関係に暗雲が差し込む中，日本中の野球ファンを熱狂させ，ジョセフ・グルー大使をして「ルースは 100 人力の親善大使」と言わしめた．この第 2 回大リーグ日本遠征の際に初の日本プロ野球チーム全日本軍が編成され，翌年には大日本東京野球倶楽部（現読売ジャイアンツ）として北米大陸横断遠征を行った．36 年開催のベルリン五輪では，エキシビションスポーツとして日米両国が野球試合をした．第 2 次世界大戦中の野球は「敵性スポーツ」と喧伝されたが，有力選手の戦時プロパガンダ協力，野球用語の日本語化などによってプロ野球は生き残りを図り，実際にリーグ戦が中止されたのは 45 年シーズンのみであった．

❖戦後の日米野球交流　戦後は，アメリカの占領軍首脳部の奨励の下に野球は素早く復活を遂げ，戦後日米関係修復のために双方によって戦略的に援用された．1949 年にサンフランシスコ・シールズが占領軍の協賛の下に来日し，その初戦では占領中にもかかわらず日章旗の掲揚が初めて許可された．日本占領終了後には朝鮮戦争，ベトナム戦争に従事する極東駐留米軍を慰問する目的で大リーグチームが隔年シーズンオフにアジアを巡業したため，日本の野球ファンは大リーグ野球に定期的に接する機会を得た．

戦後再建された日本プロ野球には有力選手の戦死を補う意味からも日系人選手が数多く登用され，与那嶺 要のように現役生活を経たのち監督になる者もいた．また，日系人以外のアメリカ人選手も日本球界でプレーするようになった．初期にはその多くはマイナーリーグ出身者であったが，日本経済が高度成長期に入り高給を出せるようになると，大リーガーの登用も始まった．75 年に広島カープを優勝に導いたジョー・ルーツをはじめとして，今日に至るまでに総計 9 人のアメリカ人監督が誕生している．

一方，日本人の大リーガーは，64 年にドジャーズでプレーした村上雅則がその第 1 号である．村上の契約をめぐる日米対立もあり，その後 30 年間は日本人選手の大リーグ移籍はなかった．95 年に近鉄を任意引退した野茂英雄がドジャーズに入団，新人王のタイトルを獲得し日本人選手の本格的メジャー進出の足がかりを築いた．21 世紀に入るとイチロー，松井秀喜などの有力選手のメジャー移籍が続き，2017 年現在までに 50 人を超す日本人選手が大リーグでプレーした経験を持つに至った．

[清水さゆり]

相互イメージ

Mutual Images

||||||||||||||||||||||||||||||||||||||||||||||||||||||

　戦後の日米関係の中で，日米相互のイメージを語ろうとするとき，ルース・ベネディクトの『菊と刀』(1946) とエズラ・ボーゲルの『ジャパン・アズ・ナンバーワン―アメリカへの教訓』(1979) が与えた影響を無視することはできない．今日よく知られるようになったが，『菊と刀』は戦時情報局（OWI）の報告書（Report 25「日本人の行動パターン」）が基となっている．ベネディクト自身，OWI には日本グループの班長としてこの報告書の作成に参画しており，それは対日占領政策の方向性に多大な影響を与えた．OWI には，多くの研究者が参加していたが，なかでも日本専門家のヘレン・ミアーズやイギリス人のジェフリー・ゴーラーは，ベネディクトの日本論に大きな影響を与えた．彼らの存在も見逃すことはできない．

❖コントロールされた対日イメージ　第 2 次世界大戦時のアメリカでは，日本人は野蛮で残酷であると同時に，家畜の群のようにみずからの意志を持たない他者として構築された．こうしたイメージに対して，日本を文化相対主義的視点から論じた『菊と刀』は，明らかに日本のイメージを変え占領政策を円滑に進めていく上で重要な役割を担ったといえる．しかし，来日経験のない一文化人類学者の著書によって，戦後のアメリカの対日イメージが形成され，翻って日本人自身の自己認識としてもステレオタイプ化されていくプロセスについては検証を行う必要がある．

　そして『菊と刀』と並び日本のイメージ形成に大きな影響を与えた文献として，上述『ジャパン・アズ・ナンバーワン』があげられる．出版当時ハーバード大学東アジア研究所所長であったボーゲルは，高度成長を成し遂げた日本的経営を高く評価するとともに，その背後には優秀な官僚と民間人の勤勉さが存在すると指摘した．特にハーバード大学というアメリカを代表する大学の教授による「日本賛美論」は，敗戦から経済復興を成し遂げた日本人に自信と勇気を与えた．さらに日本人の慢心を招く要因となったといえる．他方，同書は当時日本の経済的攻勢に受け身に回りつつあったアメリカへのある種警告の書でもあった．つまりアメリカにおける日本のイメージの変化（すなわち，日本への怖れ）を象徴する一冊であった．

　この二つの書は，それぞれの出版時において日米両国の相互イメージを変える力を持った．そのため，ベネディクトとボーゲルがアメリカの情報機関に関係していたという事実は，非常に示唆に富む．特にボーゲルは陸軍勤務の経験があり，また 1993 年から 2 年間にわたり中央情報局（CIA）の国家情報会議の東アジア

担当の国家情報分析官を務めている．アメリカは日本に対して，軍事・経済力だけではなく，文化力をもって日本のイメージをコントロールすることを企図していたといってもよいであろう．ベネディクトとボーゲルの日本論の背景には，知識人を糾合しその文化力によって日米関係を調整しようというアメリカの思惑があったという側面は否定できない．それはある意味でパブリック・ディプロマシー（広報・文化外交）の先駆けであったと見なせるであろう（☞項目「文化外交・文化摩擦」）．

❖変わる日米関係と相互イメージ　今日多くの国が，自国のポジティブなイメージを国際的に確立するため力を注いでいる．それは，国家戦略の重要な要素になっているといっても過言ではない．この点は日米両国も例外ではない．

こうした中で，2015〜16年にかけて，過去の歴史認識に関する二つの出来事が日米両国の相互イメージを大きく変える契機となった．一つは，15年4月28日の安倍首相のアメリカ連邦議会での演説であり，もう一つは16年5月27日のバラク・オバマ大統領による広島訪問である．前者においては，かつて壮絶な闘いが繰り広げられた硫黄島で，敵同士として戦ったアメリカ兵士と日本兵の遺族とが連邦議会の傍聴席で堅く握手を交わした．その瞬間，議場はスタンディング・オベーションに包まれた．後者においては，オバマ大統領が被爆地広島で被爆者と抱擁を交わした．このシーンはメディアによって日米両国のみならず，世界中に発信された．加害者と被害者の枠を乗り越えた「新しい和解」の姿が世界中に報道されたのである．これまで困難と見なされてきた加害者と被害者の和解を，日米両国のリーダーは一つのモデルとして世界に提示した．「過去への謝罪を乗り越え，未来への変化をうながす」という姿を世界に表明したのである（☞項目「記憶としての太平洋戦争」「近年の日米関係」）．

❖国家イメージと戦略的コミュニケーション　今日，日本はリオ・デ・ジャネイロオリンピック（2017）閉会式のパフォーマンスで示したように，世界に向けて新たなイメージを発信している．そこには，「日本は特異であり，外国人には理解できない独自性がある」といったみずからの特殊性を誇るところはない．日本は，日本のイメージを世界に打ち出すにあたって，日本の特異性を強調することよりも普遍性の強調へと重心を移動させる戦略をとるようになった．こうした日本のイメージ戦略は，日本のよいイメージを普遍性の中に固着させることにもつながる．

イメージはその性質上，持続すればするほど強度を高め，新たな現実さえも生み出していく．したがって，今日ポジティブな国家のイメージをいかにして国内外に広げ，そのイメージを持続させることができるかは，日米両国が直面している国家戦略的な課題である．その意味で外国に対するパブリック・ディプロマシーを，世論調査も含む戦略的コミュニケーションの中に位置付けてゆく時期にきている．
　　　　　　　　　　　　　　　　　　　　　　　　　　　　　　　[吉原欽一]

戦後日本の反米と親米

Pros and Cons of the U.S. in Post-War Japan

　戦後，アメリカは日本人にとって特別の他者として，その文化や意識に絶大な影響を及ぼしてきた．それはまず，戦前から大都市で始まっていたアメリカ化が一挙に全国に波及していく過程であった．実際，1945年9月には『日米会話手帳』という小冊子がまたたく間に400万部も売れ，48年に始まったNHKラジオの《アメリカ便り》も人気番組となった．49年からは，アメリカ的生活様式をコミカルに描く漫画「ブロンディ」が朝日新聞朝刊に登場し，50年になると，大阪近郊の西宮でアメリカ博覧会が開催され，大量の観客を熱狂させていた．

❖消費されるアメリカ・イメージと親米　しかしこの戦後のアメリカ化は，敗戦と占領の経験を抜きには考えられない．音楽からファッション，食文化に至るまで，占領期には米軍基地からの直接的な浸潤があった．だが，やがて占領が終わり高度成長期になると，人々は占領や基地と戦後文化の関係を否認する仕方でアメリカと結び付いていく．つまり占領期が遠のく中で，日本の大衆文化は占領との直接的な結び付きを闇市（やみいち）やパンパンガールのイメージに周縁化し，次第に忘却していこうと努め始めるのである．そして，むしろアメリカのあからさまな暴力性が見えにくくなったところで，逆に「アメリカ」とねじれた仕方で結び付く消費主義的なアメリカニズムを増殖させていくのである（☞項目「消費主義」）．このような50年代末以降の親米意識の拡大を担ったのは，テレビや映画，音楽，広告などのメディア文化だった．

　例えば，50年代末，街頭から家庭に入り始めた初期のテレビで番組の主流を占めていたのはアメリカから直輸入された番組フィルムであった．57年頃から《バッファロー・ビルの冒険》《アニーよ銃を取れ》のような30分もののウェスタンシリーズが次々に日本に紹介され，翌58年には《パパは何でも知っている》《名犬ラッシー》のようなドラマも始まって人気を博した．これらの放映は61年頃に頂点に達し，夜の時間帯に放映される番組の約3分の1を占めていた．しかし60年代半ば以降，こうしたアメリカ製フィルムは衰退に向かい，ウェスタンシリーズなどは次第に深夜などの時間帯に周縁化され，代わりに日本製のホームドラマや時代劇への番組の国産化が急速に進んでいく．

　都市空間でいうならば，六本木や原宿，湘南海岸に若者たちが集まるようになった背景には米軍施設との密かなる関係が存在した．六本木の場合，戦前までこの界隈は，陸軍や近衛師団，憲兵隊などの施設が集中する「兵隊の街」だった．戦後，旧日本軍施設の多くは米軍に引き継がれ，この界隈には米軍施設や軍関係者の住宅ができていった．ここにやがて六本木族と呼ばれる若者たちが集まるよ

うになったのである．戦後の原宿の「若者の街」への発展も，米軍将校用の住宅施設であったワシントンハイツ（図1）と不可分に結び付く．まだ周囲は焼け野原とバラック，闇市の風景が広がる中に，蜃気楼（しんきろう）のように「豊かなアメリカ」が出現したのである．この広大なハイツの存在が，この一帯の代々木練兵場の街というイメージを大きく塗り替えていった．同様のことは，太陽族映画や湘南

図1　ワシントンハイツ（1947）

サウンドの舞台となった湘南に（神奈川県）もあてはまる．太陽族が闊歩（かっぽ）する逗子や葉山，マイアミもどきの片瀬海岸など，アメリカニズムを強烈に内包した「湘南」のイメージは，神奈川県に集中した米軍施設や米兵の存在と深く結び付いていた．

❖基地のアメリカと反米　1950年代は，他方で激しい反米軍基地闘争の時代でもあった．53年，石川県内灘村で米軍砲弾試射場に反対する闘争が広がり，55年には，立川基地飛行場拡張に反対して立ち上がった東京・砂川町住民たちの砂川闘争が本格化，翌年10月には強制測量を阻止しようとして座り込んだ農民，支援労組員，学生と警官隊が衝突し，およそ1,000人の負傷者を出すに至る．同じ頃，沖縄では度重なる住民女性への米兵の暴力，殺人と住民意思を無視した占領方針に人々の怒りが爆発し，島ぐるみ闘争が展開されていた（☞項目「沖縄」）．こうした反米意識は，ビキニ環礁での水爆実験で日本漁船が被曝した事件を受けて54年に制作された映画《ゴジラ》にはっきり表現されていた．ゴジラの破壊的イメージが広島・長崎の原爆や東京大空襲の記憶と重ねられていたことは，映画で日本がどれほど破壊されてもゴジラ撃退に決して米軍が登場しないことに巧妙に暗示されている．

つまり50年代の日本には二つのアメリカが存在した．一方は，次第に米軍との暴力的な関係を後景化し，イメージとして消費されるアメリカである．他方は，日本を空爆し，日常的暴力と結び付く基地のアメリカである．これらは実は同じアメリカの異なる貌（かお）だったが，戦後日本では両者の断層が広がっていく．前者は文化消費のレベルで完結しているように理解され，後者ではただ基地公害や米兵の性暴力，売春の問題が焦点化されていく．そして，後者のアメリカが日本本土で日常風景から少しずつ遠ざかると，前者のアメリカは，メディア化され，イメージ化されることで，逆に日常意識を内側から強力に再編していった．

やがて，アメリカは戦後日本人にとって「空気」のような存在になっていくのだ．こうした状況が頂点に達したのが80年代であり，まさにこのとき東京近郊に東京ディズニーランドが誕生し，大成功を収めていくのである．　　　［吉見俊哉］

クール・ジャパン

Cool Japan

クール・ジャパンとは，ファッション，玩具，漫画，アニメ，音楽，映画など日本の文化商品が特に海外で「クール」だとされる考えを指す．アメリカでは，日本の映画，テレビ番組，漫画などは少数の愛好家だけでなく国中のファンに消費されるようになっており，例えば，カリフォルニアで例年開催されるアニメ・エキスポは，1992年には参加者は2,000人以下だったが，2014年には8万人の参加者と一流の出版社が参加するイベントへと成長した．秋葉原（東京都）はアニメと漫画の聖地として再生し，関連商品の販売店に観光客が集まっている．きゃりーぱみゅぱみゅはYouTubeで成功し，BABYMETAL（ベビーメタル）は2016年に，坂本九の《上を向いて歩こう》（SUKIYAKI）以来日本人として初めて，アメリカのビルボードの上位40位に名を連ねた．

❖「日本の国民総クール」　クール・ジャパンという概念は，経済学者ダグラス・マックグレイが，1980年代のバブル経済の崩壊，失業率の増大，長引く不況という経済的苦境にもかかわらず日本の文化力は絶頂にあると論じた2002年の「日本の国民総クール」論文で提示された．彼はファッション，玩具，アニメなどに言及し，日本の最も成功した文化的輸出品は，伝統的なものではなく，他国の文化の借用であることを指摘した．例えば，ハローキティはもともとキャラクターの持つ外国性で成功し，現在では日本的なものとして認知されるようになった．批評家の大塚英志は日本アニメの世界的な人気は，その「無臭性」によると論じている．同様に，社会学者の岩渕功一によれば，アメリカの文化的輸出品は理想化されたアメリカらしさを投影するが，日本のそれは伝統的な日本らしさとは結び付かず，単に可愛いあるいはお洒落だと見られている，という．日本は2000年代の初期には経済的に苦しんでいたが，その文化商品は経済を刺激するだけでなく「ソフトパワー」としての潜在力を秘めていたのである．

❖アニメの絶大な人気　アニメDVDの販売数はインターネットのダウンロード視聴などで落ち込んだが，日本動画協会は2014年にアメリカのアニメ市場をおよそ1兆6,000億円と見積もっており，その人気の高さを示している．日本のコンテンツは今では多くが字幕や英語の吹替えがなされていて，非日本語話者も広く楽しむことができるようになった．アニメと漫画のファンは，以前は男性中心だったが，今ではイベント参加者の半数は女性で，その数は増え続けている．

日本アニメなどのコンテンツを配信するクランチロールやマイ・アニメ・リストなどのフォーラムにおいて，アニメが好きな理由を聞かれたファンの反応は似通っている．彼らはキャラクターやストーリーに深く感情移入し，作品を異文化

への窓と考え，その美学を愛好し，そしてアメリカのコンテンツよりも多様で興味深いと考えている．ここには一つの矛盾がある．学者たちはアニメが「無臭」であるから人気があると考えており，実際，1970年代の子どもたちは，日本のものだと知らずに《マッハGoGoGo》《アルプスの少女ハイジ》《鉄腕アトム》を見ていた．一方，2016年のファンにとって，アニメや漫画の絵のスタイル，音声，物語は明らかに日本のものである．しかし，髪型，舞台，建物や衣服のスタイルを必ずしも日本だけに結び付くものではないように見せることで，「無臭の香り」をも漂わせている．ファンは日本文化への窓としてアニメに惹きつけられているが，同時に，普遍的な物語のテーマやキャラクターの心理描写を，日本人以外でも楽しむことができるものとしてとらえている．

❖**カワイイ文化**　アニメと漫画以外では，こげぱんやリラックマ，ハローキティなど，女性的な「カワイイ」文化が人気である．特に，2012年に渋谷区長に「カワイイ大使」に任命されたきゃりーぱみゅぱみゅの動画はYouTubeで何億回も再生され，ケイティー・ペリーらポップ・スターたちが「カワイイ」文化を衣装やパフォーマンスに取り入れた．「カワイイ」文化を受容することで，「偽物で底の浅い」大人の世界を否定し，「本物で純粋な」幼い頃の子どもらしい無垢さへと回帰することができるのだ．

❖**政府の支援**　国際的に認知されているクール・ジャパン・ブランドの海外での進展，クリエイティブ産業の推進，これら産業の日本と国外での販売促進，そして産業間，政府間でのイニシアチブ（新企画）の推進のため，日本の経済産業省は2010年にクール・ジャパン室を開設した．韓国の積極的なポップ・カルチャー産業の海外発信と比べると，日本政府のポップ・カルチャー支援は散発的で組織的ではなく，ほとんど失敗といえる．韓国政府が多くの補助金を若いアーティストに与えYouTubeを積極的に利用したのに対して，日本政府は海外での人気をどう利益に変えればよいかわからなかったようだ．マックグレイ論文を無視し，経済産業省は着物や陶器などの伝統文化の宣伝に注力し，現代のファッション，アニメ，漫画などの「無臭」の商品を無視した．村上 隆はクール・ジャパンにかかわらず，広告会社が儲けるための仕組みだと批判した．2014年に自民党の稲田朋美クール・ジャパン担当大臣（当時）は成功の秘訣を知るためBABYMETALと面会したが，彼女らはクール・ジャパン政策の存在さえ知らなかった．

　現在，クール・ジャパンは2020年の東京オリンピックを目指している．2014年には，日本文化を外国人旅行者に宣伝し「世界における日本のパブリックイメージを向上させる」ための英語特区をつくることも含んだ改善案が提案された．興味深いことに，10間年以上もの毀誉褒貶の末にクール・ジャパンはクールではないと受け止められる傾向があることを認め，その改善案ではクール・ジャパンに代わる新しい名称の募集が提案された．　　　[リンジー・ネルソン著・渡部宏樹訳]

近年の日米関係

Recent Japan-U.S. Relations

　日米同盟は，それぞれが獲得し，あるいは受け入れた権利と義務が同一内容でない．アメリカの義務は日本を防衛することであるが，日本はアメリカを防衛することを義務付けられていない．アメリカの権利は日本の基地を朝鮮半島への派遣など，日本防衛以外にも使用できることである．ちなみに 1951 年に調印された際には，アメリカによる日本防衛義務がなく，日本だけが義務を負う片務的であった日米安全保障条約は，60 年改定の後双務的となったが，そこで規定されている権利・義務は依然として非対称的である．朝鮮半島や台湾海峡に近いところに基地を確保し，米軍を駐留できることがアメリカにとって最大のメリットであるが，日本からすると，有事の際，米軍がアメリカ本土から駆けつけるか心配する必要がなく，米軍駐留はそれ自体がきわめて強力な抑止力として機能する（☞項目「日米安全保障条約」）．

　ただし，このような複雑な取決めは，それぞれの国において，一般国民による同盟の全体像の把握を困難にしている．アメリカで，日本にアメリカ防衛義務がないことを不公平だと見なす政治家はドナルド・トランプに限らない．日本では，抱えた基地負担が目立つため，周辺住民の不満が強い（☞項目「米軍基地」）．

❖同盟強化の動き　近年，前向きの動きも存在する．2011 年 3 月 11 日の東日本大震災と福島第 1 原子力発電所の事故後，アメリカの連邦政府，軍，国民は，さまざまなかたちで日本を支援した．11 年 3 月 11 日から実施されたアメリカ軍の「トモダチ作戦」の際，アメリカ政府は少なくとも 8,000 万ドルを支出したし，アメリカの企業・市民・団体からの寄付は，最近の国際交流センターの報告では，7 億 4,610 万ドル近くになると推測されている．これはアメリカの寄付の歴史でも第 5 位に入る．ここでのアメリカ政府・国民による協力は長く日本人の心に残るであろう．

　安倍晋三内閣の下，日本側は同盟を強化するために，日本の国内政治上長年実現できなかった課題を達成した．国家安全保障会議の強化（2013 年 12 月）によって，アメリカ側との政策調整が容易になった．特定秘密の保護に関する法律（いわゆる秘密保護法）の成立（2013 年 12 月），武器輸出三原則の緩和（2014 年 4 月）いずれもが，日米間の協力をさらに強化する措置である．そして 15 年 9 月に成立した平和安全法制関連 2 法は，いわゆる集団的自衛権について限定的ながら行使できると解釈を変更し，自衛隊による米艦防護などを可能にした．日本国内では批判が強いが，アメリカは日本の貢献を質的に拡大するものとして歓迎した．

20. アメリカと日本

❖**尖閣問題**　日米関係にとって，近年深刻化している中国との尖閣諸島をめぐる領土問題は，重要な試金石となっている．ビル・クリントン政権時のウォルター・モンデール駐日大使は，アメリカの日本防衛義務を規定した日米安保条約の第5条は尖閣諸島には適用されないと発言した．これは日本政府にとって納得できない解釈であった（ただし，当時は中国による領海侵犯はなかった）．2010年にこの問題での中国との衝突が生起した際，ヒラリー・クリントン国務長官は，国務長官として初めて尖閣諸島に第5条が適用されることを明言した．14年に来日したバラク・オバマ大統領はアメリカ大統領として初めてこの点を公的に確認した．同盟は尖閣問題という新しい課題に直面しながらも，双方の努力で堅固になりつつあった．

❖**歴史問題**　日米間で厄介な問題が，いわゆる歴史問題であった．2013年12月，安倍首相が靖国神社を参拝した際，この問題が一挙に深刻化した．参拝後，キャロライン・ケネディ駐日米大使は「失望した」との声明を発した．これはかなり強い批判の言葉であった．

しかし，安倍首相は15年4月，日本の首相として初めてアメリカ議会上下合同会議で演説して，戦争に対する反省などを表明し，全体として好印象を得ることに成功した．同

表1　日米世論調査（YES と解答した割合）

	アメリカ人	日本人
アメリカ／日本を信用できるか	68%	75%
中国を信用できるか	30%	7%
日本は地域で積極的な軍事役割を果たすべきか	47%	23%
日本は第2次世界大戦中の行為について，十分に謝罪したか		
日本は十分謝罪した	37%	48%
十分謝罪していない	29%	28%
謝罪は不要	24%	15%

[Pew Research Center, 2015 より作成]

年8月には終戦後70周年談話を発表し，「侵略」「植民地支配」「反省」「おわび」などの言葉を使いながら融和的なメッセージを発信した．

翌16年5月，オバマ大統領は広島を訪問し，平和記念公園にて犠牲者追悼の演説を行った．謝罪の言葉は含まれていなかったが，日本では好感を持って迎えられた．同年末には安倍首相がハワイ真珠湾の追悼施設「アリゾナ記念館」を訪問し，過去の歴史を克服し和解してきた日米両国の努力を称える演説を行った．表1の世論調査にあるように，日米の和解は以前から相当進んでいたが，首脳の努力によっていっそう堅固なものになったといえよう．

❖**トランプ政権誕生の衝撃**　ただし，2016年の大統領選挙で，それまでは孤立主義的立場を表明してきたドナルド・トランプが当選したことは，日米の同盟関係にとって波乱要因となっている．

これまでと異なるアメリカの登場に対してどのように対応するべきかは，日本にとって，きわめて重大な外交的ならびに知的挑戦である．　　　　　　［久保文明］

TPP

Trans-Pacific Partnership

　環太平洋連携協定（TPP）は，貿易自由化を進める措置の一つである．それを世界貿易機関（WTO）による多国間ルールではなく，関心を有する複数国の自由貿易協定（FTA）として実現する．TPP の交渉は 2010 年に始まり，難航したものの，15 年 10 月に合意に達した．しかし後で述べるように，16 年の大統領選で争点になり，各候補が否定的態度を示すに至った．特にドナルド・トランプは TPP 離脱を掲げ，実際，当選後に離脱の方針を表明した．

　TPP は新たな段階を画する FTA であり，バラク・オバマ政権は「21 世紀型 FTA」だとして交渉を主導した．従来の FTA は WTO ルールの下で，少数国がさらに自由化を進めた貿易ルールであった．これに対して TPP は，アジア太平洋地域の多数国（12 カ国）によるルールであり，さらに同地域全般の包括的ルールとしてアジア太平洋自由貿易圏（FTAAP）を目指す通過点であった．また従来の FTA は，工業製品・農業品などの貿易自由化と，知的財産権や投資に関する国内法制の各国間調整を対象にしていた．TPP はそれらを徹底するとともに，競争政策をはじめとする他の国内法制にも踏み込んでいた．元来の TPP は，シンガポールやチリなど 4 カ国の高度な FTA として，06 年5 月に発効していた．アメリカ政府は，それがアジア太平洋地域の秩序づくりの触媒になるとみて，参加国と対象分野を拡大して推進したのである．

　アメリカ政府が TPP を推進したのは，第一に，アメリカ産業の経済的利益のためであった．第二には，アメリカを主要メンバーとしない地域秩序がアジア太平洋で成立し，安全保障上の関与が低下する事態を防ぐためであった．後者の点では，TPP に先行して東アジアサミット（EAS）が始動し，東アジア自由貿易圏（EAFTA）や東アジア包括的経済連携協定（CEPEA）の検討が進んでいた．アメリカは当初，これらに関与できていなかったのである．しかも中国の台頭が著しかったため，アメリカ政府はみずから主導する地域ルールを確立し，それに中国が適応せざるを得ない状況をつくり出そうと企図した．

　しかしアメリカ国内では，自由貿易に対する支持は低調であった．すでに貿易自由化は高水準に達しており，いっそうの自由化が明確な効果をあげられるのか不透明であり，その一方で，国際競争力を欠く国内産業に打撃を与えかねなかったのである．世論調査でも，自由貿易が賃金や雇用に寄与するという意見は，先進国平均の半分程度にすぎなかった．またかつてとは異なり，特に共和党支持者に自由貿易への反発や不安が顕著であった．これが，トランプの TPP 離脱論に対する追い風になったのである．現行のTPP は，その規定上アメリカが批准しない限り発効しない．このため他の参加国は新しく，アメリカの参加しない TPP（11 カ国による TPP）の実現を目指して，交渉を開始した． 　　　　　　　　　　　　　　　　　　　　　　　　　　　　　　［大矢根　聡］

作品名日英対照表

付録

＊本文中で解説されている文学作品（論文含む），美術作品，映画作品，テレビ番組（Web動画含む）の邦題と原題を五十音順に掲載した．表題を示す欧文は本来イタリック体表記にすべきであるが，本表においては読みやすさを考慮して立体表記とした．

■英数字

《12人の怒れる男》	12 Angry Men
『2001年宇宙の旅』	2001：a Space Odyssey
《4'33"》	4minutes 33seconds
《FBI暗黒街に潜入せよ》	I Was a Communist for the FBI

■あ

《ア・ムービー》	A Movie
『アーケード』	Arcade
《アイ・ラブ・ルーシー》	I Love Lucy
『アインシュタイン交点』	The Einstein Intersection
『青い眼がほしい』	The Bluest Eye
《青い裸婦，ビスクラの思い出》	Blue Nude, Memory of Biskra
『赤い武功章』	The Red Badge of Courage
『新しい個人主義の創造』	Individualism, Old and New
《アトミック・カフェ》	Atomic Café
《アニーよ銃を取れ》	Annie get your gun
『あばずれ宣言』	The Bitch Manifesto
《アバター》	Avatar
《アパラチアの春》	Appalachian Spring
『アブサロム，アブサロム！』	Absalom, Absalom！
『アメージング・ストーリーズ』	Amazing Stories
《雨に唄えば》	Singing in the Rain
『アメリカ・プレイ』	The America Play
『アメリカ史におけるフロンティアの意義』	The Significance of the Frontier in American History
『アメリカ自由主義の伝統』	The Liberal Tradition in America
《アメリカ消防士の生活》	Life of an American Fireman
『アメリカ農夫の手紙』	Letters from an American Farmer
「アメリカの学者」	The American Scholar
『アメリカの市民宗教』	Civil Religion in America
《アメリカの進歩》	American Progress
『アメリカのデモクラシー』	De la démocratie en Amérique
《アメリカの天使たち》	Angels in America
『アメリカの反知性主義』	Anti-Intellectualism in American Life
『アメリカの悲劇』	An American Tragedy
『アメリカの息子』	Native Son
《アメリカン・グラフィティ》	American Graffiti
《アメリカン・ゴシック》	American Gothic
《アメリカン・スナイパー》	American Sniper
《アメリカン・バッファロー》	American Buffalo
『アメリカン・リアリズム』	American Realism
「新たな巨像」	The New Colossus
《ある映画》	A Movie
『荒地』	The Waste Land
『アン・アメリカン・トリップティック』	An American Triptych: Anne Bradstreet, Emily Dickinson, Adrienne Rich
『アンクル・トムの小屋』	Uncle Tom's Cabin; or, Life Among the Lowly, 1852
『アンダーワールド』	Underworld
《硫黄島からの手紙》	Letters from Iwo Jima
《硫黄島の砂》	Sands of Iwo Jima
『いかにしてニューヨークは近代美術の概念を盗んだのか』	How New York stole the idea of modern art
『イカリア旅行記』	The Voyage to Icaria
『怒りの葡萄』	The Grapes of Wrath
『一次元的人間』	One-Dimensional Man
『いなごの日』	The Day of the Locust
《犬・星・人》	Dog star Man
『癒す心，治る力』	Spontaneous Healing：How to Discover and Embrace Your Body's Natural Ability to Maintain and Heal Itself
『イン・カントリー』	In Country
『イン・ザ・ムード』	In the Mood
《インク壺の外へ》	Out of the Inkwell
《インセプション》	Inception
《インデペンデンス・デイ》	Independence Day
《ヴァージニア・ウルフなんかこわくない》	Who's Afraid of Virginia Woolf？
『ウィアードー』	Weirdo
ウィーツィ・バット	Weetzie Bat
《ウィルソン》	Wilson
『ウィルダネスとアメリカ精神』	Wilderness and the American Mind
『ウィンターズ・ボーン』	Winter's Bone

《ウェスト・サイド物語》 West Side Story
《飢えた階級の呪い》 Curse of the Starving Class
《ウォー・ゲーム》 War Games
『ウォールデン』 Walden
『ウォッチメン』 Watchmen
《宇宙家族ジェットソン》 The Jetsons
《宇宙戦争》 War of the Worlds
『宇宙船ビーグル号』 The Voyage of the Space Beagle
《埋められた子供》 Buried Child
『浮気女』 The Coquette
《ウワサの真相／ワグ・ザ・ドッグ》 Wag the Dog
《エイモスとアンディー》 Amos'n Andy
《エイリアン》 Alien
『易経』 Book of Changes
《易の音楽》 Music of Changes
《エッジ・レタリング，ごみ，スプロケット穴などが現れるフィルム》 Film in Which There Appear Edge Lettering, Sprocket Holes
《エデンの東》 East of Eden
《エド・サリバンショー》 Ed Sullivan Show
《エニシング・ゴーズ》 Anything Goes
《エンジェルス・イン・アメリカ》 Angels in America
《エンパイア》 Empire
《王様と私》 The King and I
《オー！カルカッタ！》 Oh！Calcutta！
《オーキー・フロム・マスコギー》 Okie from Muskogee
《奥様は魔女》 Bewitched
《オクラホマ！》 Oklahoma！
『オズの魔法使い』 The Wonderful Wizard of Oz
『オズの魔法使い』 The Wizard of Oz
《夫の商標》 Her Husband's Trade-mark
《男の敵》 The Informer
《オペラ座の怪人》 The Phantom of the Opera
《おやすみアイリーン》 Goodnight, Irene
《女Ⅰ》 Woman I
『女らしさの神話』 Feminine Mystique

■か

《カーダシアン家のお騒がせセレブライフ》 Keeping up with the Kardashians
《階段を降りる裸婦No.2》 Nude Descending a Staircase No.2
『海洋帝国論』 The Influence of Sea Power Upon History, 1660-1783
『顔のない男』 The Man Without a Face
『垣根』 Fences
《カサブランカ》 Casablanca

『カスターは汝等の罪ゆえに死せり』 Custer Died for Your Sins
『風と共に去りぬ』 Gone with the Wind
《風に吹かれて》 Blowing in the Wind
《カップルズ》 Couples
《カビリア》 Cabiria
《神が味方》 With God On Our Side
『紙の動物園』 The Paper Menagerie
『カラー・パープル』 The Color Purple
《ガラスの動物園》 The Glass Menagerie
《絡んだ舌》 Tongues Untied
『カレンの日記』 It's not the End of the World,
《河》 The River
《ガンスモーク》 Gunsmoke
『寛容について』 On Toleration
「黄色い壁紙」 The Yellow Wallpaper：a Story
『菊と刀』 The Chrysanthemum and the Sword: Patterns of Japanese Culture
『北回帰線』 Tropic Of Cancer
『キャスパー』 Casper the Friendly Ghost
『キャッチ22』 Catch-22
《キャッツ》 Cats
《キャバレー》 Cabaret
《キャンディ》 Candy
《恐竜ガーティ》 Gertie the Dinosaur
《極北のナヌーク》 Nanook of the North
『岐路に立つ女性学』 Women's Studies on the Edge
『近代絵画と北方ロマン主義の伝統』 Modern Painting and the Northern Romantic Tradition : Friedrich to Rothko
《クィア・アイ》 Queer Eye
『草の葉』 Leaves of Grass
『屈辱からの解放』 The Freeing of the Dust
《首刈り族の土地で》 In the Land of the Head Hunters
《クライシス・オブ・アメリカ》 The Manchurian Candidate
《グリー》 Glee
《グリーン・ベレー》 The Green Berets
『クレイジーカット』 Krazy Kat
《クレオパトラ》 Cleopatra
《グレンギャリー・グレン・ロス》 Glengarry Glen Ross
《黒い牡牛》 The Brave One
《黒いジャガー》 Shaft
《クロスロード》 Crossroads
『軍鼓の響き』 Drum Taps
《月世界旅行》 La Voyage dans la Lune
『ゲド戦記』 Earthsea
《原始家族フリントストーン》 The Flintstones
「強姦—アメリカ最大の犯罪」 The All-American Crime
《ゴースト・イン・ザ・シェル》 Ghost in the Shell

作品名日英対照表

《コーラスライン》 A Chorus Line
《氷屋来たる》 The Iceman Cometh
『コールド・マウンテン』 Cold Mountain
『黒人の解放の神学』 A Black Theology of Liberation
『黒人の神学と黒人パワー』 Black Theology and Black Power
《国民の創生》 The Birth of a Nation
《午後の網目》 Meshes at the Afternoon
『ここより永遠に』 From Here to Eternity
「心が二つある大きな川」 Big Two-Hearted River
『心の習慣』 Habits of the Heart
『子鹿物語』 The Yearling
《五次元世界の冒険》 A Wrinkle in Time
『孤独なボウリング』 Bowling Alone : The Collapse and Revival of American Community
『孤独の井戸』 The Well of Loneliness
『コモンセンス』 Common Sense
《コヤニスカッツィ》 Koyaanisqatsi
《これがシネラマだ》 This Is Cinerama
『困難な選択』 Hard Choices

■さ

『ザ・イエローキッド』 The Yellow Kid
『ザ・エイジ・オブ・イノセンス』 The Age of Innocence
《ザ・デイ・アフター》 The Day After
《ザ・バチェラー》 The Bachelor
『ザ・フェデラリスト』 The Federalist Papers
《ザ・フロント》 The Front
『ザ・ロード』 The Road
『サイエンス・ワンダー・ストーリーズ』 Science Wonder Stories
『最後のモヒカン族』 The Last of the Mohicans
『サイレンス』 Silence
《サウンド・オブ・ミュージック》 The Sound of Music
《サタデー・ナイト・フィーバー》 Saturday Night Fever
『ザップ・コミックス』 Zap Comix
《サバイバー》 Survivor
《醒めて歌え》 Awake and Sing
《サン・ピエトロの戦い》 The Battle of San Pietro
『三人の女』 Three Lives
《三人の騎士》 The Three Caballeros
『三名の兵士』 Three Soldiers
『自然』 Nature
《ジ・アプレンティス》 The Apprentice
《ジーザス・クライスト・スーパースター》 Jesus Christ Superstar
『ジェンダー・アウトロー』 Gender Outlaw
『塩の代価』 The Price of Salt
《死刑台のメロディ》 Sacco e Vanzetti（Sacco and Vanzetti）
《地獄の黙示録》 Apocalypse Now

《史上最大の作戦》 The Longest Day
「詩人論」 The Poet
『自然と文化』 Nature and Culture
『シネ・ムンディアール』 Cine Mundial
『シネランディア』 Cinelandia
『自分だけの部屋』 A Room of One's Own
『資本主義の文化的矛盾』 The Cultural Contradictions of Capitalism
『市民の反抗』 Civil Disobedience
《ジャージー・ボーイズ》 Jersey Boys
『シャーロットのおくりもの』 Charlotte's Web
《ジャズ・シンガー》 The Jazz Singer
『ジャパン・アズ・ナンバーワン―アメリカへの教訓』 Japan as Number One : Lessons for America
『ジャングル』 The Jungle
『十字架とリンチの木』 The Cross and the Lynching tree
『自由主義と社会的行動』 Liberalism and Social Action
『重力の虹』 Gravity's Rainbow
《シューレス・ジョー》 Shoeless Joe
《ジュラシック・パーク》 Jurassic Park
《ショウ・ボート》 Show Boat
《蒸気船ウィリー》 Steamboat Willie
《小公子》 Little Lord Fauntleroy
《勝利を我らに》 We shall Overcome
《ジョーズ》 Jaws
『女性学―その原理』 Women's Studies: The Basics
《女性になったカーダシアン家のパパ》 I Am Cait
『ジョゼフと友達』 Joseph and His Friend
《ジョニーは戦場に行った》 Johnny Got His Gun
《白雪姫》 Snow White
《シン・ブルー・ライン》 Thin Blue Line
《シン・レッド・ライン》 The Thin Red Line
「神学部講演」 The Divinity School Address
『人口論』 An Essay on the Principle of Population
《真実の瞬間》 Guilty by Suspicion
『人種のるつぼを越えて』 Beyond the Melting Pot
『人種偏見―太平洋戦争に見る日米摩擦の底流』 War without Mercy
《新世界より》 From the New World
《シンドラーのリスト》 Schindler's List
《進歩の人々》 Men of Progress
《スウィート・スウィートバック》 Sweet Sweetback's Baadasssss Son
《ズートピア》 Zootopia
《スーパーマン》 Superman
《スター・ウォーズ》 Star Wars
『ストーン・ブッチ・ブルース』 Stone Butch Blues
《スパイ大作戦》 Mission: Impossible
《スパルタクス》 Spartacus

付録

『スピード・クイーンの告白』	The Speed Queen	《蝶々夫人》	Madame Butterfly
《すべて神の子には翼がある》	All God's Chillun Got Wings	『チョコレートウォー』	The Chocolate War
《スリープ》	Sleep	『沈黙の春』	Silent Spring
『スローターハウス 5』	Slaughterhouse-Five, or The Children's Crusade: A Duty-Dance with Death	『つばさ』	Wings
		《ディア・ハンター》	Dear Hunter
		《ディキシー》	Dixie
		『ディクシーからの日記』	Diary from Dixsie
《聖衣》	The Robe	『抵抗する読者』	The Resisting Reader：A Feminist Approach to American Literature
『正義論』	A Theory of Justice		
《星条旗よ永遠なれ》	Stars and Stripes Forever		
『征服の遺産』	The Legacy of Conquest	『停電の夜に』	Interpreter of Maladies
『西部旅行記』	Roughing It	《デジャヴ》	Déjà Vu
《セールスマンの死》	Death of a Salesman	《鉄のカーテン》	The Iron Curtain
『世界と僕のあいだに』	Between the World and Me	《デラウェア川を渡るワシントン》	Washington Crossing the Delaware
《世界の心》	Hearts of the World	『天使よ故郷を見よ』	Look Homeward, Angel
《世界を揺るがした十日間》	Ten Days that Shook the World	《電力と土地》	The Power and the Land
		《トイ・ストーリー》	Toy Story
『石油』	Oil！	《ドゥ・ザ・ライト・シング》	Do the Right Thing
《ゼロ・ダーク・サーティー》	Zero Dark Thirty		
		《陶器の国の姫君》	Rose and Silver: The Princess from the Land of Porcelain
《戦争の親王》	masters of War		
『戦争の鷹』	War Eagle		
『全地球カタログ』	Whole Earth Catalog	《動物園物語》	The Zoo Story
『戦闘詩篇と戦争の相貌』	Battle-Pieces and Aspects of the War	《トゥモロー・ワールド》	Children of Men
		《トゥルーマン・ショー》	The Truman Show
『禅とオートバイ修理技術』	Zen and the Art of Motorcycle Maintenance	『遠い声，遠い部屋』	Other Voices, Other Rooms
《ソイレント・グリーン》	Soylent Green	《遠すぎた橋》	A Bridge Too Far
『存在への勇気』	The Courage to Be	《独裁者》	The Great Dictator
		《ドクター・ストレンジ》	Doctor Strange
■た		『都市と柱』	The City and the Pillar
《ターミネーター》	The Terminator	《トップ・ガン》	Top Gun
『対抗文化の思想』	The Making of a Counter Culture	《トップ・ハット》	Top Hat
		『飛ぶのが怖い』	Fear of Flying
《第十七捕虜収容所》	Stalag17	『トム・ソーヤーの冒険』	The Adventures of Tom Sawyer
「第十番目の詩神」	The Tenth Muse		
《大脱走》	The Great Escape	《トム・ドゥーリー》	Tom Dooley
『大地』	The Good Earth	《トムとジェリー》	Tom and Jerry
《大統領の陰謀》	All the President's Men	《トラ・トラ・トラ！》	Tora！Tora！Tora！
『ダイヤモンド・エイジ』	The Diamond Age	『虎よ，虎よ！』	Stans My Destination
『大陸漂流』	Continental Drift	《トランスフォーマー》	Transformer
《大列車強盗》	The Great Train Robbery	《トランボ》	Trumbo
《類猿人ターザン》	Tarzan of the Apes	《ドリップ・ミュージック》	Dorip Music
《タクシードライバー》	Taxi Driver		
《ダック・ダイナスティ》	Duck Dynasty	《ドン・ジョバンニ》	Il dissoluto punito, ossia il Don Giovanni
《ダッチマン》	The Dutchman		
『ダンサー・フロム・ザ・ダンス』	Dancer from the Dance	**■な**	
		《ナイト・オブ・ザ・リビング・デッド》	Night of the Living Dead
『小さな家』	Little House Books		
《小さな巨人》	Little Big Man	《ナイト・ミュージアム 2》	Night at the Museum: Battle of the Smithsonian（2009）
《チート》	The Cheat		
《地球が静止する日》	The Day the Earth Stood Still		
		《渚にて》	On the Beach
《父親たちの星条旗》	Flags of Our Fathers	《ナクソス島の眠るアリアドネ》	Ariadne Asleep on the Island of Naxos
《チチカット・フォーリーズ》	Titticut Follies		
《地の塩》	Salt of the Earth	『ナショナル・ジオグラフィック』	National Geographic
『チャタレー夫人の恋人』	Lady Chatterley's Lover	『ナショナル・ビュー』	The National View

『なぜアメリカに社会主義がないのか』	Warum gibt es in den Vereinigten Staaten keinen Sozialismus？
『夏の日の声』	Voices of Summer Day
『夏への扉』	The Door into Summer
『ナルシシズムの時代』	The Culture of Narcissism
『汝，故郷に帰れず』	You Can't Go Home Again
《南部の黒人の生活》	Negro Life at the South
《ニグロのおもしろ館》	Funny house of a Negro
『日米会話手帳』	Anglo-Japanese Conversation Manual
『日本遠征記』	Narrative of the Expedition of an American Squadron to the China Seas and Japan : performed in the years 1852, 1853, and 1854, under the Command of Commodore M.C. Perry, United States Navy, by order of the Government of the United States
「日本人の行動パターン」	Report 25: Japanese Behavior Patterns
《日本人の転住》	Japanese Relocation
《ニューオーリンズ・トライアル》	Runaway Jury
『ニューロマンサー』	Neuromancer
《楡の木陰の欲望》	Desire Under the Elms
『根こそぎにされた者』	The Uprooted：The Epic Story of the Great Migrations that made the American People
『ノースウッド』	Northwood
《野のユリ》	Lilies of the Field

■は

《パーシングの十字軍》	Pershing's Crusaders
《ハートブレイク・ホテル》	Heartbreak Hotel
《ハートロッカー》	The hurt Locker
《パール・ハーバー》	Pearl Harbor
《ハウンド・ドッグ》	Hound Dog
《博士の異常な愛情—または私は如何にして心配するのを止めて水爆を愛するようになったか》	Dr. Strangelove or: How I Learned to Stop Worrying and Love the Bomb
『白鯨』	Moby-Dick
《バグダッドの盗賊》	The Thief of Bagdad
《橋からの眺め》	A View from the Bridge
『パスツールの象限』	Pasteur's Quadrant
『裸者と死者』	The Naked and the Dead
『裸のランチ』	Naked Lunch
《波長》	Wavelength
《バック・トゥ・ザ・フューチャー》	Back to the Future
『バッグス・バニー』	Bugs Bunny
《ハックルベリー・フィンの冒険》	Adventures of Huckleberry Finn
《バッタ君町に行く》	Mr. Bug Goes to Town
『バットマン：ダークナイト・リターンズ』	Batman: The Dark Knight Returns
《パットン大戦車軍団》	Patton

《バッファロー・ビルの冒険》	Buffalo Bill, Jr.
《波止場》	On the Waterfront
《花と木》	Flowers and Trees
《埴生の宿》	Home！Sweet Home！
『母』	The Mother
《パパは何でも知っている》	Father Knows Best
『バブルの物語』	A Short History of Financial Euphoria
《ハミルトン》	Hamilton
《パララックス・ビュー》	The Parallax View
《ハルク》	The Hulk
《バルジ大作戦》	Battle of the Bulge
《ハレルヤ》	Hallelujah
《ピアノ・レッスン》	The Piano Lesson
《光あれ》	Let There be Light
『ビザール・セックス』	Bizarre Sex
『ビジュー・ファニーズ』	Bijou Funnies
《美女と野獣》	Beauty and the Beast
《ビッグ・パレード》	The Big Parade
『びっくりハウスの迷い子』	Lost in the Funhouse
『人われを大工と呼ぶ』	They Call Me Carpenter: A Tale of the Second Coming
《日なたの干しぶどう》	A Raisin in the Sun
《陽のあたる場所》	A Place in the Sun
《火の海（神々の怒り)》	The Wrath of the Gods
《ピノキオ》	Pinocchio
『百パーセント愛國者』	100％：The Story of a Patriot
『病院のスケッチ』	Hospital Sketches
《評決のとき》	A Time to Kill
『豹の眼』	Tales of Soldiers and Civilians
『ビラヴド』	Beloved
《ビリー・ザ・キッド》	Billy the Kid
《ビリャ将軍の生涯》	Life of General Villa
『ビルボード』	Billboard
『広い，広い世界』	The Wide , Wide World
『ヒロシマ』	Hiroshima
『ファニー・ヒル』	Fanny Hill
《ファンタジア》	Fantasia
《ファンタスティック・フォー》	Fantastic Four
《フィールド・オブ・ドリームス》	Field of Dreams
『フィフティ・シェイズ・オブ・グレイ』	Fifty Shades of Grey
『フージアの休日』	A Hoosier Holiday
『フェミニン・ミスティーク』	The Feminine Mystique
《フォレスト・ガンプ》	Forrest Gump
《不器用な黒人少女の冒険と受難》	The Misadventures of Awkward Black Girl
『武器よさらば』	A Farewell to Arms
《舞踏会の後で》	After the Ball
『ブライズデール・ロマンス』	Blithedale Romance

付録

844　作品名日英対照表

《プライベート・ライアン》 Saving Private Ryan
《プライマリー》 Primary
『ブラック・エルクは語る』 Black Elk Speaks : Being the Life Story of a Holy Man of the Oglala Sioux
《ブラックホーク・ダウン》 Black Hawk Down
《ブラックレイン》 Black Rain
『フランケンシュタイン―現代のプロメテウス』 Frankenstein, or the Modern Prometheus
『フリー・エア』 Free Air
『フリー―〈無料〉からお金を生みだす新戦略』 Free
《フリッカー》 The Flicker
『プリマス植民地について』 Of Plymouth Plantation
『ブルーハイウェイ』 Blue Highways: A Journey Into America
《故郷の人々》 Old Folks at Home
《ブレードランナー》 Blade Runner
《プレシャス》 Precious
《ブレッド&ローズ》 Bread and Roses
「ブロークバック・マウンテン」 Brokeback Mountain
《ブロードウェイ・メロディ》 Broadway Melody
《プロジェクト・ランウェイ》 Project Runway
『ブロンディ』 Blondie
『文化冷戦』 The Cultural Cold War
《ヘアー》 Hair
《平原を耕す鋤》 The Plow that Broke the Plains
『兵士の報酬』 Soldier's Pay
『ヘイト・スピーチという危害』 The Harm in Hate Speech
《ベーリング海の一攫千金》 Deadliest Catch
《ベティ・ブープ》 Betty Boop
『ペレを買った男』 Once in Lifetime
『ボヴァリー夫人』 Madame Bovary
《ボーイズン・ザ・フッド》 Boyz n the Hood
『ホーガン横町』 Hogan's Alley
《ポーギーとベス》 Porgy and Bess
『ポートノイの不満』 Portnoy's Complaint
《ボーン・アイデンティティ》 The Bourne Identity
『僕が戦場で死んだら』 If I Die in a Combat Zone, Box Me Up and Ship Me Home
『僕が電話をかけている場所』 Where I'm Calling From
『ぼくはチーズ』 I Am the Cheese
『勃興する共和党多数派』 The Emerging Republican Majority
『ポパイ』 Popeye the Sailor Man
『ホワイト・ノイズ』 White Noise

『本当の戦争の話をしよう』 The Things They Carrie

■ま

《マイ・フェア・レディ》 My Fair Lady
《マイノリティ・リポート》 Minority Report
『マイラ』 Myra Breckenridge
『マウス』 Maus
『幕内案内』 A Peep Behind the Curtain
『街の女マギー』 Maggie: A Girl of the Streets
《マックスト・アウト―カード地獄USA》 Maxed Out: Hard Times, Easy Credit and the Era of Predatory Lenders
《マッド》 Mad
《マトリックス》 The Matrix
《招かれざる客》 Guess Who's Coming to Dinner
《真昼の決闘》 High Noon
《魔法にかけられて》 Enchanted
『マルヌ』 The Marne
《マンマ・ミーア》 Mamma Mia !
『見えない人間』 Invisible Man
『路　上』 On the Road
《ミッキー・ワン》 Mickey One
『ミッキーマウス・ウィークリー』 Mickey Mouse Weekly
《ミッション：8ミニッツ》 Source Code
《ミッドウェイ》 Midway
《ミドル・オブ・ノーウェアー》 Middle of Nowhere
《ミラノの乙女クラリ》 Clari or, The Maid of Milan
『民主主義対るつぼ論』 Democracy Versus the Melting Pot
『民主主義と社会倫理』 Democracy and Social Ethics
《ムーラン・ルージュ》 Moulin Rouge
《ムーンライト・セレナーデ》 Moonlight Serenade
『無垢への誘惑』 Seduction of the Innocent
《ムラート》 Mulatto
『村中みんなで』 It takes a Village
《名犬ラッシー》 Lassie
『メイスン&ディクスン』 Mason and Dixon
『メディア論』 Understanding Media: the Extensions of Man
《メルティング・ポット》 The Melting Pot
『もう一つの国』 Another Country
『もうひとつの声―男女の道徳観のちがいと女性のアイデンティティ』 In a Different Voice : Psychological Theory and Women's Development
《燃え上がる生物》 Flaming Creatures
《モダン・タイムス》 Modern Times
『モファットきょうだい物語』 The Moffats

作品名日英対照表

《喪服の似合うエレクトラ》 Mourning Becomes Electra
『モルグ街の殺人』 The Murders in the Rue Morgue

■や

『やぎ少年ジャイルズ』 Giles Goat-Boy
《やけたトタン屋根の猫》 Cat on a Hot Tin Roof
『野生の歌がきこえる』 A Sand County Almanac
《屋根の上のバイオリン弾き》 Fiddler on the Roof
『ヤング・ラスト』 Young Lust
『有閑階級の理論』 The Theory of the Leisure Class
《愉快な百面相》 Humorous Phases of Funny Faces
『ゆたかな社会』 The Affluent Society
『ユニヴァーサル野球協会』 The Universal Baseball Association
『夢の国のリトルニモ』 Little Nemo in Slumberland
『ユリシーズ』 Ulysses
『世論』 Public Opinion
『夜明けの家』 House Made of Dawn
『幼年期の終わり』 Childhood's End
《ヨーク軍曹》 Sergeant York
《欲望という名の電車》 A Streetcar Named Desire
《夜への長い旅路》 Long Day's Journey into Night

■ら

《ライオン・キング》 The Lion King
《ライド・アロング》 Ride Along
『ライ麦畑でつかまえて』 The Catcher in the Rye
『ラヴ・メディシン』 Love Medicine
『ラスト・タイクーン』 The Last Tycoon
『ラップ作品集』 The Anthology of Rap
《ラブ・ミー・テンダー》 Love Me Tender
《ラプソディ・イン・ブルー》 Rhapsody in Blue
『ラルフ 124C41＋』 Ralph124C41＋
『ラローズ』 LaRose
《ランボー》 First Blood

《リアル・ワールド》 Real World
『LEAN IN（リーン・イン）―女性・仕事・リーダーへの意欲』 Lean In: Women, Work, and the Will to Lead
《リヴァイアサン》 Leviathan
《リトアニアへの旅の追憶》 Reminiscences of a Journey to Lithuania
『リトル・ニモ』 Little Nemo
『リビング・ヒストリー』 Living History
《リンカーン》 Lincoln
《ルイジアナ物語》 Louisiana Story
《るつぼ》 The Crucible
『ルビーフルーツ・ジャングル』 Ruby Fruit Jungle
《レ・ミゼラブル》 Les Misérables
『隷従への道』 The Road to Serfdom
《レント》 Rent
『ロウ』 Raw
《ロールス・ロイスに銀の銃》 Cotton Comes to Harlem
《ロジャー＆ミー》 The Thin Blue Line
『ロリータ』 Lolita
『ロングテール』 The Long Tail : Why the Future of Business is Selling Less of More

■わ

《ワイルド・バンチ》 The Wild Bunch
『若草物語』 Little Women
《わが祖国》 Má Vlast
『私たちの意志に反して―男性，女性，強姦』 Against Our Will: Men, Women and Rape
『わたしたちは誰なのか？―アメリカ国家アイデンティティへの挑戦』 Who Are We？ The Challenges to America's National Identity
『私たちも漂流して』 We Too Are Drifting
『わたしはロボット』 I, Robot
『我らが祖国―現在と将来の危機』 Our Country: Its Possible Future and Its Present Crisis
『われらが敵，国家』 Our Enemy, the State
『われらをめぐる海』 The Sea Around Us
《我々はなぜ戦うのか》 Why We Fight

引用文献

＊各文献の最後に明記してある数字は引用が明記されているページ数を表す．和文文献（著者名の五十音順），欧文文献（著者名のアルファベット順）の順に掲載している．

猪俣浩三，木村禧八郎，清水幾太郎（1953）『基地日本─うしなわれいく祖国のすがた』和光社 ……821
小田隆史（2009）「ミネソタ州ツインシティ都市圏における非政府・非営利セクターによる難民への職住斡旋支援」『地理学評論』82-5，422-441……12
亀井俊介（1979）『メリケンからアメリカへ─日米文化交渉覚書』東京大学出版会 ……799
菅野峰明（1994）「合衆国南部という地域」『地理』39（7），古今書院 ……18
吉良　直（2003）「民主的教育の理念と実践─個性と社会性を育成する教育の模索」江原裕美編『内発的発展と教育─人間主体の社会変革と NGO の地平』新評論 ……391
坂元一哉（2000）『日米同盟の絆─安保条約と相互性の模索』有斐閣 ……823
佐久間亜紀（2002）「アメリカの教師養成制度の現状と問題点─日米比較の観点から」『教員養成カリキュラム研究年報』1,pp.7-29 ……424
佐藤　仁（2012）『現代米国における教員養成評価制度の研究─アレクディテーションの展開過程』多賀出版 ……424
佐藤　靖（2007）『NASA を築いた人と技術─巨大システム開発の技術文化』東京大学出版会……331
総務省（2014）『平成 27 年版情報通信白書』［http://www.soumu.go.jp/johotsusintokei/whitepaper/ja/h27/html/nc254110.html（2016 年 11 月 30 日閲覧）］……747
髙橋　哲（2011）『現代米国の教員団体と教育労働法制改革─公立学校教員の労働基本権と専門職性をめぐる相克』風間書房 ……425
田中耕治（2008）『教育評価』岩波テキストブックス……396
永井陽之助（2016）『新編 現代と戦略』中公文庫 ……822
萩原伸次郎監修・大統領経済諮問委員会著・『米国経済白書』翻訳研究会訳（2017）『米国経済白書〈2016〉』蒼天社，p4 ……113
橋本毅彦（2013）『「ものづくり」の科学史─世界を変えた《標準革命》』講談社学術文庫 ……338
松下佳代（2015）『ディープ・アクティブラーニング─大学授業を深化させるために』勁草書房 ……413
吉岡　斉（1992）「ビッグ・サイエンスに生き残る価値はあるか── SSC 問題をモデルケースとして考える」『イリューム』4（2），東京電力，pp.42-56……330
吉見俊哉（2007）『親米と反米─戦後日本の政治的無意識』岩波新書 ……799
AdAge（2015）*States of the Agency Market: What You Need to Know*［http://adage.com/article/didital/datacenter-agency-report-2015-charts/298214/（2016 年 11 月 22 日閲覧）］……353
Alstott, A. L.（2016）*A New Deal for Old Age: Toward a Progressive Retirement. Cambridge*, Harvard University Press ……479
American Highway Users Alliance（2015）［https://www.highways.org/2015/11/unclogging-study2015/（2017 年 10 月 4 日閲覧）］……489
Asimov, I.（1980）A Cult of Ignorance, *Newsweek*, 21 January, 19 ……260
Barr, R. B. & Tagg, J.（1995）From Teaching to Learning: A New Paradigm for Undergraduate Education, *Change*, November/ December, 13-25 ……413
Binder, F. M. & Reimers, D. M.（2004）*The Way We Lived: Essays and Documents in American Social History*, 5th edition , Houghton Mifflin, p.203 ……470
Bloomberg（2017）*Gasoline Pricec Around the World: The Real Cost of Filling up* ……488
Bonwell, C.C. & Eison, J.A.（1991）Active Learning: Creating Excitement in the Classroom, *ASHE-ERIC Higher Education Report No. 1* ……413

引　用　文　献

Boorstin, D. J.（1987）*Hidden History: Exploring Our Secret Past*, Harper & Row Publishers ……504

Borroff, E.（1995）*Music Melting Round: A History of Music in the United States.* Ardsley House ……698

Botta, J.（2003）The Federal Reserve Bank of New York's Experience of Managing Cross-border Migration of US Dollar Banknotes, *BIS Papers*, No 15, p154 ……117

Boyd, D.（2015）*It's Complicated: The Social Lives of Network Teens*, Yale University Press ……497

British Petroleum Company（2016）*BP Statistical Review of World Energy June 2016*……8,9

Cage, J.（1961）*Silence,* Weseleyan University Press［ケージ，ジョン著・柿沼敏江訳（1996）『サイレンス』水声社］……692，693

CDC：Centers for Disease Control and Prevention（2013）*Youth Risk Behavior Surveillance-United States, 2013.* Morbidity and Mortality Weekly Report, Department for Health and Human Services, 63: 4 ……496

Center for Disease Control and Prevention（2014）*Assisted Reproductive Technology: National Summary Report*［https://www.cdc.gov/art/pdf/2014-report/art-2014-national-summary-report.pdf（2017 年 1 月 25 日閲覧）］……305

Center for Global Prosperity（2016）*The Index of Global Philanthropy and Remittances 2016*, Hudson Institute, p9［https://s3.amazonaws.com/media.hudson.org/files/publications/201703IndexofGlobalPhilanthropyandRemittances2016.pdf（2017 年 7 月 14 日閲覧）］……103

Center for Responsive Politics *Lobbing Database*［https://www.opensecrets.org/lobby/index.php（2016 年 12 月 4 日閲覧）］……65

Centers for Disease Control and Prevention（2008, Dec）Prevalence of Overweight, Obesity and Extreme Obesity Among Adults; United States, trends 1976-80 through 2005-2006［http://www.cdc.gov/nchs/data/hestat/overweight/overweight_adult.htm（2016 年 12 月 12 日閲覧）］……474

Coates, Ta-Nehisi（2015）*Between the World and Me,* The Text Publishing Company［コーツ，タナハシ著・池田年穂訳（2017）『世界と僕のあいだに』慶應義塾大学出版会］……208

Cohen, Sarah Blacher（1978）*Comic Relief Humor in Contemporary American Literatue*, U of Illionois P ……578

Coker, D.（2003）Foreword: Addressing the Real World of Racial Injustice in the Criminal Justice System. *The Journal of Criminal Law & Criminology*, 93（4）838［http://scholarlycommons.law.northwestern.edu/cgi/viewcontent.cgi?article=7132&context=jclc（2017 年 12 月 1 日閲覧）］……157

Colby, S. L. & Ortman, J. M.（2014）*Projections of the Size and Composition of the U. S. Population: 2014 to 2060*, Current Population Reports, pp.25-1143, U. S. Census Bureau［https://www.census.gov/content/dam/Census/library/publications/2015/demo/p25-1143.pdf（2017 年 10 月 4 日閲覧）］……497

Defense Manpower Data Center（2017）*Armed Forces Strength Figures for February 28, 2017*［https://www.dmdc.osd.mil/appj/dwp/dwp_reports.jsp（2017 年 4 月 24 日閲覧）］……727

Defense Manpower Data Center（2017）*Selected Reserves by Rank/Grade, February 28, 2017*［https://www.dmdc.osd.mil/appj/dwp/dwp_reports.jsp（2017 年 4 月 24 日閲覧）］……727

Dixon , A. W. , Backman, S. , Backman, K. & Norman, W.（2012）Expenditure-Based Segmentation of Sport Tourists. *Journal of Sport & Tourism*, 17（1）, pp.5-21 ……611

Doherty, K. M. & Jacobs, S.（2015）*State of the States 2015: Evaluating Teaching, Leading and Learning*, National Council on Teacher Quality ……425

Duncan, I.（1928）*The Dance of the Future*, Theatre arts［ダンカン，イサドラ著・チェニー，シェルドン編・小倉重夫訳（1977）『芸術と回想』冨山房］……691

eMarketer（2013）*UK Tops Western Europe in Ad Spending per Person: Nordics lead in digital ad spending per person*［https://www.emarketer.com/Article/UK-Tops-Western-Europe-Ad-Spending-per-Person/1010245 （2016 年 11 月 22 日閲覧）］……353

Federal Bureau of Investigation（2015）*About Hate Crime Statistics, 2015 and Recent Developments*［https://ucr.fbi.gov/hate-crime/2015/（2017 年 1 月 7 日閲覧）］……206

Flink James J.（1988）*The Automobile Age*, MIT Press ……316

Gallup（2013）Neli Esipova, Anita Pugliese, and Julie Ray, *381 Million Adults Worldwide Migrate Within Countries*, Gallup News, May 15, 2013［http://news.gallup.com/poll/162488/381-million-adults-worldwide-migrate-within-countries.aspx?utm_source=alert&utm_medium=email&utm_campaign=syndication&utm_content=morelink&utm_term=All%20Gallup%20Headlines（2017 年 4 月 17 日閲覧）］……487

General Social Survey（2008, 2010）: Gates, G. J.（2013, February）*LGBT Parenting in the United States*〔http://williamsinstitute.law.ucla.edu/wp-content/uploads/LGBT-Parenting.pdf#search=%27General+Social+Survey+2008+2010+GLBT+parenting%27（2016 年 9 月 6 日閲覧）〕……468

Gibson, H. J.（2008）Sport Tourism at a Crossroad？ Considerations for the future, *Supports Tourism Reader*,pp.24-39 ……611

Gilligan, C.（1982）*In a Different Voice: Psychological Theory and Women's Development*, Harvard University Press ……337

Global Wind Energy Council（2016）*Global Wind Report 2016 – Annual market update.*（図 1）〔http://www.gwec.net/wp-content/uploads/2017/04/5_Top-10-cumulative-capacity-Dec-2016-1.jpg（2017 年 5 月 13 日閲覧）〕（図 2）〔http://www.gwec.net/wp-content/uploads/2017/04/4_Top-10-new-installed-capacity-Jan-Dec-2016.jpg〕……31

Guthman, J.（2014）*Agrarian Dreams: The Paradox of Organic Farming in California*, 2nd edition, University of California Press ……477

Hanslick, E.（1854）Vom Musikalisch-Schönen（The Beautiful in Music）〔ハンスリック著・渡辺　護訳（1999）『音楽美論』岩波文庫）……693

Harvard University;Joint Center for Housing Studies（2016）*The State of the Nation's Housing: 2016*〔http://www.gsd.harvard.edu/project/the-state-of-the-nations-housing-2016/（2016 年 12 月日閲覧）〕……471

Hatch, N. O.（1989）*The Democratization of American Christianity*, Yale University Press, New Haven ……241

Haynes, R. W.（2003）*An Analysis of the Timber Situation in the United States' 1952 to 2050,* Portland: Department of Agriculture, U. S., Forest Service, Pacific Northwest Research Station〔https://www.fs.usda.gov/treesearch/pubs/5284（2016 年 12 月 16 日閲覧）〕……9

HHS：U. S. Department of Health and Human Services（2013）Results from the 2013: National Survey on Drug Use and Health:Summary of National Findings〔https://www.samhsa.gov/data/sites/default/files/NSDUHresultsPDFWHTML2013/Web/NSDUHresults2013.pdf#search=%27National+Survey+on+Drug+Use+and+Health%2C+2013%27（2016 年 9 月 6 日閲覧）〕……482

Hofstadter, R.（1963）*Anti-intellectualism in American life,* Knopf〔ホーフスタッター，R. 著・田村哲夫訳（2003）『アメリカの反知性主義』みすず書房，p65〕……213

Hollinger, D. A.（1995）*Post ethnic America: beyond multiculturalism.* Basic Books〔ホリンガー，デイヴィッド・A. 著・藤田文子訳（2002）『ポストエスニック・アメリカ―多文化主義を超えて』明石ライブラリー……181

Holmes Report（2016）*Global Top 250 PR Agency Ranking 2016*〔https://www.holmesreport.com/ranking-and-data/global-communications-report/2016-pr-agency-rankings/top-250（2016 年 11 月 22 日閲覧）〕……353

HUD：United States Department of Housing and Urban Development（2016）*The 2016 Annual Homeless Assessment Report（AHAR）to Congress: PART 1: Point-in-Time Estimates of Homelessness*〔https://www.hudexchange.info/resources/documents/2016-AHAR-Part-1.pdf（2017 年 8 月 13 日閲覧）〕……484

Hudson, W. S.（1973）*Religion in America: An Historical Account of the Development of American Religious Life*, Charles Scribner's Sons ……240

Knox, P. and Pinch, S.（2006）*Urban Social Geography*, Fifth Ed., Pearson Education ……17

Kotlikoff, L. J. & Burns, S.（2004）*The Coming Generational Storm: What You Need to Know about America's Economic Future*, MIT Press（コトリコフ，ローレンス・J.／バーンズ，スコット著・中川治子訳（2005）『破産する未来―少子高齢化と米国経済』日本経済新聞社）……479

Kurtzman, J.（2005）Economic impact: Sport tourism and the city *Journal of Sport Tourism*, 10（1）, pp.47-71 ……610

McCabe, B. J.（2016）*No Place Like Home; Wealth, Community & Politics of Homeownership.* Oxford University Press ……470

NCES：National Center for Education Statistics（2016）*Digest of Education Statistics 2015*, (a) pp.5, 149 (b) p.213 (c) p.127〔https://nces.ed.gov/pubs2016/2016014.pdf（2017 年 1 月 10 日閲覧）〕……390, 391

National Center for Education Statistics（2016）*English Language Learners in Public Schools（May）*, The Condition of Education.〔http://nces.ed.gov/programs/coe/indicator_cgf.asp（2016 年 11 月 6 日閲覧）〕……405

NCHS：National Center for Health Statistics（2016）*Health, United States, 2015*［http://www.cdc.gov/nchs/data/hus/2015/095.pdf（2016 年 11 月 20 日接続）］……478

Noll, M. A.（2001）*A History of Christianity in the United States and Canada*, Eerdmans ……240

Nuwer, H.（2001）*Wrong of Passage: Fraternities, Sororities, Hazing and Binge Drinking*, Indiana University Press ……497

OECD Labor Force Statics（2016）*Labor Force participation of Prime-age Women from 1968-2016, by country*［https://www.brooking.edu/research/lessons-from-the-rise-of-womens-labor-force-participation-in-japan（2017 年 11 月 20 日閲覧）］……459

Parker, T.（1846）*A Sermon of War*, Boston, 30 ……261

Pew Research Center: Perrin, A.（2015）*Social Networking Usage: 2005-2015*［http://www.pewinternet.org/2015/10/08/2015/Social-Networking-Usage-2005-2015/（2016 年 12 月 16 日閲覧）］……500

Pew Research Center（2010, Nov. 18）*The Decline of Marriage And Rise of New Families*［http://www.pewsocialtrends.org/2010/11/18/the-decline-of-marriage-and-rise-of-new-families/（2017 年 8 月 17 日 閲覧）］……444

Pew Research Center（2013）Chapter 3: Jewish Identity, *A Portrait of Jewish Americans*［http://www.pewforum.org/2013/10/01/chapter-3-jewish-identity/（2017 年 10 月 6 日閲覧）］……192

Pew Research Center（2013）*Online Dating & Relationships*［http://www.pewinternet.org/2013/10/21/online-dating-relationships/（2016 年 11 月 26 日閲覧）］……499

Pew Research Center（2014）Chapter 3: Demographic Profiles of Religious Groups *America's Changing Religious Landscape*［http://www.pewforum.org/2015/05/12/chapter-3-demographic-profiles-of-religious-groups/（2017 年 10 月 1 日閲覧）］……193

Pew Research Center（2014, May, 7）*The Shifting Religious Identity of Latinos in the United States: Nearly One-in-Four Latinos Are Former Catholics*［http://www.pewforum.org/2014/05/07/the-shifting-religious-identity-of-latinos-in-the-united-states/（2017 年 7 月 7 日閲覧）］……191

Pew Research Center（2015, June 11）*Multiracial in America: Proud, Diverse and Growing Numbers*［https://www.pewsocialtrends.org/2015/06/11/multiracial-in-america（2016 年 12 月 3 日閲覧）］……175

Pew Research Center（2015, April）*Americans, Japanese: Mutual Respect 70 Years After the End of WWII*［http://www.pewglobal.org/2015/04/07/americans-japanese-mutual-respect-70-years-after-the-end-of-wwii/（2017 年 1 月 2 日閲覧）］……837

Pew Research Center（2015, Dec. 17）*Parenting in America*［http://www.pewsocialtrends.org/2015/12/17/parenting-in-america/（2017 年 8 月 17 日閲覧）］……444

Piketty, T.,Saez, E. and Zucman, G.（2016）Distributional National Accounts: Methods and Estimates for the United States *NBER Working Paper* No. 22945, December 2016 ……125

Prison Policy Initiative（2014）*Breaking Down Mass Incarceration in the 2010 Census: State-by-State Incarceration Rates by Race/Ethnicity*［https://www.prisonpolicy.org/reports/rates.html（2017 年 12 月 1 日閲覧）］……157

Routon, P. W. & Walker, J. K.（2014）The impact of Greek organization membership on collegiate outcomes: Evidence from a National Survey, *Journal of Behavioral and Experimental Economics*, 49 pp.63-70 ……497

Russell, S. T. & Joyner, K.（2002）Adolescent sexual orientation and suicide risk: Evidence from a national study. *American Journal Public Health*, 91, 1276-1281 ……496

Shaffer, M. S.（2001）*See America First: Tourism and National Identity, 1880-1940*, Smithsonian Institution Press ……505

SMAHSA：Substance Abuse and Mental Health Services Administration（2013）*Past Month Illicit Drug Use among Persons Aged 12 or Older: 2013*［https://www.samhsa.gov/data/sites/default/files/NSDUHresultsPDFWHTML2013/Web/NSDUHresults2013.htm#1.1 Figure 2.1（2016 年 9 月 6 日閲覧）］……482

Statista（2015）*Largest advertisers in the United States in 2016*（in billion U.S. dollars）［https://www.statista.com/statistics/275446/ad-spending-of-leading-advertisers-in-the-us/（2016 年 11 月 22 日 閲 覧）］……352

Statista（2017）*U. S. Fitness Center/ Health Club Industry Revenue from 2000 to 2016*（in billion U. S. Dollars）［https://www.statista.com/statistics/236120/us-fitness-center-revenue/（2017 年 8 月 24 日 閲覧）］……475

Sutter, S. P.（2002）*Driven Wild How the Fight against Automobiles Launched the Modern Wilderness*

Movement, Seattle: University of Washington Press ……37

United Drive-in Theatre Owners Association（2016）［http://www.uditoa.org/media.html（2017 年 10 月 4 日閲覧）］……489

United Nations（2010）*International Recommendations for Tourism Statistics 2008*, United Nations Publication［https://unstats.un.org/unsd/publication/seriesm/seriesm_83rev1e.pdf（2016 年 12 月 12 日閲覧）］……504

United Nations Conferences on Environment and Development, *Agenda 21*（1992）Rio de Janerio, Brazil, 3 to 14 June 1992［https://sustainabledevelopment.un.org/content/documents/Agenda21.pdf（2016 年 12 月 19 日閲覧）］……36

United States Census Bureau（2010）*Overview of Race and Hispanic Origin: 2010*, p.4,Table 1［https://www.census.gov/prod/cen2010/briefs/c2010br-02.pdf（2017 年 12 月 1 日閲覧）］……156

United States Census Bureau（2012, September）*The Two or More Races Population: 2010*［https://www.census.gov/prod/cen2010/briefs/c2010br-13.pdf（2016 年 12 月 3 日閲覧）］……175

United States Census Bureau（2012）Section 4. Education, *The Statistical Abstract of the United States 2012*［https://www.census.gov/library/publications/2011/compendia/statab/131ed/education.html（2016 年 12 月 12 日閲覧）］……415

United States Census Bureau（2015, September）Carmen De Navas-Walt, Bernadette D. Proctor. *Income and Poverty in the United States: 2014*, Table B-1 ,pp44-49［https://www.census.gov/content/dam/Census/library/publications/2015/demo/p60-252.pdf（2016 年 9 月 6 日閲覧）］……178, 179

United States Census Bureau（ルイジアナ州の各郡の人口から関係する地域のみ各年の数値を抜粋）［https://factfinder.census.gov/faces/nav/jsf/pages/index.xhtml（2017 年 5 月 13 日閲覧）］……28

United States Census Bureau（2016）Asian Alone or in Any Combination by Selected Groups: Total Asian alone or in any combination population（the total groups tallied）2014, *American Community Survey 1-Year Estimates*［https://factfinder.census.gov/faces/tableservices/jsf/pages/productview.xhtml?src=bkmk（2016 年 11 月 14 日閲覧）］……189

United States Department of Justice（2010）（a）Federal Bureau of Investigation *Crime in the United States*［https://ucr.fbi.gov/crime-in-the-u.s/2010/crime-in-the-u.s.-2010/tables/table-43/10tbl43a.xls（2017 年 12 月 1 日閲覧）］……156

United States Department of Justice（2010, Jun.）（b）Bureau of Justice Statistics *Prison Inmates at Midyear 2009– Statistical Tables*, p.21, Table 18［https://www.bjs.gov/content/pub/pdf/pim09st.pdf（2017 年 12 月 1 日閲覧）］……157

United States Government Printing Office（1995）*Economic Report of the President*, p205［https://www.gpo.gov/fdsys/browse/collection.action?collectionCode=ERP&browsePath=1995&isCollapsed=false&leafLevelBrowse=false&isDocumentResults=true&ycord=0（2017 年 10 月 1 日閲覧）］……97

UNODC：United Nations Office on Drugs and Crime（2016）*World Drug Report 2010*［https://www.unodc.org/documents/wdr/WDR_2010/World_Drug_Report_2010_lo-res.pdf（2016 年 9 月 6 日閲覧）］……482

U.S. Agency for International Development（USAID）*Foreign Aid Explorer: The official record of U.S. foreign aid*［https://explorer.usaid.gov/aid-trends.html（2017 年 7 月 14 日閲覧）］……102

USDA：United States Department of Agriculture（2016）*Rural America At A Glance*, 2016 Edition. Economic Information Bulletin No.162［https://www.ers.usda.gov/publications/pub-details/?pubid=80893（2017 年 7 月 21 日閲覧）］……10

U. S. Department of Commerce , ITA：United States Department of Commerce［http://tse.export.gov/TSE/TSEHome.aspx（2017 年 1 月 11 日　閲　覧）］BEA：The Bureau of Economic Analysis（2008）*US Direct Investemnt Abroad 2008*, p.72［https://www.bea.gov/international/usdia2008r.htm（2017 年 1 月 11 日閲覧）］……98

U. S. Department of Health and Human Services（2013）A Profile of Older Americans: 2013［https://www.acl.gov/sites/default/files/Aging%20and%20Disability%20in%20America/2013_Profile.pdf（2017 年 11 月 22 日閲覧）］……478

U. S. Department of Transportation（2014）*Bureau of Transportation Statistics*［https://www.rita.dot.gov/bts/sites/rita.dot.gov.bts/files/publications/national_transportation_statistics/html/table_01_11.html（2016 年 12 月 1 日閲覧）］……488

U.S. Energy Information Administration（2016, Nov）*U.S. crude oil production in 2015 was the highest since 1972, but has since declined*［https://www.eia.gov/todayinenergy/detail.php?id=28672（2016 年 12 月 12 日閲覧）］……123

US Forest Service［https://www.fs.fed.us/recreation/map/finder.shtml（2016 年 12 月 19 日閲覧）］……37

U. S. Geological Survey, U.S. Department of the Interior（2016）*Mineral Commodity Summaries 2016*……8

U. S. Government（2016）*American Housing Survey: 2015*［https://www.census.gov/programs-surveys/ahs.html（2016 年 12 月日閲覧）］……470

U. S. Government Accountability Office（2011）*Federal Reserve Bank Governance: Opportunities Exist to Broaden Director Recruitment Efforts and Increase Transparency , Report to Congressional Addressees,* GAO-12-18, p15［http://www.gao.gov/products/GAO-12-18］……115

U. S. Travel Association（2016）*U. S. Travel and Tourism Overview, 2015*［https://morrisoninstitute.asu.edu/sites/default/files/content/projects/Travel_Economic_Impact_Overview.pdf（2016 年 12 月 12 日 閲覧）］……504

Walker, J. K. et al.,（2014）Greek organization membership and collegiate outcomes at an elite private university, *Research on Higher Education*, 56 pp.203-227 ……497

Walzer, M.（1997）*On Toleration*, Yale University Press［ウォルツァー, マイケル著・大川正彦訳（2003）『寛容について』みすず書房］……219

Welter, B.（1966）The Cult of True Womanhood: 1820-1860. *American Quarterly*, 18（2.1）, pp.151-174 ……432

Wickberg, D.（1998）*The Senses of Humor: Self and Laughter in Modern America*, Cornell University Press ……578

Wolf, T. D.（1986）Guideline for Preparation of Teachers, *National Council of Teachers*, Urbana, p9 ……583

WTO（2000）*Tourism Highlights 2000 Second Edition*［http://tourlib.net/wto/WTO_highlights_2000.pdf（2016 年 12 月 12 日閲覧）］……505

WTO（2001）*Tourism Highlights 2001*［https://www.e-unwto.org/doi/pdf/10.18111/9789284406845 （2016 年 12 月 12 日閲覧）］……505

Zunz, O.（2012）*Philanthropy in America: A History*, Princeton University Press ……289

参 考 文 献

＊章（分野）ごとに編著者名の五十音順ならびにアルファベット順に掲載した.

■1章　地理・自然

秋元英一，小塩和人（2006）『豊かさと環境』シリーズ・アメリカ研究の越境 3，ミネルヴァ書房
淺野敏久，中島弘二（2013）『自然の社会地理』ネイチャー・アンド・ソサエティ研究 5，海青社
遠藤泰生（2015）「第 3 講：19 世紀アメリカ合衆国から見た太平洋の「かたち」―歴史を動かした空間のイメージ」東京大学教養学部編『高校生のための東大授業ライブ・学問からの挑戦』pp.32-46
遠藤崇浩（2013）『カリフォルニア水銀行の挑戦―水危機への「市場の活用」と「政府の役割」』昭和堂
及川敬貴（2003）『アメリカ環境政策の形成過程―大統領環境諮問委員会の機能』北海道大学図書刊行会
大塚秀之（2001）『現代アメリカ社会論―階級・人種・エスニシティからの分析』大月書店
岡島成行（1990）『アメリカの環境保護運動』岩波新書
小塩和人，岸上伸啓編（2006）『アメリカ・カナダ』朝倉世界地理講座 13，朝倉書店
小塩和人（2014）『アメリカ環境史』上智大学アメリカ・カナダ研究叢書
オースター，ドナルド著・中山　茂他訳（1989）『ネイチャーズ・エコノミー―エコロジー思想史』リブロポート
カースン，レイチェル著・日下実男訳（1965）『われらをめぐる海』ハヤカワ・ライブラリ
カーソン，レイチェル著・青樹簗一訳（2004）『沈黙の春』62 刷改版，新潮文庫
カーソン，レイチェル著・リンダ・リア編，古草秀子訳（2009）『失われた森―遺稿集』集英社文庫
亀山康子・高村ゆかり編（2011）『気候変動と国際協調―京都議定書と多国間協調の行方』慈学社出版
川島浩平，小塩和人，島田法子，谷中寿子編（1999）『地図でよむアメリカ―歴史と現在』雄山閣出版
川出　亮（1984）『サンベルト―米国のハイテク・フロンティア』日本経済新聞社
菅野峰明（1994）「合衆国南部という地域」『地理』39-7，古今書院
久保文明（1997）『現代アメリカ政治と公共利益―環境保護をめぐる政治過程』東京大学出版会
クロスビー，アルフレッド著・佐々木昭夫訳（2017）『ヨーロッパの帝国主義―生態学的視点から歴史を見る』ちくま学芸文庫
クロノン，ウィリアム著・佐野敏行・藤田真理子訳（1995）『変貌する大地―インディアンと植民者の環境史』勁草書房
佐藤亮子（2006）『地域の味がまちをつくる―米国ファーマーズマーケットの挑戦』岩波書店
シンガー，ピーター著・戸田　清訳（2011）『動物の解放』人文書院
シンクレア，アプトン著・大井浩二訳（2009）『ジャングル』松柏社
杉浦　直（2011）『エスニック地理学』学術出版会
杉浦芳夫（2012）『地域環境の地理学』朝倉書店
スミス，ニール著・原口　剛訳（2014）『ジェントリフィケーションと報復都市―新たなる都市のフロンティア』ミネルヴァ書房
ダウィ，マーク著・戸田清訳（1998）『草の根環境主義―アメリカの新しい萌芽』日本経済評論社
ナッシュ，ロデリック・F.編著，栗栖　聡，藤川　賢，川島耕司共訳（2004）『アメリカの環境主義―環境思想の歴史的アンソロジー』同友館
ノックス，ポール／ピンチ，スティーヴン著・川口太郎，神谷浩夫，中澤高志訳（2013）『都市社会地理学』改訂新版，古今書院
藤岡　惇（1993）『サンベルト米国南部―分極化の構図』青木書店
フット，ケネス・E. 著・和田光弘他訳（2002）『記念碑の語るアメリカ―暴力と追悼の風景』名古屋大学出版会
ブレークリー，エドワード・J. ／スナイダー，M. G. 著・竹井隆人訳（2004）『ゲーテッド・コミュニティ―米国の要塞都市』集文社
マーチャント，キャロリン著・川本隆史，須藤自由児，水谷　広訳（1994）『ラディカルエコロジー―住みよい世界を求めて』産業図書
矢ケ崎典隆・斎藤　功・菅野峰明（2006）『アメリカ大平原―食糧基地の形成と持続性』増補版，古今書院
矢ケ崎典隆編（2011）『アメリカ』世界地誌シリーズ 4，朝倉書店
渡辺真治，西崎京子訳・渡辺真治解説（1975）『フレデリック・J・ターナー』アメリカ古典文庫 9，研究

社出版

Aldrich, Daniel P.（2012）*Building Resilience: Social Capital in Post-Disaster Recovery*, University Of Chicago Press

Grunwald, Michael（2012）*The New New Deal: The Hidden Story of Change in the Obama Era*, Simon & Schuster

Knox, Paul and Steven Pinch（2006）*Urban Social Geography*, fifth ed., Pearson Education

Richardson, Douglas et al., eds.（2017）*International Encyclopedia of Geography: People, The Earth, Environment and Technology*, Wiley-Blackwell

Sutter, S. Paul（2002）*Driven Wild How the Fight against Automobiles Launched the Modern Wilderness Movement*, University of Washington Press

■2章　政　治

天野　拓（2013）『オバマの医療改革―国民皆保険制度への苦闘』勁草書房
今里　滋（2000）『アメリカ行政の理論と実践』九州大学出版会
今津　晃，横山　良，紀平英作編（1985）『市民的自由の探求―両大戦間のアメリカ』世界思想社
植村邦彦（2010）『市民社会とは何か』平凡社
ウッド，ゴードン・S. 著・中野勝郎訳（2016）『アメリカ独立革命』岩波書店
梅川　健（2015）『大統領が変えるアメリカの三権分立制―署名時声明をめぐる議会との攻防』東京大学出版会
エヴァンス，サラ・M. 著・小檜山ルイ他訳（1997）『アメリカ女性の歴史―自由のために生まれて』明石書店
岡山　裕（2005）『アメリカ二大政党制の確立―戦後体制の形成と共和党』東京大学出版会
金成隆一（2017）『ルポ　トランプ王国―もう一つのアメリカを行く』岩波新書
久保文明編（2013）『アメリカの政治』新版，引文堂
久保文明他（2017）『アメリカ政治』第3版，有斐閣
クリントン，ヒラリー・ロダム著・酒井洋子訳（2007）『リビング・ヒストリー』上下，早川書房
ゴールドウォーター，ベリー著・渡辺善一郎訳（1961）『保守主義の本領』時事新書
坂本　勝（2006）『公務員制度の研究―日米英幹部職の代表性と政策役割』法律文化社
佐々木　毅（1993）『アメリカの保守とリベラル』講談社学術文庫
サッセン，サスキア著・伊豫谷登士翁訳（1999）『グローバリゼーションの時代―国家主権のゆくえ』平凡社選書
サラモン，レスター・M. 著・山内直人訳／解説（1999）『NPO最前線―岐路に立つアメリカ市民社会』岩波書店
菅原和行（2010）『アメリカ都市政治と官僚制―公務員制度改革の政治過程』慶應義塾大学出版会
菅原和行（2016）「官僚制―オバマによる応答性の追求とその限界」久保敬和・西川賢編著『ポスト・オバマのアメリカ』大学教育出版
スティーガー，マンフレッド・B. 著・櫻井公人，櫻井純理，高島正晴訳（2005）『グローバリゼーション』岩波書店
スミス，ジェームズ・A. 著・長谷川文雄，石田　肇訳（1994）『アメリカのシンクタンク―大統領と政策エリートの世界』ダイヤモンド社
トクヴィル著・松本礼二訳（2005～2008）『アメリカのデモクラシー』1巻上下，2巻上下，岩波文庫
中野勝郎（1993）『アメリカ連邦体制の確立―ハミルトンと共和政』東京大学出版会
西川　賢（2015）『分裂化するアメリカとその起源―共和党中道路線の盛衰』千倉書房
西山隆行（2016）『移民大国アメリカ』ちくま新書
ハイエク，フリードリヒ・A. 著・谷藤一郎，谷映理子訳（1992）『隷従への道―全体主義と自由』改版，創元社
ハイルマン，ジョン／ハルペリン，マーク著・日暮雅通訳（2010）『大統領オバマはこうしてつくられた』朝日新聞出版
廣瀬淳子（2004）『アメリカ連邦議会―世界最強議会の政策形成と政策実現』公人社
藤本一美（1999）『アメリカの政治資金・規制と実態』勁草書房
藤本龍児（2014）「二つの世俗主義―公共宗教論の更新」『宗教と公共空間』東京大学出版会，pp.51-90
ホーフスタッター，リチャード著・田村哲夫訳（2003）『アメリカの反知性主義』みすず書房
前嶋和弘（2011）『アメリカ政治とメディア―「政治のインフラ」から「政治の主役」に変貌するメディア』北樹出版
待鳥聡史（2013）『「代表」と「統治」のアメリカ政治』講談社選書
宮田智之（2017）『アメリカ政治とシンクタンク―政治運動としての政策研究機関』東京大学出版会
森　孝一（1996）『宗教からよむ「アメリカ」』講談社
山岸敬和（2014）『アメリカ医療制度の政治史―20世紀の経験とオバマケア』名古屋大学出版会
横江公美（2004）『第五の権力 アメリカのシンクタンク』文春新書
吉田　徹（2011）『ポピュリズムを考える』NHK出版

渡辺将人（2008）『見えないアメリカ—保守とリベラルのあいだ』講談社現代新書
渡辺将人（2016）『現代アメリカ選挙の変貌—アウトリーチ・政党・デモクラシー』名古屋大学出版会
Angelo, Bonnie（2007）*First Families: The Impact of the White House on Their Lives*, reprint, William Morrow Paperbacks
Anthony, Carl Sferrazza（2000）*America's First Families: An Inside View of 200 Years of Private Live in the White House*, Touchstone, Frohnen, Bruce et al.,（2006）*American Conservatism: An Encyclopedia* Intercollegiate Studies Institute Mutch, Robert E and Campaign Finance（2016）*What Everyone Needs to Know*, Oxford University Press
Nash, George（1976）*The Conservative Intellectual Movement in American Since 1945*, 30th Anniversary Edition（Intercollegiate Studies Institute）

■3章　経済・産業

アイケングリーン，バリー著・小浜裕久監訳・浅沼信爾解説（2012）『とてつもない特権—君臨する基軸通貨ドルの不安』勁草書房
秋元英一（1995）『アメリカ経済の歴史 1492-1993』東京大学出版会
秋元英一，菅 英輝（2003）『アメリカ 20 世紀史』東京大学出版会
浅羽良昌（1996）『アメリカ経済 200 年の興亡』東洋経済新報社
アトキンソン，アンソニー・B. 著・山形浩生・森本正史訳（2015）『21 世紀の不平等』東洋経済新報社［Atkinson, Anthony B.（2015）*Inequality : What Can Be Done?*, Harvard University Press］
安部悦生，壽永欣三郎，山口一臣（2002）『ケースブック—アメリカ経営史』有斐閣ブックス
天野 拓（2013）『オバマの医療改革—国民皆保険制度への苦闘』勁草書房
オルソン，ジェイムズ，スーザン，ウラダバー・モーガン著・土屋慶之助，小林健一，須藤功監訳（2008）『アメリカ経済経営史事典』創風社
上川孝夫，矢後和彦編著（2007）『国際金融史』新・国際金融テキスト 2，有斐閣
ガルブレイス，J. K. 著・鈴木哲太郎訳（1991）『バブルの物語—暴落の前に天才がいる』ダイヤモンド社
川口 融（1980）『アメリカの対外援助政策—その理念と政策形成』アジア経済研究所
河﨑信樹（2012）『アメリカの国際援助』アメリカの財政と分権 7，日本経済評論社
河村哲二（2003）『現代アメリカ経済』有斐閣
経営史学会編（2005）『外国経営史の基礎知識』有斐閣ブックス
榊原胖夫，加藤一誠（2011）『アメリカ経済の歩み』文眞堂
地主敏樹，村山裕三，加藤一誠（2012）『現代アメリカ経済論』シリーズ・現代の世界経済 1，ミネルヴァ書房
渋谷博史（2005）『20 世紀アメリカ財政史』東京大学出版会
ショア，ジュリエット・B. 著・森岡孝二訳（2011）『浪費するアメリカ人—なぜ要らないものまで欲しがるか』岩波現代文庫［Schor, Julliet B.（1998）*The Overspent American: Upscaling, Downshifting, and the Cosumer*, Basic book］
スカーロック，ジェイムズ・D. 著・中谷和男訳（2007）『借りまくる人々—クレジット依存症社会の真実』朝日新聞社［Scurlock, James D.（2007）*Maxed Out: Hard Times in the Age of Easy Credit*, Scribner.］
須藤 功著（2008）『戦後アメリカ通貨金融政策の形成—ニューディールから「アコード」へ』名古屋大学出版会
大統領経済諮問委員会著『米国経済白書』翻訳研究会訳（2017）『米国経済白書』蒼天社出版
谷口明丈（2002）『巨大企業の世紀—20 世紀アメリカ資本主義の形成と企業合同』有斐閣
谷口明丈・須藤 功編（2017）『現代アメリカ経済史—問題大国の出現』有斐閣
チャンドラー Jr.，アルフレッド・D. 著・鳥羽欽一郎，小林袈裟治訳（1979）『経営者の時代—アメリカ産業における近代企業の成立』東洋経済新報社［Chandler Jr., Alfred D.（1977）, *The Visible Hand: The Managerial Revolution in American Business*, Harvard University Press］
富澤修身（2013）『模倣と創造のファッション産業史』ミネルヴァ書房
中野一新，岡田知弘編（2007）『グローバリゼーションと世界の農業』大月書店
中本 悟，宮崎礼二編（2013）『現代アメリカ経済分析』日本評論社
西澤昭夫，福嶋 路（2005）『大学発ベンチャー企業とクラスター戦略—日本はオースティンを作れるか』学文社
服部信司（2010）『アメリカ農業・政策史 1776-2010—世界最大の穀物生産・輸出国の農業政策はどう行われてきたのか』農林統計協会
バーナンキ，ベン著・小谷野俊夫訳（2012）『連邦準備制度と金融危機—バーナンキ FRB 理事会議長による大学生向け講義録』一灯舎
ピケティ，トマ著・山形浩生，守岡 桜，森本正史訳（2014）『21 世紀の資本』みすず書房［Piketty, Thomas（2014）*Capital in the Twenty First Century*Harvard Belknup］
黄 完晟（2002）『日米中小企業の比較研究—日本の二重構造・米国の三重構造』税務経理協会
ミアン，アティフ／サフィ，アミール著・岩本千晴訳（2016）『ハウス・オブ・デット—銀行でもなく，国家でもなく，個人を救え』東洋経済新報社

山岸敬和（2014）『アメリカ医療制度の政治史─20世紀の経験とオバマケア』名古屋大学出版会
Goldin, Claudia　and Katz, Lawrence F.（2009）*The Race between Education and Technology*, Harvard Belkunup

■4章　法と秩序

阿川尚之（2013）『憲法で読むアメリカ史（全）』ちくま学芸文庫
浅香吉幹（1999）『現代アメリカの司法』東京大学出版会
ヴィドマー, ニール・ハンス, ヴァレリー著・丸田隆代表編訳（2009）『アメリカの刑事陪審─その検証と評価』日本評論社
ウォーカー, サミュエル著・藤本哲也監訳（1999）『民衆司法─アメリカ刑事司法の歴史』日本比較法研究所翻訳叢書41, 中央大学出版部
大沢秀介（2016）『アメリカの司法と政治』成文堂
奥平康弘（1999）『「表現の自由」を求めて─アメリカにおける権利獲得の軌跡』岩波書店
ガウスタッド, エドウィン・S. 著・大西直樹訳（2007）『アメリカの政教分離─植民地時代から今日まで』みすず書房
ガスティル, ジョン他著・佐伯昌彦, 森　大輔, 笹倉香奈訳（2016）『市民の司法参加と民主主義─アメリカ陪審制の実証研究』日本評論社
ケイガン, ロバート・A. 著・北村喜宣他訳（2007）『アメリカ社会の法動態─多元社会アメリカと当事者対抗的リーガリズム』慈学社出版
佐藤幸治（2015）『立憲主義について─成立過程と現代』放送大学叢書, 左右社
サンデル, M.J. 著・金原恭子, 小林正弥監訳（2010）『民主政の不満─公共哲学を求めるアメリカ〈上〉─手続き的共和国の憲法』勁草書房
島　伸一（2002）『アメリカの刑事司法─ワシントン州キング郡を基点として』弘文堂
田中英夫（1980）『英米法総論』上下, 東京大学出版会
デイビス, ケネス・C. 著・神長　勲訳（1988）『警察の裁量をどうコントロールするか─シカゴ警察を中心にして』勁草書房
田中英夫, 竹内昭夫（1987）『法の実現における私人の役割』東京大学出版会
デルカーメン, R.V. 著・樺島正法・鼎　博之訳（1994）『アメリカ刑事手続法概説─捜査・裁判における憲法支配の貫徹』第一法規
タロー, S. 著・山室まりや訳（1979）『ハーヴァード・ロー・スクール─わが試練の一年』早川書房
中窪裕也（2010）『アメリカ労働法』アメリカ法ベーシックス2, 第2版, 弘文堂
樋口範雄（2011）『アメリカ憲法』アメリカ法ベーシックス, 弘文堂
樋口範雄他編（2012）『アメリカ法判例百選』別冊ジュリスト213, 有斐閣
ファロン Jr., リチャード・H. 著・平地秀哉他訳（2010）『アメリカ憲法への招待』三省堂
ファーンズワース, E. アラン著・シェパード, スティーブ編・笠井　修, 高山佳奈子訳（2014）『アメリカ法への招待』勁草書房
松井茂記（2012）『アメリカ憲法入門』第7版, 有斐閣
丸田　隆（1996）『銃社会アメリカのディレンマ』日本評論社
柳生琢男, フット, ダニエル・H.（2010）『ハーバード 卓越の秘密─ハーバードLS の叡智に学ぶ』有斐閣
ラーソン, エリック著・浜谷喜美子訳（1995）『アメリカ銃社会の恐怖』三一書房
リード, R.M., 井上正仁他著（1987）『アメリカの刑事手続』有斐閣
レッドベター, リリー／アイソム, ラニアー・S. 著・中窪裕也訳（2014）『賃金差別を許さない！─巨大企業に挑んだ私の闘い』岩波書店
レーンクィスト, W.H. 著・根本　猛訳（1992）『アメリカ合衆国最高裁』心交社

■5章　民族・人種

阿部珠理（2013）『アメリカ先住民─民族再生にむけて』角川学芸出版
阿部珠理（2016）『アメリカ先住民を知るための62章』明石書店
有賀夏紀, 油井大三郎編（2003）『アメリカの歴史─テーマで読む多文化社会の夢と現実』有斐閣アルマ
上杉　忍（2013）『アメリカ黒人の歴史─奴隷貿易からオバマ大統領まで』中公新書
鵜飼　哲他（2012）『レイシズム・スタディーズ序説』以文社
エドソール, トマス／エドソール, メアリー・D. 著・飛田茂雄訳（1995）『争うアメリカ─人種・権利・税金』みすず書房
大泉光一, 牛島　万編著（2005）『アメリカのヒスパニック＝ラティーノ社会を知るための55章』エリア・スタディーズ, 明石書店
大﨑久恵（2006）『アメリカの中のイスラーム』寺子屋新書, 子どもの未来社
カプラン, エイミー著・増田久美子, 鈴木俊弘訳（2009）『帝国というアナーキー─アメリカ文化の起源』青土社

川島浩平，竹沢泰子編（2016）『人種神話を解体する 3 ―血の政治学を越えて』東京大学出版会
川島正樹編（2005）『アメリカニズムと「人種」』名古屋大学出版会
グレイザー，ネイサン／モイニハン，ダニエル著，阿部　齊，飯野正子訳（1986）『人種のるつぼを越えて―多民族社会アメリカ』南雲堂
ケニー，マイケル著・藤原　孝他訳（2005）『アイデンティティの政治学』日本経済評論社
コーツ，タナハシ著・池田年穂（2017）『世界と僕のあいだに』慶應義塾大学出版会
ゴンサレス，マニュエル・G．著・中川正紀訳（2003）『メキシコ系米国人・移民の歴史』明石書店
シルバーマン，チャールズ・E．著・武田尚子訳（2001）『アメリカのユダヤ人』明石書店
菅　美弥（2011）「移民研究と米国人口センサスをめぐる史・資料―接近と課題」日本移民学会編『移民研究と多文化共生―日本移民学会創設⑳周年記念論文集』御茶の水書房，pp.290-306
スグルー，トマス・J．著・川島正樹訳（2002）『アメリカの都市危機と「アンダークラス」―自動車都市デトロイトの戦後史』明石書店
竹沢泰子（2004）「アメリカ合衆国―揺らぐ境界・揺らがぬ境界」青柳真智子編『国勢調査の文化人類学』古今書院，pp.273-294
チャン，スーチェン著・アーチディコン，トーマス・J．編纂・住居広士訳（2010）『アジア系アメリカ人の光と陰―アジア系アメリカ移民の歴史』大学教育出版
中條　献（2006）『歴史の中の人種』北樹出版
西崎文子他編（2016）『紛争・対立・暴力―世界の地域から考える』岩波ジュニア新書
野村達朗（1995）『ユダヤ移民のニューヨーク―移民の生活と労働の世界』山川出版社
ハイアム，ジョン著・斎藤　眞他訳（1994）『自由の女神のもとへ』平凡社
浜本隆三（2016）『クー・クラックス・クラン―白人至上主義結社 KKK の正体』平凡社新書
ハンチントン，サミュエル著・鈴木主税訳（2004）『分断されるアメリカ―ナショナル・アイデンティティの危機』集英社
樋口映美（1997）『アメリカ黒人と北部産業―戦間期における人種意識の形成』彩流社
ホリンガー，デヴィッド・A．著・藤田文子訳（2002）『ポストエスニック・アメリカ―多文化主義を越えて』明石書店［David A. Hollinger（1995）*Postethnic America : beyond multiculturalism*, Basic Books］
前田　朗（2013）『ヘイトクライム―憎悪犯罪が日本を壊す』増補新版，三一書房
ましこひでのり（2008）『幻想としての人種／民族／国民』―「日本人という自画像」の知的水脈』三元社
松本悠子（2007）『創られるアメリカ国民と「他者」』東京大学出版会
三浦信孝，松本悠子編（2008）『グローバル化と文化の横断』中央大学学術シンポジウム研究叢書 6，中央大学出版部
三吉美加（2014）『米国のラティーノ』AS シリーズ 13，大学教育出版
山内昌之（2016）『イスラームとアメリカ』新版，中公文庫
山田史郎（2006）『アメリカ史のなかの人種』世界史リブレット，山川出版社
リー，ロバート・G．著・貴堂嘉之訳（2007）『オリエンタルズ―大衆文化のなかのアジア系アメリカ人』岩波書店
ロナルド，タカキ著・阿部紀子，石松久幸訳（1996）『もう一つのアメリカン・ドリーム―アジア系アメリカ人の挑戦』岩波書店
Alba, Richard, Albert J. Raboteau, and Josh De Wind（2009）*Immigration and Religion in America; Comparative and Historical Perspectives*, New York University Press
Coates, Ta-Nehisi（2015）*Between the World and Me*, The Text Publishing Company
Edward E. Curtis I．V．（2009）*Muslims in America: A Short History*, Oxford University Press
Skomal, Lenore（2009）*Lady Liberty : The Untold Story of the Statue of Liberty*, Cider Mill Press

■6章　宗　教

青木保憲（2012）『アメリカ福音派の歴史―聖書信仰にみるアメリカ人のアイデンティティ』明石ライブラリー
有賀　弘（1996）「アメリカと宗教―ピューリタニズムからカルトまで」『東洋学術研究』35（2），pp.194-212
ウォルツァー，マイケル著・大川正彦訳（2003）『寛容について』みすず書房
エック，ダイアナ・L．著・池田智訳（2005）『宗教に分裂するアメリカ―キリスト教国家から他宗教共生国家へ』明石書店
大下尚一訳／解説（1978）『ピューリタニズム』アメリカ古典文庫 15，研究社出版
大西直樹（1998）『ピルグリム・ファーザーズという神話』講談社選書メチエ
オスティーン，ジョエル著・早野依子訳（2006）『あなたはできる―運命が変わる 7 つのステップ』PHP 出版
ガウスタッド，エドウィン・S．著・大西直樹訳（2007）『アメリカの政教分離―植民地時代から今日まで』みすず書房
黒崎　真（2015）『アメリカ黒人とキリスト教―葛藤の歴史とスピリチュアリティの諸相』神田外語大学

出版局

コックス，H. 著・大島かおり訳（1986）『世俗都市の宗教—ポストモダン神学へ向かって』新教出版社

斎藤　眞著・古矢　旬，久保文明監修（2017）『アメリカを探る—自然と作為』みすず書房

佐々木弘通（2001）「合衆国憲法の政教分離条項—その近代的成立と現代的展開」『成城法学』64, pp.79-98

上智大学アメリカ・カナダ研究所編（1993）『アメリカ文化の原点と伝統』彩流社

上智大学アメリカ・カナダ研究所編（2011）『キリスト教のアメリカ的展開—継承と変容』上智大学出版

高橋義文（2014）『ニーバーとリベラリズム—ラインホールド・ニーバーの神学的視点の探求』聖学院大学出版会

高柳俊一（2007）「アメリカ市民社会とカトリック伝統の展開—アメリカ・カトリック研究の必要性」『ソフィア』56, pp.103-119

高柳俊一（2007）「アメリカにおけるリベラル・カトリシズムのパラダイム」『キリスト教のアメリカ的展開—継承と変容』

タナカ，ケネス（2010）『アメリカ仏教—仏教も変わる，アメリカも変わる』武蔵野大学出版会

ニーバー，H. リチャード（1984）『アメリカ型のキリスト教の社会的起源』ヨルダン社［Niebuhr, H. Richard（2016）*The Social Sources of Denominationalism 1929*, Facsimile Publisher］

ニーバー，ラインホールド著・大木英夫訳（1998）『道徳的人間と非道徳的社会』白水社

日本キリスト教協議会文書事業部編（1968）『キリスト教大事典』改訂新版，教文館

ノール，マーク著・赤木昭夫訳（2010）『神と人種—アメリカ政治を動かすもの』岩波書店

ハーバーマス，ユルゲン他著・メンディエッタ，エドゥアルド／ヴァンアントワーペン，ジョナサン編・箱田　徹，金城美幸訳（2014）『公共圏に挑戦する宗教—ポスト世俗化時代における共棲のために』岩波書店

藤本龍児（2015）「アメリカにおける国家と宗教—リベラル・デモクラシーと政教分離」『宗教研究』89（2）pp.133-160

藤本龍児（2009）『アメリカの公共宗教—多元社会における精神性』NTT 出版

藤原聖子（2009）『現代アメリカ宗教地図』平凡社新書

ベラー，ロバート他著・島薗　進，中村圭志共訳（1991）『心の習慣—アメリカ個人主義のゆくえ』みすず書房

ホーフスタッター，リチャード著・田村哲夫訳（2003）『アメリカの反知性主義』みすず書房

堀内一史（2005）『分裂するアメリカ社会—その宗教と国民的統合をめぐって』麗沢大学出版会

増井志津代（2006）『植民地時代アメリカの宗教思想—ピューリタニズムと大西洋世界』上智大学出版

森　孝一（2013）『宗教からよむ「アメリカ」』講談社選書メチエ

森本あんり（2006）『アメリカ・キリスト教史—理念によって建てられた国の軌跡』新教出版社

森本あんり（2012）『アメリカ的理念の身体—寛容と良心・政教分離・信教の自由をめぐる歴史的実験の軌跡』創文社

Bradford, W. eds., Morrison, S. E.（1952）*Of Plymouth Plantation 1620-1647*, Random House

Curry, T. J.（1986）*The First Freedoms : Church and State in America to the Passage of the First Amendment*, Oxford University Press

Hatch, N. O.（1989）*The Democratization of American Christianity*, Yale University Press

Hudson, W. S.（1973）*Religion in America: An Historical Account of the Development of American Religious Life*, Charles Scribner's Sons

Noll, M. A.（2001）*A History of Christianity in the United States and Canada*, Eerdmans

Okker, P.（1995）*Our Sister Editors: Sarah J. Hale and the Tradition of Nineteenth-Century American Women Editors*, University of Georgia Press

Raboteau, A. J.（2001）*Canaan Land: A Religious History of African Americans*, Oxford University Press

■7章　社会思潮

綾部恒雄監修／編（2005）『クラブが創った国アメリカ』結社の世界史 5，山川出版社

ウィッチャー，スティーヴン・E. 著・高梨良夫訳（2001）『エマソンの精神遍歴—自由と運命』南雲堂

ヴェブレン，T. 著・高哲男訳（1998）『有閑階級の理論』筑摩書房［Veblen , Thorstein（1899）*The Theory of the Leisure Class: An Economic Study in the Evolution of Institution*Macmillan］

大西直樹（1998）『ピルグリム・ファーザーズという神話—作られた「アメリカ建国」』講談社選書メチエ

荻野美穂（2012）『中絶論争とアメリカ社会—身体をめぐる戦争』岩波人文書セレクション

加賀裕郎，高頭直樹，新　茂之編（2017）『プラグマティズムを学ぶ人のために』世界思想社

香川知晶（2006）『死ぬ権利—カレン・アン・クインランと生命倫理の転回』勁草書房

カーネギー，アンドリュー著・坂西志保訳（2002）『カーネギー自伝』中公文庫［Carnegie, Andrew（1959）*Autobiography of Andrew Carnegie*, Pickering & Chatto Publishers］

ガーネリ，カール・J. 著・宇賀　博訳（1989）『共同体主義—フーリエ主義とアメリカ』恒星社

ガルブレイス，J. K. 著・鈴木哲太郎訳（2006）『ゆたかな社会』岩波書店

久保文明編（2003）『G・W・ブッシュ政権とアメリカの保守勢力─共和党の分析』日本国際問題研究所
斎藤　眞，大橋建三郎，本間長世，亀井俊介編（1974〜82）『アメリカ古典文庫』全25巻，研究社出版
斎藤　眞（1995）『アメリカとは何か』平凡社ライブラリー
佐々木　毅（1984）『現代アメリカの保守主義』同時代ライブラリー
ジェイムズ，ウィリアム著・枡田啓三郎訳（1957）『プラグマティズム』岩波文庫
ジェルダード，リチャード編著・澤西康史訳（1999）『エマソン入門─自然と一つになる哲学』日本教文社
篠原初枝（2003）『戦争の法から平和の法へ─戦間期のアメリカ国際法学者』東京大学出版会
ショア，ジュリエット・B. 著・森岡孝二監訳（2000, 2011）『浪費するアメリカ人─なぜ要らないものまで欲しがるか』岩波書店
スコッチポル，シーダ著・川田潤一訳（2007）『失われた民主主義─メンバーシップからマネージメントへ』慶應義塾出版会
ソロー，H.D. 著・飯田　実訳（1997）『市民の反抗─他五篇』岩波文庫
デュボイス，W. E. B. 著・黄寅　秀，鮫島重俊訳（1992）『黒人のたましい』岩波文庫
トクヴィル，A. 著・松本礼二訳（2005〜2008）『アメリカのデモクラシー』上下，岩波文庫
パットナム，ロバート・D. 著・柴内康文訳（2006）『孤独なボウリング─米国コミュニティの崩壊と再生』柏書房〔Putnam, Robert D.（2000）*Bowling alone : the collapse and revival of American community*, Simon & Schuster〕
ハーツ，ルイス著・有賀　貞，松平光央訳（1963）『アメリカ自由主義の伝統』アメリカ思想史叢書，有信堂
ファウスト，ドルー・ギルピン著・黒沢眞里子訳（2010）『戦死とアメリカ─南北戦争62万人の死の意味』彩流社
フット，ケネス・E. 著・和田光弘他訳（2002）『記念碑の語るアメリカ─暴力と追悼の風景』名古屋大学出版会
古矢　旬（2002）『アメリカニズム─「普遍国家」のナショナリズム』東京大学出版会
ホーフスタッター，リチャード著・田村哲夫訳（2003）『アメリカの反知性主義』みすず書房
前川玲子（2003）『アメリカ知識人とラディカル・ビジョンの崩壊』京都大学学術出版会
マシーセン，F. O. 著・飯野友幸他訳（2011）『アメリカン・ルネサンス─エマソンとホイットマンの時代の芸術と表現』上下，SUPモダン・クラシックス叢書，上智大学出版
マルクーゼ，ヘルベルト著・生松敬三，三沢謙一訳（1974）『一次元的人間─先進産業社会におけるイデオロギーの研究』河出書房新社〔Marcuse, Herbert（1964）*One-Dimensional Man : Studies in the Ideology of Advanced Industrial Society*, Beacon Press〕
ミルズ，C. W. 著・鵜飼信成，綿貫譲治訳（1969）『パワー・エリート』UP選書，東京大学出版会
森本あんり（2015）『反知性主義』新潮社
油井大三郎，遠藤泰生編（1999）『多文化主義のアメリカ─揺らぐナショナルアイデンティティ』東京大学出版会
油井大三郎（2008）『好戦の共和国アメリカ─争の記憶をたどる』岩波新書
ラッシュ，クリストファー著・石川弘義訳（1981）『ナルシシズムの時代』ナツメ社〔Lasch, Christopher（1979）*The Culture of Narcissism : American Life in an Age of Diminishing Expectations*, W. W. Norton & Company〕
ローザック，シオドア著・稲見芳勝，風間禎三郎訳（1972）『対抗文化（カウンター・カルチャー）の思想─若者は何を創りだすか』ダイヤモンド社〔Roszak, Theodore（1969）*The Making of a Counter Culture : Reflections on the Technocratic Society and its Youthful Opposition*, Doubleday & Co, Inc.〕
ロールズ，ジョン著・矢島鈞次郎監訳（1979）『正義論』紀伊國屋書店
ロールズ，ジョン著・川本隆史，福間　聡，神島裕子訳（2010）『正義論』改訂版，紀伊國屋書店
和田光弘（2016）『記録と記憶のアメリカ─モノが語る近世』名古屋大学出版会
Asimov, I.（1980）A Cult of Ignorance, *Newsweek*, 21 January, 19
Kammen, M.（1978）*A Season of Youth: The American Revolution and the Historical Imagination*, Alfred A Knopf, New York
Parker, T.（1846）*A Sermon of War*, Boston, 30
Zunz, O.（2012）*Philanthropy in America: A History*, Princeton University Press

■8章　科学技術

石原　理（2016）『生殖医療の衝撃』講談社現代新書
ウォルマー，クリスチャン著・北川　玲訳（2016）『鉄道の歴史─鉄道誕生から磁気浮上式鉄道まで』創元社
エドワーズ，P. N. 著・深谷庄一監訳（2003）『クローズド・ワールド─コンピュータとアメリカの軍事戦略』日本評論社
エンジェル，マーシャ著・栗原千絵子，斉尾武郎監訳（2005）『ビッグ・ファーマー─製薬会社の真実』篠原出版新社

大谷卓史編著・江口聡他著（2014）『情報倫理入門』改訂新版，アイ・ケイコーポレーション
大野和基（2009）『代理出産—生殖ビジネスと命の尊厳』集英社新書
掛札　堅（2004）『アメリカ NIH の生命科学戦略—全世界の研究の方向を左右する頭脳集団の素顔』ブルーバックス，講談社
喜多千草（2005）『起源のインターネット』青土社
コーワン，ルース・シュウォーツ著・高橋雄造訳（2010）『お母さんは忙しくなるばかり—家事労働とテクノロジーの社会史』法政大学出版局
佐藤　靖（2007）『NASA を築いた人と技術—巨大システム開発の技術文化』東京大学出版会
佐藤　靖（2014）『NASA—宇宙開発の 60 年』中公新書
シャーウィン，マーティン・J．著・加藤幹雄訳（1978）『破滅への道程—原爆と第二次世界大戦』ティビーエス・ブリタニカ
ジャネット・アバテ著・大森義行，吉田晴代訳（2002）『インターネットをつくる—柔らかな技術の社会史』北海道大学図書刊行会
ジョルジュ，マルクス著・盛田常夫編訳（2001）『異星人伝説— 20 世紀を創ったハンガリー人』日本評論社
セルージ，ポール・E．著・宇田　理・高橋清美訳（2008）『モダン・コンピューティングの歴史』未来社
［Ceruzzi, P. E.（1998）*A History of Modern Computing*, MIT Press］
高橋雄造（2006）『百万人の電気技術史』工業調査会
中沢志保（1995）『オッペンハイマー—原爆の父はなぜ水爆開発に反対したか』中公新書
名和小太郎（2001）『起業家エジソン』朝日選書
西川純子（2008）『アメリカ航空宇宙産業—歴史と現在』日本経済評論社
パイス，アブラハム著・村上陽一郎，板垣良一訳（2001）『アインシュタインここに生きる』産業図書
ハウンシェル　デーヴィッド・A．著・和田一夫，藤原道夫，金井光太朗訳（1998）『アメリカン・システムから大量生産へ　1800-1932』名古屋大学出版会
白楽ロックビル（1996）『アメリカの研究費と NIH —ロックビルのバイオ政治学講座』共立出版
橋本毅彦（2013）『近代発明家列伝—世界をつないだ九つの技術』岩波新書
橋本毅彦（2013）『「ものづくり」の科学史—世界を変えた《標準革命》』講談社学術文庫
林　幸秀編著・佐藤真輔他著（2016）『米国の国立衛生研究所 NIH —世界最大の生命科学・医学研究所』丸善プラネット
広井良典（1992）『アメリカの医療政策と日本—科学・文化・経済のインターフェイス』勁草書房
布施将夫（2014）『補給戦と合衆国』松籟社
ヘンダーソン，A．／ケプラー，A. L. 著・松本栄寿・小浜清子訳（2003）『スミソニアンは何を展示してきたか』玉川大学出版部
ミッチャム，カール編・科学・技術・倫理百科事典翻訳編集委員会訳（2012）『科学・技術・倫理百科事典』丸善出版
宮田由紀夫（2011）『アメリカのイノベーション政策—科学技術への公共投資から知的財産化へ』昭和堂
森　杲（1996）『アメリカ職人の仕事史—マス・プロダクションへの軌跡』中公新書
山崎正勝，日野川静枝編著（1997）『原爆はこうして開発された』増補，青木書店
ユーイング，ヘザー著・松本栄寿，小浜清子訳（2010）『スミソニアン博物館の誕生—ジェームス・スミソニアンと 18 世紀啓蒙思想』雄松堂出版
横井勝彦編（2016）『航空機産業と航空戦力の世界的転回』明治大学国際武器移転史研究所研究叢書，日本経済評論社
吉岡　斉（1992）「ビッグ・サイエンスに生き残る価値はあるか— SSC 問題をモデルケースとして考える」『イリューム』4（2）東京電力，pp.42-56
吉森　賢編（2007）『世界の医薬品産業』東京大学出版会
リオーダン，マイケル／ホーデスン，リリアン著・鶴岡雄二／マツシゲ，D. 訳（1998）『電子の巨人たち』上下，ソフトバンク［Riordan, M. & Hoddeson, L.（1997）*Crystal Fire: the Invention of the Transistor and the Birth of the Information Age*, Norton］
ローズ，リチャード著・神沼二真，渋谷泰一訳（1995）『原子爆弾の誕生』普及版，上下，紀伊國屋書店
渡辺勝巳（2012）『完全図解・宇宙手帳—世界の宇宙開発活動「全記録」』ブルーバックス，講談社
Flink, James J.（1988）*The Automobile Age*, MIT Press
Galison, P. and Hevly, B. eds.（1992）*Big Science: The Growth of Large-Scale Research*, Stanford University Press
Gilligan, C.（1982）*In a Different Voice: Psychological Theory and Women's Development*, Harvard University Press
Israel, Paul（2000）*Edison : A life of Invention*, John Wiley & Sons
Kevles, Daniel J.（1978）*The Physicists : The History of a Scientific Community in Modern America*, Knoph
Leslie, Stuart W.（1993）*The Cold War and American Science : The Military-Industrial-Academic Complex at MIT and Stanford*, Columbia University Press
Melosi , Martin V.（2013）*Atomic Age America*, Pearson
Pursell Jr., Carroll W. ed.（1986）*Technology in America*, MIT Press

Rothenberg , Marc ed.（2001）*The history of science in the United States : an encyclopedia*, Routledge
Slotten, Hugh Richard（2014）*The Oxford Encyclopedia of the History of American Science, Medicine, and Technology*, Oxford University Press
Stover, John F.（1999）*The Routledge Historical Atlas of the American Railroads*, Routledge
Wittner, Lawrence S.（2009）*Confronting the Bom: A Short History of the World Nuclear Disarmament Movement* , Stanford University Press
Zachary, G.Pascal（1999）*The physicists : the history of a scientific community in modern America : Vannevar Bush, Engineer of the American Century*, MIT Press

■9章　ジャーナリズム・メディア

朝日新聞社（2013）『Journalism＝ジャーナリズム』朝日新聞出版
アンダーソン，クリス著・篠森ゆりこ訳（2009）『ロングテール―「売れない商品」を宝の山に変える新戦略』ハヤカワ文庫
飯沢耕太郎監修（2004）『世界写真史』カラー版，美術出版社
磯部佑一郎（1984）『アメリカ新聞史』ジャパンタイムズ
岩本　裕（2015）『世論調査とは何だろうか』岩波新書
ウッドワード，ボブ／バーンスタイン，カール著・常盤新平訳（2005）『大統領の陰謀』文春文庫
エメリー，マイケル／エメリー，エドウィン／ロバーツ，ナンシー・L．著・大井眞二他訳（2016）『ジャーナリストの視点から観た米国史』松柏社
エルズバーグ，ダニエル著・梶谷義久訳（1973）『ベトナム戦争報告』筑摩書房
大治朋子（2013）『アメリカ・メディア・ウォーズ―ジャーナリズムの現在地』講談社現代新書
ギル，ブレンダン著・常盤新平訳（1985）『「ニューヨーカー」物語―ロスとショーンと愉快な仲間たち』新潮社
グリーンウォルド，グレン著・田口俊樹，濱野大道，武藤陽生訳（2014）『暴露―スノーデンが私に託したファイル』新潮社
ソールズベリー，ハリソン著・小川水路訳（1992）『メディアの戦場―ニューヨーク・タイムズと記者ニール・シーハンたちの物語』集英社
高濱　賛（2004）『捏造と盗作―米ジャーナリズムに何を学ぶか』潮ライブラリー，潮出版社
ドレイパー，ロバート著・林田ひめじ訳（1994）『ローリング・ストーン風雲録―アメリカ最高のロック・マガジンと若者文化の軌跡』早川書房
仲　晃（1983）『ジャーナリストの肖像―報道の自由と国家機密』PHP研究所
日高　優（2009）『現代アメリカ写真を読む―デモクラシーの眺望』青弓社
藤田博司（1991）『アメリカのジャーナリズム』岩波新書
前嶋和弘（2011）『アメリカ政治とメディア―「政治のインフラ」から「政治の主役」に変貌するメディア』北樹出版
前嶋和弘（2012）「複合メディア時代の政治コミュニケーション―メディアの分極化とソーシャルメディアの台頭で変わる選挙戦術」吉野　孝・前嶋和弘編著『オバマ政権と過渡期のアメリカ社会―選挙，政党，制度，メディア，対外援助』東信堂，pp.83-116
Groves, R. M. and Kahn, R. L.（1979）*Surveys by Telephone: A national Comparison with Personal Interviews*, Academic Press
Groves, R. M.（1988）*Telephone Survey Methodology*, Johon Wiley & Sons
Mueller, J. E.（2006）*Towel Snapping the Press～Bush's Ourney From Locker-Room Antics to Message Control*, Rowman & Littlefield Publishers
Riley, S. G.（1995）*Biographical Dictionary of American Newspaper Columnists*, Greenwood Press
Riley, S. G.（1998）*The American Newspaper Columnists*, Praeger

■10章　教　育

アメリカ教育学会編（2010）『現代アメリカ教育ハンドブック』東信堂
アメリカ教育省他編著・西村和雄，戸瀬信之編訳（2004）『アメリカの教育改革』京都大学学術出版会
犬塚典子（2006）『アメリカ連邦政府による大学生経済支援政策』東信堂
今村令子（1990）『永遠の「双子の目標」―多文化共生の社会と教育』東信堂
牛田千鶴（2010）『ラティーノのエスニシティとバイリンガル教育』南山大学学術叢書，明石書店
カッツ，M. B.著・藤田英典他訳（1989）『階級・官僚制と学校―アメリカ教育社会史入門』有信堂高文社
金子忠史（1994）『変革期のアメリカ教育』新版，東信堂
川島正樹（2014）『アファーマティヴ・アクションの行方―過去と未来に向き合うアメリカ』名古屋大学出版会
北野秋男，大桃敏行，吉良　直（2012）『アメリカ教育改革の最前線―頂点への競争』学術出版会
京都大学アメリカ研究所編（1966）『アメリカ教育思潮の研究―1920年代以後における』京都大学アメ

リカ研究所

吉良　直（2003）「民主的教育の理念と実践―個性と社会性を育成する教育の模索」江原裕美編『内発的発展と教育―人間主体の社会変革と NGO の地平』新評論

クレミン，ローレンス・A. 著・中谷　彪，中谷　愛訳（2005）『アメリカ教育史考― E. P. カバリー教育史の評価』晃洋書房

ケネディ，ドナルド著・立川　明，坂本辰朗，井上比呂子訳（2008）『大学の責務』東信堂

坂本辰朗（1999）『アメリカの女性大学―危機の構造』東信堂

坂本辰朗（2002）『アメリカ教育史の中の女性たち―ジェンダー，高等教育，フェミニズム』東信堂

坂本辰朗（2002）『アメリカ大学史とジェンダー』東信堂

佐久間亜紀（2002）「アメリカの教師養成制度の現状と問題点―日米比較の観点から」『教員養成カリキュラム研究年報』1, pp.7-29

佐藤　仁（2012）『現代米国における教員養成評価制度の研究―アクレディテーションの展開過程』多賀出版

白石　裕（1996）『教育機会の平等と財政保障―アメリカ学校財政制度訴訟の動向と法理』多賀出版

末藤美津子（2002）『アメリカのバイリンガル教育―新しい社会の構築をめざして』東信堂

鈴木大裕（2015）「アメリカのゼロ・トレランスと教育の特権化」『人間と教育』85, pp.110-117

髙橋　哲（2011）『現代米国の教員団体と教育労働法制改革―公立学校教員の労働基本権と専門職性をめぐる相克』風間書房

高橋裕子（2003）「ジェンダー」五十嵐武士，油井大三郎編『アメリカ研究入門』第 3 版，東京大学出版会

高橋裕子（2003）「つくられる性差（ジェンダー）」有賀夏紀，油井大三郎編『アメリカの歴史―テーマで読む多文化社会の夢と現実』有斐閣アルマ

高橋裕子（2017）「トランスジェンダーの学生受け入れとアメリカの名門女子大学―もう一つの『共学』論争のアドミッションポリシー」三成美保編『教育と LGBTI をつなぐ―学校・大学の現場から考える』青弓社

田中耕治（2008）『教育評価』岩波テキストブックス

中條　献（2009）「ポスト公民権運動期における人種と秩序―アファーマティヴ・アクションとカラーブラインドな多様性」『アメリカ史研究』32, pp.69-86

坪井由美（1998）『アメリカ都市教育委員会制度の改革―分権化政策と教育自治』頸草書房

長嶺宏作（2007）「アメリカのホームスクールが問いかけるもの」大田直子，黒崎　勲編著『教育行政と学校経営』学校をよりよく理解するための教育学 4，学事出版

中村雅子（2011）「人種格差社会アメリカにおける教育機会の平等」宮寺晃夫編『教育機会の平等―再検討』岩波書店

中村雅子（2013）「多文化社会アメリカにおける教育の模索―第 1 回：文化的に恵まれない子どもたち」『英語教育』4 月号，大修館書店

ニエト，ソニア著・太田晴雄監訳（2009）『アメリカ多文化教育の理論と実践―多様性の肯定へ』明石書店

パターソン，ジェイムズ著・籾岡宏成訳（2010）『ブラウン判決の遺産―アメリカ公民権運動と教育制度の歴史』慶應義塾大学出版会

松尾知明（2007）『アメリカ多文化教育の再構築―文化多元主義から多文化主義へ』明石書店

松下佳代，京都大学高等教育研究開発推進センター編著（2015）『ディープ・アクティブラーニング―大学授業を深化させるために』勁草書房

マーティン，ジェイン・ローラン著・坂本辰朗，坂上道子訳（1987）『女性にとって教育とはなんであったか―教育思想家たちの会話』東洋館出版社

溝上慎一（2014）『アクティブラーニングと教授学習パラダイムの転換』東信堂

宮井勢都子（2007）「ホームスクール運動の諸相」『個人と国家のあいだ―「家族・団体・運動」』シリーズ・アメリカ研究の越境，ミネルヴァ書房

ラヴィッチ，ダイアン著・末藤美津子，宮本健市郎，佐藤隆之訳（2008）『学校改革抗争の 100 年― 20 世紀アメリカ教育史』東信堂

レッサー，G. ジェラルド著・山本　正，和久明生訳（1976）『セサミ・ストリート物語―その誕生と成功の秘密』サイマル出版会

Ravitch, D.（2010）*The Death and Life of the Great American School System: How Testing and Choice Are Undermining Education*, Basic Books

■ 11 章　ジェンダー

有賀夏紀（1988）『アメリカ・フェミニズムの社会史』勁草書房

有賀夏紀，小檜山ルイ編（2010）『アメリカ・ジェンダー史研究入門』青木書店

アルトバック，イーディス・ホシノ著・田中寿美子，掛川トミ子，中村輝子訳（1979）『アメリカ女性史』新潮選書

エヴァンズ，S. M. 著・小檜山ルイ，竹俣初美，矢口祐人，宇野知佐子訳（2005）『アメリカの女性の歴史—自由のために生まれて』第 2 版，世界歴史叢書，明石書店
荻野美穂（1994）『生殖の政治学—フェミニズムとバース・コントロール』山川出版社
風間　孝，河口和也（2010）『同性愛と異性愛』岩波書店
兼子　歩，貴堂嘉之編（2017）『「ヘイト」の時代のアメリカ史—人種・民族・国籍を考える』彩流社
グラント，メリッサ・ジラ著・桃井緑美子訳（2015）『職業は売春婦』青土社
クーンツ，ステファニー著・岡村ひとみ訳（2003）『家族に何が起きているのか』筑摩書房
小檜山ルイ（2006）「女性と政教分離」大西直樹，千葉　眞編『歴史のなかの政教分離—英米におけるその起源と展開』彩流社
コーワン，ルース・シュウォーツ著・高橋雄造訳（2010）『お母さんは忙しくなるばかり—家事労働とテクノロジーの社会史』法政大学出版局
佐藤千登勢（2014）『アメリカの福祉改革とジェンダー—「福祉から就労へ」は成功したのか？』彩流社
サンドバーグ，シェリル著・村井章子訳（2013）『Lean in（リーン・イン）—女性，仕事，リーダーへの意欲』日本経済新聞
杉本貴代栄他編著（1991）『日米の働く母親たち—子育て江最前線レポート』新・Minerva 福祉ライブラリー，ミネルヴァ書房
杉本貴代栄（2003）『アメリカ社会福祉の女性史』勁草書房
杉本貴代栄，森田明美編著（2009）『シングルマザーの暮らしと福祉政策—日本・アメリカ・デンマーク・韓国の比較調査』ミネルヴァ書房
ストウ，ハリエット・ビーチャー著・小林憲二監訳（1998）『アンクル・トムの小屋 新訳』明石書店
チェスラー，エレン著・性と健康を考える女性専門家の会監修（2003）『マーガレット・サンガー—嵐を駆け抜けた女性』日本評論社
チョーンシー，G. 著・上杉富之，村上隆則訳（2006）『同性婚—ゲイの権利をめぐるアメリカ現代史』明石書店
デュボイス，エレン・キャロル／デュメニル，リン著・石井紀子他訳（2009）『女性の目からみたアメリカ史』世界歴史叢書
新田啓子編（2013）『ジェンダー研究の現在—性という多面体』立教大学出版会
荻野美穂（2014）『女のからだ—フェミニズム以後』岩波書店
フォカ，ソフィア／ライト，レベッカ著・竹村和子，河野貴代美訳（2003）『"ポスト"フェミニズム入門—イラスト図解』作品社
フックス，ベル著・大類久恵，柳沢圭子訳（2010）『アメリカ黒人女性とフェミニズム—ベル・フックスの「私は女ではないの？」』世界人権問題叢書
ブラウンミラー，スーザン著・幾島幸子訳（2000）『レイプ・踏みにじられた意思』勁草書房
三成美保，笹沼朋子，立石直子，谷田川恵訳（2015）『ジェンダー法学入門』第 2 版，法律文化社
森　杲（2013）『アメリカ「主婦」の仕事史—私領域と市場の相互関係』Minerva 西洋史ライブラリー，ミネルヴァ書房
レヴィット，サラ・A. 著・岩野雅子，永田　喬／ウィルソン，エィミー・D. 訳（2014）『アメリカの家庭と住宅の文化史—家事アドバイザーの誕生』彩流社
ワイツァー，ロナルド編・岸田美穂，松沢呉一監訳（2004）『セックス・フォー・セール—売春・ポルノ・法規制・支援団体のフィールドワーク』ポット出版
Borrelli, M. A.（2011）*The Politics of the President's Wife*, Texas A & M University Press
Brown, G.（1990）*Domestic Individualism: Imaging Self in Nineteenth-Century America*, University of California Press
David, C.（2008）*The Metrosexual: Gender, Sexuality, and Sport*, State University of NewYork Press
Frank, L. T. ed.（2013）*An Encyclopedia of American Women at War: From the Home Front to the Battlefields*, 2 Vols, ABC-CLIO
Gould, L. L.（1986）History: First Ladies. *The American Scholar*, 55（4）pp.528-535
Parry-Giles, S. J. & Blair, D. M.（2002）The Rise of the Rhetorical First Lady: Politics, Gender Ideology, and Women's Voice. *Rhetoric and Public Affairs*, 5（4）pp.565-599
Rothblum, E. & Solovay, S. eds.（2009）*The Fat Studies Reader*, NewYork University Press
Scott, J. W. ed.（2008）*Women's Studies on the Edge*, Duke University Press
Smith, B. G.（2013）*Women's Studies: The Basics*, Routledge
Sterns, P. N.（1997）*Fat History: Bodies and Beauty in the Modern West*, NewYork University Press
Watson, R. P.（1997）The First Lady Reconsidered: Presidential Partner and Political Institution. *Presidential Studies Quarterly*, 27（4）pp.805-818
Watson, R. P.（2000）*The Presidents' Wives: Reassessing the Office of First Lady*, Lynne Rienner Publishers
Watson, R. P.（2001）White Glove Pulpit: A History of Policy Influence by First Ladies. *OAH Magazine of History*,15（3）pp.9-14
Welter, B.（1966）The Cult of True Womanhood: 1820-1860. *American Quarterly*, 18（2.1）pp.151-174

■12章 生活

大橋昭一編（2014）『観光学ガイドブック—新しい知的領野への旅立ち』ナカニシヤ出版
ガバッチア，ダナ・R. 著・伊藤　茂訳（2003）『アメリカ食文化—味覚の境界線を超えて』青土社
川村亜樹（2012）『ヒップホップの政治学—若者文化におけるアメリカの再生』AS シリーズ，大学教育出版
河野圭子（2002）『病院の内側から見たアメリカの医療システム』新興医学出版社
コトリコフ，ローレンス・J. ／バーンズ，S. 著・中川治子訳（2005）『破産する未来—少子高齢化と米国経済』日本経済新聞社
常松　洋，松本悠子編（2005）『消費とアメリカ社会—消費大国の社会史』山川出版社
デイヴィス，マイク著・村山敏勝，日比野　啓訳（2008）『要塞都市 LA』増補改訂版，青土社
トマス，キース著・中島俊郎，山内　彰訳（1989）『人間と自然界—近代イギリスにおける自然観の変遷』叢書・ウニベルシタス，法政大学出版局
ネスル，マリオン著・三宅真季子，鈴木眞理子訳（2005）『フード・ポリティクス—肥満社会と食品産業』新曜社
濱田雅子（2009）『アメリカ服飾社会史』東京堂出版
早川佐知子（2015）『アメリカの看護師と派遣労働—その歴史と特殊性』渓水社
ハラウェイ，ダナ著・永野文香訳（2013）『伴侶種宣言—犬と人の「重要な他者性」』以文社
ベラスコ，ウォーレン・J. 著・加藤信一郎訳（1993）『ナチュラルとヘルシー—アメリカ食品産業の変革』新宿書房
本間千枝子，有賀夏紀（2004）『アメリカ』世界の食文化 12, 農山漁村文化協会
矢ケ崎典隆（2010）『食と農のアメリカ地誌』東京学芸大学出版会
山岸敬和（2014）『アメリカ医療制度の政治史　20 世紀の経験とオバマケア』名古屋大学出版会
吉原真里（1954）『ドット・コム・ラヴァーズ—ネットで出会うアメリカの女と男』中公新書［初版1954, 中公新書］
吉原真里（2010）『性愛英語の基礎知識』新潮新書
ライソン，トーマス著・北野　収訳（2012）『シビック・アグリカルチャー—食と農を地域にとりもどす』農林統計出版
李　啓充（2009）『続　アメリカ医療の光と影—バースコントロール・終末期医療の倫理と患者の権利』医学書院
レヴィット，サラ・A. 著・岩野雅子，永田　喬，ウィルソン，エィミー・D. 訳（2014）『アメリカの家庭と住宅の文化史—家事アドバイザーの誕生』彩流社
Alstott, A. L.（2016）*A New Deal for Old Age: Toward a Progressive Retirement*, Harvard University Press
Aveni, A. F.（2003）*Book of the Year: A Brief History*,Oxford University Press
Boyd, D.（2004）Friendster and Publicly Articulated Social Networks *Conference on Human Factors and Computing Systems*, ACM, April, pp.24-29
Cantwell, B. & Kauppinen, I. eds.（2014）*Academic Capitalism in the Age of Globalization*, Johns Hopkins University Press
Cohen, L.（2008）*A Consumers' Republic: The Politics of Mass Consumption in Postwar America* ,Vintage
Davis, M.（2003）*Dead Cities: And Other Tales*, New Press
Grier, K. C.（2006）*Pets in America: A History*,University of North Carolina Press
Guthman, J.（2014）*Agrarian Dreams: The Paradox of Organic Farming in California*, 2nd ed., University of California Press
Hunt, L.（2015）*Measuring Time, Making History*, Central European University Press
Levenstein, H. A.（2003）*Paradox of Plenty: A Social History of Eating in Modern America*（*California Studies in Food and Culture*）,University of California Press
McCabe, B. J.（2016）*No Place Like Home; Wealth, Community and Politics of Homeownership*,Oxford University Press
Nicolaides, B. M. & Wiese, A. eds.（2006）*The Suburb Reader*, Routledge
Willett, J. ed.（2010）*The American Beauty Industry Encyclopedia*, Greenwood

■13章 アート

飯島洋一（1993）『アメリカ建築のアルケオロジー』青土社
池上裕子（2015）『越境と覇権—ロバート・ラウシェンバーグと戦後アメリカ美術の世界的台頭』三元社
市田幸治（1982）『アメリカ美術発展史』一枚の絵
ウィルソン，リチャード・ガイ・ピルグリム，ダイアン H. タシジャン，ディックラン（1988）『アメリカの機械時代 1918-1941』鹿島出版会
ヴェンチューリ，ロバート（1978）『ラスベガス』鹿島出版会
ウォーホル，アンディ，パット・ハケット（2011）『ポッピズム—ウォーホルの 60 年代』文遊社

ウルフ，トム著・諸岡敏行訳（1983）『バウハウスからマイホームまで』晶文社
ウルフ，トム著・高島平吾訳（1984）『現代美術コテンパン』晶文社
大坪健二（2012）『アルフレッド・バーとニューヨーク近代美術館の誕生―アメリカ 20 世紀美術の一研究』三元社
工藤安代（2008）『パブリックアート政策―芸術の公共性とアメリカ文化政策の変遷』勁草書房
グリーンバーグ，クレメント著・藤枝晃雄編訳・上田高弘他訳（2005）『グリーンバーグ批評選集』勁草書房
桑原住雄（1977）『アメリカ絵画の系譜』美術出版社
小林 剛（2014）『アメリカン・リアリズムの系譜』関西大学出版部
コペット，ローラ・ディ（1988）『アート・ディーラー―現代美術を動かす人々』パルコ出版
佐々木健二郎（1998）『アメリカ絵画の本質』文春文庫
ジェイコブズ，ジェイン（2010）『アメリカ大都市の死と再生』新版，鹿島出版会
シャーカフスキー，ジョン他著・甲斐義明編訳（2017）『写真の理論』月曜社
ソーントン，サラ（2009）『現代アートの舞台裏―5 カ国 6 都市をめぐる 7 日間』武田ランダムハウスジャパン
田中正之編（2000）『アメリカン・ヒロイズム』国立西洋美術館
田中正之他編（2016）『創られる歴史，発見される風景―アート・神話・ミソロジー』アメリカ美術叢書 1，ありな書房
田中正之監修（2017）『夢見るモダニティ，生きられる近代―アート，社会，モダニズム』アメリカ美術叢書 2，ありな書房
ダントー，アーサー・C.（2017）『芸術の終焉のあと―現代芸術と歴史の境界』三元社
津神久三（1991）『青年期のアメリカ絵画―伝統の中の六人』中公新書
デューイ，ジョン著・市村尚久訳（2004）『経験と教育』講談社学術文庫
デューイ，ジョン著・栗田 修訳（2010）『経験としての芸術』晃洋書房
トラクテンバーグ，アラン（1996）『アメリカ写真を読む―歴史としてのイメージ』白水社
アシュトン，ドリー著・南條彰宏訳（1997）『ニューヨーク・スクール―ある文化的決済の書』朝日出版社
平芳幸浩（2016）『マルセル・デュシャンとアメリカ―戦後アメリカ美術の進展とデュシャン受容の変遷』ナカニシヤ出版
フックス，ベル．著・杉山直子訳（2012）『アート・オン・マイ・マインド―アフリカ系アメリカ人芸術における人種・ジェンダー・階級』三元社
松浦寿夫，林 道郎責任編集（2015）「ブラック・マウンテン・カレッジ特集」『ART TRACE PRESS』3，ART TRACE
松本典久（2001）『アメリカの少数派芸術家たち―多文化社会の実現を夢みて』明石書店
マルテル，フレデリック著・根本長兵衛，林はる芽監訳（2009）『超大国アメリカの文化力―仏文化外交官による全米踏査レポート』岩波書店
三井 滉（1985）『現代美術へ―抽象表現主義から』文彩社
メトロポリタン美術館著・越智道雄訳（1991）『アメリカ合衆国』メトロポリタン美術全集 9，福武書店
吉田光邦（1985）『図説万国博覧会史 1851-1942』思文閣出版
レキット，ヘレナ編・鈴木奈々訳（2005）『アート＆フェミニズム』ファイドン社
ローウィ，レイモンド（1981）『口紅から機関車まで』鹿島出版会
ロサンゼルスカウンティ美術館，国立新美術館編（2013）『カリフォルニア・デザイン 1930-1965 ―モダン・リヴィングの起源』新建築社
ローゼンブラム，ロバート（1988）『近代絵画と北方ロマン主義の伝統―フリードリヒからロスコへ』岩崎美術社
Craven, W.（2002）*American Art: History and Culture*, McGraw-Hill Education［初出（1994）Harry N. Abrams］
Guilbaut, S.（1985）*How New York Stole the Idea of Modern Art*, University of Chicago Press
Haskell, B. and Phillips, L.（2000）*American Century: Art & Culture, 1900-2000*,W.W. Norton
Hughes, R.（1999）*American Visions: The Epic History of Art in America*, Alfred A. Knopf
McCarthy, K. D.（2003）*American Creed: Philanthropy and the Rise of Civil Society, 1700-1865*,University of Chicago Press
Miekle, J. E.（2005）*Design in the USA*, Oxford University Press
Novak, B.（2007）*Nature and Culture: American Landscape and Painting, 1825-1875*, 3rd ed., Oxford University Press
Pulos, A. J.（1988）*The American Design Adventure*, MIT Press
Rydell, R. W. et al.（2000）*Fair America*, Smithsonian Books
Saunders, F. S.（2013）*The Cultural Cold War: The CIA and the World of Arts and Letters*, New Press

■14章 文 学

一ノ瀬和夫，外岡尚美編著（2001）『たのしく読める英米演劇―作品ガイド120』シリーズ文学ガイド，ミネルヴァ書房
ウルフ，ヴァージニア著・川村静子訳（2013）『自分だけの部屋』みすず書房［Woolf, V.（1929）*A Room of One's Own*, Hogarth Press］
大井浩二（2013）『エロティック・アメリカ―ヴィクトリアニズムの神話と現実』英宝社
カザノヴァ，パスカル著・岩切正一郎訳（2002）『世界文学空間―文学資本と文学革命』藤原書店
亀井俊介，川本皓嗣編訳（1993）『アメリカ名詩選』岩波文庫
亀井俊介（1997～2000）『アメリカ文学史講義』全3巻，南雲堂
小鷹信光（2011）『アメリカ・ハードボイルド―マイ・ロスト・ハイウェイ』研究社
後藤和彦（2005）『敗北と文学―アメリカ南部と近代日本』松柏社
佐藤宏子（1987）『アメリカの家庭小説―十九世紀の女性作家たち』研究社出版
柴田元幸（2000）『アメリカ文学のレッスン』講談社現代新書
杉野健太郎（2013）『交錯する映画―アニメ・映画・文学』映画学叢書，ミネルヴァ書房
諏訪部浩一（2014）『ノワール文学講義』研究社
竹村和子（2000）『フェミニズム』思考のフロンティア，岩波書店
巽　孝之（1992）『現代SFのレトリック』岩波書店
巽　孝之（2005）『ニューアメリカニズム―米文学思想史の物語学』増補新版，青土社
ダムロッシュ，デイヴィッド著，秋草俊一郎他訳（2011）『世界文学とは何か？』国書刊行会
トライツ，R. S. 著・吉田純子監訳（2007）『宇宙をかきみだす―思春期文学を読みとく』人文書院［Trites, R. S.（2005）*Disturbing the Universe: Power and Repression in Adolescent Literature*, University of Iowa Press］
西村頼男，喜納育江編（2002）『ネイティヴ・アメリカの文学―先住民文化の変容』Minerva英米文学ライブラリー，ミネルヴァ書房
野崎　歓編（2013）『文学と映画のあいだ』東京大学出版会
野田研一（2007）『自然を感じるこころ―ネイチャーライティング入門』ちくまプリマー新書
ビュエル，ローレンス著・伊藤詔子他訳（2007）『環境批評の未来―環境危機と文学的想像力』音羽書房鶴見書店
平石貴樹（2010）『アメリカ文学史』松柏社
フィードラー，レスリー・A. 著・佐伯彰一，行方昭夫，井上謙治，入江隆則訳（1989）『アメリカ小説における愛と死』アメリカ文学の原型1，新潮社
フェダマン，リリアン著・富岡明美，原美奈子訳（1996）『レスビアンの歴史』筑摩書房
フェタリー，ジュディス著・鵜殿えりか，藤森かよこ訳（1994）『抵抗する読者―フェミニストが読むアメリカ文学』ユニテ［Fetterley, Judith（1978）*The Resisting Reader: A Feminist Approach to American Fiction*, Indiana University Press］
松本　昇，中垣恒太郎，馬場　聡編著（2015）『アメリカ・ロードの物語学』金星堂
モリスン，トニ著・大社淑子訳（1994）『白さと想像力―アメリカ文学の黒人像』朝日選書
モレッティ，フランコ著・秋草俊一郎他訳（2016）『遠読―「世界文学システム」への挑戦』みすず書房
八木敏雄（1992）『アメリカン・ゴシックの水脈』研究社出版
吉田純子（2017）『アメリカ思春期文学にみる「少年の旅立ち」』阿吽社
余田真也（2012）『アメリカ・インディアン・文学地図―赤と白の遠近法』彩流社
リー，ロバート・A. 著・原公　章，野呂有子訳（2010）『多文化アメリカ文学―黒人・先住・ラティーノ/ナ・アジア系アメリカのフィクションを比較する』冨山房インターナショナル
リンジ，ドナルド・A. 著・古宮照雄他訳（2005）『アメリカ・ゴシック小説―19世紀小説における想像力と理性』松柏社
渡辺利雄（2007～2009）『講義アメリカ文学史』全3巻＋補遺，研究社
Bigsby, C. W. E.（1982～1985）*A Critical Introduction to Twentieth-Century American Drama*, Cambridge University Press
Brockett, Oscar G. and Franklin J. Hildy（1987）*History of the Theatre* 10th ed., Allyn and Bacon
Cohen, Sarah Blacher（1978）*Comic Relief: Humor in Contemporary American Literature*, University of Illinois Press
Summers, Claude J. ed.（1995）*The Gay and Lesbian Literary Heritage: A Reader's Companion to the Writers and Their Works, from Antiquity to the Present*, Henry Holt
Wickberg, Daniel（1998）*The Senses of Humor: Self and Laughter in Modern America*, Cornell University Press
Wilmeth, Don B. and Christopher Bigsby, eds.（1999～2000）*The Cambridge History of American Theatre*, Cambridge University Press

■15章　スポーツ・娯楽

石井達朗（1994）『サーカスのフィルモロジー――落下と飛翔の100年』新宿書房
石井昌幸，坂上康博，高嶋　航，中房敏朗（2018）『スポーツの世界史』一色出版
ウォングレン，M.，川井圭司（2012）『スポーツビジネスの法と文化――アメリカと日本』成文堂
ヴォディングトン，アイヴァン／スミス，アンディ著・大平　章・麻生享志・大木　富訳（2014）『スポーツと薬物の社会学――現状とその歴史的背景』彩流社
内田隆三（2007）『ベースボールの夢――アメリカ人は何をはじめたのか』岩波新書
大川　潤，佐伯英隆（2011）『カジノの文化誌』中公選書
大島幹雄（2015）『「サーカス学」誕生――曲芸・クラウン・動物芸の文化誌』せりか書房
亀井俊介（1976）『サーカスが来た！――アメリカ大衆文化覚書』東京大学出版会
川島浩平（2012）『人種とスポーツ――黒人は本当に「速く」「強い」のか』中公新書
北村　洋（2014）『敗戦とハリウッド――領下日本の文化再建』名古屋大学出版会
後藤健生（1997）『世界サッカー紀行』文春文庫
佐野和夫（1998）『ベースボールと日本野球――打ち勝つ思考，守り抜く精神』中公新書
シャイ，デイヴィット・E. 著・小池和子訳（1987）『シンプルライフ――もうひとつのアメリカ精神史』勁草書房
スミス，R. A. 著・白石義郎，岩田弘三訳（2001）『カレッジスポーツの誕生』玉川大学出版会
中藤保則（1984）『遊園地の文化史』自由思想社
中村敏夫（1994）『メンバーチェンジの思想――ルールはなぜ変わるか』平凡社ライブラリー
中村敏雄他編（2015）『21世紀スポーツ大事典』大修館書店
能登路雅子（1990）『ディズニーランドという聖地』岩波新書
ホイジンガ，ヨハン著・高橋英夫訳（1973）『ホモ・ルーデンス』中公文庫
マズロン，ローレンス／キャンター，マイケル著・越智道雄訳（2014）『THE HERO――アメリカン・コミック史』東洋書林［Maslon, L. and Kantor, M.（2013）*Superheroes!: Capes, Cowls, and the Creation of Comic Book Culture*, Crown Archetype］
水谷　豊（2011）『バスケットボール物語――誕生と発展の系譜』大修館書店
宮田由紀夫（2016）『暴走するアメリカ大学スポーツの経済学』東信堂
矢口祐人・吉原真理編著（2006）『現代アメリカのキーワード』中公新書
ラスカス，ジーン・マリー著・田口俊樹訳（2016）『コンカッション』小学館
リチャード，スコット著・国代忠男訳（1997）『ジャッキー・ロビンソン物語』ちくまプリマーブックス，筑摩書房
レイダー，ベンジャミン・G. 著・川口智久監訳（1987）『スペクテイタースポーツ――20世紀アメリカスポーツの軌跡』大修館書店
Adams, Judith A.（1991）*The American Amusement Industry: A History of Technology and Thrills*, Twayne Publishers
Cross, Gary S. ed.（2004）*Encyclopedia of Recreation and Leisure in America*, Scribner
Estren, Mark James（2012）*A History of Underground Comics*, Ronin
Gitlin, Todd. ed.（1986）*Watching Television : a Pantheon Guide to Popular Culture*, Pantheon
Hajdu, David（2008）*The Ten-cent Plague : The Ggreat Comic-book Scare and How it Changed America*, Picador
Haugen, D. and Musser, S.（2013）*Athletes and Drug use*, Greenhaven Press
Hollis, Tim（2015）*Toons in Toyland : The Story of Cartoon Character Merchandise*, Jackson
Jensen, Clayne R. and Guthrie, Steven P.（2005）*Outdoor Recreation in America*, 6th ed., Human Kinetics
Lerner, K. L. and Lerner, B. W. eds.（2007）*World of Sports Science*, Gale
Riggs, Thomas eds.（2013）*St. James Encyclopedia of Popular Culture*, 2nd ed., St. James Press
Rosenkranz, Patrick（2008）*Rebel Visions : The Underground Comix Revolution, 1963-1975*, Fantagraphics Books
Sabin, Roger（1996）*Comics, Comix and Graphic Novels : a History of Comic Art*, 2nd ed., Phaidon Press
Schneider, Cy（1989）*Children's Television : The Art, the Business, and How it Works*, Lincolnwood
Thelin, John R.（1996）*Games Colleges Play : Scandal and Reform in Intercollegiate athletics*, The Johns Hopkins University Press
Walker, Brian（2011）*The Comics : The Complete Collection*, Abrams ComicArt

■16章　映画・映画産業

上島晴彦（2006）『レッドパージ・ハリウッド――赤狩り体制に挑んだブラックリスト映画人列伝』作品社
ヴォーン，ダイ他著・長谷正人，中村秀之編訳（2003）『アンチ・スペクタクル――沸騰する映像文化の考古学（アルケオロジー）』東京大学出版会
オブレイ，マイケル編・西嶋憲生他訳（1991）『アンディ・ウォーホル フィルム』ダゲレオ出版

加藤幹郎（1996）『映画視線のポリティクス―古典的ハリウッド映画の戦い』筑摩書房
加藤幹郎（2006）『映画館と観客の文化史』中公新書
川本三郎（1990）『アカデミー賞―オスカーをめぐるエピソード』中公文庫
北野圭介（2017）『ハリウッド100年史講義―夢の工場から夢の王国へ』新版，平凡社新書
北村　洋（2014）『敗戦とハリウッド―占領下日本の文化再建』名古屋大学出版会
陸井三郎（1990）『ハリウッドとマッカーシズム』筑摩書房
口石弘敬編著（1995）『シネマ100年技術物語』日本映画機械工業会
シトニー，ポール・アダムス著・石崎浩一郎訳（1972）『アメリカの実験映画―「フィルム・カルチュア」映画論集』フィルムアート社
スクラー，ロバート著・鈴木主税訳（1995）『アメリカ映画の文化史―映画がつくったアメリカ』上下，講談社学術文庫
竹村和子（2000）『フェミニズム』思考のフロンティア，岩波書店
谷川建司（2002）『アメリカ映画と占領政策』京都大学学術出版会
塚田幸光（2010）『シネマとジェンダー―アメリカ映画の性と戦争』臨川書店
ドーン，メアリ・アン著・松田英男訳（2004）『欲望への欲望―1940年代の女性映画』勁草書房
西村智弘・金子　遊編（2016）『アメリカン・アヴァンガルド・ムーヴィ』森話社
日本映画テレビ技術協会編（1997）『日本映画技術史』日本映画テレビ技術協会
ハスケル，モーリー著・海野　弘訳（1992）『崇拝からレイプへ―映画の女性史』平凡社
蓮實重彦（2017）『ハリウッド映画史講義―翳りの歴史のために』ちくま学芸文庫［初版（1993）リュミエール叢書16，筑摩書房］
平野共余子（1998）『天皇と接吻―アメリカ占領下の日本映画検閲』草思社
藤井仁子編（2008）『入門・現代ハリウッド映画講義』人文書院
藤木秀朗（2007）『増殖するペルソナ―映画スターダムの日本近代』名古屋大学出版会
ベルンハイム，ニコル＝リース編・松岡葉子訳（2001）『私は銀幕のアリス―映画草創期の女性監督アリス・ギイの自伝』現代書館
ボードウェル，デイヴィッド，トンプソン，クリスティン著・藤木秀朗監訳，飯岡詩朗，北野圭介，北村洋，笹川慶子訳（2007）『フィルム・アート―映画芸術入門』名古屋大学出版会
ボードウェル，デイヴィッド，トンプソン，クリスティン著・藤木秀朗監訳・飯岡詩朗他訳（2007）『「フィルム・アート」―映画芸術入門』名古屋大学出版会
マーシャル，P. D. 著・石田佐恵子訳（2002）『有名人と権力―現代文化における名声』勁草書房
マルヴィ，ローラ著・斉藤綾子訳（1998）「視覚的快楽と物語映画」岩本憲児・武田　潔，斉藤綾子編『「新」映画理論集成』フィルムアート社
村上由見子（1993）『イエロー・フェイス―ハリウッド映画にみるアジア人の肖像』朝日選書
モラン，エドガール著・渡辺　淳，山崎正巳訳（1976）『スター』法政大学出版会
リチャード，ダイアー著・浅見克彦訳（2006）『映画スターの「リアリティ」―拡散する「自己」』青弓社
レヴィ，エマニュエル著・濱口幸一訳（1992）『アカデミー賞全史』文藝春秋
レナン，シェルドン著・波多野哲朗訳（1969）『アンダーグラウンド映画』三一書房
Bogle, D.（2016）*Toms,Coons,Mulattoes, Mammies,and Bucks: An Interpretive History of Blacks in American Films*, 5th ed., Bloomsbury Academic
Bordwell, D., Staiger, J. and Thompson, K.（1987）*The Classical Hollywood Cinema: Film Style and Mode of Production to 1960*, Columbia University Press
Bowser, P., Gaines, J. and Musser, C. eds.（2001）*Oscar Micheaux and His Circle: African American Filmmaking and Race Cinema of the Silent Era*, Indiana University Press
Craven, Wayne（2002）*American Art: History and Culture*, McGraw-Hill
Cripps, T.（1977）*Slow Fade to Black: The Negro in American Film, 1900-1942*, Oxford University Press
Cripps, T.（1993）*Making Movies Black: The Hollywood Message Movie from World War II to the Civil Rights Era*, Oxford University Press
Diawara, M.（1993）*Black American Cinema（AFI Film Readers）*, Routledge
Field, A. N.（2015）*Uplift Cinema: The Emergence of African American Film and The Possibility of Black Modernity*, Duke University Press
Guerrero, Ed（1993）*Framing Blackness: The African American Image in Film*, Temple University Press
Guilbaut, Serge（1985）*How New York Stole the Idea of Modern Art*, University of Chicago Press
Haskell, Barbara and Phillips, Lisa（2000）*American Century: Art & Culture, 1900-2000*, W. W. Norton
McCarthy, Kathleen D.（2003）*American Creed: Philanthropy and the Rise of Civil Society, 1700-1865*, University of Chicago Press
Miyao, D.（2007）*Sessue Hayakawa: Silent Cinema and Transnational Stardom*, Duke University Press, Durham
Novak, Barbara（2007）*Nature And Culture: American Landscape And Painting, 1825-1875*, Oxford University Press
Rhines, J.（1996）*Black Film/White Money*, Rutgers University Press
Rydell, Robert W., Findling, John E. and Pelle, Kimberly D.（2000）*Fair America : world's fairs in the United*

States, Smithsonian Institution Press
Sarris, A.（1968）*The American Cinema: Directors and Directions 1929-1968* , E.P. Dutton and Co.,
Saunders, Frances Stonor（2013）*The Cultural Cold War: The CIA and the World of Arts and Letters*, New Press
Spigel, L.（1992）*Make room for TV : Television and the Family Ideal in Postwar America*, University of Chicago Press
Spigel, L.（2008）*TV by Design: Modern Art and the Rise of Network Television*,University of Chicago
Thompson, K. and Bordwel, D.（2010）*Film History: An Introduction*, 3ed., McGraw-Hil
University of California Press ed.（1994〜2006）*The History of American Cinema*,vol. 1-10 , University of California Press

■ 17章　音楽・舞台

内野　儀（2001）『メロドラマからパフォーマンスへ―20世紀アメリカ演劇論』東京大学出版会
海野　弘（1999）『モダンダンスの歴史』新書館
大和田俊之（2011）『アメリカ音楽史―ミンストレル・ショウ，ブルースからヒップホップまで』講談社選書メチエ
大和田俊之（2012）「憂鬱の系譜」細川修平編著『民謡からみた世界音楽―うたの地脈を探る』ミネルヴァ書房
奥田恵二（2005）『「アメリカ音楽」の誕生―社会・文化の変容の中で』河出書房新社
柿沼敏江（2005）『アメリカ実験音楽は民族音楽だった―9人の魂の冒険者たち』フィルムアート社
キャントウェル，ロバート著・木邨和彦訳（2000）『風の歌ブルーグラス―懐かしい南部の響き』旺史社 [Cantwell, R.（1992）*Bluegrass Breakdown*,University of Illinois Press]
ケージ，ジョン著・柿沼敏江訳（1996）『サイレンス』水声社 [Cage, John（1961）*Silence*, Weseleyan University Press]
鈴木　晶編著・市瀬陽子他著（2012）『バレエとダンスの歴史―欧米劇場舞踊史』平凡社
谷岡一郎（1999）『ラスヴェガス物語―「マフィアの街」から「究極のリゾート」へ』PHP新書
谷口文和，中川克志，福田裕大（2015）『音響メディア史』ナカニシヤ出版
ダンカン，イサドラ他著・チェニー，シェルドン編・小倉重夫訳（1977）『イサドラ・ダンカン芸術と回想』冨山房 [Duncan, I.（1928）*The Dance of the Future*, Theatre arts]
トインビー，ジェイソン（2004）『ポピュラー音楽をつくる―ミュージシャン・創造性・制度』みすず書房 [Toynbee, J.（2000）*Making Popular Music : Musicians, Creativity and Institutions*, Arnold]
トウェイン，マーク著・勝浦吉雄訳（1989）『マーク・トウェイン自伝』上下，ちくま文庫
ナイマン，マイケル著・椎名亮輔訳（1992）『実験音楽―ケージとその後』水声社 [Nyman, M.（1999）*Experimental Music : Cage and beyond*,2nd ed. Cambridge University Press]
ハンスリック著・渡辺　護訳（1959）『音楽美論』岩波文庫 [Hanslick, E.（1854）*Vom Musikalisch-Schönen : ein Beitrag zur Revision der Ästhetik der Tonkunst*（*The Beautiful in Music*）]
日比野　啓（2015）「アメリカ合衆国のレヴュー」中野正昭編『ステージ・ショウの時代』近代日本演劇の記憶と文化
ボウモル，ウィリアム・J．／ボウエン，ウィリアム・G．著・池上　惇・渡辺守章監訳（1994）『舞台芸術と経済のジレンマ』芸団協出版部 [Baumol, W. J. and Bowen, W. G.（1968）*Performing Arts: The Economic Dilemma : A Study of Problems Common to Theater, Opera, Music, and Dance*, M. I. T. Press]
杜　こなて（1995）『チャップリンと音楽狂時代―クラシックとポピュラーをめぐる近・現代史』春秋社
ランザ，ジョゼフ著・岩本正恵訳（1997）『エレベーター・ミュージック』白水社 [Lanza, J.（1994）*Elevator Music : A Surreal History of Muzak, Easy-Listening, and Other Moodsong*, St. Martin's Press]
リーランド，ジョン著・篠儀直子・松井領明訳（2010）『ヒップ―アメリカにおけるかっこよさの系譜学』ブルース・インターアクションズ [Leland, J.（2005）*Hip: The History*, Harper Perennial]
レイノルズ，ナンシー，マコーミック，マルコム著・松澤慶信監訳（2013）『20世紀ダンス史』慶應義塾大学出版会
ローズ，トリシア著・新田啓子訳（2009）『ブラック・ノイズ』みすず書房 [Rose, T.（1994）*Black Noise: Rap Music and Black Culture in Contemporary America*, Wesleyan University Press : Published by University Press of New England]
ローディガー，デイヴィッド・R．著・小原豊志他訳（2006）『アメリカにおける白人意識の構築―労働者階級の形成と人種』明石ライブラリー
Chang, J.（2005）*Can't Stop, Won't Stop: A History of the Hip-Hop Generation*, Ebury Press
Crawford, R.（2001）*America's Musical Life: A History*, W. W. Norton
Gioia, T.（2016）*How to Listen to Jazz*, Basic Books
Kusek, D. and Leonhard, G. 著・yomoyomo 訳（2005）『デジタル音楽の行方―音楽産業の死と再生，音楽はネットを越える』翔泳社 [Kusek,D. & Leonhard, G.（2005）*The Future of Music*,Berklee Press]
LoMonaco, M.（2000）*Regional/Resident Theatre. In The Cambridge History of American Theatre Volume III Post : World War II to the 1990s*, Cambridge University Press

Lornell, K.（2012）*Exploring American Folk Music: Ethnic, Grassroots, and Regional Traditions in the United States,* 3rd ed. Jackson University Press

Lornell, K. and Rasmussen, A. K. eds.（2016）*The Music of Multicultural America: Performance,Identity,and Community in the United States.* Jackson University Press

Miller, K. H.（2010）*Segregating Sound: Inventing Folk and Pop Music in the Age of Jim Crow*, Duke University Press

Nial, J. R.（2012）*Country Music: A Stylistic History*, Oxford University Press

Schechner, R.（2002, 2013）*Performance Studies: An Introduction* , 3ed. Taylor & Francis

Starr, L. and Waterman, C.（2003, 2014）*American Popular Music: From Minstrelsy to MP3*, 4th ed. Oxford University Press

Tawa, N. E.（2000）*High-Minded and Low-Down: Music in the Lives of Americans, 1800-1961*, Northeastern University Press

Titon, J. T. and Carlin, B. *American Musical Traditions,* Vol. 1-5 , Schirmer

Viertel, J.（2016）*The Secret Life of the American Musical: How Broadway Shows Are Built*, Sarah Crichton Books

Ward, E.（2010）*The Blues: A Very Short Introduction*, Oxford University Press

Wilmeth, D. B. and Bigby, C. ed.（1998）*Cambridge History of American Theater*, Cambridge University Press

Zeigler, J. W.（1973）*Regional Theatre: The Revolutionary Stage*, University of Minnesota Press

■18章　軍　事

有賀　貞他編（1988）『アメリカ史Ⅰ—17世紀～1877年』世界歴史大系，山川出版社
上杉　忍（2000）『二次大戦下の「アメリカ民主主義」—総力戦の中の自由』講談社選書メチエ
大下尚一他編（1989）『史料が語るアメリカ—メイフラワーから包括通商法まで1584-1988』有斐閣
黒澤　満（2011）『核軍縮入門』現代選書，信山社
高坂正堯，桃井　真編著（1973）『多極化時代の戦略』日本国際問題研究所
齋藤嘉臣（2017）『ジャズ・アンバサダーズ—「アメリカ」の音楽外交史』講談社選書メチエ
信田智人編（2010）『アメリカの外交政策—歴史・アクター・メカニズム』ミネルヴァ書房
ストウ，D. W. 著・湯川　新訳（1999）『スウィング—ビッグバンドのジャズとアメリカの文化』法制大学出版局
高村宏子・飯野正子・粂井輝子編（2001）『アメリカ合衆国とは何か— 歴史と現在』雄山閣出版
土山實男（2014）『安全保障の国際政治学—焦りと傲り』第2版，有斐閣
福田　毅（2011）『アメリカの国防政策—冷戦後の再編と戦略文化』昭和堂
藤本　博（2014）『ヴェトナム戦争研究—「アメリカの戦争」の実相と戦争の克服』法律文化社
ベイリス・ジョン／ウィルツ，ジェームズ／グレイ，コリン編・石津朋之監訳（2012）『戦略論—現代世界の軍事と戦争』勁草書房吉田文彦（2009）『核のアメリカ—トルーマンからオバマまで』岩波書店
Millett, Allan Reed and Maslowski, Peter（2012）*For the Common Defense: A Military History of the United States from 1607 to 2012*, Free Press

■19章　世界とアメリカ

明石　康（2006）『国際連合—軌跡と展望』岩波新書
有賀　貞編（1992）『アメリカ外交と人権』JIIA 現代アメリカ，日本国際問題研究所
大嶽秀夫（2013）『ニクソンとキッシンジャー—現実主義外交とは何か』中公新書
亀井俊介（1979）『メリケンからアメリカへ—日米文化交渉覚書』東京大学出版会
貴志俊彦，土屋由香編（2009）『文化冷戦の時代—アメリカとアジア』国際書院
久保文明編（2007）『アメリカ外交の諸潮流—リベラルから保守まで』JIIA 現代アメリカ，日本国際問題研究所
久保文明編著（2013）『アメリカにとって同盟とはなにか』中央公論新社
近藤　健（2008）『反米主義』講談社現代新書
佐々木卓也編（2009）『戦後アメリカ外交史』有斐閣アルマ
スティーブンズ，ブレット著・藤原朝子訳（2015）『撤退するアメリカと「無秩序」の世紀—そして世界の警察はいなくなった』ダイヤモンド社
高木八尺他編（1957）『人権宣言集』岩波文庫
寺田　貴（2013）『東アジアとアジア太平洋—競合する地域統合』東京大学出版会
中嶋啓雄（2002）『モンロー・ドクトリンとアメリカ外交の基盤』ミネルヴァ書房
西川　輝（2014）『IMF 自由主義政策の形成—ブレトンウッズから金融グローバル化へ』名古屋大学出版会
ブラウン，チャールズ・C. 著・高橋義文訳（2004）『ニーバーとその時代—ラインホールド・ニーバーの預言者的役割とその遺産』聖学院大学出版会

マン，J. 著・渡辺昭夫監訳（2004）『ウルカヌスの群像—ブッシュ政権とイラク戦争』共同通信社
最上敏樹（2005）『国連とアメリカ』岩波新書
森　孝一（2003）『「ジョージ・ブッシュ」のアタマの中身—アメリカ「超保守派」の世界観』講談社文庫
吉見俊哉（2007）『親米と反米—戦後日本の政治的無意識』岩波新書
渡辺　靖（2008）『アメリカン・センター—アメリカの国際文化戦略』岩波書店
渡辺　靖（2011）『文化と外交—パブリック・ディプロマシーの時代』中公新書
Cull, N. J.（2008）*The Cold War and the United States Information Agency: American Propaganda and Public Diplomacy, 1945-1989*, Cambridge University Press
Richard, T.（2005）*Arndt, The First Resort of King: American Cultural Diplomacy in the Twentieth Century*, Potomac Books

■ 20 章　アメリカと日本

青木　深（2013）『めぐりあうものたちの群像—戦後日本の米軍基地と音楽 1945-1958』大月書店
東　栄一郎（2010）『日系アメリカ人の歴史』渡辺靖編『現代アメリカ』有斐閣アルマ
飯野正子（2000）『もう一つの日米関係史—紛争と協調のなかの日系アメリカ人』有斐閣
五百旗頭　真編（2008）『日米関係史』有斐閣 ［Makoto Iokibe, ed.（2016）*The History of US-Japan Relations*, Palgrave Macmillan］
池井　優（1976）『白球太平洋を渡る—日米野球交流史』中央公論社
石附　実（1992）『近代日本の海外留学史』中公文庫
開国百年記念文化事業会編（1954～56）『日米関係交流史』全 6 巻，洋々社
川上高司（2001）『米国の対日政策—覇権システムと日米関係』改訂版，同文舘出版
北岡伸一（2015）『門戸開放政策と日本』東京大学出版会
北岡伸一，久保文明監修（2016）『希望の日米同盟』中央公論新社
木村昌人（1997）『財界ネットワークと日米外交』山川出版社
木村昌人，田所昌幸（1998）『外国人特派員—こうして日本イメージは形成される』NHK ブックス
キリスト教史学会編（2016）『近代日本のキリスト教と女子教育』教文館
高坂正堯，佐古　丞，安部司司編著（1995）『戦後日本関係年表』PHP 研究所
小檜山ルイ（1992）『アメリカ婦人宣教師』東京大学出版会
近藤　健（1992）『もう一つの日米関係—フルブライト教育交流の四十年』ジャパンタイムズ
坂元一哉（2000）『日米同盟の絆—安保条約と相互性の模索』有斐閣
外岡秀俊，本田　優，三浦俊章（2001）『日米同盟半世紀—安保と密約』朝日新聞社
千々和泰明（2012）『大使たちの戦後日米関係—その役割をめぐる比較外交論 1952～2008 年』国際政治・日本外交叢書 14，ミネルヴァ書房
永井陽之助（2017）『現代と戦略』中公文庫
西川武臣（2016）『ペリー来航—日本・琉球をゆるがした 412 日間』中公新書
日米協会編（2012）『もう一つの日米交流史—日米協会資料で読む 20 世紀』中央公論新社
波多野澄雄（2010）『歴史としての日米安保条約—機密外交記録が明かす「密約」の虚実』岩波書店
パッカード，ジョージ・R. 著・森山尚美訳（2009）『ライシャワーの昭和史』講談社
藤田文子（2015）『アメリカ文化外交と日本—冷戦期の文化と人の交流』東京大学出版会
船橋洋一（2006）『同盟漂流』全 2 巻，岩波現代文庫
ペリレ，M. 著・土屋喬雄，玉城　肇訳（1948）『日本遠征記』岩波文庫
細谷千博，本間長世，入江　昭，波多野澄雄編（1993）『太平洋戦争』東京大学出版会
細谷千博，入江　昭，強盗乾一，波多野澄雄編（1997）『太平洋戦争の終結—アジア・太平洋の戦後形成』柏書房
細谷千博，今井清一，斉藤　真，蝋山道雄編（2000）『日米関係史開戦に至る十年— 1931-41 年』新装版，全 4 巻，東京大学出版会
細谷千博監修・日米戦後史編集委員会編（2001）『日本とアメリカ—パートナーシップの 50 年』ジャパンタイムズ
細谷千博，有賀貞監訳（2001）『パートナーシップ—日米戦後関係史 1951-2001 ［Iriye, Akira and Wampler，Robert A. eds.（2001）*Partnership: The United States and Japan 1951-2001*, Kodansha International］
増田　弘，土山實男編（2001）『日米関係キーワード』有斐閣
三谷太一郎（2009）『ウォール・ストリートと極東—政治における国際金融資本』東京大学出版会
三谷　博（2003）『ペリー来航』吉川弘文館
宮里政玄（2000）『日米関係と沖縄 1945-1972』岩波書店
宮西香穂里（2012）『沖縄軍人妻の研究』京都大学学術出版会
山本　正編（2008）『戦後日米関係とフィランソロピー —民間財団が果たした役割 1945～1975 年』ミネルヴァ書房
油井大三郎他編（2006）『20 世紀の中のアジア・太平洋戦争』岩波講座アジア・太平洋戦争，岩波書店
油井大三郎（2007）『なぜ戦争観は衝突するか—日本とアメリカ』岩波現代文庫

リチャード・リーヴス著・園部　哲訳（2017）『アメリカの汚名―第二次世界大戦下の日系人強制収容所』
白水社
Auslin , Michael R.（2011）*Pacific Cosmopolitans: A Cultural History of U.S.-Japan Relations*, Harvard
University Press
Shimizu,G. S.（2012）*Transpacific Field of Dreams: How Baseball Linked the United States and Japan in
Peace and War*, University of North Carolina Press
Van Sant ,John, Mauch , Peter and Sugita, Yoneyuki eds.（2006）*Historical Dictionary of United States-Japan
Relations,* Scarecrow Press

事 項 索 引

* 「五十音見出し語索引」は xxi 頁参照. 見出し語の掲載頁は太字で示した.

『2001 年宇宙の旅』 *2001:A Space Odyssey* 575
21 世紀フォックス 21st Century Fox 346,
  668
3D three-dimensional computer graphics 573,
  643, 673
《4'33"》 *4 minutes 33 seconds* 692
700 クラブ The 700 Club 231
9.11 同時多発テロ September 11th terrorist
  attack / 9.11 Terrorist Attack 14, 80, 103,
  157, 183, 191, 197, 205, 269, 287, 295,
  362, 505, 533, 535, 643, 739, 755, 758,
  765, 781, 783, 789, 797, 800

■ A〜Z

ABC American Broadcasting Company 604,
  674
ABM 弾道弾迎撃ミサイル Anti-Ballistic
  Missile 740
ACTUP（アクトアップ） 438, 465
AO admissions office 415
AP 通信 Associated Press 341, 374, 383
ASCAP 米国作曲家作詞家出版者協会
  American Society of Composers, Authors and
  Publishers 686
A 判サイズ A size 338
BET Black Entertainment Television 669
BMI Broadcast Music, Inc. 687
B 判サイズ B size 338
B ボーイ B-boy 709
CBS Columbia Broadcasting System 345,
  346, 370, 380, 604, 651, 688
CBS CBS Corporation 668, 346
CFE ヨーロッパ通常兵力 Conventional
  Armed Forces in Europe 741
CTBT 包括的核実験禁止条約 Comprehensive
  Nuclear Test-Ban Treaty 741
DC コミックス DC Comics 612, 614, 618
DJ disc jockey 714
EAP English for academic purposes 407
EC コミックス EC Comics 614
ELF English as a lingua franca 407
ESL English as a second language **406**, 709
ESP English for specific purposes 407
ESPN Entertainment and Sports Programming
  Network 605, 632
e デモクラシー e-democracy 372
e ビジネス e-business 104
e マーケター eMarketer 353
《FBI 暗黒街に潜入せよ》 *I Was a Communist
  for the FBI* 649

GI ビル GI Bill 423
GLSEN Gay, Lesbian, and Straight Education
  Network 411
GSA Gay-Straight Alliance 410
HIV/ エイズ HIV/AIDS 74, 333, 436, 438,
  465, 460, 652
ICT 情報通信技術 information and
  communication technology 100, 104
ICT Information and Communication
  Technology 104
ID 法 ID law 137
IMP Interface Message Processor 306
INF 戦域核兵器 intermediate-range nuclear
  forces 741
IoT モノのインターネット Internet of Things
  105, 311, 746
IP internet protocol 306
IT 情報技術 information technology 87,
  100, 104, 343, 500, 545, 687
IT-BPO IT- ビジネス・プロセス・アウトソー
  シング IT-business process outsourcing 101
JET プログラム Japan Exchange and Teaching
  Programme 813
『JR』 *JR* 549
KKK クー・クラックス・クラン Ku Klux
  Klan 198, 206, 263, 636, 653, 752
LCC low-cost carrier 487
LGBT lesbian, gay, bisexual, transgender 147,
  410, **436**, 438, **410**, 498, 531, **562**
《L の世界》 *The L Word* 669
MBA Master of Business Administration 414
MD ミサイル防衛 missile defense 741
MGM Metro-Goldwyn-Mayer Inc. /Studios
  631, 664
MICE meeting, incentive, conference,
  exhibition 631
MLB Major League Baseball 595, 604, 609
MLS メジャーリーグサッカー Major League
  Soccer 597
MPPDA アメリカ映画製作配給業者協会
  Motion Picture Producers and Distributors of
  America 298, 330, 627
NASA アメリカ航空宇宙局 National
  Aeronautics and Space Administration **298**,
  306, 322, 327, 331
NASL 北米サッカーリーグ North American
  Soccer League 596
NBA 全米バスケットボール協会 National
  Basketball Association 594, 601, 609
NBC National Broadcasting Company 604

事 項 索 引

《NBC サタデー・ナイト・アット・ザ・ムービーズ》 *NBC Saturday Night at the Movies* 669

NFL 全米フットボールリーグ National Football League 347, 594, 600, 603, 604, 608

NIH 国立衛生研究所 National Institutes of Health 302, **332**

NPO メディア nonprofit organization media 363, **374**

NPT 核不拡散条約 Nuclear Non-Proliferation Treaty 740

『NWSA ジャーナル』 *NWSA Journal* 434

PICS 判決 Parents Involved in Community Schools v. Seattle School District No. 1, 551 U.S. 701（2007） 419

PTBT 核実験禁止条約 Partial Test Ban Treaty 740

PTSD 心的外傷後ストレス障害 Post-Traumatic Stress Disorder 457, 751

QWERTY QWERTY 338

RDD 法 random digit dialing 356

S & L Savings and Loan Association 118

SALT 戦略兵器制限交渉 Strategic Arms Limitation Treaty 740

SDI 戦略防衛構想 Strategic Defense Initiatives 741

SF サイエンスフィクション science fiction **574**, 641

SF 映画 science fiction movie 641

SLA second language acquisition 406

SNS ソーシャル・ネットワーク・サービス social networking service 54, 76, 104, 191, 373, 382, 496, 499, **500**, 504, 653

SSC Superconducting Super Collider 330

START 戦略兵器削減条約 Strategic Arms Reduction Treaty 741

STEM science, technology, engineering, and math 402

TESOL teaching english to speakers of other languages 406

TFA Teach for America 425

TPP 環太平洋経済連携協定 / 環太平洋パートナーシップ協定 Trans-Pacific Strategic Economic Partnership Agreement 99, 779, 800, 802, 825, **838**

『USA トゥデー』 *USA Today* 342, 380

U.S. イングリッシュ U.S. English 404

US スチール United States Steel Corporation 86

『V.』 *V.* 549

YMCA Young Men's Christian Association 255, 592

ZIN 613

■あ

『アイアンマン』 *Ironman* 613

愛国者法 USA PATRIOT Act 205, 381, 744

愛国主義 patriotism 281, 706, 751

愛国心 patriotism 21

アイコン icon 539

アイデンティティ identity 22, 170, 174, 181, 184, 188, 192, 218, 234, 262, 267, 286, 296, 439, 492, 505, 536, 553, 555, 558, 560, 582, 645, 695, 715, 760, 811

アイデンティティ・ポリティクス Identity Politics **202**

アイビーリーグ IVY League 453

《アイ・ラブ・ルーシー》 *I Love Lucy* 627

『アインシュタイン交点』 *The Einstein Intersection* 575

アウシュヴィッツ Auschwitz 730

アウタースペース / 外宇宙 outer space 574

アウトドア outdoor 19, **620**

『青い眼がほしい』 *The Bluest Eye* 557

《青い裸婦，ビスクラの思い出》 *Blue Nude, Memory of Biskra* 520

『赤い武功章』 *The Red Badge of Courage* 576

アカウンタビリティ / 説明責任 accountability 396

赤狩り red scare 359, 639, 648, 730, 754, 770

アカデミー賞 Academy Awards **674**, 676, 716, 653, 659

アクションペインティング action painting 524

アクチュアリティ actuality 634, 660

アクティビズム activism 283, 438, 465

アクティブラーニング active learning 412

悪の枢軸 axis of evil 265, 742, 795

悪の帝国 evil empire 265, 269, 641, 795

アグリビジネス / 農業関連産業 agribusiness 95, 477

『アーケード』 *Arcade* 615

アジア・アフリカ会議 Asian-African Conference 780

アジア・インフラ投資銀行 Asian Infrastructure Investment Bank 779, 781

アジア系 Asian American 172, **188**, 558, 655, 810

アジア太平洋経済協力（APEC） Asia-Pacific Economic Cooperation 99, 783

アジア太平洋戦争 Asia-Pacific War 806, 818

アジア太平洋自由貿易圏（FTAAP） Free Trade Area of the Asia-Pacific 783, 838

アジアへのリバランス政策 policy of rebalancing to Asia 783, 800

アジドチミジン（AZT） azidothymidine 333

アシロマ会議 Asilomar Conference 302

アースデー Earth Day 22, 34

アッセンブリーズ・オブ・ゴッド（AG） Assemblies of God 214

アップル Apple Inc. 91, 105, 309, 310, 343, 541, 687

アート・インスティテュート・オブ・シカゴ The School of the Art Institute of Chicago 515

アート・スクール art school 515

アート・ステューデンツ・リーグ（ASL） The Art Students League 514

アドベンティスト Adventists; Seventh-day Adventist Church 223, 240

《アトミック・カフェ》 *The Atomic Café* 661

『アトランティック・マンスリー』 *The Atlantic Monthly* 348

アトランテックシティ Atlantic City 631

アナバプティスト Anabaptists 222

アニータ・ボーグ・インスティチュート Anita Borg Institute 453

アニメ anime（Japanese animation） 613, 616, 651, 657, **672**, 834

アパラチア山脈 Appalachia Mountains 4, 6, 11

《アパラチアの春》 *Appalachian Spring* 683

アパルトヘイト apartheid 244, 767, 784

アファーマティブアクション／差別是正措置 affirmative action 137, 147, 175, 201, 202, 263, **418**

アフガニスタン戦争 Afghanistan War 295, 379, 765, 742, 755, 771, 800

アフガン・イラク戦争 Afganistan and Iraq War 269

アブグレイブ刑務所 Abu Ghraib prison 744

『アブサロム，アブサロム！』 *Absalom, Absalom!* 565

アフリカ系アメリカ人／黒人 African American ／blacks 15, 156, 170, 178, **186**, 194, 206, **242**, 408, 418, 440, 471, 530, 552, 595, **652**, 674, 689, 699, 702, 714

アフリカンメソジスト監督教会（AMEC） African Methodist Episcopal Church 242

アフリカ系アメリカ人映画批評家協会（AAFCA） African American Film Critics Association 674

《アプレンティス》 *The Apprentice* 627

アポロ計画 Apollo Program 298, 331

アーミッシュ Amish 222, 247, 284, 508

アムトラック Amtrak 321, 487

『アメージング・ストーリーズ』 *Amazing Stories* 574

アメリカ医師会（AMA） American Medical Association 480

『アメリカインディアン文学ナショナリズム』 *American Indian Literary Nationalism* 554

アメリカ映画協会（MPAA） Motion Picture Association of America 627, 637, 638, 647

アメリカ映画製作者配給者協会（MPPDA） Motion Picture Producers and Distributors of America 638, 627, 646

アメリカ音楽家連盟（AFM） American Federation of Musicians 687

アメリカ外交 United States Diplomacy 760, 762, 772, 776, 794

アメリカ科学者連盟（FAS） Federation of American Scientists 300

アメリカ画家彫刻家協会 Association of American Painters and Sculptors 520

「アメリカが連合国に参加すべき理由」 *Why America Should Join the Allies* 576

アメリカ航空宇宙局（NASA） National Aeronautics and Space Administration **298**, 306, 322, 327, 331

アメリカ広報・文化交流庁（USIA） United States Information Agency 796

アメリカ国土安全保障省（DHS） United States Department of Homeland Security 80, 154, 183, 726, 743

アメリカ国家安全保障アーカイブ National Security Archive 66

アメリカ・コミュニティ調査（ACS） American Community Survey 171

アメリカ再生・再投資法 American Recovery and Reinvestment Act 30

アメリカ式製造方式 American system of manufacturing 338

アメリカ詩人アカデミー Academy of American Poets 551

アメリカ自然史博物館 American Museum of Natural History 326

アメリカ疾病管理予防センター（CDC） Centers for Disease Control and Prevention 127

『アメリカ自由主義の伝統』 *The Liberal Tradition in America* 264

アメリカ自由人権協会（ACLU） American Civil Liberties Union 66

《アメリカ消防士の生活》 *Life of an American Fireman* 635

アメリカ食品医薬品局（FDA） Food and Drug Administration 304, 333, 447

アメリカ新聞協会（NAA） Newspaper Association of America 382

アメリカ進歩センター（CAP） Center for American Progress 69

アメリカ青年政治指導者会議（ACYPL） American Council of Young Political Leaders 826

アメリカ世論調査学会（AAPOR） American Association for Public Opinion Research 357

アメリカ第一主義／アメリカ・ファースト America Firstism 53, 79, 103, 295, 773, 775, 799, 802

アメリカ長老派教会（PCUSA） Presbyterian Church U.S.A 214

アメリカ特許庁（USPTO） United States Patent Office 325

『アメリカと世界戦争』 *America and the World War* 576

アメリカーナ Americana 706

アメリカ納税者救済法 American Taxpayer Relief Act 113

『アメリカ農夫の手紙』 *Leters from an American Farmer* 262

アメリカの声 Voice of America 239, 793

「アメリカの抽象絵画と彫刻」展 *Abstract Painting and Sculpture in America* 524

『アメリカのデモクラシー』／『アメリカの民主主義』 *Democracy in America*（*La Démocratie en Amérique*） 151, 160, 254, 264, 277

『アメリカの悲劇』 *An American Tragedy* 584

『アメリカの息子』 *Native Son* 557

アメリカ復興および再投資法（ARRA） American Recovery and Reinvestment Act of 2009 112

アメリカ文学・環境学会（ASLE） The

Association for the Study of Literature and Environment　568

アメリカ文化情報局（USIA）　United States Information Agency　516

アメリカ保健社会福祉省（HHS）　U.S. Department of Health and Human Services　479，496

アメリカ郵政公社　United States Postal Service　109

アメリカ・ユダヤ教神学院　Jewish Theological Seminary of America　193

アメリカ連邦捜査局（FBI）　Federal Bureau of Investigation　25，138，154，156，206，206，378，648，802

アメリカ労働総同盟・産業別組合会議（AFL-CIO）　American Federation of Labor and Congress of Industrial Organizations　92

アメリカン・エンタープライズ・インスティテュート（研究所）　American Enterprise Institute　770

《アメリカンゴシック》　American Gothic　511

アメリカンコミックス　american comics　**612**

アメリカン・コンサーバトリー・シアター　American Conservatory Theater　696

アメリカン・シーン絵画　American scene　528

アメリカンスポーツ　American Sports　592

アメリカンドリーム　American dream　90，180，239，292，470，584，629，644

アメリカ・ニューシネマ　new american cinema　640

アメリカンフットボール／アメフト　American football　592，594，596，598，608

アメリカン・ブロードキャスティング・カンパニー（ABC）　American Broadcasting Company　346

アメリカンボード（ABCFM）　American Board of Commissioners for Foreign Missions　235

アメリカンホーム　american home　**470**

アメリカン・ルネサンス　American renaissance　548

アーモリー・ショー　Armory Show　521

アライ　ally　411

アラブ　Arab　8，173，194，765，783

アルカイダ　Al-Qaeda　381，742

アルテア8800　Altair 8800　310

アールデコ　art déco　509，535，540

アレイ・シアター　the Array Theater　696

『荒地』　The Waste Land　551

『アン・アメリカン・トリップティック―ブラッドストリート，ディキンスン，リッチ』　An American Triptych Bradstreet, Dickinson, Rich　560

アングリカン　Anglican　216，232，240

『アンクル・トムの小屋』　Uncle Tom's Cabin　442，552，561

アンスクーリング　unschooling　400

安息日　sabbath　143，193，246

アンソロジー・フィルム・アーカイブス　Anthology Film Archives　663

アンダーグラウンド映画　underground cinema　662

アンダーグラウンド・コミックス　underground comics　**614**

アンダークラス　underclass　169，178

『アンダーワールド』　Underworld　549

アンチフェデラリスト／反連邦派　Anti-Federalist　52，70

アンビュランス・チェイサー　ambulance chaser　141

イェシバ大学　Yeshiva University　193

イエズス会　Societatis Iesu　220，244，646，808

イェール大学　Yale University　238，261，515，616

『イエロー・キッド』　The Yellow Kid　616

イエローストーン国立公園　Yellowstone National Park　505

イエロー・ペリル／黄禍論　yellow peril　654

医学　medicine　332，336

『怒りの葡萄』　The Grapes of Wrath　571，584

域外適用　extraterritorial application　141，162

イギリス植民地　British colony　24，174，340，776

違憲立法審査制／司法審査／違憲審査制　judicial review　131，139，160

イザベラ・スチュワート・ガードナー美術館　Isabella Stewart Gardner Museum　508

医師幇助自殺　physician-assisted suicide　290

医者　doctor　178，335，**480**

移住　emigration　14，20，181，215，224，232，243，260，271，393，481，486，518，555，571，586，700，706，761，828

異人種間結婚禁止法　anti-miscegenation laws　174

イーストマンカラー　Eastmancolor　667

イーストマン・コダック　Eastman Kodak　666

イスラエル　Israel　99，193，246，462，743，776，783

イスラム系　Muslim　15，173，176，**194**，206，784

イスラム国（IS）　Islamic State　381，737，744

イスラム主義　Islamism　195，784

異性愛規範　heteronormativity　438

偉大な社会　Great Society　44，70，72，83，124，169，418

一時的貧困家庭扶助（TANF）　Temporary Assistance for Needy Families　83

一超多強構造　structure of solo-super power among approximately equal strengths　781

一般投票　popular vote　51，285

一般評決　general verdict　150

イディッシュ語　Yiddish　192

イデオロギー　ideology　38，53，56，68，76，202，226，236，262，266，279，367，432，561，642，647，**760**，768，794，801

遺伝子工学　Genetic engineering　**302**，332

『いなごの日』　The Day of the Locust　573

委任統治領　mandated territory　730

違法薬物　illegal drugs　482

移民　immigrants　5，13，14，46，80，82，92，106，168，170，172，176，180，**182**，188，190，194，196，198，204，262，266，

270, 282, 292, 406, 408, 460, 469, 492, 700, 810, 816, 818, 820
移民作家　immigrant writer　587
移民法（1875 年）　The Page Act of 1875　460
移民法（1924 年）／排日移民法　Immigration Act of 1924　47, 80, 183, 197
移民法（1952 年）　Immigration and Nationality Act of 1952　46
移民法（1965 年）／移民国籍法　Heart-Cellar Act/Immigration and Nationality Act of 1965　80, 180, 183, 195, 249, 811
移民法（1986 年）／移民改革規制法　Immigration Reform and Control Act of 1986　47, 81
イラク戦争　Iraq War　361, 378, 643, 725, 738, 742, 755, 758, 765, 769, 771, 775, 777, 781, 784, 789, 798, 800
イラン　Iran　8, 285, 742, 758, 767, 783, 798
医療保険　medical insurance　69, 71, 93, 126, 336, 451, 478, 481,
『イン・カントリー』　In Country　571
インクルーシブ教育　inclusive education　**402**
インサイダー取引　insider trading　162
インターステート・ハイウェイ　interstate highway　16, 108
インダストリアルデザイン　industrial design **540**
インターセックス　intersex　437
インターナショナル・スタイル／国際様式（IS）　International Style　535, 537, 538, 540
インターネット　internet　60, 78, 100, **104**, **306**, 315, 338, 351, 352, 372, 374, 378, 380, 460, 499, 500, 604, 643, 670, 678, 746, 834
インディアン　Native American　38, 170, 172, 176, **184**, 206, 224, 422, 486, 554, 761
インディアン・カジノ　Indian Casino　630
インディアン賭博規制法　Indian Gaming Regulatory Act　185
インテル　Intel Corporation　90, 100, 104, 308
インドシナ休戦協定　Indo-China Armistice Pact 780
インナーシティ　inner city　12, 17
インフレーション　inflation　110, 770
陰謀論映画　spy films　643
『ウィアードー』　Weirdo　615
ヴィラゴ　Virago　434
「ウィキリークス」　Wikileaks　379
ヴィシー政権　Vichy France　731
ウィッカ　Wicca　227
『ウィメンズ・スタデイーズ・インターナショナル・フォーラム』　Women's Studies International Forum　434
ウィルソン主義　Wilsonianism　768, 795
『ウィルダネスとアメリカ精神』　Wilderness and the American Mind　569
ウィンザー判決　United States v. Windsor, 570 U.S., 133 S. Ct. 2675（2013）　445

『ウィンターズ・ボーン』　Winter's Bone　585
ウェストオレンジ　West Orange　325
《ウェスト・サイド物語》　West Side Story　683, 685
ウェストファリア体制　Westphalian system 266
ウェブスター判決　Webster v. Reproductive Health Services, 492 U.S. 490（1989）　290
ウェルズリー大学　Wellesley College　415, 466
ウェルフェア・キャピタリズム／厚生資本主義　welfare capitalism　87
『ヴォーグ』　Vogue　239, 350, 440
ウォーターゲート事件　Watergate scandal　62, 145, 163, 360, 341, 362, 378, 641, 725, 766, 769, 770
ウォッチドッグ　watchdog　366, 370
『ウォッチメン』　Watchmen　613
ヴォードヴィル　vaudeville　626, 634, **680**, 684, 690, 705, 706, 708
「ウォール街を占拠せよ」　Occupy Wall Street 79, 114, 373, 814
『ウォール・ストリート・ジャーナル』　The Wall Street Journal　62, 145, 163, 360, 341, 362, 378, 641, 725, 766, 769, 770
『ウォールデン』　Walden　569
ウォルト・ディズニー・カンパニー　The Walt Disney Company　668
失われた世代　Lost Generation　548, 576
宇宙産業　space industry　323
『宇宙船ビーグル号』　The Voyage of the Space Beagle　574
ウッドストック音楽祭　Woodstock Music and Art Festival　282
ウーマニズム　womanism　431
ウーマン・リブ運動　women's liberation movement　430, 482
運転免許　driver's license　489
映　画　movie / cinema / film　325, 528, 654, 662, **658**, **634**, **650**, 666, 674, 752
映画館　movie theaters　637, **664**
映画芸術科学アカデミー（AMPAS）　Academy of Motion Picture Arts and Sciences　637
映画作家協会（SWG）　Screen Writers Guild 648
映画産業　film industry　644, 646
映画製作倫理規定／プロダクション・コード／ヘイズ・コード（HC / PC）Motion Picture Production Code / Hays Code　572, 638
映画特許会社（MPPC）　Motion Picture Patents Company　644
映画俳優組合（SAG）　The Screen Actors Guild 754
映画倫理委員会　Film Classification and Rating Organization　646
英語学習者　english language learners　405
英語公用語化運動　Official English Movement 404
英語習得法　English Language Acquisition, Language Enhancement, and Academic Achievement Act　405

事 項 索 引　　877

エイジェンダー　agender　437
『エイジ・オブ・イノセンス』　The Age of Innocence　561
永住権　permanent residency　47, 80, 328
エイズとともに生きる人々（PWA）　People with AIDS　465
エイズ・パニック　AIDS panic　461
エイセクシュアル　asexual　437
映像ジャーナリズム　Visual Media and Journalism　376
エイトビート　eight beat　712
英米法系　Common Law / Anglo-American Law　166
《エイリアン》　Alien　574
《易の音楽》　Music of Changes　692
エクストリームスポーツ　extreme sports　632
エクスパンデッド・シネマ　Expanded Cinema　663
エコー　echo　710
エコクリティシズム　ecocriticism　555, 568
エコ神学　ecotheology　245
エコツーリズム　ecotourism　36, 505
エコロジー　ecology　22, 227
エジソン製造会社　Edison Manufacturing Company　644
エスタブリッシュメント　establishment　12, 75, 76, 90, 293, 802
エスニシティ　ethnicity　14, 170, 180, 204, 461, 558, 646, 700
エスニック　ethnicity　14, 262, 558, 700
エスニックグループ　ethnic group　288, 700
エスニックフード　ethnic foods　472
エスニック文学　ethnic literature　558
エスニック・リバイバル　ethnic revival　551
エックスゲームズ　X Games　632
エッグヘッド　egg head　260, 293
エッジシティ　edge city　17
エーテル　ether　481
《エデンの東》　East of Eden　648
《エド・サリバンショー》　Ed Sullivan Show　627
エノラ・ゲイ　Enola Gay　317, 817
エヴァンジェリカル　evangelicals　214, 232
エボニックス論争　Ebonics Debate　405, 407
エホバの証人　Jehovah's Witness　222
エミー賞　Emmy Awards　676, 716
エリス島　Ellis Island　182, 197, 505
エリス島移民博物館　Ellis Island Immigration Museum　197, 505
エリーティズム　elitism　292
エレキギター　electric guitar　711
エレクトリック・チャーチ／電子教会　electric church　231
エレクトロニクス　Electronics　101, 104, 308, 315
《エレン》　Ellen　669
沿岸警備隊　Coast Guard　154, 726
『エンジェルズ・イン・アメリカ』　Angels in America　562
エンジェル島　Angel Island　182, 182
援助政策　foreign assistance policy　102

黄禍論／イエロー・ペリル　yellow peril　654
黄金期児童文学　the golden age of children's literature　582
黄熱病　yellow fever　481
応用研究　applied reserch　313
オーガニック・ライフスタイル　organic lifestyle　476
丘の上の町　city upon a hill　264, 720, 795
オガララ帯水層　Ogallala Aquifer　5
沖縄　Okinawa　818, 823
《奥様は魔女》　Bewitched　627
オクトルーン　octoroon　171
オスカー　Oscar　674
『オズの魔法使い』　The Wonderful Wizard of Oz　570, 582, 668
オズワルド・ザ・ラッキー・ラビット　Oswald the Lucky Rabbit　617
《夫の商標》　Her Husband's Trademark　656
オッド・フェローズ　Odd Fellows　255
オーディオ・リンガル・メソッド　audio-lingual method　406
『男の敵』　The Informer　674
オーバーグフェル判決　Obergefell v. Hodges, 135 S. Ct. 2584（2015）　147, 445
オバマケア　Obamacare　126, 337, 481, 801
オフショアアウトソーシング／オフショアリング　offshore outsourcing　78, 100
オフ・ブロードウェイ　Off Broadway　697
オフ・オフ・ブロードウェイ　Off-Off Broadway　697
オペラ　opera　683, 684
親子関係　parent-child relations　468
お雇い外国人　hired foreigners/ Yatoi　792, 808, 828
オリンピック　Olympic　831, 835
オルタナ右翼（ライト）／ネット右翼　alt-right　371
オルタナティブ・コミックス　alternative comics　615
オールドタイム／ヒルビリー　old-time　707
音楽教育　music education　698
温室効果ガス　greenhouse gas　26, 30, 773
《女Ⅰ》　Woman I　525
オンライン小説　online fiction　581
オンライン・ストリーミング　online streaming　605, 661, 663
オンライン調査　online survey　343
オンライン配信　online distribution　347

■か

外宇宙／アウタースペース　outer space　574
海外腐敗行為防止法（FCPA）　Foreign Corrupt Practices Act　163
改革派　Reformed　240, 246
海軍看護部隊　Navy Nurse Corps　456
外交官　Diplomats　384, 790, 794
外交問題評議会　Council on Foreign Relations　68
外国諜報活動監視法（FISA）　Foreign Intelligence Surveillance Act　743

会衆派　congregational church　221，216，232，235，240，720
回　心　conversion　222
外挿法　extrapolation　574
開拓者精神　frontier spirit　334
《階段を降りる裸婦No.2》　*Nude Descending a Staircase, No. 2*　520
海南島事件　Hainan Island Incident　781
解放の神学　Liberation Theology　**244**
解放民　freedman　243
海　洋　ocean　**2**
下院非米活動委員会（HUAC）　House Un-American Activities Committee　638，648
カウンセリング　counseling　247
カウンターカルチャー／対抗文化　counterculture　74，351，545，575，577，581，632，689，703
カウンターシネマ　counter cinema　659
科学研究開発局（OSRD）　Office of Scientific Research and Development　312
価格支持　price support　94
科学者　scientist　24，287，**300**，302，328，634
科学小説／SF小説　science fiction novel　574
科学審査センター（CSR）　Center for Scientific Review　332
科学的管理法　scientific management　338
『科学―無限のフロンティア』　*Science: The Endless Frontier*　313
核開発　nuclear development　289，**300**，783，823
核家族　nuclear family　191，468，470
核実験禁止条約（PTBT／CTBT）　Partial Test Ban Treaty　741，773
革新主義　progressivism　68，76，258，272，278
覚醒運動　religious awakening　211，241，252
核戦略　nuclear strategy　301，**732**，740，757
核態勢見直し（NPR）　Nuclear Posture Review　734
拡張映画　expanded cinema　663
拡張現実（AR）　augmented reality　383
核兵器／原子爆弾　nuclear weapons　67，287，300，314，329，330，735，748
核兵器不拡散条約（NPT）　Nuclear Non-Proliferation Treaty　741，783
影のロビー活動　shadow lobbying　65
加工食品　processed foods　472
《カサブランカ》　*Casablanca*　753
カジノ　casino　608，**630**
『カスターは汝等の罪ゆえに死せり』　*Custer Died for Your Sins: An Indian Manifest*　554
ガスリー・シアター　Guthrie Theater　696
家政学　home economics　349，442
『家政論』　*A Treatise on Domestic Economy*　442
『風と共に去りぬ』　*Gone with the Wind*　576，652，752
仮想現実（VR）　virtual reality　383，548，641，642
仮想通貨　virtual currency　117
家　族　family structure　82，84，103，128，170，174，180，182，191，250，290，428，444，446，455，**468**，470，494，502，810
家族支援法　Family Support Act　454
家族と医療休暇法　Family Medical Leave Act　459
《カーダシアン家のお騒がせセレブライフ》　*Keeping Up with the Kardashians*　629
家　畜　domestic animal　39
学　区　school district　388，390，394，418，424
学校内学校（SWS）　school within a school　391
合衆国軍事鉄道局（USMRR）　United States Military Railroads　320
合衆国憲法／連邦憲法　the Constitution of the United States　42，67，**130**，134，138，144，146，168，216，232，267，324，724，790，812
合衆国東インド洋艦隊　East India Squadron　804
活動写真　motion picture　325
『カップルズ』　*Couples*　581
カートゥーン・ネットワーク　cartoon network　619
カトリシズム　Catholicism　260
カトリック　Catholic　74，204，210，217，219，**220**，230，232，237，241，245，391，720，808
カトリックスクール　Catholic school　391
カトリック伝道　Catholic Mission　234
カーネギー国際平和財団　Carnegie Endowment for International Peace　68
カーネギー財団　Carnegie Foundation　91，314，521，792，814
カーネギー美術館　Carnegie Museum of Art　508
《カビリア》　*Cabiria*　636
株式会社　corporation　100，417
家父長制　patriarchy　181，225，227，434，462，
カープール・レーン　carpool lane　489
『紙の動物園』　*The Paper Menagerie*　575
神の下なる国　one Nation under God　219
カメラオブスクラ　camera obscura　634
ガーメントディストリクト　Garment District　106
ガラスの天井　glass ceiling　59，189，452
『カラー・パープル』　*The Color Purple*　557
カラーブラインド　color blind　177，187，263，392，419
カラーライン　color line　168
ガリオア・エロア基金（GARIOA）　Government and Relief in Occupied Areas　806
カリカチュア　caricature　579，679
カリスマ運動　charismatic movement　230
カリフォルニア・インスティテュート・オブ・ジ・アーツ（CalArts）　California Institute of the Arts　515
カリフォルニアキュイジーヌ　California cuisine　477

カリフォルニア州農業労働関係法（1975年）
（CALRA） California Agricultural Labor
Relations Act of 1975 190
カリフォルニア多言語教育法 California
Multilingual Education Act 405
カルチュラルスタディーズ cultural studies
283
カルバリー・チャペル Calvary Chapel 214
カレッジスポーツ college sports **598**
管 轄 jurisdiction 138
環境アセスメント environmental assessment
35
環境計画 environmental plan 30, 534
環境主義文学 environmentalist literature 568
環境正義 environmental justice 23, 28
環境政策 environmental policy 30
環境文学 environmental literature **568**
環境保護 environmental protection **22**, 25
環境保護庁（EPA） Environmental Protection
Agency 163, 317
観 光 tourism / sightseeing **504**, 610
韓国系 Korean American 180, 189, 215
監視カメラ surveillance camera 643
感謝祭 Thanksgiving Day 211, 250, 502
患者保護ならびに医療費負担適正化法（PPACA）
Patient Protection and Affordable Care Act
126
ガン・ショー gun show 158
《ガンスモーク》 *Gunsmoke* 627
関税及び貿易に関する一般協定（GATT）
General Agreement on Tariffs and Trade 95,
96, 772, 778
環太平洋経済連携協定 / 環太平洋パートナー
シップ（TPP） Trans-Pacific Strategic
Economic Partnership Agreement / Trans-
Pacific Partnership 99, 773, 779, 800, 825
監 督 director 674
監督派 episcopal 240
カントリー音楽 country music 702, **706**
カントリー・ミュージック・アソシエーション
（CMA） The Country Music Association 707
寛容法 Toleration Act 232
議員交流 parliamentary exchange **826**
帰 化 naturalization 47, 168, 172, 182,
188, 800
帰化不能外国人 aliens ineligible for citizenship
169, 173, 183, 810
「危機に立つ国家」 *A Nation at Risk* 396, 404
企業家精神 entrepreneurship **90**, 288, 814
戯 曲 Drama 198, 262, **552**, 718
『菊と刀』 *The Chrysanthemum and the Sword*：
Patterns of Japanese Culture 817, 830
気候変動 climate change **26**, 316, 575, 773
生地主義 jus soli 46
技術革新 innovation 315, 317
基礎研究 fundamental research 313
『北回帰線』 *Tropic of Cancer* 580
北大西洋条約機構（NATO） North Atlantic
Treaty Organization 742, 748, 774, 823
キッチン・ディベート / キッチン論争 Kitchen
Debate 54, 443

キネトグラフ Kinetograph 634
キネトスコープ Kinetoscope 634, 664, 666
記念碑 monument 271, 296, 788
寄付金 donation 69, 346, 363, 374, 598,
600
逆差別 reverse discrimination 147
『キャスパー』 *Casper the Friendly Ghost* 612
客観報道 objective reporting 367
『キャッチ22』 *Catch-22* 577
キャニオン・シネマ Canyon Cinema 663
『キャプテンアメリカ』 *Captain America* 612
キャラクター character 398, 612, **616**,
655, 835
ギャラップ The Gallup Organization 354,
594, 596
『キャロル』 *Carol* 563
ギャングスタ・ラップ gangsta rap 715
『キャンディ』 *Candy* 581
キャンティーナ cantina 701
キャンプ・ミーティング / 野営天幕集会 camp
meeting 704
救世軍 Salvation Army 214
九段線 Nine-Dash Line 781
キューバ Cuba 180, 190, 360, 723, 788
キューバ革命 Cuban Revolution 190, 784,
798
キュビズム Cubism 509, 518, 520
キュレーター curator 371, 516, 537, 543
教育委員会 board of education 75, 217,
388, 390, 393, 405, 698
教育格差 educational inequity **394**
教育統治 school governance 388
教育プレミアム education premium 125
教育用映画 educational film 650
教員評価 teacher evaluation 425
教員免許 teacher certificate 424
教区学校 parochial school 216, 221
共産主義 communism 102, 260, **284**, 612,
648, 655, 724, 730, 736, 771, 782, 794
共産党 Communist Party of the United States of
America 285, 300, 648, 736
狂騒の20年代 Roaring Twenties 509
共通善 common goods 275
共同監護 joint custody 445
共同体主義 / コミュニタリアニズム
communitarism 202, 274
共同統治 school governance 388
京都議定書 Kyoto Protocol 25, 26, 773
共和国の母 republican motherhood 456
共和主義 republicanism 276, 760
共和制 republic 210, 326, 724
共和党（GOP） Republican Party / Grand Old
Party 48, 52, 801, 802
漁 村 fishing community 10
キリスト教神学者 Christian theologians **238**
キリスト教青年会（YMCA） Young Men's
Christian Association 592
キルト kilt 530
ギルド guild 324
義和団事件 Boxer Rebellion 792
緊急経済安定化法 Energy Economic

Stabilization Act 30
緊急世論調査 overnight polls 357
キングストン・トリオ The Kingston Trio 703
ギングリッチ革命 Gingrich Revolution 295
禁酒運動 temperance movement 240, 254, 280, 449
禁酒法 Prohibition 199, 221, 449
キンゼイ報告 The Kinsey Reports 581, 562
近代建築 modern architecture 534, 536, 538
「近代建築—国際展覧会」展 *Modern Architecture: International Exhibition, 1932* 537, 538
緊張緩和 détente 737, 740, 766, 769, 770
キンドル Kindle 590
金ぴか時代 Gilded Age 91, 278, 288, 316, 682, 800
金融危機 financial crisis 30, 79, 117, **118**, 342, 769
金融規制 financial regulation 118
金融資本主義 financial capitalism 728
金融自由化 financial liberalization 118
勤労税額控除 earned income tax credit 83
グアダルーペ・イダルゴ条約 Treaty of Guadalupe Hidalgo 224
グアダルーペの聖母 Virgin of Guadalupe (La Virgen de Guadalupe) 191
クアドルーン quadroon 171
グアンタナモ収容所 Guantanamo Bay detention camp 745, 767
クイア queer 409, 435, 437, **438**
《クィア・アイ》 *Queer Eye for the Straight Guy* 629, 669
《クィア・アズ・フォーク》 *Queer as Folk* 669
空港 airport 108, 486
クエーカー Quakers 222, 788
クー・クラックス・クラン (KKK) Ku Klax Klan 198, 206, 262, 636, 653, 752
グーグル Google Inc. 87, 90, 100, 105, 311, 353, 383
草の根 (運動 / 活動 / 支援) grassroots lobbying 22, 65, 71, 75, 79, 112, 191, 255, 372, 550, 590, 718
『草の葉』 *Leaves of Grass* 550, 570, 580
クスロスオーバー小説 crossover fiction 582
グッド・デザイン Good Design 540
グッドリッジ判決 Goodridge v. Department of Public Health, 798 N.E. 2d 941 (Mass. 2003) 445
クーパー・ユニオン (CU) The Cooper Union 514
クライスラー社 Chrysler Corporation 317
クラサオ Curacao 128
クラシック classical music 682, 689, 705, 711, 712
クラシック・ブルース classical blues 705
クラスアクション / 集団訴訟 class action 141, 161
グラス・スティーガル法 / 銀行法 (1933 年) Glass-Steagall Act 118, 163
クラス・マガジン理論 class magazine theory 350

グラフィック・ノベル graphic novel 615
グラフィティ graffiti 684, 714
グラミー賞 Grammy Awards 590, 676, **716**
グランド・オール・オープリー The Grand Ole Opry 707
グランドキャニオン Grand Canyon 32, 505
クリエイティヴ・ライティング・プログラム / 創作科 creative writing programs 590
『クリスチャン・サイエンス・モニター』 *The Christian Science Monitor* 374
クリスチャンホーム Christian home 235
クリスチャン連合 The Christian Coalition 75
クリスマス Christmas 469, 502, 729
クリール広報委員会 Committee on Public Information 650
グリーン雇用 green job 31
グリーン・ニューディール政策 Green New Deal 30, 123
クリーンパワープラン Clean Power Plan 27
グリーンベレー Green Berets 758
グリーンランタン Green Lantern 613
グルーヴ groove 711
クール・ジャパン Cool Japan **834**
グルッター判決 Grutter v. Bollinger, 539 U.S. 306 (2003) 418
クルド人 Kurds 758
クルーナー crooner 710
車社会 automobile society **488**
『クレイジーカット』 *Krazy Kat* 612
クレイトン法 Clayton Antitrust Act of 1914 162
クレジットカード credit card 120, 128, 352, 417
クレズマー Klezmer 700
グレッグ判決 Gregg v. Georgia, 428 U.S. 153 (1976) 153
《黒い牡牛》 *The Brave One* 649
グローバリゼーション / グローバル化 globalization 78, 87, 98, 100, 189, 757
黒船 The Black Ships / Kurofune **804**
『軍鼓の響き』 *Drum Taps* 576
軍事 Military 422, 724, **726**, **740**, **748**, **750**, 781
クーンソング coon song 708
軍民両用技術 / デュアルユース dual-use 315, 322
ケア care **336**
ゲイ gay 410, 436, 440, 465
経営者支配 management control 86
桂冠詩人コンサルタント The Poet Laureate Consultant in Poetry 551
経験論 empiricism 258
軽罪 misdemeanor 152
経済援助 economic assistance 96, **102**, 766, 782
経済格差 economic inequality 124, 475, 584, 642, 728
経済的・社会的及び文化的権利に関する国際規約 / 社会権規約 (ICCPR) International Covenant on Economic, Social and Cultural Rights 773, 766

経済摩擦　economic friction　655, 815, **824**
警　察　Police　251, 481, 541, 561, 862
《計算機》　*The Adding Machine*　552
刑事裁判　criminal procedure　**148**
形而上学的スペースオペラ　metaphysical space opera　574
ケイジャン　Cajun　700
芸術計画公共事業体（CWA）　Civil Works Administraition　522
継続歳出法（2014 年）　Continuing Appropriations Act of 2014　113
《系統図》　The Alfred Barr chart of Cubism and Abstract Art　518, 546
ケイトー研究所　Cato Institute　69
芸能人　entertainer　619, **626**, 677
刑　罰　punishment　**152**
刑務所　prison　152, 156, 254
ゲイ・レズビアン解放運動　Gay and Lesbian Liberation Movement　436
毛　皮　fur　38
ケークウォーク　cakewalk　708
《毛猿》　*The Hairy Ape*　552
ケース・スタディ・ハウス　Case Study Houses　538
《月世界旅行》　*A Trip to the Moon*　635
血統主義　jus sanguinis　46
ゲティスバーグ演説　Gettisburg Address　55, 271
ゲーテッド・コミュニティ　gated community　17, 471
ケネディ減税　Kennedy tax cut　124
ゲノム科学　genomics　303
ケーブルテレビ　cable TV　345, 346, 605, 641, 651
ゲーム型ドキュメンタリー　gamedocs　628
ゲリマンダー　gerrymandering　136
原意主義　originalism　134
検　閲　censorship　637, **646**, 650
厳格審査　strict scrutiny　147
研究開発（R&D）　research and development　88, 100, 298, 301, 308, **312**, 332, 453, 735
研究助成機関　funding agency　332
環境正義　environmental justice　23, 28
健康で飢えのない子どもたち法　Healthy Hunger-Free Kids Act　475
健康福祉省（HHS）　Department of Health and Human Services　332
建国神話　Legend of the Founding Brothers **270**
言語詩人　L=A=N=G=U=A=G=E poets　551
現実の悪意　actual malice　145, 364
顕示的消費　conspicuous consumption　280
原子爆弾　atomic bomb　313, 748, 816
原子力　nuclear power　28, 301, 319, 328, 774
原生自然　wilderness　20, 25, 37
原生動物　native animal　38
限定戦争　limited war　**736**
憲法革命　Constitutional Revolution　133
憲法制定会議　Constitutional Convention　130

原　油　crude oil　9, 34, 123, 325
権利革命　rights revolution　255
原理主義 / ファンダメンタリズム fudamentalism　74, 210, **228**, 289, 295, 742
権利章典　Bill of Rights　130, 146, 267
権力分立 / 三権分立　separation of powers　53, 130, **134**
言論の自由　freedom of speech　63, 137, 151, 203, 203, 352, 636
ゴーイング・パブリック　going public　54
郊　外　suburb　**16**, 470, 490
強　姦　rape　153, 155, 199, 462, 647
抗議小説　protest novels　557
公共事業促進局（WPA）　Works Progress Administration　509, 522
公共訴訟 / 制度改革訴訟　public law litigation　160
公共放送協会（PBS）　Public Broadcasting Service　344, 398
公共ラジオ（NPR）　National Public Radio　374
拘置所 / ジェイル　jail　152
拘禁刑　imprisonment　152
航空宇宙博物館　National Air and Space Museum　327, 751, 817
航空機　aircraft　109, 320, **322**, 487, 505, 728
航空技術諮問委員会（NACA）　National Advisory Committee for Aeronautics　322
広告（AD）　advertising　344, 528, **352**
公衆衛生局（PHS）　Public Health Service　332
口承詩　oral poetry　550
高尚文化　high culture　677
公職に就く女性支援プロジェクト（WPSP）　The Women in Public Service Project　452
公正教育学　equity pedagogy　409
公正の倫理　ethics of justice　337
公正貿易　fair trade　96, 779
構造映画　structural film　663
高速鉄道計画　High-Speed Rail Project　321
交　通　transportation　12, 16, 30, **108**, 320, 322, 486, 488
公定制条項　establishment clause　216, 232
公的記憶 / パブリック・メモリー　public memory　296
公的な感謝と祈りの日　Day of Public Thanksgiving and Prayer　217
後天性免疫不全症候群　Acquired Immune Deficiency Syndrome　333
高等研究計画局（ARPA）　Advanced Research Projects Agency　306, 315, 746, 748
合同メソジスト教会（UMC）　United Methodist Chuch　214
公判審理 / トライアル　trial　148
公判前手続　pretrial proceedings　149
高付加価値農産物（HVP）　High-Value Agricultural Products　95
鉱物資源　mineral resources　8, 122, 825
広報外交　public diplomacy　796
公民権運動　Civil Rights Movement　4, 58, 145, 164, 173, 177, 180, 189, **200**, 207,

243, 263, 271, 279, 283, 286, 393, 399, 408, 492, 703, 713
公民権法　Civil Rights Act / civil rights law　147, 165, 169, 200, 418, 458, 471, 418
公務員制度　civil servant system　**56**
公有地　public lands　9, **24**, 217
公用語　official language　404, 407, 807
功利主義　utilitarianism　20, 274
公立学校　public schools　74, 143, 159, 217, 263, **390**, 392, 405, 408
衡量テスト　balancing test　143
高齢者　senior/elderly　18, 126, 336, **478**, 481
工場労働者ロージー　Rosie the Riveter　456
コーエン・ボイヤー特許　Corn-Boyer Patent　302
《故郷の人々》　*Old Folks at Home*　682
国際宇宙ステーション（ISS）　International Space Station　298
国際映画祭　international film festival　674
国際教育機関　Institute of International Education　792
国際金本位制　international gold standard　116
国際刑事裁判所　International Criminal Court　767, 773
国際交流基金日米センター（CGP）　Japan Foundation Center for Global Partnership　813
国際教育交流協議会（JAFSA）　Japan Association for Foreign Student Affairs　807
国際主義　internationalism　254, 765, **772**, 775
国際信教自由法　International Religious Freedom Act　794
国際スポーツツーリズム評議会　Sports Tourism International Council　610
国際治安支援部隊（ISAF）　International Security Assistance Forces　742
国際仲裁裁判所　International Court of Arbitration　788
国際通貨基金（IMF）　International Monetary Fund　100, 772, 778
国際通貨ドル　U.S. Dollar as International Currency　**116**
国際婦人服労組（ILGWU）　International Ladies' Garment Workers' Union　193
国際復興開発銀行　International Bank for Reconstruction and Development　772, 778
国際文化会館　International House of Japan　813
国際調査報道ジャーナリスト連合（ICIJ）　International Consortium of Investigative Journalists　362
国際モダン・アート展　International Exhibition of Modern Art　521
国際連合　United Nations　26, 731, 772, 774
国際連盟　League of Nation　286, 772
国際労働機関　International Labor Organization　775
黒人英語　African American English　405, 678
黒人音楽　black music　557, 701
黒人女性神学　womanist theology　245

黒人大移動　Great Migration　178
黒人解放神学　Black theology of liberation　244
黒人文学　African American Literature　**556**, 584
黒人霊歌　Negro spiritual　242, 702, 704
国勢調査 / センサス　census　18, 47, 136, **170**, 178, 181, 184, 186, 194, 199, 414
国　籍　nationality / country of citizenship　15, 46, 98, 176, 188, 190, 206, 613
国土安全保障省（DHS）　Department of Homeland Security　726, 743
国内総生産（GDP）　Gross Domestic Product　94, 113, 504, 611, 815
告白詩人　confessional poets　550
国防教育法　National Defense Education Act　422
国防高等研究計画局（DARPA）　Defense Advanced Research Projects Agency　315, 748
国防総省　Department of Defense　25, 306, 315, 361, 378, 422, 746, 751
国　民　nation　**168**, 204, 266
国民皆保険　universal hearth care　126, 337, 466
国民統合　national integration　169, 182, 268, 270, 401
《国民の創生》　*The Birth of a Nation*　198, 636, 653, 752
国務省　Department of State　238, 356, 452, 790
国有林野　national forest　36
国立アメリカ歴史博物館　National Museum of American History　327
国立衛生研究所（NIH）　National Institutes of Health　302, 332, 336
国立がん研究所（NCI）　National Cancer Institute　332
国立眼病研究所（NEI）　National Eye Institute　332
国立教育研究所　National Institute of Education　412
国立公園　national park　25, **32**, 36, 505, 620
国立航空宇宙博物館　National Air and Space Museum　327, 751
国立自然史博物館　National Museum of Natural History　327
国立心肺血液研究所（NHLBI）　National Heart, Lung, and Blood Institute　332
国立ヒトゲノム研究所（NHGRI）　National Human Genome Research Institute　332
国立保健統計センター（NCHS）　National Center for Health Statistics　478
国連安全保障理事会（安保理）　United Nations Security Council　774, 800
国連海洋法条約　United Nations Convention on the Law of the Sea　773
国連環境開発会議　United Nations Conference on Environment and Development　36
国連環境計画　United Nations Environment Programme　31

国連軍　United Nations Forces　736, 774, 780, 782
国連原子力委員会　United Nations Atomic Energy Commission　774
国連憲章第51条　Article 51 of the United Nations Charter　774
国連世界観光機関（UNWTO）　UN World Tourism Organization　504
ゴーゴー　go-go　701
『ここより永遠に』　From Here to Eternity　577
ゴシック・ロマンス　gothic romance　566
コーシャー　kosher　246
個人主義　individualism　40, 202, **252**, 257, 268, 283, 523, 670
ゴーストタウン　ghost town　11
ゴスペル音楽　gospel music　242, **704**
子育て　child rearing　430, 468, 478
国　歌　national anthem　788
国家安全保障会議（NSC）　National Security Council　726, 791, 836
国家安全保障局（NSA）　National Security Agency　379, 743, 747
国家安全保障法　National Security Act（of 1947）　726, 791
国家環境政策法　National Environmental Policy Act　22, 34
国旗への忠誠の誓い　Pledge of Allegiance　222
国　教　established religion　219
国教条項　Establishment Clause　142
コットンクラブ　Cotton Club　708
『ゴディーズ・レディーズ・ブック』　Godey's Lady's Book　250
『孤独の井戸』　The Well of Loneliness　563
コートシップ　courtship　498
コニーアイランド　Coney Island　624
個別支援計画（IEP）　Individualized Education Program　402
コーポラティズム／協調主義　corporatism　753
コミック　comic　528, **612**, **614**, 616
コミックス倫理規定　Comics Code　614
コミックブック・コンベンション　comic book convention　613
コミュニケーション理論　communication theory　542
コミュニタリアニズム　communitarianism　254, **275**
コミュニタリアン派　communitarian　255
コミュニティ・オブ・クライスト　Community of Christ　225
コミュニティシアター　community theater　696
コミュニティ・ポリシング　community policing　155
コミューン　commune　227
コミンテルン／第3インターナショナル　Communist International　285, 730
コムキャスト　Comcast　346, 668
コムストック法　Comstock Law　446, 460, 580
コモン・マン　common man　292

コモン・ロー／判例法　common law　163, 164
雇用における年齢差別禁止法　Age Discrimination in Employment Act of 1967　478
雇用法　employment law　164
コヨーテ（COYOTE）　Call Off Your Old Tired Ethics　461
娯楽産業　entertainment industry　498
《コーラスライン》　A Chorus Line　685
孤立主義　isolationism　77, 762, **764**, 774, 776
コール＆レスポンス　call and response　704
コールイン　call-in　369
ゴールドウォーター＝ニコルズ法　Goldwater-Nichols Department of Defense Reorganization Act of 1986　726
『コールド・マウンテン』　Cold Mountain　576
コレクション　collection　518, 546
コレマツ判決　Korematsu v. United States, 323 U.S. 214（1944）　146
コレラ　Cholera　481
コロンブスの日　Columbus Day　502
婚　姻　marriage　**444**, 460
婚姻防衛法（DOMA）　Defense of Marriage Act（DOMA）　445
混　血　racial mixture　171, **174**, 185, 186, 556, 811
コンサートサルーン　concert saloon　681
コンセプチュアル・アート　conceptual art　542
コンテナ　container　338
《コントラスト》　The Contrast　552
『困難な選択』　Hard Choices　466
コンピューター　computer　306, 310, 362, 383, 542, 754
棍棒外交　big stick diplomacy　722, 784
根本主義／ファンダメンタリズム　fudamentalism　228

■さ

『ザ・イエローキッド』　The Yellow Kid　612
『サイエンス・ワンダー・ストーリーズ』　Science Wonder Stories　574
財　界　financial and industrial networking　292, **814**
最恵国待遇（MNF）　most-favored-nation treatment　96
在郷軍人会　American Legion　423
最後の貸し手（LLR）　lender of last resort　114
『最後のモヒカン族』　The Last of the Mohicans　573
財産権　property rights　97, 310, 448, 772
財産税　property tax　108, 394
罪状認否手続／アレインメント　arraignment　148
菜食主義　vegetarianism　477
再生可能エネルギー　renewable energy　30, 122
財政政策　fiscal policy　110

財政の崖　fiscal cliff　113
最低賃金　minimum wage　124, 164
ザイデコ　Zydeco　700
在日米軍　U.S. Forces Japan　727, 820, 822
在日米国商工会議所（ACCJ）　American Chamber of Commerce Japan　815
サイバーいじめ　cyberbullying　496
サイバー攻撃　cyberattack　746
サイバースペース　cyberspace　**746**
サイバー大学　cyber university　414
サイバーパンク運動　cyberpunk movement　575
サイバーマンデー　Cyber Monday　503
裁判所の友 / アミカス・キュリィ　amicus curiae　139
『サイレンス』　*Silence*　692
『サインズ』　*Signs*　434
サウジアラビア　Saudi Arabia　9, 742, 783, 767, 776
《サウンド・オブ・ミュージック》　*The Sound of Music*　684
サウンド・バイト　sound bite　55
サーカス　circus　**622**, 678, 680
サザン・パシフィック鉄道　Southern Pacific Railroad　321
サーシオレイライ / 裁量上訴　certiorari　139
サスティナビリティ / 持続可能性　sustainability　476
『サタデー・イブニング・ポスト』　*The Saturday Evening Post*　349
サッカー / フットボール　soccer/football　592, 594, **596**
サッコ・バンゼッティ事件　Sacco-Vanzetti case　359, 730
雑誌　magazine　249, 285, **348**, 376, 384, 386, 432, 612, 614
『ザップ・コミックス』　*Zap Comix*　614
サード・ウェイ　Third Way　69
《サバイバー》　*Survivor*　628
左派政権　leftist Governments　785
《ザ・バチェラー》　*The Bachelor*　628
『ザ・フェデラリスト』　*The Federalist/ Federalist Papers*　132
サブカルチャー　subculture　248, 282, 350, **464**, 573, 670
サブプライムローン危機　subprime mortgage crisis　121, 471
《ザ・フロント》　*The Front*　649
差別禁止法　anti-discrimination laws　147, 165
サミット　summit　23, 36, 818, 838
サラエボ事件　Sarajevo Incident　729
サラダボウル / 人種のるつぼ　salad bowl　15
サリバン判決　New York Times Co. v. Sullivan, 376 U.S. 254（1964）　145
ザ・レジデンツ　The Residents　545
『ザ・ロード』　*The Road*　571
参加型スポーツ　participant sport　603
参加民主主義　participatory democracy　77
産業革命　Industrial Revolution　86, 106, 448, 728
産業資本主義　industrial capitalism　728

三権分立 / 権力分立　separation of powers　267
三国協商　Triple Entente　729
残酷で異常な刑罰　cruel and unusual punishment　153
三国同盟　Triple Alliance　729
産児制限　birth control　**446**
三振法　three strikes law　152
参政権運動　suffrage movement　58
山村　mountain community　10
サンダンス TV　Sundance TV　669
『三人の女』　*Three Lives*　563
《三人の騎士》　*The Three Caballeros*　657
賛美歌　hymn　698
サンフランシスコ会議　San Francisco Conference　772, 774
サンフランシスコ講和条約　San Francisco Peace Treaty　819, 822
サンプリング　sampling　354, 714
サンベルト　sunbelt　**18**
サンボ　Sambo　176
『三名の兵士』　*Three Soldiers*　576
詩　poetry　**550**
シアトル・レパートリー・シアター　Seattle Repertory Theater　696
失業率　unemployment rate　101, 110, 187, 834
シェーカー　shaker　223, 284, 540
ジェットエンジン　jet engine　322
シェ・パニース　Chez Panisse　477
シエラクラブ　Sierra Club　20, 23, 33, 569
シェールガス　shale gas　27
シェルター　shelter　485
ジェンダー　gender　181, 202, 206, 433, 434, 450, 460, **464**, 499
『ジェンダー・アウトロー』　*Gender Outlaw*　563
ジェンダー・ギャップ　gender gap　58, 452
ジェンダー研究　gender studies　409, 433, 659
ジェンダースペース / 性差空間　gender space　575
ジェンダーニュートラル / 性的中立　gender neutral　411
ジェントリフィケーション　gentrification　13, 17
シオニズム　Zionism　247
『塩の代価』　*The Price of Salt*　563
資格任用制　merit system　56
シカゴ大学　University of Chicago　259
シカゴ派　Chicago school　536
シカゴ万国博覧会　World's Columbian Exposition / Chicago World's Fair　538, 625
シカゴ美術館　The Art Institute of Chicago　518, 520
シカゴフレーム　Chicago frame of architecture　534
士官学校　military academy　422
資金調達活動 / ファンドレイジング　fundraising　697
仕組債　structured bond　119
シークレット・サービス（USSS）　United

States Secret Service 117, 154
資源保全 resource conservation 20, 23, 33
自己啓発 self-enlightenment 227, 628
自己決定権 right to self-determination 290
自己実現 self-realization 227
自己破産 personal bankruptcy 121, 126
シーザーズ・パレス Caesars Palace 631
思春期文学 adolescent literature 583
市場革命 market revolution 78, 252
市場原理 market principle 78
《史上最大の作戦》 *The Longest Day* 753
《侍女の物語》 *The Handmaid's Tale* 669
地 震 earthquake 7
シスターフッド sisterhood 434, 464
システミック・リスク systemic risk 114
自然回帰 back to nature 569, 620
自然教育 nature study 569
自然災害 natural disasters 28
慈善財団 philanthropic foundation 314
慈善団体 charity organizations 82, 288
自然的貴族 natural aristocracy 277, 292
慈善の帝国 empire of charity 289
事前抑制 prior restraint 145
思想の自由市場 free market of ideas 144
自宅学習 / ホームスクーリング home schooling 421
しつけ discipline 468
実験映画 experimental film 662
実験音楽 experimental music 692
疾病予防管理センター（CDC） Centers for Disease Control and Prevention 336
私的法務総裁 private attorney general 141, 160
児童医療保険プログラム（CHIP） Children's Health Insurance Program 127
自動車 automobile / car 311, 315, **316**, 487
自動車大気汚染浄化法 Motor Vehicle Air Pollution and Control Act 317
児童の権利条約 Convention on the Rights of the Child 773
児童文学 juvenile literature **582**
シート・ミュージック sheet music 682
ジニ係数 Gini coefficient 124
死ぬ権利 right to die 290
シネマ 16 Cinema 16 662
シネマスコープ CinemaScope 639, 667
シネラマ Cinerama 639, 665
自発的結社 voluntary association **254**, 277
シビリアンコントロール / 文民統制 civilian control 724
シビル・ユニオン civil union 445
思弁小説 speculative fiction 575
司法省（DOJ） Department of Justice 65, 160, 162
『資本主義の文化的矛盾』 *Cultural Contradictions of Capitalism* 770
市民権 citizenship **46**, 66, 238, 744
市民社会 civil society 58, **66**, 273, 743
市民宗教 civil religion 218, 237, 720
市民的自由 civil liberty 66
市民的政治的権利に関する国際条約 / 自由権規

約 International Covenant on Civil and Political Rights 766
市民的千年王国説 / シビル・ミレニアリズム Civil Millenarianism 721
「市民的不服従」 *Civil Disobedience* 286
『市民の反抗』 *Civil Disobedience*（1866） 253
ジム・クロウ Jim Crow 48, 208, 243, 278, 392, 704
諮問的な研究グループ The Study Group on the Condition of Excellence in American Higher Education 412
社会改良 social reform 223
社会権規約 / 経済的社会的文化的権利に関する国際条約（ICCPR） International Covenant on Economic, Social and Cultural Rights 766, 773
社会参加仏教 Engaged Buddhism 249
社会主義 socialism / communism 96, 104, 124, 252, 264, **284**, 728, 792, 809
社会進化論 Social Darwinism 278, 280, 446, 596
社会正義の教育 social justice education 409
社会的責任論 social responsibility 364
社会的責任を果たすための医師団 Physicians for Social Responsibility 301
社会党 Socialist Party of America 193, 252, 284
ジャクソニアン・デモクラシー Jacksonian Democracy 48, 56, 578
ジャクソン・ファイブ Jackson Five 627
《シャークネード》 *Sharknado* 668
写 真 photography 350, 370, 376, **532**, 644
写真花嫁 picture bride 810
ジャズ jazz 15, 557, **688**, 705
《ジャズ・シンガー》 *The Jazz Singer* 637, 666, 681
『ジャスティスリーグオブアメリカ』 *Justice League of America* 613
シャッフル shuffle 708
シャドーバンク shadow bank 118
ジャーナリスト journalist 151, 359, 362, 368, 371
ジャパン・ソサエティ（ニューヨーク日本協会） Japan Society 814
ジャパンタウン / 日本町 Japan town 14
シャーマン反トラスト法 Sherman Antitrust Act 44, 88, 635
自由活動条項（自由実践条項） Free Exercise Clause 142
州間高速道路 Interstate Highway System 10
収監国家 penal state 49
銃規制 gun control 73, 156
宗教右派 / 宗教（的）保守 religious right / religious conservatives 58, **74**, 229
宗教左派 / 宗教リベラル religious left / religious liberal 75
宗教条項 religion clauses 142, 216, 232
宗教の寛容 religious toleration 222
宗教（的）保守 / 宗教右派 religious right/ religious conservatives 58, **74**, 229

宗教リベラル　religious left / religious liberal　74, 218
従軍慰安婦問題　issues of military comfort women　731
自由黒人　free black　242
重　罪　felony　152
自由至上主義　libertarianism　275, 369
自由実践条項　Free Exercise Clause　216, 232
銃　guns　130, 156, **158**, 208, 294
自由主義 / リベラリズム　liberalism　72, 150, **272**, 523
終身刑　life without parole　152
集積回路（IC）　integrated circuit　308
渋　滞　traffic jam　489
自由大学運動　Free University Movement　283
住宅所有　home ownership　470
住宅都市開発省（HUD）　United States Department of Housing and Urban Development　484
住宅ローン　home mortgage　79, 118, 120, 751
集団的自衛権　right to collective self-defense　774, 822, 836
自由党　liberty party　72, 272
柔軟反応戦略　flexible response　732
自由の女神　Statue of Liberty / Lady Liberty　**196**, 505
州　兵　National Guard　726, 750
自由貿易　free trade　824, 838
自由民　free people　170
『重力の虹』　*Gravity's Rainbow*　549, 577
祝　日　holidays　250, **502**, 751
主　権　sovereignty　2, 42, 130, 266, 286, **772**, 819
取材源秘匿　protecting news sources　378
出生地主義　jus soli　182
ジュネーブ協定　Geneva Conference（1954）　789
ジュリアード音楽院　Juilliard School　683
主流派キリスト教会 / 主流派　mainstream churches　241
主流派経済学　mainstream economics　125
主流派プロテスタント教会　mainstream protestant churches　214
シュルレアリスム　surrealism　532
障　害　disability　147, 202, 402
障害を持つアメリカ人法（ADA）　Americans with Disabilities Act of 1990　147, 165, 402, 772, 819
唱歌学校　singing schools　698
正気の核政策を求める全米委員会　National Committee for a Sane Nuclear Policy　287
小劇場運動　Little Theater Movement　697
証　券　securities　119, 162
称賛文化　congratulatory culture　676
勝者総取り　winner-take-all　50
小　説　fiction　198, 282, 348, **548**, 554, 554, 560, 565, 566, 570, 572, 574, 588
常設仲裁判所　Permanent Court of Arbitration　286

肖像画　portrait painting　508
象徴的言論　symbolic speech　144
小陪審　petit jury　150
消費者金融保護局（CFPB）　Consumer Financial Protection Bureau　121
消費主義　consumerism　237, **280**, 493, 832
消費文化　consumer culture　227, 352, 490, 495, 511
商品金融公社（CCC）　Commodity Credit Corporation　94
情報革命　Information Revolution　87
情報公開法（FOIA）　Freedom of Information Act　66
情報通信インフラ　information and communication infrastructure　307
「情報」展　*Information Exhibition*　542
照　明　lighting　318
勝利のための変革連合（CtW）　Change to Win　92
食品医薬品局（FDA）　Food and Drug Administration　304, 334, 447
食料スタンプ / フードスタンプ　food stamp　83, 94, 454
女性差別撤廃条約　Convention on the Elimination of all forms of Discrimination Against Women　773
女子大学　women's university　147, 415, 452
ジョージ・ワシントンの誕生日 / 大統領の日　George Washington's Birthday / President's Day　502
女性運動　Women's Movement　23, 446, 492, 739
女性学　women's studies　433, **434**, 453
女　性　women　58, **434**, 448, **452**
女性軍人のための国防諮問委員会（DACOWITS）　Defense Advisory Committee for Women in the Services　457
女性軍隊統合法　Women's Armed Services Integration Act of 1948　457
女性国際平和自由連盟（WILPF）　Women's International League for Peace and Freedom　456
女性参政権　women's suffrage　428, 448
女性宣教師　female missionaries　235
女性平和党（WPP）　Woman's Peace Party　456
女性陸軍補助部隊（WAAC）　Women's Army Auxiliary Corps　457
『ジョゼフと友達』　*Joseph and His Friend*　562
ジョック・カルチャー　jock culture　441
ショックレー半導体研究所　Shockley Semiconductor Laboratory　308
ショッピングモール　shopping mall　16, **490**, 665
初等中等教育法（ESEA）　Elementary and Secondary Education Act　395, 399, 425
所得格差　income inequality　114, 125, 189, 288
ショービジネス　show business　626, **676**, 684
シーライズム　sheilaism　227
シリア　Syria　784, 800

シリコンバレー　Silicon Valley　5，89，309
飼料穀物　feed grains　94
シルクスクリーン　silk screen printing　529
シルク・ド・ソレイユ　Cirque du Soleil　623
進化論　Theory of Evolution　74，143，229，
　237，518
信教自由法 / バージニア信教自由法　216，
　233
信教の自由　freedom of religion/religious
　liberty　142，219，**232**
信教の自由回復法（RFRA）　Religious Freedom
　Restoration Act of 1993　143
シンクタンク　think tank　68，375
シングル・ペアレント　single parent　445
シングルマザー世帯　female head of household
　178
人権外交　human rights diplomacy　269，**766**
人権人道問題局　Bureau of Human Rights and
　Humanitarian Affairs　766
人工知能（AI）　artificial intelligence　311，
　383，749
人工妊娠中絶　abortion　73
信仰復興運動 / リバイバル　revival　**212**，
　242，721
『人口論』　An Essay on the Principle of Population
　446
《シンコペーテッド・クロック》　The Syncopated
　Clock　683
《真実の瞬間》　Guilty by Suspicion　649
シンシナティ市の聖書戦争　Cincinnati Bible
　War　217
人　種　race　170，**172**，202，205
新自由主義　neoliberalism　73，104，203，
　283，642
新自由主義的グローバリズム　neoliberal
　globalism　79
人種隔離　racial segregation　48，168，174，
　200，408
人種差別　racial discrimination　45，48，70，
　136，146，152，176，178，186，188，198，
　202，242，244，279，408，553
人種主義 / レイシズム　racism　205，460
『人種のるつぼを越えて』　Beyond the Melting
　Pot　180，262
人種別学　racial segregation　133，146
人種偏見　racial prejudice　176，188，816
真珠湾 / パールハーバー　Pearl Harbor　269，
　577，811，837
シンセサイザー　synthesizer　711
身　体　body　**440**，460
心的外傷後ストレス障害（PTSD）
　Posttraumatic Stress Disorder　457，751
真の女性性の礼賛　cult of true womanhood
　432
新批評　New Criticism　550
新　聞　newspaper　**340**，**342**，509
新保守主義 / ネオコン　neoconservatism　741，
　770
新マルサス主義　neomulthusianism　446
親密圏　spheres of intimacy　464
人民党　People's Party　76，819

「人民の，人民による，人民のための政治」
　Government of the People, by the People, for the
　People　55
信用履歴　credit history　121
森　林　forest　8
随意的雇用 / 解雇自由　at-will employment
　164
水質浄化法　Clean Water Act　34
垂直的統合　vertical integration　638，664
スウィング　swing music　688，756
スウェットショップ　sweat shop　106
過越の祭 / ペサハ　Passover　503
スキャンダル　scandal　364，646
スクールカースト　school caste　496
スコープス裁判 / 進化論裁判　Scopes Trial
　228
《スター・ウォーズ》　Star Wars　616，683
スター・ウォーズ計画（SDI）　Strategic
　Defense Initiative　641
スタグフレーション　stagflation　770
スタジオシステム　studio system　639
スターシステム　star system　637，**644**
スタンダップ・コメディアン　stand-up
　comedians　579
スタンダード・オイル　Standard Oil Co.　86
スタンフォード大学　Stanford University　309，
　356
スタンリー判決　Stanley v. Illinois, 405 U.S. 645
　（1972）　445
ステップファミリー　step family　468
ステレオタイプ　stereotype　176，194，247，
　263，463
ストリップティーズ　striptease　681
ストロベリー・ショートケーキ　Strawberry
　Shortcake　618
ストーンウォール暴動　Stonewall Rebellion
　436
『ストーン・ブッチ・ブルース』　Stone Butch
　Blues　563
スノーベルト　Snowbelt　18
スーパーPAC　Super PAC　63
《スパイ大作戦》　Mission: Impossible　627
『スパイダーマン』　Spider-Man　612
《スパイラル・ジェッティ》　Spiral Jetty　519
スパウズ　spouse　450
スーパーファンド法（SDI）　Superfund Act
　22，35
スーパーボウル　Super Bowl　347，594
『ハーパーズ・マガジン』　Harper's Magazine
　348
『スーパーマン』　Superman　612
《スパルタクス》　Spartacus　649
スピーチ　speech　**54**，207，263，718
スピーチライター　speech writer　55
『スピード・クイーンの告白』　The Speed Queen
　571
スピード・デーティング　speed dating　499
スピリチュアル　spiritual　226，247
スプートニク・ショック　Sputnik crisis　315，
　699
スペースシャトル　space shuttle　298

すべての子どもが成功するための法（ESSA）
　Every Student Success Act　425
スポークン・ワード　spoken word　590
スポーツ　sports　602, **606**
スポーツ産業　sports industry　**602**
スポーツツーリズム　sports tourism　610
スポーツ放送法　Sports Broadcasting Act　604
スポーツメディア　sports media　604
スマートグリッド　smart grid　30
スミス判決　Employment Division, Department
　of Human Resources of Oregon v. Smith, 494
　U.S. 872（1990）　143
スミス・ムント法　Smith-Mundt Act of 1948
　651
スミソニアン協会　Smithsonian Institution
　326
スミソニアン航空宇宙博物館　National Air and
　Space Museum　817
スムート＝ホーレイ関税法　Smoot-Hawley
　Tariff Act　824
『スローターハウス5』　Slaughterhouse-Five
　549, 577
スローフード　slow food　475, 476
性衛生運動　Sexual Hygiene Movement　461
性革命　Sexual Revolution　282, 580
正義の二原理　two principles of justice　275
政教分離　separation of church and state　142,
　211, **216**, 236
聖公会　Anglican Church　90, 214
成功報酬制　contingent fee　141, 161
性差別　sexual discrimination　147, 165, 293,
　410, 431
性産業　sex industry　**460**
生産調整　production control　94
政治活動委員会（PAC）　Political Action
　Committee　62
政治献金　campaign finance　**62**
誠実なリーダーシップと公明な政治法　Honest
　Leadership and Open Government Act of 2007
　65
政治的言論　political speech　144
政治討論番組　political debate program　368
政治と宗教の分離　separation of politics and
　religion　219
政治ニュースサイト　political news site　370
聖　書　bible　75, 210, 214, 217, 223, 808
星条旗　Star-Spangled Banner　788
《星条旗よ永遠なれ》　Stars and Stripes Forever
　683
青少年の体力に関する大統領審議（PCYF）
　President's Council on Youth Fitness　474
生殖アウトソーシング　reproductive
　outsourcing　305
生殖産業　reproductive industry　**304**
生殖ツーリズム　reproductive tourism　305
生殖補助技術（ART）　artificial reproductive
　technology　305
聖書朗読　scripture reading　217
西　漸　westward expansion　2, 122, 240,
　265, 722
正戦論　just war theory　788

性的志向性　sexual orientation　202
性的少数者／セクシャルマイノリティ　sexual
　minority　410, 504, 685
正　典　canon　569
政党制　party system　52, 191, 279
制度改革訴訟／公共訴訟　public law litigation
　152
青年国際党（Yippie）　Youth International Party
　283
『征服の遺産』　The Legacy of Conquest　40
西部劇　western film　39, 40, 656, 627, 754,
　821
生物多様性条約　Convention on Biological
　Diversity　773
『西部旅行記』　Roughing It　570
成文憲法　written constitution　166
精密爆撃　precision bombing　361
生命科学　life science　303, 332
製薬産業　pharmaceutical industry　**334**
聖霊のバプテスマ　Baptism in the Holy Spirit
　230
性労働者アウトリーチ・プロジェクト（SWOP-
　USA）　The Sex Workers Outreach Project
　461
性労働者に対する暴力撲滅の日　International
　Day to End Violence against Sex Workers　461
世界銀行　World Bank　778, 824
世界産業労働者組合　Industrial Workers of the
　World　284
世界人権宣言　Universal Declaration of Human
　Rights　766
世界新聞ニュース発行者協会（WAN-IFRA）
　World Association of Newspapers and News
　Publishers　382
世界の宗教的迫害に関する良心の声明
　Statement of Conscience Concerning
　Worldwide Religious Persecution　794
世界貿易機関（WTO）　World Trade
　Organization　95, 100, 772, 779, 838
世界貿易機関を設立するマラケシュ協定
　Marrakesh Agreement Establishing the World
　Trade Organization　98
石　炭　coal　8
石　油　oil　28, 122
セクシズム／性差別　sexism　410, 439
セクシュアリティ　sexuality　23, 208, 410,
　441, 460
セクシュアル・ハラスメント　sexual
　harassment　462
セグリゲーション　segregation　12, 14
《セサミ・ストリート》　Sesame Street　**398**
世俗化論　Secularization Theory　**236**, 239
世俗主義　secularism　218, 237
世俗的ヒューマニズム　secular humanism　74
積極的安楽死　active euthanasia　230
積極的差別是正措置／アファーマティブアク
　ション　affirmative action　418
セックスワーカーズ・プロジェクト（SWP）
　The Sex Workers Project　461
説　示　instruction/charge　148, 150
絶滅危惧種法　Endangered Species Act　39

事 項 索 引 889

セネカ・フォールズ　Seneca Falls　49，271，
272
ゼネラル・エレクトリック（GE）　General
Electric Company　314，319，325
ゼネラル・モーターズ（GM）　General Motors
Company　87，316，489
セーフティネット / 救済策　safety net　455，
484
セーフプレイス / 安全な場所　safe place　410
セブンシスターズ　seven sisters　452
セブンスデー・アドベンティスト　Seventh-day
Adventists　223
セラノ第 1 判決　Serrano v. Priest, 5 Cal.3d 584
（1971）（Serrano I）　394
セレブリティ　celebrities　386，519，619
ゼロ・トレランス　zero tolerance　426
戦域核兵器（INF）　Intermediate-range Nuclear
Forces　741
前衛詩人　avant-garde poets　551
前衛芸術　avant-garde art　520，526
宣教師　missionary　289，792，795，808
選挙権　voting rights　48，136
選挙産業　election industry　60
選挙制度　election system　48，136
選挙マーケティング　election marketing　61
全国鉄道旅客公社　National Railroad Passenger
Corporation　321
全国党大会　national convention　50
全国放送会社（NBC）　National Broadcasting
Company　344，365
全国労働関係委員会（NLRB）　National Labor
Relations Board　162
全国労働関係法 / ワグナー法　National Labor
Relations Act　92，164
センサス / 国勢調査　census　170，175，179，
181
戦時情報局（OWI）　The United States Office of
War Information　456，651，756
戦時転住局（WRA）　War Relocation Authority
651
善時法　good time release　152
先住民 / ネイティブ・アメリカン / インディア
ン　native Americans / indian　25，40，170，
226，235，484，554，559，570，760
潜水艦　submarine　313，734
センセーショナリズム　sensationalism　364，
369
宣戦布告　declaration of war　359，725，764，
796
戦　争　war　456，752，756，788
戦争違法化　outlawry of war　286
戦争に反対するイラク帰還兵の会（IVAW）
Iraq Veterans against the War　739，751
戦争に反対するベトナム帰還兵の会（VVAW）
Vietnam Veterans Against the War　739，751
『戦争の鷹』　The War Eagle　576
戦争花嫁　war bride　175，456
戦争文学　literature of war　576
戦争報道　war reporting　358
専属牧師　chaplain　217
洗濯機　washing machine　319

選択的接触　selective exposure　367
全地球カタログ　The Whole Earth Catalog
283
戦闘機 F-35　F-35 Lightning　757
『戦闘詩篇と戦争の相貌』　Battle-Pieces and
Aspects of the War　576
『禅とオートバイ修理技術』　Zen and the Art of
Motorcycle Maintenance　248
セントパトリックの日　St. Patrick's Day　503
セントラルパーク　Central Park　624
セントラル・パシフィック鉄道　Central Pacific
Railroad　320
千年王国　millenarianism　222，229，512，
553，721
全米音楽指導者会議（MENC）　Music
Educators National Conference　699
全米介護連合（NAC）　National Alliance for
Caregiving　479
全米科学財団（NSF）　National Science
Foundation　306
全米芸術基金（NEA）　National Endowment for
the Arts　516，523，697
全米研究評議会（NRC）　National Research
Council　313
全米黒人地位向上協会（NAACP）　National
Association for the Advancement of Colored
People　187，243，756
全米サービス従業員組合（SEIU）　Service
Employees International Union　93
全米自動車安全法　National Traffic and Motor
Vehicle Safety Act　317
全米女性学会（NWSA）　National Women's
Studies Association　434
全米女性組織　National Organization for Women
255
全米大学体育協会（NCAA）　National Collegiate
Athletic Association　383，599
全米退職者協会（AARP）　American Association
for Retired Persons　479
全米追悼の日　National Day of Mourning　503
全米農業労働者組合　United Farm Workers
190
全米バスケットボール協会（NBA）　National
Basketball Association　601，609
全米福音派協会（NAE）　National Association
of Evangelicals　794
全米有色人種地位向上協会（NAACP）　National
Association for the Advancement of Colored
People　653
全米ライフル協会（NRA）　National Rifle
Association　158
全米旅行産業協会　US Travel Association　504
戦没将兵（追悼）記念日　Memorial Day　502，
721
戦略諜報局（OSS）　Office of Strategic Services
457，797
戦略的安定　strategic stability　735
戦略兵器削減条約（START）　Strategic Arms
Reduction Treaty　741
戦略兵器制限交渉（SALT）　Strategic Arms
Limitation Treaty　740

戦略防衛構想（SDI） Strategic Defense Initiative 734, 741, 755
占領 occupation 820, 833
相互確証破壊（MAD） Mutual Assured Destruction 733
相互抑止 mutual deterrence 732, 740
創作科／クリエイティヴ・ライティング・プログラム creative writing programs 590
創造的連邦制 creative federalism 44
総力戦 total war 358, 729, 742
ソウル・ミュージック soul music 705
ソクラティック・メソッド Socratic method 140
ソシエテ・アノニム Societe Anonyme, Inc. 520
ソーシャル・セツルメント social settlement 258
ソーシャル・ネットワーク・サービス（SNS） social network service 54, 76, 104, 190, 373, 377, 382, 496, **500**, 533, 626
ソーシャルメディア social media **372**, 380, 545, 797
租税回避地／タックスヘイブン tax haven 101
ソフトパワー soft power 792, 797, 834
ソフトマネー soft money 63
ソマリア Somalia 784
ソ連（ソビエト社会主義共和国連邦） Soviet Union 100, 284, 298, 300, 641, 774, 765
ソロモン・R. グッゲンハイム美術館 Solomon R. Guggenheim Museum 518
ソロリティ sorority 497
損害賠償 damages 161
ゾンビ映画 zombie movies 641
村落 community 10

■た
第1修正（合衆国憲法） First Amendment to the United States Constitution 60, 62, 66, 130, 137, 144, 146, 207, 211, 216, 219, 232, 344, 358, 444, 463, 721
第2修正（合衆国憲法） Second Amendment to the United States Constitution 130, 156, 750
第10修正（合衆国憲法） Tenth Amendment to the United States Constitution / Amendment X 42, 3130, 146, 388, 394, 422
第14修正（合衆国憲法） Fourteenth Amendment to the United States Constitution / Amendment XIV 46, 217, 395, 419, 444
第18修正（合衆国憲法） Eighteenth Amendment to the United States Constitution / Amendment XVIII 210, 449
第19修正（合衆国憲法） Nineteenth Amendment to the United States Constitution / Amendment XIX 49, 58, 429, 448
第1次戦略兵器削減条約（START） Strategic Arms Reduction Treaty 734
第1波フェミニズム first wave feminism 428, 433, 560, 658
第2波フェミニズム second wave feminism 429, 433, 434, 451, 462

第2インターナショナル Second International 729
第3インターナショナル／コミンテルン Third International / Comintern 285, 730
第2黄金期児童文学 the second golden age of children's literature 582
第2合衆国銀行 Second Bank of the United States 114
第2次産業革命 Second Industrial Revolution 86
第2次信仰復興運動 Second Great Awakening 234, 582
第2次大覚醒／第2次信仰復興運動 Second Great Awakening 222, 225, 231, 234, 237, 254, 795
第2バチカン公会議 Second Vatican Council 220, 244
第69連隊兵器庫／アーモリー 69th Regiment Armory 520
大移住 Great Migration 243
第一列島線 First Island Chain 781
退役軍人省 Department of Veteran Affairs 422, 751
退役軍人の日 Veterans Day 502, 751
ダイエット diet 432, 440
体外受精型代理出産 gestational surrogacy 304
対外部／外交部 foreign service 790
大学 college / university **414**, 496, 506
大学教育再生加速プログラム（AP） Acceleration Program for University Education Rebuilding 412
大学進学適性試験（SAT） SAT Subject Test 396
代議員 delegate 50, 60
大気汚染 air pollution 27, 34, 317
大気浄化法／大気清浄法 Clean Air Act 22, 27, 34
大恐慌 Great Depression 87, 118, 259, 288, 484, 824
対ゲリラ作戦 counter guerrilla 758
対抗文化／カウンターカルチャー counterculture 226, 247, 252, **282**, 285, 400, 448, 477, 530, 575, 613, 689, 713, 721
大衆迎合主義／ポピュリズム populism **76**, 203, 260, 278, 292, 771, 802
大衆消費 mass consumption 87, 636, 640
大衆文化 popular culture 84, 238, 430, 509, 516, 528
対人地雷禁止条約 Ottawa Treaty 773
大西洋横断海底電信ケーブル Transatlantic submarine telegraphic cable 318
代替療法 alternative medicine 226
『大地』 The Good Earth 586
対テロ戦争 War on Terrorism 71, 361, **742**, 745, 758, 784, 789
大統領就任演説 inaugural address 54, 502
大統領選挙 presidential election 13, 45, **50**, 52, 58, 60, 63, 72, 77, 113, 133, 137, 170, 201, 203, 215, 217, 231, 260, 285,

292, 295, 354, 357, 362, 370, 372, 450, 466, 765, 770, 801, 802
大統領討論会　presidential debates　55
大統領フィットネススポーツ栄養審議会（PCFSN）　President's Council on Fitness, Sports and Nutrition　474
大統領夫人　first lady　**450**, 466, 813
タイトルⅠ／初等中等教育法第Ⅰ編　Elementary and Secondary Education Act（ESEA）of 1965/Title Ⅰ　395
タイトルⅨ／男女教育機会均等法　Education Amendments of 1972/Title Ⅸ　418, 599
タイトルⅦ／公民権法第 7 編　Civil Rights Act of 1964/Title Ⅶ　147, 165
第二言語としての英語（ESL）　English as a second language　**406**
第二の権利章典　Second Bill of Rights　273
大陪審／起訴陪審　grand jury　150
太平洋安全保障条約　Pacific Security Pact　776
太平洋戦争　Pacific War　14, 589, 654, 753, 811
太平洋問題調査会（IPR）　The Institute of Pacific Relations　814
ダイマキシオン・カー　Dymaxion car　537
ダイム・ミュージアム　dime museum　681
タイム・ワーナー　Time Warner Inc.　668
『ダイヤモンド・エイジ』　The Diamond Age　575
太陽光発電所　photovoltaic power station / solar park　30
大陸横断鉄道　transcontinental railroad　24, 320, 486
大陸間弾道ミサイル（ICBM）　intercontinental ballistic missile　734
『大陸漂流』　Continental Drift　571, 585
大陸法系　civil law　166
代理出産　surrogacy　304
大理石の天井　marble ceiling　59
大量消費　mass consumption　124, 476, 494, 509, 593
大量生産　mass production　86, 122, 124, 280, 316, 338
大量破壊兵器（WMD）　weapons of mass destruction　378, 643, 800
大量報復戦略　massive retaliation　732, 736
ダイレクト・シネマ　direct cinema　661
《大列車強盗》　The Great Train Robbery　635
台湾海峡危機　Taiwan Strait Crisis　780
台湾関係法　Taiwan Relations Act　780
多国籍企業　multinational corporation　12, 23, 78, 98, **100**, 105
多人種アイデンティティ　multi-racial identity　175, 181
ダストボウル　Dust Bowl　7
ダダ＝シュールレアリスム　Dada Surrealisum　575
タックスヘイブン／租税回避地　tax haven　101
《ダック・ダイナスティ》　Duck Dynasty　629
竜　巻　tornado　7
ターナー・クラシック・ムービー　Turner

Classic Movies　668
タブロイド判新聞　tabloid　386
多文化教育　multicultural education　263, 399, 400, **408**, 699
多文化主義　multiculturalism　169, 202, 205, 218, 254, **262**, 558, **718**
弾　劾　impeachment　139
『ダンサー・フロム・ザ・ダンス』　Dancer from the Dance　562
男性学　men's studies　433, 435
団体交渉　collective bargaining　93, 425
弾道ミサイル　ballistic missile　301, 734, 758
ターンパイク／有料道路　turnpike　108
ダンバートン・オークス会議　The Dumbarton Oaks Conference　774
小さな政府　small government / limited government　**70**, 73, 77, 112, 169, 294, 373, 399, 770
チカーノ　Chicano　190, 255, 558
地球温暖化　global warming　26, 28, 75, 801
《地球が静止する日》　The Day the Earth Stood Still　649
地球サミット　Earth Summit　36
蓄音機　phonograph　325, 710
血の一滴ルール　one-drop rule　174, 186
《地の塩》　Salt of the Earth　649
チャイナタウン／中華街　china town　188
チャータースクール　charter school　390, 426
『チャタレー夫人の恋人』　Lady Chatterley's Lover　580
チャチャチャ　cha-cha-cha　709
中央情報局（CIA）　Central Intelligence Agency　378, 457, 830
中華街　China town　14
中間審査　intermediate scrutiny　147
中　国　China　8, 18, 26, 30, 94, 168, 172, 180, 182, 188, 248, 404, 587, 655, 777, 778, **780**, 837, 838
仲　裁　arbitration　161
中小企業庁（SBA）　Small Business Administration　**88**
抽象表現主義　abstract expressionism　509, 513, 515, 518, 520, **524**, 526
中心業務地区（CBD）　central business district　17
忠誠の誓い　Pledge of Allegiance　219, 222
中　絶　abortion　58, 74, 103, 228, 290, 304, 446, 480, 531, 658
中東戦争　Arab-Israeli conflict　748
調査報道　investigative journalism　340, **362**, 371, 374, 378, 380, 385
超正統派　ultraorthodox Judaism　198, 246
超絶主義　transcendentalism　252, **256**
朝鮮戦争　Korean War　725, 736, 738, 750, 774, 780, 782, 789, 822, 829
超伝導超大型加速器（SSC）　Superconducting Super Collider　330
頂点への競争プログラム（RTTT）　Race to the Top　425
懲罰的賠償　punitive damages　161
徴兵制　draft　287, 729, 750

長老派　Presbyterian　212，214，228，240，721
治療停止　withdrawal of life-sustaining treatment　290
『沈黙の春』　Silent Spring　22，34，280，477
通貨偽造　counterfeiting currency　117
通商法　Section 301 of the Trade Act　44，96
通信隊女子電話交換手部隊　Signal Corps Female Telephone Operators Unit　457
通信法　The Communications Act of 1934　60，668
ツー・ステップ　two-step　708
定期刑　determinate sentencing　152
《ディキシー》　Dixie　679
『ディクシーからの日記』　A Diary from Dixie　576
ディクシーランド・ジャズ　Dixieland jazz　688
デイケア　day care　469
帝国主義　imperialism　38，234，289，430，527，795，809
ディサイプルス教団　Disciples of Christ　214，241
ディサビリティ研究　disability studies　409
ディスカバリー／開示手続　discovery　141，161
ディスコ　disco　709
ディストピア映画　dystopian film　641
ディズニーランド　Disney Land　624，833
ディスペンセーショナリズム　dispensationalism　229
デイタイム・トークショー　daytime talk show　368
ティーチイン　teach-in　738
ティーパーティ運動　Tea Party Movement　53，74，77，255，295
低費用（格安）航空会社（LCC）　low cost carrier　109
ディープ・アクティブラーニング　deep active learning　413
ディープ・バトル　deep battle　748
ティンパンアレー　Tin Pan Alley　683，686，689，708
テキサス・インスツルメンツ　Texas Instruments　308
敵性戦闘員　enemy combatant　745
テクニカラー　Technicolor　667
デザート・イン　Desert Inn　630
デザレット国　State of Deseret　224
デジタル革命　digital revolution　642
デジタルシネマ　digital cinema　667
デジタルシフト　digital shift　352
デジューレ標準　dejure standard　338
テスラモーターズ　Tesla , Inc.　311，317
鉄道　railroad　4，12，24，43，91，108，235，265，**320**，486，488，630，728
《鉄のカーテン》　The Iron Curtain　649
デニショーン・スクール　Denishawn School of Dacing and Related Arts　690
テニュア　tenure　424
デパート　department store　16，120，490

テーマパーク　theme park　490，**624**
デモクラシー　democracy　45，160，253，259，**276**，533
デモンタージュ　Demontage　731
デュアルユース／軍民両用技術　dual use　315，322
デュー・プロセス　due process　130，147，424，444
デュポン　E. I. du Pont de Nemours and Company　86，314
デルタフォース　Delta Force　758
デルタブルース　Delta blues　705
テレビ（TV）　television　54，60，144，230，308，344，346，528，355，360，604，626，628，**668**，672，676，832
テレビ討論会　presidential debates　356
テレヴァンジェリスト／テレビ説教者　televangelist　75，231
テレワーク　telework　469
テロリスト　terrorist　81，198，205，734，743，800
テロリズム　terrorism　301，724
天安門事件　Tiananmen Square Incident　767，781
電気　electricity　122，310，**318**，324，710
電気事業社　electric power company　324
電球　lightbulb　324
電子教会／エレクトリック・チャーチ　electric church　231
電子タウンミーティング　electronic town meeting　372
『天使よ故郷を見よ』　Look Homeward, Angel　565
電信機　telegraph　318
伝道　mission　212，**234**，242，264，794，808
天然ガス　gas　9，28，122，319，334
天然資源　natural resources　**8**，20，22，728
天然痘　smallpox　481
天文学　astronomy　330
電力自由化　energy deregulation　122
電話機　telephone　318
ドイツ移民　German Americans　238，334
統一親子法　Uniform Parentage Act　304
同一賃金法（EPA）　Equal Pay Act of 1963　165，458
統一通貨ユーロ　euro　117
党員集会　caucus　50
統合医療　integrative medicine　336
統合軍　Unified Combatant Commands　727
統合参謀本部（JCS）　Joint Chiefs of Staff　726
投資銀行　investment bank　118
同性愛　homosexual　74，199，228，282，410，438
同性婚　same-sex marriage　73，147，445，562
道徳の守護者　moral guardian　448
東南アジア条約機構（防衛条約）　Southeast Asia Treaty Organization　776，782
投票権法　Voting Rights Act　48，200
投票者 ID 法　voter ID laws　49

動物虐待防止協会（ASPCA） American Society for the Prevention of Cruelty to Animals 495
動物福祉法 Animal Welfare Act 495
答弁取引 plea bargaining 148
討論型世論調査 deliberative poll 356
トゥワング twang 706
『遠い声，遠い部屋』 *Other Voices, Other Rooms* 562
トーキー talkie 572, 636, 638, 646, 656, 664, 666, 672, 681, 686
《ドキュソープ》 *docusoap* 628
ドキュメンタリー documentaries 376, 551, 628, 650, **660**, 668
特殊部隊 special operation forces **758**
トークショー talk show 346, **368**
特別代議員 superdelegate 50
独立映画 independent moving pictures 645, 653
独立記念日 Independence Day 502, 600, 721
独立自営農民 yeoman farmer 21
独立支出 independent expenditure 63
独立宣言 Declaration of Independence 1146, 218, 267, 271, 272, 720
独立戦争 American Revolutionary War 131, 170, 234, 28, 358, 750, 792, 795
都 市 city/urban **12**, 534
『都市と柱』 *The City and the Pillar* 562
特 許 patent 324
「ドラッジ・レポート」 *Drudge Report* 370
ドット・フランク法／ウォール街改革・消費者保護法 Dodd-Frank Wall Street Reform and Consumer Protection Act of 2010 115, 118, 121
《となりのサインフェルド》 *Seinfeld* 669
トニー賞 Tony Awards 676, 716
どの子も置き去りにしない法（NCLB 法） No Child Left Behind Act of 2002 396, 405, 425
ドーピング doping 609
『飛ぶのが怖い』 *Fear of Flying* 581
富の福音 Gospel of Wealth 288
トムソニアニズム thomsonianism 480
『トム・ソーヤーの冒険』 *The Adventures of Tom Sawyer* 582
『トムとジェリー』 *Tom and Jerry* 618
トモダチ作戦 Operation Tomodachi 836
ドラッグ・ボール drag ball 464
ドライブインシアター drive-in theater 489, 665
ドラッグ・カルチャー drug culture 282
ドラッグコート drug court 483
『虎よ，虎よ！』 *The Stars My Destination* 574
トランジスタ transistor 308, 315, 319, 325
トランスジェンダー transgender 410, 436, 629
《トランボ》 *Trumbo* 649
《ドリップミュージック》 *Drip Music* 693
度量衡 weights and measures 338
ドル紙幣／連邦準備券 Federal Reserve Notes 116
トール・テイル tall tale 578

ドルト信条 Canons of Dort 210
ドルビー・ラボラトリーズ Dolby Laboratories, Inc. 666
ドル本位制 dollar standard 116
トルーマン・ドクトリン Truman Doctrine 774
奴 隷 slave 146, 170, 174, 187, 472
奴隷解放運動 abolitionism 49
奴隷制度即時廃止運動論者 abolitionist 243
奴隷説教師 slave preacher 242
奴隷体験記 slave narratives 556
ドレクセル・バーナム証券 Drexel Burnham Lambert 631
ドレッド・スコット判決 Dred Scott Case (Scott v. Sandford), 60 U.S. (19 How.) 393 (1857) 46, 133
《ドン・ジョバンニ》 *Don Giovanni* 682

■な

ナイロン nylon 314
《ナクソス島の眠るアリアドネ》 *Ariadne Asleep on the Island of Naxos* 510
ナザレン教団 Nazarenes 214
ナショナル・アイデンティティ national identity 296, 508, 512
ナショナル・アカデミー National Academy of Design, New York 510
ナショナルバプテスト連盟（NBC） National Baptist Convention 242
ナショナル・バーン・ダンス National Barn Dance 707
ナショナル・フットボール・リーグ（NFL） National Football League 594, 600, 602
ナショナル・ブロードキャスティング・カンパニー（NBC） National Broadcasting Company 346
ナースプラクティショナー nurse practitioner 480
ナップスター Napster 687
『夏への扉』 *The Door into Summer* 574
ナニー nanny 469
『汝，故郷に帰れず』 *You Can't Go Home Again* 565
南米共同市場 Mercado Común del Sur 785
南部キリスト教指導者会議（SCLC） Southern Christian Leadership Conference 243
南部バプテスト連盟（SBC） Southern Baptist Convention 214
南部文学 literature of the American South **564**
南北戦争 American Civil War 43, 133, 196, 221, 320, 334, 358, 492, 576
難 民 refugees 12, 14, 29, 189, 190, 194, 197, 643, 794
二院制 bicameralism 135
ニクソン・ショック Nixon shock 116
二国間協定 bilateral agreement 104
二大政党制 Two Party System **52**, 191
日米関係民間会議 Japanese-American Assembly 826
日米財界人会議 Japan-U.S.Business Conference

815

日米修好通商条約　Treaty of Amity and Commerce Between the United States and the Empire of Japan　804, 808

日米紳士協定　U.S.-Japan Germen's Agreement　600, 810

日米野球　Japan-U.S. baseball　812, **828**

日米リーダーシップ・プログラム　U.S.-Japan Leadership Program　827

日米和親条約　Convention of Peace and Amity between the United States of America and the Empire of Japan　486, 804

日系（アメリカ）人　Japanese American　14, 182, 558, 753, **810**, 817

ニッケルオデオン　Nickelodeon　664

『日本遠征記』　*The Japan Expedition, 1852-1854*　805

日本国憲法　Constitution of Japan　166, 776

日本国際交流センター　Japan Center for International Exchange　826

ニュー・アメリカン・シネマ・グループ　The New American Cinema Group　662

ニューエコノミー　new economy　100, 104

ニューエイジ　New Age　**226**

ニューオーリンズ・ジャズ　New Orleans Jazz　688

ニュースクール　New School for Social Reseach　515

ニューズペーパー・アソシエーション・オブ・アメリカ（NAA）　Newspaper Association of America　343

ニュースメディア連合（NMA）　News Media Alliance　382

ニューソート　New Thought　226

ニューディール　New Deal　44, 52, 72, 82, 87, 93, 133, 259, 273, 279, 288, 354, 485, 522, 524, 538, 650, 770

ニューベリー賞　The John Newbery Medal　583

『ニューヨーカー』　*New Yorker*　351, 579

ニューヨーク近代美術館（MoMA）　The Museum of Modern Art, New York　311311, 509, 516, 518, 533, 535, 537, 538, 540, 542

ニューヨーク・シティ・バレエ　New York City Ballet　690

ニューヨーク市立大学　New York City College　423

ニューヨーク・スクール　New York School　692

ニューヨーク世界博／ニューヨーク万国博覧会　New York World's Fair 1964/1965　538

『ニューヨーク・タイムズ』　*The New York Times*　342, 375, 378, 380

ニューヨーク派詩人　New York School poets　550

ニューヨーク・メトロポリタン　New York metropolitan　682

ニュールック戦略　New Look policy　748

ニュルンベルク裁判　Nuremberg Military Tribunals　731

ニューレフト　New Left　283

『ニューロマンサー』　*Neuromancer*　575

人間機械共生系／マン・マシン・インタフェイス　man-machine interface　575

妊娠中絶　abortion　290

ネイション・オブ・イスラム（NOI）　Nation of Islam　194, 227, 243

ネイチャーライティング　nature writing　568

ネイティブ・アメリカン／先住民／インディアン　Native American

ネイティブ・アメリカン文学　Native American Literatures　554

ネイティブ・アメリカン・ルネサンス　Native American Renaissance　555

ネイティヴィズム／排外主義　nativism　81, **204**

ネオコン／新保守主義　neoconservatism　192, 743, 771

ネオダダ　Neo-Dada　520, 525, 526, 546

ネオリベラリズム／新自由主義　neoliberalism　268, 439, 632

ネガティブ・キャンペーン　negative campaigning　61

《ねじれた輪》　*The Crooked Circle*　668

ネットフリックス　Netflix　347, 669, 671

ネビュラ賞　Nebula Award　574

脳イニシアティブ　Brain Initiative　333

農業調整法（AAA）　Agricultural Adjustment Act of 1933　94

農産物貿易開発援助法（PL480）　Agricultural Trade Development and Assistance Act of 1954　94

納税者の論理　logic for taxpayers　102

農村　rural community　10

『ノースウッド』　*Northwood*　250

ノーベル賞　Nobel Prize　300, 314, 551, 795, 806

ノルマンディ上陸作戦　Normandy Invasion　359, 731

ノワール小説　noir fiction　567

■は

バイアコム　Viacom, Inc.　668

バイオ特許　biotechnology patent　325

バイオ燃料　biofuel　95

バイオパンク　biopunk　575

排外主義／ネイティヴィズム　nativism　67, 77, 177, 182, 203, 204, 269, 761, 793

排華移民法　Chinese Exclusion Act　182

廃棄物　waste　22, 30, 34, 163

売春　prostitution　460, 821

陪審　Jury　148, **150**, 152, 340

バイセクシュアル　bisexual　410, 436, 496, 563

排他的経済水域　Exclusive Economic Zone　2, 773

バイタフォン　Vitaphone　666

バイ・ドール法　Bayh-Dole Act　315, 335

バイプライン　pipeline　25

ハイブリッド車　hybrid electric vehicles　30

バイブル・ベルト　Bible Belt　289

俳優 actor/actress 128, 347, 627, 637, 644, 674
バイリンガル教育法 Bilingual Education Act 404, 408
《ハウス・オブ・カード—野望の階段》 House of Cards 669
ハウスミュージック house music 711
バウチャー voucher 426
バウハウス Bauhaus 514
パウワウ powwow 185, 701
パグウォッシュ会議 Pugwash Conference 286
『白鯨』 Moby-Dick; or, The Whale 586
白人中心主義 white supremacy 582, 653
白人奴隷 white slave 460
パクス・アメリカーナ Pax Americana 91, 574, 642
《バグダッドの盗賊》 The Thief of Bagdad 637
ハーグ万国平和会議 Hague Peace Conferences 286
博物館 museum 197, **326**, 622, 817
バークリー音楽院 Berklee College of Music 683
パケット通信ネットワーク packet communication network 306
覇権主義 hegemonism 234, 786
ハシディズム Hasidism 247
バージニア・ケンタッキー決議 Vasinia・Kentucky Resolve 43
バージニア信教自由法／信教自由法 Virginia Statute for Establishing Religious Freedom ／ Act for Establishing Religious Freedom 216, 233
バージニア人権宣言／人権宣言 Virginia Declaration of Rights 233, 766
バージニア・ミンストレルズ Virginia Minstrels 678
バスケットボール basketball 592, 594, 598, 601, 606
『バスター・ブラウン』 Buster Brown 617
バス通学 busing 393, 418
パスツールの象限 Pasteur's quadrant 315
バズビー・バークレー Busby Berkeley 684
パズル映画 puzzle movies 643
パソコン／パーソナルコンピュータ personal comptuer 104, 308, 402, 469, 746
『裸のランチ』 Naked Lunch 580
バッキ判決 Regents of the University of California v. Bakke, 438 U.S. 265（1978）(Bakke decision) 57, 169, 418
『バッグスバニー』 Bugs Bunny 612
『ハックルベリー・フィンの冒険』 Adventures of Huckleberry Finn 564
パッシング小説 passing novels 556
ハッチ・ワックスマン法 Hatch-Waxman Act 335
『バットマン』 Batman 612
ハッブル宇宙望遠鏡 Hubble Space Telescope 299
発明 invention 318, **324**

『パーティザン・レビュー』 Partisan Review 285
パテント・カンパニー（MPPC） Motion Picture Patents Company 635
ハドソン・リバー派 Hudson River School 508, 512
《波止場》 On the Waterfront 648
ハード・バップ hard bop 689
ハードボイルド小説 hard-boiled fiction 587
バトル・ロイヤル battle royal 600
パナビジョン Panavision 667
パナマ文書 Panama Papers 362
バーナムの科学音楽大劇場 Barnum's Great Scientific and Musical Theater 622
パネリスト／討論者 panelist 369
『ハーパーズ・バザー』 Harper's BAZAAR 349
ハーバード大学 Harvard University 211, 260, 415, 830
ハフィントン・ポスト HuffingtonPost 371
パフォーマンス・アート performance art 544, 551, **694**
バプテスト Baptist 214, 240
ハプニング happening 525, 694
パブリシティ publicity 352
パブリック・ディプロマシー public diplomacy 796
パブリック・メモリー／公的記憶 public memory 296
《ハミルトン》 Hamilton 718
ハラスメント harassment 411, 430, 462
パーラーソング parlor songs 682
パラマウント Paramount Pictures Corporation 618, 664
パラマウント裁決（訴訟） Paramount Case, the Paramount Decision, or the Paramount Decree 645, 639
ハリウッド Hollywood 572, 625, 635, **636**, **638**, 651, **654**, 658, **668**, 674, 752
ハリウッド反ナチ同盟 Hollywood Anti-Nazi League 648
パリ議定書／パリ協定 Paris Agreement 25, 27, 773
ハリケーン hurricane 7, 28
バルク bulk 94
ハル・ハウス Hull House 258
パール・ハーバー／真珠湾 Pearl Harbor 796, 816
バレエ・リュス Ballets Russes 690
ハレ・クリシュナ Hare Krishna 227
バーレスク burlesque 681
ハーレム・ルネサンス Harlem Renaissance 509, 530, 550, 556, 579
ハロウィン Halloween 503
ハローガールズ Hello Girls 457
ハワイ Hawaii 818, 828
ハワイ官約移民 Japanese settlement in Hawaii 810
パワー・カップル power couple 293
パン・インディアン運動 Pan-Indian Movement 701
繁栄の神学 prosperity theology 245

反エリート anti-elite 79
反基礎付け主義 anti-foundationalism 258
反共主義 anti-communism 294
反近代主義 anti-modernism 620
反グローバリズム anti-globalism 78, 815
反合理主義 irrationalism 260
万国宗教会議 World's Parliament of Religions 248
反戦運動 anti-war movement 34, 221, 283, 492, 577, 703, **738**
反知性主義 anti-intellectualism **260**
反帝国主義論争 Anti-Americanism 789
ハンティング hunting 38, 610
半途契約 Half-Way Covenant 210
反トラスト法 / 独占禁止法 antitrust law 86, 162, 604
反奴隷制運動 abolitionism 288
バンドン会議 Bandung Conference 780
ハンナ・バーベラ・プロダクション Hannah-Barbera Productions 673
反バイリンガル教育提案 Anti-Bilingual Education Initiative 405
反ファシズム anti-fascism 702, 789
ハンフリー奨学金制度 Humphrey Fellowship Program 793
反ユダヤ主義 antisemitism 193
ピアプレッシャー peer pressure 496
非営利団体（NPO） non-profit organization 66, 68, 288, 324, 516
東アジア自由貿易圏（EAS） East Asian Free Trade Area 838
東アジア包括的経済連携協定（CEPEA） Comprehensive Economic Partnership in East Asia 838
光の祭 / ハヌカ Hanukkah 503
非教派的カリキュラム nonsectarian curriculum 217
ピクサー・アニメーション・スタジオ Pixar Animation Studio 673
ピクチャー・スタディ・ムーブメント Picture Study Movement 514
非合法滞在者 illegal alien **80**, 190, 205
ビジネス・ユニオニズム business unionism 93
美術館 art museum 508, **518**, 531, 546
美術教育 Art Education **514**
美術批評家 art critic 515, 524
『ビジュー・ファニーズ』 Bijou Funnies 615
ヒスパニック / ラティーノ Hispanic/Latino 173, 177, **190**
ビッグサイエンス big science **330**
ビッグズ湾事件 Bay of Pigs 359
ビッグデータ big data 311, 749
ビッグバンド big band 688
ビッグビジネス big business **86**
『びっくりハウスの迷い子』 Lost in the Funhouse 549
ヒックリン・テスト Hicklin test 580
ビットコイン Bitcoin 117
ヒッピー hippie 282, 492, 713
ヒップホップ hip hop 106, 493, 557, 595,
709, **714**
ヒトゲノム human genome 303, 332
ビート・ジェネレーション / ビート世代 Beat Generation 248, 282, 570, 581
ビート詩人 Beat poets 550
一人 1 票原則 one person, one vote 136
ビートルズ The Beatles 282, 703
ビバップ bebop 688, 756
批判的教育学 critical pedagogy 409
批判的人種理論 critical race theory 409
批判的多文化主義 critical multiculturalism 409
肥満 obesity 441, **474**
ヒューゴー賞 Hugo Award 574
ヒューマン・インタレスト human interest 386
ピューリタニズム puritanism 210, 252, 260, 264, 580
ピューリタン Puritan 234, 250, 270, 682
ピュリッツアー賞 Pulitzer Prize 651, 363, 375, 561
ヒューレット・パッカード Hewlett-Packard Company 309
『病院のスケッチ』 Hospital Sketches 576
評決 verdict 150
表現的個人主義 expressive individualism 227
表現の自由 freedom of speech 60, 140, **144**, 364, 580, 614, 638, 649
標準化 standardization **338**
標準時 standard time 487
標準テスト standardized test 396
平等保護条項 Equal Protection Clause 136, 147, 444
『豹の眼』 Tales of Soldiers and Civilians 576
開かれた地域主義 open regionalism 96
《ビリー・ザ・キッド》 Billy the Kid 683
《ビリャ将軍の生涯》 Life of General Villa 656
ピルグリムファーザーズ / 巡礼父祖 Pilgrim Fathers 211, 270, 720
ヒル＝バートン法 Hill Burton Act 481
ヒルビリー Hillbilly 585, 705, 707
ビル・アンド・メリンダ・ゲイツ財団 Bill and Melinda Gates Foundation 103
『広い、広い世界』 The Wide, Wide World 561
ピンクウォッシング pink washing 437
貧困 poverty **82**, **584**
貧困家庭への一時的扶助（TANF） Temporary Assistance for Needy Families 455
貧困線（貧困ライン） poverty line 82, 126, 178
貧困との闘い war on poverty 399
ビンヤード・チャーチ Association of Vineyard Churches 214
ファクトチェック・ドット・オルグ FactCheck.org 371
ファーストファミリー first family **84**
ファストフード fast foods 472
ファストレディ first lady 450
ファッション fashion 106, 492
ファット・フェミニズム fat feminism 441

『ファニー・ヒル』 *Fanny Hill* 580
ファーマーズマーケット farmer's market 477
ファーマン判決 Furman v. Georgia, 408 U.S.
238（1972） 153
ファンタグラフィックス Fantagraphics Books
615
『ファンタスティックフォー』 *Fantastic Four*
613
ファンダメンタリズム／根本主義者／原理主義
者 fundamentalism 214, **228**, 241
フィスク・ジュビリー・シンガーズ The Fisk
Jubilee Singers 704
フィードバック・ノイズ／ハウリング
feedback noise 711
フィードロット feedlot 5
『フィフティ・シェイズ・オブ・グレイ』 *Fifty
Shades of Grey* 581
フィランソロピー philanthropy 91, **288**,
508, 518
フィールド自然史博物館 Field Museum of
Natural History 326
フィルム film 635, 657
フィルム・ノワール film noir 567, 573
フィルムメーカーズ・コーペラティブ Film
Makers' Co-operative 663
フーヴァー研究所（スタンフォード大学）
Hoover Institution 770
封じ込め containment 102, 238, 648, 762,
777
風力発電 wind power generation 7, 31
フェアチャイルド・セミコンダクタ Fairchild
Semiconductor, Inc. 308
フェアトレード fair trade 476
フェアネスドクトリン Fairness Doctrine 60,
366, 368
フェイクニュース fake news 341, 386
フェイスブック Facebook, Inc. 87, 91, 104,
343, 353, 372, 381, 382, 453, 500
フェデラリスト federalist 52, 70, 131
フェデラル・ファンド金利 federal funds rate
114
フェデラル・ワン Federal Project Number
One（Federal one） 522
フェニックス大学 University of Phoenix 417
『フェミニスト・スタディーズ』 *Feminist
Studies* 434
フェミニスト・プレス Feminist Press 434
フェミニズム feminism 202, 227, 283,
428, 434, 551, 553, 560, 658
フォークミュジック folk music **702**
フォックストロット foxtrot 708
フォックス・ニュース・チャンネル Fox News
Channel 366
フォードT型車 Ford Model T 316
フォード財団 Ford Foundation 697, 826
フォトジャーナリズム photo journalism 350
《フォード・スター・ジュビリー》 *Ford Star
Jubilee* 668
フォード・モーターズ Ford Motor Company
317
フォトリアリズム photo realism 513

フォービスム fauvism 520
フォーマリズム formalism 513
『武器よさらば』 *A Farewell to Arms* 456, 577
福音主義 evangelicalism 214, 224, 233,
289, 448
福音派 evangelicals 74, **214**, 230, 237,
241, 242, 246, 255, 794
復員兵援護法（G.I. Bil） The Servicemen's
Readjustment Act of 1944 590
複合災害 complex disaster 28
福祉国家 welfare state 44, 67, 83, 169,
179, 275, **454**
『フージアの休日』 *A Hoosier Holiday* 570
婦人キリスト教禁酒同盟（WCTU） The
Woman's Christian Temperance Union 449
武装権 right to bear arms 156
部族（トライブ） tribe 38, 170, 184, 555,
701, 704
不足払い deficiency payment 94
双子の赤字 double deficit 110
《ふたりは友達？ ウィル＆グレイス》 *Will and
Grace* 669
仏教 Buddhism 247, 248
ブッククラブ book club 590
復興金融公社（RFC） Reconstruction Finance
Corporation 88
ブッシュ・ドクトリン Bush Doctrine 744
不定期刑 indeterminate sentencing 152
《舞踏会の後で》 *After the Ball* 683
フード・ネットワーク Food Network 669
フードマイル food miles 476
フーバー研究所 Hoover Institution 68
フーバーダム Hoover Dam 630
不文憲法 uncodified constitution 166
部分的核実験停止条約 Partial Test Ban Treaty
287
不法行為改革 tort reform 161
部門主義 departmentalism 135
『浮遊する世界』 *The Floating World* 571
ブライバート・ニュース Breitbart News
371
プライバシー権 right to privacy 71, 72, 290
ブラウン判決／ブラウン対トピカ教育委員会事
件判決 Brown v. Board of Education of
Topeka, 347 U.S. 483（1954） 133, 146, 243,
392, 408
プラグマティズム pragmatism **258**, 278,
508
ブラセロ bracero 183
フラタニティ fraternity 497
ブラックアーツ運動 Black Arts Movement
557
『ブラック・エルクは語る』 *Black Elk Speaks*
554
ブラックスプロイテーション blaxploitation
653
ブラックパワー black power 201, 202, 283
ブラック・フェミニズム black feminism 430
ブラックフライデー Black Friday 503
ブラック・マウンテン・カレッジ（BMC）
Black Mountain College 514

ブラック・ユーモア　black humor　579
ブラックリスト　blacklist　**648**
ブラッド・クウォンタム／純血度　blood quantum　185
フラッパー　flapper　493, 708
ブラーミン　brahmin　292
フラミンゴ　Flamingo　630
『フランケンシュタイン─現代のプロメテウス』 *Frankenstein : The Modern Prometheus*　574
ブランダイス大学　Brandeis University　193
プランテーション　plantation　5, 334, 679
ブランド　brand　493, 504
フリーウェー　freeway　488
『フリーエア』　*Free Air*　570
フーリエ主義　fourierism　284
ブリストル・セッション　Bristol sessions　706
フリースピーチ・ムーブメント　Free Speech Movement　283
プリマス植民地　Plymouth Plantation　211, 250
フリーメイソン　Freemason　254
武力行使付与決議（AUMF）　Authorization for Use of Military Force　744
プリンストン大学　Princeton University　261, 515
ブルー・カラー労働者　blue-collar workers　101
フルクサス　Fluxus　693, 694
ブルーグラス　bluegrass　678, 689
ブルース　blues　702
ブルッキングス研究所　Brookings Institution　68
ブルック・ファーム　Brook Farm　257
ブルックリン美術館　Brooklyn Museum　508, 531
ブルー・ネットワーク　Blue Network　365
『ブルーハイウェイ』　*Blue Highways: A Journey Into America*　571
フルブライト奨学金制度　Fulbright Scholarship Program　793, 806, 813
ブレイクダンス　breakdancing　709, 714
『プレイボーイ』　*Playboy*　460
ブレイン憲法修正案　Blaine Amendment　217
プレスリリース　press release　352
プレッシー判決　Plessy v. Ferguson, 163 U.S. 537（1896）146, 392
プレップスクール　prep school　391
ブレディ拳銃暴力防止法／ブレディ法　Brady Handgun Violence Prevention Act　159
ブレトンウッズ体制　Bretton Woods Agreements　116, 772, 778
フレーバー・セーバー　Flaver Saver　303
『ブロークバック・マウンテン』　*Brokeback Mountain*　563
《プロジェクトランウェイ》　*Project Runway*　628
フロストベルト　Frostbelt　18
プロダクションコード　production code　638, 640, 646
プロチョイス　pro-choice　290
ブロックバスター　blockbuster　640, 659

プロテスタント諸教派　Protestant denominations　**240**, 243
プロテスタント伝道　Protestant mission　235
ブロードウェイ　Broadway　684, 697, 718
ブロードバンド　broadband　372, 501, 671
プロパガンダ　propaganda　526, 576, 638, 651, 657, 660
プロパブリカ　ProPublica　371, 375
プロファイリング　profiling　155
プロライフ　pro-life　290
『ブロンディ』　*Blondie*　612
フロンティア　frontier　20, 32, **40**, 264, 486
文化外交　cultural Diplomacy　**792**
文化間教育運動　Intercultural Education Movement　408
文　学　literature　**560**, **578**, **580**
文化産業　culture industry　677
文化持続可能教育学　culturally sustaining pedagogies　409
文化戦争　culture war　203, 400, 646
文化多元主義　cultural pluralism　169
分割政府　divided government　52
分割投票　split ticket voting　52
分割払い　installment payment　120
文化帝国主義　cultural imperialism　235, 795
文化的多元主義　cultural pluralism　262
文化的に適切な教育　Culturally Relevant Pedagogy　409
分極化　polarization　53, 73, 366
分離すれども平等　separate but equal　146, 392
ペイウォール制　paywall system　343
ペイオーラ　payola　717
米軍基地　base／U.S. military installations　600, 819, **820**, 833
米軍特殊部隊　U.S.Army Special Forces　758
米国通商代表部（USTR）　United States Trade Representative　827
米国の食生活目標／マクガバン・レポート　Dietary Goals for the United States/McGovern Report　474
米国仏教団　Buddhist Churches of America　248
米国琉球友好条約　Treaty of Amity between the United States and Ryukyu　818
『兵士の報酬』　*Soldier's Pay*　577
米州機構（OAS）　Organization of American States　784
米州自由貿易圏（FTAA）　Free Trade Area of the Americas　785
ヘイジング　hazing　497
ヘイズ・コード／プロダクション・コード／映画製作倫理規定（HC／PC）　hays code／production code　572, 646
米西戦争　Spanish-American War　358, 782, 784, 795
ペイデイローン　payday loan　121
ペイテレビ　Pay TV　346
ヘイト＝アシュベリー　Haight-Ashbury　282
ヘイトクライム　hate crime　14, 157, **206**, 410

ヘイトスピーチ hate speech 207, 463
米比戦争 Philippine–American War 782
米比相互防衛条約 US-Philippines Mutual
　Defense Treaty 782
米仏同盟条約 Alliance with France 776
米墨戦争 / アメリカ・メキシコ戦争 Mexican
　-American War 190, 358
ヘイマーケット事件 Haymarket riot 258
ペイドメディア / 広告媒体 paid media 353
平和主義 pacifism 222, 283, **286**, 729, 738
平和に対する罪 crime against peace 730
平和のための結集決議 Uniting for Peace
　Resolution 774
平和のための女性ストライキ（WSP） Women
　Strike for Peace 456
ベースボール / 野球 base ball 592, 594, 828
ペット pets **494**
ヘッド・スタート計画 Head Start 399
ヘテロセクシズム heterosexism 410
ベトナム系アメリカ人 Vietnamese American
　29
ベトナム症候群 Vietnam Syndrome 751, 789
ベトナム戦争 Vietnam War 49, 145, 294,
　296, 577, 641, 713, 725, 736, 738, 748,
　750, 758, 763, 765, 768, 770, 777, 782,
　789, 819, 823, 829
ベトナム反戦運動 Anti-Vietnam War movement
　221, 283, 703, 738, 798
ペニシリン penicillin 334
ペニー・ペーパー penny paper 342
ベネチア国際映画祭 Mostra Internazionale
　d'Arte Cinematografica 650, 654
ペーパーカンパニー shell corporation /
　dummy company 101
ベビーシッター babysitter 469
ベビーブーム baby boom 625, 639
ヘブライ・ユニオン大学 Hebrew Union
　College 193
ヘラー判決 District of Columbia v. Heller, 554
　U.S. 570（2008） 159
ヘリテージ・アクション・フォー・アメリカ
　Heritage Action for America 69
ヘリテージ財団 Heritage Foundation 69, 770
《ベーリング海の一攫千金》 Deadliest Catch
　629
ベル＆ハウエル Bell and Howell 666
ベルヌ条約 Berne Convention 686
弁護士事務所 / 法律事務所 law firm 140
弁護人依頼権 right to counsel 149
ペンシルベニア美術アカデミー Pennsylvania
　Academy of Art 510
ペンシルベニア植民地 Province of
　Pennsylvania 222
ペンタゴン文書 / ペンタゴン・ペーパーズ
　Pentagon Papers 145, 360, 378
ペンテコステ pentecostal 230, 240
変動為替相場制 floating exchange rate system
　116
保安官 sheriff 154
《ボイス・オブ・アメリカ》/《アメリカの声》
　Voice of America 797

ホイットニー美術館 Whitney Museum of
　American Art 516
ボーイング The Boeing Company 322
ポインター協会 The Poynter Institute 374
貿易摩擦 trade friction 824
包括的核実験禁止条約（CTBT）
　Comprehensive Nuclear Test-Ban Treaty
　741, 773
包括的環境対策補償責任法 Comprehensive
　Environmental Response, Compensation, and
　Liability Act 35
包括的反アパルトヘイト法 Comprehensive
　Anti-Apartheid Act 767
放射性廃棄物 radioactive waste 30
放送 broadcasting industry **344**, **346**
報道写真 news photo 532
報道操作 spin 378
法の下の平等 equality under the law 46, **146**
法務総裁 / 司法長官 attorney general 160
亡命 exile 190, 284, 328, 512, 515
法律事務所 / 弁護士事務所 law firm 140,
　362
ポエトリー財団 Poetry Foundation 551
ポエトリー・スラム poetry slam 551, 590
ポカンティコ宣言 Pocantico Declaration 375
『ホーガン横丁』 Hogan's Alley 616
《ポーギーとベス》 Porgy and Bess 683
『僕が戦場で死んだら』 If I Die in a Combat
　Zone 577
『僕が電話をかけている場所』 Where I'm
　Calling From 585
ボクシング boxing 600, 604
北米サッカーリーグ（NASL） North American
　Soccer League 596
北米自由貿易協定（NAFTA） North American
　Free Trade Agreement 95, 96, 657, 785,
　825
母語 mother tongue 15, 404, 406
保護観察 probation 152
保護貿易主義 protectionism 96, 824
保守 / 保守主義 conservative/conservatism
　53, 70, **72**, 77, **294**, 366, 770
『保守主義者の良心』 The Conservative
　Conscience 70
補償教育 compensatory education 398, 418
ポストエスニシティ post-ethnicity（meta-
　ethnicity） 181
ポストコロニアリズム postcolonialism 435
ポスト世俗化 post secularization 237
ポスト・トゥルース / ポスト真実 post-truth
　380, 513
ポストモダニズム / ポストモダン
　postmodernism/postmodern 202, 542, 548
ポストモダン小説 postmodern fiction 583
『ボストングローブ』 The Boston Globe 362
『ボストンの人びと』 The Bostonians 562
ボストン美術館 Museum of Fine Arts, Boston
　508, 515
ボストン・マリッジ Boston marriage 562
《極北のナヌーク》 Nanook of the North 660
ポッドキャスト podcast 383

ポップアート　pop art　513, 520, 525, 526, **528**, 546
ポップ・ダンシング　pop dancing　**708**
ボディマス指数（BMI）　body mass index　474
『ポートノイの不満』　Portnoy's Complaint　581
ホノルルマラソン　Honolulu Marathon　611
『ポパイ』　Popeye the Sailor Man　612
ポピュリズム／大衆迎合主義　populism　54, 58, **76**, 203, 261, 278, 292, 771, 815
『ボヴァリー夫人』　Madame Bovary　580
ホームスクール　home-schooling　75, **400**
ホームスクール法的擁護協会（HSLDA）　Homeschool Legal Defense Association　400
ホームステッド法　Homestead Act of 1862　94
ホームセンター　home center　490
ホームビデオ　home video　657, **670**
ホームブリューコンピュータクラブ　Homebrew Computer Club　310
ホームレス　homeless　179, **484**
ホメオパシー　homeopathy　480
ホモファイル運動　Homophile Movement　436
ホーリスティック医療／代替医療　Holistic Medicine　336
ポリティカル・コレクトネス（PC）　political correctness　203
ポリティコ　Politico　371
ポリティファクト　Politi Fact　371
ポルカ　polka　700
ボルチモア　Baltimore　220
ポルノグラフィ　pornography　145, 460
ポルノ小説　pornographic novel　581
ホールフーズマーケット　Whole Foods Market　477
ホールマークホリデー　Hallmark Holiday　502
ホロコースト　Holocaust　579, 731, 753
『ホワイト・ノイズ』　The White Noise　549
ホワイトウォッシュ　white wash　654
ホワイトカラー　white collar crime　101, 157
ホワイト・キューブ　white cube　519
ホワイトネス研究　Whiteness Studies　409
ホワイトハウス　White House　84, 450, 790
ボーン・アゲイン　born again　74
『本当の戦争の話をしよう』　The Things They Carried　577
本流文化　mainstream culture　676

■ま

マイクロソフト　Microsoft Corporation　87, 91, 100, 105, 289, 310, 353, 368, 380
マイケル・H 対ジェラルド・D 判決　Michael H. v. Gerald D., 491 U.S. 110（1989）　445
『マイ・ドリーム』　Dreams from My Father　801
マイノリティ　minority　12, 28, 58, 184, 434, **530**, **600**
『マイラ』　Myra Breckinridge　563
マインド・キュア　mind cure　226
マインドフルネス　mindfulness　249, 336
『マウス』　Maus　615
マウンテン・メドウの虐殺　Mountain Meadows Massacre　225

マウントホリヨーク　Mount Holyoke　415
マクガバン・レポート／米国の食生活目標　Dietary Goals for the United States / McGovern Report　474
マグネットスクール　magnet school　390, 393
マーケット判決　Marquette Nat. Bank of Minneapolis v. First of Omaha Service Corp, 439 U.S. 299（1978）　120
マーケティング　marketing　61, 128, 352, 367, 541, 640, 674
マサチューセッツ工科大学（MIT）　Massachusetts Institute of Technology　313
マーシャルプラン　Marshall Plan　650, 774
マシュー・シェパード／ジェームズ・バード・ジュニア＝ヘイトクライム防止法　The Matthew Shepard and James Byrd, Jr Hate Crimes Prevention Act　410
マスキュリニティ研究　masculinity studies　433
《マスター・オブ・ゼロ》　Master of None　669
マスターズ・ジョンソン報告　Masters and Johnson Report　581
『街の女マギー』　Maggie: A Girl of the Streets　584
マッカーシズム　McCarthyism　285
《マックスト・アウトーカード地獄 USA》　Maxed Out: Hard Times, Easy Credit and the Era of Predatory Lenders　120
末日聖徒イエス・キリスト教会（LDS church）　The Church of Jesus Christ of Latter-day Saints　224
『マッド』　Mad　614
マーティン・ルーサー・キング・ジュニアの誕生日　Martin Luther King Jr. Day　502
マニフェスト・デスティニー／明白なる運命（使命）　manifest destiny　264, 762
《招かれざる客》　Guess Who's Coming to Dinner　174
マネーサプライ／マネーストック　money supply / money stock　115
《真昼の決闘》　High Noon　649
マーベリー判決　Marbury v. Madison, 5 U.S.（1 Cranch）137（1803）　132, 139
マーベルコミックス　Marvel Comics　612, 614
ママーズ・パレード　Mummers Parade　503
麻薬との戦争　War on Drugs　**482**, 785
麻薬取締局（DEA）　Drug Enforcement Administration　154
マリアチ　mariachi　701
マルチプレックス　multiplex　665
マルディ・グラ　Mardi Gras　503, 688
『マルヌ』　The Marne　576
漫画　manga　834
マントヴァーニ楽団　Mantovani Orchestra　716
マンハッタン　Manhattan　106, 505, 517, 601, 624, 686, 688
マンハッタン計画（国立歴史公園）　Manhattan Project National Historical Park　32, 300, 330

マンボ mambo 709
マン・マシン・インタフェイス／人間機械共生系 man-machine interface 575
『見えない人間』 *Invisible Man* 557
ミサイル missile 314, 741
ミサイル防衛構想（SDI） Strategic Defense Initiative 301
ミシシッピ川 Mississippi River 6, 8, 11
ミッキー・マウス Mickey Mouse 617, 672
ミックスモード mixed-mode surveys 357
ミッションステートメント mission statement 518
ミッドセンチュリー mid-century modern 540
ミニマルアート minimal art 525
ミニマルミュージック minimal music 693
ミューザック Muzak 716
ミュージカル musical 553, 657, 678, **684**, 718
ミラージュホテル The Mirage 631
《ミラノの乙女クラリ》 *Clari; or, The Maid of Milan* 682
ミランダルール Miranda Rule 149
ミリタリーブラット military brat 821
ミレニアル世代 millennial generation 659, 342, 372, 414
民 意 public opinion 356
民事訴訟 civil litigation 160
民衆文化 folk culture 508
民主的社会を求める学生 Students for a Democratic Society 283, 738
民主党 democratic party 44, 50, 52, 59, 69, 70, 72, 76, 137, 193, 278, 293, 355, 366, 399, 444, 466, 765
ミンストレルショー minstrel show 530, 579, **678**, 682
民族アイデンティティ ethnic identity 184
民族研究運動 Ethnic Studies Movement 408
民族自決 self-determination 730
民 兵 militia 25, 158, 750
ムーアの法則 Moore's Law 308
ムーク／大規模公開オンライン講座（MOOC） Massive Open Online Course **420**
『無垢への誘惑』 *Seduction of the Innocent* 614
無作為抽出法／ランダムサンプリング random sampling 355
無宗教 non-religious 218
無所属 unaffiliated 218
無人機／ドローン drone 361
無神論者 atheist 218
ムスリム Muslim 194, 204, 247, 503
無声映画 silent film 579, 658
無制限潜水艦作戦 unrestricted submarine warfare 729
ムービートーン Movietone 666
ムービーパレス movie palace 664
『村中みんなで』 *It Takes a Village* 466
ムラトー mulatto 171
『メイスン＆ディクスン』 *Mason and Dixon* 549
明白なる使命（運命／宿命）／マニュフェスト・デスティニー manifest destiny 234, 358, 720, 795
名誉毀損 defamation 145
メイン号事件 sinking of the maine in 1898 269
メガチャーチ mega churches 214, **230**, 241, 245
メガドナー mega donor 63
メガプレックス megaplex 665
メガロポリス megalopolis 4
メキシコ革命 Mexican Revolution 191, 701
メキシコ系 Mexican American 180
メキシコシティ政策 Mexico City Policy 103, 794
メジャーリーグ（MLB） Major League Baseball 597, 600, 609, 828
メソジスト Methodist 214, 240, 242, 466, 721
メタフィクション metafiction 549
メディア・アート media art **544**
メディア・イベント media event 61
メディア規制 media regulation **364**
メディアミックス media mix 54
『メディア論』 *Understanding Media* 544
メディケア Medicare 83, 126, 337, 478, 481
メディケイド Medicaid 83, 126, 337, 454, 478, 481
メトロ・ゴールドウィン・メイヤー（MGM） Metro-Goldwyn-Mayer 618
メトロセクシュアル metrosexual 441
メトロポリタン美術館 The Metropolitan Museum of Art / The Met 508, 518
メナード判決 Maynard v. Hill, 125 U.S. 190 (1888) 444
メノナイト Mennonites 222
メリーランド Maryland 220
《メルティングポット》 *melting pot* 262
メンローパーク Menlo Park 324
モイニハン報告書 The Negro Family: The Case for National Action 178
『もう一つの国』 *Another Country* 557, 563
黙秘権 right to silence 149
目標価格 target price 94
モーション・ピクチャー motion picture 635
モダニズム modernism 241, 509, 513, 515, 532,
モーター・ボーター法 Motor-Voter Act 49
モータリゼーション motorization 539
《モダン・タイムス》 *Modern Times* 87
モダンダンス modern dance **690**
モデルマイノリティ model minority 189
モノのインターネット（IoT） Intenet of Things 105, 311, 746
モノロギスト monologuist 695
モラルマジョリティ moral majority 75, 229
モリル法 Morrill Act of 1862 94
モールオブアメリカ Mall of America 490
モルモン教 Mormonism 223, **224**, 499
問題小説 problem novel 582
モンロー主義（宣言／ドクトリン） Monroe Doctrine 722, 764, 776

■や

『やぎ少年ジャイルズ』 *Giles Goat-Boy* 549
野球 / ベースボール baseball 820, 828
薬物依存 drug abuse 482
薬物との戦争 War on Drugs 157
野生動物 wildlife 39
ヤッピー Yuppie / Young Urban Professional 13
『屋根裏の狂女』 *The Mad Woman in the Attic : The Woman Writer and the Nineteenth Century Literary Imagination* 560
《屋根の上のバイオリン弾き》 *Fiddler on the Roof* 685
ヤフー Yahoo! Inc. 104, 309, 353
ヤングアダルト小説（YA） young adult fiction 582
『ヤング・ラスト』 *Young Lust* 615
《ユア・ヒット・パレード》 *Your Hit Parade* 717
遊園地 amusement park 624
有害物質規制法 Toxic Substaces Control Act 35
有権者登録 voter registration 49
有罪答弁 plea of guilty, guilty plea 148
優生学 eugenics 446
優良試験所規範（GLP） good laboratory practice 338
憂慮する科学者連盟（UCS） Union of Concerned Scientists 301
ユーガブ YouGov 357
豊かな社会 Affluent Society 106, **124**, 169, 621
ユダヤ教 Judaism 143, 192, 195, **246**, 720
ユダヤ系 Jewish American 180, **192**, 206, 548
ユートピア社会主義 utopian socialism 284
ユニオン神学大学院 Union Theological Seminary 238
ユニオン・パシフィック鉄道 Union Pacific Railroad 320, 630
ユニテリアン Unitarian 256
ユニバーサルアクセス規制 Universal Access Regulation 60
ユニバーサル・スタジオ Universal Studios 625
ユネスコ United Nations Educational, Scientific, and Cultural Organization 775
『夢の国のリトルニモ』 *Little Nemo in Slumberland* 612
ユーモア作家 humor writer 578
『ユリシーズ』 *Ulysses* 580
『幼年期の終わり』 *Childhood's End* 575
要扶養児童家族扶助（AFCD） Aid to Families with Dependent Children 83, 454
抑制と均衡 checks and balances 133, 135, 725
《欲望という名の電車》 *A Streetcar Named Desire* 648
予言者的プラグマティズム prophetic pragmatism 244
予算統制法 Budget Control Act of 2011 113

予算・優先政策センター Center for Budget and Policy Priorities 69
予備役将校訓練プログラム（ROTC） Reserve Officer Training Corps 422
予備選挙 primaries 50, 60, 62, 764
世論調査 public opinion poll 55, **354**, 356, 375, 401, 594, 816, 836, 838
四大メジャースポーツ four major sports leagues **603**

■ら

『ライフ』 *Life* 350, 376
ライフスタイルスポーツ lifestyle sports 632
ライフタイム・ムービー・ネットワーク Lifetime Movie Network 669
ライム / 韻 rhyme 714
『ライ麦畑でつかまえて』 *The Catcher in the Rye* 583
ラウ判決 Lau v. Nichols, 414 U.S. 563（1974） 404
『ラヴ・メディシン』 *Love Medicine* 555
ラグタイム ragtime 704
ラジオ radio 319, 344
ラジニーシ Rajneesh 227
『裸者と死者』 *The Naked and the Dead* 577
ラストベルト Rust belt 13, 18
ラスベガス Las Vegas 539, 608, 625, 630
ラッセル・アインシュタイン宣言 Russell-Einstein Manifesto 300
ラップ rap 714
ラディカル・フェミニズム radical feminism 430
ラティーノ（ナ） Latino 128, 204, 714
ラビング判決 Loving v. Virginia, 388 U.S. 1（1967） 174, 444
ラブカナル事件 Love Canal incident 22, 35
ラマダン Ramadan 503
『ラルフ 124C41+』 *Ralph124C41+* 574
『ラローズ』 *LaRose* 555
ランダムサンプリング / 無作為抽出法 random sampling 355
ランド研究所 RAND Corporation 68
リアリズム / 写実主義 realism 512, 526, 566, 577, 14, **768**
リアリティショー（番組） reality show 84, **628**, 346,
リアル・クリア・ポリティクス Real Clear Politics 371
リアルクローズ real clothes 106
《リアル・ワールド》 *Real World* 628
《リヴァイアサン》 *Leviathan* 661
利益相反 conflict of interest 335
リーガルサイズ legal size 338
リーク leak 378
陸海軍看護婦法 Army-Navy Nurse Act of 1947（Agent 355） 456
陸軍看護部隊 Army Nurse Corps 456
陸軍航空軍（AAF） United States Army Air Forces 323
陸軍通信隊 Signal Corps 650
リージョナリズム / 地方主義 regionalism

513, 528
リージョナルシアター regional theatre **696**
理神論 Deism 219
リズム＆ブルース rhythm and blues 701, 705
リタイアメント・コミュニティ retirement community 19
立憲主義 constitutionalism 130, 168, 760
『リテラリー・ダイジェスト』 *Literary Digest* 354
リード判決 Reed v. Reed, 404 U.S. 71（1971） 147
リバイバル revival 448, 700
リバタリアニズム libertarianism 70, 203, 765
リバタリアン／自由至上主義者 libertarian 255, 294
リバティ島 Liberty Island 196
リバランシング政策 rebalancing policy 781
リビア Libya 783
『リビング・ヒストリー』 *Living History* 466
リベラリズム／自由主義 liberalism 69, 220, **272**, 770
リベラル派 liberal 53, 60, 68, **72**, 124, 202, 215, 218, 366, 370, 514
リベラルアーツ liberal arts 4, 506, 515
リベラル・コミュニタリアニズム論争 the liberal-communitarian debate 273
リベリア Liberia 784
リボ払い revolving payment 120
リーマンショック Lehman shock / The financial crisis of 2007-08 79, 121, 163, 289, 771, 779, 781
リミテッド・アニメーション limited animation 673
留 学 study abroad **806**
琉球列島米国民政府 United Agates Civil Administration of the Ryukyu Islands 819
寮 dormitory 410, 506
領 海 territorial waters/ territorial sea 2
猟官制 spoils system 56
量刑ガイドライン sentencing guidelines 152
領事部 consular service 790
良心的兵役拒否 conscientious objection 287
旅行促進法 Travel Promotion Act 504
リングシャウト ring shout 704
リングリングブラザーズ・アンド・バーナム・アンド・ベイリー Ringling Bros. and Barnum & Bailey 622
リンディホップ lindy hop 709
『類猿人ターザン』 *Tarzan of the Apes* 582
ルイジアナ Louisiana 24
ルシタニア号事件 Lusitania Incident 729
ルター派 Lutheran Church 215, 240
『ルーツ』 *Roots* 180
ルートサーバ root server 307
『ルビーフルーツ・ジャングル』 *Rubyfruit Jungle* 563
ルワンダ Rwanda 784
例外主義 American Exceptionalism **264**, 279, 284

レイシズム／人種主義 racism 172, **176**, 187, 439
レイシー法 Lacey Act 39
レイシャル・プロファイリング racial profiling 187, **208**
『隷従への道』 *The Road to Serfdom* 70
レイスレコード race record 705, 707
冷 戦 Cold War 102, 285, 298, 314, 642, 724, 736, 754, 761, 762, 765, 774, 783, 822
冷蔵庫 refrigerator 319
レイティング・システム rating system 640, 647
冷凍食品 frozen foods 473
レザー・パフラヴィ王朝 Pahlavi, Mohammad Reza 798
レジリエンス／回復力 resilience 28
レズビアン lesbian 305, 410, 431, 436, 438, 563
レーダー radar 312
レターサイズ letter size 338
レッツムーブ！ Let's Move! 474
レッドネック redneck 629
レッドパワー red power 184, 201, 554
『レディーズ・ホーム・ジャーナル』 *Ladies Home Journal* 349
『レディーズ・マガジン』 *The Ladies' Magazine* 250
レビュー revue 681
《レ・ミゼラブル》 *Les Miserable* 684
レモン・テスト Lemon test 142
連合規約 the Articles of Confederation 43, 130
連合国軍最高司令官総司令部（GHQ） General Headquarters, the Supreme Commander for the Allied Powers 166
連邦議会 Congress 42, 52, 126, 130, 138, 142, 158, 162, 216, 232, 322, 324, 721, 810
連邦帰化法 Federal Naturalization Act 46
連邦憲法／合衆国憲法 Federal Constitution **42**, 266, 760
連邦公開市場委員会（FOMC） Federal Open Market Committee 114
連邦航空局（FAA） Federal Aviation Administration 323
連邦最高裁／連邦最高裁判所 Supreme Court of the United States/Federal Supreme Court / U.S. Supreme Court 43, 46, 63, 81, 127, 130, 135, 136, 138, 144, 146, 148, 153, 159, 290, 364, 392, 418, 444, 580
連邦住宅局（FHA） Federal Housing Administration 538
連邦準備銀行（FRB） Federal Reserve Bank 114
連邦準備券／ドル紙幣 Federal Reserve Notes 115
連邦準備制度（FRS） Federal Reserve System 114, 117, 163
連邦準備制度理事会（FRB） Federal Reserve Board 113, **114**, 163

連邦制　federalism　**42**, 83, 130, 138, 142, 154, 166, 266, 390, 394, 424, 788
連邦政府行政管理予算局（OMB）　Office of Management and Budget　171
連邦政府の祝日　federal holiday　502
連邦選挙委員会　Federal Election Commission　62
連邦捜査局（FBI）　Federal Bureau of Investigation　154
連邦大気浄化法　Federal Clean Air Act　317
連邦通信委員会（FCC）　Federal Communications Commission　144, 345, 346, 364, 619
連邦道路信託基金　Federal Highway Trust Fund　109
連邦取引委員会（FTC）　Federal Trade Commission　162
連邦燃料税　federal fuel tax　108
連邦美術計画（FAP）　Federal Art Project　522, 524
連邦保安官（USMS）　United States Marshals Service　154
連邦補助道路　federal-aid highway　108
連邦預金保険公社（FDIC）　Federal Deposit Insurance Corporation　114
ローアー・イースト・サイド　Lower East Side　192
『ロウ』　Raw　615
労働騎士団　Knights of Labor　255
労働協約　collective agreement　164
労働組合　labor union　92, 164
労働権法　right-to-work law　19
労働者の日　Labor Day　502
労働法　labor law　44, 164, 166, 425
ロカビリー　rockabilly　717
ロークラーク　law clerk　140
ロケット　rocket　298, 314, 330, 729, 731
ロゴ　logo　669
ロサンゼルス市立大学（LACC）　Los Angeles City College　423
『路上』　On the Road　570
ロースクール　law school　140, 418, 801
ロス・テスト　Roth test　580
ローズヴェルト・コロラリー　Roosevelt Corollary　764
ロー対ウェイド判決　Roe v. Wade, 410 U.S. 113（1973）　58, 290, 305
ロッキー山脈　Rocky Mountains　5, 6, 8, 11
ロック / ロックンロール　rock / rock 'n' roll　349, 687, 703, 705, 707, 709, 710, **712**
ロックフェラー財団　Rockefeller Foundation　90, 314, 329, 697, 792
ロード・アイランド・スクール・オブ・デザイン（RISD）　Rhode Island School of Design　515

ロトスコープ　rotoscope　673
ロード・ナラティブ　road narratives　**570**
炉端談話　fireside chats　54
ロビイスト　lobbyist　**64**, 141, 384, 802
ロビー活動　lobbying　64, 75, 255, 287, 290, 400, 604, 699, 794
ロビー活動公開法　Lobbying Disclosure Act of 1995　65
ローファーム / 法律事務所 / 弁護士事務所　law firm　141
ローマー判決　Romer v. Evans, 517 U.S. 620（1996）　147
ロマン主義　romanticism　21, 256, 512, 566, 582
ロマンス　romance　548, 588
『ロリータ』　Lolita　581

■わ

猥褻　obscenity　144, 580
猥褻とポルノに関する諮問委員会　Commission on Obscenity and Pornography　581
ワイドスクリーン・バロック　widescreen baroque　574
ワイラ　waila　700
ワイリー法　Wiley Act　334
『若草物語』　Little Women　561, 582
ワーカーセンター　worker center　93
『わが祖国』　This Land Is Your Land　702, 722
《わが町》　Our Town　552
ワグナー法 / 全国労働関係法　National Labor Relations Act of 1935/ Wagner Act　92, 164
ワシントン大行進　March on Washington for Jobs and Freedom　55, 200, 703
ワシントン体制　Washington System　814
『ワシントン・ポスト』　The Washington Post　341, 342, 360, 362, 378, 380, 385
『私たちも漂流して』　We Too Are Drifting　563
「私には夢がある」　I Have a Dream　55, 187, 201, 271, 703
『わたしはロボット』　I, Robot　574
ワーナー・ブラザース　Warner Bros. Entertainment, Inc.　616, 618, 637, 668
割当て法　quota sampling　355
ワルシャワ条約機構（WTO）　Warsaw Treaty Organization　748
ワールドシリーズ　World Series　595, 601
割れ窓理論　broken windows theory　155, 426
「われら神を信ず」　In God We Trust　219
湾岸戦争　Gulf War　360, 642, 651, 725, 737, 738, 743, 750, 755, 769, 775, 781, 789
『ワンダーウーマン』　Wonder Woman　612, 619

人 名 索 引

＊人名は，本文中の表記に沿って掲載した．見出し語の掲載頁は太字で示した．また，大統領名には
（　）で括って歴代を記した．

■あ

アイゼンハワー，ドワイト・D.（第34代）
Eisenhowe, Dwight D　57, 110, 260, 423, 474, 627, 736, 748, 757, 797

アイソン，ジェイムズ・A.　Eison, J. A.　413

アイヴ，ジョナサン　Ive, Jonathan　541

アイヴズ，チャールズ　Ives, Charles　683

アインシュタイン，アルベルト　Einstein, Albert　300, 328

アウトコールト，リチャード・フェルトン　Outcault, Richard Felton　616

アクショーノフ，ワシーリイ　Aksyonov, Vasily　587

アサンジ，ジュリアン　Assange, Julian　379

アシモフ，アイザック　Asimov, Isaac　260, 574

アステア，フレッド　Astaire, Fred　684, 709

アストレー，フィリップ　Astley, Philip　622

アダムズ，アビゲイル　Adams, Abigail　450

アダムズ，ジェーン　Addams, Jane　258

アダムズ，ジョン・Q.（第6代）　Adams, John Q.　265, 270

アッシュベリー，ジョン　Ashberry, John　550

アップダイク，ジョン　Updike, John Hoyer　581

アデルソン，シェルドン　Adelson, Sheldon　631

アードリック，ルイーズ　Erdrich, Louise　555

アナヤ，ルドルフォ　Anaya, Rudolfo　559

アーネス，ジェームズ　Arness, James　627

アーバックル，ロスコー　Arbuckle, Roscoe　646

アビー，エドワード　Abbey, Edward　569

アーヴィング，ワシントン　Irving, Washington　588

アフリカ，バンバータ　Afrika, Bambaataa　557

安倍晋三　Abe Shinzo　431, 823, 831, 836

アームストロング，ニール　Armstrong, Neil　298

新井領一郎　Arai Ryoichiro　814

アルストット，アン・L.　Alstott, Anne L.　479

アルバース夫妻　Albers, Joseph and Anni　514

アルバート，ローラ　Albert, Laura　545

アレクシー，シャーマン　Alexie, Sherman　555, 579

アーレッジ，ルーン　Arledge, Roone　605

アレナス，レイナルド　Arenas, Reinaldo　559

アレンズバーグ，ウォルター　Arensberg, Walter　520

アレン，ポーラ・ガン　Allen, Paula Gunn　555

アレン，リチャード　Allen, Rechard　242

アンガー，ケネス　Anger, Kenneth　662

アンサルドゥーア，グロリア　Anzaldúa, Gloria E.　559

アンソニー，スーザン　Anthony, Susan B.　49, 429

アンダーソン，ビクター　Anderson, Victor　245

アンダーソン，ジャック　Anderson, Jackson　385

アンダーソン，ベネディクト　Anderson, Benedict　296

アンダーソン，ルロイ　Anderson, Leroy　683

イーストウッド，クリント　Eastwood, Clint　423, 752

イーストマン，ジョージ　Eastman, George　532

イーストマン，チャールズ　Eastman, Charles　555

市川房枝　Ichikawa Fusae　806

井上準之助　Inoue Junnosuke　815

イームズ夫妻　Eames, Charles and Ray　540

イリイチ，イワン　Illich, Ivan　400

岩倉具視　Iwakura Tomomi　806

岩崎弥之助　Iwasaki Yanosuke　806

ヴァレンチノ，ルドルフ　Valentino, Rudolph　637, 645

ヴァン・ヴォークト，A. E.　van Vogt, A. E.　574

ヴァン・ピープルズ，メルヴィン　Van Peebles, Melvin　653

ヴィアン，ボリス　Vian, Boris　587

ウィーヴァー，ジェイス　Weaver, Jace　554

ウィグナー，ユージン　Wigner, Eugene　328

ヴィゼナー，ジェラルド　Vizenor, Gerald　554

ヴィダル，ゴア　Vidal, Gore　562

ウィーバー＆フィールズ　Joe Weber and Lew Fields　680

ウィームズ，キャリー・メイ　Weems, Carrie Mae　530

ウィラード，フランシス　Willard, Frances　449

ウィリアムズ，ウィリアム・カーロス　Williams, William Carlos　550

ウィリアムズ，ジョン　Williams, John　683

ウィリアムズ，テネシー　Williams, Tennessee　552, 565, 573

ウィリアムズ，テリー・テンペスト　Williams, Terry Tempest　569

ウィリアムズ，デローレス・S.　Williams,

Delores S. 245
ウィリアムズ，バート Williams, Burt 681
ウィリアムズ，ロジャー Williams, Roger
232, 236
ウィリアムソン，フレッド Williamson, Fred
653
ウィル，ジョージ Will, George 385
ウィルソン，S. クレイ Wilson, S. Clay 615
ウィルソン，ウッドロウ（第 28 代） Wilson,
Woodrow 265, 286, 359, 723, 729, 752, 762,
764, 766, 768, 772, 786, 788, 792, 796
ウィルソン，オーガスト Wilson, August 553
ウィルソン，チャールズ Wilson, Charles 87
ウィルヘルム，ゲイル Wilhelm, Gale 563
ウィン，スティーブ Wynn, Steve 631
ウインスロップ，ジョン Winthrop, John
276, 720, 795
ウィンフリー，オプラ Winfrey, Oprah 369,
590, 627, 628
ウエスト，カニエ West, Kanye 557
ウェスト，コーネル West, Cornel 244
ウェスト，ナサニエル West, Nathanael 572
ウェスト，ベンジャミン West, Benjamin 510
ウェスレー兄弟 Wesley, John and Charles 214
ヴェブレン，ソースティン Veblen, Thorstein
B. 280, 494
ウェルズ，H. G. Wells, H. G. 574
ウェルチ，ジェイムズ Welch, James 554
ヴェルヌ，ジュール Verne, Jules 574
ヴェンチューリ，ロバート Venturi, Robert
539
ウォーカー，アリス Walker, Alice 245, 431,
557, 561
ウォーカー，レベッカ Walker, Rebecca 431
ウォーターズ，アリス Waters, Alice 475, 477
ウォーターズ，マディ Waters, Muddy 705
ウォートン，イーディス Wharton, Edith
561, 576
ウォーナー，スーザン Warner, Susan 561
ヴォネガット，カート Vonnegut, Kurt 577,
579
ウォーホル，アンディ Warhol, Andy 516,
520, 526, 528, 663
ウォーラステイン，イマニュエル Wallerstein,
Immanuel 67
ウォルツァー，マイケル Walzer, Michael
219, 275
ウォルフォウィッツ，ポール Wolfowitz, Paul
743
ウォーレン，エリザベス Warren, Elizabeth
121
ウォレン，リック Warren, Rick 231
内村鑑三 Uchimura Kanzo 799
ウッド，グラント Wood, Grant 511
ウッドベリー，ビリー Woodberry, Billy 653
ウッドレル，ダニエル Woodrell, Daniel 585
ウルフ，ヴァージニア Woolf, Virginia 560
ウルフ，クリスチャン Wolff, Christian 692
ウルフ，トマス Wolfe, Thomas 565
エイキンズ，トマス Eakins, Thomas 513
エイクリー，カール Akeley, Carl 666

エイブラムズ，エリオット Abrams, Elliott
767
エイペス，ウィリアム Apess, William 555
エジソン，トマス Edison, Thomas 318, 324,
664, 666, 686, 710
エディントン，アーサー Eddington, Sir Arthur
Stanley 328
エドワーズ，ジョナサン Edwards, Jonathan
211, 212, 214
エバンズ，ウォーカー Evans, Walker 376
エマソン，ラルフ・ウォルドー Emerson,
Ralph Waldo 244, 252, 256, 550
エメット，ダン Emmett, Dan 678
エリオット，T. S. Eliot, T. S. 550
エリクスン，スティーヴ Erickson, Steve 549
エリスン，ハーラン Ellison, Harlan 575
エリソン，ラルフ Ellison, Ralph 557, 579
エリントン，デューク Ellington, Duke 708,
756
エルズバーグ，ダニエル Ellsberg, Daniel 378
エルロイ，ジェイムズ Ellroy, James 567
エングル，ポール Engle, Paul 590
エンジェル，ノーマン Angell, Norman 729
オーエンズ，ルイス Owens, Louis 555
大江健三郎 Oe Kenzaburo 587
岡倉覚三（天心） Okakura Kakuzo（Tenshin）
518, 536, 806
オカダ，ジョン Okada, John 559
オコナー，フラナリー O'Connor, Flannery
565, 567, 578
オサリバン，ジョン O'Sullivan, John 235,
264, 722
オージック，シンシア Ozick, Cynthia 561
オースター，ポール Auster, Paul 549, 585,
589
オスティーン，ジョエル Osteen, Joel 231
オッカム，サムソン Occom, Samson 555
オーツ，ジョイス・キャロル Oates, Joyce
Carol 561
オッペンハイマー，ロバート Oppenheimer,
Robert 300, 813
オティーズ，サイモン Ortiz, Simon 554
オデッツ，クリフォード Odets, Clifford 552
オナン，スチュアート O'Nan, Stewart 571
オニール，ユージン O'Neill, Eugene 552
小野洋子（ヨーコ，オノ） Ono Yoko 693
オバマ，バラク（第 44 代） Obama, Barak
30, 33, 69, 77, 81, 103, 113, 126, 174, 177, 181,
191, 193, 202, 295, 302, 333, 372, 395, 410, 437,
452, 466, 474, 478, 483, 489, 504, 613, 723, 727,
734, 737, 745, 751, 765, 767, 769, 771, 773, 775,
781, 783, 789, 799, 800, **801**, 831, 837, 838
オバマ，ミシェル Obama, Michelle 451, 466,
474
オハラ，フランク O'Hara, Frank 550
オブライエン，ティム O'Brien, Tim 577
オルコット，エイモス・ブロンソン Alcott,
Amos Bronson 256
オルコット，ルイザ・メイ Alcott, Louisa May
561, 576, 582
オルソン，チャールズ Olson, Charles 550

人 名 索 引　　　　　　　　907

オールディス，ブライアン　Aldiss, Brian　575
オールビー，エドワード　Albee, Edward　552
オルムステッド，フレデリック・ロー
　Olmsted, Frederick Law　21, 534

■か

カーヴァー，レイモンド　Carver, Raymond
　549, 585, 587, 589
カウフマン，アンディ　Kaufman, Andy　545
カサット，メアリー　Cassatt, Mary　510
カザノヴァ，パスカル　Casanova, Pascale　586
カザン，エリア　Kazan, Elia　648
カストロ，フィデル　Castro, Fidel　657, 784
ガスリー，ウッディ　Guthrie, Woody　702
カーソン，レイチェル　Carson, Rachel　3, 22,
　34, 39, 281, 477, 569
カーダシアン，キム　Kardashian, Kim　627
カーター，ジミー・E.（第39代）　Carter,
　Jimmy E.　55, 57, 75, 122, 215, 237, 523, 749,
　755, 766, 770, 777, 780, 783, 797
片山 潜　Katayama Sen　799, 806
カーツマン，ハーヴィー　Kurtzman, Harve　614
カーツワイル，レイ　Kurzweil, Ray　311
カーティス，スティーヴンスン　デイヴィッド
　Curtiss, Stephenson, David　199
カドハタ，シンシア　Kadohata, Cynthia　571
カートライト・ジュニア，アレクサンダー
　Cartwright Jr., Alexander　607
カニンガム，マース　Cunnigham, Merce　691
カーネギー，アンドリュー　Canegie, Andrew
　91, 278, 288, 814
カバット＝ジン，ジョン　Kabat-Zinn, Jon　336
カポーティ，トルーマン　Capote, Truman
　562, 565, 567
カーマイケル，ストークリー　Carmichael,
　Stokely　201, 283
カーメン，ケイ　Kamen, Kay　619
ガモフ，ジョージ　Gamow, George　329
ガーランド，ジュディ　Garland, Judy　677
ガルシア，マヌエル　Garcia, Manuel　682
ガルシア＝マルケス，ガブリエル　García
　Márquez, Gabriel　587
カルーソー，エンリコ　Caruso, Enrico　682
ガルブレイス，ジョン・ケネス　Galbraith,
　John Kenneth　281
ガレスピー，ディジー　Gillespie, Dizzy　688
カーロス，ウェンディ　Carlos, Wendy　711
ガンジー，マハトマ　Gandhi, Mohandas　190,
　239, 257, 286
ガーンズバック，ヒューゴー　Gernsback,
　Hugo　574
ガン，ビル　Gunn, Bill　653
キー，フランシス・スコット　Key, Francis
　Scott　788
ギイ＝ブラシェ，アリス　Guy-Blache, Alice
　658
キージー，ケン　Kesey, Ken　579
ギッシュ，リリアン　Gish, Lillian　637, 645
キッシンジャー，ヘンリー　Kissinger, Henry
　239, 761, 769, 780, 791, 823
キッチン，デニス　Kitchen, Denis　615

キティカチョーン，タノーム　Kittikachorn,
　Thanom　782
キートン，バスター　Keaton, Buster　637
ギブス，ロイス　Gibbs, Lois　22, 35
ギブスン，ウィリアム　Gibson, William　575,
　746
キャサディ，ニール　Cassady, Neal　570
キャステリ，レオ　Castelli, Leo　516
キャッスル夫妻　Castle, Vernon and Irene　708
キャパ，ロバート　Capa, Robert　359, 376
キャプラ，フランク　Capra, Frank　753
ギャラップ，ジョージ　Gallup, George　354
ギャラティン，アルバート　Gallatin, Albert
　108
キャロル，ジョン　Carroll, John　220
キャロル，チャールズ　Carroll, Charles　220
ギャロ，ロバート　Gallo, Robert　333
キャンター，エディ　Cantor, Eddie　626
キャンベル，ジョン・W.　Campbell, John W.
　574
キューブリック，スタンリー　Kubrick, Sranley
　575, 754
キリガン，キャロル　Gilligan, Carol　337
キルビー，ジャック　Kilby, Jack　308
ギルマン，シャーロット・パーキンズ　Gilman,
　Charlotte Perkins　561
キング，スティーヴン　King, Stephen　567
キングストン，マキシン・ホン　Kingston,
　Maxine Hong　559
キング，トマス　King, Thomas　555
キング・ジュニア，マーティン・ルーサー（キ
　ング牧師）　King Jr., Martin Luther　55, 145,
　159, 187, 190, 197, 200, 239, 243, 244, 257, 271,
　286, 399, 674, 738
ギングリッチ，ニュート　Gingrich, Newton
　Leroy "Newt"　59, 295
キンケイド，ジャメイカ　Kincaid, Jamaica
　559
ギンズバーグ，アレン　Ginsberg, Allen　248,
　282, 550, 581
ギンズバーグ，ルース・ベーダー　Ginsburg,
　Ruth Bader　193
クインビー，フィニアス　Quimby, Phineas
　226
クインラン，カレン・アン　Quinlan, Karen
　Ann　291
クシュナー，トニー　Kushner, Tony　553, 562
クック，サム　Cooke, Sam　705
グッゲンハイム，ペギー　Guggenheim, Peggy
　516
グッドイヤー，チャールズ　Goodyear, Charles
　324
グッドマン，ベニー　Goodman, Benny　709
グティエレス，グスタボ　Gutiérrez, Gustavo,
　Merino　244
クーパー，ジェイムズ・フェニモア　Cooper,
　James Fenimore　566
クーパー，ピーター　Cooper, Peter　514
クラウス，ロザリンド　Krauss, Rosalind　513,
　533, 544
クラーク，アーサー・C.　Clarke, Arthur C.

575

クラーク，ウィリアム・S. Clark, William S.
808

グラス，フィリップ Glass, Philip 693

グラハム，シルヴェスター Graham, Sylvester
440

グラハム，ビリー Graham, Billy 213, 231

グラハム，マーサ Graham, Martha 690

クラフト＝エビング von Krafft-Ebing, Richard
Freiherr 562

クラム，ロバート Crumb, Robert 614

グラント，ユリシーズ・S.（第18代）Grant,
Ulysses S 33, 818

グラント，カール・A. Grant, Carl A. 409

クリストル，アーヴィン Kristol, Irvin 770

グリッサン，エドゥアール Glissant, Édouard
587

クーリッジ，ウィリアム Coolidge, William
325

クリッズリー，マーティン Quizley, Martin
646

グリフィス，D. W. Griffith, D. W. 635, 636,
658, 752

グリフィス，ビル Griffith, Bill 615

グリフィン，スーザン Griffin, Susan 462

グリーブス，ウィリアム Greaves, William
653

クリール，ジョージ Creel, George 792

グリーン，トマス・ヒル Green, Thomas Hill
252

クリントン，ヒラリー Clinton, Hillary 51,
53, 55, 58, 99, 193, 357, 373, 379, 381, 431, 449,
451, 452, 466, 478, 800, 801, 837

クリントン，ビル（第42代）Clinton, William
Jefferson "Bill" 23, 54, 71, 83, 99, 111, 118,
370, 372, 381, 386, 426, 455, 466, 485, 523, 727,
742, 767, 775, 794, 797, 819

グリーン，ボブ Greene, Bob 385

グルーエン，ヴィクトル Gruen, Victor 490

クルーガー，バーバラ Kruger, Barbara 530

クルーザン，ナンシー Crusan, Nancy 291

グレイブズ，ピーター Graves, Peter 627

グレー，イライシャ Gray, Elisha 318

クレイン，スティーヴン Crane, Stephen
576, 584

クレイン，ハート Crane, Hart 550

クレランド，ジョン Cleland, John 580

グロイス，ボリス Groys, Boris 545

クロウズ，ダニエル Clowes, Daniel 615

クロケット，デイヴィ Crockett, Davy 578

クロザーズ，レイチェル Crothers, Rachel
552

黒澤 明 Kurosawa Akira 654, 753

クロスビー，アルフレッド Crosby, Alfred. 38

グローブ，アンディ Grove, Andrew Stephen
309

クロムウェル，オリバー Cromwell, Oliver
210

クロンカイト，ウォルター Cronkite, Walter
360

クーン，ウォルト Kuhn, Walt 520

ゲイツ，ビル Gates, Bill 91, 289, 310

ケージ，ジョン Cage, John 544, 691, 692, 694

ゲーテ，ヨハン・ヴォルフガング・フォン
Goethe, Johann Wolfgang von 270, 586

ケナン，ジョージ Kennan, George 238

ケネディ，アドリアンヌ Kennedy, Adrienne
553

ケネディ，キャロライン Kennedy, Caroline
837

ケネディ，ジョン・F.（第35代）Kennedy,
John F. 54, 84, 96, 110, 159, 180, 183, 220,
298, 306, 345, 346, 360, 384, 386, 391, 429, 627,
723, 733, 738, 740, 758, 770, 796

ケルアック，ジャック Kerouac, Jack 248,
282, 570, 581, 689

江 沢民 Jiang Ze-min 781

コーエン，スタンリー・ノーマン Cohen,
Stanley Norman 302

コックス，ハービー Cox, Harvey 236

コーツ，タナハシ Coates, Ta-Nehisi 208, 557

コッポラ，フランシス Coppola, Francis Ford
641, 755

コトリコフ，ローレンス・J. Kotlikoff,
Laurence J. 479

ゴフマン，ジョン Gofman, John W. 301

コープランド，アーロン Copland, Aaron 683

コプリー，ジョン・シングルトン Copley, John
Singleton 510

コーミア，ロバート Cormier, Robert 583

小村寿太郎 Komura Jyutaro 806

ゴーラー，ジェフリー Gorer, Geoffrey 830

コリンズ，キャスリーン Collins, Kathleen
653

ゴールドウォーター，バリー Goldwater, Barry
70, 72, 295

コルトレーン，ジョン Coltrane, John 557

コール，ナット・キング Cole, Nat King 627

ゴルバチョフ，ミハエル・S. Gorbachev,
Mikhail S. 741, 767, 781, 787

コロンブス，クリストファー Columbus,
Christopher 184, 234, 554

コーン，ジェームズ・H. Cone, James H. 244

■さ

サイード，エドワード Said, Edward 587

サイモン，ポール Simon, Paul 717

サカガウィア Sacagawea 456

サザーン，テリー Southern, Terry 581

サージェント，ジョン・シンガー Sargent,
John Singer 510

ザッカーバーグ，マーク Zuckerberg, Mark E.
91, 193

サッコ，ジョー Sacco, Joe 615

佐藤栄作 Sato Eisaku 819

サーノフ，デービッド Sarnoff, David 344

サーバー，ジェイムズ Thurber, James 579

サファイア，ウィリアム Safire, William 385

サムソン，デボラ Samson, Deborah 457

サムナー，ウィリアム・グラハム Sumner,
William Graham 280

サリヴァン，ルイス Sullivan, Louis 534, 536

サリバン，アリー・クウィン　Sullivan, Mary Quinn　521
サリンジャー，J. D.　Salinger, J. D.　583, 587
サンガー，マーガレット　Sanger, Margaret　446
サンダース，バーナード　Sanders, Bernard　193, 285
サンデー，ビリー　Sunday, Billy　213, 261
サンドバーグ，カール　Sandburg, Carl　550
サンドバーグ，シェリル　Sandberg, Sheryl　453
ジェイ Z　Jay Z　717
シェイクスピア，ウィリアム　Shakespeare, William　588
ジェイコブズ，ハリエット　Jacobs, Harriet　556
ジェイムズ，E. L.　James, E. L.　581
ジェイムズ，ウィリアム　James, William　278
ジェイムズ，ヘンリー　James, Henry　562, 567
シェパード，サム　Shepard, Sam　553, 573
ジェファソン，トマス（第3代）　Jefferson, Thomas　10, 32, 40, 56, 70, 108, 115, 132, 219, 233, 236, 270, 277, 326, 720, 722, 764, 792, 795
ジェイムズ，レブロン　James, LeBron　627
シェリー，メアリ　Shelley, Mary　574
ジェンクス，チャールズ　Jencks, Charles　539
ジェーンズ，レロイ・L.　Janes, Leroy L.　808
ジェンナー，ケイトリン　Jenner, Caitlyn　84
シカゴ，ジュディ　Chicago, Judy　530
重光 葵　Shigemitsu Mamoru　822
シーゲル，バグジー　Siegel, Benjamin　630
ジーター，K. W.　Jeter, K. W.　575
シナトラ，フランク　Sinatra, Frank　627, 677, 716
シフ，ジェイコブ　Shiff, Jacob　814
渋沢栄一　Shibusawa Eiichi　814
清水幾太郎　Shimizu Ikutaro　259
シモンズ，ウィリアム　Simmons, William Joseph　198
ジャクソン，アンドルー（第7代）　Jackson, Andrew　54, 277, 292, 431, 578
ジャクソン，ヘンリー　Jackson, Henry　771
ジャクソン，マイケル　Jackson, Michael　709
ジャニス，シドニー　Janis, Sidney　516
シャーマン，シンディ　Sherman, Cindy　530
習 近平　Xi Jinping　781
ジュエット，サラ・オーン　Jewett, Sarah Orne　561
シュタインガート，ゲーリー　Shteingart, Gary　587
シュッセル，クリスチャン　Schussele, Christian　324
シュトックハウゼン，カールハインツ　Stockhausen, Karlheinz　692
シュニエ，クリフトン　Chenier, Clifton　701
ジューバ，マスター　Juba, Master　708
シュミット，ピーター・J.　Schmitt, Peter J.　569
シュワルツェネッガー，アーノルド　Schwarzenegger, Arnold　627
ジョイス，ジェイムズ　Joyce, James　580

ジョーゲンセン，クリスティン　Jorgensen, Christine　563
ジョーダン，マイケル　Jordan, Michael　593, 595
ショックレー，ウィリアム　Shockley, William　308, 315, 325
ショットウェル，ジェームズ・トマソン　Shotwell, James Thomason　287
ジョップリン，スコット　Joplin, Scott　704
ショパン，ケイト　Chopin, Kate　561
ジョブズ，スティーブ　Jobs, Steven Paul　91, 310
ジョプリン，ジャニス　Joplin, Janis Lyn　282
ショー，ヘンリー　Shaw, Henry　385
ジョレス，ジャン　Jaurès, Jean Léon　729
ジョング，エリカ　Jong, Erica Mann　581
ジョーンズ，ジェイムズ　Jones, James　577
ジョーンズ，ジャスパー　Johns, Jasper　516, 526
ジョンストン，エリック　Johnston, Eric　649
ジョーンズ，ピーター・P.　Jones, Peter P.　652
ジョーンズ，リロイ　Jones, LeRoi　553, 557
ジョンソン，ジャック　Johnson, Jack　600
ジョンソン，フィリップ　Johnson, Philip　537
ジョンソン，リンドン・B.（第36代）　Johnson, Lyndon B.　44, 70, 72, 83, 124, 178, 197, 395, 399, 418, 423, 454, 737, 738
ジョンソン，ロバート　Johnson, Robert　705
ショーン，テッド　Shawn, Ted　690
シラード，レオ　Szilard, Leo　328
シルコウ，レズリー・マーモン　Silko, Leslie Marmon　554, 579
シルバーバーグ，ロバート　Silverberg, Robert　575
シンガー，ピーター　Singer, Peter　39
シングルトン，ジョン　Singleton, John　653
シンクレア，アプトン　Sinclair, Upton　39, 589
シンドラー，ルドルフ　Schindler, Rudolf　538
スウィーニー，ジョン・J.　Sweeney, John J.　93
杉原千畝　Sugihara Chiune　730
スコウクロフト，ブレイン　Scowcroft, Brent　769, 791
スコット，ジョーン　Scott, Joan　435
スーザ，ジョン・フィリップ　Sousa, John Philip　682
鈴木善幸　Suzuki Zenkou　823
スタイケン，エドワード　Steichen, Edward　377
スタイロン，ウィリアム　Styron, William　565
スタイン，ガートルード　Stein, Gertrude　563
スタインベック，ジョン　Steinbeck, John　571, 584
スター，エレン・ゲイツ　Starr, Ellen Gates　258
スタイガー，ポール　Steiger, Paul E.　375
スタッグ，アロンゾ　Stagg, Alonzo　598
スターリン，ヨシフ　Stálin, Iósif Vissariónovich　648, 748
スタントン，エリザベス・ケイディ　Stanton, Elizabeth Cady　49, 428

スチュワート，マーサ　Stewart, Martha　443,
　470
スティーヴンズ，ウォレス　Stevens, Wallace
　550
スティーグリッツ，アルフレッド　Stieglitz,
　Alfred　532
スティーヴンスン，ニール　Stephenson, Neal
　575
ステティニアス，エドワード　Stettinius,
　Edward　772
ストウ，ハリエット・ビーチャー　Stowe,
　Harriet Beecher　561
ストーズ，トッド　Storz, Todd　717
ストーリー，ティム　Story, Tim　653
ストローガー，アルモン　Strowger, Almon
　Brown　318
ストーン，ルーシー　Stone, Lucy　429
スナイダー，ゲイリー　Snyder, Gary　248, 569
スノーデン，エドワード　Snowden, Edward
　379, 747
スピアーズ，ブリトニー　Spears, Brittney
　440
スピーゲルマン，アート　Spiegelman, Art　615
スピヴァク，ガヤトリ　Spivak, Gayatri　435,
　587
スピルバーグ，スティーブン　Spielberg, Steven
　641, 654, 752
スプリングスティーン，ブルース　Springsteen,
　Bruce　713, 716
スプレーグ，フランク　Sprague, Frank Julian
　319
スポルディング，アルバート・G.　Spalding,
　Albert G.　606, 828
スマイト，ジャック　Smight, Jack　753
スミス，ジャック　Smith, Jack　662
スミス2世，ジョゼフ　Smith II, Joseph　224
スミス，デイヴィッド　Smith, David　524
スミス，バーバラ　Smith, Barbara　431
スミス，ベッシー　Smith, Bessie　705
スミス，ヘンリー・ナッシュ　Smith, Henry
　Nash　512
スミス，ユージン　Smith, Eugene　376
スミス，リー　Smith, Lee　565
スミソン，ジェームズ　Smithson, James　326
スミッソン，ロバート　Smithson, Robert
　519, 543
スリータ，クリスティン・E.　Sleeter, Christine
　E.　409
スワン，ジョセフ　Swan, Sir Joseph Wilson
　318
セーガン，カール　Sagan, Carl E.　301
ゼンガー，ジョン・ピーター　Zenger, John
　Peter　151, 340
セント・ジェームズ，マルゴ　St.James, Margo
　461
セント・デニス，ルース　St. Denis, Ruth　690
ゼンパー，ゴットフリード　Semper, Gottfried
　536
ソナベンド，イリアナ　Sonnabend, Ileana　516
ソブリノ，ヨン　Sobrino, Jon　245
ソレンセン，セオドア・C.　Sorensen,

Theodore C.　55
ソロー，ヘンリー・デイヴィッド　Thoreau,
　Henry David　253, 256, 286, 569, 620
ソンタグ，スーザン　Sontag, Susan　533

■た

タイラー，W. B.　Tyler, W. B.　544
タイラー，ラルフ・W.　Tyler, Ralph W.　396
ダウニー，レナード・ジュニア　Downie Jr.,
　Leonard　363
タカキ，ロナルド　Takaki, Ronald　559
高橋是清　Takahashi Korekiyo　814
高峰譲吉　Takamine Jokichi　814
ダグラス，アーロン　Douglas, Aaron　530
ダグラス，フレデリック　Douglass, Frederick
　341, 556
ダッシュ，ジュリー　Dash, Julie　653
ダッシン，ジュールス　Dassin, Jules　649
ターナー，フレデリック・ジャクソン　Turner,
　Frederick Jackson　40, 487
タナラット，サリット　Thanarat, Sarit　782
ダニエルズ，リー　Daniels, Lee　653
タニー，ジーン　Tunney, Gene　600
ダービー，ジョン　Darby, John　229
タブマン，ハリエット　Tubman, Harriet　431,
　457
ダブルデー，アブナー　Doubleday, Abner　607
ダムロッシュ，デイヴィッド　Damrosch,
　David　587
タラス，デイブ　Tarras, Dave　700
タルコフスキー，アンドレイ　Tarkovsky,
　Andrei　587
ダレス，ジョン・フォスター　Dulles, John
　Foster　822
ダロウ，クラレンス　Darrow, Clarence　229
ダンカン，イザドラ　Duncan, Isadora　690
ダンカン，ロバート　Duncan, Robert　550
タンギー，エヴァ　Tanguay, Eva　681
ダンティカ，エドウィージ　Danticat, Edwidge
　559
チェイニー，ディック　Cheney, Dick　379, 743
チェスナット，チャールズ　Chesnutt, Charles
　W.　556
チェスナット，メアリー・ボイキン　Chesnut,
　Mary Boykin　576
チャクラバティ，アナンダ・M.　Chakrabarty,
　Ananda M.　325
チャック D　Chuck D　557
チャップリン，チャーリー　Chaplin, Charles
　87, 579, 619, 626, 637, 753, 812
チャベス，セサール・エストラーダ　Chavez,
　Cesar Estrada　190
津田梅子　Tsuda Umeko　806, 812
ツルゲーネフ，イワン　Turgenev, Ivan　588
鶴見和子　Tsurumi Kazuko　259
鶴見俊輔　Tsurumi Syunsuke　259
ディアギレフ，セルゲイ　Sergei, Diaghilev
　690
ディアズ，ジュノ　Díaz, Junot　587
デイヴィス，アンジェラ　Davis, Angela　431
デイヴィス，ジーナ　Davis, Geena　659

人 名 索 引　　　　　911

デイヴィス，ベティ　Davis, Bette　658
ディクスン，トマス　Dixon Jr., Thomas　198,
　636
ディズニー，ウォルト　Disney, Walt　515, 617,
　672, 792
ディック，フィリップ・K.　Dick, Philip K.
　575
ディッシュ，トマス　Disch, Thomas M.　575
ディッチ，キム　Deitch, Kim　615
ディートリヒ，マレーネ　Dietrich, Marlene
　645
デイビス，アーサー・B.　Davies, Arthur B.
　520
デイビス，エルマー　Davis, Elmer　651
デイヴィス，オジー　Davis, Ossie　653
ディブディン，チャールズ　Dibdin, Charle
　622
ティプトリー・ジュニア，ジェイムズ　Tiptree
　Jr., James　575
ディラード，アニー　Dillard, Annie　569
テイラー，フレデリック　Taylor, Frederick
　Winslow　338
テイラー，ベイヤード　Taylor, Bayard　562
ディラン，ボブ　Dylan, Bob　282, 529, 551
　702, 705, 713
ティリヒ，パウル　Tillich, Paul　238
ディレイニー，サミュエル　Delany, Samuel
　575
ディーン，ジェームス　Dean, James　619, 645
デ・クーニング，ウィレム　de Kooning,
　Willem　517, 524
テネント，ギルバート　Tennent, Gilbert　212
デビッドソン，ドナルド　Davidson, Donald
　70
デブス，ユージン　Debs, Eugene Victor　285
デミル，セシル・B.　DeMille, C. B.　637, 658
デューイ，ジョン　Dewey, John　253, 257, 258,
　262, 272, 278, 279, 396, 514
デューイ，トマス・E.　Dewey, Thomas E.　355
デュシャン，マルセル　Duchamp, Marcel　520
デュヴァーネイ，エイヴァ　DuVernay, Ava
　653
デュボイス，W.E.B.　DuBois, W. E. B.　245
デ・ラウレティス，テレサ　de Lauretis, Teresa　438
テラー，エドワード　Teller, Edward　300, 329
テーラー，ザカリー（第12代）　Taylor,
　Zachary　358
デリアン，パトリシア　Derian, Patricia　766
デリーロ，ドン　DeLillo, Don　549
デルサルト，フランソワ　Delsarte, François
　690
デレン，マヤ　Deren, Maya　662
デロリア・ジュニア，ヴァイン　Deloria Jr.,
　Vine　554
デンプシー，ジャック　Dempsey, Jack　601
トウェイン，マーク　Twain, Mark　348, 548,
　564, 570, 578, 582, 588, 679
鄧小平　Deng Xiaoping　780
ドゥダメル，グスターボ　Dudamel, Gustavo
　683
トゥパック　Tupac（2pac; Tupac Awaru Shakur）

545
トゥーマー，ジーン　Toomer, Jean　556
ドガ，エドガー　Degas, Edgar　510
トクヴィル，アレクシス・ド　Tocqueville,
　Alexis d　151, 160, 253, 254, 264, 276
ドストエフスキー，フョードル　Dostoevsky,
　Fyodor　587
ドス，パソス・ジョン　Dos Passos, John　576
ドーソン，W. J.　Dawson, W. J.　576
トミーネ，エイドリアン　Tomine, Adrian　615
ドライアー，キャサリン　Dreier, Catherine
　Sophie　520
ドライサー，セオドア　Dreiser, Theodore
　570, 584
ドラッジ，マット　Drudge, Matt　370
トランプ，ドナルド（第45代）　Trump,
　Donald　25, 40, 51, 58, 69, 77, 81, 103, 170,
　181, 191, 203, 261, 295, 346, 357, 373, 452, 466,
　478, 481, 513, 523, 627, 629, 631, 718, 742, 767,
　771, 773, 775, 777, 783, 793, 799, 800, **802**, 815,
　836, 837, 838
トランブル，ジョン　Trumbull, John　510
トランボ，ダルトン　Trumbo, Dalton　649
トリン，ミンハ　Trinh, Minh-ha　435
トルーマン，ハリー・S.（第33代）　Truman,
　Harry S.　300, 355, 648, 736, 762, 772
ドルー，ロバート　Drew, Robert　661, 663
トロイヤー，デイヴィッド　Treuer, David　555
トンプソン，ジム　Thompson, Jim　567
トンプソン，ドロシー　Thompson, Dorothy
　385

■な

ナイト，エリック　Knight, Eric　651
中上健次　Nakagami Kenji　587
ナッシュ，ロデリック　Nash, Roderick　569
ナボコフ，ウラジーミル　Nabokov, Vladimir
　579, 581, 586
新島襄　Niijima Jyo　806
ニクソン，リチャード・M.（第37代）　Nixon,
　Richard M.　34, 44, 362, 725, 737, 740, 768,
　776, 780, 791, 819
ニコルズ，ダドリー　Nichols, Dudley　674
新渡戸稲造　Nitobe Inazo　799, 806, 812
ニーバー，ラインホールド　Niebuhr, Reinhold
　238, 279, 287, 763
ネイダー，ラルフ　Nader, Ralph　281
ネルソン，ゲイロード　Nelson, Gaylord　34
ネルソン，リチャード　Nelson, Richard K.
　569
ノイス，ロバート　Noyce, Robert　91, 308
ノイトラ，リチャード・J.　Neutra, Richard J.
　538
ノイマン，ジョン・フォン　Neumann, John
　von　325, 329
ノグチ，イサム　Noguchi, Isamu　691
野口米次郎　Noguchi Yonejiro　806
ノージック，ロバート　Nozick, Robert　255,
　275
ノック，アルバート・ジェイ　Nock, Albert Jay
　70

ノバック，バーバラ　Novak, Barbara　512

■は

ハイエク，フリードリッヒ　von Hayek, Friedrich August　70
ハイスミス，パトリシア　Highsmith, Patricia　563
バイバーマン，ハーバート　Biberman, Herbert　649
パイル，アーニー　Pyle, Ernie　385, 359
ハインライン，ロバート・A.　Heinlein, Robert A.　574
パウエル，コリン　Powell, Colin　422, 743, 769
ハウプト，ハーマン　Haupt, Herman　320
パウンド，エズラ　Pound, Ezra　550
バエズ，ジョーン　Baez, Joan　702
パーカー，セオドア　Parker, Theodore　256, 261
パーカー，チャリー　Charlie Parker　688
ハガード，マール　Haggard, Merle　707
パーカー，ドロシー　Parker, Dorothy　579
バラカ，アミリ　Baraka, Amiri　553
パーキンズ，フランシス　Perkins, Frances　451
パークス，ゴードン　Parks, Gordon　653
パークス，スーザン＝ロリ　Parks, Suzan-Lori　553
バーグ，ポール　Paul Berg　302
バークリー，バズビー　Berkeley, Busby　709
バーコビッチ，サクバン　Bercovitch, Sacvan　264
ハーシー，ジョン　Hersey, John　359
バー・ジュニア，アルフレッド・H.　Barr Jr., Alfred H.　546
ハージョ，ジョイ　Harjo, Joy　555
バスキア，ジャン＝ミシェル　Basquiat, Jean-Michel　530
バース，ジョン　Barth, John　549, 579
パース，チャールズ・サンダース　Peirce, Charles Sanders　539
パスツール，ルイ　Pasteur, Louis　315
ハースト，ウィリアム・ランドルフ　Hearst, William Randolph　341, 616
ハーストン，ゾラ・ニール　Hurston, Zora Neale　556, 579
バチガルピ，パオロ　Bacigalupi, Paolo　575
ハンチントン，サミュエル　Huntington, Samuel Phillips　204, 264, 724
パック，ウォルター　Pach, Walter　520
バックウォルド，アート　Buchwald, Art　385
バックナー，サイモン・B.　Simon, Buckner B.　818
バック，パール　Buck, Pearl　589
バックレー，ウィリアム　Buckley, William　396, 771
パットナム，ロバート　Putnam, Robert　255
パットン，チャーリー　Patton, Charley　705
ハーツ，ルイス　Hearts, Lewis　264, 272
バティスタ，フルヘンシオ　Batista, Fulgencio　798
バーディーン，ジョン　Bardeen,John　308

バーデン，クリス　Burden, Chris　694
ハドソン，ウィンスロップ　Hudson, Winthrop　240
ハート，ブレット　Harte, Bret　588
バトラー，ジュディス　Butler, Judith　435
バトラー，ニコラス　Butler, Nicholas　792
ハナ，バリー　Hannah, Barry　565
バーナム，ダニエル　Burnham, Daniel Hudson　534, 536
バーナム，フィニアス・テイラー　Barnum, Phineas Taylor　622, 626, 682
バニアン，ポール　Bunyan, Paul　578
バーネット，チャールズ　Burnett, Charles　653
バーネット，フランシス　Burnett, Frances　588
バーバ，ホミ　Bhabha, Homi K.　587
ハーバーマス，ユンゲル　Habermas, Jürgen　254
パーハム，チャールズ　Parham, Charles　230
ハフィントン，アリアナ　Huffington, Arianna　370
バフェット，ウォーレン　Buffett, Warren　289
ハミルトン，アレキサンダー　Hamilton, Alexander　340, 718
ハミルトン，ヴァージニア　Hamilton, Virginia　583
ハモンド，ジョン　Hammond, Jhon　756
早川雪洲　Hayakawa Sessue　645, 655
ハラウェイ，ダナ　Haraway, Donna　575
バラカ，アミリ　Baraka, Amiri　557
バラード，J. G.　Ballard, J. G.　575
バランシン，ジョージ　Ballancine, George　690
ハリス，タウンゼント　Harris, Townsend　804
ハリス，チャールズ　Harris, Charles K.　683
ハリス，トマス　Harris, Thomas　567
バルトルディ，フレデリック・オーギュスト　Bartholdi, Frédéric Auguste　196
ハルバースタム，デビッド　Halberstam, David　360
ハルプリン，アナ　Halprin, Anna　691
バレシヌシ，フランソワーズ　Barré-Sinoussi, Françoise　333
バロウズ，ウィリアム・S.　Burroughs, William S.　580
バロウズ，ジョン　Burroughs, John　569
パワーズ，ティム　Powers, Tim　575
パワーズ，リチャード　Powers, Richard　549
バンクス，ラッセル　Banks, Russell　571, 585
バーンスタイン，リチャード・J.　Bernstein, Richard J.　258
ハンズベリー，ロレイン　Hansberry, Lorraine　553
ハンス・ホフマン　Hofmann, Hans　515
バンダーリン，ジョン　Vanderlyn, John　510
ハンディ，W. C.　Handy, W. C.　705
バンデンバーグ，アーサー・H.　Vandenberg, Arthur T.　772
ハンフリー，ドリス　Humphrey, Doris　690
ハーン，ラフカディオ　Hearn, Lafcadio　385

ビアス，アンブローズ　Bierce, Ambrose　576
ピアソン，ドゥルー　Pearson, Drew　385
ビアード，チャルズ　Beard, Charles　812
ヒギンズ，ディック　Higgins, Dick　693
ピケティ，トマ　Piketty, Thomas　125
ビショップ，エリザベス　Bishop, Elizabeth　561
ヒス，アルジャー　Hiss, Alger　648
ピーターソン，エスター　Peterson, Esther　429
ビーチャー，キャサリン　Beecher, Catharine　442
ピックフォード，メアリー　Pickford, Mary　637, 645
ヒッチコック，ヘンリー＝ラッセル　Hitchcock, Henry-Russel　537
ビッドル，ジェームズ　Biddle, James　804
ヒート＝ムーン，ウィリアム・リースト　Heat-Moon, William Least　571
ヒトラー，アドルフ　Hitler, Adolf　752
ヒューストン，ジーン・ワカツキ　Houston, Jeanne Wakatsuki　559
ヒューストン，ホイットニー　Houston, Whitney　705
ヒューズ，ハワード　Hughes, Howard　630
ヒューズ，ラングストン　Hughes, Langston　550, 552, 556, 579, 584
ピュリッツァー，ジョセフ　Pulitzer, Joseph　341
平石貴樹　Hiraishi Takaki　587
ビリャ，パンチョ　Villa, Pancho　656
ピール，チャールズ・ウィルソン　Peale, Charles Willson　326
ビル，バッファロー　Bill, Buffalo　622, 626
ピン，アンソニー　Pinn, Anthony　245
ピンチョン，トマス　Pynchon, Thomas　545, 549, 577, 579, 589
ビン・ラディン，ウサマ　Bin Laden, Osama　742, 758, 800
ファイアスティーン，ハーヴィー　Fierstein, Harvey　553
ファインバーグ，レスリー　Feinberg, Leslie　563
ファウラー，カレン・ジョイ　Fowler, Karen Joy　575
ブアスティン，ダニエル・J.　Boorstin, Daniel J.　504
ブア，ベンジャミン　Poore, Benjamin　384
ファラカン，ルイス　Farrakhan, Louis　195
ファラデー，マイケル・　Faraday, Michael　318
ファルウェル，ジェリー　Falwell, Jerry　75, 215, 229
フィッシャー，ハワード・T.　Fisher, Howard T.　537
フィッツジェラルド，F. スコット　Fitzgerald, F. Scott　587, 589
フィートリー，フィリス　Wheatley, Phillis　550
フィニー，チャールズ　Finney, Charles　213
フィールド，ユージン　Field, Eugene　384

フィルモア，ミラード（第 13 代）　Fillmore, Millard　804
フーヴァー，J. エドガー　Hoover, J. Edgar　648
フーヴァー，ハーバート・C.（第 31 代）　Hoover, Herbert Clark　593
フェアバンクス，ダグラス　Fairbanks, Douglas　637, 645
フェザー，レナード　Feather, Leonard　756
フェルドマン，モートン　Feldman, Morton　692
フェルミ，エンリコ　Fermi, Enrico　329
フォークナー，ウィリアム　Faulkner, William　565, 567, 577, 578, 587, 589
フォスター，ウィリアム　Foster, William　652
フォスター，スティーブン　Foster, Stephen　678, 682, 686
フォスター，ハナ　Foster, Hannah Webster　561
フォズディック，ハリー・エマーソン　Fosdick, Harry Emerson　241
フォード，ジョン　Ford, John　637, 753
フォード，ヘンリー　Ford, Henry　91, 338, 488
深作欣二　Fukasaku Kinji　753
ブキャナン，パット　Buchanan, Pat　78, 765
フクヤマ，フランシス　Francis Yoshihiro Fukuyama　771
フーコー，ミシェル　Foucault, Michel　562
フセイン，サダム　Hussein, Saddam　361, 378, 739, 742
ブッシュ，ジョージ・W.（第 43 代）　Bush, George W.　25, 26, 71, 103, 111, 123, 215, 261, 265, 295, 301, 378, 380, 422, 723, 734, 739, 741, 742, 757, 763, 765, 767, 771, 773, 775, 781, 785, 797, 799, 800, 801
ブッシュ，ジョージ・H. W.（第 41 代）　Bush, George H.W.　26, 52, 99, 361, 401, 743, 763, 765, 767, 769, 775, 789, 791
ブッシュ，バネバー　Bush, Vannevar　312
フェチット，ステピン　Fetchit, Stepin　652
フット，ケネス・E.　Foote, Kenneth E.　296
フュリー，グラン　Fury, Gran　465
ブライアン，ウィリアム・ジェニングス　Bryan, William Jennings　76, 229
プライス，デレク・J. ド・ソラ　Price, Derek J. de Solla　330
ブライス，ファニー　Brice, Fanny　681
フライシャー兄弟　Fleischer, Max and Dave　673
ブラウン，アール　Brown, Earle　692
ブラウン，ジェイムス　Brown, James　705
ブラウン，チャールズ・ブロックデン　Brown, Charles Brockden　566
ブラウン，デニス・スコット　Brown, Denise Scott　539
ブラウン，ハロルド　Brown, Harold　749
ブラウン，マイケル　Brown, Michael　208
ブラウンミラー，スーザン　Brownmiller, Susan　462
ブラウン，リタ・メイ　Brown, Rita Mae　563
ブラッケージ，スタン　Brakhage, Stan　662

プラース，シルヴィア　Plath, Sylvia　550
ブラック・エルク　Black Elk　571
ブラックトン，J. S.　Blackton, J.S.　672
ブラッタン，ウォルター　Brattain, Walter Houser　308, 325
ブラッドストリート，アン　Bradstreet, Anne　550, 560
プラード，ペレス　Prado, Perez　709
フラー，バックミンスター　Fuller, Richard Buckminster　537
フラハティ，ロバート　Flaherty, Robert　662
フラー，マーガレット　Fuller, Margaret　256
フラー，ロイ　Fuller, Loie　690
フランクリン，アリーサ　Franklin, Aretha　705
フランクリン，ベンジャミン　Franklin, Benjamin　3, 212, 254, 318, 324, 326, 340, 348, 792
フランク，レオ　Frank,Leo Max　198
ブリス，リリー・P.　Bliss, Lillie P.　521
フリーダン，ベティ　Friedan, Betty　281, 429, 433, 443
フリード，アラン　Freed, Alan　717
フリードマン，トーマス　Friedman, Thomas　385
フリーマン，ジョー　Freeman, Jo　430
プルー，アニー　Proulx, Annie　563
ブルース，レニー　Bruce, Lenny　579
ブルックス，デイビッド　Brooks, David　385
ブルーム，アラン　Bloom, Allan　771
ブルン，ヘイウッド　Broun, Heywood　384
ブレア，トニー　Blair, Tony　742
フレイジャー，チャールズ　Frazier, Charles　576
ブレクト，ジョージ　Brecht, George　693
ブーレーズ，ピエール　Boulez, Pierre　692
プレスリー，エルヴィス　Presley, Elvis　627, 710, 712, 717
フレミング，ヴィクター　Fleming, Victor　752
フロム，エーリッヒ　Fromm, Erich　239
ブローサン，カルロス　Bulosan, Carlos　559
ブロツキー，ヨシフ（Joseph）　586
ブロック，フランチェスカ・リア　Block, Francesca Lia　583
ブローティガン，リチャード　Brautigan, Richard　589
フローベール，ギュスターヴ　Flaubert, Gustave　580
ペイジ，ラリー　Page, Larry　91
ヘイズ，ウィル　Hays, Will　646
ヘイズ，デニス　Hayes, Denis　34
ヘイデン，パーマー　Hayden, Palmer　530
ベイリー，ジェームス・アンソニー　Bailey, James A.　622
ヘイリー，ビル　Haley, Bill　717
ヘイル，サラ・ジョセファ　Hale, Sarah Josepha　250
ペイン，J. H.　Pain, J. H.　682

ベスター，アルフレッド　Bester, Alfred　574
ベストン，ヘンリー　Beston, Henry　569
ベゾス，ジェフ　Bezos, Jeff　341
ベック　Beck　717
ヘップバーン，キャサリン　Hepburn, Katharine　658
ペトリー，アン　Petry, Ann　584
ベネット，トニー　Bennett, Tony　716
ベネディクト，ルース　Benedict, Ruth　239, 817, 830
ベビントン，デイビッド　Babington, David　214
ヘミングウェイ，アーネスト　Hemingway, Ernest　577, 587, 589
ヘモン，アレクサンダル　Hemon, Aleksandar　587
ヘラー，ジョゼフ　Heller, Joseph　577, 579
ベラー，ロバート　Bellah, Robert　218, 227, 255, 720
ペリー，ウィリアム　Perry, William　749
ペリー，タイラー　Perry, Tyler　653
ベリー，ハル　Berry, Halle　652
ペリー，マシュー　Perry,Matthew　3, 327, 804, 814, 818, 828
ペリー，リンカーン　Perry, Lincoln　653
ベル，グレアム　Bell, Alexander Graham　318
ヘール，ジョージ・エラリー　Hale, George Ellery　330
ベル，ダニエル　Bell, Daniel　770
ヘルマン，リリアン　Hellman, Lillian　552
ペローシ，ナンシー　Pelosi, Nancy Patricia D'Alesandro　59
ベロー，ソール　Bellow, Saul　579
ペン，ウィリアム　Penn, William　232
ベンサム，ジェレミー　Bentham, Jeremy　274
ペンス，マイク　Pence, Mike　718
ベンター，ジョン・クレイグ　Venter, John Craig　303
ヘンドリクス，ジミ　Hendrix, Jimi　282, 711, 713
ヘンリー，O.　Henry, O.　385, 624
ヘンリー，ジョセフ　Henry, Joseph　318
ホアン，ディヴィッド・ヘンリー　Hwang, David Henry　553
ホイッスラー，ジェイムズ・アボット・マクニール　Whistler, James Abbott McNeil　510
ホイットフィールド，ジョージ　Whitefield, George　211, 212, 214
ホイットマン，ウォルト　Whitman, Walt　550, 570, 576, 580, 589
ボイヤー，ハーバート・ウェイン　Boyer, Herbert Wayne　302
ポー，エドガー・アラン　Poe, Edgar Allan　544, 564, 566, 574, 588
ポカホンタス　Pocahontas　456
ホーガン，リンダ　Hogan, Linda　555, 569
ホーキンズ，エリック　Hawkins, Eric　691
ボーゲル，エズラ　Vogel, Ezra　830
ホースト，ルイス　Horst, Louis　690
ホーソーン，ナサニエル　Hawthorne, Nathaniel　257, 548, 561, 566, 588

人 名 索 引

ポーター，マイケル　Porter, Michael E.　107
ボダン，ジャン　Bodin, Jean　42
ポドレッツ，ノーマン　Podhoretz, Norman　770
ボードレール，シャルル　Baudelaire, Charles　586
ボフ，レオナルド　Boff, Leonard　245
ホプキンス，ジョンズ　Hopkins, Johns　481
ホプキンズ，ドワイト・N.　Hopkins, Dwight N.　245
ホフスタッター，リチャード　Hofstadter, Richard　213, 260, 264
ホーマー，ウィンスロー　Homer, Winslow　513
ボーム，L. フランク　Baum, L. Frank　582
ホームズ，オリバー・ウェンデル・ジュニア　Holmes Jr., Oliver Wendell　144
ボーム，ライマン・フランク　Baum, Lyman Frank　570
ホラーラン，アンドリュー　Holleran, Andrew　562
ホリデー，ビリー　Holiday, Billie　705
ポーリング，ライナス　Polling, Linus C.　300
ボーリンジャー，リー　Bollinger, Lee　365
ホール，ステュアート　Hall, Stuart　283
ボールドウィン，ジェイムズ　Baldwin, James　557, 563
ボルトン，ジョン　Bolton, John　775
ボルヘス，ホルヘ・ルイス　Borges, Jorge Luis　587
ホール，ラドクリフ　Hall, Radclyffe　563
ポール，ランド　Paul, Rand　765
ボール，ルシル　Ball, Lucille　627
ポール，ロン　Paul, Ron　765
ポロック，ジャクソン　Pollock, Jackson　511, 513, 516, 520, 522, 524, 526, 608
ホワイト，エルウィン・ブルックス　White, Elwyn Brooks　582
ホワイトマン，ポール　Whiteman, Paul　689
ポワチエ，シドニー　Poitier, Sydney　174
ボンウェル，チャールズ・C.　Bonwell, Charles C.　413
ボーンスタイン，ケイト　Bornstein, Kate　563

■ま

マイブリッジ，イードウェアード　Muybridge, Eadweard　532
マイヤーズ，ウォルター・ディーン　Myers, Walter Dean　583
マクシャイン，キナストン　McShine, Kynaston　542
マクダニエル，ハティ　McDaniel, Hattie　652
マクルーハン，マーシャル　McLuhan, Herbert Marshall　544
マコーミック，サイラス　McCormick, Cyrus　324
マーシャル，ジョン　Marshall, John　132
舛田利雄　Masuda Toshio　753
マーチン，ウェンデイ　Martin, Wendy　560
マッカーサー，ダグラス　MacArthur, Douglas　736, 822

マッカーシー，コーマック　McCarthy, Cormac　571
マッカーシー，ジョセフ　McCarthy, Joseph　260, 648, 754
マッカーシー，ユージン　McCarthy, Eugene J.　738
松方幸次郎　Matsukata Kojiro　814
マッカラーズ，カーソン　McCullers, Carson　565, 567
マッキンノン，キャサリン　Mackinnon, Catharine　461, 463
マッキンタイア，アラステア　Manifest, Destiny　275
マックグレイ，ダグラス　Douglas, McDonnell　835
マッケイ，ウィンザー　McCay, Winsor　672
松本重治　Matsumoto Shigeharu　813
マティス，アンリ　Matisse, Henri　520
マディソン，ジェイムズ（第4代）　Madison, James　130, 233, 722
マードック，ルパート　Murdoch, Rupert　342, 346, 366, 386
マドンナ　Madonna, Louise Ciccone　709, 716
マーフィ，パット　Murphy, Pat　575
ママディ，N. スコット　Momaday, Navarre Scott　554
マメット，デイヴィッド　Mamet, David　553
マルヴィ，ローラ　Mulvey, Laura　659
マルクス兄弟　Marx Brothers（Chico, Harpo, Groucho and Zeppo）　579, 681
マルクーゼ，ハーバート　Marcuse, Herbert　283
マルコス，フェルディナンド　Marcos, Ferdinand　782, 798
マルコムX　Malcolm X　194, 201, 243
マルサス，トマス・ロバート　Malthus, Thomas Robert　446
マロー，エドワード　Murrow, Edward　359, 796
マンスフィールド，マイケル　Michael, Mansfield　826
マン，トーマス　Mann, Thomas　586
ミアーズ，ヘレン　Meares, Helen　830
ミウォシュ，チェスワフ　Milosz, Czeslaw　586
ミッチェル，マーガレット　Mitchell, Margaret　576
満屋裕明　Mitsuya Hiroaki　333
ミネリ，ライザ　Minnelli, Liza　677
三船敏郎　Mifune Toshiro　753
ミューア，ジョン　Muir, John　20, 23, 33, 569, 620
ミラー，アーサー　Miller, Arthur　552
ミラー，グレン　Miller, Glenn　756
ミラー，ジュディス　Miller, Judith　360, 378
ミラー，ペリー　Miller, Perry　512
ミラー，ヘンリー　Miller, Henry　580
ミランダ，カルメン　Miranda, Carmen　709
ミランダ，リン＝マニュエル　Miranda, Lin-Manuel　553
ミルケン，マイケル　Milken, Michael　631
ミレット，ケイト　Millett, Kate　433, 462

ムーア，ゴードン　Moore, Gordon　90, 308
ムーア，マイケル　Moore, Michael　661
ムーディ，ドワイト　Moody, Dwight　213, 231
ムハンマド，エライジャ　Muhammad, Elijah　194
村上春樹　Murakami Haruki　587
メイソン，ボビー・アン　Mason, Bobbie Ann　561, 565, 571
メイラー，ノーマン　Mailer, Norman　577
メカス，ジョナス　Mekas, Jonas　662
メーソン，ローウェル　Mason, Lowell　698
メーチェン，ジョン・グレシャム　Machen, John Gresham　229
メルヴィル，ハーマン　Melville, Herman　548, 576, 589
メンケン，H. L.　Mencken, H. L.　384, 565
モイニハン，ダニエル・P.　Moynihan, Daniel P.　178, 180, 263
モーゲンソー，ハンス・J.　Morgenthau, Hans J.　287, 761
モトリー，アーチボルド・J.　Motley, Archibald J.　530
モハンメド，マハティール・ビン　Mohamad, Mahathir bin　782
モハンメド，ワリス・ディーン　Mohamed, Warith Deen　195
森 鴎外　Mori Ougai　806
モリスン，トニ　Morrison, Toni　549, 556, 589
モルガン，J. P.　Morgan, J. P.　91
モールス，サミュエル　Morse, Samuel Finley Breese　318, 324
モレッティ，フランコ　Moretti, Franco　587
モンゴメリー，エリザベス　Montgomery, Elizabeth　627
モンタニエ，リュック　Montagnie, Luc Antoiner　333
モンデール，ウォルター　Mondale, Walter　837
モンロー，ジェイムズ（第 5 代）　Monroe, James　722, 764, 776
モンロー，マリリン　Monroe, Marilyn　619, 645, 713

■や

ヤマシタ，カレン・テイ　Yamashita, Karen Tei　559
山本五十六　Yamamoto Isoroku　753, 806
ヤング，ブリガム　Young, Brigham　224
ヤング，ラ・モンテ　Young, La Monte　693
横井太平　Yokoi Taihei　806
吉田 茂　Yoshida Shigeru　822

■ら

ライス，トマス・D.　Rice, Thomas D.　678
ライト，クインシー　Wright, Quincy　287
ライト，フランク・ロイド　Wright, Frank Lloyd　534, 536, 538
ライト，リチャード　Wright, Richard　557, 579
ライヒ，スティーブ　Reich, Steve　693
ライリー，テリー　Riley, Terry　693
ラウシェンバーグ，ロバート　Rauschenberg,

Robert　516, 520, 526
ラウンドトゥリー，リチャード　Roundtree, Richard　653
ラエ，イッサ　Rae, Issa　653
ラザラス，エマ　Lazarus , Emma　182, 196
ラス，ジョアナ　Russ, Joanna　575
ラーセン，ネラ　Larsen, Nella　556
ラッシュ，クリストファー　Lasch, Christopher　283
ラッセル・ウェブ，アレクサンダー　Russell Webb, Alexander　194
ラッセル，バートランド　Russell, Bertrand Arthur William（3rd Earl Russell）　329
ラッセル，リリアン　Russell, Lillian　626, 680
ラッド，ウィリアム　Ladd, William　286
ラビ，イジドア・アイザク　Rabi, Isidor Isaac　312
ラヒリ，ジュンパ　Lahiri, Jhumpa　587, 589
ラブレイ，エデュアルド　Laboulaye, Edouard de　196
ラムズフェルド，ドナルド　Rumsfeld, Donald　379, 743
ラモント，トマス　Lamont, Thomas　814
ランキン，ジャネット　Rankin, Jeannette　456
ラング，ドロシア　Lang, Dorothea　376
ランジュバン，ポール・　Langevin, Paul　328
ランドルフ，A. フィリップ　Randolph, A. Philip　200
ランドン，アルフレッド・M.　Landon, Alfred M.　354
リー，アイビー　Lee, Ivy　352
リー，イーユン　Li, Yiyun　587
リー，クアンユー　Lee Kuan Yew　782
リケッツ，ジョン・ビル　Ricketts, John B.　622
リー，スパイク　Lee, Spike　653
リースマン，デイヴィッド　Riesman, David　281
リチャーズ，エレン　Richards, Ellen　442
リッチ，アドリエンヌ　Rich, Adrienne　551, 560
リットン，ロード　Lytton, Lord　588
リップマン，ウォルター　Lippman, Walter　279, 384
リード，ジョン　Reed, John　285
リード，ルー　Reed, Lou　716
リーバーマン，ジョー　Joseph Isadore Lieberman　193
リプリー，ジョージ　Ripley, George　256
リメリック，パトリシア・ネルソン　Limerick, Patricia Nelson　40
リュウ，ケン　Liu, Ken　575
リンカン，エイブラハム（第 16 代）　Lincoln, Abraham　32, 55, 219, 250, 271, 279, 564
リンカン，ケネス　Lincoln, Kenneth　555
リンゴールド，フェイス　Ringgold, Faith　530
リンド，ジェニー　Lind, Johanna（Jenny）　682
ルイス，R. W. B.　Lewis, R. W. B.　512
ルイス，シンクレア　Lewis, Sinclair　570
ルーカス，ジョージ　Lucas, George　616, 641, 654, 659, 755

人 名 索 引　　　　　　　917

ル＝グィン，アーシュラ・K.　Le Guin, Ursula K.
575, 583
ルーシー＝ショー，エドワード　Lucie-Smith,
Edward　513
ルース，ジョン　Roos, John V.　790
ルース，ベネディクト　Ruth, Benedict　239,
817, 830
ルース，ベーブ　Babe Ruth（George Jr.,
Herman Ruth）　593, 595, 829
ルソー，ジャン・ジャック　Rousseau, Jean-
Jacques　218
ルート，エリフ　Root, Elihu　792
ルート，ジョン・ウェルボーン　Root, John
Wellborn　536
ルビッチ，エルンスト　Lubitsch, Ernest　637
レイニー，マー　Rainey, Ma　705
レイ，マン　Ray, Man　520
レヴァトフ，デニーズ　Levertov, Denise　560
レオポルド，アルド　Leopold, Aldo　22, 569
レーガン，トム　Regan, Tom　39
レーガン，ロナルド・W.（第40代）　Reagan,
Donald W.　23, 52, 69, 70, 78, 98, 103, 110, 112,
122, 159, 215, 237, 253, 261, 265, 269, 273, 281,
290, 295, 301, 368, 426, 454, 483, 485, 523, 613,
637, 734, 741, 755, 763, 767, 770, 780, 794, 801,
823
レムリ，カール　Laemmle, Carl　645
ローウェル，ロバート　Lowell, Robert　550
ロックウェル，ノーマン　Rockwell, Norman
349
ローザック，シオドア　Roszak, Theodore　283
ロージー，ジョセフ　Losey, Joseph　649
ロジャース，ウィル　Rogers, Will　681
ロジャーズ，ジンジャー　Rogers, Ginger
626, 709
ローズヴェルト，セオドア（第26代）
Roosevelt, Theodore　20, 33, 54, 84, 576, 594,
599, 608, 620, 722, 760, 762, 764, 784
ローズヴェルト，フランクリン・D.（第32代）
Roosevelt, Franklin D.　14, 52, 54, 56, 70, 82,
110, 133, 197, 200, 253, 259, 273, 328, 354, 423,
454, 485, 488, 522, 538, 731, 754, 756, 764, 766,
770, 772, 774, 796
ロス，フィリップ　Roth, Philip　579, 581
ローズヴェルト，エレノア　Roosevelt, Eleanor
430, 451, 766, 813
ローゼンバーグ，ジュリアス　Rosenberg,
Julius　648
ローゼンバーグ，ハロルド　Rosenberg, Harold
524

ローゼンブラム，ロバート　Rosenblum, Robert
512
ロックフェラー，アビー・アルドリッチ
Rockefeller, Abby Aldrich　521
ロックフェラー3世，ジョン　Rockefeller Ⅲ,
John　813
ロックフェラー，ジョン・D.　Rockfeller, John
91, 241, 288, 518, 814
ロード，オードリー　Lorde, Audre　558
ロード，ダニエル・A.　Lord, Daniel A.　646
ロドリゲス，スペイン　Rodriguez, Spain　615
ロバートソン，パット　Robertson, Pat　75,
231
ロビンソン，ジャッキー　Robinson, Jackie
601, 607
ロビンソン，ビル　Robinson, Bill "Bojangles"
708
ロビンソン，マリリン　Robinson, Marilynne
561
ロビンソン，ロリー　Robinson, Lori J.　423
ロペス，バリー　Lopez, Barry　569
ロールズ，ジョン　Rawls, John　202, 273, 274
ローレンス，D. H.　Lawrence, D. H.　580
ローレンス，アーネスト　Lawrence, Ernest
330
ローレンス，フローレンス　Lawrence, Florence
645
ロレンツ，ペア　Lorentz, Pare　650
ロングフェロー，ヘンリー・ワーズワース
Longfellow, Henry Wadsworth　588

■わ

ワイズミュラー，ジョニー　Weissmuller,
Johnny　626
ワイルダー，ソーントン　Wilder, Thornton
573
ワイルダー，ローラ・インガルス　Wilder,
Laura Ingalls　582
ワインバーグ，アルビン　Weinberg, Alvin M.
330
ワーサム，フレデリック　Wertham, Fredric
614
ワシントン，ジョージ（初代）　Washington,
George　254, 271, 494, 622, 764, 776
ワッサスティン，ウェンディ　Wasserstein,
Wendy　553
ワッツ，アラン　Watts, Alan　248
ワトソン，ジェイムズ・デューイ　Watson,
James Dewey　303

制作協力：二村太郎，セーラ・パルマー

アメリカ文化事典

平成 30 年 1 月 20 日　　発　　　行
平成 31 年 4 月 10 日　　第 3 刷発行

編　者　　アメリカ学会

発行者　　池　田　和　博

発行所　　丸善出版株式会社

〒101-0051　東京都千代田区神田神保町二丁目17番
編集：電話(03)3512-3264／FAX(03)3512-3272
営業：電話(03)3512-3256／FAX(03)3512-3270
https://www.maruzen-publishing.co.jp

© The Japanese Association for American Studies, 2018

組版・株式会社 明昌堂／印刷・株式会社 日本制作センター
製本・株式会社 松岳社

ISBN 978-4-621-30214-9 C0522　　　　　　Printed in Japan

JCOPY 〈(一社) 出版者著作権管理機構 委託出版物〉
本書の無断複写は著作権法上での例外を除き禁じられています．複
写される場合は，そのつど事前に，(一社)出版者著作権管理機構(電
話03-5244-5088，FAX 03-5244-5089，e-mail：info@jcopy.or.jp)の 許
諾を得てください．

アメリカ合衆国 歴代大統領

初代 ジョージ・ワシントン
(1789〜1797, 一)

2代 ジョン・アダムズ
(1797〜1801, フェデラリスト党)

3代 トマス・ジェファソン
(1801〜1809, 民主共和党)

4代 ジェイムズ・マディソン
(1809〜1817, 民主共和党)

5代 ジェイムズ・モンロー
(1817〜1825, 民主共和党)

6代 ジョン・Q. アダムズ
(1825〜1829, 民主共和党)

7代 アンドルー・ジャクソン
(1829〜1837, 民主党)

8代 マーティン・ヴァン・ビューレン
(1837〜1841, 民主党)

9代 ウィリアム・H. ハリソン
(1841, ホイッグ党)

10代 ジョン・タイラー
(1841〜1845, ホイッグ党)

11代 ジェイムズ・K. ポーク
(1845〜1849, 民主党)

12代 ザカリー・テイラー
(1849〜1850, ホイッグ党)

13代 ミラード・フィルモア
(1850〜1853, ホイッグ党)

14代 フランクリン・D. ピアス
(1853〜1857, 民主党)

15代 ジェイムズ・ブキャナン
(1857〜1861, 民主党)

16代 エイブラハム・リンカン
(1861〜1865, 共和党)

17代 アンドルー・ジョンソン
(1865〜1869, 民主党)

18代 ユリシーズ・S. グラント
(1869〜1877, 共和党)

19代 ラザフォード・B. ヘイズ
(1877〜1881, 共和党)

20代 ジェイムズ・A. ガーフィールド
(1881, 共和党)

21代 チェスター・A. アーサー
(1881〜1885, 共和党)

22代 グローヴァー・クリーヴランド
(1885〜1889, 民主党)

23代 ベンジャミン・ハリソン
(1889〜1893, 共和党)

24代 グローヴァー・クリーヴランド
(1893〜1897, 民主党)